Gyron le Courtoys
c. 1501

INTRODUCTORY NOTE BY C. E. PICKFORD

London
THE SCOLAR PRESS
1977

Printed and published in Great Britain by
The Scolar Press Limited,
Ilkley, Yorkshire, and
39 Great Russell Street, London WC1

This facsimile first published 1977

ISBN 0 85967 353 7

Library of Congress
Cataloging in Publication Data

Guiron le courtois.
   Gyron le courtois, c. 1501.

   (Arthurian romances; 4)
   Reprint of the ed. published c. 1501
by A. Verard, Paris.
    I. Title. II. Series.
PQ1483.G83   1977   843.1   76-58346

INTRODUCTORY NOTE

IN CONSIDERING the romance to which the early sixteenth-century French printers gave the name *Gyron le Courtoys*, the need to define the content and title of the work is of particular importance, since this and closely associated romances have been known to readers and described by scholars and bibliographers in a variety of different ways. Furthermore, the number and the sumptuous nature of the surviving manuscript copies, the range of the various redactions, to say nothing of the fact that this group of romances enjoyed no less than five early French editions and was adapted into other European languages, all bear witness to the popularity and influence of what could be called a 'library' of chivalric tales. It is in the author's own prologue that the question of the title is first posed — 'Quel non li porrai je donner?' — and forthwith answered: 'Palamedes'.[1] Curiously enough, although the romance has been known for almost a century as 'Le Roman de Palamède' since a summary of it under that title was published by E. Løseth in 1891,[2] it was never so described in the Middle Ages and the Renaissance. Manuscripts describe it as 'le livre du roy Meliadus' or 'L'Ystoire de Meliadus et de Gyron le Courtois et du Bon Chevalier sans Paour', and the printed editions adopt the simpler titles of *Gyron le Courtoys* and *Meliadus*. This nomenclature has the merit of being more accurate than *Palamedes*, since that hero plays only a very minor part in the romance of *Gyron*. The precise extent of the *Gyron le Courtoys* is also obscured by the fact that in no single manuscript is it preserved in a complete form, nor as an independent work, but as forming a part of the *Compilation* of Arthurian prose romances made by Rusticiano of Pisa, usually referred to as *La Compilation de Rusticien de Pise*.

The most frequently accepted first reference to the romance is the note in a letter sent by the Emperor Frederick II on 5 February 1240, where are mentioned *quaternis libris Palamides*, but not all critics accept this as an allusion to the *Gyron le Courtoys*. However, it was certainly in existence by the middle years of the thirteenth century, and it was included by Rusticiano (the same man who wrote down the travels of his famous fellow-prisoner Marco Polo) in his *Compilation* based on a book of chivalric romances which, he tells us in his preamble, was in the possession of Edward I, king of England, when he was campaigning in the Crusade in the year 1273. And it is this same 'Rusticien de Pise' who is named as the author of the *Gyron le Courtoys* in the edition here reproduced, which Vérard published *circa* 1501. In fact this is a simple substitution of the name of Rusticien for that of Hélie de Borron, whose name is given in the prologue to the *Gyron* in all the manuscript versions. In this prologue the author tells us that he has already completed *Le Livre du Bret* (a work which does not seem to have survived, if indeed it ever existed), and he adds that his patron, King Henry of England, has encouraged him to follow in the footsteps of Luces du Gau (to whom the prose *Tristan* was fictitiously ascribed), Gautier Map (the fictional author of the prose *Lancelot*), Robert de Borron (who in fact wrote in verse the *Roman de l'Estoire dou Graal*), and Gasse li Blons (which may be an allusion to Wace and his *Roman de Brut*). What these various assertions prove is that the *Gyron le Courtoys* was written after the prose romances of *Lancelot* and *Tristan* had been completed. Unfortunately they throw very little light on the identity of the author, for it has not yet proved possible to link Hélie (Élie, Hélye) de Borron (Burun, Bouron) with any known historical personage. Some earlier historians of French literature have misunderstood the rubric of Vérard's edition to the extent of attributing the *Gyron le Courtoys* to Branor le Brun, who is one of the heroes of the romance;[3] and Claude Fauchet, in his *Recueil de l'origine de la langue et poésie françoise, ryme et romans*, confused the *Meliacin* of Girard d'Amiens with the *Meliadus*, and credits the poet with a romance of *Meliadus* in verse, and this mistake has been repeated by other literary historians.[4] In fact we do not know the name of the man who composed, directly in prose, the romance of *Gyron le Courtoys*.

Whoever the author was, he was clearly familiar with the great Arthurian prose cycles, the *Lancelot*, the *Tristan*, and the *Merlin*. He set out to add to this storehouse of narrative material a new series of episodes and adventures in which appear an older generation of Arthurian heroes: Meliadus, the father of Tristan, Ban, father of Lancelot, Lac, father of Erec, and of course

Utherpendragon, father of Arthur himself. The romance includes marvels and wonders, but these turn out to be man-made automata for the most part, for the *Gyron le Courtoys* is concerned above all with human relationships. It is a romance which is dramatic rather than narrative: the clash of character is more resounding than the clash of armour. It is doubtless this human significance of the work which made it so popular with mediaeval readers and redactors. There are some ten different versions preserved in over thirty manuscripts. Some manuscripts contain composite versions, and others offer more than one version of a series of episodes, but no single manuscript has survived which contains the whole of the romance including the ending, announced in one manuscript, in which King Marc destroys Camelot and in his turn is slain by Paulart. *Gyron le Courtoys* is a romance which underwent a continuous process of growth and evolution, which was frequently rewritten, and for which continuations — though not conclusions — were enthusiastically devised. It was popular for three centuries in France as well as in other countries, especially Italy. Several manuscripts of the French texts were copied by Italian scribes, it was borrowed by Rusticiano of Pisa, and Boiardo and Ariosto were both influenced by it. Its heroes still live on in Sicily as characters in puppet plays. In France, after the Renaissance, it was brought once more to the reading public in the *Bibliothèque Universelle des Romans*, which in 1776 published extracts from the *Meliadus* and the *Gyron le Courtoys*. These were based on the editions printed for Galliot du Pré and for Vérard. A similarly divided two-part summary was published in English by J. C. Dunlop in his *History of Prose Fiction*.[5]

Though the manuscript tradition of the romance is complex, the early printed editions offer a clearer picture. Vérard, the enthusiatic Parisian publisher of romances of chivalry, set the fashion in the very early years of the sixteenth century. The text which he had printed is closely related to the version of Manuscript 355 of the *fonds français* of the Bibliothèque Nationale in Paris. In this manuscript *Gyron le Courtoys* forms a large part of the *Compilation de Rusticien de Pise*. Given the length of this work, Antoine Vérard divided it into two parts, the first one of which goes as far as the appearance of Gyron in the romance and was called *Meliadus*. Vérard himself did not publish the *Meliadus*, which was not printed until 1528. It was the second part, *Gyron le Courtoys*, which was the first to be published, and it was put on sale, in the form of a handsome folio volume, in an undated edition which Vérard offered in his two establishments in Paris.

When he undertook the publication of *Gyron*, Antoine Vérard was becoming something of a specialist in the publication of Arthurian romance, having already produced the *Tristan* in 1489 (facsimile published by The Scolar Press in 1976), the *Lancelot du Lac* in 1494 (Scolar Press facsimile of the earlier Rouen/Paris edition (1488) published in 1973), and a two-volume *Merlin* accompanied by a third volume of the *Prophecies de Merlin* (Scolar Press facsimile of all three volumes, 1974). *Gyron le Courtoys* was sold, according to the colophon, in the shop of Vérard which was 'a Paris pres petit pont devant la rue neufve nostre dame a lenseigne Saint iehan levangeliste', indicating that the book came out after Vérard's first shop, on the Pont Notre Dame, was destroyed when that bridge collapsed on 25 October 1499. Bibliographers, on the evidence of type styles, date the book in the early years of the sixteenth century, and most adopt the suggestion made by Brunet of *circa* 1501. Vérard adapted the material which he found in manuscript form to make it attractive to the reading public: faced with the immense bulk of the *Compilation de Rusticien de Pise*, he extracted the *Gyron* section more or less in its entirety, and prefaced it with Rusticien's preamble. He then placed at the very beginning of it all a sort of Arthurian *Who's Who*, which he called 'La devise des armes des chevaliers de la table ronde'. This is a register of the knights, with brief descriptions of the arms they bore, but it does not contain the biographical sketches which are to be found in the rather longer self-contained work *La Devise des Armes des Chevaliers de la Table Ronde*, of which several manuscript copies and two sixteenth-century editions are known.[6] In publishing the *Gyron*, Vérard aimed not only at a popular market, but also produced a de luxe edition. A superbly illuminated copy printed on vellum is preserved in the Bibliothèque Nationale in Paris (Réserve, Vélins 622). Another Parisian copy, B.N. Rés. Y[2] 55, and that preserved at Lyons, Palais des Académies, 134–12759, have the peculiarity that leaves j–viij, xj, and xiij are printed in a type smaller than that used for the rest of the volume, suggesting that the book was perhaps in part reset during the course of publication.[7]

The text issued by Vérard was published in a second, undated quarto edition by Jehan Petit and Michel le Noir of Paris shortly after 15 May 1506. This too contains the list of 169 knights of the Round Table. In it are to be found some of Vérard's woodcuts.[8] The third and last of the sixteenth-century editions came out on 18 August 1519, published by Michel le Noir. The *Devise des Armes des Chevaliers de la Table Ronde* in this edition contains only 165 names, but in other respects it is a close copy of the previous editions.[9]

The remaining part of Rusticien's *Compilation* was published twice: first in 1528 by the prolific bookseller Galliot du Pré,[10] and later by Denis Janot, whose printing was completed on 20 March 1532. In both cases the publisher entitled the work *Meliadus de Leonnoys*.[11]

The present facsimile is a reproduction of the copy of *Gyron le Courtoys* now in the National Library of Wales, Aberystwyth. We are most grateful to the Trustees of the National Library of Wales for allowing the copy in their care to be used in this way. This copy was formerly in the library of the scholar F. W. Bourdillon, who purchased it on the occasion of the sale of the library of Charles Fairfax Murray. A repair on f. 97 of this copy has obliterated a small portion of text. On the recto the affected passage should read: 'et ie estoye toutesvoyes avec eulx / car ie veoye trop voulentiers...'; and on the verso: 'a merveilles que dautre chose. Sire respondez sil vous plaist a ce que....'.

C. E. PICKFORD

NOTES

1) There is no modern edition of the romance. A full study accompanied by a detailed analysis was published by Roger Lathuillère, *Guiron le Courtois, Etude de la Tradition manuscrite et analyse critique*, in 1966, Geneva (Droz) (*Publications Romanes et Françaises*, LXXXVI).
2) E. Løseth, *Le Roman en Prose de Tristan, Le roman de Palamède et la Compilation de Rusticien de Pise, analyse critique d'après les manuscrits de Paris*, Paris, 1891.
3) Lenglet du Fresnoy, *De L'Usage des romans*, Amsterdam, 1734, II, p. 177; *Bibliothèque Universelle des Romans*, October 1776, p. 48; G.-F. Debure, *Bibliographie Instructive*, Paris, 1763-8, No. 3790.
4) *La Bibliothèque d'Antoine du Verdier*, Lyons, 1585, p. 463; *La Bibliothèque du sieur de La Croix du Maine*, Paris, 1584, p. 131.
5) J. C. Dunlop, *History of Prose Fiction*, London, 1888, I, pp. 233-38
6) The first was published in Paris at the beginning of the sixteenth century: it was reissued in roman type in 1590, by Benoist Rigaud of Lyons. Cf. E. Sandoz, 'Tourneys in the Arthurian Tradition', *Speculum*, XIX (1944), pp. 389-420.
7) In addition to the National Library of Wales copy, other copies are to be found in: Paris, Bibliothèque Nationale, Réserve Y² 54, 55; Lyons, Palais des Arts, Académie, 134-12579; Chantilly, Musée Condé; Paris, Arsenal, Fol. B 922; Troyes, 5226; London, British Library, C.7.d.6 and G. 10872; Oxford, Bodleian Library; and the copy printed on vellum, Paris, Bibliothèque Nationale, Réserve, Vélins 622.
8) Among the copies known are Paris, B.N. Rés. Y² 234, Rés. Y² 355; New York, Pierpont Morgan Library, No. 560.
9) Copies include: Paris, B.N. Rés. Y² 336; Dijon; Nantes, Musée Dobrée, 560; Troyes, Bibliothèque Municipale; Venice, Library of Saint Mark's.
10) On Galliot du Pré, see A. Tilley, 'A Paris Bookseller — Galliot du Pré', in *Studies in the French Renaissance*, Cambridge, 1932, pp. 168-218. The 1528 is rarer than the other editions; known copies include: Paris, B.N. Rés. Y² 354; Toulouse, Bibliothèque Municipale 142; Chantilly; Aberystwyth, National Library of Wales.
11) Known copies include: London, British Library, C.34.n.4 and G. 10528; Nantes, Musée Dobrée, No. 547; Chicago, Newberry Library, Y 591.56; Paris, Arsenal, Fol. B 928; Paris, B.N. Rés. Y² 256; Paris, Bibliothèque Mazarine, 348 F; Aix, Bibliothèque Municipale.

Gyron le Courtoys

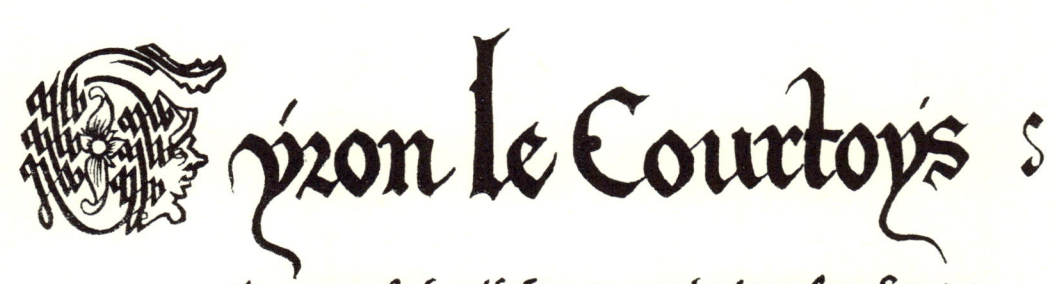

Auecques la deuise des armes de tous les cheualiers de la table ronde.

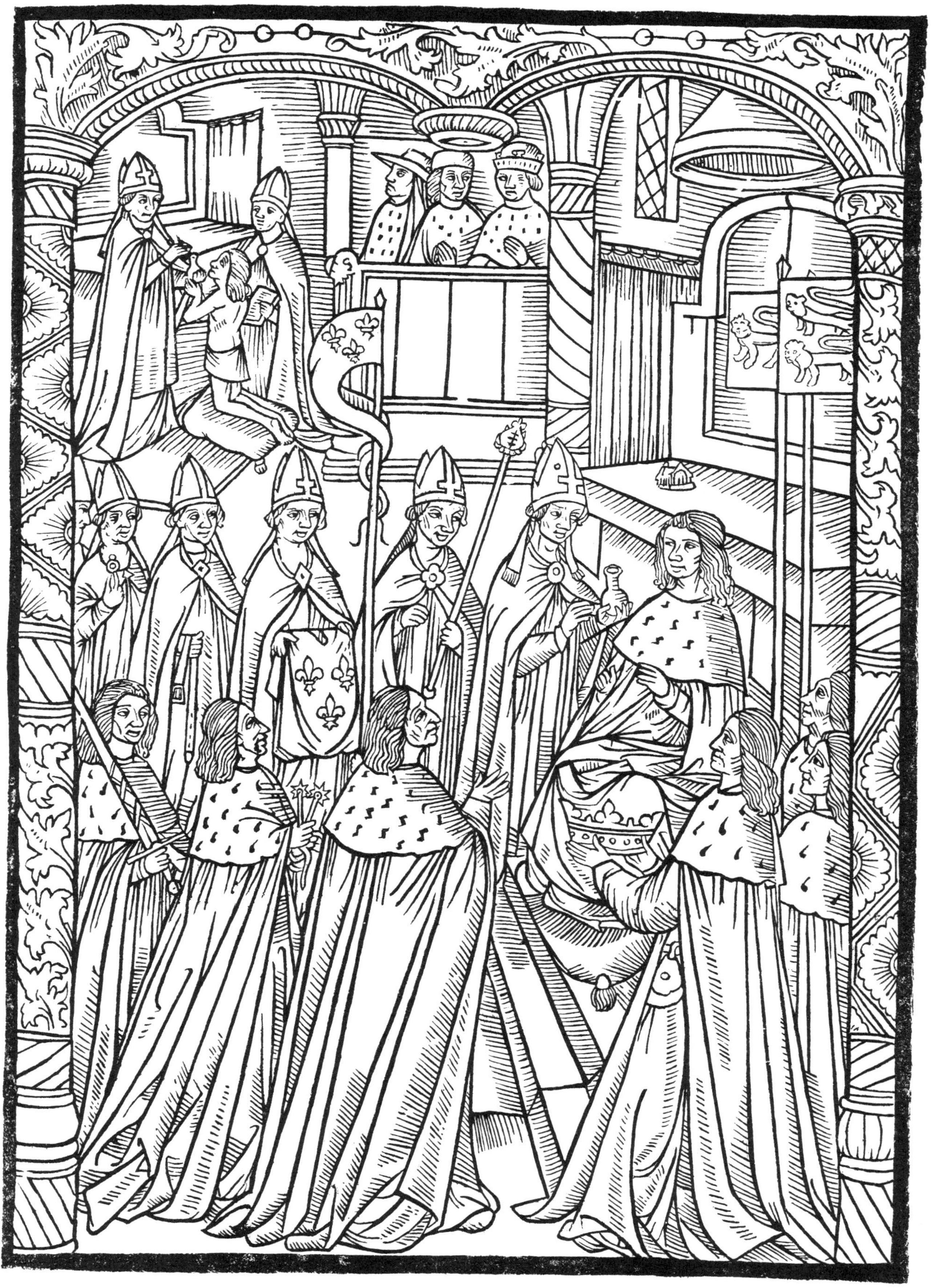

La deuise des armes des cheualiers de la table ronde

Cy cõmence la deuise des armes des cheualiers de la table ronde

Et premierement

⁋Le roy artus portoit dazur a treize couronnes dor

⁋Messire lancelot du lac portoit dargent a trois bendes de belic.

⁋Boort de gaunes portoit dhermines a trois bendes de gueulles

⁋Gauuain dorcanie portoit de pourpre a vng aygle dor a deux testes membrees dazur

⁋Messire tristan de leonnois portoit de sinople a vng lyon dor arme et langue de gueulles.

⁋Lyonnel de gaunes portoit dargent a trois bandes de gueulles a neuf estoilles de sable

⁋Helyas le blanc portoit dargent a trois bandes de gueulles a vng lambeau de sable de trois pieces

⁋Le duc de clarance en ses armes portoit dazur a vne ville dor massonnee de sable

⁋Hector des mares portoit dargent a trois bandes de gueulles a vng soleil dazur

⁋Bliomberis de gaunes portoit dargent a trois bandes de gueulles seme de croissans de sable

⁋Gaheriet portoit de pourpre a vne aigle dor a deux testes membrees de gueulles a vng baston de mesmes.

⁋Kreux le seneschal portoit dazur a deux esles dargent

⁋Messire yuain portoit dazur a vng lyon dor arme de gueulles.

⁋Bruor le noir portoit dargent a vng lyon eschiquete de gueulles et de sable

⁋Baudoyer le connestable portoit dor a vng gousanon de gueulles

⁋Agrual de ganalles portoit de pourpre seme de croisettes dor a vng leopard dargent arme de gueulles

⁋Segurades portoit dor a vng rochier de sable

⁋Patris le hardy portoit dargent frete de gueulles de six pieces

⁋Esclabor le messonniez portoit eschiquete dor et de gueulles

⁋Saphar le mesconneuz portoit party premier de vair/lautre eschiquete dor et de sinople.

⁋Sagremors le desree portoit de sable a deux estoilles dor a vng caton dargent desp vne estoille de sable

⁋Gyron le courtois portoit dor

⁋Seguram le brun portoit dor a vng dragon de sable arme et langue de sinople

⁋Galehault le blanc portoit dor a vng dragon de gueulles arme et langue de sable

⁋Le roy melyadus portoit de sinople

⁋Le roy ban de benoic portoit dargent a trois bandes de belic

⁋Le roy boort de gaunes portoit dargent a trois bandes de gueulles seme des toilles de sable

⁋Le roy karados portoit dazur a vne couronne dargent

a ii

La devise des armes des chevaliers de la table ronde

❧ Le roy lac portoit dor a trois testes de dragons de gueulles langues de synople

❧ Le roy de clares en ses armes portoit dor a vne croix potence de gueulles

❧ Le roy Brien portoit dazur a vng lyon dor arme et langue de gueulles

❧ Le roy loth dorcanie portoit de pourpre a vng aygle dor a deux testes membrees dazur

❧ Le roy ryon portoit de gueulles a trois testes de lyons dor langue de sable

❧ Le roy pelinor portoit dor seme de croysettes dazur

❧ Le roy baudemagus de gorre en ses armes portoit de gueulles a trois gantz dargent

❧ Le morhoult dirlande portoit dargent a vne fesse de cinq pieces sur le put vng lyon de gueulles arme de sinople

❧ Le roy pharamond de gaule portoit de sable a trois crapaulx dor.

❧ Lamorat de listenois portoit de pourpre seme de croysettes dor a vng leopard dargent arme de gueulles

❧ Danayn le roux en ses armes portoit de gueulles a vng porc espic dor ongle dazur

❧ Amillan de fessongne portoit dargent a vng serpent vollant de sable arme de gueulles

❧ Brattain en ses armes portoit dargent a vng sanglier de sable ongle et arme de gueulles

❧ Brattain quon disoit le chevalier aux deux espees portoit dargent a vng sanglier de sable a trois estoilles dazur.

❧ Gallehault portoit dargent seme destoilles dazur a vng lyon de gueulles arme de sinople

❧ Blanor de gauues portoit dargent seme de croyssans de sable a trois bendes de gueulles

❧ Le bon chevalier de norgalles portoit en ses armes de gueulles a trois pates de lyon dor

❧ Hervy de rynel portoit de sinople a vng leopard dargent arme et langue de gueulles goute dor

❧ Messire lamorat portoit de pourpre a vng lyon leopard dor seme de croysettes de mesme

❧ Messire gullat portoit dargent a vne croix de gueulles

❧ Perseual de galles portoit de pourpre seme de croysettes dor a vng canton dargent dessus vne estoille de sable

❧ Gueherrees portoit de pourpre a vng aigle dor a deux testes membrees dargent goutes de gueulles en bordure.

❧ Aggrauain lorgueilleux portoit de pourpre a vne aigle a deux testes dor membrees de gueulles a vne face de sinople en deuise

❧ Mordret dorcanie portoit de pourpre a vne aigle a deux testes dor membrees de mesmes a vng chief dargent.

La deuise des armes des cheualiers de la table ronde

⁋Gyrflet portoit dor seme de chardons de sable

⁋Dodinelle sauuaige portoit dargent a vne aigle dazur membre dor

⁋Yuain le auoustre portoit dor dyapre daiglectes et lyons de gueulles membrees et armez de sable.

⁋Ozemen cueur hardy portoit escartelle dargent et de gueulles

⁋Gualegantin le gallois portoit party dor et de sable sur le tout vng leonceau de sinople arme et langue de gueulles.

⁋Gueriet de lemballe portoit en manche dargent et de gueulles.

⁋Mador de la porte portoit de sable a sept pommettes dargent coulourees de gueulles.

⁋Samers le forcene portoit de gueulles a vng geron dargent

⁋Dynadam destrangorre portoit dargent a vng de sable arme et langue de sinople

⁋Heret le filz de lac portoit dor a trois testes de serpens de gueulles langue de sinople

⁋Artus le petit portoit de sable a vng sycamor dor.

⁋Ginglant rochemond portoit dargent a vng bastoir de gueulles plain de neux

⁋Artus lesbloy portoit de sable a vng esperuier dargent membre dor.

⁋Guallogrenant de Widezores portoit de gueulles a vne tumelle dor.

⁋Lzandeliz portoit de gueulles a trois espees dargent manches croix et pomeaulx dazur.

⁋Merangis des portz portoit dargent borde de gueulles

⁋Gauuain le franc portoit de sable a vng chief dor a trois coquilles de gueulles.

⁋Guadius le fort portoit dor seme de pinteaulx de gueulles

⁋Pharam le noir portoit dazur a trois ayglectes dargent membrees de sable.

⁋Pharam le roux portoit dazur a trois ayglectes dargent membrees de sable borde compose dor et de sable

⁋Lraeux destraux portoit dor a deux gueulles de sable.

⁋Jambegues le garullois portoit dargent a trois annelletz de gueulles.

⁋Taulas de la montaigne portoit dor a vng monde de sable la croix de gueulles

⁋Abandam le fortune portoit dargent a vng escu de gueulles

⁋Damatha le folinent portoit de vair

⁋Amant le bel iousteur portoit de sable a vng visaige de femme a longz cheueux dor

⁋Ganesmor le noir portoit de gueulles a vng loup dor arme de sable

⁋Arphin le dur portoit de sable a vne anille dargent

⁋Aconstant le adurez portoit dor a vne face dazur.

⁋Lamant du Boys portoit dor a vne bende de gueulles endentellee de sable.

⁋Saradoz des sept fontaines portoit dazur seme de larmes dargent

a iij

La devise des armes des chevaliers de la table ronde

¶ Le beau courant en ses armes portoit de sable a ung cheual dargent ferre dor

¶ Le lait hardy portoit losenges dargēt et de sable

¶ Meliaderis de sansen portoit de gueulles a ung renart dor arme et lāgue dazur

¶ Mandrin le saige portoit party le premier barre dor et de pourpre/ lautre de gueulles.

¶ Andeliz le roux serre portoit dargent a deux esles de sable

¶ Bruyant des ysles portoit de sable a ung chien courant dor arme de gueulles

¶ Orenol deffrangee portoit dazur a ung leopard lyonne dargent arme et langue de gueulles.

¶ Le cheualier dester portoit de gueulles a ung cerf dor ongle et lāgue de sable

¶ Le varlet au cercle portoit de pourpre a ung cercle dor lye de sable

¶ Lraedins de lonezerp portoit de gueulles a trois macles dor

¶ Le varlet de glaynne portoit de sable a ung bort endentele dor et dargent

¶ Herops le ioyeux portoit dargent a trois oyes fiches de sable

¶ Fergus du blanclieu portoit palle contre palle dargent et de gueulles

¶ Lot le coureur portoit dargent a ung corbeau de sable membre dazur

¶ Melyadus de lespinoie portoit dor ca trois croix florōnees de gueulles

¶ Melyadus au noir oeil portoit dargent a trois cheurons de sable

¶ Aygluys des saulx portoit de gueulles a une fesse dor crenelee de sable

¶ Jambourg du chastel portoit de pourpre a ung lyon leoparde dargent arme dazur.

¶ Lucam le boutillier portoit dor a ung loupseruē de gueulles arme de sable.

¶ Le roy galganeis de nogales portoit de pourpre a ung lyon dargēt arme et lāgue de sinople

¶ Le roy aguysant descoce portoit dargent a ung lyon de gueulles arme de sable une cordeliere autour

¶ Brumer de la fontaine portoit escartelle dor et de sable a une fontaine dargent sur le tout

¶ Lenfant du plesseis en ses armes portoit de gueulles a trois roses dargent

¶ Le roy malaquin doultre les marches de galonne en ses armes portoit dor a une teste de morien couronnee dargent

¶ Persides le gent en ses armes portoit dargent seme de courteaulx dazur

¶ Lralahart le petit en ses armes portoit de sable a ung orle de croix pieces dor

¶ Sibilias aux dures mains en ses armes portoit dor a ung feu de gueulles.

¶ Sinados le fil portoit de gueulles a ung fillet dor

¶ Arphazar le gros cueur en ses armes portoit de sable a ung sautouer dargent

La devise des armes des chevaliers de la table ronde

¶ Sadoc de Vencon portoit une mer dargent et de sable

¶ Le blond amoureux portoit de sable a ung pigne dargent plain de cheueulx dor

¶ Argasac le beau en ses armes portoit dor a ung thoreau de gueulles a langue dazur

¶ Normain le pelerin en ses armes portoit de sable seme de coqlles dor a darget

¶ Harmin le felon portoit en ses armes burlie dor et dazur.

¶ Toscane le rommain en ses arme portoit dor a une main de sable tenant une espee de gueulles

¶ ferandon le poure en ses armes portoit dor a une fesse de cīq pieces de sinople

¶ Landon le leger en ses armes portoit bende contre bende dor et dazur.

¶ Le fort troune en ses armes portoit dargent a ung englier de sable arme et ongle de gueulles.

¶ Le fortune de lisle portoit de gueulles a ung elephant dor arme et ongle dazur

¶ Le noir perdu portoit en ses armes dargent a ung tygre de sable arme et ongle de sinople

¶ Herrault de la roche portoit de gueulles a ung allāt dor arme a ongle de sable

¶ Le fee des dames portoit de sable a trois billectes dargent

¶ Le forestier de denneuiche portoit dor a ung boys de sinople a ung cor dargent

¶ Le chasseur doultre les marches portoit hermine dor et de sinople

¶ Jeyr a landois de ruse portoiēt de gueulle a une chose dargent batellee de sable

¶ Le brun sans ioye portoit party le premier de gueulles seme de germes dargent / lautre de sinople seme de larmes dor

¶ Geoffroy le lacoys portoit de gueulles a une tour dor massonniee de sable.

¶ Raudouin le persien portoit de sable a une chappelle dargent

¶ foyadue le gay portoit une pointe de gueulles le maistre dor

¶ Rousselin de lautre monde portoit dor a ung homme sauuaige de sable embastonne de gueulles.

¶ Courrant de roche dure portoit de sable a trois connins dargent onglez de gueulles.

¶ Armon au vert serpent portoit dor a ung grison de sinople membre et arme dargent

¶ ferrant du tertre portoit de gueulles a ung ours dor arme de sable

¶ Thor le filz arez portoit dor seme de croix de sable

¶ Jupin des croix portoit dazur seme de croissans dor

¶ Busterin le grant portoit dor a ung tesson de sable

¶ Ydeur le fort tirant portoit dargent a une chimere de diuerses couleurs

¶ Bosnain du bois portoit dargent a ung ranger de gueulles arme de sable.

¶ Le roy claudas portoit dazur a ung pin dor

¶ Le bon cheualier sans paour portoit dargent

a iiii

La deuise des armes des cheualiers de la table ronde

❡ Le cheualier des sept voyes portoit de gueules a vng pont dor massonne de sable et dessoubz vne riuiere dargent.

❡ Brouadas lespaignol portoit de sable a vne escreuisse dor

❡ Brehus sans pitie portoit de sable a vng serpent volant dargent.

❡ Malignain portoit dazur a trois gatz dargent les doys contremont.

❡ Le cheualier de scallot portoit de gueules a vne nauire habillee de pourpre

❡ Malies de lespine portoit de sable a vne fesse dor en deuise.

❡ Agroyer le fel portoit a vne cotice de sable de trois pieces.

❡ Patrides au sercle dor portoit de gueules a vng chief dor a vng lyon de sable yssant sur le chief arme et langue de sinople

❡ Mandius lennoircy portoit de gueules a vne seraine dargent escaillee de sable.

❡ Gringalois le fort portoit de sable a vne licorne dargent.

❡ Malaquin le galois portoit port de sable a vne couppe dargent.

❡ Agricol le beau geant portoit dermines

❡ Gualindes du tertre portoit dargent a vne merlecte de sable

❡ Margondes le rouge portoit de gueules a vne bande dor en six pieces

❡ Lracerdins de la valee portoit de gueules a vne faulx dor emmanchee de sable

❡ Nabon le fel portoit dargent a trois fuzees de gueulles.

❡ Talamor le volant portoit de sinople a vne colombe dargent membree de gueulles.

❡ Alibel de logres portoit party le premier de   lautre dermines

❡ Dalides de la riuiere portoit dargent a deux daulphins de sable a ouffes langues de gueulles

❡ Arain du pin portoit de sinople a trois pommes de pin dor.

❡ Arganor le riche portoit de sable a vng cheualier arme dor a vne hache de sinople au poing emmanchee de gueulles le bout dor / son espee de mesmes.

❡ Melios le beau cheualier portoit fesse contre fesse dargent et de sinople.

❡ Melyadus le blanc portoit de sable a vne croix patee dor.

❡ Malqui le gros portoit de pourpre a sept bastons dargent dessus trois lim̃ceaulx de gueulles armees et langue dor

❡ Alexandre lorphelin portoit de sinople a vng lyon dargent.

❡ Messire palamedes portoit eschiquete dargent et de sable.

❡ Ly fine la deuise des armes des cheualiers de la table ronde.

Cy commēce la table de ce present liure intitule Gyron le courtoys. Et parle premierement Comment Branor le brun le vieil cheualier vint a la court du roy artus acōpaigne dune damoyselle et de deux escuyers. Et cōment il abatit de coups de lance. xiiii. Roys Et Lancelot du lac/ Tristan de leōnoys/ Gauuain/ Palamedes/ Hector des mares. Et plusieurs autres bons cheualiers compaignons de la Table Ronde. Au premier fueillet

¶ Comment le vieil Cheualier ioufta au roy Karados et labatit a la terre/ Et comment il luy aduint/ fueillet v

¶ Comment le roy artus luy. xiiii. de roys armez moult richement se firent desarmer/ lesquelz le vieil Cheualier auoit abatuz tous de sa main sans autre cheualerie/ fueillet v

¶ Comment vne damoyselle se laisse cheoir deuant les piedz du vieil cheualier en luy priant quil luy vueille donner secours contre vng conte qui la guerroye/ et de la response quil luy feist/ et ce qui en aduint/ fueillet vi

¶ Comment le vieil cheualier est deuāt vng chastel ou il regarde ceulx du chastel qui se combatent a vng conte et a sa gent tant q̄ ceulx du chastel tournoient a desconfiture. Et cōment il alla aidier a ceulx du chastel et vaincquit le conte et toute sa gent/ et mist bōne paix entre eulx/ fueillet vii

¶ Comment le vieil cheualier ioufta a Sadoch et a ses cheualiers/ et comment il combatit Karados/ fueillet ix

¶ Comment monseigneur Tristan de leonnoys en cheuauchant parmy vne forest fut surprins de la nuyt tellement quil luy cōuint gesir emmy la forest. Et aussi comment messire palamedes sem batit en ce lieu mesmes ou gysoit messire tristan. Et des complaintes que feist palamedes toute la nuyt pour lamour dyseult. Et comment ilz iousterent luy et tristan/ fueillet xiii

¶ Comment gyron le courtoys q̄ le bon cheualier sans paour combatirent lung contre lautre pour vne damoyselle/ fueillet xv

¶ Comment gyron le courtoys q̄ le bon cheualier sans paour occirent deux geās qui venoient querre truage a vng chastel ou ilz estoient. Et comment Gyron ne voulut point dire son nom a ceulx du chastel/ ne bailler son escu pour quoy il fut emprisonne/ fueillet xvi

¶ Comment danayn et gyron se partirent de maloanc pour aller a vng tournoyement. Et comment ilz trouuerent en leur chemin kreux le seneschal qui voulut a eulx iouster/ ce quilz ne voulurent. Et cōmēt messire kreux q̄ messire yuain iousterent a vng cheualier qui conduysoit vne dame au tournoyement/ fueillet xix

¶ Comment a vng tournoyement qui se tenoit deuāt le chastel aux deux seurs gyron le courtoys et danayn le roux abatirent par deux fois le roy meliadus et messire lac. Et comment apres le roy meliadus q̄ messire lac abatirent gyron le courtoys et danayn le roux en cestuy mesmes tournoy/ fueillet xxvi

¶ Comment gyron et le roy meliadus se combatirent au tournoyement a pie lung cōtre lautre. Et cōment gyron bailla au roy meliadus vng cheual poꝛ remōter q̄ apres de rechief se cōbatirent ensemble. Et comment danayn abatit messire lac. Et cōment le roy meliadus pour vengier messire lac abatit danayn. Et comment gyron et danayn eurent lhonneur et le pris du tournoyement/ fueillet xxix

¶ Comment vng varlet de maloanc vint a danayn et luy dist nouuelles de deux freres de terre foraine qui auoient occis son cousin germain le bon Cheualier de la mareschiere. Et comment il se partit de gyron/fueillet xxxv

¶Cõment messire lac trouua par nuyt Gyron dessus vne fontaine. Et comment non voyant gyron il se complaingnoit damours. Et comment messire lac se voulut combatre encontre Gyron pource q̃ gyron ne vouloit escouter vng compte quil luy vouloit dire/f xxxix

¶Comment messire lac desconfit les xxvj. cheualiers qui conduysoient la dame de malohault/fueillet xlij

¶Cõment apres ce que messire lac eut desconfit les cheualiers qui ma dame de maloanc conduysoient il fut vaincu par Gyron le courtoys qui luy tollut la dame laquelle il vouloit emmener/fueillet xlv

¶Comment apres ce que gyron le courtoys eut leues les lettres qui estoient escriptes en la poignee de son espee il se la mist et frappa au trauers du corps pour se cuyder occire pource quil auoit requis la femme de son cõpaignon damours/ fueillet xlvij

¶Comment danayn le Roux trouua vng de ses cheualiers de maloanc que les deux cheualiers de terre foraine q̃l alloit querant auoient naure mortellement. Et cõment il alla a vng pauillon ou il se herbergea la nuyt auecques vng cheualier qui y estoit/et des parolles q̃lz eurent ensemble/fueillet lj

¶Cõment Danayn le roux trouua les deux Cheualiers de terre foraine quil alloit querant. Et comment il se combatit a eulx z en occist lung z vainquit lautre/et lenuoya en prison au chasteau de la mareschiere/fueillet lxiij

¶Comment Danayn le roux engarda le Cheualier du pauillon destre occis de quatre cheualiers qui a mort le hayoient. Et comment Danayn deceut Henor de la selue le couard cheualier si quil le feist iouster encontre le cheualier aux armes vermeilles qui labatit. fueillet lxv

¶Comment messire lac perdit son chemin en cuydant aller a la fontaine ou gyron gysoit naure. Et cõment il arriua a vne autre fontaine ou il trouua vng cheualier naure lequel auoit perdu sa dame. Et comment messire lac luy conuenanca de la luy rendre/fueillet lxvij

¶Comment messire lac trouua le cheualier qui emmenoit la damoyselle du cheualier naure. Et comment il se combatit a luy pour la damoyselle auoir. Et comment vng cheualier emmena la damoyselle ce pendant quilz se combatoient. Et cõment ilz allerent apres le cheualier qui les emprisonna/f lxxvj

¶Comment danayn le roux trouua sa femme et gyron le courtoys tout naure a la fontaine. Et comment il voulut occire gyron et sa femme. Et comment il feist depuis porter giron par bõne paix au chasteau de maloanc en vne littiere fueillet lxxix

¶Cõment le roy meliadus sen alla herbergier apres que messire lac se fut party de luy au chastel aux deux seurs. Et cõment il parlementa longue piece auec vng cheualier qui luy acertena que gyron nestoit pas mort. Le quil cuydoit/ fueillet lxxxiij

¶Cõment le roy meliadus et vng cheualier nomme hector se cõbatirent pour lachoyson dune damoyselle encontre le nepueu au roy descosse qui auoit trente cheualiers en sa compaignie. Et comment ledit hector fut occis et le roy meliadus retenu prisonnier/fueillet Cvj

¶Comment le cheualier a lescu myparty racompte a gyron le courtoys la grãt vilenye que luy feist le vilain cheualier de son cheual. Et luy compte aussi la grant desloyaulte que iceluy mesmes feist a vng Cheualier et a vne damoyselle/ fueillet CC.j

¶Comment gyron le courtoys par sa courtoysie deliura le vilain Cheualier qui ne lauoit voulu logier. Et cõment

La table

et vaincquit le chevalier qui lemmenoit tout nud/fueillet ccix

¶ Comment gyron le courtoys rencontra le roy meliadus que le filz au roy descosse emmenoit prisonnier. Et coment gyron constraingnit le chevalier a lescu myparty de luy ayder a rescourre le roy meliadus/et des parolles qui furent entre luy et le chevalier/fueillet ccvi

¶ Comment gyron le courtoys par sa prouesse delivra le roy meliadus et la damoyselle. Et coment il abatit le nepueu au roy descosse et bien trente chevaliers qui estoient en sa copaignie. Et coment il changea son cheval au meschant roussin du roy meliadus/fueillet ccvij

¶ Comment gyron acompaigne du roy meliadus, du chevalier a lescu myparty et de la damoyselle et de ses deux copaignes se mist au chemin pour retourner au lieu ou le roy meliadus avoit este pris Et coment ilz trouveret le chevalier de la damoyselle mort/ et des regretz qlle en feist/fueillet ccx

¶ Comment gyron le courtoys osta lespee de la main au chevalier q gisoit mort emmy le chemin. Et coment la damoyselle requist au roy meliadus q il la voulsist faire enterrer avec le chevalier. Et coment elle mourut/fueillet ccxi

¶ Comment gyron le courtoys trouva le chevalier a lescu dargent et le nepueu au roy descosse qui demenoit grāt dueil pour la perte et desconfiture de ses gens Et des parolles quilz eurent ensemble touchant ceste matiere/fueillet ccxiij

¶ Comment apres ce que Gyron le courtoys eut reprins le nepueu au roy descosse de la grant trahyson ql feist a son compaignon il iousta a luy q le naura moult durement/fueillet ccxv

¶ Comment gyron le courtoys rencontra sers que vng chevalier faisoit mener les mains lyees devāt le pis pource quil avoit voulu secourir vne damoyselle q le chevalier faisoit mener hōteusement. fueillet ccxvij

¶ Comment gyron le courtoys se combatit au chevalier q emmenoit sers prisonnier. Et comment il le desconfit et le mena iusques a oultrāce. Et comment gyron le bailla a sers por en faire sa voulente/fueillet ccxix

¶ Comment brehus sans pitie trouva la damoyselle que gyron et sers avoient delivree/ laquelle il emmena avecques luy. Et comment il feist desmonter vne damoyselle pour luy bailler son pallefroy. Et comment elle pourchassoit la honte dudit brehus/fueillet ccxxij

¶ Comment brehus sans pitie iousta a vng chevalier a qui il avoit donne sa damoyselle. Et comment il la reconquesta. Et de la grant courtoysie quil feist au chevalier/ce quil navoit iamais fait a nul. Et des parolles quilz eurent ensemble/fueillet ccxxx

¶ Comment la damoyselle que breux sans pitie aymoit queroit occasion de le faire mourir. Et comment par la mauvaistie delle elle feist descendre brehus dedans vne cave ou il se cuyda rompre le col cuydant quil nen deust iamais saillir/fueillet ccxxxij

¶ Comment brehus sans pitie estant dedans la cave de la roche entra en vne moult belle chābre ou il trouva vng chevalier mort gysant dedans vng lict et ses armes au pres de luy. Et aussi coment il trouva pareillement en vne autre chambre vne damoyselle morte couchee en vng lict richement pare/fueillet ccxxxiij

¶ Comment apres que brehus eut visite plusieurs chābres de la caverne ou il estoit vint vers luy vng chevalier de grāt aage/avecqs lequel il devisa de plusieurs choses. Et comment ledit chevalier luy feist congnoistre de qlle lignee estoit gyron le courtoys descendu. Et comment il sceut que gyron nestoit pas mort comme on disoit/fueillet ccxxxvij

La table

¶ Cõment le grant pere gyron racõpte a bzehus la maniere cõment febus a ses compaignons descõfirent lost des trois roys. Et cõment la fille du roy de norgalles fut prinse et amenee deuant luy en la forest. Et comment febus assiega le chasteau ou le roy de norhomberlande sestoit retrait/ et cõment le roy enuoya sa fille deuers luy pour appaiser son yre et courroux/ fueillet   cc xl

¶ Cõment le pere grant gyron racõpte a Brehus la maniere cõment la fille au roy de norhõberlande enuoya febus au royaulme dorcanye disant quil occist le roy de celle terre affin que febus mesmes y fut occis. Et comment febus enuoya deffier ledit roy dorcanye/   cc xlv

¶ Cõment le grant pere gyron racõpte a brehus cõment febus print le roy dorcanye tenant sa court au millieu de ses hõmes/ f   cc xlbj

¶ Cõment le pere grant gyron racõpte a brehus la maniere cõment febus troua le geant quil auoit longuement quis par le pays de norgales. Et comment il leua la lame de la tombe au roy de fesmore que le geant nauoit peu leuer tant estoit pesante. Et comment febus la remist/ fueillet   ccxlvij

¶ Comment le grant pere gyron racõpte a brehus la maniere cõment febus occist le geant apres ce quil luy eut mostre sa force. Et cõment les dix cheualiers du geant se mirẽt en fuyte quant ilz le virent mort/ f   cc l

¶ Comment le pere grant gyron racõpte a brehus la maniere comment febus gaigna et vaincquit a la course lung des geans qui estoient venuz a la feste que le roy de norhomberlande tenoit/ fueillet   cc l

¶ Comment le grant pere gyron racõpte a brehus la maniere comment febus occist a mist a mort les deux geans/ fueillet   cc lij

¶ Comment le pere grant gyron racõpte a brehus la maniere comment febus occist et mist a mort les quatre geãs qui estoient en la caue ou ilz estoient. Et cõment il deliura tous ceulx qui estoient leans/ f   cc liij

¶ Comment le grant pere gyron racõpte a brehus la maniere comment febus et la damoyselle moururent en la caue/ fueillet   cc lv

¶ Comment gyron le courtoys troua abilan estrangor qui luy dist nouuelles de danayn le roux/ et luy compta comment il auoit este abatu par ledit danayn. Et comment en cheuauchãt eulx deux ensemble ilz trouuerẽt sagremors qui leur feist assauoir la coustume du passaige perilleux/ f   cc lvij

¶ Comment gyron et abilan estrangor se mirent a la voye por aller au passaige perilleux/ f   cc lix

¶ Comment abilan fut vaincu a naure moult forment. Et cõment il fut emporte a la tour du passaige perilleux ou il demoura prisonnier/ f   cc lxj

¶ Comment Gyron le courtoys mist a desconfiture les vingt cheualiers du passaige perilleux et en occist et blessa plusieurs/ f   cc lxij

¶ Comment le seigneur de la tour du passaige perilleux qui filz estoit de galehoit le brun et gyron le courtoys se cõbatirent ensemble a ne sceurent vaincre lung lautre. Et comment le sire de la tour emmena gyron auec luy pour le logier/ fueillet   cc lxm

¶ Comment vng des cheualiers de la tour du passaige perilleux estant auec Gyron le courtoys en vne chambre luy racompta cõment la coustume du passaige perilleux auoit este establie par galehoit le brun/ et la cause pourquoy. Et comment ledit cheualier luy feist acongnoistre le nom du seigneur de la tour et de quel lignaige il estoit extrait/ fueillet   cc lxvij

¶ Cõment gyron le courtois vaincquit

les vingt chevaliers q̃ gardoient le passaige perilleux. Et cõment apres ce que gyron eut navre le seigneur de la tour il ne voulut plus cõbatre a lencõtre dudit seigneur. Et cõment il se feist congnoistre a luy/fueillet cclxxvii

¶ Cõment gyron le courtoys cõpte a febus qui filz estoit de galeholt le brun cõment on osta lespee audit Galeholt son pere en ung tournoyement ou il estoit/ fueillet cclxxviii

¶ Cõment gyron le courtoys devise a febus la maniere comment Galeholt le brun recouvra son espee/et la grant hardiesse q̃l feist pour la ravoir/f cclxxix

¶ Comment gyron le courtoys trouva danayn le roux et la belle damoyselle au pres dune fontaine/lesquelz il alloit querant/fueillet cclxxx

¶ Cõment gyron le courtoys q̃ danayn le roux se combatirent ensemble moult longuement. Et cõment leur bataille fut cruelle q̃ fiere. Et comment en la fin gyron le courtoys vaincquit danayn le roux. Et comment il vouloit occire danayn. Et cõment il le laissa par sa courtoysie/fueillet cclxxxi

¶ Comment gyron le courtoys trouva une damoyselle q̃ demenoit moult grãt dueil pour lamour dung chevalier q̃ son amy estoit que ung geãt avoit emporte sur son col/fueillet cclxxxv

¶ Cõment le Geant q̃ avoit emporte le chevalier pour qui la damoyselle faisoit dueil emporta danayn le roux. Et comment gyron alla apres q̃ delivra danayn q̃ le chevalier de la damoiselle/f. cclxxxvi

¶ Cõment le roy destrãgozre appelle le bon chevalier sans paour acõpaigne de son escuier entra au val de servaige dont nabon le noir estoit seigñr/f cclxxxix

¶ Cõment le roy destrangozre nõme le bon chevalier sans paour estant au val de servaige vint au chasteau de lothan ou estoit nabon le noir pour cuyder delivrer le bon chevalier de norgales q̃ leds estoit en prison. Et cõment ilz se cõbatirent moult longuement luy et le chevalier de norgales sans congnoistre lung lautre/fueillet ccxcii

¶ Cõment le chevalier sans paour et le bon chevalier de norgales sentrecõgneurent. Et comment le bon chevalier sans paour laissa la bataille q̃lz avoiẽt entre eulx deux cõmencee. Et comment ledit chevalier sans paour pria a son escuyer quil le laissast sans le plus suyvre pour le mal quil pourroit avecq̃s luy souffrir fueillet ccxcv

¶ Cõment le bon chevalier sans paour desconfit nathan le filz nabon le noir et tous ses gens/f ccci

¶ Cõment Nathan alla vers nabon le noir son pere/et luy cõpta ce q̃ le bon chevalier sans paour luy mandoit. Et cõment la damoiselle q̃ avoit parle au bon Chevalier sans paour a lhermitaige le trahyt/f cccii

¶ Cõment la damoyselle mena le bon chevalier sans paour habilie en guise de dame dedãs le chastel de lothan ou il demoura prisonnier/f cccv

¶ Cõment ung varlet apporta a mangier au bon chevalier sans paour. Et cõment le bon chevalier sans paour se cõbatit en la chambre ou il estoit emprisonne contre ung geant qui serf estoit de nabon le noir. Et comment il occist le geant fueillet cccvii

¶ Cõment le bon chevalier sans paour luy estant en prison pour la grant faim q̃l souffroit devint fol q̃ hors du sens/q̃ des folies q̃l faisoit/f cccix

¶ Cõment le bon chevalier sans paour fut mis hors de prison tout hors du sens Et cõment plusieurs enfans q̃ garcons se mocquoiẽt de luy pourquoy il en occit ung. Et cõment il recõgneut la damoyselle q̃ lavoit trahy. Et cõment il la fist trainner par ung chevalier a la queue de son cheval/fueillet cccx

¶ Comment gyron le courtoys trouva

Vne damoyselle toute nue en chemise et vng cheualier tout nud qui estoient lyez a vng arbre/ et deuant eulx auoit deux cheualiers armez qui ainsi mourir les souloient faire/fueillet　　　cccxi

¶Comment gyron le courtoys vainc‑ quit les deux cheualiers qui auoient lye a larbre le cheualier et la dame si vilaine ment/fueillet　　　cccxiii

¶Comment le cheualier que Gyron le courtoys auoit vaincu lequel auoit lye helyn le roux a larbre qui estoit son frere et son nepueu racompte a gyron la grãt desloyaulte dudit helyn le roux. Et cõ‑ ment il auoit occis son pere et sa mere/ fueillet　　　ccclv

¶Comment gyron le courtoys deliura le cheualier et la dame qui estoient lyez a larbre apres ce quil sceut la grant des loyaulte du cheualier qui lye y estoit/ fueillet　　　cccxvi

¶Comment helyn le roux recommẽca a faire desloyaultez apres ce que gyron leust deliure. Et comment gyron tous‑ ta contre luy z labatit. Et cõment quãt il recõgneut gyron il le mena a son chas‑ tel/fueillet　　　cccxix

¶Comment apres ce que helyn le roux eut mene Gyron le courtoys et la da‑ moyselle a son chastel il les trahyt. Et cõment il les feist lyer a vng arbre tous nudz piedz et en chemise/f　　　cccxxi

¶Comment danayn le roux descon‑ fit helyn le roux et tous ceulx qui estoiẽt auecques luy. Et comment il deliura gyron le courtoys et la damoiselle/fueil let　　　cccxxii

¶Comment danayn le roux entra en la voye de faulx soulas. Et comment il arriua deuant vne tour ou ne habi‑ toient que dames et damoyselles. Et comment il entra en vng pauillon qui au pres de la tour estoit ou auoit plu‑ sieurs damoyselles. Et comment lune dicelles laissa aller vng leurier quelle te noit. Et comment danayn se combatit a vng cheualier pour rauoir le leurier a la damoyselle/fueillet　　　cccxxvi

¶Comment vng hermite compta a da nayn la cause pourquoy les deux tours du val auoient este ediffiees/ et pour‑ quoy ne habitoient en lune que dames et damoyselles/et enlautre cheualiers et hommes/f　　　cccxxx

¶Comment danayn retourna au pa‑ uillon de la dame a qui il auoit rendu le brachet. Et comment il vaincquit plu‑ sieurs des cheualiers de la tour/des‑ quelz il apporta tous les escus aux da‑ mes du pauillon q̃ les pendoient a leur tour/fueillet　　　cccxxxi

¶Comment vng des cheualiers de la tour naura danayn dung glayue enue‑ nyme. Et comment danayn fut long temps sans porter armes/f　　　cccxxxv

¶Comment danayn fut guery de sa playe enuenymee. Et cõment il vainc‑ quit depuis cinq cheualiers. Et com‑ ment vng des cheualiers de la tour le vaincquit et demoura prisonnier/fueil let　　　cccxxxvii

¶Comment gyron le courtoys acom‑ paigne de son escuier et de sa damoyselle entra en la voye de courroux/ et cõment il se cõbatit au seigneur de la tour de la voye de courroux et le vaincquit/ fueil‑ let　　　cccxxxviii

¶Cõment le cheualier de la tour mena gyron herbergier en son hostel. Et com ment il le trahit et emprisonna luy et sa damoyselle. Et aussi cõment elle enfan ta en la prison z mourut/f　　　cccxxxix

¶Cõment galinans le blanc filz de gy‑ ron le courtoys abatit le roy artus/lan‑ celot du lac/messire gauuain z plusieurs autres bons cheualiers cõpaignons de la table ronde de coups de lance. Et cõ‑ ment palamedes labatit/fueillet.ccc xl

¶Cy fine la table de gyron le courtoys.

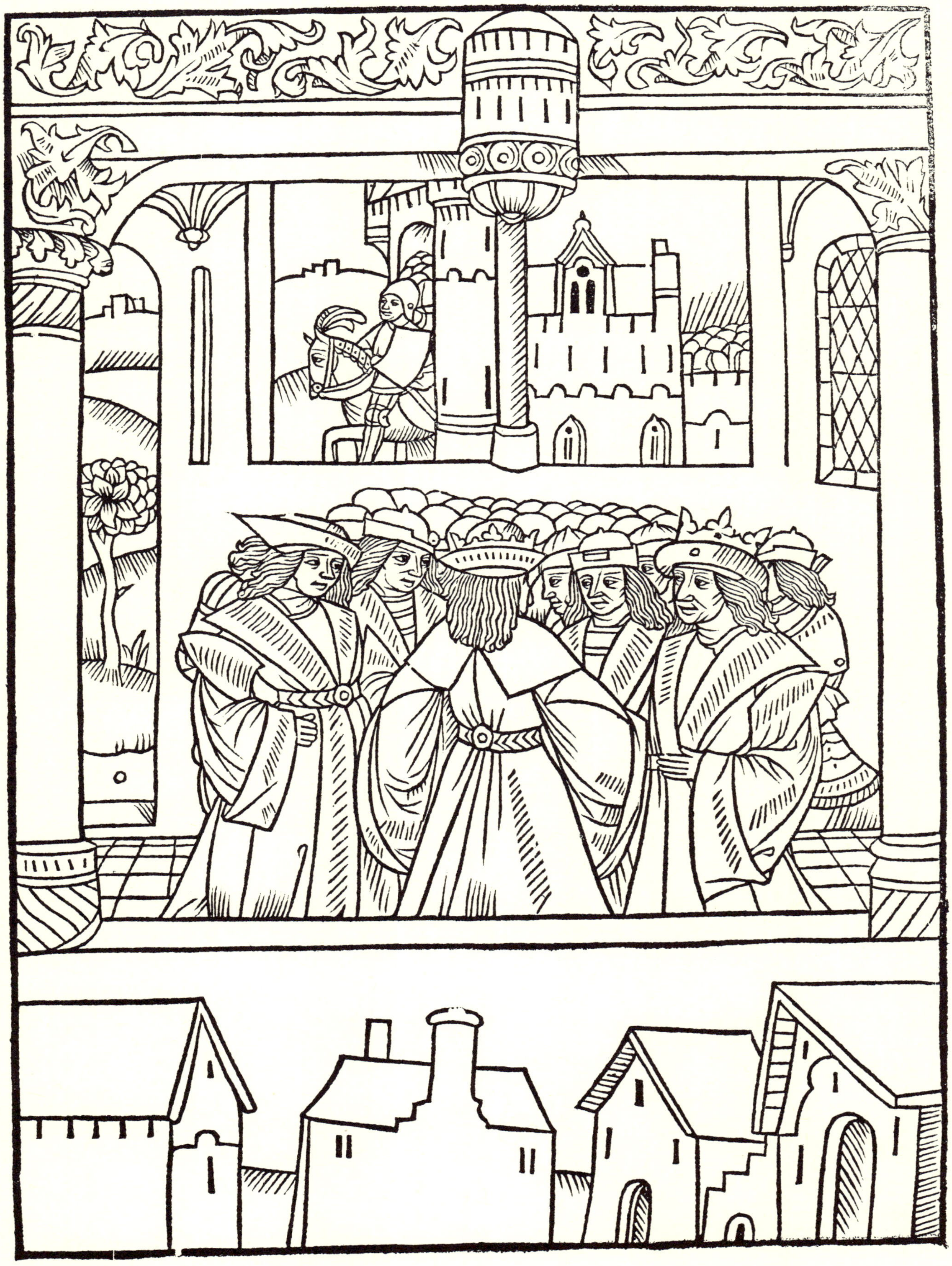

fueillet

¶ Y commence l'hystoire de gyron le courtois. Et parle premierement le maistre qui le translata de Branor le brun le vieil chevalier qui avoit plus de cent ans d'aage/ lequel vint a la court du roy Artus acompaigne d'une damoyselle pour se sprouver a lencontre des ieunes chevaliers/ A scavoir lesquelz estoient les plus vaillans ou les ieunes ou les vieulx. Et comment il les fist par ung sien varlet deffier de par luy. Et comment il abatit le roy Artus et quatorze roys qui en

a i

sa compaignie estoient/et tous les cheualiers de la table ronde de coups de lance et traicte ledit liure de plusieurs grandes auantures qui iadis aduindrent aux cheualiers errans.

Eigneurs/Empereurs/Roys/princes/ducz/contes/Barons/Cheualiers/Vicontes/Bourgeois et tous les preudhommes de cestuy monde qui talent auez et desir de vous delecter en rommans prenez cestuy cy et le faictes lire de chief en chief si orrez partie de toutes les grandes aduantures qui aduindrent iadis aux cheualiers errans du temps du roy Sterpendagron et du temps du roy Artus son filz. Et saichez tout vrayement que cestuy liure fut translate du liure de monseigneur Edouart le roy dangleterre en cestuy temps que il passa oultre la mer au seruice de nostre seigneur pour conquester le saint sepulchre. Et maistre rusticiens de puise compila ce rommant. Car dicellui liure au roy edouart dangleterre translata il toutes les merueilleuses aduantures qui sont en cestuy liure. Et saicchez que il traictera en ce present liure de plusieurs nobles vaillantises dignes de memoire a tous nobles roys/ducz/contes et cheualiers et a tous ceulx qui prendront plaisir a lire cy dedans. Et racompte premierement le maistre dune merueilleuse aduanture qui iadis aduint en la court du roy artus par vng iour de penthecouste en sa ville de kamaalot ou il estoit acompaignie de la plus grant part de ses barons et gentilz hommes.

N ceste partie dit le compte ainsi comme la vraye histoire le tesmoigne q̃ le noble roy artus estoit vne fois a kamaalot a grant compaignie de gens/de roys et de barons ou il tenoit court planiere durãt laquelle il luy aduint vne merueilleuse auãture Et saichez certainemẽt qľ y auoit a cestuy point maintz preudhommes et mesmement des compaignons de la table ronde/et si vous en nommeray icy aucuns qui y estoiẽt. Or saichez quil y auoit le roy krarados/le roy yon dyrlande/le roy de lestroicte marche/le roy de norgales/le roy doultre les marches de galonne/le roy des francz et tãt dautres que bien y estoiẽt iusques a quatorze roys. Et y estoient aussi pareillement mon seigneur lancelot du lac et mon seigneur Tristan de leonnois et mon seigneur gauuain le nepueu au roy artus q̃ mon seigneur palamedes le puissant cheualier et mon seigneur lamoral de gales/et plusieurs autres qui a court estoient venuz pour estre a la feste que le roy artus tenoit tous les ans a cestui iour Et saichez que ce estoit le iour de la penthecouste. Et quãt ilz eurent disne q̃ que les tables furent ostees a tant arriua deuant le palais vng cheualier arme de toutes armes qui estoit moult grant. Et saichez qľ estoit si corsu que pou sen failloit quil nestoit geant/et ce cheualier cõduisoit vne dame moult richemẽt acoustree si vous diray comment. Saichez que la dame estoit vestue de vng riche drap dor/et en son chief auoit vne moult belle couronne dor et de pierres precieuses/et estoit montee sur vng riche palefroy qui estoit couuert dung moult riche sampt vermeil qui luy trainoit iusques es talons. Que vous diroit ie/tant estoit belle et bien acoustree que pas ne sembloit estre chose mortelle mais espirituelle. Le cheualier auoit aussi en sa compaignie deux escuyers dont lung portoit son escu et lautre portoit son glayue.

Quant le cheualier fut venu deuant le palais en telle maniere comme vous auez ouy il ne demoura

mye grammẽt quil enuoya ũg de ses
escuyers vers le roy artus luy mandãt
ce qui sensuyt. Le varlet a qui ledit che-
ualier auoit encharge sa besongne sen al
la tout droit en la maistresse salle ou le
roy artus estoit a telle compaignie com
me ie vous ay compte. Et sen al-
la tout droit deuant le roy et luy dist
Sy roy artus la deuant vostre palais
est venus ung cheualier a qui ie suis/ et
si a en son conduyt vne des plus noble
dame et des vaillantes du mõde/ lequel
est cy venu a cestuy point/ Pour ce quil
scait tout vrayemẽt quil y a maintenãt
ceans plusieurs des preudhõmes de vos
tre royaulme/ ausquelz il mande quil a
amene auec luy icelle dame affin quelle
se voye esprouuer a lencontre deulx/ et
mande a tous ceulx qui veulent gaigner
belle dame que ilz aillent iouster a luy/
Et cestuy qui labatra a terre gaignera
la dame ẽ la seigneurie dicelle q̃ est vne
des vaillant dame du mõde. Et voꝰ fais
assauoir que il ny a ceans tãt nul cheua
lier q̃ a terre le puisse mettre. Et cest
ce que monseigneur vous mande. Et
a tant se taist que plus nen dist.

Quant le roy artus et tous les
autres roys et barons ont en-
tendu que ce le varlet a dit si le
tiennent a grant merueilles/ et dient
que voirement est le cheualier de grant
hardement. A tant ny font nul delaye-
ment/ mais tout maintenant sen vont
aux fenestres du palais et ont veu le
cheualier et la dame qui estoit moult
richement acoustree dont chascun a en
soy grant esbahyssement et dient entre
eulx que vrayement sembloient le che-
ualier et la dame estre de grant valeur.
Et la royne genieure et maintes au-
tres roynes et dames qui en ont ouy
les nouuelles les vont aussi veoir et foꝛ
ment sesmerueillent de la dame qui
si tresrichement est acoustree. Apres

ne demoura mye grammẽt que mon
seigneur palamedes se mist auant ẽ dist
Monseigneur le roy ie vous dy que ie
ayme bien belles dames/ pour ce iray
moult voulentiers gaigner icelle cy sil
vous plaist. Sire palamedes fait le
roy artus il me plaist assez que vous y
allez et que vous ruez par terre le cheua
lier a icelle dame affin quil recongnois-
se son oultrecupdance que il nous a mã
de. Et loꝛs ne fait palamedes nulle de-
mourance/ mais tout maintenant quil
eut congie du roy artus il print ses ar-
mes hastiuement et se fist armer. Et
quant il fut bien richement arme et ap-
pareille ainsi comme a cheualier appar-
tient il deuala les degrez du palais ẽ
sen vint bas en la court ou il trouua son
cheual apppreste que ung de ses escuyers
tenoit. Loꝛs monta incontinent dessus
et sen alla vers le vieil cheualier qui de
iouste les auoit fait semondꝛe.

Quant monseigneur palamedes
fut au champ venu lancien che-
ualier luy demanda qui il estoit. Et pa
lamedes luy respondit. Sire/ palame-
des mappellent ceulx qui me congnois-
sent et suis filz esclaboꝛ le mescongneu.
Sire fait lancien cheualier de palame-
des ay ie mainteffois ouy parler et re-
nommee auez destre bon cheualier/ mais
ie ne vous tiens mie a si bon cheualier
q̃ ie daigne pꝛendꝛe lãce pour iouster a voꝰ
ains vous dy que vous vous esloin-
gnez de moy et me venez ferir de toute
vostre foꝛce ẽ ie voꝰ feray quintaine. Et
se vous me pouez abatre et ruer ius voꝰ
aurez gaigne ceste dame. Et se voꝰ na
uez tant de pouoir que vous me puissez
abatre vous ne me requerrez plus de
iouste ne de meslee en quelque manie-
re que ce soit. Et ainsi feray ie a plu-
sieurs des cheualiers de leans. Et
quant palamedes entant ceste parolle

a ii

que le cheualier eut dicte si le tint a si grant desdaing que ce fust merueilles/ et luy dist moult yreement. Sire cheualier vous parlez moult haultement/mais du fait serez approuuez prouchainemẽt et ie croy quil vous sera mestier dauoir escu et lance. Lors seslongne bien demy arpent de terre et baisse son glayue et hurte le cheual des esperons et vient vers le cheualier qui appareille estoit de son heaulme/mais lance ne print il pas. Quen dyrois ie/palamedes vint vne si grant alleure quil ne sembloit pas cheualier mais fouldre et tempeste. Il va ferir le Cheualier moult hardyement/et quant ce vint au ioindre du glayue il le fiert sur son escu de toute sa force et brise son glayue/et apres le debrisement se hurte a luy de corps et de visaige si durement que palamedes cheut a la terre a tout son cheual et fut tellement atourne quil ne scauoit sil estoit iour ou nuyt ne le Cheualier ne se remua ne petit ne grant ains demoura aussi fermement comme se ce fust vng pillier. Et quant le roy artus et tous les autres roys et barons veirent laffaire de la iouste et ont veu que le cheualier nauoit prins lance ilz en ont tous grant merueilles/ et dient que vrayement le cheualier est le plus puissant homme quilz veissent oncques en nul iour de leur vie.

Et messire gauuain qui bien auoit veu comment palamedes auoit este abatu si en fut moult yre. Lors fist hastiuement apporter ses armes et se fist armer. Et quãt il fut arme et appareille si deuale les degrez du palais et monte sur vng bon cheual qui moult estoit fort et ysnel. Et quãt il fut monte si sen va maintenant vers le cheualier/ et quant ilz furent ensemble messire gauuain ne le salua pas/mais le cheualier luy demanda qui il estoit. Et il respondit par courroux/len mappelle gauuain et fut mon pere le roy loth dorcanie. Et quant le cheualier entunt que sestoit messire gauuain le nepueu au roy artus qui estoit cheualier preux et vaillant si luy dist. Sire gauuain tout le monde vous tesmoigne a bon cheualier Mais ie vous dy que ie suis tel cheualier que ie ne prendray point de lance pour vous/ ains vous feray quintaine en telle maniere comme iay fait a monseignr palamedes. Et se vo9 me pouez abatre vous aurez gaigne ceste dame. Et messire gauuain respondit. Certainement ie vo9 prometz que ie feray tout mon pouoir de vous abatre.

Apres cestuy parlement ilz ny font autre delayement/mais tantost seslogne messire gauuain du cheualier bien vne archee/ et puis baisse sa lance & hurte le cheual des esperons et vient vers le cheualier tant comme il peut et le fiert dessus son escu dore de toute sa force et brise son glayue/et apres son brisement se hurte encontre le cheualier si felonneusement q il luy conuint vuyder les arcons et tomber a terre moult rudement. Le cheualier demoura plus fermement que il nauoit fait deuant. Et le roy artus et to9 les autres roys en ont grant merueilles assez plus que deuant. Car saichez de vray que ilz tenoyent mon seigneur gauuain a moult bon cheualier. Et la royne genieure et les autres dames et damoyselles qui ont ces deux ioustes veues sen merueillent assez. Que vous dyrois ie le tiers cheualier qui alla a lencontre du cheualier a la dame fut lamoral de gales cheualier preux et vaillant merueilleusement/ il brise sa lance sur le cheualier/mais de selle ne le remue ne tant ne quant. Le quart fut mõ seigneur gaheriet le frere monseigneur gauuain/le quit boort de gauues/le. vi.

messire yuain le filz au roy brien/le septiesme sagremors le desree/le huytiesme monseigneur bliomberis de gauues/le neufuiesme monseigneur segurades cheualier de grande renōmee le dixiesme fut saphar le frere palamedes le meilleur cheualier fereur de lance que on sceust ne pres ne loing/le .xi. fut monseigneur hector des mares le frere lancelot du lac qui moult estoit hardy iousteur et vigoureux/le douziesme monseigneur gaheriet de lambale. Tous ces cheualiers qui douze furent allerent ferir lung apres lautre sur lancien cheualier/et a tous iceulx fist le cheualier quintaine et tous briserent leurs lances sur luy ne de selle ne le peurent oncques remuer aincois de ses douze en cheurent bien les neuf dont il leua grāt noise par toute la court si en ont grant merueilles/si dient que cestui nest pas cheualier/mais fouldre et tempeste

Quant monseigneur tristan eut veu tant de ses compaignons aller a la terre et proprement de ceulx q̄ il prisoit moult de cheualerie si en a si grant dueil que il ne se peut tenir quil ne die/or aille comment aller pourra ie iray iouster au cheualier pour vengier la honte de mes cōpaignons se ie puis Et non pour tant ie puis bien dire que cestuy est le meilleur cheualier dont ie ouysse oncques parler en ma vie. Si se fait armer hastiuement et furent a larmer maint roy/et le roy artus mesmes y fut. Et quant il fut bien armez appareille il deuale du palais et monte sur vng bon cheual fort et isnel et sen va vers le cheualier. Monseigneur tristan estoit vng des plus courtois cheualiers du monde/il salua tantost le cheualier cōme il fut deuant lui venu/et le cheualier luy rendit tantost son salut bien et courtoisement et luy demande qui il est. Sire fait il/ Tristan de leonnois mappellent ceulx qui me congnoissent

Ha sire tristan fait il que vous soyez le tresbien venu ainsi comme le meilleur cheualier du monde. Si vous dy vrayemēt que ie refusasse voulentiers la iouste de vous pour le grant bien que len en dit par tout le siecle. Mais ma dame qui la est ma deffendu que ie ne refuse la iouste de nul cheualier de la maison au roy artus/mais ie feray tāt pour vous et pour vostre honneur que ie prendray mon glayue. Et lors appelle vng de ses escuyers qui luy baille vng glayue court et gros et puis seslongnent lung de lautre bien vng arpent.

Quant les roys et les barons/les dames et les damoiselles qui la estoient pour veoir les ioustes virent eslongner les cheualiers ilz crierent tous a vne voix. Or pourra len veoir cy belles ioustes/car ce est tristan de leonnois qui va iouster au cheualier. Et quant les cheualiers se furent eslongnez ilz ny firent autre delayement/mais tout maintenant baissent les glayues et fierēt cheuaulx des esperons et viennent lung vers lautre si tresgrant alleure quil semble que la terre doye fondre dessoubz leurs piedz car les cheuaulx estoient fors et ysnelz et les cheualiers qui dessus estoient preux et vaillans. Ilz viennent si roydement que ce semble fouldre et tempeste. Et quant ilz viennent au ioindre des glayues ilz sentrefierent de toute leur force. Monseigneur tristan brisa sa lance. Et le cheualier le fiert si durement que il luy perce lescu et le haulbert et luy met le fer parmy lespaule seneftre et luy fait vne grant playe et le porte a la terre tel atourne cōe sil fust mort/et quant il eust ce fait si sen passe oultre pour parfournir son poindre. Et quāt ceulx qui aux fenestres estoiēt virēt mōsʳ tristan gesir a la terre en telle maniere se lieue p leās vne noise/vng cry si grāt q̄ len ny oyst pas dieu tōnāt

a iii

De Gyron le courtoys

Quant monseigneur lancelot voit tant de ses compaignons a la terre et veist Tristan son chier amy qui gesoit a la terre ainsi come se il fust mort il a si grant ire que a a pou quil nenraige de dueil/et dist q̃ nonobstant que le cheualier soit le plus prise homme du monde si se mettra il en aduanture destre rue ius pour venger la honte de ses compaignons/car se il nen faisoit son pouoir sen luy pourroit tourner a couardise. A tant fait apporter ses armes et se fait armer hastiuemẽt/si luy ayderent a sarmer maint preudhomme. Et quant il fut arme bien et richement il deuale les degrez du palais ⁊ monte sur vng bon cheual et sen va vers le cheualier. Lors lieue grant cry de tous ceulx qui la estoient et dient. Or pourra len veoir monseigneur lancelot a lespreuue du bon cheualier. Et quant monseigneur lancelot fut a luy venuz si le salue et il luy rend son salut. Sire(fait le cheualier a monseigneur lancelot) qui estes vous qui a moy voulez iouster. Sire fait il/lancelot du lac suis appelle filz au roy Ban de Benoic. Et quant le cheualier entent que cest monseigneur lancelot du lac le tresbon cheualier si dist. Haa lancelot moult est grant la renommee de vous par tout le monde/et se maist dieux iauoye grant desir de iouster a vous/mais la dieu mercys le tẽps est venu et ien feray tout mon pouoir come iay fait pour monseigneur tristan Car ie iousteray a vous a toute ma lance. Sire fait lancelot vous mauez demande de mon nom et ie le vous ay dit courtoisement/et pour ce vous pry ie ⁊ pour lamour de cheualerie q̃ vous me dictes vostre nom ⁊ qui vous estes.

Sire lancelot fait le cheualier mon nom ne pouez vous scanoir a ceste fois/car il mest deffendu a cestuy point que a voꝰ ne a autre ne le die/mais ie voꝰ dy que il ne passera mie grammẽt de temps que vous le scaurez/mais de ce vous ny aurez guereS de preu quãt ce sera. Quãt monseigneur lancelot ouyst ainsi parler le cheualier et veist quil ne vouloit dire son nom si sen souffrist a tant. Si ny font plus delayement ains seslongnẽt lung de lautre/puis baissẽt leurs glayues et fierent leurs cheuaulx des esperons et viennent lung contre lautre de si grant aleure que ce semble vẽt Et quant ce vint au ioindre des glayues ilz sentrefierẽt sus les escus de toute leur force. Monseigneur lãcelot brise sa lance et le cheualier le fiert si roydement quil ne remaint pour escu ne pour haulbert quil ne luy mette le fer de son glayue parmy le pis et le porte a la terre moult felonneusemẽt/et le cheualier passe oultre poꝛ parfournir son poindre. Et monseigneur lancelot gesoit a la terre ainsi comme sil fust mort Et quant le roy artus et tous les aultres ⁊ ma dame la royne genieure ⁊ toutes les autres dames voiẽt ce silz auoient fait deuant grant cry ⁊ grãt noise ores a cestuy point la font ilz greigneur assez pour lamour de monseigne lancelot du lac pour la doubte q̃lz auoient quil ne fust mort

Atant demande le roy artus ses armes et on les y apporte maintenant. Et quant la royne genieure voit que son baron demande ses armes elle sen vient tãtost a lui ⁊ se laisse cheoir a ses piedz et luy dist. Monsꝛ mercy pour la doulce mere de dieu ayez pitie de vous mesmes/helas sire voulez voꝰ aller a vostre mort ne voiez voꝰ q̃ tant de preudhommes sont mis a mort par le cheualier/et voꝰ voulez encores aller a vostre mort. Je vous dy vrayement que se vous y allez ie mocciray de mes deux mains. Le roy la fist oster de deuant luy et dist q̃ il ne sen tiendroit pour riens du monde. Et quant tous les autres roys et barons voyent que leur sire le roy artus veult aller iouster voirement au bon cheualier si luy dient. Sire saichez que vous voulez faire chose de non sẽs. Car vng tel homme comme vous estes et que tant de gens se mirent a vous ne se deuroit mettre en si grant peril cõme daller iouster a cestuy ou tant de preudhõmes ont failly, si vous en pourroit bien a cestuy point tellement mescheoir que tout le monde en auroit dõmaige. Seigneurs dist le roy saichez tout vrayemẽt que ie ne men tiendroye pour toute ma terre, si commande que on luy apporte ses armes et on les luy apporta erramment q̃ larma on au mieulx quon peust. Et quant les roys et les barons le virent arme tous les .xii. roys si se font armer a grant haste. Et quant ilz furent armez ilz deualent to⁹ du palais et montent sur leurs cheuaulx. Et quant ilz furent armez ⁊ appareillez le roy artus se met tout seul a aller vers le cheualier, mais nul autre ny alla a cestuy point.

Quant les gens voyent aller le roy leur seigneur en si grãt peril comme daller iouster au bon cheualier ilz en ont grant doubtance ⁊ grãt paour, et prient to⁹ nostre seigneur ⁊ sa mere q̃lz le gardent de mal. Et les dames q̃ aux fenestres estoient prioient tout en telle maniere. Mais la royne genieure ne pouoit pas souffrir que elle peust veoir son seigneur aller en si grant aduãture ains sen alla en sa chãbre et se gecta dessus son lict grãt dueil faisant. Et encores le demenast elle plus grant se ne fust les dames qui la reconfortoient.

Quant le roy artus fut au cheualier venu il ne le salua pas ains luy dist par moult grãt courroux. Es tu fantosme ou enchantement qui es venu pour mon hostel mettre a honte. Comment fait le cheualier estes vous donc sires de cestuy hostel. Voirement en suis ie sire fait il. Donc estes vous le roy artus fait le cheualier. Sãs faille artus suis ie roy de bretaigne qui te fera honte et deshõneur. Et quant le cheualier sceut certainement que sestoit le roy artus celuy qui est tenu au plus preudhomme du monde si luy dist moult courtoysement. Sire roy dist il vous nauez pas raison de moy faire honte ne deshonneur comme vous dictes. Or saichez que ie fuz grant amy au roy vterpandragon vostre pere. Et si feiz iadis pl⁹ pour luy que pour nul autre cheualier de son hostel. Et pour lamour de vostre pere vous dis ie que ie vous ayme assez et voulentiers refusasse la iouste de vous se ie peusse et vous rendisse mon espee, mais se dieu me doint bonne aduanture comme ie ne puis si iousteray ie a vous encontre ma voulente. Et quant le roy entent ainsi parler le cheualier ⁊ oit quil dit quil fut moult grant amy son pere il pensa tout maintenant quil soit aucun ancien cheualier de ceulx de la maison son pere, et pour ce dist il que il le veult cognoistre se il peut, lors luy dist. Sire cheualier vous mauez fait entendant que vous fustes moult amys a mon pere pour quoy ie vous prie que vous me diez vostre nom et vostre estre. Car malement mauez cy monstre que iamais ayez este de vostre vie amy de mon pere ne le mien aussi quant cy estes venu pour mettre mõ hostel a hõte. Vostre hostel sire fait le cheualier, or saichez de vray q̃ mon affaire ne mettra pas v̾e hostel a hõte, car q̃nt vo⁹ scaurez le fait

a iiii

Vostre court en aura honneur τ non mie honte. Mais mon nom ne mon estre ne pouez vous mie scauoir a cestuy point mais ie vous dy que ie vous le feray scauoir ains quil soit long temps/ si vous prie tant comme len pourroit prier son amy et son seigneur que il ne vous en poise de ce que ie vous ay escondit mon nom et mon estre. Et quant le Roy voit quil ne peut apprendre le nom ne lestre du cheualier il ne luy tient plus parlement ains se eslongne tant comme il luy fut conuenable. Et quant le cheualier voit que le roy sestoit eslongne pour iouster a luy il dist en son cueur q̃ pour lhonneur du royaulme et q̃ pour ce quil scait q̃ le roy est tant preudhomme et de si grant valeur luy fera tant dhonneur quil ioustera a luy a lance. Et lors sappareille de la iouste.

ET quant le roy et le cheualier furent appareillez ilz ny font nulle demourance/ ains hurtent cheuaulx des esperons et viennent les glaiues baissez tant comme ilz peuent des cheuaulx traire. Et quant ilz sentreattaindrent des glayues ilz sen trefierent dessus les escus de toute leur force/ le roy brise sa lance τ le cheualier le fiert si durement quil le porte a la terre moult felonneusement/ τ luy fait vne grant playe emmy le pis puis sen va oultre pour parfournir son poindre Et quant les roys/ les dames et les damoyselles virent leur seigneur gesir a la terre en telle maniere si cuident vrayement quil soit mort/ si en font tous si grant dueil que pou sen fault quilz nyssent hors du sens/ ilz batent leurs paumes ensemble. Et lieue leans vne noise et vng si grant cry quon ny ouyst pas dieu tonnant. Monseigneur gauuain/ monseigneur lancelot et monseigneur tristan et les autres cheualiers qui abatus auoient este voient le Roy leur seigneur gesir en telle maniere si ont doubte que il ne soit mort si sen vont erramment τ luy ostent le heaulme du chief/ et le roy ouure les yeulx et gecte vng grant cry de cueur parfont et puis dist. Ha sire Dieu aydez moy. Monseigneur gauuain et maint autre luy demanderent comment il se sentoit. Saichez (dist il) seigneurs cheualiers que cestuy nest pas homme terrien/ ains pouez dire seurement quil est le meilleur cheualier et le plus puissant que oncques fust veuz/ mais sans faille ne croyez quil soit cheualier mais fouldre et tempeste/ car nous pouons dire tout seurement que voirement auons nous trouue a cestuy point tel cheualier qui passe de iouste tous les cheualiers qui oncques porterent armes anciennement ne nouuellemẽt. Et sil est aussi bon cheualier de lespee comme il est de la lance on peut bien dire quil na son pareil au monde. Et endementiers que ilz parloient entreulx a tant voicy venir le roy Izarados arme moult richement et se contient en moult bel arroy. Le roy artus et monseigneur lancelot τ tous les autres le congnoissent bien si dient entre eulx/ voicy venir le roy Izarados qui nous veult faire compaignie. Que vous diroie ie? Le roy q̃ auoit bien veu que le cheualier auoit tant de preudhõmes mis a terre si sen va vers luy a grant doubte/ et quãt il fut pres de luy il le salua moult honnorablemẽt τ le cheualier luy rend son salut assez suffisãment pour ce q̃ il voit ql est si richemẽt acoustre τ pẽse en soy ql est homme de grant valeur. Si luy demande tantost qui il est. Et il luy respond en ceste maniere. Sire fait le roy/ Izarados mappellent ceulx qui me congnoissent. Et quant le vieil cheualier entend que ce estoit le Roy Izarados si dist a soy mesmes que pour lamour du Roy Artus ioustera il a luy a glaiue et pour lhonneur du roy Karados/et de luy aussi. Si luy dist tout maintenant. Et comment sire dist il/ estes vous roy. Ouy voir respond le roy karados/roy suis ie voirement/ et tous ceulx que vous veez la montez sont aussi roys/et tous ceulx sans nul excusement veulent a vous iouster. Et en ceste maniere lont ilz accorde pour vengier la honte a tous ses cheualiers que vous auez abbatuz. Et ce est la cause pourquoy ilz viennent a vous iouster si vous gardez de eulx/car a vous veulent ilz iouster.

¶ Comment le vieil cheualier iousta au roy Karados que labatit a la terre/et comment il luy aduint.

Apres ces parolles ilz ne font nul delayement ains se esloingnent lung de lautre et baissent les glaiues et sen vindrent lung contre lautre. Et quant ilz vindrent au ioingdre des glaiues ilz sentreferirent sur les escuz de toute leur force si que le roy brisa sa lance/et le cheualier le ferit si roidement quil le porta a la terre nature moult durement. Et apres ce que le roy Karados fut abatu il ne demoura mye grandement que le roy Yon vint moult richement arme pour iouster au cheualier et brisa sa lance/et le cheualier feist de luy autre tel come il auoit fait des autres. Que vous en diroye ie/sachez tout vrayement que les .xiiij. roys qui prindrent armes auec le roy artus tous allerent iouster au cheualier/et tous briserent leurs glaiues sur luy/ne de selle remuer ne le peurent. Et le cheualier les abatit tous a la terre moult cruellement tant que diceulx plusieurs furent naurez. Et quant le cheualier eut abatu tant de roys que tant

de barons comme ie vous ay compte il demoura depuis vne grant piece pour veoir se nul viendroit plus auant pour iouster. Et quant il voit que nul ny vient il oste son escu que estoit la moytie plus grant que nul des autres cheualiers/et estoit my party de blanc et de noir et de loing il le bailla a son escuier et le glaiue aussi. Puis sen vint ou le roy artus et ceulx quil auoit abatuz estoient et luy dist. Sire roy artus sachez de vray quil ya plus de quarante ans que ie ne portay armes/et sachez que ie ay plus de six vingtz ans/mais ie auoye grant desir desprouuer voz cheualiers auant que ie trespassasse pour ce quilz ont grant renommee de cheualerie/et pource auoye ie talent desprouuer les cheualiers de ce pays pour scauoir combien ilz auoient de pouoir/et pour scauoir lesquelz estoient meilleurs cheualiers ou les anciens ou les ieunes. Esprouue lay la dieu mercy. Si vous dy que ie veis iadis telz deux cheualiers qui trespassez sont que tous les cheualiers qui sont en vostre hostel pour quilz ne feussent que iusqua deux cens ilz les auroient moult tost mys a la terre les vngs apres les autres/et si vous nommeray lesquelz furent. Lung fut monseigneur Hector le brun. Cestuy fut laisne/et fut bien parfait cheualier et puissant le plus qui fut en son temps. Lautre fut Galeholt le brun/et fut le meilleur cheualier du siecle a son temps. Des autres assez ne vous dy ie mye qui furent de plus grant renom et des plus anciens. Comme fut phebus qui de haulte cheualerie passa tout le monde. A tant se taist le cheualier et plus nen dist. Sire cheualier ce dist le roy artus/nous auons veu tout appertement que vous estes tout le meilleur cheualier que nous ayons veu a nostre viuant/mais nous vous prions tant come len pourroit plus prier que vous nous dictes vostre nom/et qui vous estes. Car saichez de vray que nous le desirons moult a scauoir.

Monseigñr le Roy fait le cheualier ie vo9 prie par amour quil ne vous poyse de ce que ie vous en diray. Mon nom ne mon estre ne pouez vo9 scauoir a cestuy point. Mais saichez que ie vous manderay mon nom z mon estre assez tost/et seur en soyez que ie suis vostre amy et vostre bien veillant. Et quant le roy et les barons ont entendu la voulente au cheualier quil ne se veult descouurir de son estre si luy dient. Sire cheualier quant vous ne voulez descouurir vostre nom or faictes tant pour honneur de cheualerie et par vostre bonte que vous demourez auecques nous deux iours ou trois si nous direz lesquelz furent bons cheualiers anciennement. Seigneurs fait le cheualier ie ne demourray pas a cestuy point auec vo9 ie vous prie q̃l ne vo9 anuyt / car sans faille ie ne puis a ceste foyz. Mais ie vous creance loyaulment que auant que il soit passe gr̃ment de temps ie vous feray scauoir mon estre. A tant ny fait plus de delayement ains commande le roy artus et tous les autres a dieu/et se met au chemin entre luy et la dame et ses escuiers/et cheuaucha toute la voye vers la forest de cāmalot. Mais a tant laisse ores le cõpte a parler du vieil cheualier qui bien y scaura retourner prouchainement/et retourne a parler du roy artus et de to9 les autres roys et barons qui illecques estoient assemblez.

¶ Cõment le roy artus luy.xiiii. de roys armez moult richement se firẽt desarmer/lesquelz le vieil cheualier auoit abatuz to9 de sa main sans autre cheualerie.

R dist le compte que quãt le roy artus et to9 les autres roys et barons ã cheualiers qui auoyent este abatuz quant ilz virent le cheualier ã la dame ã partiz sen estoiẽt ilz sen allerent to9 a la maistresse salle du palais ou ilz se firent desarmer/et manderent par tout les bons mires ã en la ville estoient. Ilz regarderẽt tout premierement le roy artus/et trouuerent quil estoit naure moult duremẽt/ et dirent q̃lz le rendroient guery prouchainement. Apres regarderẽt tristan et monseigneur lancelot et les autres roys ã barons/et trouuerent q̃lz estoient naurez moult durement. Et quãt ilz furẽt bendez au mieulx q̃lz sceurent le roy si dist entre ses barons. Seignr̃s vo9 auez veu en cestuy iour du tout la greigneur merueille q̃ aduenist a nostre tẽps/si prie a chascun q̃l dye ce quil scet de ce cheualier. Et ie puis cuydier q̃l ne soit cheualier mais aucun enchãteur. Mais toutesvoyes il no9 dist tãt des choses anciẽnes ã tãt de vielz cheualiers no9 parla quil no9 dõne creãce q̃l soit cheualier mais terrien.

A Tant respondent monseignr̃ tristan ã monseignr̃ lancelot et maint autre baron ã cheualier et dient. Sire roy sachez de vray ã de la iournee dhuy auons nous tout veu la greigneur merueille du monde Et pouons dire que nous auõs trouue le plus puissant cheualier du monde. Et sans faille ce est bien auanture de mettre en escript entre les auantures de la table ronde. Et du cheualier nous disons que nous ne scauons qui il est/ne ne pouons cuydier par pensee qui il soit. Et adonc le roy artus feist venir vng clerc ã fist mettre en escript et rediger tout laffaire de ceste aduanture/mais le nom du chevalier ny mist il pas pour ce que il ne le scauoit mye/ mais le livre le nous nommera cy apres. Et sachez que ceste nouvelle aduanture qui veult regarder le temps et les aduantures qui aduindrent par le temps ceste ne seroit pas de mettre en script au chief de cestuy livre pource que telles nouvelles sont escriptes en cestuy livre apres ceste qui furent assez devant. Mais pource que maistre rusticiens le trouua au livre au Roy dangleterre tout premierement et tout deuant en feist il chief de son livre pource que elle est la plus belle aduanture et la plus merueilleuse q soit escripte en trestous les rommans du monde. Mais a tant laisse ores le compte a parler du Roy artus et de tous les autres roys et barons/ et retourne a parler dune moult belle aduanture q lors aduint au vieil cheualier.

¶ Comment vne damoyselle se laisse cheoir deuant les piedz du vieil cheualier en lui priant quil luy vueille donner secours contre vng conte qui la guerroye/ et de la responce quil luy feist/ et ce qui en aduint.

R dit le compte que a Kamalot a la court du roy artus estoit venue vne damoiselle de si loingtaine terre/ comme de Lystenoys. Et avoit demoure en la court du roy artus bien vng moys et luy demandoit tousiours aide et secours. Et vous faiz assauoir q ceste damoyselle estoit fille a vne vefue dame qui fut seur a monseigneur Lamoral de Lystenoys/et si l'auoit sa mere enuoyee au roy artus pour querre aide/ car vng grant conte qui son voysin estoit qui moult estoit puissant dauoir/damys et de terre pource que la dame nauoit baron ne homme qui la deffendist. Celluy conte luy auoit tollu maintes terres et maint chastel/ et lauoit assiegee dedans le chastel bien a cinq cens cheualiers. Et estoit demoure au siege bien demy an/ et auoit iure sur tous les saintz quil ne sen partiroit deuant ce quil eust la seigneurie du chastel. Et la dame eust conseil de ses hommes/ et ceulx luy dirent quelle enuoyast au roy artus querre secours et aide/ et affin quil en eust greigneur pitie luy requirent quelle y enuoyast sa fille. Et pour ceste achoyson estoit venue la damoiselle a la court du roy artus. Celle auoit mainteffoys demande aide/ et le roy luy auoit promis quil luy donneroit et aide et secours.

Quant ceste damoyselle eut tant demoure a court comme vous auez ouy/ et ceste aduanture aduint du bon cheualier/ et la damoiselle qui bien eut veue la grant merueille que cil auoit faicte/ et auoit veu que le cheualier sen alloit. Elle comme saige damoyselle a soy mesmes dist q cestuy cheualier pourroit secourre seurement sa mere/ lors ny feist nulle demoure mais tantost monte a cheual entre elle et deux varletz qui auecques elle estoient venuz pour luy faire compaignie. Elle ne print pas congie au roy/ mais se mist tout maintenant au chemin la ou elle auoit veu le cheualier aller. Si cheuaucha si hastiuement quelle vint attaignant le cheualier et la dame. Et quant la damoyselle fut venue au cheualier elle descend a terre et se iette a genoulx deuant les piedz du cheual au cheualier et luy prie quil lentende de ce que elle vouldra dire. Et le cheualier qui voit ainsi la dame a genoulx en eut moult grant pitie si luy dist. Belle doulce amye levez sus diligemment/et demãdez ce q̃ vous vouldrez/car ie voꝰ dy vrayement que ie vous aideray de tout mon pouoir. Lors se dresse en estant et dist. Ha franc chevalier et gentil ayez pitie de moy et de ma mere qui est de moult grant aage/et mettez conseil en nostre affaire. Car saichez de vray que nous sommes les plus desconseillees femmes du monde/et celles a qui greigneur tort est fait. Quant le chevalier eut ainsi ouy parler la damoyselle il en eut si grant pitie quil en ploura des yeulx et luy dist. Damoyselle/or me comptez du fait/et ie vous dy loyaulment que ie y mettray cõseil. Grant mercy sire fait la damoyselle/ et ie le vous compteray. Sire fait elle Il est vray que iay la mienne mere qui est de moult grant aage/et fut seur a mõseigneur Lamoral de listenoys qui moult fut bon chevalier. Cestuy lamoral si mourust avant Vterpandragon/ et quant il trespassa il ne demoura nul hoir dont la terre remaint a ma dame de mere q̃ la tint apres ung grant tẽps tout en paix. Or est advenu depuis q̃ ung conte qui moult cruel homme est et marchit en nostre terre/et pource qͥl a greigneur pouoir que nous il nous a tollues maintes terres et maint chastel que nous nen avons que ung seulement/et la est il venu a tout son pouoir assieger icelluy chastel qui nous est demoure a bien cinq cens chevaliers et ma mere est dedans avec elle cent chevaliers. Et quant ma mere se veist a si grãt meschief elle menvoya a la court du roy artus poᵘ querre ayde/et le roy si mavoit ottroye de mettre bon cõseil en mon affaire. Mais quãt ie veis huy la grãt chevalerie que vous feistes en la place de kamalot/ie dys a moy mesmes que ie ne pourroie avoir meilleur ayde que vous. Et pource me myp ie apres vous au chemin/et dieu en soit

mercie et aoure quant ie vous ay trouve. Donc ie vous prie pour lamour de la doulce mere dieu que vous viẽgniez avecques moy pour aydier a ma mere contre ce maulvais homme.

Damoyselle fait le chevalier/ie vous faiz assavoir qͥl ya passe plus de quarante ans assez que ie ne portay armes si non huy certainement cõme vous mesmes dictes que vous veistes/ne navoye voulente de plus faire darmes. Mais quant ie regarde a vostre affaire dont a si grãt meschief estes/ie vous dys que ie suis cestuy qui ostera de son cueur ce que il avoit pourpense/et me veil travailler de ceste besongne. Et la me fait faire une autre chose que ie vueil que vous sachiez que monseigneur de lystenoys fut moult mon amy. Et pource soyez toute asseuree/car ie prens desormais vostre affaire sur moy. La mere dieu vous en rende bon guerdon dist la damoyselle. Atant monte sur son palefroy et se met au chemin avecques son chevalier/et chevauchent tout cestuy iour iusques au soir. Et quant le soir fut venu le chevalier feist dresser ung beau pavillon emmy la forest/et illecques demourerent toute la nuyt.

Lendemain se leverẽt ⁊ monterent sur les chevaulx ⁊ chevauchierent tant quilz vindrẽt en terre foraine en ung lieu moult repost/et illec seiournerent trois iours Et au quatriesme iour mõterent sur les chevaulx le chevalier et la damoyselle et trois escuiers au chevalier et deux varletz a la damoyselle/et laissẽt la dame et la commandent a dieu/car le chevalier ne la vouloit pas mener avecques luy. Et se mirent au chemin/ et chevaucherent tant quilz vindrent a Lystenoys pres du chastel a trois lieues/et illec demourerent au soir. Et quant la nuyt fut venue si entrerent dedans le chastel/et monterent en la maistresse forteresse. Et quant la mere voit sa fille si luy fait moult grant feste et au cheualier aussi. Mais non mye si grant comme elle eust fait se elle eust sceu qui il estoit. Que vous en diroye ie la dame feist appareiller a soupper moult richement si mangierent et beurent moult aisement. Et quant ilz eurent mangie ilz firent oster les tables/et la dame trait a vne part sa fille en sa chambre/et a fait appeller iusques a douze cheualiers des plus saiges qui au chastel estoient/mais le vieil cheualier ny fut pas.

Quant la dame voit ses cheualiers en sa chambre si dist. Belle fille est cestuy cheualier layde que le roy artus nous enuoye. Mauuaisement auez prouchassee nostre besongne selon le mien auis/car ie cuidoye que vous meussiez amene monseigneur lancelot/ou monseigneur tristan/ou monseigneur gauuain/ou monseigneur palamedes/ou des autres bons cheualiers de la table ronde iusques a douze/et vous auez amene vng si vieil cheualier q̃ semble quil ait bien plus de cent ans. Malement auez fait ce pourquoy ie vous enuoiay a la court. Et quant la damoyselle eut bien escoute ce que sa mere si auoit dit elle respondit. Mere pour dieu ne me blasmez mye iusques a tant q̃ vous voiez mieulx le fait. Car ie vous dy q̃ ie vous ay amene meilleur secours que se ie vous eusse amene vingt des meilleurs cheualiers de la maison au roy artus. Car sachez de vray que ie luy veis abatre en vng iour plus de trente cheualiers de la maison au roy artus et tous les meilleurs de son hostel. Et furent ceulx que ie vous nommeray cy/car il y fut monseigneur Lancelot du lac/monseigneur tristan/monseigneur palamedes/monseigneur gauuain et monseigneur le roy artus lequel ie deusse auoir nome le premier/monseigneur hector des mares et monseigneur lamoral de gales et des autres tant que ilz y furent bien trente tant roys q̃ barons. Lors sen vont toutes deux ensemble la ou le cheualier estoit/et la dame et tous les cheualiers se humilierent moult vers luy/et le coucherent moult honnorablement.

Et quant le matin fut venu le cheualier se lieue et va ouyr la messe/puis furent les tables mises et mangierent. Et quant il eut mangie et les nappes furent ostees tous les cheualiers et les dames de lhostel estoient en celle salle assemblez/et a tant se dressa en estat le vieil cheualier et parla en ceste maniere comme vous pourrez ouyr.

Dame fait il/ie suis venu pour vostre besongne acheuer/et vostre fille ma fait entendant que cestuy conte qui la hors est vous a tollues voz terres et voz chasteaulx. Et encores vous veult tollir cestuy dont ie vueil scauoir par vous et par ces preudhommes qui icy sont se il est ainsi comme ceste damoyselle le ma fait entendant. A tant respond la dame et dist. Sire ainsi maist dieu et vous doint venir a bon chief de cestuy fait come il est tout aussi comme ma fille vous a fait entendant. Apres la dame dirent maintz cheualiers que vrayement est il ainsi come nostre dame et sa fille vous ont dit. Adonc dist le cheualier. Or me combatray ie pour vous seurement quant ie scay q̃ le droit est deuers vous. Car sachez tout vrayement q̃ cestuy qui a le droit a dame dieu deuers luy/et cestuy qui a tel sire a compaignon seurement se peut combatre. Et pource seigneurs cheualiers quant nous auons le droit/et que nous auons auec nous tel champion comme est nostre sire seurement nous pouons combatre contre noz ennemis/car silz estoient la moytie plus de gens quilz ne sont au grant droit que nous auons et au bon champion/si vous dy vrayement que nous les mettrons a la voye/et vous prie que demain nous nous mettons au champ pour cōbatre. A tant se taist le vieil cheualier. Quant les cheualiers du chastel ont ainsi ouy parler le cheualier si dirent entre eulx q̃ vrayement est moult saige le cheualier/et dirent que certainement feront ilz tout ce quil commandera.

Quant le vieil cheualier voit la bōne voulente des cheualiers du chastel il en a grant ioye dedans son cueur/si print tout maintenāt ung varlet et luy dist. Tu ten yras au conte et luy diras que ie suis ung cheualier de grant aage/et quil ya plus de xl. ans passez q̃ ie ne portay armes/et que pour le grant oultrage que iay ouy dire que il fait a ceste dame ie suis icy venu pour luy donner aide et secours a lencōtre de luy. Pourquoy ie luy mande que sil ne luy rend toutes ses terres et chasteaulx quil tiēt delle/et aussi sil ne veult oster le siege de deuāt ce chastel q̃ ie luy faiz assauoir q̃ ie liray demain assaillir Le varlet respond que ce fera il bien. A tāt sen partit le varlet t sen alla au chāp ou les ennemys estoient et descendit au pauillon du cōte. Le varlet salua le conte bien t saigement. Et le conte luy dist que bien soit il venu. Sire conte fait le varlet/ung cheualier a qui ie suis vous mande telles parolles comme vous orrez. Il vous fait assauoir quil est ung estrange cheualier/et quil a bien plus de cent ans daage/et ya bien plus de quarante ans que il ne porta armes. Mais pource quil a entendu le grant tort que vous faictes a la dame de cestuy chastel la deuant il vous māde que se vous luy

voulez rēdre la terre que vous luy auez tollue/et que vous vous leuez du siege de ce chastel/et vous vous en allez ce luy plaist bien. Et se ce vous ne voulez faire il vous fait assauoir quil viendra demain en champ pour combatre a vous et a voz gens. Et si vous mande que se vous auez la moytie plus de gent que vous nauez si vous cuide il mettre assez tost au dessoubz et a desconfiture quant il scait que la dame a bon droit. Et quāt le conte ouyt ce si dist. Varlet fait il/retourne a ton seigneur et luy dy que se il est forsene que sa forsenerie luy pourra faire grant dōmaige. Et quant le varlet ouyt la response du cōte il ne se peut tenir quil ne dye. Sire conte demain pourrez veoir se il est saige ou forsene. Puis sen part le varlet sans prendre congie au conte/et cheuaucha tant quil fut venu au chastel la ou il trouua son seigneur si luy compta mot a mot ce que le conte luy mandoit. Lors dist le vieil cheualier a tous les cheualiers du chastel Seigneurs fait il nous auōs fait tout ce qui a droit conuient deuers nous. Et pource vous prie que chascun sappareille de tout ce que a bataille mortelle conuient si que demain nous allons esprouuer a noz ennemys. Si vous prie que la mort vous ne prisiez ung esperon Car chascun doit le droit deffendre. Et les cheualiers respondirent quilz en feroient tout leur pouoir. Que vous en diroye ie/par tout le chastel font grant appareillement de tout ce quilz soient qui a eulx feust mestier. La nuyt dormirent iusques au iour de lendemain a grant doubte/car sans faille ilz cōgnoissoient bien que ilz auoient a faire a trop grant gent.

Quant lendemain fut venu les cheualiers se leuerent et allerent ouyr trestous la messe et batirent leurs coulpes poꝰ leurs pechez

Puis se armerent au mieulx que ilz peurent/et monterent sur leurs cheuaulx. Et quant ilz furent montez le vieil cheualier feist faire vne bataille et vne baniere seulement/et y mist bon côduiseur Apres yssirent hors du chastel et se mirent a aller vers le champ ou le conte estoit. Et les dames et les damoyselles et aussi les autres du Chastel qui armes ne pouoient porter estoient montees aux carneaulx du chastel poᵘ veoir la bataille. Et toutes prioient nostre seigneur et sa doulce mere que par leur pitie donnassent lhonneur de la bataille a leurs hômes. Et quant le vieil cheualier et les autres qui auecques luy estoient/qui bien pouoient estre iusques a cent cheualiers furent a vne arbalestree pres du champ ou le conte estoit logie il comanda que larmee nallast point plus auant. Et atant sarresterent tous par le commandement du vieil cheualier. Et la cause pourquoy il les fist ainsi arrester fut par la grant courtoysie de son cueur/car il vit que le conte ᵻ sa gent nestoient mye appareillez pource que le cônte auoit tenu a fable ce que le vieil cheualier luy auoit mande.

Quant le conte ᵻ sa gent virent venir la gent du chastel en ordonnance ilz commencerent a cryer aux armes aux armes. Si sarmerent et monterent sur leurs cheuaulx. Et quant ilz furent armez et appareillez le conte feist faire deux batailles. Et en chascune bataille y auoit deux cens cheualiers et bons conducteurs. Puis se mirent a aller bien et saigement lune bataille apres lautre vers la gêt du chastel. Et quât le conte et le vieil cheualier et leurs gens furent appareillez ilz commanderent tout incôtinent a leurs gês que ilz laissassent courre sur leurs ennemys dune partie et dautre. Et ceulx qui ouyrent le commandement ne firent au

tre delayement/mais tout incontinent baisserent les glaiues et frapperent cheuaulx des esperôs ᵻ coururent sur leurs ennemys bien ᵻ hardyement côme preudhommes.

Et quât ceulx de la premiere bataille du conte virêt venir leurs ennemys ilz ne firent mye semblant qlz feussent de riens esbahys ains allerent côtre eulx au ferir des esperons moult hardiement. Et quât ilz vindrêt au ioindre des glaiues ilz sentreferirêt sur les escuz de toute leur force. Et fut le froissiz des lances si grât que ce fut grât merueille. Et la veoit on cheualiers verser a terre ᵻ cheuaulx trebuschier hôteusement. Et la y auoit si grant cry quon neust sceu ouyr dieu tonner. Que voᵘ diroies ie le vieil cheualier ne fist riês darmes a celluy point/car il vouloit q tous les gens au côte feussent auant en la bataille. Et quât le conte vit q la bataille estoit cômencee ᵻ que les gens du chastel estoient si pou de cheualiers/et estoient venuz si hardiment il en eut grant merueille si cômanda incontinent a ceulx de lautre eschielle qlz laissassent courre sur leurs ennemys hardyement et quil nen demourast vng seul. Quant les hômes du conte ouyrent le commandement de leur seigneur ilz ne firêt nul delayement ains baisserent les glaiues et ferirêt les cheuaulx des esperons et laisserent courre sur leurs ennemys moult hardiemêt Et quant ilz vindrent au ioindre des glaiues ilz mirent assez de ceulx du chastel a la terre/et les menerêt si malement qˡ leur côuint a fine force laisser le châp. Et de ce nestoient pas a blasmer/car ilz auoient bônes gens côtre eulx. Et quât le vieil cheualier vit que le conte ᵻ toute sa gent estoient dedâs la valee en la meslee/et vit que ses gês nen pouoient plus souffrir il dist que desormais pourroit il trop demourer.

¶ Comment le vieil chevalier est devant le chastel ou il regarde ceulx du chastel qui se combatent a ung conte et a sa gent tant que ceulx du chastel tournoient a desconfiture. Et comment il alla aydier a ceulx du chastel et vaincquit le conte et toute sa gent/ et mist bonne paix entre eulx.

Tant ne fait plus de delayement le vieil chevalier ains prent sa lance et hurte le cheval des esperons et se va ferir en la greigneur presse quil voit de ses ennemys et fiert si roydement le premier chevalier quil rencontre quil le porte a la terre tout mort. Et quant il a abatu iceluy chevalier il ne se arreste pas sur luy/ ains en fiert ung autre de celluy poingdre si que il le fait flatir a la terre. Que vous diroyes il refiert le tiers le quart/ le quint et le sixiesme. Il fist tant de la lance et du pis du cheval et de soy mesmes quil abatit en son venir plus de vingt chevaliers. Et quant il a brisie son glaive il met la main a lespee et fiert a dextre et a senestre. Il arrache heaulmes des testes et escuz des colz. Il tresbusche chevaulx et chevaliers a terre. Il fait si grans merveilles darmes que tous ceulx qui en la meslee se combatent en sont moult fort esbahys. Il ne attaint chevalier a coup que il ne le mette a terre. Et quant les chevaliers du chastel ont veu la grant merveille et le grant dommaige que le vieil chevalier faisoit de leurs ennemys si que a chascun deulx en croist sa force et son hobant si courent sur leurs ennemys moult hardyement et recommencent la meslee assez plus aspre que devant/ car ilz valoient assez mieulx que devant. Et le vieil chevalier si espreuve et y fait tant darmes quil ne semble pas quil soit chevalier/ mais fouldre et tempeste. Car sicomme lhystoire nous tesmoigne que se monseigneur tristan/ monseigneur lancelot/ monseigneur palamedes/ ou cinquante des meilleurs chevaliers de la table ronde estoient a celluy point avecques les hommes au conte si ne pourroient ilz souffrir ne endurer le tresgrant pouoir du vieil chevalier. Et pource ne chasserent ilz plus ceulx du chastel/ ains retournerent et prindrent le conte et bien cent chevaliers de leurs ennemys et les emmenerent dedans le chastel. Le vieil chevalier se feist desarmer et les autres aussi/ et luy feist chascun telle chiere come se ce eut este ung saint corps

Et quant le vieil chevalier fut desarme il commanda que le conte et ses chevaliers feussent mis en bonne garde. Et aussi dist quon allast en la place ou la bataille avoit este faicte et que on print tous les mors et que on les feist enterrer en terre benoiste. Et ilz firent tout ainsi come il lavoit commande. Que vous diroyes ie/ la nuyt se reposerent et dormirent iusques au iour. Et quant lendemain fut venu et tous les chevaliers furent venuz a court le vieil chevalier les feist assembler en la maistresse salle et dist. Seigneurs nostre seigneur nous a donne la grace que vous avez en vostre pouoir celluy qui vous a fait si grant dommaige. De ce devez scavoir bon gre a nostre seigneur et a sa doulce mere/ si vous conseille que vous faciez paix a luy a vostre voulente et soyez bons amys et bons voysins.

Ors se mist avant ung chevalier qui dist. Monseigneur vous nous avez oste de grant peril/ comme de perdre la vie et nostre terre/ et estes lhomme au monde que mieulx nous devons aymer et tenir a seigneur. Or avez mys devant nous tout ce que a nostre affaire est bon comme de faire paix a ce conte. Adoncques le vieil cheualier demande a la dame se elle veult faire paix et accord auecques le conte. Sire respond la dame. Vous estes nostre seigneur/et se il plaist a vous et a ces autres cheualiers nous le voulons bien Et pareillement aussi si accorda sa fille Alors commande le vieil cheualier que on luy amenast le conte et douze cheualiers de ceulx qui auecques luy auoient este prins. Lors sen vont maintz cheualiers deuers le conte et le amainent auecques les douze cheualiers. Et quant le conte et ses cheualiers furent en la maistresse salle/ et que ilz treuuent si grande compaignie de gent ilz ont moult grãt doubte et grant paour de mourir. Et quant le conte fut deuant le cheualier il le salua moult doulcement et humblemẽt. Et le vieil cheualier si luy rend pareillement son salut/et le fait seoir de coste luy. Sire conte dist le vieil cheualier vous auez veu que pour le grant oultrage que vous auez fait a ceste dame nostre seignr̃ vous a fait venir en tel point que sen vous en pourroit mettre a mort qui vouldroit. Et pour ce que loultraige et la guerre nest pas bonne/mais est perilleuse et dangereuse. Et pource que la paix est bõne ie vous loue et cõseille que võ faciez paix a ceste dame. Et ie scay que vous nauez femme/ne ceste damoyselle baron/et vous estes de grant lignage et elle aussi/Doncques ie vous cõseille et loue que vous la damoyselle prẽgniez a femme et espouse a tout les terres et chasteaulx/et faictes paix et soiez bons amys ensemble. Quant le conte eut ainsi ouy parler le vieil cheualier il en eut moult grant ioye au cueur/Car il auoit eu deuant moult grant paour de mourir. Si en demande conseil a ses hõmes/et puis respond au vieil cheualier et luy dist. Sire tout ce que vous me en chargiez feray ie moult voulentiers. Adoncqs le vieil cheualier fait venir vng prestre et fait mettre lanneau a la damoyselle au doigt/et la donne a femme au conte Guyot qui ainsi estoit appelle/ et il confesse quil a pour douaire de sa femme les chasteaulx et les terres que il luy auoit tolues/et auecqs ce le chastel de Bekoe la ou ilz estoient.

EN ceste maniere fut donnee la damoyselle de Lystenoys au conte Guyot. Et quãt cestuy mariage fut fait et conferme entre eulx a tant commence la ioye et la feste. Que vous diroye ie icelle feste dura enuiron le temps et espace dung moys/et y fut le vieil cheualier durant ledit temps. Car tous luy faisoient si grant hõneur cõme se il feust vng corps saint. Et touteffoys le requeroient de son nom et de son estre/mais riens ne leur en dist. Et quant il eut demoure en ce chastel enuiron plus dung moys il dist que il vouloit retourner en son pays

ALendemain se lyeue bien matin et va a leglise. Et quant il eut ouy la messe et le seruice de nostre seigneur il prent ses armes et se fait armer. Et quant les dames virent que il sen vouloit aller elles vindrent a luy et luy dirent. Sire nõ ne scauons q̃ vous estes dont il nõ poyse/mais qui que võ soiez nõ vous tenons pour seigneur. Et le vieil cheualier les en mercie et dist que il est leur amy et leur bienvueillant. A tant sentrecõmandent a dieu et le vieil cheualier monte a cheual et ses trois escuyers et se met au chemin/et le couoyerent toũ ceulx du chastel. Le conte et les autres cheualiers q̃ auec luy estoient offrirent au vieil cheualier hõneur et seruice/et luy dirent qlz sont ses cheualiers a tout leur viuant. Et le vieil Cheualier les en mercye moult doulcement/et dist quil veult estre leur amy. A tant sentrerecõmandent a dieu/le conte et les cheua

B j

De Gyron le courtois

liers sen retournent a leurs hostelz. Et le vieil chevalier et ses escuiers se met au chemin et chevaucherent maintes iournees sans trouver aucunes auantures qui a ramenteuoir facent en compte. Ilz cheuauchierent par aucune espace de temps tant que ilz vindrent au Royaulme de Norhomberlande. Et aduint vng iour quilz cheuauchoient par leurs iournees que ilz passerent par vne moult grant forest. A tant rencontrerent vingt cheualiers dont le seigneur de eulx estoit nomme Sadoch, et les autres estoient a luy. Et estoit vng des plus cruelz homme du monde, et vouloit moult grant mal et moult grant dommaige a tous les cheualiers errans. Et a tous ceulx quil trouuoit en forest ou loing de gent ou il peust venir au dessus de eulx il les mettoit a mort sans faille.

¶ Comment le vieil Cheualier ioussa a Sadoch et a ses Cheualiers. Et aussi comment il combatit Karados.

Et sachez de vray que cestuy Sadoch hayoit grandement les Cheualiers errans, car ilz auoient occis son pere qui estoit vng des bons cheualiers du monde. Et quant Sadoch voit le vieil cheualier si en a moult grant ioye, car il voit quil la trouue en si repost lieu quil le mettra a mort si que ia ne sera sceu. Lors commande a vng de ses cheualiers q moult preudhomme estoit quil aille iouster au cheualier. Et cestuy qui le commandement son seigneur ne ose reffuser ne fait nulle demourance. Quant il fut a luy venu il ne le salue pas, ains luy dist. Franc cheualier gardez vous de moy, car a iouster vous conuient. Sire cheualier fait il. Assez de par Dieu, car ie ne vueil la iouste de vo9 ne de nul autre che

ualier. Car sachez que il ya moult grãt temps que ie ay delaisse ceste coustume. Mais grant besoing et necessite est pour quoy ie voys ainsi. Adonc luy dist le cheualier de Sadoch. Sire sachez de vray que ie ne puis que il ne conuiengne que ie iouste a vous, car monseigneur qui la est le ma commande. Lors le vieil cheualier luy dist. Sire, quant vous estes a seigneur allons par deuers luy si luy ferõs assauoir mon estat, et ie croy ql soit tant saige, tant prudent et tant courtois que quant il scaura mon affaire il men laissera aller tout quitte moult franchement et voulentiers. Alors dist le cheualier. Sire quant vous ce voulez il me plaist assez. Adoncques ne font plus de demourace ains sen vont la ou Sadoch estoit. Et quant il fut a luy venu il le salue. Et Sadoch a moult grant paine luy rendit son salut. Sire dist le vieil cheualier. Cestuy cheualier mappelle de iouste, et vous dys que quant ie alloye querant les auantures ainsi comme cheualiers errans les vont querant ie ne refusasse pas la iouste. Mais sachez de vray quil ya moult long temps que ie ne portay armes. Et ce que vous me voyez ainsi aller le me fait faire grant besoing dont ie vous prie que vous ne me arrestez de riens. Et quant Sadoch entend ainsi parler le vieil cheualier si luy respondit. Sire cheualier fait il deffendez vous tant comme vous pourrez, car ie vous faiz assauoir que vous ne pouez passer sans iouster et sans meslee. Mais il vous conuient mourir ou vous nous mettrez a desconfiture trestous.

Quant le vieil Cheualier ouyt ainsi parler Sadoch, et voit ql ne peut passer sans iouster et sans meslee il est moult merueilleusement courrousse si respond a Sadoch moult preusement. Vassal fait il quant ie voy que vous ne me voulez laisser al ler ne passer sans iouste et sans meslee et voyez que ie suis si ancien homme. Je vous dys vrayement que vous nestes pas tant icy de cheualiers que ie ne vous mette tous a oultrance. A tant le vieil cheualier appelle vng de ses escuiers et demande son escu et son glaiue et se appareille de la iouste. Et quant il fut appareille il dist a Sadoch et a ses cheualiers. Vassaulx fait il la Dieu mercy ie suis appareille de iouster. Vassal ce dist Sadoch vous parlez moult orgueilleusement et fierement, mais ie le vous feray achapter moult chierement. Lors commande Sadoch a celluy cheualier a qui il auoit premierement commande de la iouste quil aille erramment iouster au cheualier. Lors baissent glaiues et hurtent cheuaulx des esperons et viennent lung contre lautre moult hardyement. Et quant ilz viennent au ioingdre des glaiues ilz sentrefierent moult durement sur les escuz de toute leur force. Et lors le cheualier de Sadoch brise sa lance. Et le vieil cheualier le fiert si roidement qil le porte a la terre naure a mort. Et quant le vieil cheualier veist cestuy abatu il ne sest pas arreste sur luy ains sen est alle deuers les autres le glaiue abaisie et leur dist que ilz sont tous mors. Il fiert le premier quil rencontre si qil le porte a la terre tellement attourne que il na mestier de mire. Il fiert le tiers, et puis le quart et les porte a terre. Et adoncques quant Sadoch et ses cheualiers virent ce si luy coururent sus tous a vng fais par deuant et par derriere, et tous brisierent leurs glaiues sur luy, mais de la selle ne le remuent ne pou ne grant.

Et quant le vieil cheualier eut rompu et brisie son glaiue si met la main a lespee et commence a donner moult grans et merueilleux coups. Il arrache escuz des colz et heaulmes des testes. Il met cheuaulx et cheua-

liers par terre. Il fait tant que il est plus redoubte que tonoirre. Il ne semble pas homme, mais fouldre et tempeste. Et tant fait que Sadoch et ses cheualiers en sont tous esbahys. Car de tous ses cheualiers il nen demoura que dix a cheual, et pource se mirent tout maintenant et incontinent en fuyte tant comme ilz peuent des cheuaulx traire. Et quant le vieil cheualier voit que il les a desconfiz il ne les va pas enchassant, ains baille son escu a vng de ses cheualiers, et cheuauche toute celle iournee iusques au soir. Lors les porta auanture a vng monstier de nonnains la ou ilz se herbergirent celle nuyt assez aiseement, et les freres de leans le honnorerent moult grandement et le seruirent de tout leur pouoir. Et au lendemain bien matin se leua et alla ouyr le seruice nostre seigneur, et puis monta a cheual et ses escuiers et commande les freres de leans a Dieu et se met au chemin luy et ses escuiers, et cheuauche celluy iour iusques a heure de midy passe. A tant entre en vne forest moult grande et cheuauche longue espace de temps moult pensif.

Et quant il eut cheuauche par la forest vne espace de temps il ouyt cryer vne dame qui faisoit moult grant noise. Et tout incontinent que le vieil cheualier eut ouy le cry si sen va celle part moult hastiuement. Et quant il fut la venu si trouua vne moult belle dame, mais sans faille elle estoit assez daage. Et icelle dame auoit en son gyron vng cheualier qui naure estoit tout nouuellement. Et quant la dame voit le cheualier si luy dist piteusement. Ha gentil cheualier ayez mercy et pitie de vne si desconseillee dame comme ie suis. Le vieil cheualier qui voit la dame qui si durement se demente, et qui luy crye si piteusement mercy, si en a moult grandement pitie et luy dist.

b ij

Dame saichez de vray que ie mettray tout le conseil que ie pourray en vostre courroux appaisier. La mere dieu vous en rende bon guerdon se vous en moy mettez conseil dist la dame. Dame dist le vieil cheualier/Cestuy cheualier qui ainsi est naure dictes moy qui il est et qui la ainsi naure/et pourquoy. Sire fait la dame. Le vous diray ie tout entrament. Sire il est vray que orendroit cheuauchions par ceste forest cestuy cheualier qui mon baron est et moy/et vne miēne fille. Si aduint que nous encontrasmes vng moult grant cheualier qui karados estoit appelle q̄ est bien le plus cruel homme du monde Et tantost que il vit ma fille qui pucelle est si luy pleust tant quil la voulut auoir po᷑ soy/et mon baron qui moult bon cheualier et preudhomme est luy dist quil ne la pourroit auoir/et quil la deffenderoit contre luy et contre tous ceulx du monde. A tant commenca la meslee. Et ainsi comme mescheance le voult/et encores que karados est moult grant et plus puissant tourna le pire sur mon mary/et la tellement attourne comme vous voyez/car il la laisse pour mort. Et quant il leut ainsi attourne il print ma fille et lemme na auecques luy. Et ce ma mys si grāt dueil au cueur que ie ne quiers iamais viure. Et pource franc cheualier vous prie ie et requiers que vous nous secourez/et que vous allez apres le cheualier et vous combatez a luy. Et se aduanture veult que vous la puissiez recouurer vous nous aurez rendue la vie et ostez de grant douleur.

Dame dist le vieil cheualier combien peut estre eslongne cestuy cheualier qui vostre fille em maine. Sire fait la dame. Sachez de vray que il ne peut estre eslongne dune lyeue et sen va ceste voye/et luy monstre quelle. Dame ce dist le vieil cheualier.

Or ne vous esmerueillez mye/mais reconfortez vous. Car ie vous prometz/asseure et creance loyaulment que ie feray tout mon pouoir de rescourre vostre fille/et priez pour dieu quil nous en doint grace. Adonc dist la dame. Ainsi soit il. Alors le vieil cheualier demande son escu et son glaiue et se appareille de tout ce q̄ mestier luy estoit. Et puis dist a ses escuyers que ilz lattendent tāt que il reuiengne. Apres ceste parolle le vieil cheualier ne fait autre demouran ce ains se met a la voye celle part que la dame luy a mōstree. Si cheuauche tant diligemment et efforceement que il attaint le cheualier qui la damoyselle em menoit. Si le salue tantost que il vint a luy moult honnorablment et courtoysement. Et messire karados lui rend son salut assez suffisamment. Et sachez que il estoit moult sage cheualier. Sire fait le vieil cheualier ie vous prie par amour que ceste damoyselle me bailliez/car ie lay promise rendre a sa mere. Et de ce vous en scauray ie bon gre. Et se vous en autre maniere le faictes vous ferez contre le droit et honneur de cheualerie. Car vo᷑ sauez bien que nul ne doit ne peut mettre main a damoyselle qui soit pucelle tant comme elle soit auecq̄s son pere ou auecques sa mere. Et vous sauez tout certainement que ceste damoyselle est pucelle/et que vous lauez tollue a son pere et a sa mere. Et quant messire karados ouyt ainsi parler le vieil cheualier il scait certainement que il dit verite. Mais tant est cruel homme/et tāt luy plaist la damoiselle q̄l luy respōd Sire vo᷑ pourrez dire ce q̄l vous plaira Car la damoyselle ne remaindra ia ne a vous ne a autre tant comme ie la puisse deffendre. Ha sire fait le vieil cheualier. Ne vous plaise que meslee en soit entre nous deux. Car sachez que se vous ne la me rendez par bon gre ie la conquesteray par force darmes. A ce mot fut moult courroussé messire Karados / et luy dist. Vassal il ne me chault de vostre paix ne de vostre guerre. Car vous dictes que vous la voulez conquester par force darmes. Doncques ie vous faiz assauoir que se vous estiez telz quatre comme vous estes vng seul si la cuyderoye ie moult bien et grandement defsendre. Adoncques de ce serez vous a lespreuue moult legierement & prouchainement fait le vieil cheualier dont il men poyse se Dieu me sault. Alors respondit Karados et dist. Je ne scay comment il en yra. Mais selon mon cuider ie croy que il vous en poysera auant que vous eschappez ne departez de moy. Je ne scay comment il en yra ne aduiendra respondit le vieil cheualier / mais ce verrez vous moult diligemment et erramment / car a la iouste estes vous venu tout maintenant.

Apres ceste parolle ne font nulle demourance ains se esloingnent et baissent les glaiues / et fierent les cheuaulx des esperons / et viennent lung contre lautre tant que les cheuaulx peuent traire moult hardyement. Car saichez que les cheuaulx estoient moult fors et ysnelz. Et les cheualiers qui dessus estoient montez furent moult preux / vaillans & puissans & venoient de si grant puissance et asseure que ilz ne sembloient pas cheualiers / mais sembloit plustost estre fouldre et tempeste. Et quant ilz viennent au ioindre des glaiues ilz sentrefierent sur les escuz de toute leur force / pouoir et vaillance si que messire Karados brisa sa lance. Et le vieil Cheualier le fiert moult roidement si qlle porte ala terre moult soubdainement & felonneusemement / et sempasse oultre pour parfaire & fournir son poingdre. Et quant messire Karados se voit ainsi gesir la terre se il en a yre / tristesse / douleur et courroux ce ne

fait pas a demander. Car saichez sans nulle faulte quil a si grant yre que pour vng pou quil ne enraige de dueil. Car il nestoit pas acoustume de tel affaire. Cest a dire de trebuschier / tumber et cheoir. Mais de tant luy aduint il bien q il ne fut mye naure / si se relyeue moult soubdainement et iustement comme celluy qui estoit moult diligent / ysnel / fort et legier. Si ne fait nulle demourance ains mist tout maintenant & soubdainement la main a lespee / et vient deuers le vieil Cheualier moult hardyement qui ia emmenoit la pucelle. Damp cheualier fait Karados nen emmenez pas la damoyselle plus auant. La cuydez vo[us] auoir gaignee pour vne iouste / non auez Car elle est myenne / et ie la deffendray de toute ma puissance et a mon pouoir Car iay veu aucuneffois que vng mauuais & desloyal cheualier abbat bien vng bon preudhomme. Or vous deffendez donc a pie ou a cheual / car ie vous deffye. Et quant le vieil cheualier voit que il ne peut passer sans bataille / si dist que ia Dieu ne plaise ne vueille quil se combate a nul Cheualier qui a pie soit tant comme il feust a cheual / et pource tout incontinent / maintenant et soubdainement / baille son cheual a la damoyselle mesmes / laquelle prioit moult doulcement la mere de Dieu que elle doint lhonneur de la bataille au cheualier qui pour elle se cõbat. Et quant le vieil cheualier fut emmy le chãp si met lescu deuant son pis et trait lespee / et vient deuers le cheualier Karados qui ne le refuse pas. Si coururent sus lung a lautre moult hardyement / et se entredonnent moult grans coups de leurs espees trenchans et recõmencent vne meslee moult dure et moult aspre. Or peut on veoir au champ deux des meilleurs cheualiers du monde et les plus puissans. Car ie vous faiz bien assauoir que Kara-
b iii

rados estoit bien aussi grant et aussi corporu comme estoit le vieil cheualier/ et pou sen falloit quil nestoit geant. Et ces deux cheualiers sans nulle faulte estoient bien les greigneurs et les plus puissans que on trouuast en tout le monde/ si se donnent de moult grans coups et ne se vont mye espargnāt/ et se vont bien mōstrant quilz sont ennemys mortelz.

Quant lung et lautre ont esprouuee leur force si se prisent assez Si a zaradas grant merueille qui le cheualier peut estre/ et dist a soy mesmes que il est le meilleur cheualier et le plus puissant a qui il se combatit du premier iour quil porta armes premierement. Et se dieu me sault que se il ne feust si grant et si corsu ie cuyderoye que ce feust monseigneur Lancelot du lac/ ou monseigneur Tristan de leonnoys Mais ce ne peut estre car ie le voy moult greigneur que nul de eulx dung grant plain pie. Mais ie puis bien dire seurement que selon ce que il est grant il est de valeur. Et le vieil cheualier dist bien contre son cueur que vrayement est cestuy vng des bons cheualiers du monde. Ce nest pas merueille/ car ie voy que il est fourny de corps en guyse de champion. Mais or aille comme il pourra aller/ car ie me combatray iusques a la fin pour ce que ie ay promis a la dame de rendre sa fille. Que vous diroye ie les cheualiers maintiēnent tant le premier assault/ et tant se estoient entredonnez grans coups et petis que cestoit moult grant merueille comment ilz nestoient mors. Ilz auoient depiecez et rompuz leurs escuz et leurs haulbers desmaillez Ilz ont aussi toutes leurs armes si mal menees que pou vauldront au departir Car vueillez scauoir certainement que la place ou ilz se combatoient estoit toute couuerte des pieces des escuz et des mailles des haulbers. Ilz se vont entre

donnant moult grans coups. Car sans nulle faulte il nauoit cheualier au monde qui tāt peust auoir souffert la meslee de eulx deux. Quant ilz ont maintenue leur meslee vne moult grant et merueilleuse espace de temps zaradas estoit plus trauaillie que nestoit le vieil cheualier/ car il alloit affoibliant. Et le vieil cheualier estoit plus vieil et si estoit plus fort que au commencement. Que vous iroie ie disant zaradas seuffre tāt comme il peut plus/ mais au parfiner tout ce est voyant. Car le vieil cheualier le maine en telle maniere et tant luy donne daffaire que zaradas ne peut plus aller enauant/ ains va delaissant la place.

Quāt le vieil cheualier voit celuy semblant il luy court sus plus asprement q̄ deuant et luy dōne tāt de coups souuent et menu que zaradas en est tout charge et ne fait semblant de soy deffendre fors que souffrir et soy couurir de son escu/ et toutesuoies alloit guerpissant la place. Et quant le vieil cheualier voit que il ne peut plus aller auant il se hurte en lui si durement que il lenuerse tout estendu a la terre/ et tantost luy court sus et luy arrache le heaulme du chief/ et luy vouloit coupper la teste. Quant messire zaradas se voit a si grant meschief si a grant paour de mourir si dist. Ha gentil cheualier mercy/ ne me occiez mye/ mais laissez moy viure et ie vous quictes la damoyselle. Par ma foy dist le vieil cheualier quant vous me quictez la damoysele ie vous pardonneray la vie/ mais cy endroit vueil ie scauoir qui vous estes pource que iay trouue en vous trop grāt pouoir et trop grāt force. Sire fait il zaradas suis ie nomme/ cheualier suis de poure affaire/ ie ne scay se vous ouystes oncques parler de moy. Sire zaradas fait le vieil cheualier/ de vous ay ie maintesfoys ouy par ler. Et a tant le commande a dieu et lui dist. Sire ie vous prie que me pardōnez ce que ie me suis combatu a vous et que vous scauez que ce fut cōtre ma voulente. Sire ce dist Karados ie vo⁹ prie que vous me pardonez/ car vous auez droit et ie ay tort. Et ie le vous pardonne de bōnairement fait le vieil cheualier. Sire fait Karados/ ie vous prie que vous me faciez tāt de bonte q vous me dictes vostre nom/ et qui vous estes. Sire fait le vieil cheualier/ ie vous prie quil ne vo⁹ ennuye/ car ie ne vous en diray riens a ceste fois. A tant sentrecōmandēt a dieu Le vieil cheualier monte sur son cheual et se met a la voye entre luy et la damoyselle qui moult estoit lyee et ioyeuse de ce quelle se voit deliuree de si grant peril. Si cheuaucherent tant quilz sont venuz la ou le pere/la mere de la damoyselle estoient qui illec endroit les attendoient. Et quant le baron et la dame virēt leur fille ilz nattendent pas tant quelle feust a eulx venue/ ains viennent a lencōtre. La damoyselle descend de son palefroy et court a son pere et a sa mere/ et les accolle/ et eulx elle. Ilz font si grant ioye q depuis quilz furent nez neurent si grāt. Si se iettarēt a genoulx deuant les piedz du cheualier q luy dirent. Sire sur tous ceulx du monde garde dieu et deffende le vostre corps / car vous estes lhomme du monde que nous deuons mieulx aymer. Car vous nous auez ostez de grāt douleur et de grāt tristesse/ et nous auez mys en grāt lyesce. Le cheualier ne seuffre pas que ilz demourassent a genoulx/ ains les fait dressier erramment et leur dist. Estez vous. Et puis dist au cheualier se il estoit ainsi naure quil ne puisse cheuauchier. Sire fait le cheualier/ sachiez de vray q ie seuffre assez de maulx. Mais vous mauez tant donne de ioye q de lyesse de ma fille q ie ne sens nul mal/ et pourray cheuaucher aiseement. Or sus donc montez dist le cheualier et pens

sons de aller en quelque recet la ou nous pourrons herbergier et reposer.

ATant ne font nul delayement mais tout maintenant montēt sur leurs cheuaulx/ q se mettent a la voye tout ensemble. Sire cheualier dist le vieil cheualier au baron et a la dame. Scauez vous aucun recet ou no⁹ puissons huymais herbergier. Sire fait il droitement le scay ie/ Car il est pres dicy. Et est a moy et a vous sil vo⁹ plaist/la ou vo⁹ pourrez herbergier aisement. Donc nous en allons la fait le vieil cheualier/ car il en est bien temps. A tant se mirent a la voye et cheuaucherent tant quilz furent venuz au recet du cheualier la ou ilz se desmonterent/ et les varletz les desarmerent/ et trouuerent que le baron a la dame estoit naure durement si lyent et bendent ses playes moult bien/ Car le vieil cheualier estoit bon mire. Et quant il eut bien appareille le cheualier naure/ la dame feist donner au vieil cheualier draps/ et luy font le greigneur honneur qlz peuent. A tant furent les tables mises q le mangier appareille. Ilz sassieent aux tables q souppent aisiement. La dame feist appareillier vng lict et le maine en vne chambre et varletz si le seruent honnorablement au couchier/ et se dormit iusques au iour Et a lendemain bien matin se lyeue et prent ses armes et cōmande la dame et son mary a dieu. Et au departir luy dirent quilz sont a son cōmandement de ce quilz pourroient faire en ce monde. Et le vieil cheualier les mercie assez. A tant montent es cheuaulx q se mirent au chemin luy q ses escuiers/ et cheuaucherent tant celluy iour sans auanture trouuer que la nuyt laporta par auanture chiez vng vauassour qui moult lhonnora de tout son pouoir/ et le feist seruir aisement de quanque mestier luy fut.

b iiij

De Gyron le courtoys

Quant le matin fut venu le vieil cheualier se lieue et print ses armes et monta sur son cheual & comanda le vauasseur a dieu / et se met au chemin luy et ses escuiers / et cheuauche par vne grant forest tout cestuy iour iusques a midy sans auanture trouuer. A tant ont encontre quatre cheualiers qui sont armez de toutes armes / & emmenoiēt vng cheualier prisonnier lye les mains deuant et les piedz dessoubz le ventre au cheual / et menoient aussi vne moult belle dame qui alloit faisant le greigneur dueil du monde. Et quant la dame voit le vieil cheualier elle luy crie mercy & lui dist. Ha franc cheualier pour dieu secourez cestuy cheualier q̄ est mon baron que ces mauluais hōmes & desloyaulx mainent a mort.

Quant le vieil Cheualier ouyt ainsi parler la dame et voit q̄lle faisoit si grant dueil / et aussi voit le cheualier qui si mauuais estoit si en a grant pitie / et dist tout incontinent aux quatre cheualiers. Seigneurs fait il pour quoy menez vo⁹ cestuy cheualier et ceste dame si vilainement. Et ilz respondirent / quen affiert il a vous se nous les menōs ou bien ou mal. Ce nest mye bien fait dist le vieil cheualier / si vous vouldroye prier que vous deliurissiez le cheualier et la dame aussi. Allez vostre voye font ilz / car nous ne les laisserons pour vous ne pour hōme du monde s'ilz nōt plus de pouoir que vous. Donc les laisserez vous pour moy dist le vieil cheualier. Et comment font ceulx / cuydiez vous auoir plus de pouoir que no⁹ qui sommes quatre. Ouy vrayement fait le vieil cheualier / et a lespreuue en serez prouchainement. A tant demande son escu et son glaiue a son escuier. Et quant il est bien appareille si leur dist. Seigneurs cheualiers or vous deffendez car a la iouste estes venuz tout maintenant. Et quant les quatre cheualiers lentendent ainsi parler adonc le tiēnent pour fol quant il se veult prendre a eulx pour les cōbatre to⁹ quatre. Dont lung deulx ne fait nul delayement / ains luy dist. Vassal quant iouste assez querant trouuee lauez tout maintenant. Apres ce ne font nulle demourance / ains se tyrent arriere lung de lautre et baissēt les glaiues et fierent cheuaulx des esperōs et viennent lung vers lautre tant cōme ilz peuent des cheuaulx traire. Et quāt ilz vindrent au ioingdre des glaiues ilz sentrefierent sur les escuz si que le cheualier brise son glaiue / et le vieil cheualier le fiert si roidement quil le porte a la terre tellement attourne quil ne scait sil est ou nuyt ou iour / et sen va oultre po⁹ par fournir son poingdre. Et quāt les trois compaignons virent ainsi aller a la terre leur compaignon si dirent entre eulx. Cestuy cheualier semble de grant puissance / et se nous allons lung apres lautre sur luy il nous mettra tous trois ensemble a la terre / mais to⁹ trois allons sur luy et le mettons a mort tout erramment. Et a ce sacorderent les trois cheualiers / si ne font nul delayement ains baissent les glaiues & hurtent cheuaulx des esperons et viennent vers le cheualier / et quant il les vit venir en telle maniere si ne les reffuse pas / ains va cōtre eulx le glaiue baisse au ferir des esperōs moult hardiement. Et quant les trois cheualiers vindrent au ioingdre ilz briserent leurs glaiues dessus le vieil cheualier. Et le vieil cheualier en fiert vng si roidement q̄l luy fait incōtinent vyder les arcons moult felonneusement. Et les deux cheualiers q̄ demourez estoient mirent les mains aux espees et vont contre luy moult hardiemēt les espees nues. Et quant le vieil cheualier vit ce si baille sa lance a son escuier et mist la main a lespee / et vint contre eulx moult hardiement si donne au premier cheualier que il encontre si grãt coup dessus son heaume que il luy fait sentir lespee iusques a la chair nue et cestuy en fut tant chargie quil ne se peut tenir en selle ainsi cheut du cheual a terre si felonneusemẽt quil se debrise tout. Si a le vieil cheualier tous quatre tellement atournez que ilz ne font nul semblant de eulx deffendre Et quãt il voit quil les a ainsi atournez il ne leur fait plus de mal ains sen va tout maintenant au cheualier et lui deslie les piedz et les mains et le cheualier et la dame ont grant ioye de ce quilz se voient ainsi deliurez et mercient assez le vieil cheualier. Et il leur demande se ilz se doubtoient plus de nulluy. Ouy sire font ilz voirement nous doubtons nous. Et pour ce si vous prions q̃ vous nous conduysez iusques a nostre repaire qui nest mye grãment loing dicy. Voulentiers fait le vieil cheualier/ or sus montez si cheuaucherons/ Car ie ne vous fauldray dayde a mon pouoir. Grant mercys sire fait le cheualier. A tant montent q̃ se mettent a la voye qui estoit tout droit le chemin au vieil cheualier. Lors leur demande lachoison pour quoy ilz les auoient prins et la ou ilz les menoient. Sire fait le cheualier ie le vous diray. Or saichez certainement que les quatre cheualiers que vous auez desconfiz sont freres de pere et de mere et ilz auoient encores vng autre frere/ et vne fois trois diceulx cinq freres occirent mon pere sans nulle achoison et estoie en cestuy temps ieune varlet. Et pour ce que ie pouoye mettre main a vng cheualier tant comme ie fusse varlet men allay ie moult ieune a la court au roy artus q̃ me feiz adouber a cheualier assez plustost que ie neusse fait se ne fust pour vengier la mort mon pere. Et quant ie fuz cheualier si feiz depuis tant que ie mys a mort vng des trois freres. Et apres le vengemẽt feiz ie requerre de pays les deux qui de

mourez estoient et ilz ny vouldrent a riens entendre/ mais me deffierent de la vie. Et quãt iay veu ce si me suis garde au mieulx que iay peu deulx/ et iceulx cheualiers repairent bien a vingt lieues loing de moy. Or aduint huy que entre moy et ceste mienne dame allions par ceste forest et voulions aller chez la mere ma femme et ces quatre cheualiers q̃ vous auez desconfiz nous ont assaillyz et couru sus et ie me suis deffendu au mieulx que iay peu/ mais ma deffense ne ma riens valu si mont prins et me vouloient mener a leur pere qui encores est tout vif et me dirent que deuant leur pere me couperoient la teste. Tout ainsi est laffaire comme ie vous ay compte. Que vous en dyrois ie/ ainsi parlant cheuaucherent tant quilz furent venus au repaire de ce cheualier la ou il se hebergierent ayseement. Et le cheualier et sa femme honnorerent le vieil cheualier et seruirent de tout leur pouoir. Et lendemain bien matin se leua le vieil cheualier et prist ses armes/ et commanda le cheualier et sa femme a dieu. Et au departement luy dist le cheualier. Sire nous vous disons que vous estes lhõme au monde que nous deuons mieulx aymer et tenir a seigneur. Car vous nous auez oste de grant peril et me auez rendu lame. Dont nous vous disons que noz corps et quanque nous auons est vostre et a vostre commandement/ q̃ le vieil cheualier les en mercie assez. A tant se met au chemin entre luy et ses escuyers et cheuauchent tant par leurs iournees sans auãtures trouuer q̃ face a ramenteuoir en compte tant que ilz furent venus a leur hostel. Car saichez q̃ la dame que il mena a kamalot si richement aornee quant il abatit tant de cheualiers de la table ronde estoit seur germaine monseigneur Segurades le brun et estoit niepce au vieil cheualier/ et ceste dame le receut moult honnorablement et moult luy fist grant feste et luy demande de son estre. Ainsi repaire le viel chevalier a son hostel/et tout ce que avez ouy advint au vieil chevalier a ceste foys.

OR vous veult compter le maistre qui estoit le viel chevalier et dont il fut ne/et comment il manda a la court du roy artus qui il estoit et tout son estre ⁊ son affaire. Or sachez q̃ le viel chevalier estoit nõme monseigneur Branor le brun ⁊ fut oncle monseigneur Segurades le brun. Car il fut frere charnel son pere/⁊ fut en son temps ung des meilleurs chevaliers du monde et des plus puissans/car il ny avoit a cestuy temps nul chevalier au siecle si grant ne si corsu comme il estoit/et fut le chevalier au monde q̃ plus longuement vesquit en cestuy tẽps et qui mieulx sayda en son grant aage iusques a la fin et estoit de la lignee a ceulx de brun dont comme vous povez scavoir par maint liure qui anciennement ont este faiz di cestuy lignaige ou furent les meilleurs et les puissans chevaliers. Car sachez que phebus qui fut tel chevalier comme vous scavez et comme le monde tesmoigne fut de cestuy lignaige. Or vous ay compte qui fut le viel chevalier et dont il fut ne. Or vous deviseray comment ledit chevalier le manda a la court du roy artus. Or saichez que quant messire Branor le brun fut repairez en son hostel il prit ung varlet et lenvoya a la court du roy artus et luy manda telz paroles comme vous orrez. Et le varlet a qui son seigneur avoit enchargie la besongne se met a la voye et chevauche tant par ses iournees quil vint a Camalot la ou il trouva le roy a grant compaignie de barons et de chevaliers. Et le varlet sen va tout droit devant le roy et le salue/et le roy luy dist que bien fust il venu. Sire fait le varlet le viel chevalier qui ioufta vous et voz chevaliers a celluy point que il avoit avecques lui la dame qui si richement estoit aornee vous salue sicomme son seigneur/et vous prie et crye mercy que vous luy pardonnez ce quil ioufta a vous et a voz chevaliers et si vous fait assavoir quil ne le fit pas pour nul mal quil vous voulsist ne a hõme de vostre hostel. Mais le fist pour scavoir le pouoir des chevaliers de cestuy tẽps ⁊ pour congnoistre lesqlz estoiẽt les meilleurs ou les anciens ou les ieunes. Et pour ce que vous luy priastes de scavoir son nom et son estre/or saichez que il a a nom monseigneur Branor le brun le chevalier androgon et cousin hector le Brun.

Quant le roy artus et lancelot du lac et gauvain et tristan ⁊ tous les autres barons qui illecques estoient ont entendu ce que cestuy varlet leur avoit compte et ont sceu q̃ cestuy chevalier estoit Branor le brun si en ont tous grant merueille/pour ce q̃ ilz cuydoient quil fust trespasse du siecle ⁊ pour ce que il y avoit long tẽps que ilz nen avoient ouy parler/mais monseigneur segurant le brun avoient ilz bien veu qui son nepveu estoit. Et dirẽt que vrayement fut monseigneur Branor le Brun le meilleur chevalier du monde et est encores ainsi ancien comme il est/et moult en ont par tout grant merueille. Et le roy dist quil veult que son nom soit mys en escript. A tant commande a ung clerc quil myst le nom du bon chevalier entre les aduantures du iour que la bataille fut entre les roys les barons et les chevaliers qui contre lui iousterẽt et mesmement ceulx de la table ronde.

OR avez ouy et entendu de monseigneur Branor lhistoire. Ce sont les chevaleries et les aduantures quil fist derrenierement. Et

saichez quil ne fist apres ceste aduantu=
re riens plus darmes. Mais a tant laif=
se le maistre a parler de monseigneur
branor le brun que plus nen parle en ces
tuy liure. Et veult retourner ledit mai
stre Rusticiens a acomplir son liure des
merueilleuses aduantures qui aduin=
drent a plusieurs bons cheualiers du=
rāt la vie du roy artus/ɛ̄ traictera pmie
remēt de poit en poit sās y riens adiou
ster qui ne face a dire selon les fais qui
en ce temps aduindrent des batailles ɛ̄
aduantures qui furent entre monsei=
gneur lancelot du lac et monseigneur
tristan de leonnois et maint autre che=
ualier ainsi comme vous orrez icy apres
clerement sil vous plaist a escouter.

℄ Comment monseigneur
tristan de leōnois en cheuau=
chant parmy vne forest fut
suprins de la nuyt tellement
quil lui conuint gesir emmy
ladicte forest. Et aussi
comment messire Palame=
des sembatit en ce lieu mes=
mes ou gisoit messire tristan
Et des complaincte que fist
palamedes toute la nuyt po^r
lamour dyseult. Et cōment
ilz iousterent luy et tristan.

Dit le compte que mō=
seigneur tristan le filz au
roy melyadus de leon=
nois estoit venu au roy=
aume de logres nouuelle
ment en cestuy an mesmes que il auoit
prins a femme yseult aux blanches mais
si cheuauchoit parmy vne forest qui es
toit toute la plus grande du royaulme
de logres et la ou on trouuoit plus da
uāture. Messire tristan cheuaucha a tout
le iour sans aduanture trouuer ne hom
me ne femme ne maison ne recet. Et
quant il fut anuyte et quil ne vit plus

goute a aller par la voye si descendit en
tre plusieurs beaulx arbres et osta le
frain et la selle de son cheual et le laissa
aller paistre/et puis osta son heaulme ɛ̄
son espee et se coucha sur son escu puis
sendormit illec.

Et apres ce ne demoura mye
grāmment que Palamedes le
bon cheualier vint et descendit
assez pres de monseignenr tristan mais
il ne le veoit pas ne naperceuoit si se des
arma de heaulme et descu et osta a son
cheual le frain et la selle et le laissa aller
paistre/et se coucha sur son escu pour dor
mir. Et saichez que entre tristan et pala
medes auoit grant hayne pour ma da=
me yseult la royne de cornouaille laquel
le ilz aymoient tous deux/et ceste hayne
prindrent ilz en yrlande en cestuy temps
que ma dame yseult estoit encores pu=
celle. Et quant Palamedes fut couche
sur son escu il ne peut dormir ains se dres
ce en son estant ɛ̄ se commence a cōplain
dre damours si durement que tristan
sen esueille. Et palamedes recommen=
ce son dueil en telle maniere. Haa pala
medes le plus malheureux cheualier du
monde que ie suis. Car ie ayme la fleur
et la rose du siecle et oncques ne men
vint si non mal. Haa ma dame comme
se fut de malle heure que ie vous vy pre
mierement. Haa ma dame yseult roy
ne vaillant et debonnaire qui de bonte
et de valeur et de sens passez toutes les
mortelles dame du monde. Ha fontai
ne de beaulte pour qui iay faictes main
tes cheualeries/pour qui iay mis maint
cheualier a oultrance pour quoy mauez
vous oublie/et pour quoy nay ie vng pe
tit de confort de vous ou ie feusse aussi
vostre cheualier comme est Tristan/ia
dieu ne me laissast porter armes se ie ne
mettre au dessoubz tristan et lancelot du
lac et tout le monde de cheualerie. Haa
que mauldit soit le iour que Tristan fut

De Gyron le courtoys

oncques ne/car il ma tolu la chose que plus ayme au monde et en a tousiours eu bien et ioye et ien ay eu mal et trauail Moult se guermente palamedes: & moult maine grant dueil et grant courroux et quant il eut son dueil demene vne grant piece si se teust que il nen dist plus Et puis ne demoura mye gramment quil recommenca son dueil de rechief plus fort quil nauoit fait deuant et tant fist que tristan fut esueille et auoit bien entendu ce que palamedes auoit dit. Que vous dyrois ie toute celle nuyt demeura palamedes vne heure en paix et vne autre demenoit dueil.

Quant tristan eut entendu tout ce que palamedes auoit dit/ si est si durement yre que par vng pou que il ne meurt de dueil/ si ne se peut tenir que il ne die a son mesme que se il ne met Palamedes a la mort il ne quiert iamais porter armes. En telle maniere demeurent iusques au iour. Et quant le iour fut venu & palamedes vit tristan tout arme qui si pres de luy auoit demoure toute la nuyt si en a trop grant yre/ car il cuyde bien quil ait tout ouy ce quil a dit. A tant luy demande & luy dist. Sire qui estes vous qui si coye ment vous estes toute nuyt tenu empres moy. Dassal fait tristan saichez de vray que ie suis celluy qui suis appelle tristan vostre ennemy qui vous fera chierement achapter ce que ie vous ay ouy dire. Ha tristan fait palamedes ie ne demande de toy fors que la meslee. A lespreuue en serez assez tost fait tristan. Que vous di roys ie/ilz ny font nul delayement/ains prennent leurs cheuaulx & leur mettent les selles et les frains et puis lacet leurs heaulmes es testes au mieulx quilz peuent et montent es cheuaulx & sen allerent en vne petite praerie qui pres dillec estoit

Atant ny font plus de delaye ment ains se trayent loing lung de lautre et baissent les glayues et fierent cheuaulx des esperons et viennent lung vers lautre tant comme ilz peuent des cheuaulx traire Et sentreferent sur leurs escus de toute leur force si roydement que ilz font to9 deux leurs glayues voller en pieces. Et apres le debrisement des glayues ilz sentreferent des escus et des corps si felonneusemēt ensemble que tous deux tomberent a terre tellement atournez que ilz ne scauent sil est iour ou nuyt. Et quant les cheuaulx se sentirent deschargiez du faix si sen tournent en fuyte ca et la. Et quant les cheualiers eurent demoure a la terre vne grant piece si se lyeuent telz atournez que ilz alloiēt chancellant ainsi comme se la terre tournast dessoubz eulx. Et puis ne demoura mie gramment quilz furent reuenuz en leur pouoir et en leur force/si ny tardent plus ains gectent leurs escus deuant eulx et mettent les mains aux espees et courent sus lung a lautre moult hardiement et sentredonnent grans coups de leurs espees trenchans et commencerēt vne meslee moult dure et moult aspre & ne se vont mie espargnant/ ains monstrent bien que ilz sont mortelz ennemis Lors peust on veoir donner et receuoir grans coups et moult se maintiennent bien tous deux & monstrent leur pouoir Et qui laffaire de eulx deux regardast seurement il peust dire que ilz sont les deux meilleurs cheualiers du monde. Que vous dyrois ie/ilz coururent sus lung a lautre moult hardiement/ et tiennent lung lautre si court quilz ne se peuent mie gaber gramment lung de lautre Se tristan luy donnoit grans coups palamedes ne lalloit mye espargnant/ si q Tristan dist a soy mesmes que voirement est palamedes le meilleur cheualier du monde. Et palamedes redisoit tout autre tel de tristan. Si maintindrent tant icelluy assault que plus nen pouoient/car tant auoient feru et maille lung sur lautre que cestoit merueilles quilz nestoient mors tous deux. Et tãt auoiẽt grant desir demettre lung lautre a oultrance q̃lz nont cure de eulx reposer pour recouurer alaine et force

Quant ilz estoient si las et si trauaillez comme vous auez ouy a tant voicy venir ainsi comme auanture voulut vng cheualier qui auoit en sa compaignie deux escuyers qui luy portoient son escu et son glayue. Et se aucũ me demandoit qui cestoit ie diroye que cestoit Brandeliz le filz lac. Et quant il est iusques a eulx venu et il voit quilz estoient si trauaillez et telz atournez quilz ne pouoient mie grammmẽt combatre sans la mort de lung deulx/et quilz se tenoiẽt si court si en a grãt pitie q̃ leur dist Seigneurs cheualiers ie vous prie que vous me diez qui vous estes et lachoison de vostre hayne pour ce que ie voy que vous voulez mener vostre bataille a oultrance. Et tristan ne palamedes a tout ce que brandeliz disoit ne respondirent mot ains coururent sus lung a lautre plus asprement que deuant. Et quant brandeliz si voit quilz ne luy respondent il ny fait nulle delayance ains se met tout maintenant ainsi a cheual comme il estoit entre eulx deulx.

Sire cheualier fait tristan vous faictes grant vilenie qui nostre bataille departez sans noz voulentez. Nous vous prions que vous nous laissiez nostre bataille mener a fin Et palamedes luy dist tout autre tel. Et brandeliz prie tant lung et lautre et tant dit et tant fait que il les fait remanoir. Et puis leur dist. Seigneurs cheualiers pourrois ie scauoir la hayne de vous q̃ lachoison par quoy ie peusse mettre paix entre vous deux. Tristan qui moult auoit grant hayne sur palamedes de ce quil luy auoit ouy dire respõt a brandelis tout premieremẽt et lui dist Sire nostre haine est par telle achoison que nulluy ny pourroit mettre paix sinõ mort. Et lachoison ne pouez vous scauoir maintenant. Et pource vous en cõuient souffrir/car du scauoir seroit paine perdue. Et palamedes saccorda bien a tout ce que tristan auoit dit. Car il respondit tout autre tel a brandelis. Et quant brandelys dit quil ne pouoit mettre paix entre eulx si leur dist. Seigñrs cheualiers ie vous prie par amours que vous mottroyez que vous ne vous combatez plus en cestuy iour. Et tant les en prie brandelis et tant leur dist quilz luy promettent que en cestuy iour ilz ne se cõbatroient plus.

Atant se deprat brandelys deulx ne ne congneut mie palamedes pour ce que il estoit arme ne tristan nauoit oncques veu. Et quant brandelis senfut party palamedes respont et dist. Sire tristan ie vous ay ouy dire de vostre bouche mesmes q̃ nul ne pourroit mettre paix entre nous si non la mort. Voire sans faille dist tristan. Donc faisons ainsi fait palamedes et ottroyons entre nous deux vne bataille au plus desuoyable lieu que nous pourrons trouuer et illecques allons nous esprouuer tous seulz et faire nostre bataille a oultrance en telle maniere que lung de nous'y mourra ou par aduanture tous deux/et ainsi fauldra nostre hayne rancune et courroux. Sire ce dist tristan il me plaist bien/mais pour ce que vous auez repaire en cestuy pays plus que ie nay et scauez mieulx les desuoyables lieux et les estranges si me nõmez ou ce sera. Le deulx ie bien dist palamedes/ie scay tout vrayement que le perron merlin est le plus desuoyable lieu et le plus estrange qui soit en tout le royaulme de logres la ou nous pourrons mieulx prouuer tout nostre affaire que nul qui nen scaura riens. Le lieu me plaist dist tristan ie lay ouy nommer pour lieu desuoyable. A tant creancent entre eulx deux la meslee au Perron Merlin et nomment le iour q ottroient lung a lautre que ilz ne le feront scauoir a homme ne a femme na personne du monde. Et a ceste chose saccordent tous deux et dist chascun que ilz yront au iour nomme au perron merlin En telle maniere que vous auez ouy fut creancee la meslee au perron merlin entre tristan et palamedes. A tant se partirent lung de lautre/et tristan sen alla seiourner a vng monastere de nonnains ou il auoit autreffois este/ Et palamedes sen alla dautre coste sur vne sienne ante qui moult grant honeur luy fist. Ainsi seiournerent les deux cheualiers pour attendre la iournee de la bataille/estoit chascun pres a cinq lieues du perron merlin. Et tristan se fist enseigner ou estoit le perron merlin pour y mieulx adresser au iour que promis auoit.

Et quant le iour nomme que la bataille deuoit estre fut venu tristan se leua bien matin q se confessa a vng preudhomme de tout ce quil se sentoit coulpable enuers nostre seigneur. Et puis sen va ouyr la messe du saint esperit/et apres sen va a son hostel et se fait armer au mieulx que il peut et sappareille de tout ce que a bataille mortelle conuient/puis monte sur son cheual et commande les freres de leans a dieu et se met au chemin et cheuauche tant quil est venu au perron merlin et illecques attendit tant que palamedes venist. Et quant palamedes se voulut leuer le iour de la bataille si le print vng si grant mal quil ne se pouoit soubstenir en estant. Et quant il se voit ainsi atourne il en a si grant ire que par vng pou quil nenraige de dueil. Haa sire dieu fait il comment vous a il pleu que a cestuy point me soit ainsi mescheu. Haa tristan comment vous pourrez bien dire que ie laisse ceste bataille par couardise et par deffaulte de cueur. Ha tristan or vous deusse ie faire scauoir la meschance que ie ay et que nous determinissions nostre bataille a vng autre iour. Et si mayst dieu ie me tenisse a bien paye se ieusse ceste bataille faicte et ie y feusse mort. Pleust a dieu que ie la peusse faire et ie deusse demain mourir affin que tristan ne peust dire que ie la laisse a faire par couardise. Et ainsi se demente palamedes comme vous auez ouy et regrette la sante quil luy deffault par quoy ne peut aller au perron merlin. Et quant tristan eut demoure vne grant piece et il voit que palamedes ne venoit si descent sur le perron q toutesuoyes auoit le heaulme en teste lescu au col et le glayue q le frain en la main. Et estoit son entente quil ne vouloit mie que se palamedes venoit quil le trouuast desgarny. En telle maniere comme vous auez ouy attendoit tristan palamedes.

Et ainsi comme il lattendoit en telle maniere a tant voicy venir vng cheualier arme de toutes armes et estoit trop bien monte et nauoit nulle compaignie et venoit moult pensant la teste enclinee vers terre. Et se aucun me demandoit qui le cheualier estoit ie diroye que ce estoit lancelot du lac qui alloit aduantures querant ne onques nauoient veu lung lautre que par lectres et estoient les greigneurs amys du monde. Et quant tristan le voit venir si cuyde vrayement que ce soit palamedes si monte tantost sur son cheual q baisse le glayue et hurte tantost le cheual des esperons et luy va a lencontre hardiement et luy dist. Vassal gardez sous de moy. Et quant lancelot voit le chevalier qui ainsi luy escrie et qui si felonneusement luy vient a lencontre si dist a soy mesmes quil ne peut estre que le chevalier ne le congnoisse. Si ny fait nul delayement/ains luy vient le glayue abaisse et viennent lung vers lautre tant comme ilz peuent des chevaulx traire/si sentrefierent sur les escus de toute leur force si roidement quilz font leurs glayues voller en pieces. Et apres le brisement des glayues ilz sentrefierent des escus et des corps si roidement ensemble quilz sentreportent a terre tellement atournez quilz ne scavent ou ilz sont et demourerent une grant piece a la terre sans remuer ne piedz ne mains quilz eussent.

Apres ce quilz se furent entre abatus se leverent a chief de piece et alloient chancelant ainsi comme se la terre se remuast soubz eulx et regardent lung lautre comme hommes espouentez. Et quant ilz furent retournez en leur pouoir et force tristan dist bien a soy mesmes quil avoit bien maistesfois esprouue palamedes/mais nulle fois ne lavoit encontre si durement comme il a fait a cestuy point. Et lancelot dist aussi en son cueur que depuis quil avoit porte armes premierement il navoit troue chevalier qui si asprement lencontrast comme cestuy a fait et voirement est il puissant chevalier. Et quant ilz sont venuz en pouoir et en force si ny font nul delayement ains mirent les mains aux espees et gectent les escus devant eulx et courent sus lung a lautre moult hardiement les espees droictes contremont. Tristan gecte tout premierement sus lancelot du lac et lui donne ung si grant coup quil luy abat ung grant chantel de son escu/et lancelot luy rend le guerdon tantost. A tant commence la meslee dure et aspre/moult sentredonnent grans

coups et ne se vont mie espargnant. Que vous dirois ie ilz despiecent leurs escus et desmaillent leurs haubers et se font souvent sentir leurs espees es chairs nues/si maintiennent tant ce premier assault quilz nen peuent plus/ne ny avoit nul deulx qui neust meilleur mestier de reposer que de combatre. A tant se trayent arriere lung de lautre pour recouurer alaine et force et sappuient sur leurs escus Et tristan se merueille moult a soy mesmes et dist que voirement ne trouua si grant force ne si grant vertu iamais en sa vie en palamedes comme il a fait a cestuy point et si vrayement neust iamais cuyde quil eust este aussi vaillant de la moytie comme il est. Et lancelot dit tout pareillement de luy et a grans merueilles qui il peut estre/et dit bien que onques ne trouua si aspre chevalier ne si puissant comme est cestuy. Et quant ilz eurent recouure force et alaine tristan q avoit grant hayne sur luy pour ce quil cuidoit certainement que ce fust palamedes il mist lescu devant soy et va vers le chevalier. Et quant lancelot le voit venir si fait tout autre tel. Ainsi avoient grant yre tous deux/si luy vient a lencontre lespee en la main et courent sus lung a lautre comme se ilz fussent lyepars ou lyons/ilz sentredonnent grans coups et commence la meslee plus aspre que devant. Ilz baignent souvent leurs espees en leur sang/ilz despiecent leurs escus et leurs heaulmes et desmaillent leurs haulbers. Il avoient leurs armes telles atournees que pou vauldront au departir. Et sachez que toute la place ou ilz se combatoient estoit vermeille de leur sang et ionchiee des mailles et des escus.

Que vous diroys ie qui allast regardant laffaire de lung et de lautre et les grans assaulx quilz faisoient et la dure meslee quilz maintenoient bien peult dire seurement qui sont les deux meilleurs chevaliers du monde. Moult maintiennent le second assault dur et aspre et ny avoit nul deulx qui neust plus de douze playes qui toutes saingnoient. Ilz estoient tellement atournez quilz ne pouoient mye gramment en avant/ et leurs espees estoient toutes vermeilles de leur sang. Et lancelot qui veoit lespee de tristan q estoit vermeille de son sang dist en son cueur/ cest de mon sang. Et tristan qui veoit aussi lespee de lancelot qui aussi estoit toute vermeille disoit tout autre tel. Ainsi avoient tous deux grant yre du sang quilz avoient en leurs espees. Lors courent lung a lautre moult hardiemēt et moult asprement. Ilz sestoient telz atournez que a paine se pouoient ilz soubstenir en estant tant estoient affoiblis et tant avoient perdu de sang. Et pour ceste achoison convint il a fine force que ilz recouurassent alaine et se trayent lung en sus de lautre et sapuyent sur si pou descus quilz avoient. Et lancelot dist en son cueur/ aydez moy beau sire dieu que ie ne soye desconfit maulvaisement en cestuy iour/ car ie voy tout appertement que cestuy a qui ie me suis combatus nest homme/ mais diable/ car sil fust homme et ieusse autant feru sur luy comme iay sur cestuy cy ie le cuydasse mainteffois avoir occis/ et ie voy cestuy qui se maintient mieulx au derrenier quau premier Pource beau sire dieu soit homme ou enchantement aydez moy que ie ne recoyue huy honte de mort.

Et monseigneur tristan dist. Haa vierge pucelle priez vostre doulx filz quil soit en mon ayde et quil ait mercy de mon ame/ Car ie voy bien que du corps nest plus riens et voy tout appertement que ie suis venu a ma mort. Haa dieu comme ie suis deceu maulvaisement de palamedes/ car ie ne cuydoie mie quil eust en luy si grāt pouoir cōme ie y ay trouve a cestuy point car il sest tousiours maintenu moult asprement et a mon advis il a eu tousiours le meilleur de la bataille. Et quant ilz se sont reposez et quilz ont assez recouuré alaine et force tristan se relieve tout premierement et dist. Or aille comme aller pourra/ car ie vueil parfournir nostre bataille. Lors embrasse si petit descu ql avoit par grant yre et dresse lespee contremont et va vers lancelot. Et quant lancelot le voit venir il ne fait pas semblant quil soit de riens esbahy ne espouēte/ ains met la main a lespee et luy vient a lencontre moult hardiement. Mais avant quilz recōmencassent la bataille lancelot luy dist. Je voy bien que vous voulez aller avant de la bataille iusques a oultrance. Et quant vous voulez ce faire ie vouldroye que nous feissiōs une chose cest que vous me deissiez vostre nō et ie vous diray le mien/ pour ce que se vous me mettez a oultrāce ou a la mort que vous saichez qui vous aurez occis/ ie de vous mesmes aussi.

Quant tristan ouyt ainsi parler lancelot tout maintenant que il vit que ce nestoit mye celluy quil cuydoit il respondit. Comment nestes vous mye palamedes? Nēny dist il vrayement ce saichez. Et qui estes vous donc fait tristan? Sire ce dist lancelot se vous me creancez que vous me direz vostre nom puis que ie vous auray dit le mien ie le vous diray maintenant. Et tristan luy dist. Le vous ottroy ie bien et me plaist assez. Or saichez fait il que ie suis lancelot du lac appellé ne scay si vous ouystes oncques parler de moy. Quant tristan entent que cest lancelot du lac lhomme au monde que il aymoit le mieulx/ tout maintenant gecte a terre son escu et son espee et sagenoille devant luy et luy tend son espee et luy dist. Sire prenez mon espee/car ie me tiens pour oultre. Et quant lancelot entent et voit la debonnairete du cheualier tristan il luy dist. Dressez vous car ie me tiens pour oultre et non vous/mais ie vous prie que vous me diez vostre nom. Et tristan luy respondit. Certes beau doulx amy on mappelle tristan de leonnois le vostre cheualier. Et quant lancelot entent que cestuy estoit tristan le sien amy il luy fait tout ainsi comme il luy auoit fait. Il gecte son escu tout maintenant a la terre et sagenoille et luy tēd son espee en disant. Sire prenez mon espee/car ie suis oultre ⁊ non vous/et vous crie mercy ⁊ me pardonnez de ce que ie me suis cōbatu a vous. Ha lancelot fait tristan/ mais prenez la miēne qui estes meilleur cheualier q̄ ie ne suis/⁊ si auez tousiours eu lhonneur de la bataille. Haa sire fait lācelot ne dictes ce/car vo⁹ en deuez auoir lhonneur. Et ainsi offrirent longuemēt lūg a lautre lhōneur de la bataille/mais oncques nul deulx ne le voulut prendre/ Et apres ce ilz osterent leurs heaulmes ⁊ sentreaccolerent et baiserēt/et puis sen allerent en vng monastere qui pres dillec estoit ou ilz se tindrent tant quilz furent gueris/et puis apres sen allerent ensemble a la court du roy artus/mais a tant se taist le cōpte deulx ⁊ cōmence cy a parler des faitz de gyron le courtois.

¶ Comment gyron le courtois et le bon cheualier sans paour combatirent lung contre lautre po⁹ vne damoiselle

En ceste partie dit le cōpte que a gyrō le courtois luy estāt au val brun seiournant en vng chastel prīt voulēte daller veoir danayn le roux son cōpaignō q̄ se tenoit a malaonc/et pour ce print ses armes et monta sur son cheual. Et ainsi cōe il sen

vouloit partir vint a luy vne damoyselle q̄ luy pria quil la voulsist prendre en son cōduyt iusques au pres de maloanc ou il alloit/ce quil lui promist a faire. La damoyselle estoit si richement vestue et tant belle q̄ sestoit merueilles de la veoir. Lors se mirent giron ⁊ la damoyselle au chemin/mais au troisiesme iour ilz rencōtrerent pres dung chastel vng cheualier arme de toutes pieces/lequel quant il vit la damoiselle si merueilleusement belle au cōduyt de giron il en fut tout espris/⁊ pour ce sen vint vers elle ⁊ luy dist Damoiselle ie vo⁹ prēs p la coustume du royaulme logres/et qui me demāderoit q̄ estoit le cheualier ie respondroye q̄ cestoit le bon cheualier sās paour vng des bōs cheualiers du mōde. Quāt giron entendit la parolle du cheualier il lui respōdit tout en riāt ⁊ ainsi cōe par gabz ⁊ dist Certes sire ceste damoiselle ne pouez vo⁹ auoir si legierement cōe cuydez/car bien la cuyde encontre vo⁹ deffendre. Ey nō dieu fait le bon cheualier sās paour dōc estes vo⁹ a la meslee venu/or vous gardez huy mais de moy. Apres ceste parolle ilz seslongnent ⁊ puis laissent courre lung vers lautre tāt cōe ilz peuēt des cheuaux traire ⁊ sentrefierēt si roydemēt quilz se portent to⁹ deux a la terre les cheuaulx sur leurs corps duremēt naurez/mais le bon cheualier sās paour fut plus naure de ceste iouste que ne fut girō/mais pour tāt silz estoient naurez ne demoura il q̄ ne se releuassent maintenant sur piedz ⁊ mettent les mains aux espees ⁊ leurs escus deuant eulx/et courēt sus lung a lautre moult hardiement/ilz sentredōnent grans coups de leurs espees trenchātes Ilz ne se vont mie espargnant/ains frappent lung sur lautre si treshorriblement que nul ne les veist qui pitie nen deust auoir. Que vous en dyrois ie pas nestoient apprentis de faire icelluy mestier/ mais estoient deux des meilleurs cheualiers du mōde/leur affaire nestoit pas geu

Ilz se menoient malement comme cheualiers puissans quilz estoient. En telle maniere maintindrent les deux cheualiers lassault moult longuement tant que le bon cheualier sans paour auoit assez plus perdu de sang que nauoit gyron. Et ce estoit aduenu par ce que gyron auoit meilleure espee et si estoit bon cheualier. Pour ce lauoit tant gyron mene quil auoit assez le pire de la bataille. Et a la verite dire il auoit perdu du sang si grant foison que grant merueille estoit comment il se pouoit soubzstenir en estant veu ce que gyron frappoit tousiours sur luy si druement que oncques ne veistes cheualier plus appareille de coups donner que gyron estoit a celluy point.

Quant ilz eurent le premier assault tant soubstenu que cestoit merueilles comment ilz nestoient tous deux mors du grant trauail quilz auoient souffert, car saichez que tant auoient de sang perdu et lung et lautre que meilleur mestier auoient de reposer que de combatre. A tant se trait gyron vng pou arriere et le bon cheualier sans paour se trait de lautre part. Giron auoit moult de sang perdu mais non mie tant comme le bon cheualier sans paour auoit. Et quant ilz se furent assez grant piece reposez les espees toutes nues es mains et leurs escus deuant eulx et quilz eurent reprinse leurs alaynes Gyron parla en telle maniere au bon cheualier sans paour et luy dist ces paroles.

Sire cheualier tant nous sommes combatus entre nous deux si quil ny a celluy de nous deux qui ne sen sente, et nous sommes combatus pour telle querelle que se lung de nous deux occioit lautre le monde ne sen feroit si non que gaber. Je ay a cestuy point tant esprouuee la haulte cheualerie de vous que ie scay certainement que vous estes le meilleur cheualier que ie trouuasse long temps a. Et pour ce que ie ne vouldroye en nulle maniere du monde mettre a mort vng si preudhomme comme vous estes se ie bien faire le pouoye, neantmoins que bien congnois que ce ne pourroie ie faire, car certes trop estes bon cheualier, pour quoy ie vous vouldrois prier que auant que nous nous combatissions plus que vous me quictissiez ma damoiselle, car honneur ne me seroit mye de la vous quicter puis que ie lay prinse en conduyt. A ceste parolle respondit le bon cheualier sans paour, et aux paroles quil dist sembloit quil fust moult trauaille, car il auoit la voix enrouee, quassee et foible. Certes beau sire dist il a giron mal faictes de me tenir a bon cheualier qui ne peulx mener a fin ce que iay entreprins. Se ie feusse si bon cheualier comme vous dictes ie neusse tant demoure a mener a fin ma bataille. Et au vray dire sans mentir ie cupdoye tout orendroit quant ie vous rencontray que ie saulsisse bien vng bon cheualier, mais certes ie congnois bien maintenant par vous que ie ne vaulx vng cheualier, ains suis si mauuais que ie ne doy ceste damoyselle ne autre demander pour quoy ie la vous quicte desormais, car certes vous auez icy monstre tout appertement que vous la deuez mieulx auoir que ie ne doy. Car vous lauez bien deffendue comme bon cheualier que vous estes, et ie me suis trop honteusement combatu pour elle auoir et gaigner encontre vous. Or layez car ie la vous quicte en toutes guises, et certes selle estoit mienne ie la vous donneroie auant que ie me combatisse plus a vous. Car trop estes bon cheualier et preux des armes durement. Puis que vous me quictez de ceste bataille ce dist gyron or vous commant ie a nostre seigneur qui sante vous doint, car cy ne puis ie plus demourer pour la cause que tant suis naure. A tant monte giron sur son cheual et sen vadere vng chastel qui pres dillec estoit et entra dedans a tout sa compaignie & se hostella en la maison dung vauasseur ou il demoura par lespace de plus de quinze iours auant quil peust aller a pied si non le pas. Car il auoit receu en ceste bataille grandes playes et petites assez et tant auoit perdu de sang que sestoit merueilles comment la vie luy estoit demouree au corps. Et pour ce que la damoyselle pour laquelle gyron sestoit combatu auoit besoing destre a iour determine au chastel ou giron la deuoit conduyre quant elle vit que gyron estoit tant naure que cheuaucher ne pouoit elle luy pria quil la fist conduyre par son escuyer iusques ou elle vouloit aller/ce quil fist/et puis sen reuint lescuyer a son maistre quant il leut conduicte. Et se gyron estoit si malement naure comme ie vous ay compte encores estoit plus naure le bon cheualier sans paour. Cil demoura au chastel mesmes ou estoit giron mais non pas en vng mesmes logis bien vng moys entier sans cheuaucher et assez fist querre & demander qui estoit le cheualier a qui il sestoit combatu/mais oncques nen sceut apprendre nulles nouuelles fors q cheualier errant estoit. Et tous ceulx du chastel demanderent assez de luy & dont ilz estoit/mais autre chose ne peurent pour lors scauoir de son estre/ et lui donnoient tous ceulx du chastel grant loz et grant pris de ce quil sestoit si bien combatu et si bien deffendu encontre le bon cheualier sans paour que ilz tenoient le meilleur cheualier du monde.

Quant il vint vers le deffinement dauril le sire du chastel vint dire a Gyron le courtois et au bon cheualier sans paour que bon seroit quilz se partissent du chastel/car se dedans les trouuoient deux geans qui tenoient le chastel en seruaige qui venir y deuoient le premier iour de may ilz les mettroient a mort ne autre mercy deulx nauroient.

Quant les deux cheualiers ouyrent ceste nouuelle ilz demanderent qui estoient les deux geans qui le chastel tenoient en seruaige. Beaulx seigneurs dist le sire du chastel/ce sont deux freres geans les plus grans et les plus puissans du monde qui demeurent sur la grant montaigne qui est a lyssue de sorelois/lesquelz viennent cy chascun an le premier iour du moys de may et font assembler tous les damoiseaulx et toutes les damoyselles de ce chastel qui sont depuis laage de quatorze ans iusques a vingt ans et en prennent quarante de ceulx qui mieulx leur plaisent et les menent auecques eulx en leur terre/Dont nous auons si grant douleur au cueur que nous prions tous les iours continuellement que nostre seigneur face fondre et ouurir la terre dessoubz nous si quelle nous engloutisse et absorbe affin que nostre douleur soit du tout finee Pour quoy seigneurs cheualiers ie vous admonneste et dy que vous vous en partez de ce chastel maintenant/car se ilz vous trouuoient ceans ilz vous occiroient sans de vous prendre rancon que voz testes/car trop grant mal veulent a tous les cheualiers errans.

¶ Comment gyron le courtoys et le bon cheualier sans paour occirent deux geans qui vouloient quetre truage a vng chastel ou ilz estoient. Et comment gyron ne voulut point dire son nom a ceulx du chastel ne bailler son escu pour quoy il fut emprisonne

Gyron qui sans doubte estoit vng des plus hardys cheualier du monde et des plus entreprenans dist au bon cheualier sans paour qui illec estoit auecques lui. Sire se vous voulez emprendre a occire lung des geans ie entrepredray a occire lautre Sire fait le bon chevalier sans paour ia pour moy ne demourra ceste emprise / et a tant creancerent ilz entre eulx quilz se combatroient aux deux geans / et apres qlz eurent ce promis lung a lautre ilz sen retournerent chascun en leur hostel. Et ainsi demourerent les deux vaillans chevaliers en leur logis en attendant le iour nomme que le deux geans devoient venir Et si vous fais assavoir que en tout cel luy terme que gyron et le bon chevalier sans paour demourerent au chastel ne allerent oncques voir lung lautre / ains demourerent chascun en leur hostel en faisant semblant quilz nestoient mye garis pour ce quilz ne vouloient veoir lung lautre. Ceulx du chastel qui bien scavoient qlz estoient moult bons chevaliers quant ilz ont veu la promesse quilz ont faicte lung a lautre ilz dient entre eulx que grande chose ont entreprins les deux preudhommes ꝙ que cestoit trop folle emprinse / car ia ne sen partiroient sans honte ou mort recevoir. Que vous en dirois ie sachez que la greigneur partie de ceulx du chastel ne sen faisoient que gaber en disant ꝙ plus grant entrepreneurs estoient quilz nestoient grans faiseurs.

Quant se vint au premier iour de may que les geans estoient acoustumez de venir au chastel pour recevoir le truage il vindrent au dehors du chastel en la prarie avec grant plante de chevaliers et de varletz quilz tenoient en servaige / et les avoient amenez pour emporter le truage quilz devoient recevoir du chastel. Quant gyron sceut certainement que les deux geans estoient en la prarie il se fist armer maintenant / car grant piece avoit quil estoit gary et pouoit bien porter armes. Il manda au bon chevalier sans paour quil lappelloit de convenance et quil print tantost ses armes. Quant le bon chevalier

De Gyron le courtois

sans paour entent le mandement de gyron il ny fait nul delayement ains se fait armer et monte sur ung bon cheval et sen va tout droictement a la porte du chastel ou il treuve giron tout appareille sur son cheval qui plus ne lattendoit ains vouloit envahir les deux geans par son corps tant seulement. Quant les deux bons chevaliers furent ensemble a la porte tous appareillez ainsi comme ie vous compte ilz ny tindrent autre parlement / ains yssent hors du chastel et la ou ilz voient les deux geans ilz sen vont tout droictement a eulx / car bons estoient a congnoistre entre les autres / car ilz estoient si grans que cestoit une horriblete a veoir. Ilz mirent les mains aux espees / car glayves navoyent ilz point voulu porter. Le bon chevalier sans paour lieue premier lespee encontremont ꝙ fiert lung des geans si roydement a ce quil le treuve assez desarme quil luy fait voller la teste emmy la prarie et labat mort devant lautre geant. Et pour ce que les geans navoient doubtance de nul ne sestoient ilz que a demy armez / par quoy en eulx ne eut pas si grant deffence

Quant gyron vit le grant coup que le bon chevalier sans paour avoit fait sur le geant il dist en soy mesmes quil estoit mestier quil sefforcast de occire lautre. Atant estraint lespee par grant force et laisse courre vers lautre geant et le fiert si durement quil luy trenche la teste par le millieu et le fend iusques es espaulees. Quant les autres chevaliers et varletz qui avec les geans estoient venuz virent ceste chose ilz sen tournerent tous en fuyte lyez et ioyeux durement de ceste aduanture qui estoit advenue en telle maniere / car par ceste chose estoient ilz delivrez du servaige ou ilz avoient este si longuement de la vergongne ou les geans les avoient mys. En telle maniere comme ie vous ay compte fut deliure le chastel du douloureux truage et de la honte ou les geans le auoient mys et longuement tenu. Quant ceulx du chastel virent ceste merueille ilz yssirent maintenant hors du chastel et sen allerent la tout droit et trouuerent que les geans estoient ia mors/ et tous ceulx du chastel commencerent a cryer tous a vne voix apres les deux cheualiers qui sen alloient. Seigneurs cheualiers arrestez vous tant que ie ayons parle a vous. Quant le bon cheualier sans paour et gyron le courtois se ouyrent ainsi appeller ilz retournerēt maintenant/et tantost quilz furent a eulx venuz ceulx du chastel se mirent tous a genoulx deuant eulx et dirent tou[s] a vne voix Haa francz cheualiers nous prions dieu et sa doulce mere quilz gardent et deffendent les vostres corps sur tous ceulx du monde/car nous vous disons que nous sommes voz hommes liges/et vous prions que vous en veniez au chastel affin que nous vous puissons seruir et honnorer comme noz seigneurs. Les deux cheualiers les mercient assez et dient quilz ny peuent demourer pour riens du monde. Quant ceulx du chastel voient quilz ne veulent demourer ilz en sont fort dolens et courroucez et leur dient. Seigneurs cheualiers quant vous ne voulez demourer auecques nous or no[us] faictes tant de bonte que vous nous bailliez voz escus et nous vo[us] en baillerons deux autres. Le bon cheualier sās paour leur donne le sien debonnairement et ilz luy en baillent vng autre moult bon et moult bel/mais pour priere que ceulx firent a giron il ne leur voulut oncques donner son escu ne ne voulut demourer auec eulx Et ainsi sen partirent les deux bons cheualiers sans vouloir entrer au chastel et sen allerent leur voye.

Quant ceulx du chastel virent que giron sen alloit ainsi sans leur vouloir dire son nom ne laisser son escu ce que le bon cheualier sans paour auoit fait ilz dirent entre eulx que grant honte et vergongne leur faisoit le cheualier apres la grant bonte quil leur auoit faicte Et pour ce dit a soy mesmes le sire du chastel quil aura sil peut lescu. Il fait venir a luy vne damoyselle et deux varletz et les enuoye apres gyron et leur enseigne et dit comment ilz pourront auoir lescu et scauoir son nom. Apres ce que le seigneur eut tout enchargie la besongne a la damoiselle elle se mist tantost a la voye a telle compaignie comme vous auez ouy et tant cheuaucha depuis quelle trouua gyron dormant dessus vne fontaine et assez pres de luy dormoit son escuyer/car le chault qui adonc estoit grāt les auoit assez trauaillez. Quant la damoyselle aduisa que giron dormoit elle fist prendre son escu et lenuoya au Seigneur du chastel qui apres gyron lauoit enuoyee/et se tint la damoyselle au pres de la fontaine tant que giron fust esueille/et quant il fut esueille celle qui moult belle estoit le salua assez courtoisemēt/et giron luy dist que la bien fust elle venue. Et quant il ne voit son escu il demande a son escuyer la ou il est et il dit quil nen scait riēs. Sire fait la damoiselle vostre escu est en bon lieu/mais ie vo[us] prie q̄ vo[us] vueillez venir herberger auec moy car le temps en est bien. Gyron qui croit bien q̄ la damoyselle ait prins son escu affin q̄l aille herberger auec elle dit quil le veult bien. A tant montent sur leurs cheuaulx et se mettent a la voye. La damoyselle le mena en vne riche tour/et les gēs qui en icelle estoient les descendirent et firent desarmer giron quant il fut en la tour. Quant la damoyselle voit que gyron estoit desarme elle commanda tantost a quarante hommes qui leans estoient armez quilz prenissent gyron/ce quilz firēt maintenant et le mirent en vne chambre Quāt la damoiselle vit que gyron estoit prins elle sen alla vers la chambre ou il estoit et luy dist. Sy cheualier saichez de Bray que iamais iour de Voftre vie De ceans nyftrez deuant que vo9 nous ayez dit voftre nom. Quant gyron se voit ainsi pris et si subtillement sans seneftre apperceu il dist en soy mesmes quil vault mieulx quil leur die son nom que ilz se tenissent en prison longuement/et pour ce leur dist il. Me deliurerez vous et renderez mon escu tout incontinent que ie vous auray dit mon nom. Sire fait la damoiselle saichez tout vrayemēt que tout aussi tost que vous no9 aurez dit voftre nom nous vous deliurerons/mais voftre escu ne vous rendrōs nous mie/car certainement nous ne lauōs pas. Gyron leur dift sonnom et il fut tantoft deliure. Gyron qui plus demourer ne vouloit illec se fait armer et mōte sur son cheual et se met a la voye entre luy z son escuyer et neut mie grammēt cheuauche quil vint a vng manoir dung vauasseur ou il se herbergea aiseement. La damoyselle sen retourna le soir mesmes au chaftel dont elle eftoit partie et dift a son seigneur comment le cheualier auoit nom gyron le courtois. Ainsi ont ceulx du chaftel lescu et le nom de gyron vueille il ou non. Et quāt ilz ont les escus et les nōs Des deux bons cheualiers ilz font pendre les escus emmy la maiftresse place du chaftel a vng moult bel arbre/et tous les cheualiers z dames z varletz du chaftel si asseblerent et cōmencerent a dancer et a karoller au tour des escus/et quant ilz passoient par deuant ilz senclinoient deuant eulx z leur faisoient le plus grāt honneur quilz pouoient/ et firent desloꝛs en auant deux fois lan feftes et dances autour des escus/lune fois a tel iour quilz furent deliurez et laultre fois en yuer. Et au lendemain matin que gyron fut leue il print conge du vauasseur et se mift a la voye et erra tant par ses iournees quil arriua a maloanc sans auttres aduantures trouuer

⁋ Comment danayn et gyron se partirent de maloanc pour aller a vng tournoyement. Et comment ilz trouuerent en leur chemin lzeux le seneschal qui voulut a eulx iouster ce quilz ne voulurent Et comment messire lzeux et messire yuain iousterent a vng cheualier qui cōduysoit vne dame au tournoyement qui les abatit.

R dit le compte que quant gyron le courtois fust arriue a maloāc il y trouua danayn le roux son chier compaignon qui tant laymoit/ lequel le receut au plus ioyeusement quil peut/car danayn laymoit tant et de si bōne amour que quant il le veoit au pres de luy il le cuydoit touſiours perdre. Quen diroisie il laymoit tāt q̃ sil euft efte son frere charnel il ne leuft pas sceu plus aymer. Et neantmoins que ia y auoit lōg temps quilz eftoient compaignons darmes ensemble si ny auoit il encores en tout le chaftel cheualier ne damoyselle qui sceuft son nom foꝛs que danayn son compaignon z ma dame de maloanc qui tāt laymoit que ia par deux fois lauoit prie damoures/aincois lappelloient ceulx du chaftel le bon cheualier ne autre nom ne luy scauoient donner. Durant le temps que giron seiournoit a maloanc il arriua leans vng varlet qui sen alla au palais et dift a danayn. Sire ie vo9 apportes nouuelles. Saichez que dedans quinze iours sera vng tournoyement deuant le chafteau aux deux seurs. Or me dis fait danayn qui a empꝛis ceftui tournoyement. Sire fait le varlet ce a efte le roy de noꝛthomberlande encontre le roy de norgales. Certes fait Danayn ie le croy bien/et se ie puis il ne sera pas fait sans moy comme fut laultre

A Cestuy point que ces nouvelles furent apportees nestoit mie gyron au palais, ains estoit en vne des chambres de leans. Et danayn qui bien scauoit tout certainement que gyron seroit tout lye et ioyeux quāt il entendroit ces nouuelles du tournoyement se leua de la ou il se seoit et sen alla tout droictement en la chambre ou gyron estoit et le salua et luy dist. Sire voulez vous ouyr bonnes nouuelles. Ouy certes ce dist giron, car douyr bonnes nouuelles suis ie moult desirāt. Et lors se siet et danayn aussi decoste luy. Saichez sire fait danayn que dhuy en quinze iours aura vng vng tournoyement pres dicy, et luy deuisa adonc toutes les parolles que le varlet luy auoit comptees. En nom dieu sire ce dist gyron de ces nouuelles suis ie moult lye et ioyeux car aussi mennuyoit il ia de tant seiourner dedans ce chastel, pas ne fauldray que ie ny soye. Sire ce dist danayn or saichez tout certainement que en cestuy tournoyement ne serez vous mie sans ma compaignie ainsi comme vous feustes a lautre, mais ie vous y feray compaignie sil vo9 plaist. Certes sire ce dist gyron ce vueil ie moult bien, mais se il vous plaisoit ie vouldroye que nous y allissions si priueement et a si petite compaignie et si estrangemēt armez que no9 ny peussions estre cōgneuz p noz armes

A Ceste parolle respondit danayn et dist. Sire tout ce ferons nous bien et vous diray comment. Nous ne menerons a ce tournoyement fors que trois escuyers tant seulement, et porterōs vo9 et moy armes toutes noires sans autre taint. Se no9 nous mettons en telle maniere au tournoyemēt il ny aura ne vng ne autre qui de riens nous puisse congnoistre. Vous plaist il sire quil soit ainsi que ie lay deuise. Il me plaist moult bien dist gyron

le courtois du tout en soit fait a vostre voulente, car vous nen ferez chose quil ne me plaise. En telle guyse et en telle maniere comme ie vous compte emprindrent les deux cōpaignōs daller au tournoyement, et saccorda du tout gyron a ce que danayn en auoit dit. Mais le cōpte laisse cy a parler deulx et cōpter veult de madame de maloāc q̄ dit ainsi. Que madame de maloanc qui en cestuy temps estoit bien la beaulte de toutes les dames du monde que nonobstant ce que giron lauoit refusee ia par deux fois quāt prie damours lauoit si ne len hait elle point pour tant, ains met son amour en lui pl9 que deuant. Elle ne prise orendroit tant tout le mōde cōme elle fait giron, elle aymeroit mieulx lui tout seul q̄ estre dame de tout le monde tāt layme que plus nen peut quant elle pense a la beaultet et valeur de luy. Elle dit bien en soy mesmes que pourtant sil la ia escōduyte par deux fois si ne se abstiēdra elle pas de le requerir encores, iamais ne quiert a oster son cueur de luy. Riens ne prise son mary danayn au pris quelle fait giron. Elle dit en son cueur quil nest homme nul que lui plus est bel que tous et meilleur que to9 autres cheualiers. Il ne luy chault ce dit elle se son mary se appercoit quelle ayme gyron. Mourir vouldroit bien pour lamour de luy, car a grāt hōneur ce dit elle luy seroit atourne quant morte seroit pour aymer le plus preudhōme du mōde Ne nul ne len pourroit blasmer.

A Cestuy point que ie vous cōpte que elle aymoit si tresfort le preux gyron luy furent dictes les nouuelles du tournoyement qui deuoit estre deuant le chastel aux deux seurs, et cestuy chasteau estoit pres de Maloanc a moins dune iournee. De ces nouuelles fust elle moult forment lyee et ioyeuse. Car elle scauoit tout certainemēt que se danayn son ma-

e iiii

ry maintenoit la coustume que on tenoit a celluy temps il la maineroit a celle assemblee pour veoir le tournoyement. Car bien estoit en celluy temps acoustume par tout le royaulme de logres et le roy Vterpendragon mesmes auoit ceste coustume establie que toutes les dames de hault parage et les pucelles aussi estoient menees a chascun tournoyement quon faisoit pour tant que les tournoyemens ne feussent point plus loing dune iournee de leurs maisons. Et pour ce dit la dame de maloanc a soy mesmes que se son mary luy fait droit il la mainera a celluy tournoyemẽt. Et celluy soir mesmes en parla elle a son mary qui luy respondit en soubzriant. Dame puis que vous y voulez aller il me plaist bien/ et si vous y feray conduyre si haultement comme il appartient a si haulte dame cõme vous estes et vous bailleray dames et damoyselles qui vous y conduyront et vous feront compaignie / mais ie ne puis a ceste fois y aller auec vous. Car ie y vueil aller a si priuee mesgnie que ie ny soye congneu.

Apres que danayn le roux eut ainsi parle a la dame de maloanc sa femme il luy fist querre iusques a .xxvi. cheualiers de la contree preudhommes et vaillans pour la conduyre iusques a ce tournoyement plus honnorablement et comme a si haulte dame quelle estoit appartenoit. Les vingt et six cheualiers furent tantost trouuez et acoustrez et garnys de ce quil leur failloit en cestuy voyage. Et danayn dautre coste auoit tout son erre appreste pour luy et pour son cõpaignon et fait finance de bons cheuaulx et darmes toutes nouuelles ainsi comme ilz les auoiẽt entre eulx deux deuisees. Et quãt ilz eurent tout leur cas apreste ainsi cõme ie vous compte ilz se partirent de maloanc acompaignez de pou descuyers. Apres ce que gyron le courtois et danayn le roux

se furẽt partis de maloanc ilz nallerent mie tout droictement vers le chastel aux deux seurs ains yssirent hors du chemin et se mirent maintenant es forestz dont assez y auoit en celle cõtree. Et ainsi couuertement cheuaucherent de forest en forest et tant quilz vindrent pres du chastel aux deux seurs a moins dune lyeue anglesche. Et se herbergerẽt en vng hermitaige dedãs la forest qui estoit en lieu assez desuoyable et pres du chemin. Et celluy soir que ilz dormirent leans eussent ilz eu petitement a manger se neust este ce quilz auoient apporte de la viande auec eulx. Car a celluy point nestoit pas lhermite en son hermitaige/ ne il ny auoit ne pain ne viãde quon eust peu mangier/ et ainsi passerent cestuy soir. Au lendemain assez matin se leuerent et monterent sur leurs cheuaulx et sen allerent deduyre celle matinee parmy la forest/ et celluy iour mesmes deuoient estre les vespres du tournoyement. Et quant il fut heure de midy ilz retournerent a lhermitaige et demanderent a menger/ et on leur en apporta au plus richement quon le peut faire a cestuy point. Et quant ilz eurent mãge ilz sendormirẽt tout maintenant et se reposerent en telle guise iusques a heure de vespre. Et quant ilz furent esueillez ilz demanderent leurs armes et on les leur apporta tantost. Car ilz disoient que ilz vouloiẽt a cestui point porter armes et aller veoir les vespres du tournoyement/ mais ilz nauoient nyẽ voulente dy ferir cestuy soir coup de lãce ne despee se force ne leur faisoit faire

Quant ilz furent tous deux armez de leurs armes fresches et nouuelles ilz se partirent de leans montez sur leurs destriers/ deuãt eulx alloient deux de leurs escuyers qui leur portoient leurs escuz et leurs glayues. Leurs armes estoient toutes noires/ leurs lances et leurs escus aussi. Et leurs cheuaulx pareillement noirs. Et ainsi armez com-

me ie vo9 compte cheuauchoient les deux
cõpaignons par la forest lung delez lau=
tre leurs escuiers deuant eulx/et neurēt
mye grāment cheuanchie quilz vindrēt
au grant chemin de la forest. Et lors vi
rent deuant eulx deux cheualiers qui sen
alloient tout droictement deuers le chas
tel aux deux seurs. Et se len me deman=
doit qui estoient les cheualiers ie diroye
que lung estoit messire kreux/et lautre
messire yuain le filz au roy vrien. Et in
continent quilz ouyrent les deux cheua=
liers qui apres eulx venoient si sarreste=
rent tout errāment. En nom dieu mes=
sire yuain fait messire kreux. Les deux
cheualiers q̃ caviennent sont bien noirs
silz estoient charbonniers ilz ne seroient
pas plus noirs. Mauldit soies ie se ie ne
voys iouster a lung de eulx/et si ne scay
pas se tāt sont couars quilz refusent ma
iouste.

Apres ce il ne demeure gueres
quil ne sescrye tant quil peut.
Seigneurs cheualiers ya il
nul de vous qui vueille iouster/ie suis
tout prest et appareille de iouster encon
tre lung de vous deux/or viengne auāt
cestuy qui vouldra iouster. Sire ce dist
danayn le roux a gyron que respondrōs
nous a ce cheualier qui de iouste nous
appelle/sil vo9 plaist ie iousteray. Non
ferez ce dist gyron car il ne me plaist mie
a ceste foys/assez pourrez demain ious
ter sicomme ie croy puis q̃ vous en auez
si grant voulente. Alors danayn le roux
respond a kreux le seneschal. Sire nous
nauōs orendroit nulle voulente de ious
ter. Messire yuain ce dist messire kreux.
A cestuy point pouez vo9 dire seurement
que nous auons trouue deux des cheua
liers de cornouaille. Pourquoy le dictes
vous fait messire yuain. Ie le dys fait
messire kreux pour ces deux cheualiers
Car certes silz estoient preudhōmes cō
me cheualiers doyuent estre ilz ne refu
sassent mye ceste iouste si vilainement

comme ilz la refusent. Par quoy ie dys
tout hardiement quilz sont sans doubte
des cheualiers de cornouaille. Messire
kreux fait messire yuain se dieu me doint
bonne auanture vous dictes mal qui si
tost dictes vilenye des cheualiers que
vous ne congnoissez. Ilz sont par auan=
ture plus preudhōmes q̃ vous ne cuidez
Sire fait messire kreux ie ne scay s̃lz ilz
sont/mais ce diroyes ie deuant le roy ar
tus mesmes. Car ilz firent chetiuete et
deffaulte moult grant de refuser en tel=
le maniere ceste iouste/et ne firent mye
comme cheualiers errans. Toutes ces
derrenieres parolles entend danayn
le roux dont il est grandement courtous
se et yre/et pour ceste cause il dit a gyron
Sire tant auons fait a cestuy point que
nous sommes tenuz po2 cheualiers to9
plains de couardise. Les cheualiers qui
la sen vont si sen gabent moult vilaine=
ment pource q̃ no9 refusasmes la iouste
orendroit de lung de eulx. Sire ne vous
chault fait gyron se ilz sen vont de nous
gabant vne autre foys par auanture ilz
sen tiendront pour folz et po2 nyces/laissez les dire tout a leur plaisir/car pour
leurs parolles nous nen serons ne pires
ne meilleurs. Et ie croy bien par auan=
ture q̃lz sont coustumiers de parler ain
vilainement. Plusieurs en a parmy le
royaulme de logres qui parlent en telle
maniere/et pource ne me chault il deulx
Sire fait danayn puis que ie voys quil
vous plaist que nous escoutons ces pa=
rolles et ie les escoute du tout. Or dient
huymais les cheualiers ce q̃l leur plaira
a dire/car ie ne men courrousseray ia.

Tant cheuaucherent ainsi par
lans quilz vindrent et arriue
rent pres des deux cheualiers
qui sen alloient deuant. Seigneurs fait
gyron dieu vous doint ioye et vous cō
duye. Sire fait messire yuain bien ayez
vous. Et pareillement aussi redist mes
sire kreux. Et quant ilz eurent vng pou

cheuauchie ensemble messire lzeux se tourna deuers gyron et luy dist. Sire cheualier/estes vous cheualier errant. Certes beau sire fait gyron ouy/ mais pour quoy lauez vous orendroit demande. Or saichez fait messire lzeux que ie mesmerueille moult dont ce vient que cheualier errant refuse iouste dautre cheualier errant quant il en est appelle. Sire fait gyron ce nest pas trop grãt merueille/car vous scauez bien par vo° mesmes certainemẽt que cheualiers ne sont mye tousiours en talẽtez de iouster. En nom dieu fait messire lzeux/or saichez vrayement que se vous estiez en la maison du roy artus et vous refusissiez la requeste dung autre cheualier ainsi comme vous faictes ceste orẽdroit il vous tourneroit sans faille a couardise et a mauluaistie. Car telle est la coustume de cestuy hostel que nul cheualier qui soit sain de ses membres ne doit refuser vne iouste. En nom dieu sire fait gyron ilz peuent faire leur coustume telle comme il leur plaist Mais quant endroit moy ie refuseroies vingt ioustes ou trente pourtant que ie neusse voulẽte de iouster. En nom dieu sire fait messire lzeux/les armes que vo° portez sont si saines ⁊ si entieres quelles demonstrent bien appertement q̃ vous nauez mye trop iouste depuis que vous les commẽcastes a porter. Et se vo° les gardez aussi bien comme vous les auez cõmencees a garder iusques icy elles ne vous fauldront iamais. En nom dieu sire fait gyron/ de ce dictes vous verite Et ie vous dys que ie les garderay tant que ie verray quil les conuiendra faire. Je scays bien mes armes garder quant mestier est. Et si les scays bien mettre a habandon quant il me semble que le besoing en est venu.

De toutes ces parolles se soubzrypt messire lzeux/car il cuyde bien orendroit que gyron soit certainement tout le plus couard cheualier sans faille de tout le mõde ⁊ le plus failly de cueur. Et pareillement aussi le cuyde messire puain de sa partie. Ainsi parlans cheuauchẽt toutesuoies le grãt chemin de la forest et nont mye gramment chemine auant depuis quilz se sont tous quatre acompaignez en telle guyse cõme ie vous compte que ilz attaignent vng cheualier qui portoit vnes armes vermeilles sans autre taint/ et menoit en sa compaignie deux escuyers et vng nayn ⁊ vne dame. Et cheuauchoit la dame trop coinctement/ et estoit vestue et aornee moult richement/ et si auoit ses cheueulx espartis dessus ses espaulles/ mais elle nestoit mye ieune du tout/ car elle auoit daage bien cinquante ans et plus. Et la chose qui plus luy estoit cõtraire et ennuyeuse cestoit son chief qui estoit tout blanc. La dame dont ie vous compte cheuauchoit si gentillement que cestoit merueilles/ et delez elle estoit le nayn si beau et si gentil cõme nayn pourroit estre/ et auoit la teste bien aussi grosse cõme vng roussin/ et les yeulx petis a merueilles et durement enfonssez en la teste tellement q̃lz apparoient assez pou Le cheualier estoit bel et grant et si bien entaille dedans les armes q̃ cestoit vng deduyt de le regarder. Sire fait gyron a da nayn/ si maist dieu veoir pouez orendroit vng cheualier qui bien semble estre homme de valeur et de pris/ sil estoit si bon cheualier cõme il sẽble assez mieulx en vauldroit.

A ceste parolle respond messire lzeux et dit. Sire se dieu me doint bonne auãture ceste parolle pouez vous dire de vous mesmes hardiement. Or saichez bien de verite q̃ se vous estiez aussi bon cheualier cõme vous semblez par dehors il ne conuiendroit a querre meilleur/ mais ie croy biẽ si maist dieu quil y ait moult de lung a lautre. Sire fait gyron tout ce peut bien estre/car il en ya assez dautres telz par le monde qui bien semblent estre prendhõmes mais ilz ne le sont mye/et sil est ainsi De moy ce me peut moult chierement peser. Ainsi parlans cheuaucherent tant quilz vindrent iusques au cheualier qui portoit les armes vermeilles. Sire dieu vous doint bõne auanture fait messire Lzeux/ceste dame que vous conduysez est elle vostre amye. Sire fait le cheualier mamye est elle vrayement. Or saichez que ie me tiens a mieulx paye de lamytie Delle auoir que ie ne feroies de nulle autre dame du monde que ie saiche orendroit en tout le royaulme De leonnoys. En nom dieu fait messire Lzeux sire cheualier vous auez bien raison/male sante ait qui vous en blasme De la myenne part/car cest vne ieune pucelle et tendre. Et le cheualier est assez durement courrousse quant il entend ceste parolle si recongnoist orendroit tout certainement que messire Lzeux le gabe. Lõment sire vassal fait il vous gabez vous de ma dame. Ainsi maist dieu vrayement comme vous nestes mye saige. Ie vous loue en droit conseil que vous vous souffrez de la gaber/car par la foy que ie doy a tous les cheualiers du monde ie vous en feroyes repentir assez plustost quil ne vous en seroit mestier. Adonc quant messire Lzeux entend ceste parolle si cõmence tresfort a soubzrire et dit. Lõment sire vassal fait il vous combatriez vous a moy pour lachoyson de ceste dame. Et pourquoy ne feroyes fait le cheualier. En nõ dieu fait messire Lzeux ce verray ie orendroit. Et maintenant se lance auant et prent la dame par le frain/et dit adonc tout ainsi comme sil eust grãt voulente du faire. Dame dist il ie vous prens par la coustume du royaulme De logres/or y perra se ce cheualier qui vous conduyt vous vouldra encontre moy deffendre. En nõ dieu fait le cheualier aux armes vermeilles si feray ie. Or saichez certainement que se vous estiez orendroit aussi

si bon cheualier cõme est ores le roy meliadus de leonnoys que nous tenons or endroit pour le meilleur Cheualier du monde/si la vouldroyes ie deffendre contre vous. Or ostez la main de Dessus elle tout maintenant/car sans doubte vous estes venu a la meslee. Et lors messire Lzeux ryt moult fort des parolles au cheualier. Et quant il voit que cest acertes et que sans faille le cheualier se veult combatre contre luy pour lachoyson de la dame si se retrait adonc vng pou et dit au cheualier. Comment sire vassal se dieu vous doint bonne auanture cuydez vous ores q̃ pour vne telle dame cõme est ceste me combatisse encontre vous ne encontre vng autre cheualier. Si maist dieu selle venoit apres moy ie la refuseroyes en toutes guyses/car ceste nest pas Dame. Et quant dame lappellez vous lappellez vilainement/sire ie la vous quicte du tout. Ja dieu ne plaise que ie laye/ ie la refuse du tout/ie ne la vueil pas. Ainsi vrayement maist dieu q̃ ie ne vouldroies mye quelle dormist auecques moy pour vng chastel.

Quant le cheualier entend ceste parolle il est moult dolent/ car la Dame tout de tel aage cõme elle est il layme de tout son cueur et tant comme cheualier peut aymer vne autre dame denuiron vingt ans cõme ie vous ay compte. Et a la verite dire elle est si belle du grant aage quelle a que nul ne sceust son aage qui ne sesmerueillast De sa beaulte. Le cheualier est moult durement courrousse De ces parolles que a pou quil ne crieue de dueil/mais elle en est encores moult plus dolente. Et du grant dueil que elle a au cueur elle ne se peut tenir q̃lle ne dye a lzeux. Par dieu sire vassal trop en auez dit/perdu auez vng bon taire. Certes vous ne parlez mye comme cheualier errant/ mais cõme vilain cheualier et enuieux. Et ie cuide bien si maist dieu que vous estes aussi vilain en oeuures comme vous estes en parolles. Et certes pour vostre vilenie suis ie moult desirante de vous cognoistre non mye pour bonte qui en vous soit Car tout ainsi comme on desire a congnoistre les preudhommes pour leurs bontez/ aussi pareillement l'on desire a congnoistre les mauluais hommes par leurs mauluaistiez affin q̃ on sache tout de vray ou on les doit eschiuer et fuir. Et pource ie vous prie sire cheualier vilain et enuieux q̃ vous me diez qui vous estes. Et lors kreux le seneschal respond a la dame. Dame vous pouez dire ce quil vous plaist. Or saichez certainement q̃ se vous ne feussiez si ieune comme vous estes ie vous appellasse tout autrement Mais vostre aage qui est bien de temps ancien/ et qui toutesuoyes vous donne que doyez desormais dire mal/ car tant en auez fait au monde que bien vous doit suffire le vostre temps/ et me retiens de dire vostre raison/ car a moy seroit vilenye. Mais toutesuoyes por vostre voulente parfaire/ et pource que vous auez demande qui ie suis vous en diray ie bien ma partie. Or saichez q̃ ie suis vng cheualier de la maison du roy artus et compaignon de la table ronde. En nom dieu fait la dame puis que vous estes de cestuy hostel ie scay bien orendroit qui vous estes Certainement vous estes kreux le seneschal. Certes dame fait il vous dictes vray. Auant fait elle peusse ie mourir q̃ ie feusse vostre dame/ car certes adonc seroyes trop honnye et auilee/ car ie scay trop bien que vous estes le plus vil cheualier et le plus deshonnoré du monde. car vous nestes pas ores cheualier/ mais honte et reprouche de toute cheualerie. Et se aucun autre cheualier me eust dit ceste vilenye que vous mauez dicte orendroit certes ie me tenisse ia toute morte mais de vous ne me chault/ car vous estes tousiours moult coustumier de parler vilainement/ pour quoy ie dys que ie ne donne riens de voz parolles ne que de labbay dung chien.

Ha chiere dame fait kreux le seneschal quest ce ores que vous auez dit. Pour dieu ne dictes vilenye/ mais parlez aussi vilainement come telle dame doit parler. Se ie suis fol et vilain cheualier/ et vous estes sage ia a bien soixante ans quil y a grant sens en vostre corps et orendroit dictes folie. Se aucun qui vous cogneust ouyst ceste parolle il diroit certainement que vieillesse vous a tout le sens tollu. Pour dieu regardez a vostre honneur et a vostre aage/ et non pas a ma folie/ car vous sauez bien certainement que ie suis ieune cheualier et ioyeux. Messire kreux messire kreux fait la dame tant estes acoustume de dire males parolles que vng temps viendra quil les conuiendra laisser. Dame fait kreux le seneschal elles fauldront plus tost a vous q̃ estes si fierement emparlee. Haa cheualier vil/ honny et deshonoré en toutes guises mal duyt/ mal affaictie/ et si apprefte de dire vilenye a ceste dame ce dist le nayn/ certes vous mostrez bien que voirement estes vous mauluais cheualier et vilain en toutes manieres/ et telle est la renommee de vous par toute la contree. Haa mercy nayn fait messire kreux ne me dys vilenye por ceste cause/ car en la blasmãt ie ne te blasme mye/ pourtant se cest ton office dont honteux es de mener si grande asnesse a tout laguillon comme est ceste. Mais ie dys que trop bone compaignie maine ce cheualier auecq̃s luy quant il conduit telz deux dyables comme vous estes.

Et lors quãt gyron entend ceste parolle il en souzrypt moult durement/ et tout pareillemẽt font danayn et messire yuain. Mais qui cõque en rye le cheualier aux armes vermeilles en est moult durement courrousé. De ce que le cheualier aux armes vermeilles ot que messire kreux le va gabãt en telle maniere si ne tiēt pas ce fait a ieu et bien le monstre appertement/car il se tourne moult yre devers messire keux et luy dit. Messire keux messire keux se Dieu me doint bonne auanture se vous ne cessez vostre langue ie vous feray vi lenye autre que vous ne cuidez. Voz parolles sont venimeuses moult durement Et ce vous faiz ie bien assauoir et le dy hardyement devāt ces preudhōmes qui cy sont que contre moy puissiez durer se auanture ne mest trop durement contraire. Sire vassal fait messire keux me prisez vo⁹ si petit. Par saincte croix il est mestier que ie saiche tout ordroit se vo⁹ estes tel comme vous dictes. Or tost a iouster vous conuient encōtre moy. Cōment fait le cheualier est ce a certes que vous me voulez faire iouster. Certainement ouy fait messire keux. Si maist Dieu fait le cheualier il me poise de iouster a vous/car ie me souffrisse voulentiers de iouster encontre vous/car ie ny auray point dhōneur mais honte. Car bien saichez tout vrayement quil ne me tournera pas a moult grant hōneur da batre vng tel cheualier comme vous estes. Et quant il a dicte ceste parolle il se tourne devers ses escuiers et prent son escu et son glaiue. Et quāt il est tout appareille de la iouste si laisse courre sur messire keux/il est moult grāt cheualier et fort/et moult bien cheuauchāt/si fiert messire keux si roydement en son venir quil le porte tout en vng mont q̄ luy et le cheual a terre. Et bien aduint a celluy point a messire keux quil neust nul mal du corps.

Quāt messire yuain voit celluy coup il est moult durement pres si quil ne scait quil doit dire. Or est il plus courrousse quil nestoit de uant/or droit a il plus a faire. Car por maintenir la coustume des cōpaignons de la table ronde il luy conuient a cestuy point faire tout son pouoir de vengier la honte de messire keux son cōpaignon qui deuant luy a este abatu. Se il le fait autrement adonc il se pariure envers la table ronde. De ceste espreuue se souffrist il moult voulentiers par ce quil cō gnoist tout certainement q̄ le cheualier aux armes vermeilles si est moult fort cheualier et bien frappant despee et de lance. Et quant il a vng pou pense a ceste chose si ne fait autre demourāce ains cops il se lance auāt emmy le chāp tout erramment a crye au cheualier vermeil tant comme il peut. Sire cheualier gardez vous de moy au iouster devers moy vous conuient tourner. Sire respond le cheualier/damp cheualier or saichez que ie nay orendroit nul talent de iouster a vous a ceste foys/querez la iouste en autre lieu/car a moy auez vo⁹ failly. Damp cheualier fait messire yuain. Or saichez tout Certainement que de iouster encontre vous me souffrisse ie voulentierS se ie peusse/mais ie ne puis se Dieu me sault. Il me cōuient se ie puis vengier la honte de mon cōpaignon que vous auez cy endroit abatu deuant moy. Se ie ne faisoyes mon pouoir de vēgier ma honte et la siēne adoncq̄ seroyes ie pariure parquoy ie dys quil me conuient iouster encontre vous vueille ou non vueille. Quant le cheualier aux armes vermeil les entend ceste parolle il dit a monseigneur yuain. Sire cheualier se dieu vo⁹ doint bonne aduanture comment auez vous nom qui a force me faictes iouster encontre vous. Saichez certainement fait messire yuain q̄ mon nom ne pouez vous pas scauoir a ceste foys/ne autre chose de mon estre fors que ie suis vng cheualier errant. Or vous gardez huy mais de moy/car ie vous porteray a terre se ie puis. Apres cestuy parlement ilz ne font autre delayement ains laissent courre tout maintenant lung cōtre lautre tant comme ilz peuent des cheuaulx traire. Et quant vient au baisser des lances et au ioingdre ilz sentrefierent de toute leur force comme ceulx qui de rien ne se faignent. Le cheualier aux armes vermeilles qui bien est sans nulle faille cheualier de grāt pouoir et bien frapant de lance si fiert messire yuain moult roy dement de celle encōtre si que il na pou oir ne force de soy tenir en selle ainsi vole tout maintenant a terre. Et du cheoir quil prēt a terre il est si durement estour dy et estonne quil na pouoir de soy rele uer ains gyst illec ainsi comme sil feust mort. Le cheualier q̄ en telle guyse a les deux cōpaignons abatuz quant il voit quil sen est ainsi deliure si ne fait autre demourance et passe oultre si quil ne re garde ne vng ne autre et tient a moult pou cestuy fait.

Ainsi sen va le cheualier aux ar mes vermeilles et sa compai gnie. Et quāt gyron voit ces te auanture il commēce a dire a danayn le roux. Sire que vous semble de ceste iouste. Sire fait danayn de ce q̄ iay veu vous diray ie bien mon auis. Or sachez certainement que le cheualier qui porte les armes vermeilles est cheualier de grant affaire. Certes sire se ie cuidoyes quil ne vous ennuyast ie yroies iouster a luy orendroit pour veoir que il aduien droit de luy et de moy. En nom dieu si re fait gyron il est tel fereur de lance que selon mon iugement ie dy bien que ie ne veis pieca vng meilleur cheualier de luy Et pource ne vouldroies ie q̄ vous ious tissiez a luy / car ie auroyes doubtance de vous. Quant danayn le roux enten dit ces parolles il deuint moult honteux et assez plus quil nestoit deuant / car il dist en son cueur mesmes que orendroit cognoist il tout clerement que gyron ne le tiēt pas pour si bon cheualier comme il cuyde estre. Or est il mestier fait da nayn comment quil en doye aller ne ad uenir que il ie mette a lespreuue. Et lors demanda son escu et son glaiue a ses es

cuyers / et ilz les luy baillerent tout erra ment. Sire fait gyron que voulez vous faire. Sire fait danayn or sachez tout certainement que ie vueil iouster encon tre cestuy cheualier qui porte les armes vermeilles / ie congnois bien quil est bon cheualier sans faille. Mais certes sil es toit encores meilleur cheualier si veulx ie iouster encontre luy / et verray quil en aduiendra.

Ors se lance danayn emmy le champ et escrye au cheualier q̄ les armes vermeilles porte. Sire cheualier gardez vous de moy / car a iouster vous conuient. Atant respond le cheualier. Damp Cheualier se vous auez a ceste foys si grāt voulente de ious ter comme vous en faictes le semblant querez la iouste en autre lieu / car a moy auez vous orendroit failly / car ie nay mye voulente de iouster. Comment fait da nayn / vous nauez mye refuse la iouste a ces deux cheualiers / et vous lallez ores de moy reffusant. Telle est maintenāt ma voulēte fait le cheualier aux armes vermeilles. Certes fait danayn ce me poyse orendroit moult malement / et tāt que se ie vous osoyes faire force de ceste chose saichez tout vrayement que force ie vous enferoyes.

Tant cheuaucherent ainsi par lans luy et le cheualier a lescu vermeil que ilz vindrent pres du chastel que len apelloit le chastel aux deux seurs. Et deuant ce chastel sans doubtāce auoit vne belle prayerie / et en celle prayerie estoient ia assemblez tous les cheualiers du roy de norgales et du roy de norhomberlande affin quilz veis sent adōc les vespres du tournoyement que les nouueaulx cheualiers auoiēt ia encōmencees de toutes les deux pars. Et saichez q̄ vng cheualier qui estoit nō me galoys qui a cestuy point estoit nou ueau cheualier lauoit si bien commencie a faire que les vngs et les autres qui en fueillet xxliij

la place estoient luy en donnoient grandement le pris et le loz.

A cestuy point que galoys le faisoit si bien de porter armes et de briser lances atant est venu parmy les rengz sagremor le desree qui bien estoit a cestuy point comme nouueau cheualier de hault pris et de hault cueur et si il fut hardi sans doubte toute sa vie. Quant il fut venu emmy les rengz et il veist galois qui si bien auoit encomence a faire que tous luy donnoient le loz et le pris si se mist adonc droit contre luy / car il dist quil le portera a terre se il peut. Il estoit bien appareille de la iouste pource commenca il a cryer dassez loing. Sire cheualier gardez vous de moy ie vous appelle de la iouste. Apres cestuy parlement ilz ne font nul delayement ains laissent courre lung contre lautre. Et sagremor que de sa force frappoit moult bien de lance / et que bien scauoit encontrer vng cheualier fiert Galoys a cestuy point si roydement emmy le pis quil na pouoir ne force de soy tenir en selle aincois vole du cheual a terre. Et apres celle iouste se lyeue vng cry durement grant et merueilleux / si que les vngs et les autres disoient. Galoys est abatu. Et sagremor qui bien tendoit a auoir le pris et le loz sur tous les nouueaulx cheualiers qui a celluy point estoient en la place ne sarreste pas sur galoys quant il leust abatu ains passe oultre et hurte le cheual des esperons et laisse courre a vng cheualier quil encontre en sa venue. Et est cestuy cheualier parent au roy de norhombellande. Et portoit armes sagremor le desree par deuers le roy de norhombellande qui a cestuy temps portoit armes par deuers le roy de norgales / si fiert cestui cheualier si roydement quil fait de luy tout ainsi et pareillement comme il auoit fait du premier. Et quant il eut cestuy abatu il laisse tout erramment courre au tiers et fait de luy tout pareillement comme il auoit fait des autres deux. Et lors vola le glaiue en pieces.

Un cry leua tout incontinent grant et merueilleux / car vng herault qui estoit illec et qui certainement congnoissoit sagremor le desree / quant il voit ces trois coups quil auoit faiz si va cryant tant comme il peut. Certes sagremor le desree vaint trestout. Et tous les autres qui illec estoient cryoient apres luy et disoient telles parolles et semblables comme luy. Et quant sagremor entend que les vngs et les autres qui au tournoyement estoient luy donnoient si grant pris et si grans loz cest vne chose qui moult le reconforte / et qui moult luy donne grant cueur et greigneur voulente de faire faitz darmes quil nauoit eu deuant. Et pource sans faille il sen trauaille de plus en plus. Tant et si bien le feist a cestuy point sagremor quil en emporta le pris et le loz sur tous ceulx qui adonc furent au tournoyement. Et disoient tous comuneement que sil pouoit longuement viure que il ne fauldroit mye a estre preudhomme des armes / car haultement et noblement auoit comencie cheualerie. La noble dame de maloanc qui estoit motee aux fenestres du chastel auoit en sa compaignie dames et damoyselles assez qui le regardoient assez voulentiers. Et tout pareillement faisoient les autres dames. Car a la verite dire sagremor portoit armes si cointement que cestoit moult grant deduyt a le regarder. Et les dames lalloient regardant / et non pas luy seulement mais aussi tous les autres de la place q adonc portoient armes. Mais elles nen regardoient nul tant que elles nosoient plus regarder de lautre part.

Des cheualiers qui estoient venuz en la place pour regarder les bespres du tournoyement quant ilz ouyrent compter entreulx que venue estoit la noble dame de maloanc

De Gyron le courtois

pour veoir cestuy tournoyemēt si regarderent en hault ou les dames estoient montees. Et pource quilz auoient bien ouy compter cōmuneement que la dame de maloanc estoit bien sans doubte la plus belle dame que len sceust a cestuy temps en tout le monde/ilz la congnoissent tout maintenant quilz la voyent entre les autres dames/et si ilz la cōgnoissent par la beaulte delle ce nest mye de merueille/car a la verite dire elle estoit si belle dame et si aduenante en toutes guyses que toutes les dames et damoyselles qui la estoient/et qui estoient assez prisees et louees de beaulte deuant que la dame de maloanc ou de malohault Car aucuns liures la nomment malohault et aucuns autres maloanc venist entre elles semblent orendroit laydes de coste elle. Et les a la grant beaulte de la dame de malohault ainsi comme toutes enlaydies. Il ny a nulle orendroit qui ne voulsist bien quelle feust encores a venir Car pour la grant beaulte de ma dame de maloanc dont estoit a cestuy point et a cestuy temps garnye par elle sont elles toutes enlaydies. Les cheualiers de pris qui cestuy soir ne vouloient pas armes porter entre les cheualiers nouueaulx la estoient regardant a merueilles/ et disoient entre eulx tout hardyement que ceste estoit sans doubte la plus belle dame qlz veissent oncques. Et messire lac qui la regardoit/et qui a cestuy point estoit de coste le Roy meliadus quant il leut grant piece regardee il dit a soy mesmes que ce nest mye grāt merueille se le monde va disant que la dame de malohault est belle/car certes elle passe de beaulte toutes les dames quil veist oncques en sa vie. Ceste si nest mye belle cōme autres dames/car elle est belle et passe belle. Tant la regarde messire lac quil en deuient tout esbahy et ne scait que il doit dire. Et dit bien a soy mesmes que bien est ceste dame fleur de toutes les dames du monde et miroir de tout le monde. Et il estoit illec venu pour veoir lassemblee du tournoyement et pour veoir les ioustes des nouueaulx cheualiers/mais orēdroit il ne luy souuient de tout ce. Il ne regarde ne pou ne grant ce pour quoy il est venu en la place/et nentend orendroit a autre chose fors tant seulemēt que a regarder la dame de malohault. Et quāt il la tāt regardee quil nen peut plus il se retourne deuers le roy meliadus qui regardoit les ioustes des nouueaulx cheualiers et luy dist. Sire que regardez vo9. Sire fait le roy meliadus Ne le voyez vous/se dieu me doint bonne auanture ie regarde les oeuures de sagremor le desree.

Ha sire fait messire lac q̄ vous perdez bien vostre saison/et bien monstrez que oncq̄s iour de vostre vie vous ne sceustes que fut bien. Laissez vostre poure regard et regardez la sus si pourrez veoir merueilles Sire fait le roy meliadus q̄ voulez vous que ie regarde. En nom dieu fait messire lac ie vueil que vous regardez la plus belle dame que ie veisse ia a grant temps Et saichez que vo9 ne veistes en vostre aage plus belle dame que ceste ne soit encores de trop plus belle. Certes fait le roy meliadus ce ne vous dy ie mye sire. ceste est trop durement belle/ie lose bien dire hardyemēt. Mais il mest bien auis que depuis que ie suis ne ay ie veue ausi belle dame aucuneffoys comme est ceste. Sire si maist dieu fait messire lac nō feistes oncq̄s en vostre vie. Sauslue soit fait le Roy meliadus vostre grace/ et ie men taist a tant. Car bien saichez certainement que pour achoyson de ma dame de maloanc ne men combatray ie a vo9 de ceste annee se trop grant force ne me le fait faire. Or la louez/or la prisez tāt cōme vous vouldrez/et moy pour auoir vostre grace et vostre paix ie la vueil encores plus louer.

Toutes ces parolles que messire lac auoit dictes au Roy meliadus en telle maniere comme ie les vous ay dictes et comptes auoit ouyes tout plainement Gyron le courtoys/et pareillement auoit fait danayn le roux/car ilz estoient tous pres a pres lung de lautre/mais ilz ne sentrecognoissoient de riens. Apres ce que le roy meliadus eust donne ceste responce a messire lac il luy demanda vne autre fois. Sire scauez vous a quel conduit la dame vint a ce tournoyement. En nom dieu fait le roy meliadus ouy/car ie la veiz venir ceste part. Or saichez bien que elle y vint si noblement et si richement comme il appartient a telle dame comme elle est/car elle amena en sa compaignie iusques a xxvj. cheualiers qui tous estoient ses hommes liges/et pour la garder vindrent ilz auecques elle. Certes sire fait messire lac/a telle dame come est ceste conuient bien meilleur conduyt et plus seur/car se elle estoit par aucune auanture encontree daucun bon cheualier qui la voulsist prendre sil estoit de haulte bonte bien pourroit mettre les xxvj. cheualiers a desconfiture et gaigner la dame. Et pourquoy auez vous dit ceste parolle fait le roy meliadus. Se dieu vous doint bonne auanture dictes men la verite. Sire fait messire lac/quant vous men auez tant conture et ie le vous diray. Si maist dieu or saichez tout certainement q se ie encontroyes par aucune aduanture vne aussi belle dame comme est ceste dedans vne plaine ou dedans vng boys et elle nauoit en sa compaignie que xxvj. cheualiers q la conduysissent se les cheualiers ne estoient cheualiers errans/et se ie ne la pouoies conquester par force darmes sur les xxvj. cheualiers ie vouldroyes q puis apres on ne me tenist pour cheualier Quant le roy meliadus entendit ceste parolle il luy cheust au cueur tout maintenant que messire lac sans doubte estoit

cheut es amours de la dame de malohault. Et pour mieulx scauoir la verite le roy meliadus luy dist de rechief vne autre foys. En nom dieu Sire vous auez dicte vne grant parolle. Se maist dieu fait messire lac elle nest mye si grant que autres cheualiers ne ayent ia faicte aussi grant/ou merueilleusement plus greigneur pourquoy ie moseroyes mettre hardyement en vne telle espreuue comment quil men deust aduenir apres.

Et se vous trouuiez ceste dame que tant vous louez orendroit de beaulte en ceste forest au conduyt des xxvj. cheualiers qui ceste part lemmenassent se dieu vous doint bonne aduanture que feriez vous dictes le moy et ne le me celez mye. Sire fait messire lac/vous me ferez orendroit vanter et il ne men est pas mestier. Or saichez certainement que se vne telle auanture me aduenoit orendroit comme vous dictes si maist dieu que xxvj. cheualiers ne la pourroient deffendre encontre moy se auanture ne mestoit trop durement contraire. Et se dieu vouloit orendroit que ie feusse a ce venu/et deuant vous mesmes ie feusse en ceste espreuue/et que ia vous ne vous trauaillissiez de moy ayder ne de moy nuyre vous verriez qu pourroit aduenir de moy.

Toutes ces parolles q dit messire lac a ceste fois entend tout plainement gyron le courtoys Et danayn le roux si ny entendoit riens. car il regardoit a celluy point sagremor le desree qui auoit adonc abatu vng cheualier de Norhomberlande. Et adonc cryoient ceulx du tournoy sur celluy qui auoit este abatu. Il est mort il est mort. Car il gysoit en pamoyson et ne faisoit nul semblant de soy releuer. A celluy fait entendoit adonc danayn le roux pource quil nauoit pas ouy les derrenieres parolles que messire lac auoit dictes. Et Gyron le Courtoys qui tout clerement les auoit entēdues en est assez courrousse en droit soy. Premierement pour lamour de danayn que il aymoit de tout son cueur. Car il y auoit raison pource quil scauoit bien certainement que danayn laymoit aussi pareillemēt de tout son cueur comme il faisoit luy. Et pour ceste cause disoit il que quiconque feroit huymais deshonneur a danayn il le tien droit fait sur luymesmes/et pource est il courrousse enuers messire lac. Et pour la grant parolle qlauoit dicte des vingt six cheualiers le congnoistroit il voulen tiers. Car il luy estoit bien auis que sil ne feust moult bon cheualier de son corps il neust ia fait si haulte vantance ne si grande comme il feist. Car ceste parolle ne fut mye de simple cheualier/mais de moult hault affaire et moult durement le regarde. Et quant il leut grant piece regarde il ne se peut tenir quil ne die. Si re cheualier se dieu vous doint bonne auanture cuyderiez vous si legierement desconfire .xxvj. cheualiers/et tout por ceste dame de malohault comme vous alles disant. Et celluy qui eut vng petit de vergongne de ce quil dit telle parolle respond. Sire ie le dys et par auanture le cuyderoyes ie faire se fortune ne mes toit trop malement contraire. Maint greigneur fait que cestuy nest ont ia fait maintz cheualiers errans par le royaul me de logres. Et quant maintz cheualiers ont ia fait maintz plusgrans faitz cōment ne oseroyes ie entreprendre vng si grant fait pour vne si vaillant dame cōme est ceste Ne suis ie cheualier cōme vng autre. Mauldit soyes ie sire cheualier se ie nosoyes bien emprendre vng tel fait q plus grant cōment quil men deust tourner.

Aymez vous sire cheualier fait gyron tant la dame que vous vous mettriez en si grant fait pour lamour delle. Sire fait messire lac se ie ayme la dame ou se ie ne layme mye ie ne vous en diray plus orendroit. Et de tant cōme ie vous en ay dit aucune chose ie men repens/car ie recognois bien orēdroit en moy mesmes que ie nay pas parle du tout a ceste fois si sagemēt cōme cheualier deueroit faire. Sire fait gyron vous auez dit encores nagueres que vo⁹ vouldriez estre en lespreuue des xxvj. cheualiers. Sire fait messire lac se ie lay dit quen voulez vous faire/par auanture iay dit folie. Certes fait gyron folie fut ce moult grande a dire. Ne nul cheualier sil nestoit de moult grant et haulte renōmee ne se deueroit si fole ment vanter pour nulle aduanture du monde. Ceste vantance ne fut mye de saige cheualier/mais de droit fol. Quāt messire lac entend ceste parolle il est du rement courrousse ꝙ dist a gyron a chief de piece. Beau sire vous nestes mye orendroit trop courtoys cheualier qui en telle maniere me dictes vilenye et pour neant mapellez fol ꝙ en telle guyse/mais ia pour vostre orgueil ne laisseray que ie ne parle et que ie ne dye ma voulente/et diray pis par auanture que ie nay dit. Or saichez certainement que se vous estiez vng des .xxvj. cheualiers q la dame deussent deffendre encōtre moy/si maist dieu cōme ie cuideroyes faire le champ vydier a vous et a tous les autres en moins dung iour ꝙ me laisseriez la dame tout habandōneement. Or mauez fait dire ceste parolle malgre moy/car mon courroux si le ma fait dire. Sire fait gy ron par ces parolles q vous auez dictes congnois ie appertement q vous nestes pas des plus saiges cheualiers du mōde Damp cheualier p la foy q vous deuez a dieu ne scauez vo⁹ mye q grant cheualerie fait le cheualier q par son corps tāt seulement peut mener vng autre cheualier a oultrāce et vous en voulez oultrer xxvj. Sire fait messire lac or est ainsi q ie lay dit/ie ne le puis desdire desormais dit lay/se ien deuoies pdre le chief dit est.

Damp cheualier se dieu nous doint bonne auăture se ie me sentisse a si preudhōme que ie cuydasse par mon corps descōfire xxvj. cheualiers or sachez qͥl seroit mestier que ie vaincquisse ce tournoyement demain ia pour nul hōme ne le perdroyes. Certes sire cheualier fait messire lac or sachez que le tournoyement ne pourroyes ie vaincre a ceste fois. De ce suis ie tout certain et asseur/ car ie scay certainement quil ya en ceste place meilleur cheualier que ie ne suis/ et pourra auoir plustost lhōneur du tournoyement que ie ne pourroyes. Mais certes se celluy ne seust ie cuidasse p̄ fine force auoir lhonneur et le pris/ mais pour celluy tant seulement ie perdz lhōneur sans doubte Sire cheualier fait gyron se dieu vous doint bōne auanture or me faictes tant de bonte que vous me dyez qui est celluy que vous tenez a si preudhomme. Sire respond messire lac/ ce ne vous diray ie mye a ceste foys/ mais veoir le pourrez demain se vous estes en ceste place a ce point que a tous ceulx du tournoyement se fera congnoistre par sa haulte cheualerie tant fera darmes.

DE tout celluy parlement que les deux bons cheualiers eurent fait a ceste fois ensemble ne ouys nulles de leurs parolles. Danayn si entendoit a toute guyse a regarder les oeuures de sagremor le desree/ et ce qͥl alloit faisant a lassemblee. Et tant feist quil eut le pris et le loz sur tous ceulx qui adonc y vindrent. Et quant il veist qͥl auoit le loz τ que la nuyt approuchoit si se partit de lassemblee τ sen alla acompaigne de deux escuyers/ et se partit dentre eulx si priueement si que ceulx qui en la place estoient ne sceurent quil deuint a ceste foys. Et quant gyron voit quilz nen feroient plus a celluy soir si dist a danayn. Sire sil vous plaist huymais nous en pourrions nous retourner a nostre repaire/ car il est tard/ et demain assez matin en ceste place nous couiendra reuenir Sire dist danayn vous dictes verite/ et quant vostre voulente est de retourner si retournons a vostre commandement se dieu me doint bonne auanture bien la fait sagremor le desree a cestuy soir/ ie neusse pas cuide quil eust este si vaillant cheualier comme il est de son aage. Et pource ay ie moult voulentiers regarde sa cheualerie entendiblement.

ATant se mettent gyron et danayn au retourner et ne font autre demourāce en celle place. Car aussi sainement comme ilz vindrent sen retournerent ilz. Et quant ilz furent a leur repaire ilz commēcerent a eulx soulasser par leans des oeuures de sagremor le desree. Mais gyron nestoit mye endroit soy bien aise/ car ce que il a cestuy soir tant ouy louer la grāt beaulte de ma dame de maloanc le met en ung autre penser. Ce que il la vit tant belle comme est le cler soleil luysant/ et que il ouyt que tout le monde alloit parlant de sa beaulte si luy fait tout le sang chāger et tout le penser luy remue/ car il layme assez plus qͥl ne souloit faire/ et va plus folement pēsant quil nauoit oncq̄ fait/ et sesmerueille cōment ce pēser est entre dedās son cueur. Car a la femme de son cōpaignon qui tant layme ne deueroit il penser en nulle maniere du monde. En telle guyse cōme ie vous compte va toutesuoies gyron pensant la teste enclinee deuers la terre/ et danayn qui delez luy cheuauche sesmerueille moult duremēt dont luy est venu ce pēser/ ne il ne luy en ose parler/ car trop le doubte a courroucer. Ainsi cheuauchent les deux compaignons lung de coste lautre le grant chemin de la forest tant qͥlz sont venuz a lermitaige ou ilz deuoiēt cestuy soir herbergier/ et descendent droictement deuant la porte et entrent dedans/ et ilz treuuēt que le luminaire est appareille merueilleusement grant pour leur venue.

De Gyron le courtois

Quant ilz furent leans entrez si se firent desarmer et demanderent a mangier/et on leur en apporta incontinent. Et quant ilz eurent mangie ilz se couchierent affin qlz se peussent lever le lendemain assez matin. Gyron se coucha dedans son lict/ et quant il se voulut reposer il ne peust. Son cueur si le met en autre lieu et en tel lieu que il mesme ne le vouldroit. Or ayme il ung petit et apres plus/toutesvoyes lamour va ainsi croissant tant que lamour est si grande et si merueilleuse et si forte q nul cheualier ne pourroit mye plus aymer vne dame q il ayme celle de malohault. Or layme du tout si que il dit bien a soy mesmes que il est mestier en toutes guyses quil lait a sa voulente ou autrement il ne pourroit longuement viure. Ne il ne vouldroit mourir pour riens tant come il pourroit sa vie sauluer. Et quant il eut grāt piece pense a ceste chose si sest du tout afferme et sen dort/si luy dura tant celluy dormir ql ne se sueilla deuāt ce q le iour apparut bel et cler et q le soleil estoit ia leue. Danayn se sueilla premierement et puis se feist vestir et chausser et puis esueilla gyron q encores se dormoit aussi fermement comme se il neust point dormy la nuyt. Sire dist il or est temps de leuer/car tant auons dormy entre nous que ie dy bien seurement que nous ne serōs huymais des premiers qui les lances briseront au tournoyement. Gyron se sueilla a celluy point et ouurist les yeulx/et quant il vit la clarte du iour il dist a danayn. Sire nous auons trop dormy/or tost armons nous vistement. Et quāt gyron fut vestu il demanda ses armes/et on les luy apporta erraument. Et quāt ilz sont tous deux armez et montez a cheual si yssent de leans et tant cheuauchent quilz viennent au chemin et sen vont en telle maniere appareillez de toutes armes tant quilz viennent a lassemblee la ou il y auoit maint cheualier/ car de toutes les deux pars auoient encommēce le tournoy. Atant sont venuz dautre coste le roy meliadus et messire lac. Et estoient tous deux armez dunes armes surargentees sans autre taincture Et venoient coinctement et baudement comme ceulx qui le scauoient bien faire. Et quant ilz sont venuz a lassemblee si se tournent tout incontinent par devers le roy de norgales. Et quant les deux compaignons se furent tournez encōtre le roy de norhomberlande/le roy meliadus laisse courre tout premierement sur vng cheualier de norhomberlande/et le fiert si roydement en son venir que il na pouoir ne force de soy tenir en selle aincoys volle par terre/et chiet si felonneusement a tout maintenant ainsi comme sil feust mort. Le roy meliadus qui fort cheualier estoit et de grāt affaire / et qui estoit garny de si haulte cheualerie comme ie vous ay compte cy deuant si ne se arresta pas sur le premier cheualier quil auoit abatu ains laissa courre a vng autre/et feist de luy tout pareillement comme il auoit fait du pmier. Et apres ces deux il porta le tiers a terre. Et a celle encontre il brisa son glaiue.

Apres le Roy meliadus venoit messire lac qui auoit grāt piece regarde la beaulte de la noble dame de malohault quil ne peut en nulle maniere oublier quant il voit que le roy meliadus auoit brise son glaiue et que ia tenoit lespee si se lance es rengz le glaiue au poing / et fiert le premier quil encontre si roydement quil le porte a terre tout en vng mont luy et le cheual / et puis laisse a courre vng autre tout errāment/et fait de luy tout pareillement cōme il auoit fait du premier. Et tant feist auant quil feust deliure de son glaiue quil abatit quatre des cheualiers de norhomberlande par iouster. Et quant son glaiue est brisie il ne fait nulle autre demourance ains met la main a lespee.

Et a ce quil estoit bon cheualier en toútes guyses tãt de lespee que de la lance si aduint a cestui point q̃ quãt il tint lespee au poing il cõmença a faire si grãs merueilles dabatre cheualiers/et de dõmagier ceulx de norhõberlande q̃ ceulx qui dessus les murs estoient et regardoient les bons cheualiers et les mauluais quant ilz voient les grandes merueilles que les deux compaignons aux armes dargent cõmencoient a faire ilz disoient entre eulx que oncquesmais a nul iour de leurs vies ilz ne auoient veu cheualiers si bien eulx esprouuer en force darmes que ces deux ne se prouuassent encores mieulx. Et que en diroyes ie tant se trauaillerent les deux preudhommes comme ceulx qui en toutes manieres estoient preux cheualiers des armes que ceulx de norhõberlande par leur haulte prouesse cõmencerent adonc a tourner a desconfiture tellement que voulsissent ou non ilz alloient le champ perdãt. Et alors que ceulx faisoient tel chappeliz ne estoient encores entrez en lestour gyron le courtoys ne danayn le roux/mais estoient arrestez dessoubz deux arbres/et attendoient tant q̃lz veissent desconfite lune des deux parties/ou celle de norgalles/ou celle de norhõberlande. Et celle vouloient ilz secourre qui seroit quasi descõfite/et tant faire par fine force quelle vaincquist puis apres lautre partie. Et la ou ilz sestoient ainsi arrestez entendirent que ceulx de dessus les murs cryoient a haulte voix. Les deux cheualiers aux armes dargent vaincquent tout le tournoyement et endoyuent par raison auoir le pris et le loz de ceste assemblee/ car ces deux font toutes les greigneures merueilles darmes qui encores furent oncques faictes en ceste contree.

Quant gyron le courtoys et danayn le roux entendirent ceste nouuelle des deux bons cheualiers aux armes dargent si sesmerueillerent moult durement dont ilz pouoient estre. Sire dist gyron a danayn/vous estes cheualier errãt scauez vous q̃ sont ces deux cheualiers aux armes dargent dont les ungz z les autres tiennent tel parlement/et a qui ilz donnent si grant pris et si grant loz. Sire fait danayn se maist dieu ie ne scay qui ilz sont. A tant est venu entre eulx vng de leurs escuiers qui dist a gyron. Sire quãt il vo⁹ plaira vo⁹ vous pouez huymais bien mouuoir saichez certainement que ceulx de norhomberlande si ont este desconfiz par deux cheualiers qui portent escuz dargent et les ont mys a desconfiture. Se ne feussent ces deux tant seulement ilz neussent huy perdu le champ ainsi comme ilz sont perdu/car ilz sont moult preudhõmes z moult puissans quant si grãt gent ont mene a descõfiture. Quant gyron entend ceste parolle z ceste nouuelle il dit a danayn. Sire trop auons demoure quant ceulx de norhomberlande sont menez a desconfiture. Assez auons huymais affaire auant que no⁹ les puissions retourner. Sire fait danayn a vostre voulente soit du mouuoir ou du laisser. Lors gyron respondit et dist a celluy qui venoit de lassemblee. Maine nous droictement celle part ou no⁹ pourrons trouuer ces deux cheualiers q̃ ont mys a desconfiture ceulx de norhomberlande. Sire dist lescuyer venez donc apres moy/car ie les vo⁹ monstreray en moult petit dheure. Lors sen va lescuyer deuãt et les deux cheualiers apres/et sen vont droictement deuers la porte du chastel. Et quãt la dame de malohault voit gyron venir elle le cõgnoist tout premierement aux armes quil portoit/et a ce q̃l apparoissoit estre plus grant q̃ ne faisoit son mary et estoit si bel homme a cheual que cestoit grant merueille de le veoir. Et quant elle le voit approuchier delle lescu au col/le glaiue au poing appareil-

b iij

le de toutes armes si luy est auis sans faille que elle ne doit orendroit autre cheualier en la place fors que luy. Et pour ce sil la refuse ainsi comme elle mesmes scait elle ne layme mye moins de riens mais plus assez. Et selle le va regardāt gyron de sa partie ne la voit mye moins voulentiers.

¶ Cōment a vng tournoyement qui se tenoit deuant le chastel aux deux seurs gyron le courtoys et danayn le roux abatirent par deux fois le roy meliadus et messire lac Et comment apres le Roy meliadus z messire lac abatirent gyron le courtois et danayn le roux en celluy mesmes tournoy.

Ainsi senvont les deux cōmpaignons iusques pres de la porte du chastel z lors voiēt appertement q̃ ceulx de northomberlande estoient descōfis oultreement/ car les deux cheualiers aux armes dargent les auoiēt par vine force menez a desconfiture. Et quāt gyron voit que laffaire est ia tāt mene que ceulx de northōberlande estoient tournez a desconfiture il dist a danaynle roux. Or tost sire allons secourre ceulx de northōberlande. Et tout maintenant hurte son cheual des esperōs. Et il luy aduiēt en telle maniere quil encontre premierement le roy meliadus q̃ enchassoit ceulx de northōberlande/ et senfuyoit chascun deuant luy ainsi cōme sil les deust tous mettre a mort. Et quant gyron voit le roy venir si ne le recognoist de riēs fors quil dit a soy mesmes que ceulx sont bōs cheualiers q̃ ont mys a descōfiture ceulx de northomberlande. Et pource laisse il courre sur luy tāt cōme il peut du cheual traire/ et le fiert si tresroydement en son venir que tant fut le roy de moult grant force z de grant pouoir si est il de cestuy coup moult chargie si quil na pouoir ne force de soy tenir en selle ains vole a terre incontinent. Et du cheoir que le Roy fait est le cheual grandement chargie si que il ne se peut tenir en estant ains trebusche deuers le roy meliad9 de leōnois.

Puis que gyron a abatu le Roy meliadus de leonnoys il ne le regarde ne pou ne grant ains passe oultre z abat vng autre cheualier. Et quen diroyes ie il fait tant de cestuy glaiue cōme il dure que nul autre cheualier qui a cestuy tēps feust au monde nen peust plus faire. Et danayn qui pres de luy venoit et qui bon cheualier estoit et bon fereur de lance laissa courre a messire lac/et messire lac sefforce tousiours de soy tenir en selle. Lung z lautre sont fors Et messire lac qui fort estoit soubstint toute la force du coup a cestuy point que le cheual sur quoy il estoit mōte ne peust soubstenir icelluy coup ne cestuy fais/et pource va il trebuschant a la terre le cheual dessoubz luy. Et sil ne neust este si bien arme comme il estoit bien luy feust entre le fer du glaiue au pis/mais pour lors le haubert le garātit. Apres ce que les deux bons cheualiers furent abatuz en telle maniere cōme ie vous ay deuise ceulx de norgales qui fierement enchassoient ceulx de northomberlande sarresterent/ car toute la prouesse z le hardemēt quilz auoient ilz lauoiēt eu par ces deux cheualiers. Et quāt ilz les virent p ter re cest vne chose dont ilz furent fort esbahiz. Quant gyron eut brise son glaiue il ne feist autre demourāce ains mist la main a lespee z adressa la teste du cheual ou il vist la greigneur presse de cheuaulx et leur commence a dōner grans coups dune part et dautre/et a faire si grans merueilles darmes que nul ne le veoit adonc qui seurement ne peust dire que certainement il est moult bon cheualier et de moult haulte prouesse garny. Et quen diroyes ie gyron se efforca tant en

fueillet

pou dheure/et feist tant par sa grant valeur que ceulx de norhomberlande qui pres dillec estoient se commencerent a retourner et a recouurer. A cestuy point que les deux bons cheualiers eurent este abatuz fut la noyse si grande et si merueilleuse de toutes pars que lon ny oyoit mye dieu tonnant/car tous ceulx q̃ les auoient veuz cryoient. Abatuz sont les deux bons cheualiers aux armes dargent/et les deux cheualiers aux armes noires sont bien les deux meilleurs cheualiers de ceste assemblee.

Quant la dame de malohault qui bien cognoissoit gyron entre les autres cheualiers et qui toutesuoyes auoit les yeulx dessus luy eut veu tout appertement comme il sestoit mis au tournoyement/et comment il auoit abatu en son venir le bon cheualier aux armes dargent/et en estoit tant ioyeuse et tant lye qu'elle ne scauoit quelle deust faire ne dire. Ja auoit moult grant temps que elle nauoit eu ioye qui a ceste ioye luy montast. Elle est moult plus ioyeuse en toutes guyses des grãs prouesses que elle veoit que gyron alloit faisant que elle nestoit de danayn son seigneur espouse. Et adonc elle se tourna deuers la dame qui de coste elle estoit et luy dist. Dame que vous semble de ce tournoyement. Ma dame dist elle et quen scauroyes ie iugier. Ce dys ie bien a mon auis que les deux bõs cheualiers aux armes dargẽt si ont moult bien fait iusq̃s icy. Ilz ont este les deux meilleurs cheualiers qui oncq̃s portassent armes a cestuy point ce me semble/et orendroit ilz ont este descheuauchez vilainement par ces deux q̃ portent les armes noires. Se ces deux ne feussent venuz bien eussent eu le pris et le loz de tous ceulx de ceste assemblee/car ia auoient ilz tourne a desconfiture ceulx de norhomberlande. Moult sont preudhommes et vaillans sans doubte ceulx qui portent les armes

xxiiij

noires/ie ne scay qui ilz sont.

Les dames tiennent ainsi entre elles leur parlement des cheualiers aux armes dargẽt q̃ des cheualiers aux armes noires. Les deux cheualiers q̃ ont este abatuz/et qui de ceste aucture sont tant dolens q̃ courrousez qua pou q̃lz nenragent de dueil si se relyeuent et montent sur leurs cheuaulx a grant paine/car ceulx de norhõberlande q̃ ia estoient retournez/et auoient ia recouure sur ceulx de norgales por ce quilz auoient bien veu tout clerement q̃lz auoient este greuez par ces deux cheualiers sefforcent ilz de les prendre et de les retenir. Et nõ pourtant ilz ne se peuent tant efforcier q̃ les deux cõpaignons ne remontent sur leurs cheuaulx a fine force mal gre tous ceulx qui arrester les vouloient et prendre/car puis q̃lz sont a cheual mys q̃ ioingz ensemble le roy meliadus qui estoit tout enraige de mal talent dist a messire lac. Sire q̃ vous est il auis de ceste aucture. Sire fait messire lac/or saichez certainement q̃ ie nevo⁹ en scay autre chose dire fors que les deux cheualiers qui portent les armes noires ont tout vaincu. Ilz sont si preudhõmes et si puissans des armes que a ce q̃ ie voy il ne mest pas auis q̃ ie veisse ia a grant tẽps en vne place deux si preudhõmes cõme sont ces deux cõpaignons. Se ce ne fut a cestuy point que nous feusmes deliurez de la prison escanor le grant. Mais pource silz sont preudhõmes ne remaindra se dieu me doint bõne auanture que ie ne venge ma honte se ie puis. Se iestoyes deuant si belle dame cõme est ma dame de malohault deshonnore/et ie ne vengeasse ma honte deuant elle mesmes si maist dieu ie me tiendroyes a deshonnore tous les iours de mon aage. Or y perra que vous ferez roy de leõnoys. Ie vo⁹ vy cy mettre en piedz cõme vng garcon/et ie mesmes y fuz mis sans doubte Se nous ne vengeons nostre honte en

d iiij

ceste place saichez que nous naurons iamais honneur en lieu ou il en soit parle. Messire lac fait le roy meliadus or y perra que vous ferez de vostre part/car devers moy ne remaindra il mye que ie ne face mon pouoir de vengier ceste vergoigne que nous auōs huy receue. Or tost deschenauchez lung de eulx/car ie descheuaucheray lautre se ie puis.

Quant le roy meliadus a dicte ceste parolle il ne fait autre demourance ains met la main a lespee & dit a messire lac. Venez auecques moy. Cestuy hurte le cheual des esperons/et sen va oultre droictement celle part ou il cuyde trouuer les deux cheualiers aux armes noires. Et tant a cherche parmy la presse quil les a trouuez ou ilz faisoient a cestuy point gens fuyr/et abatoient cheualiers & faisoient vuyder les rengz en quelque lieu quilz feussent/ et trouuoient petit de gens qui les voulsissent attendre. Quant le roy meliadus voit que les cheualiers de norgales sont en si pou dheure menez a desconfiture cest vne chose dont il est durement yre Et du grant dueil quil en a au cueur laisse il courre sur danayn lespee traicte droictement contremont/car il est cheualier de grant force et de grant affaire Si aduint que il ferit danayn par telle force dessus le heaulme que cestuy fut si estourdy du coup receuoir et si estonne que il ne se peust tenir en estant aincoys senclina dessus larcon de deuant. Et quant le roy meliadus voit que danayn est si fierement au dessoubz si se lance sur luy tout maintenant & le prent au heaulme et le tyre a soy si durement que il luy fait vuyder les arcons & trebuscher a la terre dessoubz le ventre du cheual.

Et gyron qui de tout son cueur aymoit danayn qnt il voit appertement cestui coup sil en est courrousse et yre ne le demandez mye. Il en monstre bien le semblant/car il laisse tous autres faitz pour son cōpaignon revengier/et vouldroit mieulx illec mourir que il laissast ainsi mal mener son cōpaignon. Lors sadresse devers le roy meliadus tant durement yre que a pou que le cueur ne luy crieue. Il est estrangemēt grāt & fort oultre mesure/et tient lespee droicte contremont/et la ramaine aual de toute sa force dessus le roy meliadus/ si le fiert si estrangement de lespee comme cestuy qui plus estranges coups donnoit a cestuy temps que nulz autres cheualiers si que le heaulme qui bon estoit ne fut tant fort quil ne le faulsast/ si que lespee entra dedans plus de deux doigtz tant que le roy meliadus le sentit en la chair grandement. Et sil ne se feust encline de cestuy coup il neust este iamais sain ne neust iamais frappe coup de lance en tout son aage. Le roy meliadus se sentit si fort naure de cestuy coup quil se enclina dessus le col de son cheual tant estoit grandement estourdy que pou sen failloit quil ne trebuschoit a terre/et ne scauoit a cestuy point se il estoit iour ou nupt. Et se tenoit dessus le cheual comme vng homme mort. Cil a maintenāt esprouue la tresgrant force de gyron/et est vne grāt piece ainsi & puis trebusche Et quāt gyron voit cestuy si ne sarreste pas et sen va oultre/et laisse courre tout maintenant dessus messire lac. Et celuy qui bien auoit clerment veu ql auoit fait du roy meliadus le receut au mieulx quil peust si luy reuint a lencontre lespee traicte tout pareillement. Or y perra q plus pourra/car ilz sont tous deux preudhommes. Et messire lac iette tout premierement et cuyde bien ferir gyron dessus le heaulme. Et gyron iette de lautre part si que les deux espees sentreheurtent si fort q lespee gyron trencha lautre espee parmy aussi legierement cōme se elle feust de plomb. Et en demoura vne partie en la main de messire lac et lautre en vola a terre.

Quant gyron voit cellluy coup ainsi fait et telle aduanture si ny fait autre demourance aincois recouure tout maintenāt et amaine vng grant coup denhault de toute la force quil a et fiert messire lac dessus le heaulme si tresgrant coup q̃ len fut trop greue du receuoir. Car a la verite compter gyron sappoit si bien dune espee q̃ a celluy tēps neust on sceu trouuer en tout le monde nul cheualier qui aussi bien en eust sceu ferir. De celluy coup que messire lac receut de giron fust il tout estonne Et danayn qui ia estoit releue ⁊ remonte sur son cheual et q̃ bien auoit veu tout appertement le grant coup despee que giron auoit donne a messire lac/ et quant il vit le contenement de messire Lac si congneut tout certainement quil estoit greue assez plus que mestier ne luy feust Et affin quil le peust abatre a terre laissa il courre vers luy le plus habandonneement quil le peut faire et le ferit sur son heaulme vng si grant coup comme il peut denhault ramener a la force de ses deux bras. Et messire lac qui encores estoit estourdy du grant coup que gyron luy auoit donne quant il recoit cest autre coup il est si tresfort greue que a grãt paine se peult il tenir en selle et sencline du tout sur le col de son cheual. Et danayn qui sur luy se hurta le print au col ⁊ le tyra a soy si fort que il labatit a terre ius du cheual

Grande fut la noise et le cry des vngs et des autres quant on vit les deux cheualiers aux armes dargent ainsi abatus a la terre. Et quãt ceulx de norgales virent ceste aduanture silz en furent esbahis durement ce ne fait a demãder. Or estoiēt ilz alozs trop desconfortez ⁊ ne scauoient quilz en deuoient faire. Cestoit vne chose qui leur tolloit cueur et voulente de bien faire. Desconfis sont appertement et si malement que ceulx de norhomberlande les

vont abatant et descheuaulchant ainsi comme silz feussent hõmes mors. Quen diroie ie ilz soubstiennent seuffrent ⁊ en durent la force de norhomberlande au mieulx quilz peuent/mais trop les grieue durement gyrõ le courtois et danaynle roux. Ceulx les mainent oultreement a honte et a deshonneur. Et ce ne fust la prouesse de ces deux preudhõmes ia nen perdissent le champ pour homme de norhomberlande/mais ces deux les ont tãt greuez que ilz sen tiēnent a trestoꝰ mors Quant le roy meliadus vit que la chose estoit ainsi aduenue quil auoit ainsi par deux fois este abatu et messire lac aussi il ne demoura gueres a la terre ains se releua moult vistement/ mais trop estoit durement yre de ceste aduanture. Quen diroie ie ilz estoiēt en celluy point en si grant presse q̃ silz ne feussent si preudhommes cõme ilz sont a grant paine remontassent ilz sans vergongne receuoir ou dommaige de leurs corps. Mais leur prouesse et leur valeur les fist remonter es cheuaulx par fine force maulgre tous ceulx de norhõberlande. Depuis quilz furent montez sur leurs cheuaulx messire lac monstra au roy meliadus son espee/ et le roy en fut si esbahy quil ne scauoit quil en deust dire ne faire. Et messire lac recouura tout maintenant vne autre espee que vng sien escuyer luy apporta/auquel il commanda que le demourant de son espee brisee fust garde/car encores se disoit il le vouloit il monstrer en autre lieu.

Apres ce que messire lac eut recouure vne autre espee il se retourna vers le roy melyadus et luy dist. Sire roy se dieu nous doint bonne aduanture nous auons cy trouue noz maistres. En nõ dieu fait le roy meliadus vous dictes bien verite/ oncques mais en toute ma vie ne fuz en tournoyement ou ie trouuasse nulz cheualiers qui du tout me menassent si male ment côme ont fait ces deux cheualiers qui portent ces armes noires. Trop sõt merueilleux cheualiers en toutes guises plus que ie neusse peu croire. Et non pour tant se dieu me doint bonne aduanture pour ce ne demourra il ia que silz sont bons cheualiers que ie ne reuenge tout orendroit la honte quilz mont faicte se ie puis. Sire ce dist messire lac or y perra que vous ferez/nous disons assez entre nous/mais le fait en est petit comme il appert. Quant ilz eurent ainsi parle le roy meliadus qui trop fort estoit yre de ce que ainsi luy estoit aduenu en celle place laisse courre le cheual tant comme il peut tout habandonneement vers gyron le courtois/et gyron qui bien lappercoit venir se va de luy gardant/car trop le redoubte/car il auoit ia par plusieurs fois essaye ses coups. Et le roy meliadus qui venoit tenant lespee le bras leue contremõt attaint giron dessus le heaulme q ne fault pas a ceste fois/ains le fiert si roydement en son venir que gyron na pouoir ne force de se pouoir tenir en selle aincois volle a la terre tout maintenant si estourdy et si estonne en toutes guises quil ne scait sil est iour ou nuyt/ne oncques en sa vie ne receut coup si pesant côme fut cestuy. Bien a sentu a ceste fois la grant force du roy meliadus. Et quãt danayn qui tant laymoit comme ie vous ay compte voit cestuy coup si laissa adõc toutes autres choses derriere son dos pour maintenant secourir Gyron. Et prent le roy melyadus a la trauerse/car au deuant ne le pouoit il pas ferir pour la presse qui y estoit trop merueilleuse. Et le prent a deux mains par le heaulme et le tyre a soy si fort que le roy qui adonc ne sen donnoit garde vuyde les arcons et chiet a terre en telle maniere assez pres de gyron.

Et quant il eut le roy abatu si ne sarreste pas sur luy a cestuy point aincois sadresse vers messire lac/et cestuy ne le refuse mye si luy reuient de lautre part lespee droicte encontremont/car tous deux sont fors/preux et hardis et des armes scauẽt tous deux assez. Ilz sentreuiennent par si grãt yre comme ceulx qui grãt mal sentreuouloient. Et quant ce vient a lapprouchier si sentrefierent sur leurs heaulmes de toute la force quilz ont si roydement que le plus fort et plus sain deulx deux sen tient a trop durement greue. Et danayn fut si fort feru que il senclina a cestuy point dessus le col de son cheual en telle maniere qua pou quil ne cheut a terre. Et messire lac aussi de lautre part si ne fut mye moins greue et senclina aussi bien que danayn dessus le col de son cheual et pou sen falut quil ne cheut a terre. Et sen va danayn dune part et messire lac de lautre telz atournez a celle fois quilz ne scauent ou ilz sont/et les eust peu alors faire tõber a terre vng garcon de poure pouoir sil en eust eu le hardement.

¶Comment gyron et le roy melyadus se combatirent au tournoyement a pie lung cõtre lautre/et cõment gyron bailla au roy melyadus vng cheual pour remõter et apres de rechief se combatirent ensemble/et comment danayn abatit messire lac/et commẽt le roy meliadus pour venger messire lac abatit danayn. Et comment gyron et danayn eurent lhonneur et le pris du tournoyement fueillet   xxx

En telle guise comme ie vous compte est aduenu a ceste fois des deux preu dhommes/ mais de ceulx qui a terre estoient/ cest assauoir du noble Roy melyadus de leonnois et de messire gyron le courtois quen dirons nous si non verite. Ceulx geurent grant piece a la terre si estour= dis estrangement quilz ne scauoient quilz deuoient faire. Mais toutesfoyes quant ilz furet hors de lestourdisson a chief de pie ce ilz se redresserent et prindrent leurs es pees qui a terre gysoient au pres deulx.

Et quant giron est redresse et voit pres de luy le roy meliadus a pied il cognoist tout incontinent que cest cestuy qui tout orēdroit lauoit gecte a terre/et dit en soy mesmes que sil ne venge sur luy son courroux il ne se tient mie pour cheualier. Lors sen va vers luy tout le petit pas lespee en la main toute droicte contremont et lescu gecte devant son pis. Et le roy meliadus qui bien le voit venir si le congnoist assez bien et sappareille du deffendre. Car bien congnoissoit quil auroit honte et vergongne assez plus qͥl ne vouldroit sil ne se deffendoit bien. Ainsi commenca lestrif des deux preudhommes ⁊ mesmement emmy la presse ou ilz estoient tous deux a pied. Grans coups se vont entredōnant des espees trenchantes et tant scauent de lescremie que nulz autres nen pourroient plus scauoir. Et redoubtent lung lautre trop formēt/car chascun deulx congnoist bien la force de son compaignon. Et le roy meliadus dit bien a soy mesmes que il ne luy est pas aduis quil trouuast oncques en son aage vng aussi fort cheualier cōme est cestuy ne qui si bien ferist despee que cestuy nen fiere encores mieulx/⁊ pour ce le redoubte il plus assez que il ne redoubta long temps a homme. Et gyron dit dautre part que trop est durement preudhomme le cheualier a qui il se combat. Et nō pour tant lung nesa de riens espargnāt lautre/ains sentrefierent tāt comme ilz peuent ferir.

Ainsi comme ie vous compte se combatent les deux cheualiers emmy la place tout a pied. Et toute la gent sassemble illec pour regarder celle meslee. Ce nest pas tournoyement que ilz vont entre eulx deux faisant aincois est bien mortelle bataille car voulentiers setreocciffēt se ilz peussēt a cestuy point/car trop senuahyssent durement/mais lūg ne peult lautre occire/car trop bien se vont gardant des coups lung de

lautre. Et ainsi cōme ilz se cōbatoient a pied en telle maniere cōme ie vous cōpte arriua vers eulx vng cheualier de nortz homberlande qui amenoit le cheual gyron et luy dit. Sire mōtez/voicy vostre cheual. Et quant giron dit quil pouoit monter sil lui plaisoit il se retourne vers le roy melyadus et luy dit. Sire prenez cestuy cheual et montez ⁊ ie en prendray pour moy vng autre et monteray. Vous estes si bon cheualier que se ie montasse orendroit et vous laissasses icy a pied ce seroit trop grant vilennie/a ce que ie voy bien que la presse est trop grande et trop ennuyeuse.

Quant le roy melyadus entend ceste parolle il en devient tout esbahy et ne se peut tenir quil ne die a giron. Sire cheualier se dieu vo⁹ doint bonne aduanture le dictes vous a certes qui telle courtoisie mosfrez a faire. Sire cheualier fait gyron a certes le dy ie voirement/car si preudhomme comme vous estes ne doy ie cy laisser a pied Sire fait le roy melyadus aduis mest q̄ que a cestuy point vous ne me deueriez ce offrir ne faire/pour ce que cy voyez appertement quen ce lieu suis vostre ennemy mortel. Et se ie estoye mōte et ie vo⁹ trouuasse a pied comme vous estes orendroit ne cuydez vous pas que ie voulsisse reuenger la honte que vous mauez en cestuy tournoyement huy faicte. Certes sire fait gyron ie croy bien que vous estes mon mortel ennemy ⁊ lay peu cy voir tout appertement/mais non pourtant se si mortellement me hayez cōme ie voy si ne croy ie pas que si bon cheualier comme vous estes fist vilennie a moy ne a autre/car bon cheualier ne doit faire autre chose que bonte et courtoisie pour nulle aduāture du mōde. Or laissōs toutes ces parolles ⁊ mōtez sur ce destrier ⁊ ie mōteray sur vng autre. Et quāt nous serōs a cheual mōtez se vo⁹ auez ap⁹ vou lente de recommencer la bataille encon fueillet xxxi

tre moy vous me trouuerez de ma part tout appareille de moy deffendre. Tant en dit gyron au roy meliadus quil print le cheual que giron luy offroit et monta dessus. Et vng autre cheual fut tantost amene a gyron sur quoy il monta.

Et quant ilz sont tous deux a cheual montez giron dit au roy melyadus. Sire cheualier ne cuydez pas que iaye a vous faicte ceste courtoisie ne ceste bonte/mais lay faicte a la bonne cheualerie que iay trouuee en vous. Nous nous combations vilainement quant nous estions a pied. Orendroit pourrons nous combatre plus honorablement que nous ne faisions deuant/car a cheual sommes tous deux. Et quãt il a dicte ceste parolle il ny fait autre demourãce/ains sappareille pour laisser de rechief courre vers le roy melyadus/mais il aduisa derriere luy que messire lac tenoit danayn par le heaulme si destroictement qua pou quil ne le gectoit a terre. Et cestuy qui estoit si fierement tenu comme ie vous cõpte et qui ne se pouoit redzesser a celle fois souffroit tout ce que messire lac luy faisoit. Mais il estoit de si grant force que il ne pouoit les estriers perdre pour contraire que messire lac luy peust faire.

Quãt giron voit son chier amy en si fort point quil ne se pouoit mie bien deffendre encõtre messire lac. Si laisse adoncques le roy melyadus du tout et hurte le cheual des esperons et va celle part au plus droictement quil peult lespee en la main dont il fiert si roidemẽt messire lac sur son heaume de toute la force quil a si que le heaulme nest tant dur que il ne le derompe de cestuy coup. Et messire lac fut si fort charge dicelluy coup que il senclina du tout par dessus le col du cheual et laissa danayn tout maintenant/et fut si durement feru qua paine se pouoit il tenir en selle. Et quant danayn voit & congnoist

le mauuais semblant que messire lac faisoit si ny fait autre demourance aincois se ioinct a luy tout maintenant & le tyre a soy par le heaulme a deux mais si roydement que il luy fait vuyder les arcons et cheoir tout enuers a terre.

De ceste chose fut yre le roy melyadus qui bien le vit tout clerement/et pour vengier son cõpaignon laisse il courre sus danayn et le fiert de lespee trenchant de tout son pouoir & apres gecte les deux mains sur luy et le prent par les espaules & le tyre a soy si fort que danayn vueille ou non vueille tombe a la terre tout maintenant. Sire cheualier fait gyron au roy melyadus vous auez mon compaignon abatu/et pour cestuy fait me conuiẽt il combatre a vous/car ie vueil tout maintenant renengier sa honte se ie puis. A celle fois ne tindrent autre parlement les deux bons cheualiers ains sentrecourent sus tout maintenant les espees toutes nues es mains/et sentredonnent grans coups durs et pesans. Et a ce que gyron frappoit despee mieulx que nul autre illecques trouua a cestuy point le roy melyadus qui plus luy donnoit affaire quil neust voulu. Messire lac et messire danayn qui a terre auoient este abatus se releuerent au plus tost qlz peurent/mais danayn fut tantost remonte/car ceulx de norhomberlande deuers qui il portoit armes et q auoiẽt la force du chãp si luy ayderent a monter/et messire lac fut remõte apres/car ceulx de sa partie si luy ayderent/mais ce fut a grant paine/car ilz auoiẽt le champ perdu. Et se neust este ce que gyron et le roy melyadus se combatoient ainsi ensemble par estrif ceulx de norgales eussent vuyde la place. Car ilz congnoissoient bien certainemẽt que ilz ne pouoiẽt le champ maintenir & quilz auoient le tournoyemẽt perdu/mais encores attendoiẽt ilz illec pour veoir quil aduiendroit des quatre compaignons q tant estoient bons cheualiers. Mais de ma dame de maloanc qui tout laffaire alloit regardant quen dirōs nous et qui si tresardamment aymoit giron comme dame pourroit aymer cheualier. De celle puis ie bien dire quelle estoit souuent ioyeuse et souuent dolente. Elle estoit souuent lyee quant elle Beoit que gyron alloit abatant dune part et dautre les cheualiers de norgales. Et elle estoit dolente et yree toutes les foys que le roy melyadus Benoit a lencontre de gyron pour bataille faire, car bien Beoit tout appertement que de celluy ne pouoit gyron Benir a chief ne au dessus aller a sa Boulente. Pour ce estoit elle a chascune fois dolente et courroucee quant elle Beoit que ces deux se combatoient ensemble corps a corps.

Et quant elle Beoit les grans coups que le roy melyadus dōnoit si souuēt a gyron qui estoient si grans que le feu failloit du heaulme de gyron elle estoit si fort espouentee que trestout le cueur luy trembloit aultre et les larmes luy Benoient aux yeulx si que les dames & les damoyselles qui de coste elle estoient le Beoient bien tout clerement. Et quant elle eut grāt piece regarde la bataille de celluy quelle aymoit tant et du roy melyadus elle se tourna par deuers Sng cheualier qui de coste elle estoit, et ce cheualier sans faille estoit de maloanc et de ceulx mesmes qui armenee lauoient au tournoyement. Dictes moy dist elle se dieu Bous doint bōne aduanture quil Bous semble de ceste assemblee. Dame ce dist le cheualier ien diray Boulentiers ce quil men semble. Or saichiez certainement que orendroit na en ceste place que quatre cheualiers qui facēt a priser de cheualerie, & ce sōt ces quatre la, cest assauoir ces deux aux armes dargent et ces deux autres qui portent armes noires. Les quatre Boyuent auoir le pris et le loz de tous ceulx qui a ceste fois sont Benuz a ce tournoyement. Car ilz si sont si bien prouuez en toutes maniere de cheualerie que il mest aduis que nulz autres cheualiers ny pourroiēt auoir pl9 fait, et ceulx me semblēt les pl9 preudhōmes & les meilleurs cheualiers.

Certes ce dist la dame de maloanc Bous dictes Berite. Or Boy ie bien en moy mesmes que bien les auez regardez et bien scauez leur fait congnoistre, mais or me dictes lequl de tous ces quatre est le meilleur cheualier des armes. Dame ce dist le cheualier se dieu me doint bonne aduāture cest Sne chose que lon ne pourroit pas bien si legierement congnoistre comme Bous cuidez par aduanture, car trop sont preudhommes tous quatre. Toutesuoyes fait elle Bueil ie que Bous me diez ce quil Bo9 en est aduis. Certes dame dist il Boulentiers. Or saichez tout Brayemēt que il me semble bien que ce grant cheualier qui porte les armes noires & qui se combat orendroit a ce cheualier aux armes dargent est tout le meilleur des quatre Je dy bien quil a assez mieulx fait depuis quil est Benu a ce tournoyement que nōt fait les autres. Pour quoy ie dy que cest le meilleur cheualier qui en ce tournoyement ayt porte armes. Certes fait elle Bous dictes bien la Berite, car cest le meilleur cheualier de tout ce tournoyement et icy la bien monstre et ailleurs autres fois.

Ma dame ce dist le cheualier a ce que Bous allez disant icy semble il que Bous saichez certainemēt qui est le cheualier. Et elle commence a soubzrire et dit. Je ne Bous en diray pas ores ce que ien scay. Ainsi alloient deuisant les Sngs et les autres des quatre cheualiers en leur dōnant le loz et le pris du tournoyement. Et ainsi dura lestrif de toutes les deux pars tant que le Bespre Bint approuchant, et alors se commencerent a retraire par fine force ceulx de norgales/car trop auoient endure celle iournee. Et le roy melyadus fut la si durement assailly et trauaille qua pou quil ne perdoit force et alaine/et le heaulme quil auoit porte des le matin et sans oster de sa teste si le faisoit presque mourir/car quant ceulx de norhomberlande virent tourner ceulx de norgales a desconfiture il sen vindrent tout a vng faix assaillir le roy melyadus pour eulx vengier de la honte quil leur auoit faicte au commencement quant il arriua au tournoy Et a la verite dire il auoit tant souffert le iour que merueilles estoit comment il nestoit mort/car il nauoit pas este assailly de gyron le courtois ne de danayn le rour ne de sagremors le desree sans plus mais de tant dautres manieres de gens qui le greuerent tãt que cestoit vne grãt merueille comment il se pouoit tenir en estant. Et gyron mesmes q̃ de ce sestoit bien prins garde se merueilloit commẽt le cheualier auoit peu tant endurer comme il auoit fait/et pour ce luy donnoit il en soy mesmes grant pris et grant los. Et messire lac lauoit dautre coste endroit soy si bien fait que sil neust este si durement charge de gyron et de danayn bien eust peu cestuy iour auoir gaigne le pris du tournoyement et lhonneur. Que en diroie ie tant comme le roy meliadus et messire lac si peurent cestuy faix soubstenir ilz le soubstindrent

Et quant ilz nen peurent plus ilz se tyrerent vng peu en sus du tournoyement si treslassez que oncques en iour de leurs vies tant ne lauoient este. A grant paine se pouoient ilz tenir en estant sur leurs cheuaulx Gueres mieulx ne valoiẽt que hommes mors. Et tout incontinent quilz furent yssus hors de lassemblee furent ceulx de norgales chassez si tresvilainement quil ny en demoura vng seul quil ne fust pris ou retenu. Le roy de norgales fut abatu assez vilainement/& sil eust este recon-

gneu a cestuy point il eust este prins sãs faille. Ainsi furent ceulx de norgales desconfis a celle fois & moult honteusemẽt et moult vilainement furent hors du champ chassez. Et le roy melyadus qui a cestuy point sestoit retraict dessoubz vng arbre estoit tant pre estrangement de celle desconfiture qua pou quil nenrageoit de dueil. Et du grant dueil quil auoit au cueur print il lescu dargent qui au col luy pendoit et le gecta tout maintenant a terre & les couuertures dargent aussi. Et dist que tousiours tant cõme il viuroit il lui souuiendroit de ceste iournee/ne que iamais en tournoyement ne porteroit escu dargent. Pour ce que si vilainement en le portant auoit este desconfitz. Tout pareillement fist du sien messire lac/car il print son escu et le gecta premierement a terre et puis ses couuertures/et prindrent maintenant dautres escuz que ilz trouuerent illecques que ceulx q̃ sen estoiẽt fuys y auoient laisse cheoir Ainsi changerent ilz leurs escuz en petit dheure en telle maniere que nul qui a celui iour les eust veuz ne les eust peu adõc recongnoistre de riens/fors que de leurs escuyers tant seulement qui auecques eulx tousiours estoient.

Et quant les deux bons cheualiers eurent changees en telle maniere comme ie vo' compte leurs armes ilz se mirent entre ceulx qui estoient de la partie de norhomberlande si que tous ceulx qui les regardoient cuydoient vrayement quilz feussent de la partie de ceulx de norhomberlande. Et quant les deux bons cheualiers eurent tant cheuauche quilz furent arriuez dessoubz les murs du chastel messire lac leua sa veue contremont et commenca a regarder la dame de maloanc qui sur les murs encores estoit auec grant compaignie de dames et de damoyselles de barons et de cheualiers qui encores alloiẽt regardant ceulx qui fuyoient & ceulx qui sen retournoient/et depuis que messire lac leut apperceue il la commenca a regarder si ententiuement que nul cheualier ne pourroit plus ententiuement dame regarder. Les vngs et les autres vont auant et entrent dedans le chastel/mais il ne se remue dillecques/aincois regarde la dame si fort que il nentend a autre chose. Si a orendroit ouble tout le grat trauail quil a souffert en cestuy tournoy Oncques en sa vie ne regarda ce dit il dame qui tant lui pleut comme fait ceste Et pource se delecte il tout a la regarder et tant quil sen entreoublie et ne scait ou il est orendroit/il ne scait sil est ou vif ou mort et si ne scait sil est a pied ou a cheual ou autrement

Quant il eut illecques longuemēt musé et regardé celle qui luy estoit bien du tout au cueur entree/le roy melyadus a qui il ennuyoit de se tant attendre/car a dire la verite il estoit tant trauaille que plus nen pouoit sen vint vers messire lac et luy dist. Sire cheuauchons sil vous plaist/car assez auōs cy demoure a ceste fois. Et cestuy qui si durement pensoit a celle quil alloit regardant estoit du tout tant oultre damours quil ne luy souuenoit de luy mesmes/ne il nentendit riens de ce que le roy melyadus luy dist. Son cueur tenoit mieulx que a la glur/bien estoit son cueur en autre lieu fische/et pource ne respondit nul mot au roy melyadus/car il ne lauoit de riens entendu. Et quant le roy melyadus vit que messire lac ne luy auoit riēs respondu il sen vint pres de luy et lui dist vng pou plus hault quil nauoit fait deuant. Sire sil vous plaisoit il seroit meshuy temps daller/car nous auons icy assez longuement esté

A ceste parolle respondit messire lac et dist. Haa mercy/pour quoy me voulez vous remuer dicy ou ie suis si a mon ayse. Jay oublie toutes mes douleurs depuis que ie suis icy venu. Je vous prie pour lamour de dieu que vous ne me remuez de ce lieu ou ie suis a present. Et quant le roy melyadus entent ces parolles il laisse la messire lac et se traict vng pou arriere de luy car courroucer ne le vouldroit en nulle maniere du monde. Apres cestuy parlement ne demoura gueres que la dame de maloanc sen alla des carneaulx ou elle auoit tout le iour esté/car alors luy auoit danayn mādé tout priueement que elle sen yssist du chastel aux deux seurs et quelle sen allast cestuy soir mesmes gesir en vng autre chastel qui estoit assez pres dillec dedās la forest/car puis quelle eut receu le cōmandement de son mary elle nosa plus attendre/aincois monta a cheual tout le plus tost quelle peut et a grāt compaignie de cheualiers et de damoiselles se partit de leans/et encores musoit messire lac vers les carneaulx/et pensoit si estrangemēt quil ne scauoit se elle estoit encores aux carneaulx ou nō. Et le roy melyadus qui tout certainement sestoit ia apperceu que pour regarder la dame de malaonc sestoit illec arresté messire lac laquelle sen estoit ia partie dillec grāt piece auoit il sen vīt a messire lac qui lui dist Sire pour quoy demourez vous cy tant Quest ce que vous regardez la amont Vien voyez tout appertement que la en ces carneaulx na dame ne damoyselle Et messire lac droisse la teste quāt il entent ceste parolle/et quant il ne voit la dame de maloanc ne autre il est si durement esbahy que il ne scait quil doit dire aincois recommence a penser la teste enclinee vers terre. Et ainsi comme il pensoit a tant suruint entre eulx vng varlet qui alloit criant/gardez vous gardez vo tirez voꝰ arriere/voicy venir ma dame de maloanc. Quant messire lac entent que ma dame de maloanc vient il dresse la teste et regarde celle part et voit venir tout premierement dames et damoyselles dont y auoit assez et forment belles.

Apres ceste compaignie venoient iusques a quatorze cheualiers armez bien et richement qui faisoit moult bel a veoir.

Apres ce venoit la dame de maloauc en la compaignie de six dames dont chascune estoit belle assez/mais ceste estoit par dessus toutes tant belle estragement que nul ne la eust sceu regarder grammment quil nen fust deuenu tout esbahy de veoir sa desmesuree beaulte/et apres venoient .xii. autres cheualiers armez de toutes armes si richement et si noblement comme ie vous ay compté. Ainsi se partit la noble dame de maloaut de lassemblee et sen ala gesir en ung chastel q on appelloit le chastel de la roche/et estoit ce chastel au roy de northomberlande proprement. Et quat messire lac qui la dame auoit bien regardee pense a la grant beaulte delle il dit en son cueur q ceste nest pas dame comme les autres et q mieulx veult mourir qil ne ait lamour de ceste dame pour tat qla puisse auoir. Elle passa par deuant lui sans regarder ne vngs ne autres. Et quat elle fut oultre passee et vng pou eslongnee le roy melyadus qui bien veoit certainement q messire lac aymoit la dame de tout son cueur luy dist. Sire q vous est il aduis de ceste dame/est elle belle a vostre aduis. Et quat messire lac entendit ceste demande il geeta ung grant souspir et quat il eut pouoir de parler il dist. Haa sire q demandez vous/ie dy bien sans doubte q ceste est la plus belle dame du monde/ainsi vrayement maist dieu q il ny a cheualier au monde tant soit preudhomme des armes a q ie ne me combatisse pour ceste chose soubstenir. Et quat il a dicte ceste parolle il se taist a tant quil nen dit plus Et regarde la dame qui tousiours sen alloit/et quant il ne la peut plus veoir il dist au roy melyadus. Sire viendrez vous en ce chastel/ou vous herbergerez vous au iour dhuy/car ie voy que grant mestier en auez/pour ce q trauaillé estes durement

Et ie ne puis plus icy demourer/car il men conuient aller dicy moult hastiuement. Et quant le roy melyadus entendit ceste parolle il en deuint tout esbahy et luy dist. Comment sire voulez vous donc laisser ma compaignie. Sire fait messire lac/or saichez tout vrayement que vostre compaignie ne pourrois ie laisser que ie ne yssisse hors de mon sens. Et comment donc fait le roy meliadus men chassez vous de vostre compaignie qui mauez dit tout appertement que ie herberge en ce chastel/et vous vous en voulez aller tout seul en la vostre besongne. Il mest bien aduis que vous ne me pouez mieulx chasser de vostre compaignie quen ceste maniere. Certes fait messire lac ie ne vous en chasse mie/mais a la verité sire en ceste besongne la ou ie vois orendroit ne vueil ie compaignie de nul homme du monde. Et ie vous prie comme a monseigneur et a mon amy que de ce ne vous courroucez pas. Si maist dieu sire fait le roy melyadus vous me faictes trop durement esmerueiller de ce que vous me dictes/mais saichez que puis que ie voy bien appertement que vostre voulente nest telle que ie vous tiengne copaignie en cestuy voyage ie men souffreray a tant/mais dieu le scait comment il men poise moult chierement et de tout mon cueur. Mais au departir que vous faictes de moy si estrangement comme ie voy me dictes sil vous plaist comment ie pourray de vous scauoir aucunes nouuelles puis que vous serez departy dicy/car bien saichez tout vrayement que iamais ne seray aise deuant que ie sache comment il vous sera aduenu de ceste aduanture ou vous vous mettez si soubdainement comme ie voy

A ceste parolle respondit messire lac et dist. Sire or saichez que se fortune me vouloit donner tant de bonne aduanture que ie peusse mener a fin honorablemēt ce pour quoy ie me depars de vous ie reuiendroye demain a vous en ce chastel se me vouliez asseurer que ie vous y trouueroye/mais se ie ne vous y cuydoie trouuer or saichez tout vrayement que ie ny reuiendroye pas. En nom dieu respōdit le roy meliadus a messire lac ie vous promets que ie vous y attendray trois iours entiers. Et ie vous prometz fait messire lac que ie retourneray dedans trois iours pourtant q̄ ie puisse mener a fin ce pour quoy ie me pars de vous/z se ie a fin ne le pouoye mener a ma voulente or saichez tout certainement que a vous ne retourneroie ie mie. Desormais vous comans ie a dieu/car il est assez tard et departir me conuient dicy. Si mayst dieu fait le roy meliadus de ce que vous vous departez maintenant de moy en telle maniere me poise il trop durement/mais pour ce que ie voy que demourer ne voulez ie vo⁹ commande a nostre seigneur q̄ vous con duye z de nuyt z de iour. Sire ce dist messire lac a dieu soyez vous cōmande. En telle maniere se partit messire lac du roy melyadus qui de son departement fut forment courrouce/lequel roy melyadus apres que messire lac le eut laisse sen alla tout droictement au chastel aux deux seurs z se herbergea illecques au plus priueement quil se peut faire/si que iamais neust este prins pour le roy meliadus de leonnois. Et ainsi demoura dedans le chastel en attendāt messire lac. Et a tāt se taist le compte de luy z retourne a parler de danayn et de gyron le courtois.

¶ Comment vng varlet de maloāc vint a danayn et luy dist nouuelles des deux freres de terre foraine qui auoient occis son cousin germain le bon cheualier de la mareschiere/et cōment il se partit de gyron.

En ceste partie dit le cōpte que puis que gyron et danayn eurent le tournoyement vaincu en telle maniere comme ie vo⁹ ay compte et que danayn eut mande a sa femme que elle sen allast vers maloanc ce quelle fist/aduint a celluy point que les deux compaignons estoient encores emmy le champ ou la desconfiture de ceulx de norgales auoit este faicte que vng varlet de maloanc qui auec danayn estoit venu vint a luy et luy dist. Sire ie vous vouldroye dire priueement sil vo⁹ plaisoit vng pou traire hors dicy vne parolle a conseil. Voulentiers respondit danayn vous escouteray. Et lors sesloingna vng petit de gyron et le varlet luy dist. Sire vous souuient il des deux freres de terre foraine qui souloient porter les armes myparties de blanc et de noir qui iadis mirent a mort le bon cheualier de la mareschiere qui estoit vostre cousin germain/lequel vo⁹ auez plus ayme que nul de tous les cheualiers qui au monde viuent.

Quant danayn entendit les nouuelles il commenca a souspirer. Car cestuy cheualier qui estoit appelle le bon cheualier de la mareschiere auoit danayn ayme de tout son cueur et bien autant que luy mesmes Et bien y auoit raison/car son parent charnel estoit/z pour ce tout lermoyant respondit il au varlet et dist. Frere se dieu me sault de ces deux cheualiers que vous mauez ramenteuz orendroit me souuiēt il bien z m en souuiēdra toute ma vie/ne ceulx ne pourroie ie oublier/car cestui iour q̄z mirēt a mort le bō cheualier de la mareschiere me firent ilz si grant dōmaige q̄z ne meussent pas tāt endōmaige se ilz meussēt tollu tout mō autre lignaige/mais de ces deux cheualiers q̄ vo⁹ dictes q̄ sont bien sans faille les deux plus mortelz ennemys que iaye en ce monde/ pourquoy men auez vous apporte nouuelles. Sire fait celluy var̄ let ie le vo9 diray. Or saichez tout vraye ment que ie les ay veuz nagueres cy de uant ⁊ a mon escient ie croy quilz ne sont mye encores entrez dedans la forest/ et disoient que ilz sen yroient vers maloāc Et entendy quilz disoient que puis que ilz ne vous auoient icy trouue ilz ne fine roient querre tant quilz vous auroient trouue. Et pour ce dis ie en moy mesmes quilz estoient venuz en ce tournoyement pour vous veoir/ mais de riens congnois tre ne vous ont peu entre les autres che ualiers pour ce que si estrangemēt estes arme. Et pour la cause quilz sen sont vers maloanc et si ne scay pour quoy le vous suis ie venu dire.

Q̄uant danayn eut escoute tout mot a mot les parolles du var let il luy respondit. Or me dic tes se dieu vous doint bonne aduanture quelles armes ilz portent. Sire fait le varlet ie ne scay silz changeront armes entre cy et maloanc/ mais ie scay biē que orendroit portoit chascun deulx vng escu dazur a vng lyon blanc. Et quelle part sen sont ilz fait danayn. Sire fait le var let celle part/ et il luy monstre. Lors sen vint danayn vers gyron le courtois et luy dist. Sire ie vous prie puis que de partir me conuient a cestuy point de vo9 car force men est que vous allez au iour dhuy herbergier au chastel ou est ma fē me herbergee/⁊ demain de beau iour cler pourrez aller auecques elle a maloāt. Je vo9 tenisse moult voulentiers cōpai gnie mais ie ne puis/ car orendroit me cō uient il aller hastiuement apres deux che ualiers qui dicy sen vont. Et pour ce vo9 commande ie a noſtre seigneur. Je seray demain dedans maloanc se dieu me def fent dencombrier et de mal.

Q̄uāt il eut dictes ces parolles gy ron luy dist. Haa sire pour quoy peult ce estre q̄ vous me ostez si tost de vostre cōpaignie. Sire fait danayn dieu me garde q̄ ie vous en oste/ mais ie vueil aller en ceste besongne tout seul fors que de mes escuiers. Et cōment vous sentez vo9 dist gyron. Certes sire fait danayn ie me sens vng pou trauaille/ mais pour ce ne demourra il que se ie treuue ceulx q̄ ie vois chercher q̄ ie nen vieigne bien tost a chief. Or vous pry ie se dist gyron que vous soyez demain au soir a maloanc. Certes sire fait danayn si seray ie se ie puis En telle maniere se departit da naym le roux a cestuy point de gyron/ et emmena auecques luy le varlet qui les nouuelles luy auoit comptees des deux cheualiers de la terre foraine. Et de paour quil ne fust congneu de ceulx qui lauoient icelluy iour veu ⁊ cestuy de deuāt mesmes au tournoyement fist il couurir son escu dune housse vermeille ⁊ se mist a la voye ⁊ se hasta moult de cheuaucher mais moult luy ennuyoit de ce q̄ point ne luy soit la lune/ car il ne scauoit sil al loit droictement apres iceulx quil alloit querant/ nonobstant que le chemin fust moult batu. Mais a tant laisse le comp te a parler de luy ⁊ retourne a gyron.

¶ Commēt messire lac trou ua p̄ nuyt girō dessus vne fō taine/ et cōment non voyant giron il se complaingnoit da mours. Et comment messi re lac se voulut cōbatre encō tre gyron pour ce q̄ giron ne vouloit escouter vng compte quil luy vouloit dire.

Y dit le compte que puis que danayn se fut party de giron en telle maniere cōme ie vo9 ay cōpte giron qui demoure estoit emmy le chāp en la cō paignie de deux escuyer tant seulement commmenca a penser moult formēt aux parolles du cheualier qui auoit dit que pour doubtance de.xxvi.cheualiers ne laisseroit il se il trouuoit la dame de maloanc hors du chastel quil ne se mist en aduanture de la gaigner se il pouoit. Et pour ce dist giron en soy mesmes qlsen yroit apres la dame laqlle il aymoit de tout son cueur/et sil aduenoit adonc q da uature le cheualier fust si fol quil se voul sist mettre en ceste espreuue z il peust les xxvi.cheualiers desconfire qui la dame conduysoient il vouldroit puis sauuer sa dame et la conquester sur luy par force darmes. Et pour ce enveult il laisser tou tes querelles et sen aller apres sa dame Car toutes voyes auoit il doubtāce des parolles que le cheualier auoit dictes qui moult estoient fieres.

Quant il eut grant piece pense a ceste chose il fist oster toutes ses couuertures et couurir son escu dune housse vermeille/et puis dist a ses escuyers. Or vo⁹ en allez vers ma loanc et mattendez illec/ie vueil aller a vne mienne besongne sās nulle compai gnie. Et ceulx qui furent dolens de ceste chose si noserent mot dire fors que ilz al lerent ceste part la ou il les enuoioit. Et puis il se mist a la voye et sen alla ceste part ou il scauoit que sa dame sen estoit allee. Mais a ceste heure que il se partit de la place estoit il si tard que la nuyt es toit ia entremeslee auec le iour/et ce es toit vne chose qui assez lui ennuyoit. Et quant il se fut mys a la voye il cheuau cha moult hastiuemēt et faire le pouoit/ Car son cheual estoit fres et seiourne Si en auoit cestuy iour mesmes abatu le Roy de norgales qui dessus estoit monte et estoit le cheual bon a merueil les. Depuis quil se fut mys a la voye il cheuaucha tant quil vint iusques a la fo rest. Et pour ce que la nuyt estoit ia si fort obscure perdist il le chemin que sa da me tenoit et enprint vng autre q a grāt

paine pouoit il encores voir/car trop for ment estoit la nuyt obscure et tellement faisoit noir que se deuāt luy a cestuy poit eust este vng cheualier arme de cleres ar mes a grāt paine leust il peu voir/z ces toit vne chose qui trop luy tournoit a grant ennuy. Tant cheuaucha en telle maniere gyron q grant partie de la nuyt ce pendant se passa.

ET quant il eut longuemēt che= uauche par la forest adonc sap= perceut il ql auoit sa voye per= due. Et pour ce quil ne vouloit pas a cel le fois eslongner la voye de maloanc dist il en soy mesmes quil sarresteroit en ce lieu ou il estoit pour ce qvne moult belle fontaine y auoit/laquelle a grant paine pouoit il veoir. Et quant il eut grant piece pense se il sarresteroit dessus la fon taine ou se il cheuaucheroit auant ou se il retourneroit au grant chemin il saccor da du tout ql demourroit sur la fontaine iusques au iour. Et lors descēdit et osta a son cheual le frain/z puis osta son heau me et son espee z mist son escu deuant luy z auala sa coiffe de fer z deslaca les mail les de son haulbert. Et pource que il a= uoit chault beut il de leaue de la fontai ne. Et quant il eut beu il sassist de coste la fontaine z commenca adonc a penser a celle dont il ne pouoit son cueur oster. Et quant il va en son cueur recordāt la grāt beaulte ql auoit veue cestuy iour en elle il dit bien en soy mesmes q sil ayme si belle dame nul ne len doit blasmer/Et puis dautre part dit q encōtre si preudō me cōe est danayn son cōpaignō ne deust penser tel vilennie. Ainsi cōe il pensoit a ceste chose arriua vng cheualier sur la fontaine que il apperceut bien/z qui me demāderoit qui estoit le cheualier ie di= roye que cestoit messire lac lequel sestoit vāte deuāt gyron de gaigner la dame de maloanc sur les.xxvi.cheualiers/lequel messire lac quant il fut arriue a la fon= taine descendit tout incontinent et osta son escu de son col et le pendit a ung arbre Et puis oste son espee et son heaulme de sa teste et puis osta le frain et la selle a son cheual et le laissa aller paissant. Et quant il eut ce fait il pensa puis de son corps ayser au mieulx quil le peut faire. Et pour ce quil auoit grant chault beut il de leaue de la fōtaine/et quant il a beu il sassiet dessoubz ung arbre et se couche et puis commence a penser une grāt piece et puis a souspirer et a gecter grans crys et a se plaindre aussi fort comme sil eust este dung glayue feru parmy le corps. Et quant il sest plaint une grant piece il se lyeue ꝙ puis se recouche. Et gyron estoit pres de luy qui bien le veoit/ mais le cheualier ne le veoit pas/car il ne sen prenoit pas garde et aussi ne voy oit on gueres cler. Quant le cheualier eut grant piece demoure delez la fontaine en telle maniere il se commēca adonc ques a se doulouser et a plaindre pl⁹ haultement quil nauoit fait deuant/et commenca adonc une complaincte en telle maniere.

Aa amours fait il maintenant prins mauez en voz lyēs/vostre prisonnier suis/tant estes merueilleux que pour prendre ung homme et mettre en voz latz comme encontre sa voulente mesmes le faictes vous aymer en tel lieu que par aduanture nulle du monde il ny pourroit aduenir. Amours amours ce faictes vous de moy/car vo⁹ me faictes aymer en si hault lieu/en si riche et en si noble que par nulle aduantu re du mōde ie ny pourroye aduenir. Et quant ce nest pas chose pour moy et que ie ne suis mie de telle valeur que aduenir y puisse/pour quoy y meistes vous mon cueur pour moy ainsi affoler. Amours amours bien scauez quelle raige et quelle forsenerie vous me faictes/pour dieu souffrez vous en a tant et me laissez en paix. Laissez moy desormais sans me plus faire tant dennuy. Amours amours ne menchassez encores ung coup hors du royaulme de logres comme vous feistes iadis. Amours amours bien pouez encores recorder comment ie fuz pour vous assailly/poure/vil et deshonnore et chasse de la grant bretaigne ꝙ mys hors da uec tous preudhommes et banny de la cōpaignie aux nobles cheualiers errās Amours tout ce grant dommaige ay ie receu par vo⁹ autre fois. Ne me mettez plus en telle raige/ne me faictes plus forsenner/ne faictes pl⁹ le mōde se mocquer de moy. En cestuy soir mauez vous fait faire si grant vilennie que greigneur faire ne pourroye/car trop vilainement departir mauez fait dūg des meilleurs cheualiers du mōde. Et pour ce que si grant folie et si grande vilennie mauez fait faire et de paour que de plus grandes encores ne feissez laisse ie tout maintenāt vostre accointāce. Je ne vueil plus estre des vostres/querez ailleurs autre ꝙ vo⁹ serue/car cy ie vo⁹ regnie du tout. Je vo⁹ regnie deuāt dieu et deuant tout le monde et adonc se teust.

Et gyron le courtois qui toutes ces parolles auoit entendues quant il vit que le cheualier se reposoit ꝙ quil ne disoit nul mot il dist en soy mesmes que de fiere voulente es toit ce cheualier qui du tout auoit ainsi regnie amours a ceste fois. Et quant le cheualier eut une grant piece pense il re commēca sa complaincte en soy mesmes mais ce fut bien en autre maniere qͥl na uoit fait deuant/car il dist en ceste maniere. Amours mercy/ne regardez pas a ma folie ne a mon sens qui trop est poure/et par ma grant pourete de sens ay ie dit orēdroit cōtre vo⁹ vilaines parolles et laydes lesqͣles ne deusse mye auoir dictes/car ie neuz oncques en cestuy mōde ioye parfaicte ne honneur nul se il ne mest venu de vo⁹/mais ie suis tout ainsi cōme le serf ꝙ de si male nature est et de si mauuais sang extraict ꝙ ce son seigneur

e iii

luy faisoit cent mille biens ꞇ cent mille honneurs et puis apres luy fist vne chose a desplaisir luy faillant vne fois de sa voulēte acōplir tout le bien qͥl lui auroit fait deuant met il du tout en oubliance et ramentoit a chascune fois celle petite deffaulte quil a trouuee en son seigneur. Amours ie suis tout vrayement dicelle mauuaise nature/car tous les biens que vous mauez faiz et tous les honneurs auois ie bien oubliez a ceste fois quāt ie regniay la vostre seigneurie. Amours di ce celluy grant meffait vous cry ie mercy ne regardez a ma follie/ꞇ si ne souffrez mie sil vous plaist que ie meure pour aymer celle qui passe de beaulte sans faille toutes les dames de ce mōde. Souffrez que de lamour nouuelle qui dedans le cueur mest entree mauiengne ioye en telle maniere que dessoubz vostre seigneurie ie puisse viure ioyeusement. Et se vous ne voulez ce faire saichez de vray que ie suis mort.

Quant il eut tout ce dit il commenca adōc a regarder autour de luy et aduise giron qui estoit pres de luy a moins dune lance ꞇ demye si se merueilla moult quant il le vit/ꞇ congneut bien en soy mesmes que cil estoit cheualier sās doubte/mais il ne cuydoit mie que aucun fust illec/et bien scait tout certainement que celluy a ouy toutes les parolles quil auoit illec dictes. Quant il a assez regarde gyron q̄ se seoit delez vng arbre ainsi cōme ie vo9 ay cōpte il luy dist. Vassal qui estes vous qui cy auez este si longuement sans mauoir encores dit vne seule parolle/se dieu vo9 doint bōne aduāture q̄ estes vo9 dictes le moy/ꞇ pour quoy auez este si longuemēt au pres de moy sans parler. Quāt gyrō voit q̄ desormais le cōuient parler il luy dist. Sire ie suis vng cheualier errant q̄ aduāture a apporte cestuy soir sur ceste fontaine ayant perdu mon chemin. Quant vous descendistes cy a paine vo9 pouois ie veoir. Car adōc estoit la nuyt si tresobscure q̄ vo9 mesmes point ne me aduisastes. Et saichez sire vrayement q̄ ie eusse pieca parle a vo9 se neust este ce q̄ vo9 vo9 cōmencastes tant fort a plaindre tout maintenant q̄ vous feustes assis ꞇ errāment cōmencastes vostre cōplaincte damours. Je qui trop vaulentiers escoutoye vostre cōplaincte nay voulu parler affin q̄ tout du long souysse/car vous ne disiez parolle q̄ trop formēt ne me pleust et ce a este pour quoy ie me suis tenu si coyement au pres de vo9/car en nulle maniere ne vous eusse ie voulu destourner dacheuer vostre complaincte ne oster de vostre penser. Quant gyron eut dit ces parolles il se teust ꞇ messire lac de rechief luy dist. Sire cheualier se dieu vo9 doint bonne aduanture puis que vo9 estes cheualier errant sil vous plaist dictes moy comment vous auez nom.

Sire fait Gyron or saichez tout vrayement que a ceste fois ne pouez vous autre chose scauoir de mon estre fors tant seulement que ie suis vng cheualier errant. Or me dictes donc ce dist le cheualier feustes vous au tournoyement deuant le chasteau aux deux seurs. Ouy certes ce dist gyron. Veistes vous fait le cheualier les deux bons cheualiers qui la furent. Ouy certes fait giron bien vy voirēmēt les deux bons cheualiers q̄ portoient les armes dargent. Ceulx le firent si bien que ie dy tout hardyment que il y a grant temps que ie ne vy en vng tournoyement deux aussi bons cheualiers comme ilz sont. Sire cheualier ce dist messire lac bien voy que malement congnoissez preudhommes/dictes vous donc que les deux cheualiers qui portoient les armes dargent soyent bons cheualiers. Ouy certes ce dist gyron ie le dy tout hardiment/et qui autrement le vouldroit dire il ne diroit mie verite. En nom dieu sire cheualier ce dist lautre a ceste parolle ne maccorde ie mye a vous en nulle maniere du monde/car ie dy quilz ne sont point si preudhōmes quonles doye tenir a si bons cheualiers comme vous dictes/car silz eussent este si bons cheualiers comme vous alez disant ilz eussent par fine force vaincu le tournoyement/et ilz y furent malement menez et honteusement abatus a terre. Sire ce dist giron se dieu me doint bonne aduanture vous faictes vilennie trop grande quant vous parlez des deux preudhommes si malemēt/mais ie croy bien quilz vous firent a ceste assemblee aucune honte ou ilz vous descheuaucherent par aucune aduanture et pour ce en dictes vous vilennie. Certes ce dist le cheualier il fut telle heure que ie les prisay moult/mais orendroit ie ne les prise si non bien petit/car ilz monstrerent bien a ceste assemblee que ilz valoient moins en toutes guyses que ie ne cuydoye. Et pour esperance que vous me deussiez parler deulx ne vous mys ie pas en tel parlement comme vous ouystes/mais ie vous vouloye demander des deux cheualiers qui y porterent armes noires/ie vous demādoye de ces deux et vous mauez parle des autres. Sire cheualier ce dist giron que voulez vo9 demander des deux cheualiers qui portoient les armes noires ie les vy aussi bien que les deux autres. Puis que vous les veistes fait le cheualier/or me dictes se dieu vous doint bonne aduanture que il vo9 en semble. Et que men deust il sembler fait Giron fors que ilz sont cheualiers comme les autres. Ilz se y prouuerent assez bien/mais certes ilz ny firent mye tant que on leur en doyue dōner ne trop grant pris ne trop grant loz. Bien mest aduis que les deux cheualiers qui portoient les Armes dargent le firent trop mieulx en toutes guyses

Damp cheualier ce dist messire Clac or congnois ie tout vrayement que vous mallez gabant qui me faictes entēdant icy que les deux cheualiers aux armes dargent furent les meilleurs cheualiers de toute la place/et vous mesmes scauez de vray que ce nest mie verite que vous me dictes. Et ie vous en croy ce dist giron pour paix auoir/car ie ne croy pas que vous leur dōnissiez si grant loz comme vous leur dōnez orendroit se ilz ne feussent trop bien voz amys. En nom dieu ce dist le cheualier oncques en ma vie ne les cōgneuz ne mes amys ne sont que ie saiche. Et se mes amys sont ilz le mont vendu a ceste fois trop chierement/car ilz mont fait honte et vergongne assez plus que ie ne voulsisse/qui est contre ce que vous me dictes/car se mes amys eussent este ia par eulx neusse receu tel honte. Et quelle honte vous firent ilz ce dist gyron. En nom dieu fait le cheualier ie me garderay bien de vous compter a ceste fois tout cestuy compte/car ie vous compteroye ma honte trop euidente/et pour ce me vault il beaucoup mieulx taire. Et ie vous en quicte ce dist gyron puis que vous nauez voulente de le me dire. Mais vne autre chose vous vouldrois ie demander se ie cuydoye que dire le me voulsissiez. Dictes que cest fait le cheualier/telle chose pourra ce estre que par aduanture ie le vous diray/et telle chose aussi pourra ce estre que ie ne le vous dyroye en nulle maniere du monde comment quil men deust aduenir. En nom dieu ce dist gyron ou du dire ou du laisser si le vous demanderay ie. Se dieu vous doint bonne aduanture qui est la dame que tant aymez pour laquelle vous estes en ceste place tant complaint.

Sire cheualier fait lautre se dieu me doint bonne aduanture vo9 estes ores trop alle auant en petit dheure qui si tost voulez scauoir qui est la dame que ie ayme/or saichez tout

Vrayement que ce ne vous diray ie pas
Se vous ne le me voulez dire fait gyron
or me dictes vne autre chose. Oseriez
vous emprendre pour samour vng fait
perilleux. Ceste chose me pouez vo' bien
dire sil vous plaist. Et cest vne chose q̃
chascun cheualier qui par amours ayme
peut bien a autruy reueler. Et le cheua-
lier respondit tantost a gyron et dist.
Sire cheualier se ie vous disoye ma pen
see de cestuy fait Ce seroit vne chose
dont vous ne me tiendriez mie pour sai-
ge/car ce seroit vne vantance quil ne me
conuient mie dire/pour ce qua cheualier
nappartient se vanter/car sil se vante il
fait sa honte et sa vergongne. Mais tãt
vous faiz ie bien assauoir que se demain
matin voulez venir auecques moy ou ie
vous meneray vous me verrez pour la-
mour delle tel fait entreprẽdre quoy quil
men doyue aduenir que vous vo' en mer
ueillerez/et maintz hommes qui le ver-
ront ne men tiendront mie a saicge. En
nom dieu sire cheualier ce dist gyron ie
ne tiens pas a vasselaige ne a prouesse
quant vng cheualier se met en si forte ad
uanture quil ne la peut mener a fin hon-
norablement. Or gardez se vous estes
saige que vous en telle entreprinse ne vo'
mettiez/car ie qui auec vo' seroye sil vo'
en mescheoit men gaberoye premiere-
ment et sur vous en tourneroit le dom-
maige et la vergongne. Sire fait lau-
tre cheualier grant merueilles ay de ce
que vous me dictes. Cuydez vous orẽ-
droit se dieu vous sault que quãt les che
ualiers errans se mettent en aduantu-
res estranges et perilleuses si mettent
sans doubtance. Je lappelle perilleuse
pour moy/car ie congnois en moy mes-
mes q̃ ie ne suis pas bon cheualier/mais
elle ne seroit pas perilleuse a vng si bon
cheualier comme est cestuy qui porta les
armes noires au tournoyement deuant
le chastel aux deux seurs/cestuy est bien
si preudhomme des armes que il lauroit

tantost a chief menee.

Quant gyron entendit ceste pa-
rolle il dist de rechief au cheua-
lier. Sire ilz furẽt deux qui ar
mes noires porterẽt en cestuy tournoye
ment. Vous dictes verite fait le cheua-
lier. Mais duquel parlez vous dist gyrõ
En nom dieu dist le cheualier ie parle du
greigneur/car cestuy sesprouua si biẽ en
ceste assemblee que ie dy bien tout vraye
ment que long temps a que ie ne vy vng
aussi bon cheualier q̃ luy. Il est si bon che
ualier en toutes guises que ie ne croy pas
quil en peust estre vng meilleur. Sire
cheualier fait gyrõ or saichez tout vraye
ment que malement scauez congnoistre
bons cheualiers/car ie vous dy que lau-
tre cheualier qui plus petit estoit et por
toit les armes noires est meilleur cheua
lier que lautre dassez. De ce ne vo' croy
ray ie huy dist lautre cheualier. Mais or
me dictes se dieu vous doint bonne ad-
uanture combien il peult auoir de temps
que vous commencastes premierement
a porter armes/car par aduanture en cel
luy temps eust on bien peu trouuer de
meilleurs cheualiers que on ne trouue-
roit orendroit. Car adõc comme ie croy
quãt vo' feustes fait nouueau cheualier
eust on peu trouuer trois cheualiers si
bien garniz durement de toute cheuale-
rie quen eulx nauoit nulle deffaulte de
chose qui a cheualier appartiegne/mais
orendroit nen trouueroit on vng seul qui
neust en luy quelque chose a reprendre et
deffaulte de quelque chose qui a cheuale-
rie appartient.

Quant gyron entent ces paroles
il dit en soy mesmes quil ne pour-
roit estre a son aduis que ce cheualier ne
fust garny de haulte prouesse qui si haul
tement parle des bõs cheualiers qui vi-
uoient durant le temps du roy Vterpen-
dragõ. Or est il mestier dit il en soy mes
mes quil saiche de son estre sil peult de-
uant q̃ se departe de luy/et pour ce paint

de ce giron la parolle q dist. Sire se dieu
vous doint bonne auanture dictes moy
qui furent les trois cheualiers q armes
porteret au teps du roy Vterpandragon
qui estoient de si bonne cheualerie qlz ne
pouoient estre reprins en faulte de che
ualerie dictes moy les noms des trois
bons Cheualiers pour scauoir se ien ay
ouy parler aucuneffoys. En nom dieu
fait le cheualier ie scez les deux/mais le
tiers ne scez ie mye si come ie croy et es=
toit le meilleur cheualier qui oncqs por
ta armes en la grant Bretaigne depuis
que les chrestiens y vindret ne ie ne voys
ores pas recordant que ie veisse oncques
cestuy/et se ie le vy si ne le congneuz mye
Mais les autres deux scez ie sans doub
tance qui furent moult bons cheualiers
a merueilles. Je scay de vray que entre
les cheualiers errans qui orendroit por
tent armes ne pourroit on trouuer vng
si preudhomme comme estoit le pire de
ces deux/ie les scez petis. Et pource ay
ie mainteffois dit a ceulx qui nouuelle
men demandoient q ie ne les scez point
pource que ie les scez si pou. Le premier
qui fut si parfait en Cheualerie si estoit
appelle hector le Brun. Cestuy si ne peust
oncqs en toute sa vie ne en tout son aage
trouuer Cheualier qui contre luy peust
longuement durer. Lautre dapres si fut
appelle galeholt le Brun/et fut son filz/et
fut si bon cheualier en toutes guises que
on ne peust en tout le monde trouuer son
pareil. Et eut cestuy galeholt vng com
paignon qui fut appelle Gyron le cour
toys. Cil fut bon Cheualier sans faille
de haultz faitz et de haultes oeuures.
Mais il ne dura pas grament que nous
ne sceusmes quil deuint non plus que sil
feust boute en terre. Nous ne scauons
se il est encores en vie ou sil est mort. Si
soubdainement le perdismes que apres
luy ne vint nul homme qui de luy nous
sceust a dire ne verite ne mensonge. Cel
luy estoit si bon Cheualier que ie ne scay

orendroit si bon en tout le monde. Et nō
pourtant si nestoit il mye si preudhōme
des armes que son compaignon ne soit
encores plus. Or voꝰ ay ie icy sans fail
le nommez telz trois cheualiers q furent
du tout si preudhommes que on ne pour
roit orendroit trouuer en tout le monde
vng si bon cheualier cōe furēt ces trois.

Certes fait gyron vous dictes
moult bien verite des deux pre
miers/mais du tiers se vous
en dictes moult moins vous ferez raison
Car il nestoit mye si bon cheualier com
me estoient les deux autres/et orendroit
en trouueroit on aucun meilleur q ceulx
nestoient. Pourquoy ie dys que vous en
dictes trop. A ceste parolle respondit le
cheualier et dist. Hassal vous dictes cef
te parolle po[ur] gyron. Pour gyron lay ie
dicte vrayement. En nom dieu dist le
cheualier de gyron ne pouez vous dire
que il ne fut trop bon cheualier. Si faiz
dist gyron/car en luy peust on ia trouuer
aucuneffoys deffaillance de cheualerie.
et en cestuy ou on pourroit trouuer faul
te nul ne deueroit tenir pour cheualier
ne iuger a parfait. Pourquoy ie dys que
vous nen deuez faire nul parlement du
monde si grant comme vous auez fait.
Quant le cheualier entend ceste parolle
il commence a penser. Et quant il a ainsi
si demoure vne grant piece gyron dist
que pensez vous. Certes dist le cheua
lier ie assopes pesant pourquoy ce pour
roit estre que vous allez ainsi durement
blasmant gyron. Car ie ne ouys oncqs
compter que on peust trouuer en luy nul
le deffaulte de cheualerie fors vne faul
te. Mais icelle ne fut pas si grande quil
en deust estre si durement blasme. Tou
tesuoyes donc ce dit gyron mest il auis
que voꝰ trouuez aucune chose pourquoy
nous le doyons blasmer. Or nest il pas
du tout a vostre dit si bon cheualier cō
me voꝰ lassez orendroit disant. Et quāt
vous mesmes q ainsi le louastes au cō

De Gyron le courtois

mencement aue3 trouue certainement vne deffaulte en luy/or vous prie ie par vostre courtoisie que orendroit vous me die3 icelle deffaulte/ car se dieu me doint bonne auanture iay moult grant voulente de louyr. En nom dieu fait le cheualier et ie la vous cōpteray. Et maintenant quil eust dicte ceste parolle si cōmenca son compte en telle maniere come vous pourre3 ouyr orendroit.

Beau sire fait le cheualier il aduint iadis que gyron le bon cheualier sacointa dung autre cheualier qui bien estoit sans doubte vng des beaulx cheualiers que ie veisse onques en tout mon aage et vng des grās et des plus fors. Mais depuis il me fut compte certainement de ceulx qui bien le scauoient quil estoit du tout si couard cheualier et si failly de cueur que en tout ce siecle on ne pouoit trouuer plus mauluais de luy. Et menoit le cheualier en sa compaignie vne damoyselle qui bien estoit sans faille vne des plus belles damoiselles que ie veisse en tout mon aage. Et pource que le cheualier estoit beau & la damoiselle semblablement tous ceulx q̄ les veoiēt les regardoiēt a moult grāt merueilles. Vng iour aduint a cestuy tēps que le roy de northōberlande tenoit vne court grāde et riche/ et en celle court auoit de moult grans gens/ et leans auoit vng cheualier si petit q̄ tout le monde se smerueilloit de le veoir. Et tous le regardoient a merueilles pour la petitesse de luy. Et que en diroyes ie il ny auoit nul qui le prisast si non bien petit. Car il estoit en celle court venu moult pourement/ ne nul de to⁹ ceulx qui illec estoient ne le congnoissoient de riens. Et pource que il estoit si petit et venu si pourement comme ie vous compte nul ne luy vouloit tenir cōpagnie de riens. Quant celle court dont ie vous ay cōpte fut assemblee dessus la riuiere de furne et le roy de northomberlande estoit illec moult richement acompaigne de barōs cheualiers & escuyers A tant est venu en celle court Gyron le courtoys auecques toute sa compaignie. Et toutesuoies la damoyselle qui tant estoit belle oultre mesure venoit auecq̄s luy. Le mauluais cheualier couard & failly de cueur qui durement estoit orgueilleux venoit deuāt arme de toutes armes fors que il auoit oste son heaulme de sa teste. Et estoit en toutes guyses si beau cheualier arme que nul ne le veist adonc pouruen que il cōgneust gens que legierement ne peust croire quil fut moult preudhomme. Et venoit deuant affin que ceulx de la court cuydassent quil feust plus preudhomme que son cōpaignon. Et apres venoit gyron le courtoys. Et puis la dame. Et toutesuoyes la dame estoit auecques gyron pource quil cheuauchoit plus priuement et plus couuertement que nul autre cheualier/ et est la cause pourquoy il ne fut cōgneu a celle court. Mais entre no⁹ en celle assēblee auoit vng iougleur qui le congnoissoit/ et pource quil pensa bien que a Gyron ne plairoit mye que il le feist cōgnoistre a ceulx qui illec estoiēt il se teust & ne dist mot. Mais voiremēt tant dist il oyants to⁹ ceulx de l'assemblee Seigneurs seigneurs conforte3 vous & soye3 lye3 et ioyeux ce saiche3 vous tout certainement q̄ orēdroit poue3 vo⁹ veoir venir le meilleur cheualier du monde. Nous entendismes bien incōtinent que il auoit dicte ceste parolle pour lung des deux cheualiers. Mais no⁹ ne sceusmes duquel il parloit/ et respondit adonc et dist. Ja par moy plus nen scaure3 a ceste foys. Et de tant comme ie vous en ay dit ie men repens/ car iay paour et doubtance que mal ne men soit encores fait.

Et pource que nous veismes que le mauluais cheualier venoit deuant qui tāt estoit beau que ce stoit merueilles et vng moult grant debuyt de le veoir. Si cuydasmes certaine ment que ce feust le bon cheualier dont il nous auoit parle/si le receusmes moult honnoreement/et gyron pareillement a la dame auecques luy. Et tout maintenant que le petit cheualier veist q apparceut la dame qui tant estoit belle comme ie vous ay compte il ne feist autre demourance aincois se mist auant tout incontinent et dist oyans nous tous. Lequel de vous deux conduyt ceste dame Et le mauluais cheualier qui le veist si petit eust adonc tant de hardement en luy pource que petit le veoit quil respondit et dist. Sire cheualier ie conduys la dame/pourquoy le demandez vous. En nom dieu fait le petit cheualier puis que vous conduysez la dame or la deffendez encontre moy/car ie la vueil auoir par la coustume du royaulme de logres Comment fait le mauluais Cheualier te veulx tu combatre contre moy pour achoyson de ceste dame et la gaignier par armes. Certainement fait le petit cheualier ouy. Pourquoy ne me combatroyes ie a vous pour gaignier vne si belle dame cōme est ceste que vous conduysez/et feussiez vous encores meilleur cheualier que vous nestes si men mettray ie en auanture comme vous le pourrez veoir appertement.

Quant nous ouysmes ceste emprinse que le petit cheualier faisoit encontre celluy mauluais cheualier qui estoit si bel et si grāt/nous cuidions quil feust le moindre cheualier du monde si nous encōmencasmes tous a gaber. Et disions entre nous que certainement estoit celluy petit Cheualier le plus fol cheualier et le plus chetif qui feust au monde/qui pour achoyson dune dame se prenoit au meilleur Cheualier du monde si nous encōmencasmes tous a gaber. Que vous diroyes ie pource que le mauluais cheualier veoit que le petit cheualier qui de combatre lappelloit estoit ainsi comme vng nayn quant a peti

tesse prīst il en soy hardement disant en soy mesmes que en si petite stature dhōme ne pouoit pas gesir grant force. Et pource se mist il en ceste auanture. Et alors le petit cheualier demanda ses armes. Et on les lui apporta erramment Et il se feist armer incōtinent. Et quāt il fut arme il mōta a cheual. Et le mauuais Cheualier estoit ia de lautre part prest q appareille de la bataille et de deffendre sa dame cōtre tel naintre. Quāt le fait fut a ce venu quil ny auoit plus q de laisser courre lung encontre lautre si hurterent cheuaulx des esperons et sentreuindrent adonc les glaiues baissez et aduint q le mauluais cheualier fut feru Et tout maintenant q le mauluais cheualier/couard q failly q estoit le pire du monde fut feru du glaiue sans ce quil ne fust touche en chair si neust tant pouoir ne force quil se peust tenir en selle aincois vola a terre tout errāment et geust illec vne grant piece tout ainsi cōme sil feust mort/et il nauoit nul mal du monde A chief de piece vint sur luy le petit cheualier et luy demanda vne autre foys se il auoit plus voulente de deffendre sa dame. Celluy mauluais cheualier respondit et dist que mieulx vouloit il quicter la damoyselle quil se combatist plus or endroit/et ainsi la laissa il du tout. De ceste chose feusmes nous tous esbahiz q celluy fait regardiōs si que nous ne scauions que dire. Et quant le petit cheualier veist que cil si luy quictoit du tout sa damoyselle en telle maniere cōme ie vous cōpte si ne feist autre demourāce aincoys se mist au deuant tout incontinent/et print la dame au frain et dist q lemmeneroit auecques luy puis quil lauoit gaignee et faire le pouoit.

Et quant la dame vit que le petit cheualier lemmenoit en telle maniere elle cōmenca moult tendrement a plourer/et se tourna deuers gyron et luy dist tout en plourant franc cheualier preux et vaillant qui estes certainement tel Cheualier comme ie scay/pour Dieu ayez mercy de moy. Ne me laissez emmener a ce Cheualier qui me emmene en telle guyse come vous voiez. Et gyron si respondit adonc tout maintenant et dist a la damoyselle. Or saichez certainement que de ceste auanture me poyse il assez plus que vous ne cuydez. Mais ce vous faiz ie bien assauoir que pour vous ne pour nulle autre dame ie ne me combatray a ce cheualier qui cy vous a conquise. Mais se il vous vouloit tant faire de Courtoysie que il vous rendist a moy sans bataille ie vous prendroies moult voulentiers. Et lors le petit cheualier respondit et dist. Sire cheualier or saichez que ie ne la rendroyes sans bataille a vous ne a autre. En nom dieu ce dist gyron ie ne men combatray ia a vous tant comme ie viue. En telle maniere comme ie vous compte conquesta le petit cheualier la damoyselle sur le mauluais cheualier et len emmena auecques luy. Et quant ie veiz que ainsi estoit adueuu de celle dame/et que ce petit cheualier lauoit ainsi gaignee au conduit de deux cheualiers ie le tins a la greigneur merueille du monde/si men vins adonc tout droictement au iougleur et luy dys. Pourquoy nous mentistes vous ores si malement. En nom dieu ce dist le iougleur ie ne vous ay pas menty aincois vous dys ie verite. Ribauld de par le dyable dys ie comment estes vous si hardy de mentir deuant nous si appertement comme vous mentez orendroit. Et il me respondit/ie ne mentz mye. Ainsi lay ie crie deuant le roy vterpandragon qui estoit bien le plus puissant home qui soit en la terre des chrestiens. Je dy tout seurement ce que ie dys. Car ie congnois tout certainement que entre vous qui cy estes ne congnoissez mye celluy si comme ie faiz.

En ceste maniere comme ie tenoyes au iougleur parlement tel comme ie le vous ay compte/ le petit cheualier qui la dame auoit conquise sur le mauluais cheualier se partit de nous et en emmena auecques luy la belle damoyselle. Et les cheualiers qui illec estoient et qui auoient veu tout appertement comment gyron estoit venu en la compaignie de la damoyselle et la uoit si legierement quittee disoient a gyron. Haa sire comment vous auez fait grant deffaulte qui en telle maniere souffrez que le petit cheualier si en emmaine si quictement vostre dame. Certes onques mais si grant cheualier comme vous estes ne feist si grant mauluaistie come vous faictes orendroit certainement. Et gyron entendoit tout clerement toutes ces paroles sans respondre a celles ne a autres. Mais quant il eut grant piece attendu il sen partit tout incontinent en la compaignie dung seul escuier tant seulement. Et les cheualiers qui illec estoient et qui eurent veu le poure semblant que gyron auoit fait quant ilz virent quil se partoit de la feste en telle maniere ilz commencerent tous a cryer apres luy. Voyez le mauluais/voiez le mauluais. Car ilz cuydoient que par deffaulte de cueur il eust ainsi laisse en emmener la dame. Et pource cryoient ilz tous apres luy. Il ne les regardoit ne pou ne grant ain-çoys sen alloit auant.

En telle guyse comme ie vous compte se partit Gyron de la court ou ie estoyes/ si vous ay orendroit tout mot a mot compte la greigneur deffaulte de cheualerie que gyron feist oncques en tout son aage a mon esciet Apres ceste parolle respondit Gyron et dist. Comment sire cheualier dictes vous doncques que ce fut trop grant deffaulte Certes fait le cheualier ie dys bien que si bon cheualier comme il estoit le feist il tout a celluy point ainsi comme il le deuoit faire. Et sil leust autrement fait il se feust trop vilainement deshonnore et auile. Et ceulx qui ce regardoient cestuy fait luy attournoyent a trop grant deffaulte et disoient tout plainement quil auoit ainsi quictee la dame par couardise et p deffaulte de cueur/et ie mesmes le cuiday adonc/mais ie viz depuis tout autre chose/et ie le vous compteray tout orendroit. En nom dieu fait giron ie ne vueil pas ouyr de sa cheualerie puis ql feist si grant deffaulte come vous mauez compte que vous teniez oredroit po' le meilleur cheualier du monde. A ce respond le cheualier et dit a gyron. Comment sire cheualier me voulez vous doncques tenir pour mensongier. Certes fait gyron ie ne vous tiens pas pour trop vray disant/car vous deistes au commencement que gyron si estoit le meilleur cheualier du monde/et orendroit men auez compte quil est le pire cheualier du monde. Certes fait le cheualier ung tel compte vo' en ay ie compte sans faille. Mais or vous souffrez sil vo' plaist et ie vous en compteray ung autre et de ceste mesmes maniere/et adonc en pourrez iugier a voftre voulente/et scaurez se on y doit trouver deffaulte ou non. Ie ne vueil ouyr autre compte fait gyron/car ceste deffaulte fut si tresgrande que vous nen pourriez tant dire que ie le prisasse desormais. En nom dieu fait le cheualier par ces paroles que vo' oyez orendroit est il mestier que vous oyez cest autre compte que ie vo' vueil compter de gyron. Sire cheualier fait gyron encores vo' dys ie autre chose que ie ne vueil a ceste foys plus escouter des comptes de vostre bon cheualier Car cestuy pmier compte que vo' mauez ores compte de luy est si durement honteux que iamais nen pourrez dire nul autre compte q beau me semblast. En nom dieu fait le cheualier / et ie vous en compteray ung autre qui vo' plaira tout autremet come cestuy vous a desplen/or escoutez

Je nen vueil point ouyr fait gyron. Mo sire vassal fait le cheualier si me prisez si petit que vous ne voulez mye ouyr mon compte. Or saichez quil est mestier que vous lescoutez/se vous voulez vous lorrez. Et saichez que se vous ne le me laissez compter en telle maniere que ie soies courrousse de vostre escondissement ie le vous compteray donc en telle guyse que il ne sera iour de vostre vie que il ne vous en souuiengne. Or escoutez debonnairement si ferez que saige. Car autrement le vous compteray ie en telle maniere que iamais compte norrez que de cestuy ne vous souuiengne. Et adonc gyron commenca a souzrire moult grandement quant il entendit ceste parolle pour plus courrousser le cheualier que courrousse nestoit et luy dist une autre foys. Comment sire cheualier vous me voulez doncques faire force de ouyr le compte de cestuy recreant cheualier/ couard et failly que vous teniez oredroit a si preudhomme. Bien congnois maintenant pourquoy vo' le faictes/ cest pour ce que vous mesmes vous tenez reprins et vergongneux de ce que vo' men auez compte au premier autre chose. Vous auez orendroit par auanture une fable trouuee que vo' me voulez compter po' verite pour couurir la vergongne de vostre bon cheualier. Or le comptez en autre lieu/car certes ie ne le veulx mye ouyr. Et lors le cheualier se courrousse moult durement quant il entend ceste parolle et dit. Coment sire cheualier me tenez vous pour gabeur. Or saichez certainement que gabeur ne suis ie mye/ aincois suis bon cheualier non mye mensongier mais vray disant. Et pource diray ie cestuy compte pour faire congnoistre que vous ne deueriez trouuer deffaulte de cestuy fait que gyron feist. Se vo' voulez ouyr mon compte ie le vous diray tout courtoysement/et si non ie le vo' diray en telle guise tout courtoisement q ouyr

De Gyron le courtois

ne le vouldriez. Or saichez que ie ne vous en faiz mye telle force fors pource que ie vous vueil monstrer et faire scauoir que on blasmoit pour neant gyron de cestuy fait. Sire cheualier fait Gyron se dieu me doint bonne aunture ie ne vueil ouyr cestuy compte pource quil est de gyron mesmement. Comment dyable fait le cheualier vous me prisez petit quant ma parole vous ne daignez ouyr. Par saincte croix vous nestes mye orendroit trop saige Et croy bien que de vostre folie ie vous feray repentir plus tost que vous ne cuidez Lors se dressa en son estant et print son escu et sen alla tout droit a Gyron. Et quant gyron le veist venir deuers luy il commenca a soubzryre assez plus quil na uoit pieca fait. Comment fait le cheualier vous allez vous de moy ryant. Par saincte croix ie cuyde et croy que ce rys tournera en pleur et tout orendroit/et orrez a ces tuy point tout autre chose que compter ne vous vouloyes/et le vous feray chierement achapter se ie puis.

Quant Gyron voit le cheualier venir vers luy en telle maniere lespee en la main toute nue il sault moult vistement comme cestuy qui estoit moult legier et prent son espee et son escu tout ainsi comme cestuy auoit fait et se tyre vng pou arriere/et toutesvoyes il ryoit. Et adonc le cheualier luy dist que cestoit en despit de luy. Et qui seroit ce qui ne ryroit fait Gyron quant vous me allez fol appellant et ie voys que vous estes si durement saige/et que vous me voulez assaillir pource que ie ne veulx voz comptes ouyr. En nom dieu fait le cheualier ie ne vous assaulx fors pource que vous vous mocquez de moy Et pour ceste achoyson fait gyron si vous voulez combatre encontre moy. Voire certes fait le cheualier. En nom dieu fait gyron se vous auez si grant voulente de bataille comme vous en faictes le semblant a vng autre vous combatez.

Et pourquoy reffusez vous fait le cheualier ceste bataille. Certes pource dist gyron que il nen est orendroit ne temps ne lieu. Ne voyez vous orendroit tout appertement que la nuyt est venue et fait si obscur et si noir que a paine me pouez vous veoir ne moy vous/parquoy ie ne vueil mye de ceste bataille. En nom dieu fait le cheualier donc est il mestier que vous oyez cestuy compte de gyron. Sire cheualier fait gyron ce vous ottroieray ie tout auant que ie me combate a vous voirement de tant vous prie ie que vous ne me faillez pas du couenant que vous mauez promis. Que vous ay ie doncques promys fait le cheualier. Vous mauez au iourdhuy promys au commencement de vostre parolle que se iauoyes hardement de vous suyure vous me monstreriez demain vng fait assez fort et perilleux ou vous vous mettriez pour la dame que tant vous aymez. Et se vous de cestuy conuenant ne me faillez ie suis tout appareille de ouyr tout plainement vostre compte de gyron et de faire vostre voulente a ceste fois tout oultreement. A tant respond le cheualier et dit. Sire cheualier ie vous fauldray de conuenant Mais de ce que vous orrez a ceste foys mon compte/et tout a ma voulente ie ne vous en mercy mye moult aincoie en mercye du tout mon espee qui vous a fait a ceste foys vng pou de paour. Elle ma tant fait de vous congnoistre a ceste fois que dieu mercy vous nestes mye vng des meilleurs cheualiers du monde. Certes sire cheualier fait gyron vous dictes verite et ie le recongnois. Mais aincois que vous comptez ne que commenciez vostre compte ie vous prie que me dyez se dieu vous doint bonne auanture/se gyron estoit orendroit deuant vous ainsi come ie suis cuidez vous quil eust aussi grant paour de vostre espee come iay eu a ceste foys. Adonc le cheualier commenca a ryre moult forment quant il entendit ces te parolle et respondit moult fierement. Quest ce que vous auez dit/de tant plus que ie voys a vous parlant de tant plus vous trouuay ie fol. Que dyable auez vous empense qui telles parolles auez dictes. Ainsi maist dieu vrayement que se gyron estoit orendroit deuāt moy ainsi comme vous estes/et il feust du tout desarme si nauroit il mye paour de moy mais ie auroyes plus grant paour de luy. Sire cheualier fait giron tant auez dit que ie congnois a cestuy point tout certainement que vous nestes se dieu me doint bonne auanture gramment plus hardy ne que ie suis/aincoys estes bien autant couard cōme ie suis. Plus couard ne pourroit nul estre que cestuy qui seroit arme et auroit paour et doubtance dung Cheualier tout desarme. Par dieu vous mauez fait assauoir a ceste foys partie de vostre grāt hardement

De ceste parolle se courrouffa moult fort le cheualier et dist Comment sire mauez vous appelle couard/par dieu mal voº eschappa de la bouche. Et lors approucha le cheualier plus pres de giron lespee droicte contremont. Et quant gyron le veist ainsi venir il luy dist. Haa sire vous me faillez de conuenant. Vous deuiez commencer a compter la belle auanture de Gyron/et orendroit venez dessus moy lespee droicte contremont et toute nue. Pour dieu beau sire ne soyez tant courrousse enuers moy. Comment sire fait le cheualier vous mauez appelle couard Ne plaise a dieu fait gyron. Et se ie le dys ie dys grant folie/car ie voys tout orendroit que vous estes hardy/et trop plus assez que ie ne voulsisse. Pour dieu laissez vostre bataille et encōmencez vostre compte/car ie le desire moult a ouyr. Benoist soit dieu fait le Cheualier que vous estes orendroit si desirant douyr mon compte que vous ne vouliez orendroit ouyr/entendre/ne escouter. Grant hardement le vous fait faire. En nom dieu fait gyron lespee que ie voys venir vers moy si psentement met mon cueur en espouentement et en trop grant doubtance. Et pource ie vueil desormais du tout faire a vostre voulente. Or demeure huymais vostre guerre et encommencez vostre compte que vous mauez orendroit et depieca promys/et gardez bien quil soit plus beau poº gyron que ne fut cestuy que vous me complastes. Or cōmencez/car ie vous dys que ie congnoistray bien se vous direz vray ou non. Sire vassal fait le cheualerie quel dyable est ce/or voys ie bien que nous sommes a recommencer. Vous nestes mye cheualier/mais dyable proprement. Quant vous voulez que ie vous croyes fait gyronet ie vous croiray a ceste fois Or dictes tout quanque il vous plaira. Or nous seons doncques ensemble fait le cheualier. Ce me plaist moult fait gyron. Adonc se assiēnt tout maintenant et remettent leurs espees en leurs fourreaulx. Et lors le cheualier encōmenca son compte en telle maniere cōme ie voº diray. Sire fait le cheualier a gyron vous auez bien ouy et entendu cōment gyron souffrit que la dame quil auoit en conduyt fut deuant luy emmenee. En nom dieu fait Gyron ie lay ouy voirement/ mais ie ne lentendy mye bien/car ie pensoyes a autre chose. Pourquoy ie vous dys que vous commencez a dire autre chose q̄ verite. Voirement fait le cheualier or ay ie trouue beste en lieu de cheualier. Sire cheualier fait Gyron chascun nest pas si bon cheualier ne de si bon entendement/ne de si bonne raison comme vous estes. Vous estes vng homme saige et ie suis vng fol p auanture/pour quoy ie ne puis pas si bien entendre vne raison ne vng compte comme vous faictes. Et pource ne men deuez vous pas blasmer se ie nentendy bien vostre cōpte Parquoy ie me doubte q̄ cestuy mesmes

De Gyron le courtoys

que vous voulez ordroit compter ie ne puisse mye tresbien entendre. En nom dieu fait le chevalier se vous estiez plus dur q̃ vne beste dure et de plus rude sens assez si le vous cõpteray ie si bien et tout mot a mot q̃ vous lentendrez sans faille Se ieusse semblable sens fait gyron cõme vous auez iamais a iour de vostre vie ne me feriez entendre cõpte se ce nestoit par miracle ou par enchantement. A ce mot deistes vous trop ce dist il. Sire fait le chevalier se dieu me doint bonne auãture vous estes tout droictement le plus envieux chevalier ou le plus fol de tout le monde. fol estes vous appertement quant vous oyez et si nentendez / car de chascune parolle que ie dys vous me voulez reprendre. Or escoutez se il vous plaist ce compte. Sachez que ie le vous compteray ainsi comme ie le vous promys. Et quant il eut dicte ceste parolle si cõmenca son compte en telle maniere.

Apres que la dame se fut partie de la riche court au roy de Norhomberlande ainsi comme ie vous ay compte et elle sen fut allee apres le petit chevalier plourant et doulousant / et faisant le greigneur duel du monde / gyron qui encores estoit emmy la court entẽdit tout clerement que chascun la loit gabant de cestuy fait / quant il vit que la dame sestoit assez esloingnee de nous si se mist a la voye tout errant apres / et ie qui oublier ne pouoyes la parolle que le iougleur auoit dicte par deux foys si dys a moymesmes que mestier estoit que ie veisse la fin de cestuy fait. Et ie me mis tout incõtinent a la voye apres luy sans ce que ie ne peusse iamais croire que ce feust Gyron pour le poure semblant que iauoies trouue en luy. Et quen diroyes ie / puis que ie me suz mis a la voye apres luy ie me hastay tant de chevaucher que ie lattaignys a lentree de la forest / et tantost le saluay et il me rendit mon salut. Mais il auoit toutesuoyes son heaulme environ sa teste. La ou nous cheuauchions en telle maniere comme ie vous compte entre nous deux ensemble / et nous auions encommence a parler de la dame / nous ouysmes vne moult grãt noyse deuant nous. Et cestoit le sire de lestroicte marche qui cheuauchoit tout le grãt chemin de la forest et menoit en sa compaignie de ses cheualiers iusques a trente. Et auoit a cestuy point encontre le petit cheualier et la dame auecques luy qui toutesuoyes sen alloit plourant. Et pource q̃l auoit veue la dame si belle de toutes facons que cestoit vne merueille de regarder sa beaulte lauoit il faicte tollir au petit Cheualier non mye tollir en telle maniere que la coustume du royaulme de logres ny eust este bien gardee. Car lung des cheualiers de celle compaignie auoit prinse la dame au frain tout premierement. Et pource q̃ le petit cheualier dist que cestuy ne semmeneroit mye et que bien la deffendroit encontre luy iousterent ilz ensemble tout erramment. Mais de celle iouste aduint en telle maniere que le petit cheualier fut mys a terre vilainement / pource estoit bien la dame a cestui point entre les mains au seigneur de lestroicte marche / et le petit Cheualier estoit remonte et estoit emmy le champ tout a cheual / et faisoit vne noise moult grande et moult merueilleuse. Car il disoit a soy mesmes quil se vouloit encores combatre encontre le cheualier q̃ lauoit abatu. A cestuy point que le petit cheualier faisoit si grant noyse comme ie vous compte et quil se vouloit cõbatre encontre le cheualier qui lauoit abatu les cheualiers qui illec estoient ne se faisoient sinon gaber de luy. Et nous q̃ apres cheuauchions arriuasmes adonc entre eulx Et tout maintenant que nous veismes le petit cheualier no⁹ congneusmes tout certainement quil auoit este abatu par le heaulme de la teste qui estoit encores tout pouldreux de cheoir a terre.

Quant gyron vit que le petit cheualier auoit la dame perdue et que elle sen alloit entre autres mains il se tourna deuers moy et me dist Sire cheualier or voy ie ce q ie desiroies bien saichez q tant come la dame feusses mains de ce petit cheualier ie ne len deliurasse mye/ car a cestuy ie ne me cōbatroyes en nulle maniere du monde/car ma honte ne pourroyes ie mieulx pourchasser q moy prendre a tel home. Apres cestuy parlement ne feist gyron autre demourance et sen alla droictement a la dame et luy dist. Je vo9 prens/et dicy vous en emmeneray qlque part que vo9 aymerez mieulx. Lautre cheualier qui le petit cheualier auoit abbatu se mist auant et dist a gyron. Sire cheualier laissez la dame et vous en allez se vo9 estes saige/car ie vo9 prometz loyaulment q ceste dame vous ne pourrez auoir en nulle maniere du monde. Pourquoy fait gyron estes vous orēdroit si seur de vostre prouesse quil vo9 soit auis que ie ne la pourroyes gaigner sur vous par force darmes. Je scay de vray fait le cheualier qlle ne vo9 pourroit demourer/car se vo9 lauiez conquise orendroit si viendroit il tout maintenant vng autre cheualier de ceulx que cy vo9 voyez q sur vous la vouldroit conquerre. Et se vo9 sur le second la pouiez cōquerre si reuiendroit le tiers tout incōtinent. Et en ceste maniere couiendroit il que vous menissiez a oultrance to9 ces trente cheualiers auant q la dame vous peust demourer. Et ce ne pourroit faire en vng iour le corps dung seul cheualier ce scauez vo9 bien. Pourquoy ie vo9 loue toyes endroit conseil que vo9 laississiez ceste entreprinse. Car se vous y voulez mettre vostre corps en auanture saichez que vo9 ne vous en pourrez repētir sans deshonneur et sans dommaige receuoir de vostre corps et honte.

Et quant le cheualier qui la dame auoit cōquise sur le petit cheualier eut sa raison finee en telle maniere come ie vous ay cōpte gyron respondit errāment. Sire or sachiez que ie vueil la dame auoir tōment quil men doye aduenir. Gardez vo9 de moy desormais. Et encores vo9 dys ie vne autre foys que vo9 ne croirez pas lauāture deuant ce que vous la verrez aduenir. Or saichez que ie me combatroyes auant a vous et a to9 les cheualiers qui icy sont que elle vous demourast. Ne ie ne croy mye quelle vous peust demourer pour tout le pouoir de voz trente cheualiers Assez auōs parlemēte q dit. Desormais gardez vo9 de moy se vous le pouez faire Quant ientendys ceste parolle que gyron auoit dicte ie fuz tout esbahy/et comencay lors orendroit a croire que il ne pouoit estre que il ne feust cheualier de moult haulte prouesse et de moult grant de renommee qui si haultement auoit parle/si le prisay adoncqs moult en mon cueur plus que ie nauoyes fait deuant Et puis apres que gyron si eut parle au cheualier en telle maniere come ie vous ay compte il ne feist autre demourance aincoys laissa tout incontinent courre sur le cheualier et le ferit si durement en son venir que pour lescu ne pour le haulbert ne demoura mye que il ne locist du premier coup. Et quant gyron vit quil lauoit abatu et quil ne se mouuoit point de la place il sen alla a la dame et luy dist Dame il mest auis que ie vous ay conquise/et pource ie vo9 prie et requier que vous vous en reuiengniez auecqs moy

Et la dame qui de ceste auanture estoit fort ioyeuse sen alloit moult voulentiers auec gyron mais il saillit vng autre cheualier q dist a gyron quil se trauailloit pour neant et que emmener ne la pouoit. Et quãt gyron entendit ceste parolle il ne fist autre demourãce aincois laissa courre dessus le cheualier le glaiue baisse. Et tout ainsi cõme il auoit feru mortellement le premier cheualier tout ainsi ferit il le secõd Et apres ce second faillit le tiers sur gyron/et gyron sans faille labatit mais il ne locsist mye. Et puis apres ce tiers reuint le quart pour la dame rescourre. Et tout ce faisoit faire le seigneur de lestroicte marche qui en nulle maniere ne vouloit la dame rendre/car il la vouloit auoir pour luy/car elle luy plaisoit moult pour la grãt beaulte dont elle estoit garnye. Quant le bon cheualier dont ie vous compte eut abatu le premier Cheualier le second/le tiers et le quart/et il vit que apres le quart venoit vng autre cheualier vng pou arriere si secretement il dist au cheualier q̃ sur luy venoit. Cõment me conuient il donc a certes combatre a vous tous les vngs apres les autres se ie veulx que ceste dame me demeure. Certes ouy dist le cheualier/autrement ne vous peut estre demourer. Or saichez dist gyron que iayme mieulx me combatre a vous tous ensemble que lung apres lautre. Et incontinent quil eut dicte ceste parolle il laissa courre sur le cinqesme cheualier/et le ferit si roydement en son venir quil porta tout en vng mont a luy et le cheual a terre. Quant il en eut abatu cinq en telle maniere comme ie vous ay compte il ne feist autre demourance aincois mist la main a lespee/car il auoit brise son glaiue dessus le cinquiesme cheualier. Puis que il tint adonc lespee nue il ne feist pas lors semblant que il feust couard ne failly/ains laissa courre tout maintenant le frain habandonne celle part ou il vit que lassemblee estoit. Et luy aduint adonc si bien que tout le premier cheualier q̃l encontra en celle presse ce fut le seigneur de lestroicte marche et le ferit si roydement en son venir dessus

son beaulme que assez petit sen faillut q̃l ne locsist de celluy coup. Et q̃ en diroies ie le seigneur de lestroicte marche neust tant de pouoir ne tant de force que il se peust tenir en selle/ains volla a terre incontinent. Car moult durement auoit este chargie de celluy coup que gyron lui auoit donne si grant. Et quant il fut en telle maniere abatu comme ie vous ay compte/gyron q̃ moult petit prisoit tout quanque il auoit encores fait et q̃ se mettoit a deshonneur trop malement se il neust mys a desconfiture tous ceulx qui illecques estoient et qui luy vouloient la dame contredire/si se mist tout maintenant entre les autres la ou il veist toute la greigneur presse. Il estoit moult grãt cheualier de corps et moult fort si commenca adonc a donner a celluy point a dextre et a senestre si estranges coups et si grans quil nattaignoit cheualier quil ne portast a terre. Et pourquoy feroies ie de ce long parlement/tant feist gyron a celluy point par la haulte prouesse dõt il estoit garny que tous les cheualiers au seigneur de lestroicte marche dont il y en auoit trente/et le seigneur mesmes il mist a desconfiture si que ilz vyderent trestous le champ et luy demoura la dame en telle maniere que ceulx lachapterent adonc si chierement que ilz y laisserent en la place de leurs cõpaignons iusques a sept tous mors/ et luy laisserent la dame.

Quant gyron eut faicte ceste desconfiture en telle guise cõme ie vous ay cõpte/q̃ il eut la dame recouuree de si fort point cõme ie vous ay dit/ie q̃ tout le fait auoyes veu des le cõmencement iusq̃s en la fin fuz de ceste chose si esbahy que ie ne scauoyes que ie deuoyes faire. Car encores nauoyes ie veu a celluy point nul cheualier si haultement seprouuer en vne telle besongne comme estoit celle. Et quant ie veiz que ceulx estoient tournez a desconfiture ie cuiday certainemēt en moy mesmes que cescluy qui desconfit les auoit feust trauaille oultre mesure/ pource men allay ie a luy luy dys. Sire cheualier se dieu vous doint bonne auanture comment vous sentez vous. Et cōment me doys ie sentir dist Gyron ie nay nul mal ne nulles blesseures la dieu mercys. Se ie suis ung pou trauaille ce nest mye trop grant merueille/car ie ay fait ce que iay peu faire. Et quant ie entendis ceste parolle ie cuidoyes tout certainement que le cheualier feust moult durement trauaille dont il me vint ung fol penser et me tins puis a fol et a desbarette/et men retournay vilainement/et vous diray en quelle maniere. Pource que le cheualier mauoit compte quil estoit las trauaille de ce fait ie cuiday quil feust tant trauaille qͣl ne peust plus aller enauant. Le bon cheualier estoit descēdu dessoubz vng arbre pour soy reposer aucun pou toutesuoyes iestoyes deuant luy tout arme et monte sur mon cheual/et adonc cōmencay a regarder la dame qui tant estoit belle en toutes guyses que cestoit vng droit deduyt de la veoir. Et pour la grant beaulte qlle auoit dys ie a moy mesmes que ie me vouloyes mettre en auanture de la tollir au cheualier/car il mestoit bien auis quil estoit si trauaille quil ne se eust peu aider a celluy point ne soy deffendre encōtre moy. Et quant ie euz grāt piece pense a ceste chose ie die au bon cheualier. Je vous vouldroyes prier par courtoysie que vous me donnissiez ceste dame. Et sachez que se vōne la me voulez donner debōnairement ie feray tant que ie lauray par force/car auant me combatray ie a vous que elle ne me demeure.

Quant le bon cheualier entēdit ceste parolle il dressa la teste en grāment et cōmenca a soubzryre/et tout en soubzryant me dist. Haa si tres cheualier deceu estes. Or scay ie bien

certainement dont ce hardement vous est venu. Vous cuydez en verite que ie soyes si trauaille q ie ne me puisse doresenauant plus ayder/mais saichez que ie ne le suis mye. Je qui estoies entre en celluy point en la folie trop malement dys vne autre foys que la dame ie vouloyes auoir comment quil men deust mesaduenir. Et quant gyron vit quil ne pouoit durer a moy sans deffendre la dame il monta sur son cheual et print son escu et son glaiue. Et quant il fut garny de ses armes il me dist adonc tout plainement Damp cheualier or saichez tout certainement que ie ne suis pas encores si trauaille comme vous cuydez. Apres celluy parlement laissasmes nous courre tout maintenant lung contre lautre/mais de tant fut la honte myenne a celluy iour. Car celluy bon cheualier me abatit a la terre si durement quil me fut droictement auis que le chaignon du col me fut rompu. Et quant le petit cheualier vit les grans merueilles que Gyron auoit faictes il dist adonc. Certes sire cheualier tant auez fait a ceste foys que ie congnois clerement q ne laissiez pas p couardise a deffendre encontre moy ceste dame en la court du roy de norhōberlande/ains le laissastes pour la tresgrant haultesse de vostre cueur q ne se daignoit abaisser a si poure chose cōme ie suis. Desormais ie vo⁹ quicte du tout la dame/car certes vo⁹ la deuez mieulx auoir q nul.

Apres que le petit Cheualier seut dicte ceste parolle au bon cheualier/gyron ny feist nulle demourance aincois sen alla tout incontinent a tout la dame quil auoit conquise a ceste heure si que ie ne le vy puis grāment que ie saiche. Or vous ay ie fine mon cōpte tout oultreement/car ie vous ay orendroit bien deuise tout mot a mot ce que compter vous vouloyes/si pouez maintenāt dire tout seurement q ceulx qui donnerent blasme a gyron pour cau se quil nauoit voulu deffendre la dame encōtre le petit cheualier quilz le blasmerent pour neant/car il eut fait son deshōneur trop malement se il se feust cōbatu encontre luy. Et quant il eut dicte ceste parolle il se teust ⁊ fina son cōpte en ceste guyse. Et quant il eut fine son compte gyron qui tout cestuy compte a entendu congnoist tout clerement que cest messire lac le bon cheualier qui deuant luy est Car puis quil a mys a fin son compte et son auanture ainsi comme ie vous ay deuise il a bien cōgneu ⁊ aprins sans doubtance que cest messire lac que il a abatu au derrenier. Et quant il va orendroit recordant et recongnoissant que cestuy est sans doubte vng des cheualiers du monde que plus il prise de cheualerie il se tient a bien paye de ce que auanture la amene auecques luy en telle maniere. Et quāt gyron a assez pense a ceste chose il dit a messire lac que cest il voirement Sire cheualier fait gyron or saichez certainement ⁊ sans doubte q̄ cestuy cōpte ay ie orendroit moult mieulx entendu q̄ ie nentendis lautre. Et certes il aduint ainsi a gyron comme vous auez dit orendroit. Ie dys bien que ce fut assez belle auanture et non mye du tout si belle que autres cheualiers nen ayēt faictes assez de plus belles que la ne fut fait. Mais or me dictes se dieu vous doint bonne auanture ou me deuez vous demain mener auec vous. Cuidez vous a vostre escient que elle puisse estre si doubtable come celle que vous mauez comptee orendroit. En nom dieu fait messire lac/ ce ne scay ie mye deuant que ie soye le fait ie ne vous en scauroyes a dire nulle certainete/veoir le pourrez se vous voulez venir en ma compaignie bien matin.

Damp cheualier se dieu me sault fait gyron or saichez certainement pource q̄ iay veu au iourdhuy que tant de foys vous estes venu sur moy lespee traicte pource veulx ie demain veoir la prouesse de vous. Et saichez que le fait pourra bien estre tel que ie seroyes plus tost contre vous que en vostre ayde. Et alloit ia bien pensant a soy mesmes que cestoit sans doubte pour la noble dame de malohault quil auoit fait ceste cōplainte toute ceste nuyt. Et quant ilz eurēt parle ensemble vne grāt piece messire lac qui toute la nuyt auoit veille/et aussi pource que sa complainte ne pouoit faire sicōme il faisoit deuant il dist a gyron. Sire cheualier no⁹ auōs tant veille ceste nuyt que desormais il seroit bien temps de dormir sil vous plaisoit. Et quant il eut dicte ceste parolle il senclina dessoubz vng arbre / et gyron sendormit de lautre part q̄ estoit moult trauaille assez plus quil ne luy feust mestier/car il auoit tant souffert et receu de coups et dungs ⁊ dautres q̄l nauoit mēbre qui ne sen doulust moult durement. En telle maniere comme ie vous cōpte sendormirent les deux cheualiers lung de lez lautre. Et dormirent eulx deux ainsi iusques vers le iour. Au point du iour tout droictement si tresmatin qua paine pouoit on le iour apparceuoir sesueilla messire lac tout premierement et dist a gyron. Esueillez vous sire cheualier et leuez sus se vo⁹ voulez venir auec moy cy ne nous cōuient plus demourer car ie vueil cheuauchier au matin. Gyron si seueilla a ces parolles et prīt ses armes ⁊ se arma au plus vistement quil peust/et puis alla querant son cheual tāt quil le trouua. Et quant il leust trouue il lappareilla au mieulx quil peust ⁊ puis monta dessus. Et quant il fut garny de toutes ses armes il dist a messire lac. Sire cheualier or pouons nous cheuaucher quāt il vous plaira/ car de ma part ie suis tout appareillie daller. Et moy aussi fait messire lac.

¶ Comment messire lac desconfit les .xxvj. cheualiers q̄ conduisoiēt la dame de malohault.

Tant se mettent a la voye tout errament q̄ messire lac qui la forest scauoit moult bien icelluy soir en perdit la recongnoissance po² la nuyt qui estoit moult obscure et toutesuoyes cheuauchoit deuant. Et en celle maniere cheuaucherent tant que le soleil se apparut tout cler/et sen alloient toutesuoies au trauers de la forest/car ilz ne tenoiēt point de chemin. Et cheuaucherent tāt en celle maniere tous pensans q̄ lung ne disoit mot a lautre si que ilz vindrent au grant chemin qui sen alloit deuers malohault. Et lors messire lac se arresta tout incontinent et cōmenca a regarder la voye. Et pource q̄l ne la trouua pas grammēt batue de cheuaulx il dist a soy mesmes que encores nestoit pas passee la belle dame de malohault. Et po² ceste cause la vouloit il illecq̄s attendre. Et tant y demoura que elle y vint.

Quant gyron le veist penser en telle maniere q̄ arrester emmy le chemin si ne se peust tenir q̄l ne luy dist. Sire cheualier pourquoy estes vous si pensif q̄ pourquoy vous arrestez vo⁹ emmy le chemin de ceste voye. En nom dieu sire cheualier fait messire lac de ces deux choses que vous me demandez ne vous en diray ne lune ne lautre. Car ie ne vous diroyes ce q̄ ie pense ne ce pourquoy ie suis arreste pour attēdre ce que ie voys querant/ne dicy ne me mouueray deuant que ie la voye venir. Or pouez cy demourer sil vous plaist auecques moy. Car saichez que ie ne me vueil pas remuer dicy deuant que ie voye ce que ie voys querant. Et lors gyron dist a soy mesmes quil congnoist orendroit que messire lac va querant sans faille la belle dame de malohault/et q̄l se tenoit a moult bienheureux de ce que auanture lauoit aporte a ceste fois auecques luy. Car il scauoit certainement q̄

messire lac estoit si grādement preudhōme que to⁹ les cheualiers qui a ceste fois conduysoient la tresbelle dame de malohault ne la pourroient encontre luy deffendre se ilz nestoient plus de trente. Et dautre part il se tient moult ioyeux de ce que auāture la apporte a cestuy point en sa cōpaignie. Car il luy est bien auis que il est si preudhomme des armes que encontre messire lac il deffendra bien la dame se auanture ne luy est moult durement contraire a ceste foys.

Ainsi se sont arrestez emmy le chemin les deux bons cheualiers/et gyron pense de lautre part q̄ messire lac pareillemēt. Et quāt ilz eurēt en celle matinee pense vne grāt piece gyron commenca a parler et dist a messire lac. Sire Cheualier ie me suis mys en vostre compaignie mais vous scauez bien par quel couenant. Je ne me suis pas mys en vostre compaignie po² cause que ie vous doyes aider se mestier vous en aduient/ains vous dys bien tout plainement que ie vous seray contraire de tout mon pouoir. Pourquoy ie ne vueil mye que vous par seurete de moy entreprengniez nul grant fait de cheualerie/car ie vous dys bien que ie vous nuyray plus que ie ne vous ayderay. Et messire lac qui adonc moult entuys cuydast que ce feust Gyron le courtoys le tresbon cheualier qui a luy parlast en telle maniere respondit tantost a cestuy point et dist. Sire cheualier or saichez tout certainement que pour esperance de laide de vostre corps ne vins ie pas en ceste place/quant le besoing sera venu tel cōme il aduiendra assez tost sicomme ie croy adōc faictes en tout autrement vostre voulente. Ou de ayder ou de nuyre/car desormais ne vous en pourroyes ie blasmer ne reprendre puis que vo⁹ mauez asseure en telle maniere.

f iiij

De Gyron le courtois

Tout a cestuy point que les deux bons cheualiers parloient ensemble atant sont venuz vers eulx six Escuyers qui sen alloient tout droictement vers maloanc ou malhault Et gyron qui dedans malohault les auoit ia plusieurs foys veuz/tout maintenant que il les veist venir vers eulx si les recongneut/mais il ne feist nul semblant de les recongnoistre en riens. Et messire lac des que il les veist venir et approucher il les salua et ilz luy rendirent son salut moult courtoysement et debonnairement. Seigneurs varletz fait messire lac a qui estes vous. Et ilz respondirent. Sire nous sommes a la tresnoble dame de maloanc. Certes fait messire lac De ce vous pouez vous bien priser/car vous pouez dire seurement que vous estes a la plus vaillant dame du monde et a la plus belle. Mais quelles nouuelles me apportez vous delle. Sire dient les escuyers nous ne scauons autres nouuelles fors que ma dame vient par cy a tout moult belle copaignie. Seigneurs varletz fait messire lac qui conduyt maine la dame auecques elle/et quantz cheualiers luy tiennent copaignie a ceste fois en ce chemin. A ceste parolle respod lung des six varletz et dit. Sire or saichez tout certainement que ma dame si vient acompaignee de dames et damoyselles et de cheualiers si noblement comme il appartient a si haulte dame et si noble comme elle est. Car tout vraiement elle ne maine en sa compaignie ne dame ne damoyselle qui ne soit gentil dame et de grant lignaige et de haulte renomee Et de celles dames maine elle bien iusques a soixante. Et de cheualiers de lignaige assez qui sont moult preudhommes et de hault affaire. De ceulx maine elle bien iusques a xxvj. Ainsi comme ie vous ay compte bien orendroit ma dame par cy. Et quant il eut dicte ceste parolle il sen alla oultre et ses copaignons pareillement. Quant ilz se furent mys a la voye messire lac si commenca a penser moult durement la teste enclinee vers terre/car il cognoissoit bien orendroit en soy mesmes que cestuy fait lequel il vouloit entreprendre estoit durement perilleux/car il sen vouloit orendroit retraire Mais amours qui au cueur le poingnoit/ et qui maintes grandes folies aucunesfois luy auoit fait encomencer lesmeust adonc a encomencer cestuy fait. Amours luy dit nayes paour/mais comence hardyement/car tu vaincras. Ilz nauront ia a toy duree/plus feiz tu quant tu tollis a vterpandragon celle que tu tiens en ta compaignie. Or nayes doubtance/car tu vaincras vrayement.

Là ou il pensoit en telle maniere a ce fait quil vouloit entreprendre giron qui gros cueur auoit enuers luy pour la belle et noble dame de malohault quil ayme de tout son cueur luy dist. Haa sire Cheualier par ces nouuelles que iay cy entendues scay ie orendroit tout certainement quel est le peril que vous voulez orendroit entreprendre. Or saichez que de cestuy fait ne vous partirez vous ia sans vergongne De ce vous asseuray ie bien/car se vous lauiez conquise par force darmes sur tous ceulx qui la conduysent orendroit si la vous touldroies ie apres. Non feriez dist messire lac/car ie feroyes tout autant de vous come feist le tresbon cheualier gyron de moy puis que il eut mene a oultrance le seigneur de lestroicte marche et sa compaignie. Sire Cheualier fait Gyron ie croy que vostre entreprinse tournera a domaige dessus vous. Or saichez tout certainement que ma dame de maloanne vous peut demourer. Oncquesmais iour de vostre vie sicome ie croy vous nentreprinstes ung fait dont vous vinssiez a si honteuse fin come vous ferez de cestuy Et messire lac si ne respond riens de parolle que gyron luy voyse disant/car il cuyde tout certainement q̃ ce soit aucun poure cheualier de poure contenement et de poure fait / mais toutesuoyes au derrenier quant il leut tant escoute quil nen peust plus il luy dist ainsi cõme par gaboys. Sire cõpaings ie scay de vray puis que iauray ma dame conquise par force darmes que vous la me touldrez apres. En nom dieu fait gyron ce feray ie / si ny auray pas apres moult grãt hõneur. Car apres que vous aurez tant de cheualiers descõfiz se descõfire les pouez se dieu me sault assez petit se pourroit priser le cheualier qui a oultrance nevo⁹ mettroit a cestuy point. Et pource ie dy que quant ie cõquerray ma dame dessus vous assez petit dhonneur conquerray ce mest auis / et cest verite.

De toutes ces parolles que gy ron disoit a celle fois ne se fai soit que soulasser messire lac / Car il tenoit a folie et a nycete de sens tout quanque il disoit / et cuydoit que ce feust le plus fol cheualier de ce monde / et pource ne luy chault il q̃l oye. Sire cheualier fait Giron vous qui estes garny de si hault cueur et de tel hardement qui par vous seul voulez entreprendre vne si tresgrant desconfiture comme ceste se faire la pouez si seroit. Or la faictes se dieu vous doint bonne auanture / mais auant ceste grant emprinse sil vo⁹ plaist essayez vous encontre moy dune toute seule iouste / et se vous me pouez abatre ie vo⁹ promets loyaulment que ia puis ne seray contre vous de cestuy fait. Et se moy seul vous puis abatre et mettre oultreement a desconfiture pourquoy priez vous querant si grant emprise cõme ceste seroit. Et lors messire lac commence moult fort a soubzryre quant il entend ceste parolle / car il dit a soy mesmes que voirement cestuy est le plus fol cheualier ⁊ le plus nyce quil trouua oncques mais. Or veoit il bien ce quil luy estoit auis / et ne disoit riẽs de ce fors que par melancolie et folie

Et adonc quant messire lac respondit il dist en soubzryant. Sire cheualier encontre vous ne iousteroyes ie mye a ceste fois en nulle maniere du monde / car ie scay tout certainement que vous estes si tresbon ⁊ si tresgrant iousteur que iauroyes moult grant paour ⁊ grant doubtance que vous me portissiez a la terre de toute vostre premiere iouste se vo⁹ faisiez de moy tout pareillement et semblablement cõme feist iadis gyron le courtois / ⁊ a vng grant deshonneur me tourneroit. Et pourtant ne veulx ie orendroit iouster encontre vous. Sire cõpaings fait gyron ie voys bien tout certainement que vous vous allez gabant de moy / mais se dieu me doint bõne auanture ie cuyde et croy que au derrenier ⁊ auant que nous departons de ce lieu gyron ne vo⁹ feist oncques autant a cestuy point sicõme vous dictes que ie ne vous en face ceste iournee autant ou pis / et auãt que vous vous departez de moy. Car a la verite cõpter ie ne me prise mye moins de gyron. Et quant il eut dicte ceste parolle messire lac si commença a soubzryre assez plus fort quil nauoit fait deuãt. Et en soubzryant il respondit et dist. Sire compaings se dieu me doint bonne auãture or vous tiens ie a assez plus saige que deuant quant vous mesmes dictes que vous vous prisez autant cõme gyron. Jay bõne cause fait gyron / et ie le dy bien hardiement car il est ainsi. En nom dieu fait messire lac vous ne leussiez daigne dire se ce ne feust toute verite. Et pource ie vous prie tant comme ie pourroyes a si preudhomme cõme vous estes que vous ne me soyez contraire de cestuy fait / car adonc lauroyes ie du tout perdu. Certes perdu vous lauez fait gyron et seurement le pouez vo⁹ dire.

De Gyron le courtois

Ainsi arguans lung lautre demourerent les deux bons chevaliers cōpaignons emmy le chemin enuiron iusqs a heure de prime. Et messire lac cuide tout certainement de Gyron que ce soit sans faille le plus fol cheualier de tout le monde a le plus nice/et que il die ce quil dit de ceste par droicte folie. Et pource ne se fait il si non gaber de luy. Et quant ce vint vng pou apres heure de prime ilz regarderent deuant eulx et ilz virent parmy le chemin vne pouldziere moult grande/parquoy gyron cōmenca a dire a messire lac. Sire cheualier or y perra que vous ferez/ saichez que cy vient maintenant ma dame de malohault. Or verray ie se vous oserez entreprendre ce dont vous vantez toute iour. Et messire lac ne respōd nulle parolle du monde et luy chault moult petit de chose que gyron luy va disant et ne sen fait si non mocquer. Apres ce ne demoura mye grāment quilz virent venir tout le chemin batu la tresnoble dame de maloanc a si belle compaignie et a si riche comme les escuyers auoient cellui matin deuise. Et deuāt venoient au premier front iusques a douze cheualiers armez de toutes armes. Et puis apres eulx venoient les dames et les damoyselles. Et puis apres celle noble compagnie venoit la riche dame de malohault et deux dames auecques elle tant seulement. Et apres venoient les cheualiers armez de toutes armes pareillement cōme estoiēt les premiers. Et messire lac laissa passer les cheualiers/les dames et les damoyselles qui alloient tout deuant. Et tout maintenant que la noble dame de malohault vint endroit luy il cōmenca a hurter le cheual des esperōs et a cryer aux autres cheualiers qui venoient derriere. Gardez vous de moy gardez/car vous estes tous mors. Et fiert en son venir le premier que il encontre si trestoydement si que pour lescu ne pour le haulbert ne demeure quil ne lui face emmy le pis vne moult grāt playe et moult parfonde/et si lempaint si bien si que il luy fait vyder les arcons de la selle et le porte a terre moult felonneusement/si ne sarreste pas sur luy aincoys se met auant la ou il voit la greigneur presse et en fiert vng autre si roydement que il fait de luy tout ainsi et pareillement comme il auoit fait du premier/a pres hurta sur le tiers et sur cestuy brisa il son glaiue/et cestuy mesmes abbatit il aussi bien comme il auoit fait les deux autres de deuant a la terre.

Tout ainsi commenca adonc messire lac ceste besongne/et tout pour lamour de la noble dame de malohault par la haulte cheualerie dont il estoit moult garny. Et commenca illecques telle auanture a tel fait dont il se fust bien passe a celle fois. Mais amours qui affolle et decoit plusieurs hommes le feist mettre en ceste folie/et luy feist cuyder que ce estoit moult grant sens de soy mettre en ceste entreprinse qui moult estoit folle/nice a perilleuse. Ainsi le va amours menant. Le sens luy toult et lentendement quil souloit auoir si cler. A cestuy poingdre que il feist au cōmencement sur ceulx de malohault fut il feru de plusieurs glaiues Mais pource quil estoit moult bon cheualier a moult bien cheuauchant en toutes guyses a paine peust il estre descheuauche et demoura tousiours en sa selle. Car pour hōme qui adonc le ferist ne vyda il oncques les arcons de la selle. Mais tout maintenant que il eut son glaiue brise il ne feist autre demourance aincoys mist la main a lespee et commenca a donner grans coups a destre et a senestre/et leur alloit toutesuoyes cryant et disant tout certainement que tous estoiēt mors. Et il estoit adonc feru de plusieurs pars/mais ce estoit de glayues tant seulement/ car ilz auoient ia tant esprouue les coups de son espee qͥl ny auoit nul si hardy de ceulx de maloanc qui osast si pres de luy venir quil le peust ferir despee. Quen dirois ie le cry estoit illecques moult grant des dames et des damoyselles qui voyoient leurs amys et parens trebuscher a la terre ainsi cōme messire lac les abatoit qui trop estoit bon cheualier τ bien saichant ferir despee. Et celluy cry que les dames faisoient eust on peu de moult loing ouyr pour le son de la forest.

Ainsi comme ie vous compte alloit messire lac abatant et malmenant les Cheualiers qui la belle dame de maloanc conduysoient et leur alloit donnant a dextre et a senestre si grans coups de lespee trenchante comme il pouoit ramener a la force de ses bras/moult se trauailloit durement et moult sefforcoit de mener a desconfiture ceulx qui la dame deffendoient. Grans coups frappoit et merueilleur et en receuoit daucuns quil neut mye voulu receuoir/mais pour coups que ilz luy allassent donnant ne luy firent ilz oncques perdre les estriers/ne oncques ne les en peurent remuer/aincois les alloit enchassant ca et la. Et saichez que a celluy point estoient si fort esbahies les dames et les damoyselles qui celluy fait alloiēt regardant quelles nauoient pas tant de sens que elles allassent auant ne arriere aincois estoient emmy le chemin comme bestes esgarees. Et saichez que messire lac se estoit si bien proune en celluy assault que ia en auoit abatu sept a terre si naurez et si mal menez quilz nauoient a lors pouoir de eulx remuer de la ou ilz estoient. Et quant gyron dit la haulte prouesse de messire lac τ les grans coups que il alloit donnant et abatant ceulx de maloanc deuant soy mesmes a lespee trenchant/lesquelz ne se scauoient tant efforcer qlz le peussent grandement endōmaiger il dist en soy mesmes. Haa sire dieu quel cheualier est cestuy cy qui se combat encontre ces autres cheualiers comme il est hardy et seur/ comme il est preux en toutes manieres. Se dieu me doint bonne aduanture a paine eusse ie peu croire quen luy eust eu si grant proesse cōme il ya se ie ne leusse veu/or ne scay ie se dieu me sault que ie dois faire a cestuy point/car ie voy bien tout clerement que par force vaincra il tous ces cheualiers de maloanc qui icy sont orendroit τ mettra a desconfiture. Et se il les descōfit et ie metz apres la main sur luy ce me sera vergongne et deshonneur trop grāt Mais toutesvoyes quelque deshonneur que ien doye auoir si ne luy laisseray ie mye en nulle maniere du monde emmener deuant moy ma dame de maloanc sans me combatre a luy.

Ainsi parloit gyron a soy mesmes en regardant les merueilles que faisoit messire lac de ceulx de maloanc/sur lesquelz il alloit frappant sans fin et sans cesse. Lesquelz cheualiers de maloanc quant il virent que pour pouoir quilz eussent ne le pouoyēt aucunemēt greuer cōmencerēt fort a eulx espouenter/ et mirēt a celluy poīt toute bonte et honneur derriere le dos et oublierent leurs dames du tout pour la paour quilz auoient de lespee de messire lac. Icelle les espouentit si fort que le filz ny attendit pas le pere/ aincois sen tournerent tous en fuyte cōmunement et a qui mieulx mieulx/car bien leur estoit aduis sans doubtance que a celluy poīt ne pouoiēt ilz en nulle guise mieulx ouurer se ilz ne vouloient tous mourir.

En telle maniere comme ie voꝰ compte furent a celle fois desconfis les cheualiers de maloanc qui leur dame deuoient conduyre Et furēt mys a descōfiture par les corps dung seul cheualier sans plus. Quant la noble dame de maloanc qui femme estoit de messire danayn le roux dont nous auons parle cy deuant qui si formẽt estoit espouentee que elle ne scauoit a celluy poĩt se elle estoit morte ou viue quãt elle voit que tous ses cheualiers sont du tout desconfiz elle ne scait que dire z elle regarde ca et la si tresesbahie durement que trestout le cueur luy va ia faillant de paour et sen fust voulentiers souye mais elle ne scauoit quelle part / car elle auoit ia tout le sens perdu de paour. Et quant messire lac voit quil a du tout desconfit ceulx qui la dame conduysoient si que ilz luy ont le champ laisse tout oultreement fors que aucuns qui estoient gesans sur la terre si naurez que remuer ne se pouoient il ny fait autre demourãce ains sen va tout droictement vers la belle dame de maloanc et luy dist. Dame vous voiez comment il est la Dieu mercy aduenu et comment ie vous ay cõquise par force darmes. Et bien saichez que du trauail que iay icy endroit souffert pour vous conquerir me tiẽs a trop bien paye puis que ie vous ay gaignee franche dame cestuy chemin que vous teniez orendroit pour aller vers maloãc ne pouez vous maintenant tenir / autre chemin vous conuient prendre / car vostre nay daller vers maloanc. Quant la dame entendit ceste parolle elle commẽca a plourer moult tendremẽt et dist Haa sire cheualier pour tant se vous estes puissant et vaillant de vostre corps en armes si comme nous auons veu et mes hommes me sont faillis a ceste fois z mauez tel dommaige fait de mes hommes cõme ie voy / au moins ne me faictes tant doultraige que mon chemin me tolliez / car bien saichez tout vrayement que il ne pourroit grammẽt demourer que aucun dommaige ne vous en veniste si grant que vous en perdriez lame du corps. Damp cheualier soyez courtois et ne pourchassez pas vostre mort si appertement comme vous voulez faire et vous ferez bien.

¶ Comment apres ce q̃ messire lac eut desconfit les cheualiers qui ma dame de maloanc cõduysoient il fut vaincu par gyron le courtois qui luy tollut la Dame laquelle il vouloit emmener.

Madame fait messire lac pour dieu ne vous courroucez mie puis que fortune ma tant voulu de bien cestuy matin que ie aye fait si hault gaing z si noble comme de voꝰ conquerre par force darmes puis que vous estes en ma garde il vous conuient aller sil vous plaist a ma voulente et laisser le chemin de maloanc z en prendre vng autre qui mieulx me plaira. Et la dame pleure moult durement quant elle entend celle parolle / et si mauldit de grãt couraige lheure quelle fust oncques nee. Quant gyron voit que sa chiere dame de maloanc si est du tout si desconfortee et si espouentee que tout son fait est tourne en larmes il dist que trop en auoit souffert a celle fois. Lors se cõmence a regarder pour veoir sil estoit bien appareille pour faire vne bataille z puis aps regarde messire lac qui tenoit le palefroy de ma dame de maloãc au frain auquel il crya tant comme il peut cryer. Damp cheualier laissez desormais ma dame de maloanc trop estes delle approuche. Si maist dieu vous nestes pas tel que vous doyez auoir tel dame en nulle guyse de ce monde / or tost laissez la moy se vous voulez auoir hõneur. Et quant messire lac entent ce plait il sen cõmence a soubzrire / car il cuydoit que gyron fust vng fol z quil dist ces parolles par follie de teste et pour ce ne lui respõdit il riens.

Quant la belle dame de maloâc entendit cestuy parler elle congneut incontinent a la parolle que cestoit gyron dont elle fut si trefoit reconfortee que oncques en sa vie ne fut tant ioyeuse dauanture qui luy aduint, car elle scauoit certainemēt que par icelluy seroit elle deliuree des mains du cheualier. Lors elle se tyra vng petit arriere et dist a messire lac. Sire cheualier laissez moy aller ma voye τ vous ferez que saige, car ie vous fais bien assauoir tout certainement que desormais ne me pouez vous emmener dicy. Car iay icy tel deffendeur encontre lequel vous ne me pourriez gaigner par nulle aduanture du monde. Cestuy nest pas des cheualiers de maloanc que vous auez cy desconfiz ainsi comme iay veu tout maintenāt Se vous nauez trop grant voulente de mourir gardez vous bien en toutes guyses de cōbatre encontre luy. Ma dame dist messire lac pour dieu ne me dictes plus telles parolles, Car saichez tout vrayement que mallement le congnoissez, cest vng fol le plus couart du monde Dieu vous deffende que vous nayez tel conduyt dung tel fol.

Damp cheualier damp cheualier ce luy respōt gyron, laissez madame tout maintenant ou vous verrez tout appertement cōment ie suis fol et couart. Lors hurte le cheual des esperons et luy vient au deuant et sarreste emmy le chemin τ dit de rechief a messire lac. Laissez tost ma dame, car laisser la vous conuient vueillez ou non Et quant messire lac voit que gyron est arreste emmy le chemin en telle guyse si se courrouce moult fort et dit a gyron Damp folz se dieu me doint bonne aduanture ou vous me laisserez en paix ou ie vous feray vng tel ieu que vous nous blierez de long temps. Vous estes trop ennuieux pour ce que vous voyez que ie vois endurant voz folies. Damp che-

ualier ce dist gyron, or saichez tout certainement que ie ne suis mye si fol que vous ne le soyez encores plus τ vo⁹ mesmes le direz au derrenier, car ie vous feray tost cōgnoistre vostre follie. Et messire lac ny attent plus quant il entent ceste parolle. Aincois laissa tout maintenant la dame et dist a gyron. Damp fol cheualier tant mauez ores mene par voz parolles que vous me ferez faire a ceste fois moult grāt vilennie, car a si fol cheualier comme vous estes τ a si mescongnoissant ne deusse ie mettre la main en nulle maniere du monde, car ce sera vergongne a moy, mais vostre fol sens le vous fera faire qui ma courrouce a ceste fois assez plus que ie ne voulsisse.

Sire cheualier fait gyron or saichez tout vrayement que ie me tiens a plus honteux de mettre la main a vous a ceste fois que vous ne deuez faire a moy et si vous diray raison pour quoy. Cest pour ce que ie vous ay veu faire en ceste place si grant fait darmes quil nest pas possible que vous nen soyez tout trauaille. Et pour ce dy ie q̄ de vous assaillir a ceste fois ne me pourra venir que honte et vergongne, car en cheualier tant trauaille ne deurois ie mye la main mettre pour nulle aduanture du mōde. Et certes non feisse ie mais force le me fait faire, car iamais ne vous laisseroye emmener ma dame d̄ maloāc Et quant messire lac a tout ce entendu il ny fait autre demourance aincois met la main a lespee τ dit. Par dieu damp cheualier puis que vous ne voulez laisser vostre follie en nulle guyse pour nulle chose que ie vous die, et ie la vous feray laisser tout orendroit sans relascher. Quant gyron voit messire lac approcher qui point de glayue nauoit il gecta le sien hors du chemin, car du glayue ne le vouloit il frapper pour ce quil nen auoit point, et met la main a lespee cōme auoit fait messire lac et la trait du fourrel/et laisse courre dessus messire lac moult habandonneement et luy donne dessus le heaulme ung si tresgrant coup comme il peut ramener a la force de ses bras si que messire lac q̃ estoit trauaille de la bataille quil auoit faicte encontre les .xxvi. cheualiers et qui nauoit pas gecte lescu encontre le coup de gyron pour le receuoir fut de cestuy coup si durement charge que il en eut toute la teste estonnee et ne scauoit sil estoit iour ou nuyt. Et a cestuy point vueille ou non vueille le conuint encliner sur larcon de sa selle et lespee quil tenoit deuant moult fermement luy vola des mains ⁊ tomba a terre ⁊ a moult grant paine se pouoit il tenir a cheual.

Et quant gyron le voit ainsi encline sur larcon il se lance vers luy et le prent par le heaulme ⁊ et le tyre a soy si rudement quil lui arrache hors de la teste ⁊ puis le gecte a la terre au plus loing quil peut. Et messire lac qui tyre auoit este par gyron si rudement trebuscha a la terre tout maintenant ou il geust grant piece sans aucunement remuer ne pied ne main. Et quant gyron voit que messire lac ne fait aucun semblant de soy releuer il sen va vers la noble dame de maloanc et luy dit. Ma dame vous estes du cheualier deliuree bien pouez aller vers maloanc si vous plaist. Et la dame de maloanc qui tant estoit ioyeuse de ceste aduanture quelle ne le pouoit plus estre a celle fois respondit ⁊ dist. Sire de ceste deliurance doy ie mercier dieu et vous/car ie eusse este deshonnoree a tousiours mais se neust este la vostre prouesse qui ma cy de honte deliuree/mais que ferons nous/car iay toute ma gent perdue/mes cheualiers sen sont fuys ⁊ mes escuiers/aussi sont mes dames et mes damoyselles qui auoient paour de mort si mont guerpie et laissee seule a cestuy point. Dame dist gyron or ne vous en chaille/la vostre gent nest

pas orendroit tant eslongnee de vous q̃ vous ne layez tantost recouuree/or cheuauchons seurement/car assez tost la trouuerons. Apres cestuy parlement ilz ny font autre demourance aincois se mettent a la voye au grant chemin de la forest et laissent la messire lac gysant sur la terre si estourdy et si estonne que il ne fait semblant ne chiere que il se doye iamais dillecques sourdre ne leuer.

Quant la belle dame de maloanc qui ia auoit toute sa paour oubliee se voit toute seule auec le cheualier du monde que elle aymoit le plus et qui si preudhomme des armes estoit quil auoit tout le monde passe/⁊ qui estoit plus beau et plus gracieux q̃ tous les autres en toutes choses elle ne scait a cestuy point que elle en doit dire/tout le cueur luy va remuant. Orendroit luy veult elle parler damours et maintenant sen retient/car grant paour ⁊ grant doubtance a quil ne la tiengne pour vilaine et pour folle et que il ne lesconduye du tout ainsi comme il auoit autresfois fait. Amours si luy va du tout commandant q̃ elle luy die toute sa voulente/mais de laultre partie sens et honte et ce que elle doubte gyron le courtois luy deffend/et pource ne scait quelle doit faire. Amours luy dit de lune part. Dame parlez seurement/car il ne vous esconduyra mye/tant estes belle ⁊ aduenant gente de corps et plaisante de viaire que cestuy ne seroit mie cheualier qui vous esconduyroit sa mour. Et honte dautre coste luy disoit. Dame cessez vous ne parlez/car gyron ayme tant danayn que il ne se messeroit enuers luy en telle maniere pour nulle auanture du monde/il vous esconduyra sans faille ainsi quil a fait autresfois/pource vous loue ie mieulx le taire que le parler. Ainsi pensant diuersement cheuaucha la dame de maloanc delez gyron vne grant piece ayant tousiours intention de luy dire son penser

Se la dame pensoit de sa partie si faisoit gyron de la sienne/car quant il regardoit la dame qui sans faille estoit bien alors la plus belle dame du monde tout le cueur lui remuoit et changeoit dedans le ventre. Amours lui disoit que a cestuy point auoit il trouue lieu et temps que il pouoit auoir planiere ioye de ses amours/et que se il ne lauoit a ceste fois iamais a iour de son viuant ny pourroit a tel point venir/et quil prit de sa dame ce quil auoit desire si longuement/et ce pouoit il trop bien faire. Car il scauoit bien certainement que a la dame nen desplairoit/pour ce quelle la uoit ia fait requerre de ceste chose sicomme lay mesmes le scauoit. Ainsi lui disoit amours/mais courtoisie luy disoit au contraire et telz motz. Haa gyron ne fais ceste villenie a la femme de ton compaigno qui tant te ayme comme toy mesme le scez. Ne fais honte ne deshonneur a si preudhomme comme il est ne a si bon cheualier. Ne le fais que tu nen soyes appelle de trahison et de grant villennie/car iamais apres tu nauras honneur se tu le fais. Ainsi disoit a gyron courtoisie. Et en tel pensement cheuauchoit gyron derriere sa dame et non pas loing delle/et tant plus lalloit regardant et tant plus luy plaisoit. Orendroit vouloit il dire tout plainement a sa dame ce quil pensoit et apres sen retenoit pour honte. Et la dame de maloanc que amours tenoit en ses latz si durement quelle ne pouoit plus son penser celer si commenca a dire a gyron ces parolles en grant doubte. Sire se dieu vous doint bonne aduanture qui est la chose de ce monde qui plustost maine le cheualier a faire proesse et valeur. Dame dist giron se dieu me sault cest amours. Amours est si haulte chose et a si merueilleux pouoir que elle fait souuenteffois dung couart cheualier hardy et vng mauais fait elle deuenir preudhomme. En nom dieu sire fait elle selon ce que

vous me dictes mest il aduis que amours est trop puissant chose. Dame dist il si mayst dieu vous en dictes la verite toute.

Or saichez que iamais en iour de ma vie ie neusse este tel cheualier comme ie suis orendroit se neust este la grant force qui est en amours Et certes aussi se neust este amours le tresbon cheualier qui les Cheualiers de maloanc qui vous conduysoient mist a desconfiture nen eust pas fait ce quil en fist/mais la tresgrant amour quil auoit a vous luy fist faire et entreprendre vng si grant fait comme vous mesmes auez veu. Et la force de lamour quil auoit a vous luy fist celluy fait affiner assez honnorablement. Or saichez tout vrayement que se neust este la grant force damours que ie neusse en nulle maniere du monde desconfit si treslegierement le bon cheualier comme iay fait/mais amours qui force ma donnee en toutes pars si me donna pouoir et force de le desconfire ainsi tost comme vous veistes. Comment sire fait la belle dame de maloanc aux parolles que vous mallez disant mest il aduis que vous aymez par amours. Certes dame ce dist gyron vous dictes verite. Et voirement ayme ie en telle maniere quil ne mest pas aduis que nul autre cheualier peust plus aymer que iayme. Et certes de icelle amour qui au cueur mest entree et qui me tient si fermement comme amour pourroit tenir homme me tiens ie a trop bien heure. Car ie dy bien tout hardiement que ie ay le mien cueur assis en la plus belle dame qui en ce monde soit et en la plus vaillant/et cest ce qui me fait faire ce que ie ne pourroye faire en autre guise. Se ne feust la tresgrant force damours ie neusse peu faire en ce tournoyement ce que vous veistes que ie y feiz. Se ie feizla aucune chose dont ie doye auoir loz ne prix ien doy scauoir gre a amours et a ma dame que iayme/mais nulle autre chose du monde ie nen mercie. Quant la tresnoble dame de maloanc entent ces parolles elle est plus lyee q̃ le nestoit deuant/car bien luy va disant le cueur que gyron nayme nulle autre q̃ elle. Et quant gyron eut sa raison finee elle reprint la parolle et dist. Sire se dieu vous doint bonne aduanture or me dictes et sans gaber qui est la dame que ores tant aymez comme vous dictes et que vous allez tant de beaulte prisant sur toutes les dames de ce monde. Dame dist il si mayst dieu la plus belle dame qui soit orendroit au monde ce estes vous sans faille/et vous mesmes le scauez tout certainement/et estes celle mesme que iayme de tout mon cueur aussi fort comme cheualier pourroit aymer dame. Sire dist elle quest ce que vous mallez icy disant/ie ne pourroye croire legierement ce que vous me dictes. Je cuyde que vous mallez maintenant gabant affin que vous oyez la mienne response pour en apres vous gaber de moy. Car il ny a mye encores gramment de temps q̃ de ce me recorde ie trop bien que ie vous manday telles parolles comme vous mesmes le scauez et vous me refusastes du tout/et orendroit vous me dictes que vous me aymez si trefforte/ce me semble trop fort a croire.

Ma dame fait giron pour dieu ne me dictes plus telles parolles se ie fuz fol et vilain encontre vous ne me reprouchez plus ceste parolle/mais prenez moy pour vostre cheualier sil vous plaist par tel si que ie seray tousiours vostre. Et saichez ma doulce dame que iamais tant que ie viue ie ne feray encontre vous chose qui vous doyue desplaire. Et la dame qui de ceste parolle fut moult ioyeuse se teust sans luy respondre nul mot du monde. Or eust elle alors tout ce quelle desiroit et vouloit car bien congnoissoit tout certainement que gyron ne se alloit mie gabant de ce quil disoit/et pour ce sans respondre mot lalloit elle tousiours escoutant. Ainsi parlant cheuaucherent tant entre eulx deux que ilz trouuerent vng petit sentier qui sen alloit au trauers de la forest droitement a vne fontaine qui estoit en vng petit val et non moult loing dillecques. Et giron qui moult bien scauoit la voye car autresfois auoit il este a la fontaine sen partist du grant chemin et se mist au petit sentier et dist a la dame de maloanc Dame ie me sens moult trauaille de la iournee dhier se il vous plaisoit ie me vouldroye vng petit reposer a vne petite fontaine qui est cy deuant. Sire dist elle fait en soit a vostre voulente. Et lors entra la dame au petit sentier auec gyron et sen allerent tout droictement a la fontaine de la forest.

¶ Comment apres ce que giron le courtois eut leues les lectres qui estoient escriptes en la poignee de son espee il se la mist et frappa au trauers du corps pour se cuider occire pour ce quil auoit requis la femme de son compaignon damours.

Quant gyron et la belle dame de maloanc furẽt arriuez a la fontaine gyron descendit erramment et ataicha son cheual a vng arbre/et puis descendit sa dame. Et quant il leut descendue il osta son heaulme et mist son escu dune part pres la fontaine et son glayue q̃ son espee mist deuant luy dune autre part. Et icelle espee auoit portee maintz iours le bon et vaillant cheualier que len appelloit hector le brun. Et pour lamour de luy et aussi pour ce que lespee estoit parfaictement bonne de soy mesmes laymoit gyron le courtois plus chierement q̃ ne faisoit le roy artus le meilleur chasteau quil eust a cestuy teps. Et gyron q̃ a celluy point auoit oublie toute courtoisie et q̃ orendroit nauoit talent nul fors que la honte de danayn pourchasser si osta son haulbert et ses chausses de fer et se commēca a desarmer du tout pour acomplir son vilain plaisir.

A Cestui point que ilz estoient en telle guyse cõme ie vous compte et tout appareillez de faire la vilennie adoncques aduint que le glaiue de gyron qui estoit appuye a vng arbre cheut sur lespee si que sãs nulle autre demourance il la fist cheoir dedans la fontaine. Et gyron qui lespee aymoit tant comme ie vous ay compte tout maintenãt que il voit son espee tomber en leaue il court celle part et laisse le parler a sa dame. Et quant il fut la venu il trouua que son espee estoit au fons de leaue si la print moult yre et moult courrouce de ce quelle estoit cheute en la fõtaine, si la tyra hors du fourrel et la commenca a essuyer. Et puis commenca a regarder lettres qui sur lespee estoient escriptes/ et y auoient este entaillees pour lachoison du bon cheualier qui hector le brun estoit appelle. Et les lectres qui illecques estoient entaillees disoient ces propres parolles. Loyaulte passe tout/ et faulsete si honit tout et decoit tous hõmes dedãs elle se herberge. Telles parolles cõe ie vo⁹ cõpte disoient les lectres de la poingnee de lespee et ny auoit ne pl⁹ ne moins en escript.

Q Uant giron qui ia maintes aultres fois les auoit veues et leues et qui en maintes estranges aduantures et en maintz dueilz et en maintz courroux sestoit ia par maintes fois reconforte en regardant celle escripture la ba orendroit regardãt elle luy est ce sẽble aussi nouuelle cõme se oncques ne leust veue/il leut par deux fois les let

tres et tout maintenant q̃lles eut leues il commenca a penser en soy mesmes et a dire q̃ voulloit faire trop vilaines oeuures a cestuy point et quil en seroit du tout deshonnore se on le scauoit/et que chascun qui lorroit compter pour tant q̃ il voulsist faire raison il le tiendroit a traistre et a vilain trop durement. Or veoit il bien en soy mesmes que petit sen failloit quil ne sestoit trop vilainement meffait enuers son compaignon. Apres que gyron fut cheu en cestuy penser par telle aduanture comme ie vous compte il se assist sur la fontaine et commenca a penser pluffort quil nauoit fait par deuant. Et quant la noble dame de maloanc qui vng pou deuant lauoit veu si ioyeux et si haicte et apres le vit si estrãgement penser elle en deuint toute esbahie et si esmerueillee quelle nen scauoit q̃ penser. Et pour veoir se elle le pourroit reconforter sen alla elle au pres de luy et luy dist. Sire que pensez vous: Que ie pense dist il/si maist dieu dame ie pense a ce que ie voy tout appertement que bien petit sen fault que ie ne me suis honny a tousiours mais. Et bien puis dire hardiement que enuers mon compaignon ay ie trahison commise a cestuy point/et ce vous dy ie bien tout a certes madame chiere que puis que moy mesmes voy q̃ ie me suis si honny et si ahonte comme dauoir pense trahison enuers luy et mesmement enuers si vaillant homme comme est danayn le roux q̃ tãt me aymoit loyaulment se dieu me sault plus ne vueil viure desormais et mieulx vault q̃ ie prengne vengeance de moy que aucun autre homme si len print. Tant me suis meffait enuers le mien compaignõ de penser trahison et mal que ie dois par raison mourir tout maintenant se dieu me sault. Et quant il eut dicte ceste parolle il commenca a regarder son espee q̃ moult estoit clere et luysante et vne des plus belles espees qui a cestuy tēps fust au monde et dist. Haa bonne espee tant a en vous beaulte et valeur/tant feustes vous iadis en meilleures mains que vous nestes orendroit. Et tant fut meilleur en toutes guises que ie ne suis celluy qui a moy vous donna la sienne mercy. Onques trahison ne pensa a nul iour de sa vie/mais ie ay pense trahison trop laide et trop vilaine enuers le plus courtois homme du monde. Et quant ainsi mest aduenu que ie me suis si vilainement ahonte ien prendray vengeance de moy mesmes tout maintenant. Apres ce que gyron eut ainsi parle voyant la dame de maloanc qui entendoit toutes les paroles quil disoit laquelle estoit en estant deuant luy sans dire mot il print son espee par le hault et la commenca a estraindre et puis estendit le bras si long comme il sauoit et puis senferit si roydement que il sen perca tous les deux costez si que la pointe de lespee passa tout oultre et apres retyra lespee de son corps par force. Et estoit alors gyron tant yre que il oublia toute la douleur dicelluy coup et toute langoisse quil auoit sentue/et se vouloit de rechief ferir quant la dame de maloanc se lanca sur luy et eut tant de hardement a celle fois que elle se laissa cheoir sur ses bras en telle maniere que elle retint le second coup/et adoncques lui dist elle tout en plourant. Haa mercy franc cheualier ayez mercy de vous mesmes et ne vous occiez pas en telle maniere et pour neant. Haa dame dist il ie vous pric pour dieu laissez moy acomplir ma voulente/car se mayst dieu iay bien la mort desseruie/ et pour ce vueil ie icy mourir tout maintenant/car puis que iay comis trahison ie ne doy viure desormais.

Et la dame qui trop fort plouroit et trop estoit espouentee de ceste aduanture tenoit toutesvoyes gyron par le bras et se estoit couchee dessus luy/et ainsi le alloit elle destournat quil ne se occist. Et la place ou ilz estoient adoncques a icelluy point estoit de son sang si emplie et aussi vermeille come se on y eust occis deux homes. A celluy point que gyron se seoit deuant la fontaine si durement naure come ie vous copte et ilz estoient en tel estrif entre luy et la dame de maloac suruint pres deulx vng cheualier arme qui estoit de la contree de maloanc/mais de la dame de maloanc ne tenoit il terre ne chastel/ car il nestoit mye de celle seigneurie/mais il suyuoit la copaignie de la dame de maloanc de loing au reuenir du tournoyement/ et auoit veu tout plainement la grant desconfiture que messire lac auoit faicte des cheualiers de maloanc et auoit aussi veu tout le fait de gyron et de messire lac/et comment gyron auoit auecques lui emmenee la dame de maloanc. Mais pour ce que il mescognoissoit giron quat il vit quil emmenoit auecques luy la dame si priuement par la forest il dist a soy mesmes que se gyron eust eu grant voulente de la mener a maloanc il ne se fust ia remue de la ou auoit este la desconfiture deuant que la mesgnie a la dame y eust este retournee/et pour ceste cause dist il quil yroit apres eulx de loing pour scoir quilz feroient ce quil fist. Et quant il vit que ilz furent arrestez sur la fontaine il se arresta en vne broces assez espesses/et dillecques veoit toute leur maniere de faire/mais gyron ne la dame ne le pouoient veoir.

Quant la chose fut a ce venue si come ie vous ay compte que la dame voyant gyron ainsi nauré plouroit si haultement le cheualier qui estoit musse entreouyt le dueil que la dame faisoit et demenoit qui tant estoit grant si descendit adoncques de son cheual lequel il atacha a vne branche et tout ainsi arme de ses armes comme il estoit sen alla il tout le droit chemin vers gyro qui ia auoit tant perdu de sang que grat merueille estoit commet le cueur ne luy faisoit/et il estoit adoncques couche deuant la fontaine ne ses playes nestoient mye encores estanchees qui trop forment saignoient ꝫ estoit desia si foible pour la foison du sang qͥl auoit perdu q̄ se il eust voulu aller iusques a son cheual pour monter dessus il ne leust peu faire aysement. Et quant le cheualier dont ie voꝰ compte fut venu iusques a la dame de maloanc qui encores plouroit trop durement si luy dist pour ce que encores ne sestoit apperceu de gyron qui ainsi naure sestoit. Dame pour quoy demenez vous si grant dueil confortez vous ma dame chiere/car a si tresbelle et haulte dame comme vous estes nappartient pas a mener telle douleur ne tel plaint Sire cheualier ce dist la tresnoble dame de maloanc or saichez tout premierement que se ie fais douleur ce nest mie trop grant merueille/car cy deuant cõme ie croy se est occis le meilleur cheualier du monde que vous pouez icy veoir tout appertement/et luy mesmes se est occis de ses propres mains et ne scay pour quoy se maist dieu. Et pour ceste grant mesaduanture demaine ie ceste tresgrande douleur comme vous pouez veoir.

Et quant le cheualier si eut ouy la dame parler qui trop fort plouroit il commenca a regarder la place qui toute estoit plaine de vermeil sang tout entour gyron si en fut adonc plus esbahy que il nauoit este deuant/et apres quil eut ce veu il dist a la dame. Dieu y ayde dame comment peult estre ce que vous auez dit/commēt peult ce estre aduenu que ce bon cheualier se soit naure si malement ꝫ de sa voulente mesmes. Certes ceste mescheance est trop grande et trop durement ennuyeuse et dieu le scait/mais certes il men poise moult fort. Car iay veu en lui na pas encores quatre heures si haulte

proesse que ie ose bien dire tout hardyment quil estoit moult bon cheualier a merueilles et estoit haultement garny de proesse et de haulte cheualerie. Et pour ce dy ie que voirement est cestuy dõmaige ennuyeux. Et quant il eut dicte ceste parolle il se teust et commenca a regarder gyron. Et pour ce qͥl voyoit q̄ gyron se gisoit illecques couche a la renuerse sans soy remuer ne pou ne grant cuydoit il bien en soy mesmes quil fust mort et que lame luy fust du corps partie.

Ainsi que le cheualier regardoit gyron il aduisa quil tenoit en sa main son espee encores toute nue. Et pour ce que lespee luy sembla trop bonne et trop riche dist il quil la vouloit oster de la main de gyron et lemporter auecques luy. Lors se met auant et prent lespee par le pommeau et la tyre vng petit a soy. Et gyron tressaillit quant il sentit que len luy vouloit oster son espee et ouurit les yeulx. Et quant il vit le cheualier arme qui sur lui estoit venu en telle guyse comme ie vous compte qui son espee luy vouloit tollir il ne le peut de riens congnoistre/pour quoy il sefforca de tout son pouoir et se leua en estant et dist au cheualier aussi fierement ces parolles comme sil eust este bien sain de tous ses membres. Sire cheualier qui mon espee me voulez orendroit tollir or soyez en paix se voꝰ me croyez et me laissez mon espee/Car par la foy que ie doys a dieu vous ne la pourriez auoir. Et le cheualier fut forment espouente quãt il entendit que gyron parloit si hardyement et se tyra vng pou arriere sans luy dire vne seule parolle ne mot du monde. Et quant gyron qui tant auoit ia perdu de sang que merueilles estoit comment il nestoit mort vit que le cheualier se estoit retyre arriere il se recoucha ainsi comme il estoit deuant que le cheualier arriuast

g j

De Gyron le courtoys

et commenca a souspirer moult tendrement comme celluy qui estoit moult destrois et angoisseux de moult grant sellonie en semblant de mort.

Et quant la tresriche et noble dame de maloanc vit et apperceut le semblant que giron faisoit se elle estoit courroucee deuant oultre mesure encores le fust elle plus a celluy point/car elle auoit paour et doubtance que il ne mourust illecques. Et pour ce faisoit elle tel dueil si grant et si estrange que au vray dire nulles dames ne damoiselles ne le pourroient faire ne demener greigneur. Et quant le cheualier voit que le tresbon cheualier de hault affaire gyron le courtois sestoit recouche ainsi comme il estoit deuant adonc dist il en soy mesme que icelluy iamais guariron nauroit & disoit. Desormais se meurt il/autre plait ny peult valoir/dicy ne peult il eschapper/il ne vault mye mieulx dung homme mort/et pour ce disoit il quil pouoit bien prendre lespee quil tenoit seurement/car bien congnoissoit que lespee estoit moult bonne et pour ce ne la luy veult il mye laisser. Et quant le cheualier eut vng pou attendu apres icelluy penser il se mist auant vne autre fois ainsi comme il auoit fait deuant et prent lespee par le pommel et la tyre a soy. Et gyron qui tant estoit angoisseux a celle fois tant comme cheualier pourroit estre qui mortellement ne seroit seru et estoit ia moult affoibloye et esuanouy pour la tresgrant foison du sang quil auoit perdu quant il sentit que encores luy vouloit celluy cheualier tollir son espee si ouure les yeulx et regarda le cheualier assez plus courrouce quil nauoit fait deuant et luy dist. Sire cheualier sire cheualier et pour quelle raison me voulez vous tollir mon espee/or saichez tout vrayement que vous ne la pouez pas auoir si quictement comme vous cuydez/et faictes du pis que vous pourrez/

ie ne suis mye mort la dieu mercy encores sy ie.

Quant il eut dicte ceste parolle il ny fist nulle autre demourance aincois sefforca adonc tant de son pouoir que il se dressa a en son estant et dist au cheualier arme qui son espee luy vouloit oster. Damp cheualier damp cheualier ne vous fiez pas tant en ce que vous estes arme/car saichez tout vrayement que pour chose que ie soye naure ainsi comme vous voyez ne demourra se dieu me doint bonne aduanture que se ie vous fiers de mon espee que vous ne receuiez mortel coup. Laissez moy du tout en paix sil vous plaist ou ie vous monstreray se dieu me sault comme mon espee peut bien tailler. Et quant il eut parle en telle guise il alla auant vng petit pas et fist adonc semblant comme sil voulsist sans faille ferir le Cheualier. Et le cheualier qui le iour auoit tout cleremēt veu la treshaulte proesse que le tresbon cheualier giron auoit faicte quantil voit cestuy semblant que girō faisoit il en fut si durement esbahy quil ne scauoit quen dire/or auoit il paour et doubtance grande a ce quil nestoit mie le plus hardy cheualier du monde. Et pource se tyra il arriere assez vistement/car il luy estoit bien aduis que se gyron lattaignoit a coup quil estoit mort. Et quant la noble dame de maloanc vit traire arriere le cheualier elle sapperceut tout clerement ql estoit espouente et pour le plus fort espouenter et accroistre sa tymeur luy dist elle. Damp cheualier se dieu me sault vous feriez moult grant sens se vous laissiez ce Cheualier icy en paix/Car ie vous prometz veritablement que se vo9 estes vne fois feru de sa main que ie ne cuyde mye que iamais apres le coup vous ayez puissance de porter armes ne de monter sur cheual ne sur destrier/pour quoy ie vous conseille que en paix le laissiez. Et le cheualier respondit et dist.

Dame dame or saichez tout vrayement que ie neusse ia ce cheualier si empresse comme iay orendroit ce ne fust ce que ie cuydoie tout certainemēt quil fust mort Et ie voy bien et congnois que lespee qͥl porte est si bonne en toutes guyses que ie me tenisse a trop bien heure se ie la peusse emporter auecques moy. Et desir dicelle auoir me faisoit mettre si pres de luy. Mais puis que ie voy ma chiere dame que il na pas ytel mal comme ie cuydoye ie luy laisse desormais son espee et de trop bonne voulente. Garde la bien car certes il la doit mieulx auoir que ie ne doys/pour ce qͥl est meilleur cheualier q̄ ie ne suis/⁊ bien la huy mōstre tout appertement et non mye trop loing dicy. Apres ce que le cheualier eut parle en ceste maniere comme ie vous ay compte il sen retourna tout maintenant la ou il auoit ataiche son cheual. Et quant il fut la venu il monta dessus et commenca a penser trop durement tout ainsi a cheual comme il estoit. Et quāt il eut grāt piece pense il se partit des broces et sen retourna vers le grant chemin celle part tout droictement ou la desconfiture auoit este des cheualiers de maloanc/ car encores y cuydoit il bien sans doubte trouuer cestuy tresbon cheualier qui la desconfiture auoit faicte. Puis quil se fut mys au chemin il cheuaucha tant cā ͛la que il arriua a cestuy lieu proprement ou la desconfiture auoit este faicte. Et trouua illecques messire lac qui faisoit vng dueil si estrange et si merueilleux q̄ nul ne leust adonc veu qui a trop grant ne seust tenu. Et tout maintenāt que le cheualier aduisa messire lac il congneut bien tout certainement que cestoit sans doubtance le tresbon cheualier qui cestui iour auoit mys a desconfiture toꝰ ceulx qui la noble dame de maloāc conduisoiēt

Quant le cheualier vit le grant dueil q̄ messire lac faisoit pour ce que moult voulentiers leust

reconforte sil eust peu descendit a terre ⁊ atacha son cheual a vng arbre et myst son glayue dune part et son escu de laultre. Et quāt il fut desgarny de ces deux choses il sen alla vers messire lac qui demenoit son dueil et luy dist. Sire cheualier dieu vous doint ioye. Et messire lac dressa la teste quant il entendit le cheualier qui dessus luy estoit venu et le commenca a regarder et luy respondit a son salut si courrouce que a bien petit que le cueur ne luy creuoit dedans le ventre du dueil quil auoit et dist au cheualier. Sire cheualier dieu me gard de ce que vous dictes/ car certes ce seroit grant dommaige se iamais ioye nulle me venoit par aduanture nulle du monde/ car puis que dieu enuoye la ioye a lhomme et si a point comme il luy est mestier et lhomme na tant de valeur que il la puisse garder certes il ne doit ioye auoir en nul iour de sa vie. Pour quoy ie dy que puis que ie nay sceu garder la ioye que dieu mauoit enuoyee ie ne dois auoir ioye ne soulas/ ne iamais ioye ne me viendra/ et selle me vient ce sera contre raison. Car encores peu de temps a que ie estoye pres de ioye auoir et si lay perdue a grant honte/ et par ma mauuaistie sans doubte. Ne de ce ne blasme ie mye nul homme fors que moy mesmes tant seulement/ ⁊ si en blasme ma mauuaistie. Et quant il eut dicte parolle il se teust quil nen dist plus/ et puis recommenca son dueil si grant que grant pitie faisoit au cheualier.

Quant messire lac si eut sa raison finee le cheualier recommēca son parlement et dist en ceste maniere. Sire cheualier se dieu vous doint bonne aduanture respondez moy a ceste demande. Cestuy qui pert en vne heure de iour celle perte par luy mesmes dont il se doubte ne se doit il depuis reconforter tout plainement apres icelle

De Gyron le courtoys

Vassal ce dist messire lac ouy sans doubte/mais ceste exemple que vous mauez orendroit comptee ne dictes vous pas pour moy ce scay ie bien tout certainement/car la mienne perte si est bien telle que iamais en iour de ma vie ne la recouureray/car tout premierement ay ie este si honny et si deshonnore en ceste place mesmes que ie pour riens du monde ne pourrois ie auoir iamais tant dhonneur que la honte que iay receu en ceste place ne soit plus grande dassez. Et puis dautre coste la perte que iay faicte en cestuy lieu proprement qui si grande est ne recouureray ie iamais/et cest pour quoy ie faiz si grant dueil comme vous voyez et par ce suis ie honny en toutes guises du monde.

Et quant messire lac eut dicte ceste parolle il recommenca son dueil aussi grât comme il auoit fait deuant. Et quant le cheualier luy vit son dueil recômêcer il luy dist en telle maniere. Sire laissez ce dueil que vous faictes si merueilleux et entendez a ma parolle/car saichez tout certainemêt que ie vous apporte telles nouuelles qui reconforter vous deueront et par raison Car ie vous dy de verite que vous vous pouez orendroit reuenger du cheualier q̃ si grant vergongne vous a faicte côme vous me comptez orendroit/et auec ce pouez vous rauoir la dame que vous auez perdue en ce lieu propre/et pour tout ce mener a fin ne vous conuiendra trop grant trauail souffrir sicomme vous orrez. Et messire lac dressa vng petit la teste quant il entendit ceste parolle et a chief de piece respondit au cheualier. Sire cheualier se dieu me doint bonne aduanture or voy ie bien tout clerement q̃ vous estes en ce lieu venu pour moy gaber et non pour autre chose/car ie ne voy en nulle maniere du monde comment ce puisse aduenir que vous me dictes. En nom dieu dist le cheualier pour ce que ie

vy la chose dont vous vous reconforterez et laisserez ce grant dueil que vous demenez vous compteray ie telles paroles qui bien vous plairont sicomme ie croy. Et tout maintenant luy commenca a compter tout mot a mot ce quil auoit veu de la tresnoble et riche dame de maloanc et du cheualier qui auecques luy lemmenoit/et comment il les auoit laissez tous deux deuant la fontaine et en quelle maniere. Et quant il eut son compte fine il se teust quil nen dist plus a donc. Et quant messire lac entendit ceste nouuelle il se recôforta trop duremêt Mais pour ce que il ne croyoit mie que ce fust verite tout ce que le cheualier luy auoit compte luy dist il.

Sire par la foy que vous deuez a toute cheualerie est ce verite de tout ce que dit mauez. Sire respondit le cheualier/ie vous creance loyaulment sur la foy que ie doy a toute cheualerie quil est aussi vray que vous lay compte. Et quelle part est ceste fontaine que vous dictes dist messire lac/et le cheualier si luy deuisa. Et quant il lui eut enseignee messire lac dist. En nom dieu ie scay trop bien ou est celle fontaine/et se ie eusse orendroit mon cheual ie ny feroye autre demourance aincois me mettroye a la voye pour aller celle part et scauoir se ie pourroye trouuer ce que vous mallez ores comptant de ceste chose. Ainsi comme ilz parloient eulx deux ensemble de ceste chose le cheualier regarda vng pou en sus de luy a dextre partie et vit adoncques le cheual de messire lac qui estoit dessoubz vng arbre ou il se reposoit/et alors alla celle part le cheualier et print le cheual par le frain et la mena tout droictement a messire lac et luy dist. Sire or pouez vous monter a vostre commandement/car voicy vostre cheual sicomme ie croy. Auant que ie mõte donc fait messire lac ie vueil prendre mon heaulme que ie perdy en cestuy lieu assez vilainement. Il ne sera mais en pie ce iour quil ne men souuiegne sans doub tance. Et lors alla prendre son heaulme qui emmy le chemin estoit/et quant il leut mis en sa teste au mieulx ql sceut il print vng escu quil trouua illecques gesant et nom mie le sien/aintcois estoit dung au tre cheualier qui illecques gisoit mort. Et quant il fut garny de toutes armes il monta sur son cheual que le cheualier luy auoit amene. Et apres ce quil fut monte il print vng glayue que il trouua illecques appuye dessoubz vng arbre et dist au cheualier qui les nouuelles luy a uoit apportees. Sire montez sil vous plaist/car desormais seroit il bien temps de cheuaucher sil vous plaisoit. Si fais ie sire respondit le cheualier/car il mon toit a cestuy point que messire lac luy di soit la parolle. Et lors se mirēt ilz droic tement a la voye pour aller a la fontai ne la ou gyron estoit encores et la noble dame de maloanc. Mais a tant laisse le compte a parler de messire lac et du che= ualier ¶ retourne a danayn le roux pour compter partie de ses aduantures.

¶ Comment danayn le roux trouua vng de ses cheualiers de maloanc que les deux che= ualiers de terre foraine quil alloit querant auoiēt naure mortellement/et comment il alla a vng pauillon ou il se herbergea la nuyt auecques vng cheualier qui y estoit et des parolles qlz eurēt ensēble

En ceste partie dit le cōp= te que puis que danayn le roux se fut party de gy ron en telle maniere com me ie vous ay compte ca en arriere pour aller apres les deux che= ualiers de terre foraine qui le bon cheua lier de la mareschiere auoient occis/et de puis que danayn eut fait couurir son es= cu dune housse vermeille pour ce q ceulx qui au tournoyement auoient este ne le recogneussent en aucune maniere si se mist a la voye apres les deux cheualiers que il alloit querant et se hasta moult forment de cheuaucher selon ce quil voy oit que le cheual sur quoy il estoit mon= te le pouoit souffrir. Si cheuaucha tant quil entra dedans la forest/mais moult luy ennuyoit durement de ce quil voyoit que la nuyt approuchoit si fort/car pour ce que si noir faisoit il ne scauoit sil al= loit droictement apres ceulx que il alloit querant nonobstant que le chemin quil tenoit estoit moult batu de cheuaulx. Et pour ceste cause demanda il au var= let qui les nouuelles luy auoit apportees des deux cheualiers. varlet scauez vo9 bien se nous tenons le chemin que les deux Cheualiers que nous allons que= rant tiennent. Sire respondit le varlet ce ne vous scauroie ie pas a dire/ autre chose nen scay fors ce que ie vous en ay dit du commencement et ne scay se ilz tiennent cestuy chemin ou autre.

Ainsi cheuaucha danayn le roux parmy la forest et iacoit ce quil fust assez tard tant cheuauche= rent en telle guyse que ilz arriuerent en vng petit val ou ilz trouuerent vng che ualier naure moult malement. Et si na ure estoit au vray compter que il ne se pouoit remuer de la place. A cestui point pensoit danayn si durement q il ne le vit mie tant que son varlet luy dist. Sire veez la vng cheualier gysant emmy le chemin/ie croy quil soit mort. Et Da= nayn dressa adoncques la teste quant il entendit ceste parolle et vit le cheualier deuant luy. Et quant le cheualier qui a terre gisoit ainsi comme ie vous comp te ouyt de luy approucher les cheuaulx il se dressa en son seant au mieulx quil peut ¶ se cōmenca a plaindre moult dure ment si q danayn lentendit qui luy dist:

Sire cheualier fait danayn qui vous na ura. Et le cheualier dressa la teste quãt il entendit ceste parolle et luy respondit. Sire deux cheualiers mõt naure q́dicy sen vont tout orendroit passant par cy sicomme vous voyez.

Et pour quoy vous naurerent ilz en telle maniere ce dist Da naym. Sire dist le naure pour ce que ie dys que ie estoye de maloanc/et me dirent que en despit du seigneur de maloanc me mettroient ilz a mort et a deshonneur. Et tout maintenant quilz me ont eu ce dit lung deulx ma couru sus et ma feru de son glayue si durement emmy le pis que il ma fait vne grant playe. Et depuis que cestuy a eu brise son glayue dessus moy pour ce quil ne ma pas abatu de celle iouste sen est venu lautre tout maintenant vers moy lespee en la main toute nue et dressee encontre mont et ma feru dessus le heaulme si du rement que pour le heaulme nest demou re que il ne me ait fait playe mortelle et ay este dicestuy coup si rudement abatu que encores en suis ie tout estourdy oul tre mesure. Et sur tout ce qui me grief ue le plus cest que ilz emmainent vne mienne dame que ie nayme mie gueres moins que moy mesmes. Si vous ay ores compte mon estre sire cheualier et lachoison pour quoy iay ainsi este naure Et quant il eut dicte ceste parolle il se cõ menca moult durement a plaindre com me cestuy qui naure estoit mortellement

Puis que il eut sa raison finee en telle maniere comme ie vo9 compte danayn luy demanda encores vne autre fois. Or me dictes sire cheualier se dieu vo9 doint bonne ad uanture quelles armes portent les deux cheualiers q́en ceste maniere vo9 ont na ure cõme vous le mauez cõpte. Sire fait il si maist dieu chascun deulx portoit vng escu dazur a vng lyon blãc et cheuauchoi ent deux cheuaulx noirs. Sire fait le var

let a danayn le roux saichez vrayemẽt q́ se sont les deux cheualiers que vous allez querant qui lont naure si mortellement Et danayn dist de rechief au cheualier. Sire cheualier que ferez vous/or saichez tout vrayement que se ie cuydasse q́ vo9 peussissiez cheuaucher ie feisse tout oren droit descendre mon varlet qui cy est et vous en emmenasse auecques moy ius ques a aucun recet pres dicy/ mais ie vous voy si durement naure que ie ne scay que dire de vous. Sire ce dist le che ualier bien vous en pouez aller dicy/ car ie endroit moy ne pourrois ie cheuau cher/ car trop naure suis estrangement mais allez vous en et vous conduye dieu sainement et sauuemẽt la ou vous voul drez aller. Je demourray cy ceste nuyt/ car autrement ne le puis faire.

Apres cestuy parlement ny fist danayn autre demourance ain cois sen partit tout incontinẽt mais il lui poisa moult chierement de ce quil laissoit en telle maniere a la terre gi sant le cheualier/car bien le congnoissoit et scauoit tout certainement que il estoit vng de ses cheualiers et son homme lige de maloanc. Et pour ce estoit il moult fort dolent et courrouce de ce que il luy conuenoit ainsi laisser le cheualier em my le champ en telle maniere. Et toutef voyes pour ce que ia estoit tard assez che uaucha il au plus efforceement quil peut mais ce lui estoit forment contraire que la nuyt estoit ia trop obscure. Et quant ilz eurẽt en telle maniere cheuauche vne piece luy et son varlet ilz regarderent a donc de coste eulx et virent vng grant feu qui alume estoit de nouuel/et pour ceste cause dist danayn a son varlet. Varlet pour ce que il est ia moult tard et la nuyt est fort obscure et noire sicomme vous voyez pour aller tousiours ainsi auant comme nous allons orendroit et pour ce q́ nous no9 pourriõs foruoyer en ceste fo rest autrement que nous ne vouldrions seroit il bon ce mest aduis que nous cheuauchissions vers ce feu/car il ne peut estre sans doubte que nous ne trouuiõs illecques gent/et ceulx si nous diront par auanture aucune nouuelle de ce que nous allons querant/et aussi peult estre que nous les y trouuerons. Sire ce dist le varlet a vostre commandement soit fait ou du cheuaucher auant ou daller au feu tout droictement. Apres ceste parolle ny fist danayn autre demourance aincois alla tout droictemẽt vers le feu ou il trouua illecques vng pauillon tendu assez beau/ȝ deuant ce pauillon auoit quatre escuyers. Et entre le pauillon et le feu se gisoit vng cheualier lequel sembloit bien a sa contenance estre fortment trauaille, et deuant ce cheualier auoit vne dame qui harpoit moult doulcemẽt pour le reconforter et soulasser du trauail que il auoit celluy iour souffert au tournoyement. Et quant les escuyers qui en estant estoient deuant le feu virẽt de loing venir danayn le roux ilz dirent a leur seigneur. Sire voicy venir vng cheualier arme de toutes armes nous ne scauons quil vouldra dire. Bien soit il venu dist le cheualier/par auanture vouldra il ceste nuytee demourer auecques nous. Se il est preudhõme moult en suis lye et ioyeux de sa compaignee auoir/et se il est autre dieu le conseille sa bonte le conduyra ȝ sa mauuaistie luy demourra quant il se partira de nous. Et quant danayn fut pres deulx venu luy et son varlet danayn dist au cheualier. Sire cheualier bon soir vous doint dieu. Et quant le cheualier vit danayn il se dressa tout maintenant encontre luy ȝ lui dist. Sire bien soiez vous venu/descendez et vous herbergez huymais auecques moy car bien est meshuy temps de herberger car moult est tard.

Sire fait danayn le roux de la courtoisie que vous me offrez faire vous remercy ie moult/mais auant que ie descende dictes moy sil vous plaist se vous auez point veu par cy deuãt passer deux cheualiers dõt lung chascun deulx porte vng escu dazur a vng lyon blanc. Certes sire ce dist le cheualier ie nen ay nul veu passer ne ie ne vous scaurois a dire nouuelles deulx. En nom dieu fait danayn doncques descendray ie/car ie les ay tant quis en ceste nuyt que pl' ne les vueil meshuy querre. Et lors descent et baille son escu et son glayue a son escuyer. Et le cheualier cõmãda a ses escuyers que ilz desarmassẽt danayn. Et ilz le firent erramment ainsi comme il leur auoit cõmande et le desarmerẽt tout le plus bel que ilz le peurẽt faire/et toutesvoyes estoit tousiours lescu de danayn couuert de la housse vermeille si que nul ne leust peu recongnoistre qui leust veu. Apres ce quilz eurent danayn desarme en telle maniere cõme ie vous cõpte le cheualier qui assez estoit courtois si le prent par la main et le fait decoste luy asseoir dessus la couste poincte ȝ tout maintenant luy commença a demander de son estre. Et danayn qui tousiours se alloit celant luy dist que il estoit vng cheualier errant destrange contree. Or me dictes sire fait le cheualier dont venez vous/auez vous este a ce riche tournoyement qui a este si bien feru deuant le chastel aux deux seurs. Certes sire fait danayn ie y ay este et en biens voirement. Or me dictes doncques fait le cheualier du pauillon y auez vous veu le grant cheualier qui portoit les armes noires lequel y a fait tant darmes quil a vaincu le tournoyement.

Certes sire se respondit Danayn le roux au Cheualier du pauillon ie le vy moult bien voi

De Gyron le courtoys

rement. Et veistes vous fait le Chevalier la tresbelle dame de maloâc qui toute iour regarda le tournoyement. Sire dist danayn ouy ie lay aussi/mais pour quoy mauez vous ce demande. En nom dieu fait le chevalier et ie le vous diray puis que scauoir le voulez. Or saichez q̃ iay huy veu en cestuy iour les deux choses de ce monde que ie plus desiroye a veoir/car mon greigneur desir estoit que ie peusse veoir tout le meilleur chevalier du mõde ce que ie vy a ce tournoyemẽt/car le grãt chevalier a lescu noir est bien le meilleur chevalier du mõde/car a la verite dire il fist a ce tournoy les plus grans merveilles de chevalerie que nul chevalier fist encores oncques en nostre temps au royaulme de logres. Et pour ce dy ie bien que iay veu vne des choses du monde que plus ie desiroye a veoir. Lautre chose dõt ie nestoye mye moins desirant de veoir si estoit que ie peusse veoir tout a loysir la plus belle dame du monde/et certes ie lay huy veue si a loysir comme ie vouloye/car iay veu la belle dame de maloanc qui est bien sans faille la fleur et la rose de toutes les dames mortelles qui orendroit soient en ce monde. Elle passe bien de beaulte toutes autres dames ainsi comme fait la rose toutes autres fleurs. Et quant il eut dicte ceste parolle il gecta vng grant souspir du parfont du cueur/si que danayn sapperceut tout plainement que il aymoit la dame de maloanc sa fẽme/mais il nen dist nul mot a ceste fois.

A Chief de piece quant le chevalier eut assez pense a ce quil avoit devise il dist a danayn. Sire chevalier ne vous accordez vous pas bien a ce que iay dit de ces deux choses cy devant vous. Certes sire ce dist danayn ie macorde bien a ce que vous dictes que le chevalier aux armes noires qui vainquit lassemblee est bien le meilleur chevalier qui orendroit soit en tout le monde. A cestui dit ie maccorde bien/mais biẽ saichez sire chevalier que ie nentẽdy mie tãt a regarder la noble dame de maloãc que ie osasse dire que ce fust la plus belle du monde. Cõment sire fait le chevalier ie croy doncques que vous dormiez quãt vous ne regardiez ce que tout le monde regardoit. Or saichez certainement que plus y auoit de ceulx qui regardoient la noble dame de maloanc que des autres qui le bon chevalier aux armes noires regardoient. Sire fait danayn desquelz feustes vous. En nom dieu dist le chevalier ie fuz des regardans. Et bien est verite que ie regarday vne grant piece le bon chevalier aux armes noires/mais depuis que ie vy madame de maloanc qui est sur toutes les autres autant belle cõme est le soleil sur les estoilles ie neuz oncques puis en toute la iournee voulente de porter armes ne de faire autre chose illecques fors tant seulement q̃ la regarder. Ie estoie alle au tournoyemẽt affin de y porter armes toute la iournee entiere. Et au matin y feiz ie faitz darmes cõe ie peuz/mais puis q̃ ie cõmencay a regarder sa grant beaulte si maist dieu ie neuz puis pouoir ne force de faire nulle autre chose fors que dauoir mes yeulx sur elle et la regarder tousiours sans cesser.

S Ire fait danayn aux parolles que vous me dictes mest il aduis que la beaulte de la noble dame de maloanc ne vous fist si non hõte et deshonneur/et vous diray commẽt vous scauez vrayement que la coustume des chevaliers errans est telle que quant ilz viennent ainsi comme aduanture les apporte en lieu ou ilz voient belles dames cest le lieu ou ilz doyvent faire faitz darmes le plus quilz peuent/et se ilz ne le font ilz en doyvent estre tenuz pour mauvais ⁊ pour couars faillis pourquoy ie dis q̃l ne mest pas auis que vous vous en deuez plus priser de ce que vous la veistes/car vous en deuinstes mauluais sicõme voˀ mesmes le dictes/ et en laissastes a porter armes toute la iournee entiere/et ainsi voˀ feist sa beaulte honte et deshonneur. Quant le cheualier entẽdit ceste parolle il fut moult durement hõteux/et a chief de piece il dist en telle maniere. Sire cheualier or saichez certainement que ceste honte dont voˀ me parlez ⁊ mallez icy gabant veulx ie bien auoir receue pour regarder tout a loysir si belle creature cõme est la tresnoble dame de malohault. Certes de ce q̃ ie lay veue ie men tiendray a bien meilleur tous les iours de ma vie. Et quãt vous deuant elle mesmes dist danaynne feistes armes pour lamour delle que feriez vous en derriere/ie croy se dieu me doint bõne auanture que petit en feriez. Certes dist le cheualier du paueillon se ie cuydoies auoir lamour delle pour trauail darmes q̃ iamais ie peusse souffrir saichez certainement que ie ne fineroies iamais de faire armes tant que ie eusse son amour. Car ie voˀ dys loyaulment que cest la chose du monde q̃ plus ie vouldroyes auoir que lamour de si belle dame cõme est ma dame de malohault. Dictes moy fait danayn se dieu vous doint bonne auanture pour quoy vous lappellez vostre dame. Et en nom dieu fait le cheualier du paueillon ie lappelle ma dame pource q̃lle est si fierement entree dedans mon cueur que se oublier ie la vouloyes ie ne pourroyes. Et certes se ie scauoyes orendroit quelle me hayst de mort si ne se pourroit mon cueur accorder a ce q̃ ie ne laymasse/car sa beaulte si a fort oultreement mys mon cueur en prison. Sire/dist danayn et tout en soubzrryant/se dieu me doint bõne auanture ie dys bien tout hardiement q̃ puis que vous vous attournez a ce que vous voulez en telle maniere aymer la tresbelle dame de malohault vous pouez bien dire que vous auez mys vostre cueur en tel lieu que vous en deueriez mieulx valoir. Certes fait le cheualier vous dictes bien verite/et ie men tiens desmaintenant a si noble et a si riche cõme se ieusse en ce fait conquis ung riche royaulme Ie suis tout sien et seray toute ma vie. Sire cheualier fait danayn de ces amours sicomme ie croy vous pourroit il bien aduenir dommaige se elle le scauoit par auanture de tel cheualier a en ce monde. Beau sire fait le cheualier du paueillon et qui est cestuy qui men pourroit faire dõmaige/se dieu vous sault dictes le moy. Ne scauez vous fait danayn que elle a mary/qui est moult bon cheualier de sa main comme on racõpte en plusieurs lieux. En nom dieu fait le cheualier ie scay certainement que elle a ung mary qui a nom danayn le roux/et est si preudhomme des armes que tout hardiement le peut on tenir poˀ ung des bons cheualiers de ce monde. Mais certes sil estoit encores vingt fois meilleur quil nest si ne laisseroies pour luy ne poˀ nul autre homme du monde que ie naymasse par amours la belle dame de malohault sa femme. Voire mais fait danayn se il le scauoit ie ne cuyde pas que il vous laissast viure. Et comment le scauroit il fait le cheualier oncquesmais a nul iour de ma vie ie nen parlay a hõme viuant fors que a vous tant seulement a qui ie men suis soulassie. Et encores men soulasse ie. Et ie vous dys fait danayn que encores le pourra il scauoir par aucune auanture/et que ie mesmes luy pourray dire. Estes vous donc fait le cheualier si bien de luy que vous soiez auecq̃s luy souuent a parlementer. Certes fait danayn oup. Ie suis assez son priue/et suis souuent auecluy sans faille. En nom dieu fait le cheualier du paueillon or saichez de vray que se ieusse cuyde que voˀ feussiez si fort son priue ie ne voˀ eusse huy ne demain dit ceste parolle que ie vous ay cy orendroit dicte. Et ie vous prie sire cheualier tant côme ie vo9 pour royes deprier comme a mon chier amy que vous nen faciez parlement a luy se auâture nous apportoit nouuellement en sa compaignie. Sire fait danayn le roux po9 ceste parolle que vo9 auez dicte orendroit ie congnois certainement que vous estes couard sans faille assez plus q ie ne cuidoyes quât ie vins cy orêdroit Car certes ia ceste priere vous ne meussiez faicte que vous mauez faicte en telle maniere se de couardise ne vous venist. Or oys ie bien tout certainement q̃ madame de malohault est durement auilee quant elle est aymee dung tel cheualier côme vous estes. Le cheualier est durement courroussé quât il entend ceste parolle et respond par courroux. Côment sire cheualier cuydez vous donc se dieu vous doint bonne auanture que ie aye si grant doubtâce de danayn le roux que pour paour de luy ie parlasse orendroit a vous en telle maniere côme ie ay parlé Or sachez tout vrayement que ie ne lay pas fait po2 paour/car certes se ie stoyes orendroit deuant danayn le roux tout ainsi côme ie suis deuant vous mesmes et il me vouloit assaillir encontre raison saichez certainement que ie cuyderoyes bien mon corps encontre luy deffendre se auanture ne mestoit trop durement contraire. Et pour cause ie ne vo9 tiens mye a trop saige de ce q̃ vous auez cuydé que iay dicte ceste parolle pour doubtance de danayn. Sire sire fait danayn bien ay entendu tout quanque vo9 mauez dit mot a mot. Mais certes po2 toutes ces parolles ne remaint il que ie ne croye encores certainement q̃ se vous estiez deuant danayn ainsi côme vous estes orendroit deuant moy ia nauriez tant de hardement de dire que vous aymez sa femme. En nom dieu fait le Cheualier tout ce pourroit estre q̃ aduenir par auâture. Or me dictes doncq̃s fait danayn quel hardement oseriez vous entreprendre a faire pour gaigner lamour de si belle dame comme est la belle dame de malohault. Je endroit moy ne layme mye. Et non pourtant ie oseroyes bien entreprendre a mener a fin vng grant plet po2 lamour delle. Comment dyable fait le cheualier aymez vous donc la belle dame de malohanc. Certes dist danayn ouy Et se ie nen faiz si grât parlement côme vous dictes q̃ faictes/si ne layme ie mye moins a mon esciêt que vous. En nom dieu fait le cheualier ie vous dys tout vrayement que a cestuy point vo9 auez perdu vng bon taire deuant moy/de qui vo9 auez ia ouy que iayme la dame par amours/et vous recongnoissez que vo9 laymez aussi. Si maist dieu ce fut bien grant folie q̃ vous deistes a cestuy point Et ie vous dys vrayement que se ie ne vous eusse receu en ma compaignie ainsi comme vous auez veu tout orendroit feussions nous tous deux a la meslee. Pourquoy fait danayn. Pource dist le cheualier que ie ne veulx pas que vous aymez celle dame que iayme. Et se vo9 laymez folement si vo9 en taisez si chier comme vous auez vostre corps q̃ vostre vie q̃ ne le dictes iamais deuât moy/car repentir vous en feroyes trop malemêt et plus appertement que vo9 ne cuydez.

De ceste parolle cômença a rire danayn moult forment et puis respôdit. Sire cheualier vous me voulez deffendre orendroit que ie nayme par amours ma dame de malohault saichez certainement q̃ danayn orendroit ne le me deffendroit mye. En dieu fait le cheualier vous dictes bien verité/car vous nauriez pas hardement en nulle guyse de dire telles parolles deuant luy comme vous dictes orendroit. En nom dieu fait danayn ie ne vous diray mye maintenant de ceste chose tout q̃ ce ie ny pense. Mais toutesvoyes se ie ne vous cuydoies courrousser encores vous seroyes ie telle demande que ie vous ay ia faicte autre fois. Quel hardement oseriez vous faire pour la dame de maloancse vous veniez en point que vous la peussiez gaigner p force de cheualerie. Mais vous fait le cheualier qui dictes que vous laymez aussi côme moy. Se dieu vous doint bonne auanture dictes moy que vous en oseriez entrepzēdre poz la gaigner Et gardez sur tout quanque vous aymez en ce monde que vous nen diez si non verite. Sire cheualier fait danayn tant mauez a cestuy point côiure que ie vous diray assez la verite de ceste demande. Or saichez tout certainement se besoing me menoit a ce si maist dieu comme ie oseroyes bien entreprendre poz lamour delle a moy combatre encōtre trois cheualiers/ou encōtre quatre/ou encōtre cinq ou encōtre six. Et se besoing me hastoit ie nen reffuseroyes ia vingt côment quil men deust aduenir. Sire compaings respond le cheualier iusques a ceste parolle que vous auez dicte ozendroit cuy doies ie bien certainement que vous me gabisiez/mais maintenant voys ie bien tout clerement que voz ne me gabez pas dune chose. Mais de tout quanque vous mauez dit tant estes saige que desozmais ne vous chault se vous aymez de coste moy madame de maloanc/et croy certainement que pour la valeur de voz pourrez vous encores côquerre son amour Et quant il eut dicte ceste parolle il se tourna devers ses escuyers et leur dist tout en soubz ryant. Or tost appoztez a mangier/car le temps en est venu.

Apres cestuy cômandement ilz ne firent nulle autre demourance aincoys appareillerent les viandes que les cheualiers deuoient mangier/et puis leur appozterent telles viandes côme il leur conuenoit a cestuy point/et telles côme il les peurent auoir Et la ou les deux cheualiers estoient as

siz au mãgier le cheualier ne se faisoit si non gaber de danayn le roux comme celuy qui certainement cuydoit quil feust ung droit fol. A tant est venu ung cheualier deuant eulx arme de toutes armes moult richement/et si estoit moult noblement môtē/ȝ estoit venu tout seul si que il nauoit en sa compaignie ne varlet ne escuyer. Et pource quil auoit veu le feu de loing estoit il venu celle part. car mestier auoit de soy reposer a cestuy point. Quant il fut venu sur les cheualiers il leur dist. Seigneurs cheualiers dieu vous sault. Et puis il dist apres. Beaulx seigneurs ya il nul de voz deux qui iouster vueille. Et adonc danayn commenca a ryre moult fozment quant il entendit ceste parolle et luy respondit tout incontinent. Sire cheualier se dieu vous doint bonne auãture dont venez vous qui a ceste heure demandez la iouste. Or saichez fait le cheualier ȝ ie viēs du tournoyement. Et au tournoyemēt dist danayn ne auez vous riens fait/nauez vous peu illec tant iouster que vous en eussiez peu auoir tout voftre saoul. Certes fait le cheualier ie y ay iouste et ay abatu aucūs cheualier/ȝ aussi aucūs cheualier mont abatu. Et pource ȝ iay este illec abatu/et ȝ ie nay peu mon courroux reuēgier men vengeroies ie moult voulentiers dessus lung de vous deux se ie pouoyes tant faire. Et pource ie demande iouste ainsi côme vous auez ouy Sire cheualier dist danayn oz saichez vrayement ȝl mest auis que la meilleur iouste ȝ vous puissiez faire a cestuy point si est de voz armes oster tout ozendroit et de venir mãgier auecques nous. Oz saichez fait le cheualier que ie ne descendray point/ne auecȝs vous ne mãgeray se ie ne scay auant p moy mesmes se vous estes preudhommes des armes ou non. Se vous estes bons cheualiers ie descendray et demoureray auecques vous Et se voz estes lentz ȝ mauluais ie men

iray auant et ia ne feray nulle demou-
rance auecques vous.

Quant le cheualier du paueil-
lon entedit ceste nouuelle il cō-
menca a soubzryre et dist tout
en soubzryant. Ne descendez en nulle au-
tre maniere q vo9 auez dicte. Non feray
ie vrayement fait le cheualier estrange.
En nom dieu fait le cheualier du paueil
lon se vous vo9 departiez a tant de no9 a
ceste foys bien se nous pourriez attour-
ner adonc a moult grant mauluaistie et
a grant couardise. Quāt il est ainsi que
vous ne demandez pour maintenant de
nous si non la iouste saichez tout certai-
nement que ia esconduyt nen serez a ces-
te foys/ et me ferez faire vng pou devile-
nye. Car vous me ferez leuer de la ta-
ble ce que ie ne deusse pas faire se moult
grant besoing ne me venist.

Apres ce quil eut dicte ceste pa-
rolle il ne feist nulle autre de-
mourance aincoys se leua du
mangier et dist a ses varletz. Or tost
apportez moy mes armes et me amenez
mon cheual/ car se ce cheualier si sen par-
toit au iourdhuy de nous par deffaulte
dune iouste ie men tiendroyes a moult
vergongneux durement. Tout main-
tenant que les Escuyers entendirent le
commandement de leur seigneur ilz ne
firent autre demourance ains apporte-
rent auant ses armes. Quant le cheua-
lier estrange veist que le cheualier du pa
ueillon estoit entalente de iouster ꝗ tout
a certes si se tyra vng pou arriere et dist
adonc. Sire cheualier ie congnois bien
toute vostre voulente/ et tāt en auez fait
que ie congnois tout certainement que
par vous ne remaint la iouste. Et puis
que ie voys tout vrayement vostre har-
dement ie me souffreray huymais de la
iouste / car ie ne vous vueil faire ennuy
ne contrariete. Et de ce que ie vous ay
fait leuer de la table il men poyse moult
durement et si il men est moult bel/ car

ie congnois tout orendroit que vous es-
tes moult preudhomme des armes et
moult durement hardi. Et dautre part
ie me repens de ce que ie vo9 ay fait vng
pou dennuy. Sire dist le cheualier du
paueillon puis ꝗ la iouste ne vous plaist
ie vous en quicte ma part/ car aussi nen
auoyes ie pas moult grāt desir ne grāt
voulente/mais ie le faisoies pour acom
plir vostre desir. Or vous descendez sil
vous plaist et demourez auecques nous
et ie vo9 prometz loyaulment que ie vo9
y feray seruir et honnorer autant cōme
moy mesmes. Je vous remercye moult
grandement fait le cheualier estrange.
Et lors descendit incōtinent/ et les var-
letz saillirēt adonc tout maintenant po9
le desarmer.

Puis apres que les varletz eu-
rent desarme le cheualier es-
trange il se asseist au mangier
auecques le cheualier du paueillon ꝗ da-
nayn le roux. Et adonc danayn regarda
le cheualier estrāge et le veist si bien fait
de tous membres ꝗ si tresbeau cheualier
de toutes choses et si tresgrant quil dist
bien a soymesmes quil ne pourroit estre
que cestuy ne soit moult bon cheualier et
moult vaillant/ et le prisoit tant si que il
nauoit pieca veu cheualier que il prisast
plus de cestuy fors tāt seulement que gy
ron le courtoys. Moult voulentiers le
congnoistroit/ car il luy sembloit moult
preudhōme des armes. De ce ꝗ danayn
regardoit le cheualier estrange sen print
bien garde le cheualier du paueillon ꝗ ne
se peust tenir quil ne dist sa pensee a da-
nayn. Sire se dieu vous doint bonne
auanture dist le cheualier du paueillon
or māgez et entendez au soupper/ car iay
grant ioye de vostre venue. Et aussi le
le cheualier estrange ꝗ sestoit prins gar
de du regard que danayn luy auoit fait
si luy dist en telle maniere. Sire cheua-
lier se dieu vous doint bonne auantu-
re et pourquoy mauez vo9 tant regarde

fueillet

Sire fait danayn or saichez tout vrayement que ie ne vous regarde mye pour nul mal que ie vous vueille/mais pour tant que ie disoyes a moy mesmes que bien deueriez valoir ung preudhomme a ung grāt besoing/car moult bien sembliez estre preudhomme. Et ainsi maist dieu ia a grant piece de temps que ie ne vys cheualier qui mieulx semblast estre preudhomme des armes de vous. En nom dieu sire fait le cheualier estrange doncques me deuroyes ie moult hayr/car ie scais tout certainement que ie ne suis mye moult bon cheualier ne moult preudhōme des armes/aincoys suis couard au grāt besoing assez plus que ie ne voulsisse. Sire cheualier fait danayn or saichez certainement que pour ceste parolle que vous auez dicte orendroit vous prise ie assez plus que ie ne faisoyes deuant. Ce est bien la maniere toutesvoyes de dire des bons cheualiers que ilz sont couardz au grāt besoing/et adōc ilz mōstrent leur prouesse quāt mestier est. Sire cheualier ceste parolle ay ie dicte pour vous/car ie scays vrayement que se vous estiez si couard cōme vous dictes ia ne feissiez si grāt parlement entre nous comme vous faictes. Et tout ainsi et pareillement dist le cheualier du pauellon et prisa tant icelluy cheualier estrange qui de coste luy estoit pource quil auoit dicte telle parolle si que il ne prisa cheualier quil veist pieca au tant comme il prisoit cestuy cheualier estrāge. Et moult bien le prisoit dedans son cueur grandement

Et quant ilz eurent mangie danayn q̄ moult estoit desirant de cōgnoistre le cheualier le mist en parolle et luy dist. Sire se dieu vous doint bonne auanture dictes moy qui vous estes/et vous prie q̄ il vous plaise le me dire. Sire dist le cheualier estrāge or saichez certainement que a ceste foys ne pouez tant scauoir de mon estre fors seulement que ie suis cheualier errant

qui vouldroyes estre plus hardy et plus vaillant des armes que ie ne suis/et ce vous prometz ie loyaulment. Sire fait danayn il nest orendroit en ce monde nul si preudhomme ne si vaillant des armes qui encores nen vouldroit mieulx valoir. Et pource vous croys ie bien de ce que vous me dictes/et me griefue moult durement ce que ie ne puis auoir de vous nulle congnoissance. Or est ainsi fait le cheualier estrange que a ceste foys vous nen pouez autre chose scauoir de mon estre fors seulement ce que ie vous dys. Sire fait danayn or nous dictes sil vous plaist se vous auez au iourdhuy este a ce tournoyement qui a este fait deuant le chastel aux deux seurs. Certes sire fait le cheualier estrange ie y ay voirement este. Et y portastes vous armes fait danayn. Certes ouy dist le cheualier/et auoyes bien voulente de faire armes de tout mon pouoir. Mais dieu le scait/car tout incontinent que ie veiz la belle dame de maloanc qui bien est sans doubte la fleur de toutes les dames mortelles/et oncques puis se dieu me doint bonne auenture ie neuz pouoir de porter armes ne faire autre chose fors que de la regarder/ne il ne mestoit pas orendroit auis que ieusse talent de māgier tant cōme ie estoyes deuant elle. Ce est bien la greigneur merueille du monde de veoir si tresbelle dame comme est la dame de maloanc. Et tant comme ie la veoyes dautre chose en ce monde ne me souuenoit/ce scay ie bien vrayement.

Quant danayn entendit ceste nouuelle si se repentit adonc de ce q̄ il auoit enuoyee sa femme au chastel aux deux seurs pour veoir le tournoyement/car ia en auoit ouy telles parolles que ouyr ne voulsist mye. Et lors le cheualier du pauellon qui auoit ia entendu ceste parolle parla et dist en telle maniere. Sire sire se dieu me sault ce qui vous aduint en ce tournoyement

De Gyron le courtois

me aduint aussi tout pareillement comme vous auez compte tout orendroit. Or saichez certainement que iallay au tournoyement pour faire armes/mais ie ny feiz riens depuis que ie veiz la dame de maloanc qui tant est belle quelle ne semble mye estre chose mortelle/mais vrayement semble estre droictement espirituelle. Se dieu me doint ioye ie neuz depuis pouoir de faire autre chose fors que de la regarder/car cest la chose orendroit en ce monde q iayme mieulx. Et de chose qui estoit en ce siecle il ne me souuenoit fors delle tant come ie la pouoyes veoir q regarder. Sire si maist dieu fait le cheualier estrange la dame est belle/ et selle neust este au tournoyement ainsi comme elle y estoit ie dys tout certainement q le tournoyemet neust mie este si bon ne si aspre comme il fut. Maintz grans coups y furent donnez. Maintz cheualiers y furet abatuz pour lamour delle. Ce scay ie bien tout vrayement/ car ie veiz deux cheualiers qui estoient de coste moy qui regardoient la tresbelle dame de maloanc ainsi comme ie la regardoyes. Et quant ilz leurent vne grat piece regardee lung deulx print adoc son escu q son glaiue et se tourna vers son copaignon et luy dist. Sire compaings ie vueil iouster orendroit en despit de danayn le roux qui est le mary dicelle belle dame. Et pour lamour delle abatray ie maintenant vng cheualier ou certes ie ne me tiens mye pour preudhomme. Et lors le cheualier se partit tout maintenant de nostre compaignie et alla iouster et abatit vng cheualier deuant nous tout erramment/et puis vng autre. Ceste prouesse q ie vous ay comptee orendroit veiz ie faire a cestuy cheualier pour lamour de la dame de maloanc. Et saichez tout certainement quil eut fait a ceste assemblee pour lamour de la belle dame mainte plus grant prouesse que ceste cy ne fut.

Quant il eut sa raison finee en telle maniere comme ie vous compte danayn q nauoit pas oublye les nouuelles du cheualier print adonc la parolle sur luy q dist en telle maniere. Sire scauez vo9 quel escu portoit le cheualier. Certainemet ouy ie le scay moult bien. Il portoit vng escu dazur a vng lyon blanc. Et lors danayn alloit recordant a soy mesmes que cellui estoit sans faille lung des deux cheualiers ql alloit querant. Or estoit il assez plus desirant de les trouuer quil nauoit este deuant. Lors le cheualier du paueillon reprint la parolle sur luy q respondit en telle guyse. Sire se dieu vous doint bone auanture dictes nous se il vous plaist coment vo9 oseriez grant fait entreprendre po2 si tresbelle dame come est celle de maloanc. En non dieu fait le cheualier estrange se mon cueur me commandoit que ie entreprinse vng grant fait ie lentreprendroies seurement comment quil men deust aduenir. Mais se ie estoyes couard po2 moy mesmes quel fait pour royes ie faire ne entreprendre. La dame est moult forment belle ce scays ie bien/ mais pour beaulte que elle ait orces en elle ne men mettroies ie mye orendroit en auanture que pour elle conquerre ie me soulfisse combatre encontre danayn le roux. Nonfait le cheualier du paueillon Auez vo9 donc si grat paour de danayn le roux. En dieu fait le cheualier estrange il ne seroit mye gramment saige qui dassaillir danayn neust grant paour et doubtance. Car ie dys tout hardement quil nya orendroit en tout le monde nul si bon cheualier qui bien ne deust auoir paour de mort pourueu quil se deust combatre encotre luy corps a corps. Et po2 ce dys ie que a luy ne me combatroyes ie po2 nulle beaulte que celle belle dame sa femme ait. Car de ce fait ne me pour royes ie mye departir de luy si non honteusement/par ce que ie scay tout vrayement quil est meilleur cheualier et plus hardy en toutes guyses que ie ne suis. Or vous ay ie dit de cestuy fait toute ma voulente oultreement.

A ceste parolle respond le cheualier du paueillon et dit. Sire sire si maist dieu or pouez vous bien dire que moy et vous ne sommes mye dune voulente/car ie vous dys loyaulment que pour gaignier vne si belle dame comme est celle de maloanc me combatroye ie contre danayn le roux. En nom dieu fait le cheualier estrange ce ne seroit mye sens/mais moult grant folie Et ie croy bien que se vous estiez deuāt danayn le roux comme vous estes orendroit auecques nous que vo? nauriez hardement de dire ceste parolle que vous auez dicte orendroit. Mais ores ainsi vōt les auantures/car il ya ores maintz cheualiers parmy le monde qui souuentesfoys parlēt moult sainemēt/mais quāt ce vient au grant besoing ilz sont si couardz et si restifz que ilz perdent le cueur et le corps. Or saichez certainement que il ny a orendroit nul cheualier au monde si hardy sil nestoit droit fol qui ne deust auoir paour mortelle de danayn le roux pourueu quil se deust combatre encontre luy. Je ne scay fait le cheualier du paueillon quel pouoir il auroit. Mais tant vous dys ie bien de moy que en ceste auanture mettroye ie mon corps encontre danayn le roux ainsi comme ie vous ay compte/se il nestoit ainsi que fortune me feust trop durement contraire. Et lors danayn le roux cōmence a parler et dit au cheualier du paueillon. Sire ie cuyde bien que a cestuy point et orēdroit est vostre voulente telle cōme vous dictes/mais ie cuyde bien se dieu me doint bonne auanture que se vous encontriez demain danayn le roux arme de toutes armes et menast en sa cōpaignie sa femme/et vous feussiez seul sans autre compaignie ie cuyde bien que vo? feriez tout

autrement que vous ne dictes orendroit et q vous trouueriez autre cōseil moult tost. Or laissōs ce ester dist le cheualier estrange/ie ne croy pas que danayn tiēgne orendroit tel parlement de nous cōme nous faisons de luy. Et ie scay tout certainement que la dame de maloanc pense orendroit petit de nous. Or disons orendroit aucunes nouuelles. En nom dieu fait danayn vous en auez dit orendroit tout le mieulx. Chascun de no? dye maintenant vng compte de soymesmes ou dautruy. Et quant no? aurons noz comptes finez/et nous nous serons vne grant piece de la nupt soulassiez nous nous yrons reposer. Certes dist le cheualier du paueillon ƒ vous dictes moult bien de dire ceste chose/et puis nous no? pourrōs dormir. Or escoutez dist le cheualier estrāge qui moult sembloit estre preudhomme. Se ie racomptoyes orendroit aucune de mes belles auantures bien pourroit aduenir que vous ne me croyriez mye/mais se ie vous cōptoyes aucune vergongne qui iadis me aduint adonc me croyriez vous plus tost. Or donc pour vous faire ryre et pour vous soulassier ie vous compteray tout orendroit vne hōte qui iadis me aduint. Et quāt iauray mon compte fine si comptera adonc chascun de vous le sien/et non mye de voz honneurs/mais de voz hontes. Car il me seroit aduis que ce seroit trop mal se vous vous poutez gaber de moy et ie ne me peusse gaber de vous pareillement. Si maist dieu fait danayn vous dictes moult bien. Je suis tout appareillie de ma partie de compter vne de mes auātures ƒ proprement de ma hōte apres que vo? aurez fine vostre cōpte. Et tout pareillement dist le cheualier du paueillon.

E t quant ilz se furent tous trois acordez a ceste chose le cheualier estrange qui bien sembloit estre preudhomme des armes cōmenca tout maintenant son compte en telle maniere comme vous orrez. Seigneurs dist il Il aduint iadis que le roy de Norgales et non mye celluy qui en ce tēps de maintenant regne/mais celluy q̃ son pere fut si tint vne grant court q̃ merueilleuse/et ie mestoyes a celluy point acointe dune damoiselle qui estoit moult forment belle si que de la veoir cestoit vng grant dedupt. Et pource que ie scauoyes certainement que a celle court sans faille bien droit moult grant gent et moult grande cheualerie oys ie a moy mesmes que ie iroyes veoir icelle feste. Je demanday a ma damoyselle se elle y vouloit venir/et elle dist que voirement yroit elle voulentiers. Je cuydoies certainement que ma dame me aymast autant comme dame pourroit aymer cheualier. Mais nō fai soit sans faille/ce me feist elle puis apres apparceuoir certainement. Quāt ie fuz venu entre les cheualiers q̃ en celle court estoient venuz pource que iestoie cheualier estrange assez nouuel a celluy point le roy de norgales qui toutesuoyes trop se trauailloit de tout son pouoir de honnorer cheualiers estranges me feist honnorer et me feist courtoysie a celle foys assez plus quil ne me deuoit faire. Car a la verite dire ie nestoyes pas garny de si haulte cheualerie quil me deust tant honorer comme il faisoit. Mais il le faisoit pource que iestoyes estrange et par sa franchise.

Q̃uant nous feusmes assiz aux tables en vne moult belle prayerie et grande qui trop durement estoit noble le roy de norgales poꝰ moy plus honorer mauoit fait seoir de coste luy/et deuant moy seoit ma dame que tout le monde regardoit a merueilles pour la tresgrant beaulte quelle auoit. Les vngs et les autres se penoient de moy seruir et honorer. Tous les cheualiers sestoient ia asseiz/et chascun cheualier se seoit auecques sa damoyselle ou sa femme. Atant vint entre noꝰ vng cheualier arme de toutes armes qui faisoit apres luy venir vne charrette. Le cheualier vint deuant nous tout a cheual garny de toutes armes/et ne trouua hom̄e nul en toute la place qui se descendist Et tout ainsi a cheual comme il estoit vint il deuant le roy q̃ luy dist. Sire roy ie vous vouldroyes auoir prie que vous me donnissiez vng don qui assez petit vous coustera. Et le roy qui de grant cueur estoit luy dist incōtinēt. Sire cheualier demandez ce que il vous plaira/ Car vous aurez vostre demande se cest chose que ie doye donner. Moult de mercys dist le cheualier. A chief de piece comenca a dire le cheualier en telle maniere. Sire roy vous souuient il orendroit du cheualier qui tant fut honore dedās vostre court iadis a deux ans acomplis en cestuy lieu proprement ou nous sommes orendroit. En nom dieu dist le roy voirement men souuient il bien. Cestuy fait nepourroyes ie oublier iour de ma vie. Sire roy dist adonc le cheualier or saichez tout certainement que ie suis celluy mesmes cheualier qui tant eut de honte et de vergongne en vostre court Car encores pouez voir la charrette ou ie men allay dentre vous. Or saichez sire roy pource que ieuz tant de honte a celluy point suis ie orēdroit retourne affin de conquerre honneur se ie puis/et faire honte a autruy ainsi comme elle me fut faicte. Et vous diray en quelle maniere ie le vueil faire. Il y a moult icy de cheualiers preudhōmes/hardys et vaillās Et chascun vient icy pour apprendre et pour soy esprouuer/ce voys ie bien. Je feray tant a celle fois q̃ ie feray leuer tout orendroit celluy de ceste assemblee qui mieulx semble bon cheualier/et conuien dra adonc quil prengne ses armes et que il viengne iouster a moy tout incōtinent Et se il aduiēt en telle maniere quil ma bate de la p̃miere iouste ie laisseray tout maintenant mes armes et mon cheual/ et monteray en la charrette q men retourneray aussi honteusement comme ie men allay. Mais sil aduient de lautre part p auanture que ie le puisse mettre a terre de la premiere iouste ie vouldray auoir sa dame se ainsi est q elle le vueille et moy asseoir en son lieu et il luy conuiendra adonc monter en la charrette q soy partir a telle honte de ceste court come ie men partis iadis.

Et quant le roy entendit la demande que le cheualier faisoit il fut ainsi come tout esbahy q respondit a chief de piece et dist. Sire cheualier or saichez tout vrayement que se ie eusse cuyde que vous me eussiez demande cestuy don ia ne vous leusse mye ottroye/car ie cognois bien tout plainement q nul ne pourroit auoir si non honte de iouster a vous/car puis que vous feustes mys en la charrette come vous mesmes le recognoissez nul ne pourroit iouster a vous que il ne feust moult vergongneux. Car a homme si deshonnore come est cestuy de la charrette ne deueroit iouster nul cheualier se force ne luy estoit faicte. Sire roy dist le cheualier coment quil soit deshonnore cestuy qui a moy ioustera si est il mestier se il vous plaist que vostre conuenant vous me teniez a ceste foys. Si feray ie dist le roy Mais se dieu me doint bonne auanture il me poise moult chierement de ce que ie le vous ay promys. Or regardez a ceste foys lequel que vous vouldrez de tous ces cheualiers qui voyse encontre vous iouster. Sire dist le Cheualier voulentiers et sappareilla adonc.

Apres cestuy parlement le cheualier qui en telle maniere auoit parle ne feist nulle autre demourance aincoys vint tout droictement a moy q me dist. Sire cheualier se dieu vous doint bonne auanture or saichez tout certainement que vous me semblez le plus preudhome sans faille qui orendroit soit a ceste court et le meilleur. Et vostre dame est sans faille la plus belle de toutes celles qui a ceste assemblee sont et pource en veulx ie a vous iouster. Car se ie puis ie me vengeray de la vergongne et honte que iay receue en ceste court deux ans a ia tous acomplis / et vous feray en la charrette monter ou ie fuz mys a cestuy point. Et en lieu de ma dame que ie perdys ie auray la vostre a cestuy point/car tout ce sera fait oultreement se ie puis. Or tost montez/car a iouster vous conuient contre moy. Ainsi me dist le cheualier a celle foys oyans tous ceulx qui la estoient. Et ie luy respondis tout incontinent q contre luy ie ne iousteroyes mye Car trop seroyes deshonnore se ie ioustoyes a vng cheualier de charrette. Ainsi estoies ie disant adonc/car ie nauoyes nulle voulente de iouster. Mais que valut mon esconduyt le Roy qui celle court tenoit pource quil auoit promys au cheualier de la charrette quil luy tiendroit son couenant me pria que ie ioustasse au cheualier/pourquoy il me couint laisser la table et tantost prendre mes armes q moy armer. Et quant ie fuz arme q monte sur mon cheual le cheualier qui de lautre part estoit arme ainsi come ie vous ay compte quant il vit que iestoyes appareille de la iouste il ne feist autre demourance aincois laissa courre tout incontinent sur moy tant come il peut du cheual traire q me ferit si roydement en son venir que ie neuz ne pouoir ne force de moy tenir en selle aincois volay a terre erramment et fuz moult estourdy du cheoir que ie prins a cestuy point.

Quant le cheualier vit quil mauoit abatu en telle maniere come ie vous ay compte il sen alla tout incontinent a ma dame et luy dist. Damoyselle vous voyez tout appertement coment il est aduenu a vostre cheualier. Il est honny et deshonnore trop vilainement/se il vous plaisoit ie vous vouldroyes bien prier que vous feussiez mamye et ma dame doresenauant. Et la dame q̃ moult petit maymoit ne fist nulle autre demourãce aincoys sen alla tout droictement au cheualier et me laissa tout pareillement et en telle maniere cõme se elle ne meust oncques veu. Et tout incontinent q̃ le cheualier fut saisy de ma dame en telle guyse comme ie vo9 ay compte cy deuant il ne feist nulle au tre demourance aincois se alla seoir en celluy lieu proprement dont ie mestoie remue/et ma dame si sassist deuant luy Je endroit moy suz prins tout erzãment et mys dedans la charrette et mene par toute la feste si treshonteusement cõme len pourroit mener cheualier. Et tous cryoiẽt apres moy. voiez le hõny voiez le honny/voiez le tresmauluais q̃ le failly. Et quãt ie voys recordant celle tresgrant vergongne que ie receuz adonc a celle feste ie dys bien a moy mesmes que ce fut bien sans faille vne des plus grãs vergongnes que ie receuz oncq̃s en toute mavie. Si vo9 ay orendroit fine mon compte a cestuy point/ car deuisee vous ay ma hõte tout appertement. Et quãt il eut dicte ceste parolle si se taist et nen dit plus a celle foys.

Apres ce que le cheualier si eut son compte fine tout apperte ment en telle maniere cõme ie vous ay deuise danayn qui alors ne sca uoit qui il estoit lalla oredroit asses bien recongnoissant/car se auoit il este qui la uoit abatu/et qui lauoit fait mettre de dans la charrette. Bien congneust da naÿn par celluy compte que ce cheualier qui tant estoit bel sans doubte estoit le plus couard cheualier et le plus failly de cueur de tout le siecle. Et puis quil eut fine son compte danayn cõmenca a par ler et dist. Sire cheualier se dieu vous doint bonne auanture et recognoistriez vous en riens cestuy cheualier qui iadis

vous feist celle vergongne que vo9 aues icy comptee. Certes nenny dist le che ualier ne ie ne peuz oncq̃s certainement scauoir qui il fut. Et ne le veistes vous puis dist danayn. Ouy certes dist le che ualier ie le veiz depuis et encores enim menoit il ma dame en sa compaignie. Mais telle fut la myenne auanture que ie ne peuz sur luy ma damoyselle en nulle maniere du monde gaigner ne par for ce ne par priere. Et saichent tous que ce cheualier qui tant estoit beau q̃ qui tant estoit mauluais en toutes guyses estoit appelle Monnon de la selue/et auoit este filz dung forestier. Mais pour la beaul te quil auoit cuydoient tous ceulx qui le veoient quil feust gentil et moult dure ment de hault affaire et bien emparẽte

Et lors a chief de piece cõmen ca a parler le seigneur du pa ueillon et dist a danayn. Si re cheualier puis que nous auõs ouy le compte de cestuy cheualier et qui selon mon auis nous a bien la verite comptee orendroit est raison selon nos conuenan ces que chascun de nous deux compte desormais la sienne auanture. Certes sire dist danayn vous dictes bien veri te/ et desormais vous encommencerez a dire la vostre auanture/ et quãt vous laurez finee ie commenceray a dire adõc la myenne. Certes sire dist le cheualier ce me plaist moult bien. Or escoutez des ormais mon cõpte si pourrez bien adonc ouyr vne grant honte qui iadis mauint se dieu me sault. Et quant il eut dicte ceste parolle il commenca son compte en telle guyse comme vous orrez.

Seigneurs fait le seigneur du paueillon il aduint iadis que le roy Sterpandagron si tint vne grant court dedans sa cite de Camaalot Et fut celle court tenue en vng este a la feste saint iehan tout droictement en la prayerie de Camaalot. Et a tant vint entre nous vne damoyselle qui estoit de grande et merueilleuse beaulte garnye. Et estoit la damoyselle montee sur vng palefroy moult beau et moult coint. Et venoit la damoyselle seule sans nulle cōpaignie dhōme. Et quāt elle fut venue deuant le roy Sterpandagron qui adonc estoit entre les autres cheualiers moult lye et moult ioyeux de ce que a sa court estoit venue si haulte cheualerie comme il veoit deuant luy elle luy dist. Sire roy ie suis vne damoyselle estrange qui suis venue a vostre court/et tant que ceste court se tiendra a ceste fois ie y demoureroyes moult voulētiers pouruer que ie y osasse demourer seurement. Dame dist le roy Sterpandagron et pourquoy noseriez vo[us] seurement demourer a ma court. Sire roy dist la damoyselle et ie le vous diray.

OR saichez tout vrayement quil y a orēdroit en ce pays vng cheualier qui tant me ayme par amours comme cheualier peut aymer dame ne damoyselle. Il est moult preudhōme des armes et moult hardy estrangement. Et si vous dys que pour bonte quil y ait en luy ne pour beaulte si ne me peut le couraige adonner a aymer le cheualier en nulle maniere du monde aincois le hais moult durement tant cōme dame ne damoyselle ne peut plus hayr cheualier. Mais pource que cestuy cheualier ma ia par mainteffoys requise q[ue] ie laymasse par amours et que a cestuy fait ne macorderoeis ie mye en nulle maniere du monde/saichez que nous auōs fait nouuellement vnes cōuenances entre moy et luy. Et ceste conuenance ay ie trouuee moymesmes pource que ie ne veoyes pas que ie me peusse en nulle autre maniere du monde deliurer de luy. Et est nostre conuenance telle. Je suis en ceste court venue/et il doit huy ou demain venir apres moy/et ie vous doys faire vne priere/et desorendroit la vous faiz comme au meilleur roy et au plus

courtoys qui orendroit soit en ce monde et est telle. Prenez le meilleur cheualier et le plus puissant des armes que vous saichez en ceste place q[ue] me mettez au conduyt de ce preudhomme qui me pourra bien deffendre/en telle maniere quil me promette bien et loyaulment et deuant vous mesmes quil me deffendra de tout son pouoir encontre cestuy cheualier qui cy doit venir. Franc roy se vous le faictes ainsi ie remaindray a vostre court. Mais en autre maniere ie ny remaindray mye aincoys men iray dune autre part et moult vistement.

Quant la dame eut parle en telle maniere deuant le roy Sterpandagron le roy qui moult estoit courtoys luy respondit tout incontinent. Dame or demourez seurement et ie vous prometz que ie vous mettray en la main de si bon cheualier que vous ne deuerez plus auoir de paour ne de doubtance de cestuy cheualier dont vous parlez. Sire dist la damoyselle et ie remaindray doncqs. Or saichez certainement que iay paour et doubtance que ie ne soyes engingnee par vostre asseurance. En telle guyse cōme ie vous ay cōpte et par icelle conuenance demoura la damoyselle a la court du roy Sterpandagron/et ie qui a cestuy point estoyes nouueau cheualier et qui plus me prisoyes adonc que ie ne deuoyes faire pour vne seule auanture qui mestoit aduenue la sepmaine de deuant dont aucunes gens me dōnoient pris q[ue] loz. Et quant ie veiz que la dame estoit p[ar] tel cōuenant demouree ie men vins adonc deuāt le roy Sterpādagron et luy dys. Sire vo[us] mesmes me fistes nouueau cheualier sicōme vo[us] mesmes le scauez et encor ne vo[us] ay ie demande don ne vng ne autre. Or vo[us] prie ie q[ue] vous me dōniez vng don tel cōme ie le vo[us] demanderay. Et le roy Sterpandagron q[ui] encores ne scauoit q[ue] cestoit que ie luy voulopes demander le mottroya moult voulentiers voyãs tous les cheualiers qui presentement estoient illec. Et ie remerciay tout incontinent le roy du don quil mauoit ottroye par deuant toꝰ les cheualiers. Et puis apres ie luy dys. Sire roy scauez vous que voꝰ mauez donne / cest que iauray huy et demain ceste dame en mon conduyt et tant comme elle demourra en vostre court a ceste fois. Et ie voꝰ prometz que le cheualier qui ceste partie doit venir pour la dame auoir ia ne sera de si grant pouoir selon mon escient que ie encontre luy ne la deffende moult honnorablement.

Quant le roy entendit ceste parolle il fut assez courrousse / et bien en monstra le semblant. Et poꝰce q̃ ie le trouuay vng petit hors de sa voulente il me dist oyans toꝰ ceulx qui illec estoient. Sire cheualier bien est vray que voꝰ ottroiay le don que voꝰ me demãdastes. Mais voirement pour ce que vous me demandastes / et que voꝰ estes nouueau cheualier mest il auis que encores ne vous drueriez vous pas mettre en si grant espreuue comme est ceste / car voꝰ ne scauez de combien grant pouoir est le cheualier qui pour ceste dame doit venir a ceste assemblee / si voꝰ louer oyre ie en droit conseil pour lhonneur de vous et de moy que vous vous souffrisiez de ceste chose. Car bien saichez tout certainement que se il vous meschroit en mon hostel moult durement men peseroit poꝰ cause que ie voꝰ fay ait cheualier de ma propre main. Voꝰ estes orendroit si nouueau cheualier que ie ne moseroies mye tant fier en vostre prouesse que ie vous osasse seurement laisser en ceste auanture. Veez cy le mor hault dyrlande qui est cheualier esprouue et dont noꝰ sommes bien seurs. Veez cy le roy Ban et le roy Boort de gaunes. Tous ces trois sont bons cheualiers comme nous mesmes le scauons / et a aucun de ces trois pouons nous seurement la dame baillier en garde / et vous remaindrez en paix comme cheualier nouueau de vostre affaire. Amy cest le meilleur conseil q̃ le ferez tout ainsi comme ie vous lay dit se vous voulez.

Ores q̃ le roy Sterpandagron eut sa raison finee ie q̃ estoie fort courrousse de cestuy parlement et qui tant me prisoyes quil mestoit bien auts q̃ ie sauoies en toutes guyses vng cheualier ie respondie adõc fort felonneusement. Sire roy ie vous prie que vous me faciez si grant honneur que voꝰ ne me vueillez mye tollir ce que voꝰ mauez donne. Car saichez certainement que ie men tiendroies a auile et a honny se vous me tolliez la dame pour la donner a vng autre Cheualier. Et si feriez a moy trop malement grant honte / et a vous moult grãt vilenye. Car tout ainsi soit ce que ie soyes nouueau cheualier si suis ie si puissant des armes q̃ ie garderay bien sans doubte ceste dame encontre vne autre Cheualier se auanture ne mest trop durement contraire. Et quãt le roy Sterpandagron vit que ma voulente estoit telle il me respõdit. Saichez certainement ql me poise moult durement de ce que vous vous estes mys en ceste querelle / car il ne mest pas auis que voꝰ soyez encores en telle bonte de cheualerie que vous puissiez a fin mener cestuy Ainsi me dist adonc le Roy Sterpandagron / mais pource ne demoura mye ql ne mist la dame en ma garde / si la tins auecques moy tout cestuy iour et la garday / et luy feiz tout au mieulx que ie peuz faire. Et toutesuoyes estoient auecques elle a ceste foys deux damoyselles q̃ luy faisoient compaignie.

Le lendemain pprement a heure de disner quant le roy Sterpandagron se seoit au mãgier a si tresgrant cõpaignie que ce estoit vne moult grant merueille de ce veoir / et ie estoyes toutesuoyes arme de toutes mes armes et gardoyes adoncques la dame a tant est venu ung chevalier arme de toutes ses armes fors que du glaiue tãt seulement. Le chevalier ne venoit mye a cheual/mais venoit a pie tout seul son escu a son col. Et portoit adonc son escu en telle maniere a cestuy temps que ie na uoyes oncqs veu porter escu en telle guy se comme il le portoit.

Quant ilz virent venir le cheua lier en telle maniere ilz cõgneu rent tout plainement quil ve noit en guyse de chevalier vaincu et re creant si le dirent au Roy tout inconti nent. Sire roy veez cy venir ung cheua lier vaincu & recreant. A ce le pouez voir et congnoistre quil porte en telle manie re son escu. Bien peut estre dist le roy. La ou ilz parloient en telle maniere de ce chevalier q venoit a court en telle guy se il vint tantost entre eulx. Et la ou il vit le roy Sterpandagron il le recõgneut moult bien si vint a luy droictement et luy dist. Sire roy ie vies a vostre court mais certes ie ny viens mye si ioyeuse ment cõme ie souloyes na mye encores grãt temps. Et non pourtant il ne mest pas orendroit auis que ie doyes estre si dolent cõme maintz cheualiers qui oren droit me doyuent congnoistre et qui me viennent regarder. Sire roy vo⁹ voyez bien comment ie viens / et si viens assez honteusement. Mais or scay ie tout cer tainement que ie ne me tiens pas pour chevalier se ie ne faiz porter plus honteu sement a tel chevalier qui est entre vous ses armes qui bien par auãture en cuide departir a grant honneur. Sire roy de ce me faiz ie certain se il vous plaist me laisser cõbatre pour gaigner vne dame q en vostre court est venue vestue dung cendal a lencontre dung chevalier q con tre moy la doit deffendre par sa prouesse. Comment dist le roy Sterpandagron es tes vous donc le chevalier qui tant ay mez la dame. Certes dist le chevalier voirement suis ie cestuy qui tant ayme

sa dame comme nul chevalier pourroit aymer nulle dame. Et si ie scay tout cer tainement que elle me hayt/mais de tãt mest il bien aduenu que entre nous deux auons fait vng conuenant pourquoy ie cuyde que encores viẽdra elle entre mes mains et a ceste foys. En nom dieu res pondit le roy Sterpandagron ie scay biẽ les conuenances de vous deux selon ce que la dame ma compté.

Et lors dist le chevalier Sire puis que vous scauez noz con uenãces tant me dictes sil vo⁹ plaist. Trouuastes vous encores le che ualier qui contre moy doit la dame def fendre. Ouy certes dist le roy Sterpan dagron trouue lay ie voiremẽt. Et croy bien ql soit tel chevalier et de telle proues se qui la pourra bien et hardiement def fendre encõtre vous. En nom dieu fait le chevalier donc ny ait aultre chose fors que no⁹ en soyons a lespreuue tout main tenant/et deuant vous soit faicte ceste bataille ainsi a pie comme ie suis. Et la ou ilz parloient en telle maniere comme ie vous cõpte le roy Sterpandagron me feist appeller deuãt luy. Et lors ie men allay tantost deuant le roy Sterpanda gron arme de toutes mes armes et la dame auecques moy. Et quant le che ualier me vit venir il sen vint tout droic tement a moy et me dist. Estes vous le chevalier qui ceste dame doit deffen dre encontre moy. Et ie respondis tout erramment voirement la vueil ie def fendre encõtre vous. En nom dieu dist le Chevalier vous auez entreprins vng tel fait que vous ne pourrez mye main tenir. Or vo⁹ gardez huymais de moy car ie vueil auoir la dame se ie puis en nulle maniere du monde.

Apres cestuy parlement ne fist le chevalier autre demourãce aincoys vint sur moy lespee droicte contremont lescu iette dessus sa teste ainsi a pie cõme il estoit/ et ie vins

h iij

De Gyron le courtoys

appareille de tout mon pouoir pour deffendre ma dame. En telle maniere comme ie vous compte venismes nous lung contre lautre les espees nues entre les mains. Le cheualier qui estoit estrangement fort et q̃ bien scauoit ferir de lespee lança sur moy vng si tresgrant coup parmy mon heaulme que lespee entra dedãs plus de deux doigtz en parfond si q̃ le trenchant de lespee me vint iusques au test. De cestuy coup que le cheualier me donna ie fuz si durement estonne que ie neuz ne pouoir ne force que ie me peusse tenir en estant/aincois cheuz tout incõtinent a paulmetõs ⁊ me vola lespee des mains. Et quãt le cheualier me vit ainsi au dessoubz il ne feist nulle autre demourance ains me courut sus tout incontinent et me print au heaulme et me larracha de la teste/et mabatit toute la coiffe de fer hors dessus les espaulles. Et quant il meust descouuert toute la teste et desarmee ainsi comme ie vous ay compte/ et que iestoyes si durement estourdy si que ie nauoyes pouoir ne force que ie me peusse deffendre aincois gisoyes illecq̃ ainsi comme mort. Et quãt il me vit si au dessoubz en toutes guyses il se tourna deuers le roy Sterpandagron et luy dist. Sire vous voyez bien cõment il est sil me plaisoit ie pourroye bien a ce cheualier trẽcher la teste/car il na pas pouoir ne force quil se puisse deffendre encontre moy/et dieu me gard que ie ne feisse si grant vilenye comme seroit ceste. La dame pourquoy ie vins en ceste place ay ie bien gaignee et la puis huymais prendre seurement/car ie lay conquise p mon espee/ce voyez vous tout appertement.

Lors que le cheualier eut dicte ceste parolle il ne feist nul autre delayement aincois alla a la dame et la print deuãt le roy Sterpandagron. Et elle qui bien veoit que p raison elle ne se pouoit deffendre encontre le cheualier par les conuenances qui entre eulx deux auoient este faictes souffrit et endura que le cheualier la print. Et quant ie fuz releue de lestourdisson ie regarday adonc que encores estoit deuãt moy le cheualier lespee en son poing toute nue. Et quant ie sentys ma teste desarmee/et que iauoyes mon espee perdue, car le cheualier lauoit iettee au loing tant cõme il auoit peu/adõc fuz ie moult durement desconforte. Car ie veoyes tout clerement que le cheualier me pouoit mettre a mort sil vouloit. Et quant ie me fuz dresse en estant le cheualier me courut sus lespee en sa main toute nue. Je qui auoyes doubtance de la mort escheuay les coups tout au mieulx que ie peuz/et commencay a fuyr a dextre et a senestre. Et quant il vit le semblant de moy il me courut sus plus asprement q̃ n'auoit fait deuant et me print aux bras et me ietta incõtinent tout estendu a la terre. Et quant il meust mys dessoubz luy il me dist adonc que iestoyes mort se ie ne faisoyes du tout sa voulente. Que vous diroyes ie ores/ie cuidoyes eschapper/car iestoyes du tout si fierement au dessoubz que ie cuidoyes mourir. Et affin que ie scheuasse la mort que ie veoyes deuant moy ie creancay adonc au cheualier que ie feroyes tout oultreement sa voulente. Et tout incõtinent apres ceste parolle le cheualier me dist. Sur le creant que vous mauez fait vous porterez cestuy mien escu a vostre col en telle maniere cõme ie lay porte a ceste feste/et direz a tous ceulx q̃ vous rencõtrerez que le mauluais cheualier/couard ⁊ deshonnore vous fait cest escu porter pour võ faire honte et laydure ainsi comme elle luy a este faicte. Et quant il eut dicte ceste parolle il me donna lescu et ie le receuz/ et tout incõtinent que ie leuz receu il luy fut amene vng destrier et feist mettre la dame dessus vng palefroy. Et quant le cheualier et la dame si furent montez le cheualier dist adonc au roy Sterpan dagron. Sire roy or cheuaucheray ie/et saichez que ie ne vins mye a la court si honteusement que plus honteusement ne sen parte vostre cheualier a qui vous donnastes ma damoyselle. Et quant il eut dicte ceste parolle il se partit de nous si que plus ne le veismes. Et puis apres il fut compte au roy sterpandagron que celluy iour mesmes se occist la dame du grant dueil quelle auoit de ce quelle estoit venue entre les mains de celluy cheualier quelle hayoit si mortellement. En telle guise comme ie vous ay compte fuz ie honny/vergonde et auile en la maison du roy sterpandagron pour lachoyson de ceste dame. Et quant ie voys en moy mesmes recordant les meschéances & les aua̅tures qui aduenues me sont depuis que ie fuz premierement nouueau cheualier dys ie bien que ceste fut vne des greigneures hontes qui oncques puis me aduenist. Et a tant se taist et nen dit plus. Si vo9 a orendroit fine son co̅pte.

Quant le seigneur du pauei̅llon eut mene son co̅pte a fin en telle maniere comme ie vous ay compte. Danayn qui de cestuy compte estoit aussi bien recordant comme celluy qui recorde lauoit/car il auoit este celluy qui a la court estoit venu/et estoit celluy qui tant auoit aymee la dame. Et quant il eut tout fine son compte danayn luy dist adonc. Sire cheualier se dieu vous doint bonne auanture veistes vous puis le cheualier qui si treshonteusement vo9 feist porter lescu. Certes sire dist le cheualier or saichez tout certainement que ie ne le veiz oncques puis dont ie le recongneusse. Sceustes vous puis qui il fut dist danayn. Certainement sire nenny dist le cheualier. Et no̅ pourtant aucu̅s me dirent depuis que ce auoit este danayn le roux. Ce ne scay ie se ce fut il ou non/ou se ce fut verite ou mensonge. Or me dictes sire cheualier fait danayn se dieu vous doint bonne auanture se vous

voyez danayn le roux le recongnoistriez vous. Certes sire nenny dist le cheualier du pauei̅llon/car ie ne le veiz pas longuement. Sire cheualier dist henor de la selue a danayn vous auez ouy comment chascun de nous deux a son compte fine tout ainsi comme nous auions promys vous dictes verite fait danayn. Mais pourquoy auez vous ce dit. Pour ce fait henor que nous voulons que vous nous comptez vostre compte. Certes fait danayn ie le vous compteray puis que vo9 le voulez ouyr. Or escoutez sil vo9 plaist. Et tout maintenant quil eut dicte ceste parolle si commenca son compte et tout en lheure en telle maniere.

Iadis aduint seigneurs dist danayn que le roy de norgales si tint vne court gra̅de & merueilleuse/et saichez que ce ne fut mye cestuy roy qui orendroit est ains fut le pere de cestuy qui orendroit regne. Je vins a celle court & tant feiz que ie gaignay le pris et le loz par ma prouesse. Quant henor qui de la selue estoit surnomme entendit cestuy compte il ne se peust tenir quil ne dist tout incontinent a danayn le roux Sire cheualier vous auez co̅mence vostre compte en autre maniere que nous ne deuisasmes/car vous nous deussiez compter vostre honte & vous nous allez icy parlant de vostre honneur et de vostre prouesse. Seigneurs dist danayn se dieu me doint bonne auanture il mest auis que iay mieulx co̅mence mon co̅pte que vous ne commencastes les vostres Chascun de vous si na compte fors que tout ainsi comme sa honte luy est aduenue/mais se iay a cestuy point enco̅mence a compter de lhonneur de moy ie fineray mon compte a ma honte et a ma vergogne. Ce sera plus q̅ vous nauez fait. Sire cheualier dist le seigneur du paueillon bien auez dit se dieu me sault. Or co̅ptez huymais vostre compte si orro̅s vostre vergo̅gne/et ado̅c a me̅ce danayn

h iiij

Seigneurs fait Danayn apres ce que ie euz conquise la Dame en la court du roy de norgales ie men partys / et tant cheuauchay que ie vins a vne forest qui pres estoit et me reposay dedens vng hermitage. Et quant ieuz vng pou repose leans ie commēcay a demander nouuelles a la dame / et luy demanday qui estoit le cheualier dessus qui ie lauoye conquise. Et adonc la Dame dist. Sire or saichez tout vrayement quelque beau cheualier quil soit ie vous prometz loyaulment q̃ cest le plus mauuais cheualier et le plus fel de cueur qui soit au monde. Je fuz moult durement esbahy de ceste nouuelle / car cestuy cheualier estoit si bien taille de tous membres que cestoit vng deduyt de le veoir / et pource ie naymay pas la dame. Apres ce ne demoura mye grammēt de tēps que mon chemin me porta dedans vng chastel la ou on faisoit moult grāt feste. Car le seigneur du chastel auoit icelluy iour receue lordre de cheualerie. Et por ce faisoit il leans la feste si grāde q̃ si mer ueilleuse. Et affin que la feste feust grei gneure et plus ioyeuse donna il le prix a cestui cheualier sur qui iauoyes la dame cōquise. Et lauoient ceulx de leans fait armer de toutes armes q̃ mōter sur vng grāt destrier. Et tout ce auoient ilz fait par gaberie / car ilz le tenoient entre eulx si vil et si mauuais quilz ne le prisoient ne que vng garcon. Le mauuais cheua lier dont ie vous parle q̃ tant estoit beau cheualier estoit deuant la maistresse por te du palais tout ainsi arme cōme ie vo[9] dys / et estoit le chemin du chastel par il lec tout droictement. Et ie qui nauoyes cueur de demourer a celle feste / quant ie vins deuāt la porte du palais vouloyes cheuauchier oultre / car mon pēser estoit adōc de cheuauchier vers forestois / mais tout incontinent vindrēt plus de .xx. hō mes a pie q̃ me dirēt. Haa sire cheualier descēdez / ne faictes telle vilenye que vo[9] vous partiez cestuy iour dētre nous. Je qui de demourer nauoyes nulle voulen te dys a ceulx qui deuant moy estoient. Or saichez certainement que ie ny de mourray pas / car le demourer de ceans me pourroit tourner a ennuy. De ceste response que ie dōnay adonc se cōmence rent a courrousser les vngs q̃ les autres et me dirent que demourer me cōuenoit voulsisse ou non. Et ie dys que ie ne re maindroies mye. A cestuy point que no[9] estions en tel estrif le mauluais cheua lier et couard qui a la porte estoit demou re ainsi cōme ie vous ay compte si com menca a crier tant cōme il peust. Laissez le cheualier en paix. Et adonc ilz me lais serent tout incontinent / et cōmencerent tous a ryre et a batre les paulmes. Et quant le mauluais cheualier / couard et failly vit que ilz meurent laisse il ne feist nulle autre demourance aincoys laissa courre sur moy. Et ie qui estoyes a cel luy point si desgarny que ie nauoyes ne espee ne glaiue / Car toutes mes armes portoit adonc mon escuyer. Et pource ne cuidoyes en nulle maniere du monde que le mauuais cheualier ferist sur moy tant cōme ie feusse desarme. Je cuidoies tout certainement quil se gabast q̃ pour ce ne faisoyes ie pas moult grāt force de son venir. Cestuy mauluais Cheualier pensoit tout autre chose q̃ ie ne pensoies car il me congnoissoit.

A cestuy point vint il sur moy la lance baissee au ferir des es perons / et toutesuoyes ie cuy doyes bien q̃l se gabast. Et quen diroyes ie le mauluais cheualier / couard q̃ failly qui sur moy vint en telle maniere cōme ie vous compte me ferit adonc si roydement que pour le haulbert il ne demou ra quil ne me fist emmy le pis vne playe moult parfonde. Et me porta a cestuy point du cheual a terre / et commenca a cryer. Cestuy est pire q̃ ie ne suis / or tost faictes luy tel hōneur cōme vous deuez.

Quant il eut dicte ceste parolle la cryee leua de toutes pars. Voyez le mauuais qui est abatu/ et ie me redzesse mainte‍nant ainsi naure comme ie estoye De tel encontre et ie veoye que tout le monde cryoit apres moy/ Voyez le mauuais & le honny et ie ne dysoye nul mot du monde aincois cuydoye quil me deust mainte‍nant ramener mon cheual/ mais non fist ne luy ne eulx aincois le commencerent en lheure a dechasser parmy le chastel puis deca puis de la.

Quant ie vy ce ie ny feiz nulle autre demourance aincois feiz mon escuyer descendre et tout ainsi naure cõe ie estoie montay sur le roucin de mon escuyer & prins mon escu & mon glayue. Et quant ie voulus courir sus a ce mauuais cheualier ie vy que il tour‍na en fuye tant comme il peut. Et quãt ie vy ce ie men yssy trop courrouce estrã‍gement/ car tout le monde cryoit apres moy. Et saichez que de celluy coup que le mauuais cheualier me donna me con‍uint il seiourner quinze iours tous en‍tiers dedans le chasteau/ et dedans icel‍luy terme aprins ie qui il estoit et com‍ment il auoit a nom. Et quant ie vois recordant en moy mesmes comment ie fuz abatu et par si tresmauluais cheua‍lier et si failly ie dy tout hardyement que cest vne des grandes hontes qui me aduint oncques en tout mon aage. Or vous ay ie fine mon compte. Et quant il eut dicte ceste parolle il se teust a tant quil nen dist plus a ceste fois.

Apres ce quil eut fine son comp‍te ainsi comme ie vous ay dit hennor de la selue qui trop du‍rement estoit yre des parolles que da‍nayn le roux auoit dictes illec emprint la parolle sur luy et dist. Comment sire cheualier vous tenez vous a si deshon‍nore de ce que hennor de la selue vous a batit. Ouy certes fait danayn le roux ie men tiens a honny trop durement/ car il est le pire cheualier du monde. Et vo9 qui estes vous fait hennor se dieu vous doint bonne aduanture. Certes fait da‍nayn le roux ie suis vng cheualier errãt En nõ dieu dist hēnor il ne mest pas ad‍uis que hennor soit du tout si mauuais comme vous assez disant orendroit/ ains cuyde quil scauroit bien son corps deffen‍dre encontre tel cheualier comme vous estes se aucun grant besoing lamenoit a ce. En nom dieu fait danayn le roux ia encontre moy ne se deffendra/ car iamais se dieu plaist ne lassauldray pour ce que ien seroye trop desprise. Et lors sur ce print la parolle le sire du pauillon et dist a danayn. Sire si mayst dieu vous auez raison de ce que vous dictes/ car certes de celluy hennor de la selue de qui vous parlez orendroit ay ie ouy dire a maint preudhomme tant de honte et de vergõ‍gne que ie dy bien endroit moy qui ne suis mie de grant pris ne de grande renom‍mee q ie me tiendrois a honny et deshon‍nore se ie touchoye a luy. Et pour ce dy ie que bonne cause auez.

A chief de piece parla danayn au seignr du pauillon & luy dist Sire cheualier lescu qui vous fut baille en autelle guise comme vous le deustes porter le portastes vous ainsi comme vous le creancastes. Ouy certes ce dist le sire du pauillon ne oncques ne lui failly de conuenance nulle/ si en receu maintes hontes et maintes vergõgnes auant que lan si fut passe. Et si maist dieu mieulx aymeroie iamais ne porter armes que ie deusse encores autant soub‍stenir de vergongne et de honte comme ie soubstins en icelle annee pour celluy escu porter. Or me dictes fait danayn se dieu vous doint bõne aduanture sceus‍tes vous oncques puis qui fust le cheua‍lier qui vous fist ceste grantvergongne que vous nous auez comptee. Certes si re fait le cheualier du pauillon nenny. Et vous en scauez vous aucune chose.

De Gyron le courtois

Je ne vous en diray ores mie ce que ien scay fait danayn le roux. Et non pour tant ie vous prometz loyaulment a tous deux que ce fust ung seul chevalier qui vous fist a tous deux ceste vergongne et que cestuy qui la fist a lung de vous la fist a lautre. Et comment le scavez vous fait le chevalier du pavillon feustes vous doncques a ces deux cours dont nous avons icy parle. Ouy certes fait danayn ie y fuz voirement/et saichez que ung seul chevalier si vous desconfit tous deux car ie le vy tout aussi a mon ayse comme ie vous voy orendroit. Et ie vous prie pour dieu fait le sire du pavillon puis que vous estes de ceste chose certain que vous nous diez qui fust cestuy chevalier qui en telle maniere nous desconfit. Certes ce dist danayn le roux ceste chose ne diray ie mye a ceste fois / mais se entre vous deux voulez tant faire que vous venissiez demain avecques moy ie vous prometz loyaulment que ie vous monstreray cestuy qui vous desconfit ainsi comme vous mavez compte. Si maist dieu dist le sire du pavillon se ie cuydoie que vous me tenissiez convenant saichez tout certainement que ie men yroye demain avecques vous / et tout autant en dist hennor de la selue. Et ie vous crean ce loyaulment fait danayn que ie vous monstreray demain cestuy qui vous desconfit proprement. Et ilz dirent tous deux que adonc luy tiendroient ilz compaignie le lendemain.

Apres que ilz eurent entre eulx tenu tel parlement comme ie vous ay compte le chevalier du pavillon dist. Seigneurs desormais seroit il bien temps de dormir. Et ilz se accorderent tout maintenant a ceste chose et se coucherent et endormirent sur lherbe verte iusques au lendemain que le iour se commenca a esclarcir. Au lendemain matin se esveilla danayn le roux premier que les deux autres chevaliers/et quant il vit que encores dormoient les esveilla il pour ce que il navoit talent de plus demourer illec et leur dist. Seigneurs chevaliers il seroit temps de chevaucher/et les chevaliers sesveillerent adonc erraument quant ilz ouyrent ceste parolle / et puis demanderent leurs armes qui leur furent tantost apportees. Quen diroie ie tous trois furent tantost armez/ car moult desirans estoient de chevaucher Et puis danayn leur dist. Seigneurs affin que entre vous ne diez que ie vous faille de convenant de ce q ie vous dis hier au soir saichez que ie suis tout appareille se vous me voulez suivre de vous tenir ma promesse/et ilz respondirent q ilz estoient trop desirans daller apres luy pour estre certains de ce quil leur avoit promis. Et tout maintenant se mirent a la voye et chevaucherent au travers de la forest droictement vers le grant chemin/car plus tost cuydoit danayn celle part ouyr nouvelles des deux chevaliers quil alloit querant.

Tant chevaucherent celle matinee qlz arriverent a une fontaine entour heure de prime qui sourdoit a lentree dune mareschiere/et celle fontaine estoit moult belle et delectable et environnee darbres de toutes pars. Et quant ilz furent pres des arbres venuz danayn qui le pays congnoissoit dist a ses compaignons. Seigneurs saichez tout vrayement que icy pourrez veoir une des plus belles fontaines que vous veissiez oncques en vostre vie et pour ce y vueil ie descendre et vous mesme sil vous plaist y descendrez. Et quant ilz furent iusques a la fontaine venuz ilz descendirent. Et danayn qui alors se recorda dune aventure qui advenue estoit a celle fontaine long temps avoit a hennor de la selue se commenca a soubzrire pour la cause dicelle aventure et a regar der hennoz. Et le cheualier du pauillon si se print garde dicelluy ryz, et pour ceste cause dist il tout maintenant a danayn Sire cheualier se dieu vous doint bonne aduanture pour quoy soubzriez vous. Or saichez sire ce dist danayn tout vrayement que se ie cuidasse quil nen deust desplaire a ce cheualier qui cy est et qui venu est en nostre compaignie ie le diroye. En nom dieu dist hennoz dictes seurement, car a paine me pourriez vous courroucer de parolle q̃ vous diez a ceste fois Et adonc danayn dist. Or me dictes dõc vous souuiẽt il point dung cheualier qui iadis vint acheste fontaine droictement en ceste saison et fust apres vne grant court que le roy vterpendragon auoit tenue a kamaalot, et portoit ce cheualier vnes armes myparties de blanc et de vert. Et hennoz qui a ceste parolle cõgneut bien que cestoit que danayn vouloit dire, car sestoit il proprement a qui ceste aduanture estoit aduenue, et quant il ouyt parler des armes myparties de vert et de blanc il en fut tout honteux, et pour soy faire descongnoistre a danayn luy dist il. Commẽt me souuiendroit il de celluy cheualier dont vous me parlez quant ie ne me recorde mye que ie feusse oncques a ceste fontaine. Et certes fait danayn ie cuydoie que vous y eussiez este Mais pour tant se point ny auez este ne demourra mye que ie ne compte ce pour quoy ie commencay a soubzrire, et lors se tourna vers le seigneur du pauillon et luy dist.

Sire or saichez tout vrayement que apres celle court qui iadis fut tenue a kamaalot aduint que quatre Cheualiers qui sen alloient vers la fin de norgales vindrent droictement a ceste fontaine ou nous sommes orendroit et a celle heure quilz y vindrẽt estoit il bien midy. Et pour ce quil faisoit moult grant chault en icelle saison se desarmerent tous les quatre cheualiers. Quen diroic ie, la ou ilz se reposoient en telle maniere tous quatre sur ceste fontaine arriua sur eulx vne damoiselle trop merueilleusement belle, laquelle nauoit en sa cõpaignie que vng escuyer et vng nayn la plus petite creature de son aage que ie veisse oncques et vne dame merueilleusement vieille de bien enuiron cent ans et estoit la plus layde dame que on eust sceu veoir. Et ie q̃ estoye sans faille lung des quatre cheualiers qui se reposoient quant ie vy venir la dame et sa compaignie aussi ie dis a mes compaignons qui icy estoient. Voicy venir vne des plus laydes dames du monde et les autres dirent que verite estoit La dame descendit entre nous et toute sa compaignie aussi et beurent de leaue de la fontaine, mais aincois que ilz touchassent a la fontaine nous saluerent ilz assez courtoisement. Et lung de noz cõpaignons qui portoit armes myparties de vert et de blanc quant il eut assez regardee la beaulte de la damoyselle si la conuoita et nous luy deismes que auoir ne la pouoit il par raison a ceste fois, car la damoyselle estoit adonc sans conduyt de cheualier et que pour ce ne la pouoit il prendre. Et il respondit que mestier estoit quil leust feust sa honte ou son deshonneur. Et tout maintenant se mist auant et dist a la damoyselle. Damoyselle or saichez tout certainement quil est mestier que vous demouriez en ma garde, ie vueil estre vostre cheualier par tel conuenant que vous soyez ma dame. Et celle respondit tout maintenãt. Or saichez sire cheualier que ie ne puis estre vostre dame, car ie vous dy certainemẽt que trop est meilleur Cheualier que vo' nestes celluy de qui ie suis aymee. Et pour ce vous loue ie endroit conseil que vous teniez en paix de cestuy parlement Et quant le cheualier entendit ceste parolle il dist que maulgre elle seroit elle sa dame, et lors la print pa la main et l̃ resta. Et quant la vieille damoyselle vit que le chevalier faisoit si grant force a la dame elle ny fist nulle autre demourance/ mais sen alla tout droictement vers lespee du chevalier et si ne scay se elle la congnoissoit entre les autres ou non mais elle la prit et tyra hors du fourreau puis tout incontinent courut sus au chevalier qui encores tenoit la dame par la main et luy donna de lespee parmy la teste si tresgrant coup que le chevalier neut adoncques pouoir ne force de soy tenir en estant/ aincois vola a la terre tel astourne quil ne scauoit sil estoit iour ou nuyt. Et quant la vieille dame qui ainsi lauoit feru le vit a la terre gesir elle dist une parolle aussi haulte et aussi merueilleuse comme se elle eust este ung chevalier preux et hardy. Certes dist elle chevalier mauuais et failly se on ne se matournast a honte de mettre a mort ung si mauuais chevalier comme vous estes ainsi vrayement mayst dieu comme ie vous mettroye maintenant a mort mais ie le laisseray pour lhonneur de moy et pour lhonneur et amour de ces preudhommes auecques qui vous estes. Et quant elle eut dicte ceste parolle elle remist lespee au fourreau au lieu dont elle lauoit ostee. Et puis dist a la damoiselle que le cheualier vouloit retenir a force Montons ma damoiselle sil vous plaist Et la damoyselle monta tout maintenant et le nayn et lescuyer a layde da me vieille apres eulx.

Quant ie vy que ilz sen partoient ainsi dentre nous et si hastiuement ie sailly en estant et men allay tout droictement a la vieille dame et luy dis. Haa dame ie vous prie par franchise et par courtoisie que vous me diez qui est ceste belle damoyselle que vous conduysez/ et celle si me respondit. Sire cheualier pour la courtoisie que ie voy en vous/ vous en diray ie a ceste heure ce que ie vous en puis dire/ or saichez que elle est amye au meilleur chevalier du monde. En nom dieu dis ie encores ne congnois ie mye celluy bon chevalier que vous dictes qui est son amy se vous ne me dictes qui il est. En nom dieu fait la dame se vous ne le congnoissez saichez que vous nen deuez ores blasmer nul fors que vostre mauuaistie. Et certes par ceste parolle que vous auez dicte congnois ie bien tout certainement que vous nestes pas cheualier de trop hault affaire ne de hault pris.

Et quant la dame eut ce dit elle sen alla oultre que elle ne me daigna a ceste fois tenir nul autre parlement. Et nostre compaignon qui abatu auoit este a la terre se releua a chief de piece et courut a ses armes. Et quant il fut arme et monte il demanda a ses escuyers et dist. Ou sen va la desloyal le dame qui honny ma en telle maniere. Et ceulx luy enseignerent quelle part elle alloit. Et quant ie vy que nostre compaignon sen alloit en telle guyse apres la dame garny de toutes armes pour ce que iauoye paour et doubtance que il noccist la dame par yre et par courroux ie montay tout maintenant sur mon destrier garny despee/ descu et de glayue/ et ces armes la portay ie pour ce que doubtance auoye de rencontrer aucun qui mal me voulsist. Apres que ie euz ung pou cheuauche auant ie trouuay nostre cheualier a pied emmy le chemin/ et ie luy demanday qui lauoit descheuauche et il me dist que ung cheualier enuieux lauoit descheuauche. Mais celluy iour mesmes sceuz ie tout certainement que le nayn a la dame lauoit descheuauche et mis a la terre. Et saichez que pour scauoir qui estoit amy a la dame cheuauchay ie puis maintes iournees auant que ie le peusse scauoir/ mais au derrenier le sceuz ie/ non pas que ie veisse a celluy point le cheualier/ mais sceuz tout vrayement que celluy estoit sans doubte le meilleur cheua lier du monde qui pour amye la tenoit. Si vous ay ores fine mon compte tout plainement/car ie vous ay compte tout mot a mot pour quoy ie commēcay ores droit a rire quant nous arriuasmes sur ceste fontaine. Or saichez fait le cheualier du pauillon que voulentiers lay escoute/et encores en feray ie rire maint preudhomme a qui ie le compteray/et quant il eut ce dit il se teust. Mais quicōque en fust ioyeux douyr cestuy compte hennor de la selue en estoit forment cour rouce/car ce estoit il sans doubte a qui ceste aduanture estoit aduenue.

Quant danayn eut son compte fine en telle maniere il dist a ses compaignons. Seigneurs il seroit desormais temps de cheuauchier Et lors firent leurs heaulmes relacer et puis monterent et se mirent au chemin ainsi comme danayn les menoit. Et la ou ilz cheuauchoient en telle maniere tous trois parmy la forest danayn regarda ung pou au loing et vit les deux cheualiers que il alloit querant et qui auoient occis le bon cheualier de la mareschiere que danayn aymoit tant comme cheualier pourroit aymer autre. Et tout maintenant que danayn les voit il les recongnoist. Et pour ce se pourpensa il adōc que il esprouueroit ses deux compaignons a cestuy point se il pouoit de hardement et lors sarresta emmy le chemin Et ses compaignons qui arrester le virent si luy dirent. Sire pour quoy vous arrestez vous. Pour quoy fait il/en nom dieu seigneurs bien ya raison/car ie vous fais bien assauoir que vela deux cheualiers qui sont orendroit mes mortelz ennemis/et pour doubtance deulx vueil ie retourner orendroit se vous ne me promettez que vous me deffendrez encontre eulx/car moy seul cōtre eulx deux ne me pourrois deffendre/ce scay ie bien certainement. Quant hennor de la selue qui tant estoit couart et failly de cueur entendit ceste nouuelle il regarda les cheualiers et tout maintenant quil les vit il congneut bien que sestoient cheualiers errans quil auoit veuz le iour de deuant au tournoyement et pour ce sarresta il et dist au cheualier du pauillon. Sire retournons et tenons une autre voye/car ie vous fais bien assauoir que se nous sōmes trouuez auec ce cheualier nous sommes mors/car ces cheualiers qui ca viennent sont moult preudhommes ie vous promets.

Lors dist le cheualier du pauillon a danayn le roux. Sire vous est il aduis que vous puissez vostre corps deffendre encontre lung de ces deux cheualiers qui ca viennent Car auant que ie vous laissasse si vilainement entre les mains de voz deux ennemys me combatroie ie encontre lung des deux cheualiers pour tant que ie cuydasse que vous vous peussiez combatre encontre lautre. Haa sire mercy ce dist le trescouart cheualier hennor ne vous mettez en ceste aduanture/car saichez tout vrayement que se vous y mettez mort estes. Sire cheualier fait le cheualier du pauillon a danayn auez vous entendu ce que ie vous ay dit. Ouy certes fait danayn voirement vous ay ie bien entendu/mais pour ce que ie ne vous vouldroie mye trahir/vous fais ie tout premieremēt a scauoir que ie nay ne force ne pouoir tel que ie me puisse encontre lung deulx deffendre. Entre vous deux par vostre courtoisie et par vostre franchise faictes ceste bataille/car autremēt me conuiendroit il icy mourir ce scay ie tout vrayement. En nom dieu sire vassal ce dist hennor de la selue le couart fait ly ia pour vous ne briserons lance ne ia pour vous nen receuerons coup. Haa mercy seigneurs fait danayn ne me laissez icy mourir. Haa mercy sire cheualier fait hennor de la selue au cheualier du pauillon pour dieu et pour saincte charite mettons nous a la voye/car saichez que se plus demouros icy que nous sommes mors/allons nous en. Tāt dist le couart cheualier au cheualier du pauillon que il en fut si tresfort espouente pour ces parolles dist il adonc a danayn. Sire cheualier desormais vous laisse ie/car saichez que mourir ne vueil pour l'achoison de vous. Et quant il eut dicte ceste parolle il hurta le cheual des esperōs et s'en alla de l'autre part de la forest/⁊ le couart cheualier s'en alla auecques luy qui a cestuy point n'eust pas voulentiers donne ses esperons. Et Danayn s'arresta au lieu mesmes ou ilz l'auoient laisse et les regarda fuyr tant comme il peut/⁊ quāt il ne les peut plus veoir il dist a son escuyer. Veistes vous oncques deux cheualiers plus espouentez de petit de chose Sire fait l'escuyer q'en diroie ie tous ceulx ne sont pas cheualiers qui les ressemblent.

¶ Commēt danayn le roux trouua les deux cheualiers de terre foraine quil alloit querant. Et comment il se combatit a eulx et en occist l'ung et vaincquit l'autre quil enuoya en prison au chasteau de la mareschiere

En cestuy point que danayn et son escuyer parloient en ceste maniere a tant vindrent sur eulx les deux cheualiers qui danayn alloiēt querant et que luy mesmes aussi alloit querant. Et pour ce quilz ne lauoient trouue au tournoyemēt s'en alloiēt ilz tout droictement vers maloanc pour illecques le trouuer silz peussent. Quant ilz furent de danayn approuchez ilz ne le congneurent de riens pour ce quil auoit ses armes changees/mais il les congneut bien. Ilz le saluerent/et danayn leur respondit moult yre et moult courrouce comme cellui qui

grant malleur vouloit. Seigneurs cheualiers ie ne vous salue ores mye. Pour quoy dirent ilz. Pour ce dist danayn que ie vous suis le plus mortel ennemy que vous ayez en ce mōde. Et cōment auez vous a nom dirent ilz qui tant estes nostre ennemy. En nom dieu dist il ie le vous diray/car a vous ne me vueil ie mye celer/or saichez q iay a nō danayn le roux/vous meistes a mort le meilleur cheualier et tout le meilleur amy que ie eusse en cestuy monde et que ie aymoye le plus/ce fut le bon cheualier de la mareschiere. Et pour icelle mort sans doubte vous conuient il mourir or endroit.

Quant les deux freres de terre foraine entendirent ceste parolle ilz en furent forment liez et ioyeulx et dist l'ung d'eulx. Haa danayn saichez tout vrayement que nous vous allions querant/et quant nous vous auions trouue dire pouez seurement que voz faitz sont desormais tous acomplis Jentens trop bien ce que vo' dictes fait danayn or y perra que vous ferez. Lors prent son escu et son glayue et s'appareille de la iouste. Et quant les deux cheualiers de terre foraine qui en leur cheualerie se fyoient moult/car bons cheualiers estoient sans doubte et hardis virent que ilz estoient a la bataille venus ilz se trayrent vng pou arriere et s'appareillerent de iouster et d'assaillir danayn au plus vistement quilz peurent. Et quant danayn qui les hayoit de mortelle hayne les vit appareillez de la bataille faire il ny fist nulle autre demourance aincois leur crya tant comme il peut et dist. Certes mors estes tous deux/ne eschapper ne me pouez. Et alors laissa courre sur l'ung d'eulx qui lui venoit a l'encontre le glayue court et gros baisse/to' deux estoient fors ⁊ preux et bien cheuauchans/mais l'ung estoit plus preux ⁊ pl' vaillant que l'autre en toutes guyses/et cestuy estoit sans faille danayn le roux

Il ferit celluy si roydement qui a lencontre de luy venoit que pour lescu ne pour haulbert ne demoura que il ne luy mist le fer de son glaiue parmy le corps. Quen dirois ie il fut feru si mortellement a celle fois que il neut pouoir ne force de soy tenir en selle/ ains vola a la terre nauré a mort.

Quant celluy fut trebusché a la terre en telle maniere comme ie vous ay compté il gecta ung cry moult douloureux comme celluy qui douleur mortelle sentoit. Et danayn qui son glayue brisa de celle iouste sen passa oultre pour parfournir son poindre et puis retourna. Et quant il vit quil estoit seul a seul avecques son ennemy mortel et que de laultre estoit deliure il mist la main a lespee. Et le cheualier qui bien cognneut que son frere estoit mort dist en luy mesmes que mieulx vouloit il mourir quil ne sengeast la mort de son frere. Lors laissa courre vers danayn le roux tant comme il peut du cheual traire. Et danayn qui ne le doubtoit de riens vint a lencontre de luy lespee en la main toute nue/ et quant le cheualier le cuyda ferir du glaiue emmy le pis il ne peut/ car danayn qui trop scauoit des armes couppa le glayue par le meillieu/ et descendit le coup qui venoit de la force de danayn sur le col du cheual au cheualier si que le cheual cheut a terre tout mort. Et quant le cheualier qui dessus estoit sentit son cheual cheoir il nen fut pas forment esbahy/ mais pour ce que bon cheualier estoit et hardy durement se reconforta il en soy mesmes et mist la main a lespee et fit semblant de son corps deffendre au mieulx quil peut.

Quant danayn vit le semblant du cheualier il luy dist pour scauoir quil respondroit. Certes deffence nulle ne vous vault/ car icy mourir vous conuient tout orendroit. En nom dieu dist le cheualier ce pouez vous dire de vous mesmes. Or tost descendez et vous ve=

nez combatre a moy/ et ie vous prometz loyaulment que ie vous donneray plus affaire que vous ne cuydez auant que nostre bataille soit finee et en telle maniere que vous naurez membre dessus vous qui ne se dueille et sente de mes coups receuoir. Apres icelluy parlement danayn ny fist nulle autre demourance aincois descendit et bailla a son escuyer son cheual/ puis sen alla vers le cheualier qui arem estoit appelle et luy donna dessus le heaulme ung si grant coup que le cheualier sen tint a trop charge si que a grant paine se pouoit il tenir en estant. Et pour semblant faire quil nen estoit de riens greue se contint il au mieulx qu'il peut. Et pour ce que a danayn sembloit que le cheualier nestoit de riens greue dicelluy coup luy donna il encores ung autre grant coup de toute sa force/ et le ferit a celle fois si felonneusement que le heaulme ne fut tant dur quil sceust engarder que lespee ny entrast plus de deux doye en parfont si quelle alla iusques au test.

De celluy coup fut le cheualier si fort estourdy que les yeulx luy troublerent en la teste si que il neut pouoir ne force de soy tenir en estant ains cheut a la terre tout maintenant et quant il se cuyda releuer il ne peut car danayn le print par le heaulme et luy arracha de la teste et puis apres scua lespee contremont et fist semblant a celluy point de luy vouloir coupper la teste/ et le cheualier que trop estoit espouenté quant il vit ce il se laça arriere de danayn pour ce quil ne vouloit mie attendre le coup/ et paour de mort luy fist ce faire/ et quant danayn vit le semblant du cheualier il ne se peut tenir quil ne luy dist. Par dieu sire vassal paour auez eue a cestuy point. En nom dieu fait le cheualier nul ne sen doit esmerueiller/ ne voyez vous pas que iay la teste toute desarmee par quoy ung garcon me pourroit occire dung petit coup. Quant mon heaulme me tollistes

De Gyron le courtoys

adoncques monstrastes vous tout clerement que vous aviez paour de moy et que voulez que ie me combate a vo⁹ tout desarme. A ceste parolle respondit Danayn le roux et dit. Certes traistre ce ne vous vault riens / car vous occistes en trahison le chevalier de la mareschiere q̃ estoit mon cousin germain / et pour lamour que ie avoye et que iay a icelluy vous convient il icy mourir sans doubte. Je ne scay comment il en yra ce luy respondit le chevalier / encores me pourroit dieu ayder se il vouloit. Lors de rechief luy courut sus Danayn et fist semblant de luy vouloir coupper le chief / ce quil navoit a cestuy point talent de faire / mais il le ferit du pommel de lespee emmy le front si rudement que a ce quil se trouva desarme il luy rompit le cuyr et le test de la teste si que petit sen falut quil ne locist dicelluy coup / et le chevalier volla a la terre tout maintenant tel atourne q̃ ne scavoit sil estoit iour ou nuyt. Quãt Danayn le vit a terre il se lança sur luy tout maintenant et luy avalla la coiffe de fer et puis le commença a ferir du pommeau de lespee sur la teste / mais non mie moult grans coups / car toutesvoyes avoit il paour de loccire. Et non pourtãt si ne frappoit il nul coup quil ne luy fist saillir le sang de la teste tout vermeil. Quant arem se vit si mal mener pour ce quil avoit paour & doubtance de mourir a ceste fois dist il a danayn. Pour quoy me occiez vous / bien scavez que ie suis chevalier de haulte renommee et pour ce se ie me suis a cestuy point mauvaisement prouve encontre vous ne demeure il mie que vous ne sachez bien que ie suis preudomme des armes. Desloyal fait danayn comment pourroie ie avoir pytie de vous / bien scavez tout vrayement que vous avez occis mon cousin le bon chevalier de la mareschiere. Certes fait il se ie loccis ce ne fust mie grant merveille / car il mist le mien pere a mort et vous mesmes avez occis le mien frere comme veoir pouez / et pl⁹ ay perdu en ceste mort que vous navez fait. Vassal dist danayn icelluy que vous meistes a mort et qui estoit mon parent charnel estoit tel chevalier de sa main que la mort de si preudhõme cõme il estoit ne pourroit estre bien vengee pour tout vostre lignaige occire pour quoy ie dy q̃ iay plus perdu q̃ vous navez / & nonobstant ce pour toute la perte que iay receue ne demourra se vous voulez que ie ne vous respite de mort a ceste fois / car a la mort sil me plaist estes venu.

Et alors le chevalier respondit et dist. Je voy bien certes que vous me pouez occire se vous voulez et il vous plaist si pourroit faire ung chetif homme a cause que ie suis desarme. Mais quelle chose voulez vous q̃ ie face dictes le moy / car telle chose pourra ce estre que ie la feray voulentiers / et telle chose aussi pourra ce estre que ie ne la vouldrois mye faire pour mourir. Certes fait danayn ie la vous diray tout orendroit. Cest que se vous me voulez creancer loyaulment comme chevalier que quant vous partirez dicy se vo⁹ pouez chevaucher vous yrez tout droictement au chastel de la mareschiere dõt estoit le bon chevalier que vous meistes a mort vous et vostre frere et illecques vous mettrez en la prison son pere qui encores vit et vous mettrez du tout en sa mercy ou de vivre ou de mourir. Quant arem entendit le convenant il pensa ung petit et puis respondit a danayn. Danayn or saichez tout vrayement que mieulx ayme que vous me occiez icy que de me aller mettre en la mercy de cestuy ou vous menvoyez / car il me feroit en langueur mourir ce scay ie tout certainemẽt. Et pour ce mieulx ayme ie a mourir orendroit que daller celle part pour mourir en prison en languyssant.

fueillet

En nom dieu fait danayn puis que mieulx aimez a mourir donc mourrez vous tout orendroit / et lors dresse lespee en contremont et fait semblant quil luy vueille coupper la teste. Et cestuy qui vit venir lespee et qui trop forment doubtoit danayn crya a haulte voix. Haa mercy sire ne mocciez mie puis que vous voulez que ie men aille rendre a luy ie yray / car quant il scaura le dommaige que iay receu pour son filz et que ien ay perdu et perez frere il me pardonnera son mal talent sil est courtois. Certes fait danayn ce la fera il. Je congnois tant sa courtoisie que ia pour ceste cause ne te fera mal. Or me creance q̃ tu ten yras droictement a luy et te mettras en sa prison habandonneement / et il lui creãca ce faire. Et tout maintenant le laissa danayn et se leua de dessus luy / et le cheualier se leua de la terre et cõmenca a essuyer son visaige qui estoit tout couuert de sang / et danayn remist son espee en son fourrel et dist au cheualier. Or saichez tout certainemẽt que vous estes eschappe de la mort pour la poste q̃ auez dicte / cest que vous estiez desarme et moy arme / autremẽt estiez vous mort se ie neusse eu pitie de vous. Et le cheualier qui de trop grant cueur estoit respondit adonc moult fierement et dist. Danayn se dieu me sault saichez que en ceste bataille vous estes tant hõty et deshõnore q̃ desormais on ne vous deueroit tenir pour cheualier Car pour nulle aduanture du monde si bon cheualier cõme vous estes ne deueroit auoir mis la main en cheualier desarme ce que fait auez / or regardez quon doit de vous dire quant se aucun cheualier couart auoit ce fait il auroit trop mespris. Et pour ceste cause dy ie hardyment que a cestuy point vous estes trop honny. Et danayn ne respõdit oncques mot a chose q̃ le cheualier lui dist / ains sen alla a son cheual et monta dessus tout yre pour les parolles q̃ le cheualier luy auoit dictes.

lxxj

Et tout incõtinent quil fut mõte il dist a son escuyer. Cheuauchons / et lors se mirent a la voye et cheuaucherẽt droictement au trauers de la forest tant q̃lz vindrent au grant chemin

La ou ilz cheuauchoient en telle maniere allant regardant deca et dela danayn aduisa les cheualiers lesquelz lauoiẽt habandõne nauoit pas encores deux heures et demye. Et quant le couart cheualier q̃ dauanture se retourna vit danayn il le mõstra au cheualier du pauillõ et dist. Eschappe est nostre cheualier et si ne peulx pẽser cõmẽt il est peu eschapper des deux cheualiers / et quant il fut pres deulx approuche ilz luy dirent. Bien viengnez / bien viengnez et il leur rendit leur salut / puis le couart cheualier luy dist. Haa pour dieu sire compains comptez nous comment vous estes eschappe / car par force de cheualerie na ce pas este ce scay ie bien tout certainement. Sire cheualier fait danayn tout ce pourroit estre / mais cõment q̃ ce ait este eschappe suis sicõde vous voyez appertemẽt. Se dieu vous sault fait hẽnor dictes nous toutesvoies cõment vous estes eschappe sil vous plaist. Or saichez fait danayn q̃ ien ay occis lung des deux de la premiere touffe et puis me suis tãt cõbatu a lautre que conquis lay par force darmes / et en telle guyse suis eschappe. Quant les cheualiers entendirent ceste nouuelle ilz en commencerent a rire moult forment Car ilz cuydoient tout vrayement que danayn le roux se mocquast et que il leur mentist de ceste chose. Et apres dirent entre eulx que cestuy cheualier estoit fol sans doubtance / et danayn leur dist. Seigneurs vous en dires cela que vous en vouldrez dire / mais saichez certainement que ie lay fait tout ainsi comme ie le vous ay dit. Et lors dist hennor le couart cheualier a danayn le roux

t i

De Gyron le courtoys

Sire cheualier puis que vous estes si preux des armes comme vous dictes ie vouldroye se dieu me doint bonne aduanture iouster a vous vne fois priueement En nom dieu fait danayn encontre vo[us] no seroie ie mie iouster/Car vous estes trop grant durement et auroye paour et doubtance du premier coup. Et sans faille ce mauuais cheualier estoit si grãt merueilleusement que cestoit vne merueille que de regarder sa grandesse/et a le veoir sembloit estre vng geant.

Quant hennor de la selue le faily et couart cheualier ouyt et vit que danayn refusoit la iouste de luy en telle maniere adonc commenca il a prendre hardement en soy et dist a danayn. Comment auez vous si tresgrant paour de moy que vous nosez encontre moy iouster. Ouy certes ce dist danayn/vostre grandesse seulement me met ceste grant paour au cueur. Et les cheualiers rirent moult fort de ceste parolle/car bien cuydoient tout certainement que danayn fust fol. Et tant cheuaucherent en telle maniere entre eulx trois quil vindrent au grant chemin/et lors dist le couart cheualier a danayn le roux. Sire cheualier quant nous monstrerez vo[us] ce q[ue] vous nous auez promis monstrer a moy et a ce cheualier. Et que vous ay ie promis fait danayn. En nõ dieu fait le couart cheualier vo[us] nous auez promis a to[us] deux q[ue] vo[us] nous mõstrerez celluy cheualier mesmes q[ue] tant nous fist de vilennie cõme nous vous cõptasmes hier au soir. En nõ dieu fait danayn ie le vous promis voirement et de ce vo[us] tiendray ie conuenant/car au iour dhuy le vous monstreray. Et ilz dirent quilz estoient moult desirans de le veoir. En nom dieu dist danayn doncques le vous monstreray ie tout orẽdroit. Or saichez tout vrayement que ie suis celluy cheualier tout proprement qui tous deux vous desconfis si treshonteusement comme

vous mesmes le scauez/et comme vous le racomptastes hier au soir. Or y perra q[ue] vous en ferez tous deux/car dit le vous ay q[ue] desormais soyez certains que moy seul ay ce fait. Quãt les deux cheualiers ouyrẽt ce ilz cuyderent tout certainemẽt que ce fust gaberie/et cõmencerẽt moult forment a rire et a regarder lung lautre et a dire. Or die desormais ce quil vouldra/car ia de parolle quil die ne no[us] courrouceronso a luy. Ainsi cõme ilz parloiẽt en telle maniere et sestoient arrestez emmy le chemin a tant aduiserent de loing venir iusques a quatre cheualiers qui venoient du tournoyement/et portoient tous quatre armes dung semblant myparties de blanc et de iaune.

¶ Commẽt danayn le roux engarda le cheualier du pauillon destre occis de quatre cheualiers qui a mort le hayoiẽt Et comment danayn deceut hennor de la selue le couart cheualier si q[ue] le fist iouster encontre le cheualier aux armes vermeilles qui labatit.

En ceste partie dit le cõpte que tout maintenant que le cheualier du pauillon aduisa et vit les quatre Cheualiers approuchier il dist a hennor de la selue. Haa sire a ma mort suis venu/voicy venir quatre cheualiers q[ui] sont mes ennemis mortelz Je nauoye paour ne doubte fors que de rencontrer ces quatre cheualiers q[ue] vous voyez cy venir. Sire fait le couart cheualier quelle paour deuez vo[us] auoir quãt vo[us] estes si bien monte cõme ie voy. Hurtez vostre cheual des esperõs et vo[us] en allez tout orẽdroit au trauers de ceste forest dedãs laq[ue]lle attaindre ne trouuer ne vo[us] pourrõt. Haa sire fait le cheualier du pauillon cõme vo[us] me dõnez mauuais conseil

Certes trop seroye honny et deshonno=
re a tousiours se ie men fuyoie en telle
maniere comme vous me conseillez orendroit/ia se dieu plaist ce nauiendra que ie
men fuye a ceste fois aincois demour=
ray se dieu plaist quant pour ce deuroye
icy mourir. Et ie vous prie sire cheualier
que vous demourez auecques moy et
maydez a ce besoing ou ie suis venu. Et
saichez tout certainement que se vous
me aydez de bon cueur que nous eschap=
perons de ce peril moult honnorablement
En nom dieu sire cheualier ce
dist hennor de la selue en cestuy
affaire qui tant est perilleux ne
me mettroie ie ne pour vous ne pour au
tre/car adonc feroie ie trop grant follie
se ie me combatoye encontre deux cheua
liers voire encontre trois me conuien=
droit il combatre. Car ie scay tout cer
tainement que vous ne vous pourriez
combatre fors que encontre vng cheua=
lier. Et pour ce dy que par ceste maniere
les trois cheualiers demourroient sur
moy/et pour ceste cause vrayement desor
mais laisse ie vostre compaignie. Quant
le cheualier du pauillon entendit ceste
nouuelle il commenca a plourer moult
fort et dist. Helas bien voy qua la mort
suis venu/deshonnore et auile suis dure
ment. Sire cheualier fait danayn or sai
chez tout certainement que se vous ne
me eussiez mie failly de secours sicomme
vous auez fait ie vous feisse tel aduan=
taige que tout seul me combatisse pour
vous encontre ces quatre cheualiers.
Quant danayn eut dicte ceste parolle le
cheualier ny fist nulle autre demourace
aincois print son escu et son glayue et sar
resta emmy le chemin et dist que mieulx
aymoit a mourir se mourir deuoit que
la paour de ses ennemis le mist en fuyte
Et quant il se fut arreste emmy le grant
chemin ses ennemis qui ia lauoient veu
et congneu sans doubtance si luy com=
mencerent a crier a haulte voix. Cer

tes traistre vous estes sans faille a la
mort venu/et tout maintenant sans au
tre demourance faire sappareillerent de
lassaillir.
Quant le fait fut a ce venu quil
ny eut plus que du ferir le mau
uais et couart cheualier qui na
uoit tant de cueur quil osast le fait regar
der senfuyt vers la forest tant espouente
que les membres luy alloient tremblant
de la grant paour qil auoit. Et danayn le
roux sarresta dessoubz vng arbre q de cest
tuy fait vouloit veoir toute la fin. Et le
cheualier qui seul estoit si laissa courre
sur lung des quatre cheualiers qui ia lui
venoit a lencontre le glayue baisse/et cel
luy cheualier estoit moult bon fereur de
lance et despee/dont il aduint a ceste pre
miere iouste que le cheualier du pauillon
fut si rudement feru que il neut pouoir
ne force de soy tenir en selle aincois vola
a terre tout maintenant de ce coup. Et
quant les autres trois cheualiers qui a=
pres venoient virent leur ennemy aba=
tu ilz cryerent a cestuy qui abatu lauoit.
Or tost descendez et ysnellement lui coup
pez le chief. Et quant il ouyt ce comman=
dement il ny fist nulle autre demouran=
ce/aincois descendit q ataicha son cheual
a vng arbre/et puis sen vint vers le che=
ualier du pauillon quil trouua encores
gysant sur la terre tout estendu. Et quat
il fut a luy venu si le print par le heaul=
me et le tyra a soy si fort que il luy arra
cha hors de la teste et le getta au plus
loing de luy comme il le peut faire. Et
quant danayn le roux vit ce il ny fist nul
le autre demourace/aincois se lanca em
my le champ lescu au col et lespee au
poing et dist en soy mesmes que il se=
roit moult honny et moult deshonno=
re a tousiours mais se il laissoit deuant
luy occire et mettre a mort le cheualier
du pauillon qui venu estoit en sa com=
paignie/Et pour ceste cause leur crya il
tant comme il peut/ Maloanc maloanc.

f ij

De Gyron le courtois

Et quant ilz ouyrent parler de maloac ilz congneurent sans faille tout maintenant que cestuy cheualier qui crye auoit vrayement estoit danayn le roux. Et la doubtance de danayn si les mist a desconfiture et fist tourner en fuyte. Car bien scauoient certainement que il estoit si preux des armes que encontre luy neusfent ilz peu durer en nulle maniere du monde. Pour ce luy laisserent ilz le chāp habandonneement et sen fuyrent.

Et le cheualier qui a mort vouloit mettre le cheualier du pauillon quant il vit ses trois cōpaignons fuyr et laisser le champ de toꝰ pointz si laissa adonc le cheualier et vint a son cheual et monta dessus et mist toute son entente a fuyr et a vuyder le chāp Et quant danayn qui le fait regardoit les vit fuyr si ne les alla pas enchassant aincois sarresta emmy le chemin. Et apres quil vit le champ deliure des quatre cheualiers il sen vint au cheualier q̄ abatu auoit este et luy dist. Sire cheualier comment vous sentez vous. Sire dist il se dieu me sault vous le pouez moult bien veoir et scauoir. Et si mest bien aduis que a cestuy point neusse ie peu eschapper de la mort se neust este dieu et vous qui ayde mauez. Ainsi comme ilz parloient en telle maniere vint vers eulx le mauuais et couart cheualier hennor de la selue. Et quāt il fut arriue il dist au cheualier du pauillon en soubzriant. Se dieu vous doint bonne fortune veistes vous oncques si estrange aduanture comme ceste a este que cestuy fol cheualier vous a deliure de la mort et par sa fiere maniere/sire cheualier quen diriez vous. Et le cheualier du pauillon luy respondit et dist. Sire cheualier or saichez que ie me loue plus de sa follie que ie ne fais de vostre sens. Et ainsi comme ilz tenoient illecques entre eulx leur parlement itel comme ie le vous compte ilz aduiserent de loing venir vers eulx le cheualier qui portoit les armes vermeilles cestuy qui conduysoit la vieille dame et le nayn que messire kreux le seneschal auoit si forment gabez la vespree du tournoyement/et par qui messire kreux auoit este abatu et messire yuain aussi. Quant danayn le vit approucher de luy il le recongneut errament. Et saichez que encores cōduysoit le cheualier vermeil la vieille damoyselle et le nayn/⁊ a telle compaignie comme danayn lauoit lautre fois veu alloit il alors.

Lors se tourna danayn vers le cheualier du pauillon et lui dist en gabant. Sire voulez vous veoir le plus couart cheualier et le plus failly de cueur que vous veistes oncques en vostre vie. En nom dieu sire fait il voulentiers le verray. Sire fait danayn veoir le pouez tout maintenant/le voicy venir/cest cestuy qui porte ses armes vermeilles. Quant le mauuais cheualier entendit ce parlemēt il dist au cheualier du pauillon. Sire se dieu vous doint bonne aduanture cuydez vous que ce fol et nice cheualier die verite de ceste parolle/or saichez que il ne le congnoist de riens aincois vous a menty du tout/Car ie vous prometz loyaulmēt que cestuy est vng des bons cheualiers du monde et vng des plus seurs et est mon ennemy mortel ia a grant temps. Et pour ce que par aduanture ne le pourrois ie iamais si bien trouuer a point me vueil ie de luy vengier a ceste heure se ie puis. Et saichez tout vrayement que de ce quil disoit que le Cheualier aux armes vermeilles estoit son mortel ennemy mētoit il faulsement/car il ne scauoit riens de son estre ne qui il estoit ne iamais en sa vie qui plus est ne lauoit veu. Mais il auoit pris vng pou de cueur de ceste parolle q̄ danayn auoit dicte q̄ cestoit le plꝰ couart cheualier du mōde ⁊ auoit pense q̄ encontre cestuy iousteroit il seurement.

Et affin quil peust auoir pris et los de labatre auoit il dit si grant bien de luy, et tenant vng glayue court et gros se lança emmy le cheminet commença a cryer au cheualier vermeil. Sire cheualier gardez vous de moy, car cy iouster vous conuient ou vous me laisserez sans faille vostre damoiselle.

Quant cheualier aux armes vermeilles entendit ceste parolle il sarresta de lautre part, et pour ce quil nauoit nulle voulente de iouster respondit il au cheualier et dist. Sire cheualier or querez autre qui iouster vueille car ia a moy ne iousterez. Et quant hennor de la selue le trescouart cheualier entendit ceste parolle et ceste response il fut plus asseure quil nestoit deuant, et pour ce de rechief crya il au cheualier. Sire cheualier cest esconduyt ne vous vault riens, car iouster vous conuient maintenant a moy ou vous me laisserez vostre damoiselle. Et le cheualier aux armes vermeilles respondit et dist. La damoyselle ne laisseroie ie mie voulentiers tant comme ie la peusse deffendre encontre vous ne encontre autre. Et quant ie voy que ie ne puis nulle autre courtoisie trouuer en vous fors que de la iouste ien suis de ma partie tout appareille, et pour ce vous gardez orendroit de moy, car ie vous abatray se ie puis. Et quant il eut dicte ceste parolle il ny fit nulle autre demourance, aincois prent son escu et son glayue et laissa courre tout maintenant vers le couart cheualier et le ferit si rudement en son venir que il neut pouoir ne force de soy tenir es arcons ains vola a terre si estourdy et si estonne quil geust illecques vne grant piece ainsi comme mort. Et quant danayn vit cestuy coup il nen fut pas dolent, mais en commença a soubzrire moult fort, et puis se tourna deuers le cheualier du pauillon et luy dist. Sire que vous semble de ceste iouste. En nom dieu dist le cheualier du pauillon il mest aduis que le cheualier qui sa honte venger vouloit gyst a la terre moult vilainement.

Lors se mist danayn auant et dist au cheualier qui portoit les armes vermeilles. Sire cheualier ie vous vouldroie prier que par vostre courtoisie me voulsissiez donner vng don. Beau sire dist il dictes moy doncques que cest que vous me voulez demander. Sire fait danayn ie le vous diray tout maintenant. Je vous prie par amour que vous me vueillez dire vostre nom et dont vous estes. Et quant le cheualier vermeil entendit ceste parolle il luy respondit et dist. Beau sire pour quoy estes vous si desirant de sçauoir mon nom. Si maist dieu fait danayn le roux ie le vous diray voulentiers. Encores na mye quatre iours que vous abatistes deuant moy telz deux cheualiers qui sont cheualiers de pris et de valeur, pour quoy ie suis a merueilles desirant de vous cognoistre en tout honneur. A ceste polie respondit le cheualier aux armes vermeilles et dist. Hay cheualier se dieu me sault vous nestes mie trop courtois qui ainsi vous allez gabant de moy, car sachez que ie ne suis mie bon cheualier ne ne seray tant que ie viue, pour ce que a dieu ne plaist pas que ie le soye. Se ie estoie si bon cheualier comme vous dictes ie eusse a cestuy tournoyement qui fut hier deuant le chasteau aux deux seurs autrement monstre ma proesse que ie ne fis. Je y allay couart et failly et tout ainsi en retourne ie comme ie y allay. Assez y ay eu honte et vergongne se dieu me sault, si ne leusse pas eue se ie feusse si bon cheualier comme vous malez mettant sus. Et pour ce dy ie que vous nestes mye trop courtois entant que vous mallez icy gabant. Et de gaber cheualier estrange est ce trop grant vilennie. Et quant il eut dicte ceste parolle il sen passa oultre et sen alla sans en plus dire a ceste fois.

i iiij

Et quant danayn le vit en aller si en fut trop durement dolent et courrouce. Et a cestuy point que il alloit regardant le cheualier qui de luy sestoit party a tant arriua vers luy vng varlet tout a pied chault et tressuant et trauaille oultre mesure. Et tout maintenant que Danayn le vit venir si le recongneut/car cel luy estoit vng des coureurs de son hostel et pour ce sen alla il vers luy et luy dist. Quelles nouuelles apportes tu. Et celluy qui son seigneur ne recongnoissoit de riens pour ses armes que il auoit changees luy respondit et dist en telle maniere. Sire cheualier se dieu me sault ie porte nouuelles vilaines z mauuaises pour lhonneur de tous ceulx de maloanc/car lhonneur de maloanc si est ores abaisse et ahonte trop vilainement.

Quant Danayn entendit ceste nouuelle tout le sang luy fremist et remua. Et dist encores de rechief au varlet. Comptez moy tost se Dieu vous sault en quelle guise et en quelle maniere lhonneur de maloanc est orendroit si ahonte comme vous me allez icy disant. Sire dist il et ie le vous diray puis que ouyr le voulez. Et tout maintenant luy commenca a compter et dire en quelle guyse et en quelle maniere tous les cheualiers de maloanc q̃ la dame conduisoient au tournoyement auoient este desconfis par le corps dung seul cheualier/et comment le cheualier emmenoit auecques luy la dame de maloanc. Et quant Danayn entendit ceste nouuelle il fut tant durement pre que pou sen fallut que le cueur ne luy creua au ventre de dueil et fut longue piece sans dire mot. Et quant il eut pouoir de parler il dist. Varlet veistes vous celle grande desconfiture dictes le moy/mais gardez que vous ne mentiez sur les yeulx de vostre teste. Sire ce dist le varlet pour quoy vous mentiroie ie/or sachez que iay ce veu tout ainsi comme ie le voꝰ

ay compte. Et pour la doubtance que iay eue que le cheualier ne moccist men suis ie affuy ceste part. Or me dictes fait danayn quelles armes portoit le cheualier qui ceste desconfiture a faicte Et cestuy les y deuisa tout ainsi comme il les auoit veues et aduisees. Or me dictes fait danayn scauez vous quelle part le cheualier sen alla qui conquist la dame de maloanc. Certes fait le varlet ce ne scay ie pas. Or tost fait danayn le roux retournez z me menez tout maintenant en la place ou la desconfiture si a este faicte. Sire cheualier fait le varlet or saichez tout certainement que de retourner celle part nay ie nul talent. En nom dieu fait danayn ce ne vous vault riens/car retourner vous conuient tout orendroit ou vous estes mort. Si hurte le cheual des esperons et fait semblant quil le vueille mettre a mort/pour ce que encores ne se vouloit faire acongnoistre ne dire quil estoit danayn.

Quant le varlet se vit si malement mener et que faire luy conuenoit la voulente du cheualier si se mist adonc au retourner tant espouente durement quil ne scauoit quil deuoit dire. Tant allerent en telle maniere le varlet deuant et danayn derriere q̃ ilz encontrerent deux cheualiers de maloanc z de ceulx mesmes q̃ auoient este desconfis et quant danayn les vit il les congneut tantost/mais ilz ne le congneurent mye/car ilz estoient encores si espouentez que ilz nentendirent aussi oncques a le regarder. Et danayn sen passa oultre sans leur dire nul mot du monde/et tant cheuaucha quil vint en celle mesme place ou celle grant desconfiture auoit este/et trouua illecques plus de six cheualiers de ceulx de maloanc qui estoient demourez emmy le chemin si malement atournez que ilz nauoient pouoir ne force daller auant ne arriere/aincois sestoient tous retraitz ainsi comme ilz auoient peu des

ffueillet

soubz vng arbre ou ilz sestoiēt desarmez et regardoiēt les vngs aux autres leurs blesseures. Et tout maintenant que danayn les vit il les congneut incontinent mais ilz ne le congneurent de riens/et le varlet dist a danayn. Sire en ceste place proprement a este faicte la desconfiture/ et lors sen alla Danayn vers les chevaliers et leur dist sans saluer. Scavez vous quelle part sen est alle le chevalier qui tous vous a mys a descōfiture/et lung deulx respondit tout maintenant. Sire or saichez tout certainement que le chevalier qui desconfis nous a na pas emmence avecques luy ma dame de maloanc. Aincois la emmenee vng autre chevalier q̃ dung seul coup a mis a descōfiture celluy qui nous a desconfis. Quant danayn entendit ceste nouvelle il fut plus esbahy q̃ devant et dist. Comment nas pas donc ques emmenee avecques luy la dame cel luy mesmes chevalier qui vous a tous mys a desconfiture. Nenny sire vrayement ce dist le chevalier/car celluy qui desconfis nous a/a este desconfit incontinent par vng chevalier qui venu estoit en sa cōpaignie/et celluy chevalier a emmenee avecques luy ma dame de maloanc. Et quest devenu fait danayn le roux le chevalier qui vous a desconfis. Sire ce dist le chevalier or saichez que di cy sest party orendroit et sen est alle avec ques vng chevalier qui de ce lieu la fait remuer. Lors de rechief dist danayn le roux au chevalier. Dictes moy quelles armes porte le chevalier qui vous a desconfis/et le chevalier luy en dist ce quil en avoit veu. Et lautre fait danayn qui desconfit le bon chevalier quelles armes portoit il. Sire dist le chevalier il portoit vng escu couvert dune housse vermeille et chevauchoit vng tel cheval/ luy devisa quel.

Et tout maintenant q̃ danayn ouyt parler du chevalier il congneut tout incontinent que cest

lxviij

toit gyron le courtois qui descōfit avoit le chevalier qui ceulx de maloanc avoit desconfiz. Et pour ceste cause fut il plus ioyeux quil nestoit devant de ces nouvelles. Et dist lors en soy mesmes que voirement estoit gyron le courtois garny de si haulte chevalerie que encontre luy ne pourroit nul chevalier durer a faire armes/ et que se gyron luy avoit au par avant fait bonte et courtoisie que oren droit luy avoit il faicte moult greigneur dassez quil navoit oncques fait/car par luy avoit il a celluy point sa femme re couverte laquelle il avoit du tout perdue se ce neust este la bonte de gyron. Lors demanda de rechief danayn au chevalier et luy dist. Dictes moy quelle part sen est alle le chevalier qui vous a desconfis Et le chevalier lui monstra par ou il sen estoit alle. Et dattayn le roux sen alla a pres luy et son escuyer/et trouva les es clos de messire lac qui sen alloit au tra vers de la forest tout ainsi cōme le cheva lier le conduysoit qui mener le vouloit a la fontaine ou giron estoit demoure par telle aduanture que ie vous ay compte cy devant. Et tout ainsi se partit Da nayn de ses chevaliers sans quilz le peus sent de riens congnoistre et sen alla aps messire lac en la compaignie dung seul es cuyer. Mais a tant laisse le cōpte a par ler de luy et retourne a parler de messire lac pour deviser comment il perdit son chemin et ne sceut droictement aller ou estoit gyron.

Cōmēt messire lac perdit son chemin en cuydant aller a la fontaine ou giron gisoit naure/et comment il arriva a vne autre fōtaine ou il trou va vng chevalier naure leq̃l avoit perdu sa dame/et com ment messire lac luy conve nença de luy rendre

De Gyron le courtois

En ceste partie dit le compte que depuis que messire Iac se fut departy de la place ou la desconfiture auoit este des cheualiers de maloanc et il se fust mis a la voye auecques le cheualier qui tout droictement le deuoit mener la ou il auoit laisse la tresbelle dame de maloanc et gyron le courtois/si neurent mie grammēt cheuauche que ilz ouyrent vng cry grant et merueilleux. Et tout maintenant que messire lac entendit le cry il se retourna vers le cheualier et luy dist. Cestuy cry est cry de femme sans doubte. Sire vous dictes verite ce dist le cheualier et ie croy que ce soit le cry proprement de celle pour qui vous vous combatistes orendroit encontre ceulx de maloanc/et cuydoit bien quil fust ainsi comme il disoit/mais non estoit/et de ce virent ilz assez tost la verite. Et pour ceste cause tourna messire lac ceste part ou il auoit ouy la voix Et apres quil se fut mis a la voye pour y cuyder droictement aller il neut mye grammēt cheuauche quil ouyst de rechief la voix qui crya moult haultement pour quoy il se hasta tāt de cheuaucher qͥl vint a vne fontaine qui sourdoit deuant vne roche. Et decoste celle fontaine assez pres auoit vng cheual qui se reposoit mais encores auoit il le frain en la gueulle et sa resne entre ses piedz. Sire cheualier ce dist messire lac a cestuy qui la conduysoit/or saichez tout vrayement que icy assez prez a cheualier abatu/veoir le pouez a ce cheual qui est demoure sans conduyt. Sire ce dist le cheualier bien pourroit estre/et ainsi parlant arriuerent a la fontaine ou ilz trouuerent vng cheualier arme de toutes armes gisant naure trop durement dung glayue par my le corps si quil nauoit ne pouoir ne force de soy remuer dillecques/aincois gisoit deuant la fontaine tout ainsi comme mort ⁊ mourir cuydoit il sans nulle doubte/et la place la ou il gisoit si estoit ia moult ensanglantee de son sang. Sire cheualier fait messire lac a lautre cheualier maintenant pouez veoir que ie vous ay verite dicte. Icy a eu iouste trop felonneuse et trop dure il appert bien a cestuy cheualier. Sire vous dictes verite dist le cheualier. En nom dieu fait messire lac ie vueil veoir qui le cheualier est pour scauoir se ie le pourroye congnoistre/et tout maintenant descent et sen va droictement vers le cheualier et quant il fut a luy venu il luy osta le heaulme de la teste au plus souef quil le peut faire/car bien veoit tout apperte ment que le cheualier estoit trop grandement affoibly pour la grant foison de sang quil auoit perdu/et auoit le cheualier les yeulx cloz ainsi cōe sil eust este endormy. Et non pour tant quant il se sentit le chief desarme il ouurit les yeulx et commenca a regarder messire lac sans luy dire nul mot du monde/⁊ messire lac luy dist. Sire cheualier comment vous sentez vous. Et cestuy respondit ainsi comme il le peut faire et dist. Sire mauuaisement/car naure suis si durement comme vous le pouez veoir. Et pour ceste cause vous pry ie pour dieu et pour lhonneur de gentillesse et de cheualerie que par vostre franchise mettiez conseil en moy se vous le pouez faire. Et quel conseil voulez vous que ie vous donne fait messire lac. Ie vueil dist il que vous me desarmez et que vous mestanchez mes playes/et puis me faciez apres porter iusques a vng chastel qui est pres dicy. Et se iusques la mauiez mene encores cuyderois ie guerir/car il ne mest pas aduis que ie soye mortellement naure dont ie loue dieu.

La ou le cheualier naure parloit a messire lac en telle maniere comme ie vous ay compte ilz escoutent encores et oyent ce leur semble

celluy cry que ilz auoient au par auant
ouy / et pour qui ilz estoient venuz celle
part. Et quāt le cheualier nautre enten=
dit la voix si ietta vng plaingt fort dou
loureux et luy vindrent les larmes aux
yeulx qui luy couroient contre val la fa=
ce. Et quant il cōmenca a parler il dist
moult durement pre. Helas comme ie
suis honny et deshōnoze quāt iay perdu
en telle maniere ce que iaymoye le plus
au monde. Deshonnoze suis sans doub
te. De ce dueil me conuiendra il mourir
dedans brief terme. Sire cheualier fait
messire lac quest ce que vous dictes oren
droit. Sire dist il ne le pouez vous enten
dre / ne auez voꝰ pas ouye la voix. Ouy
certes dist messire lac et bien saichez que
ie lay trois foys ouye / et q̄ pour achoison
de ceste voix ie vins plus ceste part que
pour autre chose / car vous ne autre che=
ualier ne cuydoyes ie pas trouuer a ces
tuy point / mesmement en telle maniere
cōme ie vous ay trouue gysant icy tout
ozendroit.

Ha sire dist le cheualier oz sai
chez Certainement que ceste
voix me si fait mourir. Ceste
voix me crieue le cueur / car cest vne da=
me extraicte de hault lignaige tant bel
le et tant noble que chose nest riens tant
vaillant. Car cest vng soulas et vng de
duyt de la veoir tant seulement. Pour
sa beaulte et pour sa valeur ie me mys
en moult grant auanture na mye enco=
res moult long temps. Et tant feiz ie a
donc a grant trauail et a grāt paine que
ie la conquis par force darmes. Et sai=
chez que de conquerre par ma prouesse si
belle dame cōme est ceste ie men tenoie
a moult bien paye. Ne ya mye encores
grāt piece que a ceste fortune me amena
mon pechie ⁊ ma mescheāce. Je menoie
la dame en mon conduyt. Et quāt ie fuz
venu pres dicy / car reposer me vouloie
a ceste fontaine / ie trouuay adonc que a
ceste fontaine estoit descendu vng cheua

lier arme de toutes armes qui en sa cō
paignie menoit deux escuiers tant seule
ment. Le cheualier nauoit mye encores
oste son heaulme de sa teste ains le te=
noit si ne me dist nul mot du monde. Et
quant il me vit sur luy venir il cōmenca
a me regarder ⁊ ma damoyselle pareille
ment / si le saluay et me respōdit a moult
grant paine. Et ce quil me respondist il
le respondit par moult grant ozgueil et
ꝑ moult grant oultrecuidāce. Et quant
ie veiz lozgueil du cheualier et son sem=
blant ie recongneuz tout incontinent q̄
estoit cheualier ozgueilleux ⁊ quil ne me
vouloit si non mal pource que il parloit
a moy si asprement si ne me peuz tenir q̄
ie ne luy deisse. Sire cheualier qui estes
vous qui a si grant paine me saluez. Et
il me respondit et dist. Sire cheualier oz
sachez que ie suis vostre ennemy et a qui
ie feray honte et vergongne se puis onc
ques. Et scauez vous quelle vergōgne.

Pource q̄ il nya mye grāment
de temps que vous me feistes
vne vergongne que iamais ie
noublieray ie vous asseure dune chose
dont ie ne voꝰ fauldray pas. Oz saichez
que ie vous feray honte et vergōgne du
corps tout ozendroit ⁊ auecqꝰ ce ie vous
vueil tollir ceste dame que vous conduy
sez. Oz vous gardez huymais de moy
Car ie acompliray toute ceste promesse
Je qui assez me fioyes en ma cheualerie
cōmencay moult fort a rire de tout quā
quil me disoit / car il ne mestoit pas auis
que il le peust faire en nulle maniere du
monde.

Tantost apres cestuy parlemēt
il ne feist nulle autre demou
rance aincois vint tout incō
tinent a son cheual que vng des escuiers
tenoit et monta dessus et print son escu
et son glaiue. Et quant il fut garny de
la iouste il me dist. Sire cheualier huy
mais gardez voꝰ de moy. Et quāt ie veiz
la voulente du cheualier et ie congneuz

que autrement ne me pouoyes departir dicelluy cheualier ie mappareillay daultre part pour moy deffendre encõtre luy et ma dame. Et puis quãt vint aux lances baisser le cheualier me ferit si roydement en son venir que nulle armeure que ie portasse ne me peust garãtir de cestuy coup aincoys perca escu et haulbert. Et me naura en telle maniere comme vous voyez et me abatit icy deuant/et en emmena ma damoyselle auecques luy. Sire cheualier cestuy cõpte que ie vous ay compte a cestuy point vous ay ie dit pour lachoyson de ceste damoyselle dont vous ouystes orendroit la voix. Car bien saichez que ie suis plus dolent delle/et de ce que ie lay perdue que ie ne suis de moy mesmes. Ceste perte que ien ay eue si me grieue le cueur trop durement et me fera icy mourir tout maintenant. Et veulx ie bien que vous saichez que ie ne mourray en cestuy lieu fors que pour ma damoyselle que iay en cestuy lieu perdue par ma laschete.

Quant il a dicte ceste parolle si se taist atant et ne dit plus nul mot/et cõmence adonc a plourer moult durement. Et quant messire lac vit la douleur que le cheualier demenoit pour sa damoyselle qlauoit perdue et quil ne tenoit parolle de sa playe adõc si luy dist. Sire cheualier que voꝰ plaist il que ie vous face/ou que ientende a voꝰ ou que ie recouure vostre damoyselle se ie puis oncques par force darmes. Haa sire fait le cheualier por dieu laissez moy icy du tout/et pourchassez en toutes guises se vous pouez que ie raye ma damoiselle. Ie seroyes guery tout incontinent se celle vous me pouiez rendre et seroyes orendroit guery de tous mes membres et si ne pourroies sans elle viure/ce scay ie bien tout vrayement. En nom dieu sire cheualier dist messire lac doncques men voys ic apres luy pour recouurer vostre damoyselle. Et ie vous prometz loyaulment que sans elle ne retournay ie ia a vous se ie puis. Mais auant que ie me departe de vous or me dictes se il vous plaist cõment ie pourray congnoistre le cheualier et a qlles enseignes Sire dist le Cheualier assez le pourrez vous congnoistre/car il porte vng escu vermeil a vng serpent noir. Et pour le trouuer ne vous conuiendra mye grammẽt trauailler/car ie scay tout vrayement que vous le pourrez trouuer pres dicy. Or saichez certainement fait messire lac que ie nauray grammẽt de repos deuant que iauray trouue le cheualier qui vostre damoyselle vous a tollue ⁊ feray tout mon pouoir de la recouurer Haa sire cheualier moult de mercys. Or saichez tout vrayement que se vous la me ramenez ie gueriray tout incontinent que ie lauray. Lors messire lac se tourne deuers le cheualier qui auecques luy estoit venu en la place et luy dist. Sire cheualier vous remaindrez sil voꝰ plaist auecques ce Cheualier qui cy est. Et est bon que vous y demourez/car ce ne seroit mye bõne chose quil demourast tout seul pource qlest durement naure/ et ie men iray apres le cheualier qui de cy sen va. Sire dist le cheualier a vostre cõmandement/et puis q ie voy q vostre voulente est telle ie demoureray auecq̃s ce cheualier naure. Et atant est monte messire lac et se part du cheualier naure qui gyst deuant la fontaine/et sen va celle part ou il auoit ouy le cry et se haste de cheuauchier. Si ne eut mye grammẽt cheuauchie qlvint en vne prayerie moult belle close de murs ⁊ de fossez/et auoit a lentree vne petite porte de fer assez basse. Et pres de la porte auoit vng grant arbre ⁊ merueilleux/et a cestuy arbre pendoit vng escu p qui maintz cheualiers ⁊ preudhõmes auoient receu hõte.

Et quãt messire lac vit la tour si fut vng pou plus reconforte quil nauoit este deuãt/car bien

cuydoit certainement trouuer le cheua=
lier et la damoyselle quil alloit querant
et se hasta lors vng pou plus de cheuau
chier quil nauoit fait deuant/car il vou
loit retourner legierement sil le pouoit
faire. Quãt il fut venu pres de larbre il
le cõmenca a regarder et dist a soy mes
mes que cestui estoit sans faille vng des
plus beaulx arbres que il veist ia a grãt
tẽps. Et quant il reuint il vint iusques
la et vit q lescu estoit myparty de verd ⁊
de blanc. Et estoit la mypartisseure du
long de lescu et non mye du trauers.
Lescu estoit grant et merueilleux/et des
soubz lescu auoit droictement vng per=
ron de marbre blanc ⁊ grant a merueil
les. Et auoit audit perron lettres ver=
meilles qui disoient en telle maniere.
Nul homme ne soit si hardy quil mette
cestuy escu a son col deuant ce que le tres
bon cheualier soit venu celluy que mer=
lin appelle fleur de leonnoys. Pour la=
mour de celluy cheualier fut fait celluy
escu et non pas pour nul autre.

Telles parolles comme ie vo⁹
compte disoient les lettres
du perron qui estoient entail
lees dessoubz lescu et deuant larbre.
Et quant messire lac si eut regarde vne
moult grãt piece lescu il cõmenca adonc
puis apres a regarder les lettres. Et
quant il les eut leues de chief en chief il
cõmenca moult durement a penser/car
orendroit auoit il voulente demporter
lescu illec pour veoir quil en pourroit
aduenir. Et puis il dist a soy mesmes q̃
ce ne seroit mye sens que nul cheualier si
se mist du tout encontre le commande=
ment merlin. Car tous les Cheualiers
errãs scauoient tout cõmuneement que
des parolles de merlin ne de lescript ne
trouuoit on si non verite. Pource se re=
trait il de prendre lescu et sen alla deuers
la porte de fer par ou lon entroit dedans
la tour. Et quant il fut venu iusques a
la porte il ferist illec du fust du glaiue et

crya tant comme il peust ouurez ouurez
Et tant vint vng homme aux
creneaulx de dessus la porte et
escria au cheualier qui dessoubz
estoit tant cõme il peust. Sire cheualier
que vo⁹ plaist il qui si fort hurtez. Sire
respondit messire lac ie voulsisse leans
entrer sil vous plaisoit/pourquoy ie vo⁹
prie que vous vieigniez ouurir ceste por=
te. Et pourquoy voulez vous ceans en
trer dist lhõme aux creneaulx que auez
vo⁹ ceans a querre. Certes fait messire
lac ie voulsisse demander a ceulx de leãs
qui fut cestuy escu/et pour quelle achoy=
son il y fut mys et pendu/et qui est cellui
qui doit estre fleur de leonnoys/et qui
doit porter cestuy escu. Se vous voulez
fait celluy hõme des creneaulx scauoir
toute la verite de ceste chose allez vous
en tout droit a merlin qui y feist mettre
lescu et les lettres entaillees dedans le
marbre/se celluy le vous dit scauoir le
pouez. Mais autrement ie ne cuide mye
que vous le puissiez scauoir legierement
par nul homme de ceans ne par autre.

En nom dieu fait messire lac/
par merlin scauoir ne le pour=
roies mye legierement ce mest
il bien auis/car merlin est mort ce scay=
ie bien certainement ia a plus dung an
passe. Or vous entenez a ce que vo⁹ en
pourrez apprendre dist celluy des cre=
neaulx/car ceans ne pouez vous entrer
a ceste foys/ce vo⁹ dys ie orendroit tout
appertement. Certes dist messire lac ce
me poyse trop malement. Car ie vous
prometz tout certainement que se ie vo⁹
pouoyes faire force ie la vous feroyes
tout maintenant. Benoist soit dieu fait
celluy de la tour quant vous ne nous
pouez faire force. Car il mest auis que
sil allast orendroit a vostre voulente il
me couenist ouurir ceste porte voulsisse
ou non voulsisse. Se dieu vous dõnt
bonne auanture fait messire lac dictes
moy tant seulement qui est le seigneur

De Gyron le courtois

de ceste tour. En nom fait celluy de la tour/celluy qui riens ne vous doubte si en est seigneur et maistre. Ne men direz vous nulles autres nouuelles fait messire lac. Nenny ores fait celluy de la tour puis que riens ne me voulez dire de cestuy fait dist messire lac/or me dictes se Dieu vous doint bonne auanture nouuelles dune autre chose que ie vous demanderay qui a vostre fait nappartient de riens sicomme ie croy. Dictes donc dist le varlet de la tour telle chose me pourrez vous demander que ie le vous diray. Et telle chose pourray ie ouyr de vous que vous ne men orrez ia mot sonner. Se dieu vous doint bône auanture fait messire lac or me dictes se vous le scauez/auez vous veu par cy passer vng cheualier qui porte vng escu vermeil a vng serpent noir/se dieu vous sault si le me dictes se lauez veu.

A ceste parolle respôdit celluy de la tour et dist. Sire cheualier bien peut estre que ie lay veu. Pour Dieu fait messire lac se vous lauez veu dictes moy quelle part il sen va. Sire fait celluy de la tour le voulez vous ouyr. Ouy certes fait messire lac. Or saichez certainement fait celluy de tour quil sen alla ou deuant ou derriere/ou a dextre ou a senestre/ou du tort ou du trauers se il nentra dedans la terre Assez quelque part q̃ vous vouldrez. Or vous ay ie dit partie de ce que iay veu. Et quant messire lac entendit ceste nouuelle il se courroussa moult durement/ car il entêdoit bien que celluy qui dessus la porte estoit se gaboit et morquoit de luy. Amy dist il se Dieu me sault vous nestes mye trop courtoys. Ainsi maist Dieu assez plus q̃ ie ne voulsisse. Je suis tant courtoys en toutes guyses dist celluy de dessus la porte que ie nay mye de longueur cinq piedz non mye quatre sicôme ie croy. Je ressemble a vous trop malement qui estes grant & long côme vng

dyable/et cuyde certainement que tout ainsi comme vous estes plus grant que vng autre aussi estes vous plus mauluais du tout. Tous ces grans vilains toutesuoyes et toꝰ ces grans cheualiers veons noꝰ mauluais/pour quoy ie croy que vous soyez du tout mauluais. Et pour ceste raison vueil ie que vous aillez vostre chemin et deliurez la nostre porte qui nest gueres plus grant de vous. Autant estes vous grãt côme elle est. Cest vng grant ennuy de vous veoir tant estes grant. Huymais vous en allez/aux dyables soient si grãs cheualiers mauuais. Moult durement estoit courroussé messire lac des parolles que celluy de dessus la porte luy auoit dictes/et congnoissoit bien par cestuy que cestoit vng nayn qui a luy parloit en telle maniere. Et quant il eut parle en telle guyse comme ie vous ay compte il ne feist nulle autre demourance/aincoys saillit tout in continent aux murs si q̃ messire lac vit bien tout appertement q̃ cestoit la plus layde creature et la plus contrefaicte qͥ auoit pieca veue. Et cestoit sans faille vng nayn si petit en toutes guyses quil nauoit pas quatre piedz. Et si auoit biê la teste aussi grosse comme vng roussin et estoit vieil/car il auoit bien cinquante ans ou plus. Et quant le nayn fut monté en hault et il vit que messire lac ne se mouuoit encores/ne riês ne faisoit si nõ le regarder il ne se peust tenir quil ne luy dist. Sire cheualier que vous est il auis de moy/dictes le moy se dieu vous doint bône auâture. Ne vous est il mye auis que ie soyes beau bachelier et bien fait de tous membres. Se dieu me sault entre moy et vous auons tout/mais cest bien du rebours en moult estrange maniere. Car vous auez en vous de vostre part la grãdesse du monde/et ie ay de ma part toute la petitesse du siecle. Mais ie ay tant de recôfort que ie pourroyes encores croistre se dieu vouloit pource que

fueillet lxxj

ie suis encores trop petit/mais vous ne
pourriez croistre/car vous estes plus grāt
que vng geant. Et quant messire lac en
tendit ceste parolle il ne se peust tenir de
rire et respōdit en telle maniere. Chose
de mal et de vergōgne pourquoy me dis
tu vilenye. Certes fait celluy de dessus
la porte ie ay plus honneur que vous na
uez/car ie suis mieulx fait de ma taille
que vous nestes de la vostre. Et messi
re lac ne respond a ceste chose ne a ses pa
rolles/car il cōgnoist bien tout cleremēt
que en cestuy ne pourroit il trouuer nul
bien ne nulle courtoysie en nulle manie
re du monde. Et pource commenca il a
regarder tout entour luy et vit adoncq̄s
les esclops des cheuaulx qui tout main
tenant auoient passe par illec/et se mist
tout erramment apres. Et dist en soy
mesmes que il ne peut estre en nulle ma
niere du monde que par illec ne soit pas
se le cheualier quil alloit querant cestuy
mesmes qui en emmaine la damoyselle
quil a promys rendre et ramener au che
ualier naure.

Lors se mist en la forest et se has
ta de cheuauchier si neust mye
moult grammēt alle de voye
que il vit deux cheualiers armez de tou
tes armes. Et lung deulx sans faille si
estoit celluy cheualier qui portoit lescu
vermeil au serpent noir. Et lautre por
toit a son col vng Escu couuert de vne
housse blanche/et sestoit le cheualier ar
reste emmy la forest/et illec sestoient en
trerencontrez. Et estoient ia venuz aux
grosses parolles ietter lung a lautre/car
le cheualier qui portoit lescu couuert de
la housse blanche auoit ia arrestee la da
moiselle quil auoit encontree. Et disoit
tout appertement quil la vouloit auoir
et gaigner par force darmes sur lautre
cheualier par la coustume du royaulme
de logres. Et lautre cheualier q̄ portoit
lescu vermeil au noir serpēt disoit de lau
tre partie. Damp cheualier ne vo⁹ met

tez en ceste espreuue/mais laissez ma da
moyselle tout en paix que iay gaignee a
grant paine et a grant trauail par mes
armes. Et ie vous prometz que se vous
la voulez auoir auant que vous layez cō
quise encōtre moy vous le pourrez bien
achapter du sang de vostre corps trop
plus chierement quelle ne le peut valoir

Tant vint messire Lac entre
eulx qui vne partie de ces pa
rolles auoit ouyes et enten=
dues tout clerement τ quāt il fut venu a
eulx il leur dist. Seigneurs dōt est venu
celluy escu que vous auez entre vo⁹ deux
Et celluy qui portoit lescu vermeil au
serpent noir respondit et dist a messire
lac. Beau sire nous auōs parolles entre
nous deux/car ce cheualier qui cy est me
veult tollir ma dame par force darmes
que iay conquise tout orendroit par ma
prouesse sur vng autre cheualier. Je luy
ay dit et encores luy dys ie quil se seuf=
fre par le myen conseil de ceste emprinse
Car bien saiche tout certainement que
la damoyselle ne peut il auoir si legiere
ment cōme il cuyde par auanture sicom
me ie croy.

Quant lautre cheualier enten
dit ceste parolle il se mist adōc
plus auant quil nestoit deuant
et dist. Sire cheualier or deffendez donc
la damoyselle/car bien saichez tout cer=
tainement que elle me plaist tant que ie
me vueil orendroit a vous combatre se
vous ne la me voulez laisser tout quicte
ment. Quāt celluy qui portoit lescu ver
meil au Serpent noir vit que il ne pou
oit en nulle maniere du monde mettre
autre fin en cestuy estrif il respondit. Si
re cheualier puis que vous estes tant de
sirant de cōbatre encontre moy se dieu
me doint bonne auanture tout mainte
nant aurez la bataille/car certes ma da
moyselle ne vous rendroyes ie en nulle
maniere du monde tant cōme ie la puis
se deffendre encontre vous. Et quant il

eut dicte ceste parolle si ne feist nulle au-
tre demourance aincoys se lanca auant
et print son escu et son glaiue que il auoit
pendu a vng arbre et dist adonc au che-
ualier a cestuy qui portoit lescu couuert
dune blanche housse. Sire cheualier ou
me quittez du tout ceste myenne damoy
selle ou vous vous gardez de moy. Et
lautre cheualier respondit. Damp che-
ualier se dieu sault ce me plaist moult.
Or saichez que iayme mieulx la guerre
de vous que la paix.

Antost apres cestuy parlemēt
ilz ne font nulle autre demou
rance aincois laissent courre
tout maintenant lung cōtre lautre. Et
quant ce vint au ferir des glaiues si sen
treferirent de toute leur force si dure-
ment que pour lescu ne pour le heaulme
il ne remaint quilz ne se facent es chairs
nues grans playes et parfondes. Mais
lung est moult moins naure que lautre
Le cheualier qui portoit lescu couuert de
la housse blanche a este feru si durement
de celle iouste dedans le corps q mais en
piece naura pouoir de porter armes ne
force nulle/ et fut si chargie dicelluy coup
quil ne se peust tenir en selle pour nulle a
uanture du monde aincoys vola du che
ual a la terre tout incontinent. Et lau-
tre cheualier q abatu lauoit si passa oul-
tre si q il ne lalla plus regardant. Voire
ment au retourner quil feist il feist tant
de courtoysie au cheualier quil auoit a-
batu quil print le cheual et le lya inconti
nent a vng arbre affin que quant le che-
ualier se releueroit qil peust trouuer son
cheual de coste luy sans le cherchier.

ET messire lac q la iouste auoit
veue tout appertement dist qil
nauoit iadis de grant temps
plus forte iouste veue de deux cheua
liers cōme ceste auoit este orendroit. Si
prisa moult en son cueur le cheualier aux
armes vermeilles q au serpent noir. Et
disoit quil ne pourroit estre en nulle ma-

niere du monde quil ne fut cheualier de
moult hault affaire et garny de moult
haulte prouesse. Et se il pouoit la da-
moyselle auoir en paix et sans bataille
moult le vouldroit sil pouoit estre. Mais
bien lui va le cueur disant que ce ne pour
roit aduenir en nulle guise du monde/ ne
sās la damoyselle ne sen pourroit il mye
retourner quil neust honte et vergōgne
pource quil auoit promis au cheualier a
la luy rendre tout oultreement / si pensa
et puis dist au cheualier. Sire cheualier
estes vous naure. Sire dist il nenny/ et
se ie suis naure ce nest mye tant q ce me
face mal. Certes dist messire lac ce me
plaist moult/et atalente suis et dieu le
scet quant vous estes sainement eschap
pe de ceste iouste qui bien fut perilleuse
Se dieu me doint bōne auanture ie vo9
vouldroyes bien prier que vous me feis-
siez vne courtoysie a ceste foys se vous
feistes oncques courtoisie a cheualier es
trange. Beau sire dist il quelle courtoy-
sie voulez vous que ie vous face/ dictes
la si orray que cest que vous me voulez
demander.

IE vo9 prie sire cheualier fait
il par grant courtoysie et par
grant franchise que vous me
donnez ceste damoyselle que vous me-
nez orendroit en vostre compaignie. Et
saichez tout certainement que ie ne la de
mande mye pour moy/ aincoys la de-
mande ie pour la rendre a vng autre che
ualier a qui vous la tollistes orendroit
premierement. En nom dieu fait le che-
ualier or saichez certainement que de cet
te courtoisie ne vous feray ie riens a ces
te foys. Si maist dieu fait messire lac/
de ce me poyse il trop durement. Et sca-
uez pourquoy. Jay veu a ceste foys tout
appertement en vous tant de prouesse
et de valeur que ie neusse orendroit nul
le voulente de moy combatre de ceste
querelle encontre vostre corps. Mais
quant ie voys tout orendroit que vous

ne faictes ma priere ne ma requeste cest vne chose et dieu le scet dont ie suis dolent moult durement. Car a vous me conuient il combatre vueille ou ne vueille/car iay promys au cheualier a qui vous la tollistes que ie feray tout mon pouoir de luy rendre. A ceste parolle respondit le cheualier & dist. Comment sire cheualier auez vous doncques voulente de vous combatre encontre moy pour lachoison de ceste damoyselle. Ouy certes fait messire lac/ et faire le me conuient tout maintenãt/car autrement ie sauldroies de couenant au cheualier. Sire fait laultre cheualier ne voyez vous deuant vous tout appertement cestuy qui encores se gyst a la terre & qui remuer ne se peut en nulle maniere du monde/il vo⁹ deueroit bien chastier et refreter de ceste emprinse. Gardez que ce qui est aduenu a cestuy pour lachoyson de ceste damoyselle ne vous aduiengne a vous mesmes. Comment quil men doye aduenir fait messire lac a iouster et cõbatre encontre vous il me conuient. Moult seroyes vergongneux se ie faillyes au cheualier de la promesse que ie luy ay faicte. Or vous gardez huymais de moy/ ie ne quiere plus nul autre parlement.

Quant le cheualier entendit ceste parolle il commenca a soubzryre moult durement/ et puis respondit au cheualier. Sire cheualier puis que ainsi est que ie ne puis trouuer orendroit autre chose en ceste besongne que de vous combatre a moy/ ne voyez vous orẽdroit ce cheualier. Certes fait messire lac de ce que iay veu en vo⁹ dys ie bien tout hardiment quil ne peut estre en nulle maniere du monde que vous ne soyez sans faille moult grãdement preudhomme des armes. Mais pource que tout mon pouoir me conuient faire de ceste damoiselle deliurer et de la remener au cheualier a qui ie lay promys me conuient il combatre orendroit encõtre

vous et mal gre moy mesmes. Pour quoy doucques appareillez vous de la bataille car venu y estes sans doubtance. Et se dieu vous doint bonne auanture fait le cheualier dictes moy qui vous estes qui estes si desirant de vous combatre encontre moy.

Certes dist messire lac ie suis vng cheualier errant qui encores ne suis moult cõgneu en ce pays par ma prouesse ainsi cõme ie vouldroyes si y ay trouue meilleur cheualier assez plus q̃ ie ne suis. Et quen diroyes ie encores suis ie de poure renom dont ce me poyse moult durement. Et quant vous estes de poure renom fait le cheualier cõment auez vous eu orendroit tant de hardement apres ce q̃ auez veu tout appertement de vous cõbatre ores encõtre moy. Certes fait messire lac puis q̃l est ainsi/trop auons huymais demoure en ce lieu quãt autrement ne peut venir paix entre nous. Et quant le cheualier apparceut quil estoit venu a la bataille et que autrement ne pouoit estre il se appareilla tout incontinent de la iouste et puis dist a messire lac. Sire cheualier se dieu vous doint bonne auanture encores vous loueroyes ie endroit conseil que vo⁹ me laississiez ma besongne tout oultrement. Car certes ie ne cuyde mye que au derrenier puissiez grãment gaigner en cestuy estrif. En nom dieu fait messire lac se ie deuoyes perdre le corps si feray ie tout mon pouoir de gaigner la damoyselle sur vous par force darmes se ie puis. En nom dieu fait le cheualier et ie men taist atant. Or voyse si comme il pourra aller desormais ie me habandõneray a la bataille dieu maist sil luy plaist que mal ne mauiengne.

Lors apres cestuy parlement ilz ne firẽt nulle delayãce ainçois laisserẽt courre tout incõtinent lung contre lautre. Ilz estoiẽt to⁹ deux fors et roydes a meruielles/et sca uoient tant de cheuauchier que nulz autres cheualiers nen pouoient plus scauoir que eulx. Et estoient tant hardys que lung ne doubtoit lautre si non bien petit. Et venoient tous deux si roydement et de telle force quil sembloit bien en leur venir que la terre deust fondre des soubz les piedz de leurs cheuaulx. Et quant vint a lapprouchier ilz sentreferirent de telle force quilz sentreporterent a terre les cheuaulx dessus leurs corps Et de tant leur aduint il bien adonc quilz ne furent mye naurez ne neurent nul mal de celle iouste, fors qlz furent vng pou estourdiz du dur cheoir qlz firet a la terre. Et quant ilz furent cheuz a terre pour ce quilz estoient tous deux moult estrangement fors et legiers se redresserent ilz en piedz moult vistement/ et ne regarderent mye a leurs cheuaulx grammement/ & ne leur souuenoit orendroit silz auoient adonc leurs glaiues perduz. Moult leur en estoit a pou si nentendirent a nulle autre chose fors quilz mirent tout incontinent les mains aux espees trenchans. Et messire lac q adonc estoit moult bon ferisseur de lance et despee dit bien orendroit a soy mesmes quil ne trouua pieca mais de long temps meilleur cheualier de cestuy fors que cestuy du tournoyement qui fut deuant le chastel aux deux seurs. Et quant il est si vaillant de la lance comme il la cy congneu il ne peut estre sicōme il croit en nulle maniere du monde quil ne soit vaillant a lespee et de grant affaire. Or y perra cōment il sesprouuera a ce besoing car se il peut il est mestier quil le mette a oultrance par force darmes.

Aussi pensoit lautre cheualier mesmes de sa partie. Mais le cheualier qui auoit este abatu si se tenoit a moult vergongneux de ceste auanture qui aduenue luy estoit pour ce q ia grant tēps auoit ql nauoit troue cheualier q le peust auoir oste de selle ne pour q il perdist les arcons. Et pour ceste cause dist en soymesmes que se a cestuy point ne prenoit haulte vengeance de cestuy qui si vilainement lauoit abatu il ne se tenoit mye pour cheualier. Pourquoy tout a yre sen alla vers messire lac lespee droicte contremont q lescu iette sur sa teste. Et messire lac qui nestoit mye cheualier que on peust legierement espouenter le receut bien et noblement. Et cestuy cōmence a ietter coups tout premierement sur messire lac de lespee trenchant et dure/ et luy donne tel coup q si pesant quil luy abat de son escu vng grant quartier. Et quant le cheualier eut donne cestuy coup il ne dit nul mot du monde aincois se tire vng petit arriere po² regarder ou il pourroit vng autre coup ferir. Bien recōgnoist en soy mesmes que messire lac scait tant de bataille quil ney est mye a aprendre. Il sest autre foys combatu a luy/ et pource se veult il mieulx garder de luy ql ne feist deuant/ car sens conuient auoir a soy cōbatre encontre tel hōme cōme est cestuy cy. Ilz scaiuent tous deux de la bataille et de lassaillir et du deffendre tout quāt que il en est. Mais ilz neurent mye grāment iette lung cōtre lautre que messire lac recongneut clerement en soymesmes que le cheualier encontre qui il se combatoit estoit sans doubte moult preudhōme des armes. Et tant en scauoit que plus il ney eut sceu aprendre.

Ort le treuue q bien assaillant et legier en toutes guises/ et ne scait en nulle maniere du mōde cōme il puisse sur lui ferir/ ne ql le puisse abatre a terre pour coup quil luy puisse donner orendroit. Et il aduint adonc quil le prisa moult grandement/ et pour le pris que il luy donnoit en soy mesmes si le doubtoit moult durement/ car bien congnoissoit tout certainement que cheualier ne seroit mye trop saige qui de tel homme comme est cestuy nauroit doub fueillet · lxx

tance et paour/Car en celluy trouuoit il toute bonte et toute bōne espreuue/et estoit adonc moult bon ferisseur de lance et despee/et hōme qui moult saigement faisoit tout quāque il faisoit. Il ne alloit mye trop demourant a assaillir messire lac quant il veoit q̄ le pouoit faire sainement/ne il ne se mettoit adonc plus auāt que il deuoit. Tout ce regardoit messire lac. Et vne chose sans doubtance qui pou espouētoit a cestui point messire lac si estoit ce que il veoit adonc tout appertement que le cheualier estoit garny de la plus haulte espee q̄ de la plus riche que il eut pieçamais veue/et la veoit si dure et si treschant quil la tenoit a moult merueilleuse et a trop bonne moult oultreement. Et sur tout ce il auoit vng heaulme en la teste plus riche et plus noble q̄ il nauoit veu puis vingt ans ença. Et ne eut mye le heaulme moult grāment regarde quil dist adonc tout certainement que ce heaulme auoit il ia veu autre fois Mais il ne sen pouoit mye remēbrer en nulle maniere du monde.

¶ Ces deux choses que ie vous compte qui trop sont bōnes et merueilleuses/cestassauoir lespee q̄ le bon heaulme dōt messire lac voit son ennemy garny si le mettent en doubtance/car il voit bien tout appertement que par la bonne espee que il a ne peut le heaulme empirer. Et non pourtant por ce quil est si bon cheualier en toutes guyses et que il ne peut estre legierement esmaye par le corps dung seul cheualier il se maintient tellement q̄ si noblement en celluy fait que nul ne le voit en celle besongne comment il assault hardyement et saigement que bien ne dye certainement que voirement est le cheualier garny de moult haulte prouesse. Et quen diroyes ie ilz sont tous deux si vaillans en toutes manieres et garnys de si tres haulte cheualerie que nul ne les voit adonc en celle asprete que ilz alloient fiere

ment q̄ angoisseusement frappant lung encontre lautre quil ne dye en pou dheure que on peust en tout le monde trouuer ne querre deux meilleurs cheualiers que sont orendroit ces deux ensemble.

¶ En telle maniere q̄ en telle guyse cōme ie vous ay compte cy deuant se combatent les deux bons preudhommes cheualiers emmy la forest et seulement pour lachoyson de la damoyselle. Mais du cheualier qui estoit abatu pour la damoyselle recouurer ainsi comme ie vous ay deuise tout mot a mot/et q̄ longuement auoit geu a terre que n̄ dirons nous adonc si non tout plainement ce que le compte en deuise q̄ non autrement. Bien est vray que il fut abatu et naure moult durement/et du grant coup quil receut en telle maniere q̄ en telle guyse comme ie vous ay compte geust il apres adōc vne moult grāt piece si estourdy a terre et si estrangement estonne q̄ il nauoit ne pouoir ne force que il se peust leuer ne remuer de la terre.

¶ Quant le cheualier fut reuenu de lestourdisson il se releua incontinent en son seant et vit adonc tout clerement les deux cheualiers qui assez pres de luy se combatoient por lachoyson dicelle damoyselle. Et saichent tous que a celluy point nestoient mye en celle place les escuiers des deux cheualiers qui se combatoient aincoys alloient et couroient par la forest de ca et de la apres les cheuaulx dont les deux preudhommes auoient este abatuz/car ilz ne pouoient prendre les cheuaulx a leur voulente pource que encores estoient ilz adonc moult durement effrayez de la dure iouste que les deux cheualiers auoient faicte. Quant le cheualier de la tour qui pour la damoyselle auoit este abatu et naure eut grant piece regardee la bataille des deux preudhommes si se dressa adōc tout maintenāt en son estat

k ij

De Gyron le courtoys

et sen vint tout droictement a la damoyselle q̄ estoit emmy la place si durement esbahye q̄lle ne scauoit q̄lle deuoit faire en nulle maniere du monde/ne q̄lle part elle sen deuoit aller ou auant ou arriere. Quāt il fut venu iusques a elle il luy dist Sil vous plaist ie vous meneray a vostre amy/car il est pres dicy ce scay ie bien et prons tout maintenant se vous voulez. La damoyselle qui bien cuyde tout certainement que cestuy luy dye verite/ et quil luy vueille tenir tout oultrement ce q̄l luy promet respond ⁊ dit tout maintenant et en plourant. Haa sire comme ie seroyes lye ⁊ ioyeuse en toutes manieres se vous si grant courtoysie me vouliez faire. Damoyselle fait le cheualier or saichez certainement que ie la vous feray tout maintenāt. Et lors alla a son cheual q̄ estoit attache a vng arbre ainsi come ie vous ay compte et mõta dessus a grant angoisse comme cestuy qui estoit moult durement naure. Et quant il fut mõte il sen vint a la damoyselle q̄ estoit a cheual montee sur vng moult beau palefroy ⁊ luy dist. Damoyselle venez vous en auecq̄s moy/car nous sommes encores si pres du lieu ou vostre amy est de moure que nous y serons tout maintenant. Les cheualiers qui cy se cõbatent pour vous peuent maintenir iusques a demain ceste bataille se il leur plaist et tout maintenant nous tiendrõs vous ⁊ moy nostre chemin. Sire fait la damoyselle a vostre commandement/mais iay grant paour quilz ne viēnent apres noꝰ Or saichez certainement fait le Cheualier de la tour que de tout ce naurez vous garde. Venez voꝰ en auecques moy tout seurement / car deulx estes vous toute deliuree.

Ainsi sen va le cheualier qui en emmaine auec luy la damoyselle/et les cheualiers qui adõc demeurent en la place ne scayuent riens de, cestuy fait/car ilz sont du tout si entētifz a leur bataille faire que de tout ce ne leur souuient il en nulle maniere du mõde. Ilz ne voyent pas le cheualier qui en emmaine la damoyselle ainsi comme ie vous cõpte aincois se combatent adonc par tel estrif et par telle force comme se chascun de eulx deust adonc gaigner par bataille le Royaulme de logres. Cestuy qui la damoyselle emmaine cheuauche tant en telle guyse et en telle maniere cõme ie voꝰ ay deuise quil est venu iusques a la tour ou le nayn a parle a messire lac tout ainsi comme ie vous ay compte cy deuant. Et estoit celle tour sienne proprement / et la faisoit adonc sa demourance. Et se aucuns me demandoient comment le cheualier si auoit nom ie diroyes que ceulx de la contree qui le congnoissoient lappelloient danydain lorgueilleux. Pource que cestoit vng des plus orgueilleux et vng des plus maul uais cheualiers de tout le monde. Et es toit sans faille cousin germain Breḡus sans pitie. Et auoit bien en toutes guyses enuers les dames et enuers les damoyselles toutes les coustumes de Breḡus/car il leur faisoit voulentiers tout autant de vilenye comme il pouoit dont il eut honte et vergongne par maintesfois. Et au derrenier apres soccist lancelot du lac pour vne damoyselle de lza maalot q̄ ce cheualier auoit mise a mort Cestuy cheualier ressembla moult a Breḡus sans pitie en maintes felonnyes. Et non pourtant bon Cheualier estoit moult durement. Mais il ne vesquit mye moult longuemēt ains mourut deuant ce que la grãt queste du saint graal feust commencee de nulluy.

Et ce Cheualier dont ie vous compte qui danydain estoit appelle puis que il fut venu a la porte il escrya tant comme il peust. Ou urez moy la porte ouurez. Et atãt vint le nayn tout incontinent dessus la porte la amont tout ainsi comme il auoit fait a messire lac. Et tout maintenant que le nayn dit son seigneur il cria a ceulx de leans/ouurez la porte ouurez isnellement et hastiuement/car cest nostre seigneur qui orendroit appelle. Et tout erramment la porte luy fut ouuerte si quilz ne firent nulle autre demourance a celluy point. Et quant la damoyselle vit que il luy conuenoit leans entrer elle dist a danydain Sire pour dieu ne vous mettez orendroit leans/car ie ne vueil faire nulle demourance du monde en ce lieu. Menez moy sans demourance la ou vous me promeistes orendroit a mener. Damoyselle la damoyselle fait danydain il vous conuient orendroit leans entrer. Entrez y et ne faictes nulle demourance/car vous estes en ma prison. Ie suis orendroit par vous si durement naure q ie vouldroies que toutes les dames q les damoyselles de ce monde feussent orendroit arses. Entrez leans vous ne pouez huymais retourner arriere.

Q uant la damoiselle entend ceste nouuelle elle est si tresdurement espouentee q elle ne scait que elle doit dire et se prent tout incontinent a plourer moult durement et entre leans tout erramment vueille ou non vueille/car ce luy conuient il faire mal gre elle a celluy point/et encores plus se adonc luy estoit commande. Et celluy qui nauré estoit moult durement se mist en vne chambre/et se feist tout incontinent desarmer et regarder sa playe. Et quant ceulx de leans eurent regardee sa playe ilz trouuerent quil estoit naure sans mort si lui estancherent et benderent sa playe tout au mieulx quilz peurent. Et apres tout ce le coucherent en vng lict/et puis commanda que la damoyselle fut mise tout incontinent en vne chambre de leans en prison. Et ceulx a qui il fut commande le firent adonc tout erramment. Et quant ilz

eurent acomply son commandement il leur dist tout maintenant. Soyez la dehors et se aucunes viennent ceste part qui de ceste damoyselle demandent aucunes nouuelles dictes que vous nen scauez riens du monde. Mais se ilz veulent ceans demourer ceste nuyt il ne pourra estre en nulle maniere du monde que ilz nen oyent aucune nouuelle. Tant leur dit adonc et vnes parolles q autres quil leur deuise tout maintenant les armes q les cheualiers portent/ceulx que il a laissez combatans en la forest ensemble pour la damoyselle affin que se il aduient dauanture quilz retournent ceste part ilz ne se peuent dillec partir quilz ne soient mys en prison. Et tout incontinent quil leur a dicte sa voulente ilz viennent a la porte de fer et leuurent/et se asstreent illecques deuant pour veoir q scauoir se les cheualiers retourneront par illecques dont leur seigneur leur a dictes les nouuelles. A tant laisse ores le compte a parler de ceste chose et retourne aux deux bons cheualiers qui se combatent encores a celluy point pour la damoyselle dessusdicte.

C Lòment messire lac trouua le cheualier q emmenoit la damoyselle du cheualier naure/et comment il se combatit a luy pour la damoiselle auoir et comment vng cheualier emmena la damoyselle ce pendant que ilz se combatoient/ et comment ilz allerent apres le cheualier q les emprisonna.

E N ceste partie dit le compte que puis que la damoiselle se fut partie de la place ou la bataille estoit encommencee des deux bons preudhommes cheualiers qui a ceste bataille estoient moult fort et durement entetifz tout pareillement com

k ij

De Gyron le courtoys

me ie vous ay compte cy deuant se com=
batirent adonc toutesuoyes et tãt main
tindrent icelluy premier assault quil ny
auoit nul de eulx qui neust bien a cestuy
point greigneur mestier de reposer q̃ de
cõbatre. Car ilz estoient to⁹ deux naurez
trop malement de petites playes et de
grandes en telle maniere que le plus sain
deulx deux auoit perdu de son sang trop
plus que mestier ne luy estoit. Et quãt
ilz eurent tant maintenu le premier as=
sault q̃lz ne pouoient mais enauant si se
retirerent arriere pour recouurer leurs
alaines. Et le Cheualier qui a messire
lac se combatoit cõmenca incontinent a
regarder entour luy. Et quãt il ne voit
la damoyselle il est si esbahy q̃ il ne scait
quil doit dire. Orendroit se tient agabe
plus durement q̃l ne se tint pieca mais.
Et quant il ne voit le cheualier q̃l auoit
abatu adõc il cõgnoist moult bien en soy
mesmes tout certainement q̃ cestuy en a
emmenee la damoiselle auecq̃s luy sans
faille. Courrousse en est/car il ne trou=
ua piecamais cheualier q̃ si legierement
le sceust deceuoir cõme auoit fait cestuy.

Et quant il eut vng pou pense a
cette chose il se retourna inconti
nent vers messire lac q̃ luy dist.
Sire cheualier se dieu vo⁹ doint bonne
auãture po⁹quoy vo⁹ cõbatez vo⁹ a moy
Pourquoy le demandez vo⁹ fait messire
lac/ia scauez vous q̃ ie me combas pour
la damoyselle q̃ vous ne me voulez ren=
dre. Et ou est elle fait le cheualier/ Sca
uez vous quelle est deuenue. Et messire
lac regarde entour luy. Et quãt il ne la
voit de nulle part si est moult durement
esbahy. Beau sire fait le Cheualier Or
pouez vo⁹ seurement dire q̃ nous auons
la damoyselle perdue par nostre enuye.
Vous la vouliez tout seul auoir/et moy
aussi. Or ne lauez vo⁹/ne aussi ne lay ie
mye. Et quãt tel fait est aduenu en telle
maniere que no⁹ lauons perdue/se ie sai
soyes raison ie la vo⁹ pourroies a cestuy

point demander et p droit/car ie lay per=
due p vo⁹ ce scauez vo⁹ tout certainemẽt
Le cheualier que iay abatu a la iouste si
len emmaine sans faille. Nous entendi
ons no⁹ deux a nostre bataille q̃ le cheua
lier entendoit adonc a nous tollir la da=
moyselle. Et adonc messire lac respond
Sire cheualier or saichez certainement
que se ieusse sceu adonc que la chose feust
ainsi aduenue cõme elle est orendroit ad
uenue ie la vous eusse auant laissee que
ie men feusse tant cõbatu a vous cõme
ie suis orendroit. Car ie congnois tout
certainement que vous estes en toutes
guises meilleur cheualier que nest celui
qui la damoyselle en emmaine auec luy.
En nom dieu fait le cheualier et se mes=
mes eusse cuide q̃l feust ainsi aduenu cõ=
me il est aduenu ie la vous eusse auant
quictee tout oultreement/car ie cõgnois
en moy mesmes tout clerement que iay
trouue en vous a cestuy point si haulte
cheualerie q̃ si treshaulte prouesse que ie
vous dys bien quil ya grant tẽps que ie
ne trouuay cheualier que tant ie desiras
se a congnoistre pour sa haulte cheuale=
rie cõme ie faiz orẽdroit vous. Car bien
le doys desirer par plusieurs raisons q̃
y sont adioustees. Pourquoy ie vo⁹ prie
tant comme ie pourroies plus prier nul
cheualier que vous me dyez vostre nom
sil vous plaist. En nom dieu sire cheua=
lier fait messire lac se vous me donnez
pris et loz de cheualerie/or saichez tout
vrayement que ie vous en donne orẽ=
droit plus q̃ par raison. Car vrayement
ainsi maist dieu/ie dys bien a mon esciẽt
que vous estes en toutes manieres assez
meilleur cheualier que ie ne suis. Pour
quoy loyaulment ie vous dys que ie vo⁹
diroyes mon nom se ie le deuoyes dire
a nul estrange cheualier.

Lors a cestuy point quilz par
loient eulx deux en telle ma=
niere cõme ie vous ay compte
atãt sont venuz vers eulx leurs escuiers

fueillet

qui ramenoient leurs cheuaulx que ilz auoient adonc prins a moult grät paine p̃ la forest Sire fait le cheualier a messire lac il mest auis ⁊ par raison que nous auons perdue ceste damoyselle pour qui nous no⁹ combations orendroit ensemble. Sire cheualier fait messire lac vous dictes verite. Et saichent to⁹ que se messire lac ne se feust cestuy iour tant combatu encontre ceulx de malouaut cöme il auoit fait a cestuy point/lautre cheualier qui a cestuy point sestoit encötre luy cöbatu ne se feust mye de cestuy assault si honnorablement eschappe cöme il sen partit adonc. Car tant feust il bon cheualier et de haulte prouesse garny si nestoit il mye si bon cheualier comme estoit messire lac. Mais quant messire lac se mist encontre luy encores se sentoit il de la iournee de deuät qui lauoit trop durement trauaille. Et ce fut la cause pour quoy il dura si longuement en telle maniere comme ie vous ay compte contre messire lac.

E̾t se aucun me vouloit demander cöment le Cheualier auoit nom qui contre messire lac sestoit si vigoreusement cöbatu ie diroyes sans faille q̃ cestoit le noble roy Pharamons roy de gaulle qui maintenant est appellee france. Il estoit adonc bien tel cheualier sans nulle faille que en cestuy tëps auoit moult pou de roys en ce mõde de q̃ tant aymassent Cheualerie cöme il faisoit/ ne qui tant hönorast cheualiers priuez et esträges. Et estoit adonc tout nouuellement retourne au royaulme de logres/Car si grant voulente auoit de veoir le noble roy meliadus et le roy artus q̃l ne sen pouoit tenir ne plus souffrir en nulle maniere.Et bien fut il venu ap point au tournoyement qui fut feru deuant le chastel aux deux seurs / mais il ny peut venir a tëps pour vne auanture qui le detint deux iours to⁹ entiers. Et

luy pesoit moult durement de ce que le tournoyement auoit este feru sans luy/ et quil ne se y estoit essaye.

A̾insi cöme ie vous ay compte sestoit le bon roy pharamons cöbatu vne grant piece encontre messire lac pour lachoyson de la damoyselle dessusdicte. Et depuis quilz eurent laissee la bataille en telle maniere et par telle auanture comme ie vous ay compte les escuyers du roy pharamons luy ramenerent tantost son cheual et celluy de messire lac/lequel le roy pharamons print par la bride et sen vint vers messire lac et luy dist. Sire cheualier tenez voicy vostre cheual q̃ ie vo⁹ rendz. Bien voulsisse que aussi bien me rendissiez ma damoyselle/laquelle vous mauez tollue et si elle ne vous est pas demouree. Sire respondit et dist messire lac vous dictes bien verite/et si saichez tout certainement que de ceste auanture me poyse il moult durement. Et ie vous prometz loyaulment sire que se ie eusse cuyde que nous la deussions auoir ainsi perdue et adiree cöme nous auons orendroit ie la vous eusse quictee tout oultrement auant que ie me feusse combatu a vous pour droit neant tout ainsi comme iay fait. En nom dieu dist le roy pharamons se dieu me doint bonne auäture ce repëtement est venu trop tard. Et incötinent apres ce parlement ilz ne firent nulle autre demourance ain coys monterent sur leurs cheuaulx. Et quant ilz furent tous deux montez messire lac dist adonc au roy pharamons. Sire que ferons nous de nostre damoyselle que nous auons orendroit perdue. Certes se nous la laissons ainsi du tout apres ce que nous auons tant trauaille et prins moult grant paine il mest auis que ce seroit la greigneur et plus grant deffaulte de ce mõde/ mesmement a telz cheualiers cöme no⁹ sommes orendroit

k̃ iiȷ

De Gyron le courtois

Sire dist le roy Pharamons roy des francoys q̃ voulez vo⁹ que nous en facions. Je vous dys bien de ma partie q̃ se ie sceusse certainement quelle part le cheualier lemmaine se dieu me sault ie ne feisse nulle autre demourance aincoys me meisse apres luy a la voye tout orendroit/mais ie ne scay quelle part ie aille pour la trouuer. Lors se tourne tout maintenant deuers celui escuyer qui son cheual luy a amene et lui dit. Deiz tu quelle part sen alla la damoiselle pour qui nous no⁹ combations nous deux. Sire dist lescuyer ouy. Or sachez certainement que le cheualier qui a este abatu la emmenee vrayemẽt vers celle tour qui est la deuant en celle belle prayerie. Et saichez que a la damoiselle ne feist il nulle force du monde ains elle sen alla auecq̃s luy/car elle y alloit trop voulentiers. Et ie croy vrayement que se vous deux cheuauchiez iusques a la tour que il ne pourroit estre ẽnulle maniere du monde que vo⁹ nen ouyssiez aucunes nouuelles. Ou ceulx de leãs sont veue cheuaucher auant/ou elle est par auanture leans demouree auec le cheualier qui lemmena de cestuy lieu. Sire dist le roy pharamons a messire lac tout ce que cest escuyer nous a orendroit dit peut bien estre et aduenir. Puis que nostre cheualier ꝯ nostre damoiselle sen sont allez vers la tour/et aussi pour ce que le cheualier est moult durement naure/et quil est huymais assez tard/ie cuyde bien tout certainement quilz sont leans descenduz. Et il estoit ia si tard sans doubtance que heure de vespres estoit ia passee/car trop longuement auoiẽt celle bataille les deux cheualiers maintenue. Sire fait messire lac au roy pharamõs vous plaist il que no⁹ aillons orendroit vers la tour pour veoir se leans se seroit arrestee ne descendue nostre damoyselle. Certes fait le Roy Pharamons ie le loe bien et conseille. Donc mettons nous a la voye fait messire lac. Car de plus seiourner cy il ne nous en pourroit venir nul prouffit du monde. Grant vilenye et grant deffaulte a faicte le cheualier qui ainsi orendroit nous a deceuz et par moult estrange maniere.

Et quãt a ce se sont acordez les deux preudhommes ilz ne font nulle autre demourãce aincois se mettent a la voye vers celle tour tant cõme ilz peuent tout le grant chemin qlz estoient venuz deuant. Et quãt ilz sont la arriuez tout droictement deuant la porte seoient bien iusques a dix sergens de leans q̃ se dresserent tout incontinent quilz les virent venir encontre eulx. Et a cestuy point estoit la porte de fer ouuerte toute arriere. Quant les deux cheualiers sont venuz iusques a eulx le roy pharamons parle adonc tout premierement et dit. Beaulx seigneurs auez vo⁹ veu par cy passer vng cheualier qui en sa compaignie maine vne damoyselle. Et lung deulx respond adonc ꝓ dit. Je ne vous en diray mye ce q̃ ien scay. Et non pourtant se vo⁹ voulez huymais demourer en ceste tour vo⁹ et vostre cõpaignon no⁹ ferons tant q̃ demain deuant heure de prime la vo⁹ monstrerons cy deuant tout appertement. Et se vous adonc la pouez cõquerre par force darmes sur cel luy qui cy deuant la cõduyte elle pourra bien estre vostre. Et se conquerre ne la pouez tenez puis apres vostre chemin. Sire fait le Roy Pharamons a messire lac que dictes vo⁹ de ceste chose/voulez vous huymais cestuy soir demourer ou cheuauchier auant. Il est si durement tard comme vous pouez bien veoir tout appertement/et nous sommes orendroit plus trauaillez que mestier ne no⁹ feust. Et il ny a ores cy entour pres dicy nul recet/ne nul chastel se nous y voulions huymais aller ql ne fut adonc trop tard quant nous y viendrions. Et pource si re mest il auis que mieulx nous seroit il de demourer cestuy soir icy que daller plus auant. Sire dist messire lac or sachez certainement que se ie ne pēsasse or endroit auoir la damoyselle ie ne demourasse ainsi en nulle maniere du monde. Et non pourtant pource q̃ ceulx cy nous sont orendroit disant que se nous voulons huymais demourer que ilz nous mōstreront demain deuant heure de prime la damoyselle que nous allons orendroit querant/ie macorde bien que nous demourons au iourdhuy/et mesmement pource que il est assez tard. Et ie my accorde moult bien fait le roy pharamons Et tout incontinent quil eut dicte ceste parolle il ne feist nulle autre demourace aincoys descendit et messire lac apres luy. Et entrerent leans tout erramment ou ilz se cuydoient moult bien aisier celle nuyt/mais ilz eurent adonc toute autre aise quilz ne cuydoient auoir. Et puis apres quilz furent descenduz on les mena adonc tout droictement en une des chambres de leans pour les desarmer. Et quant ilz furēt desarmez ilz demanderent adoc sil y auoit leans home nul qui de leurs playes se sceut entremettre. Et ilz dirēt quil y auoit ung home qui a cestuy point nestoit mye leans / mais il deuoit celle nuyt venir ou le lendemain moult bien matin qui bien les scauroit administrer Et ilz respondirent q̃lz se souffreroient iusques a tant que il fut venu. Et apres quilz eurent dictes ces parolles ilz entrerent tout incontinent au palais q̃ moult estoit de grant beaulte et moult grant a merueilles/et se mirent aux fenestres de la tour/et commencerent adonc a regarder la forest qui de tous les deduitz q̃ en forest pouoit auoir estoit moult durement belle et delitable.

Apres ce ne demoura gueres que ceulx de leans qui au plus couuertement quilz pouoient les vouloient deceuoir/adonc leur porterent a mangier moult honnorablement et richement/Car les tables estoient ia mises grant piece auoit. Et les cheualiers qui pour le iour de deuant estoient assez trauaillez et plus q̃ mestier ne leur estoit mangierent ainsi come ilz peurent. Lung bien et lautre mauluaisement. Le roy pharamons mangea aussi bien comme se il neust mangie de quatre iours. Et messire lac qui moult durement estoit courrousse des auantures qui cestui iour luy estoiēt aduenues/et mesmemēt pour la tresbelle dame de malouaut quil auoit si haultement gaignee comme ie vous ay compte cy deuant/et la perdist puis apres si legierement par ung cheualier tant seulement.

Quant il va cestuy fait recordāt dedans son cueur il est tant durement yre et courrousse que il sen tient du tout a honny et a vergonde q̃ petit sen fault que le cueur ne luy fault au ventre du grant dueil quil le tient. Et ce luy oste le mangier a cestuy point Et va disant a soy mesmes que puis q̃l fut premierement cheualier ne luy mescheut si durement en ung seul iour comme il luy estoit huy mescheu en cestui ior Et aymeroit mieulx mesmement desormais mourir q̃ viure/car il estoit moult deshonnore et vergonde en toutes manieres. Et quant le roy pharamons le vit moult durement pensif ainsi come ie vous ay compte/et quil auoit bien apparceu quil nauoit māgie si non bien petit/cuydoit bien q̃l fut si durement trauaillie q̃l neust pouoir de mangier pour le grant trauail que il auoit adonc receu en cestuy iour. Et pource le reconfortoit il tant comme il pouoit et luy dist. Sire or pensez vous a ceste fois et point ne mangez. Se dieu me fault si bon cheualier comme vous estes ne deuroit mye trop penser pour nulle auanture de ce monde. Et certes vous pēsez orendroit plus que a preudhome ne conuenist. Et messire lac qui tāt estoit durement courrousse que petit sen falloit que le cueur ne luy partoit du ventre respondit sicome il pouoit. Sire saichez que se ie pense ce nest mye merueille. Sire dist le Roy pharamons par auanture que vous estes plus trauaille que mestier ne vous feust Sire dist messire lac se mon cueur nestoit moult plus trauaille que mes membres sont moult bien en allast mon affaire/mais mon cueur si seuffre tant de paine que mes membres si maist dieu nen pourroient en nulle maniere du monde tant souffrir. Et cest ce qui me tient en si grant penser/car mon cueur si est seigneur de moy/mais ie ne suis mye seigneur de luy.

Tout ainsi respondit messire lac a celle fois. Et le roy pharamons ne scauoit quil deuoit dire sur celle respōse si non q̄ moult durement luy pesoit de ce que messire lac estoit si formēt pensif. Moult voulentiers le reconfortast sil peust/mais il ne voit en quelle maniere il puisse ce faire. Il laisse le boire q̄ le mangier pour regarder messire lac qui tant esbahy pensoit dedans son cueur. Et quant il leut grant piece regarde il dit bien a soy mesmes que grant temps a que il ne vit nul cheualier si bien taille de tous membres ne si couenable ne si appert quil ne pourroit estre en nulle maniere du monde selon son iugement que il ne feust cheualier de hault affaire. Ce luy va son cueur deuisant. Et il mesmes lafferme tout certainement a son iugement.

Quant le Roy pharamons leut grant piece regarde si visablement comme il le pouoit regarder si dit adonc a soy mesmes que cestuy cheualier sās faille auoit il ia veu maintessoys/mais ce auoit este moult petit q̄ long temps auoit/et pource ne le pouoit il mye moult legierement recōgnoistre/car ia auoit quatre ans passez et plus q̄ ne lauoit veu. Et alloit adonc pensant moult entēdiblement qui il pouoit estre mais pour nulle auanture du monde il ne se pouoit tenir de le regarder dont il estoit moult courrousse q̄ dolent. Et sil ne le cuidast trop couzrousser il mist toute la paine quil pourroit mettre pour se recōgnoistre/mais pource se seuffre il a ceste foys de plus luy demander de son estre que demande luy auoit. Et quant ilz eurent māgie tant cōme il leur pleust et ilz furēt leuez des tables ceulx de lcās qui ia auoiēt appareille la maniere comment ilz les deuoient prendre les menerent couchier tout incōtinent en vne chābre chascun par soy/et ainsi les departirent affin quilz les peussent plus legierement prendre. Les deux cheualiers qui de celle iournee estoient plus trauaillez q̄ mestier ne leur estoit tout incontinent quilz furent venuz au repos si sendormirent comme ceulx qui ne cuydoient mye que ceulx de leans si pensassent enuers eulx telle trahison comme ilz faisoient si sendormirent moult plus tost que mestier ne leur eust este. Et ce dormir quilz firēt adonc si ne leur dura mye trop longuement. Et en celle tour estoiēt adonc iusques a soixante sergens armez de toutes armes qui la tour gardoient/car le seigneur de leans danydain leur auoit adonc cōmande quilz feussent to9 prestz et armez. Car il auoit doubtāce q̄ paour que les deux cheualiers qui leans estoiēt arriuez ne luy tollussent le lendemain la damoyselle que il auoit leans amenee. Et pource la faisoit il ainsi garder. Et quāt les deux cheualiers furēt endormis adōc sen allerēt .xxx. des sergēs en la chābre ou messire lac gysoit/et portent adonc cierges en leurs mains/et trouuerent a celluy point que messire lac se dormoit si fermement cōme sil neust dormi de quatre iours. Et quen diroyes ie ilz le prindrent incōtinent/q̄ faire le pouoient car ilz le trouuerent desarme q̄ dormant

Et les autres trente sen allerent en la chambre ou couche estoit le roy pharamõt duquel ilz firẽt tout ainsi comme les autres auoient fait de messire lac. Et en ceste maniere et par trahison furent les deux cheualiers en dormant prins. Et apres ce furent mys et emprisonnez en vne prison voultee moult forte a merueilles/et leurs escuyers furent mys en vne autre prison. Car ceulx de leans dirent adonc que se les escuyers eschappoient par aucune aduanture quil ne pourroit estre quilz ne sen allassent tout incontinẽt au seigneur de maloanc auquel ilz compteroient cõment leurs seigneurs seroiẽt emprisonnez pour ce que il estoit cheualier errant/lequel tout maintenãt quil orroit parler de ce fait il ne pourroit estre quil ne mist aucun conseil en leur deliurance/& tel conseil par aduanture que leur tour en seroit abatue et ceulx de dedans qui trouuez y seroient mors et honnis. Et pour ceste cause mirent ceulx de leans les escuyers en prison. Car doubtance auoient ilz moult grande de ce q̃ ie vous ay compte. Mais a tant laisse le compte a parler de ces deux preudhommes/et retourne a parler de danayn le roux et dit en ceste maniere.

¶ Commẽt danayn le roux trouua sa femme et gyron le courtois tout naure a la fontaine. Et comment il voulut occire gyron et sa femme Et cõment il fist depuis porter gyron par bonne paix au chasteau de maloanc en vne lictiere.

En ceste partie dit le cõpte que apres ce que danayn le roux eut recongneu par les enseignes q̃ le cheualier de maloanc luy auoit deuisees que cestoit gyron sans doubtance qui desconfit auoit le cheualier qui la dame de maloanc auoit cõquise sur les xxvi. cheualiers de maloanc/il se mist adonc entre luy et son escuyer en vne petit sentier auquel il neut pas gramment cheuauche que il trouua vne autre voye/en laquelle il aduisa les esclos de messire lac q̃ sen alloit tout droictement au trauers de la forest ainsi comme le cheualier le menoit qui le deuoit adonc conduyre a la fontaine ou gyron estoit demoure auec la dame de maloanc en telle maniere comme ie vous ay compte cy deuant. Si neust mie danayn grãment cheuauche au trauers de la forest tout ainsi que messire lac estoit alle que son chemin lapporta adonc tout droictement a la fontaine ou le cheualier gisoit naure cestuy a q̃ le roy pharamont auoit tollue sa damoyselle.

Quant il fut a la fontaine venu si trouua illec le cheualier naure qui sa damoiselle auoit perdue/et decoste luy estoit adonc descendu le cheualier de la contree de maloanc cestuy mesme qui cestuy tour auoit voulu tollir lespee a girõ le courtois. Et quãt danayn le vit si fort naure il luy dist. Sire cheualier se dieu vous doint bonne aduanture qui vous a naure en telle maniere comme vous estes orendroit. Et le cheualier naure ne luy respondit a sa demande aucun mot. Mais le cheualier de la contree de maloanc qui decoste luy estoit lui dist. Sire si mayst dieu ie ne scay qui naura cestuy cheualier que voꝰ voiez icy gysant/mais tout vrayement ay ie entendu par luy mesmes que vng cheualier la naure icy deuant na encores gueres et luy a tollu vne sienne damoyselle que il conduysoit et puis sen est alle son chemin apres quil a ce eu fait tout incontinent. Et scauez vous fait danayn qui ce cheualier est qui cy gist tant naure. Sire fait il nenny sanꝰ doubte ie ne scay qui il est. Et vous qui estes vous fait da nayn se dieu vous doint bonne aduanture/dictes le moy si vous plaist. Sire fait le cheualier or saichez tout vrayement que ie suis de la contree de maloanc/mais non pour tant du seigneur de maloanc ne de la dame ne tiens ie riens. Et que attendez vous cy fait danayn. Certes dist il ie attes icy sans faille tout le meilleur cheualier du mõde. Saincte marie quest ce que vous dictes fait danayn qui est celluy orendroit qui est tout le meilleur cheualier du monde. Certes ce dist le cheualier ie ne scay comment il a nom mais en luy a treshaulte proesse/car ie lay au iourdhuy veu tout appertement si que ie dy bien tout hardyment q̃ selon mon iugement que cest sans faille tout le meilleur cheualier du monde. En nõ dieu fait danayn de toutes ces nouuelles me faictes vous plus merueiller que de chose que ie ouysse pieca. Mais or me dictes se dieu vous doint bonne aduanture que peut au iourdhuy auoir fait ce cheualier pour quoy vous le tenez au meilleur cheualier du monde. En nom dieu sire fait il ie le vous diray tout maintenant puis que scauoir vous le voulez or escoutez.

Et tout maintenant luy commẽca a compter mot a mot cõment messire lac auoit desconfit tous les cheualiers de maloanc qui estoient. xxvi. et plus et comment il auoit tant fait que par sa proesse il auoit conquis la belle dame de maloanc/et puis quant il eut ce dit il demanda a danayn et dist. Or me dictes sire cheualier ne vous est il orendroit aduis que par raison on doiue tenir au meilleur cheualier du monde icelluy qui par son corps fist si haulte proesse comme ceste a este. Certes sire cheualier ce dist danayn il monstra bien par cestuy fait tout appertemẽt que il estoit moult bon cheualier et de hault affaire/mais or me dictes se dieu vous doint bonne aduanture la dame de maloanc luy demoura elle depuis quil leut conquise. En nom dieu sire fait le cheualier nenny/aincois lemmena ung autre cheualier qui sur luy la conquist depuis. En nom dieu dist danayn puis que celluy cheualier qui la dame de maloanc auoit cõquise sur les mauuais cheualiers de maloanc ne la peut deffendre encontre le corps dung seul cheualier or saichez tout certainemẽt que il nest mye tout le meilleur cheualier du monde.

Quant le cheualier entendit ceste parolle il ne sceut quil deust respondre aincois se teust. Et danayn si luy dist de rechief. Sire cheualier de quel coste sen est alle celluy preudhomme que vous tenez a si bon cheualier. Certes sire fait il a bon cheualier le tiens ie voirement. Certainemẽt si fais ie moy dist danayn/mais dictes moy ou il alla se vous le scauez. Certes fait le cheualier ie le vous diray. Or saichez q̃ a ce cheualier qui cy gist naure a este orẽdroit vne sienne damoyselle tollue/et le bon cheualier qui la descõfiture a faicte de ceulx de maloanc quant il est cy venu et a ouy le grant dommaige et oultrage qui a este fait a cestuy cheualier il luy a promis de luy rendre sa damoyselle se il le peult faire. Et pour ce sest party dicy/mais il reuiendra tãtost se dieu plaist car ie lattens/ne ne me partiray dicy tãt que il sera retourne. Or me dictes fait danayn se de celluy cheualier qui le descõfit et qui la dame luy tollit me scauriez a dire nouuelles. Pour quoy me le demãdez vous fait le cheualier estes vo⁹ de ceulx de maloanc. Ouy certes fait danayn de maloanc suis ie voiremẽt. Or vo⁹ diray ie dõc nouuelles dist il q̃ chascun ne scait mye et saichez tout vrayement que ie ne vous diray si non verite et que ce que iay veu proprement. Et quant vous verrez danayn le roux qui seigneur est de maloanc dictes luy de la mienne part. Verite est que le cheualier qui desconfit les cheualiers de maloanc fut tantost desconfit par vng autre cheualier qui la dame de maloanc emmena auecques luy lequel sen alla au trauers de la forest et cheuaucha tant quil arriua a vne fontaine qui nest mie trop loing dicy et fist illecques descēdre la dame et puis se desarma tout a loysir. Que vous en diroie ie tant tindrent parlement ensemble que elle luy ottroya son amour oultreement Et apres ne demoura gueres que le cheualier mist dessoubz luy la dame a la terre. Et a celluy point comme il congnoissoit la dame si charnellement comme hōme pourroit cōgnoistre femme vng des cheualiers au seigneur de maloanc suruint illec dauanture qui courut sus au cheualier qui encores estoit dessus la dame et le ferit si priuement de son espee au trauers des deux cuisses que celluy q̄ entendoit a son soulas nen sentit riens iusq̄s a tāt quil vit son sāg courir a grāt habōdāce. Et quāt le cheualier seut ainsi feru il dist que assez en auoit fait et que bien venge auoit le seigneur de maloanc et sen alla adonc et laissa le cheualier et la dame decoste la fontaine/ et encores y est de present comme ie croy le cheualier qui ceste hōte a faicte au seigneur de maloanc/ car il est si durement naure que iamais dicelluy lieu ne se pourroit partir qui ne len osteroit. Sire cheualier ces nouuelles que ie vous ay dictes a cestuy point pouez vous hardyment dire au seigneur de maloanc quant vous le verrez Car bien saichez tout certainement que il est ainsi aduenu comme ie vous lay dit. Il est honny/ deshonnore et ahonte si vilainement que cheualier ne le pourroit plus estre. Et certes il ne deueroit iamais auoir hardement de parler encōtre nul cheualier du monde.

Quant danayn entēdit ces nouuelles il en fut trop durement esbahy si que il ne sceut q̄l deust dire et fut vne grant piece sans parler et sans dire nul mot du monde/ car il nen auoit pas pouoir tāt estoit durement courrouce/ mais quāt il eut pouoir de respondre il dist au cheualier tout tremblant dyre quil auoit. Sire cheualier se dieu me sault ie dy que vous ne dictes mie verite de ceste chose. En nom dieu fait le cheualier se vous ne men voulez croire allez vous en tout droit a la fontaine qui pres dicy est et vous y trouuerez sans faille nuelle la dame de maloanc et le cheualier ainsi naure comme ie vous ay dit. Or me dictes fait danayn de quel coste est ceste fontaine dont vous parlez. Certes fait celluy vous la pourrez trouuer en ceste partie tout droictement et luy mōstra quelle part. Apres ceste parolle ny fist danayn nulle autre demourance aincois se mist maintenant a la voye et celle part ou celluy luy enseigna tant courrouce estrangement qua pou quil ne creuoit de dueil. Car quant il alloit en soy recordant la grant amour quil auoit eue a gyron et lhonneur quil luy auoit fait de tout son cueur et que il estoit le meilleur cheualier du monde q̄ orendroit luy a faicte ceste vilennie/ trahison et desloyaulte si dit a soy mesmes que desormais ne doit nul homme auoir fyance en bon cheualier.

Ainsi cheuaucha danayn vers la fontaine tant dolent et courrouce que les larmes luy venoient aux yeulx. Si neut mye grammēt cheuauche quil trouua le ruyssel qui venoit de la fōtaine/ ȳ lors fust il plus courrouce quil nestoit deuant/ cestes enseignes commenca il a recongnoistre de sa douleur pour verite. Tant alla audt cōtremont le ruyssel de la fontaine que il ouyt les crys et complainte que sa femme faisoit pour gyron pour la cause quil luy estoit aduis q̄ tāt auoit perdu de sang quil ne pouoit estre emporte dillec sans mort. Et pour ce cryoit elle ainsi estrangement comme se elle eust veu mort tout le monde deuant elle. A ce grant cry et a cesse grant noise que faisoit illecques la dame de maloāc arriua danayn sur eulx et tout maintenant que la dame laduisa elle le recōgneut au cheual quil cheuau choit/et pour ce quelle scauoit de Sray ql souloit plus aymer gyron que nulle chose du monde & tout pareillemēt laymoit aussi gyron lui crya elle tant comme elle peut. Haa sire Benez Beoir ceste douleur le meilleur cheualier du monde se est mis a mort et si ne scay pour quoy.

Quant danayn entendit ce plaist si cuyda oredroit plus certainemēt que il ne faisoit deuant que ce fust Berite de ce que le cheualier luy auoit compte et pour ce fust il tant duremēt yre qua paine se peut il soubstenir. Si descendit et atacha son cheual a ung arbre qui illecques estoit et mist son glaiue sur son escu et de toutes ses autres armes garny sen alla sans dire nul mot du monde Bers giron/et quāt il fut pres de luy et Bit la place couuerte de son sang il dist a la dame de maloanc. Dame ainsi maist dieu que Bous auez bien desseruy la mort/car Bo' mauez premierement deshonnore et auille trop durement et auez fait p cestuy outuraige du meilleur cheualier du monde et du plus loyal ung traistre et desloyal et sans tout ce mauez tollu le meilleur amy que iay au monde et cestuy que plus ie aymoye de tout mon cueur si est par Bous a la mort mys. Il est mestier se dieu me sault que pour ce ayez Bostre droit.

Quant la dame ouyt & entendit ceste parolle se elle en fut fort espouentee ce ne fut pas merueille/car bien cuydoit a lors mourir et tout incontinent si que plus desperance nauoit de iamais autre iournee Beoir et pour ce que elle congneut bien que danayn disoit ces paroles a certes ny fist elle nulle autre demourance/aincois se laissa cheoir a ses piedz et luy dist tout en plourant. Mercy pour dieu gentil hōme ne mocciez pas/car point nay la mort desseruie. Et danayn qui a elle nentendoit pas sen alla oultre iusques a gyron et luy dist tant courrouce estrangement qua pou quil ne creuoit de dueil. Hassal honny mauez et auise trop laydement. Se dieu Bous sault ou Bous messie ie tant durement que Bous me deussiez auoir fait si grant honte et telle comme Bous mauez faicte. Comment est il peu aduenir que en si bon cheualier comme Bous estes se soit peu herberger trahison & Bilenie. Or estes Bo' de ce ne mens ie point tout le meilleur cheualier du mōde et maintenant estes trouue en trahison si fiere et si estrange. Tant Bous estes messait encontre moy que bien auez la mort desseruie. Bous me donnastes ceste espee que ie porte a mon coste laquelle iay pour lamour de Bous portee iusques a cestuy iour/ mais desormais la laisseray ie si que ie ne la portray plus/ mais touteffois deuant que ie la laisse du tout si Bous en trencheray le chief pour Bengeance de la honte que Bous mauez faicte/et apres que ie Bous auray occis ie mettray a mort ma fēme et puis quant ie Bo' auray tous deux a la mort mis ie moccirav tout incontinent. Car apres ce q ie auray occis le meilleur cheualier du mōde q fait si grāt dōmaige au siecle qui recouuert ne pourra estre ne deueray ie Biure/q pour ce mocciray ie apres Bous. Quant giron ouyt ce il ne se peut tenir que les larmes ne luy Benissent au yeulx. Et la dame de maloanc q bien Beoit tout appertemēt que danayn son mary Bouloit mettre a mort giron si sen Bint Bers luy et se gecta a ses piedz et luy dist tout en plourant. Mercy mercy franc cheualier nocciez mie cestuy gentil homme/car ieBous creance loyaulment que point na la mort desseruie. Se Bous Boulez Bostre courroux Benger Bengez le sur moy tout maintenāt et non sur lui

Occiez moy et le laissez viure/car ie vo⁹ creance loyaulment que cest le plus loyal cheualier qui oncques portast armes en la grant Bretaigne ne en autre contree Pour dieu preudhomme ayez mercy de luy/car ce seroit plus que dommaige se vous le mettiez a mort pour achoison de cestuy fait/car bien saichez tout vrayement que oncques cheualier ne fist a autre si grant courtoisie comme il vous a faicte/et saichez tout certainement que se le siecle le scauoit tout ainsi comme ie le scay elle seroit bien renommee pour la greigneur courtoisie q̄ cheualier fist oncques en nostre aage.

Dame dame ce dist danayn toutes ces parolles ne vous vallet chose du mōde/pour la courtoisie quil ma faicte appert le loyer quil en a receu de celluy qui ma honte ne pouoit veoir souffrir ne endurer/mais or me dictes pour quoy il a ainsi este naure. franc homme fait la dame se vous voulez que ie vous die tout laffaire et tout le fait ie le vous diray tout maintenant et apres me pourrez occire se vous voulez/ car entre voz mains et en vous gist ma vie et ma mort ce voy ie bien tout clerement. Dame fait danayn or dictes tost si orray cestuy compte et commēt la chose est allee/dessus vous en viendra le fait se dieu me doint bonne aduanture/ne pour vostre compte eschapper de la mort ne pouez en nulle maniere du mōde/or tost dictes vostre compte maintenant si orray partie de vostre loyaulte. Et la dame luy commenca erramment a compter tout mot a mot lauanture merueilleuse des cheualiers de maloanc qui desconfiz auoient este par le corps dung seul cheualier/apres luy dist commēt cel luy cheualier auoit este legierement desconfit par la proesse de gyron/et cōment ilz sestoient partis de la place ou la desconfiture auoit este. Et apres luy deuisa toutes les parolles quilz auoient dictes

entre eulx deux et comment ilz estoient arriuez a la fontaine et comment pour lachoison de lespee sassist giron sur la fō taine ou il commenca a penser moult durement/et luy compta aussi cōment gyron sestoit feru de son espee et comment le cheualier luy cuyda tollir son espee/ce quil ne peut faire. Et affin sire dist elle que vous en soyez plus asseure vo⁹ pouez lespee mesme veoit dont il sest feru qui taincte est encores de son sang vermeil/t saichez tout vrayement que luy mesmes se fust occis de douleur se ie ne len eusse destourne/mais ie len ay garde en telle maniere comme ie vous ay compte. Sire or vous ay ma raison finee et compte tout laffaire ainsi comme il est alle/par quoy pouez desormais dire q̄ faire toute vostre voulente. Sil vous plaist que ie doye viure viure puis/si non occire me pouez tout maintenant/mais quelque chose q̄ vous faciez de moy pour lamour de dieu gardez en toutes guyses que vostre ne occiez cestuy gentil homme vostre cōpaignon/car ie vous prometz loyaulmēt quil ny a en ce monde nul cheualier sil feust vostre frere charnel qui vous peust aymer de greigneur amour quil vous ayme ce vous prometz ie.

Quant danayn eut ouy tout cestuy compte si sen alla vers lespee de gyron et la commenca a regarder/et bien lui fut aduis adonc que ce pouoit bien estre aduenu. Et giron qui ia auoit tant perdu de sang que merueille estoit comment il pouoit viure dist adoncques a danayn. Amy or saichez tout vrayement que elle vous a dicte la verite/de tout ce que elle vous a dit na elle de riens menty. Et saichez bien tout certainement que se vous mocciez pour ceste auāture ie dy bien que ie mourray pour courtoisie et loyaulte maintenir/desormais pouez de ceste chose faire a vostre sens/car plus ne men orrez parler. Se ie meurs bien me plaist/viengne la mort quant elle vouldra/Bien sçay ie tout certainement que a la mort ne puis ie faillir au derrenier/de cestuy pas ne peut homme nul eschapper/car a mourir chascun conuient.

A Celle parolle ne sceut danayn que respondre/car il cognoissoit tout de verite que gyron estoit si courtois cheualier que en nulle maniere du monde neust encontre luy fait vilennie si dist en soy mesmes que tout ce que sa femme dit luy auoit et compte pouoit bien estre verite. Et la chose qui de ce le faisoit plus certain estoit le sang de lespee. Car il sçauoit bien que gyron estoit si preudhomme en toutes manieres que par force et encontre sa voulente ne luy eust peu nul homme tollir son espee et dautre part sçauoit certainement que gyron estoit de si hault cueur et de si vaillant que de tant comme il auoit repaire entour luy et en sa compaignie il ne peut oncques veoir que gyron se voulsist accorder a faire nulle vilennie du monde. Mais au contraire faisoit toute gentillesse et courtoisie. Quant danayn eut tout ce pense en soy mesmes il dist en son couraige que le cheualier de la contree de maloanc qui ces nouuelles luy auoit dictes et comptees estoit sans faille cestuy qui a gyron auoit cuyde tollir son espee/et que pour ce quil nauoit peu auoir lespee ou pour ce que par aduanture vouloit mal a sa femme ou a gyron luy auoit il dit ces parolles. Et a cestuy point quil pensoit a ceste chose et estoit dessus gyron en telle maniere comme ie vous ay compte lespee en la main toute nue ainsi comme sil luy eust voulu coupper la teste a tant arriua illecques le cheualier qui a danayn auoit comptees toutes ces nouuelles. Et tout maintenant que danayn le vit venir si ny fist autre demourance aincois remist son espee en son fourrel et sen alla vers son cheual sur lequel il monta et puis print son escu et son glayue Et quant il fut bien appareille pour iouste faire il sen alla au deuant du cheualier et luy dist. Sire cheualier gardez vous de moy/car se dieu me doint bonne aduanture ie vous occiray se vous ne vous pouez deffendre encontre moy. Et le cheualier luy respondit et dist en telle maniere Sire cheualier se vous auez si grant voulente de iouster come vous en faictes le semblant la iouste querez en autre lieu/car a moy auez vous failly/ie nay ores talent de iouster ne a vous ne a autre. En nom dieu dist danayn deffendez vous/car bien saichez tout certainement que autrement estes vous mort/vous auez de vostre main occis ce cheualier qui cy gist deuant ceste fontaine/et pour ce certes vous conuient il mourir tout orendroit.

M Ercy sire cheualier ce dist laultre/Car saichez tout certainement que oncques en iour de ma vie ie ne mys main sur cestuy cheualier que vous dictes/fors tant seulement que ie luy ay voulu tollir lespee quil tenoit pour ce que trop me sembloit bonne/en telle guise luy ay ie touche et non autrement. Puis que vous ne luy auez touche fait danayn qui est donc cestuy qui la feru si durement. Et cestuy qui tant estoit esbahy quil ne sçauoit que respondre dist adonc. Sire si maist Dieu ie ne sçay ne ie ne lay veu ferir ne ne sçay qui la naure/et ie croy mieulx que il se soit luy mesmes naure que nul autre luy ait ce fait/car ie sçay bien tout certainement que a cestuy poit quil fut naure nauoit icy nul homme du monde fors que luy tant seulement/pour quoy ie dis que luy mesmes se est naure/car ceste dame qui cy est ne luy auroit iamais ce fait. Que vous diray ie luy mesmes sest occis/ne nul autre na la main sur luy mise. Or me dictes fait danayn pour quoy mauez vous donc dit a lautre fontaine ou se gist le cheualier naure que ie deisse au seigneur de maloanc telles parolles/et luy commen ca a dire quelles et tout ainsi comme il les luy auoit dictes. Et quant le cheualier entendit les parolles que danayn luy disoit il fust adonc si entreprins quil ne peut mot dire. Et quant il eut pouoir de parler il respondit. Haa sire cheualier mercy/car saichez que ce que ie vous ay dit ay ie dit pour la haine q̄ iay a ceste dame que ie hays mortellement ia a grant temps pour ce que vng mien frere mourut en sa prison/et pour achoison dicelle mort vous ay ie dit toutes les parolles que vous auez ouy/car voulentiers eusse tant fait se ieusse peu que le seigneur de maloanc leust mise a mort ou pour ceste achoison ou pour autre. Or vous en ay ie dit toute la verite dieu le scait/et tout ainsi est comme ie le vous ay dit.

Quant danayn eut tout ouy ce parlement adonc recongneut tout clerement en soy mesmes que bien estoit verite sans doubte ce que la dame de maloanc sa femme luy auoit dit/et pour ce dist il au cheualier. Certes sire cheualier bien auez desseruy la mort quant si grande felonnie et trahison auez mis sus a ceste dame qui de tout ce que dit auez quelle a fait est innocence. Et se dieu me doint bonne aduanture se ie scauoye q̄ on ne le matournast a trop grant cruaulte vous me meissiez a mort ou ie vous y meisse tout orendroit/mais ie men souffreray a tant a ceste fois/car ie voy bien tout clerement que vous nestes mie cheualier de pris ne de valeur/mais estes desloyal et mauluais oultre mesure. Et quant il eut dicte ceste parolle il descendit sans faire autre demourance et ataicha son cheual a vng arbre ainsi comme il estoit deuant et osta son escu et son glayue et puis deslaca son heaulme et le mist hors de sa teste et puis sen alla vers giron et se mist a genoulx deuant luy et luy dist tout enplourant. Amy treschier pour dieu ayez mercy de moy et me pardonnez les parolles que ie vous ay orendroit dictes par ma follie/car dieu le scait tout vrayement que ie cuydoie q̄ vous meussiez vergonde et auile ainsi comme ce Cheualier desloyal mauoit fait entendant. Amy mercy ne me tollez pour ceste mienne follie vostre amytie/car ainsi mayst dieu comme ie vouldroie auoir perdu la moytie de tout ce que iay au monde par conuenant que ie ne vous eusse point dit ces parolles que ie vous ay icy dictes.

Quant gyron vit que danayn estoit deuant luy a genoulx et plouroit si formēt comme se il eust alors veu tout le monde mort deuant luy/si ne se peut alors abstenir que les larmes ne luy venissent aux yeulx et quant il peut parler il luy dist. Amy pour quoy me criez vous mercy quant a vous le deueroie cryer/car iay este si oultrageux et si vilain en toutes guises que iay pense villennie encontre vo9 q̄ plus mauez fait de courtoisie que ie ne vous pourroye faire en nul iour de mavie. Deslors senfaille deusse ie auoir perdu la teste et p raison car ie pēsay trahison encontre vous trop laide et trop vilaine/et pour ce vo9 doy ie mercy crier et non pas vous a moy/car vous ne mauez riens meffait. Aincois vous dy ie tout certainemēt que se vous meussiez orendroit couppe la teste en telle guise comme vous distez se dieu me doint bonne aduanture nul homme ne vous en eust deu blasmer/car iay bien la mort desseruie selon le mien iugement. Beau doulx amy dist danayn vous est il aduis que vous puissez facillement auarir/et ce vous demande ie pour ce q̄ vo9 auez ce me semble tāt de sāg perdu que a grant paine pourrez vous sante recouurer. Amy ce dist giron nayez de ce paour ne doubtance ie gueriray trop bien/ne pour le sang que iay perdu ne demourra que bien ne retourne en cōualescence/car ie sens bien en moy mesmes que pas ne suis mortellemēt naure/du mal que iay ne vous en chaille/car trop bien ie lay deſ ſeruy. Se pis auois receu nul ne men deueroit plaindre. Amy que ferons nous ce dift danayn vous eſt il aduis que vous puiſſez cheuaucher. Nenny certes ce dift gyron/car ie ſuis moult affoibloye pour le ſang dont iay moult perdu/Voiremēt vous dy ie bien que ſe vous peuſſiez faire vne lictiere cheualereſſe ou il y euft deux cheuaulx lung deuant et lautre derriere et ie feuſſe apres mis dedans ie cuyde bien que ie endureroye le porter iuſques a maloanc/et ſe vous pouez le faire faictes lay/car autrement ne me pourrois ie dicy partir.

A ceſtui point que giron parloit en teſte guiſe a danayn ſuruindrent illecques trois des cheualiers de maloanc de ceulx qui deſconfis auoient efte par meſſire lac/et apres eulx arriua il illec moult grant gent de maloanc qui du tournoyement retournoient et auoient apprins que leur dame eſtoit celle part venue/et pour ce ſen vindent ilz illec pour la trouuer et la tollir au cheualier/car ilz eſtoient ſi grant gent que bien diſoient en eulx meſmes que ſilz trouuoiēt le cheualier en quelque lieu que nlz luy tolliroient la dame voulfift il ou non Et quant danayn vit venir les trois cheualiers il les congneut incontinent/et pour ce leur crya il tantoſt que ilz deſcendiſſent leſquelz quant ilz furent pres de luy venu ilz le congneurent tātoſt a cauſe de ce qͤl auoit la teſte deſarmee et pour ce firent ilz tantoſt ſon commandement Et quant ilz furent deſcenduz danayn leur commanda quilz feiſſent vne lictiere cheuauchereſſe/et ilz le firent tout erramment comme ceulx qui bien le ſcauoient faire et y myrent deux cheuaulx lung deuant et lautre derriere et lappareillerent au mieulx quilz peurent. Et quant la lictiere fut toute preſte danayn print giron entre ſes bras et le miſt tout en plourant dedans la lictiere et ſes ar-

mes de coſte luy. Et quāt ilz eurent fait ceſte choſe ilz ny firent nulle autre demourance ains monterēt tous a cheual et cheuaucherent toute la nuyt en teſſe maniere(car a lheure quilz partirent de la fontaine ou Gyron ſeſtoit naure ne veoit on plus gueres cler)que ilz arriuerent au point du iour au chaſtel de maloanc. Et alors quilz y arriuerent auoit leans ſi grant douleur ſi grans pleurs ¿ ſi grās crys que on ny eut pas ouy dieu tonnant/car ia eſtoit leans venue la nouuelle comment les cheualiers de maloāc qui leur dame deuoient conduyre auoiēt efte deſconfis par le corps dung ſeul cheualier et qui plus eſt que le cheualier auoit la dame emmenee auecques luy.

P Our ceſte nouuelle qui leur auoit efte apoſtee faiſoiēt ceulx de maloanc ſi grant douleur dedans le chaſtel ſi que a ceſtuy point ne entendoient a nulle autre choſe du monde fors que a faire plainte et douleur. Et ainſi quilz demenoient leur dueil arriua leans gyron couche dedans la lictiere et danayn qui touſiours cheuauche auoit de coſte la lictiere et auſſi la dame de maloanc laquelle eſtoit encores ſi duremēt eſpouentee de ce que danayn lauoit voulu ceſtuy iour occire ¿ mettre a mort que ſa couleur qui tant belle eſtoit au p auāt ne luy eſtoit encores reuenue. Et quant ceulx de leans qui de ces nouuelles eſtoient ſi dolens comme ie vous ay compte virent leur ſeigneur retourner ſi ſauuement et leur dame auſſi ce fut vne choſe dont ilz furent lyez et ioyeux moult durement/car leur dame aymoiēt ilz au tāt cōme hommes loyaulx pourroient leur dame aymer/pour ce meſmement que elle eſtoit courtoiſe dame a tous ſes hommes. Et le grant pleur que ilz menoient deuant leur fut par leur venue tourne en ioye. Mais quant ilz ſceurent que le bon cheualier qui compaignon eſtoit de danayn eſtoit reuenu du tournoyement ſi forment naure il ny eut ne petit ne grāt dedans le chastel quil nen fust estrangement dolent dedans son cueur/ et pour ce laisserent ilz la ioye quilz auoient encommencee a la venue de leur seigneur et deuindrent mutz et taisans. Et non pour tant ny auoit il encores leans nesvng deulx qui sceust tout certainement comment il auoit a nom. Car danayn ne vouloit encores mie descouurir son nom en nulle maniere du mōde ne a vng ne a autre. Pour quoy tous ceulx du chastel lappelloient le bon cheualier parfait/ ne autrement ne lappelloient tous ceulx de maloanc/ pour ce que ilz ne scauoient pas son nom.

Apres que gyron fut descendu au maistre recept du chastel il fut porte en vne des chambres de leans et fut couche dedās icelle en vng moult riche lict/ et puis apres on fist les myres mander/ et voire ceulx qui de celle science plus scauoient lesquelz y vindrent incontinent. Et quant ilz eurent regarde les playes de gyron ilz dirent a danayn le roux. Sire ne vous esmayez de ceste aduanture/ car saichez bien tout certainement que ce seigneur icy se guerira moult bien et moult tost sans nulle faille et assez legierement a layde de dieu De celle nouuelle fut danayn lye trop durement. Que vous dirois tout en telle maniere que ie vous ay compte print gyron la vengeance de soy mesmes quāt il vit quil se trouua en telle guise quil pensa vilennie encontre son compaignō qui tant luy auoit este loyal en toutes manieres. Et pour lachoison des playes quil se fist adonc luy conuint il bien gesir au lict deux moys entiers et tous plains auant quil portast armes nulles ne quil peust a sa voulente aller. Et saichent tous ceulx qui ce compte ont ouy ou oyent et orront et qui lescoutent que se danayn laymoit deuant de tout son cueur orendroit layma il si oultreement z si desmesureement que il disoit bien en soy mesmes que oncques en tout de sa vie nauoit ouy parler de si vaillant homme que giron ne fust encores plus et quen luy estoient toutes graces et que nonobstant ce que on parlast haultement de Hector le brun que on auoit tenu pour le plus souuerain Cheualier du monde tant comme il vescut et de son filz galeholt le brun qui tant de meruelles auoit aussi faictes en son viuant si ne luy estoit il pas aduis que nul de ces deux eust oncques este de toutes choses si parfait cheualier ne si courtois comme estoit gyron. Car il disoit ainsi que tout premierement estoit Gyron meilleur cheualier que nul autre et plus hardy et plus fort en toutes manieres et si courtois et si gentil de cueur que au regard de sa tresgrant courtoisie deuoient tous autres cheualiers estre tenuz a vilains/ et que cestuy seul homme estoit au monde/ et que il nauoit compaignō ne per entre tous les autres cheualiers. Et encores plus disoit danayn de gyron/ car il disoit que se par droit on eust peu donner tout lhonneur du monde a vng seul homme que cestui seul leust deu auoir deuant tous autres/ et que digne estoit dauoir tout le monde en sa subgection. En telle maniere parloit en soy mesmes danayn le roux et alloit recordant les grans graces que gyron auoit en soy. Mais a tant laisse le compte a parler de luy et de danayn et retourne a parler du noble roy melyadus.

¶Comment le roy melyadus sen alla herberger apres que messire lac se fut party de lui au chastel au deux seurs Et comment il parlamenta longue piece auec vng cheualier qui luy acertena que gyron nestoit pas mort ce quil cuydoit

De Gyron le courtois

En ceste partie dit le cõpte que apres ce que messire lac se fut party du roy melyadus et se fut mys a la voye sans escuyer et sans nul homme du monde qui compaignie luy fist le roy melyadus qui de celluy departement estoit moult durement courrouce dedans son cueur si sen retourna tout maintenãt au chastel des deux seurs et se herbergea leans au plus coyement quil peut si que se aucun du chastel aux deux seurs fust venu ou il estoit herberge a paine eust il peu recongnoistre que ce eust este le roy melyadus de leonnois. Cestuy soir eut dedans le chastel & dune part et dautre moult grant parlement du tournoyement qui le iour auoit este la deuant/et disoient les vngs et les autres quen tout le tournoyement nauoit eu q̃ deux cheualiers quon deust deuãt toꝰ autres tenir a preudhõmes/car ceulx seulement y auoient fait faitz darmes plus merueilleux que nulz autres. Et vng cheualier qui estoit loge dedans lostel ou estoit herberge le roy melyadus commenca a parler au roy melyadus et luy dist en telle maniere.

Sire Cheualier portastes vous armes a ce tournoyement. Certes ce dist le roy melyadus armes y portay ie voirement. Et quelles armes y portastes vous dist le cheualier Certes sire fait le roy melyadus ie ne scay/ ie lay fait si tresmauuaisement en cestuy tournoyement que ie ne quiers ia dire quelles armes ie y ay porte. Saincte marie dist le cheualier quesse que vous dictes/ vous estes si beau cheualier et si grant et si bien forme de tous membres et vous dictes que tant mal lauez fait a ceste assemblee. Se dieu me doint bonne aduanture se ie estoye aussi beau cheualier comme vous estes et aussi bien taille de tous mes membres ie me tiendroye pour honny et pour deshonnore se ie ne valoye vng Cheualier au besoing. Certes sire fait le roy melyadus ie vault trop bien vng cheualier quant besoing le me fait faire/ mais ce nest mie pour vng des bons/ car bien scauez que de grans cheualiers comme ie suis a paine en trouue len de bõs. En nom dieu ce dist le cheualier de ce dictes vous vostre voulente mais il ya bien en cestuy monde de grãs cheualiers qui de ceste parolle ne vous tiendroient mie a saige ne a courtois. Car par le royaulme de logres treuue len aucuns grans cheualiers si preudhõmes des armes que des autres qui petis sont ne trouueroit on nulz si bons. En nom dieu sire cheualier fait le roy melyadus vous dictes merueilles et chose que ie nay acoustume a ouyr. Et de ces grans cheualiers que vous me dictes qui sont si preux et vaillans et tant hardis men scauriez vous bien aucun nommer qui fust de si haulte proesse et de si grande renommee en bonte de cheualerie.

En nom Dieu sire fait le cheualier ouy/ ie vous en nommeray vng des greigneurs cheualiers du monde & si est moult bon preudhomme des armes sicomme tout le monde va recordant. Sans faille ie ne le vy oncques que ie saiche/ mais tous ceulx qui lont veu dient que cest le greigneur cheualier des autres et que si bon cheualier est du pouoir des armes que a paine en trouueroit on vng meilleur que luy. Dieu fait le roy melyadus qui est cestuy fort cheualier qui tant est grãt et si preudhomme comme vous me dictes. En nom Dieu fait le cheualier ce est le roy melyadus de leonnois qui est si bon et si grant que ceulx du royaulme de logres tiennent orendroit au meilleur ou pour vng des bons cheualiers qui armes portent parmy ce royaulme.

En nom dieu sire cheualier ce dist le roy melyadus or saichez tout certainement que tous ceulx qui a bon cheualier le tiennent si sont deceuz trop vilainement/car certes il nest pas dassez si bon cheualier comme plusieurs gens vont recordant. En nom Dieu ce dist le cheualier de ce donc lui doit il moult peser. Et quant vous ne tenez a bon cheualier le roy melyadus de leonnois qui bien est selon ce quon dit vng des greigneurs cheualiers du monde/certes ie vous en nommeray vng autre qui bien est sans faille vng des greigneurs/mais il est tant bon cheualier au vray compter que nul ne pourroit estre meilleur. Et croy que nature nen fist oncques vng tel/car il est beau plus que nul autre cheualier et plus fort que nul autre/& est si hardy estrangement que se tout le monde estoit orendroit encontre luy dedans vng champ ie ne cuyde mye que il en eust doubte ne crainte. Et sans toutes ces choses et graces qui en luy sont est il si courtois durement que pour nulle aduanture du monde on ne pourroit trouuer en luy nulle taiche de vilennie / ains est si courtois durement que oncques homme ne luy vit faire fors seulement que honneur et courtoisie.

Quant le Roy Melyadus ouyt ceste parolle si fut si tresfort esbahy qua paine scauoit il que dire/orendroit entra il en nouuelle pensee Car il ne scauoit deuiser en soy mesmes qui pouoit estre celluy bon cheualier dont celluy qui a luy parloit luy disoit si grant chose. Et quant il eut vne grant piece pense a ceste chose il dist au cheualier. Sire cheualier tant mauez ores dit de celluy preudhomme que il mest aduis q̃ se vous en eussiez moins dit que on vous eust mieulx creu. Mais vous en auez si merueilleusemẽt parle q̃ il ne mest pas aduis que ce peust estre verite en nulle maniere du monde. Car au corps dung seul cheualier ne pourroiẽt selon le mien iugement estre tãt de bontez ne tãt de bõnes graces comme vous me comptez estre en cestuy. Pour ce ne vous croy ie mye sauf vostre grace que ce soit verite de ce que vous auez dit de cestuy cheualier.

Et le cheualier se courrouca alors trop durement quant il entendit ceste parolle et respondit tout prest. Damp cheualier se dieu me doint bonne aduanture pour ce que vo⁹ sentez que vous estes lent et couart ꝗ de poure affaire selon le grant corps que vous auez/pour ce vous est il aduis par aduanture que tous les autres grans soient mauuais ainsi comme vous estes et vous semble que nul grant homme ne doyue iamais auoir bonte dedans luy non plus que vous en auez/mais saichez certainement que par la foy que ie doys a tous les cheualiers du monde que celluy dont ie vous ay commence a parler si est encores plus gracieux en toutes choses que ie ne vous ay compte. Sire cheualier fait le roy melyadus se dieu me doint bonne aduanture vous me faictes trop merueiller qui tant me dictes dung seul homme. Car a ce que vo⁹ me comptez me faictes vous entendant sans faille que cellluy na pareil au monde/car certes encores nay ie ouy parler de nul cheualier qui ait armes portees au royaulme de logres ne en autre lieu qui de toutes choses soit si gracieux comme celluy que vous me dictes.

Certes sire ce dist le Cheualier vous dictes verite. Car saichez tout vrayement que son pareil nya entre tous les Cheualiers errans du monde. Et certes se vous le congnoissiez aussi bien comme ie le congnois ie vous dys se dieu me sault que vous vous accorderiez a mes parolles et en diriez plus assez que ie nen vois disant.

b ij

Sire cheualier fait le roy melyadus or saichez que a cestuy point vous mauez mys au greigneur penser que ie eusse ia a grant temps et au greigneur desirer. Car certes ia a maint iour que ie ne suz plus desirant de nulle chose côme ie suis orendroit de congnoistre celluy que vous louez tant comme iay ouy.

En nom dieu sire fait le cheualier ie vous en diray le nom/or saichez qͥl a nom gyron le courtois. En telle maniere lappellent ceulx qui le congnoissent. Quant le roy meliadus ouyt parler de gyron le courtois dôt il auoit ia ouy parler par maintes fois et veu lauoit sans doubtance/ mais se auoit este moult petit si en deuint tout esbahy/z dist en soy mesmes que biē auoit ia selon son recort passe quatre ans et pl̃ que il nauoit trouue cheualier ne autre q̃ de gyrõ sceust a dire nouuelles ne vrayes ne menconges/ et que voirement tandis que gyron auoit porte armes parmy le royaulme de logres disoit bien chascun que gyron le courtois si estoit sans doubte si bon cheualier en toutes guises que nul cheualier errant neust tant sceu faire darmes comme il faisoit quant ce venoit au besoing. Et pour ce que tout le mõde disoit quil estoit mort fust il si fort esmerueille de ces nouuelles/ mais touteffois pour scauoir la certainete de ceste chose remist il le cheualier en paroles et luy dist en telle maniere.

Sire cheualier fait le roy melyadus se dieu me doint bonne aduanture au cômencement quãt vous commencastes a louer celluy bon cheualier dont encores tenons cy parlement ie tenoie a trop grant merueille ce que vous me disiez/ mais orendroit se dieu me sault me faictes vous plus merueiller que vous ne feistes huy de ce que vous dictes que gyron est encores en vie et ia a quatre ans et plus que nul homme ne vint auant qui de luy comptast nouuelles ne bonnes ne mauuaises/ ain cois dit chascun communement quil est mort sans nulle doubte. Or saichez tout vrayemēt fait le cheualier quil ny a pas encores cinq moys que ie le vy sain et haicte/ et sil ya cinq moys il ny a gueres plus/ mais ce fut en yuer sans faille non pas grãment deuant la feste de noel. Le congnoissez vous bien fait le roy melyadus qui telles nouuelles men comptez. Je le congnois moult bien fait le cheualier et se ie ne le congnoissoye nul ne le deueroit congnoistre. Car auãt que il fust perdu si longuement comme il a este fuz ie son escuyer plus de deux ans entiers Et celluy an mesmes quil se partit de ce pays me fist il cheualier de sa propre main bien quatre moys deuant son partement. Des celluy temps ne le vy ne ne trouuay homme qui men sceust a dire nouuelles iusques a ce que ie le trouuay en yuer ainsi comme ie vous dy. En nom dieu sire cheualier ce dist le roy melyadus or saichez tout vrayemēt que de ces nouuelles que vous me dictes me faictes vous trop lye durement/ et se autre le me dist ie ne le creusse mye si bien comme ie le croy/ mais pour ce que vous me dictes que vous auez este son escuyer si longuement vous en croy ie mieulx. Mais or me dictes se dieu vo⁹ doint bonne aduanture cõment le trouuastes vous ne en quelle maniere et comment vous le congneustes. Car cest vne chose si maist dieu que trop ie desire ouyr compter. En nom dieu dist le cheualier puis que tant desirez et que scauoir voulez ceste chose ie la vous côpteray tout au long tout maintenant. Or escoutez comment il aduint/ et quãt il eut ceste parolle dicte il commenca son compte en telle maniere dont le roy melyadus fut forment lye et ioyeux.

Sire dist il en cestuy yuer aduint que ie me party de ma maison vng pou apres la feste de tous saintz et macompaignay adonc dung cheualier qui estoit tant beau et grant q̃ nul ne leust adoncueu quil neust cuyde q̃ il eust este moult preux et hardy des armes. Aussi au commencement que ie me mys en sa compaignie cuidoie ie tout certainement quil fust de trop grant valeur et le cuyday iusques a tant que ie vy en luy tout appertement le contraire. Que vous dirois ie depuis que nous nous feusmes acompaigniez assez pres de kamaalot le cheualer me demanda quelle part ie vouldroye aller / et ie luy dis adonc que ie menvouloye aller au royaulme de norgalles / et il me dist que de ceste nouuelle estoit il lye trop durement / car au royaulme de norgales vouloit il aussi cheuaucher. Puis que nous nous feusmes accordez a ceste chose nous entrasmes au chemin et cheuasmes depuis par maintes iournees sans nulle aduanture trouuer. Vng iour aduint que il faisoit assez grant yuer que nous commencasmes a apprucher de norgales et lors nous apporta auãture a lentree dune fontaine de lez le chemin droictemẽt. Et moult pres de celle fontaine auoit vng arbre grant et merueilleux / et dessoubz cestuy arbre auoit vng grant feu / car il faisoit alors si tresgrant froit quil sembloit que tout le monde deust engeler / et dessoubz larbre assez pres du feu auoit vng pauillon tendu moult bel et moult cointe. Et delez le pauillon auoit vng cheualier et vne damoyselle / et la damoyselle estoit si belle a mon aduis que ie ne cuydoie pas quon peust trouuer en toute la contree vne aussi belle damoyselle. Le Cheualier qui de coste la damoiselle estoit si estoit si taint estrangement et si noir des armes porter que a grant paine leust peu recognoistre cestuy qui autreffois leust veu. Et de lez le pauillon de lautre part auoit iusq̃s

a quatre escuyers qui auoient a cestuy point appareille a manger et la table si estoit mise de coste le feu qui grant estoit a merueilles. Quant nous feusmes assez pres approuchez du pauillon le cheualier qui dedans estoit saillit hors tout maintenant et nous vint a lencontre et estoit encores vestu de son haulbert et de ses chausses de fer

Et quant il fut venu iusques a nous il nõ dist moult ioyeusement comme cheualier courtois et ioyeux quil estoit. Seigneurs cheualiers bien viengnez / se dieu me doint bonne aduanture faictes moy tant de courtoisie que vous descẽdiez tout maintenant et veniez manger auecques moy et auecques ceste damoiselle et ce sera vne chose qui vous dõnera grant aise et grãt confort a ce que vous nauez mie oredroit trop chault / ne encores ne mangeastes vous huy par aduanture sicõme ie croy Et quant nous entendeismes le cheualier qui si courtoisement nous requeroit de ce dont nous auions bien mestier a celuy point nous ny feismes nulle autre demourance aincois descendismes tout maintenant et deismes que nous acõplirions sa priere. En telle maniere descendeismes nous et ostasmes noz heaulmes de noz testes et les manicles de noz haulbers et preismes leaue quon nous apporta pour lauer. Et la damoyselle se assist a la table et nous apres. Et pour ce que mon compaignon sembloit mieulx estre homme de valeur que ie ne faisoye / car a la verite dire il estoit de toutes facons si beau que par semblant deust il auoir valu le plus preudhõme du monde lui fist le cheualier tãt de courtoisie q̃ le fist manger auec sa damoyselle q̃ tant estoit belle Et pour la grant beaulte quelle auoit layma mon compaignon tout maintenant de tout son cueur tant cõe cheualier pourroit aymer dame nulle et ce iour le mõstra il bien. Nous eusmes illec si bien a manger/ si courtoisement que mieulx neussions pas eu a la maison du roy artus se y eussions este.

Quant se vint a la fin du manger mon compaignon qui ia auoit mys son cueur a la damoiselle aymer assez plus que mestier ne lui fust/ si ne se peust adoncques tenir quil ne dist au derrenier au cheualier. Sire se dieu vous doint bonne aduanture ceste damoyselle qui cy est est elle vostre amye. Et le cheualier qui moult estoit courtois si respondit tout en soubzriant Certes sire ie ne luy vueil nul mal/ains luy vueil bien et honneur/ et plus pour lamour dautruy que pour elle/ car bien saichez vrayement q elle nest pas a moy ains est a vng autre cheualier a qui ie vueil moult grant bien et a qui ie la conduy. Et dieu vueille que ie la puisse mener et conduyre si sauuement comme le cheualier mesmes le veult/ car ie ne seray grammēt aise deuant que ie luy aye rēdue ainsi comme ie luy ay promis. Comment sire ce dist mon compaignon auez vous doubtance de conduire vne damoyselle. Sire respondit lautre Cheualier le tenez vous a merueilles/ vous est il point aduis que se ie trouuoye vng meilleur cheualier que moy qui la dame me peust tollir par sa force que cestuy fait ne me tournast a grant honte et a grant vergongne. Pour ce sire cheualier vous dy ie bien que ie ne seray iamais grammēt ayse deuant que ie luy aye rendue ceste damoiselle comme a cestuy qui la doit auoir par droit.

Ainsi respondit a ceste fois le cheualier a mon compaignon/ et mon compaignon cuida bien adonc auoir toute sa voulente acomplie/ & mesmement pour ce que le cheualier auoit respondu si simplement & disoit en soy mesmes que cestoit aucun couart cheualier. Et moy qui bien auoye regarde le cheualier tandis que il mangea auec nous disoiē bien dautre coste en moy mesmes que ie lauoye autreffois veu & que moult bon cheualier estoit/ mais ie ne scauoye me recorder en quel lieu veu ie lauoye. Et quant nous eusmes mange nous nous armasmes et mōtasmes sur noz cheuaulx/ mais mon compaignon q bien cuydoit tout certainement que le cheualier fust aucū cheualier failly de cueur et recreant quant il fut monte il se mist adonc auant et dist au cheualier. Sire cheualier se vous voulez ceste damoyselle deffendre si la deffendez encontre moy Car bien saichez tout vrayement que ie me vueil pour elle auoir combatre encōtre vous tout orendroit et la gaigneray par force darmes se ie puis par la coustume du royaulme de logres se vous ne la me voulez quicter tout franchement/ et le cheualier commenca a rire moult fort quant il entendit cestuy parlement et respondit tout en soubzriant. Haa sire cheualier se dieu vous doint bonne aduanture ne faictes chose que courtois cheualier ne doye faire. Car bien saichez vrayement que oncques en iour de ma vie ne vous fis si non courtoisie. Et pour ce sire cheualier ne me faictes si grant villennie comme de me tollir ma damoyselle/ car ie la tiens bien mienne puis quelle est en mon conduyt.

Quant ie vy que le cheualier se humilia en telle maniere vers mon compaignon adōc cuyday ie tout certainement quil fust sans faille trop mauuais cheualier & quil dist toutes ces parolles par couardise. Si dis adonc a mon compaignon. Allez auant et prenez la damoyselle/ car ie congnois tout certainement que ce cheualier naura ia hardement de la deffendre encontre vous. Et le cheualier qui bien entendit tout ce que ie dis a mon compaignon me respondit en soubzriant. Certes sire cheualier or saichez tout certainement que a ceste fois ne me combatray ie a vo' ne a autre cheualier pour tāt que ie puisse ma raison auoir par debonnairete/ mais se ie voy que courtoisie ne me baille ne debonnairete encontre vous adoncques sans faille me mettray ie en aduanture et feray tout mon pouoir de deffendre la damoyselle. Et le mien compaignon qui de vray cuydoit que toutes ces parolles que le cheualier disoit quil les dist par couardise z recreantise se mist tā tost auant et dist a la damoiselle. Damoyselle montez si vous en viendrez auecques nous/car ie voy bien tout clerement que ce cheualier si ne vous pourroit deffendre encontre nous.

Et la damoyselle q̄ trop mieulx congnoissoit le grant pouoir du cheualier que nous ne faisions commenca moult fort a rire des parolles que mon compaignon disoit et luy dist en soubzriant. Damp cheualier se dieu me sault vous estes celluy proprement lequel quant il est aise pourchasse tant quil ait mesaise. Damp cheualier vous auez beaulx yeulx/mais certes v9 voyez petit/laissez du tout ceste attine et vous en allez vostre chemin. Car saichez bien que se autrement le faictes v9 en pourrez bien repentir et de nous vous partir honteusement. Pour parolles ne pour menaces que le cheualier ne la damoyselle nous deissent ne voulusmes laisser ceste folle entreprise ou nous n9 estions mis/aincois preismes vng palefroy qui illecques estoit ataiche proprement pour la damoyselle a laquelle nous deismes de rechief. Or tost damoyselle montez et ny faictes nulle autre demourance. Et quāt le cheualier du pauillon vit que nous auions voulente de luy tollir sa damoyselle se faire le peussions et que autre courtoisie ne pouoit en nous trouuer il dist a ses escuyers. Apportez moy mon escu et mon glayue et me amenez mon destrier. Et tout maintenāt q̄l leur eut ce dit ilz acomplirent son commandement. Et quant il fut monte et appareille fors que du heaulme/mais lespee auoit il au coste ie luy dis. Sire cheualier vous voulez vous combatre sans heaulme pour deffendre vostre damoyselle. Et il me respondit incontinēt Or saichez tout certainement que se ie sceusse que vous ne feussiez bons cheualiers entre vous deux ie ne feusse ia monte a cheual pour vous mettre tous deux a desconfiture.

Quant il eut dicte ceste parolle il se tourna vers mon compaignon z lui dist tout en soubzriāt Si que nul ne leust adonc veu quil neust cuyde certainement quil se fust gabe. Sire cheualier saichez bien tout certainement que bien ya quatre ans passez et acomplys que ie ne fery de lance/q̄ se il aduient que ie commence sur vous veu ce q̄ ie suis seiourne z derisant de faire armes pour ce que long temps a que ne men entremis saichez que se ie commence sur vous ce premier coup que il vous sera trop bon mestier que vostre haubert soit moult fort/car se dieu me doint bōne aduanture ie ne le cuyde estre si bon ne si puissant que encontre mon coup vous puisse deffendre ne garder que ne vous face playe grande. Et pour ce vous loue ie en droit conseil que vous laissiez la damoiselle en paix/car saichez tout vrayemēt que pour lamour delle ne pouez v9 auoir que honte z vergongne. Pour parolle quil n9 sceust dire a celluy point ne laissasmes nous nostre folle emprinse/ mais feusmes adonc plus desirans z pl9 ardans de nostre folie pfaire/pour quoy mon compaignon luy dist. Beau sire or saichez que a cestuy point suis ie plus asseur que deuant. En nō dieu dist le tresbon cheualier v9 dictes verite/car vous estes plus asseur de honte receuoir q̄ v9 ne feustes oncques mais. Et tout maintenant laissa courre vers mon compaignon tant cōe il peut du cheual traire z le

k iiij

De Gyron le courtois

ferit si roydement en son venir que pour haulbert quil eust ne demoura q̄l ne luy mist pmy lespaule le fer du glayue tout oultre si que il labatit De celle p̄miere encontre a la terre luy et son cheual tout en vng mont/et au cheoir que mon compaignon sist brisa le glaiue du bon cheualier. Lequel bon cheualier quant il vit quil auoit son glayue brise sur mon compaignon fut fozment courrouce/et dist ces parolles par quoy ie le congneu. Or aille tout au dyable puis que ie ay brise mon glayue encontre vng mauuais cheualier/ie ne fery long temps a de glayue que ie perdisse aussi meschamment comme iay fait cestuy. Cestui que deuant cestuy portoye fut bien mieulx emploie/car ien trebusche a terre tout mort vng des plus fors hommes du monde/ce fut helpenor le fort. Et tout maintenant que ie euz ouy ces parolles ie recongneuz en moy mesmes que cestoit proprement mō seigneur gyron le courtois/car a cestuy point que helpenor le fort auoit este occis dung seul coup de glayue de gyron le courtois propremēt auois ie este au fait et estoie adonc escuyer a giron. Et ie me retire arriere quant ie entendis ceste parolle et en fuz espouente trop durement/ car bien scauoye en moy mesmes puis q̄ cestoit gyron que se il mettoit la main a lespee et puis voulsist venir sur moy que mauuaisement eusse ie peu mon corps deffendre encontre luy.

Et tout maintenant que ie me fuz retyre arriere gyron congneut erramment que ie estoie espouēte. Et pour moy faire greigneur paour la mesmes ou il nauoit nulle voulente de mettre main a moy comme celuy qui bien estoit sans faille le plus courtois cheualier du monde/si mist la main a lespee et me vint courir sus et me dist. Damp cheualier certes mort estes qui me vouliez par force tollir ma damoiselle. Laissez la moy a ceste fois et deffendez vostre corps encōtre moy se le pouez faire. Et quant ie vy quil venoit vers moy en telle maniere ie ne fuz pas esbahy ains luy dis tout erramment. Sire sire trayez vous arriere/car vous ne deuez en nulle maniere du monde mettre main en moy/et se vous le faictes vous ferez encontre raison et droit de cheualerie. Et quant il ouyt ceste parolle il me respondit. Sire cheualier pour quoy ne puis ie mettre la main en vous quāt vo' la voulez sur moy mettre par vostre orgueil/et ie luy respondis et dis. Sire ie vouloye mettre la main en vous par ce que ie ne vous congnoissoye pas/mais puis que ie vous congnois dieu me gard que plus ien face/car adonc seroie ie encontre raison et encontre loyaulte de cheualerie/ et la cause pour quoy/cest que vous de vostre propre main mauez fait cheualier. Et pour ceste cause ne puis ie la main mettre en vous en nulle maniere du monde se vueil loyaulte maintenir ainsi comme bon cheualier doit faire.

De ceste parolle que ie dis adōc fut gyron ainsi comme tout esbahy et sarresta et se tyra vng pou arriere et dist. Que scauez vous qui ie suis qui ce me dictes. Il mest aduis que vous nestes mie trop saige cheualier quant vous dictes que vo' me congnoissez et ie suis certain que vous ne me congnoissez mye. Et quant ie vy quil se vouloit enuers moy celer ie ny fiz nulle autre demourance aincois saillis tout incontinent du cheual a terre. Car ie alloye ia recongnoissant en moy mesmes et affermant que se estoit sans faille gyron le courtois le noble cheualier qui ia dis mauoit donne et fait si grant honneur comme est lhonneur de cheualerie Ie luy dis adonc tant ioyeux que plus ne leusse peu estre de ce que ie lauoie trouue en ceste maniere et pour ce que long temps auoit que ie ne lauoye veu. Haa fueillet lxxxvij

sire mercy Sys ie/ne vous alle3 vers moy celant en telle maniere/ie suis Helyan le brun qui iadis fuz voſtre eſcuyer ſi longuement cõme vous le ſcauez. Et puis p voſtre courtoiſie me feiſtes vous cheualier en la maiſon du ſeigneur de leſtroicte marche. De ce vo[us] peut il ozes bien remembzer ſe il vous plaiſt. Sire mercy pardonnez moy ce que ie vous ay cy meſſait/car dieu le ſcait que ie ne vo[us] congnoiſſoyes de riens/et vo[us] meſmes en pouez eſtre tout certain. Sire mercy ne vous eſtrangez de moy/voſtre celer ne vous y vault. Je ſcay certainement que vous eſtes Gyron le courtoys tout le meilleur Cheualier qui ozendzoit ſoit en ce monde.

Quant Gyron vit et congneuſt que ie la ſçoyes ſi certainement recõgnoiſſant ſi ne me diſt nul mot du monde/ains ſe tourna a ceſtuy point deuers ſes eſcuyers et diſt. Oz toſt appoztez moy mon heaulme et vng autre glaiue/car ceſtuy glaiue que iauoyes ay ie perdu a ceſtuy point trop vilainement. Les eſcuyers le firent tout certainement en telle guiſe comme leur ſeigneur leur auoit cõmande. Et quant il eut lacie ſon heaulme ſi feiſt monter la damoiſelle et luy diſt. Damoyſelle ſe il vous plaiſt nous pouons deſozmais cheuaucher/car temps en eſt. Noz eſcuyers viendzont apzes nous et apozteront ce que meſtier nous eſt.

Et quant la Damoyſelle ſe fut myſe a la voye deuers la foreſt il ſe tourna deuers moy et me diſt. Sire cheualier ie ne ſçay qui eſt ce gyron de qui vous me parlez. Gyron ſi eſt mozt plus a de deux ans paſſez/ce dient les vngs et les autres parmy le royaulme de logres. Mais ſe ie vo[us] feiz cheualier ſicomme vous dictes ie vous loe et pzie tant cõme ie pourroies plus pzier cheualier que vous vous gardez deſozmais pour voſtre honneur plus que po[ur] autre choſe que vous ne faciez vilenye a nul cheualier eſtrange. Car certes ceſte choſe ſi neſt mye conuenable a nul pzeudhomme. Apzes ie vous pzie tant cõme ie puis que vous ne me vergongnez ne ne venez apzes moy a ceſte foys. Car ie men vois ſi priueement en ceſtuy affaire que ie ne vouldzoyes que nul cheualier ſi me feiſt compaignie. Vne autre foys ſe auanture nous appoztoit enſemble ie feroyes adonc tout oultreement voſtre voulente de ce que ie pourroies faire. Et quant il eut dicte ceſte parolle il ne feiſt nulle autre demourance en ceſte place aincois ſen alla tout maintenãt apzes la damoyſelle. Et de ceſte heure oncques puis ne le veiz/ne homme nul ne trouuay qui men ſceuſt a dire nouuelles du monde. Si vous ay ozendzoit icy fine mon compte/car ie vous ay compte tout mot a mot en celle maniere ie trouuay gyron le courtoys. Et quant il eut dicte ceſte parolle il ſe teuſt ſi quil ne diſt plus nulle choſe du monde.

Puis apzes que le cheualier eut fine ſon compte en telle maniere comme ie vous ay deuiſe le bon roy meliadus qui moult eſtoit lye de ces nouuelles et moult reconforte penſa vne grant piece. Et quant il eut aſſez penſe il diſt a ſoy meſmes ſans doubte que ceſtuy bon cheualier qui demeure en la compaignie de danayn le roux eſt gyron le courtoys. Et eſt ſans faille ceſtui bon cheualier qui fut au tournoyement aux armes noires/et q̃ vainquit le tournoyement par force darmes/ce eſt il ce neſt nul autre. Ozendzoit eſt il plus deſirant daller vers le chaſtel de maloanc pource que gyron y demoure et pour le veoir quil ne fut piecamais de choſe qui luy aduenist ne dont il ouyt parler. Et quant il eut pẽſe a ceſte choſe il diſt au cheualier. Sire cheualier ſe dieu vous ſault a ceſtuy point auez vous cõpte vne moult belle auanture et courtoiſie. Lez tes bien monstre Gyron que voirement est il cheualier de haulte renommee et de haulte prouesse. Et sil nestoit plus cour toys cheualier que nul autre il vous feist moult grant vilenye ainsi comme vous voulez faire a luy/mais sa courtoisie le retint. Voirement lappella bien droictement cestuy qui premier lappella gyron le courtoys. Car certes ie ne cuyde pas quil y ait orendroit en cestuy monde nul cheualier si droictement courtoys que gyron ne soit encores plus. Ainsi maist dieu ie suis moult plus grandement ioyeux de ce que vous mauez dit si certaines nouuelles de sa vie/bien le saichez vous vraiement. Car certes toute cheualerie si vault de luy trop mieulx. Et or me dictes vne autre chose/scauez vous qui furent les deux cheualiers qui porterent les armes noires a cestuy tournoyement. Certes respondit le cheualier ie ne scay qui ilz furent. Mais tant dys ie hardyement quilz sont si preudhommes des armes ententiuement/car il ne mest pas auis q on peust legierement trouuer deux si trespreudhommes des armes que ceulx ne soient encores greigneurs et meilleures. Mais lung des deux sans faille sesprouua moult mieulx a ceste assemblee que ne feist lautre.

En nom dieu dist le roy meliadus vous dictes verite/ et pouez seurement dire qil ne mest mye seulement auis quil en soit nul meilleur cheualier de cestuy/aincoys est bien tout le meilleur cheualier de tous les cheualiers qui orendroit soient au monde. Le vous creance ie loyaulment. Et ie vous dis vne autre chose. Or saichez tout certainement que a cestuy point que vous venistes icy la vostre mercys ie estoyes tout desirant de congnoistre qui estoient les deux cheualiers qui portoient les armes noires en cestuy tournoyement/ et qui vainquirent ceste assemblee/ne ie ne pouoyes trouuer homme nul q men sceust

a dire droicte certainete. Mais puis que vous estes cy venu lauanture si soit benoiste qui vous y apporta/car tant ay ie aprins par voz nouuelles que vous mauez cy comptees q ie scay tout orendroit certainement qui furent les deux cheualiers qui vainquirent ce tournoyement et scay orendroit certainement ou est gyron et coment ie le pourray congnoistre. Ainsi maist dieu de ceste chose me tiens ie a trop mieulx paye que ie ne feroye de tout le meilleur chastel que le roy artus ait se il le mauoit donne. Pourquoy ien mercye dieu de ce quil vous apporta a cestuy point/Car vous auez mon cueur assiz en ioye et en lyesce p voz nouuelles

Quant le cheualier entendit ceste nouuelle il fut assez plus lye et plus ioyeux quil nestoit deuant. Car cestoit vne chose quil desiroit moult durement de trouuer homme qui en aucune maniere luy sceust a dire certaines nouuelles de gyron et luy dist. Haa sire fait le cheualier au roy meliadus. Or vous vouldroyes ie prier tant come cheualier pourroit prier autre que se ie vous ay a ceste foys dit nouuelles qui vous plaisent que vous oyez ce que ie vous demanderay. Certes fait le roy meliadus ce vous diray ie moult voulentiers se ce est chose que ie vous oye dire. Sire dist le cheualier vous auez ouy tout plainement que gyron le courtoys si me feist cheualier de sa propre main. Bien est verite fait le roy meliadus/vous le me coptastes sans faille. Mais pourquoy dictes vous ceste parolle. Sire dist le cheualier ie le vous diray puis q scauoir le voulez. Or saichez certainement que puis q gyron se fut party de nous en telle maniere come ie vous ay copte ie ne tins mye grament copaignie a cestuy mauuais cheualier dont ie vous parle orendroit Et toutesuoyes ie luy tins compaignie au plus honnorablement que ie peuz iusques a tat que ie me partiz dauecqs luy.

Et tout maintenāt me mys a la voye et dys a moy mesmes que iamais ie ne fineroyes de cheuauchier par vnes contrees et par autres iusques a tant que ie auroyes trouue le cheualier qui de nous sestoit departy si soubdainement. Et ie vous promets que ien ay depuis tant trauaille pour luy querre que se il fut mon frere charnel ie ne me trauaillasse pas tant pour luy querre cōme iay fait pour cestuy. Ne encores ne treuue ie homme qui men sceust a dire verite ne mensonge fors que vous seulement/pour quoy ie vous prie que vous me diez sil voꝰ plaist comment ie le pourray trouuer si mosterez dune grant paine que iay grant piece soufferte et pour luy querre. Et est ce ma priere.

Tantost apres que le roy meliadus eut entendue la priere du cheualier il lui respondit tout maintenant et dist. Certes puis que ie voys que vous estes si desirant de le trouuer et ie vous feray orendroit tant de courtoysie que ie le vous enseigneray droictement. Or saichez que se voꝰ voulez aller a maloanc la ou danayn le roux repaire orendroit plus que en autre lieu il ne peut estre que vous ne trouuez illec danayn/et se vous illec ne le trouuez voꝰ le trouuerez illec entour la ou vous en allez tout droictement. Car la trouuerez vous Gyron le courtoys sans faille. Il est de nuyt et de iour auecques danayn le roux. Danayn le tient auecques luy pour son seigneur/pour son amy/poꝰ son cousin et pour son compaignon. Il le sert tant et tant lhonnore en toutes guyses que se il feust oultreement son homme lige il ne le peust plus honnorer quil lhonore de tout son pouoir. La vous en allez tout droictement/car illec le trouuerez voꝰ. Encore vous diray ie vne autre chose dont encore ne vous prinstes vous garde. Or saichez certainement que cestuy bon cheualier qui vainquit ceste assem

blee/et qui porta les armes noires ainsi comme vous veistes si fut le bon gyron le courtoys proprement. Et lautre qui auecqz luy estoit aux armes noires aussi cōme vous veistes si fut danayn sans nulle doubtance. Desormais ne men demandez plus/car dit voꝰ en ay certainement toute la verite de ceste chose. Tāt vous en ay dit que bien pouez desormais trouuer gyron le courtois sās trop grāt trauail/car il est assez pres dicy. Les voxtres nouuelles mont fait certain de ceste chose tout oultreement en verite.

Quant le roy meliadus eut fine son cōpte le cheualier q̄ moult estoit ioyeux de ces nouuelles respondit adonc et dist. Sire que vous diroies ie. Or saichez certainement que vous mauez a cestuy point garde de toutes mes maladies et de toutes mes douleurs. Par vous est venu mon cueur a repos et a ioye. Benoist soit nostre seigneur qui a ceste foys me amena en vostre cōpaignie/car ie suis hors de moult grant trauail et de paine moult merueilleuse. Si maist dieu dist le roy meliadus ie men tiens a moult grandement mieulx paye de ce que iay par vous icy apprins en cestuy lieu que vous ne faictes orendroit de ce que voꝰ auez de moy apprins. Mais or me dictes vne autre chose que ie desire moult a ouyr. Or dictes sire fait le cheualier/car ien suis tres grandement ioyeux. Car il nest chose q̄ ie sceusse au monde que ie ne vous deisse tout maintenant et sans delay.

Or me dictes fait le roy meliadus veistes vous onques galeholt le brun tant comme voꝰ feustes escuyer de gyron le courtois. Sire fait le Cheualier ie le veiz sans nulle faulte. Dictes moy donc fait le roy meliadus lequel tenez vous a meilleur cheualier de ces deux/et q̄ faisoit le mieulx a vostre auis deulx tant comme il porterent armes ensemble. Certes sire fait le

De Gyron le courtois

cheualier ie vous en diray ce que il men est auis. Or saichez tout certainement que tant comme ie fuz escuyer de gyron le courtoys il ny auoit en tout le monde que deux cheualiers tant seulement que on deust tenir p raison a cheualiers parfaitz de toute cheualerie. Lung si estoit galeholt le brun, et lautre gyron le courtoys. Et estoit Galeholt le brun ancien cheualier enuers gyron le courtys/car a cestuy point gyron estoit aussi côme ieune bachelier. Et quât aucunes gês parloient a galeholt le brun de la cheualerie gyron galeholt disoit/encores ne le denez vous mye tenir pour cheualier. Cest vng enfant/cest vng garcon. Mais se il peut viure par aage/et auanture ne luy est en sa ieunesse trop durement côtraire Quât il viendra en laage de .xxxvj. ans adonc pourra il estre preudhome / car il a bon commencement. Je ne le tiens mye en ma compaignie pour cheualier mais pour enfant. Je me deduys et me soulace au bon commencement que ie voys en luy

Et quant le Roy meliadus eut entêdu cestuy côpte il fut assez plus ioyeux quil nauoit este deuant/car moult luy plaisoit cestuy parlement. Et pource il dist vne autre foys au cheualier. Sire se dieu me doint ores bonne auanture haultement parloit orendroit a cestuy point cestuy galeholt le brun qui en telle maniere parloit de gyron le courtoys. Cestuy monstroit bien appertement par ses paroles quil auoit esperance tresgrant de sa prouesse q parloit si seurement dessus gyron. Certes respondit le cheualier sil souffroit assez de soy ce nestoit mye trop grât merueille. Car ie dys bien seurement quil estoit cheualier sans faille dessus tous autres cheualiers a cestuy point et a cestui têps si comme le lyon est seigneur sur toutes les autres bestes. Il estoit grant cheualier/et estoit plus beau q nestoit nul homme mortel. Et de sa force veiz ie la plus

grant merueille que ie veisse oncques en tout mon aage/ne ie ne croy pas ql y ait orendroit cheualier au monde qui sosast mettre en celle espreuue ou il se mist a cel luy point que ie vous dys orendroit.

Quant le roy meliadus entêdit ceste parolle il fremist tout de ouyr la certaincte de ceste grât merueille. Car bien luy estoit auis sans faille quil ne pouoit estre que ce ne seust aucune estrange merueille q cestuy vouloit dire. Et pource dist il au cheualier. Haa/pour dieu dictes moy que ce seust que vous tenez a si grât merueille. Certes sire fait le cheualier et quant vous le voulez ouyr ie le vous compteray tout orendroit et escoutez comment il aduint Et tout maintenant quil eut dicte ceste parolle il commenca en telle maniere son compte. Sire il aduint ia na pas encores grâment de temps et na mye deux moys acomplis que Gyron le courtoys auoit este fait nouueau cheualier et festoit adôc acompaigne a galeholt le brun Et galeholt qui le veoit encores si ieune et si enfant comme il estoit ne se faisoit si non ryre et soulacier de tout quâque il faisoit si lappelloit par soulas fol cheualier. Vng iour que nous cheuauchions vers soreloys si priueement que les deux bons cheualiers ne menoient en leur côpaignie fors que moy/vng escuier et vne damoyselle estrange quilz conduysoient iusques a lentree de soreloys a vng cheualier qui estoit moult bon amy de galeholt le brun. Quant nous allions ceste part il nous aduint que nostre chemin si nous apporta au pie de vne grande et merueilleuse montaigne/et y auoit vne fontaine qui sourdoit decoste le chemin. Et quant Galeholt si vit la fontaine il dist tout erramment/descendons icy et nous reposons aucun pou sur ceste fontaine tant q le chault du iour si soit passe. Et a la verite dire il faisoit adonc moult grant chault/car cestoit droictement entour la feste de saint iehan. Et quant nous ouysmes la voulente de galehoft le brun nous descendismes tout errāment liez et ioyeux/car nous estiōs moult durement trauaillez du chault et du cheuauchier que nous auions fait cel luy iour. Et puis que nous feusmes des cenduz nous beusmes de celle fontaine et pensasmes du cheuauchier au mieulx que nous peusmes/et puis nous endor mismes sus la fontaine/et la damoyselle aussi. Et les cheualiers qui adonc ne es toient mye trop trauaillez ne se dormi rent si non bien petit aincois se leuerent et sen allerent deuers la forest tout a pie por eulx soulacierz deduyre. Et alors q̄ nº estions en telle maniere cōme ie vº ay cōpte sur la fontaine endormis a tāt descendit de la mōtaigne vng geant qui estoit herbergie dessus la montaigne en vne tour moult riche faicte de long tēps

A celluy point que nous estiōs descenduz dessus la fontaine en telle maniere comme ie vº compte auiōs nous bien veue la tour et regardee vne grant piece/et disoit bien galeholt le brun que celle tour sans fail le estoit bien de lancien temps/et que sil eust este a loysir il se feust mis a monter la mōtaigne et eust veu ceulx qui dedās estoient herbergiez. Ainsi auoit parle de la tour Galeholt le brun. Des celluy point que nous feusmes venuz a la fon taine et que nº nous feusmes endormis sur la fontaine auecques la damoyselle sans les cheualiers a tāt vint entre nº ce geant qui descendu estoit du hault de celle montaigne. Et quant il fut a nous venu il commenca a regarder la damoy selle. Et quant il leust vne grant piece assez regardee il ne feist nulle autre de mourance ains sen alla vers elle droicte ment et la print la mesmes ou elle se dor moit et la mist sur son col et commenca a sen aller contremont la mōtaigne. Et quant la damoyselle fut esueillee et vit

en quelle maniere le geant len emportoit si cōmenca a crier tant comme elle peust a layde a layde ie suis morte. Et pour le grant cry que la damoyselle ietta nous esueillasmes nous qui encores dormiōs sur la fontaine. Et quāt nous veismes que ce geant en emportoit en telle manie re la damoyselle nous allasmes apres chascun vng glaiue en nostre main. Et quant nous feusmes venuz pres de luy il se retourna deuers nous et nous dist. fuyez dicy garcons ou certes vº estes tous mors. Nous feusmes de luy si es pouentez quant nº le veismes en la face que nous ne eusmes ne pouoir ne harde ment daller auant ains nous en retour nasmes tous plourans et dolens/et si durement espouentez que tous les mē bres nº trembloient trop estrāgement

E t a celle heure q̄ nous estions retournez sur la fontaine fai sans si grant dueil comme ie vous ay compte cy deuant pour lachoy son de la damoyselle que nous auions perdue en telle maniere a tant vint en tre nous gyron le courtoys. Et quant il vit le grant dueil que nous demeniōs entre nous il nous demanda tout main tenant et dist. Que auez vous/pourquoy demenez vous telle douleur. Sire luy respondis ie/se nous faisons dueil entre nous ce nest mye trop grant merueille. Car orendroit nous est aduenue la plus merueilleuse auanture qui oncquesmais aduenist a gent. Et tout errāment luy cōmencay a compter tout mot a mot en quelle maniere le geant en emportoit la damoyselle. Quant gyron le courtoys eut ce escoute il demanda quelle part sen estoit alle le geant. Sire dys ie il sen va la sus et est encores pres dicy. Est il ar me dist gyron. Sire dys ie nenny/il ne porte nulles armes. Adonc dist gyron le courtoys/Doncques ne porteray ie nul les armes pour rescourre la damoyselle puis quil ne porte nulles armes auecq̄ luy. Et tout maintenant se meist apres tout desarme/et feist tant quil attaignit le geant qui nestoit mye trop eslongne. Et voulut rescourre la damoiselle mais il ne peust en nulle maniere du monde. Car le geant estoit assez plus fort q̃ luy Le geant se combatit a gyron et tant sef força encontre luy quil vint au dessus de luy par vive force. A cestuy point que ilz se cõbatoient la sus entreulx deux atant vint entre nous galeholt le brun qui venoit de la forest. Et quãt il nous trouua sur la fontaine faisans si grant dueil comme ie vous compte il nous demanda tout incontinent que nous auions. Et nous deismes certainement que nous auions perdue la damoyselle et Gyron par luy mesmes pource q̃ sen estoit alle.

Quant galeholt le brun enten- dit ceste nouuelle il ne feist nul- le autre demourance aincois print son espee ⁊ dist a lung de nous. Or tost venez pres de moy. Je luy dys que ie y voulopes bien aller/car bien me te- nopes asseur en toutes les auantures ⁊ en toutes les choses ou galehol le brun estoit. Et puis quant nous nous feusmes mys a la voye nous cheminasmes tout contremont la mõtaigne tant que nous veismes le geant. Et trouuasmes que par lestrãge force de luy il auoit ia mys gyron si au dessoubz qͥl ne se pouoit plus aider ⁊ gueres mieulx ne valoit queung homme mort. Et le geant qui laisse la- uoit dessus ung marbre affin que les bes tes sauuaiges de la montaigne le man- geassent sappareilloit ia daler. Et que endtropes ie gyron nen pouoit plus/son affaire estoit ia venu a fin de tous pointz. Et quant nous feusmes venuz iusques la Galehol le brun vit q̃ le geant auoit ia mys gyron si au dessoubz que pou sen falloit qͥl nestoit mort si escrya au geant Vilain vilain laisse cest enfant atant de pou de force/et encõtre moy te viens es- prouuer qui suis hõme/et en moy pour-

ras hõme trouuer. Quãt le geant ouyt en telle maniere parler galehol il laissa gyron et se retourna devers galehol et luy dist. Vassal qui estes vous qui ainsi vous tenez pour hõme/ne le me celez se Dieu vous doint bonne auanture. Cer- tes dist galehol ie le vous diray quant scauoir vous le voulez. Or saichez cer- tainement que ie suis Galehol le brun. Ouystes vous oncquesmais parler de moy. Certes ouy fait le geant/de vous ay ie ouy parler plusieurs foys/mais ce na mye este grãment. Mais de vostre pere hector le brun ainsi lappelloit on ay ie moult bien ouy parler. Cestuy si fut sans faille le meilleur hõme du monde ⁊ le plus fort sicõme ie croy. Cestuy si me feist si grant dommaige que il occist en ung iour mon pere et mon frere/voire deux de mes freres moccist il. Et moy mesmes qui adonc estoyes dassez poure affaire eust il occis pareillement se neust este ce que ie menfuys la dessobuz en cel le forest. En telle maniere me enfuys ie et eschapay ⁊ sauuay ma vie des mains vostre pere le tresfort. Vostre pere mist le mien a mort. Et quant ie ne puis cel- le mort vengier sur vostre pere qui est ia mort passe a grãt temps ie la vengeray sur vous se ie puis/quant il est ainsi ad- uenu que auãture vous a apporte en tel le guyse et en telle maniere entre mes mains vous y mourrez.

De ceste parolle se commenca a soubzryre Galehol moult durement et respondit tout en soubzryant. Se vous estes eschappe des mains de mon pere ie vous prometz loyaulment que vous neschapperez pas des myennes se ie puis. Ce que mon pe- re ne feist de vous feray ie tout mainte- nant. Et quant il eut dicte ceste parolle il se tourna adonc vers moy ⁊ me bailla lespee quil tenoit. Et ie luy dys tout en plourant. Haa sire mercy/pour dieu ne courez sur cestuy dyable si desarme comme vous estes/car trop est fort et dur/ mais donnez luy vng coup de vostre espee si le mettrez a mort oultreement. Et galeholt me regarda adonc et dist. Fy gars son quest ce que vous dictes/ encores ne tiens ie mye mon espee si vile que ien feriffe vng tel vilain. Car se ie len auoyes feru iamais ie ne la porteroyes a mon coste. Apres ce quil eut parle en telle maniere il ne feist nulle autre demourance aincoys sen alla vers le geant tout droictement/et le geant de lautre part. Et se entreprindrent aux bras lung et lautre. A cestui point mostra bien galeholt tout appertement q voirement estoit il plus fort que nul autre homme quelque il fust.

Apres ce que galeholt le brun q le geant qui tant estoit fort ql nauoit encores peu trouuer homme nul quelque fort quil seust que il ne fut moins fort que luy se furet entre empoigniez bras a bras ainsi comme ie vous ay dit Galeholt le brun le bon cheualier qui nauoit au monde son pareil le ietta aussi legierement a terre comme se ce eust este vng garcon/et le ferit si roidement du poing en la teste a ce quil lauoit desarmee quil luy en quassa tous les os et luy feist saillir les yeulx de la teste si que il mourut incontinent. Et quant il eut le geant occis en telle maniere come ie vous ay compte il sen alla tout droictement deuers gyron le courtoys qui estoit si durement trauaille quil ny pouoit plus et luy dist. Gyron gyron vous vous teniez deuant hyer pour cheualier Or auez vous bien veu a cestuy point ql homme vous estes. Or sus retournez a la fontaine/et vous gardez desormais q vous ne vous tenez pour cheualier deuant que vo9 soyez tel. Telles parolles disoit galeholt le brun a gyron le courtoys a ceste foys deuant moy mesmes. Et lors gyron si estoit de cestuy fait tat trauaille qua paine pouoit il retourner iusques a la fontaine. Et pour la grant foiblesse quil auoit nous conuint il tout cestuy iour et toute celle nuyt dormir deuant la fontaine. Et puis de la grant honte q il auoit de ce quil auoit este ainsi mys au dessoubz si vilainement par le corps dung seul homme vouloit il delaisser la copaignie de galeholt le brun/mais Galeholt ne le voulut mye aincoys luy respondit et dist. Amy Gyron or saichez tout certainement que se vous voulez a cestuy point laisser ma copaignie pourtant ne vueil ie mye laisser la vostre. Et scauez vous pourquoy/pource que il me ennuye moult de fois a cheuauchier sans compaignie de home qui ne vaulsist. Et ie cognois tout vrayement que de ieune bachelier de vostre aage ne trouueroit on orendroit entre les bacheliers errans ne nul si bon bachelier come vous estes. Car ie vous dys certainement que ie cognois assez mieulx vostre fait que vous ne faictes vous mesmes. Et pource ie ne vueil orendroit laisser vostre compaignie combien que vous voulez ainsi laisser la myenne.

Et scauez vous pourquoy ie ne la vueil laisser/ pource que ie ne pourroies amender de compaignon nul. Et de ce que le geant vous tourna si honteusement nayez nulle vergongne du monde/ne ne vous en prisez moins/aincoys vous en donnez pris et honneur. Et de ce que vous vous peustes et sceustes a cestuy fait maintenir a tel homme. Car bien saichez orendroit tout vrayement ql estoit estrangement fort. Et que puis que ie fuz premier cheualier ie ne trouuay vng si fort homme comme est cestuy. Et vous qui estes encores vng garcon et vng enfant tendre comme vne vergette dosier cuydez vo9 que vous puissiez auoir force contre tel homme. Vous serez de force et de vertu quant vous serez de mon aage/car vous auez en tout si bon comencement de preu dhomme que nul ne pourroit auoir meil leur/vo[us] serez ho[m]me et cheualier parfait sans faille se vous pouez viure par aage se auanture seulement ne vous est trop durement contraire. Amy pource que ie voys tout appertement que vous auez moult hault co[m]mencement et moult bel pource ne veulx ie laisser vostre compaignie. Car se vous pouez longuement viure/et ie aussi dautre part bien pourrez vous estre mon pareil. Confortez vous et nayez ne honte ne vergongne du fait au geant/car certes ia ne fauldrez a estre preudho[m]me. Par ces parolles que ie vo[us] ay co[m]ptees retint galeholt le brun gyron le courtoys. Et quant Gyron vit ceste tresgrant force q[ue] galeholt auoit mo[n]stree contre le geant appertement adonc dist il tout certainement que il ny auoit au monde que vng seul ho[m]me que lon deust priser/cest Galeholt le brun. Cestuy estoit ho[m]me sans pareil sur to[us] autres cheualiers. Et quant iay fine mon compte en telle maniere co[m]me vous auez ouy ie me tairay atant/car ie vous ay compte tout clerement la tresgrant merueille de sa force. Et mesmes encontre le Geant quil occist a vng seul coup de son poing. Ce fut bien la plus grant merueille que ie veisse oncques en tout mon aage dont ie me recorde orendroit. Si se taist a celle foys et plus nen dit.

ET le roy meliadus qui le co[m]pte auoit ouy quant il vit que le cheualier eut fine son co[m]pte et soy arreste si baissa la teste deuers la terre/ et co[m]menca a penser trop durement a ceste chose. Et le cheualier q[ui] penser le voit en telle guyse luy dist. Sire q[ue] pensez vo[us] Sire fait le Roy meliadus ie pense tousiours a ceste chose que par le compte que vous auez orendroit deuise ay ie bien entendu sans faille que galeholt le brun fut si preudho[m]me en toutes choses que apres sa mort sans doubtance ne demoura nul si preudho[m]me au monde/se ce ne fut gyron tant seulement. Et pource dis ie bien que ce fut trop oultrageux dommaige de sa mort. Certes sire dist le cheualier vous dictes verite. Or me dictes dist le roy meliadus se dieu vous doint bonne auanture tant co[m]me vous feustes entour luy ouystes vous oncques que il parlast des bons cheualiers qui a cestuy temps repairoient a la court du roy Sterpandagron. Sire dist le cheualier Desquelz cheualiers parlez vous/se il vous plaist nomez men aucuns. Entour le roy Sterpandagron repairoient cheualiers assez a qui on do[n]noit moult grant loz & grant pris de cheualerie. Selon sa veue du monde le roy de benoic en estoit lung que on appelloit le Roy Ban/le roy boort de gauues en estoit lautre/le bon cheualier sans paour/lamorat de listenoys/le roy pharamo[n]d de gaulle/et le roy meliadus de leonnoys en estoit pareillement que aucunes gens prisoient/et messire lac et danayn le roux. De tous ces huyt cheualiers que ie vous ay orendroit nomez ny auoit vng tout seul que on ne tenist a bien preudho[m]me des armes en lhostel du roy Sterpa[n]dagron. Et galeholt le brun que disoit il de ces preudhommes. Certes sire fait le cheualier il nen disoit mye moult/car cestoit le cheualier du monde qui moins parloit dautres cheualiers. Et non pourtant ie ne ouys oncques q[ue] donnast a nul de eulx gramment pris ne loz fors que a lamorat de lystenoys De cestuy disoit il par mainteffois quil estoit bon Cheualier selon son pouoir. Mais il nestoit mye si parfait que len le deust appeller par tel nom bon cheualier. Ceste parolle dist plusieurs foys Galeholt le brun, et de ce me recorde ie moult bien. Et du bon cheualier sans paour dist le roy meliadus ouystes vo[us] oncq[ue]s quil en deist nulle chose. Certes sire dist le cheualier ouy. Il disoit bien q[ue] estoit de sa force assez vaillant homme Mais il disoit q[ue] ne pourroit iamais venir a si vaillante chose quon le deust par raison tenir por bon cheualier/car il nen auoit le pouoir. Ce dist il deux ou trois foys du bon cheualier galeholt le brun q̃ ie scay et q̃ ie veiz ia deux moult beaulx coups quil feist. Et fut cestuy an droictement ql deust mourir. Haa pour dieu fait le roy meliadus Or me recordez ces deux coups si les orray et me dictes de qui ilz furent. En nom dieu dist le cheualier le compte ne vous diray ie mye orendroit/car ie vous ay tant comptees et vnes parolles et autres que ie suis tout ennuye de parler. Mais les deux chauas liers dont il fist les deux coups si beaulx ce vo⁹ diray ie bien. Or saichez que lung si fut le bon cheualier sans paour et lautre le roy meliadus de leonnois. Et de ces deux veiz ie sans doubte que galeholt le brun feist deux beaulx coups/car ie ne cuydoies mye que il les peust faire pour nulle auanture qui aduenist en ce monde.

Ors quãt le roy meliadus entendit ceste nouuelle si rougit tout de honte/car il a orendroit plus a penser que il nauoit deuant. Car il se pouoit bien recorder que ce pouoit estre que ce cheualier luy vouloit compter Et quant il eut grant piece pense a ceste chose il dist au cheualier. Sire cheualier vous est il auis que ie vous feiz grant bonte et grant courtoisie quant ie vous dys nouuelles de cestuy cheualier qui ia dis vous donna lhonneur de cheualerie. Sire fait le cheualier ceste bonte me feistes vous ce vous dys ie bien. Or vous prie ie donc fait le roy meliadus que vo⁹ en guerdon de celle bonte que ie vous feiz a cestuy point que vo⁹ me dyez de cestuy compte la verite/lequel vo⁹ auez ramentu orendroit. Cest des deux beaulx coups quil feist au bon cheualier sans paour et au roy meliadus/car se dieu me doint bõne auanture cest vne chose que ie desire moult a scauoir. Et pource commencez le si aurez adonc acõplie ma voulente en toutes guyses. Certes sire dist le cheualier quant vous estes tant desirant de ce compte ouyr ie le vo⁹ diray. Et quãt il eut dicte ceste parolle il commenca son compte en telle maniere cõme vous pourrez ouyr.

Sire fait le cheualier q̃ vouldroit verite cõpter des estranges auãtures et des cheualeries que galeholt le brun mena a fin tant cõme il vesquit/et cõme il porta armes au Royaulme de logres q̃ de la grãt bretaigne il conuiendroit quil deist si estrãges merueilles q̃ nul qui orẽdroit viue nen pourroit faire la moytie. Et quen diroyes ie le derrenier an ql mourut aduint que son chemin le porta en la fin de norgales ou il aymoit vne damoyselle par amours. Et saichez certainement que por achoyson de celle damoyselle mourut il au derrenier/ce fut dõmaige et grant douleur. Quant il fut venu en la fin de norgales ainsi cõme ie vo⁹ cõpte il estoit vng pou malade dune playe quil auoit receue en vng tournyement qui auoit este a cellui point deuant le chastel de roheftot. Et cheuauchions adonc parmy vne forest que on appelloit la basse forest pource q̃ elle ne portoit pas si haulx arbres comme portoient maintes autres forestz. Et la ou nous passions p̃ la forest nous trouuasmes pres du chemin vng paueillon tendu delez le ruysseau dune fontaine. Et dedãs ce paueillon estoit vng cheualier et vne damoyselle et trois varletz si passasmes oultre/ et neusmes pas grãment cheuauchie que nous trouuasmes vne fontaine. Et galeholt q̃ sain nestoit mye de ses mẽbres cõme il souloit dist ql vouloit descẽdre a celle fontaine/si descendismes/mais giron nestoit mye auec no⁹ ains estoit demoure a vng chastel. Car il auoit este durement naure a ce tournoyement dont nous veniõs si que demourer luy conuint/car il ne pouoit cheuauchier en nulle maniere du mõde.

m̃ p

Oncques pour chose que galehoÿt feuſt naure ne laiſſa il pas q̃l ne cheuauchaſt toutesuoyes arme de toutes armes auſſi bien comme ſe il euſt eſte tout ſain et tout haictie.

Quant il fut deſcendu deuant la fontaine dont ie vous compte il ſe feiſt deſarmer pour rafreſchir ſon corps et pour ſoy repoſer aucun petit/car il neſtoit pas adonc ſi ſain comme il vouſſiſt. La ou il ſe repoſoit ſur la fontaine en teſſe maniere cõme ie vous compte a tant aduint que p̃ deuant nous paſſa vng cheualier qui portoit vnes armes toutes vertes ſans autre taint. Et menoit le cheualier en ſa cõpaignie deux eſcuyers tant ſeulement. Lung luy portoit ſon eſcu/⁊ lautre luy portoit ſon glaiue. Et eſtoit le cheualier moult grant a merueilles. Et cheuauchoit moult fierement p̃ ſemblant/et ſen alloit penſant en ſoymeſmes ſi durement q̃l monſtroit bien appertement que de ceſſuy peſer ou il tenoit ſon cueur eſtoit il chargie trop durement/dont il aduint quil paſſa par deuant nous en teſſe maniere ſans nous dire nul mot du monde et ſen alla oultre tout incõtinent. Et galehoſt le bruÿ qui le cheualier regardoit moult entendiblement quant il ſen fut oultre paſſe il diſt. Je ne pourroyes mye toſt croire que ce cheualier q̃ par cy eſt paſſe ne ſoit vaillant aux armes/car bien en a le ſemblant et lentailleure. Atãt ſe taiſt ⁊ plus nen dit aceſſe foys.

Apres ce ne demoura gueres que vng eſcuyer vint deuers nous q̃ diſt a galehoſt le bruÿ tout incontinent quil fut venu a nous. Haa ſire cheualier que faictes vous icy ſe vous voulez venir ca deuant vo⁹ verrez la plus noble bataille ⁊ la plus riche que vo⁹ veiſtes oncq̃ de deux cheualiers veoir la pourrez bien pres dicy. Ilz ſe cõbatent la deuãt tout droictement deuãt vng paueillon. Et quãt galehoſt entent dit ceſte parolle il reſpondit tout incontinent. Se ilz ſont ſi preudhõmes comme vous dictes ceſt trop grant choſe/car il ne pourroit eſtre verite/ce ſcay ie certainement. Et non pourtant pource que vous mauez fait entendant q̃ la bataille eſt ſi eſtrãge que vous nen veiſtes encores nulle ſi forte po⁹ ce ſeulement iray ie et tout orendroit. Et lors demanda ſes armes/et on les luy apporta tout errãment. Et quant il fut arme il no⁹ diſt Or toſt venez apres moy ſi yrons vers ceſſe bataille. Et quãt il ſe fut mys a la voye il ne cheuaucha mye grãment quil encõtra vng cheualier tout arme qui venoit vers no⁹ tout le grant chemin ſans cõpaignie. Et eſtoit ce cheualier naure emmy le pis/et pource ne pouoit il mye cheuauchier que le petit pas du cheual. Mais tout ainſi cõme il venoit menoit il ſi treſgrant dueil et plouroit auſſi fort cõme ſil veiſt deuant luy tout le monde mort ou en ſeu ardant.

Quãt galehoſt vint pres de ſuy il luy demãda. Sire cheualier pourquoy demenez vo⁹ ſi grãt douleur. Se dieu me ſault il napartient a nul cheualier de faire dueil pour nulle auãture du monde/et pource ſcauroyes ie moult voulentiers ſil vo⁹ plaiſoit po⁹ quoy vo⁹ demenez telle douleur/car certes ien ſuis moult eſmerueille. Quant le cheualier ouyt galehoſt parler il dreſſa la teſte et diſt. Haa ſire cheualier ſe ie faiz dueil ce neſt mye moult grant merueille/ne len ne men deueroit mye blaſmer. Et ſi vo⁹ dys certainement q̃ iay raiſon pourquoy. Car iay trouue la deuant vng cheualier qui ma toſſu vne damoyſelle q̃ ie menoye en ma cõpaignie Et auecq̃s tout ce il ma durement naure ſicõme vous pouez veoir orendroit. Je ne maine pas dueil po⁹ le mal ne po⁹ playe q̃ iaye au corps/mais ie faiz dueil pour ma damoyſelle que iay perdue/car ie vo⁹ dys loyaulment q̃ ie laymoye mye moins de moy mesmes/ mais plus assez. Et quant tant vous laymez fait galehoult le brun pourquoy ne la deffendez vous bien. Sire dist le Cheualier ie ne puis en nulle maniere/ car iay trouue cestuy cheualier qui ma tollu ma damoyselle si fort z si royde quil ma feru si roydement en son venir du premier coup que ie nay peu contrester contre luy dune seule iouste aincoys ma porte tantost a terre si durement quil ma este auis q iauoyes le col rompu et pour ceste chose luy ay ie laisse ma damoyselle en paix.

Sire Cheualier fait Galehoult le brun se la peussiez tout orendroit recouurer p aucun vostre amy seriez vo⁹ moult ioyeux. Sire dist le cheualier or saichez tout vrayement que se le roy Sterpandagron me donnoit orendroit le meilleur chastel ou toute la meilleur cite quil ait / ainsi maist Dieu comme ie ne seroyes mye plus ioyeux du don come ie seroyes de ma damyselle rauoir. Mais ce ne pourroit mye aduenir/ Car trop est bon le cheualier q ma damoyselle ma tollue. Sire cheualier dist galehoult puis que vous estes si desirant de recouurer vostre damoyselle. Or vous diray ie que vous ferez/ retournez vo⁹ en auec moy et me monstrez la damoyselle/ et ie vous prometz loyaulment que tantost ie la vous rendray. Sire dist le cheualier se ie cuydoyes certainement que vo⁹ me tenissiez conuenant ie retourneroyes auecques vous tout erramment/ mais iay paour que vous ne la me peussiez rendre Or retournez seurement dist Galehoult ie le vo⁹ prometz loyaulment se dieu me deffend dencombrier sans male fortune.

Par cestuy couenant et par ladmonnestement de galehoult retourna le cheualier auec nous Et quant nous feusmes venuz pres du pauillon no⁹ trouuasmes adonc q deux cheualiers se combatoient deuant le pauillon tout droictement emmy le chemin. Et lung des cheualiers estoit le cheualier aux armes vertes qui par deuant nous auoit passe/ et que Galehoult auoit si durement loue. Et lautre cheualier portoit vnes armes dargent sans nul autre taint. Et tout incontinent que Galehoult vit les deux cheualiers qui se combatoient deuant le pauillon il dist au cheualier quil auoit fait retourner auecques luy. Scauez vous qui sont les deux cheualiers/ ne pourquoy ilz se combatent cy deuant ce pauillon. Sire dist le cheualier se dieu me doint bonne auanture ie ne scay mye q ilz sont. Mais tant scay ie certainement quilz se combatent en telle guyse po⁷ ma damoyselle. Chascun la veult auoir. Or me dictes fait galehoult qui est cestuy qui vous la tollue. Est ce lung de ces deux cheualiers. Sire dist le cheualier ouy. Le moindre de ces deux cestuy q porte les armes darget si me la ostee sans doubtance. Et ou est la damoyselle fait galehoult. Sire fait le cheualier elle est en ce pauillon/ et illec la pouez vo⁹ prendre sil vo⁹ vient en talent et se vous auez hardement de ce faire.

Quant galehoult entendit ceste parolle il commenca a penser moult durement. Et quant le cheualier le vit ainsi pensif il luy dist. Sire cheualier sire cheualier or voy ie bien q tost estes espouente qui nosez aller plus auant. Pour neant me feistes vo⁹ retourner. De ceste parolle se commenca a rire Galehoult et respondit a chief de piece. Sire cheualier or saichez certainement q vous mauez a ceste foys icy blasme pour neant. Dieu le scait q ie ne pensoyes mye a ceste chose que vous mauez myse sus/ aincoys pensoyes a autre chose. Et ce pourrez vous veoir tout appertement. Et quat il eut dicte ceste parolle il descendit incontinent q dist au cheualier q la damoyselle auoit perdue. Se ces cheualiers q se combatent estoient a cheual ie me tiendroyes a cheual/ mais pource qlz sont a pie me mettray ie

m ij

De Gyron le courtois

en telle maniere come ilz sont orendroit. Et quant il eut dicte ceste parolle il ne feist autre demourace aincoys print son escu 7 sen alla ou ceulx se combatoient qui a merueilles estoient preudhommes des armes durement fors/hardiz et legiers. Quant il fut venu iusques a eulx il dist. Seigneurs cheualiers arrestez vo9 tant q iaye parle a vous/et ilz sarresterent/et il leur dist. Seigneurs ie vouldroyes bien se il vo9 plaisoit scauoir pourquoy vo9 vo9 combatez ainsi ensemble pour q elle achoyson. Et celluy q portoit lescu dargent respondit et dist. Or sachez q nous no9 combatons po2 vne damoyselle q est leãs en ce pauillon. Ie la conquis orendroit p force darmes sur vng cheualier estrage qui la menoit cestuy chemin droictement/et ce cheualier q cy est et qui a moy se combat la veult sur moy chalengier et conquerre p force darmes ainsi come ie lay conquise Ie endroit moy qui la veulx auoir de ma part/et q veulx q elle me demeure me combas encotre ce seigneur q combatray sans nulle doubtace tant come ie pourray ferir despee/car a luy ne a autre cheualier ne la vouldroyes ie laisser tant come ie la peusse deffendre. Sire or vous ay ie dit la cause pourquoy nous nous combatons ensemble. Seigneurs dist galeholt quant ainsi est aduenu q vo9 deux vous combatez po2 ceste damoiselle/or laissez ester la bataille de vo9 deux/car cest bataille pour neant. Et sachez certainement q la bataille ne peut demourer si felonneuse q elle ne se cesse/car la damoiselle ne demoura ia a nul de vo9 deux/car celluy laura qui auoit la doit/car ie lay promise a rendre au cheualier a qui vo9 la tollistes/et pour ceste chose viens ie entre vo9 a ceste fois. Or regardez entre vo9 deux leql vo9 plaist mieulx/ ou que vo9 me rendez la damoyselle tout maintenat/ou q vo9 la deffendez tous deux encontre moy.

Quant celluy q portoit les armes dargent entendit ceste parolle il cuyda certainemẽt que Galehot si feust aucun fol cheualier si respondit en ryant tout errãment. Certes sire cheualier ie ne voy mye coment vo9 puissiez aiseemẽt cheuir de ceste chose/car de lung seulement serez vo9 trop greue auant q vous le puissiez mener iusques a oultrance. En nom dieu sire cheualier dist galehot ce verrez vous tout orendroit. Or vous deffendez to9 deux de moy se faire le pouez. Car ie croy bien q2 est mestier vueillez ou non q la damoyselle soit rendue tout maintenant. Et si tost come il eut dicte ceste parolle il ne feist nulle autre demourace aincoies se mist entre eulx deux lespee toute nue en sa main. Et le premier q2 ferit ce fut celluy aux armes vertes le greigneur des deux cheualiers Et icelluy ferit il si roidement dessus le heaulme a descouuert quil fut de cestuy coup si durement estourdy que il neust adonc pouoir ne force de soy tenir en estant aincoys trebuscha tout incontinent a la terre si roydement que lespee luy vola de la main et pareillement lescu du col. Et quant il eut abatu lung deulx il ne feist nulle demourace ains laissa courre a lautre/et le ferit si roydement quil luy trecha lescu du long si q pou sen faillit q2 ne luy trecha la main. Et quant le cheualier aux armes dargent vit q2 auoit son escu perdu il se retira vng pou arriere/et au retraire q2 feist adonc galehot ne feist nulle autre demourace aincoys se lança plus pres de luy q2 nauoit fait deuant et le prit au heaulme q2 le tira si fort a luy q2 en rompit to9 les lacz/et luy arracha hors de la teste et le ietta emmy la voye. Et quat galehot leut deshaulme il luy dist Damp cheualier se dieu vous doint bonne auanture il mest auis que tantost seroit ceste guerre finee se ie vouloyes/ or demourez en ceste place et recommecez ceste bataille encontre cestuy autre cheualier se il vous plaist. Mais comment que vous le faciez entre vous deux ie ſueillet

vueil la damoiſelle auoir ſi la rendray a celluy q̄ la doit auoir ſicōme ie luy ay dit

Ores apres ceſte parolle il ne fiſt nulle autre demourāce aincoys ſen alla droictement la ou la damoyſelle eſtoit et la print et la rendit au cheualier a qui elle auoit eſte tollue / et cil ſen alla tout ſon chemin que puis ne le veiſmes. Celluy iour aſſez tard la ou no⁹ eſtions herbergiez en vng hermitaige fut il dit a galeholt q̄ eſtoient les deux cheualiers q̄l auoit en telle guyſe le iour deſconfiz. Lung eſtoit le roy meliadus et lautre le bon cheualier ſans paour. Ces deux beaulx coups q̄ ie vous ay cōptez veiz ie appertement / ſi vous ay orendroit fine mon cōpte. Et quāt il eut fine ſon cōpte le roy meliadus qui de celluy fait eſtoit bien recordāt cōmenca a penſer vne grāt piece et dit a ſoy meſmes que voirement fut il le meilleur cheualier qui a ſon tēps portaſt armes. Celluy ſoir tindrent ilz grāt parlement de maintes autres auātures. Et eſtoit le Cheualier moult lye de ces nouuelles q̄ le roy meliadus luy auoit cōptees de gyron / et diſoit que iamais ne ſeroit a ſon aiſe deuant ce q̄l eut veu le bon cheualier quil demandoit. Celluy ſoir quāt vint a leure de coucher le roy meliadus diſt au cheualier. Sire ie veulx q̄ vous dormiez au iourdhuy en ceſte chambre et ie y dormiray auſſi ſi ſerons plus aiſes lung po² lautre. Certes diſt le cheualier ie my acorde moult bien Adonc dormirent ilz celle nuyt enſemble mais le cheualier ne cuydoit mye que ce feuſt le roy meliadus de leōnoys pource q̄l ſe tenoit ſi couuertement. Et non po²tāt il diſoit bien a ſoymeſmes q̄ ſe celluy neſtoit bon Cheualier que ce ſeroit trop grāt merueille. Ainſi dormit celle nuyt le cheualier delez le roy meliadus. Et le roy meliadus qui trauaille eſtoit ſi durement de celle iournee quil auoit faicte le iour de deuāt ſendormit vne heure bien lautre mauuaiſement

xciij

LE lendemain aſſez matin ſe leuerent tous deux qui grant talent auoient de cheuauchier. Et quāt ilz furent leuez le cheualier diſt au roy meliadus. Sire ie me vueil deſormais partir dicy par voſtre cōmandement. Et q̄lle part voulez vo⁹ aller fait le roy meliad⁹ Sire fait le cheualier ie vouldroies eſtre a malōanc pour ce que vo⁹ ſcauez. Certes fait le roy meliadus vous auez bien raiſon. Et tant faictes voirement pour moy que vous me dōnez vng don q̄ aſſez petit vo⁹ couſtera. Voulentiers / or dictes fait le cheualier. Je vo⁹ mercye fait le roy. Et ſcauez vo⁹ que ceſt diſt le roy. Je vueil q̄ vo⁹ demourez huymais ceās / ſi me ferez cōpaignye et demain vo⁹ pourez cheuauchier / car plus ne vous retiendray. Quant le cheualier entendit la requeſte du roy meliadus il reſpondit en ſouzryant et diſt. Sire puis quil vous plaiſt q̄ ie demeure auec vous ceſte iournee ie y remaindray. Je vo⁹ mercye fait le roy meliadus. Ainſi demoura le cheualier auec le roy meliadus pour luy faire cōpaignie. Celle matinee ne yſſit pas le roy de leans / car il auoit paour et doubtance q̄l ne feuſt cōgneu dautre gent ſe il yſſoit dehors. Quāt vint heure de tierce et q̄lz eurent māgie le roy miſt le cheualier en parolles et luy diſt. Dictes moy ſire cheualier ſe dieu vo⁹ doint bōne auāture / veiſtes vous oncq̄s hector le brun qui fut pere de galeholt le brun. Certes ſire fait le cheualier nenny. Et ouyſtes vous oncques dire diſt le roy lequel fut le meilleur cheualier ou le pere ou le filz. Certes ſire fait le cheualier ie vo⁹ en diray ce q̄ ien ſcay / et ce q̄ ien ay ouy cōpter au royaulme dorcanie / et vo⁹ diray pourquoy ce fut / pource que de ceſte choſe m auez mys en parlement.

VErite fut q̄ apres q̄ gyron eut cheuauchie enuiron deux ans auec galeholt / et q̄l ſceut et congneut la grāt bonte de luy il le priſa for-

m iij

ment/et disoit en soymesmes ql ne croioit pas que hector le brun eust este meilleur cheualier q son filz galehoult si q maintes foys quant aucun cheualier se trouuoit auec eulx q parloit des faitz de cheualeries De hector le brun gyron nyoit et disoit tousiours q hector le brun nauoit point este meilleur q galehoult et q ia riens nen croyroit. Desquelles paroles galehoult le brun se soubzryoit en escoutant gyron parler et luy disoit aucunesfoys. Home hors du sens que dictes vo9. Ainsi maist dieu q se mon pere vesquist orendroit en la force et au pouoir ql auoit tant come il porta ses armes se ie estoyes encores meilleur cheualier q ie ne suis si ne pour royes ie tant faire po2 nulle auanture du monde q on me tenist pour cheualier de coste luy/car iay tant appris de luy et des haultes oeuures ql feist q ie dis bien tout hardyement que sil eust trouue telz dix cheualiers come ie suis il eut fait a chascun honte q vergongne sil eut voulu. A ceste parolle ne se peut oncques gyron acorder po2 chose q galehoult luy dist.

Ung iour aduint q no9 entrasmes au royaulme dorcanie et no9 her bergeasmes en la maison dung vieil che ualier q auoit este moult preudhome des armes. Et a celluy point que no9 vins mes pres de son hostel no9 nauions vou lente de herbergier/car encores estoit trop heure. Et non pourtant il fist prier les cheualiers de herbergier/si descendi rent incontinent. Et quant ilz furent leans descenduz q desarmez et le seigneur sceut qlz estoient cheualiers errans et qlz estoi ent desarmez il les feist venir deuant luy et les receut moult honorablement q leur dist. Seigneurs se ie ne suis alle encontre vo9 ne le tenez a vilenye/car ie suis trop vieil. Or vous seez beaulx seigneurs de coste moy si me soulaceray auec vo9 cest de parler seulement. Et les deux cheua liers sassirent delez son coste. Et quant ilz furent assiz il leur dist. Certes seignrs

moult me reconforte de ce q ie vo9 voy de coste moy. Et saichez q tant come ie ay peu armes porter iay tant ayme cheua lerie de tout mon cueur ql ny auoit chose au monde q tant iaymasse. Et quat ain si est aduenu que vieillesse ma assailly si malement q elle ma oste ma vie cest dar mes porter/quant desormais les armes ie ne puis porter et ie voys ceulx q se tra uaillent ie les ayme tat que ien ay aussi grat ioye de les veoir come se ie veoyes mon frere charnel. Et pource vous dys ie bien appertement q ie suis si reconforte de voste venue q ien suis tout resiouy.

Aceste parolle respondit gale holt le brun q dist. Sire se dieu vo9 doint bone auanture quatz ans portastes vo9 armes. Certes sire ie ay bien porte armes soixate ans q plus/ et acoplis to9ces ans en cheualerie si que ie ne feiz autre mestier et ne meschappa oncques tournoyement dont ie ouysse parler pourtant q ie y peusse aller. Et quen diroyes ie/or saichez certainement q iay assez trauaille en toute ma vie po2 honneur de cheualerie conquerre. Mais dieu le scait q ie nen peuz oncqs tat faire que ie me trouuasse oncqs si honorable ment q ie vaulsisse home. Assez disoient les vngz q les autres q armes me voient porter q iestoyes vng cheualier de hault affaire. Mais ie q mieulx me congnois soyes q ne faisoient to9 les autres trou uoyes en moy aucune faulte/pourquoy ie ne me tenoyes po2 cheualier. Si long teps portay armes come ie vo9 ay oren droit compte et pour cheualier ne me te noyes/mais bie trouuoyes toutesuoyes qui me donnoit pris q loz. Et pource ne me prisoyes ie pas/car cause ny auoit. Sire dist Galehoult le brun tant comme vo9 portastes armes si long teps come vous dictes veistes vous nul cheualier errant que vous tenissiez pour cheualier parfait. Certes sire tant come ie portay armes ie veiz moult de cheualiers q on tenoit pour bons cheualiers. Mais dieu le scait que ie nen veiz q̃ deux qui estoiẽt de grant pris. L'ung me fut long temps ennemy/et lautre me fut amy. Toutesuoyes sans faille celluy qui me estoit ennemy fut bien orendroit compte le plus parfait cheualier qui a mon tẽps portast armes. Et certes ie ne cuyde mye quen tout le monde eust ung autre aussi preu dhõme comme fut celluy tant comme il vesquit. Et quen diroyes se ie vouloyes dire verite/ie diroyes hardiement que ce fut le meilleur cheualier du mõde ne qui oncques portast armes entre les chrestiens. Celluy si me fut long tẽps ennemy mais depuis il me fut vray amy. Celluy me feist plourer maintes larmes. Celluy si me meist si grant dueil au cueur que ien cuiday mourir de dueil/mais depuis me remist il en ioye et me deliura de vilaine mort. Apres le mal que il mauoit fait me fist il tout le bien du monde. Et estoit ce bon cheualier dont ie vous compte appelle Hector le brun. Et quen diroyes ie/ainsi vrayement maist Dieu que il seul valoit tous autres cheualiers de grant bonte de cheualerie.

Et lautre qui apres cestuy pouoit bien estre le second bon Cheualier de ceulx qui a ce tẽps portoient armes si eut nom abdalon le beau et fut seigneur du royaulme de l'istenois Celluy fut sans doubte le plus beau cheualier que on trouuast en nulle contree/ mais de tant eut il faulte en luy/car il ne fut mie si parfait en cheualerie cõme fut Hector le brun. Ces deux tint on po̊ cheualiers sur to̊ autres tant cõme ilz porterẽt armes. Lung fut plus parfait que lautre. Huymais men puis ie bien taire atant/car ie vous ay compte tout ce que vous mauez demande.

Quãt le vieil cheualier eut parle en telle maniere cõme ie vo̊ ay cõpte gyron qui encores ne cuydoit mye pour nulle auãture du mõ

de q̃ cheualier nul peust auoir este meilleur cheualier q̃ galeholt le brun si print la parolle sur luy et dist. Sire cheualier se dieu vo̊ doint bonne auãture des cheualiers q̃ orendroit portent armes quen dictes vo̊ pourroit on prendre leur bonte a la bonte de ceulx q̃ armes porterẽt a vostre temps. Certes nẽny fait le vieil cheualier/et vo̊ diray raison pourquoy Or saichez certainement que se les deux cheualiers q̃ ie vo̊ ay nõmez feussent en vie/et ilz feussent daussi grant force et daussi grãt vertu cõme ie les veiz iadis/ ie vo̊ dys sur ma loyaulte que silz trouuoient orendroit en ung champ dix des meilleurs cheualiers q̃ orendroit portẽt armes ainsi maist Dieu que les dix nauroient duree encontre les deux. Car ie viz iadis aduenir de ces deux une greigneur merueille q̃ ceste ne seroit. Et se vo̊ ne me voulez croire ie le vo̊ feray recorder par telz hõmes q̃ iadis le virent. Et si vo̊ en pourroyes encores bien faire recorder une si estrange merueille q̃ ie viz iadis de ces deux cheualiers q̃ adonc estoiẽt si bons cõpaignons darmes. Et saichez sire q̃ se vo̊ les eussiez veuz ainsi cõme ie les viz vo̊ tiendriez la merueille a moult grande.

Ainsi parloit le vieil cheualier a Galeholt le brun/mais gyron q̃ courrousse estoit de ces parolles/et q̃ ne vouloit iamais trouuer hõme q̃ deist que il eust trouue meilleur cheualier q̃ galeholt le brun. Car en galeholt auoit il ia trouue tant de bonte q̃ ne luy estoit pas auis que nul cheualier mortel peust estre meilleur q̃ luy en bõte de cheualerie/et pource se commenca il a taire tout coy quãt il ouyt parler le vieil cheualier po̊ Hector le brun. Et quãt galeholt qui voulentiers oyoit cõpter les grãs merueilles de cheualerie q̃ son pere auoit faictes en maintes contrees veist toutesuoyes que gyron disoit que hector le brun nauoit mye este meilleur cheua

De Gyron le courtoys

lier que luy/et que pource que plus nen vouloit ouyr parler se taisoit/il print la parolle luy mesmes et dist au cheualier. Sire puis que mon compaignon ne demande que ce fut que vo° veistes en vng iour faire a ces deux compaignons que vous tenez a si grant merueille ie vous prie tant côme cheualier pourroit prier autre que vous nous dyez tout maintenant quelle merueille fut celle que vous veistes iadis aduenir/car certes cest vne chose q ie desire moult a ouyr. En nom dieu dist le vieil cheualier/a ceste foys auez vous parle côme cheualier et côme preudhôme. Et certes se dieu me doint bonne auanture se vous ne meussiez demande de cestuy compte ie ne vous tenisse mye pour cheualier. Et quant vo° voulez ouyr celle grant merueille que ie veiz iadis faire aux deux preudhômes en vng iour ie le vous côpteray tout maintenant. Or escoutez comment il aduint Et maintenant commence son compte.

Beaulx seignrs dist il/il aduint iadis auant que Hector le brun sacointast du roy esouaim qui seigneur fut de carmelide et roy couronne que auanture lapporta au royaulme destrangorre/si cheuauchoit adonc si priueement quil ne menoit en sa côpaignie de toute la gent du monde fors que deux escuyers seulement. Et ceulx menoit il auecques luy pour le seruir côme franc homme. Vng iour quil cheuauchoit par le royaulme destrangorre ainsi comme ie vous ay compte aduint adonc quil encontra abdalon le beau qui a ce point menoit auecques luy vne seule damoyselle qui tant estoit belle a merueille que a celluy point eust on peu a paine trouuer en toute la grant bretaigne vne si belle damoyselle que celle ne feust encores plus. Et pour la grant beaulte que elle auoit laymoit abdalon qlne cheuauchoit nulle part quil ne menast auecqs luy la damoyselle/car a grât paine pouoit il estre sans elle deux iours entiers tât laymoit

A Cestuy point q les deux bons cheualiers sentrerencôtrerent dedans le royaulme destrangorre en telle maniere côme ie vo° côpte cheuauchoient ilz to° deux armez de toutes armes les heaulmes en leurs testes Quant hector le brun vit la damoyselle si belle côme elle estoit/qui plus belle damoyselle estoit que damoyselle quil eust oncques veue se mist il au deuant et dist a abdalon. Sire côduysez vous ceste damoyselle. Et il respôdit que voirement la conduysoit il. Mais pourquoy le demandez dist abdalon. Certes dist hector le brun et ie le vous diray si vous diray vne folie qui nappartiendroit ne a vous ne a autre cheualier qui courtoysie voul droit faire. Or saichez que ceste damoyselle me plaist tant pour la grant beaulte que ie voy en elle que ie vous dys oultrement que ie la vueil auoir et tout orendroit se vous nestes de si haulte prouesse que vous encontre moy la puissiez deffendre p force darmes. De ceste parolle commenca abdalon a ryre moult fort/et cômenca a regarder hector le brun de trauers et dist en ramponant. Sire varlet sire varlet se vous la damoyselle voulez auoir si en querez vne autre/car ceste ne pourriez vous auoir aincois la pourriez vous auât chierement achapter de sang et de chair/et au derrenier ne vous de mourroit elle mye. Côment dist hector le brun vous sentez vous donc a si preudhôme darmes q vo° cuydez auoir puissance de la deffendre encôtre moy. Mais dont vo° vint si fol hardement dist abdalon que vo° seulement osastes pêser ce q vous dictes orendroit encôtre moy. Jay ia porte armes dix ans entiers/et encores nay trouue cheualier qencôtre moy puisse tenir vng seul assault. En nom dieu se vo° ne le trouuastes dist hector or auez vo° trouue cestuy mesmes q vo° portera a la terre se trop biê ne cheuauchez.

A Cestuy point que ilz cheuauchoient ⁊ que ilz tenoient entre eulx deux tel parlement comme ie vous compte estois ie illecques deuāt eulx tout present/car ie estoye illecques venu en la cōpaignie de abdalon le beau et trop me merueilloye adonc qui pouoit estre le cheualier qui si hardyement parloit encontre abdalon. Quant ilz eurent vne longue piece parle si orgueilleusement comme ie vous compte lung a lautre abdalon dist a hector le brun. Damp cheualier se dieu vous doint bonne aduanture dictes moy qui vous estes/ car trop me faictes merueiller de voz parolles. En nom dieu dist hector le brun ia a ceste fois ne vous diray mon nom deuant que ie vous aye monstre comment ie scay ferir de glayue et despee ⁊ se ie suis Cheualier qui puisse conquerre par sa proesse vne damoiselle sur vng cheualier vassal dist abdalon le beau puis que ie voy que vous ne demandez a moy fors que bataille vous laurez tout maintenant/ or vous gardez desormais de moy car vous auez trouue ce que vous allez querant.

Apres cestuy parlement ilz ny firent nulle autre demourance aincois sappareillerent de iouster et laisserent courre tout maintenant lung contre lautre/ et aduint ainsi que de celle iouste hector le brun ferit si roydement abdalon le beau de son glayue que le cheual sur quoy il estoit mōte ne peut soubstenir le faix du coup ains cheut a terre et fust tout debrise du cheoir quil fist et de la grant force du cheualier qui sur luy estoit. Et abdalon ressaillit sur piedz tout honteux et moult vergondeux de celle aduanture/ mais le cheual ne se releua pas/ car du dur cheoir quil fist fut tout debrise/ et hector le brun qui cestuy coup auoit fait quāt il eut sa pointe parfournie si retourna. Et pour ce que il vit que abdalon si estoit a pied descendit il

tout maintenant de son cheual et le bailla a garder a ses escuyers/⁊ puis mist la main a lespee ⁊ sen alla vers abdalō tout appareille de la bataille faire. Et quant abdalon le vit vers luy venir il luy dist. Sire cheualier souffrez vous de ceste bataille tāt q̄ iaye parle a vo9. Voulentiers dist hector le brun/ dictes ce quil vo9 plaira. Sire ce dist abdalon saichez certainement que se ie vous eusse au commencement congneu aussi bien comme ie vo9 congnois maintenant saichez que ie eusse cheuy a vous en autre maniere que ie nay. Oncques ne vous vy sans faille ⁊ si scay bien orendroit qui vous estes/ recongneu vous ay sans doubtance par le grant coup que donne mauez de vostre glayue et par la grāt force de vous. Hector le brun estes vous sans doubte ie le scay tout certainement. Ia a dix ans que de vous me vint premierement la nouuelle/ chascun qui me parloit de vous me disoit que vous estiez le meilleur cheualier du monde fors que moy/ et chascun me faisoit per de vous en bonte de cheualerie/ mais maintenant voy ie tout clerement que le fait ne va pas ainsi comme le monde va ores disant/ trop estes meilleur cheualier que ie ne suis. Pour quoy ie dy tout oultrement que ie vueil faire du tout vostre voulente et moy et ma damoyselle metz ie du tout entre voz mains/ faire pouez de nous ce que vous vouldrez.

Quāt hector le brun ouyt ce parlement il congneut tout erramment en soy mesmes que se estoit sans faille abdalon le beau qui a luy parloit en telle maniere duquel il auoit autresfois ouy compter si grandes merueilles de sa cheualerie et lequel estoit tenu pour le meilleur cheualier du mōde si q̄ pour la haulte renōmee q̄ icelluy auoit estoit ce le cheualier de tout le monde ql desiroit le plus a veoir/ et pour ce respondit il a abdalon. Sire or saichez tout vrayement que se vous mauez congneu par vng seul coup de glaiue que aussi vo‍us ay ie cogneu par le dur encontre de vous. Vous estes abdalon le beau le meilleur cheualier sans faille qui orendroit soit en ce monde/et celluy que plus ie desiroye a veoir. Vous estes tel comme tout le monde va comptant et le pris que vous me donnez de ceste encontre nest mye pris et vous diray raison pour quoy.

Vous scauez tout vrayement que coup de glayue si est aduanture que par vng coup de glayue ne peut on congnoistre la force dung homme tout clerement/ne cestuy coup ne vous a pas fait aller a terre/aincois a este la foiblesse de vostre cheual qui deffailly vous est lequel na mye peu soubstenir la nostre grant force. Quen diroisie? De cestuy coup nay ie conqueste nul honneur. Et de ce que vous me faictes si grant honneur comme de vous mettre entre mes mains vous et vostre damoyselle vous remercy ie humblement ainsi comme ie pourroie faire si vaillant cheualier comme vous estes et vous quicte vous et vostre damoyselle tout oultreement. Car certes elle est aussi bien employee en vous comme elle seroit en moy mesmes ou mieulx vrayement. Et puis que ainsi est aduenu la dieu mercy que ie vous ay icy trouue par telle auanture comme ie voy ie vous vouldroye prier que vous me donnissiez vng don tel comme ie vous demanderay/et ie croy bien se dieu me doint bonne auenture de me donner ce don ne vous viendra si non honneur.

A ceste parolle respondit abdalon et dist. Sire demandez moy hardyment ce que vous vouldrez/car ie vous creance loyaulment comme cheualier que ia si estrange chose ne me demanderez se ce nest chose qui encontre mon honneur soit que vous nayez. En nom dieu ce dist hector le brun de ce vous mercye ie moult/et saichez que de

cestuy don me tiens ie a moult bien paye Or vous diray ie desormais que cest que vous mauez donne la vostre mercy/saichez que cest vostre compaignie si que vous et moy ne bougerons desormais densemble. Vous estes ce scay ie bien tout le meilleur cheualier de ce monde/et ie suis de ma partie tel comme vous scauez A trop grant honneur me viendra et a trop grant preu se ie vous ay pour compaignon et a honneur nous tournera de ce que nous serons ensemble/creancez moy sil vous plaist vostre compaignie et ie vo‍us creanceray la mienne tout orendroit. Et quant abdalon entendit cestuy parlement il ny fist autre demourance aincois de si hault comme il estoit se laissa cheoir a terre deuant les piedz de hector le brun et luy dist. Haa gentil cheualier come vous mauez mise a cestuy poit vne grant ioye dedans le cueur. Si mayst dieu de ceste chose dont vous me requerez mauez vous fait assez plus riche que se ie feusse orendroit seigneur de la grant bretaigne et men tiens a trop bien eure/ et aussi le doy ie par raison faire. Puis que pour vostre compaignon me daignez tenir ie vous mercye tant comme ie vous puis mercier de cest honneur/car ie ne suis ne si preux ne si vaillant que vous me deussiez receuoir pour vostre compaignon se ne fust la grant courtoisie qui en vous est herbergee

En telle maniere comme ie vous compte sentre acompaignerent les deux bons cheualiers qui furent bien au vray compter les deux plus parfaitz cheualiers en bonte de cheualerie qui oncques porterent armes entre les crestiens. Puis que ilz se furent entre acompaignez en telle maniere lung ayma lautre par telle guise et par telle amour come se ilz eussent este freres charnelz. Ne oncques puis pour aduanture quilz trouuassent discorde ne peut venir entre eulx deux/ne lung neut enuie de lautre en nulle maniere. Et puis que ie vous ay compte comment ilz sentre acompaignerent/or vous compteray ie maintenant tout mot a mot la grant merueille que ie leur vy iadis faire en vng tout seul iour par force darmes et par la haulte proesse dont ilz estoient garniz. Et quant il eut sa raison finee il recommēca vng autre compte en telle maniere.

Apres ce que les deux compaignons eurent bien demoure ensemble deux ans entiers en telle maniere que oncques ne se departirēt lung de lautre/mais tousiours cheuaucherent ensemble en se entreaymant de si grande amour que lung ne pouoit viure sans lautre. Si aduint vng iour que le roy de norhōberlande auoit vng chastel assiege qui estoit au seigneur de lestroicte marche lequel estoit frere de pere et de mere a abdalon le beau. Et auoit le roy de horhomberlande assiege ce chasteau pour ce que en la terre du seigneur de lestroicte marche estoit mort cestui an vng des filz au roy de norhomberlande/ pour quoy le roy cuydoit tout certainement que le seigneur de lestroicte marche leust fait occire. Et pour ceste cause assembla il si grant ost que ce fust merueilles et alla assieger le seigneur de lestroicte marche dedans vng chastel et fist serment que iamais ne se partyroit de deuant iusques a ce quil eust le chastel prins et le seigneur/ et que le chastel seroit il ardre et brusler et le seigneur mourir vilainement. Cestuy serment fist le roy de norhomberlande/et fut le chastel par luy tellement assiege de toutes pars que nul nen eust peu yssir sans cheoir entre leurs mains.

A cestuy point que ie vous compte que le sire de lestroicte marche estoit assiege dedans son chastel estoient les deux bons cheualiers au royaulme de terre foraine et seiournoient illec pour vne damoyselle que hec

tor le brun aymoit en celle contree/et estoit celle damoyselle fille du roy si belle en toutes guises que cestoit vne merueille que de la regarder/et ie alloie tousiours apres eulx pour veoir les grans merueilles que ilz faisoient par toutes les contrees ou ilz alloient. A cestuy temps vint a moy vng mien escuyer qui auoit este en lost du roy de norhomberlande/et scauoit tout certainement comment le sire de lestroicte marche estoit assiege dedans vng sien chastel. Quant ie vy lescuyer venir que ie nauoye veu grant piece auoit ie luy demanday tout maintenant dont il venoit et quelles nouuelles il apportoit/et il me dist quil venoit de lestroicte marche/et me cōpta cōment le roy de norhōberlande auoit arse toute icelle cōtree et comment il auoit assiege le seigneur a tout grant gent dedans vng chastel et me compta aussi la grant necessite que ceulx du chastel auoient et comment nul deulx nen pouoit yssir. Desquelles nouuelles ie fuz dolent oultre mesure pour lamour de abdalon le beau/et pour ceste cause men allay ie incōtinent tout droictement la ou ie scauoye que estoit abdalon et luy comptay tout errammēt les nouuelles que lescuyer mauoit racomptees sicomme ie vous ay dit.

Et quant abdalon entendit ce plait il baissa maintenant la teste vers terre et commenca a penser moult durement. Et quant hector le brun le vit penser en telle maniere il luy dist adōc. Sire compains que pensez vous. Sire dist il se dieu me doint bonne aduanture ie ne scay que ie doye penser. Les nouuelles qui orendroit me ont este cōptees ont mys mon cueur en grant doubtance. Comment dist hector le brun estes vous donc tel cheualier que paour ose dedans vous entrer. Ouy certes fait abdalon paour est entree dedans moy a ceste fois. Sire compains sire cōpains dist hector le brun adonc/or saichez tout vrayement que iusques icy nay ie trouue en vous semblant pour quoy ie ne vous tenisse dedans mon cueur pour cheualier parfait en toutes manieres/ mais pour ceste parolle que vous auez orendroit dicte ne vous tiendray ie tant comme ie viue pour parfait cheualier/ car on ne doit tenir pour parfait cheualier cestuy dedans qui paour se peut mettre et herberger.

Quant hector le brun eut parle en telle maniere il baissa la teste vers terre & les larmes si lui vindrent aux yeulx. Et quant il peut parler a chief de piece il dist en souspirant et en plourant. Haa beau sire cheualier amy abdalon comme il me poise durement que si honteuse parolle comme est ceste vous soit saillie de la bouche. Si maist dieu ie vouldroye bien auoir perdu tout ce que iay au monde et que point ne leusse ouye/car ce de quoy ie me tenoye plus riche si estoit ce que ie disoye tousiours dedans mon cueur et me sembloit au dire vray que ie mestoye acompaigne sans doubte a cestuy qui nauoit pareil au monde/ et quant ie vous ay trouue en si grant deffaulte come est ceste cest vne chose q̃ met mon cueur en douleur/ car desormais ie noseray dire ce que ie disoye. Ainsi congneut hector le brun que abdalon nestoit mie cheualier parfait

A cestui iour ne tint il nul autre parlement de ceste chose ain- cois pensa le plus du iour/mais lendemain assez matin il dist a abdalon. Sire que voulez vous faire de ceste chose dont les nouuelles vous furent hier apportees. Sire dist abdalon ie le vous diray tout orendroit/ie scay que le roy de norhomberlande est si fort et si puissant de gens en toutes guises quil me conuient assembler tout mon lignaige pour aller contre luy et si ne cuyde mie que ie le puisse remuer du siege ou il a sa gent mise. Et pour ce pense ie vne autre chose qui

me pourra assez valoir/ ie vous diray q̃ cest. Encores na mie long temps que ie feiz au roy de listenois vne bonte pour quoy il me promist que tant comme il vi uroit il ne seroit quil ne me fist toute la courtoisie que il pourroit. Ie scay bien q̃ ne me fauldra mye de la promesse quil ma faicte. Pour ce vueil la endroit cheuaucher et luy prieray quil mayde a ce besoing. Cest le meilleur conseil que ie saiche prendre a ceste fois/ie ne voy au tre qui mieulx valoir me puisse.

Quant il eut sa raison finee en telle guise comme ie vous compte hector le brun respondit apres et dist. Amy fait il se dieu me sault desor mais vous voy ie folloyer et orendroit me demonstrez vous appertement que vous estes moins preudhomme que ie ne cuydoye. Auez vous beau doulx amy vostre sens perdu q̃ ne regardez a vostre honneur. Auez vous ouy compter aucune haulte cheualerie que le roy de norhomberlande ait en sa vie faicte par son corps. Nenny certes ce dist abdalon. Or donc ce dist hector le brun pour quoy auez vo⁹ paour. Amy nayez doubtance nulle de luy. Quant hector le brun eut parle en ceste maniere abdalon respondit apres & dist. Sire q̃ voulez vo⁹ que ie face de ceste chose/car bien enuueil ouurer p vostre conseil. Amy ce respondit hector le brun/or saichez tout vrayement que se vous faictes a mon conseil vous y aurez honneur et vostre frere en sera maintenant deliure ce prens ie bien sur moy et vous diray en quelle maniere. Vous estes tout sain de voz membres la dieu mercy et ie suis tel comme vous scauez et vous tiendray tousiours compaignie. Quant no⁹ serons deuant lost de norhomberlande se nous ne mettons adonc a desconfiture tant comme nous en pourrons trouuer ie vueil que vous me trenchez la teste tout en lheure. Amy ie congnois trop bien vostre proesse et si cognois la mien ne auſſi et ce que ie ſcay faire. Or ſaichez certainement que ilz narront ia a nous duree. Et pour ce mouuons dicy et cheuauchons iuſques la.

Quant hector le brun eut ainſi parle en telle guiſe comme ie vous ay cy dit abdalon luy reſpondit et diſt. Amy ſe dieu me doint bonne aduanture les parolles que vous mauez cy dictes mont moult reconforte/vous auez bien parle a ceſte fois côme cheualier parfait/maintenant congnois ie voſtre voulente/ſi q̃ ie ſy bien que vrayement vous eſtes le meilleur & plus loyal amy que taye or endroit entre tous les cheualiers errans. Or faiſons deſormais a voſtre ſens de ceſte choſe/car ie ne vueil point yſtre de voſtre conſeil pour riens. Apres quilz eurent ainſi parlamente de ceſte choſe ilz pourchaſſerent tous les meilleurs cheuaulx que ilz peurent trouuer et auoir. Et quant ilz ſe furent bien armez de toutes armes ilz ny firent nulle autre demourance aincois ſe mirent a la voye tout maintenant et firent mener leurs cheuaulx en dextre affin quilz ne feuſſent trop trauaillez. Tant cheuaucherent en telle maniere que ilz vindrent vng iour entour heure de prime deuant loſt du roy de norhomberlande/et ie eſ   us tes voyes auec eulx/car ie voye   ou lentiers leurs proeſſes.

Ale luy point tout droictemẽt que hector le brun et abdalon arriuerent deuant le chaſtel ilz virent tout appertement que tout loſt de norhomberlande eſtoit arme et yſſu hors des pauillons & venu en plain chãp car le roy auoit commande que le chaſtel fuſt aiſſailly. Quant les deux compaignons virent ceſte aduanture ilz en furent trop lyez et ioyeux/et hector le brun diſt a abdalon. Amy amy ſe dieu me doit bonne auanture venuz ſomes a point come ie vouloye/or ſaichez tout vrayement que ceſte gent ſera orendroit deſconfite.

Montons ſur noz deſtriers et laiſſons courre ſur eulx tout maintenant/et me monſtrez en ceſte place ſe vous eſtes tel cheualier comme le mõde va diſant. Et tout maintenant monterent ſur leurs deſtriers/et ie montay adont ſur le mien qui moult eſtoit fort et yſnel et puis dis a hector le brun. Sire faictes moy tant de courtoiſie que vous me laiſſiez commencer ceſte beſongne ſe il vous plaiſt et ſaichez que ie la commenceray haultement. Et pour ce que hector le brun mauoit le iour de deuant veu en vne grant beſongne et congnoiſſoit le pouoir que iauoye et bien ſcauoit que pas neſtoye ſi puiſſant comme lung deulx me reſpondit il. Sire cheualier comment auez voſtel hardement de vous oſer mettre en la compaignie de nous deux en ſi treſperilleux affaire comme eſt ceſtuy/de vous y mettre neſtes pas ſaige. Et ie luy reſpondis tout maintenant et dis. Sire or ſaichez que ie ne le tiens mie a perilleux puis que ie y voy voſtre corps/car qui eſt de voſtre partie petit doit doubter lautre monde. Et quant ie euz dicte ceſte parolle hector le brun commeça a rire par telle façon et ſi fort que vng garcon de petit pouoir leuſt alors peu tomber a la terre & puis il me diſt. Puis quil vous plaiſt de commencer ceſte grande beſongne or la commencez de par dieu hardyement/car ſans nulle doubte nous vous ſuyuerons.

Depuis que ieuz ouy le commãdemẽt de hector le brun ſe dieu me doint bonne aduanture ie fuz du tout ſi aſſeure quauis me fut que nous auions ia tout loſt vaincu. Je ny feiz nulle autre demourãce aincois prins mon glayue et mon eſcu/et puis laiſſay courre vers eulx le frain habandonne/et affin que ie leur donnaſſe paour mortelle criay ie en mon venir hector le brun. Et mauint ſi bien de ceſtuy poindre que le premier cheualier que ie rencontray ie laba tps mort a la terre et puis le secõd/mais nul autre mal ne leur feiz a ceste fois/car mon glayue brisa. Et en telle maniere comme ie vous ay compte commencay ie ceste besongne. Or vous diray ie maintenant que fist hector le brun, quãt il vit que ie euz mon glayue brise il ny fist nulle autre demourance aincois laissa courre apres tant quil peut du cheual traire et se mist en la greigneur presse et fist tãt dicelluy que cheualier nen eust sceu plus faire.

Quant il eut son glayue brise il mist la main a lespee ⁊ cõmenca a ferir coups si estranges et si mortelz que il nencõtroit cheualier quil ne portast mort a la terre pour tant quil lassenast de plain coup. Quen diroie ie celle bataille ou il se bouta mist il si oultreement a terre/cest a dire a desconfiture quil nen demoura ung tout seul au champ quil ne fust ou mort ou naure. Quant le roy de norhomberlande qui pres dillec estoit en vne autre bataille vit que ses gens estoient si malement descõfis il demanda que cestoit et on luy dist que cestoit hector le brun qui sa gent alloit ainsi occiant. Et quãt le roy de norhomberlande entendit que cestoit hector le brun qui toute sa gent luy alloit ainsi dommageant/pour ce quil scauoit certainement que hector le brun estoit la fleur de toute la cheualerie viuante au monde dist il a ses hommes. Or tost allons nous en dicy tant comme nous pourrõs car puis que ie voy hector le brun porter armes contre moy il ny fault nul autre conseil prendre fors que de laisser le champ/son espee ne doit nully attendre pour tant quil vueille viure. Il nest pas homme vif ains est bien mort qui feru en est a droit

Ceste parolle dist sans faille le roy de norhomberlande quant il sceut certainement que cestoit hector le brun q̃ ainsi auoit assailly et espouete son ost. Quen diroie ie il ny fist nulle autre demourance/aincois se mist maintenant a la voye et non pas vers hector le brun/mais vers vne forest qui estoit pres dillecques. Et les autres qui au champ estoient demourez ⁊ qui ne sef toient encores de ce donne garde ⁊ ne scauoient pas que le roy se fust dillec party furent tost desconfis en petit dheure. Ainsi ouy ie dire au vieil cheualier que par la haulte proesse de hector le brun et de son compaignon fut desconfit en vne seule heure de iour le roy de norhomberlande et toute sa cheualerie. Et puis il leur dist encores. Beaulx seigneurs icy vous fine mon compte. Mais or me respõdez sil vo9 plaist a ce q̃ ie vo9 demãderay, vo9 est il aduis que les deux meilleurs cheualiers qui orendroit soient entre les cheualiers errans du monde peussent mettre a desconfiture vng si puissant ost comme estoit celluy du roy de norhomberlande dont le seigneur de lestroicte marche fut assiege. A ce me respondez sil vous plaist. Et quant galeholt le brun qui cestuy compte auoit ouy entendit la demande que le vieil cheualier luy faisoit il dist a gyrõ pour ce q̃ de cestuy cõpte estoit il plus pensif a merueilles que da chose. Sire respondez sil vous pla. ce que ce cheualier me demande. Et gyron dist adonc au vieil cheualier. Certes sire maintenant oy ie bien voirement que Hector le brun fut si parfait cheualier que on ne pourroit orendroit trouuer son pareil/⁊ q̃ de ce quil fist adoncques encontre le roy de norhomberlande seroient assez encombrez dix bons cheualiers. Ainsi respondit a celluy point gyron le courtois a la demande que le vieil cheualier fist a Hector le brun. Et cestuy compte que ie vous ay orendroit dit et compte ouy ie dire au vieil cheualier q̃ auoit veu ce faire a hector le brun/ car en celle mesme besongne auoit este quãt la descõfiture fut faicte.

Je ne ſcay oncques ſans faille hector le brun/mais iay ouy compter ceſte choſe a ceſtuy qui y eſtoit et qui laffaire vit. Et quant il eut dicte ceſte parolle il ſe teuſt quil nen dit plus a ceſte fois.

Quant il eut ſa raiſon finee le roy meliadus qui ce compte auoit trop voulentiers eſcoute/car trop luy ſembloit bon a merueilles et delictable a eſcouter le remiſt adoncques en ces meſmes parolles et diſt au cheualier. Sire cheualier tant mauez ores dit la voſtre mercy que ie die tout apperte ment que voirement a eſte hector le brun tout le meilleur cheualier de tous les creſtiens. Et certes ceſtuy compte que vous mauez cy racompte de luy ma moult pleu/ et ſi ne vouldroye pas pour auoir gaigne vng bon chaſtel que ie ne leuſſe ouy/ car certes a mon aduis ie en vauldray mieulx tout mon aage de ce que ie lay ouy Mais or me dictes ſil vous plaiſt ſe dieu vous doint bonne aduanture ouyſtes vous iamais compter nulle autre merueille que hector le brun euſt faicte. Certes ſire ouy/mais riens nen ay veu non obſtant ce que ie ſcay tout certainement que ce eſt verite/car ceſtuy qui proprement fut au fait et qui le vit ſi le me compta/et pour ce vous le compteray ie ſeurement et vous diray coment il en aduint

Verite eſt que trois ans deuant que hector le brun fuſt acointe de abdalon le beau auoit abdalon vne ſienne ſeur qui tant eſtoit belle que ceſtoit vne merueille a veoir. Et tous les hommes de valeur qui de ſa beaulte oyoient parler la alloyent veoir et diſoient communement que ceſtoit ſans faille la plus belle damoyſelle du monde/ne nul ne la veoit qui trop voulentiers ne la regardaſt. A ceſtuy point que ceſte damoyſelle eſtoit encores pucelle auoit elle dix freres Cheualiers ſans abdalon le bel qui eſtoit le meilleur cheualier deulx tous.

Et pour la grant beaulte q̃ la damoyſelle auoit en ſoy la demanda a femme le roy dorcanie. Et pour ce que ceſtuy roy eſtoit cheualier de hault affaire et de grant pouoir et moult riche homme luy fut la damoyſelle ottroyee et donee pour femme ſans delay.

A ceſtuy point tout droictement ſeſtoit acompaigne a hector le brun vng cheualier q̃ eſtoit appelle helyanor le poure ſi bon cheualier et ſi puiſſant des armes que ſeſtoit merueilles que de ſa proeſſe. Pour la trehaulte bonte quil auoit en luy et pour le grant hardement que hector le brun auoit trouue en luy lauoit il retenu pour ſon compaignon. Et ſaichez ſire tout vrayement que de ceſtuy bon et ſeur cheualier qui helyanor le poure eſtoit appelle eſt venu par droicte generation eſcozant le poure quon tient orendroit a ſi bon cheualier come vous ſcauez. En nom dieu diſt le roy melyadus eſcozant le poure eſt bien voirement cheualier garny de trop haulte proeſſe et de haulte bonte de cheualerie ſelon le pouoir quil a/mais il neſt pas ſans faille de ſi grant valeur que on ne trouaſt aſſez legierement meilleur Cheualier que luy. Or retournez a voſtre compte ſil vous plaiſt. Voulentiers ſire diſt le cheualier/et tout maintenant recommenca ſon compte en telle maniere.

Sire a ceſtuy temps que le bon cheualier hector le brun ſe fut acompaigne de helyanor le poure aymoit hector le brun la damoiſelle dont ie vous ay deuãt parle/et auſſi daultre part laymoit helianor le poure. Que vous diroye ie les deux compaignons aymoient tant celle damoiſelle que pour la grant amour quilz auoient a elle ne pouoient ilz viure ne durer/et ne ſcauoit pas hector que helyanor aymaſt la damoyſelle/ et auſſi helyanor ne ſcauoit pas q̃ hector laymaſt. Et a ceſtuy tẽps que la damoyſelle fut ottroyee a femme au roy dorcanie demouroient les deux

compaignons en la contree ou la damoi
selle estoit/car chascun deulx yeulx lay=
moit si parfaictement que il ne se pouoit
eslongner de la contree. Et quant les
deux compaignons sceurent tout certai
nement q̃ la damoyselle estoit pour fẽme
ottroyee au roy dozcanie ce fust une cho
se qui leur mist trop grant courroux au
cueur et trop grant douleur. Hector le
brun en deuint si morne et si pensif quil
nauoit ne force ne pouoir de parler/ et
tout ainsi estoit de sa par helianor atour
ne. En telle maniere comme ie vous cõp
te demourerent les deux compaignons
deuant une fontaine ung iour entier
sãs que lung dist nul mot a lautre/ mais
au soir ung petit deuant la nuyt parla
hector a helyanor et luy dist. Sire com
pains a quoy pensez vous si longuemẽt
se dieu vous doint bonne aduanture dic=
tes le moy sil vous plaist.

A ceste parolle dressa helyanor
la teste et dist. Mais vous sire
pour quoy pensez vous en telle
guise/ vostre penser que vous auez si lon
guement maintenu me fait penser en tel
le maniere comme vous voyez orendroit
Car ie voy a vostre penser et congnois
tout clerement que vous nestes mye sãs
faille si lye ne si ioyeux comme vous sou
liez estre pour laquelle chose ie suis triste
et courrouce. Ainsi respondit a celle fois
helyanor le poure a hector le brun com=
me celluy qui ne vouloit mye descou=
urir ses amours a homme du monde.
Celluy soir allerẽt ilz en la forest en ung
pauillon qui estoit a hector le brun et ne
beurent ne mangerent celluy soir/ car
tant estoient dolens de ces nouuelles q̃
ilz ne se pouoient reconforter. Au lende=
main retournerent a la fontaine ou ilz a
uoient este si longuement pensifz le iour
de deuant. Et quant ilz furent illecques
descenduz ilz recommencerent leur pen
sement ainsi cõme ilz auiẽt fait le iour

de deuant/ et entour heure de nonne hec=
tor le brun qui selon son aduis auoit trou
ue conseil en son penser laissa adonc son
pensement du tout et cõmenca a regar=
der ententiuemẽt son cõpaignon qui pen
soit si estrangemẽt quil ne luy estoit pas
aduis q̃ leust oncques veu hõme plus pen
sif que cestuy estoit. Et tout maintenãt
luy commẽca le cueur a dire que lamour
de celle que il aymoit lauoit fait si lon=
guement penser et que autremẽt ne pou
oit estre.

Q uant hector le brun si eut ain=
si pense a ceste chose une grant
piece il dist a son compaignon.
Que pensez vous tant/ or laissez le vos=
tre penser car trop longuement lauez te
nu se dieu me sault. Preudhõme laissez le
desormais/ car cest ennuy de tant penser
Et helianor dressa la teste quant il ouyt
hector ainsi parler et luy respondit tout
incontinent. Sire pour quoy me blas=
mez vo⁹ de tant penser/ le blasme en doit
estre vostre/ en ce penser ou ie suis oren=
droit mauez vous mys/ car ie vo⁹ voy si
pensif en toutes guises que le vostre grãt
penser me desconforte tout. Sire com=
pains dist hector le brun ie ne vous faiz
mie penser/ mais amours vous font ce
faire a ceste fois. Et quant helyanor en
tendit ce parlement il fut si honteux et si
esbahy quil ne scauoit quil deuoit dire/ et
non pourtant respõdit il a hector le brun
Sire ne croyez mye ce que vous dictes
car ce penser me procede du vostre. Sire
compains sire compains ce dist hector le
brun pour quoy vous cuydez vous cou=
urir/ vostre celer riens ne vous vault/ ie
scay tout vrayement que amours vous
tiennent en leurs latz. Amours vous fõt
penser en telle guise comme ie voy/ pour
quoy ie vous prie sur lamour que vous
auez a moy et sur la compaignie qui en=
tre nous deux est que vous me diez qui
est celle que tant vous aymez.

Quant helyanor entendit ces parolles il respondit et dist. Sire sire par ceste priere q̄ cy faicte mauez a cestuy point nest il riens au mōde que ie ne vous die pour tāt q̄ ie le saiche par couenant q̄ vo9 me direz aussi ce que vous auez huy et hier pense. Certes ce dist hector le brun ce vo9 creāce ie loyaulment/ et saichez de verite quil nya cheualier au mōde a qui ie le deisse fors que a vous tant seulement/ mais a vo9 le diray ie sās riēs celer pour la grāt amour dont ie vous ayme. Or dictes huy mes lachoison de vostre penser et puis ie vous diray la miēne. Et quant ilz se furēt to9 deux accordez a ceste chose helianor dist tout maintenant. Messire hector or saichez tout vrayement q̄ celluy mal q̄ vo9 auez orendroit dit qui me tenoit me tiēt certainement. Que vous dirois ie tout ainsi est il de moy cōme vous lauez pourpense.

Amours me tiennent amours me lient/ amours mont prins si fierement que ie ne puis de mō cueur estre maistre. Amours me fait souffrir paine et douleur/ mais en tout le mal que iay et que ie seuffre nuyt et iour me donne moult grant reconfort de ce q̄ ie scay tout certainement que iay mon cueur assis en la plus belle damoyselle de ce monde et en la plus doulce qui viue. De celle qui tant est belle comme ie vo9 compte me sont orendroit venues nouuelles tout nouuellement/ et telles sans faille qui si grant dueil au cueur me ont mys que ien mourray sans doubte se force de cheualerie ne mayde. Et ces nouuelles que ie vous dy tel pensement mōt mys au cueur comme vous auez veu et encores suis ie en cestuy penser si formēt mys que encores ne men puis remuer en nulle maniere du monde/ car ie ne voy en quelle guise ie puisse mettre bon conseil a mener mon penser a fin. Et quant il eut dicte ceste parolle il baissa la teste vers terre et commenca a penser plus ententiuement quil nauoit fait deuant si quil se oublya tout.

Quant hector le brun vit le semblant et contenement du bon cheualier helyanor il congneut adonc sans faille que il aymoit celle mesme damoyselle en laquelle il auoit mys son cueur/ pour quoy il luy dist. Sire cōpaine que ferons nous entre nous deux Car saichez certainement que la guerre est entre nous deux venue mortelle et hainneuse si durement que iamais a iour de noz vies ny pourra ferme paix auoir Et helyanor dressa la teste quant il entendit ceste parolle et dist ainsi comme tout esbahy. Haa messire hector dont viendroit ceste grant hayne et dont vient droit la guerre entre nous deux que vous dictes/ ce seroit ores trop grant merueille sil venoit entre nous deux guerre/ car certes ie ne vous meffis oncques que ie saiche ne vous a moy. Et pource dictes moy sil vous plaist dōt ceste hayne pourroit venir/ et hector le brun respondit tout maintenāt. Helyanor ie le vous diray puis que scauoir le voulez. Iay entendu par voz parolles et congneu tout certainemēt q̄ vous aymez celle que iayme Et ces nouuelles qui hier vous furent apportees et qui vous ont tant fait penser ont fait moy mesmes aussi penser. Se vo9 feustes de vostre part dolēt et courouce si tresdurement cōme ie vo9 vy ie fuz pyre autāt ou plus que vous/ ce vous dy ie bien tout loyaulment. Quen dirois ie Je voy et congnois tout certainement que vous aymez sans nulle doubte la plus belle damoyselle que ie veisse oncques qui pour femme est ottroyee au roy dorcanie. Et pour celle nouuelle qui cōptee vo9 en fut feustes vo9 si dolent et moy aussi. Or vo9 ay ie dit lachoison de la haine qui entre nous deux est aduenue.

Car puis que ie scay certainement que voͬ aymez celle que ie ayme vous estes a la guerre venu/si que entre nous deux ne pourroit desormais auoir ferme paix ne bonne. Pour quoy ie dy que departir nous conuient en cestuy iour/vous vous en vrez dune part et moy daultre car vostre cõpaignie ne vouldray ie plus auoir puis q̃ ainsi est aduenu q̃ voͬ auez vostre cueur mys en ce que iayme.

Apres ce quil eut sa raison finee en telle maniere cõe ie vous ay compte helianor luy respondit et dist. Saincte marie/et quest ce q̃ voͬ dictes messire hector/certes il nappartiẽt pas a si saige hõme ne a si bon cheualier cõe vous estes de dire telles paroles. Se vous laymez me voulez vous deffendre q̃ ie ne layme. Ie ne voy mie se dieu me doint bõne auãture q̃ vous y ayez encores plus q̃ moy/voͬ y auez vostre cueur mys ⁊ moy le mien/mais autre chose ny auez ne moy aussi. Et certes se vous laymez moult/or saichez tout vrayement q̃l en ya autres cent au monde qui ne lay ment mie moins que vous ne plus nen ont eu en leurs vies que vous en auez encores eu/mais sire hector a cestuy q̃ pour neant muse ne voͬ cõbatez/mais a cestui qui la. Quãt hector le brun entẽdit ceste parolle il respondit ⁊ dist. Helyanor tãt mauez dit q̃ ie le feray tout ainsi q̃ vostre cõseil le ma loue ⁊ au iour q̃ ie le deueray faire ie le voͬ feray a scauoir pour tant q̃ ie voͬ puisse trouuer la ou ie seray/mais a cestuy point voirement me veulx ie de vous departir se voͬ ne me creãcez orendroit cõme loyal cheualier q̃ iamais ne penserez enuers la damoiselle de telle amour cõme vous y auez pense iusques cy Messire hector ce respondit helyanor/or saichez tout vrayemẽt quil nya en ce mõ de hõme mortel pour q̃ par priere ou par cõmandement ie feisse orendroit tant q̃ ie seroye pour voͬ/mais dieu le scait q̃ se ie deuoye perdre la teste pour cestuy fait

De Gyron le courtoys

que vous me deffendez si nen pourrois ie mon cueur oster pour nulle auãture du mõde. Et de ce que vous laissez ma cõpaignie ainsi cõe ie voy pour achoison de ceste damoyselle suis ie tant dolent a cestuy point que se ie auoye perdu tout ce q̃ iay au monde ie ne seroye mie tãt courrouce cõe ie suis de ce departement q̃ est entre moy et vous/car certes ie naymay oncques autant cheualier cõe ie vous ay ayme et ayme encores. Et pour ce se voͬ ne maymez ia ne demourra il de ma partie que ie ne vous ayme toute ma vie. Ia tant ne me hayrez q̃ ie ne voͬ ayme tousiours. Ie entens bien ce q̃ voͬ me dictes ce dist hector le brun/maiˢ a departir noͬ conuient. Mais tant me dictes sil vous plaist auant q̃ nous nous departiõs ou ie vous pourray trouuer a cestuy point q̃ les nopces se tiendrõt. En nom dieu sire ce dist helyanor se aux nopces voulez estre saichez que la me pourrez veoir/car ie y seray sans faille se dieu me deffent dencõbrier. Et ie y seray aussi ce dist hector le brun/et illecq̃s monstreray en quel fait ie oseroye mon corps mettre pour iouyr de la damoyselle que iayme. Par telle maniere comme ie vous compte fut adõcques departie la cõpaignie des deux preurdhõmes ⁊ pour achoison de la damoiselle quilz aymoient autãt que eulx mesmes. Or voͬ diray ie la grant proesse que fist hector le brun pour la tresbelle damoyselle/et cõment il mõstra apres a son cõpaignon que voirement estoit il assez plus courtois cheualier que nul autre de ce monde.

Apres que les deux bons cheualiers se furent departis lung de lautre de ceste fontaine ou ilz auoiẽt acoustume a estre. Chascun deulx tint son chemin en telle maniere que lũg ne sceut nouuelles de lautre deuãt que le iour des nopces vint. Et quant ilz sceurent certainement le iour des nopces q̃ le roy dorcanie deuoit prendre la damoy selle a femme ilz vindrent a vng chastel q̃ seoit sur le hombre/et estoit estably que en celluy chastel prendroit le roy dorcanie a femme la damoyselle. Et pour ce que hector le brun estoit en celluy chastel tant cõgneu quil ny eust sceu entrer de iour sãs estre apparceu de plusieurs hõmes y entra il de nuyt. Et pource q̃ ceulx qui les portes gardoient ne souffroient que nulz cheuaulx ne nulz cheualiers y entrassent armez cõuint il que sans armes y entrast il et sans espee. Et y entra le soir que la tresbelle damoyselle deuoit estre espousee au lendemain disner

Quant il fut leans entre en telle maniere quil nauoit auecques luy fors que vng escuyer tant seulement lequel alloit a pied deuant lui il sen alla adonc iusques au palais ou la ioye estoit adonc si grande quil ny auoit adonc ne grant ne petit qui entendist a autre chose fors que a faire feste et ioye. Si se mist leans entre les autres sa teste couuerte dung mantel/et luy aduint en telle maniere que droictement a la porte de leans il trouua son cõpaignon qui illecques se estoit arreste et regardoit tous ceulx qui leans entroient pour scauoir se il le pourroit veoir entrer leãs/car pour ce quil ne lauoit veu au palais disoit il bien en soy mesmes que pas nestoit encores venu/et pour ce sestoit il tout droictement arreste deuãt la porte du palais a lentree si que il veoit appertement tous ceulx qui leans entroiẽt. Par quoy il aduint que tout maintenant que hector le brun entra leans si couuertement comme il peut si bien ne se sceut celer que helyanor le poure ne le congneust tantost au grant corsaige quil auoit/lequel helyanor sen alla vers luy et luy dist. Sire bien puissez vous venir/se dieu me doint bonne aduanture maintenant prise ie plus ceste feste que ie ne faisoye deuant quant ie vous y voy. Et hector le brun

luy rendit son salut au plus courtoisement quil le peut faire/⁊ puis luy dist. Sire compains puis quil est ainsi aduenu que vous mauez recongneu la ou ie me vouloye celer enuers vous et enuers tous autres Or vous pry ie par courtoisie tant comme ie vo9 pourroye prier que vous ne me faciez ceans cõgnoistre a ceste fois pour aduanture qui aduiengne. Sire ce dist helyanor a vostre commandement/et saichez tout certainemẽt que a ceste feste ne serez vous congneu par moy.

Ncelluy point que les deux compaignons parloient ensemble en telle maniere comme ie vo9 compte Les varletz qui de leans estoient commencerent tout maintenant a cryer Seigneurs cheualiers allez lauer et que nul ne demeure dedans le palais quil ne viengne manger. Apres que ce commandement fut fait hector le brun et helyanor le poure furent alors plus pensifz quilz nestoient au par auant mais ilz allerent lauer comme les autres/car autrement neussent ilz peu demourer leãs mais si ne mangerent ilz pas moult volentiers/car grant talent nen auoient ilz pas. Et quant ilz furent eulx deux assis ensemble hector le brun qui tousiours auoit paour destre recongneu en aucune maniere se tenoit tousiours sa teste enclinee vers terre et couuerte de son mantel. Et aussi tost que les cheualiers furent tous assis la belle damoyselle qui le lendemain deuoit estre espousee au roy dorcanie vint illecques acompaignie de bien soixante damoiselles qui toutes seruoient aux tables. Et la belle damoyselle commenca tout premierement a seruir deuant les cheualiers auecques les autres damoyselles. Et alloit de table en table et prioit tous les cheualiers de manger et de faire bonne chiere ⁊ de eulx soulacier et esiouyr.

Quant la damoyselle fut deuāt les deux compaignons pour ce que bien luy fut aduis que hector le brun estoit plus pensif que tous les autres du palais elle luy dist pour le reconforter/car elle cuydoit bien certainement quil fust courrouce daucune chose Pour dieu sire dist elle souffrez vous de tel semblant faire au moins tant côme vous serez ceans a ceste feste. Car ceste nest pas assemblee pour penser/mais pour faire feste ioye q leesse. Quant hector vit la damoyselle qui en telle maniere parloit a luy il fut si durement esbahy que il neut pouoir ne force de respondre aincois baissa la teste vers terre et commenca a penser pluffort quil nauoit fait deuant. Et a tant vint vers hector le brun vng nayn qui derriere la damoiselle venoit la plus layde creature et la pl9 côtrefaicte comme iay ouy compter qui a cestuy temps fust au royaulme de logres et estoit de la terre du roy dorcanie Et pour ce quil estoit plus lait que nul autre nayn du siecle lappelloit on le nayn au roy dorcanie.

Quant il entēdit la parolle que la damoyselle auoit dicte a hector le brun si courtoisement et il vit que hector le brun ne luy respōdoit nulle parolle/aincois estoit plus pensif quil nestoit deuant. Si cuyda adōc tout certainement que il eust laisse a respondre par orgueil et quil eust aucune male voulente vers la damoyselle/car a la verite dire elle auoit tant de haulx hōmes refusez pour marys et tant de bons cheualiers quil ne pouoit estre que aucun nen eust gros cueur encontre elle et mal le voulente. Pour ce cuyda le nayn que hector le brun neust daigne respondre a la damoyselle/et pour la cause se mist il auant tout noircy de mautalent tenant en sa main vne escourgee de quoy il chassoit vng roucin quāt il estoit mōte dessus et estoit lescourgee assez dure et noee de plusieurs neux/et la ou il vit hector le brun il luy dist. Damp mauuais cheualier failly dont vo9 est ores venu si grāt orgueil que a la plus vaillant damoyselle qui soit orendroit en ce monde ne daignez respondre/a cestuy point vo9 a bien fait le vostre grant orgueil grant vergogne/mais ie vous en feray encores vng autre se dieu me sault tout orendroit

Apres que le nayn eut parle en telle maniere a hector le brun côme ie vo9 cōpte il ny fist nulle autre demourāce aincois se mist auāt adonc plus quil nestoit deuant et haulca lescourgee q ferit hector le brun emmy le visaige a descouuert si durement que il en fist le sang saillir de plusieurs pars/et se il leust aussi bien feru es yeulx côme il fist en la face il luy eust fait vilain ieu. Et quant hector se sētit feru en telle maniere il dressa la teste tout maintenāt/et quant il vit que ce auoit este le nayn qui feru lauoit en telle maniere pour ce quil estoit la pl9 vile creature du mōde ne dist il nul mot et fist semblant quil ne luy en chaloit/mais il couurit son visaige/car il aduisa que le nayn le vouloit encores ferir se il ne se feust adonc couuert de son mantel. Quant helyanor vit le coup si en fut si durement courrouce que a pou quil ne saillit tout maintenant de la table pour prendre le nayn/mais pour ce ql pensa en soy mesmes que deshonneur luy eust este de mettre la main sur si vilaine chose comme estoit le nayn dist il a la damoyselle. Haa damoyselle côe ceste oeure est layde et vilaine de ce que vo9 souffrez que on face honte et vilēnie en vostre court et voyāt vo9 mesmes a nul cheualier estāge. Or saichiez q il ne seroit pas besoing au roy dorcanie pour toute sa terre ql eust fait si grāt vilēnnie a cestuy preudhōme côe a fait ce nayn/pour dieu damoyselle ne souffrez q on face ainsi vilēnie a cheualiers estranges/car vo9 ne scauez qui ilz sont ne dont ilz sont.

Quant la damoyselle entendit que Helianor la reprenoit en telle maniere et blasmoit si durement des oeuures du nayn si en fut moult estrangement bergondeuse si quelle en rougit toute de honte et de bergongne/ quant elle eut pouoir de parler elle respondit et dist. Sire or saichez tout certainement que il ne men poise mie moins quil fait au cheualier mesmes et de ce fait ne dois ie mye receuoir blasme/ car ce nest mie par mon commandement ne par ma voulente. Et quant elle eut dicte ceste parolle elle sen alla oultre pree et courroucee moult durement. Et pour la honte quelle en eut ne reuint elle point celluy soir au palais. Ainsi aduint il a ceste fois a hector le brun/ et ne cuydoient pas ceulx de leans quil fust cheualier de si hault affaire comme il estoit. Oncques ne mengea hector le brun a ceste fois/ car il pensoit si ententiuement a la grant beaulte de la damoiselle que il ne pouoit penser ailleurs et oublia tantost le coup que le nayn contrefait luy auoit donne. Et quant les tables furent leuees et que les cheualiers se furent espartis par le palais les ungs ca et les autres la/ car ainsi que lung aymoit mieulx la congnoissance de lung que de lautre se tindrent les deux compaignons ensemble/ et prindrent lung lautre par les mains et sen allerent ung pou loing des autres droictement a unes fenestres ou ilz parlamenterent ensemble et dist helyanor en telle maniere a hector. Messire hector me ferez vous tant de courtoisie que vous me diez une chose que ie vous demanderay. Ouy certes ce dist hector le brun par conuenant que vous me direz auant ce que ie vous demanderay. Certes ce dist helyanor ce vous creance ie loyaulment. Or me dictes donc ce dist hector en quelle maniere et en quelle guise vous voulez venir a chief et a fin des amours de ceste damoyselle/ car ie voy bien que vous laymez si parfaictement quil ne mest aduis que nul autre cheualier peust plus aymer damoiselle que vous laymez. Or me dictes sil vous plaist que vous en pretendez a faire/ autre chose ne vous demande.

Quant helyanor entendit la demande que hector le brun luy faisoit il respondit tout maintenant et dist. Sire or saichez tout vrayement que ceste demande que vous me venez de faire ne deisse ie mie voulentiers ne a vous ne a autre deuant que ie men soye mis a lespreuue/ mais pour ce que ie le vous ay promis ie le vous diray tout errammēt sans vous en riens celer. Car ie scay bien que vous nestes mie cheualier qui descouurist conseil dautruy a homme du monde. Or escoutez sil vous plaist en quelle maniere ie vueil venir a chief de mes amours se aduanture ne mest trop durement contraire a ceste besongne.

Verite est sans faille que ainsi comme vous mesmes mauez orendroit dit que ie ayme ceste damoyselle si forment que ie scay bien que se ie vouloye retraire le mien cueur delle aymer ie ne pourroye. Quen dirois ie ie layme tant que iay tout le monde oublie pour elle. Je layme tant que se longuement viuoye sans lauoir en ma baillie ie mourroye/ autrement nen eschapperoie ie ia. Et pour moy oster de ceste douleur et de ceste paine ou ie suis q me dure et la nuyt et le iour et q me tient en tel destroit q mieulx me vouldroit tost mourir q viure ay ie pense une chose q si vous diray q elle. Le fait de ceste chose si est perilleux / mais a faire le me conuient tout malgre moy. Car ie ne voy pas en quelle autre maniere ie peusse ioyr de mes amours. Car ie ay apprins et entendu pour tout vray sans faille que apres ce que le roy dorcanie aura espousee ceste damoyselle il se partira de ce chastel et sen yra a ung autre q est a demie lieue dicy / et emmainera auec lui la damoiselle et sen doit aller si priueemēt que il nemmainera auecques luy en sa cōpaignie que trente cheualiers et autant de dames que de damoyselles q̄ compaignie lui feront iusq̄s au chastel Sur ce fait ay ie bien empense que tout maintenāt que la damoyselle sera espousee ie me partiray De ce chastel et men yray auant et cheuaucheray moy q̄ deux de mes escuyers iusques a vne fontaine qui est dedans la forest sur laquelle ie me arresteray et illecques attendray tant q̄ le roy dorcanie sera la venu et sa cōpai=gnie / et tout maintenant que ilz seront approuchez de moy ie lui courray sus q̄ a toꝰ ses cōpaignons / car ie sens bien dieu mercy en moy tant de proesse que se auā=ture ne mest trop durement contraire Bien mettray a desconfiture le roy dorca=nie q̄ toute sa compaignie en telle manie re q̄ la damoyselle me demourra de quoy ie seray mon plaisir. Et se fortune mest si durement contraire que ie ne puisse ve nir au dessus de ceste besōgne en telle ma niere q̄ ie voꝰ ay dit ie ne quiers autre cho se si non q̄ le roy me face trencher le cheif Or vous ay ie dit la mienne voulente q̄ tout mon proposemēt / ne ie ne bee autre chose a faire. Et quant ie voꝰ ay dit mō estre si oultremēt or vous pry ie que voꝰ me diez ce q̄ vous beez a faire De voz a=mours / car tant scay ie bien de vostre es=tre q̄ ie cōgnois certainement q̄ voꝰ nay mez mie moins ceste damoiselle q̄ ie faiz moy mesmes. Dictes men vostre vou=lente / car ie la vueil scauoir aussi bien q̄ vous scauez la mienne.

Et quant il eut fine sa raison en telle maniere que ievous cōpte Hector le brun luy respondit et dist. Amy se dieu me doint bonne aduan ture puis que scauoir voulez quelle vou lente iay De cestuy fait mener a fin ie le vous diray orendroit sans riens celer. Or saichez tout vrayemēt q̄ ce q̄ voꝰ ma uez orēdroit compte de voꝰ voꝰ cōpteray ie de moy mesmes. Je vous promez loy aulment cōme cheualier que ie ay aussi voulente dassaillir le roy dorcanie pour gaigner la damoiselle en ceste mesme ma niere que dicte mauez / mais pour ce que vous men parlastes premierement me vueil ie souffrir de ceste emprise pour la mour devous / ie en trouueray vne autre pour moy se ie puis. Je vous laisse ceste cy tout oultrement / or y perra que voꝰ se rez / car ie ne voꝰ en seray de riens a lencō tre ce vous creance ie loyaulmēt. Moult de mercys ce dist helyanor. Tel parle=ment comme ie voꝰ ay compte tindrent celluy soir les deux compaignons. Et quāt ilz eurēt parle ensemble moult grā de piece et ilz virent quil estoit heure de coucher ilz se partyrent de leans et sen al la chascun deulx coucher en son hostel. Icelle nuyt pensa moult fort hector le brun a la haulte entreprinse ou son com=paignon se vouloit mettre / et puis dist en soy mesmes que puis quil si vouloit met tre que ia ne len destourneroit et que di= celle damoiselle auoir ne luy nuyroit en riens / mais voirement disoit il bien que sil aduenoit en telle maniere que son cō=paignon ne peust celle chose mener a fin que il si mettroit tout maintenant et fe= roit tant se il pouoit que il mettroit a des cōfiture le roy dorcanie et toute sa cōpai=gnie q̄ gaigneroit la damoyselle se il pou oit. Et en cestuy penser sendormit ius=ques au lendemain matin.

Au lendemain quant le soleil le= ua commencerēt ceulx du chas= tel dune part et dautre si tres= grant ioye comme se chascun deulx deust celluy iour gaigner vng bon chastel / et es toit leans la ioye si tresgrande que les grans q̄ les petis nentendoiēt que a eulx resiouyr. Et quant helyanor fut leue et il vit la ioye quon demenoit leans ce luy poisa moult / car il vit luy estāt illec par deuant luy passer la damoyselle a tel hō neur et a tel feste cōe telle damoyselle de uoit aller qui courōne deuoit receuoir.

Tant comme il la peut regarder il la res
garda. Et quant il ne la peut plus veoir
il dist a soy mesmes quil vouloit mieulx
telle chose faire dont il perdit la teste que
ceste ne lui demourast du tout/ si ne feist
nulle autre demourance ains se partit de
la fenestre et demanda ses armes. Et
quant il fut arme de toutes armes il mon
ta a cheual et sen alla luy et son escuyer
parmy les rues de ce chastel ou il estoit/
et partit de leans si que il ne regarda ho
me ne femme du monde. Quant il vint
deuant leglise ou les espousailles de la da
moyselle se faisoient a celluy point luy ad
uint adonc sans faille que il trouua illec
quatre cheualiers armez de toutes ar=
mes qui brisoient glaiues entre eulx par
deduyt et par ioye des espousailles. Et
quant ilz virent helyanor venir entre eulx
arme de toutes armes ilz luy dirent. Si
re cheualier vo' ne pouez par cy passer a
ceste foys se vo' ne ioustez auant a lung
de nous quatre. Et il leur respondit/sei
gneurs cheualiers or saichez certaine=
ment q ie nay a ceste fois nulle voulente
de iouster a vo' ne a autre. Et pource ie
vous prie que vo' me laissiez passer cour
toysement. Et quant ilz virent ql alloit
la iouste refusant en telle maniere adonc
furent ilz plus ardans et plus aigres qlz
nestoient deuant si luy dirent de rechief.
Or saichez certainement sire cheualier
que icy vo' conuient demourer se vo' ne
ioustez auant a lung de no'. Seigneurs
dist il puis que ie voy quil ne peut autre
ment estre/ et q ie ne pourroyes en vous
trouuer nulle courtoisie ie iousteray co
tre ma voulente/ car certes iay a faire de
greigneur besongne q ceste nest/ et de ces
te iouste ie me souffrisse moult a ceste
foys sil vo' pleust/ mais puis q ie voy q
autrement ne peut estre or vous gardez
huymais de moy/ car la iouste ne de=
mourra mye de ma partie.

Quant il eut dicte ceste parolle il
ne feist autre demourance aincois
laissa courre incontinent encontre lung
des quatre cheualiers/ et le ferit si royde
ment ql le porta a terre tout mort du pre
mier coup. Et quant il eut celluy abatu il
laissa courre au second/ duql il feist ainsi
come il auoit fait du premier. Et quant
les deux autres virent quil auoit ainsi a
batu les deux premiers en telle guyse com
me ie vo' ay compte pource qlz ne cuidoiet
mye qlz feussent encores mors virent ilz
entre eulx. Laissons ce cheualier passer
quictement/ il est bon cheualier en toutes
guyses/ car no' pourrios plus perdre en
larrester q gaigner. Et lors vint lung
deulx a helyanor et luy dist. Sire cheua
lier vo' pouez passer seurement/ car bien
auez mostre q voirement scauez vo' no
blement ferir de la lance. Sire cheualier
dist helyanor de ce congie que vo' me don
nez a cestuy point ne vous scay ie ne gre
ne grace/ bien le vo' dys ie tout apperte=
ment. Et maintenant sen alla oultre et
yssit hors du chastel/ et tant cheuaucha
puis priuement ql vint a la forest ou il
deuoit attendre le roy dorcanye/ et se mist
en vng destour/ et illec descendit z dist ql
il se partiroit dillec deuant ce q le roy dor
canie passeroit par illec a tout la damoy
selle. Ainsi demoura helyanor dedans la
forest/ et hector le brun q dedans le chas
tel estoit demoure/ et qui bien auoit veu
tout appertement comment helyanor se
estoit party/ car il estoit aux fenestres
quant il passa par deuant luy/ et helyanor
ne lauoit pas veu/ mais il le vit tout cle
rement. Et quant il vit q les deux cheua
liers des quatre estoient abatuz et il ouyt
dire qlz estoient mors adonc dist il a soy
mesmes q voirement estoit helyanor le
meilleur cheualier z le plus fort ql sceust
a cestuy temps en tout le monde/ et encores
nauoit il mye lacointance de abdalon le
beau/ car il ne lauoit oncqs veu/ ne abda
lon luy pariellement. Ne a ses nopces q
len faisoit a cestuy point dedans le chastel
nestoit pas abdalon le beau sans faille/
n iiij

ains cuydoient bien tous pour verite qͥl fut mozt/car il y auoit deux ans passez z plus qͥlz nauoient ouyes nulles nouuelles ne de sa mozt ne de sa vie. Et pource ne tenoient ilz nul parlement de luy/car ilz cuydoient bien qͥl feust mozt en aucun estrãge lieu loing ou pzes.

Apzes ce q les nouuelles furēt venues au chastel cõment Helyanoz auoit occiz les deux cheualiers aucuns de leurs parēs pzindzēt leurs armes et se armerent pour aller apzes helyanoz affin qͥlz peussent sur luy vēgier la mozt des deux cheualiers occiz laquelle chose voyant hectoz le bzun sen vint a eulx et leur dist. Seigneurs cheualiers q voulez voͥ faire. Et ilz respondirent. Sire Cheualier nous voulons vēgier la mozt de noz parens. Seigñrs Seigneurs dist hectoz/estes vous que deux. Et ilz respondirēt que nenny. Adõc hectoz dist. Beaulx seigñrs voulez vous donc mourir ou viure/dictes moy leqͥl vous aymez mieulx/et ie vous pzometz loyaulment q ie vous en conseilleray en bõne foy/car se voͥ estiez en vng champ telz trēte cheualiers cõme vous estes cy deux/et il feust de lautre part tout seul/se dieu me doint bõne auanture qͥl vous mettroit tous a mozt et a desconfiture pourueu q fortune ne luy feust trop durement cõtraire/et ainsi est il. Cõment sire dirent les cheualiers le congnoissez voͥ donc si certainement cõme voͥ dictes. Ouy certes dist hectoz le bzun/car se dieu me doint bõne auanture qͥl ny a pas ozendzoit entre les xpiens deux meilleurs cheualiers q luy. Bien vous pourriez ozendzoit tenir poͥ mozs sil vous tenoit la hozs emmy le champ/et voͥ eussiez fait aucune chose enõtre sa voulente

Pour ceste parole que hectoz le bzun dist a celle foys aux deux cheualiers demeurent ilz. Et hectoz le bzun demoura tant dedans lostel q le roy dozcanye eut pzinse la damoy

selle a femme. Et fut remenee dedans au maistre palais du chastel/et trouuerent leans les tables mises et sassirent et mãgierent. Et quãt ilz eurent mãgie ilz se mirēt a la voye/car leur erre estoit ia toute appareillee. Et quen diroyes ie le roy dozcanye se partit adonc de celluy chastel acompaigne de trente cheualiers z plus. Et estoient entre eulx sans faille les dix cheualiers qui freres charnelz estoient a abdalon et a la damoyselle/et estoient adonc armez de toutes armes qui a eulx appartenoiēt cõme ceulx qui auoient voulente de bziser lances lung cõtre lautre quãt ilz seroient ēdãs la fozest venuz.

Tout incõtinent quilz furent yssus hozs du chastel hectoz le bzun q les auoit veu partir dist a ses escuyers/oz tost appoztez moy mes armes. Et quãt il fut arme z mõte il se partit tout errãment de lhostel z se mist a la voye apzes les autres q deuãt alloiēt. Et tãt cheuaucha qͥl les attainguit z se mist entre eulx/et ne trouua hõme nul q riens luy demanda de son estre Car chascun deulx cuidoit certainement qͥl feust de leur mesgnye. Et quãt ilz eurent tant cheuauchie en telle maniere cõme ie voͥ compte qͥlz furent venuz iusqͥs en la fozest ilz trouuerent adonc emmy le chemin Helyanoz le poure appareille de toutes armes/lescu au col/le glaiue au poing/monte sur vng grant destrier fozt z courant. Et quãt ilz fuzent venuz iusques a luy il leur commenca a cryer. Gardez voͥ de moy. Et qui ne vouldza mourir si sen fuye. Et tout maintenãt laissa courre sur eulx le glaiue baissie. Et ferit le pzemier qͥl encontra si roydement q pour lescu ne pour le haulbert il ne demoura qͥl ne luy mist le glaiue parmy le cozps z le pozta mozt a la terre. Quant il il eut cestuy occis il ne sarresta pas sur luy/ains laissa courre sur vng autre/et aduint en telle maniere qͥl feist de luy tout pareillement cõme il auoit fait du pmier. Et quen diroies ie auant quil eut son glaiue brisie il en abatit quatre. Quant il eut son glaiue brisie il mõstra adonc moult bien le semblant ql nestoit mye couard/et ql auoit bien voulente de descõfire toꝰ ceulx qui illec estoiẽt se auanture ne luy estoit trop durement cõtraire. Et puis ql eut mys la main a lespee il commenca a leur escrier tant cõme il peut. Certes vous estes mors/et il se mist incõtinent entre eulx et cõmenca a dõner grans coups a dextre et a senestre a toꝰ ceulx quil trouuoit deuant luy sans soy faindre en nulle maniere.

Et quãt les dix freres de la damoiselle q illec presentement estoient virent q vng seul cheualier les menoit si vilainement a descõfiture si le tindrẽt a moult grãt despit/car ilz estoient moult bons cheualiers aux armes. Et il aduint que lung print vng glaiue court q gros et laissa courre tout incõtinent sur helyanor et le ferit si roydement q pour lescu ne pour le haulbert ne demoura ql ne luy feist dedãs le corps vne grãt playe q moult parfonde/et pou sen faillit quil ne loccist de celluy coup. Apres icelluy en vint vng autre qui ferit sur helyanor q le chargea si tresdurement apres le grãt coup ql auoit receu deuant ql feist helyanor trebuschier a la terre. De ces deux coups fut helyanor si durement chargie si que quãt il fut tumbe a terre il neut pouoir ne force de soy dresser en estant ains gysoit illec sans luy remuer. Et quant ceulx q en la place estoient virent quil ne se remuoit si commencerent a cryer. Il est mort/il est mort. Et adonc vng cheualier dorcanye moult felon q illec estoit descendit a terre tout incontinent et luy vouloit coupper la teste pource quil luy auoit occis vng sien cousin quil aymoit moult.

Quant hector le brun q tout cecy fait regardoit vit q Helyanor ne remuoit ne pie ne main il cuydoit tout certainement ql fut mort/si dist tout larmoyant des yeulx du cueur. Haa sire cõme cest grãt dõmaige et grãt pechie que ie voy cy. Cest dõmaige voirement qui iamais ne sera restaure pour nulle auãture du monde. Certes se ie ne venge ceste mort tout orẽdroit on ne me deueroit mye tenir pour cheualier. Quant il eut dicte ceste parolle il prit son glaiue q son escu et laissa courre sur les deux cheualiers q auoient abatu helyanor et en porta lung a la terre tout errãmment. Et quãt il eut brisie son glaiue dont il auoit tant fait si que nul autre nen peust tant faire si mist la main a lespee. Et pource ql congnoissoit bien le roy dorcanye luy courut il sus incõtinent lespee droicte cõtremont/et le ferit si roydement q de celluy coup il luy trencha le heaulme et la coiffe de fer. Et se le roy ne se feust adõc encline sur le col de son Cheual il feust mort de celluy coup tout oultreement/et neust mye tant de hardement ne de pouoir ql demourast en la selle aincois vola incõtinent a terre tout estendu tellemẽt attourne q le sang si luy sailloit parmy le nez et parmy la bouche si ql ne scauoit sil estoit ou iour ou nuyt ou matin.

Apres ce que hector le brun eut abatu le roy dorcanie en telle guyse cõme ie voꝰ ay compte cy deuant il ne sarresta pas sur luy ains laissa courre tout droictement celle part ou il vit les freres de la damoyselle. Et quen diroyes ie/tant feist a celluy point Hector le brun cõme celluy q estoit sans faille le plus parfait cheualier qui en son tẽps portast armes entre les chrestiens ql mist toꝰ les dix freres a desconfiture q touꝰ les autres cheualiers q tenoient cõpaignie en celle place au roy dorcanie. Ceste chose fut la grãt prouesse q la grãt merueille que hector le brun feist en vng iour. Or voꝰ compteray ie la grãt franchise ql feist adonc a son cõpaignon et de

celle damoyselle mesmes que tant il ay=
moit de tout son cueur côme ie vous ay
côpté cy deuât. Or escoutez cestuy mien
compte si orrez orendroit vne estrange a
uanture merueilleuse et pitoyable.

Quant hector le brun le bon che=
ualier eut ainsi mys a descon=
fiture le roy dorcanye et tous
ses côpaignons si sen alla droictement a
la damoyselle q regardoit le fait si dure=
ment esbahie q̃lle ne scauoit q̃lle deuoit
dire ne faire si la print tout incôtinent p
le frain ⁊ luy dist. Damoyselle vo⁹ estes
myenne par raison/car ie vo⁹ ay icy gai
gnee par celle raison côme vo⁹ auez veu
icy. Apres cômanda a ses escuyers q̃lz la
gardassent en telle maniere qu'elle ne se
peust departir dillec. Et il estoit adonc
ainsi aduenu q̃ toutes les dames et les
damoyselles q auec la dame estoient ve=
nues sen estoiẽt toutes fuyes de la place
Et la damoyselle qui son baron aymoit
voirement ainsi côme fême doit aymer
son per estoit demouree emmy le champ
toute seule. Car se estre peust elle ne se
voulsist pas partir de son per. Et aussi
to⁹ les autres cheualiers q illec auecq̃s
le roy estoient venuz sen estoiẽt fuys du
champ/fors les aucuns qui demourez es=
toient mal gre eulx. Les vngs mors les
autres naurez q̃ ne pouoient pour nulle
rien cheuauchier.

Apres ce q hector eut mise en la
garde de ses escuyers la da=
moyselle en telle guise côme ie
vo⁹ ay côpté pource q̃l vit que son côpai
gnon estoit emmy le champ en son seant
et redressier ne se pouoit côme cestuy qui
ia auoit tât perdu de sang/et q nature es=
toit en telle guise q merueille estoit q̃l ne
mouroit/quât hector qui deuât cuydoit
sans faille q̃l seust mort vit le cotene=
ment de luy il sen alla a luy ⁊ luy dist. Si
re côpaings cômẽt vo⁹ sentez vo⁹/estes
vo⁹ naure. Et quât helyanor ouyt hec=

tor parler il le recôgneut ⁊ dressa la teste
et respondit. Amy fait helyanor il mest
si tresmauuaisement aduenu q̃l ne pour
roit pis aduenir a nul hôme. Je suis hô=
ny et vergonde si q̃ iamais a nul iour de
ma vie ie ne pourray auoir hôneur. Et
que diroies ie suis trop malement hôny
en toutes manieres/car ie suis vergôde
p vng tout seul coup tât seulement. Et
apres ce iay perdu ce de quoy ie me tra=
uailloyes/et sans ce ie ne pourroyes vi
ure/ce scay ie certainement. Beau doulx
amy pourquoy vo⁹ celeroyes ie ma vou
lente de cestuy fait. Or saichez certaine=
ment q̃ ie me tiens si treshonny et si ver
gonde en toutes guyses q̃ ie nay mais se
dieu me vueille aidier nulle voulente du
monde de plus viure/aincoys veulx ie
mourir tout maintenant et deuât vous
mesmes si serôt adonc toutes mes dou=
leurs plus legieremẽt passees que a trop
longuement languir icy.

Quant helyanor eut dicte ceste pa
rolle il ne feist nulle autre demou
rance ains osta son heaulme de sa teste/
et apres osta son espee de son costé/et ty=
ra son haulbert hors de son doz a moult
tresgrât paine. Et quât il se fut desarmé
ainsi côme ie vo⁹ côpte il print son espee
q̃l auoit de coste luy ⁊ dist adonc a hector
Sire côpaings or saichez certainement
que depuis q ie fuz premierement seigr̃
de ceste espee ien ay abatu maint grant
orgueil/⁊ maint cheualier de grât affai
re en ay ie mys au dessoubz/et si ien ay
occiz mainte personne orgueilleuse. Et
que vous en diroyes ie sire côpaings or
saichez tout vrayement que depuis que
ien euz premierement la seigneurie ie en
ay faicte mainte grant merueille. Or se
dieu me doint orendroit bonne auantu
re ien feray vne trop malement greigne⁹
Car ie me mettray a la mort tout oren=
droit par mon espee mesmes. Je ne croy
pas q̃ cheualier a nostre temps aymast
autant espee comme iay aymee ceste cy.

Et pource q̃ ie layme tant et ie voy tout appertement q̃ ie suis du tout si deshonnoré et si auile deuant vo' mesmes, et que ie ne vouldroyes auoir desormais plus de honte ne de vergongne me veulx ie occire de mon espee mesmes. Et ie vo' prie beau doulx amy q̃ incõtinent q̃ ie seray mort q̃ vo' prenez ceste espee, et q̃ vo' la portez desormais tout po' lamour q̃ vo' auez en moy eue cy deuãt. Car vo' estes sans doubte le meilleur cheualier q̃ ozẽ droit soit entre les hõmes mortelz chrestiens viuãs. Et pource veulx ie q̃ vous ayez mon espee q̃ est bien a mon auis toute la meilleur espee de ce monde. Desormais est il tẽps que ie fine ma lasse vie ennuyeuse. Je ne veulx plus viure en ce monde, car ma vie mẽnuye, et si doit elle faire. Force damour et valeur de cueur me font ainsi finer ma vie. Et mesmement amours plus q̃ nulle autre chose.

Quant helyanor le pouze eut dicte ceste parole il se voulut adõc de son espee ferir, mais hector le brun qui moult durement le prisoit de courtoysie et de cheualerie, et q̃ en nulle maniere du monde ne souffreroit ceste mort tant cõme il la peust destourner se mist auant a cestuy point et prĩt helyanor p le poing dont il tenoit lespee. Amy amy dist hector po' dieu merci ne faictes ceste grant felonnye. Amy, or laissez ceste douleur, et vo' recõfortez se vo' pouez. Hector hector dist helyanor. Or saichez certainement q̃ iamais recõforter ne me pourroies. Jcy demourray icy mourray et en cestuy lieu propzement. Et ce que vous vous trauaillez de destourner ma mort ne my vault riens. Jcy me cõuiendra mourir tout ozẽdroit. Et saichez q̃ ie ayme ceste mort assez plus q̃ ie ne faiz ma vie. Ainsi disoit helyanor qui tenoit toutesuoyes lespee par le poing et ne sen pouoit ferir pource q̃ hector le brun lẽ destournoit sicomme il pouoit.

Lors apres ce quilz eurẽt eulx deux parle vne grant piece ensemble en telle maniere cõme ie vous ay compte hector q̃ cõgnoissoit certainement q̃ helyanor ne attendoit a nulle autre chose fors q̃ se partist dillec affin quil se mist a mort si luy dist adonc Amy helyanor est il ozẽdroit chose que ie puisse faire pourquoy ie vo' destournasse vostre mort, et par quoy vo' vous recõfortissiez. Ouy certes dist helyanor par vne chose seulemẽt me pourriez vo' recõforter et nõ par autre. Mais q̃ vault ce dire, riens ne me vauldroit le dire, car ie scay certainemẽt que vous ne vous y pourriez acorder pour moy ne po' autre cheualier. Et incõtinent q̃ eut dicte ceste parolle hector recongneut en soy mesmes ce que helyanor vouloit dire, mais toutesuoyes pource q̃ il le vouloit ouyr de sa bouche il luy dist autre fois. Amy dictes moy sil vous plaist q̃ ce seroit que ie pourroyes orẽs faire pour vo' recõforter et ie le vo' feray tout maintenant hector. Hector respondit helyanor, pourquoy le vo' diroyes ie, ce seroit bien paine perdue, car ie scay certainement q̃ vous ne le feriez mye pour nulle auanture du mõde, et pource iayme mieulx men taire que de le vo' dire. Helyanor dist hector ie scay bien q̃ vous voulez dire. Or congnois ie certainement vostre penser, or voys ie bien q̃ vous prendriez reconfort se ie vo' vouloyes dõner la damoyselle que iay orẽdroit cõquise, illec est le cueur de vous tourne du tout en tout. Hector dist helyanor vo' auez dit ce que ie pensoyes. Or voys ie bien que vo' cõgnoissez mon couraige tout clerement. Et sil estoit ainsi que vo' la me voulsissiez dõner ie seroyes guery oultreement, et seroyes adonc recõforte en toutes guyses q̃ en toutes manieres, et se non ce icy me conuient mourir ozẽdroit sans auoir nul recouurement. Quant hector entendit ceste nouuelle il cõmenca a penser cõ ment et en celle maniere son cueur se pourroit cōsentir a dōner la damoyselle a Helyanor Veu q̃ tant laymoit/car courtoysie luy disoit quil la dōnast a son compaignon. Et amours et sensualite dautre coste luy conseilloient le contraire. Et quant il eut vne grant piece pense a ceste chose il respōdit et dist. Amy dictes moy vne chose se dieu vo9 doint bōne aduanture/et gardez bien pour dieu q̃ vous ne me dyez si non verite. Sil fust ainsi aduenu q̃ vo9 eussiez la damoyselle cōquise ainsi cōme iay fait orendroit/et vous leussiez en vostre baillie ainsi cōme ie lay maintenant en la myēne/et apres ce ie vinsse a vous et ie vo9 priasse que vo9 la me dōnissiez/se dieu vous sault la me dōneriez vous tout ainsi cōme vo9 voulez q̃ ie la vous donne. Par la foy que vo9 deuez a toute cheualerie dictes moy de ceste chose toute la verite.

Et quant helyanor le poure entendit ceste demande que hector le brun luy auoit faicte il respondit tout errament et dist. Hector hector ceste demande que vous mauez orendroit faicte me mettra sans faille a la mort/Car ien diray la verite. Ceste sentence me sera fort contraire. Et non pourtant ainsi maist dieu que mieulx vueil mourir que mentir a si bon cheualier comme vous estes/Le vous dys ie bien. Car a mon auis se ieusse ceste damoyselle conquise par force darmes ainsi cōme vous auez ie nen feroies ne pour vie ne pour mort a vous ne a autre cheualier celle bonte que ie demande delle/se le cueur ne me chāgeoit autrement q̃l est orendroit. Or vo9 ay ie dicte et cōptee la verite de vostre demande/ orendroit dictes vostre response de cestuy fait tout a vostre voulente. Car en vous est ma vie et ma mort. Quant il eut parle en telle maniere hector le brun respondit tout incontinent et dist. Helyanor se dieu me doint bonne auanture pource que ie ne vouldroyes en nulle maniere du monde que pour deffaulte de moy ne pour chose q̃ ie peusse faire mourust vng si bon cheualier comme vous estes/qui bien estes orendroit a mon auis le meilleur du mōde/pource vous feray ie ce que vous ne me feriez mye se vous estiez orendroit en mon lieu. Je vous vueil faire courtoysie toute autre que vous ne vouldriez faire a moy/car ie congnois tout clerement q̃ se ie vous laissoies mourir pourueu que ie le peusse amender ie feroyes si grant dōmaige encōtre cheualerie que iamais pour homme du monde cestuy grant dōmaige ne seroit restaure. Et pource vo9 feray ie orendroit si grāt courtoysie que ie ne cuyde mye quil y ait orendroit cheualier en ce monde qui si grant la vous feist/Car ie vous donneray tout orendroit la damoyselle que tant iayme. Et saichez sire q̃ iay doubtance et paour q̃ ie ne men repente trop a tard. Or vo9 reconfortez sicomme vous pourrez/car certes par deffaulte de la damoyselle ne souffrerez plus tant de mal cōme vous en auez souffert.

Quant il eut dicte ceste parolle il ne feist nulle autre demourance ains sen alla incontinent a la damoyselle et la print par la main et la mena a son cōpaignon et luy dist. Tenez amy or prenez celle que tant vous desirez ie la vo9 quicte/mais ceste chose moult me grieue de quoy ie la vous laisse en telle maniere. Et nō pourtāt mieulx vueil souffrir paine que de vous laisser mourir. Lors feist desarmer helyanor et bender sa playe/et luy feist faire vne littiere cheualeresse ou il le feist porter en vng chastel dung sien amy ou il demoura puis tant q̃l feust guery et luy laissa tout oultreement la damoyselle. Si vo9 ay orendroit fine mon compte/car ie vo9 ay pieca deuise la merueille que il feist des armes pour la damoyselle gaigner/et la grant courtoysie que il feist a son com paignon pour le deliurer de mort. Et quant il eut dicte ceste parolle il se teust et nen dist plus a ceste foys. Lors que il eut sa raison finee en telle maniere le roy meliadus qui ce compte auoit moult voulentiers escoute comenca a chief de piece a parler et dist. Certes sire cheualier tant mauez a ceste foys compte des oeuures de hector le brun que ie dis bien tout certainement que ce fut le meilleur cheualier qui oncques portast armes en la grant bretaigne. Et ne ouys vrayement pieca mais parler de greigneur courtoysie que fut celle quil feist a helyanor le poure de la damoyselle que tant il aymoit. Il ne mest mye auis que cheualier peust faire si tresgrant courtoysie que fut ceste. Il fut bien cheualier de toutes graces / et si estoit moult puissant des armes / et courtoys de toutes courtoysies entierement.

En telle guyse come ie vous compte tint cestuy iour parlement le roy meliadus au cheualier / Et tout cestuy iour furent en la chambre qlz nyssirent dehors gramment. Apres lheure de vespres vint leans le varlet au cheualier qui luy dist. Sire voulez vous ouyr nouuelles assez estranges. Certes ouy dist le cheualier. Et le varlet dist veistes vo hier la damoyselle de maloanc q hier lapres disnee regardoit le tournoyement qui fut feru deuant cestuy chastel. Ouy dist le Cheualier ie la veiz voirement. Sire dist le varlet or saichez que nouuelles courent par ce chastel que la ou elle cheuauchoit huy son chemin vers maloanc acompaignee enuiron de .xxvj. cheualiers armez de toutes armes qui de maloanc mesmes estoient et la conduysoient est venu dautre part vng cheualier seul qui tous les a mys a desconfiture. Et qui plus est que quant il a eu ce fait il a la dame auecqs luy emmenee. Sire ces nouuelles sont orendroit apportees en ce chastel / et vueillez scauoir que ceulx de ce chastel ne tiennent autre parlement fors de ceste chose.

Quant le roy meliadus entendit ceste nouuelle le cueur luy dist tout incotinent que ce fut sans faille messire lac qui feist ceste desconfiture / et que cestoit il sans doubte qui la dame de maloanc auoit conquise. Mais encores nestoit mye compte coment gyron auoit descofit messire lac p vng seul coup. Quant le varlet eut dictes ces nouuelles le cheualier respondit et dist. Ce que vous dictes ne pourroit estre en nulle maniere du monde / car ie ne scay orendroit en toute la grat bretaigne vng seul cheualier q par son corps a par sa prouesse seulement peust mettre a desconfiture telz .xxvj. cheualiers comme estoient ceulx de maloanc qui la dame conduysoient. Par aduenture bien peust estre que le Cheualier fut si fol quil les assaillist / mais la desconfiture ne croiroies ie pas se ie ne le scauoyes certainement par celluy proprement qui le fait auroit veu.

Quat le cheualier eut faicte ceste response il se tourna deuers le Roy meliadus et luy dist. Sire vous est il aduis que ce peust estre verite. Ouy bien dist le roy meliadus / car ie congnois orendroit tout certainement que vng Cheualier alla apres elle arme de toutes armes / lequel est bien tel cheualier de son corps garny de si haulte prouesse que ie ose bien dire tout hardyement que se il a voulu la dame prendre et tollir aux cheualiers de maloanc que ilz ne lauroient peu encontre luy deffendre en aucune maniere tant est puissant. Et pour la haulte cheualerie que ie congnois estre en luy croy ie bien tout certainement que ce soit verite des nouuelles que le varlet vous a cy apportees.

Sire dist le cheualier puis que vous cõgnoissez cestuy bon cheualier qui peut auoir fait ceste desconfiture ie vous prie que vo⁹ me diez qui il est. En nom dieu dist le roy meliadus or saichez certainement que se ie vo⁹ pouoies dire son nom sans moy meffaire enuers luy ie le vous diroyes tout orendroit. Mais certes ie ne pourroyes en nulle maniere du monde/car ie luy ay loyaulment creance que ie ne le nõmeray tant comme ie le puisse celer. Et il mesmes ne dist oncques son nom tant cõme il le peust celer. Et pour ce vous dis ie sire cheualier que vous ne tenez mye a mal se ie ne vo⁹ dis son nom Car bien saichez tout vrayement que ie le vo⁹ deisse moult voulentiers se faire le deusse. Mais par luy peust bien estre la dame prinse ainsi comme le varlet a dit. De ces nouuelles fut le cheualier assez plus esbahy quil nauoit este deuant Et moult se smeruelloit en soy mesmes qui pouoit estre le Cheualier qui auoit fait celle desconfiture comme estoit celle que le varlet leur auoit deuisee. Et fut le roy plus pensif quil nauoit este deuãt Car il dist en soy mesmes que se il estoit ainsi aduenu que messire lac eust en telle maniere conquise la belle dame de maloanc il ne pourroit estre en nulle maniere du monde quil nen aduenist grãt mal Et disoit que danayn qui estoit moult preudhõme des armes que bien on cõgnoissoit qui estoit mary de la dame que incontinent quil orroit les nouuelles de cestuy fait q̃ se mettroit en queste. Et q̃ gyron qui moult estoit son amy ne le lais seroit pas aller seul. Et puis q̃lz seroiẽt eulx deux ensemble ilz se trauailleroient tant en toutes manieres que ilz trouueroient messire lac. Et puis quant ilz lauront trouue bien pourra seurement dire quil est mort. Car encontre eulx ne pourroit il durer en nulle maniere du monde. Et danayn qui dolent sera de la honte de sa femme et de la sienne le mettra a mort tout incontinent que ia mercy nen aura ne ne deura auoir.

A Ceste chose pensoit le roy meliadus qui tant estoit dolent et courrousse estrãgement de ceste auanture quil ne scauoit q̃l deuoit dire/et ne sceoit en nulle maniere quel cõseil il y peust mettre si tenoit a mort et a honny messire lac oultreement se cestuy fait estoit aduenu en telle maniere/Car trop auroit a faire a preudhomme. Et quant il eut grant piece pense a ceste chose le cheualier luy dist. Sire que pensez vous tant. Sire respondit le roy meliadus ie pense aux nouuelles que ce varlet vous a apportees/car ie recõgnois orendroit en moymesmes que sil est ainsi aduenu comme il la dit il ne peut estre en nulle guyse quil nen viengne grant mal q grãt dõmaige. En nom dieu dist le cheualier vous dictes verite. Seurement peut dire le cheualier qui ceste desconfiture a faicte q̃l ne feist oncques en toute sa vie aussi male iournee pour luy cõme ceste luy sera/car danayn premierement qui est tel cheualier de son corps q̃ bien le peut on tenir pour vng des meilleurs cheualiers du monde vouldra sa honte reuengier/Ce scay ie certainement. Et aura en ayde le meilleur Cheualier du monde q̃ assez tost aura vengie ceste vergongne puis quil aura trouue cestuy qui ceste honte aura faicte. Sire vous est il auis puis q̃lz lauront trouue entre eulx deux que il se puisse encontre eulx deffendre. Certainement nenny dist le roy meliadus. Et saichez tout vrayement que ce mesme que vo⁹ en auez dit auoies ie pense si longuement cõme vous deistes orendroit.

T El parlement cõme ie vous compte tindrent le soir entre eulx deux de la dame de maloanc. Et le roy melyadus qui ces nou uelles ne peut oublier est orendroit plus courroussé que il ne fut pieça mais, car moult luy poyse dedans son cueur de cestuy fait qui en telle guyse est aduenu. Et quant il fut heure de coucher ilz se coucherent moult durement dolens et estrangement prez, et commença a dire le roy meliadus q̃ sil napzenoit lendemain aucunes nouuelles de messire lac q̃l ne demoureroit plus leans, aincoys se mettroit apres luy a la Voye, et q̃ iamais ne reposeroit deuant que il lauroit trouué pourueu quil le puist trouuer. Et estoit le cheualier couchié en ung lit prez du roy melyadus, lequel entendoit bien que le roy dormoit trop maluaisement, car il tournoit et retournoit, et iettoit si grans plaingz et si merueilleux que sil eust esté adonc nauré parmy le corps il neust mye fait plus grans plaingz.

Le lendemain assez matin se esueilla le cheualier celluy qui a maloanc sen deuoit aller, et pource quil auoit bien entendu que le roy ne dormoit mye adonc il luy dist. Sire bon iour vo' doint dieu. Et bonne auanture dist le roy meliadus ayez vous. Sire dist le cheualier vous nauez mye bien dormy ne reposé ceste nuyt sicomme ie voulsisse et comme il vous feust mestier. Sire dist le roy se iay reposé maluaisement ie reposeray une autre foiz mieulx quant a dieu plaira et ie pourray. Lors se vestirent et appareillerent. Et quant ilz furent vestuz et appareillez le cheualier dist au roy meliadus. Sire ie prens congié de vous et vous commande a nostre seigneur, car ie vueil tantost cheuaucher la ou vo' sçauez. Allez a dieu dist le roy et vo' conduise a saulueté. Sire dist le cheualier auant que ie me parte de vo' ie vous prie q̃ vous me diez vostre nom car si maist dieu ie seroies moult ioyeux se ie vo' pouoies certainement cognoistre auant q̃ ie me departisse de vo'. Or saichez vrayement dist le roy que vo' ne

pouez autre chose sçauoir de moy estre d cestefois fors ce q̃ ie vous en ay dit. Et lors le cheualier demanda ses armes, et quãt il fut armé il ne feist nulle autre demourance ains print congié de leans en telle maniere q̃l ne tint plus parlement au roy ceste foys. Le cheualier sen alla a maloanc au plus droictement q̃ il peust pour veoir gyron son chier amy quil nauoit ia veu de grant tẽps. Mais atant laisse ores le compte a parler de luy et retourne au roy meliadus de leonnoies po' compter une grãt partie de ses auantures qui luy aduindrent au chemin de sa queste.

¶ Comment le roy meliadus et ung cheualier nommé hector se combatirent pour lachoyson dune damoyselle encontre le nepueu au roy descosse qui auoit trente cheualiers en sa compaignie. Et comment ledit hector fut occis et le roy meliadus retenu prisonnier

En ceste partie dit le compte que apres que le Roy meliadus se fut departy du cheualier de malonc il cheuaucha toute la matinee sans auãture trouuer que face a dire en cõpte. Et quant ce vint vers le vespre il trouua de lez une croix sur ung grãt chemin ung cheualier armé de toutes pieces lequel pensoit moult duremẽt Et quãt le roy meliadus fut iusques au cheualier venu il le salua et luy dist. Sire cheualier dieu vo' sault. Et le cheualier qui tant durement pẽsoit ne luy respondit mot du monde, pour quoy le Roy meliadus qui bien cogneut q̃ le cheualier ne lauoit mye entendu a cause de son pẽsement sen alla vers luy et le print par le bras et le tira a soy en disant. Sire cheualier se dieu vo' doint bõne auanture a quoy pensez si durement q̃ vo' ne saluez les gens quãt ilz vo' saluent. Et le cheualier q̃ alors laissa son penser fut tout esbahy quant il vit le roy meliadus q̃ luy dist. Sire q̃ me pourroit ce prouffiter de vo⁹ dire le myen pēser. quant vo⁹ ne autre ne my pourriez dōner conseil. Saichez q̃ mort suis et perdu. Et le roy meliadus luy dist. Et ie vo⁹ prie sire cheualier que vous le me diez/et ie vo⁹ creance loyaulment q̃ ie vous aideray de tout mon pouoir se cest chose que ie puisse faire. Et le cheualier luy dist. Ce ne vo⁹ vault riēs a dire/car autre cōfort nattendz q̃ la mort. Mais puis q̃ si grāt voulente auez de le scauoir ie le vo⁹ diray. verite est que le nepueu au roy descosse et moy auōs este long tēps compaignons darmes ensem ble en faisant tousio⁹s plaisir lung a lau tre ainsi q̃ la societe darmes le requiert Or est aduenu q̃ desloyaulte sest herber gee en luy et ma tollue vne myenne damoiselle q̃ ie aymoie plus q̃ moy mesme q̃ elle moy. Que vo⁹ diroies ie cest la cause de mon penser. Et pource q̃ sans elle ie ne pourroies viure luy veulx ie tollir. Et se ie ne puis ce faire mieulx ayme mourir q̃ viure. Et pource q̃ bien scay q̃ demain il doit p ce chemin passer acompaigne de trēte cheualiers q̃ la damoiselle cōduyront men suis ie venu ceste part pour la rescourre se ie puis. Non obstant pource q̃ bien scay que ie y mourray. Et quant il eut ce dit il se teust. Et le roy meliadus q̃ de luy grant pitie auoit feist tāt p ses parolles quil lemmena auecq̃s luy en luy promettāt de luy aider de tout son pouoir. Et pource q̃ il estoit tard se her bergerent ilz en vne maison de religion q̃ pres dillec estoit/ou ilz furent receuz du seignr̄ de leans au plus honorablement que faire le peut. Et furent des biens de leans seruis si planierement cōme mestier leur fut. Et quāt il fut heure de cou cher ilz se coucherent pour eulx reposer. Mais bien saichez q̃ le cheualier q̃ au roy sestoit acōpaigne quant il eut assez regar de sa bōne facon il dist a soy mesmes q̃l ne pourroit estre en nulle maniere que le

cheualier a q̃ il sestoit acōpaigne ne fut hōme de valeur. Et se il ne lestoit len le deueroit tenir por le plus mauluais du monde/car trop ressemble bien preudhōme selon le corsaige quil a. Quant il eut ceste nuyt grāt piece pense a la perilleuse auanture ou il sestoit mys il sendormit en telle maniere sans soy esueiller iusq̃s a lendemain q̃ le iour apparut bel et cler. A lēdemain assez matī q̃ le roy meliadus qui estoit en esueil et en pēser de celle auāture ou il deuoit mettre son corps pour lamour du cheualier a qui il sestoit acōpaigne se vestit et appareilla et puis esueilla son cōpaignon et luy dist. Sire cō paings or est bien temps de cheuauchier Et adonc le cheualier sesueilla et deman da ses armes et se feist armer. Et quant ilz furēt tous deux armez ilz monterent a cheual et se partirent assez matin de la maison de religion/et cheuaucherēt tant q̃lz retournerent iusques a la croix ou le roy meliadus lauoit trouue le iour de de uant si durement pensant cōme le cōpte a ia deuise cy deuant.

Quāt ilz furēt venuz iusques a la croix le roy meliadus lui dist Sire cōpaings vous plaist il q̃ no⁹ attendions le nepueu au roy descoce celluy q̃ la damoyselle q̃ tant vo⁹ aymez doit amener par ceste voye. Sire dist le cheualier icy no⁹ cōuient demourer sans faille se no⁹ voulons veoir cellui pour q̃ nous y sommes venuz. Descēdons dōc dist le roy si reposeront noz cheuaulx ius ques a tant q̃ ceulx q̃ ceste part doyuent venir soient venuz. Lors descendirēt de uāt la croix moult pres du chemin entre les arbres dont auoit illec grant plante Et pendirent leurs escuz aux arbres et dresserent illec leurs glaiues. Et quant ilz furent descenduz le roy meliadus dist Sire cōpaings cōment auez vo⁹ nom/se dieu vous doint bōne auāture dictes le moy. Sire dist le cheualier puis q̃ mon nom voulez scauoir et ie le vous diray.

Or saichez que iay nom hector/mais aucuns me appellent Absalon. Et se qui ie suis voulez enquerre et de mon estre plus scauoir assez en pourriez apprendre au chastel de ygerne. Et hector suz ie appelle premierement pour lhonneur du tresbon cheualier qui iadis fut appellé hector le brun. En nom dieu sire cheualier fait le roy meliadus or saichez certainement que se vous feussiez oredroit aussi bon cheualier comme fut cestuy de qui vous portez le nom asseure pourroit estre le nepueu au roy descosse quil perdroit sa damoyselle huy en ce iour. Sire dist le cheualier/de ce dictes vo9 bien verite. Je ne suis mie si preudome ne si vaillant des armes/ce poise moy vraiement. Mais toutesuoyes ia pourtant ne demourra q̃ ie ne face tout mon pouoir de recouurer la damoyselle que iay si long temps aymee/si fais que fol ce scay ie bien certainement. Car le cueur si me dit du tout/et raison apres le masferme que ie emprens ceste besongne si folement que ie nen pourray eschapper sans receuoir honte et laydure. Et au derrenier ie me trouueray hors du fait et la damoyselle luy remaindra et le dommaige en tournera sur moy.

A ceste parolle respond le Roy meliadus et dit. Sire cheualier or va empirant vostre affaire trop laydement. Je vy hier au soir toutesuoyes que vous estiez de meilleur voulente q̃ vous nestes oredroit et de plus seures parolles. Se dieu vo9 sault or me dictes pourquoy vous estes oredroit plus desconforte que vous nestiez hier au soir. Sire dist le cheualier or saichez que ie ne suis pas oredroit plus desconforte q̃ iestoies hier au soir. Car des cestuy point q̃ ie commencay a dire aucune chose de mon affaire ie vo9 dys que ie me mettroies en si folle attine q̃ ie nen pourroies eschapper si non par la mort et au derrenier ie nacompliroies nulle chose/et encores ce mesmes vous dys ie. Et se ie vous disoyes autrement ie diroyes la greigneur folie du monde. Car encontre si grãt gent comme il vient auecques la damoyselle comment pourroyes durer Ilz mauront occiz en pou dheure et assez legierement. De vous qui vous faictes oredroit si seur/et qui me dictes q̃ vous ne me fauldriez pour nulle auanture du mõde ie scay bien tout certainement que si feriez. Et certes ie ne vous en blasme mye. Car aussi ie scay tout certainemẽt que ce seroit bien la greigneur folie du monde se vostre corps vous mettiez por estrange homme en si perilleuse auanture comme est ceste. Quant le roy meliadus entẽdit ceste parolle il respondit au cheualier et dist. Sire or ne vous desconfortez si durement ne ne vous esmayez de moy/car ie vous promets loyaulmẽt comme cheualier que ie ne vous fauldray au besoing. Beau sire fait le cheualier et se vo9 ne me faillez que me vauldra tout ce/se vous me voulez aider tant vauldra pis a vous mesmes/car ie scay tout certainement quil vous couiendra mourir Et se vous y receuez mort quel preu men pourra aduenir. Sire cheualier fait le roy or ne vous esmayez si fort/le cueur me dit se dieu me sault que vo9 viendrez au dessus de cestuy fait en quelque maniere. Sire dist le cheualier dieu le pourroit bien faire sil vouloit/mais cest trop forte chose a croire. No9 ne sommes icy que deux cheualiers seulement/et ceulx encontre qui no9 auons affaire sont par auanture quarante/comment pourroit ce aduenir que nous en vinssions au dessus. Mieulx vous vauldroit sire cheualier se dieu me sault que vous alississiez vostre voye ¶ que vous me laississiez du tout. Car certes se vous entrez auecques moy en ceste folle attine ou ie me veulx mettre vous y mourrez. De vous cy mettre ne soyez si hardy et hastif tant durement/car tous mes esmaiz sont desormais tournez a une seule heure/Viengne la mort quant elle vouldra pour amours suis ie appareille de mourir. Force damours me fera partir lame du corps a ceste foys ce croy ie bien.

Le roy se ryt des parolles du Cheualier. Et non pourtant quant il eut grãt piece escoutees les parolles du cheualier il dist. Sire cheualier Or saichez que pour esmay ne pour parolle ne pourrions nous venir au dessus de cestuy fait se nous ny mettions le trauail. De tant soiez vous bien recordant en vous mesmes que puis que nous aurons le fait encõmencie que vous vous tenez a cheual/car saichez certainement que se vous cheez en la presse a paine en serez vous redresse a ce quil ny aura homme qui ne vous soit ennemy. Sire compaings respond le cheualier que me vault cestuy confort. Or saichez que ne a cheual ne a pie ie ne puis yssir de cestuy fait qͤ ne me cõuienne mourir. Amours martir de moy veult faire a cestuy poīt. Et ie vous dys loyaulment sur la foy que ie doys a toute cheualerie que les martirs qui moururent pour iesuchrist ne receurent oncques la mort si voulentiers comme ie la recoys pour amours. Pourquoy ie dis que apres ma mort me deueroit on bien appeller martir damours. Car le pouoir damours sans faille si met mon cueur en ceste martire. De ceste parolle que le cheualier dit se ryt le Roy moult durement. Ainsi parlans attendent tant deuant la croix que ilz entendent venir gens par la forest. Sire dist le roy meliadus or vient le vostre ennemy. Sire dist le cheualier Or vient le myen derrenier iour/ie le vous dys. Et ie vous prie comme homme de valeur que vous me dõnez orendroit vng don qui assez petit vous coustera. Quel Don voulez vous fait le Roy meliadus que ie vous donne. Sire dist le cheualier

donnez le moy et ie le vous diray apres Mais saichez certainement que cest vne chose qui moult petit vous coustera/et ou vous aurez moult petit de trauail. Dictes que cest que vous demandez fait le roy ie suis appareille de le vous dõner fors toutesuoies tant seulement q̃ vous ne me iettez de vostre compaignie a cestuy point. En nom dieu fait le cheualier ie ne vous en iette pas/ains vueil bien que vous y soiez/et vueil que vous voyez toute ma fin et cõment asprete damours me fera cestuy iour mourir. Et quant vous aurez ma mort veue faictes moy mettre et enterrer en cestuy lieu proprement ou ie mourray/et faictes sur moy mettre une lame. Et sur la lame soit escript. Cy gyst Hector martir damours Les parolles seulement ferez vous escrire sur la lame qui sera mise sur mon corps affin que chascun cheualier trespassant par cestuy chemin qui verra et regardera la lame ou ie gerray ait en remembrance mon fait cõme moymesmes Cestuy don vous demande/car autre don iamais ne demanderay/ce scay ie bien. Et quant il a dicte ceste parolle il se taist et nen dit plus a cestuy point.

Quant le Roy meliadus entend ceste parolle il deuiēt assez plus pensif que deuant/car il dit a soymesmes quil ne pourroit estre en nulle maniere du mõde que ce cheualier ne mourust en ceste emprinse puis que son cueur luy va disant et deuinant sa mort Et lors le cheualier luy dist. Sire compaings vous auez bien ouy ⁊ entendu le don que ie vous ay demande. Certes fait le roy voirement lay ie bien ouy/et a ce vous respondz ie. Sire cheualier saichez que le cueur me dit quil vous aduiendra trop mieulx de ceste chose que vous nen allez disant. En nom dieu fait le cheualier se Dieu me sault il le pourroit bien faire sil vouloit/mais selon ce q̃ le cueur me dit ie nen eschapperay si non mort.

Et vous mesmes se dieu me sault y serez plus encombre que vous ne vouldrez. Sire compains dist le roy meliadus ie ne scay quil men aduiendra/ mais ie vous prometz loyaulment que ie ne vous fauldray tant comme ie vous puisse ayder. Ainsi parlant entre eulx deux demourerent la tant quilz virent deuant eulx passer gens a cheual/ et ce estoient escuyers et varletz et vilz hommes qui menoient leuriers et brachetz en leur compaignie. Et vng varlet qui entre eulx estoit portoit vng brachet en son gyron qui estoit forment bel. Et quant le cheualier le vit il dist au roy meliadus. Sire compains or pouez vous cy veoir le brachet de ma dame. Cest cestuy que cest escuyer porte en son gerõ. Je lay garde maint iour mõlt chierement pour lamour de la damoyselle. Or la maintenant en sa baillie autre ce mest aduis. De cestuy fait ay ie le cueur moult triste et dolent se mayst dieu. Lors vient a son cheual et monte dessus et vouloit celle part courre le glaiue baisse pour rescourre le brachet. Mais le roy meliadus ne le souffrit mie/ car il se lança auant et le print au frain et luy dist. Sire compains or soyez en paix et vous souffrez sil vous plaist tant q la damoyselle viengne et se nous pouons la damoyselle gaigner par nostre proesse bien pourrons touriours rauoir le brachet/ car se nous encõmencions orendroit ceste besongne aucun de ces varletz cy yroit porter les nouuelles de nous a ceulx q apres eulx viennent/ ce qui nous seroit grant contraire pour ce qlz se guetteroient de nous. Et pour ce vueil ie sire cõpains que nous laissions auant aller toute ceste gent/ car de nous bouter entre garcons pour cõmencer a faire proesse ne nous scauroit venir honneur. Sire ce dist le cheualier se maist dieu vous dictes bien.

Acestui point tout droictement que le roy meliadus tenoit ce parlemẽt au cheualier il regarda auant et vit adonc venir tout le grãt chemin plusieurs cheualiers et damoyselles. Les cheualiers estoiẽt armez de toutes armes et appareillez de deffendre leurs corps se aucuns les eussent voulu assaillir/ et le nepueu au roy descoce qui en ceste compaignie estoit cheuauchoit tout le derrenier. Et cheuauchoient en ceste maniere tous armez pour ce quilz auoient paour et doubte vung cheualier de la contree qui auoit illec vng chastel par deuant lequel ilz deuoient passer/ ne ilz ne pouoient autre chemin tenir. Et pour la doubtance quilz auoient destre assaillis en cestuy passaige alloient ilz ainsi armez. Et tout maintenant que le cheualier qui le roy meliadus auoit retenu en sa compaignie les vit venir il dist. Sire compains or pouez vous cy veoir venir ceulx pour qui nous sommes en ceste place venuz/ vez voy la qui ma damoyselle conduysent. Quãt le roy meliadus entendit ceste nouuelle il ny fist autre demourance ains monta sur son cheual/ et quant il fut monte il dist a son cõpaignõ Sire compains auant que nous encommencions cestuy fait dictes moy sil vous plaist lequel cest q est nepueu au roy descoce/ car cestuy sicomme vous mauez dit est seigneur de toute ceste gent. En nom dieu ce dist le cheualier ce vous diray ie voulentiers. Voyez vous bien ces six cheualiers qui cheuauchent les derreniers Ouy certes ce dist le roy meliadus voirement les voy ie bien. Sire or saichez fait le cheualier que lung de ces six est le nepueu au roy descoce et entre ces six est sans faille/ et ce ne fust ce quilz sont tous armez dunes armes pareilles ie le congneusse trop bien sans faille. Or vous diray que nous ferons ce dist le roy meliadus/ laissons passer ceulx qui vont deuant et puis laissons courre sur les six. Se fortune nous vouloit estre tant fauorable que de premiere venue peussiõs abatre le seigneur de ceste gent legiere ment ce scay ie bien les pourrions tous mettre a desconfiture. Or tost suyuez moy sire compains ¶ gardez que le cueur ne vous faille/car cestuy fait nous pourra estre moult legier ou trop pesãt/mõlt legier se nous le cõmencons bien/¶ trop pesant se nous le commencons mal.

Quant le roy melyadus eut dicte ceste parolle il ny fist nulle autre demourance ains print son escu et son glayue/et quant il fut appareille de commencer ceste besongne et de laisser courre il hurta le cheual des esperons et sadzessa ceste part tout premierement ou il vit que le nepueu au roy descoce estoit et leur crya tant comme il peut. Certes tous estes mors. Et ferit le premier quil encontra si roydement ql luy mist le fer de son glayue emmy le pis ¶ lempaint si bien quil le porta du cheual a terre/et puis retyra son glayue a soy/¶ de cestuy mesme poindre abatit il vng des autres cheualiers quil trouua en ceste compaignie et le porta a la terre ainsi comme il auoit fait lautre. Mais de tãt aduint il bien a cestuy quil ne fut mye occis dicestuy coup comme fut lautre. Et quant le compaignon au roy melyadus vit laffaire et comment le roy melyadus lauoit fierement commence il en fut forment ioyeux comme cellui qui ardant estoit de recouurer sa damoyselle. Et pour ce sans plus faire darrestement laissa courre tant comme il peut du cheual traire sur les cheualiers au nepueu du roy descoce/et monstra a cestuy point tout appertement que voirement estoit il bien garny de haulte cheualerie. Car depuis quil se fut mys en ceste besongne il ferit le premier quil encontra si roydement que pour lescu ne pour le haulbert ne demoura quil ne luy mist le fer de son glayue parmy le corps. Quen diroie ie cestuy porta il mort a terre du premier coup/et au cheoir que cestuy fist brisa son glayue. Et quant il eut son glay

De Gyron le courtois

ue brise et le cheualier abatu en telle guyse comme ie vous compte les autres cheualiers qui plus nestoient que trois armez de ces mesmes armes quant ilz virent que trois de leurs compaignons auoient este abatus si vistement pour ce que ilz cuydoyent bien sans faille que ilz feussent mors furent ilz de ceste auanture dolens ¶ courroucez moult durement Et le nepueu mesme au roy descoce fut si merueilleusement esbahy quil ne scauoit quil deuoit dire quant il vit laffaire commencer deuant luy si hastiuemẽt Et ce quil vit trois de ses cheualiers de premiere venue gesir a la terre sans eulx releuer le desconforta moult. Et non pour tant pour ce quil estoit bon cheualier de sa main et vaillant de son corps print il confort en soy mesmes et laissa courre le glayue baisse vers le roy meliadus. Et sur cestui laissa il courre tout premierement pource quil voyoit bien quil auoit le fait encommence plus roydement que son compaignon nauoit fait Et luy estoit aduis que sil eust peu cestuy abatre que legierement se fust de lautre cheuy. Le roy melyadus qvers luy le vit venir le glaiue baisse le receut moult hardyement. Et le nepueu au roy descoce qui a la verite dire estoit de grant force et de grant pouoir ferit le roy melyadus si roydemẽt que lescu ne le haulbert ne le peurent si bien guarentir qui ne luy fist playe grande de cestuy poindre et telle de quoy il se sentit long temps apres. Mais oncques pour ce ne luy peut le nepueu au roy descoce faire perdre les estriers ne vuyder les arcons. Car le roy meliadus qui trop mieulx cheuauchoit q nul autre et qui fort estoit de son corps comme vng geant se tint si bien si fort naure comme il estoit que il nen remua aucunement de la selle. Et apres quil se sentit naure il sen alla vers le nepueu au roy descoce lespee droissee encontremont et luy donna vng coup dessus le heaulme si pesant et si merueilleux que cestuy du coup receuoir fut tout estonne/et tellement quil ne scauoit sil estoit iour ou nuyt. Quen diroisie il fut si estonne et tellement perdit le pouoir de ses mēbres quil ne se peut tenir en selle ains vola maintenant du cheual a terre ou il geust vne grant piece ainsi comme sil eust este mort.

Quant les cheualiers qui deuāt alloient et conduysoient la damoyselle ouyrent le bruyt qui derriere eulx se faisoit ilz se retournerēt pour veoir que sestoit. Et quant ilz virent laffaire et apperceurent que leur seigneur gysoit a la terre sās faire semblāt de soy redresser ilz eurent paour et doubte quil ne fust mort ou mortellement naure/et pour sa honte venger retournerēt ilz celle part les frais habādōnez tāt comme ilz peurent des cheuaulx traire/ et crierent au roy melyadus et a lautre cheualier. Certes mors estes tous deux Et le roy meliadus leur respondit ainsi Venez auant venez auant et vous verrez comme nous sommes mors/Vostre parler ne nous peut espouenter/honniz serez au iourdhuy tous se dieu me doint bonne aduanture. Et ainsi commenca la meslee dure et aspre. Ceulx vouloient le roy melyadus mettre a mort se ilz pouoient/mais le roy qui trop estoit preudhōme et puissant de son corps leur monstra adonc tout clerement quil ne les doubtoit si non petit. Il tenoit en sa main lespee toute nue de quoy il auoit ia occis maint cheualier laquelle estoit dure et trenchante et leur en commenca a donner de si merueilleux et cruelz coups que bien leur monstra en petit dheure que voirement estoit il homme de grant vertu et de grant force. Et tout ce quil fist adonc luy estoit il besoing de faire/car il auoit affaire a gens qui en maintes grādes besongnes auoient autreffois mys leurs corps et qui bien auoient apprins de guerroyer et de souffrir. Mais toutesfois disoient ilz bien en eulx mesmes que sans faille le roy melyadus estoit si puissant de corps et si bon cheualier en toutes guises que ilz neussent iamais cuyde que il eust este si preudhomme ne de si hault affaire comme il estoit. Et pour ce quilz le voyoiēt si preux et si vaillant lalloient ilz assaillant si asprement et si felonneusement. Car ilz voyoient τ congnoissoient bien que sil pouoit longuement durer quil les mettroit a desconfiture et a deshonneur/et pour ce frappoient ilz dessus luy des espees et des glayues au plus roydement quilz pouoient Bien faisoient leur pouoir et leur force oultreement de loccire et mettre a mort. Mais ilz ne le pouoient pas ainsi faire comme ilz deuisoient entre eulx. Car le roy melyadus mettoit si haulte deffense a deffendre son corps et sa vie que il ny auoit entre eulx si fort ne si puissant cheualier que quant il estoit attaint a plain coup de lespee au roy melyadus quil ne sentint a trop charge.

Ainsi se maintint la meslee dure ₹ cruelle entre les cheualiers au nepueu du roy descoce et le roy meliadus qui comme bon cheualier alloit assaillant ses ennemys au plus vigoureusement que faire le pouoit. Et lautre cheualier pour lamour de qui il se combatoit luy faisoit adonc tout le secours quil pouoit/et a la verite dire bien sesprouua ceste fois. Bons cheualiers estoient tous deux des armes et hardis si estrangement que nul ne les eust adōc veu en si perilleuse auanture que esbahy neust este formēt de leur grant hardiesse. Car il ny auoit nul deulx deux qui ne vist illec sa mort deuant soy tout appertemēt se fortune ne leur estoit formēt fauorable et adiuuante. Et mesmemēt ceulx qui encontre eulx se combatoient sesmerueilloient de leur grāde hardiesse

En telle guise se combatirent les deux cheualiers emmy le chemin tout droictement encontre les autres cheualiers qui a celluy point estoient encores vingt et six, car tous les autres estoient ia tous mors ou naurez et telz atournez quilz nauoient adonc pouoir de nuyre a nul homme du monde. Le nepueu au roy descoce qui auoit este abatu en telle guise comme ie vous ay compte se estoit ia redresse et remonte sur son cheual, car ses hommes luy auoient ayde, lesquelz furent moult reconfortez quant ilz virent quil nestoit mye mort. Car au commencement quant ilz le virent gesir a terre cuidoyent ilz bien tout certainement quil fust mort ou mortellemēt naure, et pour ce furent ilz forment reconfortez quant ilz le virent a cheual.

Apres que le nepueu au roy descoce fut sur son cheual monte ainsi comme ie vous compte tous ses hommes reprindrent cueur et hardement, car a merueilles se fyoient en sa proesse et en sa valeur. Et luy qui a la verite dire estoit bon cheualier de pris et homme garny de grant hardement, quant il fut remōte et fut reuenu en pouoir il ny fist nulle autre demourance aincois mist la main a lespee & crya a ses hōmes. Or a eulx seigneurs cheualiers, honniz sommes et vergondez trop vilainement quant ces deux cheualiers ont encontre nous tous si longuement dure. Quant il eut dicte ceste parolle il sen alla vers le compaignon du roy melyadus lequel il congnoissoit moult bien et scauoit tout certainement que par luy estoit celluy assault fait. Et pour ceste cause luy vouloit il rendre se il pouoit le guerredon de ceste chose. Et quant il fut de luy approuche il dressa a lespee encōtremont et luy donna dessus le heaulme vng si grant coup que le heaulme ne fut tant dur quil peust en garder que lespee nentrast dedans iusques a la teste. Et le cheualier fut dicelluy coup receuoir estonne si durement que lespee quil tenoit luy cheut de la main et senclina tout estourdy sur larcon de deuant comme celluy qui soubstenir ne se pouoit. A celluy point quil estoit en telle maniere tout appareille de cheoir a tant laissa courre sur luy vng autre cheualier qui le ferit si roydement au coste senestre quil luy mist le fer de son glayue au trauers du corps et le perca doultre en oultre si que du fust auec le fer apparoissoit grant partie par derriere. Et le cheualier q̄ dicelluy coup fut mortellement naure gecta vng cry moult douloureux, et tout maintenant cheut du cheual a terre au meillieu du chemin et commenca a debatre ses piedz et a sestendre. Et le roy melyadus qui vng cheualier venoit dabatre regarda adonc celle part. Et quant il vit le semblant que son compaignon faisoit gisant a la terre il congneut tantost tout clerement quil estoit mort dont il fut moult dolent et courrouce.

Quant le roy melyadus qui de ceste aduanture estoit tant dolent que plus ne le pouoit estre vit que le cheualier estoit mort en sa compaignie en telle maniere comme ie vous compte il dist en soy mesmes que il vengeroit sa mort sil pouoit. Et pour ce laissa il alors courre sur ses ennemis plus cruellement et plus habandonneement dassez quil nauoit fait au commencement. Il frappoit a dextre et a senestre. Il donnoit si grans coups et si merueilleux comme il pouoit ramener denhault a la force de ses bras. Et greigneurs dassez les eust il donnez encores se neust este ce quil estoit naure de la premiere iouste que le nepueu au roy descoce auoit faicte sur luy. Ceste playe luy faisoit moult de destourbier, car elle saignoit sans cesser et perdoit son sang autremēt quil ne cuydoit. Il estoit chault, dolent, courrouce & pre de son compaignon quil veoit deuāt luy mourir/et pour ceste cause ne se sentoit il point de sa playe si non bien petit. Il alloit tousiours frappant sur eulx de son espee trenchante sans en espargner aucun/ne aussi nest ce pas merueilles se point ne lespargnoit quant ilz ne le alloient mys espargnant. Ilz luy faisoient le pis quilz pouoient et luy pareillement a eulx. Ainsi se maintint la meslee iusques a heure de prime. Pour laquelle chose le nepueu au roy descoce se courrouca forment quant il vit que ilz estoient tant de cheualiers de sa partie que il tenoit tous a preudhommes et ne pouoient venir au dessus de vng seul cheualier qui si grant dommaige leur auoit fait come ilz veoient tout appertement/et pour le grant dueil quil auoit au cueur de ceste chose cria il a ses hommes. Haa seigneurs que cest cy grant vergongne et grant deshonneur pour nous qui somes tant de cheualiers et ne pouons mettre a desconfiture vng seul cheualier q cy est. Ostost seigneurs vengeons nostre vergongne et le dommaige quil nous a fait ainsi comme vous pouez veoir. Et quant il eut dicte ceste parolle il ny fist nulle autre demourance aincois se lanca vers le roy melyadus moult hardyement lespee en la main toute nue/et a ce quil estoit cheualier de grãt force et yre de ce quil veoit que le roy qui tout seul estoit les honissoit en telle maniere il amena vng grant coup de toute la force quil auoit et ferit le roy melyadus dessus le heaulme/mais pource que le roy estoit trop fort estrangement ne le peut il mie moult greuer du coup quil luy dõna. Et quãt cestuy vit q le roy ne se remuoit de la selle po' le coup quil luy auoit donne il remist son espee au fourrel du grant dueil quil auoit au cueur/et se lanca adonc plus pres du roy melyadus et le print par les deux bras.

A Cestuy point que le nepueu au roy descoce tenoit le roy melyadus en telle maniere come ie vous compte a tant vint de lautre part vng cheualier qui ferit le cheual du roy melyadus de son glayue si roydemẽt quil luy mist au trauers du corps. Le cheual qui de cestuy coup fut mortellement feru sans faille cheut a terre incontinẽt Et le roy melyadus qui de ce ne se donnoit garde trebuscha a terre/et luy tourna ce a si grant contraire que le cheual cheut sur sa cuysse en telle maniere que quant il se cuyda releuer il ne peut/pour ce que le cheual estoit trop pesant. Et quant les cheualiers virent ce ilz saillirent a terre de toutes pars/et mesmemẽt le nepueu au roy descoce tout le premier/lequel sen alla celle part ou il vit que le roy melyadus gisoit a terre son cheual sur luy en telle maniere comme ie vous ay compte et le print par le heaulme a deux mains et le tyra a soy si fort quil luy en rompit tous les latz et luy arracha de la teste. Et puis deux autres cheualiers se lancerent auant et prindrent le roy par la main et luy osterent son espee voulsist il ou non. Quant le roy melyadus eut perdu son espee et son heaulme encores sefforcoit il de releuer/et vng autre Cheualier se mist auant quil luy voulut donner de son espee parmy la teste pour le mettre a mort quãt le nepueu au roy descoce luy escrya. fuyez et ne loccez mye/car ce seroit dommaige trop grant de mettre a mort si preudhomme come est cestuy/car cestuy sans faille est bien tout le meilleur cheualier que ie veis se onques/et pour ce ne vueil ie pas ql meure. Je lemmeneray en ma prison iusques la ou ie vueil aller. Prenez le et le desarmez de toutes ses armes et le mõtez sur vng roucin. Et puis faictes prendre les corps de ceulx q la gisent mors et les faictes porter en vne maison de religion toute la premiere q len pourra trouuer pres dicy

D Epuis que le nepueu au roy descoce eut fait cestuy commande

De Gyron le courtoys

ment a ses hommes ilz allerent tout erramment vers le roy melyadus q le prindrent par force/ce quilz pouoient bien faire adonc/car ilz estoient plus de vingt en tour luy et il estoit trauaille estrangement/ desgarny de ses armes/q sans tout ce auoit il tant de sang perdu quil en estoit moult affoibly. Et par ce le desarmerent ilz que ilz auoient sur lui la force Et quant ilz le eurent desarme ilz luy firent tant de vilennie quilz luy lyerēt les deux mains deuant le pis et le monterēt sur vng roucin assez petit et assez foible Et puis firent des bieres cheualeresses et mirent maintenant dedans les corps de ceulx qui auoient este occis en celle bataille/mais le corps de celluy cheualier par qui la bataille auoit este encommencee sans doubte ne remuerent ilz du chemin/ ains le laisserent illec gisant tout mort ainsi comme il estoit. Et quant ilz eurent tout cestuy fait acomply en telle maniere comme ie vous compte ilz se mirent au chemin tristes et dolens pour le grant dommaige quilz auoient illec receu de leurs parens et de leurs compaignons qui auoiēt este en ceste place occis

Et ny auoit celluy deulx en departāt de la place qui ne plourast a chauldes larmes. Et ainsi se departirent dillec demenant grant dueil. Mais a tant laisse le compte a parler deulx tous/car bien y scaura retourner quant lieu et temps en sera. Et retourne cy a parler de gyron le courtois/ lequel apres quil fut guery de la playe quil sestoit faicte se departyt de maloanc pour chercher danayn qui tollu luy auoit en son absence vne sienne damoyselle quil aymoit par amours/ Durant laquelle queste il fist de beaulx faitz darmes/et le premier iour quil se mist en icelle il sacompaigna dung cheualier qui portoit vng escu dargent auec lequel il geut vne nuyt dessoubz vng arbre pour ce que vng cheualier qui illec pres auoit vng pauillon tendu ne lauoit voulu dedans herbergier. Auquel lieu eulx estans couchez arriua illec enuiron la mynuyt vng cheualier qui auoit son chemin perdu/ lequel cheualier portoit vng escu my party. Auec lequel sen alla gyron le lendemain matin et se departit du cheualier a lescu dargent pour ce quil ne tenoit pas le chemin quil vouloit aller.

fueillet LL.i

¶Omment le cheualier a lescu
miparty racompte a gyron le cour
tois la grāt vilennie q̄ luy fist le vi
lain cheualier de son cheual Et lui
compte aussi la grant desloyaulte
que icelluy mesmes fist a ung che
ualier et a vne damoyselle.

EN ceste partie dit le cōp
te que apres ce que gyrō
le courtois se fut party
du cheualier a lescu dar-
gent auec qui il auoit de
moure toute la nuyt en telle guise et en
telle maniere comme le compte a ia deui
se ca en arriere tout appertement il com

A i

menca a cheuaucher entre luy et lautre cheualier qui portoit lescu myparty/ et tant cheuaucherent entre eulx deux celle matinee quilz tournent au grāt chemin dont gyron sestoit party le iour de deuāt Quant ilz furent venuz au grant che‑min le cheualier qui portoit lescu mypar ty dist a gyron. Sire compains se Dieu me sault cestui chemin ou nous sommes orendroit mys partis ie ersoir tout de nuyt. Et saichez que hier apres heure de vespre trouuay ie le plus vilain cheua‑lier et le plus desloyal que ie oncques veis se en tout mon aage. Ie ne cuydasse pas se Dieux me sault que il y eust orendroit en tout le monde nul si vilain cheualier comme est cestui. Sire compains ce dist gyron se dieu vous doint bonne aduan‑ture dictes moy quelles armes porte le cheualier que vous tenez a si desloyal. En nom dieu fait le cheualier et ie le vo9 diray. Or saichez que il porte vnes ar‑mes myparties/ mais non mie de celle myparteure que est le mien. Et mainte‑nant luy commence a cōpter quelles es‑toient les armes que cestuy portoit. Quant giron ouyt ceste nouuelle il cōg neut tout appertemēt que cestoit le che‑ualier qui le soir deuant lauoit receu si vilainement en son pauillon q̄ q̄lui dist le cōpte du leu et de laignel. En nom dieu sire cōpain9 ce dist gyron de cestuy pouez vo9 bien dire tout seurement q̄voiremēt est ce le pl9 vilain cheualier q̄ le plus des‑loyal q̄ ie veisse iamais/ se dieu vo9 sault or me cōptez ce q̄ vo9 feist q̄ ie vo9 cōpte‑ray apres q̄l me fist aussi. En nom dieu fait le cheualier ie vo9 cōpteray ce q̄ ien vy tāt de la vilēnie dicestuy q̄ de sa des‑loyaulte. Et maintenāt q̄l a dicte ceste parolle il cōmenca a dire.

Sire fait le cheualier il maduint hier entre heure de nonne et de vespre que ie cheuauchoie cestui chemin ou no9 somes orendroit. Et che

De Gyron le courtoys

uauchoie adonc tout clerement devers maloanc a cestuy point que ie men ve‑noie tout cestuy chemin en telle guise cō me ie vous compte maduint que ie en‑contray le cheualier proprement dont nous auons encommence le parlement Il venoit arme de toutes armes et ie de lautre part venoye aussi arme. Il me crie tout maintenant que il me voit ap‑prouchier. Gardez vous de moy sire cheualier/ Car iouster vous conuient a moy. Quant ie vy que le dessusdit che ualier mappelloit de iouster en telle ma niere ie dys a moy mesmes que se ie re‑fusoye la iouste ie feroye vilennie de moy. Et pour ce laissay ie incontinent courre au cheualier tant comme ie peuz du cheual traire et luy vers moy tout pareillement. De celle iouste me ad‑uint adonc en telle maniere que a cestuy point tout droictement que ie cuyday le cheualier ferir dessus son escu le che‑ual sur quoy ie estoye trebuscha et ie des soubz le cheual cheuz moult felonneuse ment et ie demouray au redressier/ car ie ne me pouoye pas si tost redressier cōe fist le cheual veu q̄l estoit sur moy. Le desloyal cheualier dont ie vous ay cō mence mon compte fist adoncques si tres grande vilennie que il print mon che‑ual dont iestoye cheu incontinent que il fust releue sur bout et sen alla a tout Et quant il fut vng petit esloingne de moy bien enuiron deux traitz darc il osta le frain au cheual et puis la selle et le laissa aller parmy la forest a telle heu re que oncques puis ie ne le vy. En tel‑le guyse comme ie vous ay compte me laissa ce vilain cheualier emmy le che‑min tout a pied moult melencolieux non saichant que deuoye faire ne dire/ car bien veoye que a moy eust este non sens datter ainsi a pied parmy la forest pour mon cheual recouurer. Ceste chose fust la grant vilennie quil me fist. Or vous diray ie q̄ luy vy aps ce faire/ or escoutez.

Maintenãt que il se fut deliure du cheual en telle maniere cõme ie voꝰ ay compte/et ie qui estoie demoure emmy le chemin aĩsi ꝗ regardoie la grãt vilenie que il faisoit de mon cheual a tãt voicy venir par le chemin ꝗ ie estoye venu ung cheualier qui menoit en sa compaignie vne des plus belles damoiselles que ie veisse ia a trop grant tẽps. Quãt les deux cheualiers se furent entrerencõtrez le cheualier qui abatu mauoit dist a lautre cheualier qui la damoiselle cõduisoit. Vous auez moult belle damoiselle ie vous vouldroie prier que vous la me donnissiez/car aussi nay ie point de damoyselle ainsi comme vous pouez veoir Le cheualier a qui ceste parolle fut dicte commence a rire quant il lentendit ꝗ respondit apres tout en riant. Certes sire voirement est elle belle damoiselle/ et pour la grãt beaulte dont elle est garnie ne la donneroie ie a vous ne a autre cheualier se la damoiselle ne me disoit que ie la donnasse. Et quil aduint ainsi que elle mesmes me recongneust a si mauuais quelle aymast mieulx la cõpaignie dung autre cheualier que de moy/oz saichez ꝗ adonc ie ne seroye pas trop grant difficulte de la donner. Le cheualier vilain et enuieux se mist adonc auant quant il entendit ceste parolle et dist a la damoyselle. Damoyselle ie vous voy tant belle et tant aduenãt de toutes choses ꝗ pour la grant beaulte de vous voꝰ vouldroie ie prier et requerre que vous me receussiez pour vostre amy et pour vostre cheualier/et que voꝰ laissiez tout orendroit cestuy qui en vostre compaignie est. Ceste priere ꝗ ie voꝰ fais madame oftroyez la moy et gardez ꝗ voꝰ ne mescondissiez car se vous le faisiez il voꝰ pourroit bien par aduanture tourner a grant contraire et dommaige greigneur que vous ne cuydez

Quant la damoyselle entendit cestuy parlement elle commence a soubzrire et respondit tout en riant. Sire cheualier se dieu vous doint bonne auanture dictes vous a certes ce que voꝰ me allez orendroit disant. En nom dieu damoyselle dist le cheualier a certes voꝰ le dy ie/ et saichez certainement que le reffus vous pourroit bien tourner a hõte et a dommaige. Sire cheualier dist adõc la damoyselle oz saichez toutvrayement que vous nestes mie trop courtois qui en tel guise menacez vne damoyselle Or saichez que pour voz menaces ie ne feroye ne plus ne moins. Et certes se de vous aymer eusse eu bonne voulente si lauroie ie orendzoit perdue par voz vilaines parolles et pour vostre orgueil. Comment damoyselle dist le vilain cheualier me refusez vous. Certes sire voirement vous refuse ie/ne si ne voꝰ vueil Et certes damoyselle dist il oz saichez que de ceste parolle que vous mauez cy orendroit dicte vous vous repentires sans faille ou tost ou tard. Apres ce que le vilain cheualier eut parle en telle maniere a la damoyselle il se tourne enuers le cheualier qui la conduysoit et luy dist. Sire cheualier/oz saichez tout Certainement quil conuient que vous me donniez vostre damoyselle ou que vous la deffendiez contre moy. En non dieu dist le cheualier qui la conduisoit oz saichez tout certainemeat que ie ne la vous donneray tant comme ie la puisse deffendre/auant me combatray ie a vous. En non dieu dist le vilain cheualier et enuieux Doncques estes vous venu a la meslee/or vous gardez huymais de moy.

En telle guise cõme ie voꝰ cõpte fut encommencie lestrif des deux cheualiers et pour lachoison de la damoiselle. Et maintenãt laisseront ensemble courre les cheuaulx lung contre lautre au ferir des esperons. Et

De Gyron le courtoys

aduint ainsi de ceste iouste que le cheualier qui la damoiselle souloit deffendre abatit lautre cheualier moult felonneusement. Quant le vilain cheualier fut abatu en telle maniere come ie vous compte il se relieue moult vistement et print son cheual au frain et dist au cheualier. Vous mauez abatu ce voy ie bien / mais pour ce se abatu mauez ne mauez vous mye a oultrance. Et quen dirois ie or tost descendez a pie et vous en venez encontre moy combatre. Se vous auez eu le plus bel au iouster des glayues ie auray par aduanture le plus bel a la meslee des brans. Quant le cheualier qui conduysoit la damoyselle entendit ceste parolle il ny fait autre demourance ains descend tout erramment et atache son cheual a ung arbre et ou il lauoit atache il auoit en voulente que il se combatist tout a pied il ne se print garde quil vit deuāt luy venir tout a cheual lautre cheualier qui estoit tout monte endementiers que cil auoit entēdu a atachier son cheual a labre. Le vilain cheualier et enuieux qui estoit remontez en telle guise comme ie vous ay compte quant il fut venu sur lautre cheualier qui abatu lauoit il laisse courre tout maintenāt sur luy tout ainsi a cheual comme il estoit et le ferit du pis du cheual si roidement quil le vit fist voler a terre tout enuersez. Quant il eut le cheualier abatu en telle guise cōe ie vous ay compte il ne sen souffrit mye a tant / mais comme cheualier felon et desloyal retourne il erramment sur luy et luy cōmence maintenāt a aller dessus le ventre tout a cheual tant que le cheualier demoura illecques cōme mort / et certes ie mesmerueille qil ne fust en ce lieu mort tāt luy foula le vilain cheualier le ventre es piedz de son cheual.

Q Uāt il eut ce fait du cheualier a tant voicy venir entre nous ung nayn sur ung grant roucin troteur / mais certes il ne mest pas aduis que iamais en mon aage ie veisse si laide creature cōe estoit le nain. Quāt le nayn fut venu entre nous et ie vy comment il estoit si laide creature et si contrefaicte ie mesmerueille trop durement dont si chetiue creature pouoit estre venue. Le nain vient entre nous et dist au cheualier. Dieu vous sault sire cheualier Nayn respondit il errāment bien soyes tu venu / que veulx tu dire? Je ne vous vueil orendroit dit le nayn autre chose fors que recorder que vous me deuez rendre ung guerdon de si grant bonte cōme ie vous feiz na encores gueres de temps Nain respōdit le cheualier ie men recors trop bien. Tu me feiz si grant bonte que iamais ne loublieray io² de ma vie / et saiches tu certainement que encores ten rendray bon guerdon. Lors se tourne le vilain cheualier enuers la damoiselle et luy dist. Damoyselle vous me prisiez nagueres assez petit qui si vilainement me refusastes / vo⁹ me feistes se dieu me sault honte et vergongne tant que ie ne trouuay pieca damoiselle q autant men fist / et pour ce vous veulx ie rendre a cestuy point le guerdon. Or tost descendez maintenant il est mestier que ie vous face aller a pied / des maintenāt en ma compaignie en quelque lieu que ie iray vous viendrez apres moy et me porteres tousiours mon glayue en lieu de garcon troteur / et ceste paine vous feray ie souffrir en vengeance de la honte que vo⁹ me feistes iusqs a tāt q ie trouueray ung plus cruel cheualier q moy / cest bruns sans pitie. Quāt iauray celluy trouue ie vous mettray en ses mains et ce ql vouldra de vo⁹ faire si face adōc ia plus de vo⁹ ne metre mettray puis ql vo⁹ aura en sa baillie. Lors fist le vilain cheualier descendre la damoiselle et la ou il luy vouloit bailler son glayue affin qlle le portast / le nain la laide creature la plus ville chose q ie veisse en tout mon aage se mist auāt et dist

fueillet — CL.iii

au cheualier. Sire cheualier vous me deuez donner vng don ce scauez bien tout certainement. Certes dist le cheualier de ce dis tu bien verite. Que veulx tu que ie te donne? Demande tout seurement, car ie suis tout appareille de te donner. Moult de mercys dist le nayn. Or me donnez ceste damoyselle que vous auez mys a si grant hontez a telle vergongne cõe ie voy donnez la moy autre don ie ne vous demande. Quant le cheualier entendit la parolle du nayn il baisse la teste vers terre et cõmence maintenant a penser et puis respondit. Nain fait il ie la te donneray par tel conuenant que tu me creances loyaulmẽt que la meneras toutesuoyes a pie apres toy ainsi cõe tu voys que ie la vouloye mener, par cestui couenant la te donneray ie et non autrement. Le nain respondit et dist. Sire cheualier or saichez que par itel conuenant ne la prendray ie mie, mais ie vous prometz loyaulment que toutes les fois que ie la vouldray mener auecques moy ie la meneray en telle maniere que mauez deuise. Or la prens donc dist le cheualier, et il luy donne en telle maniere la damoiselle qui tant estoit belle sans faille que ce estoit grant merueille de regarder sa beaute. Le nain sen alla dune part et emmena la damoiselle tout a pie en ceste mesme maniere que il auoit promis. Le vilain cheualier sen alla dautre part a celle heure que ie ne vy puis le nain, la damoiselle ne le cheualier

Apres ce quilz furent partis de la place en telle guise cõe ie vous ay cõpte ie vins au cheualier que le desloyal auoit si vilainemẽt mene aux piez de son cheual et trouue que il nestoit mye mort et lui ostay le heaulme de la teste et il reuint a chief de piece de pamoison, et ie luy demanday cõment il se sentoit. Et il me dist que moult estoit blecie, mais que il pourroit bien guerir sil estoit a seiour, et luy demãday. Sire cheualier que voulez vous que ie vous face et

il me dist. Ostez moy mes armes, car elles me grieuent trop durement, et ie le feiz tout errãment ainsi cõme il me dist. Quant ie leuz desarme il me demanda adonc. Sire cheualier nauez vous cheual et ie luy respondis que ie auoie le mien perdu par ceste aduanture et luy cõptay maintenãt, et il me dist tãtost. Sire cheualier or mõtez sur le mien et allez querre le vostre et quãt vous laurez trouue retournez a moy sil vous plaist. Je montay maintenant sur le cheual au cheualier, et quãt ie cuiday trouuer mon cheual ie mesgaray en ceste forest et tãt allay foruoyant de lieu en lieu que la vins ou ie vous trouuay. Si vous ay ores fine mon cõpte, car ie vous ay bien deuise la vilennie du cheualier et la desloyaulte. Et puis que ie vous ay tout cõpte ie vous prie que vous me diez que ce fust que vous fist. En non dieu sire cõpains ce dist gyron ce vous diray ie voulentiers. Et quãt il luy a dicte ceste parolle il cõmence maintenãt a dire tout ce que le cheualier luy auoit fait deuant son pauillõ et si recorde de celui cõpte que il luy dist du feu et de laignel et cõe il lui auoit donne cõge au dernier. Ainsi parlant et cheuauchãt allerent tãt que ilz sont venuz a vng arbre grant et merueilleux que estoit delez le chemin. Sire cheualier fait lautre a gyron. Or saichez tout certainement que en cestuy lieu proprement dessoubz cest arbre demoura le cheualier de qui fust ce cheual sur quoy ie suis orendroit monte cestuy cheualier qui tant fut greuez et malmenez cõme ie vous ay dit orendroit. Sire compains ce dist gyron puis que vous le laissastes icy ou peut il estre alle veu quil estoit tant meshaigne. Si mayst dieu ie ne scay fait le cheualier, car puis que ie me party dicy ie ney ouy nulles nouuelles, et il mestoit bien aduis que il estoit si griefuement blecie que il nauoit pouoir de cheminer a pied. Je croy bien fait Gyron que aucun Cheualier errant vint icy qui pitie eut de luy et

A iii

qui le fist tourner auecques luy. Sire ce dist le cheualier tout ce pourroit estre sans faille.

A Cestuy point que ilz parloient entre eulx de ceste aduanture et estoient demourez eulx deux soubz larbre ou cil auoit le cheualier laisse ne encores nestoit venu le cheualier q̃ apres deuoit venir cil qui portoit lescu dargẽt. En regardãt deca et dela ilz voient venir tout le chemin quilz estoiẽt venuz deuant quatre cheualiers armez de toutes armes qui menoient en leur cõ-paignie vng escuyer et vng nayn. Lescu et le glayue au cheualier portoit lescuier Et le nayn q̃ apres venoit cheuauchoit vng palefroy assez bel et menoit en coste de luy vng hõme vestu de chemise et de brayes tant seulement/mais chaussé estoit. Cestui hõme auoit les mains liees deuant le pis assez vilainement et il venoit ainsi que ie vous compte de coste le nayn tout le pas. Tout maintenant que le cheualier qui en la compaignie de gyron estoit vit venir le cheualier dassez loing il recongnoist certainement que le cheual sur quoy il estoit estoit le cheual sans faille que il auoit perdu le iour de deuant. Lors dist a giron. Sire cõpains or saichez bien que iay le cheual trouue q̃ ie perdis hier au soir a ceste aduanture que ie vous ay comptee/cestuy cheualier qui vers nous vient le cheuauche. Et apres ce redist tantost. Sire compains encores vous scay ie a dire autres nouuelles. Or saichez que ie croy par verite que le cheualier qui vers nous vient ainsi arme comme vous voiez soit cestuy cheualier proprement qui hier au soir souffrit si grant douleur et si grant paine comme ie vous ay compte. Gyron qui le cheualier voit venir respont. Sire compains ie ne scay qui est cestuy qui vient vers nous/mais selon ce que il mest aduis de son semblant il deueroit

estre preudhomme et bon cheualier. Et certes ie vouldroye trop voulentiers q̃ ce fust cestuy mesmes cheualier dont vous auez compte si scaurions adoncques de ces nouuelles. Sire ce dist le cheualier a lescu myparty ie croy vraye-ment que cest cestuy mesmes dont nous auons tant parle entre nous deux. Ainsi attendirent dessoubz larbre tant que le cheualier est moult approuchiez deulx. Tout maintenant que Gyron voit cestuy venir qui venoit de coste le nayn il se lance auant emmy le chemin tout ainsi comme il estoit appareille de se deffendre ou dassaillir quelque che-ualier se mestier et necessite en fust. Et dist au cheualier qui venoit arme. Sire cheualier arrestez vous sil vous plaist tant que iaye vng pou parle a vous. Beau sire fait le cheualier voulentiers. Et lors sarreste et apres redist. Sire cheualier que voulez vous et que vous plaist. Sire fait gyron ie vouldroye se il vous plaisoit que vous me deissiez qui est cest homme que vous menez si vilai-nement comme ie voy. En non dieu fait le cheualier ie le vous diray puis que scauoir vous le voulez. Or saichez certainement que cest vng Cheualier/ mais certes de sa cheualerie ne sont mie moult honnorez les cheualiers errans/ ains en sont trop deshonnorez et auilez Comment beau sire fait Gyron puis que vous scauez bien quil est cheualier dont vous vient que vous le menez si treshonteusement et si vilainement. Or saichez de vray que se il fust oren-droit sans faille le plus desloyal hom-me du monde si ne luy deueriez vous pas faire telle honte au moins puis que il est cheualier. Car en le deshonnorant vous vous deshonnorez moy et tous les autres cheualiers/car lordre de che-ualerie a il aussi bien comme nous/par quoy a verite dire vous ne luy deuez tel hõte faire pour lhõneur cheualerie.

fueillet   CC.iiii

Sire fait le chevalier que dictes vous ne vous est il aduis sans faille que les chevaliers ont la seigneurie du monde par tel maniere q̃ ilz doyuent mettre a mort tous ceulx q̃ maintiennent trahyson et desloyaulte et qui font et honte et vilenie a dames et a damoyselles et a veufues et a orphelins nest ce la raison des chevaliers qui maintiennent humilite contre orgueil en telle guise que les orgueilleux ne puissent faire trop grant force aux humbles et simples hommes/et le chevalier qui tasche a faire desloyaulte et trahison ne doit il bien receuoir honte et par raison. Quāt gyron ouyt ceste parolle il respont tout erramment au chevalier et dit. Sire chevalier vous parlez assez raisonnablemēt pource sont les chevaliers seigneurs du monde que ilz ne doyuent trahison faire en nulle guise/et se ilz vont a trahyson accordant ilz doiuent bien perdre la vie ne il ne conuient ne a dame ne a damoiselle faire honte ne vilennie en nulle maniere du monde/et se ilz le font ilz doiuent honte receuoir. En nom dieu fait le chevalier beau sire pour ceste coustume maintenir que vous auez icy recordee fais ie mener cestuy chevalier si honteusement comme vous pouez voir. Il me fist honte si tresgrande comme ie vous compteray et fut en ceste place proprement ou nous sommes orendroit. Et maintenāt luy commence a compter cellui compte que gyron auoit deuant ouy/ car se estoit sans faille cellui mesme chevalier q̃ le soir auoit este tant deffoule aux piedz du cheual si comme le chevalier a lescu miparty auoit deuise/le chevalier q̃ le nain menoit si estoit cellui chevalier qui ne voult herbergier gyron en son pauillon. Quāt gyron eut ouy le compte du chevalier il congnoist bien en soy mesmes que ce sōt les deux chevaliers dont son compains luy auoit deuise le compte. Lors se tourne vers le chevalier quon menoit a pied et lui dist

Sire chevalier me cōgnoissez vo⁹ point et le chevalier q̃ le regarde recongnoist maintenāt lescu/et puis dist. Sire chevalier ie ne vo⁹ cognois mie grāment/fors q̃ ie scay bien q̃ vo⁹ estes trop bon chevalier. Sire chevalier fait gyron vous souuiēt il de ce q̃ vous me feistes. Ouy ce dist le chevalier/ie scay bien que ie ne vo⁹ feiz tant de courtoisie cōe chevalier doit a autre faire. Sire chevalier fait gyron or sachez que se vous me eussiez fait autant dōneur cōme vo⁹ me feistes de honte il vo⁹ en fust de mieulx a cestuy point car certes ie vous deliurasse tout orendroit. Sire fait le chevalier mauuaistie vous doit elle faire mauuais. Se ie suis fol et vilain deuez vous pourtant perdre vostre courtoisie/se ie vo⁹ eusse fait aucuneffois bōte et courtoisie et vo⁹ apres ce me feissiez bōte q̃ vo⁹ en deust gre scauoir. Certes ne dieu ne le mōde. Se vo⁹ rendez la chose q̃ vous deuez rēdre en deuez vo⁹ auoir mercy. Certes nēny. Cil q̃ fait bōte en doit auoir guerdon. Dōc se ie bōte vo⁹ eusse fait et vo⁹ bōte me rēdissiez ie ne vo⁹ en deueroye scauoir gre. qui fait encōtre vilenie grāt courtoisie/et q̃ scait vaincre le felon et lēuieux par sa bōte. Hap chevalier ie scay bien q̃vo⁹ estes tel chevalier cōme ie mesmes esprouuay/se ie orendroit vo⁹ louasse ie scay de vray q̃ vo⁹ men scauriez mal gre pour ce men tairay a tant de vostre proesse amenteuoir/mais ie parleray de mon fait car besoing si le me fait faire/ce scay ie de vray que ie vous feiz hier au soir si mal acueil en toutes guises tāt de hōte et tāt de laidure de tout mon pouoir q̃ il ne tint pas a moy que ie a mort ne vous meisse ce recongnois ie bien tout clerement. Se ie vous eusse bien fait adonc et vo⁹ me deliurissiez ce ne seroit mie grant bōte/car vous le feriez de droit et de raison/mais se vous orendroit me deliurissiez de ceste hōte ou ie demoure adonc deuroit dire tout le monde que courtoisie voirement

A iiii

doit bien seigneurir tout le siecle. Car courtoisie deliure de mort vilaine au grant besoing.

Quant le cheualier a dicte ceste parolle il se taist que plus nen dit. Gyron se rit de ces paroles et puis respont. Dy moy cheualier se Dieu te sault Comment peut ores felonnie parler de courtoisie si haultement comme tu en parles. Car tu es le plus felon cheualier sans faille que ie veisse oncques a mon esciēt. Le cheualier respont a tant et dit. Amys fait il besoing me fait ainsi parler/et a cestuy qui a besoing doit bien le riche homme donner de sa richesse/tu es riche et ie suis poure car ie suis en autruy main. Or me monstre a cestuy point ta courtoisie et a ma felonnie monstre ta bonte si seras adōc courtoisie/qui bien regardast a raison tu nen deusses ia auoir los/mais pour ce que ie suis vilain et cruel et enuieux tout autrement que cheualier ne deuroit. Se tu es droictement courtois tu me feras plus de courtoisie que tu ne feroyes a vng autre cheualier courtois et leur monstreroyes propzement que courtoisie ne peut decheoir de lhōneur ne abaisser par force ne par pouoir que vilennie puisse faire. Apres ceste parolle respondit gyron et dist au cheualier. Et quen dirois ie sire cheualier? Or sachez tout certeinement que ie me mettroye voulentiers sur ce en pouoir de vous deliurer se ne fust ce que ie auroie paour et doubtance que ceste courtoisie ne fust dommaige a aucun preudhomme. Or saichez fait le cheualier que iay fait vilenie iusques a ores ie men chastieray dicy en auant se vous dicy me deliurez/car adonc serois ie plus cruel que nul autre de cestuy monde se ie ne recordoye tout maintenant cōment courtoisie me deliura de mort la ou ie ne faisoie a courtoise que vilenie. Quant giron entent ceste parolle si sen tourne vers le cheualier qui cestuy fait mener ainsi a pied et luy dist. Sire cheualier ie vous vouldroye prier a requerre que vous ne regardez a la vilenie de cest cheualier/mais en la courtoysie qui en vous doit estre. Beau sire fait le cheualier que voulez vous que ie face. Certes sire fait giron ie vouldroye que vous eussiez mercy de cestuy cheualier que vous faictes mener si vilainement et en tel guise en eussiez mercy ne na son messait ne regardissiez ains le feissiez deliurer a cestuy point. Quāt le cheualier entent ceste parolle respont et dit maintenant a gyron. Sire cheualier or saichez quant il sera temps & heu de faire courtoisie ie le feray voulentiers mais ce sera voirement en lieu ou ie la doye faire/a cestuy dont vous me priez ie vous prometz que ne feray courtoisie a ceste fois en nulle maniere que ce soit. Tout ainsi comme il fist de ma damoiselle luy feray ie. Il la fist departir dicy & tout a pie et la donna a vng vil et honny a conduire/En ceste maniere aussi ay ie donne ce cheualier a conduyre a si tres vile chose comme voyez. Et quant ie la uray bien mene en telle maniere comme il va orendroit/et ie auray tant cheuauche parmy le royaulme de logres que ie auray trouue ma damoselle ou pres ou loing donc auray puis conseil doccire le cheualier ou de le laisser viure. Sire cheualier cest ma responce. Or saichez tout vrayemēt que ie ne luy feroye autre chose fors que ceste tant seulement. Quant il a sa raison finee Giron respont tout maintenant. Haa sire cheualier pour dieu ne parlez en telle maniere/ne laissez vostre courtoisie pour lachoison de la vilennie de cestuy. Se vous le faisiez ainsi comme vous dictes donc seroit bien verite que la vilenie de ce cheualier auroit vaincu la vostre courtoisie et que vostre courtoisie seroit tournee en vilenie/et ce seroit encontre raison se ce aduenoit/car ie ay veu en toutes places que les bons cheualiers vaincquoient tousiours les mauluais. Mais vous qui estes cheualier de bien et de valeur seriez vaincu a cestuy point par vng mauluais cheualier pour dieu ne le faictes en telle maniere. Le cheualier respond a tant com cil qui de cestuy parlement estoit trop courrousse/et dist a gyron. Damp cheualier damp cheualier/que vault ores tout cestuy parlemēt q̄ vo9 me faictes se dieu me dōnt bōne auēture. Or saichez tout certainement que il est mestier que ie hōnisse cestuy desloyal traicteur il est nud ne peut en autre maniere yssir de mes mains.

¶ Cōment gyron le courtoys par sa courtoisie deliura le vilain cheualier q̄ ne lauoit voulu logier. Et cōment il vaincquit le cheualier q̄ lemmenoit tout nud.

Sire cheualier fait Gyron encores vous vouldroye ie prier que se vous pour courtoisie ne pour amour de luy ne le voulez deliurer que vous pour lamour de moy le deliurez. Beau sire fait le cheualier/ ie nen feray rien. Or me dictes fait gyron lequel aymez vous mieulx ou a le deliurer par vous mesmes ou que il soit deliure contre vostre voulente q̄ par force. Beau sire fait le cheualier/ or saichez q̄ ne sera deliure de ma voulente. En nom dieu fait gyron donc le deliureray ie se vous nestes si bon cheualier vrayement que vous le puissiez deffendre encontre moy. Cōmennt beau sire fait le cheualier/ auez vous doncques voulente que vous vous combatez encontre moy po9 deliurer si desloyal traicteur comme est cestuy. Encores soit il plus mauluais q̄ il ne deust estre ce dist gyron si le vueil

ie deliurer. Or tost deffendez vous de moy quant vous deliurer ne le voulez par ma priere. En nom dieu sire fait le cheualier si feray se oncques puis. Et quant il a dicte ceste parolle il se trait arriere et se appareille de deffendre. Et gyron q̄ de cestuy fait vouldroit ia estre deliure se il peust laisse courre sur le cheualier q̄ le fiert si roidement en son venir que il fait trebuschier et luy et le cheual tout en vng mont. Et quant il a le cheualier abatu en telle guyse cōme ie vous compte il sen vient droit au cheualier qui lye estoit et le deslye et puis luy dist. Auant que tu te partes de moy ie vueil q̄ tu me creances loyaulment que iamais en iour de ta vie tu ne feras oultrage ne vilenye a cheualier errant. Et pour lamour de ce que ie suis cheualier errant tay deliure de ce peril apres la vilenye que tu me feiz hier au soir en ce pauillon ainsi comme toy mesmes scez. En nom dieu fait le cheualier/ ce vous creance ie loyaulment. Et saichez sire que pour la grant courtoisie que vous mauez faicte a cestuy point apres la grāt vilenye que ie vous feiz en mon pauillon ne se pourroit iamais mon cueur acorder a derechief que ie feisse vilenye a cheualier errant pour lamour de vous. Et vous pouez bien dire seurement que a cestuy point auez vous fait la greigneur merueille que vous feistes oncques encores en toute vostre aage. Car vo9 auez fait par ceste deliurance de vng cheualier desloyal q̄ felon. Si loyal et si courtoys seray que iamais a iour de ma vie ne cesseray de faire contoysie et loyaulte. Ainsi auez du tout p̄ vostre courtoysie chāgie mon estre et remue. Je auoye en voulente de faire riēs en cestuy mode fors q̄ desloyaulte q̄ felonnye dōt ie iamais ne feray riens tant comme ie viue vrayement ce sachiez vo9. Sire cheualier fait gyron. Certes de ce suis moult ioyeux se vous par remembrance de moy laiſ-

siez du tout la vilenye que vous main︎
tenez ie seray trop vostre amy.

A Cestuy point que ilz tenoient
entre eulx deux tel parlement
Le cheualier q̃ auoit este abas︎
tu se fut redresse et remonte sur son che︎
ual estoit de ceste auanture tant cour︎
rousse que a pou quil crieue de dueil. Et
pource que il se sentoit a preudhõme des
armes dist il a Gyron. Sire cheualier
fait mauez honte et vergongne de ce que
vo9 mauez abatu. Or sachez tout vraye
ment que il est mestier que ie venge ceste
honte. Or tost deffendez vous de moy
a la meslee des brans. Sire cheualier
fait gyron. Cestuy qui recoit vng pou de
vergõgne q̃ apres se trauaille tant q̃ en
recoit plus ne le doit on tenir pour fol.
Pour quoy le dictes vous fait le cheua︎
lier. Certes fait gyron/ie le dy pour vo9
mesmes. Ie vous feiz vng pou de ver︎
gongne quant ie vo9 abaty/et or endroit
vous trauaillez que vous en ayez plus
ne est ce folie. Cõment fait le cheualier
Estes vo9 donc si asseur de mettre moy
au dessoubz par force despee. En nom
dieu ie le vueil veoir et esprouuer p̃ moy
mesmes. Et lors se lance auãt po9 cour
re sus a giron. Sire cheualier fait giron
Auant que nous commencons ceste mes
lee ie vueil que vous quictiez cestuy che︎
ualier que iay deliure de toutes quereles
En nom dieu fait le cheualier/ie vous
diray comment ie cuyde faire se ie puis
venir au dessus de vous par force dar︎
mes. Or sachiez tout vrayement que ie
vous feray honte et vergongne et a luy
autre si. Mais se ie voy appertemẽt que
vous soyez meilleur de moy donc le quit︎
te ie de toutes choses. Et ie par tel con︎
uenant ce dist gyron me vueil a vous cõ
batre. Quant il a dicte ceste parolle il ne
fait autre demourance aincoys met la
main a lespee droicte contremont. Et
son glaiue auoit il adont appuye a vng

arbre/et il lui aduint adont quil attaint
le cheualier tout droictement dessus le
heaulme. A cestuy donna il tel coup de
grant force quil auoit que pou sen fault
que il ne loccist/car il feist aller lespee ius
ques a la teste. Le cheualier q̃ trop dure︎
ment fut chargie de cestuy coup ne peut
pas le coup souffrir ains volle a terre
maintenant si estourdy et estõne que il
ne scait se il est nuyt ou iour/et gyst illec
ques tout en telle maniere cõme sil feust
mort. Il ne remue pie ne main si nõ bien
petit. Quant gyron voit que il sest deli︎
ure de cestuy cheualier en telle maniere
il demanda au cheualier quil auoit de︎
liure comment il auoit nom. Sire fait
le cheualier/iay nom Sers. Et dequel
lignaige feustes vous/ce dist gyron. Si
re fait cestuy. Se maist dieu ie suis du
lignaige hector le brun qui tant fut preu
dhõme. Galehost le brun son filz/qui tãt
fut iadis de grant renom comme ie scay
si fut mon parent prouchain. Dieu aide
ce dist gyron/sire cheualier quant vous
feustes de si hault lignage q̃ de si vaillãt
comme vous dictes/comment est ce ad︎
uenu que vo9 estes si eslongne de la haul
te maniere que ilz eurent. Sire ce dist le
cheualier/ie cuyde et croy que ce vient de
ma nourriture. Ie fuz nourry en la mai
son brun le felon/illec sans faille aprins
ie tant de felonnye q̃ de cruaulte comme
cheualier pourroit penser/pour ce ne me
ay ie peu tenir iusques a cestuy point que
ie naye fait tousiours mal. Mais toutes
voyes desormais ce vo9 pmetz ie loyaul
ment men tiendray ie. Et ie vo9 prie ce
dist gyron faictes le po9 lamour de moy
et pour vostre honeur maintenir. Des︎
ormais vous commande ie a Dieu fait
Gyron/car en ceste place ne puis ie plus
demourer/mais cheuaucher me cõuient
auãt/car moult ay affaire ailleurs. Ha
sire fait le cheualier pour dieu et pour
franchise faictes moy tant de courtoisie
auant que vo9 partez de moy que vous

me dictz vostre nom. Or sachiez fait gyron que a ceste foys ne pourrez vous autre chose scauoir de mon estre fors tant comme ie vous ay dit que ie suis cheualier errant. Et vous prie que ceste chose ne tournez a vilenye/car ie vous dy que bien sachiez que ie ne le diroye ne a vous ne a autre se trop grant chose ne le me faisoit faire. Et quant il a dicte ceste parolle il sen va oultre tant quil ne fait nulle autre demourance. Le cheualier qui portoit lescu my party luy faisoit tousiours compaignye.

¶ Comment Gyron le courtoys rencõtra le roy meliadus que le filz au roy descoce emmenoit prisonnier. Et comment Gyron constraingnit le cheualier a lescu my party de luy aider a rescourre le roy meliadus/ et des parolles qui furent entre luy et le cheualier.

Apres ce que gyron se fut party du cheualier qui sers estoit nõme en telle guyse cõme ie vous ay compte il cheuauche auãt parmy le grãt chemin de la forest et tant que il fut bien eslongne deux lieues anglesches ou plus Et il tenoit toutesvoyes le grant chemin de la forest que il nen yssoit point. Il luy aduient donc que il encontre les escuyers et les varletz qui venoient deuant le nepueu au roy descoce. Et apres eulx venoient les bieres cheuaucheresses qui apportoient les cheualiers mors et les naurez que le roy meliadus auoit si mal menez ainsi cõme le cõpte a ia deuise cy deuant appertement. Apres les bieres cheuaucheresses venoient les cheualiers armez qui compaignons estoiẽt du nepueu au roy descoce. En ceste compaignie venoit la belle damoyselle pour qui amour le cheualier qui tant lamoit auoit este occiz celluy matin. Quant les cheualiers cõmencent a approuchier de luy gyron dist a son cõpaignon. Issons de cestuy chemin et nous mettons entre ces arbres si verrons adonc tout clerement ceulx qui ca viennent et ilz ne nous verront mye. Sire ce dist le cheualier ce me plaist moult. Ainsi le font tout errãment comme ilz lauoient deuise/car ilz estoient derriere les arbres qui illecqs estoient assez espes. Les varletz passerent auant dont il y auoit grant compaignie/ mais ilz ne sont pas or endroit si lyez ne si ioyeux dassez comme ilz estoient au matin. Les cheualiers qui gisent es bieres leur ont mys grant douleur au cueur. Quant les bieres sont passees par deuant luy il dist a son cõpaignon Ceste gent ont trouue encontre tout autre que ilz ne voulsissent. Ilz ont trouue dure bataille et felonneuse il leur appert tout clerement. Apres ce que les bieres furent passees en telle guyse cõme ie voꝰ compte ne demeure gueres que les cheualiers vindrent apres qui la damoyselle conduysoient si noblement et si richement comme ie vous ay compte autre foys. Et apres eulx tous venoit le roy meliadus en la compaignie de quatre escuyers seulement qui le gardoient. Le roy estoit monte sur vng petit roussin assez chetif et assez poure/et auoit les deux mains lyees deuant le pis. Le roy estoit en celluy point moult pensif durement Et plus estoit pensif dassez du cheualier qui auoit este occiz en sa compaignie quil nestoit de sa prison. Car aux parolles que il auoit ouyes que le nepueu au roy descoce auoit dictes congnoissoit il bien certainement quil nauoit garde de mourir. Quant gyron vit la damoiselle que les cheualiers cõduysoient si doulcement et si richement il dist a son compaignon. Ceste a este mariee nouuellement/ce croy ie bien. Sire dist le compaignon/vous dictes bien verite. Mais de

De Gyron le courtois

ces cheualiers q̄ la conduisent dont les plusieurs ont leurs armes toutes de rõpues quen direz vous. En nom dieu fait gyron/ie dy q̄ ilz ont eu assez affaire Ilz se sont combatuz sans doubte mais ie ne scay a qui.

A Cestuy point que ilz tenoient parlement ainsi cõme ie vous compte/et la damoyselle passoit ia oultre a tesse compaignie comme elle auoit/et Gyron dist a soy mesmes que ilz pouoient bien estre en cesse compaignie pres de trente cheualiers. Ilz regardent & voyent venir apres le roy meliadus qui venoit sur le roussin la teste enclinee vers terre tant dolent et tant courrousse que il ne scauoit quil deust dire. Tout maintenant que Gyron voit venir le Roy meliadus en telle maniere il dist a son compaignon. Veez la vng prisonnier sans faille/et sachez que il est cheualier. Sire fait lautre/et de ce que voulez faire. En nom dieu dist gyron ie le vueil deliurer se oncques ie puis. Sire fait le cheualier/en quelle maniere le voulez vous deliurer. En nom dieu fait gyron/il est mestier se ie puis quil soit deliure en quelque maniere. Et lors pend son escu a vng arbre/et son glaiue dresse illecques mesmes et hurte le cheual des esperons et sen vient au roy meliadus & luy dist. Sire dieu vous sault. Le roy dresse la teste quant il entend ceste parolle et respond. Sire bõne auanture vous doint dieu. Beau sire fait Gyron estes vous cheualier. Certes fait le roy meliadus/cheualier suis ie vrayemẽt/mais ie ne suis mye au vray compter si bon ne si preux ne si fort cõme il me fut mestier/ Ma maulnaistie et ma faulte ay ie mon stree si clerement a cestuy point q̄ ie suis deshonnore comme vous pouez veoir. Beau cheualier ce dist vng des escuiers qui le conduisoit/vo⁹ entreprinstes trop grãt folie quant vous a toute ceste gent vous vouliez cõbatre. Cuidez vo⁹ donc

estre dieu qui ceste cheualerie vous vouliez mettre a desconfiture. Cõment varlet ce dist gyron/se cõbatit il donc a tous ces cheualiers qui cy sont/et feist il tout cestuy dõmaige que iay veu en ces bieres Sire ouy ce dist le varlet. De ceste nouuelle fut gyron trop fierement esbahy si cõmence a regarder le roy/et pource quil lauoit ia autre foys veu le va il assez recongnoissant/dont il dist a soymesmes entre ses dens. En nom dieu ce est le roy meliadus de leonnoys/honny suis et deshonnore a tousiours mais se ie ne le deliure tantost.

Gyron sen retourne grant erre la ou il auoit laisse son cõpaignon et son escu. Et quãt il est venu iusques a son cõpaignon il dit pour scauoir que il respondra. Sire compaings feustes oncq̄s bon cheualier a nul grãt besoing qui vous venist. Certes fait celluy nenny/car ie ne fuz oncques bon cheualier. En nom dieu sire cõpaings fait gyron/quant vous oncq̄s bon cheualier ne feustes or est mestier que vo⁹ le soyez a cestuy point/le besoing en est venu. Cõment ce dist le cheualier que auez vo⁹ donc empense a faire. En nom dieu fait gyron iay empense de faire chose q̄ tournera a moult grãt honneur a vo⁹. Et ce que cest ce dist le cheualier dictes le moy Si maist dieu ce dist giron il est mestier que moy et vo⁹ mettous orendroit a desconfiture toute ceste gent q̄ vous voyez et que no⁹ deliurons par nostre prouesse ce gentil hõme la q̄ lon maine si vilainement cõme vous pouez veoir. Le cheualier est esbahy trop forment quant il entend ceste nouuelle/car encores cuydoit il bien q̄ Gyron se gabast. Cõment fait il sire compaings/dictes vo⁹ ceste chose a certes ou se vous me gabez. En nom dieu fait gyron ie ne vous gabe mye ain coys le dy au meilleur escient et voulente q̄ iaye. En nom dieu fait le cheualier se vous navez meilleur sens que est cestuy dont vous parlez donc estes vous le plus fol cheualier du monde. Car cestuy fait ne seroit mye sens a emprendre aincoys seroit raige et folie. Sire compaings fait gyron vous scauez bien que vous vous meistes en ma compaignie/ et qui en compaignie se met dautruy il ne luy doit faillir au besoing/ pour ce dy ie q̃ vous ne me deuez faillir a ceste foys Sire compaings respond lautre cheualier. Vostre compaignie si doit durer cestuy matin tant seulement. Le matin si est ia passe et nostre compaignie aussi Par saincte croix ie ne suis pas encores si fol que pour la vostre folie voulsisse mon corps mettre a mort si habandonneement cõme ie le mettroye cy. Vous me aymez mais ce nest pas trop/ et pour ce me vueil ie aymer se ie oncq̃s puis.

Sire compaings ce dist Gyron quen direz vous/ il est mestier se Dieu me sault que vous me aydiez a cestuy poit vueillez ou nõ vueillez. Et cõment fait le cheualier voulez vous que ie vous ayde. En nom dieu fait gyron ie le vous diray. Cy a trente cheualiers ou petit moins / se moins en ya vous vous combatrez a la moytie et moy a lautre. Et certes se vous iusques a .xiiij. cheualiers ne pouez mettre a desconfiture puis que a ce viendra au grãt besoing vous ne vous deuez tenir pour cheualier. Je endroit moy vous faiz bien assauoir que ie les miens desconfiray p force darmes se auanture ne mest trop durement contraire. En nom dieu fait le cheualier aussi descõfiray ie les miẽs se aduanture ne feust contraire/ mais ie scay bien que elle me seroit contraire a cestuy point aussi comme elle fut tousiours pour quoy ne y vueil mon corps mettre. Sire compaings ce dist gyron ne scauez vous que ie suis trop plus fort de vous et plus puissant en toutes guyses. Se vous ne le scauez de vray ie suis appareillie que ie le vous monstre tout maintenant. En nom dieu fait le cheualier ie ne vueil q̃ vous le me monstrez autrement q̃ ie lay veu. Je scay bien que vous estes trop meilleur cheualier que ie ne suis. En nom dist gyron il est donc mestier que vous faciez de ceste chose ma voulente/ ou autrement se Dieu me sault ie vous occiray orendroit. Si mist la main a lespee et feist adonc grant semblant quil luy vueille coupper le chief. Quãt le cheualier voit ceste chose il nest pas trop asseur cõme cellluy qui a paour de mort. Et pource est il durement espouente. Ha sire compaings mercy/ ie suis appareille que ie face vostre voulente. Dictes que vous plaist que ie face. En nom dieu fait gyron ie vous par vng ieu/ que vous prenez celluy que vo9 aymerez mieulx po2 vous / ou vo9 vous combatrez a la moytie de tous ces cheualiers que vous voyez et ie me combatray a lautre/ ou vous vous combatez tout seul a eulx tous et ie me reposeray endementiers que vous vo9 combatrez Et quant ie verray quilz vous auront mys au dessoubz par vostre mauuaistie et par vostre chestiuete adonc leur laisseray ie courre le frain habandonne et les desconfiray sans faille veulent ou non veulent par ma prouesse. Ceste fiance & ceste seurte ay ie bien en moy et en fortune. Or prenez de ces deux parties laquelle que vous vouldrez/ car il est mestier q̃ vous en prenez lune ou autremẽt vous estes venu a la meslee. Le cheualier quãt il entend cestuy ieu party il respond a gyron et dist. Sire Cheualier ie ay prins mais ce nest pas en telle maniere q̃ vous me partissiez le ieu. Je ne vueil pas combatre se ie oncques puis ne a quinze cheualiers ne a trente. Je le vous laisse oultreement/ vous vous combatrez a eulx ainsi cõme vous deistes que vous vous reposeriez & regarderiez quãt ie me com batropë/tout en telle maniere vous vueil ie faire par cōpaignie/vous vous combatrez ie me reposeray. Et quāt vous vous serez tant cōbatu que vo⁹ ne pourrez aller enauant/et que vous serez oultreement mys au dessoubz ie vous promet̃z q̃ ie ne leur courray pas seure pour reuengier vostre vergongne pour deliurer le cheualier prisonnier ains men iray de lautre part au ferir des esperōs tant comme le cheual pourra traire non pas vers eulx mais tousiours loing cest la partie q̃ prēdray orendroit a ceste fois

Quant Gyron entend ceste parolle il dist au cheualier ainsi comme en soubzryant. Comment sire cheualier sommes no⁹ venuz icy a gaber. Sire ce dist le cheualier ouy ce mest aduis/et vous commencastes le gaber. Car vous me deistes/de ce suis ie bien recordant quil me couiendroit combatre a cestuy point encōtre quinze cheualiers ou encontre trente/et ie de combatre encōtre vng seul cheualier seroye tout encombre. Cōment donc pourriez vous dire que vous ne me gabissiez. Sire cheualier fait gyron nous auons icy parle trop longuement. En nom dieu fait le cheualier ie vouldroye que nous eussions parle si longuement que ceulx feussent ia eslongnez dix lyeues anglesches/adonc me tiendriez vo⁹ en paix qui ores me mettez en guerre. Sire cheualier fait gyron/quanque vous dictes ne vous vault rien/or tost cōmencez le fait Je ne vueil fors que lon vous voye a cestuy point en lieu de vng cheualier arme/commenciez donc hardyement et nayez doubte/car iay bien fiance en dieu que ie deffineray cestuy fait honnoreement et a la deliurance du cheualier que ilz emmainent prisonnier. Et se ce ne voulez faire ie vous promet̃z que ie vous feray tout orendroit mourir. Quant le cheualier euft ouy ceste parolle sil est dolent q̃ courrousse ne luy demandez mye pour ce vrayement que il scait que il pourroit bien receuoir mort a cestuy point se il refusoit le cōmandement de giron/il dist a gyron. Sire cheualier or sachez de vray que se ie cuydasse trouuer en vous si dure cōpaignie ie ne me y feusse huy mys. Mais quāt ie voy que par force me voulez faire hardy et ie me metz en aduanture nō mye de ma voulente scait bien dieu mais pour la force que vous me faictes Et quant il a dicte ceste parolle il prend son escu qui pendoit a vng arbre et prent son glaiue qui estoit dressie a vng autre arbre/et lors se lance emmy le chemin et voit adonc que les cheualiers estoient ia si eslongnez que a paine les veoit il. Sire fait il a Gyron/que voulez vous que nous facons desormais sont les cheualiers eslongnez trop durement/nous ne les pouōs plus veoir tāt sont eslongnez En nom dieu fait gyron ia pource ne demourra que nous ne les attaingnons. Cheuauchons auāt/car ainsi le cōuient a faire. Sire cōpaings ce respond le cheualier que voulez vous que ie vous dye vous vo⁹ mettrez en telle espreuue a cestuy point que certes ie ne vous y verray grāment plus que vng hōme mort/car le cueur me va ia faillant. Ce ne vous vault si maist dieu ce dist gyron/il est mestier que vous commēciez cestuy fait Et ie le feray ce dist le cheualier.

¶ Comment Gyron le courtoys par sa prouesse deliura le roy meliadus et la damoysette Et cōment il abatit le nepueu au roy descoce et bien trēte cheualiers qui estoient en sa compaignie. Et comment il changea son cheual au meschant roussin du roy meliadus.

Ainsi parlant commencent a cheuauchier entre eulx deux assez effoxceement/ Et tant font qlz attaingnent le Roy meliadus et ceulx qui la da moyselle conduisoient. Le cheualier ain si grant paour auoit de combatre que il ne doubtoit mye de la mozt quāt il vint apprrouchier le roy meliadus. Il ne le va mye regardāt se trop pou non/ains crie aux autres qui la damoyselle conduysoi ent. Gardez vous de moy seigneurs che ualiers/car ie vo9 deffye. Et tout le pre mier que il va attaingnant fiert il si roi dement en son venir que il le pozte a ter re et luy fait vne playe moztelle emmy le pys. Quāt il a cestuy abatu il se lance entre les autres q ne fait mye semblant quil soit de riens espouente/car trop fie rement estoit asseur en soy mesmes po? le bon semblant quil auoit veu de gyron Car le cueur luy alloit bien disant quil nētrepzist en nulle guyse si perilleux fait comme est cestuy/ et ce est vne chose qui trop luy donne grant confozt en ceste ad uāture. A cestuy point tout dzoictement que le cheualier auoit ceste besongne si haultement encōmencee au vray cōpter que tous les cheualiers qui la damoysel le auoient en conduyt estoient ia tous es tourdis de la venue du cheualier. A tant voicy venir gyron/mais il ne vient pas a cestuy point comme hōme quidemā= de paix. Il vient en telle maniere com= me se len le chassast a mozt. Il vient cō= me homme de pouoir/comme cheualier de pzix et de valeur/et cōme le meilleur sans doubte qui a cestuy temps feust au monde. Et pource quil cōgnoissoit bien en soy mesmes que ceulx estoient sans faille cheualiers de valeur qui la damoy selle conduisoient encommenca il cestuy fait plus asprement que il neust fait en autre point/ Car il les veult mettre en paour en sa venue se il peut/pour ce viēt la lance baissee q ferant son cheual des

esperons comme se la mozt le chassast. Il semble bien en son venir que la terre crolle soubz luy. Puis que il est venu en la presse bien pouez seurement dire que cestuy est feru quil rencōtre. Il fiert vng cheualier qui parent estoit au roy Des cosse si roidement que il le fait tumber a terre si felonneusement que il se bzise le bzas dextre au cheoir que il feist adont.

Quant il a cestuy abatu il ne se arreste pas sur luy/ car moult petit sen pzent garde/ains hur te auant et encōtre vng autre cheualier et fait assez pis de luy que il nauoit fait au premier. Car il le ferit si raidement que il luy mist le glaiue parmy le cozps. Et au trebuschier quil feist bzisa le glai ue. Et quant il a son glaiue bzisie adont commence sa pzouesse/adont monstre il sa valeur et sa grant fozce et son grant pouoir. Adonc est il apparant entre ses ennemys sans faille comme lyon entre les bestes/et le loup entre les aigneaulx Il est raige et feu et tempeste/et dzoicte ment paour & mozt a tous ceulx qui son fait regardent. Et se ilz en ont paour a= donc ce nest mye merueille/car ilz voyēt tout appertement quil nencontre cheua lier tant soit de grant pouoir qui se puis se tenir en selle tant comme gyron le at= taigne dessus le heaulme. Il fiert/mais ce nest mye par mocquerie. Cestuy qui recoit vng seul coup de son espee il nen veult plus receuoir vng autre. Trop sont pesans/trop sont moztelz les coupz que il va illecques donnant. Quant le nepueu au roy descosse voit ceste chose il se trait vng pou arriere moult esbahy en soy mesmes quil ne scait que il doye dire. Car il voit bien tout appertement que tous les cheualiers de sa cōpaignie dont il y auoit bien de telz que il tenoit a pzeudhommes sen vont fuyant deuāt gyron tout ainsi comme deuant la mozt Et il frappoit entreulx tout ainsi com=

me se ilz feussent hommes mors. Quāt il voit ceste aduanture il dist a soy mesmes tant courroussé que a pou que il ne criette de dueil. Ha sire qui peut ores estre ce cheualier. Or dy ie bien que vrayement est ce la greigneur merueille que ie veisse encores en tout mon aage. Ung cheualier de sa compaignie qui ceste parolle entendit luy respondit adont et dist En nom dieu sire/ce nest mye trop grāt merueille que vous voyez/car ce est cheualier sans faille et si bon cheualier en tout que certes se nous estions encores autant de cheualiers comme nous sommes par dessus ceulx qui cy sont si nous mettroit il tous a desconfiture par fine force/et ce verrez vous assez tost. Et ainsi que le cheualier disoit ceste parolle il regarde et voit adont tout cleremēt que tous les cheualiers de sa compaignie estoient ia tournez a desconfiture/lung ca lautre la/comme gens esbahys et espouentez trop mortellement.

Quant le nepueu au roy descoce voit ceste chose il dist a son compaignon. Honnys sommes ce voy ie bien. Ceste aduanture est bien la plus estrange merueille q oncquesmais aduenist a mon escient entre les cheualiers errans. Et quāt il a dicte ceste parolle il se lance auant lespee en la main toute nue et se adresse enuers gyron/car il dist a soy mesmes que il se tient pour cheualier se il ne peut orendroit faire remanoir ceste chose. Il crie a gyron en son venir. Tournez ca sire cheualier/a moy vous venez esprouuer. Quant Gyron entend ceste parolle du cheualier il ne le va pas reffusant/ains luy tourne tout maintenant la teste de son cheual. Et quant il le va attaingnant il luy monstre bien tout appertement q̄ vrayement estoit Cheualier garny de trop haulte cheualerie et de trop grant force. Il luy donne dessus le heaulme ung coup si grant et si pesant que pour le heaulme ne remaint qui assez estoit bon que il ne luy face sentir le trenchant de lespee iusques a la teste. Le cheualier est de cestuy coup si durement greue que il ne se peut tenir en selle. Il chiet a terre si estourdy et si estonne que il ne scait se il est nuyt ou iour. Il gist illecques aussi comme se il feust mort/Car il ne remue ne pie ne main sinon bien petit. Quāt gyron eut cestuy abatu il ne le va mye regardant/car il ne cuyde mye q̄ ce feust le seigneur de ceste compaignie/ains laisse courre aux autres qui cestuy fait regardoient. Quant les Cheualiers voyent leur seigneur abatu a terre qui ne se remue dillecques en plus q̄ se il feust mort ilz sont adont moult desconfortez/cōme ceulx qui bien cuydēt et croyent quil soit mort que ilz ne scaiuent quel conseil prendre en cel luy fait/ains sen fuyent tous ensemble a qui mieulx mieulx en telle maniere q̄ lung nattend lautre. Espouentez sont mortellement/ne ce nest pas trop grant merueille/assez y a raison pourquoy. Ilz nentendent a cestuy point a autre chose fors que a fuyr les coups merueilleux de gyron/lesquelz il donnoit a force de bras estendu/et sen vont fuyant sur leurs destriers le grāt chemin de la forest. Chascun a de soy mesmes si grant paour que assez petit leur souuiēt orendroit de leur seigneur. Quant gyron voit quil a tout ententiuement la place deliuree en telle maniere quil ny auoit de demourant a cestuy point fors luy seulement/son compaignon/le roy meliadus et la damoyselle pour laquelle le fait auoit este encōmence premierement et deux autres damoyselles auecq̄ elle. En la place sans faille en auoit gisant a terre bien iusques a huyt/dont les vngs estoient mors et les autres estoient si durement naurez que ilz nauoient pouoir de eulx remuer de ce lieu. Les escuyers et les varletz sen estoient fuyz desloes quilz virent leur sei gneur trebuschier a terre / car bien cuydoient certainement quil fut mort. De leur dame leur estoit il adont moult petit. Ilz sont entreulx mauldisant lheure que ilz la virent oncques / car pour achoison delle ce dient ilz bien ont ilz receu si grant dommaige a ceste foys quilz ne le pourroient iamais recouurer.

Gyron quāt il voit que ilz auoiēt du tout la place deliuree en telle maniere quil ny estoit demoure adont fors si pou de gens cōme ie vous compte / il ny fait autre demourāce ains sen vient errāment au roy meliadus et luy treche la corde dōt il auoit les mains lyees. Et quant il la du tout deliure il sault a terre du cheual sur quoy il estoit mōte ¬ dist au roy meliadus. Sire montez sil vous plaist. Or sachez que ie suis moult dolent et moult courrousse de ceste vilenye que vous auez receue a cestuy point / car certes a si vaillant hōme comme vous estes et a si vaillant cheualier ne deueroit venir si non tout honneur et bonne auanture. Le roy pour ce quil face du tout la voulente de gyron descend du roussin et vient au cheual gyron et monte dessus. Et quant il est monte il dist a gyron. Sire moult de mercys de ceste grāt bonte que vous mauez faicte a cestuy point et de ceste grant courtoysie. Sire fait Gyron / or saichez que se ie plus vous en peusse faire voulentiers le feisse. Et de ce que vous estes deliure nen sachez gre fors que a dieu et a fortune qui vous enuoye tousiours bonne aduanture ¬ bon encōtre. Quant il a dicte ceste parolle il ne fait autre demourance / aincoys monte sur le roussin dont le roy meliadus estoit descendu. Haa sire moult de mercys fait le roy meliadus. Quest ce que vous faictes / pour dieu ne montez dessus si chetif poussin comme est cestuy. Car certainement il nappartient a si bon cheualier comme vous estes. Ainsi maist dieu fait Gyron / il ne mest deshonneur de monter dessus si chetif poussin puis que vous en descendistes. Quant ie ne vous puis faire cōpaignie a greigneur chose ie vueil partir a ceste perte / honte ¬ honneur de vous pource que ie vous y trouuay dessus le vueil ie cheuauchier. Et vous prie que vous le mien cheual cheuauchiez pour lamour de moy tant cōme il vous pourra durer. Haa sire moult de mercis fait le roy meliadus. Pour dieu ¬ pour franchise de vous ne receuez cest deshonneur pour achoyson de moy. En nom dieu fait gyron / ie ne le tiens pas a deshonneur / ains le tiens a honneur trop grāt de ce que ie vous puis faire compaignie en aucune chose. Haa sire fait le cheualier a lescu my party / comme ie vins de male hure en vostre compaignie a cestuy point. Quant Gyron entend ceste nouuelle il se tourne enuers le cheualier et luy dist comme en soubzryant. Sire cōpaings / se dieu vous doint bonne aduāture pourquoy dictes vous que vous venistes a cestuy point de male heure en ma compaignie. En nom dieu fait le cheualier Car ie suis moult grāmment naure et mal mene en toutes manieres que ie voulsisse mieulx que ie ne vous eusse onoques veu que tout ce men feust aduenu qui aduenu men est. La douleur en est tournee sur moy de cestuy fait et le dōmaige pareillement / playe en suis en plusieurs ¬ diuers lieux ainsi comme vous pouez veoir. Et vous en estes eschappe si saulnement ce voy ie bien que vous nauez mal ne blesseure. Le ryre en est tourne sur vous ¬ le plourer sur moy Ceste est moult grandement trop male compaignie ce voy ie bien.

Quant giron oyt ceste nouuelle il se commēce a rire moult forment et dist. Amy / ne vous en chaille. Or ne vous esmayez si fort vne autre foys quant nous encomencerons vng autre fait si grãt comme fut cestuy vous eschapperez adonc si sauuement cõme ie suis orendroit eschappe/et tout le trauail et toute la paine en tournera sur moy. Confortez vous et ne vous esmayez/grant honneur vous est aduenu a cestuy point si grant sans faille q̃ onc ques mais ne vo9 aduint. Car ie dy bien hardiement q̃ par vostre haulte prouesse et p vostre espee sans faille est ceste perilleuse auãture menee a fin si honnoree mẽt cõme elle est menee. Et se la vostre espee ne feust encor feust toute ceste gẽt a descõfire. En nom dieu sire cõpaings fait le cheualier a lescu myparty encores voulsisse ie mieulx que ilz feussent a desconfire que ie feusse si naure cõme ie suis Je me sens moult plus malement q̃ vo9 ne cuydez. Sire cõpaings ce dist gyron. Jl mest aduis que se ilz feussent encores a desconfire que vostre fait allast ores moult malement/car silz ne feussent desconfiz il feust mestier que adonc tournast dessus nous deux par fine force la desconfiture. Et se il no9 feust aduenu par nostre pechie que nous feussions desconfiz que cuydiez vous se dieu vous sault que ilz feissent adont de nous. Nous plaisissions par aduanture les testes ou gages a cestuy ieu. Vous est il doncques aduis que il soit mieulx aduenu. Sire cõpaings sire cõpaings se dieu vous a huy fait plus de bien q̃ ne deust/car vous ne scauez recongnoistre la grãt bonte quil vous a fait. Jl vous a oste de mort et de liure de honte/de vilenye/et a souffert que vous auez conqueste pris et hõneur Et quant dieu vous a fait tant de bien pour quoy vous allez vous plaingnant Quant le cheualier oit ceste parolle il se taist comme cestuy qui moult se deult. Et sil se deult ce nest pas merueille trop grant/car a la verite il estoit naure en plusieurs pars moult durement. Alors

gyron demande au roy meliadus. Sire or me dictes de voz armes que elles deuindrent. Certes sire ce fait le roy/elles demourerent la ou ie fuz prins. Sire fait gyron/quant voz armes nauez il seroit bon ce mest aduis que vo9 armes prensissiez de ces cheualiers qui cy gysent. Et il en gysoit illecques plusieurs les vngs mors q̃ les autres naurez.

Pource que gyron ne disoit au Roy meliadus que courtoysie des armes prendre Car sans armes ne cheuauchast il en nulle maniere se il voulsist aller en maniere de cheualier errant il descend du cheual sur quoy il estoit monte/et vient a vng cheualier qui gysoit mort a la terre/et le desarme et prent les armes erramment. Gyron estoit ia descendu du roussin por luy ayder a monter. Et que en diroye ie/le roy est arme en pou dheure q̃ reuiẽt au cheual que gyron luy auoit donne. Et quãt il se prent garde de lescu de gyron il luy dist. Haa sire mercy/quest ce que vous auez fait. Sire fait gyron/que faiz ie donc. Sire fait le roy meliadus/ vous feistes trop grant merueille qni portez a vostre col si vil escu comme est cestuy que vous y tenez/car cest vng escu de cornouaille. Comment que il soit de cornouaille fait Gyron honneur luy est au iourduy aduenu/et pource ne suis ie mye trop deshonnore de le porter. Haa sire fait le roy meliadus/pour dieu iettez le a terre/car a si preudhõme cõme vous estes ne appartient en nulle maniere de porter si vil escu a son col cõme est cestuy Et ie vous prie q̃ vous len ostez maintenant. Sire fait Gyron/et ie le feray por vostre priere acomplir. Lors oste cestuy escu de son col q̃ le met a vng arbre q̃ prẽt vng autre escu q̃ gysoit emmy la place q̃ le met a son col. Et quãt le roy est tout appareille il sen vient droit a lescu de cornouaille que Gyron auoit laisse/et le prent et met a son col. Haa sire fait gyron/ne le faictes/vous serez vergonde a auille se vous le mettez a vostre col. En nom dieu fait le roy/ie ne le tiens pas a vergongne ne a deshoneur se ie le porte. Puis que a vostre col le tenistes bien le puis honnoureement mettre au mien. Et certes sire se il feust autant honnoure de moy come il estoit devous si maist dieu sire q̃ ie me priseroye ia moult plus que ie ne prise. Sire fait gyron/se il v9 plaisoit vous pourriez mieulx dire que vous ne dictes. Mais or me dictes se il vous plaist quelle part vous voulez cheuaucher. En nom dieu sire fait le roy ie retourneroye voulentiers en cestuy lieu mesmes ou ie fuz prins/car ie laissay illecques vng cheualier naure et cuyde de vray que il y soit mort. Sire fait gyron comment feustes prins a par quelle aduanture. Sire fait le roy/de tout ce vous diray ie bien la verite auant q̃ ie me parte de vous. Mais or vous souffrez se il v9 plaist tant que iaye parle a ceste damoyselle pour laquelle cestuy fait fut en commence.

¶Coment le roy meliadus acompaigne de Gyron et du cheualier a lescu myparty et de la damoyselle et de ses deux copaignes se mirent au chemin pour retourner au lieu ou le roy meliadus auoit este pris Et coment ilz trouueret le cheualier de la damoyselle mort/et des regretz quelle en fait.

Ors sen vient le roy a la damoyselle q̃ luy dist. Damoyselle/assez auos huy trauaille po2 vous/et pource que v9 plaist il que len face de vous/ voulez vous venir en cestuy lieu ou nostre bataille fut huy matin pour scauoir se encores est vif le cheualier q̃ tant vous aymoit/et q̃ pour lamour de vous encomença si perilleux fait a si grãt cõme fut cestuy. Quãt la damoyselle entend ceste parolle elle respond tout en plourant. Haa sire/se ceste courtoysie me vouliez faire q̃ vous me menissiez iusques la ou il est dont v9 mauez orendroit parle ie men tiedroye a bieneuree. En nom dieu damoyselle fait le roy/ie suis appareille de vous y mener tout maintenant. Or nous mettons au chemin/car aussi vouloye ie aller celle part. Sire fait la damoyselle/moult de mercis. Apres cestuy parlement ne firẽt autre demourãce ainçoys se mettẽt au chemin le roy tout premierement a gyron de coste luy et le cheualier qui portoit lescu myparty aueecq̃ eulx la damoyselle a ses deux copaignes Quãt ilz furẽt au chemin et le roy auoit ia tant prie gyron que il estoit descendu du roussin a moute sur vng destrier de ceulx q̃ desconfiz estoient. Gyron q̃ trop estoit desirant de scauoir la verite de celluy fait a tout le droit contenement tantost comme ilz se furẽt mis au chemin il dist au roy. Sire ie v9 prie que v9 me diez la verite de cestuy fait a le comencement. Sire fait le roy voulentiers. Et lors luy cõmence a compter comment il auoit le cheualier trouue deuãt la croix et cõment il aymoit la damoyselle/et cõment il luy auoit tout oultreement dit la verite de son estre. Et cõment il auoit tant prie a requis le cheualier quil auoit receu pour son cõpaignon en ceste aduanture. Et quen diroie ie il luy deuise tout le fait q̃ il ne luy en va vng mot celant/ et bien lui compte ce que le cheualier luy auoit requis deuãt ce quil encõmencast la bataille. Et quãt il luy a fine tout celluy compte/gyron q̃ trop voulentiers lauoit escoute dist au roy. Sire se dieu me consent ce fut bien vne des pl9 belles auãtures dont ie ouysse mais pieca parler. Se dieu nous voulsist ores tant de bien que nous trouuissions ores le cheualier en vie qui tant aymoit ceste damoyselle

Or saichez que ce seroit bien vne chose dont ie seroye trop ioyeux/car certes de grant cueur luy vint et de haulte voulente quant il commēca si perilleux fait comme estoit cestuy. En nom dieu fait le roy/vous dictes bien verite. Et encores vous dy ie vne autre chose. Or sachez que il ne le commēca pas pour seurte de moy/mais pour seurte de son corps tant seulement.

Ainsi parlans cheuauchent tāt quilz vindrent en la place proprement ou il auoit este le matin et ilz trouuerent adonc emmy le chemin le Cheualier dont ilz auoient tant parle qui gisoit mort/et encores auoit il son heaulme en sa teste. Et son espee tenoit il si estroictement en vne main comme se il eust la vie dedans le corps/et il gysoit toustours au trauers du chemin Et la ou il gysoit estoit la place toute vermeille de son sang. Et quāt ilz sont venuz iusques a luy et ilz voyent que il estoit mort cest vne chose dont ilz sont moult grandement courroussez. Le roy descend tout erramment et attache son cheual a vng arbre/et pareillement fait gyron du sien et lautre cheualier fait en telle maniere du sien. Quant la damoyselle voit son amy occis qui gysoit mort emmy la place cestuy mesmes cheualier que elle souloit assez plus aymer que soy mesme/cest vne chose dont si grāt dueil luy vient au cueur quelle ne se peut pas recōforter si aisiement comme faisoient moult des autres damoyselles. Quant elle est sur le corps venue tout ainsi a cheual cōme elle estoit/elle ny fait autre demourāce ains se lance du cheual a terre et la ou elle voit son amy elle sen vient a luy tout droictement et luy oste le heaulme de la teste/et elle trouue quil auoit la bouche plaine de sang et le nez. Quant la damoiselle la vne piece regarde elle cōmence a plourer trop durement/et quāt elle a pouoir de parler elle dit tout en plourāt. Haa bel amy cōme vous auez chierement achapte lamour de moy. Le greigneur bien et la greigneur ioye que vous auez eu de moy Cest la mort triste et amere. Bel amy courtoys et senes sage/vaillant/preux et hardy/bon cheualier en toutes guyses quant vous auez vostre iouuence perdue pour moy en telle maniere et en tel destroit et en telle angoysse comme il appert tout clerement que pourray ie pour vous souffrir que ie vous face cōpaignie. Amy amy vostre beaulte est partie pour lamour de moy vostre chair en gyst ensanglantee. Bien pourra dire desormais cestuy qui scaura ceste auanture que vrayement auez voº trop chieremēt achapte lamour de moy Amy amy nous feusmes nourriz ensemble. Je ne scauoye que estoit amour quāt ie mys mon cueur a vous aymer/vous seul aymay ie sans faille et sans faulser et oncques fors que vous naymay/et ie scay tout certainement q̄ vous naymastes fors que moy. Amy/ie ne fuz oncq̄s ioyeuse se devous seulement ne me vint lyesce/ie nay en ce mōde autre ioye fors que vous/vous feustes ma ioye et mon soulas ainsi cōme len peut auoir ioye de veoir et de parler sans autre chose. Amy tant cōme vous feustes vifz feustes voº mien en voulēte et a la mort feustes voº mien appertemēt. Encores appert que vous en portez de cestuy fait enseignes trop douloureuses. Amy la vostre mort sans faille et le martire douloureux q̄ ie voy que vous auez souffert pour moy si est entre dedans mon cueur si estrangement quil nen pourroit iamais yssir tāt cōme ie eusse la vie dedans le corps. Ce que ie voy de vous moccist/la mort me tient dedans le cueur.

La damoyselle qui tant est dolente quelle nen peut plus auoir en nulle maniere du mō de que elle auoit a cestuy point pleure moult fort et regarde le cheualier toutes uoyes que elle souloit tant aymer/et orendroit gyst mort pour la sienne amour Et quant elle a grant piece regarde elle dist au roy meliadus. Sire dist ce cheualier ou len deust mettre son corps se il mouroit en cestuy fait. Certes damoyselle fait le Roy vrayement me le dist il. Et lors luy compte mot a mot la priere que il auoit fait auant que il commencast la bataille et ne luy en cela riens Tout luy compte ce que le cheualier luy auoit dit. Quāt gyron entend ceste nouelle il respond au roy tout en plourant/ Car a la verite dire il auoit trop grant pitie du cheualier mort. Ha sire fait il au roy meliadus/ tant me poyse chierement de ceste aduanture et de la mort du cheualier. Ainsi vrayement maist dieu côme ie vouldroye orendroit auoir donne la moytie de quanque ie tiens en cestuy monde que ie eusse este en ceste bataille a cestuy point que vous la cômencastes/ie croy que encores feust envie cestuy bon cheualier qui mort en gyst. Et ie vous faiz assauoir que ie tiens a trop grant dōmaige que si preudhomme est occis en ceste auanture. Sire fait le roy meliadus. Or saichez que se voꝰ eussiez veu comment il sesprouua bien a cestuy point ainsi côme ie le veiz vous en feussiez sans faille plus courrousse que vous nestes. Ainsi maist dieu fait gyron comme icy suis trop dolens. Sire fait le roy meliadus. Ne vous est il bien auis que vrayement estoit il cheualier de grant cueur quant il estoit en vie qui encores tient ainsi son espee quāt il est mort. Sire cheualier fait Gyron. Que en diriez vous. Je voy de luy si bon semblant en toutes guyses que ie ne pourroye croire en nulle maniere quil ne feust hōme de valeur tant côme il vesquit. Ainsi maist dieu côme il mest bien aduis que ce soit moult grant dōmaige de ceste mort.

¶ Cōment gyron le courtoys osta lespee de la main au cheualier q̃ gysoit mort emmy le chemin. Et cōment la damoiselle requist au roy meliadus que il la voulsist faire enterrer auec le cheualier. Et comment elle mourut.

Apres cestuy parlement se abaisse Gyron enuers le cheualier mort et prent lespee q̃ il tenoit encores toute nue. Et treuue que encores la tenoit il si fermement qua paine la luy osta il de sa main. La damoiselle qui demenoit trop grant douleur quant elle voit lespee de son amy que gyron tenoit toute ensanglantee/et encores la regardant elle se met auant et dist a gyron. Ha sire pour dieu et pour courtoysie dōnez moy ceste espee que vous tenez ie la recongnois moult bien. Sire fait elle se il vous plaist ie la vueil baiser et tenir pour lamour de cestuy a qui elle fut. Je la luy donnay quāt il fut premierement cheualier. Ce fut le bien quil eut de moy Autre bien nen receupt il onc͛ fors que la mort que il en receupt icy ainsi côme vous pouez veoir. Je vueil sire que vous me rendez les drueries que ie luy donnay premierement. Damoiselle fait giron/ puis que vous voulez auoir lespee vous laurez. Si luy donne lespee tout erramment. Et ceste la prent qui tend a faire delle autre chose que ceulx ne cuydent qui lespee q̃ la damoyselle regardoient. Quant la damoyselle tient lespee elle la cômence a regarder tout en plourant et va baiser le poing et lespee. Et tāt la tiēt en telle maniere q̃l estoit tout mouille des larmes q̃ des yeulx de la damoiselle cheoient sur le poing. Ha bōne espee fait la damoyselle/ tant euz ie grāt ioye cestuy iour en mon cueur quant ie vous donnay de mes propres mains a cestuy mien chier amy qui cy gist mort

B iij

De Gyron le courtoys

Vous feustes la premiere armoyerie q̃ oncques ie luy donnay/Vous feustes ma premiere ioye que ie deusse ioye appeller Car depuis q̃ ie vous euz donnee adonc fuz ie bien asseur q̃ ie auoye toutesuoyes vng mien propre cheualier entre les cheualiers errans. Je fuz ioyeuse toutes les foys que il me souuenoit de vous/car ie scauoye certainement que mon amy mauoit tousiours en remẽbrance toutes les foys quil vous alloit regardant. Espee ie congnois de vray que mon amy vous auoit si chiere pour lamour de moy quil ne vous vouloit laisser de sa voulente ne a la mort ne a la vie. Il mourut et si vous tenoit/et ie mourray et si vo' tien dray tousiours ainsi cõme vous tenoit mon amy quant il mourut/ainsi vous auray a mort et vous et luy en ma compaignie qui me semble trop grãt soulas

Ainsi cõme ie vous ay compte demenoit son dueil la damoyselle et disoit et plouroit si durement que nul ne la veist adonc q̃ pitie nen deust auoir. Elle regarde a son amy vne foys τ apres regarde lespee. Or baisoit lespee vne foys aps baisoit son amy ainsi sanglant cõme il estoit. Et quant elle a ce fait vne moult grant piece elle dist au roy meliadus. Sire cheualier ie ay tant veu de vostre fait cestuy iour et de vostre prouesse q̃ ie congnois trestout certainement q̃ vrayement estes garny de trop haulte prouesse/ car se ce ne feust vo' feussiez huy mort plusieurs foys se tant peussiez mourir. Jay entendu p les paroles q̃ vous auez recordees a ce bon cheualier q̃ cy est que mon amy auant q̃l se mist en la bataille vo' dist q̃l estoit biẽ certain q̃l mourroit en cestuy fait/et po' ce vo' pria il tant cõme il peut prier que vo' le feissiez enterrer puis q̃l seroit deuie/et mesmement emmy le chemin/et feissiez mettre dessus luy vne lame escripte de ses lettres cõme il vo' dist. Sire pour dieu ne vo' dist il toutes ces paroles le mien amy auant q̃ vous encõmenciffiez la bataille ou il mourut. E amoy selle ce dist le roy/sans faille tout ce me dist vrayement apres sa mort. Sire ce dist la damoyselle/et q̃ auez vous en voulente de faire de ceste chose. Damoyselle dist le roy/or saichez tout certainemẽt que ie ne mesloigneray grãment de cestuy lieu que ie puisse deuant q̃ iaye tout oultreement acõply ce q̃l me requist/ car certes ie luy promys deuãt sa mort. Sire ce dist la damoyselle/si maist dieu vo' parlez bien en cheualier courtoys q̃ saige Et ie vo' sire par la foy q̃ vous deuez a toute cheualerie q̃ vous me dõnez vng autre don q̃ assez petit vo' coustera. Certes damoyselle fait le roy/voulentiers. Sire ce dist la damoyselle moult de mercys. Et scauez vo' que vo' mauez donne/cest q̃ vous mettiez auecq̃s le mien amy mon corps en terre. Dieu damoyselle ce dist le roy/cõment pourroye ie ce faire/ cestuy est mort et vo' estes en vie/par aduãture vo' viurez plus q̃ ie ne feray. Sire respond la damoyselle/se ie viz plus longuement de vo' donc ne le pourriez pas faire/mais se ie meurs en cestuy io² ie vous prie q̃ vous le faciez. Dieu damoyselle fait le roy/cõment pourroit il aduenir q̃ vo' mourussiez en cestuy iour Ja estes vo' si saine q̃ si belle sans doubte que len vo' peut bien cõpter tout hardiement po² vne des plus belles damoyselles de tout le mõde. Sire fait la damoyselle/vous ne sentez mye ce q̃ ie sens. Autre douleur trop greigneur me tient que vo' ne cuydez/ie vo' prie q̃ vous ne faillez du conuenant q̃ ie vous ay demande pourueu q̃ ie meure en cestuy iour. Damoyselle ce dist le roy/se dieu me sault vo' me faictes tout esbahy des paroles que vous me dictes/car certes il ne mest pas auis que il me peust aduenir en nulle maniere que vous mourussiez si soubdainement cõme vous dictes.

Sire dist la damoyselle/or sachez tout certainement que ie mourray en cestuy iour/ie le vous dy seurement. Et pource ie vous prie pour dieu et por franchise q̃ vous ne me faillez du couenant q̃ ie vous ay requis/et que vo᷉ auez promis de vostre bõne voulente nul autre don ie ne vo᷉ demande a cestuy point/car ie nay mestier de nul autre. Damoyselle ce dist le roy/que vous diroye ie. Or saichez q̃ sil aduiẽt en telle guyse cõme vous le dictes ie feray tout ainsi q̃ vous le requerez/mais se a dieu plaist il ne aduiẽdra mye en telle maniere/car certes ce seroit trop dõmaige se il aduenoit ainsi. En telle guise respondit le roy a ceste foys a la damoiselle. Apres se tourne deuers gyron et luy dist. Sire quel cõseil me dõnez vo᷉ a ceste aduanture. Il est bien vray sans faille que ie promis a ce cheualier q̃ cy est q̃ ie le feroye mettre en terre en cestuy lieu propremẽt ou il mourroit. Il est mort en ceste place il fut occis ou nous sommes entre nous deux. Sire ce luy respond gyron / quant vo᷉ ceste promesse feistes au cheualier il est mestier q̃ vous le faciez en toutes manieres / car certes si bon cheualier cõme vous estes ne doit faillir de couenant quil promette a autre cheualier po᷉ nulle aduãture du monde. Sire ce dist le roy dõc me cõuiendra il demourer a aucune maison de religion pres dicy ou en aucun chastel. En nom dieu fait gyron/si y demourez vo᷉ ne deuez faillir du couenant que vous feistes au cheualier.

Cellui point tout droictement que le roy meliadus parloit a gyron/gyron voit q̃ la damoyselle se abaisse sur le cheualier occis/et tenoit toutesuoyes lespee toute nue en sa main dextre. Et quãt la damoyselle eut grãt piece demoure en ceste maniere dessus le cheualier occis/gyron q̃ plus mettoit toutesuoyes son entente a regarder

la damoyselle q̃ ne faisoit le roy meliad᷉ car a la verite dire il en auoit trop grant pitie. Quant il voit q̃ la damoyselle a si longuement demoure sur le cheualier occis sans soy remuer si dist au roy. Sire voulez vo᷉ veoir la greigneur merueille q̃ encores veissiez puis que vous feustes ne. Sire fait le roy meliadus/et ouy/ou est elle monstrez la moy. En nom dieu fait gyron/si feray ie. Or vous en allez a ceste damoyselle et vo᷉ trouuerez sans faille que elle est morte de douleur. Sire fait le roy meliadus. Ce ne pourroit estre en nulle maniere. Ainsi maist dieu fait Gyron/si est. Et se il ne est en ceste maniere ne me croyez vne autre foys. Le Roy Meliadus qui encores ne creust pas que ce peust estre que gyron luy faisoit entendant sen vient a la damoyselle. Et quãt il est venu a elle il voit adõc tout appertement que elle estoit morte/ et il se seigne de la merueille que veue a Et aussi fait le cheualier a lescu my party qui estoit venu illecques pour veoir se cestoit verite ou non ce q̃ gyron auoit dit. Et quant gyron voit et ilz voyent certainement que il estoit ainsi aduenu de la damoyselle ilz sont moult espouentez et trespensiz quilz ne scaiuent que ilz doyuent dire de ceste aduanture.

Quãt gyron voit ceste chose qui estoit ainsi aduenue il dist au roy meliadus tout larmoyant des yeulx/car pitie sans faille auoit de la damoyselle. Sire ne vous disoye ie verite de la damoiselle quelle estoit morte/et si est elle/ce pouez veoir. Sire fait le roy/vous feustes plus apperteuant que ie ne fuz. Bien poũos seurement dire que vrayement laymoit elle de grant amour. De luy ce poũos nous dire seurement. Et la damoiselle sans faille est pour luy morte. Ce ne peut nul contredire. A nostre temps ne moururent deux amās qui si loyaulment sentraymassēt a leur viuant. En nom dieu dist gyron de ce dictes vous bien verite. Ce est bien des estranges merueilles du royaulme de logres. Bien pourra estre desormais cestuy fait compte pour aduanture merueilleuse pour estrange. Iay ten feray vng chant nouuel qui encores sera recorde apres nostre mort en maintz estranges royaulmes. Desormais auezvous bien achoison de demourer en ceste contree iusques a tant que vous ayez fait mettre en terre ces deux corps que vous voyez en cestuy chemin droictement. En cestuy lieu ou ilz sont les faictes enterrer eulx deux et dedans vne sepulture toute la plus riche belle que vous pourrez trouuer en toute ceste contree dessus la sepulture faictes entaillier lettres pourquoy les trespassans qui la la vie regarderont puissent scauoir le nom du cheualier et le nom de la damoyselle et comment ilz moururent tous deux pour achoison damour. Sire fait le roy meliadus. Or sachez tout certainement que tout ainsi comme vous lauez orendroit deuise le feray ie sans faille tout auant que ie me parte de ceste contree. Or me dictes fait Gyron scauez vous cōment a nom la damoiselle. Sire nēny fait le roy se dieu me sault il ne me souuient de son nom. Et cōment pourray ie scauoir le nom ce dist gyron. Sire ie ne scay ce dist le roy meliadus comment vous le peussiez scauoir se vous nalliez a cestuy chastel ou ilz furent tous deux nez. Car ilz furent nez tous deux en vng chastel et furent nourris ensemble. Et scauez vous cōment le chastel a nom ce dist gyron. Ouy sire ce dist le roy/lon la pelle le chastel ygerue. Et sachez sire ql est appelle en ceste maniere pource que la royne ygerue le fonda. En nom dieu sire fait giron/a cestuy chastel qui est appelle ygerue fuz ie autre fois/ie scay trop bien ou il est. Et sachez q ie nauray grāment de repos deuāt que ie soye la venu Et tost y pourray venir sans faille/car il est assez pres dicy. Et quāt ie ay la fin de ceste aduanture qui bien est sans faille la plus estrange et la plus merueilleuse que ie veisse encores en tout mon aage Je vous cōmande a dieu/car ie ne puis icy demourer/iay moult ailleurs affaire

Quant le roy eust ouy ceste parolle il ney est mie trop ioyeux car encores ne se voulsist il partir en nulle maniere de gyron puis que aduanture lauoit ainsi apporte en sa cōpaignie. Ha sire mercy dist le roy a gyron. Pour dieu pour gentillesse ne voʒ partez si tost dicy puis quil a pleu a dieu me faire tant de bien que ie voʒ aye trouue par teste aduanture comme voʒ auez veu ne me vueillez si tost tollir vostre cōpaignie/se maist dieu ce seroit vne chose q me mettroit au cueur douleur si grant que mais en piece nen ystroit. Sire or sachez de verite ce dist gyron que se ie peuf se demourer auecques vous ie demourasse aussi voulentiers comme vous mesmes le voulsissiez/car certes de vostre compaignie auoir ne fuz ie moins ioyeux de vous ne que vous feustes de la myēne. Mais ainsi mest ores aduenu que partir me conuient dicy et cheuaucher en autre lieu. Vne autre fois se dieu plaist serons ensemble et demourrons lung auecques lautre plus longuement que nous ne pouōs ores faire. Sire fait le roy meliadus scauez vous qui ie suis. Ouy vrayement fait Gyron / Vous estes sans faille le roy meliadus de leonnoys. En nom dieu fait le roy/sire vous dictes verite. Ie ne cuidoye pas se dieu me sault q vous me cōgneussiez si bien comme vous faictes. En nom dieu dist gyron / cestuy qui ne vous cōgnoist bien peut dire que il ne congnoist tous les bons cheualiers. Sire cheualier ce dist le roy meliadus/ Et cestuy qui ne vous congnoist peut il bien dire hardiement que cil ne congnoist tout le meilleur cheualier qui orendroit soit en ce monde/car certes vous estes tout le meilleur de tous ceulx qui orendroit portent armes entre les cheualiers errans/si lauez bien monstre tout appertement en cestuy iour et en maint autre. De ceste parolle est gyron assez honteux et vng pou courrouce si respont. Sire vous peussiez bien plus courtoisement parler se il vous plaisoit Or voy ie bien tout clerement que vous ne me congnoissez mye trop bien qui me tenez a si preudhomme comme vous dictes/car certes ie ne suis mye tel. En nom dieu sire fait le roy vostre celer ne vous vault rien/car ie scay de vray que vous estes gyron le courtois le meilleur cheualier de toute la cheualerie qui fut entre les crestiens puis le temps Galehault le brun a qui vous fustes compaignon ce scay ie tout certainement. Certes le premier cheualier qui oncques me tollit heaulme de teste par force despee ce fustes vous.

Sire fait gyron puis que ie voy que enuers vous ne me pourroye plus celer/car trop me congnoissez ie vous prie par amour que vous me faciez tant de courtoisie que vous ne me faciez congnoistre a nul/car ie scay de vray que ie ne suis encores granment congneu en ceste contree ne en autre a ce que tout le monde cuide que ie soye mort ainsi comme ilz cuydoient de vous. Je sy vng temps de ce me recor ie trop bien que tout le monde disoit que vous estiez mort ainsi comme ilz dient orendroit de moy. Sire fait le roy meliadus puis que ie voy vostre voulente or saichez que ie vous celeray tant comme ie pourray mais tout mon celer que vault. De vous vont ia parlant sans faille ⁊ par ceste contree et par autre tous les cheualiers errans et par les grans merueilles que vous al

lez faisant par tous les lieux ou vous venez/et vous allassent ia congnoissant les grans et les petis ce ne fust que vous changez voz armes trop souuent comme ie say. Sire ce dist gyron feres vous bien tout ce que ie vous prie. Certes sire fait le roy ie feray vostre priere tout au mieulx que ie pourray. Gyron sen vient a son cheual et monte et prent vng escu que il treuue emmy le chemin et auoit este a vng de ceulx qui au matin sestoient illec combatus. Lescu estoit tout iaune et sans autre taint. Le cheualier a lescu myparty senva auec luy. Le roy les conuoya vne grant piece et puis sen retourna/car gyron len pria tant que le roy le fist/mais ce fust moult enuis/car il ne se partoit mye voulentiers de si bon cheualier comme estoit gyron. Quant ilz se furent departis en telle guyse comme ie vous compte gyron qui trop estoit desirant de scauoir comment le cheualier auoit a nom qui fut occis et le nom de la damoyselle aussi cheuaucha tant cestuy iour mesmes que il vint au chasteau qui estoit appelle ygerne et illec aprint sans faille que le cheualier auoit a nom absalon et la damoyselle cesala. De ceste aduanture fist puis gyron vng lay que len appella le lay des deux amans ⁊ encores est il ainsi appelle et il en trouua le chant et le dist. A cestuy compte retournerons nous bien quant il en sera lieu et temps

Celle nuyt dormit Gyron dedans le chastel et le lendemain assez matin sen partit il. Quant il fut du chastel yssus il dist a son compaignon. Sire compains quelle part voulez vous cheuaucher. En nom dieu fait il sire ie nay nulle voulente de cheuaucher a cestuy point/car tout premierement me vueil seiourner/ie suis naure de plusieurs playes et tant me dueil de la iournee que nous eusmes hier et du trauail que nous souffrismes que ie nay

De Gyron le courtois

membre qui ne sen sente tout autrement quil ne me fust mestier/pour ce me conuient il demourer en aucun chastel pres dicy et illec tant seiourner que ie soye retourne en sante. Sire compains ce dist gyron dont vous commant ie a nostre seignr/car ie nay ore voulente de seiourner. Je ay tant affaire que ie ne puis cy faire demouree ne ailleurs a ceste fois. Comment sire fait le cheualier a lescu myparty auez vous doncques voulente que vous faciez nostre compaignie si tost departir. Ainsi le conuient faire ce dist gyron puis que vous voulez seiourner/car ie nay de seiourner mestier. Mais or me dictes auant que ie me parte de vous en quel chastel vous voulez seiourner. En nom dieu sire fait le cheualier a lescu miparty puis que ceste chose vo9 voulez scauoir orendroit ie vous en diray toute la verite. Or saichez que ie iray seiourner a maloanc. Et se ie viens assez en point que ie puisse parler or saichez q ie compteray ceste merueilleuse aduanture que vous menastes a fin par vostre proesse. Je vous pry fait gyron que vous me faciez tant de courtoisie que vous ne diez mon nom en lieu ou vous veniez. Certes fait le cheualier ce feray ie bien voulenties pour lamour de vous. Encore vous pry ie fait gyron dune autre chose se vous pouez parler a ma dame de maloanc saluez la de par celluy qui ia dis fut cõpaignon de nayn le roux. Sire fait le cheualier qui est celluy. Je ne vous en diray autre chose fait gyrõ/ma dame cõgnoistra bien tout maintenant qui est celluy quant vous luy cõmencerez a dire Sire ce dist le cheualier puis que vous ne men voulez plus dire saichez que pour amour de vous feray ie trop bien le mesfaige se ie puis. Or vous commant ie a dieu se dist gyron. Sire ce dist le cheualier a dieu soyez vous recommande. En telle guise se departirent a ceste fois.

Cõment giron le courtois trouua le cheualier a lescu dargent et le nepueu au roy descoce q̃ demenoit grant dueil pour la perte et desconfiture de ses gens Et des parolles quilz eurẽt ensemble touchant ceste matiere

Le cheualier qui portoit lescu myparty sen va errant vers maloanc ia vouldroit estre la venu pour seiourner car bien en auoit mestier a celle fois. Et gyron quant il se fut de lui party cheuaucha ceste matinee le grãt chemin iusques pres de heure de mydy. Adonc luy aduint sans faille que le chemin lamena deuant vne grant croix de pierre ou aupres auoit deux cheuaulx ataichez a deux arbres et deux escus pendoient illec. Quant gyron vint approuchant des escuz il regarde et congnoist que lung des escus estoit lescu dargẽt que le cheualier portoit qui grant parlemẽt eut damour encontre luy lautre nuyt deuant. Lautre escu estoit tout vert fort lũg des quartiers de dessus qui estoit dargent. Les deux cheualiers dont ie vous cõpte si estoient deuant la croix/lung deulx auoit la teste enclinee vers terre et pẽsoit moult durement q estoit sans heaulme/ mais de toutes ses autres armes estoit il garny. Lautre ne faisoit fors le regarder. Atant vint arriuer sur eulx giron ainsi monte q arme comme il estoit. Et quant il approuche des cheualiers il les salue. Lung des cheualiers se dresse tantost q fust celluy qui lautre regardoit et dist a gyron. Sire bien soyez venu pour dieu descendez sil vous plaist et mettez conseil se faire le pouez a reconforter ce cheualier qui tant est yre et esmaye quil ne mest pas aduis q̃ ie vueisse oncques nul si desconforte.

Giron qui regarde le cheualier q̃ a lui parloit en telle maniere recongnoist tãtost en soy mesmes que ce est sans faille le cheualier qui portoit lescu dargent celluy mesmes de qui il auoit abatu lorgueil par vng seul coup despee ainsi comme le compte a ia deuise en arriere tout appertement. Sire cheualier fait gyron se ie descendz et ie ne puis reforter ce cheualier adonc sera ma paine perdue. Haa sire pour dieu descendez fait le cheualier si verrons que vous pourrez faire. Je lay cy trouue des le matin ou il demenoit son dueil a part luy et quant ie lay ainsi veu desconforte ie suis descendu de mon cheual pour aucun pou dalegement donner a sa mesaise/ mais ce nay ie peu faire. Lors descent gyron sans faire autre demourance et atache son cheual a vng arbre et oste son glayue et son escu de son col et tout met a vne part Et quant il a ce fait il vient au cheualier qui encores pensoit et dist si hault que bien lentendit le cheualier. Sire cheualier dieu vous sault. Le cheualier dresse la teste quant il entend celluy salut et regarde gyron et luy dist. Sire bonne aduanture vous doint dieu. Sire cheualier fait gyron pour quoy estes vous si pensif. Sire fait il/ assez y a raison pour quoy Se ie suis pensif et dolent ce nest mye merueilles/ car certes ie ne croy mie que il mescheust oncques en nostre temps si estrangement a nul cheualier errant comme il mescheut hyer a moy/ car ie mys a mort de mes mains le cheualier du monde que plus iaymoye et apres perdis ma mouillier et tous mes compaignons qui bien estoient soixante que cheualiers que autres/ et sans tout cestuy grant dommaige fuz ie naure si durement que de long temps comme ie croy ie nauray pouoir de porter armes. Pour ceste tresgrant mescheance sire cheualier que ie vous ay compte suis ie pensif et esmaye si durement comme vous voyez/ car ce vous faiz ie bien a scauoir que iusques au iour de hyer auoie este si bieneure en toutes aduantures que oncques deuant cestuy point nauoie si forte chose emprinse ne si perilleuse que ie ne feusse venu au dessus par force de cheualerie/ et orendroit a ceste fois quant ie vois recordant comment il mest fierement mescheu a vng seul coup qui iusques a ores auoye este trop mieulx fortune que nul autre cheualier Se ie suis dolent et yre ce nest mie merueille. Se ie suis triste et pensif nul homme ne men doit blasmer/ car ie suis deshonnore et auile trop durement que ne mest pas aduis que iamais me peust honneur aduenir apres ceste grant honte qui ores mest aduenue.

Quant le cheualier a dicte ceste parolle il baisse la teste vers terre et les larmes luy viennent aux yeulx et lors commencence a plourer si tendrement que nul ne le veist a cestuy point qui pitie nen deust auoir Quant gyron a tout ouy cestuy compte recongnoist en soy mesmes tout certainement que cest le nepueu au roy descoce qui fut compaignon darmes a laultre cheualier qui mourut pour amours et pour qui la belle damoyselle mourut. Et le cheualier a lescu dargent dist de rechief a gyron. Pour dieu demandez luy qui fist toute ceste grant desconfiture si ores la trop belle gaberie. Et quelle gaberie pourrois ie ouyr de cestuy fait ce dist gyron. Sire ce dist le cheualier a lescu dargent se vous luy demandez qui fist ceste grant desconfiture il vous respondra erramment que vng cheualier seul la fist toute/ si est ce gaberie trop grande que vng seul cheualier peust faire si grant chose comme il deuise. Comment sire ce dist gyron cuydez vous que vng seul cheualier qui bien fust preudhomme darmes ne peust par son corps seul mettre si grant gent a desconfiture comme ce cheualier deuise et dit quil luy est aduenu Certes sire fait celluy a lescu dargent ie ne le croy pas/ car trop seroit estrange chose a croire que le corps dung seul chevalier peust tant faire comme cil devise. En nom dieu sire fait gyron si pourroit bien/et a ce que vous dictes mest il bien aduis que voirement ne veistes vous oncques nul bon cheualier a aucun grant besoing. En nom dieu sire fait gyron si ay ie vy le bon cheualier sans paour que moult de gens tiennent orendroit au meilleur cheualier du monde ie le vy entre vingt cheualiers seulement que il ne peut mie desconfire/ains fut desconfit & descheuauche si vilainement quil demoura en la place tout ainsi come sil fust ung garcon. Sire cheualier fait gyron or saichez que ie vous ottroye bien que le bon cheualier sans paour est cheualier sans faille de hault affaire et de haulte cheualerie garny/mais tant vous fais ie bien assauoir que il nest pas le meilleur du monde. Len en pourroit bien trouuer daussi bons et de meilleurs/pour ce ne fut mye grant merueille sil fut desconfit a celle fois par vingt cheualiers/car il nestoit mye cheualier parfait. A celle parolle lieue la teste le cheualier qui tant estoit dolent et dist au cheualier a lescu dargent. Sire cheualier or saichez tout certainement que a faire toute ceste desconfiture que ie vous ay comptee orendroit neut que lespee dung seul cheualier Ce ne puis ie mie dire quilz ne feussent deux voirement/mais le second ne fist gueres plus que ung homme mort y eust fait. Le corps dung seul cheualier fist toute ceste desconfiture/et lautre ny feist rien. Ung seul cheualier nous honnist tous quanque nous estions.

A ceste parolle respont gyron et dist. Sire cheualier tenez vous ceste chose a trop grant meschance. Ouy certes fait le cheualier voirement la tiens a la plus fiere meschance et a la plus grant que oncques mais aduenist a cheualier. Sire cheualier fait gyron or saichez tout de vray que ung cheualier qui scauoit partie de vostre affaire me compta de vous trop grant bien et me dist que selon ce que len luy auoit dit et compte aucun temps na encores mye gramment que ce fust que vous estiez le plus courtois cheualier sans faille de toutes courtoisies qui en bon cheualier doiuent estre que len peust trouuer en nulle contree. Sire cheualier tant comme vous menastes courtoisie ne vous vint rien si non honneur et ioye et bonne aduanture. Mais puis que vous laissastes courtoisie adonc vous vint honte et deshonneur tout incontinent. Beau sire fait le cheualier quant laissay ie courtoisie. En nom dieu fait gyron ie le vous diray puis que scauoir le voulez. Des celluy point laissastes vous courtoisie arriere dos quant vous promistes a vostre compaignon que vous trauailleriez de tout vostre pouoir que il auroit la damoiselle que il aymoit de tout son cueur comme vous scauez. Quant luy feistes ceste promesse & apres meistes vostre penser a aymer la damoiselle et vous trauaillastes tant que vous leustes pour vous/de celluy point ne feistes vous mye comme cheualier/mais comme desloyal & mauuais que nul ne peut ce mest auis faire greigneur desloyaulte que faire telle trahison a son compaignon come vous feistes au vostre. Vous pourchassastes enuers luy honte et trahison et felonnie et vous mesmes locciftes de voz deux mains ce fust la fin de la loyalle compaignie quil vous auoit portee ainsi comme vous mesmes scauez. Mais apres celle follie que vous feistes a celluy qui vous aymoit de tout son cueur il vous est pis aduenu/vous en estes deshonnore en toutes guyses/car vous en estes desconfit et vostre compaignie aussi et par ung homme seulement. Maure en estes et vostre gent morte/& sans tout ce auez perdue vostre mouiller/et tout par la desloyaulte et trahison que vous pourchassastes envers vostre compaignon/en auez vous vostre raison maintenant. Ouy ce dist le cheualier ma raison en ay ie voiremēt et plus que ma raison/car ie ne desseruy oncques tant de mal comme ien ay receu Certes fait giron encores nen auez vous mie tout vostre droit. Deuāt que vous en perdez la teste pour cestuy fait naurez vous bien vostre raison. Car nul cheualier qui trahison pourchasse enuers son compaignon ne doit perdre moins de la teste.

Lors pense ung petit quant il entend ceste parolle et puis respont. Comment donc sire cheualier dōneriez vous si fier iugement encontre vostre compaignon sil eust ainsi contre vous fait. Si maist dieux ce dist gyron comme ie le donnerois de moy mesmes et plus en feroye/car sil mestoit ainsi mescheu que ieusse si fieremēt mesfait a ung mien amy ie nattendroye nul iugement ains me occiroye a mes deux mains. Et se aucun vostre amy vous eust mesfait en telle maniere ce dist le cheualier quen feriez vous. En non dieu fait gyron ie ne feroye autre chose fors ce seulement que len doit faire de cheualier traistre et desloyal. Je lui couperoie le chief/car certes il ne mest pas aduis q̄ ien peusse auoir pitie ne mercy pour nul le aduanture du monde. En non Dieu fait le cheualier vous estes dassez trop cruel et si vous faictes plus loyal selon ce que ie croy que vous ne seriez se vous eussiez tant mesfait a ung vostre amy comme vous dictes. Encores ne vy ie iamais nul cheualier qui se mist a mort quant meffaisoit a son compaignon de tel mesfait comme est cestuy. En nom dieu fait gyron ie scay ung tel qui pour moindre mesfait quil auoit fait a ung sien amy se fust bien mys a mort ce ne fust ce quil en fut destourne. Beau sire

fait le cheualier trop fut loyal et plus courtois en remembrance que ie ne pourroye estre/mais ie ne croy mie que lautre luy peust estre si courtois. Certes vous dictes verite ce dist gyron len luy fist courtoisie et il a depuis fait vilennie Lors parolle le cheualier qui auoit lescu dargent et dist a gyron. Sire se dieu me sault or saichez bien que danayn le roux qui seigneur est de maloanc na mye este si courtois enuers son compaignon/car son cōpaignon qui bien est a mon escient le meilleur cheualier du monde ainsi cōme dient pour vray ceulx qui le congnoissent/il pria danayn en qui il se fioit sur tous les hommes mortelz que il allast veoir une damoyselle que il aymoit. Danayn y alla pour la voulente de son compaignon acomplir. Et quant il fut venu a la damoyselle il la vit si belle en toutes guises que cestoit merueilles de la veoir. Il layma si vehementement cōme cheualier pourroit aymer damoiselle. Quant il la deust mener a son compaignon a qui la damoyselle deuoit venir il ne luy amena pas/ains la mena autre part quant il la deuoit mener a maloanc Or la tiēt pour soy mesmes en telle maniere sans faille que iamais ne la rendra a son compaignon tant comme il la puisse tenir. Or sire cheualier que diriez vo' de ceste chose vous est il aduis que pour achoison dune damoiselle deust mourir si bon cheualier cōme est danayn qui biē est au vray dire ung des bons cheualiers voire ung des meilleurs qui orendroit soit en tout le monde

Quant gyron entend cestui cōpte il respont au cheualier ainsi comme se il ne sceust riens de ceste chose et ce dist pour scauoir que respondra le cheualier. Sire cheualier fait il comment scauez vous que danayn le roux qui tant est bon cheualier ait fait enuers son compaignon trahyson si mer ueilleuse comme vous devisez/or saichez que ie pourroye croire que si bon chevalier comme est cestuy empzint a faire si grant vilennie/mesmement envers si bon chevalier comme est son compaignon que vous dictes qui est le meilleur chevalier du monde se vous ne me comptez la verite de cestuy fait/ie vous prie que vous la me comptez se vous la scavez. En nom dieu beau sire fait le chevalier a lescu dargent selon ce que iay ia ouy compter a plusieurs hommes est ce voirement le meilleur chevalier du monde/mais pour ce que danayn le roux ne lui ait fait ceste vergongne et ceste de la damoyselle que ie vous ay dit. Et pour ce que vous maves pzie que ie vous compte comment ie scay la verite de ceste chose/ie suis appareille que ie le vous die si men orres mieulx adonc. Or vous seez sil vous plaist devant ce chevalier/il orra cestuy compte que ie vous vueil dire si sen reconfortera par advanture et vous scaurez la verite de chose que vous ne scavez encores comme ie croy/et lors men croirez mieulx et nen iugerez adonc si cruellement par advanture en tel fait comme est cestuy/car se ce eust este du tout si grant vilenie comme vous comptez il ne mest pas advis que danayn le roux eust fait ce a son compaignon. Et quant il a ce dit il commence son compte en telle maniere.

Sire fait il il nya trois iours que ie chevauchoye par une forest qui est dicy a moins dune iournee. Apres mydy advint que ie euz talent de boire/et pource que ie scavoye adonc une fontaine pres de cellui lieu ou iestoye laissay ie le chemin que ie tenoye adonc et vins a la fontaine droictement Quant ie fuz a la fontaine venu si privement comme ie chevauchoye qui ne menoye en ma compaignie ne homme ne femme/ie trouvay devant la fontaine droictement une damoyselle la plus belle damoiselle que ie veisse oncques en tout mon aage. La damoiselle se dormoit sur la fontaine et sesveilla en mon venir pour le hanissement du cheval sur quoy iestoye monte. Quant ie vy la damoyselle si belle qui seule estoit et navoit en sa compaignie que ung petit nain qui navoit pas plus de douze ans daage pour ce que ie ne feisse ennuy a la damoyselle se ie allasse ainsi a cheval comme iestois descendy ie/car a la verite dire ie estoye trop merveilleusement esbahy de la grant beaulte que ie veoye en elle. Il mestoit advis que cestoit songe pour ce quelle estoit si belle et lavoye trouvee si privement dessus la fontaine disois ie en moy mesmes que cestoit fantaisie et peche qui cestoit demonstre a moy en semblance de damoiselle. Et apres dy ie en mon cueur que ce nestoit pas fantaisie aincois estoit damoyselle la plus belle sans faille que ieusse oncques veue en tout mon aage. Ainsi pensant et ainsi regardant la beaulte de la damoiselle apres ce que ie fuz descendu et ie euz atache mon cheval a ung arbre et mys illec mon glayve et mon escu/quant ie me fuz ainsi appareille daller a la damoyselle ie me retray vers elle erramment/car trop estoye fierement desirant de scavoir qui elle estoit et comment elle demouroit illec si privement Quant ie fuz iusques a elle venu ie la salue et elle se dzesse encontre moy et bien monstre au semblant quelle faisoit quelle estoit courroucee et triste et dolente/mais pour ce ne demoura il pas quelle ne me dist/bien viengnez sire chevalier. Damoiselle dys ie adonc/bonne aventure vous doint dieu et ioye/et pource luy dis ie celle parolle pour la cause que ie veoye quelle estoit courroucee durement. La damoyselle se rassiet/et ie qui adonc apperceuz tout de vray que elle estoit courroucee non mye petit luy dys. Chiere amye il mest advis que vous estes courroucee/se dieu vous doint bonne fortune dictes moy dont ce courroux vous vient et ie vous prometz loyaulment que se ie puis mettre conseil a vous donner ioye que ie le feray. La damoyselle baisse la teste vers terre quant elle entent ceste parolle et me dist tout ainsi comme en plourant. Haa sire chevalier comme ie suis plaine de courroux et comme ie scay de verite que tout le confort du monde est loing de moy/de conforter ne me parlez sire chevalier/car reconforter ne me pourroye desormais/fortune mest trop contraire estrangement. Trahie ma vilainement a cestuy point. Ia a grant temps que nulle damoyselle ne fut trahie si desloyaument comme iay este trahie nouuellement. Ie luy demanday erramment comment elle auoit este trahie/et elle me compte adonc vne sienne aduanture toute la plus merueilleuse que ie ouysse pieca dire. Lors commence le cheualier a compter a gyron mesmes comment gyron auoit enuoye danayn pour la damoiselle/tout luy deuise mot a mot ce que le compte a ia deuise cy deuant. Et quant il eut fine cestuy compte il dist a gyron. Sire en telle maniere que ie vous compte scay ie tout certainement que danayn le roux trahyst son compaignon et la damoyselle que il aimoit tant. Et quant il a dicte ceste parolle il se taist et gyron le regarde et le met adonc en cellui mesmes parlement et dist.

Sire vous mauez compte comment vous trouuastes la belle damoyselle/or me dictes se dieu vous doint bonne aduanture comment vous vous partistes delle et comment vous ne lemmenastes auec vous puis que vous la trouuastes si priueement/car certes si belle damoiselle comme estoit celle que vous dictes ne deussiez vous laisser en la forest pour tant que vous la peussiez mener auec vous. Le cheualier qui portoit lescu dargent respont a tant et dist a gyron. Sire se dieu me sault or saichez que vous mauez fait a cestui point trop bonne demande/et ie vous prometz que arriere moy ne leusse ie mye laissee/mais ie la laissay par force et encontre ma voulente. En nom dieu fait Gyron cestuy compte vueil ie bien que vous me diez sil vous plaist/car certes il est plus bel a ouyr que tout ce que vous mauez compte. Sire ce dist le cheualier or voy ie bien que vous auez talent dentendre ma honte et ma vergongne et ie le vous diray quant ouyr la voulez/et non pourtant ie vous prometz que delle compter a ceste fois me souffrise ie trop voulentiers car de la dire nay desir/mais pour ce que ie vous ay compte le commencement de cestuy compte vous compteray la fin. Sire fait gyron,or saichez tout vrayement que cestuy qui nose compter sa vergongne et veult amenteuoir son honneur il ne se doit tenir pour cheualier. Sire si maist dieu fait cil a lescu dargent vous auez bien dit verite/et pource vous compteray ie la vergongne qui maduint en ceste aduanture que ie vous ay orendroit commence a compter Et quant il a dicte ceste parolle il commence son compte maintenant en telle maniere.

Sire fait il a giron a cestui point tout droictement que la belle damoiselle mauoit compte tout mot mot comment danayn le roux lauoit vilainement trahie/et plus mauoit elle encores dit/Car elle mauoit dit que danayn nosoit retourner a Maloanc pour le blasme de la gent et pour la doubtance quil auoit de son compaignon/ains sen vouloit desormais aller vers forelois tant que la parolle dicelluy blasme soit cheuste et appaisee. A cestuy point que la damoyselle mauoit compte toute ceste chose a tant voicy entre nous venir danayn arme de vnes armes noires lescu a col le glayue au poing. Quant il me vit delez sa domoiselle assis en telle guise comme ie vous compte il commence a crier. Sire cheualier gardez vous de moy/car certes vous estes mort se vous ne pouez vostre corps deffendre contre moy. Je qui assez me fioye en ma cheualerie fuz espouente/car ie cuydoie que il me voulsist maintenant courir sus tout ainsi a cheual comme il estoit/et pour ce luy dys ie. Sire cheualier/souffrez que ie monte ainsi a cheual comme vous estes monte. Comment sire cheualier fait danayn cuydez vous donc que ie vous assaille ainsi a cheual comme ie suis la ou vous estes a pie/ ie ne le feroye en nulle maniere/car adonc feroye tout appertement contre honneur de cheualerie. De ceste parolle fuz ie sans faille trop durement reconforte en moy mesme/car deuant ce auois ie eu grãt paour. Et pour ce vins ie a mon cheual z mõtay et prins mon escu et mon glayue et puis dis a danayn. Sire cheualier qui estes vous qui orendroit me alliez menacant. Qui ie suis fait il ie suis vng cheualier ce pouez vous veoir et vous le scaurez assez tost se ie puis. Or vous gardez de moy se vous pouez/car se ie ne vous porte a la terre ie ne me tiens pas pour cheualier. Quant ie vy que ie ne me pourroye autrement partir de danayn le roux z ie en droit moy disoie bien que cestoit il sans faille pour ce que ie vy tout appertemēt que il sappareilloit de sa part de iouster encontre moy si laissay ie courre au ferir des esperons tant comme ie peuz du cheual traire. Mais mon deuiser que me vault/ de celle iouste il me monstra bien tout clerement que voirement pouoit il estre maistre de iouster. Car il me ferit si roydement en son venir que il me fist vyder les deux arcons et me porta a la terre si tresfelonneusement que au trebuschier que ie feiz me fut bien aduis adoncques que ie eusse la caignole du col rompue et le bras dextre. Je demouray a terre gisant ainsi comme se ie fusse mort/ et y demouray bien en telle maniere tant que len peust ayseement cheuaucher pres de deux lieues de terre anglesches. Qant ie recorde en moy mesmes comment il mabatit si felonneusemẽt ie mesmerueille si mayst dieux comment ie ne fuz tout debrise de celle cheutte.

Quant ie euz demoure a la terre si longuement comme ie vous ay compte et neuz pouoir de me redresser et ie cuyday encores veoir au pres de moy le cheualier danayn et la damoyselle/ mais ie ne vy adoncques ne lung ne lautre ne autre creature quelconque fors que mon cheual seulement qui estoit illecques atache a vng arbre. Ainsi se partit danayn de moy et ie ne le vy puis. Mais vrayement ie trouuay depuis vng autre cheualier qui me dist quil lauoit encontre vers sorelois ou il emmenoit auecques luy sa damoyselle. Si me puis ie bien desormais taire de ceste raison que ie vous promis de compter/ car ie la vous ay comptee. Et pour ce que ie vous ay compte ce que vous me demanstes vous pry ie que vous me diez ce que ie vous demanderay si vo' le scauez. Certes voulentiers ce dist Gyron pourueu que ce soit chose que ie deisse a autre cheualier or sachez que ie le vous diray. Dictes moy donc fait le cheualier a lescu dargent scauez vous nulles nouuelles de vng cheualier qui porte vng escu de cornouaille. Pour quoy en demandez vous nouuelles ce dist gyron. En nom dieu fait le cheualier ie le vouldroye voulentiers trouuer il nya pas encores grammẽt de iours quil me fist vne verrgongne que ie vengeroye voulentiers sur luy se ie le trouuasse. Or me dictes sire cheualier ce dist giron quant il vous fit celle vergongne dont vous parlez pour quoy ne vous vengeastes vous/senfuyt il si tost que vous ne vous peustes de luy venger? En nom dieu fait le chevalier il ne sen fuyt pas/mais sen partit de moy par assez bonne voulente/mais certes ie nestoie adoc si bien ayse comme ie suis orendroit. Et pour ce demande ie de luy nouuelles/car se ie orendroit le trouuasse encores cuideroie ie bien a cestuy point sur luy venger la honte que il me fist.

Quant le nepueu au roy descoce qui auoit ouy et entēdu tout plainement ce que ilz auoient dit entre eulx deux quant il entend la demande que faisoit cestuy a lescu dargent il dresse la teste & respont adonc. Certes sire chevalier ie vous scay bien dire nouuelles de cestuy que vous demandez. Or saichez q̃ se vous le trouuez en vng chāp q̃ vous le voulez assaillir mauuaisemēt pour les venger la vergongne quil vous a faicte que ainsi maist dieu cōme il meneroit a desconfiture telz dix cheualiers comme vous estes/vous le congnoissez mauuaisement. Quant il fut auecques nous or saichez que nous ne le congnoissions pas si bien cōe ie le congnois Je vouldroye que oncques ne leusse veu/car il ma honny et destruict/il ma mort et deshonnore. Tout le dommaige que ie ay cy ay ie receu par luy & non pas par autre. Le chevalier qui portoit lescu dargent quant il entent ceste nouuelle est plus esbahy que il nestoit deuant et dist adonc. Comment fait il voulez vous donc dire que cil dont ie parolle vo⁹ mist a desconfiture et toute vostre compaignie pareillement. Ouy sire voirement nous desconfit il quanque nous estions de chevaliers. Luy seul ma destruit et liure ceste grant honte/luy seul ma fait ceste perte irrecouurable sans doubtance/cestuy seul ma tolu ma mouiller.

Bien puis dire seurement que de male heure vint pour moy en ceste contree le chevalier qui porte lescu de cornouaille Il ma honny et destruit et mort. Il ma mys le grant dueil que iay au cueur qui iamais en iour de ma vie nen ystra pour nulle aduanture. Et quen dyrois ie il ma occis. Le chevalier qui portoit lescu dargent ne scait que dire quant il entent ceste nouuelle. Il est plus esbahy q̃ il nestoit deuant. Et gyron luy dist adonc pour ouyr que il respondra. Maintenant sire Chevalier que voulez vous dire? Estes vous orendroit si tresdesirant de trouuer le chevalier qui porte lescu de cornouaille comme vous estiez a cestuy point que vous commencastes ceste parolle. En nom dieu fait le chevalier a lescu dargent nenny quant il est tel pour verite cōme ce chevalier deuise Dieu men deffende que iamais ne le treuue ne rencontre. Car ie scay tout vrayement que se ie le trouuoie et ie vouloye ma honte venger sur luy mauuaisement le pourroye faire/pour ce ne quier ie iamais le trouuer.

¶ Comment apres ce que Gyron le courtoys eut reprins le nepueu au roy descoce de la grant trahison quil fist a son compaignon il touста a luy et le naura moult durement.

Ors sen retourne gyron deuers le chevalier qui nepueu estoit au roy descoce et luy dist. Sire chevalier se dieu me sault et gard dire pouez seurement que vous auez faicte vne des plus grandes vilennies quoncque homme fist ne commist. Car tout premierement auez trahy vostre compaignon/et qui plus est vous lauez occis et mys a mort. Et apres feistes si grant vilennie et si grant oultraige que au noble roy meliadus de leonnois qui bien est sans faille ung des plus gentilz hommes de tout cestuy monde et si bon chevalier de son corps comme len scait vous feistes les mains lyer devant le pis si vilainement comme ie scay. De cestuy fait sans faille avez vous bien mort desservie se il fust qui la vous donnast/car a si preudomme comme est le roy meliadus de leonnois ne deust len faire vilennie par nulle advanture du monde. Quant le chevalier entend ceste nouvelle si est formement esbahy. Comment fait il fust ce le roy meliadus qui premierement encommença cestuy fait avecques mon compaignon Ouy certes dist gyron ce fust il voirement/et vous en feistes tant que se vous en receussiez mort ce ne fust mye trop grant oultraige. En nom dieu fait le chevalier ie ne scay que vous en diriez/mais se ieusse sceu certainement que ce eust il este or saichez de vray que il ne me fust eschappe si legierement comme il est Je eusse bien sur luy venge a cestui point une vergongne quil fist iadis encontre ung homme de mon lignaige. Sire chevalier fait gyron encores ne laisserez vous ia voz felonnies devant que vous ayez trouve qui vous acomplira tous voz fais Ce ne serez vous mye fait le chevalier qui mes fais puissez tous acomplir. En nom dieu fait gyron ce ne scay ie/plus preux chevalier que ie ne suis par advanture les acomplira. Mais tant vous fais ie assavoir que se vous me eussiez autant meffait comme vous feistes au roy meliadus a ceste fois/et ie vous trouvasse puis a si bon point comme ie vous ay trouve cy vous ne meschapperiez pas si legierement comme vous cuidez pour quoy ie neusse vergongne de mettre a mort si chetif chevalier comme vous estes. Le chevalier se courrouce trop durement quant il entent ceste parolle/et pour ce respont il adonc par courroux. Comment sire chevalier mauez vous donc trouve por chetif homme. Certes fait gyron se ie pour preudhomme vous tenisse donc serois ie bien le plus fel homme du monde/car se vous fussiez homme de valeur vous ne fussiez par le corps dung seul chevalier desconfit/mes memement a celluy point que vous aviez si grant compaignie de gens come ie scay. Bien mostrastes a cestui point que voirement estes vous chetif homme/et encores monstrez bien que vous avez felonnie et chetiuete en vous qui dictes que se eussiez recongneu le roy meliadus vous vous fussiez venge de luy autrement que vous ne feistes. Certes pour ceste parolle vous feisse ie orendroit vergongne et honte se il ne me tournast a deshonneur de mettre la main a ung si vil chevalier mort come vous estes/mais ce seulement me retient que ie nen fusse desprise.

A Ceste parolle est le Chevalier tout enrage de mal talent/et du grant dueil quil a au cueur ne respont riens ains vient a son cheval et prent son escu et son glaive/et quant il fut appareille en telle maniere il dist a giron. Montez vistement sire chevalier et vous deffendez de moy se vous pouez. Certes ie vous vueil monstrer que ie ne suis mie si vil ne si mauuais come vous dictes aincois suis bien aussi bon chevalier come vous estes ou meilleur. Et vous ne dictes long temps a vilennie a nul chevalier dont le guerdon vous fust aussi tost rendu comme cestuy sera. Sire chevalier fait gyron se dieu me sault mieulx vous vouldroit de beacoup reposer que entreprendre cestuy estrif. Nauez vous encores assez vergongne et honte. Beau sire souffrez vous de celle que auez recevue du chevalier a lescu de cornouaille. Bien voy quil ne vous suffist pas de si pou/ mais maintenant en aurez vostre saoul

Or saichez bien que vostre force pourra assez petit durer encontre moy. La nostre guerre sera legierement finee. Quant il a dicte ceste parolle il ny fait nulle autre demourance ains vient a son cheual et monte et prent son escu et son glayue Et quant il est tout appareille de la iouste il laisse courre encontre le cheualier tant comme il peut du cheual traire et le fiert si roydement en son venir que pour lescu ne pour le haulbert ne demoura pas que il ne luy fist vne grant playe emmy le pys. Cil est si durement charge de celluy coup que il ne se peut tenir en selle ains volle maintenant a terre/ & au trebuscher quil fist retrahist gyron son glayue a luy et dist. Sire cheualier/or vault pis. Et quant il a dicte ceste parolle il sen va oultre que il ne regarde plus a ceste fois ne celluy qui est trebusche ne lautre mesme qui portoit lescu dargent Depuis que il se fut mys au chemin il sefforca de cheuaucher/car il ne voulsist mye voulentiers q̃ ceulx allassent apres luy. Et pour les nouuelles que il ouyt a ceste fois de danayn il dist a soy mesmes que il naura iamais ioye deuant que il soit vers le pays de sorelois / et quil ne peut estre en nulle guise que puis que il sera venu celle part que il ne treuue danayn qui luy a fait si grant honte et si grant vergongne que il ne le pourroit oublier deuant quil en soit vengie. Celluy iour demoura il a vne maison de religion mais il ne fust pas illec demoure a ceste fois ce ne fust pource quil sentoit que son cheual estoit plus trauaille que mestier ne luy fust. Pour ce demoura leans gyron deux iours tout entierement/et puis se remist au chemin tout maintenant apres que son cheual eust vng pou recouure force et pouoir / et que luy mesmes aussi pareillement se fust requiesce selon ce quil se sentoit

¶ Comment gyron le courtois rencontra sers que vng cheualier faisoit mener les mains lyees deuant le pis pour ce quil auoit voulu secourir vne damoiselle q̃ le cheualier faisoit mener honteusement

Puis que il se fut mys au chemin il cheuaucha celle matinee pesant moult durement. Et tout celluy penser estoit de danayn/car il ne pouoit nullement oublier la vilennie que celluy danayn luy auoit fait. Quant il eut celle matinee cheuauche bien enuiron cinq lieues anglesches adonc luy aduint que il encontra vng cheualier arme de toutes armes qui menoit en sa compaignie deux escuyers. Lung des escuyers menoit vng destrier en dextre et portoit vng glayue et vng escu. Lautre escuyer qui apres venoit si menoit vne damoyselle a pied et vng cheualier aussi pareillement. Le cheualier estoit en gonnelle tout chausse et auoit les mains lyees deuant le pis moult vilainement. La damoyselle estoit toute nudz piedz et en gonnelle ainsi comme le cheualier / mais elle auoit les mains lyees derriere le dos moult vilainemẽt. Le cheualier venoit apres mõte sur vng destrier le haulbert au dos /les chausses de fer chaussees / lespee au coste / le heaulme en la teste. Et quen diroys ie ? il venoit bien comme cheualier qui bien eust voulente de deffendre son corps se len le voulsist assaillir. Quant gyron voit celle gent venir il sarreste emmy le chemin Car il vouldra scauoir se il peut pour quoy len les menoit en telle guise. Quant ilz sont venus iusques a luy il salue le cheualier arme et le cheualier luy rend son salut moult courtoisement. Beau sire dist gyron qui sont ceste gent que vous faictes mener en telle maniere. Beau sire fait le cheualier vous le pouez bien sca uoir/cest ung cheualier et une damoiselle. Ceste damoyselle cy recoit ceste vilennie pour sa follie et apres ceste honte que ie luy fais faire doit elle bien perdre la teste/mais ce ne doit mye le cheualier

Ors se tourne gyron enuers le cheualier et le commence a regarder et tant le regarde sans faille que il congnoist tout errāment que cestoit fers que il auoit deliure a laultre fois quant le cheualier lemmenoit en prison. Apres ql sceut de vray q cestoit fers q tant souloit estre felon et qui luy promist loyaulment q iamais en iour de sa vie il ne feroit vilennie a dame ne a damoyselle ne a cheualier errāt. Pour ce q il luy fist adonc ceste promesse veult il scauoir tout orendroit pour quelle occasion il est prins. Se il a faulse son conuenant et ait meffait a aucun il ne luy doit cy ayder ne secourre de riens. Mais se il a tenu conuenant selon la promesse que il luy fist donc luy veult il ayder. Lors dist a fers ainsi comme sil ne le cōgneust de riens. Sire cheualier qui estes vous? Sire fait il se dieu me sault or sachez tout vrayement que ie suis cheualier le plus meschant qui soit en ce monde/car se ie fais mal ien ay bien et se ie faiz bien ien ay mal. Encores na pas grāment de temps que toute mon entente estoit a faire mal et vilennie a tous ceulx a qui ie pouoye. Tout mon plaisir et tout mon delict estoit lors a faire mal. Et sachez sire tout de vray que a cellui temps que ie ne faisoye si non mal et vilennies et cruaultez ne me venoit riens que bien et ioye et bonne aduanture. Tant comme ie faisoye mal toutes ioyes et soulas a souhait auoyes. Tous les miens fais venoient a ma voulente sans courroux et sans dueil/mais ores tout nouuellement encores na pas six iours acomplis maduint par mon peche sans faille que ie trouuay ung cheualier preudhomme

darmes et vaillant et sa proesse esprouuay ie par moy mesmes parquoy ien parle si hardyment. Cestuy estoit si courtois en toutes choses que ie ne cuyde pas que ie trouuasse encores ung cheualier si courtois comme il estoit et sa courtoisie me fist il veoir appertement/car ie luy feiz vilennie la greigneur que ie peuz et le chassay hors de mon pauillon et leusse mys a mort se ieusse peu/mais ie ne peu car il estoit en toutes guises trop meilleur cheualier que ie nestoye. Quant ie euz fait au cheualier toute la vilennie q ie peu en telle guise comme ie vous cōpte adonc me monstra sa courtoysie si appertement que il me deliura de prison/ie luy auoye fait vilennie et il me fit courtoisie. Et me fist adonc creancer loyaulment que iamais a iour de ma vie ne feroye si non courtoisie aux dames et aux damoyselles et aux cheualiers errans que ie trouueroye.

Ire cheualier pour la tresgrāt de courtoisie que ie trouuay au cheualier apres la grant villennie que ie luy auoye faicte voulu ie changer mes coustumes pour lamour de luy et pour ce que creance luy auoye. Car a si courtois cheualier comme estoit cellui et a si preudhomme ne fauldrois ie mye de conuenāt tant comme ie le peusse faire. Et pour ceste promesse que ie lui feiz commencay ie maintenant a faire courtoisie. Et se iauoye deuant este cruel et felon ie fuz adonc courtois et debonnaire a toutes gens. Mais regardez sire cheualier qui mest ores aduenu pour la courtoisie que iauoye commence a faire en delaissant ma cruaulte/ien suis lye et guerrote/bien le pouez veoir. Voire si tres vilainement quon ne pourroit plus Or suis ie ainsi deshonnore comme voꝰ veez pour courtoisie faire. Ie vueil bien que vous sachez et chascun aussi q quāt ie faisoye vilennie en tous lieux ou ie la pouoye ie ne receu autant de honte. Pour quoy ie dys que se ie puis estre deliure de cestuy point iamais pour courtoisie ie ne seray deshonnorez. De ceste parolle que dist le cheualier adonc commence gyron a rire trop fierement et puis de rechief dist. Or me dictes cheualier comment fustes vous prins pour achoison de ceste damoiselle. En nom dieu sire cheualier fait sers ie le vous diray quāt scauoir le voulez. Or saichez que cheuauchoie huy matin par ceste forest arme de toutes armes et tant que ie trouuay ce cheualier que vous veez cy arme cōme il est encores et faisoit ceste damoiselle mener deuant luy si vilainement cōme vous pouez encores veoir. Tantost cōe la damoiselle me vit elle me cōmenca a crier tout en plourant que ie eusse mercy delle q que ie la deliurasse en aucune maniere ou par priere ou par autre chose. Quant ie entendy la parolle de la damoyselle ie en euz pitie si dis adonc en moy mesmes que ie seroye vilennie trop grant se ie ne faisoie tout mon pouoir de la deliurer/q faulseroye adonc le conuenāt que iauoie promis au cheualier. Lors commēcay a prier le cheualier que il deliurast la damoiselle pour lamour de moy/et il dist quil nen feroit riens ne ne la deliureroit ne pour moy ne pour autre se il ne le faisoit par force qui trop fust oultre sa voulente. Je luy dis adonc/ Sire cheualier quant vous ne voulez pour ma priere deliurer ceste damoiselle orvous appareillez de combatre encontre moy/ car bien saichez vrayement que venu estes a la meslee se vous ne la deliurez orendroit. Le cheualier fut de ceste parolle courrouce et pour ce respondit il. Or soichez que se pour lamour de ceste damoiselle vo9 vous combatez a moy et ie viens au dessus de vous par force darmes ie vous prometz que ie feray de vous autant comme ie fais orendroit de la damoyselle/ne pour tant ne sera pas la damoyselle deliuree. Je respondy au cheualier. Comment quil men doyue aduenir ie me vueil combatre a vous se vous ne voulez deliurer la damoyselle auant la bataille/et il dist que la damoyselle ne deliureroit il en nulle maniere/mais il seveult combatre a moy plustost que la deliurer en telle maniere.

En telle maniere sire cheualier comme ie vous compte cōmenca la bataille de nous deux car ie vouloye la deliurer de tout mon pouoir/mais ce cheualier ne vouloit. Puis que nous eusmes la bataille encommencee tout ainsi a cheual comme nous estions il aduint adonc que cestuy cheualier qui plus preux estoit darmes que ie nestoye vint au dessus de moy. Je luy commencay a crier mercy car ie cuydoie toutesuoyes trouuer en luy courtoisie ainsi cōme len deueroit trouuer en chascun cheualier par raison/mais toute ma priere ne ma valu nulle chose touchant courtoisie. Car il me fist desarmer erramment et me fist mettre a pie et lyer en telle maniere comme vous voyez que ie suis. Et pour ceste cause mest aduenu toute ceste honte et tout ce deshonneur pour ce que ie vouloye par ma courtoisie deliurer la damoyselle/ et pour courtoisie faire suis ie mene a tel deshonneur/ trop mieulx me vaulsist encores estre cruel q felon ainsi comme ie souloye estre que receuoir vergongne. Or saichez se iamais puis estre deliure de cestuy point ne quiers estre courtois. De ceste parolle se commenca a rire gyron en soy mesmes trop fierement. Lors se tourne vers le cheualier qui arme estoit et luy dist. Dictes moy sire cheualier se dieux vous doint bonne aduanture menez vous pour autre chose ce cheualier sivilainemēt que pour locasion quil ma icy comptee. Certes sire cheualier fait il nenny. Il vous en a dit tout droictement la verite. En nom dieu beau sire fait gyron or sachez de vray que vous avez fait trop grant oultraige et trop grant vilennie quant vous feistes a ce chevalier si grant deshonneur et a la damoyselle. Si mayst dieu vous avez bien monstre a cestuy point quil y a en vous plus de mauvaistie que de bonte/car certes a nul chevalier du monde ne deussiez vous faire ceste vilenie pour advanture qui advenist se vous seulement ne le trouvissiez en trahison. Or tost faictes le deslyer tout orendroit ou autrement se dieu me sault ie vous feray honte ou vilennie moult plus que vous ne vouldriez recevoir. Quant le chevalier entend ceste parolle il regarde gyron de travers et respont moult orgueilleusement et dist. Sire chevalier ung autre menacez que moy/car bien sachez vrayement que ie prise voz menaces assez moins que vous ne cuydez. Et ie vous dy une autre chose. Or sachez que le fait de cestuy chevalier que ie fais mener orendroit icy devant moy si vilainement comme vous veez namendera pas de vostre venue ains empirera pour vous. Sire chevalier fait gyron ainsi le cuydez vous ce mest advis/ mais ie vous prometz que cestuy fait yra tout autrement que vous ne cuydez. Il est mestier quil soit delivre orendroit vueillez ou non vueillez. Or tost appareillez vous de vostre corps deffendre encontre moy/car vous estes venu a la bataille se vous ne delivrez ce chevalier tout maintenant.

¶ Comment gyron le courtois se combatit au chevalier qui emmenoit sers prisonnier/et comment il le desconfit et mena iusques a oultrance. Et comment gyron le bailla a sers pour en faire sa voulente.

Comment sire chevalier dist lautre avez vous si grant voulente de combatre encontre moy comme vous en faictes le semblant. Sire ce dist geron ie vous vueil monstrer quelen ne doit mener si vilainement chevalier comme vous menez cestuy/mesmement pour telle raison come ceste pour quoy vous le menez. Sire chevalier dist lautre/or sachez que nay ores talent de combatre encontre vous ne encontre autre. En nom dieu fait gyron ou vous vous combatrez a moy ou vous delivrerez le chevalier. Sire chevalier fait lautre puis que ie voy que ie ne pourroye en vous trouver autre paix fors que la bataille ie me vueil a vous combatre/mais ce sera par itel convenant come ie vous diray orendroit. Or sachez tout certainement que se ie puis venir au dessus de vous par force darmes ie feray de vous autant come iay fait de cestuy que vous icy veez. Sire chevalier fait gyron sachez bien que ce ne diroie ie de vous ne dautre chevalier voirement et pour ce que vous me menacez avant le coup de moy faire vilennie se vous faire le pouez. Aussi sachez tout vrayement que se ie puis venir au dessus de vous par force darmes ie delivreray maintenant ce chevalier que vous menez si vilainement et vous mettray entre ses mains en telle maniere quil pourra adonc de vous faire ce quil vouldra/tant y aura voirement que ie ne souffreroie pas quil vous mist a mort pour tant quil ny eust greigneur achoison que ceste nest que iay encores entendue. Quant ilz eurent ainsi parle ilz ny font autre demourance ains laissent courre maintenant lung contre lautre tant comme ilz peuent des chevaulx traire. Et quant ce vient au baisser des lances ilz sentrefierent de toute la force et puissance que ilz ont. Le chevalier qui nestoit pas de beaucoup si tresfort comme estoit Gyron ne peut pas soubstenir le grant coup que

Gyron luy donne emmy le pys ains vol
le a terre/q est si estourdy de celle cheuste
quil ne scait sil est iour ou nuyt/car il fut
abatu moult felonneusement. Et non
obstant quelque mal quil endure de celle
cheuste si se lieue il le plus legierement
quil peut/mais formment est esbahy qui
peut estre le cheualier q abatu la. Car il
se sétoit en toutes guises si bon iousteur
et si bien cheuauchant que il ne pouoit
mye legierement trouuer en lieu ou il ve
nist cheualier qui abatre le peust/Pour
ce est il assez esbahy de ceste aduanture
Quant il est venu en estant gyron luy
dist. Sire cheualier que voulez vous fai
re voulez vous combatre encontre moy
a pied ou a cheual/ou voulez vous recon
gnoistre que vous soyez oultre. Damp
cheualier ce dist lautre parlez plus saige
ment se dieu vous sault. Comment cuy
dez vous mauoir si formment espouente
pour tant se abatu mauez? Or saichez q̃
maintz cheualiers sont abatus qui puis
reuengent leur vergongne. Si feray ie
la mienne se ie puis/et vous dy vne au=
tre chose. Or faictes tost vostre pouoir
car ie vous promets que vous ne vien=
drez huy en ce iour au dessus de moy se a
uanture voiremẽt ne mest trop contrai
re. Or descẽdez et atachez vostre cheual
a vng arbre et vous venez combatre a
moy tout a pied si verrons adõc le meil=
leur de nous deux. En nom dieu fait gy
ron vous dictes bien la verite.

Apres ceste parolle descent gy=
ron que il ny fait autre demou
rance q ataiche son cheual a vng
arbre et son glayue met illec mesmes/et
quant il est appareille de la bataille il va
contre le cheualier lespee en la main tou
te nue. Et lautre aussi pareillemẽt vient
contre luy lescu sur sa teste lespee droicte
contremont. Ainsi commence lestrif des
deux cheualiers. Mais que vault ce la
bataille est trop mal partie/car lung est
trop plus fort de lautre en toutes manie
res et trop meilleur cheualier pour ce ne
peut la bataille grammẽt durer. Le
cheualier qui longuemẽt ne pouoit souf
frir les pesans coups que gyron luy al=
loit gectant cõmece a reculer comme cel=
lui qui ne scait mieulx faire pour les eua
der. Quant gyron voit celluy semblant
il congnoist bien tout erramment en soy
mesmes que le cheualier est asse q quil a
paour de mort/et pour ce luy court il sus
orendroit plus asprement que il ne fist
au commencement. A cestui point que le
cheualier alloit ainsi ganchissant encon
tre les coups de gyron comme celluy qui
ne les veult attendre il luy aduint que il
cheut a terre tout en trauers. Quant gy
ron le dit trebusche a terre il luy sault
sur le corps et le prent par le heaulme a
deux mains et le tyre si fort a soy que il
luy arrache rigoureusemẽt hors de la tes
te et puis luy abat la coiffe de fer sur les
espaules puis luy commence a donner
de tresgrans coups du pommeau de les
pee parmy la teste si quil en fait le sang
saillir de toutes pars. Quant le cheua=
lier se sent si mal mener pour ce que il
voit bien tout clerement que il est mort
seil ne crye mercy. Car encontre celluy
qui le tient ne se pourroit il pas deffen=
dre en nulle maniere du monde il crya a
haulte voix haa/ Sire cheualier pour
dieu mercy et par la courtoisie de vous
ne me mettez a mort. Car ie suis appa=
reille que ie face oultreement vostre vou
lente. Sire cheualier fait giron me crea
cez vous que vous ferez ma voulente.
Sire fait il ie le vous creance loyaul=
ment. Et gyron le laisse a tant et dist.
Or tost allez deliurer ce cheualier et vo9
mesmes oultreeement vous mettez en
sa mercy soit de viure ou soit de mou=
rir en sa voulente sera. Sire cheualier
fait il a vostre voulente du tout en soit
puis que ie voy que ie ne puis nulle=
ment mon corps deffendre encontre

vous/car a la verite dire vous estes le meilleur chevalier que ie encores trouvasse en tout mon aage/il me convient faire vostre voulente.

Puis quil eust dicte ceste parolle il nattent plus/ains sen vient maintenant au chevalier prisonnier et luy chiet aux piedz et luy dist. Sire chevalier ie me metz en vostre mercy/faictes de moy desormais vostre voulente. Sire fait gyron puis que vous estes delivre faictes vostre voulente de ce chevalier qui honte vous a fait. Prenez de luy telle vengeance comme vous vouldrez. Sire fait il moult de mercis de ce que vous mavez delivre a cestuy point. Or me dictes ce dist gyron sire chevalier estes vous de ceste mesme voulente que vous estiez orendroit/car vous dictes que se vous eschappiez de cestuy point que iamais courtoisie ne feriez. Sire respont le chevalier. Cestuy qui recoit courtoisie et ne rend courtoisie est trop fol et trop mauvais. Quant vous ouystes que ie dis ceste parolle ie estoye adonc desespere et creoye bien que iamais ne peusse estre delivre/mais orendroit quant ie voy que courtoisie ma delivre ainsi comme elle fist aultreffois se ie adonc de cy en avant navoye greigneur voulente de faire courtoysie q̃ ie navoye devāt trop seroie de dure maniere et plain de cruaulte. Or sachez tout de vray que iamais en iour de ma vie ie ne feray si non courtoisie tant comme ie la puisse faire. En nõ Dieu sire chevalier fait gyron or suis ie donc plus ioyeulx de ce que ie vous ay delivre que ie nestoye devant. Et certes pour esperance de ceste bonne parolle que vous avez orendroit dicte vous delivray ie. Sire ce dist le chevalier moult de mercys cest ores la seconde fois que chevaliers errans mont delivre de honte et de vergongne. Jamais a chevalier errant ie ne feray si non courtoisie de

tout mon pouoir tant comme ie auray la vie au corps. Si chevalier fait gyron item me dictes sil vous plaist que vous vouldres faire de ce chevalier qui cy est qui vous menoit orendroit si vilainement comme ie vy. Le chevalier pense ung petit quant il entend ceste parolle et puis respont Sire quen doys ie faire. Puis que ie voy que Dieu ma secouru si courtoisement a ce besoing et chevalier errant ma delivre si courtoisement de mort vilaine et une autre fois encores se ie de cestuy chevalier errant navoye pitie et mercy adonc aurois ie moult tost oublye ceste courtoisie que vous mavez orendroit faicte. Je luy pardonne tout orendroit ce quil ma meffait pour lamour de vous et pour lamour de tous les chevaliers errans. Voire mais ie vueil que il me creance orendroit voyant vous comme loyal Chevalier que iamais en iour de sa vie il ne fera vilennie a chevalier errant ne autre chose si non courtoisie.

Quant gyron entend ceste nouvelle il dist a soy mesmes que ores ne peust il croire que nul si cruel chevalier ne si felon comme souloit estre cestui peust estre devenu si courtois comme il est. Or ne vouldroit il maintenant en nulle maniere quelconque que il luy eust faicte la premiere courtoisie et ceste seconde cy dapres. Car bien luy est advis par ceste chose q̃ il voit orendroit de luy que iamais en tout son aage ne retournera a la vilennie et desloyaulte que il souloit avoir. Quant il eut ainsi pense a ceste chose il il respont a fers. Si maist Dieux sire chevalier vous avez orendroit fait plus grande courtoisie que iamais ie ne vous apprins. Et certes vous avez bien parle en guyse de chevalier courtois/Car il vous faisoit oultraige et vilenie et vous lui rendez courtoisie. Je macorde bien a ce que vous mauez dit/Car cest sans faille la meilleur partie. Lors se tourne sers enuers le cheualier oultre q̃ luy dist Sire cheualier pource que vo⁹ estes cheualier errant vous pardonnay ie toute la vilenye que vous mauez faicte. Mais ie vueil bien que vous saichez que ceste courtoisie ne vous ay pas faicte pour lamour de vous/aincoys le faiz pour lamour des cheualiers errans q̃ sont preu dhõmes. Sire fait lautre cheualier/de ceste courtoysie vous mercye ie moult. Or vueil ie fait sers que vo⁹ creancez orendroit comme cheualier que iamais a iour de vostre vie vous ne ferez vilenye a cheualier errant ne riens si non courtoysie/voire se il aduenoit que vous le trouuissiez en trahyson/de ce le menez adonc par esgart q̃selon la coustume des cheualiers errans. Sire ce dist le cheualier/ce vous creance ie loyaulment. Encores vueil ie fait sers que vo⁹ me creanciez loyaulment que iamais a Dame ne a damoyselle ne ferez si non courtoysie. Se elles vous meffont vous ney prendrez vengeance/ains les chasserez dentour vous. Certes dist le cheualier tout ce vous creance ie loyaulment.

Lors parle Gyron et dist au cheualier. Sire cheualier/or seroit il bon ce mest aduis que vous ceste damoiselle deliurissiez/vous luy auez assez fait honte et deshonneur assez plus que cheualier ne deuroit faire a damoiselle. Beau sire fait le cheualier vous plaist il que ie la deliure. En nom dieu vrayement vueil q̃ elle soit deliuree. Sire fait le cheualier/puis que vous le voulez elle sera deliuree. Mais ie vous faiz assauoir auant que ie la deliure que se vous scauiez sa grant trahyson et sa grant felonnye ie cuyde que vo⁹ ne vouldriez que elle feust deliuree/aincoys commanderiez que len luy trenchast la teste ains que len la deliurast. Car certes ie ne croy quil ait orendroit en ce monde nulle si desloyalle damoyselle/et pour sa desloyaulte la menoye ie si vilainement comme vous voyez/et la vouloye mener en telle maniere iusq̃s en la maison au roy artus/et luy deisse tout mõ fait et le sien Et se le roy la voulsist adont faire mourir si la feist mourir/et se il la voulsist adont faire quicter si feust adont du tout deliuree. Sire pour ceste intẽcion faisoye ie mener ceste damoiselle autre intẽcion nauoye ie de luy faire fors seulemẽt que le roy artus en commandast. Sire cheualier fait gyron/et cõment vous auoit elle meffait q̃ vous la menissiez a si grãt hõte Adonc luy dist le cheualier. voulez vous ouyr toute sa vie et scauoir quelle ma fait. Ouy certes dist gyron/ie loroye voulentiers. Lors dist le cheualier seez vous se il vous plaist/car ceste chose que vous me demandez ne vo⁹ pourroye ie si tost compter. Et ie mesme ne pourroye pas estre si longuement en estant/car de ce suis trop durement trauaille q̃ ie me suis combatu a vo⁹ et du mal que vous mauez fait. Donc seons nous ce dist gyron/car ie vueil ouyr les oeuures de ceste damoiselle. Lors se asseent tous trois/et quãt ilz se sont assiz il cõmence maintenant son cõpte en telle maniere.

Sire fait il bien ya deux ans/et se il ya plus ce nest grammẽt que ie me acompaignay a ung cheualier q̃ bien estoit parent prouchain au roy ban de benoic. Quant ie me fuz mys en sa cõpaignie ie laymay tant cõme cheualier pourroit aymer autre. Et se ie laymoye ce nestoit mye merueille/Car il estoit trop bon cheualier de son corps q̃ trop preux q̃ trop hardy. Et sur tout ce il estoit si durement courtoys q̃ il ne mest pas auis que oncques en toute ma vie ie trouuasse ung cheualier si courtoys de toutes choses que celluy ne feust encores plus. Se ie lamoye ie nes toye pas deceu/car il maymoit de tout son cueur cõme se ie feusse son frere charnel il ne me peust pas plus aymer que il maymoit. A cestuy têps que nous auiõs ia demoure ensemble bien demy an entier aduint que mon compaignon sacointa de ceste damoyselle qui pucelle estoit a celle saison. Et elle estoit si belle a celluy temps de toutes beaultez que nul ne la veist adont qui pour belle ne la tenist Quãt ce feust chose que mon cõpaignon se fut acointe de ceste damoiselle en telle guyse comme ie vous compte il la cõmence a aymer de si tresgrant amour qͥ ne pouoit en nulle maniere cheuauchier ne aller en quelque lieu qͥ il ne la menast toutesvoyes auecqs luy. Pour ce que la damoyselle estoit belle et si aduenant la commêcay a aymer/mais pource en retrahys ie mon cueur et len ostay pour lamour de mon cõpaignon et pour la grãt courtoysie que iauoye toutesvoyes trouuee en luy. La damoyselle sestoit apparceue a mon semblant qͥ ie lauoye aymee/mais adont ne mauoit elle fait semblãt que elle sen feust apparceue de riens. Quant elle vit que plus ie ny entendoye et que ie lauoye du tout laissee adonc me commêca elle a aymer et a ardoir de son amour. Et au semblant que elle faisoit elle mouroit pour moy. Et que vous diroye ie/pour toute la chiere que elle me faisoit ne pour tout le semblant ne vouloye ie mettre mõ cueur en elle/car trop aymoye de grãt amour mon cõpaignon Quant elle vit ceste chose adonc feust elle plus ardant de mon amour que elle nauoit este deuant. Et tant en fut ardant et esprinse que elle me dist tout appertement que elle mouroit de mon amour. Je luy respondy erramment et luy dys Damoyselle ie vous prie et requier que iamais a iour de vostre vie vous ne me parlez de ceste chose/car bien sachez vrayement que ie en nulle maniere du monde ne me accorderoye a ce que ie feisse de tel fait vilenye a mon compaignon. Pour dieu ne men parlez si chier comme vous auez vostre corps et vostre honneur.

La damoiselle fut trop yree par semblant quant elle entendit ceste parolle/si baisse la teste vers la terre qͥ cõmence a plourer moult têdrement/et me dist adont tout en plourãt. Sire cheualier or sachez tout vrayement que de cestuy refuz que vous auez fait de moy a ceste foys vous en repentirez vo[us] si durement que vo[us] ne le vouldriez auoir fait pour vng chastel. Quãt ie entendy ceste parolle ie euz paour qͥ la damoyselle ne dist a mon compaignon aucune chose qui peust mettre courroux entre moy qͥ luy. Et po[ur]ce prins ie maintenant mes armes qͥ vins a mon cheual et montay et me party maintenant du chastel ou la damoyselle demouroit adonc. Quant ie me suz party dillec en telle guyse comme ie vous compte il ne demoura pas grãment qͥ mon cõpaignon vint ou la damoyselle estoit. Quant il trouua la damoyselle qͥ plouroit moult tendrement si luy dist. Dictes moy damoyselle qͥ vo[us] auez/or tost ne le me celez mye. Celle qui estoit dyable propremêt et qui auoit pense tel mal que a paine le peust on pêser feist semblant quelle eust paour du dire. Et cestuy mist maintenant la main a lespee qͥ dist que il luy trêcheroit la teste se elle ne luy disoit la verite de celluy fait. Sire fait adonc la damoyselle/pour quoy le vous celeroye ie/si ne me vauldroit riês mon celer/ie suis honnye et auillee si vilainement que ie vouldroye mieulx estre morte que viue. Comment ce dist le cheualier. Sire dist elle iay geu auec vostre cõpaignon voulsisse ou non/ie ne me pouoye pas de luy deffendre/car foyble estoye/et pource le me feist p[ar] force. Et pour la grãt paour que il a de vous/et pour ceste bonte quil ma fait/car bien scauoit certainement qͥ ie le vous diroye/sen est il alle. Je ne croy pas que vous le voyez de grant temps. Quant mon compaignon entendit ceste parolle il cuida bien sans faille que ce feust verite que elle disoit/et pource feust il tout enraige et tout forsene du grāt courroux que il en auoit/si dist adonc que il vengeroit ceste honte que ie luy auoye faicte de sa damoyselle. Et maintenāt demanda ses armes. Et quant il fut arme il monte a cheual et feist monter deux escuyers en sa compaignie.

Quant il se feust mys a la voye pour ce que il pensoit que la part que iestoye alle se mist il apres moy Et tant cheuauche en telle guyse que il mattaint. Quāt il fut venu pres de moy il commence a crier. Tournez vers moy cestuy escu sire cheualier et vous deffendez de moy se vous pouez/car de ce vous asseure ie bien que se vous ne vous pouez deffendre vous estes mort. Quant ie entendy ceste parolle ie me tournay vers mon compaignon et luy dys. Haa sire compaings/quest ce que vous dictes/pour Dieu regardez que vous voulez encommencier/car ie vous prometz loyaulment que oncques ie ne meffeiz vers vous pour quoy vous me deuez hayr. Traistre me dist mon compaignon vostre escondit ne vous vault. Se maist Dieu vous estes mort se vous ne vous pouez deffendre encōtre moy. Je crioye toutesuoies mercy a mon cōpaignon/car a la verite dire ie auoye grant doubtance de luy pource vrayement que ie scauoye bien quil estoit assez meilleur de moy. Mais que me vault mon prier a cestuy point/ie ny pouoie en nulle guyse trouuer mercy/ne accord/ne autre chose de nous deux. Quant ie vy toutesuoyes que a mon compaignon me conuenoit combatre voulsisse ou non ie laissay maintenant courre mon cheual au ferir des esperons et luy enuers moy pareillement. Et quen diroye ie en telle

guyse comme ie vous compte commēce la meslee de nous deux qui dura moult longuement puis que nous eusmes noz glaiues brisez. Mais pource que mon cō paignon estoit sans faille meilleur cheualier dassez de moy vint il au derrenier au dessus de moy. Quant cil mauoit du tout si malement mene que ie ne pouoye mais enauant/car ie estoye naure de toutes pars/et tant auoye perdu de sang que ie ne me pouoye tenir en estant et me gesoye emmy la place ou nous nous estions cōbatuz/et il mauoit ia oste le heaulme de la teste cōme cil que voulentiers auoit eu talent de moy occire/ia ou il auoit lespee dresse contre mont pour mettre a mort il refrena sa voulente et me dist. Je ne te occiray point/mais ie me vengeray de toy en autre maniere/et maintenant feist faire vne biere cheuauchere se et me mist dedās. Car a la verite dire ie estoye si mal mene en toutes guyses que ie ne me peusse pour nulle aduanture tenir en estant. Et quen diroye ie/ie cuydoye mourir tantost.

Puis que les escuiers me eurēt mys en la biere cheuaucheresse ilz me portent tantost en telle guyse que ie me retrouuay au chastel dont ie mestoye party cestui iour mesme Et maintenant que ie fuz reuenu leans ie fuz emprisōne/mais pour ce se iestoye prisonnier ne laissoit il que ie neusse dedās la prison assez largement ce qui mestier me estoit. Tant demouray en la prison comme ie vous compte que ie fuz guery et la damoyselle peut parler a moy. Elle me requist autre fois de mes amours Et ie luy respondy adont. Damoiselle ne me parlez iamais de ceste chose. Or saichez que ie ne macorderoye en nulle maniere du monde a ce que ie feisse vilenye a mon compaignon de ceste chose dont vous me requerez. Pour Dieu souffrez vous en a tant/car ie ay trop chierement

achapte la vostre amour/il ne men ad=
uint oncques si non dommaige. Quant
la damoyselle entendit que ie lesconduy=
soye si fierement adonc fut elle plus es=
prise de mon amour et plus ardant quel
le nauoit este deuant. Si me dist adonc
autre foys. Sire acordez vous a ceste cho
se dont ie vous prie/et ie vous creance
loyaulment que ie vous deliureray de
ceste prison ou vous estes tout mainte=
nant que vous aurez acomply ma vou
lente. Je respondy a la damoyselle et dys
autre foys. Je nen feray riens. Mieulx
vueil demourer en prison tout mon aage
pour loyaulte faire a mon compaignon
La damoiselle se partit a tant de moy
quant elle dit que ie ne vouloye faire sa
voulente. Et puis fut grant temps que
elle ne parla a moy. Je demouray toutes
voyes en la prison que moult me tourna
a ennuy.

Quant ie euz demoure en la pri=
son bien demy an entier en ces=
te maniere que ie vous compte
la damoyselle sen vient a moy cõme celle
qui ne pouoit oublier lamour de moy q̃
luy estoit au cueur entree/et me dist ce
mesme quelle mauoit dit autre foys/et
ie luy respondy autre foys tout autre=
ment. Damoyselle or sachez de vray q̃
tant cõme mon compaignon soit en vie
ie ne luy feroye vilenye de ceste chose q̃
vous requerez. Et se il feust mort dist
la damoyselle le feriez vous. Certes da
moyselle luy dys ie/se pour lamour de
luy ne feust ie le feisse voulentiers/et dieu
le deffende de mort. Car sa mort ne voul
droye ie veoir en nulle maniere. Mais se
il estoit mort ie feroye adonc toute vos=
tre voulente/mais tant cõme il feust en
vie ie ne le feroye pas. La damoyselle se
partit a tant de moy quelle nen dist plus
a celle foys. Et bien fuz adõc vng moys
quelle ne me vint veoir si non bien petit
Quant vng moys et plus fut acomply

elle reuint a moy et me dist. Sire cheua
lier que feray ie vng cheualier est de ces
te contree q̃ mayme tant de grãt amour
que il meurt pour moy. Je mayme mais
ie ne layme mye/ains mennuye quãt ie
le voy. Il ma ia plusieurs foys requise et
ne my vueil acorder en nulle maniere du
monde. Quel conseil y vouldriez mettre
dist elle que me dictes vous. Je qui sca=
uoye moult mauluaisemẽt a quoy la da
moiselle tendoit/car pour moy sans fail
le ie ne peusse iamais penser a si grãt des
loyaulte ne a si grant felonnye cõme es=
toit celle que elle auoit ia trouuee dedãs
son cueur respondy et dys. Damoyselle
deffendez au cheualier que il ne vous re
quiere iamais ne ne viegne en ce chastel
si chier cõme il a son corps. Et puis luy
dictes que sil vient iamais en ce chastel
et il vous parolle de ceste chose vous le
ferez occire. La damoyselle se partit a
tant de moy et puis demoura bien vng
moys que elle ne me tint parlement de
ceste chose. Quant elle fut puis retour=
nee a moy elle me dist autre foys. Beau
sire que pourray ie faire de cestuy cheua
lier dont ie vous parlay auant hier. Or
sachez que ie ne peux durer a luy/ie luy
ay ia plusieurs foys deffendu que il ne
venist en ce chastel et que il ne parlast a
moy/mais pour deffense que ie luy face
il ne laisse a venir ceãs/il ne laisse a par
ler a moy. Et toutesuoyes me va il re
querant damour/et dit que il mest mes
tier sans faille q̃ ie face sa voulente vueil
le ou non/ie ne puis mais durer a luy.
Et quant ie luy dy que ie le feray occire
il me respond que il vouldroit bien mou
rir pour moy. Or que feray ie beau sire
de ceste auanture.

Quant ie entendy les parolles
de la damoiselle ie cuiday tout
certainement quelle se dist veri
te/si respondy adonc. Damoyselle que
voulez vous que ien face. Sire dist elle

ie ne scay. Se mon amy feust orendroit ceans ie luy deisse se Dieu me sault et ne luy celasse pas/mais il ny est pas/car il se partit huy matin de ceans/et ne retournera mais en piece/ce scay ie bien/car il sen va a kamalot au Roy artus qui luy mande que il vienst a luy. Pource que le chevalier scait que mon amy sen est alle il est incontinent venu en ce chastel ¶ dit que il aura de moy sa voulente vueille ou non. Je cuydoye bien certainement q̃ elle me dist verite de quanque elle me disoit/et elle me mētoit du tout. Et ie luy respondy. Damoyselle/dictes que vous voulez que ie face du chevalier/et ie suis appareille du faire. Commandez et ie le feray bien saichez. En nom dieu fait la damoyselle/ie vueil que vous me vengiez de la honte q̃ il me pourchasse. Damoyselle dys ie vous voulez que ie loccie Ouy dist elle/ie vueil que vous le mettez a mort. Certes dys ie/voulentiers. Quant voulez vous q̃ ie viengne a chief de cestuy fait. Je le vous diray bien dist elle. Or vous souffrez encores ung pou tant que ie voye quil en soit lieu et temps Celluy soir mesmes bien a tard vint a moy la damoyselle la ou ie estoye en prison ¶ me dist. Sire chevalier/doy ie bien estre dolente ¶ courroussee. Le chevalier dont ie vous tins huy parlement si est reposant huy a ma chābre ne scay a quelle heure. Orendroit quāt il dit que mes damoiselles sestoient parties de moy et allees en leurs chābres adonc se mōstra il a moy et me dist que il estoit mestier q̃ il feist de moy sa voulente. Et quen diroye ie/il a fait si fol hardement quil sest couchie dedans mon lict tout nud/et po² moy ne sen veult remuer. Quant ientendy ceste nouuelle ie fuz esbahy moult durement. Car ie cuidoye sans faille quelle me dist verite. En nom dieu damoyselle de si fol chevalier comme est cestuy ne ouys ie parler oncq̃smais. Et quant ie voy que de ceste follie ne se veult chastier/ne pour vostre admonnestement ie len feray repentir orendroit se vous voulez. En nom dieu fait damoyselle/se vo⁹ a mort ne le mettez donc ne mest il pas auis que vous aymez vostre cōpaignon cōme vous en faictes le semblant. Damoyselle dys ie adonc/or ouurez lhuys de ceste prison ou ie suis et me donnez une espee/et puis me menez sil vo⁹ plaist a vostre lict ou le chevalier est couchie si comme vous dictes/et se adont ne vous venge ne me tenez pour chevalier.

Apres ce que ie euz dit ceste parolle a la damoyselle elle ne feist autre demourance/ains defferme lhuys de la prison tout maintenant ou ie auoye demoure grant temps et puis maporte une espee. Et quant ie fuz yssu de la prison elle me mist lespee entre mes mains ¶ puis me dist. Venez apres moy. Et ie luy dys / allez seurement damoyselle/car se ie ne faiz vostre vouleute de ceste ne me tenez pour homme. Quant nous feusmes tant allez de chambre en chambre que nous feusmes venuz en la maistresse chambre de leans ou la damoiselle gysoit acoustumeemēt et mon cōpaings en telle maniere. A celluy point droictement dormoit mon cōpaignon en son lict/et celle vouloit que ie loccisse pour ce que ie luy auoye dit que ie ne me accorderoye a sa voulente faire tant cōme il vesquist. Je ne cuidoye pas que la damoyselle tendist a si grant malice comme estoit celle/me mys en la chābre erramment lespee en la main toute nue. Car pource que ie auoye promys a la damoiselle doccire le chevalier dont elle mauoit tant parle luy vouloye ie tenir sa promesse. Et la chambre estoit a celluy point ung pou obscure/et ie scay bien que la damoyselle lauoit fait ainsi tout appenseement pour malice et pour ce que ie ne peusse congnoistre mon compaignon. Quant ie fuz la dedans entre ie ne feiz nulle autre demourance/ains men allay tout droictement au lict et fery cestuy q̃ ie trouuay la dedans gysant si durement q̃l ne dist mot ne ne remue ne pie ne main si non bien petit. Je q̃ veiz tout appertement q̃ iauoye cestuy occis ne encor ne cuydoye ie pas que cil feust mon compaignon. Quant ie euz fait cestuy grãt mal ie retournay a la damoiselle qui encores mattendoit a lhuys de la chãbre dehors/et luy dys. Damoyselle ie vous ay vengee de ce cheualier. Or saichez de vray quil ne vous requerra iamais de folie ne de sens. Il gyst mort dedans voftre lict/et lors luy dõnay lespee et men retournay a la prison ⁊ entray dedans la prison dont ie demouray ⁊ nuyt et iour. Car la prison ou iestoye si estoit sans faille vne chambre moult belle.

Achief de piece reuint a moy la damoyselle ⁊ me dist. Sire Cheualier desormais vous pouez vous bien acorder a faire ma voulente/car ie vo⁹ fatz assauoir que voftre cõpaignon eft mort vo⁹ lauez orendroit occis. La grant amour que iay a vous ⁊ ce que vous me deiftes orendroit que iamais ne vous acorderiez a moy de cefte chose tant q̃ voftre compaignon feuft en vie me feift pourpenser cestuy fait/puis quil eft mort ie vueil que vous faciez ma voulente. Quãt ie entendy cefte nouuelle ie fuz si esbahy que ie ne scauoye que ie deusse dire/et celle me dift autre foys. Sire cheualier/ne voulez vo⁹ faire oultreement ma voulente. Et ie luy dys adont/ne me peuz tenir q̃ ie ne luy deisse. Haa damoyselle comme vous auez fait grant folye ⁊ grant desloyaulte de faire mettre a mort vng si bon cheualier et si courtoys homme comme eftoit cestuy que vous auez fait mettre a mort. De cestuy dift elle qui eft mort ne me tenez plus parlement/mais a ce que ie vo⁹ dy me respondez. Voulez vous faire ma

voulente/et me creãcer loyaulment que vous me tiendrez de cy enauant pour voftre amye/ne po² dame ne damoiselle ne me laisserez/ne mal guerdon ne me rendrez de chose q̃ iaye fait. Je dys autre foys a la damoyselle. Je nen feray riens Nõ dift la damoyselle. Si maift Dieu Doncques eftes vous mort/car ie feray assauoir a tous ceulx de ce chafteau que vo⁹ auez occiz leur seigneur en trahison. Ilz me croyront bien de cefte chose car le fait eft bien apparant. Apres cefte parolle ne scauoye ie que respondre/car a la damoyselle ie ne pouoye acorder de bonne voulente/mesmement pour la grãt desloyaulte que ie veoye que elle auoit trouuee par soy mesmes. Dautre part ie cõsideroye et veoye bien que ie eftoye mort et honny du corps errãment se ie ne faisoye sa voulente/pour ce me accorday ie toutesuoyes au plaisir de la damoiselle et luy creancay loyaulment que ie ne lui fausseroye de nul conuenant que elle me demandaft adonc se elle ne me faulsaft auant. En telle maniere fuz ie deliure de la prison ou ie auoye demoure assez plus longuement que ie ne voulsisse. Et pource que nous ne peusmes leans demourer/car se ceulx du chaftel se apparceussent de la mort de leur seigneur no⁹ feussions prins tout maintenant/pour ce ie me feiz armer. Et quãt ie fuz arme ie montay sur vng destrier que la damoiselle auoit appareille pour moy ⁊ elle mõte sur vng palefroy. En telle maniere partismes nous nous deux du chaftel ou ie auoye longuement demoure en prison/et cheuauchasmes ainsi par la contree ainsi comme cheualiers sont acouftumez de cheuauchier/ne ie ne cheuauchoye en nulle contree ou ie ne menasse la damoyselle. Et certes ie laymoye de tout mon cueur/Car il meftoit auis que elle me aymoit de tout son cueur et sa pensee tant comme damoyselle peut aymer cheualier en ce monde/

ne ie ne pensasse en nulle guyse du siecle que le pensast mauluaistie encontre moy se ne fut ce que len men feist tout certain et vous diray en quel maniere ie le scay.

Encor na pas gramment de temps que ie me acompaignay a ung cheualier que len appelle gyret le petit qui bien estoit sans faille ung des plus courtois cheualiers q ie veisse onc ques en tout mon aage. Et certes il es toit si loyal cheualier en toutes guyses ql ne mest pas auis que cheualier peust estre si loyal. Et estoit si bon cheualier de son corps et si preux que ie ne cuidasse pas quant ie le veis premierement quil peust estre si bon cheualier ne si puissant comme ie le trouuay depuis. Que vous diroye ie. Quant ie le trouuay premiere ment ainsi comme cheualier treuue aut tre ie me mys en sa compaignie non pas que eusse voulente de demourer auecqs luy plus de quatre iours. Mais puis q ie me fuz acointe de luy/et ie veiz sa cour toisie et sa bonte a sa valeur ie ne me peuz partir de luy/ ains luy requis adonc sa compaignie q il la mottroya moult vou lentiers. En telle maniere nous acom paignasmes nous ensemble/et cheuau chasmes depuis maintes iournees que rans toutesuoyes cheualeries aduantu reuses. Et certes tant dy ie bien de gyret le petit qui por son compaignon mauoit receu que ie luy veiz dedans celluy terme tant de prouesses faire et tant de cheua leries merueilleuses que se dieu me doint bonne auanture quant ie voys recordant ses oeuures en moy mesmes ie le tiens a trop grant merueille. Nous neusmes pas cheuauchie en telle maniere deux moys entiers que Gyret me dist. Sire compaings ie vous loueroye endroit cō seil que vous donnissiez congie a vostre damoyselle/car ie vous faiz assauoir ql le ne demourra mye gramment quelle se ra ennuy a vous et a moy mesmes par

aduanture. Ie fuz moult esbahy de ceste parolle que me dist le cheualier/ et pour ce ie luy dys. Dictes moy sire cōpaingz Cōment vous peut elle faire ennuy. Ie ne vous en diray ores plus ce dist gyret Mais ie vous loue en droit conseil que vous luy donnez congie/et que vous len chassiez dentour vous. Ie respondys a mon compaignon q luy dys que iauroye conseil en moy mesmes et par auanture ie la chasseroye dentour moy et par auā ture ie nen feroye riens.

Telles nouuelles cōme ie vo⁹ dys me dist gyret de ma da moiselle. Ie ne scauoye que ie deusse croire de ceste chose/car il mestoit auis toutesuoyes q ma damoyselle me aymast de si grant amour cōme damoy selle peust aymer cheualier. Et apres auoye paour que gyret ne me conseillast de chassier la damoyselle dentour moy pource ql la voulsist retenir a soy apres ce que ie lauroye chassee dentour moy. Ceste paour la me feist retenir/ car se ie sceusse la verite du fait de la damoyselle aussi bien cōme il le scauoit ie ne la lais sasse entour moy des celluy point que il me dist ceste nouuelle. Ung iour entour celle saison aduint que estions en vne fo rest grande et merueilleuse/et mon com paignon estoit a celluy point ung petit deshaitie/et pource descendismes nous en la forest deuant vne fontaine/et feis mes illecqs vne fueillie grant et belle de branches darbres et de fueilles moult durement ioyeuse. Mon compaignon se desarme et entre dedans la fueillie et se couche sur lherbe fresche/ et le ruysseau de la fontaine couroit parmy nostre fueil lie. Nous demourasmes adont tout cel luy iour et pource q nous nauiōs adonc nul escuier en nostre cōpaignie qui nous seruist allay en vne maison de religion q pres dillec estoit pour apporter viandes a moy et a mon cōpaignon et retournay

De Gyron le courtois

tantoft/et demourafmes en telle manie
re cestuy iour dedans la fueillie. Au soir
quant il fut anuytie nous ouysmes vng
cry pres de nous/ie saillys maintenant
a mes armes/et comencay maintenant
a dire que ie scauroye se ie pouoye dont
celle voix estoit venue. Mon copaignon
se vouloit armer/mais pource que il es=
toit adont deshaitie ne vouluz ie q̄ prist
ses armes/ains luy dys quil demourast
et quil mattendist/car ie retourneroye
tantost et il le feist come cestuy q̄ mieulx
ne pouoit faire adont.

Quant ie fuz arme ie montay a
cheual et men allay celle part
ou iauoye ouy le cry. Je ne euz
pas adonc gramment cheuauchie que ie
trouuay delez vng estang vng cheualier
gisant a terre/et estoit si pres de lestang
que les piedz de luy estoient dedans
leaue. Le cheualier estoit arme de toute
armes/et auoit este maintenant feru/
mais il estoit feru si malement que lame
luy estoit ia du corps yssue. Et estoit de
uant luy le sang tout chault qui de son
corps estoit yssu. Quant ie vy le cheua=
lier gesir en telle maniere deuat lestang
ie descendy de mon cheual/car ie vouloye
scauoir certainement sil estoit mort ou
non. Et quāt ie fuz descendu adonc veiz
ie que il estoit mort tout nouuellement
ie le desarmay maintenant et mys son
corps dessoubz vng arbre. Et pource q̄
ie trouuay que lespee quil portoit estoit
moult bonne selon mon auis si la prins
a tout le fourreau et lemportay auecq̄s
moy. Quant ie vins pres de la fueillie
ie descendi et attachay mon cheual a vng
arbre et pensay q̄ ie men iroye a la fueil=
lie si coyement que ceulx qui dedans es=
toient ne se apparceussent de ma venue
en nulle maniere/et lors pourroye ie as=
sez scauoir la voulente de ma damoysel=
le et de mon compaignon. Tout ainsi com
me ie le dys ie le feiz. Car ie men allay

maintenant iusques a nostre fueillie si
coyement sans faille que ceulx qui la de
dans estoient ne se apparceurent de ma
venue. Et quant ie euz vng pou demou
re la dehors ie entendy qlz ne dormoient
mye/ains estoient ensemble a estrif et a
discorde. Car ma damoyselle pryoit
moult fierement mon compaignon quil
laymast par amour. Et cestuy disoit en
contre que pour vne bonne cite gaigner
il ne feroit ce dont elle le pryoit/car adōc
seroit il traistre appertement et desloyal
se il faisoit celle vilenye a son copaignon
La damoiselle qui bien est chose de vva
ble pryoit le cheualier toutesuoyes et len
requeroit/et il disoit quil nen feroit rien
en nulle maniere/et elle disoit toutes les
vilenyes du monde de moy et toutes les
maluaistiez/et cestuy en disoit toutes
courtoysies et tous biens.

Puis que ientendy quilz estoiēt
adont si descordans ie feuz as=
seur de mon copaignon/et dys
a moy mesmes que vrayement estoit il
loyal cheualier et courtoys. Je nauoye
mye fait plus de courtoisie a mon autre
copaignon que il faisoit a moy. Je men
retournay tout coyement a mon cheual
ainsi comme iestoye venu autre foys et
montay dessus et men retournay a la
fueillie. Mais ie vins adonc en telle ma
niere come se ie neusse riens ouy du par=
lement que ilz auoient eu deuant/et des
cendy et attachay mon cheual a vng ar=
bre. Et quant ie feuz leans entre ie de=
manday a mon copaignon coment il se
sentoit. Et il me dist que il se sentoit as=
sez bien/mais trauaille estoit vng pou.
Quant il me eust ainsi respondu il me
dist. Sire compaings trouuastes vous
riens la dehors. Sceustes vous dont
vint celle voix que nous ouysmes/ Car
voix ouysmes no⁹ sans faille et non mye
trop loing dicy. Adonc luy respondy. Je
trouuay vng cheualier occiz/et fut occiz

adont a celluy point que nous ouysmes la voix/et veez cy lespee que ie apporte. Adont dist mon compaignon/qui la occis Et ie luy dys adonc que ie ne scauoye pas. En telle maniere comme ie vous compte demourasmes nous celle nuyt dedans la fueillie. Je ne feiz oncques semblant a ma damoyselle que ie eusse rien ouy ne entendu de tout ce que elle auoit dit a mon compaignon. Je luy feiz aussi beau semblant a celluy point comme ie ie auoye fait autres foys. A lendemain assez matin pour ce que mon compaignon me dist que il estoit assez guery/et que il vouloit cheuauchier nous meismes nous au chemin. Pource vrayement q̃ ie veiz que lespee au cheualier occis estoit trop meilleure q̃ la myenne ie la prins et laissay la myẽne pendant a vng arbre droictement de lez la fontaine. En telle maniere nous partismes nous de la fueillie ou nous auions la nuyt demoure. Et quant nous venismes a celluy lieu proprement ou ie auoye laisse le cheualier occis nous ne y trouuasmes fors que le sang de luy/le corps en auoit este oste des le point du iour/et pareillement les armes. Quant nous veismes ceste chose nous deismes erramment entre nous deux. Porte en est sans faille le cheualier/et maintenant nous meismes a la voye/et tant cheuauchasmes que nous venismes celluy iour entour heure de vespres deuant vng chasteau moult bel et moult riche qui estoit ferme sur vne riuiere. Nous entrasmes dedans ce chasteau et trouuasmes adont que tous ceulx du chasteau faisoient dueil moult merueilleux. Parmy le dueil que ceulx de leans faisoient vint a nous vng vauassour qui demouroit dedans le chasteau/et estoit icelluy vauassour moult bien riche homme & moult grandement courtoys. Celluy nous prye tant de herbergier que nous demourasmes auecques luy. Et il nous maine moult diligemment et erramment a son hostel qui estoit si grãt et si beau que il y peust bien honnoreement et grandement receuoir vng duc ou vng roy.

Q̃uant nous feusmes desarmez nous demandasmes erramment et soubdainement au vauassour pourquoy ceulx du chasteau demenoient et faisoient si grant dueil comme nous auions veu. Et il nous respondit et dist tout erramment. Sire nous faisons ce dueil po² le frere au seigneur de ce chastel qui en ceste nuyt fut occis en ceste forest loing de cy a demye iournee. Le corps en fut orendroit apporte a vng chastel qui pres est dicy a vne lyeue anglesche. Pareillemẽt puis apres vne autre foys ie demanday audit vauassour/en quelle forest dictes vous que il fut occis. Et il me respondit et dist tant que ie congneuz sans faille que ce estoit le cheualier dont iauoye trouue le corps de lez lestang si le dys a mon compaignon. Et incontinent il me respondit q̃ ce pouoit bien estre. Pource que nous estions a celluy point moult grandement lassez et trauaillez des armes que nous auions ce iour portees & du cheuauchier nous couchasmes nous maintenant et legierement to⁹ vestuz en vne chambre de leans. Et voulions ainsi attendre iusques a tant que on eust eu appareille a mangier pour nous. La damoyselle dist adont que elle ne auoit nul talent de dormir/et pource elle demoura au palais. Lors celle qui tout le mal scauoit & pensoit tousiours a mal faire appelle le vauassour et luy dist. Beau doulx hoste vouldriez vous bien trouuer ceulx qui occirent celluy mesmes cheualier pour qui vous demenez en ce chasteau si grãt douleur. Damoyselle dist le vauassour Or sachez que nous feussions ia tous reconfortez se nous les peussions trouuer. En nom dieu dist la damoyselle/il vo⁹ est moult grandement bien aduenu

D j

De Gyron le courtoys

Or sachez tout vrayement que les deux cheualiers qui ceans gysent occirent le cheualier ceste nuyt/ et encores en porte lung de eulx lespee. Damoyselle dist le vauassour/ monstrez moy lespee se il vous plaist. Et celle luy monstre erranment lespee que iauoye leans apportee/ ainsi le feist elle.

Tout maintenant que le vauassour tint lespee il monta sur vng cheual et sen alla a tout lespee iusques au chasteau ou le cheualier occis gysoit. Et quant le vauassour eust monstre lespee au seigneur du chasteau ou nous estions herbergiez il recognoist moult soubdainement lespee car luy mesmes de ses mains lauoit donnee a son frere. Puis apres quant il eut ouy les nouuelles de no⁹ il ny feist autre demourance/ ains sen vint tout droit au chasteau ou nous estions herbergiez et nous feist prendre et lyer et amener deuant luy. Et quant nous feusmes venuz deuant luy bien lyez estroictement de bonnes cordes/ il feist puis appeller la damoyselle et luy dist en ceste maniere. Damoyselle/ se dieu vo⁹ doint bonne aduanture feust il verite que ces deux cheualiers occirent mon frere. Celle qui oncques ne disoit sinon mal respondit moult diligemment/ et dist aussi seurement comme se elle eust pense vng an. Sire dist elle/ ie ne scay qui fut vostre frere/ mais ie scay bien que ces deux cheualiers occirent ceste nuyt vng cheualier qui portoit ceste espee. Damoyselle fait il assez en auez dit/ celluy estoit mon frere sans faille qui ceste espee souloit porter. Apres ceste parolle feusmes soubdainement emprisonnez tellement que nous neusmes oncques pouoir de respondre ce ne quoy. Et ainsi lyez comme no⁹ estions demourasmes ceste nuyt en prison. A lendemain assez matin nous en feusmes tyrez hors. Et quant nous feusmes venuz emmy la court no⁹ veismes adonc q̃ le sire de leans estoit tout appareille de nous mener au chasteau ou son frere gysoit mort/ et illecques deuions mourir. Tout ainsi lye comme iestoye ie feuz baille a quatre escuyers a cheual/ et ilz me menoient tout a pie. Et mon compaignon fut baille a autres quatre tout pareillement. Et en telle maniere yssismes nous du chasteau et venismes au grant chemin.

A celluy point tout droictemẽt que nous allions a nostre mort si vilainement comme ie vous compte adeuint par aduanture que nous encontrasmes vng cheualier errant arme de toutes armes en la compaignie dung seul escuyer. Le cheualier faisoit porter vng escu deuant soy. Et celluy escu estoit dargent en gouttes dor. Le cheualier qui emmy le chemin estoit des lors que il nous veist venir se arresta. Et quant nous feusmes venuz iusques a luy il nous demande qui nous estions. Et nous luy deismes toute la verite. Quant il eut ouy ceste raison il dist tout erramment au cheualier qui nous faisoit mener si vilainement. Sire cheualier deliurer il vous couient ces cheualiers ou vous combatre a moy/ voyez lequel vous vouldrez mieulx. Le cheualier qui conduyre no⁹ faisoit estoit illec luy .iiij. de cheualiers armez de toutes armes. Et pource respondit il au cheualier q̃ deliurer no⁹ vouloit q̃l ne feroit riẽs de ce q̃l disoit. En nom dieu dist le cheualier Ilz seront deliurez orendroit vueillez ou non. Et maintenant print son escu et son glaiue et laisse courre au cheualier q̃ no⁹ vouloit faire mourir/ et le ferit si durement en son venir qua pou q̃l ne locciſt et labatit a terre. Quãt il eut celluy abatu il ne sarreste pas sur luy/ ains laisse courre aux autres trois/ et ferit le premier si roidement q̃l le rue dung seul coup mort Quant les autres deux virent ceste cho

fueillet

se ilz tournerent en fuyte/et pareillemēt aussi firēt tous les autres qui illecques estoient. Et le bon Cheualier qui ainsi nous rescouyt de mort descendit adont et nous deslya tous deux. Je desarmay tout erramment le Cheualier qui nous auoit fait mener. Et pource quil se bit au dessoubz il ne osa contredire de nulle chose que nous luy feissions. Mon cōpaignon print les armes de lautre cheualier qui occis estoit & puis eusmes les cheuaulx. En ceste dangereuse et perilleuse aduanture que ie vous ay maintenant comptee nous mist tous deux ceste damoyselle que vous icy voyez. Le cheualier qui deliure nous auoit sen alla tantost que nous ne le veismes puis/ne ne sceusmes qui il feust/fors que il portoit vng tel escu comme ie vous ay compte. Mon cōpaignon se partit adoncqs de moy & me dist pource que ie ne lauoye creu de ce que il mauoit maintesfoys dit que ie laissasse la damoyselle ou il ne de monrroit plus en ma compaignie.

Ainsi doncques me laissa mon compaignon & ie cheuauchay puis maintes iournees tout seul sans aucune auanture trouuer qui face a ramenteuoir en cōpte. Et en tous les lieux ou ie venoye ie demandoye nouuelles du cheualier a lescu dargent a gouttes dor/ mais ie ne pouoye homme trouuer qui oncques men sceust a dire verite ne mēsonge. Or apres deux iours droictement que ie encontray en vne forest ceste damoyselle que vng cheualier conduysoit/ie me combaty tant au cheualier que ie le menay par force darmes iusques a oultrance. Quant ie euz le cheualier conquis ie euz premierement en voulente de mettre a mort ceste damoyselle. Et puis dys a moy mesmes que se ie locioye en telle maniere et sans iugement ie feroye vilenye. Pource la feiz ie ainsi lyer comme vous la voyez orendroit quāt elle estoit lyee. Et auoye sās

CC. xxxi

faille en voulente que ie la menasse si villainement iusques en la maison du roy artus/et illecques proprement ie la presentasse au roy artus et quil en feist du tout sa voulente/ou de la laisser viure ou de loccire. Sire toute ceste merueille que ie vous ay comptee feist ceste damoyselle encontre moy. Si vous ay orendroit fine mon compte ce mest auis. Car ie vous ay moult bien deuise tout mot a mot ce que vous me demandastes. Et quant il a dicte ceste parolle si se taist que il nen dist plus a celluy point

Quant Gyron eut moult bien tout escoute le fait de la damoyselle et la vie il respondit au cheualier. Sire cheualier se maist Dieu il ya moult grant temps que ie ne veiz si fole damoyselle comme est ceste cy ne si luxurieuse. Et saichez que vous men auez tant compte que se ieusse sceu autant des oeuures quāt ie lencontray comme ie scay maintenant ie vous promets et creance loyaulment que elle ne feust encores par moy deliuree/aincois me accordasse bien a ce que vous mesme en estiez acorde. Car certes voꝰ en auiez bien prins la meilleure partie et la plus courtoyse/cest de la mener en la maison du Roy artus vrayement. Puis donc que il est ainsi aduenu que nous lauons deliuree/deliuree soit de nous. Desormais doncques aille quelque part que elle vouldra puis que elle est ainsi acoustumee de mal faire. Toutesuoyes il ne peut estre en nulle maniere que elle ne treuue encores aucun qui luy rendra le guerdon de toutes les mauluaistiez que elle a fait. Car toutesuoyes il ne pourra estre en nulle guyse q̄ elle ne face q̄lque meschief ou dommaige a aucun qui de tout cela punyra. Lors se tourne gyron deuers la damoyselle & lui dist. Damoyselle/or vous en pouez aller q̄lque part q̄ vous vouldrez/et a ceste foys estes bien deliuree de la prison ou vous estiez.

D iii

De Gyron le courtoys

Et se vous de cy enauant nestes plus courtoyse que vous nauez este iusques cy dieu vueille que vous chayez entre les mains de Brehus sans pitie qui scait donner a felonneuses dames et damoyselles leur raison. Quant la damoyselle entend la parolle de gyron elle se dresse en estant et luy dist. Sire moult de mercys de la courtoysie que vous me auez huy faicte a cestuy point. Or sachez que se ie venoye en lieu ne en point ie vous en rendroye le guerdon. Damoyselle ce dist gyron, de vostre guerdon me garde dieu. Je auroye desormais paour & doubte que vous ne me feissiez pis que vous ne feistes a ce Cheualier que vous tant aymastes. La damoyselle ne dist mot aincoys se taist. Et Gyron qui la voit penser luy dist adont. Damoyselle se dieu me sault le cueur me dit que ie ay fait mal et pechie de ce que ie vous ay deliuree. Je ay paour que vous ne faciez encores pis que vous ne feistes deuant. La damoyselle ne dit mot ains sen va oultre tout ainsi a pie comme elle estoit et dist a soy mesmes que pour la honte que le cheualier luy a fait ne fera elle iamais a cheualiers errans fors que tout le pis que elle pourra. Or se gardent desormais tous les cheualiers errans, car iamais ne leur vouldra bien ce dist elle dedans son cueur.

Gyron qui estoit demoure auecques les deux cheualiers tout maintenant que il vit la damoiselle qui sestoit partie de luy il dist aux deux Cheualiers errans. Seigneurs Cheualiers puis que il est ainsi aduenu que ie ay mys paix et accord entre vous deux ie ne puis cy plus demeurer, car ie ay moult ailleurs affaire. Haa sire ce dist sers, auant que vous vous partez de moy en telle maniere ie vous vouldroye prier pour dieu et pour courtoysie que vous me deissiez qui vous estes Car certes apres la grant bonte que vous mauez fait, et apres la grant courtoysie se vous partez ainsi de moy que ie ne sache qui vous estes / il me sera auis que vous me prisiez moult petit. Et ie en droit moy diray bien que il ny a pas en vous tant de courtoysie comme vous en monstrez le semblant. Car se vous enuers moy vous voulez ainsi celer bien monstrez tout appertement que cest semblant dorgueil. Sire pour dieu ne faictes tant que ie ne puisse par raison dire a ceulx qui de vous me demanderont que ce feust vng cheualier moult orgueilleux qui me deliura. Or saichez que se vostre nom ne me dictes ien feray moins de courtoysie a ceulx a qui ie deueray courtoisie faire. Adoncques quant gyron entend ceste parolle il commēce a soubzrire, et respond en soubzriant. En nom dieu sire cheualier, se vous ne faisiez desormais courtoisie a tous les cheualiers errans que vous trouuerez adoncques me fauldriez vous de conuenant, Car vous le mauez autre foys promys. Le scay ie moult bien. Sire fait sers, quant vous qui estes si vaillant homme comme ie scay faictes dangier de monstrer vostre courtoysie, ie ne vault vng garson au regard de vous que doys ie faire. Or saichez tout de vray que se ceste courtoysie me faictes que ie vous demāde ie ien vauldray mieulx tout le temps de mon aage. Et en telle guyse que iamais ne feray si non courtoysie tant cōme ie la puisse faire. Sire cheualier fait gyron, tant mauez dit de voz parolles que vaincu mauez par ennuy. Par le conuenant que vous me faictes vous diray ie encontre ma voulente mesmement ce que vous me demandez. Et adōcques gyron se trait a vne part et luy dist tout souef. Sire cheualier, ouystes vous onques parler de gyron.

Lors baisse la teste quant il entend ceste parolle et commēce a penser ꝗ puis respond a chief de piece. Sire cheualier/or sachez que ie ne ouys oncques fors que dung seul cheualier qui gyron eust nom. Celluy feust bien vng des meilleurs cheualiers de tout le siecle/et fut compaignon Galeholt le brun le bon cheualier. Et ie suis celluy mesmes qui auant hier vous deliuray ainsi cōme vous scauez apres la grant vilenye que vous me feistes deuant vostre pauillon. Quant le cheualier entend ceste parolle il se laisse cheoir a terre de si hault cōme il estoit et voulut baisier les piedz de gyron/mais gyron ne le voulut mye souffrir ains le releue maintenant et luy dist. Or sus sire cheualier car autrement me courrousseriez vous ia. Sire cheualier or sachez que ie vouldroye orendroit mieulx courrousser tout le monde que vous seul. Et certes sire de ce que ie vous cognois orendroit si certainement suis ie plus ioyeux se maist dieu que ie ne feusse de vng bon chasteau se le roy artus le me donnast. Car certes sire ie cuidoye que vous feussiez mort/et tout le monde le cuyde qui vous congnoissoit. Je suis si mort comme vous voyez ce dist gyron Et se ie vous ay fait a ceste foys ce que vous voulez/or vous prie ie par courtoisie ainsi comme vous desirez auoir lamour de moy que vous a homme du monde ne dyez mon nom. Car encontre moy ne pourriez vo⁹ faire chose qui tāt me courroucast. Sire cheualier dist sers/puis que ie voy vostre voulente de ceste chose or sachez que cestuy commandement garderay ie moult bien. Desormais ce dist gyron vous commande ie a nostre seigneur. Je ne puis plus cy demourer/car iay ailleurs moult grandement affaire. Sire cheualier fait sers vous pourroye ie tant prier que vous me menissiez en vostre compaignie. Or saichez beau doulx amy que se ie la compaigne de aucun cheualier voulsisse orendroit auoir ie ne reffusasse mye la vostre. Mais dieu le scait que ie voys en vne myenne besongne ou ie vueil estre si priueement que ie ny veulx auoir compaignie de vous ne de nul autre cheualier. Pource vous prie ie tant comme ie vous puis prier que vous ne me sachiez mal gre/ne ne soyez mal content se ie refuse a ceste foys vostre compaignie.

Sire fait sers. Or sachez tout vrayement que sil vous pleust que vo⁹ me recueillissiez en vostre compaignie ie en feusse moult grandement lye et ioyeux. Mais quāt ie voy que vostre voulente est telle ie men soufferay a tant et faire le me conuient ainsi. Mais toutesuoyes auant que vous vous partez de moy ie vous vouldroye bien prier que vous me deissiez quelle part vous tendez a aller quāt vous partirez de ce lieu cy. Certes beau doulx amy ce dist gyron/ ce vo⁹ diray ie moult bien et voulentiers. Or saichez que ie men iray dicy vers sorelois au plus droit que ie le pourray faire/car len me dit pour verite que celle part trouueray ie sans faille celluy que ie voys querant Sire cheualier fait sers/ie ay pres dicy vng mien recet moult beau et moult riche/et se seiourner y vouliez deux iours ou trois saichez que ce seroit vne chose dont ie seroye moult lye ꝗ moult ioyeux Sers fait gyron/or saichez que se ieusse talent a cestuy point de seiourner ie seiournasse orendroit moult voulentiers aueucꝗ vous plus que aueucꝗ nul autre cheualier ꝗ ie sache maintenant en tout le royaulme de logres. Mais ie vous promets que ie ne seiourneray en lieu deuant que iaye trouue celluy que ie voys querāt. Or vous cōmande ie a nostre sꝝ car ie ne puis demourer. Et maintenāt viēt a son cheual et mōte et se part dillec

D iij

De Gyron le courtois

en telle guyse. Mais a tant laisse ores le compte a parler de Gyron et de Sers et de lautre cheualier/et retourne a parler de la damoyselle qui estoit partie tantost dillecques pour deuiser ce que elle feist de Brehus sans pitie/et dirons en telle maniere.

¶ Coment brehus sans pitie trouua la damoiselle que gyron et Sers auoient deliuree/laquelle il emmena auecques luy. Et comment il feist desmonter vne damoyselle pour luy bailler son palefroy. Et coment elle pourchassoit la hōte dudit Brehus

Quant la Damoyselle ce dit le copte se feust partie de gyron et de lautre cheualier/et de sers en telle guyse comme ie vous ay compte elle sen alla tout a pied moult lyee et moult ioyeuse de ce quelle sestoit eschappee de si forte auanture comme estoit celle ou elle auoit este. Quāt elle eust tant alle a pie quelle sestoit toute trauaillee z lassee elle sassiet dessoubz vng arbre pour soy reposer comme celle qui ne pouoit plus aller enauant. A celluy point que elle se reposoit dessoubz larbre en telle guyse comme ie vous ay compte. A tant veist venir vers elle Brehus sans pitie sur vng bon destrier arme de toutes armes/et ne menoit en sa compaignie fors que vng seul escuyer. Quāt il approuche de la Damoyselle/elle qui le voit venir/et qui doubte auoit que il ne luy feist autant de mal comme auoit fait lautre cheualier se vouloit mussier derriere larbre. Mais brehus qui sen apparceut luy crye. Ne fuyez damoiselle ne fuyez/vous nauez garde/ne soyez espouentee. Quāt la damoyselle veist que le Cheualier la apparceue elle se arreste

Car bien congnoist desormais que son fuyr ne luy vauldroit riens. Et Brehus vient vers la damoyselle courant et luy dist en telle maniere. Damoiselle nayez paour. Haa sire cheualier por dieu mercy fait elle. Pour dieu z pour courtoysie ne me faictes chose q̄ me desplaise. Damoyselle fait Brehus/encores vous dis ie que vous nayez paour. Le damoiselle est moult reconfortee z asseuree/et pour ce elle demoura adont moult seurement et vient deuant Brehus. Quant Brehus voit que elle estoit nudz piedz et en gonnelle seulement moult se esmerueille que ce peut estre/car il nauoit pas accoustume que il trouuast damoyselle si pourement comme il a ceste trouuee/et pource luy dist il. Damoyselle/coment allez vous si pourement vestue comme ie voy que vous allez. Sire fait la damoyselle/mon pechie le fait et ma mescheance. Et sachez sire se ie allasse selon ce que iay desseruy et selon la gentillesse de moy ie allasse moult plus honnoreement que ie ne voys. Mais ainsi va de fortune que elle fait en cestuy monde les vngs plourer et les autres ryre. Elle fait a sa voulente de tout le siecle. Elle ma fait maintenant plourer qui que elle face ryre. Et quant elle a dicte ceste parolle elle baisse la teste vers terre et fait semblant que elle ploure moult durement.

Quant Brehus voit le semblant de la Damoyselle il cuyde tout certainement quelle ne lui dye si non verite. Et pource que a la verite dire elle sembloit bien gentil femme/et si estoit moult belle luy entre dedans le cueur ce que oncq̄smais ny estoit entre si non bien pou/ce est pitie et courtoysie. Oncquesmais pour nulle aduanture il nauoit este courtoys si non bien petit/et pitie ne luy estoit oncquesmais entree dedans le cueur dont len luy deust gre scauoir. Mais orendroit ce ne scay ie dōt ce luy vient. Il regarde la damoyselle qui estoit moult belle/et pource quil cuy de bien quelle pleure en a pitie a soy mesmes. Il a pitie a cestuy point de celle proprement qui orendroit se va gabant de luy q si ne le vit oncquesmais/et bien sen va gabbant sans faille. Car elle faisoit semblant de plourer et si nen auoit nul talent Quelque semblant que les yeulx facent de plourer et destre dolens le cueur sen ryt dedās. En telle guyse scet elle faingtement deceuoir Brehus. Et pource que mieulx le decoyue trait ses mains a ses yeulx ainsi cōme se elle eust ploure. Donc ie dys bien que a cestuy point a Brehus trouue son maistre. Or y perra comme il fera. Il met tout son estude a mal et tout son penser aussi. Il ne pense fors que a mal/Se il pense mal or luy pourra valoir icy. Car ceste damoyselle que il a trouuee a cestuy point scait bien autant que luy/et sil se peut garder de elle que elle ne le mette dedans le sac bien se pourra tenir a saige. Et quen diroye ie enginz malice sōt orendroit lung contre lautre. Or y perra que il en pourra aduenir/et qui en viendra au dessus. Brehus scauoit moult de mal/et ia en auoit fait assez. Mais se ceste nen scait moult plus Doncqs ne se tient elle pour femme.

Brehus quant il voit la damoyselle qui faisoit grāt semblant destre dolente pource que il cuy de tout de vray quelle ait bien dedans le cueur ce que sa bouche luy va disant/est il commeuz en pitie. Je ne scay dont ce peut aduenir/car pitie ne souloit entrer dedās son cueur: maintenāt y est entree Ce est bien cōtre sa coustume. Damoyselle ce dist brehus. Se dieu me sault or saichez bien que iay moult grant pitie de vous/et pource ie vous prie que voꝰ me dyez qui vous estes/et cōment ce vous

est aduenu que vous allez si pourement dictes moy vostre mescheāce/et ie voꝰ creance et prometz loyaulment que ie y mettray conseil se ie le y puis mettre. Sire dist la damoiselle. Que vous diroye ie. Ainsi va des choses du monde que la ou fortune va bien est mestier que bien y viēgne. Et la ou fortune va mal il est mestier que mal y soit. Se fortune allast regardant la gentillesse du monde or saichez que ie eusse bien/Car pour gentillesse ne remaindroit. Assez suis de gentil lignaige/mais que me vault a recorder ma gentillesse. fortune qui mest trop contraire en toutes choses si me mande courroux et yre de iour en iour. Et fortune qui mal me veult et qui me veult mettre a honte et a vergongne si feist que ie aymoye vng Cheualier non mye de si hault lignaige ne de si noble cōme iestoye. Et pource que ie scauoye de vray que mon pere ne souffriroit mye q ie le prinsse pour mari/car trop en seroit abbaisse lhonneur de mon lignaige me party de lhostel mon pere sans le sceu de mes parens/et me mys auecques le cheualier. Et ainsi me feist trebuschier fortune et rompre le col et laisser lhonneur ou iestoye pour venir a honte et a vergongne. Je men vins auecques le cheualier et me partis de ma cōtree/et laissay ainsi mon pere. Car le cheualier me faisoit entendant que il mouroit pour lamour de moy/mais de tout ce mentoit il. Il ne maymoit si non bien petit/ains aymoit vne damoyselle qui demoure en ceste cōtree/et y auoit plus de quatre ans que elle estoit samye. Sire en telle maniere cōme ie vous cōpte me deceupt le cheualier/car il me traist de ma contree q menemmena ceste part. Huy matin me aduint que la ou le Cheualier me menoit en sa compaignie si noblement comme il me deuoit mener nous encontrasmes la deuāt vne damoyselle/et cestoit la damoyselle ql auoit si longuemēt
D iiij

De Gyron le courtoys

aymee. Et elle venoit encontre le cheualier pource quelle auoit bien ouy dire qͥl venoit ceste part. Quant il veist la damoyselle il descendit encõtre elle/ mais elle ne vouloit encontre luy descendre/ aincoys luy dist tout oultreement quelle ne parleroit iamais a luy se il ne faisoit de moy ce quelle commanderoit. Le cheualier qui nestoit pas a soy mais a la damoyselle sans faille/ Car il laymoit plus que soy mesmes dist erramment. Ma chiere damoyselle commandez/ car ie suis appareille de faire oultreement voistre voulente. La damoyselle commande maintenant que ie feusse despoillee/ batue et lyee a vng arbre. Et il fut fait tout erramment ainsi comme elle commandoit.

Quant ceulx me eurent batue a qui il fut commande tant comme a la damoiselle pleust pource que ie ne demourasse adont ou tout si nue comme ie estoye me feust donnee ceste poure gonnelle que vous voiez que iay vestue orendroit. Et ainsi demouray pourement comme il est encores apparant. Le cheualier sen alla puis et sa damoyselle la ou elle vouloit quil ne mo se regarder/ ains me laisse en ceste forest si seule comme vous voyez et si pourement. Sire or vous ay cõpte sans faille ainsi comme il mest. Menty ne vous en ay de riens vrayement ce saichez vous. Et quant ie vous ay cõpte mon affaire Sire cheualier ie vous prie pour dieu et pour gentillesse que vous ayez pitie de moy/ et que vous mettez conseil en telle guyse comme cheualiers errans sont acoustumez de conseiller les damoyselles desconseillees et mal menees. Quant la damoyselle a dicte ceste parolle elle se baisse vers terre et fait semblant quelle pleure. Brehus qui oncqͣ neust pitie en a merueilleuse pitie/ et pource luy dist il. Damoyselle/ que voulez vo⁹ que ie vous dye. Or saichez que iay si grant pitie de vous se dieu me doint bonne aduanture que se le cheualier feust orendroit icy qui vous a fait ceste vergongne ie me combatisse auant a lui corps a corps quil ne feist toute voistre voulente. La courtoysie q̃ ie vous pourray faire ie le la vous feray/ et scauez vous quelle. Je vous en meneray auecqͣ moy a vng mien recet qui est assez pres dicy. Et quant vous serez la venue si vous plaira que vous vueillez leans demourer auecqͣ vous y pourray demourer adont tout a voistre voulente. Et scauez vous en quelle maniere. Or sachez tout vrayement q̃ tant cõme vous demourrez auec moy ie vo⁹ feray tout lhonneur et toute la courtoysie que ie vous y pourray faire. Et se le demourer ne vous plaist vous en pourrez aller quelle part quil vous plaira/ et ie vous conuoyeray vne iournee τ plus se plus vouldrez. Sire ce dist la damoyselle de ceste courtoysie que vous me offrez vous mercye ie moult grandement Et pource que ne scay ou ie aille/ car estrange suis en ceste contree si durement que ie ne cõgnois homme ne femme/ et pour ceste cause suis ie appareillee que ie me mette auec vous. Dieu vueille que vous me faciez bien selon la gentillesse de moy/ et selon ce que cheualiers errãs doyuent faire a damoyselles. Lors commande Brehus a son escuyer quil descende/ et il descendit tout incõtinent/ et fait la damoyselle monter sur le cheual a lescuyer. Et quant elle fut montee il dist. Damoiselle/ or ne tenez a vergongne se vous estes maintenãt montee sur le cheual a lescuyer. Se dieu me doint bonne auanture et me donne vie ie vous monteray moult plus richement que en ceste maniere ou vous estes orendroit. Sire ce dist la damoiselle/ ie men tiẽs a moult bien payee iusques a tant que vous me faciez mieulx.

Puis quilz se furent mis a la voye
ilz cheuaucherent tant en telle
maniere iusques vers heure de vespre
et lors encontrerent a lentree dune bro-
ce vng cheualier arme de toutes armes
qui menoit en sa compaignie vne damoi
selle assez belle montee sur vng palefroy
noir/et laornement de la damoiselle es-
toit bel a merueilles. Tout maintenāt
que la damoiselle vit venir lautre da-
moiselle si noblement appareillee de tou
tes choses elle dist a soy mesmes que se
elle ne fait a cestuy point descheuaucher
breus elle ne se tient pour femme et elle
scauoit ia bien que cestoit breus sans py
tie/car elle auoit ouy tout clerement que
son escuyer lauoit appelle messire breus
Haa fait elle sire tant est ceste damoisel
le plus bieneuree que ie ne suis qui si no
blement vient ores cheuauchant sur si
cointe palefroy. Breus qui estoit desia
feru de lamour de la damoiselle/car trop
laymoit estrangement respont quant il
lentent. Ma chiere damoiselle voulez
vous ores auoir le palefroy. Sire fait
elle et pour quoy vous en dyrois ie ainsi
par aduanture/car ie scay bien que le che
ualier ne pourroit mie descendre sa da-
moyselle pour le nous bailler. En nom
dieu damoiselle fait breus or saichez de
verite quil est besoing que vous ayez le
palefroy puis que vous le voulez auoir
Lors se tourne vers le cheualier et luy
dist. Sire cheualier bien viegnez. Beau
sire fait le cheualier/bonne aduanture
vous doint dieu. Sire cheualier fait bre
hus ie vous vouldrois prier que vous
me donnissiez vng don. Certes beau sire
fait le cheualier puis que ie voy que vo9
estes cheualier errant ie vous donneray
voulentiers ce que vous demanderes/
mais tant seulement me faictes de cour
toisie que vous ma damoiselle ne me de
mandez/car certes celle ne donnerois ie
a vous ne a autre tant comme ie la puis
se deffendre. Sire cheualier fait brehus

de ce que mauez ottroye voult remercie
ie moult. Or saichez bien que vostre da-
moyselle ne vous demanderay ie mye/
car ie ay celle que ie ne quiers ores chas-
ser ne pour ceste ne pour autre. En nom
dieu dist le cheualier donc pouez vous
demander seurement/car ie ne vous es-
condiray de vostre demande puis que
vous me quictez ma damoiselle. Or me
donnez donc fait brehus ce palefroy que
vostre damoyselle cheuauche ie le vueil
pour la mienne damoiselle. Elle est pl9
belle que la vostre/et pour ce doit elle es
tre par raison mieulx montee. Quant le
cheualier entēt ceste demāde il est moult
forment esbahy et si prins que il ne scet
que respondre/car sa damoiselle ne fist
il pas voulentiers descendre pour autre
monter/ Toutesuoyes pour ce quil la
promis veult il tenir le conuenant/car se
il du conuenant failloit pour si pou de
chose comme est vng palefroy il seroit
mescreu que de plus grant conuenant
que nest cestuy il fauldroit incontinent.
Lors se tourne vers la damoyselle et
luy dist. Damoyselle or tost descendez
et donnez cestuy palefroy a cestuy che-
ualier qui demande le ma. Par aduan-
ture est il si courtois que puis que vous
luy aurez dōne si le vous rendra il. Car
ce seroit trop grant vilennie se il vous
faisoit aller a pied/car a damoyselle il
nafftert.

La damoyselle ny fait autre de-
mourance ains descēd tout er-
ramment quelle entent le com
mandement du cheualier comme celle
qui ne le doubtoit mye petit. Et quant
elle est descēdue elle baille a brehus le pa
lefroy/et cestuy le prent qui grande vou
lente en auoit. Beau sire fait le cheua-
lier a brehus me suis ie bien acquite en-
uers vous de ce que ie vous ay promis.
Certes ouy ce dist brehus. En nom
dieu beau sire fait le cheualier pour ce

font les courtoisies faictes par le monde que par vne courtoisie doit on vne autre recceuoir. Sire fait Brehus vous dictes verite/mais pour quoy auez vous ce dit faictes le moy assauoir se vous voulez. En nom dieu fait le cheualier ie le vous diray maintenant puis que vous le voulez. Vous me demandastes orendroit vng don et ie le vous donnay maintenant ainsi cõme vous scauez. Or voꝰ pry ie que vous me donnez vng autre tel don cõme ie le vous demanderay. Certes voulentiers fait brehus/demandez car ie suis tout appareille de vous donner vostre demande. Mais tant de courtoisie me faictes voirement que vous ne me demandez le palefroy que vous me donnastes. En nom dieu fait le cheualier ie vous quicte le palefroy/ie ne le vueil desormais/mais ie vueil que voꝰ me donnez ceste damoyselle que vous aymez tant/affin quelle face compaignie a la mienne. Quãt brehuz entent ceste parolle il est si trefffort esbahy quil ne scet quil doit dire. Et le cheualier qui penser le voit luy dist adonc. Sire cheualier que pensez vous/le penser ne vous vault Il est mestier se dieu me sault que vous me donniez la damoyselle/car vous la mauez promise. Et saichez que pour lamour de la mienne damoiselle que vous auez mise a pie la feray ie aller tout a pie si fera adonc compaignie a la mienne et le palefroy vous rendra. Sire cheualier fait brehuz. Demande vne autre damoiselle que la mienne/car bien saichez que vous ne la pourriez auoir/et nestes mye trop saige qui ma damoyselle me demandez. Car bien pouez scauoir que ie ne la vous donneray mye.

Commẽt sire vassal fait le cheualier me voulez vous doncques faillir de conuenant? Or saichez de vray que il est mestier que vous la me donnez de vostre voulente si voꝰ plaist ou autrement sire cheualier vous combatrez a moy. Sire cheualier fait breus il mest aduis que ce sont menaces que vous dictes. En nom dieu fait le Cheualier ie ne scay que vous appellez menaces/mais il est mestier sans faille que la damoiselle me demeure. Sire cheualier fait brehus encores vous dy ie q̃ vous me laissez en paix ma damoiselle/si le voꝰ loue se dieu me sault. En nom dieu fait le cheualier de ce conseil ne voꝰ croyray ie huy ne demain/ie la vueil auoir sans faille. Sire fait brehus q̃ tout vent tout pert ce voit len tousiours aduenir. Icy na fors que deux damoyselles lune est mienne et lautre est vostre q̃ toutes deux les voulez auoir. Se maist dieu se vous les perdissiez toutes deux ce ne seroit mie grant oultraige. Vous demã dez ma damoyselle. Voire dist le cheualier. En nom dieu fait il et ie la vous donne maintenant/or la tenez. Grant mercys fait le cheualier quant il a les deux damoiselles. Breus qui trop estoit courrouce luy dist. Sire cheualier auez vous deux damoyselles. Ouy fait il la vostre mercy qui lune men auez donnee. Sire cheualier fait brehus vous auez et si nauez. Il est de vous aduenu cõme de cestuy qui tient languille par la queue/et quant il la cuyde auoir et tenir il ne la pas ains luy est eschappee. Sire cheualier tout ainsi aduiendra il a vous de voz damoyselles tout maintenant car vous les perdrez toutes deux par raison. Car se vous a droit regardissiez assez en eussiez de lune et ie de lautre/mais quant tout vous voulez auoir ie suis cil qui tout vous touldray. Or tost appareillez vous de deffendre encontre moy car ie les vueil toutes deux auoir. Et certes se elles ne me demeurent ie ne me tiens pour cheualier. Le cheualier dresse la teste quant il entend ceste parolle et regarde brehus de trauers et luy dist telles paroles. Sire vassal a qui cuidez fueillet   CC.xxx

vous faire paour. Je ne scay fait Brehus mais ie vueil auoir les damoiselles toutes deux se vous ne les osez deffendre encontre moy. Si non quictez les moy si sera adonc paix confermee entre nous deux du tout

¶ Comment Breus sans pitye iousta a vng cheualier a qui il auoit donne sa damoiselle/et comment il la reconquesta/et de la grant courtoisie quil fist au Cheualier ce qlnauoit iamais fait a nul Et des parolles quilz eurēt ensemble

INcontinent que le cheualier entent ceste parolle il respōt a Breus et lui dist. Commēt sire cheualier est ce dōc a certes que vous voulez combatre a moy pour gaigner ces damoyselles. Ouy sans faille fait Breus il est mestier que vous les me quictez toutes deux sans faille sans coup ferir ou que vous combatez a moy. En nom dieu fait le cheualier puis que ie les ay toutes deux en ma baillie se ie les vous quictoye ainsi pour neant a mauuaistie le me pourroit on atourner et a couardise trop grāde. Or aille commment il pourra aller car ie les vueil toutes deux deffendre puis que ie les ay. Et quant il a dicte ceste parolle il sappareille de iouster. Aussi pareillement fait Brehus. Alors quilz furent appareillez laisserent courre lūg a lautre tant comme ilz peurent des cheuaulx traire. Et quant ce vint aux glaiues baisser ilz sentreferirent de toutes leurs forces. Le cheualier fut feru de celle iouste si roydemēt que na force ne pouoir a celle fois pour soy tenir en selle ains volle a terre maintenant et chiet moult felonneusement/car il fut bien hurte de force/car a la verite dire Breus estoit biē

fort cheualier et assez darmes scauoit. Et se il nen eust tant sceu comme il faisoit il neust pas abatu cestuy cheualier lequel auoit renom destre moult puissant. Apres quil leust abatu et rue par terre en telle guise comme ie vous compte il luy fist adonc tant de courtoisie que il print le cheual qui fouyr sen vouloit et lamena au cheualier qui ia se releuoit et luy dist. Sire cheualier tenez vostre cheual. Jtāt aurez vous de ma partie/mais les damoiselles sans faille me demoureront et par raison/car ie les ay gaignees Le cheualier qui trop est durement ypzent son cheual et monte et quant il fut monte il dist a Brehus. Sire cheualier tant auez fait que ie congnois tout clerement que vous estes meilleur cheualier que moy. Et pource que vous estes meilleur cheualier et plus fort que ie ne suis me deueriez vous faire courtoisie plus que ie nay desseruy enuers vous. Sire fait Brehus pour quoy me parlez vous de courtoisie. Se dieu me sault ie ne seiz oncques courtoisie se ie lay faicte par force ou par paour. Et commēt me parlez vous de courtoisie quant oncques courtoisie naymay. En nom dieu fait le cheualier quant oncques courtoisie ne aymastes donc dy ie bien que cest dommaige trop grāt que vous estes si preuz des armes/car se raison courust par le monde ia nul ne deueroit auoir en luy proesse de cheualerie sainsi estoit ql fust sans courtoisie.

SIre cheualier fait Brehus or me dictes doncques se dieu vous sault quelle Courtoisie vous voulez que ie vous face. A quoy faire le diroys ie dist le cheualier puis que vous mesmes recongnoissez que oncques nay mastes courtoisie/ce seroit bien paine perdue. Je feroye tout droictement comme cestui qui are et laboure le riuaige de la mer. Toutesuoies dist Breus me direz

De Gyron le courtois

Vous quel courtoisie vous voulez que ie vous face. Certes sire cheualier ie le vous diray puis que scauoir le voulez. Or sachez que ie voulsisse moult voulentiers se vous le voulsissiez que ma damoyselle me rendez que vous auez gaignee sur moy par force darmes. Sire fait Brehus or saichez tout certainement que ie oncques en tout mon aage ne feiz courtoisie a cheualier ne a damoyselle se par force ne fut. Dieu y ait part / sire cheualier q estes vous donc qui estes si mortel ennemy de courtoisie. En nom dieu fait Brehus ie le vous diray que ia ne vous en mentiray a ceste fois. Ouystes vous oncques parler de Breus sans pite. Certes sire dist le cheualier ouy / de cestuy ay ie ouy parler mainteffois / tout le monde dist mal de luy cheualiers dames et damoyselles / nul ne vient auant qui sen loe / mais chascun sen complaint. Toutesvoyes sire cheualier fait Brehus sans pytie or sachez tout vrayement que celui est mon parent bien prouchain de qui on compte tant de mal / et pour lamour de luy ay ie regnie courtoisie. Beau sire fait le cheualier or doint dieu male auanture et vergongne a Brehus pour qui amour vous foriurastes courtoisie / ne fust ce trop se luy seul fust desloyal / mais il a fait de vng si preudhomme comme vous estes felon et mauuais. Lherbe soit bonnie et destruicte qui prent toute vne court. Sire cheualier ceste parolle vous ay ie dicte pour Brehus / bien est Brehus tresmauuaise herbe quant il a tant enionche par son scauoir si preudhomme comme vous estes. Qui telle herbe arracheroit & destruiroit de ce monde certes il feroit grant aumosne.

Adonc luy dist Brehus. Or me dictes se dieu vous sault sire cheualier se vous ores tenissiez Brehus ainsi comme ie vous tiens et vous eussiez pouoir sur luy comme iay sur vous se dieu vous sault quen feriez vous dictes moy tout vostre plaisir. Le cheualier respont a tant et dist adonc. Et que deuerois ie faire de luy autre chose fors q ie luy trenchasse la teste si auroye adonc deliure le monde du plus desloyal homme qui soit. Sire cheualier ce dist Brehus se dieu me sault vous ne dictes mye trop mal. Beau sire fait le cheualier encores vous vouldrois ie prier que vous par vostre courtoisie me rendissiez ma damoiselle que vous auez sur moy gaignee par force darmes. Sire cheualier fait Brehus tant mauez prie de vostre damoiselle que ie la vous rendray. Et saichez de vray q ie ne feiz oncques autant de courtoisie a nul cheualier de qui ie venisse au dessus comme ie suis orendroit venu de vous. Sire ce dist le cheualier de ce que vous auez encommence a faire courtoisie sur moy vous rendz ie graces et mercys. Et Brehus luy rend maintenant la damoyselle tout ainsi apied comme elle estoit. Et le cheualier la recoit q trop est ioyeulx durement de ce quil la recouuree en telle maniere / car iamais ne cuydoit il venir a tant comme il en est orendroit venu. Quant le Cheualier eut sa damoyselle recouuree en telle guise comme ie vous compte Brehus luy dist Sire cheualier vous est il ores aduis que Brehus sans pytie vous peust faire si grant courtoisie comme ie vous ay faicte a ce point pour nulle aduenture du monde. Le cheualier regarde Brehus et luy dist. Saincte marie / sire cheualier quest ce q vous auez dit. Et comment pourroit faire bien le diable proprement. Et comment pourroit il doncques bien faire ne a moy ne a autre / Sire cheualier saichez tout de vray que ce ne pourroit aduenir quil fist bien / car trop est endurcy a faire mauuaistie et cruaulte encontre toutes gens. Or me dictes doncques ce dist Brehus se vous fussiez orendroit deuant luy aussi bien comme vous estes deuant moy pour combien luy diriez vous toutes les parolles que vous auez orendroit dictes icy. Sire ce dist le cheualier dieu me gard que ie les deisse. Si me doint dieu bonne aduāture comme ie ne luy diroye pour gaigner le meilleur chastel que le roy artus ait ordroit pour tant q̄ nous fussions cy seul a seul moy et luy comme nous sommes orendroit entre moy et vo⁹. Car ie scay tout vrayement que il me coupperoit la teste sil pouoit venir au dessus de moy p̄ force darmes. Sire cheualier fait brehus itē me dictes sil vous plaist se vous auiez deuant vous ung vostre ennemy mortel qui eust grant voulente de vous mettre a mort et de vous trencher la teste q̄ vo⁹ eussiez pouoir sur luy se dieu vous doint bonne aduanture quen feriez vous? Et que deuerois ie faire de mon mortel ennemy ce dist le cheualier fors que lui couper la teste. Sire fait brehus et vostre mortel ennemy que deueroit il faire de vous? Et quen deueroit il faire autre chose ce dist le cheualier fors que ie feroye de luy. Sire cheualier fait brehus tant auez dit que vous auez donne a cestuy point sans faille le iugement de vostre mort, car vous me estes mortel ennemy. Non suis fait le cheualier ains vo⁹ suis ie bien amy en toutes les choses que ie le pourroye estre, car vous mauez fait courtoisie si grant que la ou vous auiez la damoiselle gaignie par raison vous la mauez rendue par vostre debonnairete. Pour ce vous suis ie amys, ne cuidez pas que ie vous vueille mal pour ce que vous mauez abatu ne pour ce que ie vo⁹ demanday vostre damoiselle et ie ne lay peu auoir, ie vous pardonne tout cestuy fait de bonne voulente.

Sire cheualier fait brehus tout ce que vous dictes ne vo⁹ vault rien. Encores vous dy ie une autre fois que vous auez donne le iugement de vostre mort. Car vous auez recongneu de vostre bouche plusieurs fois que vous estes mon mortel ennemy, et que se vous fussiez au dessus de moy ainsi comme ie suis au dessus de vous q̄ vo⁹ me coupperiez la teste. Comment fait le cheualier pas nestes brehus sans pytie. En nom dieu fait brehus desormais ne me vueil ie celer vers vous. Dire pouez seurement que vous le veez orendroit quant vous me voyez, car ie suis brehus sans pytie ce vous dy ie pour verite. Et quant a brehus voulez si grant mal comme vous mesmes auez recongneu plusieurs fois dire pouez seurement que vo⁹ estes mort, car certes ie vueil de vous faire tout oultreemēt comme vous dictes orendroit que vous feriez de moy se vous en venissiez au dessus. Le cheualier ne scait quil doye dire quāt il entent ceste parolle. Or est il esbahy si forment quil na pouoir de respondre. Toutesfois si respondit il a chief de piece et dist. Sire cheualier se encores disiez que vous fussiez brehus si ne le croirois ie pas, car brehus neust iamais tant attendu comme vous auez q̄ il neust vengie son courroux mesmement de si grosses parolles comme nous auons dictes icy. Pour ce congnois ie bien que vous nestes mye brehus, mais vous le dictes pour moy faire paour et doubte q̄ pour veoir mon contenement de ceste aduanture. Sire cheualier ce dist brehus veistes vous oncques se dieu vous sault brehus. Certes nenny fait le cheualier que ie saiche, mais ie en ay ouy cōpter tous les maulx et toutes les trahisons du mōde a ceulx qui le congnoissent et qui parlement en tiennent. Et ie scay bien que se vous fussiez brehus vous neussiez pas tant attēdu a moy faire vilennie et laidure comme vous auez fait es grosses parolles q̄ ie ay icy dictes de luy. Sire cheualier fait brehus ie vous dy que sur la foy q̄ ie doy a toute cheualerie ie suis brehus sans pitie. Saincte marie fait le cheualier que dictes vous. Je scay de vray que se vous estes brehus que vous ne devez foy ne a dieu ne a homme ne au monde/ne a chevalerie/et ie ay cy veu en vous et foy et courtoisie. Foy quant vous ma baillies et me peussiez auoir occis se vo⁹ voulsissiez. Courtoisie quant vous me rendistes ma damoiselle quāt vous leustes gaignee par raison. Or donc quant ie ay trouue en vous courtoisie et foy cōment voulez vous dire que ie doye croire que vous soyez brehus sans pitie/et se par cent fois disiez que vous estes cil si ne vous en croiray ie pas se dieu me sault et gard.

Quant brehus entend ceste parolle il se commence a rire et dist. Sire cheualier se ie vous faisoie encores aucune bonte greigneur que ceste ne fut que ie vous feiz a qui en scauriez vous gre. En nom dieu ce dist le cheualier a vous. Et a brehus nen scauriez vo⁹ gre ce dist brehus. Et de quoy pourroit on scauoir gre a brehus ce luy dist le cheualier. Car brehus ne fist oncques si non mal et vergongne a to⁹ ceulx a qui il la peu faire. Par dieu se ie rendisse louenges et mercis au dyable du bien que dieu fait en ce monde ce seroit bien contre raison/ainsi dy ie de ceste chose. Se ie sceusse gre a brehus qui dyable est proprement de la courtoisie que vous mauez faicte a cestuy point ce seroit bien encontre raison. Sire cheualier que vo⁹ diroys ie: ie ne vous scay tant dire auāt que vous ne diez toutesvoyes arriere. En nom dieu fait le cheualier se vous estes brehus donc nestes vous pas celluy brehus douloureux dont tout le monde se va plaignant ains estes bien vng autre/car se vous fussiez cestuy brehus vous eussiez ia ces deux damoiselles occises a ce que bien en auez eu le pouoir de puis que nous venismes icy/et cel-

luy brehus dont nous parlons ne fait iamais nulle autre chose fors que occire dames et damoyselles en tous les lieux ou il les treuue pour quoy il en ait pouoir. Sire cheualier fait brehus tant scauez dire que ie ne scay que respondre et pour ce vous donne ie congie. Or vous en allez desormais entre vous et vostre damoyselle quelque part que vous voul drez/car ie vous quicte de toutes querelles. Sire ce dist le cheualier moult de mercis. Mais se vous apres ceste courtoisie que vous mauez faicte men voulsissiez faire vng autre adōc auriez vous acomply toute ma voulente. Que voulez vous que ie vous face ce dist brehus. Donnez moy cestuy roucin fait le cheualier sur quoy vostre damoyselle cheuauchoit orendroit quant ie lencontray premierement si montera ma damoyselle sus, car ce seroit vergongne a moy et a vo⁹ mesmes se elle sen alloit a pied. Certes sire cheualier fait brehus ce vous feray ie voulentiers/et lors luy donne le roucin. Et cil le prent qui de ceste aduanture est trop ioyeux/et fist monter la damoiselle. Et quant elle fut montee a lui aussi pareillement il dist a breus. Sire cheualier auant que ie me parte de vous vous vouldroye prier par courtoisie que vous me deissiez vostre nom a ce que ie saiche dire a aucuns de mes amys qui fust cestuy cheualier qui ceste courtoisie me fist. Sire Cheualier respont brehus ie vous dy mon nom et vous ne men voulez croire et se plus vous le dy plus auray de ma paine perdue. Sire ce dist le cheualier de quoy voulez vous que ie vous croye/ie scay bien que vous mauez tousiours gabe de vostre nō/car vo⁹ nestes pas brehus. Nestes vo⁹ pas cheualier dist brehus. Sire ce dist le cheualier ouy cheualier suis ie voirement. Or soyez asseur et certain dist brehus que ainsi comme vous estes cheualier suis ie brehus sans pytie/au monde na autre Brehus sicomme ie croy si non moy tant seulement.

Sire ce dist le cheualier se Dieu me sault vous me faictes tout esbahir de ce que vous me dictes. Comment pourroit estre et pour quel pechie aduint premierement que tout le monde va de vous ainsi mal disant / et ie nay trouue en vous a cestuy point si non courtoisie. Sire cheualier dist Brehus vostre aduanture est telle / or saichez tout vrayement que se ie eusse trouue q̃ vous fussiez meilleur cheualier que moy ie ne vous auroye fait tant de courtoisie comme iay. Ce que vous mys tantost au dessoubz me fist vers vous courtois Sire ce dist le cheualier que vous dirois ie / Or saichez tout vrayement que ie ne trouueray desozmais cheualier qui die mal de vous que ie ne len blasme. A qui que vous ayez fait mal vo9 auez a moy fait courtoisie. Et quant il a dicte ceste parolle il sen va oultre ⁊ emmaine sa damoiselle / et Brehus demeure et sa damoiselle et son escuyer. Et quant il vit que heure de vespre estoit passee il se mist au chemin et tant cheuaucha que il vint en vng sien recet qui estoit en vne vallee au millieu dune roche en vng lieu desuoyable que iamais ny venoit homme ne femme se il nestoit de sa mesgnie / et auoit fait en la roche vng mur assez bel et aisie ou il venoit quant il estoit en la contree. Quant il fut a son recet venu il fist descendre deuant luy sa damoyselle dont il se tient bien a paye mieulx quil ne fist ia a long temps de nulle aduanture qui luy aduint. Il layme tant que il en est affolle / et a fol se tiedroit il voiremẽt de tout se il sceust bien certainement cõment la damoyselle auoit ia mys son cueur a lui hayr pour ce quelle auoit toutesuoyes paour et doubtance que il locist au derrenier. Elle dit bien en soy mesmes que se elle peut assez trouuer en

gin et art mestier sera que elle face mourir Brehus. Elle regarde petit au grant honneur q̃l lui a fait. Il est hors ⁊ moult loing de son penser / car il cuyde biẽ pour verite pour ce quelle luy monstre beau semblant q̃ elle layme de tout son cueur.

Ainsi va engignant la damoyselle Brehus en toutes guises pour le semblant que elle luy mõstre / il layme tant quil en est affolle Tout maintenant que il est venu en son recet il la fist vestir si noblement et appareiller comme se fust vne royne / il sen deduyt et soulace / car elle luy plaist si tresformẽt que bien luy est aduis sãs faille q̃l nevit en toute sa vie damoyselle si belle Durement que ceste ne soit assez plus belle / il la tient pour vng Dieu pour la beaulte quelle a. Il se tient adonc a Poy de ce quil a en sa compaignie si belle damoyselle. Il neut oncques en sa baillie damoiselle que il aymast en toutes choses comme il ayme ceste / car la damoyselle le scait si bien traire a soy en toutes manieres que damoyselle pourroit traire a soy cheualier que sil vouloit ores son cueur retraire daymer la damoyselle si ne le pourroit il faire. Ainsi aduint a celle fois a Brehus que il mist son cueur a aymer vne des damoyselles qui plus scauoit mal que nulle autre. Elle mesmes dit bien en son cueur que se elle ne venge le monde de Brehus elle ne veult viure Et ainsi demeure la damoyselle bien vng moys entier en la compaignie de Brehus. Et a cellui point laimoit il tant que il ne sceut oncques mais que fust amour si non a celluy point / mais orendroit scait il bien quel vie tiennent les cheualiers qui de cueur ayment par amour. Quant ilz eurent tant demoure ensemble en telle guyse comme ie vous compte Brehus se delictoit si fierement de la damoiselle que il ne cheuauchoit plus en nul lieu que elle nallast tousiours

iours auecques luy/car trop fierement se delictoit a la veoir. Ung iour aduint queilz furent yssus de leur recet et esloingnez de bien trois iournees aduint que aduanture les amena a vne fontaine q estoit en vne forest/ et celle fontaine estoit au pied de vne montaigne.

¶ Comment la damoiselle que Brehus sans pitie aymoit queroit occasion de le faire mourir. Et comment par la mauuaistie delle elle fist descendre Brehus dedans vne caue ou il se cuyda rompre le col cuydant quil nen deust iamais saillir.

Quant ilz furent a la fontaine venuz ilz descendirent tous deux/ et la ou la damoyselle estoit delez la fontaine au pied de la montaigne ilz ouyrent moult pres deulx vng grant cry. Et quant Brehus eut le cry ouy il dist maintenant a la damoyselle. Le cry la est voix dhomme. Et maintenant se lieue de delez la damoiselle et dist. Je vueil aller veoir de qui est ce cry. Et lors vient a son cheual et monte et prent son escu et son glaiue. Et quant il fut appareille daller il dist a la damoiselle. Attedez moy icy damoyselle/ car ie retourneray maintenāt. Sire dist elle allez q retournez tost. Brehus se partit de la damoyselle puis que il eut ainsi parle q sen alla la plus droicte voye q il peut celle part ou il auoit ouy le cry. Tantost comme il se fut party de la fontaine la damoiselle qui tousiours pensoit a malice se lieue dillec ou elle estoit assise/ et sen vient dessus la roche et commēce a regarder tout enuiron elle de toutes pars et a aller ores a mōt/ ores aual ores a destre ores a senestre/ elle na mye grammẽt alle quelle treuue dessus la roche lentree de vne caue bien grande. Lẽtree estoit moult petite q assez estroite/ mais la caue estoit la dedans grande et parfonde et auoit este entaillee et ainsi acoustree a force de telz instrumens de fer dont vsent a present les tailleurs de pierre. Et faisoit assez cler la dedās/ car il y auoit vng souspirail la dessus par ou la clarte du iour se pouoit bien leans embatre. Quant la damoiselle fut venue a lentree de la caue elle met la teste a lentree et commence a regarder la dedans et voit que la caue estoit assez profonde/ mais elle estoit tant belle fierement que ce estoit vng deduyt que de la veoir. Et la dedans ceste caue auoit plusieurs huys qui tous estoient entaillez dedans la roche si que bien sembloit au vray dire quil y eust leans plusieurs chā bres. Quant la damoyselle vit ceste chose elle ne scet quelle en doit dire et moult pense comme celle qui tousiours pensoit en quel guise q en quel maniere elle peust occire Brehus/ car ce estoit bien la chose que elle desiroit le plus que la mort de Brehus. Quant elle a assez regarde la caue elle commence a aller tout au tour de la roche pour scauoir se elle pourroit trouuer nulle autre entree pour aller en en icelle caue. Et quant elle a plusieurs fois chemine et tournoye enuiron la caue elle apperceut adōc quil ny auoit nulle autre entree fors que celle de lassus. Quant elle eut ceste chose grant piece regardee et par mainteffois elle sen reuiēt a la fontaine dont elle estoit partie et se rassiet et commence a penser trop durement. Ainsi comme elle pensoit en telle maniere que ie vous dy a tant voicy venir vers elle Brehus sans pytie arme de toutes armes ainsi comme il se estoit dauecques elle party. Et moult voulentiers eust elle voulu que ia si haicte ne fust reuenu de la ou il venoit/ mais plus tost naure a mort.

Quant la damoyselle le voit venir elle se dresse encontre luy et il luy dist assez loing. Ma damoiselle dieu vous sault. Sire fait elle bonne auanture vous doint dieu. Et il descent erramment ⁊ oste son escu de son col et son glayue aussi pareillement / et pense de son cheual et luy oste la selle ⁊ le frain et le laisse aller quelle part que il veult. Et apres oste son heaulme de sa teste et son espee et abat sa coiffe de fer sur ses espaules. Quãt il eut tout fait ce que ie vo⁹ dy la damoyselle a qui sa pensee et tout son cueur est en ce que elle le peust mettre a mort se elle oncques peut luy dist. Sire / quelle auanture trouuastes vous la ou vous allastes? Damoyselle fait il se dieu me sault ce vous diray ie bien. Or saichez tout vrayement que ie trouuay delez ung estangt deux cheualiers et deux damoyselles. Et saichez de vray que les damoyselles estoient assez belles / et les deux cheualiers auoient auant que venisse a eulx combatu grant piece ensemble / car lung deulx vouloit auoir les deux damoiselles a sa part / et lautre refusoit ceste chose / car il en vouloit lune. Et pour ce se combatoient ensemble les deux cheualiers. Et auant que ie venisse la auoit lung abatu lautre et luy auoit oste le heaulme de la teste / mais il se deffendoit toutesuoies. Et quãt ie y arriuay il luy vouloit couper le chief / mais cil cryoit tousiours mercy. En telle guise ⁊ en telle maniere comme ie vous compte estoit le cheualier au dessoubz. Quant ie vins en celle besongne ie feiz tant que le cheualier qui estoit au dessus de celle meslee pardonna a lautre tout son mal talent et furent bons amys ensemble. Et demoura a chascun deulx sa damoyselle / et puis ie men suis retourne par deca comme vous voiez pour vous acompaigner.

Sire ce dist la damoyselle or sachez tout vrayement que puis que vous vous partistes de cestuy lieu trouuay ie plus estrange aduanture que ne fut celle que vous trouuastes la ou vous fustes. Damoyselle fait brehus et quelle auanture fust celle que vo⁹ trouuastes q̃ vo⁹ dictes. Sire fait elle si maist dieu comme celle est bien la plus estrange aduanture dont ie ouysse parler grant temps a. Or venez auant et ie la vous monstreray moult pres de vous. La damoyselle commence a monter contremõt la roche ⁊ breus aussi pareillemẽt tout ainsi arme comme il estoit. Et quant ilz sont venuz la dessus elle luy monstre maintenant lentree de la caue qui estoit droictement faicte en quarre / ⁊ il commẽce a la regarder. Quant il voit la dedans les huys qui estoient entaillez dedans la pierre mesme il dist a la damoyselle. Se dieu vous sault damoyselle que peut ce estre / ie voy plusieurs huis la aual ceste caue / il ne peut estre a mon escient que il ny ait chãbres. Sire ce dist la damoyselle chambres ya il voirement. Et encores vous dy ie vne autre chose que vous tiendrez a greigneur merueille sicomme ie croy. Or saichez tout de verite que a la premiere fois que ie y commencay a regarder vy ie la aual toute la plus belle damoyselle que ie veisse oncques de tout mon aage / et estoit vestue dung samit vermeil. Je lappellay quãt ie la vy / car ie luy voulois demander se il ny auoit nulle autre entree en ceste caue fors que ceste qui est icy / mais elle sen alla tout maintenant que elle me vit et entra dedans lung de ses huys a telle heure que ie ne la peuz oncques depuis veoir ne ouyr ne elle ne autre creature. Quant brehus entent ceste parolle il regarde la damoyselle et luy dist. Damoyselle dictes moy sans mentir se ce que vous dictes est verite. Sire fait elle ouy sans faille / Or saichez que ie

E i

ne le vous deisse pas se ce ne fust verite. Dieu me vueille ayder fait Brehus comment pourray ie descendre la aual. Sire fait elle ie ne scay il ne mest pas aduis q̃ vous y puissiez descendre en nulle maniere du monde. En nom dieu fait Brehus il est mestier que ie y descende en aucune maniere. Je me tiendroye a mort et vergonde trop malemẽt se ie ne scauoye certainement quel gent il ya la dessoubz Il ne peut estre en nulle maniere que il ny ait cheualiers puis q̃ il y a damoiselle

Ors sen vient a ung grant arbre et trenche la branche et puis lacroche a une part de la roche et oste son haulbert et ses chausses de fer pour estre pl9 legier. Et maintenãt se prent a la branche et entre dedans. La damoiselle qui moult voulsist que il se rompist le col au cheoir de la ius laisse aller la branche de larbre apres luy. Et cil chiet errãment la aual. Et pour ce quil vint de hault et cheut dessus des pierres est il si durement estourdy et estonne au cheoir quil fist que il gist illec comme se il fust mort. Quant la damoiselle voit ceste chose elle est trop durement reconfortee/ car elle cuyde tout de vray que il ait le cueur creue au ventre au cheoir que il fist. Toutesuoyes pour veoir la verite et pour scauoir se il estoit mort ou non attendit elle encores illec. A chief de piece se relieue Brehus/ et la damoiselle qui bien voit tout clerement que elle est deliuree de luy/ car a mõt ne pourroit retourner pour nulle aduanture du monde ce se ne fust par autruy luy dist moult hardiement. Sire Brehus comment vous est il. Damoiselle se dieu me sault ie ay este ung pou estourdy du cheoir que iay pris icy/ mais ie suis du tout reuenu. Sire Brehus ce dist la damoiselle assez petit me prisez et assez petit maymez qui la aual descẽdistes pour trouuer autre damoyselle que moy. Sire Brehus sil vous plaist or demourez la dessoubz auec la damoiselle que vous allez querant/ et ie qui suis cy dessus demouree me pourchasseray se ie puis/ car assez tost pourray ung autre cheualier trouuer. Je vous commant desormais a dieu/ car cy dessus ne pouez vous iamais reuenir vrayement ce saichez vo9 Illec vous conuient demourer et ie men iray dautre part la ou dieu me conseillera. Ores mais peuent bien dire les dames et les damoiselles quelles seront doresenauant asseurees de vous/ iamais guerre ne leur ferez/ puis que ie le vueil vous demoureres la/ car iamais ne trouueres homme qui vous en oste. Quant elle a dicte ceste parolle elle ny fait autre demourance ains sen vient droit a son palefroy et monte dessus ã laisse Brehus la dessoubz et elle est tant lie et tant ioyeuse de ceste auanture comme se elle eust gaigne ung bon chastel elle ne fust tant ioyeuse dassez. Elle cuide bien tout de vray que iamais ne viẽgne celle part qui len remue. Et pour ce que le lieu est desuoyable et hors de chemin passant luy est il bien aduis que il doyue leans finir ses iours/ car il na que boire ne que mangier par quoy il ny pourroit viure seulement huit iours dõt elle est formẽt ioyeuse. Mais a tant laisse le compte a parler de la damoyselle et retourne a Brehus pour deuiser comment il fut deliure et par quelle aduanture.

¶ Comment Brehus sãs pitie estant dedans la caue de la roche entra en moult belle chambre ou il trouua ung cheualier mort gesant dedans ung lict et ses armes aupres de luy. Et aussi comment il trouua pareillement en une autre chambre une damoyselle morte couchee en ung lict richement pare.

fueillet   CL.xxxiiii

Pres ce que la damoiselle se fut partie de Brehus qui dedans la caue estoit demoure quant il eut entendu les parolles de la damoiselle il congneust adonc tout clerement que toutes les parolles quelle luy auoit fait entendre luy auoit elle dit pour luy faire rompre le col et non pour autre chose. Quant il vit quelle se fust partie il fust trop fierement descoforte en soy mesmes/mais nonobstant ce fust il tantost reconforte/ car il commence a aller auant et treuue vne moult belle chambre assez petite/ mais tant estoit belle sans faille que se elle estoit au palais de kamalot si la pourroit on bien tenir a belle par raison Et quen diroys ie la chambre si estoit si belle durement que riens ny auoit a redire selon la grandesse quelle auoit et estoit toute faicte en quarre. Et au meillieu de la chambre estoit vng lict assez grant couuert dung drap de soye moult riche durement. Le lict estoit bel assez. Et au meillieu du lict gesoit vng cheualier mort. Et sembloit bien que long temps auoit quil estoit mort. Et non pour tant encores estoit il tout entier/et auoit trop beau visaige et trop belles mains selon ce que homme mort pourroit auoir. Et estoit chausse dunes riches chausses faictes a or/et vestu dune robe de samit gonnelle et mantel. Et auoit a son col vng moult riche fermail/ et delez luy estoit vne espee et sur sa teste vng heaulme/et le haubert et les chausses de fer estoient de lautre lez. Et son escu et son glayue a ses piedz. Et saichez que lespee estoit si estrangement grande que quant brehus la regarde il en est tout esbahy et ne se peut tenir que il ne dye en soy mesmes que il ne croyoit mye que au monde fust si grant espee comme estoit celle. Et apres regarde le cheualier. Et quant il la vne grant piece regarde il ne luy est pas aduis que il soit orendroit au monde vng si grant cheualier que cestuy ne fust assez greigneur durant le temps quil estoit en vie.

Moult regarde brehus le cheualier qui gesoit dedans le lict et dist a soy mesmes quil estoit mort grant temps passe auoit/car moult long temps auoit quon nauoit fait si grant escu au royaulme de logres nen autre lieu. La grandesse de lescu monstre bien que le cheualier fut de ancien temps et lespee mesmes le monstre aussi. Car trop estoit grande estrangement. Voirement ceste chose le fait penser comment ce peut estre que il ait tant dure entier de tous ses membres come il estoit encores tout entier. Car a la verite dire il nestoit pertuyse ne troue. Moult va regardant brehus affectiuement le cheualier et les armes. Car la grandesse des armes monstre bien que elles furent faictes trop a ancien temps. Et ce que il voit que le cheualier estoit encores si entier luy monstre bien que il ne peut estre a son aduis que le cheualier fust mort de si ancien temps comme les armes furent faictes Et encores pense brehus a soy mesmes tout esbahy de ceste chose que il ne scait quil en doye dire. Mais non pourtant quant il a assez regarde le grant corsage du cheualier il dit bien a soy mesmes que bien furent ces armes a cestuy cheualier proprement. Et le cheualier fut bien de lancien temps et les arme aussi pareillement. Quant brehus eust regarde vne grant piece le cheualier il vit que il tenoit la main droicte ainsi comme serree et close. Et a la verite dire il ne la tenoit ne bien serree ne bien ouuerte. Brehus sencline vng petit pour veoir se aucune chose auoit dedans icelle ce quil apperceut dit que aucune chose y auoit Pour quoy incontinent le prent par la main le plus souefuement que faire le peut/et treuue adonc que il y auoit en

E ii

De Gyron le courtoys

la main vng bref et luy trait de la main et luy oeuure/et treuue que il y auoit lettres qui disoient en telle maniere.

Ces propres mains mirent iadis a grã dueil a destructiõ en vng seul iour tout le royaulme de norgalles. Ceste propre main fut doubtee comme homme. Je seul sans diuinite fuz cheualier. Je seul fuz fort/ie seul ay peu faire les grans merueilles que homme ne pourroit faire. Je suz bien le secõd sanson au regard des autres cheualiers du monde. Je fuz le second absalon. Ceste main dextre qui cy gist mist iadis a desconfiture en vng seul iour le royaulme de norgalles et cestuy de gaule et cestuy de northomberlande. Et furẽt pour chascun royaulme cinq mille hommes. Je fery cent cinquante coups et a chascũ coup ie occis vng homme a cestuy iour Et quant ie fuz tel que le monde nestoit moins espouetez de moy que de dieu proprement. Et puis fut la mort si hardie quelle me vint assaillir ne ie neuz force ne pouoir de me deffendre encontre elle qui me feusse bien deffendu de tout le mõde sil fust venu encontre moy. Toy homme qui es si foible chose au regard que ie fuz que feras tu encontre la mort quant ie ne me peuz contre elle deffẽdre. Pour dieu ne men ayez plus vil se ie cheuz en ceste bataille/car certes ie me combaty tant cõme ie peuz/mais au derrenier fuz ie mort. Phebus ay nom et bien me fut cestuy nom donne car tout ainsi comme phebus donne clarte a cestuy monde fuz ie clarte et lumiere de toute cheualerie tant cõme ie peuz porter armes et espee De ces armes proprement que tu voys cy mis ie a desconfiture en vng seul iour trois royaulmes et quinze mille hommes/et toutes ces merueilles feiz ie pour achoison de la belle damoyselle de norhõberlande pour lamour de laquelle ie suis depuis mort. Je feiz poꝰ samour telz merueilles que hõe mortel ne pourroit faire

Et puis fist amours telz merueilles de moy que il me fist mourir/ amour q̃ est seur de la mort si massaillit trop cruellement/et la mort si voult vengier sa seur Et ainsi fuz ie mort.

Toutes ces parolles que ie voꝰ ay cy comptees estoient escriptes dedans le bref. Et quant il la leu deux fois ou trois tant que il entend bien tout le dit il reploye le bref ainsi comme il estoit deuant et le remist en la main dont il lauoit oste. Et commence apres a regarder le cheualier ainsi cõme se il ne leust iamais veu. Et quant il a assez regarde le sien grant corps et la sienne grant forme il dist a soy mesmes q̃ ce ne fust pas grãt merueilleˢ ce cestui cheualier fut fort tant comme il fut en vie qui tout ainsi comme il est mort de seiche et appetisse en toutes guises a il en corps si gros os et si fournys que len ne trouueroit orendroit en vie nul cheualier si bien fourny que cestuy ne fust encores mieulx au regard de la grossesse des os que il auoit encores. Quant brehus a tãt regarde le cheualier que il en estoit ainsi comme tout ennuyeux il regarde auant et voit vne autre chambre et il se trait celle part tout erramment pour scauoir que il pourra trouuer la dedans Quãt il est venu en celle chambre il voit que la chambre est si estrangement belle de toutes les beaultez qui en chambre doyuent estre. Quant brehus est dedans entre il dist a soy mesmes que il semble que ce soit songe ou fantosme que il a trouue. Car se il fust orendroit dedans lamalot si ne luy est il pas aduis que il y peust quant a present trouuer si belle chambre en nulle maniere ne si bien et si richement paree comme estoit celle.

En icelle chambre deffaulte ny auoit aucune ne riens qui soit a redire forˢ tãt seulement que petite estoit/mais de toutes autreˢ beaultez ne pouoit estre plꝰ bel le en nulle guise de cestuy monde. Et elle estoit toute monde et ouurce a or et a pierres precieuses si merueilleusement que vng bien riche homme fust bien encombre de fournir vne si riche chambre comme celle estoit. Ou millieu de la chambre auoit vng lict asses plus bel et plus riche et plus merueilleur que nestoit celluy de lautre chambre/car il estoit fait par si grant maistrise que sur chascun des quatre anglets du lict auoit vng arbre de cuyure. A chascun arbre auoit moult de branches/sur chascune brāche auoit deux oyseaulx ou trois/les vngs de cuyure et les autres dargent. Et estoient tous fais par tel merueille que tā tost comme len demenoit le lict maintenant yssoit de chascun oiseau voix si que tous les oyseaulx chantoient adonc toꝰ ensemble/et selon ce que ilz estoient plus grans les vngs des autres si gectoient plus grosses voix si que ce estoit vng grant soulas et vng grant deduyt de ouyr les voix qui autour de ce lict estoient melodieusement chantant.

De si grant maistrise comme ie vous compte estoit fait le lict et estoit couuert de vng drap de soye aorne trop richement. Dedans le lict gesoit vne damoyselle trop bien vestue qui morte estoit ia auoit lōg temps passe/mais encores estoit toute entiere et si belle sans faille comme damoyselle q̄ est morte pourroit estre. Et encores auoit elle tous ses membres entiers/si auoit encores si beaulx cheueulx en sa teste et si blons comme se elle fust toute viue et ilz eussent estez pignez celluy iour mesmes. Et quen diroy ie/ce estoit comme vng deduyt de veoir ses cheueulx qui luy estoient si longs quilz venoiēt iusques a ses piedz. Brehus vient au lict et regarde la damoyselle/et tantost comme il touche au lict il oyt incontinent plus de deux cens voix doyseaulx

qui tous chantoient chascun a sa guise/ les vngs hault et les autres bas. Et faisoient adonc en telle maniere vne trop doulce melodie. Et quant il sappercoit dont les voix viennent il se commence a rire a soy mesmes et dist que nonobstāt quil ne saiche commēt il puisse yssir hors de ce lieu si ne vouldroit il pas que il ne fust leans entre et quil ne veist ceste grāt merueille qui illec est/car il tient bien ceste chose a la gregneur merueille que il veist encores depuis quil fust premierement cheualier. Or ne se repent il point de ce quil se mist en ceste aduanture/car de veoir ceste chose et de ouyr les voix des oyseaulx viuroit il bien dix iours entiers sans boire et sans mangier. Et luy est bien aduis que dedans dix iours ne pourroit estre a son aduis que dieu ne luy enuoyast aucun conseil. Moult est bien reconforte quant il regarde les merueilles de celluy lieu. Orendroit a il oublie ce de quoy il estoit deuant si durement desconforte. Quant il luy plaist si fait sonner la melodie deuant luy. Et quant il la tant fait sonner comme il lui plaist il regarde la damoyselle qui estoit vestue dung riche samit vermeil/et en auoit coste et mantel. Et auoit vne ceinture dont elle estoit ceinte. Et celle ceinture sans faille estoit bien la plus riche et la plus belle que brehus eut oncmais veue en tout son aage et il y pendoit ausmoniere qui nestoit mie la plus laide que il eust veue/aincois estoit bien la plus belle que il eust encores regardee depuis lheure quil fut ne

Ainsi regarde brehus et voit ceste chose. Et quant il a bien regarde la damoiselle vne lōgue piece il dist a soy mesmes que bien fut ceste damoiselle de moult grande et haulte beaulte qui mesmement est encores belle la ou elle gist morte. Lors

E iii

met la main a laumosniere/car bien luy sembloit que dedans eust aucune chose ⁊ si auoit il. Quāt il a laumosniere ouuerte il treuue dedans vng bref et le traict hors et leuure ⁊ le cōmence a lire/et treuue adonc que les lettres disoient telles parolles.

Adam fut nostre premier pere pere fut de tous mortelz hommes/et tout auant quil fust digne de receuoir la mort receut il mort p̄ le conseil de nostre premiere mere sa femme ce fust eue. Ainsi aduint de ce cheualier qui leans gyst. Adam si fut pere des hommes/et ce cheualier sans faille fut pere de tous les cheualiers/car deuant luy ne apres luy ne fut si bon cheualier. Et si mourut il par mon conseil et pour achoison de moy. Mon conseil faulx et desloyal le fist mourir. Ainsi mourut adam sans faille par le conseil eue la traistre. Pour quoy ie dy quelle et moy sommes assez pareilles/car elle occist le premier pere/et iay occis le p̄mier pere de tous les bons cheualiers/car au vray compter ne fut iamais nul si bon cheualier comme fut cestuy deuant ce q̄l portast armes ne en son temps mesmement/ne puis ne fut ne vng pareil/ne iamais pour vray comme ie croy nen sera nul si bon. Il mourut pour lamour de moy et ie pour la sienne amour suis morte. Et pour ce que ie a son viuant ne luy feiz ioye ne soulas fors se par autruy ne vint Si luy veulx faire en ceste chambre/les oyseaulx qui demeurent entour luy sont plourant la sienne mort en tel chant comme ilz peuent dire. Ie lasse ne puis plourer la sienne mort. Je la plouray tant comme peu/tāt la plouray que ie fuz morte. Et quant ie ne la puis plourer mes oeuures la vont plourant et regrettant en leur chancon. Les oyseaulx que ie feiz de mes propres mains vont regrettant le bon febus. Et quant ilz ont pour luy chante vne grant piece adonc plourent ilz communeemēt la sienne mort. Le commencemēt de leur chāt si est de plour/et puis retourne du tout en ioye et a la fin retourne en plour. Ainsi disoient les lectres et ce estoit la fin des parolles qui dedans estoient escriptes. Il ny auoit ne plus ne moins fors ce que ie vous ay compte. Quant brehus eut leu le bref il le c̄mence vne autrefoys a lyre pour mieulx scauoir. Et quant il la leu de chief en chief il crosse le lict pour scauoir certainement se le commencement du chant que faisoiēt les oyseaulx venoit de plour. Et il entent adōc tout appertement que tout ce que le bref disoit de la maniere des oiseaulx et de leur chant si estoit ainsi/car ilz commencoient en plour et puis maintenoient vng chant de ioye et puis apres finissoient en plour. Et quant il a ceste chose vne grāt piece escoutee il dist adōc en soy mesmes q̄ ceste chose est bien scāu faicte vne des plus belles merueille et vne des plus estranges aduantures dont il ouyt oncques mais parler en tout son aage. Or ne vouldroit il en nulle maniere du monde ce dist il quil ne fut illec venu. Car se il peut en aucune maniere cōment q̄ ce soit eschapper de ceste aduanture encores fera il le monde esmerueiller de ceste aduanture estrange/car il la vouldra racompter a tous ses amys ⁊ a tous ceulx qui deuant luy vouldront parler de grās merueilles / mais vne chose qui moult luy ennuye et dont il est courrouce si est ceste q̄ il ne voit en quel maniere il peust scauoir le nom de la damoyselle. Trop voulentiers le scauroit/ mais il ne voit facon comment.

Febus qui gyst leans mort ⁊ les autres grans merueilles qui sōt leans si font brehus tresfort penser et esbahyr trop durement. Et quant il a grant piece pense et regarde le bref et la damoyselle et il fait bien et longuement les oyseaulx chanter tant q̃ il congnoist bien tout de vray que verite estoit ce que disoit le bref. Et il veoit leans moult cler par toute la chambre/ car dessus en la roche auoit plusieurs trous et pertuys par ou la clarte du iour descendoit aual chascun iour moult largement et par ce veoit on leãs bien cler par toutes les chambres qui y estoient. Et quant brehus eut assez regarde le lict et la damoiselle z la chambre qui tant estoit belle au vray compter que il estoit si esbahy comme si riche oeuure et sibonne et si noble pouoit on auoir fait en tel lieu comme cestuy estoit. Il regarde auant z voit vne autre chambre et il se met erramment la dedans pour veoir que il ya leans. Et quant il y est entre il voit que la chambre estoit grande et large assez plus grande que nulle des autres deux nestoit/ mais elle nestoit mye si riche dassez comme les autres estoient. Dedans celle chambre auoit tombes trop riches durement et tant belles comme tombes pourroient estre sans pierres precieuses Or y auoit assez sans faille et argent/ mais autres richesses il ny auoit fors q̃ en chascune tombe auoit entaillie vng cheualier arme. Es piedz de chascun cheualier estoit entaillie le nom du cheualier. En vne des tombes estoit escript. Cy gyst laimozs le filz febus le nomper des cheualiers. En lautre auoit escript Cy gist naytas le filz febus le nomper de tous les cheualiers. En lautre tombe auoit entaillie. Cy gyst altan le bel le fort le filz febus. En lautre auoit escript Cy gyst siraoc le fort le filz febus le non pareil de tous les autres cheualiers. Ce que ie vous ay orendroit dit estoit escript dessus les lames. Et ainsi deuisement estoit en chascune sa raison/ et toutes les quatre lames estoient riches comme ie vous compte/ et chascune estoit lune delez lautre. Et aupres des quatre lames auoit vne grant pierre de marbre vermeille polie et planie ou auoit lettres entailliees dedans la pierre. Et les lectres qui illec estoient entaillees disoient ainsi

Ce te fais assauoir homme qui nous vas regardant que apz le pere vindrent les filz q̃ pour ce venismes nous ca et fusmes ceans enterrez ainsi comme tu peulx veoir. Nostre pere le bon febus qui fut lumiere du monde si gyst leans dedans son lict. Et nous gysons ca dehors dedans ces lames. pour ce que il fist tant en sa vie que nul ne fist autant fist len a son corps tel honneur cõme il appert. Son corps fist merueilles au monde tant comme il demoura en vie. Et pour ce quen son viuant fust il plus merueilleux que nul autre/ fist len que il est apres sa mort plus merueilleux que nul autre mort. Se il demourast orendroit en vie peust il trop plus noblement gesir que il ne gist maintenant. Les autres mors ne sont pas a si grant honneur ne ne monstrerent pas si grant pouoir. Nest il orendroit aussi bel fors de couleur seulement comme seroit vng cheualier qui dormist. Pour ce que il en sa vie fut plus noble que nul autre est il plus noble apres sa mort que nul autre mort. Les autres mors ne peut len veoir depuis quilz sont mors/ mais cestuy cy vouloit en sa vie que len le veist vif et mort. Nous qui ne fusmes du pouoir ne de la force et valeur que il eut en soy sommes cy tous quatre en serre enterrez. Tant comme nous fusmes cheualiers nous ne feismes tant au monde de proesse ne de valeur que len nous deust veoir apres nostre mort comme len peut veoir nostre pere febus lequel par sa force et proesse a ce merite/ a laquelle proesse nous nauons peu attaindre. Et pour ce sommes cy enclos dedans ces lames/ car noz oeuures ne furent point si grandes que len nous

E iiii

deust veoir mors si non petit. Et tu qui nous vas regardant se tu veulx vivre longuement garde toy daymer par amours. Amour occist le meilleur homme qui oncques fut / ce fust febus. Et quant si preudhomme en fust mort legierement te occiroit se tu y mettoyes ton cueur. Pour ce te loue en droit conseil que tu te ailles damours gardant. Tout ainsi disoient les lectres comme ie vous compte et ny auoit ne plus ne moins. Et quant il les a leues vne fois il les recommence vne autreffois a lyre / si les lict et puis les relit. Et tant quil dit bien a soy mesmes que tant comme il vivera sera bien recordant de cestui bref. Quant il a la chambre regardee ou les quatre colombes estoient il regarde auant et voit lentree dune autre chambre et il se trait celle part et vient a lentree. Il entre leans et treuue que la chambre est assez greigneur que nulle des autres chambres. Et dedans celle chambre auoit quatre lictz / dedans vng chascun lict estoient les armes de vng seul cheualier tout entierement heaulme glayue / espee / escu / haubert chausses de fer. Et toutes ces armes estoient si bonnes que a cestuy point peust on a paine trouuer meilleures en tout le monde / et tous lez quatre lictz estoient merueilleusement riches et tous couuers de draps de soye. Quant il a les armes regardees vne grant piece il commence a regarder la chambre et voit quelle estoit grande merueilleusement et toute esquarrie et len y voyoit moult cler.

Ha sire dieu fait brehus tant a cy de belles chambres et cointes / tant est grant dommaige a mon aduis que il ne repaire gens ceans. Et saichez que tous les quatre escus estoyent mypartys de la moytie dazur et de la moytie dargent / et celle myparteure estoit du long de lescu. Et estoient si grans escus tous quatre que brehus dist bien a soy mesmes que il ne vit en tout son aage si grant escu comme estoit le plus petit de tous le quatre et dist bien que vraiement iceulx escus furent a ces cheualiers qui la gysoient. Quant il eut regarde celle chambre vne grant piece il regarde auant et voit vne autre chambre et il dist que il yra auant pour scauoir se il pourra en aucune maniere trouuer fin de ceste chose. Quant il est venu a lautre chambre il voit adonc que la chambre estoit assez greigneur que nulle des autres. Mais elle nestoit pas de si belle oeuure ne de si cointe / et non pourtant belle estoit elle assez. Et au meillieu de la chambre auoit vng autel couuert de vng drap de soye trop bel et trop riche ne lautel nestoit mye trop grant / mais assez petit par raison. Et dessus lautel ardoient deux cierges assez grans. Quant brehus voit ceste chose adonc est il moult formentement reconforte / car il dist a soy mesmes que il ne peut en nulle maniere estre que il ny ait leans gens puis que il y a cierges ardans / moult est brehus reconforte de ce quil voit / moult est brehus plus aise quil ne souloit / car il dit en soy mesmes quil ne peut estre quil ne treuue assez tost gent. Et nonobstant ql fust dur et cruel en toutes choses si vient il deuant lautel et sagenoille et fait ses prieres et ses oraisons telles comme il scauoit. Et prie dieu ql ait mercy des ames dont il auoit leans trouue les corps. Quant il eut tant demoure en oraison comme il luy pleut il se dresse et sen va auant et voit vne autre chambre. Celle estoit assez grande / mais il ny auoit beaulte nulle fors que la roche tant seulement. Et tant y auoit quelle estoit forment bien taillee. En icelle chambre dont ie vous compte auoit trois lictz / mais ilz nestoient pas des plus riches du monde ne pareilz aux deuanditz / car il ny auoit ne draps ne couuertures ne nulle chose de cestuy monde fors que fouchier/ et a chascun lict estoit vne pierre au chief. Quant il a le lict regarde/ et il le voit si poure de toutes choses il dist que leans pourroit bien auoir hermites car ces lictz sont bien lictz de gens qui demeurent leans en penitance.

¶ Comment apres que brehus eut visite plusieurs chambres de la cauerne ou il estoit vint vers luy vng cheualier de grant aage/ auecques lequel il deuisa de plusieurs choses. Et comment ledit Cheualier luy feist cognoistre de quelle lignee estoit gyron le courtoys descendu. Et comment il sceut que gyron nestoit pas mort come on disoit.

A Cestui point droictement que brehus regardoit en telle guyse les trois poures lictz et il estoit ia moult reconforte en soy mesmes, car bien disoit certainement que il ne pourroit estre que il ne trouuast leans gens qui luy compteroient toute la verite de celle auanture et des merueilles quil a leans trouuees. Adonc voit leans entrer vng homme moult formentvieil qui auoit vne mauluaise cotte blanche toute rompue et deschiree. Il y auoit ia maintz ans passez que elle ne auoit este renouuellee. Icestuy home estoit si vieil que a paine pouoit il durer ne aller. Il estoit tout blanc comme vne hermyne/ et auoit les cheueulx longs iusques a la ceinture qui luy couuroient toutes les espaulles. Et la barbe luy descendoit iusques aux genoulx. Ne pour tout ce q̃ il estoit si fort vieil comme ie vous compte ne de mouroit il ql ne feust encores greigneur dassez de corps et moult plus long que nestoit brehus. Et si estoit si fort acourby quil estoit orendroit assez plus court q̃l ne feust en sa ieunesse. Il estoit si tres vieil a la verite dire q̃ de la grãt vieillesse

qil auoit ne voit il mais si nõ bien petit pour ce aduint il a ceste foys q̃l ne veoit mye brehus/ mais brehus le veoit bien tout appertement. Quant brehus voit cellui approuchier de luy qui bien estoit sans faille vng des plus vieulx hõmes que il eust oncques mais veu/ si luy dist. Beau sire dieu soit auec vous. Le vieil hõme dresse la teste quant il entend ceste parolle & regarde vers brehus. Et quãt il le voit si appertement comment il le peut veoir/ car veoir ne le pouoit il mye trop clerement comme celluy qui petit voit desormais/ et qui est si fort esbahy que il ne scait quil doye dire. Et pou sen fault que il nest cheut de la grant paour que il eust. Car il eut premierement doubte que cellui qui a luy parloit en telle maniere ne feust fantasme/ car il ne luy estoit pas auis que nul hõme mortel peust leans venir fors parmy eulx. Et pour ce fut il moult fort espouente quant il entendit que brehus parloit a luy en telle maniere que pour la grant doubtance q̃l eust sensuyroit il moult voulentiers se il peust/ mais il ne peut/ car il est fort foible. Et lors brehus qui bien appercoit orendroit que celluy est espouente de sa venue/ et recongnoist en soy mesmes tout errãment dont ceste paour luy vient adonc parolle a luy et luy dist. Sire ne ayez paour/ ie suis cheualier que auanture a ceans apporte. Or saichez que ie suis moult grandemẽt ioyeux de ce que ie vous ay trouue en cestuy lieu/ car ie auoye moult grãt doubte que ie ne trouuasse ceans homme ne femme. Et quãt ie vous ay trouue/ cest vne chose qui fort me reconforte. Car vous estes homme de dieu ce croy ie bien.

Quant le vieil homme entend ceste parolle il se reconforte en soy mesmes moult durement orendroit est il moult asseur quant il entend que cestuy est cheualier/ et pource se arreste il (i dist. Beau sire pource q̃ vous dictes que vo⁹ estes chevalier/or sachez que ce est vne chose dont ie suis moult ioyeux. Moult suis lye de vostre venue. Ja a moult long tẽps que ie ne veiz chevalier fors que deux qui ceans demeurent. Pour dieu beau sire or vous seez et ie me serray pareillement si parlerõs ensemble et me direz de voz nouuelles se il vous plaist. Et comment sont maintenant les chevaliers qui se deduysent et soustiennẽt en la mortelle chevalerie. Ja fut vng temps que ie estoye Chevalier/ mais moult a long tẽps que ce fut. Se dieu me doint bõne aucture ia a plus de cent ans passez q̃ ie ne portay armes/ne que ie ne parlay fors que a ceulx q̃ ceans repairent/et a vous q̃ estes maintenant icy. Et pou dautres que ie trouuay aucuneffoys en celle forest la dehors/ pour ce oroye ie moult voulentiers des nouuelles des chevaliers qui maintenant portẽt armes par le monde. Car certes a celluy point que ie portoye armes me y delictoye si grandement comme chevalier se pourroit plus delicter en aucune chose du mõde. Et pource oroye ie voulentiers aucune verite de leur estre. Sire fait b:ehus/et ie vo⁹ en diray voulentiers puis que vous estes si desirant de louyr. Or vous seez (i ie me serray aussi Certes voulentiers fait le preudhõme. Lors se assiet a moult grant paine car il estoit moult foible. Et quãt il sest assiz b:ehus luy dist. Sire/scavez vo⁹ qui est maintenant seigneur du royaulme de logres. Nẽny certes fait le preudhõme ie ne le scay pas. Et ie le vous diray fait b:ehus. Or saichez tout vrayement que vng Roy en est seigneur que len appelle artus/et fut filz du roy Vterpandragon En nom dieu fait le preudhõme/ du roy Vterpandragon ouys ie ia bien parler/ mais ie ne le veiz oncques. Jay ouy dire moult grãt bien de luy. Se le filz est aussi preudõme cõme feust le pere selon ce q̃

len me compte grãt bien seroit par tout le royaulme de logres. Sire fait b:ehus Or sachez tout vrayement q̃ le roy Vter pandragon neust oncques en soy tant de bontez/ne tant de valeur q̃ le roy artus son filz nen ait assez plus dedans luy. Car tout premierement le roy artus est bon chevalier de soy et moult hardy cõme Chevalier pourroit estre/ et fort et grant/ et si large que il oseroit bien donner a vng seul io² tout le mõde se il feust sien. Et que vous diroye ie. Sire chevalier/ or saichez que il y a grant temps passe que il ny eut en la grant Bretaigne nul si bon roy que le roy artus ne soit encores meilleur. Certes fait le preudhomme/ ce mest moult beau puis que il ya en la grant Bretaigne si vaillant roy comme vous me dictes. Se il a sens et il a bons chevaliers en sa compaignie bien pourra encores mettre en sa subiection la greigneur partie de tout le monde. Mais se il na bons chevaliers tout son fait ne vault riens.

Lors respond b:ehus a ceste parolle et dist. Sire/ or sachez tout vrayement quil ya plus de deux cens ans si comme ie croy quil ny eut en la grant Bretaigne autant de bons chevaliers ensemble comme len y pourroit orendroit trouuer. Sire dist le preudhomme. Le croyez vous en telle maniere. Certes sire ouy ce dist b:ehus En nom dieu dist le preudhomme vous croyez malement. Or saichez que ie veiz ia tel temps que moult estoient de plus grant affaire et de plus haulte chevalerie les chevaliers qui lors estoiẽt que ne sont ceulx q̃ portent armes maintenant Or me dictes se dieu vous sault/ estes vous orendroit des grãs chevaliers ou des moindres ou des petis. Et b:ehus qui moult grant Chevalier estoit et de grãt force respõd. Sire se dieu me sault or sachez que ie suis assez des greigneurˢ cheualiers qui armes portent entre les cheualiers errans. Ce ne vous dys ie pas sans faille quil nen y ait aucuns de greigneurs. Mais par la foy que ie vous doy, entre les grans seroye ie bien tenu por grāt cheualier. Donc ne pourroiēt valoir voz cheualiers si non petit fait le preudhōme, car cheualier qui est si petit comme vous estes ne pourroit ce mest auis faire trop grant fait quant ce vien droit a vng grant besoing. Cōment sire fait Brehus, ne vo⁹ est il donc mye auis que vng petit cheualier ait souuent aussi grant cueur comme vng grant cheualier. Ouy fait le preudhōme. Beau sire fait Brehus, et ne vous est il auis que le cueur face lhomme et non mye le corps. La grandeur du corps ne fait pas lhomme mōter en trop haulte bonte, mais la grandeur du cueur. Car du cueur vient le hardement et non mye du corps. Et le cueur cōmande tout ce que fait le corps, car le cueur est sire du corps, et le corps est serf du cueur. Vous dictes bien fait le preudhōme, mais or escoutez. Quant le cueur est si grant dedans lhōme et le corps est petit et non pas moult fort le cueur peut il plus faire que il ne peut. Il peut hardiement encommencier et hardiement mener a fin ce dōt il a le pouoir. Mais encontre pouoir ne peut il faire. Puis que il est foible peut il plus que sa force est, nenny. Sire non fait Brehus. En nom dieu fait le preudhomme pour ce dys ie bien que ilz ne pourroient pas orendroit estre cheualiers de haulte valeur. Quāt ilz sont petis et foybles tout ce leur fault qui les deueroit maintenir au grāt besoing. Mais ie veiz vng tēps que ilz estoient cheualiers de grant pouoir et de grant affaire. Et certes se ilz feussent telz cōme ilz estoiēt tout le monde les deueroit tuer. Car premierement ilz estoient si terriblement fors que se il en eust orendroit en tout le monde vng si fort on le tiendroit a la greigneur mer

ueille du siecle. Et sur tout ce ilz estoiēt si hardys q vng tout seul cheualier puis quil se sentist par fait de cheualerie osast bien emprendre a desconfire tout le monde se il le trouuast en vng champ.

Bien deuoient estre preudhommes ceulx qui se tenoient pour cheualiers, car riēs ne leur failloit. Ilz auoient bien en eulx ce dont ilz pouoient si grant cheualerie faire cōme ilz prenoient. Car ilz estoient si terriblement fors que leur force ne peust pas estre legierement mise au dessoubz p nulle autre force. Et quen diroye ie, puis que ce venoit au grant besoing ilz pouoient bien soubstenir tous les faitz du monde par force. Mais orendroit selon ce que ie voy de vous que pourroit faire vng cheualier de vostre affaire. Nous sommes ceans trois vieillars, et feusmes tous trois cheualiers. Tant auons vescu et dure que a paine no⁹ pouons mais soubstenir. Et nō pourtant encores ny a nul de nous trois qui tant sommes vieulx et foibles comme vous voyez qui ne feist orendroit moult greigneur force q vous faire ne pourriez. Pource dis ie que a celluy temps que nous portasmes armes deuions no⁹ bien estre en toutes guyses meilleurs cheualiers que vo⁹ nestes orendroit. De toutes ces parolles que le preudhomme disoit en telle maniere se rioit Brehus moult grandement. Car il luy estoit bien auis q le bon homme parloit de force en telle maniere par folie et par trop grant vieillesse. Et le bon hōme qui soubzrypre le voit adont luy dist vous cuydez que ie vo⁹ gabe qui a vous ay parle de force, mais auant que vous partez de ceans vous feray ie veoir tout appertement ce que ie vous dis. Lors se commence Brehus a ryre assez plus que il nauoit fait deuant q dist tout en soubzryant. Comment sire cuydez vous donc estre de la force dont ie suis. En nom

De Gyron le courtois

Dieu fait le preudhōme/ie le vous diray
Ne soyez vo° ores q̄ ie suis moult vieil
Ouy certes fait Brehus/vrayemēt voy
ie que vo° estes si tresvieil que ia a grāt
temps que ie ne veiz nul homme si vieil
Encores suis ie greigneur que vous nes
tes fait il qui estes grant bachelier. En
nom dieu fait Brehus/de ce dictes vous
bien verite. Trop estes greigneur vraie
ment q̄ ie ne suis. Or sachez fait le preu
dhōme que encores feroye ie moult grei
gneur force q̄ vous ne feriez. Mais sans
faille ie ne suis mais si legier ne si viste
comme vous estes/aincoys me tremble
tout le corps de la grāt vieillesse que iay
Et ce que ie vous ay dit De vostre force
et de la myenne vous feray ie veoir tout
appertement auant que vous vous par
tez de cestuy repaire. Si maist dieu fait
Brehus/ce mest moult beau. Car ce vo°
faiz ie bien assauoir q̄ ie seroye tenu por
assez bon cheualier entre les fors cheua
liers qui orendroit portent armes. Or
laissez ceste parolle fait le preudhomme
Je croy que ie vous feray veoir aucune
chose que tiendrez a grāt merueille auāt
que vous vous partez de moy. Mais or
me dictes. Auez vo° entre les cheualiers
errans nul cheualier que vo° tenez a che
ualier parfait des armes. Quant Bre=
hus entend ceste nouuelle il pense q̄ puis
respond. Certes sire a ce que vous me
demandez ne vous scay maintenāt que
respondre fors tant vrayement q̄ ie scay
de bons cheualiers q̄ de telz qui bien sont
De haulte renommee et par raison/ car
certes ilz sont bons cheualiers garnys
de haulte cheualerie et de haulte valeur.
Mais se dieu me sault de cheualier par=
fait ne scay nul se ce nest ung seulement
Mais de cestuy croiroye ie plus tost que
il peust estre cheualier parfait/ Car il est
si bon cheualier parfaictement que ie ne
croy pas que il y en ait orendroit nul au
si bon en tout le monde. Il a tant fait au
royaulme de logres que il a bien mōstre

tout appertement que la sienne cheuale=
rie ne se prendroit a nulle autre. De cel
luy croiroye ie bien tost quil peust estre
parfait cheualier de cheualerie/ car il en
a fait les oeuures.

N Ul autre que ie saiche mainte=
nant ne pres ne loing ne croiroie
ie qui feust parfait cheualier se
ie nen veisse autre chose que ie nay enco
res veu. Or me dictes fait le preudhom
me/cestuy cheualier q̄ maintenant vous
prisez tant par dessus les autres cheua=
liers cōment a il nom/ De quel lignaige
est ou petit ou grant. Sire ce dist Brehus
Se dieu me doint bonne auanture ie ne
scay son nom/ne ie ne croy que il y ait or
endroit en tout le royaulme de logres
trois cheualiers qui le sachent. Car il se
va moult celant en tous les lieux ou il se
treuue si que iamais a homme du mōde
veult riens dire de son estre. Et qui luy
demande son nom iamais ne respond.
En telle maniere se va celant. Et se il
est entre les cheualiers il est si humble ē
si coy et si mat ā si taisant que iamais ne
dit mot du monde/ ne iamais de nul fait
que il face ne tiendra parlement. Se vo°
le veissiez adonc vous cuideriez certaine
ment q̄ ne feust ne ne peust valoir ung
poure garcon. Et quant il est arme et il
vient a aucun grant fait adonc verriez
vous merueilles appertement. Ainsi si=
re va son fait que encores ne scauōs son
nom/ne De son lignaige ne scauons no°
nulle chose. Nous ne scauons se il est de
la lignee de roy/ de conte ou de basse gēt.
Il se tient si celeement en tous les lieux
ou il demeure que nul ne peut scauoir la
droicte verite de son estre. Mais de son
couraige vous dys ie que par deffaulte
de son corps ne perdra riens Car a la ve
rite dire cest le cheualier mieulx fait De
corps que ie veisse encores en tout mon
aage. Et est le greigneur cheualier que
ie sache maintenāt entre les cheualiers

errans. Et de sa force ouys ie dire a aucuns qui lauoient veu en grant espreuue que il est moult grandement fort/et que ilz ne cuydassent pas legierement que il peust auoir en tout le monde nul si fort homme comme il est. Et encores sur tout ce est il si tresbeau cheualier que il ny a si beau en tout le monde sicomme ie croy. Sire de celluy vous dys ie que il est par fait cheualier selon mon iugement. Pors quāt il a sa raison finee le preudhomme respond erramment et dist. Saincte marie comment peut ce estre que len ne scet le nom de si bon cheualier comme est celluy dont vous parlez. Sire fait brehus ainsi est/ comment le pouons nous scauoir puis que il ne le veult dire. Or me dictes fait le preudhomme/combien ya il que il commenca a porter armes. En nom dieu ce dist brehus/iay bien entēdu par aucuns quil peut bien auoir quinze ans que il porta armes. Haa sire fait le preudhōme/ comment peut ce estre que vous ne sceustes son nom. Sire fait brehus/ie le vous diray. Aucuns q̄ le vont orendroit recongnoissant dient que il a bien este en prison dix ans ꝯ plus. Quāt le preudhomme ouyst parler de dix ans il dist a brehus.

OR me dictes sire cheualier celluy cheualier q̄ vous allez tant louant a il vne petite playe emmy le front. En nom dieu sire fait brehus ouy. En nom dieu dist le preudhōme donc scay ie bien q̄ il est. Je ne le veiz puis q̄ il auoit cinq ans que il fut ceans aporte. Se il ne feust bon cheualier puis que il est vif ce seroit moult grant merueille/car il fut de toutes pars de moult bons cheualiers. Et son pere qui lengēdra fut de haulte valeur et de haulte cheualerie garny. Pour quoy ie dy bien que ce seroit moult grant merueille se le filz nestoit moult bon cheualier au regard que sont les autres cheualiers qui orendroit portes armes. Sire fait brehus se dieu vous doint bonne auanture dictes moy de quel lignaige est cellui cheualier de qui nous auons orendroit tenu parlement/et sur tout ce me dictes son nom ie vous en prie. En nom dieu fait le preudhomme/quant vous de ceste chose voulez scauoir la verite et ie vous en diray partie. Or sachez que ceans gyst le commencement de son lignaige/et de eulx dy ie que ie congneuz et ouy parler. Je scay bien que voꝰ auez este en toutes ces chābres par de ca. Car voꝰ entrastes ceans par deuers la haultesse de ceste roche. En nom dieu fait brehus vous dictes verite. Or sachez fait le preudhomme q̄ voꝰ auez veu son besayeul. Ce fut le grāt cheualier que vous trouuastes dedans le riche lict. Et ie suis son ayeul. Car ie suis filz de celluy que vous trouuastes Et iay ceans vng mien filz q̄ laissa tout le monde pour moy tenir compaignie en cestuy poure lieu ou vous me voyez orendroit. Et celluy mien filz voꝰ mōstreray ceans auant que vous vous partez de moy. Et est pere proprement de celluy cheualier dont vous parlastes orendroit. Et celluy bon cheualier est appelle gyron. Je ne scay vous en ouystes oncques parler.

Quāt brehus entend ceste nouuelle pource que il auoit autrefois ouy parler de gyron il dist au preudhomme. Se dieu me sault de gyron ay ie ia ouy parler/mais ceulx qui en parloient ne disoient pas que gyron fut vif/ains disoient que il estoit mort. Et en disoient grāt bien sans faille. Or sachez de vray fait le preudhōme que il nest mye mort/aincoys est bien celluy mesmes que vous louez tant et a nom Gyron. Si maist dieu sire fait brehus ie me tiēs a moult bien paye de ceste nouuelle que vous mauez apprinse a cestuy point. Car ie estoye moult desirant de scauoir le nom de cestuy bon cheualier/ car scauoir ne le pouoye en nulle maniere. Car ie ne trouuoye homme qui men sceust dire verite ne mensonge. Mais sire pour dieu quant vous mauez ores tant fait de bonte que vous mauez dit son nom or me dictes se il est moult gentil home. Si maist dieu fait le preudhome ouy. Le royaulme de gaule deust estre a gyron par raison/car le sire q̃ leans gyst si en eust este Roy se il eust voulu/ mais il ne voulut la seigneurie ains la donna a vng sien frere moinsne de luy. Il fut cheualier de grant cueur et de si hault affaire quil ne vouloit la courtoysie receuoir/et elle deuoit estre sienne/car il estoit laisne frere. Il laissa la courõne pour entendre a cheualerie. Le roy q̃ fut le premier roy chrestien de gaule fut cõmencement de nostre lignaige de ceulx qui chrestiens furent. Et encores vous diray vne autre chose. Or saichez que le royaulme de gaule deueroit estre a gyron/Car auant que le roy pharamon en seust courõne en porta la courõne le pere de gyron. Et puis po² douleur de moy se mist il ceans en ceste habitacion que vo' voyez/et donna cestuy royaulme a vng sien nepueu. Pharamon q̃ orendroit porta la couronne de gaule si fut filz de vng nostre serf que ie commanday franchir Quant cestuy mourut a qui mon filz auoit donne le royaulme de gaule il mourut sans hoir. Pharamon qui assez scauoit et bien et mal entra adont dedans le royaulme ainsi comme ie scay il y entra desloyaulment. Gyron ne scait de tout ce riens. Il cuyde bien que son pere soit mort pieca. Et pource ne scauoit il ores que il deust respondre de toute ceste chose qui luy en demanderoit la verite. Gyron est moult gentil home. Il fut extrait de p̃ sa mere du lignaige de helayn le gros q̃ fut nepueu ioseph darimathie. Certes ie ne croy pas quil y ait encores en tout le monde nul plus fort home que

estoit le pere de gyron. Mais se vous or endroit le veissiez vous croyriez malement ce que ie vous en ay dit se vous ne veissiez sa force. Car nous mãgeons si pourement en cestuy lieu ou vous me voyez que a grant paine en pouõs nous soubstenir nostre vie/ne nyssons point de ceans/toutesuoyes y demourons ainsi comme nous le pouons faire. Sire celuy a dit breñus. Quen diriez vous. Or sachez tout vrayement q̃ se tout le monde me deist que gyron ne fut gentil homme trop durement si ne le croiroye ie pas Car certes il semble mieulx gentil homme en toutes maniere' que nul cheualier que ie veisse oncq̃s encores. Mais be au sire pour dieu quãt vous mauez fait tãt de courtoysie que vous mauez dit de gyron ce que ie desiroye moult a ouyr or me dictes se il vous plaist qui fut cestuy cheualier qui leans gyst/et me comptez comment il mourut et me dictes toute sa vie. Puis me dictes de la damoyselle qui gyst en lautre chambre/apres me dictes du brief que elle tient auecq̃s elle qui dit quelle mourut par amour q̃ mourut vierge. Et dist aussi q̃ le cheualier mourut par amour. Apres me dictes se il vo' plaist comment les quatre cheualiers moururent qui gysent en lautre chãbre apres la damoyselle/et comment ilz surẽt apportez ceans. Tout ce me dictes se il vous plaist/car cest sans faille vne chose que ie desire moult grãdement a ouyr

Quant le prendhomme entend ceste parolle il respond et dist Si dieu maist beau sire quant vous auroye ie tout ce cõpte. Sire fait breñus/vous voyez bien que il nest pas encores heure de nonne. Et pour cestui compte escouter et pour estre en vostre compaignie aucun petit ay ie bien volente de demourer auecq̃s vous cestuy iour et toute ceste nuyt et demain aussi se mestier seust. En nõ dieu fait le preud hõme/se vous avez grant voulente de demourer avecques nous orendroit vo'nen aurez pas demain si grant voulente Car vo' naurez pas si richement a mangier ceans que vous en peussiez vivre/ia si beau compte ne si delictable ne vous scauroye ie mettre en avant que vous de mourissiez avecques nous demain toute iour voulentiers. Ceste nuyt mesme pourroit il bien estre que de ouyr cõptes et avantures. Sire pour dieu fait brehus/comment que il me doye advenir de ieusner ou de mangier/toutesvoyes vo' prie q requier que vous me dyez la verite de ce que ie vous demande. Certes fait le preudhomme/puis que ie voy que vo' estes si desirant de louyr et ie vous en diray partie. Or escoutez premierement de cestuy chevalier qui leans gist en telle chambre. Et maintenant que il a dicte ceste parolle il encommence son compte en telle maniere. Sire Chevalier il fut vray sans faille que le grant chevalier q leans gyst dedans le lict q vous veistes si fut filz au roy de gaule que len appella crudés. Cestui roy si eut deux filz moult preudhõmes et moult bons chevaliers. Laisne filz q roy devoit estre par raison si eut nom febus. Et ce feust cestuy qui proprement leans gyst. Il fut hõme de moult grãt force que tant comme il vesquit il ne peust oncques trouver homme qui encontre luy peust durer de force. Il fut si fort q si legier en toutes guises que tout le monde qui le veoit se merveilloit de sa force et de sa legierete. Cestuy fut hõme sans per/car il neust nul pareil au monde ne de force ne de chevalerie tant comme il vesquist pour le grant pouvoir quil sentoit en soy/et pour la haulte valeur vist il que il ne se tiendroit pas a la terre que son pere tenoit/ains yroit terre gaigner en estrange contree. Et il le feist tout ainsi/Car il se partit maintenant de gaule et quicta la terre a son frere qui estoit moinsne de luy/et sen alla a

tout quarante compaignons et nõ plus et vint a la mer/et se feist passer au royaulme de logres. A cestuy temps nestoient pas chrestiens en la grant bretaigne si espanduz comme ilz sont maintenant ains y estoit encores la greigneur partie de payens. A cestuy temps nestoient pas ceulx de norgales ne ceulx de gaule/ne ceulx de norhõberlande. Tous ces trois royaulmes estoient encores de payens Quant febus fut venu en la grant bretaigne a si poure compaignie comme ie vous compte et les chrestiens qui la estoient entendirent que il estoit venu po' terre conquerre a si pou de gens comme il avoit ilz se commencerent a gaber de luy/et dirent entre eulx quil nestoit mye bien arrive quant il estoit venu pour si grant chose a si pou de gent.

Ung roy avoit adõt en la grãt bretaigne qui le receut moult grãdement/ et luy feist moult grant honneur quãt il sceust qui il estoit Car de la valeur de luy couroit ia grant renommee entre tous les chrestiens. A cestuy temps estoient freres charnelz de pere et de mere le roy de gaule q le roy de norgales et cestuy de norhomberlande. Tout maintenant que fut arrive en la grãt bretaigne leur dist ung maistre qui moult scavoit de nigromance et des choses qui estoiẽt advenir. Seigneurs fait il faictes grant ost/ et vous appareillez de deffendre que cy doit venir ung homme de la chrestienne loy qui est garny de si grant force que il vous mettra tous a mort/et tout vostre ost tournera a desconfiture se vous ne vous pouez deffendre. Cestuy est bien le second Sanson au regard de sa grãt force. Quãt les trois ouyrent ceste nouvelle ilz demanderent adont Amenra il avecq's luy grant gent cestuy qui desconfire nous doit. Le maistre respõdit tãtost. Il ne luy est pas mestier que amaine grant compaignie/car il est si tresfort de soy que de la force quil a en luy nest fin. Faictes gent appareiller tant cõme vous pourrez et vous garnissez encontre lui/car il ne demourra pas gramment a venir ceste part. Les trois freres se cõmencerent a gaber quant ilz ouyrent ceste nouuelle et dirent entre eulx. Ce ne pourroit aduenir que cest hõme nous va disant. Et non pour tant pource que bien asseur nen sommes toutesuoyes encontre ceste auanture manderons nous nostre gent. Lors assemblerent toute la gent q̃ ilz peurent auoir Et tant furent que en pou de temps eurent bien quinze mille hõmes armez tãt cheualiers que autres. Et lors leur fut la nouuelle apportee que febus estoit entre au royaulme de norgales/mais il nauoit en sa compaignie fors que quarãte cheualiers tant seulement. Et faisoiẽt si grans merueilles quilz ne trouuoient nulle gent en champ quilz ne meissent a descõfiture. Quãt les trois freres ouyrent ceste nouuelle ilz ne sen firent si non gaber/et dirent entre eulx. Vrayement sommes nous folz qui si grant gent cõme est ceste auõs assemble pour quarante cheualiers seulement. Toutesuoyes pour les nouuelles qui leur venoient si estranges de la force de febus se partirent ilz de norhõberlande ou lost estoit assemble/et sen vindrẽt au royaulme de norgales et ouyrent adont compter que febus auoit prins vng chasteau par force qui estoit si tresfort que len ne cuydoit mye que tout le monde le peust prendre par force en nulle saison. Ilz furent tous esbahys de ceste nouuelle et dirent entre eulx que leurs dieux estoiẽt courroussez Autremẽt ne pourroit estre si grãt merueille comme est ceste ce ne feust le courroux des dieux. Tant allerẽt ensemble par le royaulme de norgales quilz vindrẽt la tout droictement ou febus estoit et trouuerent quil estoit logie luy et ses cõpaignons deuant vne riuiere grant et

De Gyron le courtois

parfonde. Quãt febus entendit que les trois roys venoient sur luy a si grãt ost cõme ilz amenoient/et si efforceement il ne sen feist q̃ rire. Et lors leur manda par vng sien messaige que ilz sen retournassent la dont ilz estoiẽt venuz oultreement ou il les mettroit tous a mort ou a destruction. Ceulx cuiderent bien quil feust espouente du grant peuple que ilz amenoient/et que pour ce il leur mande ceste parolle. Si luy manderent arriere que ilz ne sen retourneroient deuant que ilz leussent occis. Ilz vouloient auoir la bataille a lendemain. Et il dist que il estoit appareille de combatre puis que ilz vouloient la meslee. Ce luy soir parla febus a ses cõpaignons et leur dist. Or y perra que vous ferez demain/car nous aurons demain la bataille.

Sire font ilz combien peuent ilz auoir de gent encontre nous. Et il qui bien scauoit la verite car ia luy auoit este dit respond et dist. Il ny a tant de gent que vng preudhõme ne peust desconfire hardiement. Ilz ne sõt fors que quinze mille. Aux premiers coups que len ferira sur eulx seront honnys et desconfitz pource quilz soient bien feruz/car ilz ne sont pas hõmes de grãt valeur ne de grant bonte. Quant les cõpaignons de febus entendirent q̃ quinze mille estoient ceulx encontre qui ilz se deuoient combatre et ilz nestoient que quarante. Il ny eut adonc si hardy deulx toꝰ q̃ moult ne feust espouente/car il ne leur estoit pas auis que en nulle maniere du monde quarãte cheualiers peussent durer contre quinze mille/et pource respondirent ilz a febus. Sire pour dieu sil voꝰ plaist ne nous mettez en ceste auanture Car trop seroit sans faille perilleuse et doubtable pour nous. Vous voyez bien que nous ne sommes fors que quarante et ilz sont quinze mille. Comment pourrons auoir duree encontre si grant gent

Pour dieu sire ne vous mettez a mort si appertement côme vous mesmes voyez en ceste guyse. Car la honte et le pechie en tourneroit sur nous et le dommaige en seroit nostre. Quant febus voit que tous ses compaignons estoient si desconfortez il leur dist en soubzryant. Seigneurs chevaliers / Or sachez tout certainement que iusques a cestuy point avoye ie este deceu de vous. Se dieu maist et me doint bône auanture ie cuydoye tout certainement quil y eust tant de bonte en vous et hardement que tout le monde ne vous peust pas desconfire se il vous venist courre sus en vng châp. Mais puis que ie voy tout appertement vostre deffaulte côme vous la monstrez icy ie reffuse desormais et de cy enauant la vostre compaignie. Je ne vous vueil desormais pour compaignons / car ie ne vueil point q couardye soit pres de moy. Or voº en allez et me laissez en ceste place. Je ne vins pas de ma contree en ceste region estrange pource que ie deusse refuser nulle bataille / ie la vueil pour moy maintenir. Et se ie p moy ne puis toute ceste gent qui cy vient mettre a mort et a desconfiture donc vueil ie bien que voº dyez apres que febus nest pas chevalier. Or vous en allez vostre voye / car ie suis cestuy qui demoutrera en ceste place de ce ne vous doubtez. Quant ilz ouyrent ceste parolle ilz ne sceurent quilz devoient dire. Car febus que ilz tenoient a leur seigneur et qui leur parent charnel estoit ne vouloient ilz du tout laisser. Ne en si grant auanture comme celle estoit que de mettre quarante hommes encontre quinze mille ne scauroient ilz que dire. Ilz ne scauoient a laquelle partie ilz se deussent tenir / ou de demourer auecques febus / ou eulx departir de luy. Et lors quant febus les voit si merueilleusement doubter pour le parlement que ilz ont entre eulx il dist a deux de ses escuyers. Or tost donnez moy mes armes. Et iceulx escuyers luy donnerent ses armes moult diligemment et erramment. Et lors quât febus fut appareille et arme de ses armes il dist a ses compaignons. Vous estes mes parens et amys charnelz et ie cuidoye bien que ie feusse grammement honnore de voº et pareillement aussi cuidoye que vous feussiez tous moult preudhômes. Mais iay cy veu tant de vous a cestuy point que ie congnois tout certainement que ie suis tant deshonnore et auile comme vous mappartenez / ce dys ie bien pour vray. Et pour ce ay ie moult bien empense de faire ce que ie vous diray. Or escoutez

Verite est que ie vous tiray du pays ou noº feusmes nourris et vous menay en estrange côtree pour conquester pris et honneur. Mais ie voy que vous estes si mauuais et si peruers et faiblis du tout de cueur que ie scay moult bien que vostre mauluaistie ne vous laisseroit iamais partir de la grant bretaigne que vous ne feussiez du tout honnys. Et pource se dieu me fault ie vueil trop mieulx que moy mesmes de mes propres mains vous mette a honte et a mort que autre vous y meist. Et quen diroye ie. Vous estes tous venus a vostre mort. Car ie vous occiray icy or vous deffendez de moy se vous le pouez faire. Car ie nay prins mes armes ainsi côme vous voyez fors pour vous mettre tous a mort. Je vueil que vous mourez tous par mes mains et non mye par les mains des mauuais chevaliers encontre qui ie me doye combatre demain. Et vne chose vous faiz ie bien assauoir que vous ne scauez mye par auâture. Or sachiez bien q iay tant de pouoir a force tout seul de voº mettre toº a mort. Et puis mettre a descôfiture tous les .xv. mille hômes q cy sont assemblez poº moy mettre a mort silz peuêt

f j

Quant les quarante compaignons entendirẽt ceste parolle ilz furẽt assez plus esbahis q̃ ilz nestoient deuant. Et lung deulx qui estoit cousin germain de sebus et qui estoit le meilleur cheualier de son corps qui en la place feust fors que sebus seulement. Quant il ouyt ceste parolle haulte que sebus auoit dicte il se tourne vers luy et luy dist. Sire dictes vous a certes ce que vous auez dit/ou se vous lauez dit pour nous gaber. En nom dieu beau cousin ce dist sebus/ie ne suis mye cheualier qui autres voys gaber/ie lay dit tout acertes. Et sachez que ie suis bien puissant la dieu mercy de mener a fin honnoreement tout ce que ie vous ay orendroit dit. En nom dieu dist le cheualier/puis que ie voy que vous estes de si haulte et de si merueilleuse voulente que vous voulez si estrange fait comme est cestuy entreprendre or sachez que ie veil estre de vostre partie comment que il men doye aduenir. Tous les autres se acordent maintenant a ceste chose puis quilz virent que cestuy estoit tourne a la partie de sebus/et dirent que ilz vouloient mieulx mourir dedans le champ se mourir deuoient a cestuy temps que ilz laissassent sebus. En telle maniere sire cheualier comme ie vous compte demeure lespreuue que sebus vouloit faire encontre ses parẽs. Se ilz ne se feussent si tost acordez comme ilz sacorderent il les eust adont tous mys a mort/car bien en auoit le pouoir et la voulente pareillement a ce quil estoit moult durement courrousse de ce quil auoit trouue en eulx si grãt deffaulte et au besoing. Cestuy soir comme ie vous compte et toute la nuyt demourerent les quarante compaignons dessus la riuiere ainsi logiez comme ilz estoient. Et toute celle nuyt furent armez/car moult auoient grãt doubte que ceulx de lautre part ne passassẽt sur eulx celle nuyt.

De Gyron le courtois

¶ Comment le grant pere gyron racompte a brehus la maniere comment sebus et ses cõpaignons desconfirent lost de trois roys. Et comment la fille du roy de norgales fut prinse et amenee deuant luy en la forest. Et comment sebus assiegea le chasteau ou le roy de nort homberlande sestoit retrait. Et comment le roy enuoya sa fille deuers luy poꝰ appaiser son yrey courroux

Lendemain assez matin sappareillerent les trois Roys poꝰ passer la riuiere. Le roy de norgales qui vouloit son Royaulme deffendre passa adont deuant/et eut en sa cõpaignie cinq mille hõmes armez/et pou en y auoit de tous ceulx qui neust cheual. Et quãt ilz eurent passe la riuiere les quarante cõpaignons vouloient ferir sur eulx mais sebus ne leur souffrit pas/ains leur dist souffrez vous tãt que tous les autres soient venuz/car se nous mettions a descõfiture ceulx qui orendroit sont passez par deca/nous aurions adont perdu toꝰ ceulx qui sont de lautre part/car ilz tournerõt maintenãt en fuyte. Et pource ie veil que vous les laissez tous passer de ceste part/et puis yrons ferir sur eulx. A ceste parolle se acordent les vngs q̃ les autres/car encontre le commandement de sebus nosassent ilz aller en nulle maniere pource q̃ moult durement le doubtoient. Et pource se souffrirent ilz de ferir sur eulx tant que tous les trois roys feussent passez. Quant ilz furent passez sebus ne fait autre demourãce ains laisse courre maintenant sur la premiere bataille. Ce fut sur le roy de norgales. Et aduint que tout le premier coup que il ferit de son glayue il occist le roy de norgales et le porta mort a terre. Que feroye ie long compte. Il feist tant cõme cestuy q̃ bien estoit la merueille de tout le mon de a cestuy temps que il desconfit la premiere bataille en vne petite heure a layde de ses copaignons. Et se il les mist tous a desconfiture ce ne fut mye merueille/car il donnoit si grans coups par la grant force dont il estoit plain quil ne frappoit grāment hōme quil ne portast tout maintenant mort a la terre. Pour ceste chose furēt si esbahiz ceulx de la premiere bataille quilz tournerent en fuyte en pou dheure. Et sachez que a ceste fois en y auoit tant de mors de ceulx de norgales que le royaulme de norgales en demoura poure de cheualiers/et en fut pouture de preudhommes vne grant saison apres. Puis quilz eurent la premiere bataille desconfite en telle guyse comme ie vous compte ilz laisserent courre sur la seconde et ny firent autre demourance. Et estoiēt ceulx de gaule. Et puis mist la main a lespee. Et se il auoit fait en la pmiere bataille si grāt merueille q̄ tous ceulx en estoient esbahys q̄ le fait auoiēt regarde il en feist assez plus en la secōde. Et quen diroye ie. Tant feist le bon cheualier a celle foys par la desmesuree force quil auoit que la seconde bataille tourna a desconfiture. Et tant en y eut de mors de ceulx de la seconde bataille que cestoit pitie et douleur de veoir si grant mortalite dhōmes. Ceulx de gaule qui toutesuoyes vouloient reuēgier leur dommaige souffrirent tant cōme ilz peurent plus souffrir. Et quant ilz ne peurent plus souffrir ilz delaisserent le champ et fuyrēt en leaue/et fut bien noyee la greigneur partie deulx. Et ainsi estoit aduenu a ceulx de la seconde bataille/car assez en y eut qui se noyerent.

En telle maniere cōme ie vous compte furēt menees les deux premieres batailles. Et puis quant ilz furent desconfites febus qui de tout le trauail quil auoit le iour souffert ne sentoit encores point cōme cil q̄ pour la grāt force dōt il estoit garny ne pourroit sentir grāment le trauail du monde quant il vit que les deux premieres batailles estoiēt ainsi descōfites il ne feist autre demourance/ains laisse courre incōtinent a la tierce bataille. Et estoit ainsi aduenu que de ses cōpaignons nestoit nul mort ne qui a mort fut feru. Et quant ilz eurent feru en la bataille lors monstre febus plus appertement ql nauoit fait deuant q̄ vrayement estoit il le meilleur cheualier de tous les autres/ car il dōnoit tant de coupe de lespee trenchant quen pou dheure furent desconfiz to⁹ ceulx de norhōberlande. Le roy fuyt a cestuy point/ car bien veoit il appertement quil ne pouoit le champ tenir/ car de ses hōmes estoit ia mort grāt partie et assez en estoient noyez dedans la riuiere. Le roy de norhōberlande fut descōfit en telle maniere cōme ie vous compte. Ne de toute la perte quil auoit receue a cestuy point ne luy estoit tant contraire comme de ses deux freres que il laissoit mors au champ. Celle douleur ne luy peust yssir du cueur ains en mourut en la fin. Sire cheualier en telle maniere come ie vous ay compte desconfit febus le bon cheualier les trois roys a si grant cōpaignie quilz auoient amenee. Et en mourut tāt cestuy iour q̄ les trois roys furent tournez a dueil et a destruction. Quant il eut celle bataille que ie vo⁹ ay cōpte menee a fin il ne sarraste pas en la place ou la bataille auoit este ains passe oultre la riuiere luy ā ses compaignons et treuue dessus la riuiere moult de cheualiers occis. Et pour ce alla il toutesuoyes tant que il fut venu en vne moult grant forest. Et pource quilz trouuerēt a lentree de celle forest vne moult belle fontaine descendit febus ⁊ ses cōpaignons pareillement et se desarmerent/ et demourerent illecques toute la nuyt. Et lors febus commenca a dire a ses compaignons. Seigneurs/que vous semble de ceste auanture qui nous est huy aduenue. Et ilz respondirent ꝗ dirent. Sire/nous auons huy conqueste si grant honneur que nostre lignaige ne leust oncq si grāt/mais lhōneur nest pas nostre/ains est vostre du tout/car se pour esperance de vous ne feust nous eussions vyde le champ auant ꝗ les coups feussent feruz Seigneurs dist il/puis que vous voyez que fortune nous veult tant de bien come elle vous a icy monstre or ne pensez iamais a mauluaistie ne a couardie. Le cheualier qui a paour pour nulle auanture du monde ne se deuroit tenir pour cheualier. Vou ne sen faillit hier que vo⁹ ne feustes hōnys ꝗ deshōnorez tous par couardie. Mauuais cōpaignon meistes en vostre cōpaignie quant couardie vo⁹ y meistes. Gardez vo⁹ de tel cōpaignon en vostre tēps/car se vous le tenez pres de vous il vous mettra a deshonneur.

Ainsi dist febus a celle foys a ses cōpaignons comme cellui qui encores estoit moult courroucé pour la grant deffaulte quil auoit trouue en eulx le iour de deuant. Ce luy iour mesmes luy fut amenee deuāt luy vne damoyselle ꝗ auoit este fille au roy de norgales. Elle demouroit a vng chasteau qui estoit pres dillec/et pource que on luy auoit compte pour verite que son pere estoit demoure mort au champ sestoit elle mise en auanture de venir illec a pou de cōpaignie/car elle vouloit prendre le corps de son pere et de son oncle le roy de gaule/ et vouloit mettre les deux corps en vne tumbe au chasteau ou elle demouroit. Elle ne vouloit pas se elle peust que les corps de si gentilz hōmes cōme estoient son pere et le roy de gaule demourassent au champ que les bestes sauuaiges les deuorassent ꝗ les māgeassent/ et pour ce se mist la damoyselle a la voye p̄ vng estroit sentier serre. Et cuydoit bien au champ venir en telle maniere que elle ne feust arrestee de homme du mōde/mais il ne luy aduint pas ainsi cōme elle cuydoit. Elle fut prinse en la foreste et menee deuant febus. Et quant il leust regardee pource que il vit que elle estoit belle a merueilles demāda il a ceulx qui entour luy estoient qui elle estoit. Vng cheualier de la contree ꝗ estoit demoure en la cōpaignie de febus des celluy point quil veist que la bataille estoit finee se mist auant ꝗ dist. Sire/or sachez que ceste damoyselle est moult gētil femme. Le roy de norgales que vo⁹ meistes huy a mort fut son pere. En nom dieu fait febus de qui que elle feust fille/elle est belle. Haa sire se vo⁹ veissiez vne autre damoyselle ꝗ est cousine de ceste que vous voyez orendroit et est fille au roy de Norhomberlande vous tiendriez a grant merueille lestrange beaulte dont elle est garnye. Or sachiez sire que ceste damoyselle que vous voyez icy/ et que vo⁹ tenez orendroit na nulle beaulte du monde enuers celle ꝗ ie vous dy. Febus qui de la beaulte de la damoyselle de norhōberlande auoit ia ouy cōpter par plusieurs foys a plusieurs gens. Et bien auoit ouy tesmoigner pour verite que cestoit sans faille la plus belle damoyselle qui a celluy tēps feust en tout le monde. Et pour la grant beaulte que il en ouyt compter luy vouloit il moult grant bien et laymoit de tout son cueur ne oncques ne lauoit veue. Et en celle iournee mesmes quil auoit le iour de deuant acōplie la bataille sestoit il moult bien esprouue pource quil veoit que faire le conuenoit et apres pour lamour de la damoyselle. Car bien scauoit certainement que il ne pourroit en nulle maniere ꝗ les nouuelles nallassent a la damoyselle du grant fait quil faisoit illecꝗ. Et pource fut il grandement ioyeux en soymesmes quāt il entendit que le cheualier luy louoit si grandement la damoyselle que tant aymoit ne encores ne lauoit Beue il dist. Comment sire cheualier dist il, Boulez Bous donc dire que la belle damoyselle qui est fille au roy de nozhonberlande soit plus belle q̃ ceste damoyselle nest. Ja est ceste si belle damoyselle en toutes guyses que ie ne cuydasse pas legierement q̃ en tout le mõde peust auoir vne plus belle damoyselle de ceste. Le cheualier respond a tant z dist. Ce ne fut mye sens de croire ceste chose. Or sachez que tout au tant cõme Bous estes meilleur cheualier de tous ceulx qui huy assemblerent encõtre vous, autant est la fille au roy de nozhonberlande plus belle que ceste damoiselle en toutes guises. Ceste qui cy est orendroit na nulle beaulte enuers ceste ce sachez Bous.

De ceste nouuelle fut febus grãdement ioyeux dont il dist au Cheualier. Sire cheualier or sachez bien q̃ pour la grãt merueille que iay ouy cõpter de la beaulte de celle damoiselle la verroye ie moult Bouletiers Dieu me mette en point et en lieu q̃ tost ie la voye, car cest vne chose que moult ie desire. Lors se tourne vers la damoyselle qui fille estoit au roy de nozgales z lui dist. Damoyselle pour quoy Benistes Bous ceste part. La damoyselle respondit tout en plourant. Sire, puis quil me seust cõpte que la descõfiture estoit tournee sur mon pere z sur mes parens il me fut dit pour verite que mon pere estoit mort et vng de mes oncles il me vint en Boulente de faire ceste chose. Et pource luy cõmence a cõpter pour quoy elle sen alloit au champ ou la bataille auoit este et luy cõpte toute lachoison de sa venue. Quãt febus entendit les parolles de la damoyselle il respond tout errãment et dist. En nom dieu damoiselle vous voulez faire courtoysie et oeuure de pitie et de nature. Et quant Bous venistes pour ceste chose ceste part ie veuil q̃ Bous soiez

deliuree tout orendroit, et maintenant la feist deliurer. En telle guyse cõme ie Bous cõpte sire cheualier fut destruit en celle iournee tout le royaulme de nozgales. Car tous les preudhõmes du roy furent en celle bataille, les vngs mors, les autres naurez, les autres noyez. Le roy mesmes y fut occis. Ce fut bien le greigneur dõmaige qui aduint a celluy temps. Car celluy roy estoit bien hõme de valeur et de courtoysie. Apres ce ne demeure grãment que febus Bient au royaulme de nozhonberlande a moult grant gent, et non pas a si grant cõme il peust amener se il voulsist, car tous les bons cheualiers qui oyoient parler de sa merueilleuse prouesse sen venoient a luy tout droit pour le seruir se il voulsist. Il retenoit les vngs et aux autres donnoit congie cõme celluy qui merueilleusement se fyoit en sa grant prouesse. Quant il fut entre au royaulme de nozhonberlande il demande a ceulx de la cõtree ou le roy demouroit. Et ceulx qui le scauoiẽt luy dirent. Sire il est entre en vng sien chasteau pour paour de Bous, car il a bien ouy dire que Bous deuiez venir au royaulme de nozhonberlande. Et cestuy chasteau ou il est entre a il garny tant cõme il a peu de toutes choses qui cõuiennent a chasteau garnir. Et sachez sire que ce chasteau est si tresfort q̃ nous ne cuydons pas que nulles gens le peussent prẽdre par force. En nom dieu dist febus, tout ce que le roy de nozhonberlande a fait contre moy ne le garantira si cõme ie croy. Et lors a cõmande de cheuauchier vers la contree ou le roy est en chastele. Ainsi comme il le cõmanda fut fait, car ilz se mirẽt tout droictement au chemin errãment vers le chasteau ou le roy de nozhonberlande estoit entre. Et tant cheuaucherent de iour en iour que ilz vindrẽt audit chasteau. Et trouuerẽt adont que le chasteau estoit si tresfort en toutes guyses que ce estoit mer-

ff iiij

ueille de regarder seulement la grant force que il auoit. Quant febus voit la tresgrant force du chasteau il ne scait adonc que il deust dire ne faire. Car ce voit il appertement que le chasteau estoit si tresfort de toutes choses qua grāt paine pourroit il iamais estre prins par force dhōme. Il feist maintenant assieger le chasteau/et assieger le pouoit il moult legierement et de pou de gent/car le chasteau estoit en vne haulte roche si que il sembloit bien que la haultesse touchast au ciel. Ne il ny auoit fors q̄ vne entree si tresestroicte que deux hommes ny peussent pas aller lung de coste lautre. Et par celle mesmes montee descendoit on du chasteau/et ny auoit que celle montee et celle descendue/et pource peut febus legierement assieger le chasteau de pou de gent.

Qvāt il eut le chasteau assiege en telle guyse comme ie vous cōpte il demande et dist priuement a ceulx qui entour luy estoiēt se la belle damoyselle la fille au roy de norhōberlande estoit lassus. Et len luy dist que elle y estoit vraiement. Il print errament vng messaige et lenuoye au chasteau et luy dist telles parolles comme il luy pleust que cil deust dire au roy de norhomberlande. Et cellui estoit cheualier sans faille qui en ce voyage fut mande. Et quant il fut venu iusques a la porte du chasteau il dist a celluy qui la porte gardoit quil ouurist la porte et quil vouloit parler au Roy de norhomberlande de la partie febus. Et pource que ceulx de leans virent quil estoit seul ilz luy ouurirent la porte et le laisserent leans entrer. Cellui sen alla droictement au roy et luy dist voyans tous ceulx qui adont au roy faisoient cōpaignie. Sire roy de norhomberlande a vous menuoye sans faille le meilleur cheualier qui orendroit soit en cestuy monde. Cest febus qui ce

chasteau a assiege ainsi cōme vo9 pouez veoir/et vous māde par moy que se vo9 ne luy rendez ce chasteau huy ou demain vous le perdrez dhuy a trois iours. Car luy tout seul le viendra assaillir et ny demande ne quiert autre compaignie. Et sachez bien certainement que il nest pas encores si fort quil peust durer encontre luy demy iour seulement. Or regardez que vous vouldrez faire. Se le chasteau luy rēdez huy ou demain merry pourrez trouuer en luy/se autrement vous estes mort ce sachez vous bien. Car encontre luy sans faille ne vo9 pourrez vous desfendre en nulle maniere du monde. Or me respondez maintenant que vo9 vouldrez faire de ceste chose q̄ il vous mande Quant le roy entendit ceste parolle se il estoit deuant espouēte adont eut il plus grant paour. Toutesuoies po9 la grant paour que il auoit respondit en telle maniere. Sire cheualier/ce que vostre sire me mande ay ie bien entendu. Or vous en pouez retourner a luy et ie auray conseil a mes hommes huy en ce iour/et demain luy feray respondre q̄ assauoir ma voulēte. Le cheualier sen retourna a son seigneur q̄ luy dist tout mot a mot ce que le roy de norhōberlande luy mandoit. Cestuy iour eut le roy cōseil a ses hōmes et estoient si desconfortez quil ny auoit vng tout seul deulx q̄ se acordast a autre chose fors a ce seulement que le chasteau fut rendu a febus. Ilz auoient si grant paour de luy q̄lz ne le doubtoient gueres moins q̄ la mort/car ilz lauoiēt ia autre foys essaye. Quant le roy voit appertement quil ne pouoit en ses hōmes autre conseil trouuer fors que de rendre a febus le chasteau il se conseille a soy mesmes/et dist adont quil enuoyeroit en cestuy messaige sa belle fille/et q̄ sil pouoit iamais son corps des mains febus deliurer il le deliureroit p achoison de sa fille Car ia bien luy auoit len compte que febus parloit plus voulentiers de celle damoyselle que de nulle autre chose du monde. Pource dist le roy a sa fille a lendemain assez matin. Belle fille il vo² conuient aller la aual iusques a lost et vous en prez iusques au pauillon febus et luy pirez quil ait mercy de no² en telle guyse que il ne nous mette a mort ⁊ luy rendez cestui chasteau. Je orendroit men allasse a luy/mais iay paour et doubtance quil ne me seist prēdre et mettre a mort/pour ce ie vueil belle fille que vous mesmes aillez en ceste besongne pour moy et vo² deliurer de cestuy peril.

La damoyselle cōmence a plourer moult fort quāt elle entendit la voulente De son pere/et luy dist adont tout en plourant. Sire cōment mettray ie mon corps en la main ⁊ baillye de cestuy qui occist mes deux oncles/et qui ma fait si grant dōmaige de mon lignaige cōme vous scauez. Belle fille dist le roy/a mettre le conuient/car autrement en pourroye ie mourir et vo² pareillement. Se vo² apres le grant dōmaige que cestuy nous a fait conuenoit mourir par ses mains malement proit nostre affaire. Or tost belle fille allez a luy/⁊ pourchassez nostre paix au mieulx que vous le pourrez faire. Apres cestuy point no² pourroit fortune aider. Quāt la damoyselle entendit la voulente de son pere/et elle dit q̄ autrement ne pouoit estre/et que aller luy conuenoit la ou elle mesmes nauoit voulente daller elle respondit adonc a son pere. Haa sire cōme nous deuerions hayr fortune q̄ tant nous a este durement contraire en pou de temps. A cestuy point nous a tourne fortune a deshōneur et a honte si ne scay ie que elle de cy enauant nous fera. Belle fille dist le roy/faire vous conuient cestuy voyage. Dieu doint que bien vous en viēgne. La damoyselle se partit a tāt de son pere quelle ne fait autre demourāce/et maine en sa cōpaignie deux pucelles et deux cheualiers. Et a la verite dire estoit si grādement garnye de toutes les beaultez que damoyselle pourroit auoir en soy si que nul ne la regardoit ententiuement qui de sa beaulte ne deuint tout esbahy. Elle descendit en telle guyse comme ie vous compte et a telle compaignie. Et quant elle fut venue au pie de la roche dessoubz elle treuue illec deux des cheualiers febus q̄ gardoient le pas que nul de lassus ne sen peust fuyr se aucun le voulsist faire. Les cheualiers qui auecqs la damoyselle estoient dirent a ceulx qui le pas gardoient. Seigneurs veez cy la fille au roy de northomberlande qui vouldroit bien parler a vostre seigneur sil luy plaisoit. Le roy son pere la enuoyee ca aual/or allez a luy et luy demandez lequel luy plaist mieulx/ou que il viengne iusques ca pour ouyr ce que le roy luy mande/ou que no² aillons a luy nous sommes appareillez de faire ceste chose a son commandement du tout. Quant ceulx qui gardoient le pas en telle guyse cōme ie vous ay compte entendirent ceste nouuelle ilz sen allerent errāment a leur seigneur/et luy compterent ce que les messagiers du chasteau luy faisoient assauoir. Or commandast de ceste chose sa voulente.

Febus qui de la damoyselle veoir estoit moult desirāt por la tresgrant beaulte dont chascun luy donnoit pris et loz quant il entendit ce que ses hommes luy disoient il respondit. En nom dieu il est mieulx raison q̄ ie aille a la plus belle damoyselle du monde q̄ elle venist a moy de tant comme elle a trauaille de venir iusques ca aual ie me puis ie assez tenir a vilenie et a deshonneur. Lors se lyeue dentre ses compaignons/et print trois cheualiers seulement auecques luy a veoir la damoyselle/et a ouyr que elle vouldroit dire. Quant ilz furent venuz la ou la da-

ff iiij

De Gyron le courtoys

moyselle estoit elle recongneust maintenant febus et si ne lauoit oncquesmais veu/mais pource que elle auoit ia ouy dire a plusieurs gens que il estoit le plus beau cheualier du monde. Quant elle le veist si beau come il estoit elle dist a soy mesmes. Cestuy est febus sans faille. Et febus de lautre part dist bien a soy mesmes tantost come il la veist pareillement. En nom dieu vrayement est ce la plus belle damoyselle du monde. La damoyselle maintenant que elle veist venir febus se mist a genoulx deuant luy contre sa venue/et les autres pareillement qui auecques elle estoient venuz. febus qui de ce fut moult dolent saillit auant et dist tout enragie de mal talent. Haa mercy franche damoyselle pour dieu ne me honnyssez si vilainement. Or sachez que vous me faictes vergogne de ce que vous estes a genoulx. Et maintenant la dresse et puis luy dist. Certes damoyselle ceulx qui premierement me dirent nouelles de vostre beaulte ne me mentirent de riens/ains en furent assez eschars de men dire la verite. Car se dieu me doint bonne auanture il y a greigneur beaulte en vo° que la parolle nen racompte. Et certes tout en telle maniere come ie me tins ia a honnore grandement quant ie receuz premierement lordre de cheualerie/tout en telle maniere si maist dieu me tiens ie orendroit a honore de ce que ie vous voy. Car ie dys tout seurement que ie voy sans faille la plus belle de ce monde quant ie vous voy. Pourquoy ie vous faiz assauoir que tout hardiement me pouez demander le don que vous demander me vouldrez/car ia ne me demanderez chose dont iaye la seigneurie que vo° ne layez. Quant la damoyselle entendit ceste chose elle se comence adont a reconforter en soy mesmes moult grandement Et pource dist elle a febus. Sire moult de mercys de la promesse que vous mauez faicte. Et ie vous demande ung don ce verray ie se vous le me donnerez. Je vueil que vous quittiez ce chasteau de toutes quereles/et mon pere pareillement et moy/ne a ceste foys ne nous faictes ores plus de mal fors cestuy que vous nous auez fait. Cestuy don ie vous demande. Autre chose ie ne vous requier a ceste fois. Quant elle eut sa raison finee febus respondit maintenant et dist. Certes damoyselle cestuy don vous ottroy ie voulentiers. Et greigneur don que nest cestuy vous donnasse ie moult voulentiers se greigneur le meussiez demande. Je le vous donne et ottroy. Sire ce dist la damoyselle moult de mercys.

Apres ceste parolle dist febus a la damoyselle. Damoselle ay ie fait chose a ceste fois qui vo° plaise. Sire ce dist la damoiselle ouy sans faille bien auez fait ma voulente clerement. Damoyselle ce dist febus/quant iay fait vostre voulente ainsi come vo° mesmes recongnoissez or vous prie ie en guerdon de ceste chose que vous faciez vne partie de ma voulente. Sire ce dist la damoyselle/or me dictes vostre voulente/car certes se vous me requerez chose que ie puisse faire a lhonneur de moy ie le feray et tout maintenant. Damoyselle dist febus moult de mercys. Or vous prie ie que vo° me donnez vostre amour Or sachez que se vous la me donnez ien vauldray mieulx en toutes guyses. La damoyselle respondit erramment et dist. Sire/se ie vous donnoye mamour que vous pourroit elle valoir/vous nestes mye de ma loy/ne moy de la vostre/car vous estes chrestien et ie suis payenne. Comment donc se peuroit lung de no° accorder a lautre. Et dautre part vne chose y a entre nous deux dont orendroit ne vous souuient par auanture/mais maintenant men souuient et souuiendra toute ma vie. Ne vo° recordez vo° pas que de voz mains occistes le roy de gaule et celluy de norgales aussi qui estoient tous deux mes oncles/ Vous mauez destruicte et morte/ Vous mauez mise en pourete qui estoie nagueres a tel honneur et a telle gloire que nulle damoiselle du monde nestoit de si grant affaire sicomme ie croy que ie ne fusse de greigneur/ et ie suis ores du tout tournee a pourete et a douleur par voz deux mains. Et quant vous mauez tout ce fait comment vous pourrois ie aymer pour nulle aduanture. Damoyselle ce dist febus pour dieu et pour courtoisie pardonnez moy tout ce mal fait ainsi comme iay pardonne pour lamour de vous a vostre pere le grant mal que ie luy vouloye. Je luy vouloye trop grant mal auant que ie vous veisse/ mais tantost comme ie vous vy pardonnay toutes yres et tous courroux/ aussi eusse ie pardonne a voz parens se ie vous eusse veue aincois. Damoyselle se il vous plaist ne me dictes ceste parolle/ car certes ceste grant beaulte que vous auez en vauldroit moins en toutes guises se il ny auoit en vous courtoisie si largement comme dieu vous a donne beaulte a grant largesse. Damoyselle ie vous prye que vous ne me refusez ma priere/ car certes ie en vauldroye pis en toutes guises trop durement et vous nen vauldriez pas mieulx. Beau sire fait la damoiselle se ie mamour vous donnoye ainsi comme vous me le requerez quel amendement vous en pourroit il aduenir? Il mest aduis se dieu me sault que cheualier de si haulte valeur comme vous estes ne pourroit amender ne pour damoiselle ne pour autre chose/ car vous estes tant amende en toutes guises que vous ne pourriez plus valoir que vous valez. Vous estes en cheualerie si puissant au vray dire que tout le monde sen merueille qui oit parler de vostre affaire le siecle en est esbahy. Si fuz ie moy mesmes si maist dieu quant ie ouy premierement parler de vous et entendy les grans merueilles que len di

soit ie fuz vous si esbahie que ie ne sceuz que dire. Et quant vous par vostre bonte feistes tout le monde merueiller comment pourriez vous amender de moy ne dautre damoyselle. Sire pour dieu ne me gabez/ car il nappartient gaber a homme de valeur comme vous estes.

Febus respondit a ceste parolle et dist comme celluy qui aymoit la damoiselle de si grant amour que il en estoit trop durement espris. Damoyselle que en diriez vous/ or saichez tout certainement que se ie valoye tant orendroit que ie ne peusse plus valoir selon mon iugement mesmes si vous promectz ie loyaulment que ie amenderay tant de vostre amour se vous la me donnez que ie namenderoye autant se orendroit mestoit donne les seigneuries de toutes les regions terriennes. Pour ce vous pry ie que vous me donnez vostre amour/ car ie vous promectz loyaulment que ien vauldray mieulx a cent doubles que ie ne valoye huy matin. Sire ce dist la damoyselle quant vous de ce me requerez et ie la vous ottroye par telle maniere vrayement que vous en doyez amender enuers moy et enuers mon lignaige. Et que vous desormais ne me faciez pis que fait mauez. Certes damoyselle fait il tout ce vous ottrois ie voulentiers/ iamais par moy naurez dommaige de quoy ie me saiche garder

Sire cheualier dist lancien homme a brehus ainsi comme ie vous compte fut le premier laccointement que febus eut auec la belle damoyselle/ laquelle apres ce sen retourna maintenant au chastel son pere et luy dist les nouuelles de febus. Son pere fut moult ioyeux de ceste chose et luy dist. Ma belle fille/ or saichez bien que de ceste aduanture suis ie ioyeux durement/ car se nous de cestuy pouons auoir la paix seulement et lamour quel contraire nous peut aduenir desormais et quel courroux. Cil est la merueille du monde. Cil est sans faille le meilleur cheualier de tous mortelz hommes. Encores nous peut il amender par auanture bien grant partie du grant dommaige quil nous a fait. Pour dieu belle fille enuoyez luy de voz ioyaulx et de voz drueries, se il met son cueur a vous aymer puis que il aura de voz ioyaulx il ne peut estre en nulle guise que il nen soit de mieulx a vous et a moy. Pere ce dist la damoyselle a vostre commandement puis que il vous plaist que ie luy donne de mes ioyaulx et ie le feray. Et maintenant luy enuoye vng sien fermail et vne sienne ceinture. Et saichez que celluy fermail proprement q̄ le cheualier a encores a son col ainsi comme il gist mort est celluy mesmes fermail que elle luy enuoya adonc. Et la ceinture dont il est ceint si est celle mesmes que la damoyselle luy enuoya au commencement de leurs amours. Encores les tiēt sur soi ainsi cōme vo⁹ pouez veoir Et sachez certainement que pour achoison de celle damoyselle mesmes mourut il. Et ce fut celle damoyselle mesmes q̄ est en celle autre chābre q̄ emprez lui gist encores. Si vous ay ores compte et si ne mon compte, car ie vous ay bien dit tout et compte le commencement de son lignaige et grant partie de sa haulte cheualerie. Et quāt il a dicte ceste parolle il se taist adonc.

Quant Brehus voit que le preudōme auoit ainsi laisse son compte il est trop fort courrouce et dist. Haa beau sire fait il pour dieu mercy quant vous par vostre courtoisie mauez encōmence cestuy compte or le me finez du tout. Et saichez que ie suis plus desirāt de ouyr lacheuement pour lamour du bon cheualier que len appelle gyron que ie ne suis pour autre chose. Il est mestier se il vous plaist que vous me diez mot a mot comment le bon cheualier mourut et comment les quatre cheualiers qui leans gisent moururent, et aussi cōmēt la damoiselle mourut. Et cōment vous vous meistes en cest habitacle, et comment vostre filz le pere gyron vint apres sil vous plaist, car autrement me tiendroie a trop mal paye de cestuy riche compte que vous mauez encōmence a dire. Quāt le preudhōme entend ceste parolle il respont. En nom dieu il sera auant nuyt obscure que ie vous aye compte tout ce que vous me demandez. Car trop ya a dire. Voire certes mynuyt sera il auant que ie vous en puisse tant dire car trop est ceste matiere longue. Sire fait brehus que vous diroye ie, se dieu me doint bonne aduanture se ie deuoye ceans demourer trois iours entiers sās boire et sans manger si est il mestier que ie oye tout cestuy compte auant que ie men parte, car ie vous dy loyaulmēt q̄ ie noy oncques chose dont ie fusse si forment desirant douyr cōme ie suis de ceste En nom dieu fait le preudōme quāt tāt desirez le scauoir dont seroie ie trop vilain se ie ne faisoye vostre voulente daucune chose. Or escoutez sil vous plaist si orres partie de ce que vous me demandez. Et quant il a dicte ceste parolle il remence maintenant son compte tout en telle maniere.

¶ Comment le pere grant gyron racompte a Brehus la maniere comment la fille au roy de norhomberlande enuoya febus au royaulme dorcanie disant quil occist le roy de celle terre affin q̄ febus mesmes y fust occis Et cōmēt febus enuoya deffier ledit roy dorcanie.

Ire cheualier apres ce que febus eust receu les drueries et ioyaulx de la belle damoyselle en telle maniere comme ie vous ay compte il se partit errant de deuant le chastel tant lie et tant ioyeux durement que il ne fust pas de beaucoup si ioyeulx se len luy eust donne vng bon royaulme. Quant il fut party de deuant le chastel il manda puis a la damoyselle quelle chose elle vouloit quil fist pour elle. Et celle qui nul bien ne luy vouloit ains le hayoit encores mortellement pour lamour de ses oncles que il auoit occis luy manda et dist au messagier. Dictes lui de ma partie que se il veult mamour que il me venge du roy dorcanie. Le roy dorcanie occist vng mien frere na pas encores grant temps. Se il peut la mort de celluy vengier il ne me pourroit faire chose qui tant me pleust comme ceste. Et sur tout ce luy dictes que il face pour moy vng hardement si grant que len ne puisse dire que vng autre cheualier fist encores en nostre temps vng hardement si merueilleux. Les deux choses face pour moy. Cestuy mandement si estrange comme il estoit luy faisoit la damoiselle en telle maniere pour ce que bien len cuidoit mettre a mort par achoison de cestuy fait. Et elle desiroit moult sa mort, premierement pour le dommage que il luy auoit fait de ses parens. Et apres pour ce que elle auoit paour et doubte que il ne la meist au dernier a mort et a destruction apres ce que il eust eu delle ses voulentez. Pour ce alloit toutesuoies pensant en quelle maniere elle le peust faire mourir. Quant il eut receu le commandement que luy faisoit la damoyselle il fut trop lye et trop ioyeux, car il ne cuydoit mye que la damoyselle luy eust mande ceste chose pour mauuaistie, mais pour esprouuer sa valeur et pour veoir que il pourroit faire. Lors sen commenca a al‑

ler a pou de compaignie vers le royaulme dorcanie et ce faisoit il pour aller priueement. Car a cestuy point nauoit encores au royaulme dorcanie de crestiens que bien petit, la greigneur partie estoient encores payens. Ses compaignons tous demourerent en vng sien chastel que il auoit conquis nouuellement, et estoit icelluy chastel fort de grant maniere. Il ne mena auec lui fors que ses compaignons seulement. Quant ilz furent entrez au royaulme dorcanie si priueement comme ie vous compte febus enquist tant quil sceut des nouuelles que le roy dorcanie deuoit tenir court grant et merueilleuse le premier iour de may tout proprement, et cestuy roy estoit appelle Ozcan bon cheualier de grant maniere et fort estrangement. Et il auoit semons tous ceulx de son royaulme quilz venissent a ceste court, car il la vouloit tenir moult ioyeuse et trop noblement. Quant febus entendit que le roy deuoit tenir court si merueilleuse et si planiere il print vng sien varlet et luy dist. Va ten au roy dorcanie et luy dis telles parolles. Cestuy varlet sen alla maintenant au roy et lui dist la ou il le trouua dedans son palais entre ses barons. Roy ozcan a toy menuoye vng cheualier de si grant force et de si grant affaire sans faille que il ny a orendroit en tout le monde vng cheualier de si grant pouoir que il ne soit encores de greigneur, cheualier dy ie pour cheualier. Et il te mande que tu luy as tant meffait quil te veult mettre a mort, et pour ce menuoye a toy que ie te deffie de sa partie, car il est tel quil ne te mettroit pas a mort deuant que il teust deffie. Et quen dyrois ie il ne tasseure que de la mort. Et scez tu quant il te veult occire cestuy iour proprement que tu dois court tenir viendra il a toy sans faille entre tes hommes et illec te mettra il a mort que ia pour pouoir que tu ayes ne laissera il a ce faire ne pour tes hommes aussi

De Gyron le courtois

Or tay ie dit le mien messaige si men retourneray desormais a mon seigneur. Garde toy de luy se tu le peut faire.

Quant le varlet eut parle au roy dorcanie en telle maniere comme ie vous compte le roy qui de ceste nouuelle ne se faisoit si non rire comme cil qui estoit sans faille a merueilles seur cheualier en toutes guises respondit erramment et dist. Dy moy varlet se dieu te sault qui est celluy sires qui me mande si grant orgueil. Certes ie ne croy pas que il y ait orendroit au monde homme si hardy qui osast emprendre a moy mettre a mort a celle heure que tous mes hommes seront ensemble deuant moy. Sire dist le varlet or saichez de vray que celluy qui a vous menuoye losera bien emprendre et faire puis quil le vous mande. Et qui est celluy sire dist le roy dy le moy se dieu te consault. En nom dieu dit le varlet ie le vous diray quant vous estes si desirant de scauoir qui il est, or saichez que cest celluy proprement qui desconfist en la bataille mortel na encores mye moult grant temps les trois royaulmes, celluy de gaule et celluy de norgalles et celluy de norhomberlande, et nauoit en celluy temps en sa compaignie fors quarante cheualiers tant seulement. Celluy vous viendra veoir sans faille a celluy iour que ie vous ay compte, gardez adonc vostre corps se vous pouez car il ne vous asseure de riens que de la mort Quant le roy eut tout ce escoute il respondit et dist. Amy or dy a ton seigneur que nonobstant qil soit orendroit le meilleur cheualier du monde sicomme ie croy home pour home si ne mest il pas aduis qil peust auoir force ne pouoir de faire ce qil me mande, bien saiche certainemēt q pour ses menaces ne laisseray ie pas a tenir ma court ainsi cōme iay en voulente Se il y vient il pourra auoir hōte plustost

q honneur, tost y pourra ce trouuer, tout ce lui dis de ma partie. Sire ce dist le varlet tout ce luy diray ie bien que vous luy mandez, et maintenant se part du roy et et sen retourne a son seigneur et luy dist ce que le roy dorcanie luy mādoit. Quāt ce vint a la fin dauril le roy orcan deuoit tenir sa court ainsi qil auoit pourpēse tous les barōs dorcanie et tous les cheualiers aussi sassemblerēt en vne cite ou le roy orcan repairoit moult voulētiers, et estoit celle cite appellee hesenon moult riche cite et en celle cite deuoit tenir sa court le roy orcan pour ce q la cite estoit au plus plantureux lieu de tout le royaulme. Quant vint au premier iour de may le roy q bien estoit hōme de grant valeur et de grāt pouoir, estoit de son corps si bon cheualier et si seur quil ne trouuast pas legierement en tout son royaulme cheualier de sa valeur. Quāt il vit q tous ses barons et ses hōmes estoient assemblez deuāt luy il fut moult ioyeux et se cōmence a reconforter. Et pour ce q la feste fust plus planiere et plus ioyeuse en toutes guises porta il couronne celluy matin en tour heure de prime et tenoit court en ceste maniere et en telle guise cōme roys payēs portoient couronne a celluy tēps. Il sen alla de son palais iusques au temple et ce estoit le tēple de iupiter. Et quāt il eust este dedans le tēple tāt qil voulut il sen retourna vers son palais, pour ce que les tables estoient ia mises.

¶ Cōment le pere grant gyron ra compte a Bréhus comment febus prīt le roy dorcanie tenāt sa court au millieu de ses hōmes.

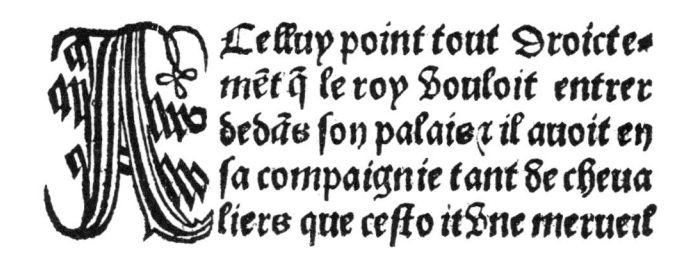

Celluy point tout droictemēt q le roy vouloit entrer dedās son palais, il auoit en sa compaignie tant de cheualiers que cestoit vne merueil ce que de la grant gent quil auoit. Et pour doubtance des parolles que febus luy auoit mandees auoit il fait armer iusques a vingt cheualiers qui tousiours estoient de coste luy pour le garder se ad uanture lamenast au besoing. A cestuy point que ie vous dy que le roy dorcanie souloit entrer en son palais a tant voi cy venir febus entre eulx qui menoit en sa compaignie iusques a six de ses compaignons seulement. Ilz estoient moult bien montez/mais ilz nestoient ne bien armez ne bien desarmez. Et la ou il vit le roy ozcan il se lanca auant et le print a deux bras et luy dist. Roy dorcanie or sa ches bien que se tu fusses arme ie te occissses tout orendroit/mais pour ce que ie tay trouue desarme et honte me seroit trop grande doccire homme desarme ne te occiray ie pas si tost. Il lieue maintenant le roy de terre et le myst sur le col de son cheual. Le cry comence maintenant et la meslee merueilleuse/car ceulx qui estoient illec assemblez vouloient rescoure le roy leur seigneur. Et les cheualiers armez commencerent maintenant la meslee entre les compaignons de febus. Et ceulx qui estoient preudhommes de grant affaire et de grant pouoir alloient soubstenant le faix de ceulx de la cite et de tous les autres q venoient frappant sur eulx si soubstindrent la meslee en telle maniere que ilz furet hors de la cite en plain champ. Adonc baille febus le roy a vng de ses copaignons a garder/car il veoit appertement quilz estoient trop greuez et trop empirez de ceulx de la cite pour rescourre leur seigneur/car ilz disoient bien entre eulx que ilz vouloient mieulx mourir que ilz le perdissent si honteusement. Puis que febus eut baille le roy a garder a vng de ses compaignons et il eust le heaulme au chief/car sans faille quant il estoit entre en la cite nauoit il heaulme en teste il dist a ses copaignons Or me laissez ces gens qui cy vous vont

ore opressant ilz ne auront ia en moy du ree et vous en estes trop greues ce voy ie bien. Et maintenant leur laisse courre le frain abandonne lespee en la main toute nue. Lors commence a donner coups si estranges et si pesans et si mortelz que il ne ataignoit cheualier que il ne portast mort a la terre/et en occist en pou dheure. xviii. en ceste maniere.

Quant les cheualiers dorcanie virent que febus les alloit mettant si malement a mort coup a coup il ny eust adoc si hardy q ne fust trop espouente et ce nestoit mie merueilles/car ilz voyoient a leurs yeulx tout appertement leur mort et leur destruction. Et febus q bien cognoist tout maintenant que il les vit vng pou retraire q ilz auoient paour de mort leur commence adonc a crier. Certes tous estes morsvous ne pouez eschapper que ie ne vous face mourir en cestuy iour. Quant ilz ouyrent ceste parolle se ilz auoient paour deuant ilz leurent adonc trop greigneur Ilz furent si espouentez a cestuy point q lung nattendoit lautre. Le filz ne regardoit le pere a ceste fois. Tous ensemble sen fuyrent dedans la cite. Celle parolle que febus leur auoit dit si hardiement et le dommaige que il voyoient appertement que il leur fait tantost si leur donne paour de mort. Chascun deulx se mist arriere dedans la cite. Et disoient que ce nestoit pas vng homme qui estoit entre eulx venu/ains estoit merueille de dieu. En telle guise comme ie vous ay compte sire cheualier print febus le roy dorcanie dedans sa cite mesmes et entre ses hommes qui bien estoient a cestuy point que il fut prins plus de dix mille. Et cestuy fait sans faille quant il fut racompte par le monde luy fut atourne a vng des greigneurs hardemens que il fist en toute sa vie. Il print le roy tout sainement et se departit de la contree en telle maniere q̃ emmena le roy auec soy. Et quant ilz furent retournez au royaulme de norhomberlande et venus pres du chastel ou la damoiselle demouroit. Il luy enuoya le roy mandant a la damoiselle quelle en fist sa voulente/car pour ce que il lauoit trouue desarme ne le voult il pas occire a cestuy point que il le print Quant la damoyselle vit que le roy dorcanie luy estoit amene en sa prison elle demande maintenant comment ce fait estoit alle. Et le roy mesmes respondit a la damoyselle. Damoyselle or saichez de vray que en nostre temps ne fut fait nul si grant hardement comme fut celluy p quoy ie suis prins et il lui dit la maniere. Et cõme le corps febus seulemẽt auoit mis a desconfiture tous ceulx qui estoient yssus de la cite pour le rescourre et le dommaige quil leur auoit fait a lespee. Et commẽt en eschappa il ce dist la damoiselle. Damoyselle ce dist le roy or saichez que il sen eschappa aussi sainement comme ie suis orendroit cy.

La damoyselle fait semblant quelle soit de ces nouuelles formẽt ioyeuse mais non estoit sans faille/ains en estoit dolente et triste dedans son cueur. Elle est ioyeuse estrangement de ce quelle tient le roy en sa prisõ/mais elle estoit courroucee trop durement que febus estoit eschappe de si fiere aduanture comme estoit ceste. Car elle auoit toutesuoies paour et doubte que il ne luy fist vergongne au derrenier pour ce q̃ elle nestoit de sa loy. Et quant elle vit que il estoit eschappe de si grant peril comme estoit celluy elle dist a soy mesmes que elle ne voit plus comment elle le peust faire mourir/ trop luy veult fortune grant bien qui de si grant peril comme estoit celui la laisse eschapper. En cestuy moys tout droictement que ceste aduanture luy estoit aduenue que ie vous ay orendroit comptee estoit cous

tume que les payens faisoient vne feste de la deesse que ilz appelloient a cestuy temps venus. Et en chascune region ou les payens habitoient estoit mestier que elle fust faicte et que la deesse fust honoreement seruie et depriee. Pres du chastel ou la damoyselle demouroit auoit vne montaigne grande et merueilleuse Celle montaigne nestoit mye grãment habitee/et au pied de celle montaigne droictement auoit vng temple de lanciẽ temps que len appelloit le temple venus En cestuy temple proprement estoit acoustume de venir chascun an a lyssue de may tous les payens de norhomberlande pour faire honneur a la deesse. Et aussi venoient illec les gentilz hommes et les vilains et les poures et les riches A cestuy point que ie vous dy nestoit pas febus ou royaulme de norhomberlande ains estoit alle au royaulme de norgales Car len luy auoit compte pour verite q̃ la estoit sans faille vng si fort homme q̃ cestoit grant merueilles que de sa force. febus qui nalloit riens querant que aduantures et merueilles et fais estrãges ou il peust monstrer sa force sen estoit alle en norgalles. Alors le roy de norhomberlande manda par tout son royaulme que tous venissent a la feste de la deesse et que nul ny faillist sur aussi chier quil auoit sa vie/et bien y pouoient venir seurement/car les chrestiens les auoient asseurez de toutes choses et ne trouueroient homme qui les courroucast de riens Quant ceulx de norhomberlande entendirent ceste nouuelle que leur seigneur leur mande ilz se commencerent a reconforter entre eulx trop fierement/et dirẽt que puis que le roy le vouloit ilz yroient voulentiers au temple pour faire honneur a la deesse. Et maintenant se commencerent a appareiller par toute norhõberlande les poures et les riches pour aller au temple de venus la ou la feste se souloit faire acoustumeemẽt. Celle nou

uelle fut comptee a febus qui encores es
toit en norgalles z alloit querant le fort
homme dont len luy auoit tant parle /
mais encores trouue ne lauoit. Quant
il entendit ceste nouuelle il dist a celluy
qui luy auoit comptee. Cuydes tu que
la belle damoyselle viengne a celle feste.
Sire ouy sans faille fait alors celluiel⸗
le y viendra. Or te tais donc de ceste
chose ce dist febus. Gardes que tu nen
parles a nul homme du mõde. Sire dist
celluy voulentiers. Celluy soit par la fe
bus a ses compaignons z leur dist. Sei⸗
gneurs scauez vous pour quoy ie ne puis
trouuer celluy que ie vois querant. Si⸗
re dirent ilz nenny. En nom dieu dist il
ie le vous diray / or saichez que pour ce
que ie maine auec moy si grant compai⸗
gnie se va il maintenãt celant / car il cuy
de bien que ie me vueille combatre encon
tre luy a laide de vous. Sil veist que ie
fusse seul ainsi comme il est il se fust ia
monstre. Sire dirent les compaignons
et que voules vous que nous facon de
ceste chose. Je le vous diray dist il / vous
demourerez tous en ce chastel ou nous
sommes orendroit (Et ce estoit vng chas
teau quil auoit conquis nouuellement)
et ie men pray dicy tout seul sans com⸗
paignie nulle. Et tant pray querant du
ne partie et dautre que ie trouueray cel⸗
luy pour qui nous sommes venus en ces
te contree. Haa sire dirent les compai⸗
gnons pour dieu ne vous en allez si seul
A tout le moins menez en vostre compai
gnie aucun de nous. Je nen vueil vng
seul dist febus ains vueil aller en cestuy
voyage si priueemẽt comme ie vous ay
compte. Demourez en cestuy chastel et
ne vous en mouuez deuant que vous me
voiez retourner a vous ou que ie vous mande certain messaige de venir a moy
Sire dirent les compaignons puis que
il vous plaist nous le ferons. Si demou
rerent en tel maniere pour cestui commã
dement dedans le chastel. Au lendemain

assez matin se partit febus de ses compai
gnons et cheuaucha tout seul sans com⸗
paignie celle iournee. Il cheuauchoit le⸗
gierement arme affin que il peust faire
plus grandes iournees. Quant il fut en
tre en lentree de norhomberlande il de⸗
manda a vng payen quil trouua deuant
vng chastel se il estoit verite que la feste
de venus se deust faire. Et cil luy dist q̃
la feste seroit voirement et que luy mes⸗
mes y vouloit aller. Et estes vous che⸗
ualier dist febus et cil dist que cheualier
estoit il voirement. Puis que vous estes
cheualier dist febus se vous tãt me voul
sissiez ores faire de courtoisie que vous
macueillissiez auec vous en cestuy voya
ge seroit vne chose dont ie serois moult
ioyeux / car aussi voiez q̃ ie suis tout seul
Et comment vous prendroye a compai
gnon dist le payen / car pas nestes de nos
tre loy ains estes crestien ce mest aduis.
Certes dist febus crestien suis ie voire⸗
ment / mais pour ce se ie ne suis de vostre
loy ne demourra il sans faille que ie ne
vous face loyalle compaignie et bonne
en cestuy voyage se vous me voulez re⸗
ceuoir a vostre compaignon ainsi com⸗
me ie vous dy car bien saichez voiremẽt
que iay trop grant voulente et trop grãt
desir de veoir la feste que vous voulez
orendroit faire Or saichez beau sire fait
le payen que ce ne sera mie sens se auec⸗
ques moy vous mettez / car ie vous dy
que se vous y estiez congneu len vous oc
ciroit maintenant a ce quil ny aura a cel
le feste nul autre crestien fors que vous.
Et certes se il aduenoit que vous fussiez
occis en ma compaignie par aucune ad⸗
uanture or saichez que il men poiseroit
trop durement. Beau sire fait febus cõ⸗
ment quil men doye aduenir ou de viure
ou de mourir ie vous prie que vous me
receuiez en cestuy voyage a vostre com⸗
paignon En nom dieu dist le payen puis
que vous estes si fierement desirant de
veoir nostre feste ie vous diray cõment

ie vous receueray a compaignon en cestuy voyage/pour ce premierement que ie ne vouldroye en nulle maniere que vous mourussiez en ma compaignie vueil ie que vous faciez a mon sens daucune chose. Jay deux robes belles et riches faictes a la maniere et a la guise de nostre loy Je porteray lune a ceste feste et vous porterez lautre. Puis que vous aurez la robe de nostre loy nous pourrons adonc cheuauchier si couuertement et si priueement comme vous vouldrez/apres ce nauray ie doubtance que vous soyez occis en ma compaignie se aduanture ne mest trop durement contraire.

Quant febus entendit la voulente du payen il le tient a trop grant bonte et dist a soy mesmes que il ne pourroit estre en nulle maniere que il ne fust homme de bien/lors luy respondit. Je vueil faire de ceste chose tout a vostre voulente. Donc venez huy mais ceans dist le payen et demourez auecques moy/et demain matin nous mettros a la voye entre moy & vous & tant cheuaucherons ensemble que nous yrons au temple ou la feste sera assez tost Et lors pourrez vous veoir nostre feste a vostre voulente que tāt desirez a veoir comme vous dictes. En telle maniere comme ie vous compte demoura febus auecques le payen qui auoit nō Harsaan Il estoit moult gentil homme en la loy payenne/mais pour le dueil quil auoit de la mort daucuns cheualiers ses compaignons se demenoit il a cestuy point plus pourement que sa richesse ne voulsist/car il estoit assez riche et grant terrien. Cestuy iour parla febus auec le payen de maintes choses. Et pour ce que il apperceut que le payen nest bien sain de ses membres ains estoit encore naure il luy demande. Qui vous naura? Sire dist il ie suz naure des cestuy iour que fut la grant bataille au royaulme de norgalles quant les chrestiens vaincquirent nos trois royaulmes des cestuy iour ne me peuz ie oncques depuis si bien ayder de mon corps comme ie faisoie au par auant. Car en celle bataille fuz ie naure trop durement et men sens encores comme vous pouez veoir. Et qui vous naura dist febus. Certes dist il ie ne scay fors tant seulement que ce fust vng des chrestiens. Et vous dist il a febus se Dieu vous doint bonne aduanture feustes vous en celle bataille. Certes ouy dist febus ie y fuz voirement. Et quelle armes portastes vous en celle meslee. Je portay telles armes comme les autres porterent dist febus/de mes armes ne peut grāment chaloir a vous ne a autre/Car ie ne suis mye si bon cheualier dassez comme sont mes autres compaignōs. Ilz sont tous meilleurs de beaucoup plus que ie ne suis. En nom Dieu dist le payen ilz sont si bons communement que de leur bonte et grant valeur me poise assez trop plus que il ne fait a vous. Leur grant cheualerie et prouesse ma fait trop grāt dommaige et greigneur que ie ne voulsisse. Trop chier comparoir ont fait a moy et aux autres payens leur venue en cestuy royaulme. Et quant vous estes le pire de toute celle compaignie ie vouldroye se Dieu me doint bonne aduanture que chascun des autres fussent a vous semblables.

¶ Comment le grant pere gyron racompte a brehus la maniere cōment febus trouua le geāt quil auoit longuement quis par le pays de norgales/et cōment il leua la lame de la tombe au roy de semore que le geāt nauoit peu leuer tant estoit pesante/et comment febus la remist.

En telle maniere parlerent celluy iour ensemble et tindrent parlement de maintes choses. Au lendemain changea febus ses vestemens et vestit la robe du payen tout aussi belle que la robe mesmes que le payen auoit vestue. Et puis il print son espee et la myst soubz sa robe car sans elle ne vouloit il pas aller. Puis que ilz se furent mys au chemin ilz cheuaucherent tant que ilz trouuerent vne forest et celle forest estoit grande et ancienne durement. Et a lentree de ceste forest auoit vne tombe droictement emmy le chemin, et celle tombe sans faille estoit moult riche et moult fort belle. Quant ilz vindrent a la tombe ilz trouuerent vng geant illec deuant qui auoit en sa compaignie dix hommes armez, mais ce estoit petit. Quant harsaan fut venu iusques a la tombe il cuydoit bien certainement que ceulx qui deuant la tombe estoient feussent hommes de paix et damour. Et croyoit quilz fussent de noz homberlande et quilz allassent a la feste de venus et quilz se feussent illec arrestez pour regarder la lame, et pour ce vient il seurement iusques a la tombe.

Quant ilz furent venus iusques a la lame harsaan apperceut le geant qui estoit entre les autres et le recongnoist, car autreffois la uoit il ia veu en la maison du roy de noz homberlande il fut si durement esbahy quil ne scauoit quil deuoit dire, il sen vouloit retourner arriere et tenir vng autre chemin pour sauuer sa vie se il peust, car il se tenoit a mort de veoir le geant, mais le geant qui apperceu lauoit tout clerement luy commence a crier. Arrestez toy ne va auant. Tu es mort se tu te remues. Cil sarreste tout maintenant que il oyt le geant parler et dist a febus. Sire compains nous sommes mors ie me tiens certes a trahy, vous ay deceu trop durement de ce que ie vous ay en telle maniere amene a vostre mort, et saichez que se ie eusse sceu au par auant que nous eussions tel encontre trouuee ia par ce chemin ne vous eusse amene.

De celluy point que il parloit en telle maniere a febus a tant voicy venir vers eulx le geant qui leur dist. Descendez. Sire compains dist harsaan descendons. Et ilz descendirent et ataicherent leurs cheuaulx a vng arbre. Car tous les autres de ceulx qui estoient illecques y estoient ataichez. Le geant se mist deuant harsaan et lui dist Tu es pris. Sire ce dist harsaan voire se vous le voulez, car encontre vous ne me pourrois ie deffendre, en vous est ma mort et ma vie. Puis que tu te mes en ma mercy dist le geant iauray mercy de toy et ten tiens asseur en telle maniere que ie ne te mettray mie a mort. Mais or me dis se tu le scez qui fust celluy qui gist en terre soubz ceste lame. Et le payen qui bien le scauoit lui dist. Sire ce fut le roy de femore qui bien fut le plus fort sans faille que nous sceussions en la grant bretaigne encores de nostre loy En nom dieu dist le geant cestuy allois ie querant. Cestuy mist a mort mon pere et en ceste place mesmes ou nous sommes orendroit. Et quant ainsi est aduenu que cestuy est mort qui iadis me fist si grant dommaige et que ie ne me peulx vegier autrement ie feray de son corps ce que ie pourray. Je scay bien que son corps est encores entier, car pou a de temps que il fut cy enterre. Je feray traire son corps de ceste tombe et le feray porter iusques a la terre dont il fut roy et illecques le feray trainner a la honte de tous ceulx de son royaulme tant comme les os de luy pourront durer ensemble. Ceste honte leur feray deuant toute la meilleure cite que ilz ayent orendroit.

De Gyron le courtois

En telle maniere parla le geant a harsaan et puis commande a tous ceulx de sa compaignie. Or tost levez ceste lame de la ou elle est assise. Et puis ferez du corps qui dessoubz gist a mon commandemēt. Ceulx qui bien estoient dix vindrent a la lame et la vouloient lever de son siege tout maintenant/mais il ne peurent. Car elle tenoit si tresfort quentre eulx dix navoient pas tant de pouoir que ilz la peussent remuer ne pou ne grant. Quant le geāt dit ceste chose il dist trop courroucé. Trayez vous arriere chestiue gent. Or verray ie se ie tout seul nay plus de force et de pouoir que vous navez trestous. Et lors senvient a la lame et la cuyde tantost lever de son lieu/mais il ne peut. Et puis quant il vit quil ne la pouoit remuer il se tyra arriere et dist moult dolent et courroucé. fermement tient ceste lame assez plus que ie ne cuydoie. Il nya orendroit en tout le monde vng seul homme qui par la force de son corps la peust remuer de son siege. Ce ne scay ie se len la pourroit remuer par enchantement.

Quant febus entendit ceste parolle il respondit maintenant et dist. Scez tu pour quoy tu ne peux ceste lame remuer. Certes nenny dist le geant ie ne scay pour quoy ie ne la peuz remuer fors pour ce quelle est trop pesāte. Elle est bien trop pesante a toy dist febus qui nes pas homme de force ne de valeur. Car ie te dy bien se tu feusses homme de force legierement la peusse remuer a ce quelle nest mie trop pesante ains est legiere durement. Le geant regarde febus quant il entendit ceste respōse. Et quāt il vit quil estoit si grant de corps et si bien fait de toutes choses il dist. Qui es tu la qui as parle de force dhōme en telle maniere. Tu as parlé tout ainsi comme sil y eust en toy grant force. Se Dieu te sault or me racōpte la verite de ton estre. A telle parolle respondit febus et dist. Vassal ie suis vng chevalier comme tu vois/grant suis et non trop gros/mais la grandeur que iay me suffist/car iamais ie ne trouuay nul qui me peust vaincre de force ne ne trouuay oncques hōme plfort que moy en nulle terre ou ie allasse. Sire vassal dist le geant se vous encores ne le trouuastes or lavez vous trouué a cestuy point. Et saichez que ie suis plusfort que vous sans faille et ie le voª monstreray tantost. Et comment me vouldras tu monstrer ta force dist febus En nom dieu dist le geant ce sera que ie te mettray a la mort se tu ne peux deffendre ton corps encontre moy/et ce te feray ie tantost veoir. Cōment dist febus es tu tel que tu me mettroyes a la mort se tu avoyes le pouoir la ou ie nay mort desseruie. Ouy certes dist le geant/car ie te vueil monstrer se ie puis que tu nes pas dassez si fort comme ie suis. Puis q̄ tu as telvoulente dist febus de moy mettre a mort or te souffre vng petit se il te plaist que ie te aye monstré de ma force et sans toy toucher.

Lors sen alla febus droit a la lame ou le geant se estoit ia essaye. Et quant il fut a la lame venu il se tourne envers le geant et luy dist. Ne veulx tu dire q̄ ie soye plusfort que toy se ie puis remuer ceste lame de son lieu ce que tu nas peu faire orendroit ne pou ne grāt. Certes dist le geāt se tu le peux faire ie diray adonc que vous rement es tu plusfort que moy en toutes guises. Et maintenant febus myst la main a la lame et tant sefforce quil la remue toute de son lieu et la gecte emmy le chemin. Et lors dist au geant. Or peux tu veoir se tu veulx tout appertement cestuy qui mist ton pere a mort ainsi cōme tu me dis orendroit. Et le geant se mist avant et voit adonc que cestuy qui gysoit dedans la fosse estoit vestu de drap de soye trop richement. Et auoit vne couronne dor en la teste/ et decoste luy estoit son haulbert et ses chausses de fer et son espee aussi pareillement. Et son heaulme estoit en son chief/ z lors dist febus au geant. As tu assez regarde cestuy q mist ton pere a mort. Ouy dist le geant. Doncques remettray ie la lame dessus la tombe dist febus/ car ce seroit vilenie a moy et a tous cheualiers qui le souffreroient que cestuy qui fut roy demourast ainsi au vent et a la pluye come il est orendroit. Et maintenant remist la lame en ce lieu mesme ou il lauoit prinse. Et quant il eut ce fait il dist au geant. Tu me vouloies mettre a la mort et celluy mesmes iugement que tu donnas de moy vueil ie faire cheoir sur toy. A mourir te conuient sans faille. Lors mist la main a lespee ql auoit soubz sa robe et la monstra au geant et dist. Veiz tu oncques si grande espee. Certes nenny dist le geant. Certes non feiz tu si pesante ne si bonne dist febus. Et saiches quelle est mieulx employee en moy que en nul homme qui auoir la peust. Car ien scay greigneurs coups donner et plus pesans que nul autre ne pourroit faire. Se dieu te sault dist le geant or te seuffre tant que ie laye vng petit souspesee combien elle poise. Certes voulentiers dist febus tant feray ie bien pour toy. Et maintenant luy baille son espee Et cestuy la recoit a deux mains.

¶ Comment le grant pere gyron racompte a brehus la maniere comment febus occist le geant apres ce quil luy eut monstre sa force. Et coment les dix cheualiers du geant se mirent en fuyte quant ilz le virent mort.

Antost comme le geant tint lespee il se tyra vng pou arriere et dist. Se dieu me sault bien est vostre espee la plus pesante a mon essient qui orendroit soit en cestuy mode. Mais or me dictes se dist le geant aymez vous vostre espee que ie tiens. Ouy certes respondit febus ie layme voirement tant que ie ne la donneroye se dieu mayst pour la meilleur cite qui soit orendroit en tout cestuy monde. Sire vassal luy dist a lors le geant dire pouez seurement que vous aymez doncques vostre mort. Car de ceste espee sans faille vous conuient mourir tout maintenat vous apportastes en ce lieu la vostre mort auecques vous. De ceste parolle commence febus a rire moult formet et luy respondit tout en ryant. Vassal vassal vous estes fol. Or saichez bien que au deuant que vous ne auiez encores pas dicte ceste parolle nauoye ie nulle voulente de vous occire. Mais orendroit suis ie bien entalente sans faille de vo9 mettre a pour les paroles tat seulement que me venez orendroit de dire. Et incontinent que febus eust ce dit si fist vng si grant sault iusques au geant que quat le payen q son copaignon estoit veit cestuy sault il dist en soy mesmes que il ne cuydoit pas que iamais nul home eust eu le pouoir de faire vng si grant et si merueilleux sault comme estoit cestuy que febus auoit fait ne en courant ne en autre maniere quelconque. Que vous en diroie ie/ceulx qui ce virent en furent tous esmerueillez. Et de cestuy sault que il fist comme ie vous ay dit sen vint il prendre le geant par la gorge et luy estraignit si fort le gosier q il lui fist trayre la langue hors de la bouche moult largemet pour langoisse quil sentoit tellement que lespee lui chiet des mains/ z febus la print q lui dist. Se tu feusses home de valeur ie te occise de ceste

G ii

espee/mais pour ce que tu es vil homme m'est il aduis que elle seroit auilee de toucher a si vile chair comme est la tienne. Pour ce tocciray ie autrement que de mon espee/ie ne la vueil vergonder. Et maintenant haulse la main ainsi desarmee comme elle estoit et puis la clost et lem maine den hault a force de bras. Et ferit le geant si durement en la teste que il portoit desarmee quil luy escache toute la teste et le cerueľ/et luy fist les yeulx voler hors de la teste. Quant ceulx q̃ auec le geant estoient venuz en ceste place virent ceste chose ilz ne prindrent nul autre cõseil en leur affaire fors que ilz tour nerent en fuyte q̃ se ferierent dedans la forest la ou ilz la virent plus espesse/ilz ne regarderent pas a leurs cheuaulx. Ilz nentendirent a nulle chose fors a leurs corps sauuer/car ilz cuydoiẽt certainemẽt que febus voulsist faire tout ainsi deulx comme il auoit fait du geant. Quant febus eut le geant occis en telle maniere comme ie vous ay compte il remist son espee en son fourrel et sen retourne de uers son cõpaignon q̃ luy dist. Sire compains se il vous plaisoit il seroit bien temps desormais de cheuauchier. Car assez auons icy demoure et nous sommes la dieu mercy bien deliurez du geãt ainsi comme vous pouez veoir. Harsaan qui de ceste chose quil auoit veue faire a febus estoit encores tout esbahy/respondit. Sire voirement pouons nõ cheuaucher la vostre mercy. Car vous nous auez bien deliure et destourne dũg des plus perilleux passaiges ou ie entrasse oncques en ma vie. Et pour la grant merueille que iay veue en vous a cestuy point vous dy ie bien que ie suis trop plus desirant de vous congnoistre que ie ne fuz premierement quant ie me mys en vostre compaignie. Car ie ne cuydoie pas que vous feussiez de si haulte valeur comme iay icy veu/et pour ceste cause ie vous prie pour lhonneur de

cheualerie que vous me diez qui vous estes/q̃ febus respondit q̃ dist. Sire compains or saichez bien tout certainement q̃ võ ne pouez a ceste foys autre chose sca uoir de mon estre fors tant seulement que ie suis vng cheualier estrange. Et ie vous prie que plus oultre vous ne võ enqueriez de mon estat ne de mon nom Car iamais riens ne vous en diroye/q̃ du demander pourriez auoir mon courroux. Et harsaan respõdit et dist. Sire compains de courroucer vng tel homme comme vous estes me gard dieu/or saichez de vray que iamais ne vous de manderay plus de vostre estre fors tãt seulement ce que ie vous en ay dit. Lors vindrent a leurs cheuaulx et monterent dessus/et laisserent le geant mort gy sant emmy le chemin. Et quant ce vint quilz se furent mys a la voye et quilz eu rent cheuauche ensemble enuiron vne lieue anglesche febus dist a son compaignon. Je vous prie que vous ne diez a nul homme du monde quel quil soit chose que vous ayez veue de moy aduenir ne que iaye faicte. Or saichez que se vous en distes aucune chose pour nulle aduanture du monde ie me courroucerope a vous tout autrement que vous ne cuydez. Sire dist harsaan puis que vous le me cõmandez et ne voulez que ien die riens saichez de vray que ie nen par leray a nul tant comme ie soye en vostre compaignie/car ie ne vous vouldroye iamais courroucer tãt comme ie peusse men garder.

¶ Comment le pere grant gyron racompte a brehus la maniere commẽt febus gaigna et vaincquit a la course lung des geans qui estoient venus a la feste que le roy de norhomberlande tenoit

Apres ce que febus se fut party de la ou le geant estoit demou ré mort emmy le chemin ilz chevaucherent tant luy et son compaignon que ilz vindrent iusques au temple ou la feste se devoit tenir. Et y estoit ia venu si grant gent de la contree que toute la place dentour le temple estoit toute couverte de trefz et de pavillons et de loges de fust. Les riches payens du royaulme qui a ceste feste devoient demourer quatre iours entiers car autant devoit durer la feste z avoient fait grant appareil Incontinent que febus et harsaan furēt illec arrivez ne demoura gueres depuis que le roy et sa fille descendirent du chastel et sen allerent faire leur oraison au teple. Et quant ilz y eurent vne piece esté le roy et sa fille sen allerent a leur pavillon et passerent par devant febus qui moult estoit desirant de veoir la damoiselle z pour ceste cause estoit il illec venu Quant le roy et sa fille furent arrivez a leur pavillon si trouverent que les tables estoient ia mises par quoy ilz se asseyrēt pour disner. Et quant harsaan vit que le roy et sa fille et plusieurs autres estoient ia assis il dist a febus. Sire compains allons mangier auec ceste gent qui ne vous congnoissent. Febus alors lui respondit et dist. Je nay encores voulente de mangier/alez manger se il vous plaist Ce ne feray ie pas dist harsaan puis que ie me suis mys en vostre compaignie ie ne vous laisseray tant comme ma compaignie vous plaira. Ainsi demourerent eulx deulx soubz vng arbre en tel lieu dont ilz pouoient bien veoir manger le roy de norhomberlande et sa fille aussi pareillement. A cestuy point tout droictement que le roy se seoit a table en telle maniere comme ie vous compte A tant voit on venir et descendre de la montaigne deux geans qui en vne forest qui sur la montaigne estoit habitoient Et estoient iceulx deux geans freres.

Lesquelz geans par leur force et proesse estoient si fort craintz et redoubtez que la greigneur partie de norhomberlande et de plusieurs autres regions leur rendoient treu chascun an. Et cestui iour mesmes que la feste de la deesse venus se tenoit leur estoit ceste rente rendue. Et la rente que le roy de norhomberlande rendoit tous les ans aux deux geans qui freres estoient tout dung pere et dune mere si estoit quil convenoit quil leur donnast dix robes de soye entieres. Et estoit mestier que les robes feussent de samit vermeil. Et sans tout ce convenoit il que le Roy donnast aux deux geans six pucelles et six varletz. Et avoient iceulx deux geans conquise ceste rente sur le royaulme de norhomberlande par leur proesse et vaillance/ Et aussi pour vne grant bonte quilz avoient iadis faicte audit roy de norhomberlande. Et a ceste rente leur donner et bailler se estoient tous communemēt accordez les grans et les petis du royaulme de norhomberlande a cause de la bonte et courtoisie quilz avoient comme ie vous ay ia dit devant faicte au roy/ Car ilz lavoient delivré de mort Quant les deux geans commencerent a descendre de la montaigne et ceulx de la plaine les adviserent ilz les commencerent a monstrer les vngs aux autres dont plusieurs qui ne les avoient encores point veuz se commencerent a esmerveiller de la grandeur et grosseur quilz avoient. Ceulx qui la estoient en dirent chascun leur dit. Et vng varlet qui estoit en la plaine devant le pavillon du roy quant il ouyt dire que les deux geans descendoient de la montaigne il chemine vng petit a coste assez loing du pavillon et regarde celle part et les voit venir. Et tout incontinent quil les eust apperceuz il sen alla maintenant devers le Roy qui dedans son pavillon estoit assis z māgeoit moult ris

G iii

chement vestu et luy dist. Sire voicy les geans qui descendent de la montaigne. Bien soyent ilz venus dist le roy. Nous ne eusmes oncques deulx fors honneur et courtoisie et tout service/et pour ce est il raison et droit que nous leur facons ce mesmes. Encores na pas grantment de temps que ieusse voulentiers voulu que ilz eussent este en ceste compaignie. Se ilz y eussent este nous auons receu tel perte et tel dommaige que nous neussions pas receu. Les crestiens qui assiegerent le chastel qui est cy deuant ne leussent pas assiege.

Toutes ces parolles que dist le roy a cestuy point furent tantost racomptees deuant febus lequel sen vint a son compaignon et luy dist Sire compains se dieu vous sault faictes moy entendant pour quoy le roy de nozhomberlande dist orendroit telz parolles/et harsaan luy respondit et dist. Sire compains or saichez bien que le roy se fie tant en la force de deux hommes qui cy viennent que il luy est bien aduis sans faille que se ilz eussent este en ceste terre quant la bataille mortelle fut au royaulme de norgales que ces deux seulement eussent mys a desconfiture tous voz crestiens qui firent la desconfiture de noz hommes. Et se ilz neussent ce fait si eussent ilz a tout le moins oste le siege qui iadis fut deuant ce chastel. Et pour ce a le roy dit telz motz. Apres ce que il eut sa raison finee en telle guise comme ie vous compte febus respondit erramment et dist Comment sire compains sont donc si forces deux hommes. Ouy sire dist harsaan Or saichez bien que ilz sont si fors que de leur force nest mesure. Or me dictes dist febus le geant que ie mis lautrier a mort ainsi comme vous veistes nestoit il pas si fort comme est chascun de ces deux geans. Sire nenny bien le saichez dist harsaan/le plus foible de ces deux hommes

est assez pluffort que cestuy nestoit. A cestuy point que febus parloit ainsi a son compaignon a tant voicy venir les deux geans et pour ce quilz estoient cheualiers portoient chascun vne espee si grande et si pesante que lespee que febus portoit nestoit mie si grande dassez comme estoit la mendre de ces deux. Le roy q grant bien leur vouloit et par raison les receut honnorablement tant comme il peut. Et dit que bien soient ilz venuz/et ceulx lui enclinent et puis sasseent deuant le roy et luy demandent comment il luy est. Et le roy leur respont. Seigneurs or saichez que iusques a cestuy point allerent bien tous les miens fais la mercy dieu/mais ores tout nouuellement mest il tant mescheu sans faille que il ne mest pas aduis que plus me peust mescheoir en nulle maniere du monde/car mes deux freres sont ocis qui estoient roys couronnez de grant pouoir et de grant affaire/et qui plus est sans cestuy grant dommaige ay ie perdu tant de mes hommes que iamais en iour de ma vie ie noublieray icelluy grant dommaige. Et quen diroie ie ie me tiens a mort/a destruict et a deshonnore du tout de ce que vous nestiez en ceste contree/car ie scay bien que se vous en ceste contree eussiez este ie neusse point receu tout icelluy domaige qui aduenu mest. Et mes freres feussent encores en vie q ores gysent dedans la terre/fortune qui mal me vouloit et qui mestoit trop contraire vous fist partir de cestuy pays a cestuy point pour moy mettre a destruction et a douleur. Et fortune selon ce q mest aduis nen est de gueres plus riche. De ce seignrs q ie vos voy sains et haitez suis ie fort ioyeux se dieu me gard/car encores ay ie bien tel esperance en dieu et en vo⁹ que nonobstant que la perte q mest faicte ne peut estre recouuree si sera ma hote vegee en aucune guise. Et sur cestuy mesmes qui ce grant dommaige ma fait a ceste fois.

Quant le roy de nozhõberlande eut parlé en ceste maniere il se taist/ et lung des geans respondit et dist. Sire roy or saichez de vray que de voustre courroux et de voustre dueil sõmes nous courroucez et tristes assez plus que vous ne pourriez cuyder. Le dõmaige que auez receu ne vous pourriõs nous restorer en nulle maniere du monde/ car voz freres qui mors y furent ne pourrions nous pas faire reuiure/ mais la honte qui vous est faicte cuydons nous assez reuengier dedans brief terme. Et sur cestuy mesmes qui la vous fist. Pour quoy vous ferois ie lõg cõpte/ or sachez tout certainement que pour lamour de vous ferons nous tant que se vous nous pouez enseigner en tout le royaulme de nozhombelande cestui qui voz freres occist nous sommes appareillez daller ou il sera et faire de son corps ce que vous commanderez. Puis quil est ainsi aduenu que nous ne vous pouons voz freres rendre il est mestier que nous vous rendons le corps de cellui qui vous fist le dommaige pour quoy nous le puissons trouuer. Quant il a dicte ceste parolle le roy len mercie trop fort. Tel parlement eut a cestuy point entre le Roy et les geans.

Apres manger se commencerẽt a esprouuer les fors hommes qui la estoient venus lung encontre lautre. Les legiers monstroient leur legiereté et les fors leur force. La damoiselle sestoit endormie a cestui poit dedans le paueillon. Quant febus voit quelle estoit endormie il dist a son compaignon. Pour quoy ne monstrez vous aucune chose de vostre force. Harsaan respondit erramment et dist. Sire compains or saichez bien que iay tant veu de force en vous puis que ie me mis en vostre compaignie que deuant vous me seroit vergongne et honte de monstrer si

petit de pouoir que nature ma ottroyé Car ie suis si foible enuers vous que ie scay tout de vray que puis que vous auriez veu la verité de mon affaire vous ne me priseriez mie tant comme vous faictes orendroit. Or saichez bien que auant que ie me meisse en vostre compaignie ie me tenoye pour legier/ mais iay tant veu de legiereté en vous que ie me tiens a trop pesant au regard de vous. Pour ce ne men mouueroys ie deuant vous/ car vous men priseriez moins. Et encores vous dy ie vne autre chose Sire or saichiez que se ie auoye moult grant voulenté de monstrer ma legiereté et ma force orendroit si le laisseroie ie a faire pour ceste parolle que vous auez dicte Car ie scay bien que vous ne lauez dicte fors pour moy gaber/ mais vous qui estes tel comme ie scay tout certainement Vous vous pouez bien mettre par raison en ceste espreuue/ Car sans faille vous feriez ia merueiller tous ceulx qui en ceste place sont/ ce scay ie bien.

A cestuy point que ilz tenoiẽt entre eulx tel parlement cõe ie vous cõpte ilz regardẽt et voient qung payen q parent estoit au roy de nozhomberlande sestoit mys en la place entreulx et commence a crier ya il cy nul hõme q encõtre moy se vueille esprouuer de legiereté Et cil estoit en chausses seulement et en vne cocte legiere de cendal et portoit vne pelote dozee et la gectoit deuant luy si loing comme il pouoit/ et dist que il la gecteroit trois fois en telle maniere et trois fois la prendroit a terre. Et pour icelle chose ne demourroit il quil ne venist plustost en la fin du cours que cestui qui encontre luy se vouldroit esprouuer a courre. Et sachez que chascun an estoit faicte ceste espreuue des ieunes bacheliers. Et cestui qui le mieulx couroit et le plus tost si auoit la pelote dozee.

G iiii

De Gyron le courtois

ce estoit la raison de la feste. Le nepueu au roy de norhomberlande qui bien se cuidoit estre sans faille le plus legier homme de toute ceste assemblee prist la pelote tout premierement et comence a crier en telle maniere come ie vous ay compte Et maintenant se mist auant vng autre pour courre contre lui et aduint que le nepueu au roy de norhomberlande le vainquit par la grant legierete quil auoit. Apres celui en vainquit vng autre et puis le tiers / et tant fist quil nauoit illecques homme qui courre osast encontre luy ne q̃ a nulle autre legierete le peust attaindre Quant lung des deux iayans qui moult cuydoit estre legiers vit ceste chose il sappareilla maintenant de faire autres legieretez se mestier fust se mist auant. Et maintenant ql se fut mis auant au cours il monstre adonc tout appertement que voirement estoit il legier / car il passa celluy erramment et print la pelote deuant luy. Et quant il eust couru si merueilleusement que tous ceulx de la place disoient que estrangement estoit legier le geant il retourne au commencement du cours et commence a crier comme lautre auoit fait deuant / mais il ny eust nul en toute la place qui sen remuast / car il ne leur estoit pas aduis que le geant courust comme homme / mais ilz disoient entre eulx que il couroit assez plus que vng cheual Ne il ny auoit nul qui de nulle autre legierete se soulsist mettre encontre luy. Quant le roy de norhomberlande voit ceste chose il commence a dire au geant. Sire reposer vous pouez seurement desormais / car en ceste place ce scay ie bien ne trouueres vous si fort homme come vous estes non feriez vous en tout le monde si come ie croy / se vous eussiez este en nostre compaignie au royaulme de norgalles en la bataille nous neussions pas receu si mortel dommaige come nous recensmes vous ny feustes mye / mais de ce vous doit durement peser.

Ceste parolle entendit febus tout clerement / car il estoit pres du roy Et pour ce q̃ en fut vng pou courrouce il dist a son compaignon. mettes vous en ceste espreuue se dieu vous sault / par tel conuenant q̃ se vous en venez au dessoubz ie my mettray pour vous reuenger. Harsaan le fist adonc tout ainsi come febus luy auoit comande / mais pour ce ql nestoit pas si legier come estoit le geant demoura il au meillieu du cours Et lors comencerent a crier sur lui les vngs et les autres / assez vous sire cheualier / car vous estes trop pesat. Harsaan reuint a febus tout honteux q̃ lui dist. Sire compains tant auez fait par vostre admonestement q̃ iay receu honte et vergongne / il me poise moult cherement q̃ vous ay creu a ceste fois / car ie men tiens a deceu. Quant febus entent ceste parolle il comence a rire trop fierement q̃ respondit en riant a harsaan. Sire compains or ne vous en chaille / se ie ne venge orendroit vostre honte ne me tenez pour cheualier / et lors se despouilla et mist en chemise et en chausses q̃ se lace emmy la place q̃ dist au geant. Dy moy geant se Dieu te sault pour quoy te vas tu tant prisant de legierete ie voy bien tout appertement q̃ tu es pesat a merueilles. Vieb si tespreuue encontre moy et se tu viens au dessus de moy de legierete ne de force adonc pourras tu dire seurement que vrayement es tu legier et fort. Qui es tu luy dist le geant qui tant te auance. Ung homme suis dist febus tel come tu peulx veoir. Le geant qui encores ne cuydoit mye que feust verite ce que febus disoit / print la pelote incontinent et se mist auant au cours / et dist a febus. Or y perra se tu me pourras attaindre. Et tantost commence a courre en telle guise come il souloit faire Quant febus qui estoit le plus legier homme du monde voit que le geant auoit le cours encommence il se mist erramment apres / et de la tresgrant legierete que il auoit il feist vng sault au cours mesmes et ferit le geant en lespaulle par derriere si durement des deux piedz quil luy feist le visaige et le front ferir en terre. Quāt ceulx qui en la place estoient virent ceste grant legierete ilz furent moult grandement esbahys/ et dirent entre eulx quilz ne cuidassent en nulle guyse que il peust estre si legier homme cōme il estoit. Febus print la pelote a la fin du cours/ et treuue adont quant il se retourne que le geant estoit redresssie moult durement houteux. Quant il fut venu a luy il luy dist. Dy moy vassal se dieu te sault te est il auis que ie soye plus legier de toy. Ouy sans faille dist le Geant. Or est mestier que tu te espreuue de force encontre moy. Car tu me dys au commencement de nostre attine que tu me passeroyes de force et de legierete. Febus respondit adonc ꝙ dist. De tout ce que ie te promis me trouueras tu vray disant. Or saches bien que de force nauras tu durce encontre moy plus que tu as eu de legierete. Or me prens de quelle part que tu vouldras/ et verras se tu me pourras par ta force remuer de mon estant. Se tu peulx ce faire de moy ie te tiēdray a moult bien fort.

¶ Comment le grant pere gyron racompte a brehus la maniere comment febus occist et mist a mort les deux geans.

Quant le geant entendit ceste parolle il se mist auant et dist Certes vassal tu vas disant trop grant merueille. Se remuer ie ne te puis donc dys ie que ce sera le greigneur enchantement du mōde Et lors prent febus a deux bras parmy le flanc et le cuyde remuer de son estant/ mais il ne peut. Car febus estoit plain de grant force. Quant ceulx qui en la place estoient virēt ceste chose ilz furēt adont plus esbahys quilz nestoiēt deuant. Et furent adont plusieurs deulx qui dirent quil ne remanoit pas en estant par force quil eust/ mais par aucun enchantement Quāt febus voit que celluy ne le pouoit remuer il saillit erramment arriere/ et apres feist vng grant sault sur le geant/ et le print a deux mains p̄ les deux bras et le tire si fort a luy que il luy feist le visaige hurter a terre et puis le dresse contre mont et luy dist. Or vous pouez aller seoir sire vassal/ car vous voyez tout appertement que vous nestes mye dassez si fort ne si legier comme ie suis. Le geant qui bien voit que febus ne luy disoit si non verite sen alla seoir errāment tant dolent et courrousse que a pou quil ne mouroit de dueil.

Quant lautre Geant voit ceste chose il ne peut estre tant amesure quil ne print lespee ꝙ court erramment sus a febus pour le mettre a mort ꝙ pour luy couper le chief. Quāt febus le voit sur luy venir en telle maniere lespee en la main toute nue il monstre bien adont tout appertement q̄ vraiement estoit il plain de moult grant hardement. Car pource se le Geant tenoit lespee en la main ꝙ febus ne tenoit nulle chose dont il peust son corps defendre ne demoura il toutesuoyes que il ne attendist le geant qui sur luy venoit lespee contremont. Et quant febus luy veist son coup ietter il haulce adont le poing ꝙ bien monstre tout clerement que vrayement estoit il plus hōme que nul autre. Car il ferit le geant de lez la temple si durement du poing quil labatit mort a la terre. Quant il eust ce fait il print errāment lespee que cil portoit ꝙ dist oyās tous ceulx qui la estoient. Pour dieu sire roy de norhōberlande cestuy nestoit pas dassez si fort ne de si grant pouoir comme vous cuidez. Veoir pouez que ie lay occis cōme se il fust vng petit garcon

De Gyron le courtois

Quant ceulx qui en la place estoient virent ceste merueille ilz furent si esbahis quilz ne scauoient que ilz en deussēt dire. Lautre geāt saillit maintenāt sus quāt il vit q̄ son frere estoit mort en telle maniere q̄ cuyde bien sa mort vengier/ mais il ne peut/ car cil qui trop auoit grāt force et grant pouoir fist tout ainsi a ceste espreuue de lui cōe il auoit fait de son frere q̄ en diroie ie il les mist to⁹ deux a mort.

Le roy de northomberlande qui de ceste auāture estoit plus esbahy que nul autre quāt il vit les deux geans occis par vng seul hōme il dist adonc en son cueur que cestoit bien sans faille la plus estrange merueille q̄ iamais aduint en nulle cōtree. Et apres pensa en soy mesmes que cestoit febus le fort celluy mesmes qui a descōfiture les auoit tous mys au royaulme de norgales. Or ne scauoit il quil deust faire/ car de sa voulente il meist celluy a mort se il en eust pouoir. Car toutesuoies il auoit doubte et paour que au derrenier il ne luy feist pis q̄l ne luy auoit fait deuant. Quāt le roy eut assez pense a ceste chose il se dresse en son estant/ et feist semblant adonc q̄l ne congnoissoit febus de riens mais toutesuoyes luy dist. Sire venez vous reposer. Tant auez mōstre entre no⁹ appertement vostre legierete et vostre force q̄ ie vo⁹ faiz bien assauoir quen toute ceste assemblee ne trouuerez vous a ceste foys nul homme qui contre vous se vueille desormais esprouuer de nulle chose/ tant auez fait estrāges choses que ie suis tout esbahy de ce que iay de vous veu. Se dieu vous saulf venez vous reposer desormais. Apres ce que le roy eut parle en ceste maniere febus ne feist autre demourāce/ ains se alla seoir empres le roy. Le roy le receut moult noblemēt et le plus hōnoreement que il peust faire Et tous ceulx qui en la place estoient et qui regardoient febus disoiēt entre eulx cōmuneement quil estoit vng dieu nouuel. Se il ne feust vng dieu il ne peust faire sans faille si grant merueille comme il a fait deuant nous. Les deux geans si furent prins et mys en terre en celluy lieu tout proprement ou ilz auoiēt este occis. A celluy point que febus estoit deuant le roy et tous ceulx qui la estoient ce regardoient a merueilles. La damoiselle qui tant estoit belle vint entre eulx/ febus se lieue encontre elle q̄ luy dist. Damoyselle tout ce que iay fait en ceste place ay ie fait pour lamour de vous. Vostre beaulte a tel pouoir et telle force quelle me fait faire merueilles. Et se ie venoye encores en greigneur besongne sachez de vray que ie feroye trop greigneur chose q̄ ceste ne feust. Or vo⁹ cōmande ie a dieu/ car ie nay plus que demourer. Je suis vostre en toutes guyses Et maintenāt se partit hors de lassemblee/ car il ne vouloit plus demourer a celle foys ne pour le roy ne pour autre qui len priast.

Si grant merueille et si estrāge chose cōme ie vous compte faisoit febus tant comme il fut en vie. Il ne pouoit trouuer nul hōme qui dassez feust si beau comme il estoit. Il ne pouoit trouuer nul qui a luy se peust prēdre de legierete. Pour les grās merueilles quil faisoit/ et que le roy de northomberlande veoit de luy voulsist il moult voulentiers q̄ sa fille laymast p amours Mais elle ne vouloit/ ains disoit a son pere. Or sachez vraiement q̄ mon cueur ne se pourroit acorder a ce que iaymasse celluy qui ma fait si grant dōmaige de mes amys cōme ie me recorde/ et qui ma mis a telle pourete cōme ie suis tournee Et est pour neant ie ne laymeray iour de ma vie. Il me peut aymer assez/ iamais ne sera de moy ayme. Ainsi respondoit la damoyselle a son pere quant il la mettoit en parolle de febus. Au roy en pesoit moult durement/ car moult voulsist se il peust que la damoyselle laymast

fueillet

Tant faisoit elle vrayement quelle scauoit moult bien et courtoysement receuoir tous les messages que febus luy mandoit/et leur scauoit tousiours donner belles parolles et courtoyses/mais du fait ny auoit riens. En ceste saison proprement auoit en ceste caue ou nous sommes orendroit vne maison de geans et toutes ces chambres estoient si belles comme vous les auez veues/mais il ny auoit aucune paincture de celles qui y sont. Ceulx de nostre lignaige les firēt faire apres la mort du bon febus. Le royaulme ou nous sommes orendroit ce scauez vo[us] bien si est appelle le royaulme dorcanye. Sire fait brehus vo[us] dictes verite/au royaulme dorcanye sommes nous vrayement/or retournez a vostre cōpte. Voulentiers fait le preudhōme.

A cestuy point que ilz tenoient entre eulx deux tel parlement cōme ie vous cōpte/et il auoit ia demoure a deuiser cestuy compte tant que la nuyt estoit ia approuchee a tant a veu venir deux hommes moult pourement vestuz. Leurs robes estoient blanches vieilles et deffilees de toutes pars Elles ne valoient desormais si non bien petit. Elles estoient du tout si gastees quelles ne pouoiēt couurir leur chair si non mauluaisement. Quant brehus les voit leans entrer il dist au preudhōme qui son compte vouloit cōmencer. Sire qui sont ces deux hommes qui ceans entrent. Et le preudhōme qui tant estoit vieil que de la grant vieillesse quil auoit ne pouoit il veoir si non bien pou respondit. Je scay bien quilz sont. Lung est pere de gyron et lautre est son cousin germain Lung de ces deux fut roy de gaule ainsi cōme ie vous ay cōpte/et lautre fut roy de gaunes. Le roy booz q[ui] roy en a este longuement ainsi cōme len ma ia cōpte plusieurs foys si fut de nostre lignaige/ et le roy ban de benoic mesmes. Quant il a dit ceste parolle brehus se dresse en

CC.liiii

estant au plus longuement quil peut et dist adonc. Seigneurs se il vous plaist venez vous reposer auec nous. Quant ceulx vont regardāt brehus pource quil y auoit ia passe grant temps que entre eulx nestoit venu hōme estrange se merueillent moult durement comment il estoit venu leans. Et il leur dist bien bien gnez. Sire font ilz/bonne auanture vo[us] doint dieu. Cōment estes vous venu ceans/et qui vous y amena/et q[ue]lle voye auez vous tenu. Seigneurs fait brehus sil vous plaist or vous seez et ie le vous compteray. Et ceulx sassirent incontinent/et il cōmenca a compter par quelle auanture/et par quelle mescheance il estoit leans entre. Et cōment la damoyselle le feist entrer dedans la caue par engin et par deceuance/car bien le cuydoit mettre a mort tout certainement. Apres ce que brehus leur eut compte tout mot a mot cōment il estoit leans venu ilz demandent nouuelles du roy artus et des autres cheualiers qui a ce tēps portoient armes par le royaulme de logres. Et il leur en dit partie de ce quil en scauoit/et leur en dist tant et si longuement que la nuyt estoit ia venue si obscure q[ue] si noire quilz veissent leans goutte se ne feust ce quil y auoit deux cierges ardans assez gros qui leans donnoit clarte. Quant brehus eut fine son compte sans ce q[ue] il ne dist riens de gyron/le preudhomme dist au pere de gyron. Beau chier filz/ce cheualier qui est icy me dit orendroit nouuelles de vostre filz que vous ne veistes ia a grant tēps passe. Quant cil entend ceste nouuelle il baisse la teste vers terre et dist a chief de piece. Sire quelles nouuelles en a len comptees. En nom dieu fait le preudhōme ie le vous diray. Et maintenant luy cōmence a compter ce q[ue] brehus luy auoit cōpte. Et quant il eut fine son cōpte il se taist/et a chief de piece parolle le pere de gyron et dist a brehus. Sire cheualier/combien peut il auoir de

De Gyron le courtoys

temps que vous veistes mon filz. Sire fait Brehus/or sachez quil ny a pas encores deux moys acompliz que ie le veiz. Mais ie vous dys tout seurement que cest sans faille le plus bel homme de toutes choses que ie veiz oncqs en tout mon aage et le meilleur cheualier qui soit au monde de force de cheualerie. Certes fait le preudhōme sil ne feust bon de son corps ce seroit estrange merueille/car de bons cheualiers sans faille est il extrait de toutes pars.

Quāt il a sa raison finee Brehus se tourne deuers le vieil hōme qui le compte luy auoit encommence et luy dist. Sire la vostre mercy vous encōmencastes vng cōpte que vo[us] nauez pas encores mene a fin. Et sachez sire tout de vray que cest vne chose que ie desire moult a ouyr/ie vous prie que vous encōmencez vostre compte ou vo[us] le laissastes et y perseuerez tant que vo[us] layez fine tout ainsi cōme vous me promeistes. Certes beau sire fait le preudōme/ce vous feray ie bien voulentiers. puis que vous estes desirāt de lescouter Quant il a dit ceste parolle il recōmence maintenant son cōpte en ceste maniere.

En ceste saison proprement que ie vous ay compte estoit ceste caue ou no[us] sommes orendroit habitee de geans. Ilz estoient quatre freres et habitoiēt icy q̄ toute leur mesgnie pareillement. Et ilz estoient de si grant pouoir quilz auoient toute ceste contree ou nous sommes orendroit tournee en leur subiection. Ilz estoient redoubtez en ceste partie autant comme la mort. La damoyselle que febus aymoit qui tant merueilleusement estoit belle alloit toutesuoyes pensant en q̄lle guyse elle peust celluy mettre a mort q̄ si grant dōmaige luy auoit fait de ses parens. Elle luy mandoit toutesuoyes belles parolles/ mais elle auoit tousiours le cueur a autre chose que elle ne disoit. Moult pensa

longuement cōment elle peust son dueil sur febus reuenger. Et quant elle ouyt parler q̄ dire que en ceste caue habitoient quatre geans q̄ estoient de merueilleuse force si q̄ de leur force estoit la greigneur merueille du monde/lors pensa en elle mesmes que en ceste caue feroit venir febus/car bien luy estoit auis q̄ se iamais deuoit mourir pour nulle auanture du monde ne pour nulle merueille il mourroit en ceste espreuue. Lors prīt vng sien messagier et luy dist. Tu ten yras a febus et luy diras de ma partie telles parolles et luy dist quelles. Et le salueras aussi de ma partie. Le messagier sen alla a febus la ou il demouroit au royaulme de norgales et luy dist. Sire ma dame vous salue la plus belle damoyselle sans faille q̄ orendroit soit en ce monde/et vo[us] mande que vous allez a la caue des quatre freres et vous esprouuez a eulx. Et se vous a mort les pouez mettre faictes luy adonc assauoir et lattendez dedans la caue/et ne vous en partez deuant que vous la voyez/car bien sachez vrayemēt q̄ quant vostre messaige sera a elle venu elle naura iamais repos deuant quelle sera a vous venue.

¶ Comment le grant pere gyron racompte a Brehus la maniere comment febus occist et mist a mort les quatre Geans qui estoient en la caue ou ilz estoient. Et comment il deliura tous ceulx qui estoient leans.

De ceste nouuelle fut febus si grandement ioyeux que nulle nouuelle ne luy peust estre aportee qui si grāt ioye luy meist au cueur cōme celle feist adonc. Il demanda la ou les geans estoient. Et celluy luy enseigne. Et febus luy dist adon/cmoult de mercys de cestuy commandement que ma dame me daigne faire. Or luy dictes de ma partie que ia mais nauray grammẽt de repos deuant que iauray du tout acomply son cõmandement. Et maintenant se meist a la voye et sen vint ceste part/mais ce fut le plus priueement quil le peust faire. Il ne amena en sa cõpaignie fors vng cheualier et deux escuyers seulement. Quãt il fut ceste part venu en cestui lieu propre il trouua les quatre geans la dessus a lentree de ceste caue. Et ilz estoient armez/car ilz vouloient adonc courre en la fin de cestuy royaulme sur vng cheualier qui a celluy temps leur auoit occis vng de leur parens. Quant ilz virent febus qui sur eulx venoit a si pou de compaignie cõme il auoit lung se mist auãt et dist a febus. Qui es tu qui tiẽs cestuy chemin sans nostre congie. Je suis vng cheualier dist febus qui suis venu ceste part pour vous mettre a mort. Il est mestier se Dieu me sault que vous mourez tous quatre par mes mains. Quãt les geans entendirent ceste parolle ilz se cõmencerent a soubzrire/car ilz cuydoient tout certainement que febus eust parle en telle maniere par folie de teste. Et pour ce dirent ilz. Sire cheualier or sachez que vous nestes mye saige/car folie vous a conduyt vers nous. En nom dieu dist febus vous estes mors seurement le pouez dire. Et maintenant descendit pource ql vit que les quatre geans estoient a pie/ pareillement aussi descendirẽt tous les autres qui auecques luy estoient venuz Et quant le Cheualier veist les quatre geans si merueilleusement garnys comme ilz estoient se mist adont deuant febus et luy dist tout en plourant. Haa sire mercy/ayez mercy de vous mesmes Ne vous mettez a mort si habandõneement/ce pouez veoir tout clerement que encõtre ces quatre geans ne pourriez durer pour nulle auãture du monde. Pour Dieu sire souffrez de ceste entreprinse /

car elle est moult grandement mortelle pour vostre corps.

Febus commence a regarder le cheualier quãt il entendit ceste parolle et luy dist. Comment sire compaings se dieu vous doint bõne auanture auez vous si grant paour cõme vous faictes le semblant. Sire fait il/or saichez q̃ iay trop greigneur paour que ie nen mõstre le semblant. En nom dieu dist febus puis que vous estes si durement espouente desormais ne vous tiẽs ie pour cheualier. Or vous en allez errãment/car ie ne vueil de cy enauant la vostre cõpaignie. Gardez que iamais a iour de vostre vie ne venez deuant moy/or tost tenez vostre chemin. Quãt il a dit ceste parolle il ny fait autre demourance/ains print son espee maintenant et la mist hors du fourreau. Adonc lung des geans luy dist. Sire cheualier pourquoy tyrez vous vostre espee/ia veez vous tout clerement que encores ne meist nul de nous quatre la main a lespee. Je lay ainsi fait dist febus pour donner exẽple de ce que vous deuez faire. Quant il eut dit ceste parolle il ny fait autre demourance/ains se mist errãment entre eulx et ferist le premier quil attaint si durement quil le rue mort a terre du premier coup. Apres le pmier occist le secõd et puis le tiers et puis le quart. En telle guyse les mist tous quatre a mort/et deliura adonc de ceste caue tous ceulx q̃ il trouua ceans. Quant il eut acõply ceste merueille que ie vous ay comptee adonc manda il a la damoyselle que tant il aymoit quil auoit mys a mort les quatre geans ainsi comme elle auoit cõmande. Il estoit appareille de plus faire se elle plus luy cõmandast. La damoyselle luy manda quelle estoit moult grandement lyee et ioyeuse de ceste auanture/et que il lattendist illecques et que elle yroit par deuers luy au plus tost et plus legierement que faire se pourroit.

De Gyron le courtoys

En telle guyse comme ie vous compte demoura febus ceans le bõ cheualier le merueilleux/ et attendoit toutesuoyes la venue de la damoyselle. Et du grant desir q̃l auoit que la damoyselle vint a luy/et pource q̃ il veist que elle ne venoit point cheust en vne maladie si grande que de celle maladie il mourut. Quant ceulx qui auec luy estoient virent quil estoit si merueilleusement malade ilz manderẽt maintenãt la verite de la chose a la damoyselle/et luy firent assauoir tout lestre de febus. Elle ne croioit adonc q̃ la chose allast en telle maniere comme ilz luy faisoient entendant/si enuoya vng messagier de son hostel a qui moult elle se fyoit. Quãt cil fut venu a febus q̃ il vit son cõtenement il sen retourna a la damoiselle et luy dist moult dolent tant que a pou que il mouroit de dueil. Damoyselle fait il/ie vo9 apporte nouuelles Or saichez que vous pouez dire certainement que vous auez mys a mort le meilleur hõme de cestuy monde. Il ne se va mye faignãt la mort luy est moult pres du cueur/bien peut dire seurement que mal vit oncq̃s vostre beaulte/car il en meurt a grãt douleur Or sachiez que ia tant ne vous scaurez haster de cheuauchier que vous soyez venue a temps quil ne soit mort. Oncques si grant dõmaige ne aduint pour achoyson de damoyselle cõme il aduiendra a ceste foys pour achoyson de vous/car le meilleur hõme de tout cestuy monde en gerra mort/ce verrez vo9 appertement.

¶ Comment le grant pere gyron racompte a brehus la maniere comment febus et la damoyselle moururent en la caue.

Quant la damoyselle entendit ceste nouuelle adonc elle se cõmenca premierement a repẽtir de ce quelle ne sestoit de pieca acordee a faire la voulente du bon cheualier. Et que en diroye ie/elle se mist maintenant a la voye a grant cõpaignie de gent. Et cheuaucha tant par ses iournees q̃lle vint a ceste caue/et trouua adonc q̃ le bon cheualier estoit ia si conquis et si pres de la mort quil nen pouoit plus. Quant elle y fut venue et il la vit il la cõgneut moult bien parmy la forte maladie ou il estoit adonc et luy dist/mais ce fut moult foyblement car il estoit pres de la fin. Bien viengnez dist il ma doulce mort la chose de cestuy monde que iay plus desiree / or ne men chault grãment desormais quãt la mort viengne/car toute ma voulente est acõplie quant ie vous voy. Lors cõmanda a la damoyselle q̃lle lembrassast Et elle le feist adonc tout ainsi cõme il le cõmandoit. Et quãt elle leut embrasse ne demoura mye longuement q̃l mourut entre les bras a la damoyselle. En telle guyse cõme ie vous ay compte sire cheualier mourut le tresbon cheualier et pour lamour de la damoiselle. Amour le feist mourir sans faille. Tous ceulx de ce pays en parlerent quãt ilz ouyrẽt parler de sa mort. Et tous les roys aussi y vindrẽt et mirent adonc son corps en celle chambre si honnoreement cõme il appert encores. Quãt ilz eurent ce fait ilz cuydoiẽt certainement que la damoyselle sen voulsist partir de ce lieu et sen aller auec son pere q̃ retourner auecq̃s luy au royaulme de northomberlande. Et elle dist adonc. Ne plaise a dieu que iamais me parte de ce lieu puis que la myenne auanture a este si felonneuse et si ennuyeuse que pour la myẽne amour est mort le meilleur cheualier de monde/et ne luy feiz tant cõme il vesquit nulle courtoisie Je luy feray apres la mort si grant honneur que iamais a iour de ma vie ie ne me partiray de luy. Tousiours garderay son corps tant comme ie dureray en vie. Apres ma mort est il mestier q̃ pres de luy gyse mon corps.

fueillet CC.lxj

Quant le roy de northomberlan
de entendit ceste nouuelle il en
fut si grandement esbahy quil
ne scauoit quil deust dire. Il dist adonc
fille tout ce que vous dictes ne vault
riens/car icy demourer ne pouez. Il est
mestier que vous vous en viengniez/et
se venir ne vous en voulez de vostre bon
ne voulente ie vous en feray venir par
force. Pere dist la damoyselle/or sachez
certainement que se vo9 dicy me faictes
partir ie mocciray de mes deux mains.
Quant le pere entendit la voulente de
la damoyselle il en fut grandement es
bahy/car encores ne cuydoit il mye quel
le luy deist si acertes come elle luy disoit
si luy dist en telle maniere. fille tout ce
que vous dictes ne vous vault/a venir
vous couient. Pere de rechief dist la da
moyselle/or sachez tout certainemēt que
iamais a iour de ma vie ie ne me parti
ray de ce lieu. Icy mourray en cestuy lieu
proprement pres de celluy cheualier qui
pour la myenne amour est mort. Se ie
meurs pour la sienne amour apres ce ql
est mort pour moy ce nest mye grāt mer
ueille. En ceste maniere demoura la da
moyselle en ceste caue quelle ne sen vou
loit plus remuer ne pour pares ne pour
pere/ains y demoura toute sa vie. A cel
luy point q̄ ie vous compte estoye ie nou
ueau cheualier de laage de .xviij. ans.
Et auoye quatre freres Cheualiers si
preudhōmes des armes q̄ de leur proues
se parloient a merueille to9 les chrestiēs
et les payēs. Nous auōs tous cinq este
filz de celluy bon cheualier. Apres grant
piece nous fut compte au royaulme de
gaule ou nous demourions adonc que
en ceste maniere auoit este mort le bon
cheualier. Nous en feismes dueil mer
ueilleux. Et tantost partismes de la cō
tree po2 veoir ou gysoit le bon cheualier
Tant allasmes de contree en cōtree que
no9 arriuasmes ceste part et ceans droic
tement. Que vous diroye ie nous trou
uasmes que la damoyselle estoit morte/
et tout ainsi gysoit des lors comme elle
gyst orendroit. Mes quatre freres de
mourerēt ceās/mais ie men party puis
apres q̄ fuz au monde plus de vingt ans
entierement. Et depuis q̄l me fut cōpte
que to9 mes freres estoient mors q̄ ceās
gysoient en terre ie retournay q̄ vins a
donc ceans et trouuay quilz gysoient en
ceste chambre en telle guise comme vous
auez huy veu quilz gisoient. Apres ce que
ie fuz ceans venu et ie veiz q̄ mes freres
estoiēt ceās enterrez q̄ mon pere pareille
ment ie dys adonc a moymesmes que ia
mais de ceans ne partiroye tant cōme
ie vesquisse/ains y vseroye le demourāt
de ma vie. Ainsi demouray en cestuy lieu
Grant tēps apres reuint ceans mon filz
que vous voyez deuant moy. Et certes
il demoura ceans encontre ma voulente
Car dieu le scait q̄ ie eusse mieulx ayme
quil feust demoure au monde quil feust
auec moy. Assez luy dys quil demourast
au siecle/mais il ne le voulut faire/ain
coys demoura en ma cōpaignie. Autres
cheualiers de nostre lignaige mesmes
vindrēt en ce lieu qui demourerent auec
nous. Et tous moururent ceans fors
ceulx que vous voyez. Ainsi cōme ie vo9
ay compte mourut le bon cheualier po2
amour/et la damoyselle pareillement.
Si vo9 ay ores fine mon cōpte/et pource
men tairay a tant. Et quāt il a dit ceste
parolle il se taist q̄ nen dist pl9 a ceste fois

Quant il eut fine son compte en
telle guyse comme ie vous ay
compte brehus q̄ voulentiers
leut escoute respondit. Sire se dieu me
doint bonne auanture ie ne ouy depuis
que ie fuz ne parler de nul cheualier qui
tant feust a priser de toutes choses com
me fut le tresbon cheualier qui leās gyst
Moult fut plus gracieux sans faille de
toutes choses que ne sont orendroit les
cheualiers qui armes portent par le roy
aulme de logres et par autres regions.

De Gyron le courtois

Encores ne ouy ie parler de nul si preud hõme que cestuy ne feust encores plus. Ainsi parlerent grant piece de la nuyt de ceste chose sans tenir autre parlement fors seulement de gyron dõt ilz parloiẽt aucune foys. Quant il fut asse grãt piece de la nuyt ilz sendormirent sans ce qlz mãgeassent ne ne beussẽt celle nuyt/car ilz nauoient de quoy. A lendemain assez matin se esueillerent/et adonc vint vng prestre moult forment vieil/et de moult ancien temps/vestu de robe blanche qui leur chanta la messe. Et puis leur donna pain et eaue quil auoit leans apporte Et ilz mangierent aussi ioyeusement & daussi bonne voulente cõme silz eussent orendroit toutes les meilleures viãdes du monde. Apres ce que ilz eurent mãgie si pourement comme ie vous compte le prestre sen partit maintenant de leans Et brehus se tourne adonc vers layeul de gyron et luy dist. Sire sire vous souuiene dune chose que vo9 me deistes hier au soir. Quelle feust elle dist le prẽdhõme. En nom dieu fait brehus ie le vous diray, bien sachiez vrayement que ie ne lay pas oubliee. Vous me deistes q̃ cestuy sire qui cy est qui est pere de gyron estoit encores si fort cheualier de son corps que ie tiendroye a grant merueille la force que vo9 me feriez de luy veoir. Et certes sire il me semble si mesgre et si foible quil ne mest pas auis que il peust auoir force en nulle maniere du monde encontre vng cheualier. Pourquoy sire ie vo9 vouldroye prier q̃ vous me feissiez veoir sil vous plaisoit aucune chose de sa force auãt que ie me partisse dicy. Le preudhõme commence a rire moult fort quant il entend ceste priere et puis dist. Certes sire Cheualier ie vous en feray aucune chose veoir quãt vous en estes si desirãt or vo9 leuez en estant. Et brehus se dresse en estant/et pareillement aussi se dressent to9 les autres et sen vont en vne autre chambre/et trouuerent leans dessus

vng perron de marbre vne massue de cuyure si grande et si pesante que cestoit vne merueille de la grãt pesanteur dont elle estoit. Et sur tout ce estoit si belle & si cointe aornee dor et dargent. Elle estoit couchee dessus le perron.

Quant ilz furent venuz au perron le preudhomme dist a brehus. Sire cheualier que vous semble de ceste massue de cuyure/vous est il auis que vous la peussiez porter a iournee en vostre main. Or vo9 essayez se dieu vous sault comment elle poyse. Brehus qui regarde la massue respond tantost. Sire ie vous dys loyaulment quelle ne feust mye faicte pour moy/ie cõgnois bien par moy mesmes que ie ne suis mye de la force que ie la peusse remuer si non bien petit. Toutesuoyes ie vueil fait le preudhõme que vous vous esprouuez sil vo9 plaist. Certes sire fait brehus/ce feray ie voulentiers pour vostre volente acomplir. Mais ie scay bien que cest trauail po2 neant/car ce nest pas chose pour moy. Et lors se auãce & prẽt la massue a deux mains & lune part q̃ la remue a moult grant paine/mais ce fut assez petit quil la remue & la remet arriere tout errãment. Sire cheualier fait le preudhõme/se les autres cheualiers qui orendroit portẽt armes par le royaulme de logres ne sont plus fors de vous/donc dys ie bien q̃lz sont moult foybles. Lors se tourne enuers son filz et luy dist. filz prenez la massue/ie scay bien q̃ menabin vous en cupda occire et vous len meistes a la mort. Et cil se met auant q̃ prẽt la massue a vne main et la sycue moult legierement q̃ la dresse cõtre mont/et puis la remet sur le perron. De ceste chose se seigne brehus plusieurs foys comme celluy qui tant est esbahy de ce quil voit q̃l ne scait quil en doit dire. Sire cheualier fait le preudhõme/vous est il ores auis que les cheualiers qui orendroit portent armes peussent en nulle maniere de si

grant affaire comme estoient les cheua
liers qui orendroit au mien portoient ar
mes. Sire fait Brehus/ainsi maist dieu
nenny. Vous mauez a cestuy point mon
stre si apperte exēple que ie vous ottroye
bien que vrayement peurent ilz estre a
vostre temps moult grāment meilleurs
cheualiers que ilz ne sont orendroit/car
ilz estoiēt moult grandement plus fors
en toutes guyses. Et certes de cestuy
qui cy est dys ie bien quil a fait si grant
force que giron q̃ ie tiens bien selon mon
iugement pour tout le plus fort cheua=
lier qui orendroit soit en cestuy monde se
roit tout encombre de ce faire. En nom
dieu fait le preudhomme/ Doncques nest
il pas dassez si fort comme fut son pere
en aucun temps. Et ie vous faiz bien as
sauoir que il fut ia de trop greigneur for
ce quil nest orendroit. Et encores vous
dys ie autre chose. Or saichez que il ya
plus de quinze ans tous acomplis que
ceste massue ne fut oncques remuee de
cestuy lieu ou elle estoit orendroit/ne en
cores ne feust elle remuee a cestuy point
se ce ne feust par vous. Ung des plus
fors hommes que ie veisse en tout mon
aage si laporta a cestuy temps ceste part
Il nous en cuydoit tous mettre a mort/
mais il en mourut. Et quant il est ain
si aduenu que aduanture vous a amene
entre nous et que vous auez veu partie
de noz prouesses/or vous vouldrois ie
prier z requerre que vo̅ mottroyez ung
don qui assez petit vous coustera. Sire
dist Brehus/dictes que bien sachez que
ia chose ne me direz q̃ ie ne face oultree
ment pourtant que iaye le pouoir de le
faire. Grant mercys fait le preudhom
me/ Vous mauez ottroye que a hōme ne
a femme vous ne direz nouuelles de no᷉
ne de chose que vous ayez veue ceans af
fin que par achoyson de vous ny viēgne
hōme ne femme. A gyron certainement
se vous le trouuez ne vous deffendz ie
mye que vous ne luy dyez nouuelles de

nous/ et de tout ce que vous auez veu
ceans. Sire fait Brehus/or saichez que
vostre requeste feray ie bien a mon pou
oir. Vous mauez entre vous tenu vne
grant piece/ or vous prie ie que vous me
mettez desormais hors de ceans/car iay
moult ailleurs affaire. Certes dient ilz
voulentiers. Et lors le mainent tātost
toute vne voye assez estroicte et par des
soubz terre tant q̃lz vindrent a vne bros
se par ou len yssoit de leans. La brosse es
toit en vne roche en vng lieu grāment
loing de gēt et moult desvoyable. Mais
a lentree droictement elle estoit moult
estroicte.

Quant Brehus voulut yssir de
la caue il cōmande a nostre sei
gneur ceulx de leans et inconti
nent en yssit. Et quant il est yssu hors il
voit adonc de toutes pars la plus belle
forest du monde et la plus plaisant. Et
il cōmence adonc a regarder tout entour
luy pour veoir se il pourroit trouuer la
roche ou la male damoyselle lauoit fait
entrer dedās la caue en telle guyse cōme
ie vous ay cōpte. Mais il ne peust veoir
Adoncques sapparceut il que la voye quil
auoit fait dessoubz terre duroit assez.
Et a la verite dire elle duroit bien vne
lyeue anglesche et plus/pource ne scait il
orendroit q̃ il face. Il ne scait quelle part
aller ou a dextre ou a senestre. Quant il
a ainsi pense vne grant piece/ et regarde
vne heure ca et lautre la/ il se met adonc
a la voye tout ainsi comme auanture le
maine. Car a la verite dire il ne scauoit
quelle part il alloit. Si luy aduint adō̄c
si bien q̃l alla tant dune partie et dautre
quil apparceut appertement la roche ou
il estoit le iour de deuant entre dedās la
caue. Brehus est moult reconforte quāt
il peut la roche veoir/car le cueur luy va
disant q̃ encores y trouueroit il son che=
ual et ses armes. Tant est alle en telle
maniere a pie cōme il estoit q̃ il est venu
a la roche/et treuue illec ses armes tout

De Gyron le courtois

ainsi côme il les auoit laissees/et pareillement y trouua son cheual qui paissoit entre les arbres. Il print ses armes/et quant il en est garny il pense puis apres de son cheual appareiller et puis monte. Et quāt il est mōte il dist a soy mesmes que pour la trahyson que la Damoyselle luy a faicte a cestuy point quil ne trouuera mais en piece damoiselle a qui il ne face honte et vergongne pour tant quil en viengne au dessus. Jamais ne cuydast en nulle guyse que Damoyselle eust peu trouuer si fiere trahyson. Se il vient a point et en lieu il les deffye desormais/iamais ne leur fera honneur ne courtoysie. Ainsi va disant Brehus a soy mesmes et cheuauche toute sa iournee si courrouce vers les damoyselles comme ie vous compte/et quant vint enuiron heure de vespres arriua en vne maison de religion qui estoit en vne vallee deuant vne grāt vallee. Leans descendit Brehus et dormit celle nuyt/et fut moult bien seruy et honnore des freres de leans. Mais a tant laisse ores le compte a parler de Brehus et retourne a Gyron le courtoys pour compter de ses auantures.

¶ Côment gyron le courtoys trouua Abilan estrangor q̄ luy dist nouuelles de Danayn le roux/et luy compta commēt il auoit este abatu par ledit Danayn. Et comment en cheuauchant eulx deux ensemble ilz trouuerēt sagremors qui leur feist assauoir la coustume du passaige perilleux.

En ceste partie dit le cōpte que depuis que gyron se fut party de sers a qui il auoit dit son nom en telle guyse côme le cōpte a ia deuise cy deuant tout appertement. Il cheuaucha ceste iournee entiere sans auenture trouuer qui face a ramēteuoir en compte. Cestuy soir le porta son chemin en la maison dune vesue femme qui moult hōnoreement le receut en son hostel pource quelle scauoit et congnossoit bien quil estoit cheualier errant. Leans dormyt celle nuyt gyron tout lasse/et la courtoysie que la dame luy peust faire si luy feist. Cestuy soir chāgea gyron leās son escu/et print vng escu my party de noir et de blanc. A lendemain se partit de leans en la cōpaignie dung seul escuyer/et puis cheuaucha tāt de iournee en iournee sans auanture trouuer qui face a ramenteuoir que il vint a lentree de Sorelois. Et en tous les lieux ou il venoit et a tous les cheualiers quil rencōtroit il demandoit nouuelles de Danayn le roux. Et celle estoit adonc lauanture de luy quil ne pouoit trouuer ne vng ne autre qui luy en sceust dire aucune nouuelle. En telle guise côme ie vous cōpte cheuaucha vng moys entier gyron quil ne pouoit ouyr nouuelles de cestuy q̄ alloit querant. Et lors il fut si grandement esbahy quil ne scauoit quil deust dire/car pource quil lauoit tant quis et que trouuer ne le pouoit luy disoit le cueur que il sen estoit retourne par auanture a maloant. Et cestoit vne chose qui en grant pensee lauoit mys. Vng iour que il cheuauchoit moult grandement pensif de ceste chose luy aduint quil sacompaigna auec vng cheualier qui sen alloit en soreloys/et estoit cheualier de la maison au roy artus/mais il nestoit pas cōpaings de la table ronde. Le cheualier estoit appelle abilan estrangor. Et estoit moult hardy cheualier et moult courtois a merueilles. Quant ilz furent venuz ensemble emmy le chemin Gyron commenca legierement et incontinent a demander au cheualier. Beau sire qui estes vous. Sire ce dist le cheualier/ie suis vng che ualier errant qui voys de contree en contre ainsi comme auanture me porte. Et que assez vous querant ce dist Gyron. Sire se dieu me doint bonne auanture Puis que de ceste chose voulez scauoir la verite et ie vous en diray partie pource que preudhomme me semblez. Or sachiez que ie voys querant vng cheualier que ie desire moult a trouuer. Encores na mye gramment de temps quil me feist vne honte et vilenye que ie vengeroye voulentiers. Pour ce le quiers/et pour luy voys ie cheuauchant a cestuy point par cestuy pays. Or me dictes ce dist gyron/et qui est cestuy cheualier qui vous feist celle vergongne. Sire fait il se dieu me sault/ie ne le scay mye tresbien/mais non pourtant vng cheualier de ceste contree me feist entendāt que ce fut danayn le roux sans faille q̄ ceste vergongne me feist. Et pource dys ie que cest danayn le roux que ie voys querant.

Quant gyron eut ouy ceste nouuelle il demāda vne autre foys au cheualier. Comment fait il beau sire/fut doncques danayn en ceste contree. Sire ouy sans faille il y fut/ ce me peut moult durement peser/ car ien receuz honte et laydure/et dommaige de mon corps. Sire fait Gyron/vouldriez vous tant faire pour moy que vous me deissiez ou vous le trouuastes/et quel dommaige il vous feist/et quelle honte. Sire ce dist le cheualier/ ce vous diray ie bien quant vous scauoir le voulez. Or saichez que il y a bien trois sepmaines et non plus que ie cheuauchoye vers vng chasteau que len appelle la tigre. Quant ie suz venu pres du chasteau il me aduint adonc que ie trouuay dessoubz vng arbre vne damoyselle plourant. La damoyselle plouroit si fortement q̄l ne mest pas auis que ie en tout mon aage veisse encores damoiselle plourant si fort comme elle faisoit. Mais bien sachez de vray quelle estoit la plus belle damoiselle que

ie veisse a mon temps. Et quen diroye ie/dire puis hardiement q̄lle est la plus belle du monde. Deuant ce q̄ ie la veisse ne peusse ie pas legierement croyre quil y eust en tout le monde si belle damaysel le cōme estoit celle. Pour la grant beaulte que ie veiz en la damoyselle me tins ie pres delle/et suz moult yre q̄ dolent quāt ie la veiz si durement plourer/et moult men pesa dedans le cueur. Je descendy de mon cheual et lattachay a vng arbre la ou elle estoit et luy dys. Ma chiere damoyselle pourquoy plourez vous si durement/dictes moy lachoyson de vostre courroux/et ie vous creance loyaulmēt que ie y mettray tout le meilleur conseil que ie pourray. Quant la damoiselle entendit ceste parolle elle cōmence a plourer plus fort q̄lle ne faisoit deuant et me respondit en plourant. Haa sire cōme ie voys bien plourer et faire douleur par raison/car certes iay este trahie si tresvilainement q̄l ne mest pas auis q̄ damoyselle feust oncq̄s tant meschante de toutes choses que ie ne soye encores plus. Sire cheualier q̄ vous en diroye ie. Trahyson et desloyaulte si ma mise a grant deshōneur/et ce me fait mener ce dueil q̄ vous voyez. Quant ie entendy ceste parolle adonc euz ie greigneur pitie de la damoyselle q̄ ie nauoye deuāt/si luy dys de rechief. Qui vo⁹ a fait ceste desloyaul te q̄ trahyson dont vo⁹ parlez. Sire dist elle/or sachez q̄ tel cheualier la ma faicte dont vous pourriez malement venir au dessus / car trop est bon cheualier sans faille de son corps. Il est si tresbon cheualier que ie dys bien que cest dommaige moult grāt de ce que trahyson est entree au corps de si bon cheualier.

A cestuy point que la damoyselle parloit a moy en telle facon comme ie vous ay cōpte A tant elle vit venir vers nous le cheualier dont elle se plaignoit si durement Tantost comme la damoyselle le veist

De Gyron le courtois

venir de loing elle me dist. Or tost sire cheualier montez sur voftre cheual et vous en allez voftre chemin. Car bien saichez vrayement que se le cheualier q̃ cy vient et dont ie me plaings si durement vous y treuue vo9 eftes mort/et scay certainement que encontre luy ne pourriez vous voftre corps deffendre. Or toft montez et vous en allez voftre chemin au ferir des esperons. Je regarday arriere quãt ientendy ceste parolle/et veiz adonc tout appertement vers moy venir le cheualier/arme de toutes armes et monte sur vng grant deftrier lescu au col le glaiue au poing. La damoiselle vne autre foys me dift. Haa sire cheualier pour dieu gardez vous/car autrement vous eftes mort ce sachez vo9 certainement. Je respondy et dys. Damoyselle se dieu me sault vrayement ce sachez vous que se ie mouroye pour voftre honneur deffendre ie men tiendroye a bien paye. Et pource que ie ne vouloye mye q̃ le cheualier me trouuaft a pie pres de la damoyselle ie allay courant a mon cheual et montay deffus le pluftoft q̃ faire ie peuz. Le cheualier me commence a cryer a haulte voix Gardez vo9 de moy sire cheualier se vo9 le pouez faire/car autrement eftes vous mort se dieu me conseille.

Quant ie entendis ces nouuelles ie mapareillay de moy deffendre au mieulx que ie le peuz faire/mais tout ce ne me valut riẽs/car le cheualier qui sur moy venoit au ferir des esperõs me ferit si roidement en son venir que pour lescu ne pour le haubert il ne remaint quil ne me fist emmy le piz vne playe grande et merueilleuse. De celluy coup me hurta il si durement que ie neuz pouoir ne force de moy tenir en celle/ains volay incõtinent a terre. Et quen diroye ie. Je fuz si felonneusement abatu que ie demouray emmy le chemin ainsi comme mort. Le cheualier puis apres et sa damoyselle sen allerẽt a celle heure si que ie ne veiz puis ne lung ne lautre. Mais apres me dift len sans faille q̃ ceftoit danayn le roux. Pour celle honte q̃ me feift a celluy point de moy abatre et pour le dõmaige pareillement le voys ie querant. Car en cefte contree fut il nouuellement ce ma len dit et la damoyselle auec luy. Sire cheualier/or vous ay ie dit tout oultreement ce que ie voys querant. Or vo9 prie que vo9 pareillement me dyez q̃ vous querez et qui vous eftes Certes fait gyron/de ce vous diray ie partie. Or sachez que ie suis vng cheualier errant aussi cõme vous eftes. Encores vous dys ie vne autre chose. Or sachez de vray q̃ celluy cheualier mesme que vous querez voys ie querãt. Voire ce dift le cheualier/querez vous danayn le roux. Ouy certes ce dift gyron/et tãt seulement vous faiz affauoir que il ma plus meffait quil na a vous. Et sil vo9 a meffait ce dift le cheualier/que pourriez vous faire. Il eft si bon de son corps que sil vo9 auoit fait honte {et} vergongne vous ne vous pourriez sur luy vengier en nulle maniere du mõde. Certes beau sire fait Gyron/tout ce oftroye ie bien q̃ danayn le roux eft si bon cheualier de son corps que a paine pourroit on orendroit trouuer en tout le monde auffi bon cheualier. Mais certes se il eftoit encores trop meilleur cheualier quil neft si eft il meftier se dieu me cõseille q̃ ie face tout mon pouoir se ie le treuue de me vengier de celle vergongne quil ma fait.

Ainsi parlans ilz cheuauchent tant entre eulx deux quilz commencerent a approucher dune grande marefchiere qui duroit bien de toutes pars six lyeues anglefches. Quãt ilz vindrent pres de la marefchiere ilz regarderent deuant eulx/et virent iouxte le chemin vng cheualier q̃ feoit deffoubz vng arbre tout seul/et faisoit vng dueil si grãt et si merueilleux q̃ nul ne le veift adont que a merueilles ne tenift le dueil que il alloit demenant. Il estoit desarme et nauoit illecques cheual ne roussin sur quoy il peust monter. Le cheualier qui dessoubz larbre se seoit faisoit tel dueil comme ie vous compte. A tant voicy venir les cheualiers sur luy ainsi armez et montez comme ilz estoient. Quant ilz sont sur luy venuz encores ne les veoit il pas tant estoit plain dyre et courroux/et en parloient entre eulx. Et gyron qui ia alloit le cheualier recongnoissant/car bien luy estoit auis sans faille que cestoit sagremors le desree qui demenoit si grant dueil dist a lautre cheualier. Congnoissez vous cestuy. Beau sire fait abilan. Je ne le congnois mye fors seulement qu'il mest bien auis que ce soit vng cheualier errant. En nom dieu fait gyron/cheualier errant est il vrayement preux et hardy/et est sans faille de la maison au roy artus. Or est mestier se dieu me sault que ie saiche tout orendroit dont vient cestuy dueil que il demaine. Sire compaings ce dist abilan/se dieu vous doint bonne aduanture puis que vous le congnoissez si bien et que vous dictes quil est de la maison au roy artus/or me dictes comment il a nom. Je ne vous en diray ores plus ce dist gyron. Lors se met vng pou auant et dist a Sagremors le desree/car sagremors estoit il sans faille. Sire cheualier fait il/pour quoy demenez vous si grant douleur. Sagremors dressa la teste quant il entendit ceste parolle et respondit. Qui estes vous qui me demandez pour quoy ie demaine si grant douleur. Je suis fait gyron vng cheualier estrange qui mettroye voulentiers conseil a vostre douleur appaiser se ie povoye. Or sachez fait sagremors que conseil ny pourriez vous mettre. Je ne croy pas que il y ait orendroit grantment de cheualiers en tout le monde qui peussent vengier ma honte/car trop est lauanture forte et perilleuse ou iay receu vergongne. Quant gyron entend ceste

nouuelle il est assez plus esbahy (en voulente de scauoir la verite ou sagremors auoit este descheuauchie quil ne fut oncquesmais dauanture dont il ouyst parler/et pource dist il a Sagremors. Sire encores ne scay si preudhomme darmes que ie peusse vostre courroux vengier a vostre voulente ne a la myenne/ toutesvoyes ie vous prie tant comme cheualier pourroit prier autre que vous me dyez comment vous feustes descheuauche/et en quelle maniere. Telle peut elle estre que nous vrons se dieu me doint bonne auanture. Or nous en dictes la verite et maniere.

A Ceste parolle respondit sagremors et dist. Sire cheualier pource que me semblez homme de valeur vous diray ie partie de ce que vous me demandez. Or sachez que ca deuant a vng passaige le plus perilleux et le plus douloreux dont ie ouysse oncques parler. Cest la voye que vous voyez cy deuant celle mesmes que vous tenez orendroit. Il y a la deuant vne tour/ et a celle tour dont ie vous parle couient combatre chascun cheualier errant qui en ce lieu vient encontre vingt autres cheualiers. Se il encontre tous vingt ne se peut bien maintenir en telle maniere qu'il soit mys au dessoubz il est incontinent emprisonne. Et se fortune luy est tant fauorable quil puisse mener les vingt cheualiers a oultrance encores nest il pas de ce quicte/ains luy couient combatre a lencontre du seignr de la tour/et se vaincre le peut il sen peut aller a tant et non autrement. Et sil passe par au pres (quil ne veult a eulx iouster/et il maine auecques luy damoyselle elle luy sera tolue/et sil est pris on luy toult ses armes et son cheual et a ceulx de sa compaignie/et les en enuoyent a pie. Tout ainsi beaux seigneurs mont ilz fait que ie vous compte a cestui passage qui est ca deuant tout le droit chemin que vous tenez/et mont huy tolu vne myen

H iij

ne damoyselle q̃ moult iaymoye/et mes armes ⁊ mon cheual. Et dittec men conuint venir a pie iusques cy comme vous voyez. Si vous ay ores dit mot a mot tout ce que me demandastes. Et quant il a dit ceste parolle il se taist et nen dist plus a ceste foys. Quant il a sa raison finee gyron qui de la honte de sagremors est moult courrousse en soy mesmes respond tout certainement ⁊ dist. Sire cheualier or sachiez que de vostre honte me poyse moult plus q̃ vous ne cuydez. Et certes il men poyse tant que se vous voulez retourner auec nous tout orendroit ie feray tant pour la vostre amour que ie me mettray en auanture de vengier vostre vergongne. En nom dieu sire cheualier fait sagremors/or sachez tout certainement q̃ pour esperance de vous ne retourneray huy ne demain/car ie scay bien q̃ ce seroit paine perdue a ce q̃ il nest orendroit nul cheualier au monde qui de ceste auāture peust venir a fin si côme ie croy. Or me dictes ce dist gyron/ouystes vous dire celle part q̃ encores y passast p force darmes nul cheualier qui y vint En nom dieu fait sagremors/ie nen scez riēs/ne ie ne croiroye pas que cheualier legierement y passast oncq̃s. Car trop est le passage ennuyeux ⁊ doubtable. Et pource est il appelle le passaige perilleux de ceulx du pays.

¶ Comment gyron et abilan estrangoz se mirent en la voye poꝛ aller au passaige perilleux

Dant giron entēdit les nouuelles du passaige perilleux il congneut incontinent en soymesme q̃ cestoit sans faille vng passage q̃ galeholt le brun le tresbon cheualier auoit ia estably. Loꝛs cômence a penser q̃l pourra faire de ceste auāture. Il ne scait sil la prendra ou sil la laissera. car il auoit ia p maintes fois ouy côpter a galehoult le brun son chier côpaignon q̃ le passaige perilleux estoit bien vne des fortes auātures de tout le royaulme de logres. Pour quoy il va orendroit pensant a ceste foys. Et abilan estrangoz q̃ a merueilles estoit preux cheualier ⁊ hardy/et qui sagremors cognoissoit moult bien/mais semblant nen monstroit pas quāt il voit gyron ainsi pensif il luy dist Sire côpaings q̃ pensez vous. Si maist dieu fait gyron/ie pense a ceste auanture dont iay ouy parler autre foys. Car ie men remēbre orendroit que le meilleur cheualier du monde disoit souuenteffois que vne des plus perilleuses auantures du monde ⁊ vne des plus fortes estoit le passaige perilleux. Et pour ce alloye ie pensant a ceste auanture. A ceste parolle respand abilan et dist. Sire compaings or voy ie bien que vous auez paour de cestuy passaige/car voꝰ ne vous feussiez pas ainsi cy arreste comme vous estes. Sire cheualier or saichez tout certainement que quāt ie men fuiray du champ pour paour de voꝰ ne de autre/nul hôme ne men deuera blasmer. Or cheuauchez auant sil vous plaist/car ie suis tout appareille de tenir vostre côpaignie en ceste auāture côment q̃l men doye aduenir En nom dieu ce respond abilan/ce me plaist moult. Et loꝛs se met auant et ne fait autre demourāce. Et saichez q̃lz ne menoient adonc en leur côpaignie ne escuyer ne hôme qui les peust seruir/ains cheuauchoiēt prinement sans autre côpaignie. Loꝛs se mettent au chemin de la mareschiere qui estoit si estroit sans faille que maintz lieux y auoit que deux cheualiers ne se pouoient entrencôtrer en nulle maniere du monde. Abilan estrangoz va deuant toutesuoyes tant est hardy et tant est asseur de soy mesmes que il ne luy est pas auis que nulle auanture tant soit grandement estrange le peust faire demourer de son proposemēt

Gyron va tousiours apres luy moult plus pensif quil ne feust oncquesmais de auanture ou il se deust mettre.

Ainsi cheuauchẽt eulx deux vne grant piece quilz ne dient nul mot du monde. Abilan va tousiours auant. Il na doubtance ne paour. Tant ont cheuauche entre eulx deux en telle maniere quilz eurent bien cheuauche la moytie de trois lyeues anglesches et plus. Et la voye que ilz tenoient toutesuoyes si estoit si tresestroicte que cestoit merueille de veoir si mauuaise voye cõme celle estoit. Quant ilz eurent tant cheuauche comme ie vous compte ilz regarderent deuant eulx et virẽt vne grãde tour moult riche et moult noble/bien muree et bien entaillee de toutes choses Et estoit si forte en toute manieres que nul ne la pouoit prendre par force. Car nul hõme ny pouoit aller de nulle part pour quoy ceulx de la tour soulsissent rompre le chemin de la mareschiere/car autre chemin sans faille ne pouoient ilz tenir de nulle part pour quoy ilz soulsissent aller a la tour. Et maintenant quilz virent la tour et quilz commencerent a approuchier/cestuy qui deuant estoit dist a gyron. Sire cõpaings voyez vne tour. Vous dictes verite ce dist gyron/tour est ce vrayement belle et riche/Le voy ie bien tout appertement Et est la plus forte a mon auis qui orendroit soit en tout le mõde. Car se elle est si forte par de la cõme elle est par deuers ceste part tout le mõde ny pourroit par force venir pour quoy les voyes feussent trenchees. En nom dieu dist abilan/vous dictes bien verite. Ainsi parlans cheuauchent tant qlz furent venuz pres de la tour. Et lors voient tout appertement que la tour estoit assez plus riche quil ne leur sembloit au commẽcement. Quãt ilz vindrent pres de la tour adonc trouuerent ilz vng grant perron emmy le chemin. Le perron nestoit mye de marbre ains estoit dautre pierre/et estoit si grant que il comprenoit pres que tout le chemin en trauers. Au perron auoit lettres entaillees a ciseau dedans la pierre mesmes/et les lettres estoiẽt vermeilles. Les cheualiers qui lettres scauoiẽt lyre sen vindrent eulx deux au perron tout droictement.

Et lors le cheualier qui deuant cheuauchoit se arreste au perron maintenant que il voit les lettres entaillees dedans la pierre et se tourne vers gyron et luy dist. Sire compaings voicy lettres/venez auant si les lyrons et scaurons que elles veulent dire. Apres ceste parolle se met auant gyron et commence a regarder les lettres/ et voit adonc quil en y auoit de telles qui estoient faictes de moult grant temps et de telles qui estoient faictes nouuellement. Et elles disoient telles parolles. Cy est le perilleux passage dung cheualier seul encontre les vingt. Et bien saiche vrayement que chascun cheualier errant que auanture apportera par cestuy chemin que iamais ceste coustume ne fauldra deuant que passez y seront p force darmes quatre cheualiers et lors elle remaindra du tout. Apres y auoit autres lettres qui disoient telles parolles. Le premier cheualier qui par cy passa par force darmes ce feust galehoult le brun. Apres pareillemẽt y auoit autres lettres entaillees qui disoient semblables parolles. Icy passa par force darmes danayn le roux. Les parolles disoiẽt les lettres ne autre chose ny auoit escript. Quant les deux cheualiers eurent leues les lettres le cheualier se tourne deuers gyron et luy dist. Sire cheualier/entendez vous bien ce que ces lettres dient. Ouy certes ce dist gyron/vrayement les entendz ie moult bien. Je voys bien par ces lettres que encores ne passerẽt par cy p force darmes q deux cheualiers tãt seulemẽt/galehoult le brun

H iiij

et Danayn le roux. En nom Dieu fait le cheualier/ainsi dient vrayement les lettres. Et de ce que Galeholt le brun passa par cy par force darmes ne me esmerueille point/car de cestuy ouys ie ia parler a plusieurs gēs quil fut sans faille le meilleur cheualier qui oncques portast armes au royaulme de logres/mais de Danayn le roux qui passe y est nouuellement par force darmes mesmerueille moult grandement comment il le peust faire. Car certes il ne mestoit pas auis qil peust en nulle maniere du mondē estre si bon cheualier de son corps ne si puissāt quil peust par cy passer p force darmes. Et quant il est ainsi aduenu quil a fait ceste merueille a cestuy point ne puis ie cōtendre quil ne soit assez parfait ā meilleur cheualier en toutes guyses que ie ne cuidoye deuant. Et est vne chose qui me desconforte moult/car desormais mest il bien auis que sur luy ne pourroye vengier la vergongne quil me feist/car trop est meilleur cheualier que ie ne suis.

Quant il a sa raison finee en telle maniere cōme ie vous cōpte Gyron respondit et dist. Sire cōpaings se Dieu me conseille or sachez certainement que cil ne diroit mye verite qui autre chose diroit de Danayn le roux fors quil est moult preudhōme des armes si la bien monstre cy et ailleurs. Et certes sil neust en soy pouoir et hardement plus que nul autre cheualier il seust demoure en cestuy passage honteusement/mais il sen partit p sa prouesse. En nom Dieu sire fait lautre cheualier vous dictes verite. Or me dictes fait gyron/quelle voulente auez vous de vo9 mettre en ceste espreuue. Et cil qui nestoit pas orendroit si asseur comme il estoit au cōmencement pour ces nouuelles quil auoit illecques apprinses respondit Sire compaings/or congnois ie bien de vray que le passage est moult plus perilleux que ie ne cuidoye au cōmencement.

Et ie le voy tel orendroit sans faille que quāt ie suis si auāt venu ne men retourneray/ainçois iray auant toutesuoyes cōment queil men doye aduenir. A vous vrayement loueroye ie que vous en retournissiez/car encores faire le pouez/ne regardez pas a la folie ou ie me metz. Se ie voys mon mal pourchassant pensez de faire vostre preu/vous ne pouez faire si bien a cestuy point comme de retourner arriere. Sire compaingz ce dist gyron se Dieu vous doint bonne auanture est ce le meilleur cōseil que vous me scauez donner en ceste auanture. Ouy certes fait le cheualier/ce conseil est de vostre preu. Car se vous vous mettez en ceste auanture vous y pouez mourir legierement et honteusement. Et pour ce vous dys ie que le retourner vous seroit a ceste foys bien/preu et honneur. Puis que le retourner est preu ā hōneur fait gyron pourquoy ne retournez vous En nom Dieu fait le Cheualier/Car a moy ressembleroit honte. Et pource ne men retourneray ie tant comme ie puisse auant aller. Comment sire cōpaings fait aBilan/vous voulez vous doncques mettre en ceste auanture par exemple de moy. Ouy certes ce dist gyron. Se vo9 retournissiez ie cuyde que ie retournasse Et pour ce que ie voy que vous voulez aller auant pareillement ie vueil aller auant. Comment sire compaings fait as Bilan Doncques me est il auis que vous cuydez estre aussi bon cheualier comme ie suis. Et lors respondit gyron et dist Il est certainement vray. Et tout ce disoit il pour courrousser le cheualier.

Sire cheualier fait aBilan/ceste auāture est perilleuse ou nous nous mettons/et pource que il mest auis que ce seroit chose moult cōuenable que le meilleur cheualier se meist en voye et le pire demourast ie veulx que nous facons vne chose entre nous deux. Combatons nous ensemble a espees et a glayues tant que len voye le meilleur de nous deux/le pire sen retourne et le meilleur se mette en ceste voye. Sire ce dist gyron ce ne ferons nous ia car quant nous serions naurez et blecez nous naurions ia duree a lencontre des vingtz chevaliers a qui il nous couient combatre/mais nous nous mettrons a lespreuue lung apres lautre/et ie my accorde respont le chevalier.

Ors se partent du perron et vont auant q ilz neurent mye gramment alle quilz aduisent une barre emmy la voye fermee a la clef par ou nul ne pouoit passer a cheual se elle nestoit deffermee deuers la tour. Quant ilz furent venuz iusques a la barre ilz sarresterent tous deux car ilz ne pouoient plus auant aller. Apres ce qlz furent illec arriuez vint ung varlet q leur ouurit la barre et leur dist en riant. Lequel est ce de vous deux qui est le plus fol. Certes fait gyron ie ne scay. Lequel de vous veult entrer le premier/car tous deux ensemble ny pouez vous entrer/et abilan dist. Je vueil entrer premierement. En nom dieu fait le varlet par ceste parolle congnois ie bien tout clerement que vous estes le plus fol sans faille. Beau sire fait abilan pour quoy dis tu q ie suis le plus fol. Pour ce dist le varlet q ie le scay bien ne voy ie pas vre follie tout appertemt quat ie voy q vous voulez combatre encontre vingt chevaliers q dung seul par aduanture ne vous scauriez vous bien deffendre. Frere ce dist le chevalier a toy que chault de mon sens ou de ma follie/laisse moy entrer la dedans q puis laisse aduenir de moy ainsi come il plaira a dieu et a fortune. Le varlet ny attent plus ains ouure la barre q le chevalier entre dedans et le varlet recloyst la barre incontinent quil fut entre. Gyron qui dehors estoit demoure auoit grant ioye de ce quil pouoit bien veoir le chevalier combatre aux autres. Deuant la tour sans doubtans

ce au milieu de la mareschiere auoit une grant place toute ronde qui duroit bien de toutes pars trois bonnes archees & celle place estoit bien ferme terre et dure assez Et illec auoit bien tendu iusques a quatre pauillons trop beaulx et trop riches.

Quant le chevalier eut passe la barre en telle maniere come ie vous ay compte il voit que les cheualiers de la tour estoient ia yssus hors appareillez de toutes armes & motez chascun sur ung destrier/q lung diceulx qui aduisa premierement abilan sen vint vers lui q luy dist. Sire auez vous en voulente de vous combatre a nous tous. Ouy certes se vous estiez encores plus q ce que vous estes vingt ne me donne nulle paour. Donc encomencons huy mais les ioustes dist le chevalier de la tour/et ce me plaist bien Dist abilan. Apres cestuy parlement ny fut autre demourance/ains laisset courre lung encontre lautre tant come ilz peuent des cheuaulx traire. Et saichez q de la tour estoient ia yssus plus de quatre cens q hommes q femmes pour veoir la fin de ceste entreprinse. Et les deux chevaliers qui auoient le fait encomence sentreferirent si durement quilz sentreporterent a la terre les cheuaulx sur leurs corps et sont tous deux moult greuez de cestuy cheoir et geurent une piece sur la terre sans eulx remuer et quant ilz ont leur force recouuree ilz se relieuet au plus tost quilz peuent et mettent la main aux espees et setrecouret sus les espees nues et sentredonnent sur leurs heaulmes si grans coups & si terribles tant comme ilz peuent amener denhault a la force des bras. Le chevalier de la tour est charge si durement des coups q abilan donne q il na pouoir ne force de soy tenir en estat ains chiet sur les genoulx a terre si estourdy quil ne scet sil est iour ou nuyt. Quant abilan le voit ainsi au dessoubz il se lance sur luy et luy arrache le heaulme hors de la teste. Et quant le cheua=

De Gyron le courtoys

lier se vit nud teste et sans heaulme il dist Haa mercy sire chevalier pour Dieu ne me occiez pas/de moy occire feriez felonnie puis que ie me metz en voftre mercy car ie voy bien tout clerement que de cefluy fait suis ie trop au deffoubz. Puis q tu vas criãt mercy fait abilan et ie auray mercy de toy par tel couenant q iamais en iour de ta vie ne porteras armes encontre moy pourtãt q tu me cognoiffes Ce q luy promift faire le cheualier.

¶ Commēt abilan fut vain cu et naure moult formēt. Et comment il fut emporte a la tour du paffaige perilleux ou il demour prisonnier

Puis q abilã euft cõquis le pmier cheualier vng des varletz de la tour luy ramaine fon cheual et luy dift Montez fire cheualier/car plus aurez auiourdhuy a faire que vous ne cuydez. Abilan mõte au plus isnellement quil peut et puis luy apporte len vng glayue et il le prent et laiffe courre a vng autre cheualier qui de la joufte eftoit ia tout appareille/et le fiert fi rudement en fon venir quil le fait tõber a la terre. Quãt il eut celluy abatu il laiffe courre au tiers qui certes eftoit bien vng des meilleurs joufteurs de tous les xx. cheualiers. Quãt les deux cheualiers furēt apparcillez de la joufte ilz laifferent courre lung cõtre lautre tãt cõme ilz peuent. Des cheuaulx traire. De cefte joufte aduit a abilan qͥl fut rue par terre naure durement gifant illec ainfi cõme mort. Quant le cheualier qui abatu lauoit voit cefte chofe il ny fait autre demourãce ains fault du cheual a terre et court cefle part droictement ou eftoit abilan et le prent au heaulme et luy arrache de la tefte et luy dõne de grãs coups du pomel de fon efpee fur la tefte. Quãt il fe fent fi mal mener et qͥl ne fe peut remuer il dift au cheualier qui fi

mal le menoit tant dolent et courrouce q plus ne fe pouoit eftre. Mauuais couart pourquoy vas tu tant ferãt fur moy qui ne me peut deffendre. Chetif hõme effozce toy plus et me couppe tantoft le chief fi auras ta guerre finee/mieulx veulx ie mourir tout orendroit q viure car ma vie feroit hõteufe trop malement Le cheualier eft fort efbahy quant il entent cefte parolle et dift. Cõment veulx tu donc q ie toccie. Ouy certes dift abilan ie fen prie moult. En nom dieu fait le cheualier non feray. Je me tiens trop bien a paye de ce q ie fuis venu au deffus de toy/et lors fe laiffe emmy le champ. Et maintenant viennēt feruans qui le prennent et le portent dedans la tour ainfi cõme il eftoit et ainfi naure. Lors commence la cryee de ceulx de leans qui difoient a haulte voix. Honny eft le cheualier eftrange noz cheualiers en ont lhõneur/et puis on fonna vng cor de la tour pour faire ouurir de rechief la barre/car ainfi lauoit on fait au pmier coup pour la faire ouurir quant abilan y entra.

Le varlet qui de la barre ouurir eftoit acouftume maintenant qͥl entent le fon du cor il fen vient la ou gyron attendoit encores pour entrer dedans/et quant il fut iufqs a luy venu il luy dift. Sire cheualier que voulez vo9. Bel amy fait gyron ie vouldroye leans entrer fe il te plaifoit. Comment fait le varlet nauez vous veu ce q eft orendroit aduenu a voftre cõpaignon et quelle honte il a receue deuant vous. Je fay bien veu ce dift gyron et pour ce ne demoura il pas que ie ne me mettre apres luy en cefte efpreuue. En nom dieu fait le varlet. Quant vous lauez fi grãt talent de honte auoir et ie vous ouureray la barre tout orendroit/et quant elle fut ouuerte gyron entre dedans et fen va tout droictemēt ou les jouftes fe tenoiēt et quant il y fut le cheualier qui abilan auoit oultre dift a gyron. Sire cheualier avez vous talent de mettre vostre corps en celle espreuue ou vre copaignon se mist Ouy sans faille fait gyron. Je vous dy bien fait le cheualier quil vo9 conuiendra orendroit combatre encontre vingt cheliers q se vous en cestuy iour ne les mettez tous a oultrance vo9 estes prins q deshonnorez plus que vous ne cuydez. Et encores vous dy ie vne autre chose or sachez que se vous feussiez si preudhomme de vostre corps que vous peussiez tout le iour mettre les .xix. a desconfiture et le vingtiesme peust puis durer encontre vo9 tât que venist heure de soleil couchant tout ce que vous auriez fait deuant ne seroit riens ains vous conuiendroit le matin recommêcer de rechief lempzinse des vingt cheualiers. Comment ql men doye auenir dist gyron ie me vueil mettre en celle espreuue. En nom dieu dist le cheualier donc vous gardez de moy tout orendroit/car ie vueil tout premierement encommencer ceste besongne.

¶ Comment gyron le courtois mist a desconfiture les vingt cheualiers du passaige perilleux et en occist q blessa plusieurs.

Apres cestuy parlement ilz ny firent autre demourance ains laisserent courre lung contre lautre et sentreferirent de toute leur force. Gyron fiert le cheualier en son venir si roidement quil le fist voler a la terre si malement que au cheoir quil fist il se rompit vng bras/et pour la douleur quil sentit il iecta vng cry moult piteux. Gyron q trebuscher le voit q q entêt trop bien le cry ql a gecte ne sarreste mie sur luy ains sen passe oultre le glaiue tout entier quil nauoit pas encores brise. Quant ceulx q en la place estoient voyêt cestuy abatu a terre que ilz tenoient au meilleur iousteur de la tour ce est vne chose dont ilz

ne sont pas peu espouentez. A tant voicy venir vng autre cheualier emmy le champ tout appareille de la iouste ainsi comme auoit este le premier. Giron q ne le doubte mie luy vient a lencontre le frain habandonne et le fiert tellement que pour le haulbert ne demoura pas quil ne luy face sentir le fer de son glayue emmy le pis et le fait trebuscher a terre. Quant il a cestuy abatu le tiers vint auant q gyron fist autant de luy côe il auoit fait de lautre. Quant il a ces trois abatus il laisse courre sur le quart q le fiert par si grât force que pour lescu ne pour le haulbert ne demoura que il ne lui mette le glayue parmy le corps/si que le fer et du fust apparoissoit par derriere grant partie/et cestuy chiet mort a la terre/q brisa giron son glaiue au cheoir que cestui fist. Quât il eut son glayue brise il ne monstre pas adonc semblant quil soit de riens espoute/aincois meist la main a lespee/q quât lautre cheualier qui côtre lui vouloit venir iouster luy vit mettre la main a lespee si luy dist. Comment sire cheualier ne voulez vous plus iouster. Autant mest ce dist gyron se ie me côbas a lespee qua la lâce/il est mestier se dieu me seult q ie vo9 mettre tous a descôfiture ou a mort

Le cheualier luy dist adonc/comment sire fait il vo9 sentez vo9 a si preudhôme de vostre corps que vous no9 cuydez tous mettre a mort ou a descôfiture par vostre proesse. Certes dist gyron ie scay bien q ie ne suis mie bon cheualier/et non pourtant ie me fye tant en ma proesse que ie vo9 cuide tous mettre a desconfiture et assez tost/mais tant me dictes sil vous plaist/ne me puis ie côbatre a vous tous ensêble se ie vueil ainsi côme a chascun par soy. Ouy certes fait le cheualier a vostre voulente en est/mais ceste emprise seroit trop folle pour vous. Pou de duree pourriez auoir encontre nous tous quât chascun de no9 vouldroit mettre sur vous la main. Or ne scay ie q̃ en aduiendra ce dist gyron/ mais gardez vous de moy tout premier Tant cõme iaye lespee en la main ie ne la vueil changer pour glayue prendre. Et quãt il a dicte ceste parolle il ny fait autre demourãce ains rue vng coup sur le cheualier et le fiert sur son escu si roide ment q̃ il le fait voller a terre tout main tenant ᵹ gist illecques cõme sil fust mort que il ne remue ne pie ne main. Quant gyron voit quil est deliure en tel maniere De cinq cheualiers cest vne chose qui moult le va reconfortant en ceste aduanture. Lors regarde que tous les cheualiers sestoient arrestez deuant la porte de la tour et regardoient lung lautre toꝰ esbahis de ce q̃ de cinq coups il auoit abatu cinq cheualiers. Quãt giron voit cestuy poure semblant que ilz faisoient a cestui point il congnoist en soy mesmes que ilz ont paour. Lors se met il plus abandonneement entre eulx et leur adresse la teste du cheual. Et lors crie tant cõme il peut. Certes tous estes mors voꝰ ne pouez eschapper et se fiert entre eulx. A tout le premier que il attaint il donne dessus le heaulme vng si grant coup que cil na pouoir ne force que il se puisse tenir en selle ains sencline tout sur larcon de deuant. Quant les autres voient ceste chose pource quilz ont doubtance de receuoir hõtez apres de mourir laissent ilz courre sur gyron les fraines abandonnez et le chargent de leurs glayues si rudemẽt que merueilles estoit quilz ne le porterent a la terre. Mais tout ce ne leur vault riens a ceste fois. Ilz treuuent gyron si fort et si bien seant dedans la selle quilz ne sen peuent remuer ains brisent leurs glayues lung quãt et lautre ᵹ passerent oultre.

Ainsi commence la bataille a celle fois puis que giron sest mys entre eulx lespee en la main toute nue et leur va donnant et monstrant tout appertement comment il scait ferir despee/ il fiert a dextre et a senestre. grãs coups leur donne pesans et fors. Il ne les va pas espargnant ne eulx luy. Se il donne des coups pesans ᵹ durs il en recoit telz deulx si felons ᵹ si mauuais que il sen souffrist voulentiers a ceste fois. Se il leur messait il en recoit le guerdon en petit dheure. Il fiert sur eulx de toute la force quil a et ilz fierent aussi sur luy. Il les destruict/ il les mehaigne. Ceulx luy trayent du sang du corps plus q̃ mestier ne luy fust a ceste fois/ mais tout ce que ilz font ne leur vault riens. Ilz ont affaire a trop fort homme et a trop puissant de toutes choses. En nulle guise du monde ne se pourroient ilz mettre au dessoubz se aduanture voirement ne luy estoit trop durement contraire. Lestrif est fort et la bataille trop cruelle. Puis que giron se sent naure adonc ny a il regne tenue/il en est plusfort et plꝰ roide en toutes guises. Il vault orendroit assez mieulx que il ne faisoit au commencement quant il encommenca la bataille. Puis que il voit du sang de son corps le cueur luy croist dedans le vẽtre. Son hardement luy va doublant. Or est il plusfort en toutes guises q̃ il ne fut ia a grant temps. Or fiert deuant or fiert derriere/or fiert a dextre et a senestre coups si pesans que il natint grammẽt cheualier que il ne le occie ou que il ne le mehaigne ou que il ne le face voller a terre/ et tout pour ce quil se sent naure ses force il ainsi et ne peuent ses ennemys a luy durer. Le sang quil voit dont leurs espees sont tainctes luy fait tout ce faire et les va ainsi mehaignant/occiant et abatant a la terre pour ceste cause/les vngs ca et les autres la. Et quen diroi ie il tenoit son espee a deux mais ᵹ auoit habandonne son escu pour mieulx ferir et tant fait quilz vont tous fuyant ses coups comme silz voioient la mort deuant eulx. Gyron fit tãt p̃ sa cheualerie fueillet CC.lxiij

en celle grant espreuue et en celle auantu
re estrange que tous ceulx qui estoiēt en
contre luy tournent a desconfiture ueil
lent ilz ou non et guerpissent le champ.
Et se ilz furent desconfis a celle fois ce
ne fut mie grāt merueille/car des vingt
cheualiers sans faille auoit il occis ius
ques a cinq. Et des autres qui mors nes
toient gysoit emmy le chāp iusqs a sept
tellemēt naurez quilz ne se pouoiēt aider
Les autres qui plus ne pouoiēt souffrir
la grant force de gyron se ferirent dedās
la tour et se y mirent a sauuete.

Quant gyron voit quil est en tel
le guise deliure des cheualiers
et plus nya homme en la place
qui face semblant de reprendre armes cō
tre luy il se tourne adonc vers ung che
ualier desarme qui deuant luy estoit et
luy dist. Sire cheualier ya il plus riens
a faire de ceste auāture. Sire fait il ouy
or saichez tout vrayement que encontre
le seigneur de celle tour vous conuient cō
batre. Et qui est il fait giron. Sire dist
il ie vous dy que cest ung cheualier tout
le meilleur de ceste contree/ et si est enco
res si ieune hōme q̄ il na pas encores.xx.
ans daage. Quant gyron ouyt ceste pa
rolle il dist au cheualier. Puis q̄ autre=
ment ne peut estre ie vouldroie q̄l fust ia
venu/ car il me tarde q̄ ie soye deliure de
ceste aduanture. Sire respont le cheua
lier or saichez q̄ il viendra assez plustost
q̄ mestier ne vous fust/ car ie vo9 dy bien
que luy tout seul vous donnera plus a
faire assez q̄ nont fait tous les vingt au
tres cheualiers. De ceste parolle q̄ dist
adonc le cheualier deuint gyron tout es
bahy ⁊ pour ce dist il au cheualier. Sire
se dieu vo9 doint bonne aduanture q̄ est
cestuy cheualier q̄ vous tant louez. Sire
dist le cheualier il est seignr̄ de celle tour
autre chose nen pouez vous scauoir par
moy a ceste fois. Or me dictes fait girō
cestuy passaige ou no9 somes orendroit
ne passa pas ung cheualier auant hier p

force darmes. Sire vo9 auez moult bien
demande ⁊ de ce vous diray ie orendroit
la verite. Il est bien vray sans faille que
ung cheualier estrange vint auant hier
en cestuy passaige et fut si puissant dar=
mes q̄l mist a desconfiture tout les vingt
cheualiers/ et sen party dicy moult for=
ment naure ⁊ blesse/ ⁊ pour ce que le sire
de ceste tour nestoit mie ceās ne se cōba=
tit il q̄ aux vingt cheualiers/ mais se le si
re y eust este cōe il est orendroit ie scay de
vray q̄ dung seul coup leust bien peu met
tre a mort ou a desconfiture et fust ceās
demoure sās faille/ car trop playe estoit

¶Comment le seigneur de
la tour du passaige perilleux
qui filz estoit de galehault le
brun et Gyron le courtois se
combatirent ensemble et ne
sceurent vaincre lung lautre
Et cōment le sire de la tour
emmena giron auecques lui
pour le loger.

A Cestuy point tout droicte=
mēt que le cheualier parloit
a gyron en telle maniere cō=
me ie vous compte a tāt sen
va yssir de la tour ung che=
ualier tout desarme qui estoit mōte sur
ung destrier ferrant ⁊ sen vint a giron ⁊
le cōmence a regarder. De ce se prīt gar
de gyron ⁊ dist au cheualier. Sire cheua
lier pour quoy me allez vo9 ainsi regar=
dant/ dictes men la verite. Le cheualier
respont a giron ⁊ dist. Sire cheualier or
saichez que ie suis cy venu pour veoir se
vous estes sain de voz membres. Je vo9
ay ores tant regarde que ie scay de vray
que vous estes naure ⁊ tant auez perdu
de sang q̄ ce ne seroit pas grant hōneur
a monseigneur se il se cōbatoit a vous
Pour ce men retourneray ie a luy ⁊ luy
cōpteray ces nouuelles ⁊ diray de vous
ce q̄ ien voy et il en fera apres sa voulēte

De Gyron le courtois

Quãt gyron entendit ceste parolle il respont au chevalier hardiement et luy dist. Or pouez dire a vostre seigneur que ie nay nul mal ne blesseure dont ie me sente ne pou ne grant. Hardiement sen viegne cõbatre a moy/ ne ne mette en auãt parolle de soy excuser pour tant que ie suis vng pou naure/ car bien saiche il vrayement que ie luy donneray tant a faire que se il peut eschapper de mes mains seurement pourra dire que bien laura fait. Le chevalier de la tour respondit a gyron et dist. Sire chevalier vous nestes pas du tout si saige cõme il vous seroit mestier. Or saichez de vray que se le bon chevalier q̃ leans est regardast a vostre follie mal yroit vostre affaire auant la nuyt. Sire chevalier fait giron ie vins icy pour mener a fin ceste aduanture se ie pouoye/ ie en ay grant partie mene a fin ce voy ie bien et quil ne me fault plus pour la parachever que combatre encõtre le seigneur de celle tour. Et quant vo[us] mesmes me dictes q̃ il vous a icy en uoye pour veoir le cõtenement de moy/ or luy dictes de ma partie que il se viegne esprouver encontre moy tout orendroit/ ne ne face pas orgueil pourtant sil est en sa force. Ie luy prometz que ie luy donneray tant a faire devant quil se parte de moy se dieux me saulue le bras dextre q̃ il ne lui souviendra dorgueil. Viegne auant hardiment ie nattens icy fors que luy. Le chevalier respont. Sire chevalier or saichez bien que ie feray cestuy messaige. Et maintenant sen retourne sans faire autre demourance.

Apres ce ne demoura gueres q̃ il revint a gyron et luy dist. Sire chevalier monseigneur vous mande par moy que il vous loueroit en bon conseil que vous vous souffrissiez de ceste bataille au iourduy et demain iusques a tant que vous fussiez bien guary des playes que vous auez/ car ce ne luy seroit pas honneur ce lui est aduis/ mais deshõneur trop grant se il se combatoit orendroit a vous qui estes si durement naure comme ie croy/ et il le dit pour vostre bien. Or regardez que vous vouldrez faire/ car il est appareille de souffrir tant que vous soyez guary ou de combatre orendroit. Gyron respont tantost au chevalier et dist. Or dictes a vostre seigneur de ma partie que ie ne vueil que il me seuffre point de ceste bataille/ car ie me vueil tout orendroit cõbatre encõtre luy. Et encores y a il tãt du iour a venir que nostre bataille sera bien menee a fin tout de iour sicõme ie croy. Viegne tost sãs faire demeure/ ie endroit moy desire moult q̃ nous encõmenciõs ceste besongne puis quil la cõvient faire. Quant le chevalier entẽt ceste parolle il ny fait autre demourãce ains entre dedãs la tour. Et apres ce ne demeure gueres que vng cor cõmẽce a soner dedãs la tour si haultement que il fut ouy de toutes pars assez loing. Gyron lentẽdit bien tout clerement si firẽt tous les autres qui illec estoient.

Apres le son du cor ne demoura gueres quil yssit de la tour vng chevalier arme sur vng destrier. Le chevalier estoit grant de corps et trop bien portoit armes/ et portoit a son col vng escu a or sans autre tainct. Et lescu estoit bien aussi grãt comme il convenoit a si grant chevalier cõe estoit cestuy. Gyron qui le chevalier voit venir le cõmence a regarder. Et quãt il la vng pou regarde il dist a soy mesmes quil ne pourroit estre en nulle maniere selon son aduis que voiremẽt ne fust cil chevalier de pris/ mais de lescu a or quil portoit a son col se merveilloit il moult pour quelle raison il le portoit. Il ne luy est pas aduis que nul le deust porter se il nestoit du noble lignaige hector le brun ou se il ne le portoit pour lamour de cellui ligna ge. Et le chevalier qui de la tour estoit yssu ainsi arme de toutes armes cõme il estoit quant il voit gyron emmy la place armé de toutes armes monté aussi sur vng destrier ainsi côme il estoit et si bien fait de corps et de membres et si bien cheuauchant il dist a soy mesmes que selon le sien iugement cestuy est bien par raison le plus fort cheualier quil vit oncques depuis quil fut premierement cheualier Ce nest mie grant merueille se il mist a desconfiture tous les vingt cheualiers trop deueroit faire greigneur chose se le couraige quil a ne luy mentoit. Quant les deux cheualiers se furent entre approchez le cheualier de la tour dist a gyron. Sire cheualier comment vous sentez vous. Il mest aduis que vous estes nauré. Beau sire fait gyron or saichez q̃ se ie suis nauré ce na pas esté par dormir ie nay pas reposé grãment puis q̃ ie vins cy Et non pourtant encores vous dy ie bien que ie nay fait chose quelque nauré que ie soye que ie ne face encores plus se mestier est pour tant que fortune ne me fust trop contraire. En nom dieu sire fait le cheualier vous y auez tant fait que vous nous auez bien mõstré tout appertemẽt que vous auez autreffois porté armes. Sire fait gyron estes vous le sire de ce chastel encontre qui ie me doy combatre Certes sire fait il ouy, ie suis voirement cestui encontre qui vous vous deuez combatre. Or commencons donc maintenãt la bataille dist giron puis quil la me conuient faire.

Quant ilz eurent ainsi parlé ilz ny font autre demourãce ains laissẽt courre maintenãt lung contre lautre tant côme ilz peuent des cheuaulx traire, et sentreferent de toute la force quilz ont si roidement quilz sen treporterent a la terre les cheuaulx sur leurs corps. Et leur aduint si bien a ceste fois que ilz ne sentreferirẽt nul mal. Quãt gyron se voit a la terre en telle maniere cest vne chose dont il est trop fierement esbahy, car a la verité dire long temps auoit quil nauoit trouué cheualier qui luy eust fait les arcõs vuyder. Or quãt il a cestuy trouué qui ainsi la porté a terre cest vne chose dont il nest pas pou esbahy. Apres ce quil fut ainsi abatu il se releua incontinent côme cestuy qui estoit plus legier q̃ nul autre cheualier. Quãt il fut en estant il voit adonc tout cleremẽt que lautre cheualier qui de celle iouste auoit esté assez plus greué que il ne voulsist se releuoit a moult grant paine / car encores estoit il tout estourdy du cur cheoir q̃l auoit fait. Giron qui voit tout clerement son poure semblant le peust adonc se il voulsist moult legieremẽt mettre a mort, mais il ne le feroit pour riẽ tant quil fut en ce point. A chief de piece est le cheualier reuenu en son pouoir. Et quant il voit gyron deuant lui qui en sa main tenoit ia son espee toute nue pour encommencer la meslee il sappercent adonc tout errãment en soy mesmes quil luy eust ia fait ennuy sil eust voulu q̃ qu lauoit laissé par courtoisie seulement, et cest vne chose dont il se merueille moult Lors dist a gyron. Sire cheualier q̃ faictes vous. Beau sire fait giron que voulez vous que ie face. Ie voy que vous estes encores si pourement appareillé de ceste bataille que ie ne vous eusse pas encores assailli. Car auilennie trop grant le me pourriez atourner et par raison se ie vous alloie assaillant quant vous nestes appareillé de vous deffendre. Le cheualier est esbahy trop durement quãt il entent ceste parolle et pour ce ne se peust il tenir quil ne luy die en ceste maniere Sire cheualier se dieu me sault trop est grande vostre courtoisie. Ie cõgnois bien a voz paroles que vous estes sans faille vng des plus courtois cheualier qui soit en tous les cheualiers errans. Sire fait gyron le iour sen va. Long parlement ne vault cy riens, parfaire fault nostre bataille. Certes dist le cheualier de la tour ie my accorde bien.

De Gyron le courtoys

Apres quil eut dicte ceste parolle il mist la main a lespee pour commencer la meslee. Gyron qui tout en estoit appareille lui reuient de lautre part. Ainsi commence la meslee des deux preudhommes en la place deuant la tour Gyron gecte tout premierement vng grant coup de toute sa force si quil coupa de lescu vne grant piece. Quant cil sent le coup de lespee et la grāt force de gyron il se recule vng pou arriere ainsi comme tout esbahy et dist adonc en soy mesmes que a dōner si pesans coups ne sembloit il pas que ce cheualier fust grāment trauaille de tout ce qͥl auoit la iournee fait Lors se lance auant et fiert gyron dessus le heaulme si roidement que sil neust este bon il luy eust fait vne moult grant playe. Gyron fut si estōne dicelluy coup qͥl se tyra vng pou arriere. Quant le cheualier vit giron retraire le cueur luy va disant quil est greue sans faille du coup quil luy a donne/et pour ce se lance auāt pour luy donner vng autre coup/ mais giron qui ne le veult receuoir en telle maniere gecte lescu encontre cil qui estoit de moult grant force ͨ qui lespee amaine a tout son pouoir de hault fiert si duremēt en lescu que elle entre dedans iusques a la boucle/et quant il la cuyde retraire il ne le peut faire/car elle estoit dedans entree trop fierement. Il tyre a soy/ mais tout le tyrer que il fait ne luy vault riens. Quant giron voit que lespee estoit si fort entree dedans lescu il tyre a soy lescu si que lespee voule des mains au cheualier et demeure dedans lescu. Gyron apres ce gecte lescu a terre et senva auantͫ dist au cheualier. Sire cheualier or mest il aduis que vous auez voſtre espee perdue Vous dictes bien la verite fait le cheualier/ mais en ce nauez vo͡ pas trop grāt gaing/ car vous en estes sans escu. De ce ne me chault fait gyron ie tiens lespee dōt ie vo͡ trēcheray lescu et puis la teste

Tout ce que vous allez disant fait le cheualier ne me fait nulle paour. frappez hardiement sur lescu ie le vous metz a bandon/ ainsi pouez vous ferir sur vng arbre autant se deffendroit il que vng escu. Et quest ce que vous allez disant dist giron. Je vo͡ dy verite ce dist le cheualier puis que ie nay de quoy ie puisse mon corps deffendre. En mon escu se dieu vo͡ sault pouez vous auoir honneur de ferir ͨ sur moy et sur mes armes. Autant pourriez vous ferir sil vous plaisoit sur vng arbre fueillu qui vers vous ne se deffendra vous ne ferirez ia coup sur moy dōt vo͡ nayez honte et vergongne en tel guise cō me nous sommes. Quant gyron entendit ceste parolle il se tyra vng pou arriere ͨ dist adōc. Dap cheualier se dieu me sault a cestuy point dy ie bien tout seurement que vous mauez apprins assez pl͡ que ie ne sauoie de courtoisie/ vous mauez fait trop grant bien quant congnoistre mauez fait ma honte. Et pour ce seray ie a cestuy point voſtre voulente/ car ie voy bien que vous voulez auoir voſtre espee. Lors se baisse vers terre ͨ tant sef force en toutes guises que il trait lespee hors de lescu et la rent au cheualier. Et puis remet son escu a son col et sappareille pour recōmencer la bataille. Quāt le fait est a ce venu que chascun a toutes ses armes ilz ny font autre demourāce ains recōmencent errāment ce pour quoy ilz vindrēt illec. Gyron luy donne si grant coup et si pesant que il se merueille trop duremēt cōmēt le cheualier le peut souffrir/et lautre luy en rent le guerdon incō tinent ͨ dist en soy mesmes de gyron que trop est preudhōme et cheualier de grāt force/ ͨ que trop fierement scait assaillir et deffendre et noblement se scait retraire quant il voit que besoing luy est/mais vne chose qui trop le fait merueiller durement si est ce quil voit tout clerement quil fiert et refiert sur gyron et tant a ia feru sur luy de force que selon le sien iugement il luy est bien aduis que se gyron fust tout de fer si le deust il auoir tout detrenche ne il encores ne sen sent selon le semblant que il monstre. Et ce est pour quoy le cheualier est si esbahy en soy mesmes que il ne scait quil en doye dire. Bien va orendroit recongnoissant que voirement ne peut il estre en nulle guyse que giron ne soit cheualier de trop hault affaire.

Ainsi maintiennent leur bataille et sont encores assez egaulx. Encores sont ilz tous deux si preux et de tel force et de tel pouoir que qui regardast la bataille a celluy point il ne peust pas le meilleur congnoistre des deux legierement. Car trop estoiēt tous deux de grant force et de grant pouoir. Et a la verite dire ilz auoient ia tāt de coups gectez lung sur lautre que leurs escus estoient eschantelez de toutes pars si fierement que nul ne les veist adonc ql ne deist bien que voirement nauoient ilz pas este oyseux/car pour petit de temps quilz sestoient ia combatus estoiēt leurs coups bien apparans sur leurs escutz/sur leurs heaulmes ⁊ sur leurs haulbers. Et quen diroys ie tant ont ia feru lung sur lautre que tous leurs haulbers sont tous desmaillez en plusieurs lieux si que les espees sont desormais le sang saillir hors des deux cheualiers. Gyron voit bien tout appertement que il a tāt maille sur le cheualier de la tour que son espee change couleur/car se elle estoit deuant clere et blanche et assez reluysante maintenant est taincte de sang vermeil cler et chault. Et quant le cheualier encontre qui il se combatoit se prent garde de ceste chose il congnoist tout certainement pour quoy il va regardant son espee/et pour ce luy dist il tantost. Damp cheualier pour quoy assez vous regardant vostre espee/se elle est taincte de mon sang ainsi cōme ie voy aussi est la mienne espee taincte de vostre sang/regardez se ie vous dy vray. Et puis se mist auant disant a gyron. Sire cheualier se dieu me sault ie ne vueil mye que vous cuydiez que vous ayez aduantage sur moy. Ce ne scay ie mie comment yra doresenauant/mais encores ce scay ie bien que vous nen auez de riens le meilleur. Si ne le dy ie mye pour vous despriser/mais pour mettre la verite auāt Sire cheualier fait gyron quen dyrtez vous/or saichez quil mest bien aduis q̄ iusques a ores nous auons este pareilz. Bien auez maintenu vostre honneur iusques icy/si ne scay ie se vous le maintiendrez bien iusques a la fin de cestuy estrif. Moy mesmes ne le scay pas respont le cheualier/et non pour tant bien cuyde et croy que ie men partiray honnorablement de ceste bataille se aduanture ne mest trop contraire. Quant ilz eurent ainsi parle ilz recommencerent leur bataille. Ilz sont tous deux fors legiers et vistes/et scauent tant de bataille que ilz nen pourroient plus scauoir. Sagemēt scauent assaillir et saigement se scauent deffendre. Et ce leur faisoit sens auoir a cestuy point que lung doubtoit lautre. Gyron dit bien a soy mesmes que cil est bien sās faille a son aduis le meilleur cheualier et le plus royde et le plus fort que il trouuast ia a grant temps. Trop luy donne dedans son cueur grant pris et grant loz. Le cheualier de lautre part est si durement esbahy de la grant force que il treuue en gyron quil ne scait quil doye dire/fors tant seulement que il dit dedans son cueur que celluy est bien a son esciēt le meilleur cheualier de tout le monde. Ainsi vont pensant ces choses lung de lautre dedans leurs cueurs Et pour ce que ilz sentredoubtent se vōt chascun endroit soy gardant/et maintiennent leur bataille en tel guise tant q̄ aduient que la nuyt les commence a surprendre.

J i

De Gyron le courtoys

Quant gyron voit que la nuyt vient si approuchant q̄ il na encores sa bataille menee a fin/se il est dolent et courrouce ne le demandez mie. Lors se retrait vng pou arriere por demander vne parolle au cheualier dont il estoit en grant doubtāce et qui assez le mettoit en paour. Lautre cheualier se met erramment de lautre part quant il voit le semblant de gyron. Quant ilz se furent vng pou retraitz ainsi comme ie vous compte gyron dist au cheualier. Sire cheualier se dieu vous doint bonne aduanture dictes moy la verite de ce que ie vous demanderay. Sire ce dist le cheualier dictes vostre voulente. Tel chose me pouez voꝰ demander que ie voꝰ diray/et tel chose que ie ne vous en diray riens. Vous scauez bien ce dist gyron q̄ iay huy mis a desconfiture les vingt cheualiers de ceans ainsi cōme voꝰ peustes veoir se voꝰ y feustes/voꝰ estes apres venu et vous cōbatez contre moy. Or me dictes sil aduenoit qua cestuy soir ne voꝰ peusse mettre a desconfiture ꝗ nostre bataille couenist respiter iusques a demain au matin/quant ie seroie retourne en cestuy lieu me couiendroit il de rechief combatre encontre vingt cheualiers ainsi cōme iay huy fait. Tant scay ie bien certainement que se ie orendroit par ma proesse vous peusse mettre a desconfiture que adonc ie seroye deliure de cestuy passaige/mais se ie demeure iusques a demain iay doubte q̄l ne me conuiengne du tout recōmencer cestuy affaire. Le cheualier respondit tantost a gyron et dist. Sire cheualier scauez vous pour quoy cestuy passaige fut appelle le passaige perilleux ce fut pour ce que encores ny a passe que deux cheualiers/lung deulx le passa comme il deust ꝗ fut le premier cheualier qui oncques le passa. Cil vainquit en vng seul iour les vingt cheualiers et le seigneur de la tour tout apres les vingt. Et ainsi passa honnorablement cestuy passaige. Et pource que il dit adonc que le passaige estoit si ennuyeux et si fort ꝗ a paine le pourroit passer nul autre cheualier qui apres luy venist lappella il le passaige perilleux/ꝗ il estoit appelle par deuant le passaige de la mareschiere. Le cheualier dont ie vous compte et qui cestuy nom luy donna le passa honnorablement/mais lautre qui apres vint le passa assez pourement/car il ne se combatit fors qua vingt cheualiers. Il ne se combatit pas a moy/car ie ny estoies pas adonc. Vous qui estes venu icy et qui a moy vous combatez scauez bien de cestuy passaige au departir sil est perilleux ou non. A ce que vous demandez vous respondray ie bien au derrain de ma raison. Se vous auant la nuyt obscure ne me pouez mener au dessoubz de ceste bataille Or saichez tout vrayement que tout ce que voꝰ ferez huy sera tout pour neant/tout de rechief vous conuiendra apres combatre a vingt cheualiers et a moy en vng iour.

Quant gyron entent ceste parolle il baisse la teste vers terre ꝗ commence a penser. Et quāt il a vne grant piece pense il dist au cheualier. Or me dictes beau sire et se ie vouloye orendroit laisser ceste bataille et recōmencer demain le fait ainsi cōme iay huy fait ne pourrois ie ceste nuyt reposer seurement dedās vostre tour/en telle maniere que nul ne me feist ennuy ne contraire puis que ie seroye desarme leans. Le seigneur de la tour respondit a tant et dist. Et pour quoy laisserez vous ceste bataille qui tant en auez fait comme vous veez. Sire cheualier fait gyron/voulez vous que ie vous en die la verite Ouy certes fait le seigneur de la tour ce desire ie moult a ouyr. En nom dieu fait gyron ie le vous diray. Or escoutez. Je suis vng cheualier errant q̄ suis acoustume de porter armes ia a grant temps. Acoustume suis de combatre de iour en iour. Tant ay vse de trauail tout mon aage que ie suis assez plus aise ce mest aduis quant ie suis en trauail q̃ quant ie suis en repos. Tout le trauail que iay souffert en cestuy iour ne sentiray ie quant ce viendra demain au matin et seray aussi fres et aussi repose que iestoye quant ie vins cy. Et ce qui plus me reconforte a cestuy point si est ce que ie scay de vray que nay sur moy playe ne blesseure dont ie me sente le matin si non bien petit. Je reuiendray fres et repose a cestuy estrif et le commenceray le matin/et auant que viengne heure de tierce auray ie tous les vingt cheualiers tournez a desconfiture se aduanture ne mest trop contraire a cestuy point. Vo9 qui nestes pas acoustume de combatre souuenteffois ainsi comme ie suis vous trouuerez trauaille de ceste Bataille que nous auons cy maintenue entre no9 deux. Vous naurez membre adonc se dieu me sault qui ne vous dueille. Vous cuydez vous a cestuy point de moy deffendre comme vous estes cestuy soir/ne ny sans doubte. Pour ce vueil ie laisser a cestuy point ceste bataille iusques a demain que le iour sera tourne beau et cler Et ne me tenez adonc pour homme se demain a soleil leuãt ne me pouez icy trouuer appareille de toutes armes. Or vo9 ay ie dit pour quoy ie laisse ceste bataille a cestuy point. Et quant il a dicte ceste parolle il se taist que il nen dist plus a ceste fois.

Puis que il eut sa raison finee le cheualier respondit et dist. Damp cheualier se dieu me sault vous vous trouuerez engigne de ce que vous allez pensant. Vous auez pense grant follie quant vous cuydez q̃ pour si petit de chose peusse estre si fort trauaille comme vous allez icy deuisant

Je ne suis mye trauaille aincois suis appareille de combatre plus si vous plaist Et saichez tout vrayement que ie suis orendroit plus desirant de combatre a vous que ie nestoie au commencement de cest estrif. Gyron respondit et dist adonc. Or me dictes sire cheualier ne vous est il aduis que ie puisse orendroit laisser ceste bataille par tel conuenant que ie doye demain au matin recommencer toute la besongne et faire cõme iay huy fait tant que ie vous mette tous a descõfiture. En nom dieu fait le cheualier a vostre voulente nest mye de ceste chose ains en est a la mienne. A combatre vous conuient a moy se ie vueil/mais ie vous laisseray reposer iusques a demain. Sire cheualier fait gyron puis que vous auez dit ceste parolle or soit desormais a vostre voulente ou du combatre ou du laisser.

Certes ce dist le cheualier et no9 ne nous combatrons plus a ceste fois/pour ce que vous auez au iourdhuy fait tant darmes et deuant tous ie ne vouldroye mie se il aduenoit en telle maniere que ie vous peusse mener au dessoubz tout orendroit que len dist que ie leusse fait par ma proesse mais par ceulx a qui vous vous combatistes huy deuant moy. Pour ce vous reposerez ceste nuyt en ceste tour. Et ie feray tant se ie puis enuers ceulx de ceãs que les vingt cheualiers demoureront demain et ne se combatront point a vo9 Pour ce que vous les auez au iourdhuy menez par vostre proesse iusques a oultrance et sera adoncques la bataille de nous deux tant seulement. A ceste parolle respondit giron incontinent et dist Sire cheualier touchant ce que vous me dictes et la courtoisie que vous me offrez mest il aduis que adoncques seroit la coustume de ce passaige alegee

J ii

par ma venue. Or saichez fait le chevalier que ie ne le fais mye tant pour lhonneur de vous comme ie fais pour lhonneur de moy/car certes quant vous serez demain combatu a vingt chevaliers de ceans ¶ se il advient adonc que vous les meniez iusques a oultrance et ie apres me vouloye combatre a vo⁹ ce ne me seroit mie honneur. Ains me seroit trop grant deshonneur et trop grant vergongne. Pour ce vous promectz ie loyaulment se ie puis que ie feray demain tout les vingt chevaliers demourer si quilz ne se combatront point demain encõtre vous. Et pour ce vueil ie bien que ceste bataille demeure orendroit a tant cõme nous en avons fait. Puis que vous voulez fait gyron que elle demeure et ie le vueil bien de ma partie.

Puis que les deux bons chevaliers se sont accordez a ceste chose ilz ny font autre demourance ains remettent chascun son espee au fourrel et ostent leurs heaulmes de leurs testes et la nuyt estoit ia venue assez obscure. Beau sire fait le seigneur de la tour a gyron/ia soit ce quil soit ainsi que vous me ayez fait dommaige de mes hommes/car plusieurs en avez occis ¶ a moy mesmes avez ia tant trait du sang de mon corps. Pour ce ne vueil ie mye se il vous plaist que vous ne demourez cestuy soir avec moy. Et saichez que pour dommaige que vous me ayez fait cestuy iour ne vous rendray ceste nuyt nul mal guerdon/ains vous rendray tant dhonneur et de courtoisie comme se vous fussiez sans faille mon frere charnel/et pour ce me serez vous cestuy soir compaignon/mais demain quant vous ystrez de ceste tour adonc fauldra nostre compaignie. Sire fait gyron quen diroys ie/ ie suis tout appareille de faire a cestuy poit vostre voulente et vostre commandement a lhonneur de vous et de moy. Or saichez fait le chevalier que tant cõme vous serez ceans a ceste fois vous ny trouverez en nulle guise si non honneur. Apres cestuy parlemẽt ilz remonterẽt sur leurs chevaulx qui leur furent amenez/car ce leur eust este grant dõmaige et ennuy de aller a pied de la ou ilz estoiẽt iusques au maistre recet de la tour. A ce que cestuy recet nestoit mye une tour seulement/ains estoit ung riche repaire ¶ moult noble enclos de bons murs de toutes pars et duroit bien tout entour une grãt lieue anglesche ou plus. Dedans sans faille avoit bien plus de quatre cens maisons nobles et riches ou tousiours demouroient les chevaliers de leans fors tant seulement que ilz se alloient aucuneffois esbatre par la contree ou ilz avoient bien autant au plus desbatemens que le roy artus avoit en sa cite de lzamalot et se y pouoient aller esbatre privéemẽt pource q̃ les habitãs dillecq̃s estoient to⁹ obeyssans au seigneur. Et avoit leur sire tãt dhonneur entre eulx quil ny avoit tour fors que la sienne en tout cestuy repaire ne ne devoit avoir/mais pour tant se il ny avoit que une tour ne remanoit il pas q̃ il ny eust de trop belles maisons ainsi que len les faisoit a cestuy temps. Et des autres qui nestoient pas si belles y avoit il assez. Pour ce monterent ilz a celle fois. Car trop eussẽt a faire se ilz voulsissent aller a pied iusques a la tour.

Quant ilz furent montez ainsi cõme ie vous compte ilz chevaucherent tant quilz vindrent devant la tour ou ilz descendirent. Et quant ilz furent leans entrez ilz trouverent si grant lumiere et si grant clarte de clerges et de tortis que len y voioit aussi cler comme sil fust iour. Et quen diroys ie/ a grant honneur fut gyron leans receu ¶ luy fist len tout le service que len luy peut faire/car le sire de leans leur avoit forment commande que ilz le feissẽt en ceste maniere Quant ilz furent arrivez dedans le palais de la tour qui estoit trop bel et trop riche ilz furent maintenant desarmez. Et quāt ilz furent en leurs pures coctes ceulx de leans trouuerent que leur seigneur auoit plus de playes sur luy que nauoit gyron. Et non pour tant ilz voioient bien quil ny auoit nul deulx qui eust playe perilleuse. Et cest vne chose de quoy durement se reconfortent pour leur seigneur. Quant ilz eurent les cheualiers desarmez et ilz leur eurent laue leurs colz et leurs visaiges pour ce que trop estoient noircys des armes porter lʼen leur apporta adōc a chascun vng mātel fourre pour affubler affin quilz neussent froit apres le chault quilz auoient eu des armes porter. Quant ilz furent affublez ilz se assirent emmy le palais sur vng moult riche drap de soye. Ceulx de leans commencerent a regarder gyron, et quant ilz eurent assez regarde son beau corps et sa belle facon ilz dirent entre eulx quilz ne veirent oncques cheualier qui si bien ressemblast homme de haulte valeur cōme fait cestuy cy apres galehault le brun. Leur seigneur ce dysoient ilz est moult fort et puissant comme cheualier de mois de vingt ans pourroit estre. Mais a gyron ne pourroit il pas au derrain durer ce leur est aduis. Car cestuy est trop bienfait de toutes choses et trop dur et vsite des armes. Orendroit tiennent ilz a merueilles cōment leur seigneur a peu tant longuement durer encontre cestuy. Car cestuy deueroit vaincre tout le monde au regard de la grant beaulte et belle taille de son corps. Maintenant ne tiennent ilz pas a grant merueille se il vainquit les vingt cheualiers, car bien en eust encores autres vingt vaincus se besoing en eust este. Quant ilz ont entre eulx leur seigneur si sainement receu ilz sen tiennent a trop bien payez. Jamais se ilz peuent ne se mettra encontre cestuy en ceste espreuue. Car il nest encores que

vng enfant et si est de trop haulte voulente et moult preux de son aage, mais il nest encores si dur ne de tel pouoir que il peust par raison sa voulente acomplyr et scauent ilz bien tout de vray que il a si bon commencement en toutes guises que il ne pourroit iamais faillir se il peut viure par aage que il ne soit homme garny de trop haulte valeur, ne ce ne fauldra ia en luy veu ce qlva mōstrāt, car son pere fut trop preudhomme. Et le filz q̄ tant luy ressemble ne fauldra ia a estre preudhōme. Pour ce dient ilz entre eulx que ilz ne le laisseront plus combatre encōtre cestuy cheualier. Ilz le veulent garder se ilz peuent de cestuy peril, car trop feroient douloureuse perte se ilz le perdoient si tost.

Ainsi parloiēt entre eulx les cheualiers de la tour de ceste chose. Mais gyron entent bien a autre chose, il a moult son pēser ailleurs Car il regardoit moult ententiuement le cheualier de coste qui il sestoit assis. Il nentendoit a nulle autre chose. Pour quelle chose il a mys son entente a regarder le cheualier si visamment comme ie vous compte ie le vous diray orendroit. Cest pour ce quil luy est aduis quant il le regarde quil voye galeholt le brun son chier compaignon quil ayma iadis de si grant amour et qui luy fist tant dhonneur, pour ce que celluy cheualier ressemble en toutes guyses a celluy preudhomme na il ses yeulx en autre lieu. Le cueur luy dit tout plainement que il ne peut estre en nulle guise que celluy cheualier ne luy appartiengne, pour ce le va il regardant. De ceste chose se print garde le cheualier tant quil ne se peut tenir quil ne dist a gyron en soubzriant. Sire cheualier que vous semble de moy qui tāt mauez ores regarde, grāt mal me voulez ie le voy bien. Se vostre corps peust tout ce faire q̄ vostre cuer va ores pēsāt mō affaire yroit malement ie le voy bien.

J iii

De Gyron le courtois

Se dieu vous sault que pensez vous/ vous est il aduis quil y ait trop grát terme entre huy et demain. Pour dieu laissez vostre penser demain finera nostre guerre en toutes guises. Giron cómêce a soubz rire quant il entent ceste parolle et puis respont en soubzriant. Sire fait il or saichiez que ie ne vous regardoye pour nul mal/ ne a ce que vous auez dit orendroit ne pensoie ie dieu le scait/ ains vous regardoye pour vne autre chose. Et pour quoy me regardez vous donc fait le cheualier dictes le moy. En nom dieu fait gyron puis q̃ ceste chose voulez scauoir ie le vous diray. Or saichez que ie vous ay regarde et regarderay encores pour ce q̃ vº ressemblez au meilleur cheualier que ie veisse oncq̃s ne qui fust de nostre temps sicomme ie croy en tout le monde Et pource qua ce lui preudhóme ressemblez qui fut si merueilleusement bon cheualier ie dy bien quil ne pourroit estre en nulle guise q̃ vº ne luy apparteniez daucune chose/ et pour ce vous ay ie tant regarde. Car raison me dist sur ce que se vous lui appartenez de riens q̃l ne pourroit estre en nulle maniere que vous ne soyez si bon cheualier de vostre corps q̃l me cóuiêdra estre au dessoubz de ceste bataille. Et cest vne chose qui me met en grant doubtance et en grant paour.

Le cheualier commence a rire quant il entent ceste parolle et puis respont. Damp cheualier se dieu vous gard qui fut cestuy cheualier que tant louez a qui ie ressemble si durement. Sire cheualier ce fut galehault le brun le meilleur cheualier que ie oncques veisse et qui fut en nostre temps en tout le monde. Quant le cheualier entent ceste parolle il baisse la teste vers terre et commence a penser et puis respont a chief de piece moult pensif. Certes sire vous auez bien dit verite/ car voirement fut galehault le brun bon che-

ualier en toutes les manieres que cheualier pourroit estre. Beau sire fait gyron se dieu vous doint bonne aduanture Dictes moy se vous luy appartenez de riens/ car ie vous dy loyaulment q̃ vous luy ressemblez si merueilleusement comme homme pourroit ressembler a autre Sire fait le cheualier ie ne vous en diray ores pas ce que ien scay. Mais auãt que vous vous partez de ceste mareschiere se dieu vous octroye que vous vº en partez honnorablement pourrez vous bien scauoir la verite de ceste chose. Sire fait gyron ie men souffreray atant de plus en enquerre iusques a tant q̃ vostre volente soit que vous men diez la verite. Ainsi tindrent a celle fois parlement les deux cheualiers de ce que ie vous compte Quant ilz se furent reposez en telle maniere vne grant piece. Les varletz mettent les tables par le palais et commencent a crier. Venez lauer seigneurs cheualiers. Quant les deux cheualiers eurent laue leurs mains ilz sassirent par le palais. Lors demande gyron ou abilan estoit qui cestuy iour auoit encommence ceste besongne. Et len lui dist que il estoit en vne chambre la deuant/ et il le alla veoir q̃ trouua quil estoit si naure quil nauoit pouoir de soy remuer q̃ bien petit. Et pour ce se laissa il illec pour reposer q̃ sen retourna au palais ou estoiêt encores les autres assis. Et saichez que adonc peust on veoir plus de cent cheualiers leans tous assis aux tables sans les autres qui seruoient par leans. Et en y auoit plusieurs qui bien monstroient adonc tout clerement que ilz estoient forment dolens dedans leur cueur du grant dommaige quilz auoient cestuy iour receu de leurs compaignons Et non pour tant ney osoient ilz pas monstrer le semblant comme ilz eussent fait se le seigneur de leans ne leur eust deffendu. Se les cheualiers qui leans seoient aux tables tenoient grant parlement de gyron ce ne fait a demander. Ilz dient entre eulx que peche et male auanture lamena ceste part pour leur faire dommaige de leurs amys et de leurs pares. Ilz ne scauent q̃ ilz doiuent dire de ceste chose/car il leur est bien aduis sans faille que Gyron est si bon cheualier de son corps que ilz ne le pourroient mettre au dessoubz en nulle des manieres du monde/auant leur pourroit il auoir fait dommaige si grant quilz en ploureroiẽt la perte tous les iours de leur vie. Pour ce ne scauoient ilz adonc quel cõseil prendre de ceste besongne/Car la coustume du passaige leur conuiẽt il maintenir se ilz deuoient tous mourir.

Tel parlement tindrent entre eulx cestui soir les cheualiers de la tour de gyron et de leur seigneur. Le seigneur de la tour regardoit moult voulentiers giron lequel mangeoit en son escuelle/et quãt il leut grant piece regarde il dist en soy mesmes q̃ puis quil fut ne il ne vit cheualier quil prisast autant comme il prise cestui/ne nul ne se deuroit merueiller se il estoit trop bon cheualier. Ainsi disoit le cheualier et semonnoit gyron de mangier. Et quant ilz eurent assez mãge si sen vont coucher maintenant. Le sire de leans mesmes q̃ a merueilles estoit courtois cheualier print gyron par la main et lemmena en vne chãbre pour dormir et puis sen part a tant et laisse auec luy plusieurs cheualiers pour luy faire cõpaignie cestui soir Quant le sire de la tour se fut party de la chãbre ou gyron estoit gyron dist aux cheualiers qui auec luy estoient quil auoit talent de dormir et quilz sen allassent tous fors vng cheualier seulement quil retint auec luy. Cestuy fist il remanoir pour ce quil lui estoit aduis quil lui scauroit mieulx dire la verite de ce q̃l luy vouldroit demander que nul autre de leans. Vng gros cierge ardoit adõc em

my la chambre droictement qui dõnoit leans grant clarte. Quant gyron voit quilz sont eulx deux bien priueement il dist adonc au cheualier. Je vous vouldroye prier que vous me feissiez certain dune chose que ie vous demanderay. Beau sire fait le cheualier dictes moy sil vous plaist que cest que vous voulez que ie vous die/et saichez que se ien scay la verite ie le vous diray voulentiers. Moult de mercys fait gyron. Or vous pry ie que vous me diez en quel guise ceste perilleuse aduanture de ce chastel fust establie premierement. Certes cest vne des plus perilleuse aduanture de quoy ie ouysse oncques parler. Pour ce lappelle ie perilleuse. Et ainsi est elle appellee ce scay ie bien de tous ceulx et celles qui demeurent en ce pays. Le cheualier respont a tant et dist a gyron. Sire cheualier se dieu me sault en ce que vous me demandez auroit vng compte moult grant a dire. Auant que ie le vous eusse dit ne compte il seroit bien mynuyt et plus. Et pour ce vous seroit vne grant paine de lescouter considere que vous estes tant traueille comme nous scauõs Et se ceste chose vous comptoye maintenant ie seroye cause de vous faire perdre vostre repos/par quoy vous ne seriez pas demain si fort ne si legier comme il vous sera mestier destre pour parfournir vostre bataille/car il vous conuiendra demain de rechief combatre a lencontre des vingt cheualiers et du seigneur de ceste tour lequel nest pas enfãt comme vous scauez/mais est tel cheualier selon son aage qua paine en trouueroit on vng pareil. Sire cheualier respondit alors gyron ne vous chaille de mon trauail a ceste fois/ne de ce quil me conuiendra demain faire/car trop bien men scauray cheuir/mais dictes moy sil vous plaist ce que ie vous demande. Et saichez que ie ne suis mye encores tant traueille que ie ne lescoute tout a loisir

J iiii

Sire ce dist le Cheualier puis que ie voy que vous estes si desirant de ceste nouuelle escouter et ie le vous diray. Et quant il a dicte ceste parolle il commence maintenant a compter son compte en telle maniere.

¶ Comment vng des cheualiers de la tour du passaige perilleux estant auec gyron le courtois en vne chambre luy racompta comment la coustume du passaige perilleux auoit este establie p̄ galehault le brun, et la cause pour quoy. Et coment ledit cheualier luy fist acongnoistre le nom du seigneur de la tour & de quel lignaige il estoit extrait.

Sire cheualier il aduint iadis en ceste tour ou nous sommes orendroit quil y auoit vne dame tāt belle de toutes beaultez que ie ne croy mie que en tout le monde eust a celluy point vne dame si belle comme elle estoit. A celluy point dont ie vous compte auoit en ceste tour vng cheualier moult gētil homme & q̄ estoit si bon cheualier de son corps q̄ par sa proesse auoit mys en sa subgectiō du pays iusq̄s a vne iournee de tous costez de celle tour. Que vous diroie ie la dame estoit tant belle que pour la beaulte quelle auoit lappelloient les vngs et les autres passe beaulte. Le cheualier de lautre part estoit trop beau cheualier estrangement. Et quen diroie ie il estoit du tout si gracieux & si prompt aux armes qua paine trouuast on son pareil en tout le monde. Il estoit appelle Dyodenas & estoit doubte par sa proesse pres et loing A celluy temps pour ce quil nauoit trouue a son aduis en nulle contree si bon cheualier come il estoit fist il cryer cy deuāt

a vng chastel pres de ceste tour vng tournoyement et manda a tous les cheualiers quil scauoit pres et loing que ilz y venissent. Que vous diroie ie. A celluy tournoyement vint grant gent et grant cheualerie, et pour ce que les cheualiers errans scauoient q̄ la dame de ceste tour seroit a ce tournoyemēt ilz y vindrēt plus voulentiers. Et y en auoit moult grant p̄tie qui y venoient plus pour veoir la dame que pour lamour du tournoyement. Quant le tournoyement fut commence adonc vint vng cheualier estrange qui a celluy point nestoit encores congneu en ceste contree, et non pour tant a la verite dire il estoit le meilleur cheualier de tout le monde. Encores nauoit pas a celluy temps le seigneur de ceans trouue nul cheualier qui leust peu abatre, il ne cuydoit pas adonc quil y eust en tout le monde de meilleur cheualier que luy. Et ce estoit vne chose dont il se prisoit a merueilles. Quant le sire de ceste tour fut entre au champ il comença a abatre cheualiers si merueilleusemēt quil nen rencontroit nul q̄l ne ruast par terre. Quen diroie ie Il fist tāt illec quil ne trouuoit plus cheualier q̄ contre luy voulsist iouster. Le bon cheualier dont ie vous parle estoit emmy le tournoyemēt q̄ regardoit si merueilleusement la dame q̄ il nentendoit a autre chose. La ou il regardoit ainsi la dame cōe ie vous cōpte la nouuelle luy fut comptee que le seigneur de ceste tour auoit le tournoyement vaincu oultreement et quil ny auoit ne vng ne autre qui encontre luy osast iouster. Le bon cheualier fut de ceste nouuelle vng pou esbahy et desdaigneux et dist adonc. Comment sont ores ainsi desconfis par le corps dung seul cheualier tous les cheualiers errans qui ceste part vindrent a ceste assemblee. Certes ce ne souffreray ie pas car ie congnois bien que ie partyroie a ceste vergongne pour ce que ie suis cheualier estrange comme ilz sont.

Quant il a dit ceste parolle il ne fait autre demourance ains prent son escu et son glaiue quil portoit/et laisse courre sur le seigneur de ceste tour. Et le ferit si roydement quil le feist voller a la terre tout soubdainement. Et quant il leut ainsi abatu il ne sarreste pas sur luy ains laisse courre sur les autres/et cõmence adonc a abatre cheualiers si merueilleusement quil nencõtroit ne ung ne autre quil ne feist voller a la terre. Et que diroie ie/il cõmença si haultement sa cheualerie que ceulx de la place disoient tout appertement q̃ cestuy estoit vrayement le meilleur cheualier quilz eussẽt oncquesmais veu. Le bon cheualier de la tour qui le tournoyement auoit fait assembler nauoit pouoir contre luy. Quant le sire de ceste tour eut ceste nouuelle ouye il fut moult grandement courroussé. Il print vne autre fois vng glaiue et laissa courre de rechief au bon cheualier estrange et le cuide abatre/mais il ne peut/ car trop estoit le bon cheualier de grãt force. Et le bon cheualier estrange dont ie vous compte voit que le sire de ceans lassoit empressant il dist oyant tous ceulx qui la estoient. Damp Cheualier se dieu maist vo⁹ nestes mye trop saige qui contre moy prenez estrif en telle maniere. Certes tost vo⁹ en feray repentir. Lors mist la main a lespee et laisse courre tout maintenant sur le seigneur de ceste tour et le ferit si roydemẽt dessus le heaulme quil ne fut tant dur quil ne luy feist sentir le trenchãt de lespee iusques a la teste. Et quen diroie ie/pou sen faillit quil ne loccist de cestuy coup. Quãt il eut en telle maniere abatu le seignr̃ de ceste tour il ne sarreste pas sur luy ains laisse courre sur les autres du tournoyemẽt lespee en la main toute nue. Et feist adonc tãt par sa haulte prouesse dont il estoit garny quil vaincquit toute lassemblee. Et puis sen alla par deuers la damoyselle qui estoit a vne bretesche de fust et sen alla oultre. Nous entrasmes puis a ceste tour/le sire de ceãs en fut emporté sur son escu tellement attourné que il auoit encores doubtance de mourir.

Apres ce ne demoura mye que le bon Cheualier qui auoit le tournoyement vaincu en telle maniere comme ie vous compte/manda a la belle dame de ceste tour que pour lamour delle il auoit le tournoyement vaincu/et quelle pensast par sa frãchise quelle luy en rendit aucun guerdon grãt ou petit. La dame qui a autre amour fors que a lamour de son mary nauoit oncques bee ne pense quant elle entendit cestuy mandemẽt elle dist au messagier Sil vaincquit le tournoyement nen eut il assez hault guerdon et noble/a ce quil fut tenu po2 le meilleur cheualier de toute la place. Dictes luy de ma partie que ie ne suis mye dame qui a cheualier estrange doye guerdon rendre. Jay mon mary et bel et bon/cestuy est le mien amy et le mien cheualier ie ne quiers nul autre fors luy. Tout ce luy dictes de ma partie. Le messagier sen retourne au cheualier et luy dist toutes ces nouuelles. Quant il entendit ceste responce il fut si durement descõforté quil ne scauoit quil deust dire. Car a la dame aymer auoit il mis tout son cueur si merueilleusemẽt que il ne sen peust pas traire se il bien le voulsist. De ceste chose ouyt parler le sire de ceste tour. Et pource q̃l auoit bien esprouue par soy mesmes que le cheualier estoit si preudhõme de son corps que encõtre luy ne peust il durer en nulle maniere du monde cõmenca il adonc a faire garder la voye de la mareschiere affin q̃ nul Cheualier estrange ny peust venir. Ung iour encores en cestuy terme droictement quil alla cheuauchant en vne forest ca deuant/et quant il vint a vne fontaine il trouua illec le bon cheualier gysant moult durement nauré si que il ne se pouoit remuer dillec. Et il auoit tant perdu de son sang que merueilles estoit que lame ne luy estoit du corps partie/et gysoit illec come mort et estoit tout desarme. Le sire descendit incontinent/car il cuyda bien que le cheualier feust mort Il feist descendre tous ceulx qui estoient en sa compaignie. Ilz le commecerent a regarder/et recongneurent adonc tout certainement quil nestoit mye de ceans Le sire de ceste tour dist a ses compaignons. faisons vne biere cheualeresse si empoztos ce cheualier naure en nostre tour/encores pourra il guarir par auanture. Et se nous le laissons en telle maniere puis que nous sauons trouue ce se ra grant felonnye/car les bestes de ceste forest le mangeront. Quat ilz ouyrent le comandement de leur seigneur ilz firet maintenat vne biere cheualeresse en cel le mesme heure. Et quat ilz eurent fait ilz y mirent deux cheuaulx & puis miret le cheualier dedans et lapporterent par cest achoyson dedans cestuy repaire.

EN telle maniere come ie vous cöpte fut ceans apporte le bon cheualier/et luy aduint ainsi q il fut mys entre les mains de la belle dame. Elle scauoit assez de guarir playes et bleceures/et pource luy bailla le sire de ceans affin que elle le deust tourner a guerison. La dame emprint garde puis quil fut venu entre ses mains. Si treuue sans faille quil estoit si grandement naure et que tat auoit perdu de son sang que merueille estoit que il nestoit mort. Puis que elle leut entre ses mains elle se trauailla tant pour luy en toutes guyses que il tourna a guerison. Les cheualiers de ceans le regardoient a merueilles pource quil estoit si grant cheualier et si bon/et si bien fait de tous membres que ce estoit vne moult grant merueille que de le veoir. Ceulx de leans luy demandoient moult de foys qui il estoit/ mais il ne vouloit pas respondre a vng ne a autre aincoys se taisoit tout coy. Il regardoit les allans & les venas et ceulx maintes foys le mettoient en parolles. Mais ne pleust a dieu que il leur respondit ia mot/ains se taisoit aussi come se il feust homme de pierre. Quant nous veismes ce nous nous tenismes a deceuz et a engignez de ce que nous sauions apporte de la forest/et disions que mieulx vaulsist que nous leussions laisse en la forest aux bestes sauuaiges qui leussent mangie/et eussent eu de luy aucun bon repas. Quant nous le trouuasmes nous cuydasmes trouuer aucun homme de bien/mais nous trouuasmes vng droit fol. Et nous feusmes folz aussi de luy amener ceste part. Ainsi comme ie vous ay compte nous allions nous tous gabant de luy. Et nous cuydions tous vrayement quil feust vng homme sans sens et sans raison. La dame mesmes qui guary lauoit ne sen faisoit forment si non gaber.

VNg iour tenoit le sire de ceste tour vne grat court en ce recet mesmes ou no° sommes et la dame seoit de coste luy. Le bon cheualier dont ie vous compte qui estoit si grant dement pensif de iour & de nuyt que len ne pouoit iamais tirer parolle de luy ou il y eust fin ne comencement. Et pource nous ne nous faisions si non gaber de luy. Lors vint deuant la dame qui seoit de coste son mary et la comenca a regarder si merueilleusement comme on pour roit femme regarder. Le sire de ceans se commenca donc a ryre et dist a la dame. Dame se dieu vous doint bonne auanture/Or demandez a cestuy saige pour quoy il vous regarde si ententiuement si orrez comment il vous respondra. Si re dist elle/voulentiers puis que vous le comandez. Lors se tourna la dame vers le bon cheualier et luy dist. Sire cheua lier se dieu vous doint bonne auanture/ or me dictes pour quoy vo° me regardez ainsi. Le bon chevalier respondit a la dame et luy dist. Ma dame ie vous regarde pour telle come vous estes. La dame fut ung pou vergongneuse quant elle entendit ceste parolle/et dist ainsi comme par courroux. Sire chevalier q̃ suis ie doncq̃s qui me regardez pour telle come ie suis. Ma dame fait il/se maist dieu vous estes ma dame sans per. Car de beaulte vous navez pareille en ce monde Et sur tout ce vous faictes si grãt merveilles que femme qui soit ores en vie ne les pourroit faire pareilles. Vous avez bien fait dung saige fol/et dung parlant avez fait muet/ dung preux avez fait ung mauluais/ dung bien hardy trop couart et dung grant avez fait petit qui est plus petit que ung garcon. Or donc puis que tant pouez/doncq̃s puis ie seurement dire que vrayement nest il nulle telle dame comme vous estes.

D̃E ceste parolle se commence a ryre la dame moult formẽt ⁊ tous les autres de leans aussi Et dirẽt que vrayement estoit il bien le plus fol du monde. A chief de piece dist la dame une autre fois au bon chevalier pour scavoir quil diroit. Vous me deussiez donner loz et pris et vous me dõnez icy blasme. Car selon ce que vo⁹ mavez icy dist ie ne feroye si non mal. Dame dist il/ce nest pas blasme que ie voys icy disant/ains voys racomptant les merveilles de vo⁹. Lors elle dist/tout ce que vous avez icy dit si est mal. Dame ce dist le chevalier pource que ie ne veiz encores en vous fors ce que ien ay compte. Et ie scay tout certainement que vous avez povoir du faire lay ie dit appertement. Mais pour tant se ie lay dit ma dame chiere ne demeure que a compter chascun mal sans faille que iay compte de vous ne ait dedans vous ung autre bien. A chascun de ces maulx que iay or endroit dit de vo⁹ est le bien aussi plantiereusement/mais encores ne le feistes vous

oncques. Et pour ce que plus tost commẽcastes les maulx tout avant ce poyse moy que dire le me convient. Quãt ceulx qui illecques estoient lentendirent ilz commencerent to⁹ a ryre/et dirent que vraiement estoit il le plus fol de tout le mõde La dame dist une autre foys. Sire chevalier se dieu vous doint bonne aventure/puis que vous avez dit si grant mal de moy. Or me dictes sil vous plaist q̃l bien il pourroit avoir en moy. Dame ce dist le bon chevalier/pour quoy le vous diray ie/quant vous ne le voulez faire ie ne le vous diray mye a ceste foys/car ie perdroye tout mon dire. Or me dictes ce dist la dame. Sire chevalier vous mavez icy recongneu quil ya moult de mal en moy/et de vous que me voulez dire/quel bien peut il avoir en vous. Dame dist le chevalier/il y eut ia aucun bien en moy. Dictes moy quel ce fut dist la dame Ce dist le chevalier il y eut ia en moy si haulte chevalerie ⁊ si estrange que tãt que ie portay armes ie ne trouvay nul chevalier qui peust estre pareil a moy de chevalerie. Ou est ceste bonte ce dist la dame/quest elle devenue. Dame dist il/ ie ne fuz oncq̃s si preux aux armes que ie orendroit ne soye plus mauluais. Ie ay perdu le corps. Et quen diroie ie/vous voyez bien comment il est/ vous voyez bien a quoy ie suis venu. Tout est tourne a neant.

P̃Our ceste parolle se commẽca la dame a rire ⁊ tous ceulx qui lentendirent/ car ilz cuydoient certainement que tout feust raige de teste/et pour droicte forsenerie. Apres ce ne demoura gueres que le sire de ceans fist cryer ung tournoyement devant celluy chasteau propremẽt ou lautre tournoyement avoit este. Quãt le tournoyemẽt approucha la dame q̃ navoit pas oublie les parolles q̃ le bon chevalier luy avoit dictes a lautre fois/ains les portoit toutesvoies en son cueur/elle dist au bon che uaſier ainſi cōme par auilement de luy. Sire mauluais cheualier que ferez vo⁹ a ceſtuy tournoyement. Pour quoy vo⁹ feiſt dieu ſi grant cōme vous eſtes quāt il ny a en vous nulle bonte qui en hōme doye eſtre. Elle eſtoit adonc ſi priueement aueccqs le bon cheualier que nul ne ouyſt ceſte paroſſe fors eulx deux ſeulement. A ceſte paroſſe reſpondit le cheualier et diſt. Dame po² quoy me blaſmez vo⁹ ſi durement et me reprenez de maul uaiſtie. Or ſachez ſe ie ſuis mauluais ce eſt par vous q̃ mauez tollu toute la bonte que iauoye. voſtre beaulte deſmeſuree me tiēt en telle ſubiection quelle ma tollu toutes les bōtez q̃ ie ſouloye auoir Mais encores ſil vous plaiſoit les pour roye ie recouurer/ ce ſcay ie bien tout cer tainement. La dame reſpondit en ryant q̃ diſt. Damp cheualier ſe dieu me ſault trop eſtes fol. Dame diſt il/ ainſi maiſt dieu ce me plaiſt moult que ie aye paine. Et encores par auanture que ien ſeray par vous oſte. Encores me dictes diſt la dame/ pourquoy eſtes vous ſi mauluais. Dame diſt il po² vous et nō pour autre. Quant il vous plaira ie ſeray aſſez toſt ſi bon que vous le tiendrez a mer ueilles et tous ceulx qui le verront. La dame commēca a penſer/ et puis reſpondit cōme par mocquerie. Se vo⁹ pouez eſtre bon ie vueil que vous le ſoiez. Je ne vueil pas que vous ſoiez mauluais po² la choyſon de moy. Dame diſt il/ grant mercys quant il vous plaiſt que ie ſoye bon. Et ie le vueil eſtre deſormais. Et quant vo⁹ mauez fait ſi grāt courtoyſie comme de moy oſter de cheſtiuete Or me faictes tant ſe il vous plaiſt que vo⁹ me donnez armes que ie porteray par voſtre cōmandement.

La dame qui encores cuydoit que tout fut folie de quanque il diſoit luy feiſt aporter bonnes armes et amener bon cheual pareillement. Elle feiſt ſi priueement q̃ ceulx de leans ne ſen apparceurent. Et les ar mes eſtoient toutes vermeilles ſans au tre taint. Quant il fut arme a ſa voulen te comme il le ſcauoit deuiſer il ſen alla tout droit au tournoyement/ et trouua quil y auoit moult grande aſſemblee. Il ſe ferit dedans le tournoyement et commenca a faire ſi grant merueilles darmes que to⁹ ceulx qui le veoient eſtoient tous esbahys. Et quen diroie ie il feiſt tant en pou dheure que tous ceulx qui en la place eſtoient dirent que ilz nauoient oncqs veu ſi bon cheualier/ ne a ceſte aſſemblee ne a autre. Et quant il eut tant fait a la lance et a leſpee quil ne trouuoit homme en toute la place qui a coup ſoſfaſt attēdre/ il ſe departit de laſſemblee ſi coyement q̃ ceulx q̃ en la place eſtoient ne ſen apparceurent oncques. Quant il ſe fut mys a la voye il ſen reuint tout pri ueement q̃ entra ceans en ceſte tour que oncques on ne ſapparceut de ſa venue/ et rendit les armes a la dame que elle luy auoit donnees. Elle luy demanda errāment. Sire cheualier diſt elle dont venez vous. Dame diſt il/ ie viēs du tour noyement. Elle diſt/ et que y feiſtes vo⁹ Dame diſt il/ ie y feiz partie de ce que ie peuz faire. A moy ne cōuient que ien dye plus/ vous le ſcaurez par auanture par autre que par moy. Mais vo⁹ en ſcaurez prouchainement ce que ie y ay fait. Ainſi reſpondit a ceſte foys le bon cheualier a la dame. Et non pourtant autre choſe ne luy diſt. A lendemain vint le ſire de ceans du tournoyement/ et quant il fut deſcendu et deſarme la dame luy cōmenca a demander errāment. Sire quelles nouuelles nous apportez vous de laſſemblee. Dame diſt il/ bonnes la mercy dieu/ car nous ſommes retournez ſains et haytiez. Sire fait elle qui vaincquiſt laſſemblee. Dame diſt il/ ne ſcay quel cheualier eſtrange/ mais il portoit ſans faille vnes armes vermeilles. De celluy dy ie bien ſans faille que ceſt le meil leur et le plus preux que ie veisse oncques puis lheure que ie fuz ne. Quãt la dame entẽdit ceste parolle elle recõgneut tout certainement a soymesmes que le cheualier a qui elle auoit donnees les armes vermeilles auoit lassemblee vaincue si se tint a tant de ceste chose que elle nen dist plus a ceste foys.

Ceſtuy soir mesmes dist elle au seigneur de ceans. Cõgnoissez vous le Cheualier aux armes vermeilles q̃ vainquit le tournoyement dont vous venez. Dame dist il/nenny sans faille/ne nous ne sceusmes quil deuint neant plus que se il fut fondu en terre. Sire fait elle/estes vous desirant de scauoir qui il est/et de le veoir se il y eust aucun qui le vous mõstrast. Dame dist il. Ouy sans faille. Or sachez que ie le verroye plus voulentiers que cheualier que ie saiche orendroit en tout le monde. Sire dist la dame quant vous ne le cõgnoissez ie le vous feray cognoistre. Or sachez q̃ ce fut cestuy cheualier dont nous nous gabons ceans que vo9 tenez a fol. Et maintenãt luy commẽca a compter cõment il luy auoit demande les armes et toutes les parolles que cil luy auoit dictes/et apres luy monstra les armes. Quant le sire de ceans vit les armes il les congneut errãment et dist. En nom dieu ces armes sont vrayement les armes que le cheualier porta entre no9 qui vaincquit ce tournoyement. Et quant il est ainsi aduenu q̃ si bon cheualier cõme est cestuy qui si longuement a demoure ceans comme iay veu/dire puis seurement que ce ne fut pas pour honneur de moy/mais pour ma hõte/il nen dist plus a cestuy point/mais cestuy soir fist il prẽdre le cheualier tout en dormãt et le feist mettre en vne prison moult forte/moult ennuyeuse/et dist que iamais ne partira dillec q̃ quen ceste prison le feroit mourir Quant la dame congneut que le bon cheualier estoit emprisonne en telle maniere et pour achoison de elle/elle qui oncques nauoit eu voulente de laymer tãtost luy mua le cueur et le cõmenca a aymer partie pour le courroux q̃ son mary luy faisoit qui pour elle le mettoit emprison/et partie pour la grant cheualerie et bonte qui estoit en luy. Lors la dame vint au bon cheualier q̃ estoit emprisonne et luy dist. Sire cheualier comment vous est il. Dame dist il/pour quoy le me demandez vous/ia voyez vous tout clerement cõment il mest. En prison suis certainement/et ce est pour vous. Certes sire dist la dame/de ce dictes vous verite Et de ce me poyse si maist dieu. Dame dist il/en ceste prison pourriez vous bien mettre legierement conseil sil vous plaisoit. Sire dist elle/or ne vous esmayez/Car ie luy mettray comment quil men doye aduenir.

La dame sen partit a tant que elle ne tint a ceste fois nul autre parlement. Apres ne demoura gueres que le sire de ceans alla en vng sien chasteau q̃ nestoit pas moult loing dicy/et quant la dame veist que le sire estoit hors de ceans elle sen vint vng soir au bon cheualier q̃ estoit encores emprisonne q̃ luy dist. Or vous en pouez aller sire cheualier/Car puis que vous serez hors de ce recet vous ne trouuerez homme qui vous arreste de riens/et maintenant luy ouurit lhuys de la prison. Il dist a la dame. Madame/se ie men voys hors de ceans comment vous pourray ie veoir. Certes sire dist elle/veoir ne me pourriez desormais. Car ie scay de vray puis que vous serez de ceãs party le passaige de ceste tour sera si fierement garde q̃ ceans en nulle maniere ne pourrõt venir ne vngs ne autres cheualiers estranges. Dame dist le bon Cheualier puis que le fait doit aller en ceste maniere/donc vueil ie mieulx se dieu me sault demourer en ceste prison que demourer hors et ie ne vous peusse veoir/car le de

De Gyron le courtois

mourer me semble le greigneur soulas et la greigneur feste du monde Pource que ie vous puis veoir aucuneffoys. Mais pource se ie feusse a ce mene que ie ne vous peusse veoir en telle guise le cueur me dist certainement que a mourir me couiendroit sans faille. Pource veulx ie mieulx se il vous plaist ma chiere dame demourer en ceste prison et vous veoir aucuneffoys que estre deliure du tout/et iay souffert moult greigneur chose pour vous et moult plus fort que ceste prison nest. Jay este en ce lieu si longuement comme vous scauez en guyse dhomme qui eust le sens perdu. Jen ay perdu cheualerie/icy ay laisse a parler et a ryre et a iouer/et estoye entre vous tousiours sicomme se ie feusse forsene. Et quen diroie ie/iay laisse pour vous tout le monde. Et quāt iay tant fait pour vous comment pourroit il aduenir que ie vous laissasse pour prison ne pour autre chose/ie vueil mieulx ceas demourer a tousiours mais que veoir ie ne vous peusse.

Quant la dame entēdit ceste parolle elle deuint toute esbahye car encores ne cuidoit elle mye que le cheualier feust leans si couuertement comme il auoit este pour lamour delle. Comment sire dist elle/auez vous donc tant fait pour moy et encores ie ne scay vostre nom/et ie vous prie que vous me le diez. Dame dist il/quāt mon nom voulez scauoir et ie le vous diray. Or sachez certainement que ceulx qui me cognoissent me appellent galeholt le brun. Quant elle entendit ceste parolle adonc fut elle plus esbahye que elle nauoit este deuant/car de galeholt le brun auoit elle ia ouy compter autre foys. Et auoit ouy dire que galeholt le brun estoit sans faille le meilleur Cheualier qui feust entre les hommes mortelz pource fut elle toute esbahye quāt elle entendit que cestoit Galeholt le brun/ et auoit tant souffert de honte et de vergongne pour lamour delle/lors respondit et dist. Sire se ie vous eusse congneu de pieca aussi bien comme ie vous cognois orendroit/ie ne eusse mye souffert que ceulx de ceans vous eussent tant fait de honte et vergongne comme ilz ont fait aucuneffoys Vrayement pour ce que ie ne vouldroye en nulle maniere du monde que vous de mourissiez ceās emprisonne ie vueil que vous vous en ailliez atant. Dame dist il Celluy congie que vous me donnez me mettra a mort assez tost/ie le vous dys certainement. Car tant cognois ie bien de mon cueur et pour verite q̄ sans vous ie ne pourroye viure longuement. Et comment dist la dame/que voulez vous que nous en facions. Dame dist galeholt ie le vous diray se il vous plaist. Querez moy armes et cheual sil vous plaist et puis nous mettons a la voye en ceste court la aual se il vous plaist/et vous montez sur aucun palefroy/et ie monteray sur le destrier. Puis quant ie seray monte a cheual et arme de toutes armes/or sachez tout certainement que se ceulx de ceans vous veulent rescourre ne deffendre de mes mains ie vous promets quilz ne le pourroient faire/car certes ilz nauroient ia duree contre moy se il y auoit dix foys plus de gent illecq̄ quil ny a.

La dame respondit et dist/en ceste auanture que vous mauez dicte ne me mettroye ie pour nulle chose du monde. Armes vous donneray ie voulentiers ⁊ cheual si vous en vrez incontinent/car ie vueil que vous le faciez tout ainsi. Dame dist il/puis q̄ il vous plaist ie lottroye. En ceste guise tout ainsi cōme la dame le dist il le feist. Car elle trouua armes ⁊ cheual au bon cheualier/et sen partit erramment si priueement que ceulx de leans ne sceurent riens de son departement. Quant le sire de ceans fut retourne/et il ne trouua son prisonnier il demanda incōtinent a la da me ou il estoit alle/ et elle dist qͥl auoit la prison brisee ⁊ sen estoit eschappe de nuyt Dame cestuy fait fut autrement q̃ vo⁹ ne dictes. Vous lauez deliure sans faille/ autrement ne peut estre. Et quãt ainsi est aduenu que vous auez deliure le prisonnier sans commandement/ or sachez que ie men vengeray de vo⁹ en telle guyse que ie vous mettray en celle mesmes prison dont vous deliurastes le prisonnier Et tant demourrez leans que vous le ferez retourner dont vous lenuoyastes Ainsi comme il le dist il le fist/ car il mist la dame incõtinent en prison. Ceste chose si fut racomptee par le pays/ et tant q̃ le bon cheualier qui Galeholt le brun estoit appelle en ouyt parler. Il print errament vng sien compaignon et luy dist. Vous vous en yrez tout droictement a celle tour/ et direz au seigneur de leans telles paroles et luy deuisez quelles. Le cheualier se mist incontinent a la voye/ et vint droictement a cestuy point que le sire de ceans se seoit a la table. Le cheualier vint deuant luy tout desarme fors despee ⁊ tout a pie/ car il auoit laisse son cheual dehors. Et quant il fut venu deuant luy il luy dist sans le saluer. Dyodenas moult est grant dõmaige de toy que tu es si grant cheualier et si couart/ cest dõmaige que tu es vif quant tu es si bel et si mauluais. Et quen diroie ie/ tu deuroies desormais mourir/ Car toutes faitz tournent a honte ⁊ a vilte. Tu es honny et du tout deshonnore et abaissie et honteur ⁊ vergongneux. Et pour quoy le te celeroye ie. Je dy orendroit qͥl ny a au monde cheualier si auile de toutes choses comme tu es ne si bonny en toutes guyses.

Quant dyodenas entendit cestuy parlemẽt il fut si fieremẽt esbahy qͥl ne sceut quil deuoit dire dune grant piece. Et a chief de piece quant il eut pouoir de parler il dist. Haa sire dont vous vient si grant hardement que vous mosastes dire en mon hostel si grant honte et si grant laydure et oncques ie ne vous meffiz de rien. Le cheualier respondit incontinent et dist Dyodenas/ cestuy hõme qui scait la verite parle moult hardiement/ et cestuy q̃ va disant mensonges si a toutesuoyes doubtãce. Pource que dys verite ie parle si hardiement comme tu voys. Encores na pas grãment de temps que len disoit de toy sans faille et pres ⁊ loing que tu estoies le plus hardi cheualier que len sceust entre les Cheualiers errans. Or est compte par ce pays que tu es deuenu si couart que pour la grãt couardise qui dedans ton cueur est herbergee tu as ta femme emprisonnee pour paour et pour doubtance dung seul cheualier. Et quãt tu as fait couardise si merueilleuse que tu ne te fioyes mye en ta valeur et en to⁹ ceulx de ceans q̃ ceulx de ceans mesmes ne peussent garantir ta femme encontre vng seul cheualier/ ne peut len dire hardiement que ceste fut vrayement la greigneur couardise q̃ cheualier pensast oncques que demprisonner sa femme pour paour et pour doubte dung seul cheualier. Chetif tout le monde se va gabant de ceste grande couardise que tu as faicte a cestuy point. Vng Cheualier que ie laissay huy la hors pres dicy se va gabãt trop malemẽt et dist ainsi. Je ne scay pas sil le feroit que se tu osoiez yssir hors de ceste tour et menasses auec toy en ta cõpaignie vingt des meilleurs cheualiers qui ceans soient et tarrestasses la deuãt a lentree de ceste tour/ il seul viendroit de lautre part qui namenereit en sa cõpaignie fors vne sienne damoiselle que il ayme tant qͥl ne pourroit tant aymer nulle chose terriẽne. Et sachez certainemẽt que la damoyselle est tant belle de toutes beaultez que ta femme nest tant belle. Le cheualier se taist du tout que il ne luy respond de riens. Dyodenas/ le cheualier qui est la dehors te tent a si mauluais que il te mande par moy se tu veulx yssir hors de ceste tour arme de toutes armes et ta femme soit auecques toy la dehors il sera tout appareille de venir encõtre toy et amaine vingt cheualiers auec toy telz comme tu vouldras eslire ceans/et soient aussi armez. Se la damoyselle que il ayme tant nest plus belle q̃ ta fẽme il la te dõne quictement/mais se elle est plus belle il veult que tu le recongnoisses de ta bouche/et q̃ tu dyes tout certainement que elle est plus belle sans doubtance. Apres ce il dist autre chose puis que la damoyselle sera veue il est appareille sans faille de se combatre encontre toy et encontre les vingt cheualiers que tu auras amene en ta compaignie. Et pource q̃ tu es du tout si mauluais comme il dit/il dist que il a force et pouoir de mettre a mort et a desconfiture tous tes compaignons q̃ toy mesmes. Or respond a ceste parolle/car tout ce q̃ ie tay dit te mande il par moy.

Apres ce q̃ le messagier au bon cheualier eut sa raison finee en telle guyse comme ie vous compte/le sire de ceans qui de ceste nouuelle estoit trop fierement esbahy q̃ courrousse respondit. Sire cheualier se dieu me sault/or pouez seurement dire au cheualier qui ça vous enuoya quil a plus de folie en la teste que mestier ne luy feust. Sil y eut en luy aucun sens il ne me mãdast pas ceste entreprinse que il mande. Grant folie q̃ raige de teste le fait parler en ceste maniere/car chascun peut veoir moult clerement que il ny a orendroit en tout le monde corps dung seul cheualier qui peust faire ce que il dist. Dyodenas fait le messager/as tu tant de hardemẽt que tu te osasses mettre encontre le cheualier en telle guise comme il le deuise et ta femme toutesuoyes soit au couenancer. Certes se tu vas reffusant ce poure fait bien peut on congnoistre pour vray que tu es le plus couart cheualier de tout le monde. Que veulx tu dire/as tu hardement de lentreprendre ou se le cueur test du tout failly. Dyodenas respondit errãment. Damp cheualier se dieu me sault/ce que vous ma ttez requerant est trop grant vergongne a moy se encõtre vng seul cheualier ie me voulsisse cõbatre a tout vingt cheualiers. Se ie le mettoye a mort ce me seroit moult grãt vergongne et trop grant honte/pource ne scay ie q̃ ien doye dire. Le messagier luy dist. Mieulx te vault que tu te combates que tu le reffuses du tout. Se tu le vas reffusant adonc apperra ta couardise. Se tu te combas a luy tout ainsi comme il le te mande et tu locciz tu nen seras mye blasme/car tu ne luy mettras pas mais sa folie. Et ie me vueil cõbatre dist le sire de ceans quant il a tant desire la mort il laura. Ce poyse moy quil me met en ceste espreuue/car elle est po² moy trop honteuse. Quant il plaira au cheualier viengne hardiement ca/mais ne viengne pas sans la damoyselle quil a mys en la gaigeure. Se il demeure icy toutesuoyes remaindra la damoyselle de gaing. Je luy cuyde bien mõstrer sans faille que ie ne suis pas du tout si mauluais ne si couart comme il va la hors racomptant.

En telle guyse comme ie vous compte sire cheualier fut emprins le premier estrif de cestuy passaige. Le cheualier sen retourna a galeholt le brun et luy compta toutes les nouuelles et les parolles quil auoit dictes au seigneur de ceste tour/et toute la responce ainsi comme il luy auoit donnee. Galeholt le brun print incontinent vne damoyselle qui estoit amye au cheualier qui auoit fait cestuy message que ie vous ay compte. Quant il fut bien appareille de toutes armes il sen vint a celuy passaige et amena auecq̃ luy la damoyselle. Quant il fut venu deuant ceste tour il trouua le seigneur de ceste tour arme de toutes armes q̃ auoit en sa compaignie vingt des meilleurs cheualiers sans faille qui a cestuy temps estoient ceans et estoient moult bien armez. La dame estoit deliuree de la prison/et estoit la hors auec son mary. Quant ilz furent venuz ensemble le bon cheualier ne feist autre demourance/ains laissa a courre incontinent sur le cheualier de ceste tour le glaiue baisse quil cognoissoit bien entre les autres cheualiers/et le ferit si roidement quil le porta a terre moult durement nature. Quant il leust abatu il ne regarda pas sur luy ains en occist deux autres auant q̃l brisast son glaine. De ce me souuient moult bien/car ie le viz tout appertement cõme ie le vous compte orendroit. Je estoye monte dessus les murs pour veoir et regarder le fait. Je ne portoyes pas armes/car la sepmaine de deuant ie auoyes este moult durement naure. Et pource nestoyes ie point yssu de ce recet ains estoye dessus la porte et regardoies la besongne. Quant galeholt le brun le bon cheualier dont ie vous ay cõmencie mon cõpte eut son glaiue brisie il ne feist autre demourãce/aincoys mist la main a lespee et la ou il veist les cheualiers qui sestoient arrestez a la porte il leur laissa courre/et eulx contre luy pareillement. Et quen diroyes ie/la bataille dura depuis heure de prime iusques a heure de nonne auant que galeholt le brun peust mettre les .xx. cheualiers a desconfiture qui le passaige luy souloient deffendre/et le sire pareillement. Il fut naure moult durement. Quãt il eut cestuy fait mene a fin en telle guyse cõme ie vous compte il print la dame incontinent et lemmena auec luy si q̃ il ne la laissa a ceste fois poͬ cheualier qui ceans feust. Et pourquoy feroyes ie long cõpte. En telle guyse sen partit a ceste fois galeholt le brun/et emmena en sa cõpaignie la dame que tant il aymoit. La dame ne sen feist mye trop grandement prier comme celle qui auoit

paour et doubtance que son mary ne la meist vne autre fois en prison se elle feust illec demouree.

Ainsi sen alla galeholt le brun et emmena auecq̃s luy la dame que tant il aymoit. Quant le sire de leans veist que il auoit receu si grãt honte par le corps dung seul cheualier/et auec tout ce que il auoit sa femme perdue que tant il aymoit/il print en luy si grãt dueil si que de cestuy dueil il mourut. Puis q̃ le sire de ceste tour fut mort par telle auanture cõme ie vous compte apres ce ne demoura mye plus de cinq moys que galeholt le brun le bon cheualier retourna deuers nous et ramena en sa compaignie la dame/et dist quil vouloit faire vng passaige/et nous ne scauions pas adonc pourquoy il le faisoit/mais depuis le sceusmes nous. Car il auoit ouy dire que vng autre cheualier estrange aymoit la dame/et sestoit vante cestuy cheualier que il passeroit cestuy passaige mal gre tous les vingt cheualiers/et mal gre cestuy bon cheualier qui passe lauoit. Quant nous eusmes tous iure q̃ iamais cheualier estrange ne passeroit cestuy passaige q̃l ne se esprouuast premierement contre .xx. cheualiers / et puis encontre cestuy proprement q̃ tiendroit la seigneurie de ceste tour/nous des mandasmes a galeholt le brun/et encoͬ a cestuy point ne scauions nous son nom. Sire/pourquoy nous auez vous ceste chose fait iurer. Pource dist il/que ie vueil que ma dame vostre dame soit desormais mieulx gardee que nulle autre dame. Je vueil q̃ nul cheualier estrãge ne la voye iamais sil nest prisonnier ou sil nest si bon cheualier de sa main q̃l puisse faire p son corps ce q̃ ie feiz par cestuy passaige par ma prouesse/et pourtãt orendroit seurement vous ay ie cestuy serment fait faire. Car iay entendu sans doubte q̃ vng cheualier estrãge doit venir ceste part q̃ se vante q̃ il passera cestuy passaige. Pour achoyson de cestuy cheualier et pour a‍choison des autres q̃ encores y viendrõt ay ie estably cestuy passaige si perilleux cõme vous voyez. Et pource quil y a tel peril ie vueil quil soit appelle le passaige perilleux Et durera icestuy passaige tãt que .iiij. cheualiers y serõt passez p force darmes ⁊ hõnorablement. Je qui suis le premier q̃ le passay seray escript la ou ie cõmanderay. Et apres pourront estre escriptz les autres qui p force darmes y pourrõt passer. Et quãt le quart y sera passe adõc demourra le passaige du tout en tout. Nul hõme ny sera plus arreste ne vng ne autre/chascun y passera puis apres tout frãchement. Ainsi le nous fist il iurer/et nous luy iurasmes incõtinent.

Apres ce ne demoura gueres q̃ le cheualier pour q̃ le passaige auoit este establi vint/ et es‍toit appelle helizer. Grant cheualier es‍toit assez brun et si fort q̃ cestoit merueille de sa force. Il cõmenca les ioustes de hors deuant la porte/ et les cõmenca si merueilleusement q̃l occist le premier de celle iouste et le second et le tiers/et brisa son glaiue. Il dist a ceulx q̃ deuant luy estoient. Cõment seigñrs ny a il nul meilleur cheualier entre vous/se Dieu vous sault ne me faictes trauailler pour pou de chose/mais se le bon cheualier qui premier passa le passaige est leans faictes le moy venir auãt. Je me vueil tout premierement esprouuer a luy et puis a vous autres. A cestuy point sans faille estoit ceans le bon cheualier Galehoult le brun et luy fut apportee la nouuelle de ceste chose. Quãt il ouyt ceste parolle il se fist armer incõtinent et monta sur vng che‍ual/ et yssit hors ⁊ laissa courre sur le che‍ualier/ et le ferit si roydement quil neust pouoir ne force de soy tenir en celle/ains volla a terre erraument. Quãt galehoult leust abatu il ne feist autre demourance ains descendit de son cheual a terre et mist la main a lespee/ et quant il vit q̃ le cheualier se estoit redresse il luy courut sus et luy donna vng si grant coup des‍sus le heaulme q̃l fut si fierement estonne quil tumba a terre de rechief vne au‍tre foys/ et geust illec vne grant piece et puis se releua. Et quant il fut en estant il dist a galehoult le brun qui ia le vouloit assaillir vne autre foys. Sire cheualier arrestez vo᷈ se il vous plaist tant q̃ iaye parle a vo᷈. Doulentiers dist Galehoult Dictes vostre voulente. Je vo᷈ prie dist le cheualier que vo᷈ me dictes q̃ vous es‍tes/car iay trouue en vo᷈ si grãt force et si bõne cheualerie q̃ se dieu me doint bõ‍ne auãture ie suis moult esbahy de vos‍tre affaire q̃ ie ne scay q̃ ie doys dire. Et pource me dictes vostre nom. Sire che‍ualier dist galehoult quant vo᷈ mon nom voulez scauoir et ie le vo᷈ diray orẽdroit Or sachez que ceulx qui me cõgnoissent mappellent galehoult le brun/ie ne scay se vo᷈ en ouystes oncq̃s parler.

Incõtinent q̃ le cheualier ouyt parler de galehoult le brun il ne feist autre demourance ains ietta son escu a terre et son espee pareille‍ment/ et se mist maintenant a genoulx deuãt galehoult. Sire dist il/ ie me rendz a vous et me tiens po᷉ oultre/ie ne vous congnoissoye pas. Car se ie vous eusse cõgneu ie ne me feusse mye mys en ceste espreuue. Sire dist galehoult le brun/po᷉ quoy vo᷈ rendez vous si tost/car ie voys ia que encores nestes mye si au dessoubz que bien ne vous peussiez encores vne grant piece deffendre encontre moy. Le cheualier respondit erramment et dist. Sire/encontre vous ie ne me pourroye plus deffendre puis que ie scay que vous estes Galehoult le brun. Le vostre nom seulemẽt si me fait paour de mort. Des cestuy point que ie euz ouy nõmer vostre nom ien perdys se Dieu me sault tout le pouoir et toute la force q̃ iauoye deuant Pourquoy ie dys tout plainement que encontre vous ne me pourroye plus cõ batre pour nulle auanture du monde. Faictes moy ce que vous vouldrez/ie me metz en voſtre mercy. Sire Cheualier diſt galehoult/or ſachez tout certainemēt ſe vous vous rendez priſonnier en telle guyſe comme le dictes ie vous tiendray pour priſonnier/car occire ne vous voul droyes en nulle maniere du monde puis que vous vous rendez a moy. Mais auant que ie vous recoyue ie vous vueil bien faire aſſauoir que de ceſte priſon ou on vous mettra vous nen pourrez pas yſſir legierement comment vous cuydez apres ce que vous y ſerez mys. Car pour ce que iay tāt eſprouue de vous que ie cō gnois certainement q̄ vous eſtes moult preux et hardy aux armes demourrez vous en priſon icy iuſques a tant que cy viendra aucun cheualier ſi preux des ar mes quil pourra par force mettre a oul trance les vingt cheualiers et moy apres A tant demourrez icy en priſon que ceſte auāture aduiendra. Vous plaiſt il quil ſoit ainſi ou voulez vous cōbatre a moy Le cheualier reſpondit errāment et diſt. Jentendz bien quelle raiſon vous me dic tes. Je endroit moy ne my meiſſe en nul le maniere. Mais pource que ie cōgnois bien que ie ne pourroye yſſir de voſtre main ne eſchapper ſans mort/et mieulx ie vueil viure que mourir ſi haſtiuemēt ie vueil tout ce que vous me voulez de uiſer. En telle maniere demoura le bon cheualier en priſon qui Helizer eſtoit ap pelle. Il neſtoit pas empriſonne/mais il demouroit touteſuoyes en ceſtuy recet auecques nous. Il auoit iure loyaulment que iamais ne ſen partiroit deuāt ce que le cheualier ſeroit venu q̄ les vingt che ualiers mettroit a oultrance q̄ luy apres Et depuis ql eut fait ce ſermēt galehoult le brun ſe partit hors du chaſtel q̄ laiſſa ceans la dame q̄ eſtoit demouree groſſe de luy. Et de ceſte dame ſans faille fut ne adonc le bon cheualier q̄ au iourdhuy ſe cōbatit encontre vous ſi fierement cō

me vous veiſtes. Il fut filz de galehoult le brun certainement. Si vous ay ores fine mon cōpte tout appertement en q̄lle guyſe et en q̄lle maniere ceſte perilleuſe auāture fut eſtablie premierement. Et quant il a dit ceſte parolle il ſe taiſt ⁊ nen diſt plus a ceſte foys.

Quant il a ſa raiſon finee giron q̄ moult ententiuement lauoit eſcoute diſt. Sire cheualier ſe dieu maiſt bien mauez compte treſtout mot a mot cōment lauāture du paſſage perilleux fut eſtablie premierement. Et quant voꝰ mauez fait ſaige tout ainſi cō me ie le deſiroye a ſcauoir/or me dictes ſil voꝰ plaiſt vne autre choſe. Le bon che ualier qui ceans eſt cōment eſt il appelle Sire fait il ſe dieu me ſault/nous lappel lons febus. Galehoult le brun noꝰ māda ce nom des le premier iour quil fut ne/ie ne ſcay pour q̄lle raiſon il lappella en tel le maniere. Gyron reſpondit ⁊ diſt adōc Ce ſcay ie aſſez dont vint ceſtuy nom. Il fut ia en lancien tēps vng cheualier ſi gracieux de toutes choſes q̄l ne fut puis nul plus preudhōme ſicōme ie croy. Cel luy eut nom febus ſans faille/ et ie croy bien q̄ pour lamour de ceſtuy fut ceſtuy appelle febus. Or vous pouez huymais aller dormir ſil vous plaiſt/ie me tiens moult bien paye de ce q̄ voꝰ mauez cōpte Pour belle auāture ſans faille fut encō mencie ceſtuy paſſaige perilleux. Le che ualier ſe partit incontinent de la chābre ql eut congie de gyron/ et dormir ⁊ repo ſer ſen alla/car il en eſtoit bien tēps ⁊ heu re. Et giron ſe dormit toute la nuyt tāt q̄ le iour fut apparant bel ⁊ cler q̄l ſe leua Et ceulx de leans luy apporterent robe nouuelle aſſez bōne poꝰ cheualier errant et il la print. Et quant il fut hors de ſon lict il demāda ſes armes ⁊ on les luy ap porta. Et la ou il ſe faiſoit armer a tant vint deuāt luy le ſeignr̄ de leans qui luy offriſt le bon iour ⁊ la bonne auāture. Et gyron luy feiſt pareillement. Sire fait il a gyron/ se dieu vous doint ioye cõment vous sentez vous/ne le me celez sil vous plaist. Sire ce dist gyron pour quoy le vo9 celeroyes ie. Or sachez tout vrayement que ie nay membre sur moy qui ne se dueille du trauail de hier. Et non pourtant ie cuide et croy que de tout ce trauail dont ie me dueil sen pourront pou apparceuoir voz cheualiers quãt ce viendra au grant besoing. Faictes les armer se il vous plaist/car ie vouldroye que nous eussions ia commence nostre besongne puis que faire le me conuient. Sire ce respond le cheualier/Or saichez tout certainement que les nostres vingt cheualiers qui le passaige doyuent garder sont ia au dehors de la porte appreillez de toutes armes/or y perra que vous ferez/car ilz sont prestz de tenir nostre coustume. Sire ce respond Gyron/et ie suis appareille du maintenir.

Quant il eut dit ceste parolle il demanda son heaulme/car de toutes ses autres armes il estoit ia tout garny. Et quant le sire qui trop estoit de grãt et de hault cueur voit que gyron se veult toutesuoyes combatre encontre les vingt cheualiers et puis a luy il dist. Sire cheualier/puis que ie voy que vous avez toutesuoyes si grant voulente de maintenir ceste attine or vous diray que no9 ferons. Pource que ie cognois certainement quil me seroit tourne a vilenye et a honte se ie me combatoye a vous apres ce que vous vous seriez combatu aux vingt cheualiers ie vo9 vueil orendroit faire autrement cõme ie vous diray. Je vueil faire demourer les vingt cheualiers en telle maniere que vous a moy vous combatrez tãt seulement. De vous et de moy soit la bataille/et de to9 les autres serez quicte a cestuy point. Se vous moy seul pouez mettre par force darmes iusques a oultrance ie vous quicte toutes querelles/ et adõc pourrez vous bien oultre passer

tout quictement. Vous est il auis orendroit q̃ ce soit assez auãtaige que ie vous faiz a cestuy point. Gyron respond tout errãment et dist. Sire cheualier iẽtendz bien ce q̃ vous me dictes. Bien congnois vostre parlement/et feisse bien a vostre voulente a cestuy point/mais ie seroye ma vergongne/et vous diray en quelle maniere. La coustume qui fut establye en ce passaige il ya grãt temps a este iusques cy gardee encõtre tous ceulx qui y vindrent/et selle faillcoit par moy donc seroit ce ma hõte se ie y passoye en autre maniere que ie ny doys passer. Le passaige seroit honteux par moy/et pour ce ou ie passeray du tout honnorablement cõme cheualier errant le doit passer ou ie demoureray mort. Pour combatre a vous seul ie ne pourroye passer comme ie deuroye/pource me vueil ie esprouuer encontre les vingt cheualiers et puis apres encõtre vous. Or saichez beau sire tout certainemẽt que se ie me pouoye de vous seul deliurer si legierement comme ie me cuide deliurer des vingt auant que feust heure de none auroyes ie ceste auanture menee a fin. Le vous dys ie seulement.

¶Cõment gyron le courtoys vaincquit les vingt cheualiers qui gardoient le passaige perilleux/et cõment apres ce que gyron eut naure le seigneur de la tour il ne voulut plus cõbatre alencõtre dudit seigneur/et cõment il se fist cõgnoistre a luy.

Comment beau sire fait le cheualier de la tour/vous ne voulez mye faire Ceste chose a mon conseil. Adonc respõdit et dist gyron. Non certes/car ie voy tout appertement que vostre conseil me tourneroit a deshonneur/et pour tant ne my accorderay ie en nulle maniere. Certes dist le cheua

fueillet — CL.lxxiij

lier de ce me poyse/et quant en autre maniere ne le voulez faire fors sicōme vous le dictes. Or le faictes donc autrement que il ne fut hier fait. Pource que ie voy tout clerement que il me seroit honte et laidure de moy combatre encontre vo9 ie vueil faire autrement. Cest que ie remueray ceste coustume en telle guyse si comme ie vous diray. Je me combatray tout premieremēt encōtre vous/et puis se il advient en telle maniere que vous me puissiez par vostre prouesse mettre au dessoubz de nostre bataille vo9 vous cōbatrez puis apres a vingt chevaliers et ainsi sera fait se il vous plaist. Gyron adonc respondit et dist autre foys. Je ne vouldroye en nulle maniere du monde q̄ ceste coustume feust remuee de par moy. Et pource ie vueil que les vingt chevaliers viengnent avant. Car ie me vueil combatre encontre eulx/et puis a vous ie feray ce que ie deveray faire. Et lors feist lacier son heaulme et descendit du palais et vint avāt et trouva son cheval tout appareille/et il monta tout erramment garny de toutes ses armes/et chevaucha tant quil yssit hors de la porte. Et lors demanda son glaive et son escu/et lon luy bailla tout incontinent. Et quant il vit que les vingt chevaliers estoient appareillez de maintenir la place et la coustume qui estoit establie a cestui passaige. Et non pourtant pource quilz cognoissoient bien certainement que gyron estoit si bon chevalier en toutes guyses si que oncques navoit este veu entre eulx nulz si preudhōme furent ilz assez espouentez. Ilz ne furent pas orendroit si entalentez de cōmencier ceste besongne cōme ilz avoient este le iour de devant. Le plus hardy et le plus preux qui entre eulx fut avoit toute doubtance et toute paour de attendre le glaive de gyron/car bien scavoit certainement que mortellement estoit a doubter. Quant gyron fut appareille de commencier ceste be-

songne ainsi comme il estoit mestier il se retourna adonc devers les chevaliers et leur dist. Seigneurs fait il/or y perra q̄ vous ferez/se vous avez povoir et force de vous deffendre seulement ceste matinee ie le tiendray a grant prouesse. Se dieu me sault vous estes vingt de vostre part et ie suis tout seul de la mienne/or verra len se le corps dung seul chevalier en peut valoir vingt au besoing. Or vo9 deffendez se vous pouez/car ie vous assaulx maintenant pour mettre a fin ceste avanture.

Apres cestuy parlement il ne fait autre demourance ains laisse courre incōtinent vers les vingt chevaliers tant comme il peut du cheval traire. Et fiert le premier q̄ encōtre si roidement et de telle force quil le fait trebuscher a la terre. Et de tant advint bien a cellui que il ne loccist mye de cellui coup. Quant il eut abatu en tel le maniere comme ie vous compte le premier des vingt chevaliers il ne sarreste pas sur luy/car assez petit prise tout cellui fait/ains laisse courre sur vng autre et feist de luy tout en telle maniere cōme il avoit fait du premier. Quant les autres qui la estoient/et qui cōtre luy se combatoient virent ceste besongne si fierement encommencer affin quil eut paour et grant doubtance de eulx laisserent courre les plusieurs deulx sur luy pource vrayement que a cestuy point ne osoyēt mye ferir sur vng chevalier quatre chevaliers ne cinq ensemble. Car deffendu estoit du tout en toutes les contrees ou chevaliers errās repairoient/et pource nosoiēt ilz ferir ensēble sur luy. Il estoit raison selon la coustume de cellui temps que vng seul chevalier y feust et puis le second et puis le tiers et puis le quart. Et puis chascun sil voulsist lung apres lautre/mais deux ne trois ny povoiēt ferir vrayement. Et pource q̄lz avoiēt de luy paour ferirent ilz trois sur luy tout

L iij

a ung coup/et tous trois briserent leurs glaiues/mais deschenauchier ne le peurent/car moult bien cheuauchoit en toutes guyses. Apres ce que il eut brise son glaiue et il eut tãt fait que a la verite dire nul cheualier qui a cestuy temps feust au monde nen peust autant faire. Il ny feist autre demourance aincoys mist la main a lespee q̃ encores estoit taincte du sang aux seignrs de leans. Il se plunge adonc entreulx/et monstre bien que cest gyron vrayement qui nauoit nul pareil au monde a cestuy tẽps. Il monstre bien que cest le Cheualier sans per/a tout le moins en bonte de cheualerie. Et quen diroie ie/cest gyron qui est seur en toutes besongnes qui na paour ne doubtance pour auanture que il soye tant soit greuaine. Et qui adonc feust en celle place et veist celle entreprinse merueilleuse il peust bien dire seurement que tout ainsi cõme le lyon quãt il se combat entre les bestes ieun̄ z familleux monstre sa force et son pouoir tant q̃ en petit dheure il ny a beste tant soit fiere qui ne soit morte de paour ꝙ puis en fait sa voulente du tout en tout. Ainsi fait gyron en celle place. Il a tant fait en petit dheure que les cheualiers de la tour qui encontre luy se vouloient deffendre ne sont pas moins espouentez de luy quilz feussent de la mort Il est droictement entreulx cõme le lyon entre les bestes. Car ilz en ont si grant paour et en petit dheure ꝙ par raison que ilz luy laissent toute la place. Ilz luy quittent le passaige a ceste foys ꝙ se repẽtent quilz se mirent en lespreuue encõtre luy/ apres ce que ilz auoient ia autre foys esprouue la grant force et le grant pouoir de luy. Ilz auoient le iour de deuãt assez chierement achapte sa venue/car de eulx y en auoit de mors. Or sont orendroit achapte une autre foys/ car les plusie's en sont naurez si durèmẽt quilz sont desmourez en la place tellement attournez quilz ne se peuent remuer. Et ung en gy

soit mort illec pour cestuy dõmaige q̃lz auoient ia receu. Et pource quilz voiẽt bien tout appertement que encontre gyron ilz ne pourroient durer ne po' mort ne pour vie ilz laissent la place du tout ꝙ se fierent en leur recet. Dedãs la tour se mettent tous. Irez sont et dolens et tristes pl' q̃lz ne furẽt oncq̃smais. Hõnys se tiennent du tout et deshonnorez de ce quilz voient quilz ne se peuent deffendre encontre le corps dung seul cheualier. Quãt gyron voit que to' les cheualiers de la tour estoient la dedans entrez/ et tous ceulx qui la dehors estoient estoiẽt desarmez/il retient son cheual qui a celluy point eust greigneur mestier de reposer que de courre/car trauaille estoit assez et naure de deux glaiues. Et ung cheualier qui deuant luy estoit luy dist adonc. Sire cheualier assez en auez fait a cestuy point au moins de ces vingt cheualiers. Se vous vous pouez aussi bien deffendre du seigneur cõme vous vous estes deffendu des vingt cheualiers bien serez quicte du passaige en cestui endroit Gyron respondit ꝙ dist adonc. Sire cheualier/or sachez que plus a affaire en celluy que nauoit en tout ce que iay encores fait. Apres ce ne demoura gueres que il ouyt ung cor sonner haultement. Sire cheualier fait lautre qui parloit a gyron Tãtost pourrez veoir ca deuãt le seignr de ceans/or y perra q̃ vous en ferez. Se dieu me sault/se vous encõtre luy vous pouez deffendre vous vo' pourrez bien priser adonc. Sire cheualier fait gyron/ ie ne scay quil en aduiendra. Mais tant vous faiz ie assauoir que se a luy me cõuient cõbatre ce me pesera chierement. Je le congnois tant desormais que iamais en iour de ma vie ne me cõbatray voulentiers contre luy. Et ce disoit il pour la grãt amour de galehoult le brun le bon cheualier que il auoit ia tãt ayme Lautre cheualier lentẽdoit bien tout autrement/ car il cuydoit bien que Gyron

eust dit ceste parolle pour la grant doub
tance du seigneur de ceans. Pour ceste
parolle quil ouyt adonc en ceste maniere
que ie vous ay compte se partit gyron et
sen vint droictement ou le bon chevalier
se faisoit armer et lui dist. Sire or sachez
certainement que vous vaincrerez ceste
bataille/car le chevalier errāt est espou
ente de vous seul si que cest merueille.
Et vous diray en quelle maniere. Et
maintenant luy cōmenca a cōpter tout
mot a mot ce quil auoit ouy. A ceste pa
rolle respondit le chevalier moult cour
toysement et dist. Or sachez quil ne dist
pas ceste parolle pour paour de moy ains
la dist par sa courtoysie. Car si maist
dieu/ie le sens a si bon chevalier darmes
merueilleusement que ie congnois de ve
rite quil nauroit paour de moy en nul
le guyse.

Quant febus eut ainsi parle et
il fut arme il ne feist autre de
mourance ains descendit du
palais et vint en la court et monta a che
ual. Et quant il fut monte il cheuaucha
tant quil vint dehors et trouua gyron
emmy la place tout ainsi arme comme
il estoit. Quant ilz sont tous deux en la
place en telle guyse cōme ie vo⁹ cōpte gy
ron qui pas na oublie la grant amour q̃
il eut en Galehoult le brun/et po² lamour
de cestuy tresbon chevalier ayme il tant
cestuy de tout son cueur. Et tāt laymoit
au vray dire que encontre luy ne se vou
loit cōbatre en nulle maniere du mon
de tant comme il sen peust destourner.
Quant il le veist approuchier de luy il
luy dist. Sire bien viengniez. Sire fait
le bon chevalier/bonne auanture vous
doint dieu. Sauue la raison toutesuoies
qui est entre nous deux. Sire ce luy dist
gyron/que ferez vous/vous voyez bien
tout appertement cōment ie me suis de
liure de voz cheualiers. Certainement
ce dist le chevalier/ie lay bien veu vraye
ment/et vous auez bien tant fait et huy

et hier que ie congnois bien sans faille que
vous estes le meilleur Chevalier que ie
veisse encores oncques depuis que ie fuz
chevalier. Sire ce luy dist gyron/or me
dictes sil vous plaist. Vous est il auis
que ie soye tel Chevalier q̃ ie puisse mon
corps deffendre encontre vous. Certes
sire chevalier ouy. Encores contre meil
leur que ie ne suis vous deffendriez vo⁹
bien sans faille. Ne il ne mest pas auis
que a la haulte cheualerie que ie cōgnoi⁹
en vous que en nulle maniere du monde
ie peusse venir au dessus de vous se auā
ture ne mest trop durement contraire.
Donc ie vous prie ce dist gyron que vo⁹
orēdroit me faciez vne courtoisie. Quel
le ce dist le chevalier/dictes la moy. Or
saichez tout vrayement que se ie le puis
faire ie le feray. Je vous mercye ce dist
gyron. Or ie vous prie que vo⁹ me quit
tiez de ceste bataille que vous voulez en
commēcer/car sachez certainement q̃ ie
nay ne cueur ne voulente de combatre
encontre vous. Et certes se ie vous eus
se congneu autant hier comme ie faiz or
endroit/or saichez que ie ne me feusse cō
batu encōtre vo⁹ ne pour mort ne po² vie

Quant le chevalier entend ceste
parolle il cuyde tout certaine
ment que Gyron ait paour de
luy/et que pour doubtance de luy il ait
dicte ceste parolle. Et pource respond il
adonc tout autrement quil ne pense. Si
re chevalier fait il/quen diriez vous. Or
sachez tout certainement que ceste chose
ie ne pourroye faire pour priere de vous
ne dautruy. Car adonc seroyes ie fail
lir la coustume de cestuy passage a quoy
ie ne macorderoye en nulle maniere/po²
quoy ie dys que combatre nous cōuient
ensemble vueillons ou non. Deffendez
vous desormais se vous le pouez faire/
car vous estes venu sans faille a la ba
taille. En autre guyse ne pouons nous
partir la querelle. Gyron ne scait que il
doit dire quant il entend ceste nouuelle

De Gyron le courtoys

Moult est dolent et moult courrousse de ce que combatre luy conuient encontre cestuy quil ayme de tout son cueur pour lamour de galeholt le brun. Il pense tout ainsi a cheual comme il auoit la teste enclinee vers terre. Et le Cheualier qui le voit penser luy dist. Sire cheualier que pensez vous/vostre penser ne vous vault riens/a combatre nous conuient ensemble malgre vostre voulente tant q̃ lung de nous deux viengne au dessus de ceste entreprinse. Se vous estes meilleur cheualier de moy bien vous sera mestier a cestuy point que ie vous promets loyaulment que ie vous donneray tant affaire auant que nostre estrif demeure q̃ plus nen demanderez au departir. Pour dieu beau sire fait gyron/pourroit il en nulle maniere auoir paix entre moy et vous sans bataille. Nenny certes fait le cheualier. Car ie ne vouldroye en nulle maniere que la coustume de cestuy passaige demourast tant que ie la peusse maintenir. Vostre parler ne vous vault riẽs Gardez vous doresenauant se vous le pouez faire/Car ie vous abatray sans faille de ceste iouste se ie puis oncques.

Puis apres quãt il a dit ceste parolle il se esloigne de gyron et gyron de luy/car bien apparceut tout clerement que a cestuy point ne pourroit il trouuer nulle autre raisõ Quant ilz se furent eslongnez lung de lautre pour iouster ensemble ilz sentreuindrent au ferir des esperons tant cõme ilz peurent des cheuaulx traire. Quant ilz vindrent aux glaiues baisser ilz sentreferirent de toute leur force si roidement q̃ le plus fort et le plus roide fut moult greue de cestuy coup. Le cheualier fut si estrangement greue de celle rencontre a ce quil fut adonc trop fierement hurte. Il neust pouoir ne force si q̃ il se peust tenir en celle/ains vola a terre naure moult durement emmy le pis. Il fut de celluy cheoir si durement estourdi quil ne sceust se il estoit iour ou nuyt. Il gisoit illec en telle maniere tout pareillement comme sil estoit mort. Quant gyron vit ceste auanture pource que il eut doubte et paour que le bon cheualier ne feust naure mortellement saillit incontinent a terre. Il ne prit pas garde a son cheual/ains alla tout droit au cheualier et trouua que le cheualier estoit si estrãgement estourdy et estonne cõme ie vous ay dit autre foys. Gyron tousiours le regardoit qui estoit si estrangement pre de ceste auanture quil ne scauoit quil deuoit dire. Se il la occis ou se il la naure mortellemẽt il naura iamais ioye a son cueur sicomme il disoit. Car adonc se seroit il trop malement meffait enuers le tresbon cheualier que tant il souloit aymer. En telle guyse cõme ie vous cõple demoura le cheualier vne grant piece a la terre si malement attourne quil ne remuoit ne pie ne main. A chief de piece reuint destourdisson et ietta vng plaingt si douloureux et ressault sus tout en estant moult vigoureusement tout ainsi comme se il neust nul mal du monde q̃ regarde gyron et luy dist. Sire vous manuez abatu/mais or sachez tout certainement que ie ne me tiens pas pour cheualier se ie ne men venge auant que vous vous partez de moy.

Sire fait gyron/dictes moy se il vous plaist cõment vous vous sentez. Commẽt fait le cheualier/ie me sens moult bien la dieu mercy Plus me poyse de la vergongne que iay receue a cestuy point q̃ ne fait certes du dõmaige. Or tost deffendez vous de moy se faire le pouez/car vous estes venu a la bataille. Et quant Gyron voit toutesuoyes que le Cheualier se veult cõbatre encontre luy et que autre paix ne autre acord il ne peut trouuer en luy il est trop durement pre/car encontre cestuy ne se voulsist il cõbatre pour nulle auanture puis q̃ le cõgnoist. Et q̃ diroie ie/le che

fueillet

ualier ne veult de luy que la bataille/il ne se veult accorder a la paix. Ne gyron de lautre part ne se veult accorder a la bataille pour nulle chose du monde. Cil ne veult rien fors la bataille/ne gyron ne veult fors la paix. Le chevalier qui trop est yre de ce quil a este abatu et vouldroit trop voulentiers se il pouoit vengier ceste honte si est de lune part du champ lespee toute nue en sa main. Quant gyron voit que il ne peut en nulle maniere du monde trouuer enuers le cheualier fors la bataille il est tant yre quil ne se peut adonc tenir que les larmes ne luy viennent aux yeulx. Il pense la teste enclinee vers terre. Lautre qui penser le voit lui dist adonc. Sire cheualier q̃ pensez vo⁹ vostre penser ne vo⁹ vault riens. Encōmencōs nostre bataille desormais A qui dieu en donera lhonneur si le preigne. Quant giron entent ceste parolle il dist tout larmoyant des yeulx. Sire cheualier que vous diray ie/ or saichez tout certainement que encontre vous ne me pourroie ie combatre pour nulle chose. De ce que ien ay fait ordroit me repēs ie de tout mon cueur. Car ie congnois en moy mesmes q̃ ie me suis meffait trop vilainement enuers vous/pour ce vous cry ie mercy q̃ par vostre gentillesse et pour le prouffit de nous deux me pardonnez ceste bataille/car saichez q̃ mō cueur ne se pourroit accorder que ie me cōbatisse a vo⁹/et encores vous dy ie vne autre chose/or saichez que se hier quant ie me combatys a vous vous eusse cōgneu cōme ie vous congnois orendroit ie ne me feusse combatu a vous ne pour mort ne pour vie/car de me estre cōbatu encōtre vous me suis trop meffait et plus q̃ vo⁹ ne cuydez.

Quant il a dicte ceste parolle il ny fait autre demourāce/mais se met a genoulx deuant les piedz du cheualier et lui dist tout larmoians des yeulx. Sire ie me tiēs pour oul-

CC.lxxvii

tre de ceste bataille/or faictes de moy d'ormais toute vostre voulēte/et lors gecte son espee deuāt les piedz du cheualier et osté lescu de so⁹ col q̃ le gecte aps q̃ dist de rechief. Sire cheualier encores vous dy ie que ie me tiens pour oultre de ceste bataille/faictes de moy vostre voulente oultreement. Quant le cheualier voit ceste aduanture il est si fort esbahy q̃l ne scait q̃l doye dire/car il cōgnoist tout certainement que gyron nest pas encores a ce mene que il fist ceste chose pour paour ne pour doubtāce. Lors se baisse enuers luy et le prent par la main et luy dist. Le uez sus sire cheualier ne me faictes cest honneur/car ie ne lay pas desseruy. Leuez sus et ie vous prometz que ie feray pour vous de ceste chose ce que ien pourray faire sauue la raison de cestuy passage. Lors se lieue gyron en estāt/et le cheualier qui est trop desirāt de le congnoistre luy dist. Sire cheualier ie vous prie par la foy q̃ vo⁹ deuez a tous les cheualiers du monde q̃ a la chose q̃ vo⁹ aymez le plus que vous me diez vostre nom/car bien saichez tout certainemēt q̃ vous me faictes trop fort esbahir de ce q̃ vo⁹ auez a ceste heure fait. Gyron respondit q̃ dist Sire or saichez q̃ ie suis vng cheualier errant non pas si bon dassez cōme ie vouldroye estre. Gyron ay nom/ie croy bien q̃ aucuneffois auez ouy parler de mon nō Le cheualier fut forment esbahy quāt il ouyst parler de gyron/car mainteffois luy auoit on dit q̃ le cheualier q̃ son pere auoit le plus ayme si auoit este gyron le courtois q̃ q̃ eulx deux auoiēt este cōpaignōs darmes. Et quāt il eut pouoir de parler il dist. Sire se dieu vo⁹ sault estes vous giron le courtois. Sire fait giron ainsi mappella premieremēt le meilleur cheualier qui en nostre temps portast armes en tout le mōde/ce fut galehoūt le brun. Et quant il eut dicte ceste parolle les larmes luy vindrent aux yeulx si que mot ne peut plus dire. Quant febus oyt

De Gyron le courtois

cefte nouuelle il congnoift tout certaine
ment que ceft gyron le courtois le meil
leur cheualier du mõde. Il ny fait autre
demourance ains gecte maintenant son
espee dune part ⁊ son escu dautre/et puis
ofte son heaulme de sa tefte au plus haf
tiuement quil peut et luy court les bras
tendus et luy dift. Haa sire vous soiez le
trefbien venu. Si maift dieu or saichez
bien quil nya orendroit en tout le monde
nul cheualier que ie tãt defiraffe a veoir
cõe ie faisoye vo9. Et certes de ce q̃ dieu
vous a amene cefte part par telle aduan
ture me tiẽs ie a trop riche et a trop bien
eure/et le doy par raison eftre/car ie puis
bien feurement dire q̃ quant ie vous voy
ie voy le meilleur cheualier du monde.

Quant ilz eurent vng pou parle
en telle maniere febus qui ia a=
uoit ofte son heaulme de sa tefte/ car bien
difoit dedans son cueur q̃ cefte bataille ef
toit a tant finee giron dift a febus. Sire
eftes vo9 bleffe dont vous puiffez auoir
paour/car il voyoit ia tout clerement q̃
il eftoit naure emmy le pys. febus ref=
põdit ⁊ dift adõc. Sire ie suis naure sãs
faille/ mais ie ne suis mie tãt naure que
ien euffe ia laiffe cefte bataille ce ne fuft
pour la recongnoiffance qui entre nous
deux eft venue. Et saichez tout de vray
que de cefte recõgnoiffãce suis ie tãt ioy=
eux dedãs mon cueur q̃ a paine vo9 pour
rois ie dire la grant ioye que ien ay. Car
feurement puis affermer que cefte reco=
gnoiffance q̃ entre no9 eft aduenue me de
liure de ce felon iour a moy paoureux ⁊
doubtable. Bien puis dire quen ceftuy
iour me euft fallu ma vie finer ce ne fuft
la recõgnoiffance qui eft entre no9 deux
ainfi venue/ car en nulle guife de ceftuy
monde ie neuffe peu durer encõtre si bon
cheualier cõme vo9 eftes. La grãt cour-
toifie de vous si me fait demourer en vie
Haa sire mercy dift gyron ne me faictes
cefte vergongne/ ne me louez oultre ce q̃
vous deuez. Sire ce dift le cheualier/ or

sachez bien que le mien loz acroift moult
petit voftre pris. Voz autres oeuures de
pieca/voz grans faitz/voftre cheualerie
vous dõnent tel pris ⁊ tel loz par tout le
monde cõe la renõmee tefmoigne. Affez
auons icy parle de cefte chose or no9 en al
lons leans si nous reposerons apres le
trauail ⁊ la paine que no9 auõs soufferte

Ore montent tous deux sur
leurs cheuaulx ⁊ errent tãt q̃lz
viennent au palais. Se ilz sõt
receuz a grant ioye ce ne fault il ia demã
der. Car pour faire hõneur a giron q̃ ilz
congnoiffoient ia tous pour les haultes
proeffes quilz auoient ouy cõpter de luy
vont criant cõtre sa venue tãt les grans
cõme les petis. Bien viegne le meilleur
cheualier du monde/ bien viegne la fleur
de toute cheualerie/ ceft gyrõ le courtois
Ainfi crioyent les vngs ⁊ les autres en
contre giron qui de ce eftoit tout hõteux
Quãt ilz sõt venuz deuãt le palais ilz def
cendẽt et entrent dedans et maintenant
se font defarmer au pluftoft q̃lz peuent
pour eulx alegier de leurs armes. Et
quãt ilz ont regarde la playe q̃ febus a=
uoit emmy le pis il treuuent q̃ elle eftoit
grande et auoit ia rendu du sang affez
plus que meftier ne luy fuft/ et luy eftan
chent au plus faigement quilz peuent et
puis le laiffent a tant. Quãt febus fut
appareille il print gyron par la main et
le mena en vne chãbre auec lui ou ilz se
affirent deffus vng lict. Et quant ilz
se vouloient deuifer ensemble ilz com=
mencent adõc a penser lung dune part
et lautre dautre. Et se aucun me deman
doit pour quoy il penfoient ie lui rẽdroie
telle raison. Emmy la chambre droicte=
ment pendoit vne espee trop belle ⁊ trop
bõne. Cefte espee auoit bien longuemẽt
portee galehault le brun pour lamour de
hector le brun son pere de q̃ il lauoit eue.
Pour ce commencerent maintenant les
deux cheualiers a penser quilz eurent re
garde lespee/ car tout maintenant leur

souuient de la mort galeholt le brun Lespee si leur ramentoit que ilz soient deuant eulx.

Quant ilz euret vne grant piece pese en telle guise comme ie vous compte gyron qui tout premier parla dist en plourant. Haa bonne espee come vous perdistes bon et noble seigneur celluy iour que vous perdistes galeholt le brun. Certes se vo9 scauiez parler bie auriez raison de faire douleur et plainte quant vous perdistes tel seigneur/car iamais nen pourrez vng tel recouurer. Cheualerie abaissa trop de celle mort. Febus pleure q fait grant dueil quant il entent ceste parolle/q puis quant il eut pouoir de parler il dist. Ha sire dist il comme ie fiz celluy iour douloureuse perte quant le mien pere mourut/lhonneur de moy abaissa trop durement/cest de luy perte non recouurable. Certes cest chose vraye dist gyron/et si maist dieu se vous scauiez ql grant merueille ie luy veis iadis faire en vng seul iour pour lamour de ceste espee bien diriez se vous vouliez verite dire que voiremet fut cille meilleur cheualier de toute la cheualerie q en nostre teps portast armes. Je suis celluy qui vit vng iour vng si grant fait que ie cuydois bien au comencement se dieu me sault que trop grant mal en deust aduenir. Mais vostre pere qui a celluy temps estoit bien le meilleur cheualier du monde mena a fin tout celluy fait si honnorablement que certes ie ne cuidoye au comencemet quil leust peu faire. Quant il a dicte ceste parolle il se taist q febus luy dist. Sire gyron sil vous plaist coptez moy celle auanture de ceste espee que vo9 tenez a si grat merueille. Certes voulentiers fait gyron puis que vostre voulente est de le scauoir et ie le vous diray maintenant. Et quat il a dicte ceste parolle il comence tantost son compte en telle maniere

¶ Comment gyron le courtois compte a febus qui filz estoit de galeholt le brun coment on osta lespee audit galeholt son pere en vng tournoiement ou il estoit.

Verite est q au parauat q galeholt le brun le bon cheualier me receut en sa copaignie il aduint q ie aymay vne dame de merueilleuse beaulte. Je qui la dame auoye veue si belle laymoie de tout mon cueur q si me estoye apperceu que la dame ne me hayoit pas / ains me vouloit grant bien. Je ouy parler dung tournoyement qui deuoit estre a celluy teps deuant vng chastel a la dame. Si nous acopaignasmes le bon cheualier galeholt et moy pour aller a ce tournoyemet Et quant nous feusmes la venuz et le bon cheualier vit la beaulte de la dame il layma tout maintenant. De tout ce ne me apperceuz ie mye/car a celluy teps estois ie encores trop ieune. Je endroit moy q vvoyoie aux fenestres de la tour la dame q tat estoit belle q cestoit merueilles comencay maintenat a faire darmes deuant tous ceulx qui la estoient tant q ie gaignay adonc le loz et le pris sur tous ceulx qui armes porterent a celle fois. Le bon cheualier entendoit tant seulement a regarder la dame et y auoit tellement fische ses yeulx son cueur q sa voulente que il estoit deuant la dame tout a cheual ainsi coe vng home de fust. Tat entendit a regarder la dame en telle guyse come ie vo9 copte que les vnges q les autres q de ce se prindrent garde sen comencerent a gaber. Les dames se gaboient dune part q les damoiselles dautre part Les varletz et les escuiers en comencerent a faire leurs gabz. Ainsi se comencerent a gaber les vnges et les autres du bon cheualier. Je endroit moy ne men prenoye garde de ceste chose/car ie nentendoye adonc a autre chose fors a ce seulement que ie peusse vaincre lassemblee car bien scauoie certainemēt que ma dame me recongnoissoit trop entre les autres. Quen diroie ie/ien auoye ia tant fait adōc q̃ tous me dōnoient pris et lors sur tous ceulx q̃ armes porterent en celle place. Se les vngs entēdoient a moy les autres entēdoient au bon cheualier q̃ se gaboient de luy qui valoit telz mille cheualiers cōme iestoye.

Tant salterent de luy gabant les vngs et les autres ainsi cōme me cōpta puis cestuy q̃ le vit proprement q̃ vng varlet se mist auant et luy osta le glayue du poing. Cil qui a la dame regarder entendoit si forment ne sentit pas quant on luy tollit son glaiue. Vng autre se mist erramment auant et luy osta son escu du col. La gaberie cōmenca illec a lors plus grande q̃ elle nauoit este deuant. Apres se trait auant vng autre varlet qui desceingnit lespee au bon cheualier et sen alla a tout Ainsi perdit le bon cheualier son espee son escu et son glayue/ne de tout ce ne sestoit il encores apperceu. Quāt ie euz le tournoyement vaincu si que tous me donnoient pris et lors ie men vins par deuāt ma dame q̃ maduint q̃ trouuay illec deuāt le bon cheualier qui encores pensoit si merueilleusement comme ie vous ay compte. Quant ie fuz venu deuant luy et ie le recongneuz ie luy dis. Sire q̃ pensez vo⁹ tant/allons no⁹ en desormais dicy/car tēps en est. Il ne me respondit mot du monde/car encores pēsoit il ainsi fermemēt comme il auoit fait tout le iour. Je recongneu tout maintenant q̃ il pensoit si le prins adonc par le bras et tant feiz que ie le remuay de son penser et il me commence a regarder ainsi comme tout esbahy et tout courrouce et me dist. Pour quoy mauez vous remue de mon penser/vous auez fait trop grant

mal se dieu me doint bonne aduanture. Et ie luy dis de rechief. Sire ie vous dys ceste parolle pour ce que il seroit huy mais temps de cheuauchier se il vo⁹ plaisoit. Commēt dist il est le tournoyement fine. Et ie luy dis que fine estoit il voirement et bien en estoit temps/car ia estoit heure de vespres

Quant il entendit ceste nouuelle il fut si fort esbahy que il ne scauoit quil deuoit dire. Et ie luy demanday adonc. Sire quest deuenu vostre escu. Certes dist il ie ne scay Et lors commence a regarder tout entour luy et apperceoit adonc tout premierement que il auoit perdu son escu et son glayue et son espee/dont il me dist adonc trop courrouce. Sire compains vergon de suis a cestuy point assez plus malement que ie ne voulsisse. Jay en cestuy lieu perdu la chose du monde que ie aymoie le plus/cest mon espee/mais encores se dieu me sault la cuyde ie moult chierement vendre a aucun se aduanture me veult tant de bien que ie la treuue. Quant il a dicte ceste parolle il se taist/q̃ ie fuz trop dolent de ceste aduanture/car ie congnoissoye bien en moy mesmes q̃ se il la pouoit veoir a nul il se mettroit en danger de mort pour la recouurer et feussent ilz cent cheualiers/si luy dis. Sire ou voulez vous herbergier a nuyt ou dedans ce chastel ou ailleurs et il me dist. Je vueil que nous herbergeons dedans ce chastel pour scauoir se ie pourroie auoir aucune certainete de mon espee. Celle ne vouldroie ie perdre pour nulle aduanture du monde/pour tant q̃ ie la peusse recouurer/q̃ ie luy dys. Sire entrons donc dedans ce chastel. Ce me plaist moult dist il/et maintenant entrasmes leans. Ainsi comme ie vous ay cōpte perdit le bon cheualier ceste espee icy que vo⁹ veez. Or vous diray cōmēt il la recouura puis et p̃ quelle aduāture.

Apres ce que nous feusmes partis du chastel ou nous dormismes celle nuyt nous cheuauchasmes puis mainte iournee sans auanture trouuer qui face a ramenteuoir Le bon cheualier estoit toutesuoyes si fort courrouce q̃ ie ne le pouoye reconforter ne il ne vouloit porter espee Glayue portoit il q̃ escu/mais espee non Il faisoit porter a son escuyer vne espee q̃ nestoit mie de grant bonte. Et quant ie luy disoye. Sire compains pour quoy ne portez vous espee/et il me respondoit q̃ iamais ne porteroit espee deuant que il auroit la sienne recouuree. Et apres ie luy disoye. Sire se aucun cheualier vous assailloit coment vous deffenderiez vo9 Et il me disoit/vous estes tel cheualier que bien pourrez deffendre au besoing et vous et moy de vostre espee seulement/ et se aucun trop grãt besoing suruenoit q̃ vo9 ny peussiez resister baillez moy vostre espee q̃ se ie nen puis adonc deffendre vous et moy ne me tenez pour cheualier Ainsi me respondoit aucunesfois quãt ie le blasmoie de ce q̃l cheuauchoit sãs espee

¶ Comment gyron le courtois deuise a febus la maniere comment galeholt le brun recouura son espee q̃ la grãt hardiesse q̃l fist po² la rauoir

A Ce luy point tout droictement aduint que le roy descoce tint vne grãt court et merueilleuse. Et a celle court proprement fist il vng sien frere cheualier nouuel. Nous allasmes a celle court au plus priueement que nous peusmes. Je endroit moy nestoie encores congneu entre les cheualiers errans grammment/car il ny auoit encores mie deux moys acomplys que ie auoye receu lordre de cheualerie. Le roy q̃ celle court tenoit venoit adonc de leglise la couronne dor sur la teste. Car en cestui iour proprement auoit il este couronne a roy descoce. Et saichez que il faisoit porter ceste espee toute nue deuant luy que no9 allions querant. Et deuant luy et apres luy auoit si grant gent q̃ si grant cheualerie que ce estoit merueille que de veoir si grant peuple cõe il y auoit illec. Tout maintenãt q̃ galeholt vit lespee il la recongneut q̃ la me monstra maintenant et me dist. Coment ne cognoissez vo9 ceste espee que ce roy fait porter deuant soy q̃ ie la recongneuz maintenant/q̃ pource dy ie. Sire ouy ie la recongnois/cest vostre espee. En nom dieu fait le bon cheualier cest la mienne voirement/et ie leur monstreray assez tost q̃ elle est mienne. Lors se mist hors des rencs tout erramment et sen alla a son hostel q̃ se fist armer a grãt haste/q̃ ie qui estoye tousiours en sa compaignie ne laisser ne le vouloye quãt ie vy q̃ il se faisoit armer a si grãt haste ie ne me peuz tenir q̃ ie ne lui deisse. Sire pour quoy vous faictes vous armer a si grant haste. Pour quoy dist il Sire compains veoir le pourrez assez tost se vous seulement osez venir apres moy Cuidez vous se dieu vous sault que ie vueille laisser mon espee au roy descoce Il est mestier se dieu me sault que elle soit tantost recouuree vueille le roy ou non. Et certes ia pour toute la compaignie que il a auecques luy ne demourra ia q̃ ie ne luy face veoir que il nest mye tel cheualier quil doye porter telle espee cõme est la mienne. Quant ie entendy ceste parolle ie fuz tout esbahy/car adõc congneuz ie ce quil auoit en voulente de faire si luy dis erramment. Haa sire pour dieu mercy ne vous mettez en ceste auã ture/car la force nest mye vostre a cestui poit. Et certes sire ce seroit trop oultrageux dõmaige que si preudhõme cõe vous estes receust mort pour vne espee. Quãt il entendit ceste parolle il fut prez me respõdit par courroux q̃ dist. Sire cõpains se dieu me sault bien fut verite q̃ au tour noyement dont vous emportastes le pris ny eut nul preudhome qui armes y portast/vous eustes loz pour neant. Pour ceste parolle que vous auez dicte orendroit congnois ie certainement que vous estes de cueur failly/paour auez et encores ne soyez de quoy. Et quant ie vous congnois estre tel ie vous deffens que vous plus venez en ma compaignie car de la vostre compaignie pourroys ie plus auiler se ie plus la maintenoye.

Apres ce quil eut parle en telle maniere comme ie vous compte il ny fist autre demourance ains yssit tantost de leans lescu au col/le heaulme en la teste. Je qui de tout mon cueur laymoye et bien recongnoissoie en moy mesmes tout vrayement que deuant si preudhome come il estoit q par son corps valoit tout le demourant du monde ne deusse auoir dit tel parolle. Je demaday maintenant mes armes et me fis armer/et tant feiz que ie lataignys auant que il fust venu a la porte du palais ou le roy tenoit sa court. Il descendit et ie descendy aussi. Et au descendre que ie feiz il comenca a me regarder et dist. Coment mauuais cheualier auez vous donc repris cueur qui estes apres moy venu. Or y perra que vous y ferez. Certes se vous estes couart vous mourrez icy de paour. Et il nen dist plus/ains se met leans errament et treuue adonc que tout le palais estoit plain de cheualiers q sasseoient aux tables pour magier. Le bon cheualier vient maintenant deuant le roy qui ia estoit assis a table si haultement come roys sont acoustumez de seoir quant ilz tiennent feste planiere et treuue son espee et le fourrel deuant le roy/et quant il la vit il print le fourrel tout premierement et le ceingnit entour luy/et apres print lespee tout ainsi comme elle estoit. Ceulx de leans le regardoient ne ne disoient mot du monde. Car les aucuns deulx cuydoient tout vrayement q ce fust aucun fol cheualier qui fist ceste chose par follie de teste. Quant le bon cheualier tint lespee il dist au roy. Sire roy or pouez querre vne autre espee si vous plaist/car a ceste auez vous failly. Je lemporteray auec moy par la foy que ie doy a tous les cheualiers du monde. Je vous fais vne autre chose a scauoir que encores ne scauez par auanture. Or saichez tout vrayement que il nya pas encores en vous si grant bonte de cheualerie que vous deussiez porter telle espee come est ceste/car certes elle est trop meilleure q ne vous appartiet. Quant il eut dicte ceste parolle il se departit de deuant le roy q ny fist autre demourace. Le roy comence a cryer/or tost apres que il nemporte lespee. Ung cheualier qui deuant le roy seruoit quant il ouyt le comandement de son seigneur et il vit que le bon cheualier sen alloit tout quittemet a tout lespee il saillit sus et vint auant et print le bon cheualier par le bras dextre. Le bon cheualier sarresta et le regarda de trauers et lui dist. Vassal va ten dicy et men laisse aller en paix ou tu es mort se dieu me sault/et saiches tout vrayement que pour ce que tu es desarme ie ne te feriray pas despee ne de riens fors du poing. Le cheualier se vouloit adonc plus efforcer de tenir le bon cheualier/et il se courrouce de celluy fait et haulse le bras que cestuy tenoit et le fiert adonc dessus la teste du poing arme si durement que il le rue mort a la terre. Quant il vit le cheualier mort il ne sen souffrit pas a tant/aincois prit le corps a deux mains et le gecte dessus la table au roy descoce si que il abatit la table dessus le roy et dist au roy par courroux. Coment roy se dieu vous sault me cuydez vous retenir en vostre court si legierement come vous dictes. Soyez en paix si ferez que saige/car vous en pourriez mourir assez legieremet. Quant il eut dit ceste parolle il sen yssit hors du palais et

fueillet

vint a son cheual et monta et moy aussi
Le cry estoit ia leue si merueil
leux et si grant au palais et de
hors de toutes pars que len ny
ouyst mye Dieu tonnant. Les vngs et
les autres cryoient/oz aux armes aux
armes. Quant ie entendy ceste nouuel=
le se ie fuz esbahy ce ne fait mie a deman
der. Je me tournay adonc deuers le bon
cheualier et luy dis. Sire se il vous plaist
hastons nous de cheuauchier tant que
nous soyons hors de ce chastel. Se nous
sommes ceans surpris dedans les murs
a dōmaige nous pourra tourner plustost
q̃ la dehors. Il se tourna adonc deuers
moy et me dist ainsi cōme par courroux
Sire cōpains se vous en auez paour si
vous en fuyez car bien saichez que ie nen
hasteray ia mon erre a ceste fois/car a=
dōc sembleroit il que ieusse paour deulx
Quant il eut dicte ceste parolle il se mist
a la voye tout le petit pas du destrier sur
quoy il estoit monte. Et quant no⁹ arri
uasmes a la porte no⁹ trouuasmes bien
quarāte mille hōmes armez qui to⁹ estoi
ent arrestez pour nous mettre a mort se
ilz eussent peu. Quāt le bon cheualier vit
ceste chose il se tourna deuers moy ⁊ me
dist tout en riāt. Sire compains voulez
vous tost veoir toute ceste gent mettre
a desconfiture. Sire dy ie/ouy voulētiers
Je vouldroie ia quilz feussent desconfitz
Et tout maintenant que ie euz dicte ces
te parolle il mist la main a son espee et
laisse courre a toute la gēt qui emmy la
place estoit arrestee pour nous mettre a
mort se ilz peussēt. Et sachez tout vraye
mēt q̃ maintenant q̃ il se fut feru entre
eulx et ilz eurent vng pou esprouue les
merueilleux coups que il donnoit ilz cō
mēcerent to⁹ a fuyr deuant luy ainsi cōe
fōt les petis oyseletz deuāt le grāt oysel
de proye. Et quen diroie ie ilz cōmence=
rent a crier tant les grās cōme les petis
fuyez fuyez/cestuy est galeholt le brun
sans nulle faille. Et maintenāt fut tou

CL.lxxx

te la place vuydee que il ny demoura hō
me du monde fors moy tant seulement
q̃ deux escuiers qui nous seruoient. Cef
te auanture perilleuse et cestuy fait que
ie vous ay cōpte vy ie aduenir sans fail
le pour achoison de ceste espee que nous
regardons orendroit. Si vous ay ores
fine mon compte mot a mot āsi quil ad
uint. Et quāt il a dicte ceste parolle il se
taist que il nen dit plus a ceste fois de cef
te chose.

Ia ou ilz tenoient entre eulx tel
parlemēt et les autres de leās
faisoient si grāt ioye et si grāt
feste de ce que la bataille estoit demou=
ree par telle auāture cōme ilz auoiēt veu
Et non pour tant ilz estoient tous for=
ment ioyeux de lauāture de gyron pour
ce q̃lz le congnoissoiēt par telle fortune.
A tant va entrer en celle chābre vng che
ualier de leans q̃ dist a febus. Sire ap̃s
le trauail q̃ vous auez souffert huyz hier
seroit il bien mestier que māgissiez. fe=
bus respondit et dist. Tout le trauail q̃
iay souffert a cestuy point mest tourne
a plus grant honneur q̃ ie ne cuydoie au
cōmencement quant il mest si bien adue
nu q̃ ie me suis peu vng seul assault des=
fendre cōtre le meilleur cheualier du mō
de/ie le me cōpte au greigneur honneur
qui iamais me peust aduenir/ce accroist
mon loz ⁊ mon pris. Apres quant ie vois
regardant le meilleur cheualier du mōde
et cestuy de tous les hōmes mortelz q̃ ie
plus desiroye a veoir se ie suis ioyeux a
merueilles ce ne fait pas a demander.
Par ceste raison que ie vous dy cōmenca
la ioye par leans si grande et si merueil
leuse q̃ ilz ne la pouoyēt faire greigneur
Chascun entēt a faire ioye tāt les grās
cōme les petis

A si grant feste et a si grāt ioye
cōme ie vous compte fut leans
gyrō le bon cheualier. xv. iours
Il ny eust pas tant demoure vasses se
neust este de paour de courroucer le sei

gneur de leās/car moult estoit son cueur ailleurs. Dedans celluy terme que gyron demoura leans vouloient ceulx de leans faire escrire le nom de gyron dedās le perron qui estoit emmy le chemin de la mareschiere la ou estoient entaillez ces deux noms galeholt le brun et danayn le roux. Mais Gyron ne voulut mye que son nom y fust escript/pour ce quil nauoit pas acōplie la coustume cōme il deuoit/car il nauoit pas mene le seignr de la tour iusques a oultrance/ce ql laissa a faire pour lamor de galeholt le brun de qui il auoit este cōpaignon. Quant il eut leans tant demoure cōme il voulut il sen partit / print conge de ceulx de leās Et au departir qlfist deulx leur demanda silz auoient bien regarde la damoiselle que danayn le roux conduysoit en sa cōpaignie. Et vng cheualier qui la damoiselle auoit veue dist a gyron. Sire voirement sy ie la damoiselle qui estoit la plus belle que oncques ie veisse. Certes ie ne croy pas que il y ait orendroit en tout le monde vne si belle damoyselle comme elle est. Certes fait gyron de ce voꝰ croy ie bien. A tant sen partit dentre eulx gyron. Et quant ilz furent yssus de la mareschiere qui tant duroit il se mist au chemin en la cōpaignie de vng seul escuyer qui le seruit en celluy voyage/ et faisoit porter son escu couuert dune housse vermeille. Puis que il se fut mys au chemin en telle guise cōme ie vous cōpte il cheuaucha mainte iournee sans aduanture trouuer Et en toꝰ les lieux ou il venoit il demādoit nouuelles de danayn le roux mais nul ne luy en scauoit riens a dire.

¶ Comment gyron le courtois trouua danayn le roux la belle damoiselle au pres dune fontaine/ lesquelz il alloit querant.

Ng iour aduint a celluy temps ꝗ ie vous cōpte ꝗ le temps estoit bel cler ainsi comme il pourroit estre en la fin doctobre/ encores y auoit bien quatre iours de celluy moys. A celluy iour tout droictemēt que ie vous cōpte aduint que le chemin ꝗ gyron tenoit lapporta droictement au pied dung tertre. Le tertre estoit a celui point tout blanc de la neige/car il faisoit yuer/mais la plaine estoit toute verte ainsi cōme se ce fust au moyꝰ de may. Au pied de celle mōtaigne en la plaine tout droictemēt dessoubz vng arbre sourdoit vne fontaine moult belle et moult delectable. Et dessoubz celui arbre seoit vng cheualier arme de haulbert et de chausses/ ꝙ ses autres armes estoient de coste luy/ et son cheual estoit ataiche a larbre. Deuant le cheualier seoit vne damoiselle tant belle que cestoit merueilles ꝗ de sa beaulte. Et se aucun me demandoit ꝗ le cheualier estoit ie diroye que cestoit danayn le roux le fort cheualier/et la damoyselle qui deuant lui estoit si estoit la belle damoiselle qui tant auoit ayme gyron. A celluy point tout droictement que danayn le roux estoit sur la fontaine en telle guyse cōe ie vous cōpte/a tant vint vers luy gyron arme de toutes armes a cōpaignie de son escuyer. Il venoit adōc tout pēsant/et toute ceste matinee auoit este plus pensif quil nauoit este pieca. Le cheual qui estoit ataiche a labre cōmenca a hannir et braire quant il vit approcher de luy le cheual gyron. Danayn ꝗ de la venue gyron ne sestoit encores prins garde se droissa en estant errammēt et voit adonc gyron qui ia estoit tant approuche de la montaigne ꝗ bien en estoit pres. Tout maintenant ꝗ il vit gyron il le recongneut assez tost/et luy cōmenca tout le sang a remuer a fremir dedans le corps. Or voit il bien et cōgnoist tout de verite que il est venu a la plus cruelle bataille ou il se mist oncques en nul iour de sa vie.

Là ou il estoit en celluy penser a tant vint vers luy gyron qui auoit laisse son penser par le hanissement du cheual danayn. Quant gyron voit danayn le roux il le congnoist maintenant/et pour ce luy dist sans saluer. Comment danayn es tu cy/se dieu me sault or saiches bien q̃ ie tay longuement quis. Grant trauail mas donne sans faille z grant paine pour toy chercher. Et quant ainsi est aduenu que ie tay trouue la dieu mercy il mest aduis que iay bien ma paine employee. A ceste parolle respondit danayn et dist moult fierement. Giron que vas tu disant/me cuydes tu espouenter par tes parolles. Se maist dieu bien te conuiendra autre chose faire pour mespouenter. Ne scez tu pas que ie suis danayn le roux qui encores oncques ne trouuay maistre. Gyron giron ne cuydes pas que ie peusse entrer en paour de toy ne dautre tant comme ie puisse tenir espee en la main dextre Quant ie auray le sang perdu du corps encores me tiendra en estant le cueur vne grant piece Car mon cueur ne pourroit faillir si legierement comme tu cuydes. Et certes auant que tu me puisses mener iusques a oultrance tu perderas assez de ton sang. Gyron respõdit et dist adonc. Danayn quen diroye tu encores

ne te menasse ie mye/car tu scez bien que ie ne suis pas messaiger qui menasset doye. Tu me congnois tout clerement il nest ia mestier que ie te die qui ie suis de toy sy ie hardiment que tu es certes si bon cheualier que len ne pourroit trouuer meilleur que tu es/si vueil ie reuengier sur toy la grant vergongne que tu mas faicte de ceste damoiselle la. Et quen diroie ie/danayn tu es venu a la bataille ou tu laisseras la vie du corps ou moy de lautre part. Tu mas fait la greigneur faulsete que iamais cheualier fist a homme. Et pour ce te deffens de moy/car ie te mettray a la mort se ie puis/de ce soyes tu bien asseur. Or tost prens tes armes et ten viens combatre encontre moy/ne faisons plus de demourance en cest affaire. Gyron ce dist/danayn puis que tu demandes la bataille et ie my accorde moult voulentiers. Or tost commencons la maintenant.

¶ Comment gyron le courtois z danayn le roux se combatirẽt ensemble moult longuement. Et comment leur bataille fut cruelle et fiere. Et comment en la fin gyron le courtois vaincquit danayn le roux/et comment il vouloit occire danayn/et cõmẽt il le laissa p̃ sa courtoisie

De Gyron le courtois

EN ceste partie dit le cõpte que quant gyron eut ainsi parle a danayn/da nayn ny fait autre de mourãce ains prent son heaulme et le lace en sa teste et diet a son cheual ⁊ monte dessus et puis prẽt son escu et son glayue/et quãt il fut tout appa reille de la iouste il dit a giron. Giron q̃ veulx tu dire/ie suis danayn q̃ te deffie bien scay q̃ tu te fie tãt en ta cheualerie q̃ par orgueil de ce seulement encõmence tu ceste bataille. Moult legierement me cuydes mettre au dessoubz/mais ie croy bien se dieu me sault q̃ tu trouueras cest affaire autremēt q̃ tu ne cuydes. Danayn ce dist gyron tu dis ce que tu veulx mais ie verray icy sãs faille q̃ le cueur te yra deffaillant au grant besoing. Et a tant laissent leur parlemēt/car bien ont en voulente de autre chose faire. Ilz se trayent arriere lung de lautre q̃ sans autre demourāce faire laissēt courre lung vers lautre tāt cõme ilz peuent des cheuaulx traire les glaiues baissez/⁊ sentrefierent de tel force q̃ leurs escus et leurs haulbers en sont fort empirez. Il nya si fort ne si roide deulx quil ne soit hurte de tel force a celluy point que il ne vuide les arcons ⁊ trebusche a la terre moult felõneusement. Gyron trebusche dune part ⁊ danayn de lautre. Toꝰ deux sõt naurez assez en parfõt/mais danayn est pl9 greue de ceste iouste q̃ nest girõ. Et nõ pour tant ilz se resieuēt vistemēt ⁊ ne mõstrēt mie semblant q̃lz en soiēt de riens greuez. Tost furent releuez cõme ceulx q̃ estoiēt legiers et vistes en toutes manieres. Quant giron fut releue il dist bien a soy mesmes que long temps auoit quil nauoit receu ung si perilleux coup de glayue cõme est celluy quil a receu ceste fois. Et que voirement est danayn ung des bons cheualiers du monde.

Ainsi alloit parlant giron a soy mesmes apres ce quil se fut releue. Et danayn qui a celluy point est plus naure que mestier ne luy fust est ia redresse sur bout. Et est de si grant cueur sans faille ⁊ de si fier quil ne semble pas que il soit aucunement esbahy du coup quil a receu. Et pour tant sil est naure ne demeure il quil ne soit assez plus hardy quil nestoit au cõmencemēt de la bataille/et bien le monstre appertement. Car il met la main a lespee tout maintenant ⁊ dit a giron. Gyron que te semble de ceste iouste/il me sēble se dieu me sault que tu ten allas iusques a la terre les piedz cõtremont/laquelle chose tu nas pas acoustume de faire. Mais ce ta fait faire danayn qui te mõstrera autre chose que tu ne cuides auant que tu partes dicy. Je voy ton heaulme pouldreux dont il te poise cõme ie croy. Se tu mabatis a la terre il mest aduis que tu ne demouras pas a cheual. Pour dieu ne te donne los et pris en vain/car se tu mas abatu a terre tu my as fait compaignie. Au derrenier sera veu le meilleur cheualier de nous deux. Se tu es bon preux et hardy tu es venu au besoing ou il ten sera bon mestier. Tu as icy trouue danayn qui mait orgueil a abatu puis que il fut premierement fait cheualier/aussi abatra il le tien orgueil sans faille se aduanture ne luy est trop durement contraire. Or y perra comment tu ten cheuiras dist gyron/a lespreuue sommes venus. Quant ilz eurent ainsi parle ilz commencerent la bataille formēt cruelle et felonneuse aux espees trenchantes et dures. Ilz ne se vont pas espargnant bien monstrent tout appertement que la grant amour quilz eurēt iadis ensemble est a present tournee en mortelle hayne. Danayn qui bien voit et congnoist tout certainement que il a affaire a ceste foys a trop preudhõme et a cheualier de trop haulte valeur et qui est de tel force que il nen vit oncques nul si bon ne si vaillant depuis que il fut premierement fait cheualier sefforce tant comme il peult de gecter grans coups pesans et durs et saigement. Il ne gecte nul coup en vain/car il sen garde le plus quil peut/pour ce quil scait bien quil a affaire a trop preudhõme et a trop puissant. Il ne fist oncques en iour de sa vie bataille puis que il porta premierement armes dont il eust paour et doubtance fors que de ceste quil a emprinse encõtre giron/ne il ne scait q̃ il doit dire

L ii

il ne va mie demonstrant au coups quil donne a giron qͬl le vueille de riens espargner/mais luy nuyre de tout son pouoir

Danayn q̄ trop estoit preudhōme de la proesse des armes quāt il se voit en tel peril ⁊ en si doubtable auanture q̄ il est orendzoit corps a corps seul a seul encōtre le meilleur cheualier du mōde se il sefforce oultre pouoir de gecter coups fors et perilleux ne sen doit nul hōme merueiller. La grant paour ql a de mourir luy fait gecter si terribles coups. Car bien scait que des mains de si trespreudhōme cōme est gyron ne peult il eschapper se grāt proesse ne len deliure. Pour ce se va il efforcāt en ceste bataille oultre pouoir ⁊ fait assez plus ql ne peut. Il monstre bien encōtre gyron q̄ voirement est il tel cheualier q̄ len le doit bien tenir pour vng preudhōme. Quen diroie ie il fist tant le premier assault q̄ nul ne le veist qui a hōme garny de haulte cheualerie ne le tenist. quāt lassault a tāt dure des deux preudhōmes q̄ cestoit vne merueille cōment ilz pouoient endurer les grās coupˢ q̄ lung alloit gectant sur lautre. Gyron q̄ de la sienne part auoit ia tant de coups gectez q̄ il sef merueilloit a soy mesmes cōmēt le corpˢ de danayn le pouoit porter ⁊ soubstenir si se retrait vng pou arriere ainsi cōme tout esbahy et dist adonc. Haa sire dieu quel grant dōmaige. Danayn a celluy point q̄ celle parolle fut dicte auoit lespee leuee encōremont pour ferir gyron vng grant coup/⁊ quant il a son coup gecte il se retrait vng pou arriere et dist a gyron Dy moy gyrō se dieu te sault pourquoy dy tu q̄ cest dōmaige/et gyron dist. Puis que tu me fais ceste demāde ie te respondray maintenant. Je le vois encores disant et diray que cest grant dōmaige q̄ oncques trahison ⁊ vilenie se herbergerēt dedās le corps de si bon cheualier cōme tu es/car certes orendzoit congnois

te ton prix ⁊ ta valeur mieulx q̄ ie ne faisoie deuant. Or te donne ie greigneur los de cheualier que ie ne fiz oncques mais. Je scauoye par ouy dire et par veoir ta grant proesse/mais orēdzoit la cōgnois ie par droicte espreuue. Tu es tāt bon en pouoir de cheualerie q̄ len doit plaindre q̄ oncques si bon cheualier fust desloyal ne si vilain cōme tu as este enuers moy

Apres ceste parolle respōdit danayn ⁊ dist a giron. Que as tu dit/or saichez tout vrayemēt q̄ la chose dōt tu me blasmes ⁊ dōt tu mappelle vilain ⁊ traistre feroit orēdzoit sās faille le plus preudhōme du mōde. Certes se il ne le faisoit len le deueroit tenir pour beste. Et de ce q̄ ie vois disant regarde en toy mesme se ien dy la verite ou non. Or me dis se dieu te sault q̄ est ores le cheualier si vil et si failly de cueur q̄ tenist si belle damoiselle auec lui seul a seul cōme est ceste q̄ tu vois icy q̄ la laissast aller pucelle. Qui est ores si saige au mōde qui pour la beaulte delle ne deuenist fol. Et quāt vng saige en perdroit son sens pour si belle chose cōme est ceste/se ie qui suis vng fol muay si petit de sens q̄ ie auoye quant ie vy premierement sa beaulte ne sen doit nul homme esmerueiller. Jestoye fol et nice au par auant que ie la veisse/mais apres ce q̄ ie la vy perdy ie du tout mon sens si q̄ ien oubliay tout le monde ⁊ toy aussi. Se a raison tu regardasses tu ne men blasmasses mie/mais toy tout premierement ⁊ te diray raison pour quoy. Quāt tu a elle menuoyas premieremēt tu scauoyes vrayemēt la merueille de sa beaulte/tu scauoies bien que cestoit la merueille du mōde/tu scauoies bien q̄ elle estoit telle quon ne deust mie auoir tenu pour hōme celluy q̄ ne leust aymee incontinēt ql leust veue. Vassal tu menuoyas au feu/se elle fist ce quelle deuoit cest a dire que le feu si meschauffa/tu ne men dois mie blasmer/mais tu en doys blasmer le feu/car ie fuz par luy si eschauffe que ie ne pouoye durer/si q̃ ie ne sceuz ie q̃ ie deuins quãt ie la vy. Et poz ce te pry ie q̃l ne te desplaise de ce q̃ ie feiz Ne me blasme mie de ce fait/ains en blasme se tu veulx la souueraine beaulte de celle a qui tu menuoyas.

Gyron respondit adõc z dist. Vassal se dieu me sault trop tiens cy mauuaise raison. Beaulte de dame ne de damoiselle ne deuroit tourner a vilente si preudhõme cõme tu es. Bon cheualier ne deuroit faire vilennie pour mourir/car vilennie couient seulemẽt a vilain z gẽtillesse a cheualier. Et certes se tu regardasses bien a aucune courtoisie q̃ iadis te fust faicte dune dame q̃ nest gueres moins belle q̃ ceste damoiselle tu te tenisses a vilain trop malemẽt de la vilẽnie q̃ tu mas faicte. Vassal fait danayn ie scay bien q̃ tu veulx dire/le fol ne peut estre saige legierement Se tu feiz courtoisie le tien sens te le fist faire. Et se iay fait encõtre toy follie et oultraige ne men blasme pas mais amours. Or saiches tout vrayemẽt q̃ tu eusses ayme par amours celle dõt tu parle se maist dieu ia ny eust este par toy loyaulte gardee. Pour ce que tu ne laymoyes pas feiz tu celle courtoysie q̃ tu me vas reprouchant/et pour ce ne te est deu ne pris ne loz de ce q̃ tu me dis/car ce sont parolles de neant. De ce q̃ tu me vas disant q̃ ie feiz vilennie encõtre toy te dy ie tout hardimẽt q̃ encozes ne men repẽs ie point/car ie congnois q̃ se ie feiz icy vilennie ie la feiz en beau lieu ceft en la pl9 belle du mõde. Je ne me tiẽs pas a vilain pour ce/mais a courtois/et dy q̃ ien suis amende en toutes guises z en vaulx mieulx/z certes ie nevouldroye pas que ie ne leusse fait. Pour quoy ie dy q̃ se ie meurs pour cestui fait ie mourray pour la greigneur bõne aduanture q̃ a cheualier errãt aduint oncques mais. Gyron ne me blasme de cestuy fait si durement/car saiches q̃ ie men tiens a trop

riche. Se ie trouuay bõne aduanture il ne ten doit mie peser. Quant ie tenuoyeray vne autre fois vers vne mienne damoyselle si en fais sil te plaist cõme iay fait de ceste/iamais ne men ozra9 parler ainsi aduient/z saiches q̃ ie ne seray pas de si gros cueur enuers toy cõme tu es en vers moy. Mais tu fais tout droictemẽt cõme cestuy qui va plourant quãt il voit que son cõpaignon se soulace. Vassal celuy dist giron de tãt cõme nous parlons plus de tant congnois mieulx q̃ tu te gabes de moy. Tu mas fait tel vergongne q̃ ie vengeray a present se ie puis. Or y perra que tu feras ce dist danayn. Il ne peut estre autrement que la chose est aduenue. Et non pourtant quelque courrouce q̃ tu en soyes si ne croy ie pas que tu voulsisses mettre a mort tel cheualier cõme ie suis pour dame ne pour damoyselle puis que elle nest ta fẽme ou ta parente charnelle. Vassal celuy a dit gyron ce scauras tu assez tost. Par trop no9 sõmes reposez a cestuy point recõmencons noftre bataille. Mestier est que elle se fine puis q̃ nous lauons cõmencee. Et saches q̃ se ie ne veẽge a cestuy point la hõte q̃ mas faicte ie ne me tiẽs pour cheualier

Apres iceluy parlement ne font autre demourance ains recommencent la meslee. Gyron qui trop estoit courrouce est retourne sur danayn. Grans coups luy dõne et merueilleux de toute la force quil a. Les armes q̃ danayn porte lachaptent trop chieremẽt z luy mesmes ne sen peut grãment louer. Cestuy assault na mie dure lõguement que danayn aduise q̃ lespee de girõ est taincte de son sang/et cest vne chose q̃ adonc le cõmence a mettre en doubte et en paour. Et non pourtant il ney montre mie le semblant/ains fiert et refiert de grant force sur gyron. Il ne le va pas espargnãt/ains se haste moult de le greuer/z tiẽt en sa main dextre si bõne espee z si trẽchãt q̃ meilleur ne auenoit querre

L iii

De Gyron le courtoys

Bien appert aux armes gyron en petit dheure que Boirement est lespee de grāt bonte et que moult bien en scait ferir celuy qui la tient. Ainsi se maintient la bataille des deux cheualiers. Aigrement se Bont assaillant et cruellement/male pitie a lung de lautre. Oncques ne furent en leur Bies si bons amys ensemble que ilz ne soient orēdroit pires ennemis. Danayn se Ba effozcant de mettre gyron a la mort se il peut/bien en fait tout le sien pouoir a cestuy point/car il luy Ba tousiours donnant De lespee trenchant si grans coups et si durs et si pesans cōme il peut ramener Denhault a la force de ses bras/mais a chascun coup q̄ il dōne luy aduient il en telle maniere que il nen dōne Bng seul q̄ il nen recoiue Bng autre. Coups encōtre coups se Bōt donnāt Chascun deulx Beult rēdre a son cōpaignon le guerdon de ce q̄l luy dōne.

Ainsi se maintient la meslee des deux preudhōmes deuāt la fontaine. Gyron q̄ tout clerement Boit q̄ besoing lui est Benu destre preudōme/car il congnoist bien que il a afaire a trop bon cheualier et a trop fort/sefforce de tout son pouoir Moult lui ennuye durement et moult luy griefue que ceste bataille a Dure si longuement/il se tient a trop Bergonde. Ozēdroit Ba il bien recōgnoissant en soy mesmes q̄ Boirement est danayn tel cheualier q̄l ne pourroit estre mene a deshonneur ne a Bergongne se trop grāt force ne luy est faicte. Pour ce se Ba il efforçāt de tout son pouoir q̄ fiert et refiert et luy donne de lespee trenchāt forte et dure souuent et menu tant q̄ il se merueille en soy mesmes cōment il peut tant endurer ne tant De coups souffrir cōme il a gecte sur luy. Et quen diroie ie trop fiert bien et lung et lautre et trop endure chascun deulx. Grant merueille est cōment ilz peuent tant souffrir et endurer/car il ny a cestuy deulx qui ne soit naure en plusieurs endroitz et qui nait perdu de son sāg plus que mestier ne luy fust. Et non pour tāt ilz sont tous deux de si grant cueur et de si haulte Boulente que ilz ne sen sentent orēdroit si non bien petit. Ilz ne scauent silz sont naurez ou non/ilz ny entendent ne pou ne grant/il ne leur souuient orendroit fors de ferir q̄ maistier lung sur lautre/et dist danayn a gyron. Tu ne me Bas pas espargnant ne aussi ne tespargneray ie pas. Se tu trais du sang de mon corps ien trairay de ton corps assez. Se tu me Beulx mettre a la mort ie ty mettray tout premierement. Tu me Beulx faire cest hōneur mais a toy le feray/car premier mourras. Cest cy Bng ieu trop felon et Dur. Le ieu nest mye De soulas ains est bien ieu De mort. En cestuy ieu laissera lung De nous Deux la pel se lung na pitie de lautre.

Quant ilz ont le second assault tant maintenu quilz ne pouoiēt plus aller auant car trop sestoient entre hastez. Gyron q̄ a grant merueilles tiēt ce que il Boit de danayn et de soy mesmes donne Bng grant coup a danayn q̄ se retrait/et au retraire quil fist il dist. Haa sire dieu quel dōmaige. Danayn qui auant se lance/car cestuy coup ne Bouloit il mie receuoir que il nen rende la bonte / tout errāment gecte Bng grant coup et fiert en lescu de gyrō et dist apres le coup que il donne. Sire cheualier or sommes nous assez pareilz/mais or me dictes se Dieu Bous gard pour quoy Bous auez Dicte ceste parolle Dieu quel dōmaige. Danayn fait gyron ie le te diray puis q̄ tu le mas demande. Quāt ie regarde nostre bataille qui bien est sans Doubte la plus riche bataille qui a mon essient fust oncques en court De deux cheualiers au royaulme de logres. Je dy que cest grāt dōmaige q̄l ny a icy aucune grāt gēt qui la Dist si quelle fust recordee apres la fin de no[9] de ceulx qui le fait auroiēt Beu/no[9] sōmes icy seul a seul/qui la recordera au monde apres ce quelle sera faicte. Pour ce dy ie que cest dōmaige quil nya gent ꝙ nostre bataille voye. Et danayn respondit a giron. Hassal quest ce que tu vas disant veulx tu meilleur a nostre bataille ꝙl nya pour veoir ceste fiere espreuue/ tu ne scez que tu vas disant. Je cuyde ꝙ le meilleur hōme du monde ya son corps. Ce es tu ie le dy tout hardyment/car certes il nya oredroit en tout le mōde corps dhōme qui vaille le tien. Et de ce deusses tu dire par raison dieu ꝙl dōmaige/ car certes dōmaige est ce grant ꝙl te couient si tost mourir cōe tu mourras. Cōment danayn fait giron cuides tu dōc ꝙ a mourir me cōuiengne si tost. Ouy certes fait danayn/en cestui iour ou no⁹ sōmes. Bien peulx tu dire ꝙ de malle heure adiourna cestui iour po⁹ toy. Voicy la main voicy lespee par laꝗlle il te couient mourir. Je suis cestuy qui te traira la vie du corps.

Ors respondit gyron et dist a danayn. Danayn tant as parle que ie cōgnois tout certainement que tu as le sens perdu. Cōment es tu donc si fol que tu cuydes auoir pouoir de moy occire. Si maist dieu tu as pense trop grant follie/nonobstant que ie ne puis pas dire ꝙ tu ne soyes trop bon cheualier de ta main/mais encores ne es tu mie tel cheualier ne de si grāt pouoir que en nulle guise du monde tu peusses venir au dessus de moy se dieu ne mestoit trop durement cōtraire. Et encores te dy ie vne autre chose et non pas pour moy vanter/mais pour la verite mettre auant. Or saiches tout vrayement que se tu estoies oredroit aussi fres ꝙ aussi repose et aussi sain cōme tu estoyes au cōmencement de nostre bataille si suis ie encores de tel force ꝙ au derrenier tu nauroies pouoir de te deffēdre encōtre moy Danayn tu es deceu/or voy ie bien ꝙ malement me cōgnois. Je suis giron ꝙ ōcques ne trouuay maistre puis la mort galeholt le brun/ne toy maistre ne me se

ras ie le te dy bien. Recōmencons desormais le tiers assault/car trop no⁹ sōmes reposez/et ie te dy vne nouuelle que tu ne scez encores par aduanture. Or saiches toutvrayemēt ꝙ a cestuy assault ꝙ nous cōmencerons oredroit te cōuiendra mourir sans doubte se ie ne prēs pitie de toy. Or te deffēs se deffēdre te peux voicy giron qui te deffie.

Quant il a dicte ceste parolle il se lance auāt lespee en la main toute nue ꝙ dōne a danayn vng grant coup dessus le heaulme de toute sa force. Que en diroie ie/le coup fut si pesant et si dur que danayn tōba a terre si estourdy et si estōne que il ne scauoit sil estoit iour ou nuyt/de lōg tēps nauoit receu coup ꝙl eust fait flastir a la terre si vilainemēt cōe fist cestui. Quāt gyrō le voit trebuscher il ny fait autre demourance ains se lance sur luy ꝙ le prēt par le heaulme et le tyre a soy si fort ꝙ il en rōt les latz ꝙ lui arache hors de la teste a fine force ꝙ le gecte au loing/et puis luy abat la coiffe de fer sur les espaules. Encores nestoit danayn venu destourdissō et ne appercevoit Gyron qui estoit sur luy lespee toute nue en la main. Quant danayn est reuenu en point il ouure les yeulx/et quāt il voit quil a perdu son heaulme et quil a la teste desarmee et se voit soubz gyron ꝙ est plus fort que luy en toutes guises sil est espouēte ce ne fait mie a demander. Danayn ce dist giron ꝙ veulx tu dire/or te tiēs ie entre mes mais/appertemēt le peux tu veoir. Bien peux dire seuremēt ꝙ tu es mort se dieu maist. Quant il a dicte ceste parolle il luy donne dessus la teste vng grāt coup du pōmeau de son espee si ꝙl en fait le sāg saillir cler vermeil Encores ay ie la vie au corps dist danayn Ceste vie durera pou fait giron/car ie la feray tātost finir. Quāt elle finera si fine fait danayn/autāt me chault se ie eschape cōe se ie meurs cy/ce mest hōneur car dire puis que le meilleur cheualier

L iiii

du monde me fait mourir/et de ce seule=
ment que ie me suis si longuement des=
fendu encontre luy me donnera tout le
monde los et pris pour tãt quilz saichẽt
ma deffense. Danayn fait gyron tu dy=
soie huy autre chose/tu disoies qua mou
rir me conuenoit par tes mains. Certes
fait danayn ie ne le disoie pas pour ce que
ie ne sceusse certainemẽt que au derrain
ne me conuenist venir au dessoubz de cef
te empzinse. Mais ie le dysoie pour ce q̃
ie te cuydoie desconfozter et esmayer de
aucune chose. Gyron luy donne vng au
tre coup dessus la teste si q̃ le sãg en sault
Gyron ce dist danayn pour dieu ⁊ pour
ta gẽtillesse ne me occis a tant de coups
⁊ ne me fais mourir a tel martire/ mais
coupe moy la teste si sera ma douleur fi=
nee. Et se tu me fais tost mourir certes
ce nest mie merueille/car des cestuy iour
que ie messeiz a si pzudhõme cõe tu es
desseruy ie trop bien la mozt. Pour dieu
ne me va plus delayant/ mais occis moy
tost se tu me dois faire mourir.

Q̃uant giron entẽt ceste parolle
le cueur luy mue et chãge/ ores
a pitie de danayn/ ozes ne scait
que il doit dire ou de loccire ou de le lais=
ser. Sa voulente luy va disant que il loc
cie si sera adonc venge de la grant vergõ
gne q̃l lui fist iadis. Le cueur luy dit dau
tre part que il ne loccie mie/ car ce seroit
trop grant dõmaige se il mettoit a mozt
si bon cheualier ⁊ si pzeux cõme est cestui
Se il met a mozt tel hõme to⁹ ceulx qui
parler en ozrõt luy tournerõt a cruaulte
et a felonnie trop grant. Ainsi alla gyrõ
pẽsãt luy estãt au dess⁹ de danayn/⁊ luy
dõne coups en la teste non mie si grãt daf
sez cõme il peust se il voulsist. Et quant
il la grãt piece tenu soubz luy en tel gui=
se cõme ie vous cõpte il se dzoisse en son
estãt ⁊ fait semblant q̃ il lui vueille coup
per la teste. Danayn qui tant estoit tra
uaille et lasse en toutes guises q̃ cestoit
vne merueille quil nestoit mozt/ car a la

verite dire il auoit tant de playes grãs
des et petites que le cueur luy failloit/
quant il voit gyron redzesser qui trousse
lespee dessus lui se il a adõc paour⁊ doub
tãce de mourir nul hõme ne sen doit mer
ueiller/⁊ de la grãt paour q̃l auoit il dist
a gyron. Cõment me veulx tu donc met
tre a mozt/ se dieu me doint ioye se tu le
fais tu feras dõmaige ⁊ vergõgne a tou
te cheualerie/car de long tẽps ne sera re=
couure tel hõme cõme ie suis. De ce que
ie me messeiz vers toy ne me deueroie tu
blasmer/ mais amoure q̃ le me fist faire
amoure en doit auoir le blasme qui me
conseilla de faire vers toy vilennie. Ha
gyron ne regarde mye au courroux que
tu as vers moy/mais regarde a ce se tu
veulx que nul bon cheualier ne doit occi
re autre bon cheualier se ce nest sur soy
deffendant. Gyron nonobstant ce que ie
tay messait si suis ie cheualier de hault
pzis ce scez tu bien. Se tu me occis pour
cestuy fait a vilenie le te atournera tout
le monde et en perdzas ton honneur.

Q̃uant gyron entent ceste pa=
rolle il baisse la teste vers terre
et cõmence a penser/ ⁊ luy vien
nẽt les lazmes aux yeulx du grãt dueil q̃l
a de cestui fait. A chief de piece quãt il eut
pouoir de parler il respondit ⁊ dist. Da
nayn quen dirois tu/ oz saiches vrayemẽt
que iay eu grant voulente de toy occire
Et certes se ie le faisoye ie ne feroye si
non raison/car tu las biẽ desseruy/ mais
ie recõgnois dautre part que se ie a mozt
te mettoye ie feroye trop grant abaisse=
ment de cheualerie/car pour ce se tu mas
messait ne demoure il pas que tu ne soies
bon cheualier. Et pour lamour de che=
ualerie te laisse ie ⁊ non pour toy. A moy
nen saiches nul gre/ mais gre ⁊ graces en
saiches a cheualerie/ pour la mour de
laquelle ie te laisse la vie. Et quant
il a dicte ceste parolle il remet son espee
en son fourrel si quil ne dist plus mot a
ceste fois. Quant danayn se voit deliure

de si perilleuse auanture comme estoit celle ou il auoit este/ se il est ioyeux ne le demandez mye. De la grāt ioye quil en a ne luy souuient il orendroit des playes que il auoit au corps. Quant il a pouoir de parler il dist a gyron. Sire/comment vous sentez vous. Se ie me sens ou bien ou mal fait gyron a vous nen appartiēt Or saichez certainement que iamais a iour de ma vie ie ne vous aymeray/de tant vous asseuray ie bien que vous ne mourrez de ma main se vous ne le desseruez. Mais se auāture vous fait mourir et deuant moy ie suis celluy qui ne sen entremettra tant auez de vilenye encontre moy que iamais a iour de ma vie ie ne vous vueil courtoysie faire. Certes il a tenu a bien pou que vous nauez perdu la vie a cestuy point.

Quant Gyron eut parle en telle maniere a danayn il se retourna vers son escuier et luy dist. Oste moy mon heaulme. Et cestuy luy osta incōtinent ⁊ puis luy aualla la coiffe du haulbert sur les espaulles/ et veist adonc ql auoit le visaige enfle des coups que il auoit receu du pōmeau de lespee dont danayn lauoit feru mainteffoys. Et lors il luy demanda comment il se sentoit. Bien dist gyron. Lors gyron se tourna vers la damoyselle ⁊ luy demanda. Damoiselle comment vous est. Et elle qui moult bien le cōgnoissoit luy respōdit tout en plourant. Sire il mest autrement q ie ne voulsisse. Assez ay receu vergongne et deshonneur pour lamour de vo⁹. Certes fait il/ce me poyse moult chierement. Et dieu le scet ma chiere damoyselle q ie vengeasse vostre vergōgne moult asprement se ne feust ce que ie ne vouldroye que le monde me tournast cestuy fait a moult grāt cruaulte et a grāt felonnye. Lors gyron demanda a son escuyer. As tu este autre foys en ceste contree. Sire fait il/Ouy sans faille autre foys y ay este. Or me dy ce dist gyron/ scez tu nul recet pres dicy ou ie peusse demourer trois iours ou quatre/ ou vne sepmaine entiere se besoing me feust. Sire fait le varlet/ouy/ pres dicy a vne maison de religion ou cheualiers errās repairēt souuent. Et sachez sire que les freres de leans se trauaillent moult vou lentiers et font honneur a tous les cheualiers errās qui y viennent. Et pource sire mest il auis que se vo⁹ voulez venir iusques la vo⁹ y pourrez seiourner aisiement et si longuement que vous y vouldrez demourer. Or te diray que tu feras a ce ce dist gyron/cheuauche incontinēt celle part. Et quant tu feras la venu regarde se ie pourroye seiourner aisiemēt et puis ten retourne vers moy ⁊ te haste de cheuauchier se dieu te saulst et de retourner legierement. Sire fait il a vostre commandement.

Le varlet sen alla a son cheual et monta dessus/ et se mist au chemin po⁹ aller en la maison de religion ou il luy estoit commande de aller/et gyron demoura de lez la fontaine q auoit mieulx mestier de reposer que dautre chose. Il est naure de plusie⁹s playes et grandes ⁊ petites. Et auecq̄ ce il auoit tant perdu de sang que cestoit merueille au vray dire cōment il se pouoit tenir en estant. Mais le grant courage quil auoit le tenoit en tel pouoir comme il estoit. Il sassist de lez la fontaine et regarda la damoyselle et puis apres danayn. Il vouloit a danayn moult grant mal et grant encombrier si que merueille estoit ql ne loccioit. Et non pourtant pource quil estoit ainsi durement naure et mal mene/ et que tant auoit perdu de son sang il lui estoit bien auis quil estoit en auanture de mourir dōt il eut pitie en son cueur si grant quil ne se peust tenir q il ne se leuast du lieu la ou il estoit assiz ⁊ sen vint vers danayn et luy dist. Danayn comment te sens tu. Hassal ce dist danayn. Tu le peulx veoir/ tu mas occiz

De Gyron le courtois

Desormais pourras tu dire que tu as occiz tel cheualier côme ie suis/mais ce ne me vault riens/car ma vantāce si ne me vauldroit riens du monde. Par dieu tu scais q̄ iay este/tu mas veu en maint besoing. Au derrenier en cestuy fait ou tu as esprouue par toy mesmes quel cheualier fut danayn ie ne quiers nul autre tesmoing de ma prouesse fors toy mesmes. Cest il auis se dieu te sault que tu apes fait prouffit au mōde τ hōneur aux cheualiers errans de mettre a mort vng tel cheualier côme ie suis/par dieu encores en ploureras tu apres ma mort/et si diras a toy mesmes que trop fuz cruel τ trop dur quant tu occiz danayn. Gyron que en peulx tu dire autre chose. Veoir peux cōment il mest/il ne le te cōuient demander. Je nay plus de sang dedans le corps. Toute ceste place ou ie gys si est vermeille de mon sang/ie natendz fors q̄ la mort. A grāt paine ieusse peu croire na mye encores grant temps que gyron le courtoys deust mettre a mort danayn le roux.

Quant Gyron entend ceste parolle il ne scait quil doit dire/et regardant danayn et la place qui estoit toute vermeille entour luy il est grandement pre de ceste auanture. Or sen repent il a soy mesmes/mais ce fut trop tard. Quāt il a assez pense il dist a danayn. Danayn fait il tout ce mal q̄ tu as huy receu pourchassas tu par toy mesmes. Se ie feiz mal fait danayn/or en ay si dur guerdon que se la damoyselle feust ta femme tu nen peusses plus faire q̄ tu men faiz. Tu men as occiz/tout le monde ten blasmera/lhonneur de toy en sera de trop grant renommee/et le renom de ta courtoysie q̄ tu as eu iusques cy te sera tourne a vilenye. De ceste chose ne scait gyron q̄l doit dire/car bien luy estoit auis sans faille q̄ cestuy luy disoit verite de tout ce quil luy alloit disant. Quant il luy eut oste le haulbert du dos

et les chausses de fer de ses iambes/il cōmenca a remuer ses playes au mieulx quil peust faire et a lestanchier. Et tant se trauailla du tout q̄ lestancha le sang qui couroit a grant force/car il auoit ia tant perdu de sang que merueille estoit sans faille que il nestoit mort. Quant il eut ce fait il se rassist deuant la fontaine et commenca a penser et encores nauoit il estanche les siennes playes.

¶ Comment gyron le courtoys trouua vne damoyselle qui demenoit moult grāt dueil pour lamour dung cheualier qui son amy estoit que vng geāt auoit emporte sur son col.

En cestuy point tout droictement quil pensoit sur la fontaine en telle guyse côme ie vons cōpte il escouta τ ouyt vne voix en vne forest qui estoit petite et pres dillec. Quant il entendit la voix il regarda celle part τ dist que bien luy estoit auis sans faille que ceste voix estoit de femme qui besoing auoit de son corps. Pour ceste voix quil auoit ouye ne se voult il mye remuer de la ou il estoit assiz/car il ne se sentoit pas ore ē droit si legier ne si viste comme il auoit este le matin. Il auoit tāt perdu de sang que trop en estoit affoibly en toutes guyses et plus pesant quil ne souloit estre la ou il pēsoit a ceste chose/car toutesuoies auoit il en voulente daller celle part poᵘ veoir que cestoit. Et apres ceste retenoit daller pource que il se sentoit moult pesant du sang que il auoit perdu. Il ouyt vne autre foys la voix qui cryoit moult plus hault que elle nauoit fait deuant. Et quāt il entendit la voix il ne feist autre demourance/aincoys se dressa en estant et alla a son cheual τ monta dessus/et print son espee et commenca incontī

fueillet

nent a cheuauchier vers la forest/et feist tant quil entra dedans. Il neust mye grament cheuauche quil trouua deuant ung arbre vne damoyselle de merueilleuse beaulte. La damoyselle se seoit toute seule dessoubz ung arbre/mais elle plouroit et faisoit si estrange dueil que iamais a damoiselle du monde ne trouuerez faire greigneur dueil que elle faisoit.

Quant gyron veist la damoiselle il alla a elle et luy dist. Damoiselle pourquoy faictes vo9 si grant dueil/quelle achoyson auez vo9. La damoyselle dressa la teste quant elle entendit la parolle de gyron et luy respondit tout en plourant. Haa sire iay bien raison de faire dueil. Quelle achoyson ce dist gyron auez vo9. Or saichez ce dist la damoyselle que orendroit en ceste place ou nous sommes iay perdu ung cheualier qui estoit bien homme de valeur et de pris/ie lay perdu. Et pour la perte que ien ay faicte ie faiz le dueil que vous voyez. Damoyselle dist gyron/comment perdistes vous le cheualier dont vous parlez. Sire ce dist la damoyselle/or sachez tout certainement que ie lay perdu par la plus estrange auanture dont ie ouysse oncques parler. Nous estions icy orendroit descenduz no9 deux et cuydions estre asseurez/et la ou nous parlions ensemble atant est venu ung geant sur no9 Le geant portoit vne massue si grande que ie ne veiz oncques greigneure/tout incontinent quil nous vit il print le cheualier a vne main et le mist sur son col et sen alla a tout le Cheualier si legierement comme se ce fust ung enfant dung an. Il sen alla a ceste heure que ie ne le viz puis et emporta le cheualier. Beau sire pour ceste grant perte que iay faicte en telle guise comme ie vous compte faiz ie le dueil que vous voyez. Car ie cognois de vray que iay cy fait trop douloureuse perte. Et quant elle eut dit ceste parolle elle se teust et nen dist plus a ceste foys.

CC.lxxxvj

De ceste nouuelle fut Gyron si grandement esbahy quil ne scauoit quil deuoit dire. Il demanda a la damoyselle quelle part sen alla le geant. Sire cheualier fait la damoyselle/pourquoy le demandez vous. Pource fait il se dieu me saulr que ie allasse moult voulentiers apres pour rescourre le cheualeir se ie peusse. En nom dieu fait elle/maulvaisement pourriez rescourre le cheualier des mains ou il est. Autant comme le geant feist de lui feroit il de vous sans faille sil vous tenoit. Toutesuoyes damoyselle dist gyron ie vouldroyes se il vous plaisoit que me deissiez quelle part le geant sen alla. Car comment quil men doye aduenir ie vueil aller apres luy pour veoir se ie le pourroyes trouuer. Sire cheualier fait la damoyselle/quant vo9 apres luy voulez aller et ie vous monstreray la voye. Mais certes ie croy q mieulx vo9 vaulsist demourer que daller apres luy. Et lors lui monstra quelle part le geant sen est alle a tout le cheualier.

Tout incontinent que la damoyselle eut ce dit a gyron il sen partit et sen alla celle part ou la damoyselle luy auoit dit. Assez quist de toutes pars a dextre et a senestre/mais il ne peust le geant trouuer/car il estoit alle dautre part. Tant quist gyron en telle maniere quil estoit ia heure de nonne/et quant il veist quil ne pouoit le geant trouuer il sen retourna q luy aduint en telle maniere quil retourna tout droictement ou il auoit laisse la damoyselle/et encores la trouua il en celluy lieu mesmes ou il lauoit laissee/et faisoit aussi grant et aussi merueilleux dueil comme elle faisoit a ceste fois quil la trouua premierement. Quant il fut a elle venu il luy demanda. Damoyselle ouystes puis nouuelles de vostre cheualier. Certes sire fait elle nenny. Le temps pendant q̃l parloit a la damoyselle en telle maniere comme ie vo9 compte il ouyt ung moult grant cry d'une Damoyselle / et luy fut bien auis sans faille que celle qui cryoit en telle guyse estoit assez pres de la fontaine ou il auoit laisse Danayn et la Damoyselle / et adonc eut paour d'aucune estrange auanture. Et lors demanda a la Damoyselle. Ouystes vous cestuy cry que iay ouy plusieurs foys. Adonc la damoyselle respondit. Il y a ia grant piece que ce cry est commence. Damoiselle ce dist gyron que voulez vous faire. Sire ce dist la Damoyselle / si maist dieu ie ne scay que ie puisse faire. Je suis si desconseillee a cestuy point que ie croy q'il ny ait orendroit en ce monde nulle damoyselle si desconseillee comme ie suis. Damoyselle ce dist gyron / pour ce que vous estes desconseillee ie vous conseilleray a mon pouoir. Venez vous en apres moy iusq a vne fontaine qui est ca deuant / et quant nous serons la venuz ie vous donneray puis apres tel conseil que vous vous en tiendrez a bien payee si comme ie croy. Sire ce dist la damoyselle moult grant mercys.

¶ Comment le geant qui auoit emporte le cheualier pour q la damoyselle faisoit dueil emporta Danayn le roux / et comment gyron alla apres et deliura Danayn et le cheualier de la Damoyselle

Apres ceste parolle plus n'attendit gyron / ains se mist a la voye / et tant se hasta de cheuauchier quil arriua a la fontaine ou il auoit laisse la Damoyselle et Danayn. Et tantost comme la Damoyselle le veist elle se dressa encontre luy et luy dist tout en plourant. Haa sire pourquoy auez vous tant demoure a pou q ie ne suis morte de paour. Damoyselle fait il / pour quoy. Pour ce dist elle. Regardez ou est Danayn. Et il regarda la ou il lauoit laisse et il ne le veist point / adonc il dist moult esbahy. Damoyselle ou est danayn. Ou il est sire. Certes il est en tel lieu que vo9 estes de luy deliure a tousiours mais. Comment fait il / dictes le moy. Sire dist elle ia cy orendroit vint vng geant le plus estrange qui oncques feust. Il alla droit a Danayn et le mist sur son col / et sen retourna aussi legierement comme sil portast vng enfant d'ung an. En telle guise lemporta que ie ne le veiz oncques puis. Et au departir que il feist il me dist que ie ne me remuasse si chier come ie auoye mon corps et quil retourneroit tantost. Sire dist elle / ceste perilleuse auanture que ie vous ay orendroit comptee est aduenue en ceste place depuis que vous en partistes. Deliure estes a cestuy point de danayn / iamais nul iour ne le verrez.

En ceste nouuelle est moult estrangement gyron esbahy si q il ne scait q'il doit dire. Or dist il bien dedans son cueur q cestuy mesmes geant qui proprement emporte danayn le roux est cestui mesmes qui emporta le cheualier pour qui la Damoyselle demenoit si estrange dueil. C'est bien sans faille la plus estrange auanture dont il ouyst parler de long temps. Il ne scauoit quil deuoit dire de ceste auanture. Quant il a vng pou pense a la chose il se tourna devers la Damoyselle et luy dist. Se dieu maist dist il a la damoyselle / comment peut aduenir ceste auanture que vo9 me dictes. Comment peut tel homme emporter Danayn. Sire fait elle / or sachez bien que le geant vint icy encores nagueres / il nest mye loing d'icy. Quant ie le veiz ie feuz si morte de paour que a paine ie me peuz tenir en estant. Il me demanda erramment qui estoit le Cheualier qui la gysoit. Et ie luy dys que cestoit vng cheualier naure de grant affaire et de grant cheualerie garny. Il ne fist adonc autre chose ains sen alla incontinent a luy et le print a deux bras et le mist sur son col et lemporta si comme vous avez ouy. Quant Gyron entendit ceste nouuelle il fut si forment esbahy quil ne scauoit quil deuoit dire. Et quant il eut ung pou pense a ceste chose il dist si haultement que la damoyselle le pouoit entendre tout clerement. Par dieu se ie souffroye que le meilleur cheualier du monde mourut en ceste auanture pourueu que peusse deliurer de mourir a felonnie ie le et a cruaulte se me tourneroit le monde. Quant il eut ainsi parle il demanda a la damoyselle quelle part le geant sen estoit alle. Sire fait elle/il sen est alle ceste part. Et encores fait la damoyselle ie vous dys une autre chose que vous le trouuerez pres de vous. Tenez la voye quil est alle/car ie scay bien que il est fort chargie de porter danayn. Pource ie vous dys que vous le trouuerez pres de vous ne perdez pas la voye par ou il sen va. En telle maniere cheuaucha Gyron apres le geant qui emportoit danayn. Il neut mye grandment cheuauche quil veist le geant deuant luy/et estoit arreste dessoubz ung grant arbre z illec auoit mys danayn. Le geant estoit moult durement trauaille de porter le cheualier si longuement comme il lauoit porte/car danayn estoit grant cheualier et pesant. Et quant il leut oste de son col et mys dessus la neige/et il se reposoit dessoubz larbre en telle guyse comme ie vous compte/et danayn estoit a celluy point tellement attourne quil ne scauoit lequel il estoit ou mort ou vif/et il se regarde z voit gyron ainsi a cheual comme il estoit il regardoit autre part. Quant le geant voit gyron approuchier de luy il luy dist a haulte voix. Vassal q allez vous querant/vous ne faictes mye que saige qui par ma contree cheuauchez sans mon congie. Car bien sachez q toute ceste contree est myenne. Gyron qui regarde celle part quant il entend la voix du geant et quil le voit

il recongnoist tout errantment que cest celluy proprement que il va querant. Il congnoist de vray en soy mesmes aux enseignes q la damoyselle luy auoit dictes Lors respond gyron/ie te queroye fait il Et ne es tu mye celluy proprement qui prins la aual ung cheualier arme qui estoit naure deuant la fontaine. Ouy certes fait le geant ce fuz ie vrayement. Et se tu ne men crois tu peulx veoir le cheualier gesir deuant moy tellement attourne/si naure et si mal mene en toutes guyses que ie ne croys mye que iamais a iour de sa vie il puisse porter armes.

Quant gyron entend ceste parolle il ne fait autre demourance ains hurte le cheual des esperons et sen vient contre la montaigne/mais non pas au geant droictement mais dautre part. Et quant il eut tant fait q il eut prins la montaigne par dessus luy il descend errantment du cheual et latache a ung arbre. Et lors commence a descendre enuers le geant. Et le geant qui vers luy le voit venir lespee toute nue en la main il luy escrye. fol cheualier fait il que veulx tu dire. Que ie vueil fait gyron/ce scauras tu prouchainement Or saches tout certainement que ie te vueil coupper la teste. Je vueil reuengier la honte q la vergongne que tu as faicte a ce cheualier qui est mon amy quant tu laportas ceste part. fol cheualier fait le geant/tu pourchasses ta mort. Tu es venu a ta mort sans faille quant tu vins pour moy occire. Le geant q tenoit une grant massue la lieue a deux mains contremont/et sen va droictement a gyron la massue leuee/car bien le cuyde occire du premier coup. Gyron qui estoit deuers le hault quant il voit le geant tant approuchier de luy quil nya fors q du ferir il ne monstre pas adonc semblant que il soit trauaille de riens/car il fait ung sault grant et merueilleux et ferit le geant de pis et de corps/et le hurte si roidement

De Gyron le courtois

qͥ le fait voller tout enuers/ ⁊ la massue luy voste des poingz. Giron ne sault pas sur luy ains senva a la massue/car il luy estoit bien auis sans faille q̃ lespee seroit trop vilement auilee se il en occioit vng geant/pource prent il la massue ⁊ remet lespee au fourreau. Le geant qui grande ment est esbahy de ceste auãture ne scait que il doit dire ne faire a cestuy point. Car orendroit il recongnoist tout apper tement par soy mesmes que gyron est de trop haulte force et de trop grant legie rete/pource est il orendroit plus esbahy et espouente. Et gyron qui peser le voit recognoist tout appetement qͥl a paour et doubte dont il luy dist. Certes vilain vous estes mort/vostre derreniere heu re est venue seurement le pouez dire. Et lors haulce la massue pour luy don‍ner vng grãt coup. Cil q̃ la main auoit desarmee et qui nauoit riens dont il se peut deffendre quant il voit gyron ap‍prouchier la massue leuee il na pas tant de hardement quil lattende ains sault arriere pour eschapper cestuy grãt coup ⁊ fait gyron a cestuy poĩt ietter en faulte

Lors quant gyron voit quil a son coup perdu il en est si cour rousse que cest merueille/ Et pource il fait vng grant sault et fiert le geant parmy les rains si quil le fait fla‍tir a terre. Cil iette vng cry moult dou loureux quant il se sent feru/car bien con gnoist que il est blecie trop malement/et cil se veult redresser mais il ne peut. Quãt gyron le voit illec gesir il luy dist. Ou tu me rendras le cheualier q̃ tu tol lis huy la aual a vne damoyselle ou ie te coupperay le chief. Et comment dist le geant/le te pourray ie rendre. Ja voys tu bien que ie ne me puis remuer/Tu mas meshaigne a tousiours mais. Puis que ie tay meshaigne fait gyron/donc il con uient mieulx que ie te coupe le chief que toy mesme ie laissasse viure meshaigne/ car homme meshaigne ne vault riens.

Lors met la main a lespee ⁊ fait semblãt que il luy vueille coupper le chief. Et cil qui a paour de mort/car bien voit tout appertement quil est tellement appareil le quil ne se peut deffendre sescrye a haul te voix quant il voit lespee approuchier de luy. Haa mercy sire cheualier ne me occiez mye. Se vous me laissez viure en cores pourray ie par auanture guarir. Laissez moy viure ⁊ ie suis appareille de vous rendre le cheualier que voͧ me de mandez. Et le me creãces tu loyaulmẽt fait Gyron que tu le me rendras. Ouy certes fait le geãt. Je vous enseigneray cõment vous le pourrez auoir tout quit tement/ nest ce pas assez. Je ne te deman de autre chose. Et lors remet son espee en son fourreau ⁊ dist au geant. Or tost enseigne moy commẽt ie pourray auoir le cheualier dont ie tay parle. Et certes fait le geant/ce vous enseigneray ie bien puis que ie le vous ay promys a rendre. Allez vous endroit de cy au trauers de ceste mõtaigne/vous naurez pas gram ment alle que voͧ trouuerez les pas que ie feiz huy tout freschement/ allez tout contremont la montaigne/et prenez les pas que vous trouuerez/ et tant allez en telle maniere que voͧ trouuez vne grant caue/ et en celle caue trouuerez vous sans faille le cheualier q̃ vous demãdez. En cores a les piedz ⁊ les mains liees. Puis quant vous laurez deslye vous le pour rez mener quelle part que vous vouldrez car il est tout sain de ses membres.

Quãt gyron entend ceste parol le il ne se tiẽt plus a parlement ains sen vient a Danayn q̃ seoit dessus la neige si naure comme il estoit Quant gyron est a luy venu il luy dist. Danayn pourroies tu cheuauchier/ car a cy demourer ne pourroyes tu si nõ per dre. Et il respond. Certes Gyron ie me sens moult malade/ et non pour tant il mest auis que ie me tiendray bien a che ual/ puis que ie seray dessus monte. Et lors gyron aide tant a danayn que sur le cheual gyron est monte. Et quant il est monte gyron luy dist/or vous en pouez aller tout souef iusques a tant que vous viegniez a la fontaine ou nous nous combatismes au iourdhuy/et illec me attendez se il vous plaist. Je voys ca dessus querre vng Cheualier que le geant emporta huy aussi bien comme orendroit il vous emportoit. Gyron ce dist danayn/gardez vous de ceste montaigne. Sachez desuray que ce geant ny repaire mye si priueement quil ny ait autre geant. Vous estes orendroit lasse et trauaille plus ql ne vous feust mestier. Se vous trouuez geans vous ne vous pourrez de eulx deffendre pource que trop estes lasse. Je vous donneroye conseil que vous retournissiez Danayn fait gyron/or sachez puis que ie suis venu cy auant que ie ne retourneray pas tant que iauray le cheualier deliure dont iay parle a ce geant. Allez vous en a la fontaine et illecqs mattendez sil vous plaist. Apres ce quil eut parle a danayn en telle guyse comme ie vous compte il ne fait autre demourance ains commece incotinent a cheminer contremont la montaigne ainsi arme comme il estoit au plus ysnellement quil peut/mais il ne va orendroit si ysnellement come il eust fait au matin. Car le sang dont il auoit assez perdu plus que mestier ne luy feust le fait plus lentement aller quil ne voulsist. Et non pourtant il sefforce tant de aller auant la montaigne que il treuue les pas du geant tout ainsi come il auoit enseigne. Quant il les a trouuez il est assez ioyeux/Car il luy est bien auis que le geant ne luy ait dit si non verite si sen va auant tout le pas. Et tant va en telle maniere et au plus ysnellement que il peut que il vient au lieu ou il treuue le cheualier dedans la caue. Le cheualier estoit adonc tout desarme/et gysoit a lentree de la caue/et auoit les piedz et les mains liees en telle maniere comme le geant auoit compte a gyron.

Quant le cheualier vit approuchier gyron de luy pource quil estoit bien aussi grant comme vng geant il cuyda tout certainement q ce fut vng autre geant de la compaignie de celluy qui illecques lauoit aporte. Et quant il approuche de luy il luy escrye. Haa homme de male part occiz moy tost si ne durera pas tant ma douleur ne si longuement. Quant gyron entend ceste parolle il recognoist en soy mesmes tout certainement que le cheualier cuide bien quil soit vng geant pour ce que il la veu si grant/si se commence a soubzryre a soy mesmes. Voirement pour reconforter le cheualier il luy dist. Sire cheualier ne vous esmayez. Le cheualier qui bien cuyde de verite que gyron ne le face si non gaber luy respond tant dolent et tant esmaye que les larmes luy viennent aux yeulx. Deliure ie seray tantost se dieu plaist/car tu me trencheras la teste Autre deliurance scay ie bien que tu ne me doneras. Certes fait gyron si feray Or ne vous esmayez si durement. Et maintenant luy commence a deslyer les piedz et les mains. Et quant il la deslye il luy dist. Or vous en venez apres moy sire cheualier/car se ie puis ie vous rendray orendroit a la damoyselle qui de vous dist premierement la nouuelle. Comment fait le cheualier/suis ie donc deliure. Ouy certes fait gyron/deliure estes sans faille. Si maist dieu sire fait le cheualier/ie cuidoye tout certainemet que vous feussiez geant pour ce que vous estes si grant. Or sachez sire fait gyron pourtant se ie suis grant ie ne suis mye geant/ains suis cheualier errant. Vne damoyselle me dist de vous nouuelles et puis men parla le geant qui ceste part vous aporta. Et pource ie suis venu iusques ca pour vous deliurer. Sire fait le cheualier/benoiste soit lheure que vous feustes ne et lheure que vous veinstes ca

De Gyron le courtois

Bien pouez dire que vous mauez deliure de mort par vostre venue/or nous en allons sil vous plaist. La dist gyron Car cy nauons que demourer. Sire ce dist le cheualier/a vostre commandement Apres cestuy parlement ilz ne font autre demourance/ains se mettent a la voye tout contreual la montaigne. Et tant font quilz reuiennent droictement ou le geant gysoit encores dessus la neige qui nauoit pouoir de soy remuer. Tout maintenant que le cheualier voit le geant il le recongnoist dont il ne se peut tenir que il ne dye a gyron. Haa sire voicy le dyable qui en ceste montaigne mapporta Comment est ce quil gyst cy en telle maniere. Gyron commence maintenant a compter comment il lauoit trouue. Et luy deuise tout mot a mot comment il auoit chemine. De ceste chose se esmerueille moult le cheualier. Et quant il a grant piece regarde le geant il dist a gyron. Sire voulez vous faire vne moult grant aumosne. Dictes fait gyron de quoy. Sire/ou vous trecheiz a ce geant la teste ou vous me baillez vostre espee et ie luy trecheray. Se nous le laissons plus viure encor sera dommaige a maint preudhomme. Je ne vueil mye dist gyron quil meure a ceste fois pour lamour de moy. Mais se auanture mapportoit aultre foys ceste part et ie le veisse ie cuyderoyes adonc mettre conseil en sa felonnie mais orendroit non feray. Lors sen vont oultre et ne font autre demourance. Et tant cheminent tout ainsi a pie comme ilz font quilz viennent iusques a la fontaine/et illecques treuuent danayn et la damoyselle. Lescuyer que gyron auoit enuoye cherchier de ca et de la autour de la fontaine pour scauoir se il trouueroit lieu pres dillec ou il peust seiourner tant que il seust guery de ses playes estoit ia retourne qui dist a gyron incontinent quil le vit. Sire iay trouue pres dicy vng recet qui est a vne vesue dame courtoyse et de bon affaire. Tout incontinent que ie luy dys que vous estiez cheualier errant qui estiez naure et vouliez seiourner en son hostel/elle dist que de vostre venue elle estoit moult grandement ioyeuse. Venez hardiement elle est preste et appareillee de vous faire toute la courtoysie quelle vous pourra faire. Certes sire ie vous conseille bien que vous y alliez. Elle me semble si bonne dame que ie dys bien que la ne pourrez vous auoir si non courtoysie. Et nous yrons fait gyron puis que vous le voulez.

Quant ilz eurent ainsi parle gyron dist a danayn. Vassal fait il vous scauez bien la grant honte et la grant vergongne que vous mauez faicte na pas encores long temps. Se ie vous ay au iourduy fait courtoysie par deux fois/vous scauez bien se ie dis vray ou non/car ie nen vueil auoir nul guerdon/et sachez que ie ne la feiz pas a vous ains la feiz a cheualerie. Et quen diroie ie/vous mauez tant fait de vergongne que ie reffuse de cy enauant la vostre compaignie. Je men voys tout mon chemin ie vous deffendz que vous ne venez auec moy tant comme vous aymez vostre vie. Apres prent congie du cheualier quil eut deliure de la caue/et le liure a la damoyselle mesmes. Le compte ne deuise point a ceste foys qui estoit le cheualier/mais ca apres le deuisera quant il en sera temps et lieu. Danayn sen alla en vne maison de religion qui pres dillec estoit et le cheualier auec luy et la damoyselle pareillement. Gyron sen alla a la maison de la vesue dame dont lescuyer luy auoit parle Et en emmena auec luy la belle damoyselle qui bloye estoit appellee. Cestuy an proprement eut la damoyselle vng enfant de gyron qui fut moult bon cheualier. Quant il vint en aage destre cheualier il sceut iouer de la harpe/il sceut chanter/il sceut tant de tous autres instrumens comme cheualier pourroit scauoir.

Et quen diroyes ie/De toute cheualerie fut il si gracieux si que il en eust eu trop haulte renōmee se ne fut ce quil estoit felon et cruel/et occioit vne damoyselle tā tost. La grant felonnye de luy abaissa tant sa renōmee quil nen fut pas si grāt parolle cōme sil eust este courtois. Se il eut este du tout si courtoys comme son pere auoit este/Bien eut assez du tout attainte la haulte renōmee des bons cheualiers q̄ armes porterent a celluy tēps au royaulme de logres et es autres regions. Car de haulte cheualerie ressembla il bien a son pere. Et fut plus fort q̄ autre cheualier/car de iouster ne trouua il point son pareil. Mais de felonnye et de cruaulte eut il plus en luy qui ne conuenoit en cheualier. Ce fut la chose qui moult abaissa sa cheualerie et sa renommee. Celluy cheualier fut appelle Brun le noir le fort cheualier et legier. Et fut appelle noir pource que son pere fut trop merueilleusement blanc. Et estoit celluy vng pou blanc. Celluy estoit vng pou plus brun. Cy laisse ores le compte a parler de Gyron le courtoys/et parle du bon cheualier sans paour et de ses auantures.

Comment le Roy destragorre appelle le bon Cheualier sans paour acōpaigne de son escuier entra au val de seruaige dont nabon le noir estoit seigneur.

EN ceste partie dit le cōpte que tant cheuaucha le bon cheualier sās paour que il vint aux destrois de Sozeloys/et nauoit adonc en sa compaignie ne dame ne damoyselle ne riens au monde fors seulement vng escuyer q̄ luy portoit son escu et son glaiue. Quāt il fut la venu il trouua adonc vng estroit sentier/le chemin estoit droictement de roche taille si estroit que si deux cheualiers a cheual si feussent entre rencontrez ne eussent peu passer lung de coste lautre en nulle maniere du monde. Et estoit icelle voye moult ennuyeuse a cheuauchier. Quāt il eut cheuauchie enuiron deux lyeues anglesches de telle voye comme ie vous compte/et non mye que la voye feust toute au long de roche trenchee. Il luy aduint adonc quil trouua emmy le chemin qui estoit si tres estroit et si ennuyeux cōme ie vous compte vng grant perron de marbre. Et en celluy perron auoit lettres vermeilles entaillees qui disoient Cy est le pas sans retour. Nul ne si mettra qui iamais puisse retourner iusques a tāt que le bon cheualier celluy qui doit mourir pour amour y viendra. Ceste parolle proprement disoient les lettres q̄ estoient entaillees dedans le marbre. Quant le bon cheualier sans paour les a leues de chief en chief il dist a soy mesmes que pour espouenter les cheualiers trespassās y furēt ces lettres entaillees en ceste maniere/et pource nen veult il riens croire. Et le varlet qui auoit les lettres leues ⁊ releues et congneues aussi bien comme le cheualier auoit/quant il voit que le bon cheualier veult auant aller il luy dist moult durement espouente. Ha sire pour dieu mercys/ne allez en auant/de vostre retour est neant/ayez pitie de vous et ne vo⁹ mettez a destruction ne a mort habandonneement. Car certes tout le monde en vauldroit pis de vostre mort ou de vostre prison. Sire pour dieu retournez vous en/car certes se vous tenez ceste voye il ne peut estre q̄ vous ne soiez prins ou occis. Sire pour dieu croyez moy/ne regardez a la grant voulente que vous auez de aller auant/ Vous estes mort sans faille ou a tout le moins emprisonne se vo⁹ maintenez ce chemin. Sire laissez ores ester ceste voye qui est voye de pre et de dueil. Retournez vous en a tant si ferez bien que saige

De Gyron le courtoys

Car certes ce seroit trop grant douleur a tout le monde se si bon cheualier come vous estes mouroit si tost. Quât le bon cheualier sans paour entend cest admonestement il cômence a soubzryre a soy mesmes trop formẽt. Et quât il a pensé il dist au varlet. Comment fait il/es tu fol. Cuyde tu ores que ie qui ay tant trauaille pour cestuy passaige acomplir vueille retourner en nulle guyse poᵘ vie ne pour mort deuant que iaye fait tout mon pouoir de mener ceste auanture a fin cõment quil men aduiengne.

Quant le varlet entend la franchise et la Courtoysie que son seigneur luy va disant il commence adonc a plourer moult fort ⁊ dist tout en plourant. Sire or saichez de verité que le cueur me dit se vous allez de cy enauant que iamais ne retournerez. Ou vous y mourrez/ou vous demourrez emprisonne/mais pour tout ce ne remaindra que auec vous ie ne men aille. Mieulx vueil mourir auec vous si maist dieu que ie vous laissasse en telle guyse et saulnasse ma vie. Et lors se met auãt et dit. Sire/puis que vous ne voulez retourner par mon conseil ie ne vous laisseray pas a ceste foys cõment quil men doye aduenir. Quant il a dicte ceste parolle il se met auant et le bon cheualier a pres/et cheuauchent en telle maniere celle voye que elle ne leur amende poît/ains va tousiours empirant tât quilz voient deuant eulx vne grant tour. Celle tour estoit belle et riche/et estoit faicte dessus roches. La tour estoit si forte en toutes guyses q̃ cestoit vne grãt merueille de veoir la tresgrant force de elle. Et le passaige estoit dessoubz la tour droictement. Quant ilz vindrent a la tour ilz trouuerent que le passaige alloit oultre et a lentree ou elle estoit ouuerte il ny auoit poît de porte dessoubz/mais dessus en auoit vne de fer/et estoit porte coulice Quant ilz vindrent pres de la porte le bon cheualier sans paour cômence a regarder la tour et dit q̃ cest vne des plus belles tours qĩl vit pieca mais. Et lors se met dessoubz la porte et passe oultre/ et le varlet qui deuant alloit estoit ia passe. Tout incontinent que ilz sont oultre passez ilz regardent ce et sesmerueillent trop durement quilz ne voient a la fenestre de la tour ne en autre lieu homme ne femme. La ou ilz regardoient la tour en telle guyse comme ie vous compte et ilz estoient ainsi esbahys de ce q̃lz ne voiẽt leans nulle gent/ilz ouyrẽt la porte coulice descendre. Et quant elle fut a terre elle donna si grant escroix comme se ce eust este vng coup de tõnoirre. Le varlet en fut si durement espouente de la grant noyse de la porte quil en trembla tout de paour. Haa sire dist le varlet/nous sommes prinsˢ/veoir le pouez orendroit tout clerement. Tant comme nous peusmeˢ retourner vous ne me voulsistes croire Or sommes nous en telle maniere que de nostre retour est neant desormais. Lors cômenca le varlet trop durement a plourer et a mauldire lheure quil feust oncq̃s ne. Apres ce q̃ la porte fut cheutte qui du tout auoit la voye close si q̃ ceulx q̃ passez estoient ne peussent pas retourner silz voulsissent adonc se mõstrerent hommes aux fenestres de la tour qui cõmencerent a cryer a haulte voix au bon cheualier sans paour. Damp cheualier se dieu noᵘˢ sault vous estes prins / dire pouez seurement que iamais ne retournerez ne par ceste voye ne p autre. Allez auant si verrez adonc tout clerement q̃lle auanture cest que vous deuez trouuer Il ne respondit riẽs a chose que ceulx de la tour luy dirent. Le bon cheualier sans paour qui oncques nauoit este espouente dauanture q̃ luy aduenist sen va tousiours oultre sans soy prendre garde de riens. Et le varlet qui trop est dolent et espouẽte oultre mesure pleure formẽt Cil ne se peut reconforter pour parolle que le bon cheualier sans paour luy dye/ains coys ba disant que de male heure se mist en cestuy voyage. Car il est venu en tel lieu ou il luy couiendra mourir ou a tout le moins estre emprisonne toute sa vie.

Ainsi montent eulx deux tout a cheual cōtremont vne grāt montaigne toute plaine de roches agues et de pierres. Tant sont montez en telle maniere q̄ ilz sont venuz dessus la montaigne. Et lors voient la dessoubz au pie de la montaigne la plus belle plaine du monde qui estoit enclose de montaignes de toutes pars. En celle plaine auoit chasteaulx et villes assez et gent dōt la ville estoit habitee moult noblement. Et quen diroyes ie le pays estoit moult bel et moult delictable se ceulx qui leans demeurent sen peussent partir a leur voulente. Mais du partir est neant/car puis que lhōme est dedans a remanoir luy conuient toute sa vie si que iamais ne sen peut departir. Quāt le bon cheualier sans paour voit ceste estrange contree quil nauoit oncquesmais veue il se commēce a reconforter moult grandement a soy mesmes et dist a son varlet. Varlet que te semble de ce pays. Sire respond le varlet. Or saichez tout certainement que le pays me semble bel mais ie vouldroyes q̄l fut ars q̄ destruit par conuenant que nous feussions orēdroit a la cite de Izamaalot. Or ne tesmaye si durement fait le bon cheualier sans paour/ie te prometz que ie ten mettray hors assez tost se auanture ne mest trop durement contraire. Sire sire fait le varlet/ce scay ie tout certainement se vous en ceste aduanture neussiez a faire fors a vng cheualier ou a deux tost nous peussiez deliurer. Mais quāt ie voy que les voyes sont si closes que se orendroit nous voulions retourner nous ne pourrions pas. Je dys que laffaire va tout autrement q̄ vous ne cuydez/et cest vne

chose qui moult durement me desconforte. Lors le bon cheualier sans paour descend de dessus son cheual/car a cheual ne peut il pas descendre la mōtaigne pource que elle est trop roide/et le varlet descend pareillement. Et en telle maniere commencent eulx deux a deualer. Et tant cheminent en telle guyse que ilz viennent iusques a la valee. Et lors ilz treuuent vne autre tour qui estoit trenchee q̄ fermee dessus vne roche/et estoit tout ainsi comme lautre que ilz auoient trouuee a lautre foys/et passent par dessoubz. Et incontinent quilz sont oultre passez vne porte coulice qui est la dessus mōtee descend si roidement quil est auis a ceulx qui oultre sont passez que toute la tour fut cheute a cestuy coup/et fremissent eulx deux et les cheuaulx sen espouētent moult durement. Et le varlet qui ce regarde voit adonc la porte close dist au bon cheualier sans paour tout en plourant. Sire que vo⁹ est il auis de ce q̄ vous voyez. Que veulx tu quil men soit auis fait le bon cheualier. Je voy q̄ ceste porte est close. Po² tout ce fait ne te dois tu si durement esmayer/car selle est orendroit close vne autre fois elle sera ouuerte/sans faille elle ne sera pas tousiours ainsi. Haa sire fait le varlet/comme vo⁹ estes malement mene et p̄ voustre hardement. Mieulx vo⁹ vaulsist a cestuy poit auoir creu le mien cōseil. Quelque fol q̄ ie soye si vous disoyes ie bien verite. Or ne tesmaye si durement fait le bon cheualier/Dieu no⁹ enuoyera meilleur conseil que tu ne cuydes.

Quāt ilz sont venuz iusques au plain ilz voyent adonc le pays si bel et si delictable que ilz en sont moult fort parlant entreulx le bon cheualier mesmes dist que il ne vit pieca en nulle cōtree plus bel pays que cestuy ne soit encores plus bel. Haa sire ce dist le varlet. Comme ie croy bien que ceste beaulte nous tournera a grāt ennuy a-

M ii

uant brief terme. Le varlet pleure trop durement/et le bon chevalier se ryt de ce quil le voit plourer. Ainsi chevaucherent entre eulx tout le chemin qui estoit assez large tant quilz vindrent a une fontaine qui sourdoit entre deux arbres. Et estoit ceste fontaine moult belle & assez clere. A ceste fontaine se seoient deux chevaliers tous desarmez/seulement espees navoient ilz pas. Quant ilz virent vers eulx venir le bon chevalier sans paour ainsi arme come il estoit ilz se dresserent encontre luy. Bien cogneurent certainement quil estoit chevalier errant et quil estoit nouuellement venu en ceste valee. Le bon chevalier qui le iour auoit trouue assez mauluaise voye et ennuyeuse incontinent quil veist la fontaine il descendit pour boire et pour soy reposer aucun pou apres le trauail que il auoit le iour souffert. Quant il est descendu et il voit les cheualiers il les salue/ et ilz luy rendent son salut moult courtoisement. Et adonc il fait incontinent oster son heaulme de sa teste et le baille a son varlet/et puis oste sa coiffe de fer et labat dessus ses espaulles/et oste les manicles de son haulbert/et puis apres se baisse vers la fontaine et laue ses mains et son visage et puis comence a boyre de la fontaine. Quant il en a tant beu come il lui plaist il se met aux paroles des deux cheualiers qil auoit illec trouuez. Lors le bon cheualier dist. Beaulx seignrs estes vo9 cheualiers. Et ilz dient que cheualiers sont ilz certainement. Et dont estes vo9 nez dist le bon cheualier sans paour. Et ilz dient quilz furent nez du royaulme de norgales. Seigneurs fait il/demourez vous en ceste cotree. Et ilz dient que ilz y demeurent/et que plus y auoient ia demoure quilz ne vousissent et plus y demourront encores. Or me dictes fait le bon cheualier/qui est seigneur de ceste contree. Et lung deulx respond et dit. Nabon le noir en est seignr le plus fort

homme sicomme ie croy qui orendroit soit en tout le monde. Or me dictes fait le bon cheualier sans paour. Celluy nabon dont vous me parlez et qui tant est fort est il cheualier. Sire dient ilz/il se tient pour cheualier/mais il ne nous est pas auis quil soit cheualier. Comment fait le bon cheualier sans paour/est il donc si fort cheualier come vous allez disant. Certes sire/ouy bien. Il est vrayement si fort que ie ne croy pas que en tout le monde ait orendroit nul si fort homme comme il est. Et se il est fort ce nest mye merueille. Il ny a au monde si grant cheualier q nabon ne soit encores greigneur Et que en diroyes ie/ il est geant tout droictement. Et est seigneur de tout cestuy pays.

OR me dictes beaulx seigneurs fait le bon cheualier sans paour me scauriez vous a dire nouuelles dung cheualier qui doit estre en ceste contree que lon appelle le bon cheualier de norgales. Lung deulx respond et dit. Ouy sire/il est en ceste valee sans faille/ et demeure dedans vng chastel que len appelle lothan. Et comment est il leans fait le bon cheualier sans paour Demeure il leans emprisonne. Sire ce dist le cheualier/ de ce ne vous dirons nous riens a ceste foys. Car a nous ne appartient pas a dire. Vous pourrez assez tost scauoir la verite de ceste chose. Or me dictes fait le bon cheualier sans paour/ Comment pourroye ie scauoir celluy chastel que len appelle Lothan ou demeure le bon cheualier de norgales. Sire respond le cheualier/vous le trouuerez trop legierement. Ceste voye ou vo9 estes orendroit vous y mettra tout droictement. Huymais sans faille ne y pourrez vous aller/ car vous voyez appertement q heure de none est ia passee vo9 demourrez a vng chastel q est ca deuant/et ceulx de leans vo9 mettront demain au matin au chastel que demadez.

Lors fait le bon Cheualier relacier son heaulme et monte sur son cheual et dist au varlet/or est temps de aller. Et cil se met errāment a la voye. Et tant se hastent de cheuauchier que ilz viēnent vng pou apres heure de vespres a vng chastel qui seoit sur vne riuiere. Le chastel estoit bel et riche/et auoit este fait assez nouuellement. Quant ilz sont venuz assez pres de la porte et que ilz cuydent leans entrer vng homme de leans qui lentree gardoit leur ferme maintenant lentree contre eulx. Et quant il a la porte fermee il monte dessus et regarde par les carneaulx. Quant le bon cheualier sans paour voit ceste chose il ne scait ql doit dire et regarde contremont. Et quant il voit dessus la porte celluy qui orendroit lauoit fermee il luy dist. frere se dieu te sault ouure la porte et nous laisse leans entrer/car de demourer ca dehors nauons nous ores mestier veu que nous auons huy trauaille de cheuauchier ces montaignes. Adonc celluy qui sur la porte est respond tantost. Sire cheualier/or saichez tout certainemēt que ceans ne peut entrer homme qui armes porte/ce chastel est le chastel de paix Nous ny voulons porter armes/car armes sont signes de guerre/et de guerre nauons nous cure/dieu nous en gard. Et pour ce auons no͞ establly entre no͞ que armes ne peuent ceās entrer en nulle maniere du monde. Se vous voulez les armes laisser la dehors et vous desarmer donc pouez vous venir entre nous mais autrement vous ny viendrez/ce sachez vous tout certainement.

Quāt le bon cheualier sans paour entend ceste nouuelle il dist au varlet. Que ferōs nous. Certes fait le varlet/ nous auons tant fait cestuy iour que nous nauons desormais pouoir de faire chose qui ne nous tourne a dommaige. De cestuy fait faictes tousiours du tout a vostre sens. Quant ie vous donnoye conseil en cestuy iour qui adonc vo͞ pouoit valoir vous ne me voulsistes croire et ores me demandez conseil. Sire cest a tard. Et tant auōs ores cheuauche auant que nostre retourner ne vault riens. Sire or sachez que se vous laissez voz armes cy dehors et vo͞ entrez leans sans armes iamais ne verrez autre iour/et puis quant ilz vo͞ trouueront sans armes ilz vous pourront legierement prendre. Ilz vous prendront cōme vng garcon. Et ce vous seroit vergongne et deshonneur trop grant. Or regardez que vous vouldrez faire en ceste auanture/car vous le verrez aduenir tout ainsi comme ie le vous dy. Quant le bon cheualier entend ceste parolle pource quil luy est bien auis que le varlet ne luy dye si non bien/il dist ql veult mieulx demourer dehors auecq͞ ses armes que sans armes entrer dedans. Et adonc descend et vient a vng arbre qui illec estoit/et oste son heaulme de sa teste/et pend son escu a vng arbre/et dresse illec mesmes son glaiue et auale sa coiffe de fer/et oste ses manicles de son haulbert/ et fait oster a son cheual le frain ⁊ la selle et le laisse deuant luy paistre et puis se assiet dessoubz larbre. Le varlet qui regarde ⁊ voit ceste chose pleure trop durement. Le bon Cheualier ne sen esmaye/ aincois dit au varlet. Varlet pourquoy pleure tu tant. Sire fait le varlet/or sachez que ie ne pleure pas pour moy ains pleure pour le grant dueil que iay de vo͞ Car ie scay tout certainement que de cestuy val ou nous sommes orendroit vo͞ ne pouez eschaper q̄ vous ne soyez prins Ce sera dommaige moult grant quant si preudhomme comme vous estes sera perdu au mōde. Car certes le corps de si bon cheualier comme vous estes vault mieulx que tout le bien du monde. Et quant ie voye que vous estes venu au lieu ou si grāt bonte est perdue se ien ay yre et douleur ce nest mye de merueille.

M iiij

le monde mesmes et tout le Royaulme de logres quant ilz scauront ceste nouuelle ilz en auront yre et douleur / car de tel homme comme vous estes sera trop durement toute cheualerie abaissee.

Le Varlet qui de son dueil faire ne se peut nullement appaiser/pleure toutesuoyes si fort comme se il veist deuant lui tout le monde mort. Pour nulle parolle que luy dye le bon cheualier sans paour il ne se peut reconforter. Et lors ainsi demeure dessoubz larbre le bon cheualier sans paour toute la nuyt. Ceulx de leans ne luy enuoyerent que mangier/ne chose qui soit. Ne il nauoit dicelluy iour mangie/non auoit fait le sien varlet. En telle guyse passerēt ceste nuyt iusques a lendemain assez matin. A tant est venu une damoyselle a la porte/et la porte luy fut ouuerte/et elle yssit dehors acōpaignee dung seul cheualier tout desarme. Et quant elle vit le bon cheualier sans paour qui toute la nuyt auoit demoure dessoubz larbre elle ne se peut tenir de plourer et luy dit tout en plourant. Sire cheualier ceste nuyt que vous auez icy ainsi passee comme ie voy vous a elle este moult ennuyeuse. Damoyselle ce dist le bon cheualier sans paour/or sachez que elle ne ma pas este si bonne q ie vousisse. Or sachez fait la damoyselle q cestuy iour qui vous est huy adiourne vous sera moult plus ennuyeux que la nuyt ne vous fut. Damoyselle fait le bon cheualier sans paour/nō sera se dieu plaist. Dieu veuille que non fait la damoyselle/car ien seroyes moult ioyeuse pource que ie voys que vous estes cheualier errant. Damoyselle fait le bon cheualier sās paour Il mest auis par vostre parler que vous estes de la cōtree de lzamaaloit. Certes sire fait la damoyselle/ ie en fuz iadis/ mais ores ie nen suis mye. Aincois suis de ceste contree ou il me cōuient demourer malgre moy. Et vo⁹ mesmes pouez bien dire seurement que vous estes de ceste contree q serez toute vostre vie/car iamais sans faille ne pouez de ce pas yssir tant cōme vous ayez la vie au corps.

Et adoncques Quant Le Bon Cheualier sans paour entend Ceste nouuelle il deuient ung pou plus esbahy que il nestoit deuant/ et toutesuoyes pource quil estoit a la verite dire tout le plus seur cheualier de tout le monde en quelque mescheance qui luy aduint et si seur que il nauoit oncqs este espouente pour chose quil veist dist a la damoyselle. Damoyselle fait il cōment pourroit ce estre que ie ne peusse iamais yssir de ceste valee ou ie suis entre. Sire ce dist la damoyselle/ nul estrange cheualier qui oncques vint en cestuy val nen yssit puis que il y entra. Et sachez sire que de cheualiers estranges a en cestuy val qui arriuez y sont par fortune plus de deux mille sans les autres hommes estranges qui ne sont pas Cheualiers / dont il ny a gueres moins/ lesquelz sont tous enclos entre ces grans mōtaignes comme vous voyez si que ilz nen peuent yssir. Et ie mesmes iadis y entray auec ung cheualier moult preudhōme mais oncques puis nen ay peu yssir. Iamais nen ystrez aussi/ ce sachez vous bien. Et quāt elle a dicte ceste parolle elle se taist et sen va oultre ainsi a cheual cōme elle est. Ainsi sen va la damoyselle qui telles nouuelles a comptees au bon cheualier. Cil qui est assez esbahy de ces nouuelles demeure dessoubz larbre et son varlet pareillement q luy dist. Haa sire fait le varlet/ ie le vo⁹ disoyes bien. Or auez ouy a cestuy point telles nouuelles cōme ie vous cōptay/ vous estes prins desormais. Lors se courrouse le bon cheualier sans paour et dist. Varlet desormais ne me parle de cestuy fait/ taist toy du tout. Se tu men alloyes plus parlāt tu me courrousseroyes. Et lors se fait armer et monte sur son cheual et dist.

Darlet/or saichez bien de vray que se ie
ne suis prins par trahyson ie ne seray
prins deuant que ie aye monstre a ceulx
de cestuy val qui ie suis. Se ie meurs cy
certes ie mourray a honneur de cheuale
rie. Or nous mettons huymais a che-
uauchier et cheuauchons celle part ou a
uanture nous conduira/car tout nostre
fait si comme ie voys va bien desormais
en auanture.

Tout incõtinent que ilz furẽt
mõtez et ilz se vouloient met
tre au chemin ilz voyent vng
cheualier yssir du chastel tout desarme.
Il ne portoit auec luy ne espee ne autres
armes. Il menoit de coste luy deux le-
uriers moult beaulx. Quant le bon che
ualier le voit yssir de leans il luy va a
lencontre et luy dist. Dieu vous sault
sire cheualier. Sire fait il/dieu vo[us] doint
bõne auãture. Beau sire fait le bon che-
ualier sans paour q[ui] estoit roy destrãgor
re. Or me conseillez sil vous plaist de ce
que ie vous demanderay. Certes beau
sire fait le cheualier/or saichez certaine-
ment que vous auez tant chemine que ie
ne vous pourroyes ores conseiller. Sa-
chez de vray que vous estes prins/cestuy
iour seulement ne pouez vous eschapper
que vous ne soyez emprisonne. Beau si-
re fait le bon cheualier sans paour/pour
ce que vous dictes que ie seray prins en
cestuy iour. Or me dictes par courtoy
sie qui me prendra et qui me fera prẽdre.
Certes beau sire fait le Cheualier/ie ne
scay pas certainement qui vous prẽdra
Mais tant vous scay ie bien a dire que
Nabon le noir vo[us] fera prendre. Cestuy
est sire de tout ce val et de tous ceulx qui
en ce val sont emprisonnez. Cil vous fe-
ra prendre sans faille. Or me dictes tãt
seulemẽt fait le bon cheualier sãs paour
Ou pourray ie trouuer le bon cheualier
de norgales qui en ce pays est emprison
ne. Certes sire fait le cheualier/il est as-
sez pres dicy a vng chastel que len appel-

le lothan. Celle voye vo[us] menera tout
droictement a luy mõstre la voye. Mais
pourquoy voulez vo[us] a luy aller. Pource
fait le bon cheualier sans paour que ie le
deliureroye voulentiers de la prison ou
il est se ie le pouoye faire. Haa beau sire
fait le cheualier que dictes vous/vous
mesmes orendroit estes emprisonne et
vo[us] cuydez autruy deliurer. Ce est bien
la plus estrange chose du monde. Sire
cheualier fait le Roy destrãgorre/sachez
certainement que encores ne suis ie pas
si emprisonne que ie ne cuyde bien mon
corps deffendre encontre tous ceulx q[ui]
prendre me vouldront. Certes ce dist le
cheualier/or sachez que cestuy cuyder ne
vous vient mye de grant sens. Et quãt
il a dit ceste parolle il sen va oultre et ne
tient autre parlement a ceste foys.

Apres ce q[ue] le cheualier qui me-
noit les deux leuriers se fut
party dillec le roy destrangor
re dist a son escuyer/Cheuauchons huy
mais/car temps en est/et tendõs tout ces
tuy chemin qui enseigne nous est. Les
cuyer qui trop durement est espouente
quant il entend que son seigneur luy fait
cestuy commandement il sen passe erra-
ment par deuant le chastel/et se met de-
dans la riuiere qui nestoit pas a cestuy
point trop parfonde/car en celle contree
nauoit adonc pleu. Quãt ilz eurent pas
se leaue ilz commẽcerent a cheuauchier
de coste la riuiere/Car le chemin alloit
ainsi. Et tant cheuaucherent que ilz
trouuerent quatre hommes qui estoient
assiz pres de la riuiere/et mangeoient il
lecq[ue]s sur lherbe verd/et sembloient bien
estre pescheurs. Mais des quatre en y
auoit vng qui mieulx sembloit estre che
ualier que autre menestrel. Quant ilz
voient le bon cheualier approuchier de
eulx ilz se dressent encontre luy/car bien
cõgnoissent tout certainement q[ue] cestuy
est cheualier estrange qui nouuellement
est venu en la contree et luy dient. Sire

cheualier Vous plairoit il a descendre et a mangier auec nous. Or sachez que de ce que nous auõs vous dõnerons nous voulentiers sil vous plaist. Seigneurs fait il/de ce vous mercye moult doulcement. Et sachez de vray que de cestuy secours ie auoyes moult grant mestier/Dieu le scait Car ie ne mangeay huy ne hier. En nom Dieu dient ilz/Or pouez mangier auecqs nous que vous soyez le bien venu. Apres ce parlemẽt le bon cheualier sans paour ne fait autre demourance/aincoys descend tout incontinent et oste son heaulme et sassiet auecqs les preudhommes et mangeue. Lescuier ne veult mãgier en nulle maniere du monde/car il est tant espouente quil est tout mort de paour. Tout le cueur luy tremble dedans le ventre. Ceulx luy dient Amy mangez. Et il dit quil ne mangera pas. Et le bon cheualier sen soubzryt.

APres ce que ilz eurent mangie lung seulx met auant en parolles le bon Cheualier sans paour. Sire dont estes vous se dieu vo⁹ doint bonne auanture. Dictes nous comment vous veinstes ceste part/et quel besoing vous y amena. Seigneurs fait il/se dieu me sault ie le vous diray puis que scauoir le voulez. Et maintenant leur commence a compter comment il estoit venu ceste part pour deliurer de prison le bon cheualier de Norgales se il le peust faire. Quant il entend ceste parolle il se baisse la teste vers terre et respond tout incontinent. Haa sire cheualier comment il feist grãt pechie et grant mal qui ceste part vous amena. Ce vrayement sachez vous bien/Car il vous enuoya a vostre mort. Jamais a iour de vostre vie ne ystrez vous de cestuy val ou estes entre. Icy vous conuiendra sans faille finer vostre vie. Seigneurs fait le bon cheualier ientendz ce que vous me dictes Se dieu plaist cestuy fait yra autremẽt que vous ne cuydez. Mais tant me dictes se il vous plaist de cestuy geant qui est sire de cestuy val comment le pourroyes ie trouer. Certes fait il/nous ne scauõs/car il ne demeure iamais en vng lieu. Apres ce q̃ ilz eurent fait cestuy parlement en telle guyse cõme ie vous cõpte le bon cheualier demande a cestuy des pescheurs qui mieulx semble preudhomme. Sire se dieu vous doint bõne auanture qui estes vous. Vous estes icy en guyse de pescheur/mais pescheur ne me semblez vous mye. Cil iette vng souspir de cueur parfond quant il entend ceste demande et respond a chief de piece. Certes sire pescheur ne suis ie mye vrayement ce sachez. Mais pour cõforter ma douleur et mes ennuys/et pour oublier aucun pou ma mescheance ie men voys deduysant icy auecques ces pescheurs. Vng soulas me semble moult grant a aller par ceste riuiere/et a prendre des poissons puis que ie ne puis mieulx faire. Et non pourtant il fut ia vne autre saison que ie me soulassoye moult en autre mestier. Or sachez q̃ fut ia tel tẽps que ie ne voulsisse pas estre seigneur de la moytie du monde par conuenant que ie ne portasse armes. Armes amoyes ie mieulx sans faille que nulle autre chose terrienne. Et quãt ie suis a ce venu que armes ne puis auoir ne les porter par ce pays ains suis prisonnier cõme sont les autres qui demeurent en cestuy val ie me soulasse a ce que vous voyez po⁹ oublier aucun petit de mes douleurs.

QUant le bon cheualier entend ceste parolle il respond et dist. Il mest auis se dieu me sault q̃ ie vous ay autre fois veu/mais ie ne me puis mye recorder en quel lieu ce fut. Et cest ce pourquoy ie vous prie tant cõme ie vous puis prier que vous me dictes aucune chose de vostre estre affin q̃ ie vo⁹ puisse mieulx congnoistre/car encores ie ne vous cõgnois. Le cheualier respond en telle maniere et dist. Or sachez que ie fuz du royaulme de leonnois. Le roy meliadus est mon seigneur et mon parent. En la compaignie de luy ay ie porte long temps armes au royaulme de logres et en maint autre region/& mesmement en la guerre que le roy artus commenca contre le roy meliadus portay ie armes/et ay nom alain. Se vous feustes en celle guerre il ne peut estre en nulle guise que vous ne ayez aucuneffois ouy parler de moy. Au bon chevalier sans paour feiz ie bien ung grant courroux en ceste guerre et a maint autre chevalier. A ceste parolle respondit le bon chevalier sans paour et dist. Alain alain or vous vois ie maintenant recongnoissant. Se dieu vous sault fait le chevalier puis que vous me allez recongnoissant/faictes moy donc tant de courtoisie que vous me diez qui vous estes. Je ne vous diray plus de mon estre fait le bon chevalier sans paour/mais une autreffois par adventure me feray ie mieulx congnoistre a vous/et voirement vous dy ie bien que se vous feussiez ainsi arme comme ie suis ie vous deisse maintenant mon nom & vous monstrasse tout appertement que ie ne suis pas vostre amy. Le chevalier respondit tantost et dist Damp chevalier damp chevalier aux parolles que vous me dictes congnois ie bien que venuz estes nouuellement en ce pays/encores estes vous aussi fol comme vous estiez au royaulme de logres. De ces menaces ne vous est ores nul mestier/se dieu me sault ie suis prins et vous estes prins. Pour ce se vous estes arme orendroit ne demourra que vous ne soyez en cestuy tour aussi bien prisonnier comme ie suis. Bien entens toutes voz parolles fait le bon chevalier sans paour. Lors se dresse en son estant & prent son heaulme et le met en sa teste/et sen vient a son cheval et monte et se part de eulx et les commande a nostre seigneur. Et se met a la voye entre luy et son escuyer vers le chastel tout droictement

ou demouroit le bon chevalier de norgales quil alloit querant

En telle maniere toute celle matinee chevaucha entre lui & son escuyer tout le chemin quilz avoient trouve des le matin iusques a tant quilz vindrent au chastel que lon appelloit lothan/lequel chastel estoit fort ancien/mais moult beau estoit. Quant il vint assez pres du chastel adonc luy advint il sans faille quil rencontra quatre hommes a cheval qui sestoient arrestez emmy le chemin des lors que ilz le virent venir. Quant il est iusques a eulx venu ilz luy dient. Sire chevalier que allez vous querant. Seigneurs fait il estes vous chevaliers qui me faictes ceste demande. Et ilz dient que chevaliers sont ilz voirement. Puis que vous estes chevaliers dist il ie vous diray ce que vous me demandez/or sachez que ie suis venu en ce pays pour trouver le bon chevalier de norgales. Certes dient ilz le bon chevalier de norgalles pourrez vous assez tost trouver/car il est sans faille en celluy chastel que vous veez la devant. Mais a celluy point ne le pourrez vous veoir en nulle maniere du monde/car ung chevalier le garde assez cruel et assez felon/se vous de cestuy ne venez premierement au dessus en telle maniere que il fust du tout a vostre commandement/et autrement ne le verrez vous pas. Car celluy le tient en sa garde. A ceste parolle respondit le bon chevalier sans paour et dist. Seigneurs fait il quant vous mauez tant enseigne de ceste chose or vous pry ie que vous me diez comment ie pourroie trouver le chevalier qui garde en sa prison le bon chevalier de norgales. Certes dient ilz nous le vous dirons. Allez vous en droit au chastel que vous voyez/quant vous viendrez la vous trouverez la porte close ou se elle est ouuerte on vous la clorra pour ce que vous estes chevalier estrange/car a la verite dire nul chevalier ne peut leans entrer qui ar mes porte. Se il veult entrer dedans mestier est quil les laisse dehors. Quant vous serez la venu dictes a celluy qui garde la porte que il face venir auant le cheualier aux armes vermeilles. Ce est le seigneur de leās qui garde le bon cheualier de norgales en la prison. Puis quil orra de vos nouuelles il viendra tout maintenant hors du chastel q̄ se cōbatra a vous trop voulentiers. Se cestuy vous pouez conquerre q̄ mettre a mort/or saichez tout vrayemēt que le bon cheualier de norgales sera deliure de prison ne autrement en nulle guise ne peult il yssir. Or vous cōmant ie a dieu dist le bon cheualier sans paour/et grant mercis des nouuelles que vous mauez icy comptees. Sire dient ilz se il vous plaisoit pour ce q̄ vos estes tout seul fors que de vostre escuyer nos vos ferions cōpaignie iusque au chastel. Seigneurs fait il ce me plaist moult

¶ Cōment le roy destrangorre nōme le bon cheualier sans paour estant au val de seruaige vint au chasteau de lothan ou estoit nabō le noir pour cuyder deliurer le bon cheualier de norgales qui leās estoit en prison. Et comment il se combatirēt moult longuement luy et le bon cheualier de norgales sās congnoistre lung lautre.

Lors sen retournēt les quatre cheualiers auec le roy destrangorre nōme le cheualier sans paour pour la hardiesse de lui/car moult estoit hardy/preux et vaillant cōme tesmoigne le liure et romant du roy meliadus qui fut pere de tristan de leonnois/car dedans cestuy liure a plusieurs auantures des faitz q̄ proesses dudit cheualier sans paour/lesquelz faitz pour ce que a nostre matiere ne font besoing laissons sans en dire aucune chose. Et quant ilz eurēt cheuauche vne piece ilz virēt la porte du chastel ouuerte. Et quant ilz y furēt arriuez ilz vindrent a la porte laq̄lle fut close a lencontre deulx si q̄lz ne peurēt entrer dedans. Le bon cheualier se met auant quāt il voit cest affaire il dist a celui q̄ la porte auoit close a lencōtre deulx Amis se dieu te sault fais moy tāt de bōte q̄ tu die de ma part au cheualier de leās q̄ porte les armes vermeilles que il preigne tantost ses armes q̄ sen viengne cōbatre a moy car ie ne suis icy venu fors q̄ po[ur] cōbatre encōtre luy. Cil q̄ la porte gardoit respondit q̄ dist. Sire cheualier bien sera cestuy message fait po[ur] lamour de vo[us]. Et quāt il a dicte ceste parolle il closi le guichet de la porte q̄ sen ētre la dedans. Apres ce ne demoura gueres q̄ ilz ouyrent vng cor sōner moult haultemēt q̄ fut sonne en la maistresse forteresse de leans si hault q̄ tous ceulx du chastel le ouyrēt tout cleremēt. Et maintenāt cōmencent a emplir les murs du chastel de dames q̄ de damoiselles q̄ toutes estoiēt illec mōtees pour veoir la bataille du cheualier estrāge q̄ de cestuy de leans q̄ contre luy se deuoit cōbatre/car bien scauēt q̄ autrement ne se peut departir celle querelle. Et nabon le noir le fort geāt q̄ sire estoit de tout le val et de to[us] ceulx q̄ dedās le val demouroiēt estoit venu dessus les murs pour la bataille regarder/car il disoit bien en soy mesmes que trop seroit la bataille merueilleuse se elle ne desmouroit deuers le cheualier estrange a ce que le cheualier de leās estoit si esprouue en bōte de cheualerie que encores ny estoit nul venu depuis q̄ auāture lapporta dedās le chastel q̄ a luy se cōbatist q̄ il ne leust mis a mort ou a desconfiture. Par quoy bien lui est aduis que le cheualier estrange sera tantost desconfit.

Quant tous les murs furēt empliz de ceulx de leans qui la bataille vouloient veoir. Apres ce ne demoura gueres que celle porte fut

ouuerte qui auoit este close encontre le
bon cheualier sans paour quant il vou-
loit leans entrer. Puis que la porte fut
ouuerte vng cheualier yssit de leans ar-
me dunes armes vermeilles monte sur
vng grant destrier. Le cheualier estoit a
merueilles plus grant dassez que nestoit
le bon cheualier. Quen diroie ie trop bien
ressembloit en toutes guises homme de
pris et de valeur. Et tout maintenant
que il fut yssu hors de la porte et il vit le
bon cheualier sans paour il luy dist. Si
re cheualier q̃ auez vo⁹ en voulente de fai
re. Certes dist le roy destrãgorre iay en
voulente de moy cõbatre a vous/car ie
voy bien q̃ pour autre chose neste vous
venu encõtre moy arme. Certes fait le
cheualier aux armes vermeilles vo⁹ dic
tes bien verite. Et non pourtãt auãt q̃
no⁹ nous cõbatons vo⁹ fais ie bien tant
assauoir q̃ se la coustume de ce chastel al
last a ma voulente du tout ie ne me com
batisse a vous ne a nul autre cheualier/
car ie ne le deueroye faire pour ce q̃ che-
ualier errãt suis ie ia a grant piece/mais
le couenant q̃ iay promis au seigneur de
ceas ne puis ie faillir/pour ce me cõuiẽt
vueille ou non vueille cõbatre encontre
vo⁹ ⁊ encõtre to⁹ ceulx q̃ viennent cy. Si
nest ce pas par ma voulente/mais force
mest que ie maintiengne ceste coustume
Sire fait le roy destrãgorre icy tenons
trop long parlemẽt puis q̃l no⁹ cõuiẽt cõ
batre. Gardez vo⁹ huy mais de moy/car
ie vous tõberay a la terre se ie puis. En
nom dieu fait le cheualier se vo⁹ ny estes
auant mys ie men merueilleray moult.
Car dieu mercy depuis q̃ ie vins en ces-
tuy val ou nous sõmes orendroit nay ie
trouue cheualier qui a terre me ait peu
mettre. Or y perra q̃ vous ferez fait le
bon cheualier sans paour.

Apres cestuy parlement ilz ny
fõt autre demourãce/ains sen
tre eslongnent ⁊ puis laissent
ensemble courre lung cõtre lautre tãt cõ

me ilz peuent des cheuaulx traire ⁊ sen-
tresierẽt de toute leur force sans eulx es-
pargner. Le cheualier q̃ portoit les ar-
mes vermeilles fiert si roydemẽt le bon
cheualier sans paour q̃ il fait voller son
glayue en pieces/mais de la selle ne le re
mue. Le cheualier sans paour qui en cel
le iouste met cueur corps et voulẽte fiert
le cheualier si roidement que le haulbert
nest tant serre q̃l nen face les mailles rõ
pre. Et quen diroie ie/il le hurte si roide
ment que il na force ne pouoir de soy te-
nir en selle/ains volle maintenant a la
terre assez naure emmy le pis. Quant
le bon cheualier sans paour voit q̃l a cel-
luy aux armes vermeilles abatu il ne se
arreste pas sur luy ains sen passe oultre
pour parfournir son poindre/et quant il
a fournie sa pointe ilz sen tourne vers
son escuyer ⁊ descent et luy baille son che
ual a garder/car iamais a nul hõme de
pie ne se fust cõbatu a cheual. Quant le
cheualier aux armes vermeilles qui ia
estoit redresse voit ceste grant courtoisie
q̃ le bon cheualier sans paour fait il gec-
te vng grant souspir de cueur parfont ⁊
ne se peut tenir que il ne die ainsi comme
tout lermoyãt des yeulx. Haa sire dieu
quel grãt dõmaige. Ceste parolle enten
dit bien tout clerement le bon cheualier
sans paour. Et pour ce quil sesmerueil-
loit moult pour quoy lautre auoit ceste
parolle dicte il luy dist. Sire se dieu vous
doint bonne aduanture pour quoy auez
vous dit orendroit ceste parolle/Haa sire
dieu q̃l grãt dõmaige. Le cheualier res-
põdit tantost et dist. Sire cheualier ie
scay bien pour quoy ie lay dit. Pour ce q̃
vous le scauez bien fait le bon cheualier
sãs paour vouldroie ie q̃ vo⁹ le me deis-
stez se il vous plaisoit. Certes fait le che
ualier aux armes vermeilles puis q̃ ces-
te chose voulez scauoir et ie le vo⁹ diray
tout maintenant. Or saichez q̃ iay veu
a cestuy point deux choses en vous par
quoy ie cõgnois tout certainement quil

ne pourroit estre en nulle maniere du monde q̃ vous ne soyez cheualier de trop hault affaire garny ⁊ de trop haulte cheualerie/car certes se vo⁹ ne feussiez trop bon cheualier de voftre corps vo⁹ ne me eussiez pas abatu/car depuis deux moys en ca sont cy venuz plusieurs cheualiers encōtre q̃ ie me suis esprouue/mais nul deulx ne ma peu abatre/ains les ay tous abatus et oultrez. Et pour ce q̃ vo⁹ ma uez abatu dy ie q̃l ne peut estre q̃ ne soyez cheualier de hault affaire/et que auec ce q̃ vous estes preux estes vous courtois moult largemēt. Car iay cy veu q̃ quāt vo⁹ mauez veu a pie vo⁹ estes descendu de voftre cheual et nauez fait ceste vilen nie dainsi venir a cheual sur moy. Et po² ces deux choses que iay ordroit veu en vo⁹ ay ie dit/haa sire dieu q̃l dōmaige Car dōmaige est ce trop grāt ⁊ douleur trop fiere q̃ si preudhōme cōme vo⁹ estes est venu en cestuy val/car en ce val estes vo⁹ prins. Iamais en iour de voftre vie nē yftres.

Quant le bon cheualier sās paour entent ceste parolle il ne scait q̃l doit dire. Il ne dit mie ce q̃l pense a cestui point. Mais a chief de piece il dit ainsi. Sire cheualier puis q̃l est ainsi aduenu q̃ no⁹ auons noftre bataille encōmencee menōs la desormais a fin ⁊ a q̃ dieu en donera lhōneur si le prengne. Beau sire fait le cheualier puis q̃ ie voy q̃l ne peut autremēt estre ie my accorde. Et quant ilz ont ainsi parle ilz ny fōt autre demou rance ains mettēt les mains aux espees pour recōmencer leur bataille/et sen vien nēt le petit pas les espees nues es mains et leurs escuz leuez sur leures testes. Le cheualier q̃ porte les armes vermeilles gecte le premier coup ⁊ veult mōftrer sil peut au cheualier sans paour cōment il scait ferir despee. Il amaine son espee de hault et fiert si roidemēt en lescu de son ennemy q̃ il en abat vng grant chantel. Mais pour cestuy coup au vray dire ne

se remue le bon cheualier sans paour ne pou ne grāt. Ainsi cōmence le fait des deux cheualiers deuant la porte du chaf tel. Se cil q̃ porte les armes vermeilles scait du meftier darmes il treuue tel cō paignon a cestuy point qui nen scait pas moins q̃ luy/ains en scait bien au tāt ou plus/et bien le mōftre en petit dheure ap pertement. Ilz nont mie grāment gecte lung sur lautre q̃ ceulx du chaftel ne dient q̃ voirement est le cheualier estrange de hault affaire/et le prisent plus que ilz ne faisoiēt au commencement.

Ainsi se maintient la meslee des deux preudhōmes deuāt la por te du chaftel. Se cestuy du chaf tel dōne si grās coups cōme il peut et se va effozcant oultre pouoir/le bon cheua lier sās paour a qui il se cōbat ne le va de riēs espargnant. Moult luy rend toft et preftemēt ce q̃l luy dōne. Bien fiert def pee ⁊ roidement. Et le cheualier aux ar mes vermeilles q̃ recoit les coups q̃ lau tre luy dōne dit bien en soy mesmes q̃l ne scait pas tāt de lescremie cōme fait le che ualier a q̃ il se cōbat/⁊ bien luy est aduis q̃l nest pas si vifte ne si legier cōe est lau tre. Et cest vne chose qui en ceste aduan ture luy dōne trop grāt descōfort ⁊ trop grāt esmayance/ne ce nest mie merueil le. Car il scait bien tout certainement q̃ se il viēt au dessoubz de ceste bataille il est en aduanture de perdre la tefte. Pour ce se va il effozcant tāt cōme il peut ⁊ met pouoir sur pouoir ⁊ force sur force/⁊ gec te coups si grās et si pesās cōme il peut amener denhault a la force de ses bras. Quen diroie ie tant fiert ⁊ refiert ⁊ se ha bandonne a gecter coups si que les bras luy cōmencent a lasser et a affoiblir. Il ne gecte pas oredroit si pesans coups ne si durs cōme il faisoit au cōmencement/ car ses bras sōt apesantis et si eft chault et tressue et a beau coup perdu de sang q̃ laffoiblit moult. Car a la verite dire le bon cheualier sans paour auoit tāt gecte de coups sur lui que cil estoit nattré de petites playes et de grandes assez plus que mestier ne luy fust adōc. Pour ceste chose que ie vo9 cōpte cōmenca trop a empirer le fait du cheualier car il est trop durement nattré. Et cest vne chose pour quoy il se desconforte moult. De ceste chose sappercoit bien le cheualier sans paour cōme cil q̄ de cestuy mestier scauoit tant cōme cheualier pourroit scauoir. Il congnoist bien en soy mesmes tout certainement q̄ le cheualier ne gecte pas ozēdzoit si pesans coups cōme il faisoit au cōmencemēt. Et par ce scait bien quil nen peut plus. Lors se trait vng pou arriere pour veoir quel cōtenemēt le cheualier feroit a cestuy retrait. Quāt le cheualier aux armes vermeilles voit retraire le bon cheualier il cuyde tout vrayemēt q̄ il nen puisse pl9/ et pour ceste cause luy est creu le cueur au ventre. Orendzoit est aussi hardy ou plus q̄l estoit au cōmencemēt.

Quant il voit q̄ le bon cheualier sās paour se retrait ainsi arriere il reprent cueur ⁊ hardement/⁊ si haulte voulente luy vient q̄ il se lance auāt errāment ⁊ dit au bon cheualier sans paour. Sire encozes nest mie venu le tēps de reposer/ deffendez vo9 encōtre moy se vous pouez. Lors dzoisse lespee encontremōt et amaine vng grant coup denhault de toute la force q̄l a ⁊ fiert le cheualier sās paour sur le heaulme vng coup si pesant q̄ il le fait ressoztir arriere vueille ou nō vueille. De cellui coup que receut le bon cheualier se tint il a trop charge. Il est vng pou estourdy et pour ce se trait il arriere vng petit. Sire cheualier fait lautre pour quoy vous tyrez vous si voulentiers arriere vostre retraicte ne vous vault riens. Il est mestier que vous saichez q̄ ie scay faire. Quāt le bon cheualier sans paour entent ceste parolle il ne se peut tenir quil ne responde ⁊ die. Sire cheualier il mest aduis q̄ vo9 deueriez parler plus courtoisement q̄ vo9 ne faictes/ car nul si bon cheualier cōme vo9 estes ne deueroit en nulle maniere dire si nō courtoisie/ et se ie me retrais aucun pou arriere vo9 ne men deuez blasmer tāt/ car meilleur cheualier q̄ ie ne suis se trait bien arriere aucuneffois grant ou petit pour eschever les coups de son cōpaignon encōtre q̄ il se cōbat. Pour ce lay ie ainsi fait a cestuy point. Et se ie lay fait a ceste heure par aduanture ne le feray ie pas vne autre fois. Et quant il a dicte ceste parolle il se lance auant errāment pour se vēgier se il peut de ceste vergōgne que le cheualier luy a mise sus/ et quant il est pres de luy il luy dōne dessus le heaulme vng si grāt coup q̄ lautre na pouoir de soy tenir en estāt/ ains trebusche sur les genoulx. Mais il se relieue tout maintenāt cōme cestuy qui estoit cheualier garny de trop haulte cheualerie. Apres ce q̄ fut redresse il se tyra vng pou arriere/ et le bon cheualier sans paour luy dist. Sire cheualier oz mest il aduis q̄ par raison vo9 pourrois ie autāt blasmer cōe vo9 me blasmastes orendzoit. Or est ainsi fait le cheualier. Je vous gabay ⁊ fut a tozt/ mais orendzoit me pouez autant gaber et plus se il vous plaist.

Ainsi cōme ie vous cōpte maintiennent les deux cheualiers la bataille tāt q̄l nya cestuy deulx q̄ greigneur mestier neust a cestuy point de reposer q̄ de cōbatre. Tous deux sont si trauaillez et si lassez en toutes guises q̄ ceulx q̄ dessus les murs sont et regardēt la bataille dient q̄ voiremēt sont les deux cheualiers preudhōmes ⁊ trop vaillans/⁊ q̄ grant merueille est cōment ilz ont tant endure sans estre recreūs/ car trop ont maitenu le pmier assault. Ainsi parloient ceulx du chastel qui les regardoient. Quant les cheualiers ont tāt celle bataille maintenue q̄ ilz nen peuēt pl9 il se trayent vng pou en sus lung de lautre pour recouurer force et alaine dōt ilz estoient trop desirant a cestuy point. Le cheualier qui portoit les armes vermeilles se trait tout premierement arriere/car a la verite dire il estoit si formēt trauaille q̄ a grant paine pouoit il soubstenir son escu et son espee. Et vne chose q̄ trop luy nuysoit si estoit ce qͥl auoit ia tant de sang perdu q̄ merueilles estoit cōment il se pouoit tenir en estant ainsi arme cōme il estoit. Le bon cheualier sans paour si nestoit mie du tout si sain de ses membres que il neust plusieurs playes grandes et petites. Mais il nestoit mye si greue dassez cōme cestuy du chastel estoit ne tant nauoit perdu de sang/et ce estoit ce qui encores le tenoit en grant pouoir et en grant force. Quant ilz se furēt retraitz du premier assault en ceste guise cōme ie vo⁹ cōpte/nabon le noir q̄ la bataille auoit regardee moult ententiuement demanda a vng cheualier q̄ pres de luy estoit q̄ luy dist. Que vo⁹ semble de ceste bataille. Sire fait il/il ne men semble autre chose fors que ie dy hardiement que cest la plus fiere bataille et la plus dure q̄ oncques mais fut en cestuy val de deux cheualiers puis que cheualiers y vindrent premierement Et vous sire que dictes vous de ceste bataille/vo⁹ accordez vous a ce que ien dy.

A Ceste parolle respōdit nabon le noir et dist. Certes ie me accorde bien a ce que vous en dictes. Et dy bien quen cestuy val neut oncques mais de deux cheualiers si forte bataille que ceste ne soit encores plus dassez. Mais de ces deux cheualiers que vous voyez qui tant se sont combatus ensemble quen dictes vous. Sire fait il se maist dieu ie dy bien quilz sōt to⁹ deux bons cheualiers et trop preux des armes Et certes se ilz ne feussent tous deux de trop hault affaire ilz neussent peu par nulle aduanture du monde soubstenir si longuement cestuy assault. Se maist dieu ce dist nabon a tout ce que vous auez cy orendroit dit ieulx me accorde ie

bien/mais nonobstant ce mon oppinion est que le cheualier estrange est meilleur que le nostre. Se aduanture ne luy est trop durement contraire il viendra au dessus de ceste bataille. Ainsi parloient entre eulx deux nabon le noir et le cheualier. Pareillement en parloient to⁹ ceulx qui dessus les murs estoient montez. Les vngs se accordoiēt au cheualier aux armes vermeilles Les autres se accordoient au cheualier estrange. Ainsi deuisent entre eulx. Et quant les deux cheualiers qui au champ se reposoient eurent recouure leur alaine ilz cōmencerēt a regarder lung lautre. Le bon cheualier sans paour disoit bien en soy mesmes que voirement trop estoit preudhōme darmes le cheualier encontre qui il se combatoit. Et q̄ pour ce sauroit il trop voulentiers aucune chose de son estre auant que il se combatist plus a luy. Et pour ceste cause luy dist il telles parolles. Sire cheualier se il vous plaisoit Je vouldroye sçauoir aucune chose de vostre estre auant que ie me cōbatisse plus a vous

¶ Comment le bon cheualier sans paour et le cheualier de norgalles sentrecongneurent/et comment le bon cheualier sans paour laissa la bataille quilz auoient entre eulx deux cōmencee. Et cōment ledit cheualier sans paour pria a son escuyer quil le laissast sās le plus suyure pour le mal qͥl pourroit auec luy souffrir.

Q̄ant il a sa raison finee le cheualier respondit apres q̄ dist. Sire se dieu me sault puis q̄ ie voy q̄ vo⁹ estes desirant de sçauoir aucune chose de mon estre ie vous en diray maintenāt partie/or saichez q̄ ie

fueillet CC.xcvj

suis ung cheualier prisonnier en ce chastel Natif suis du royaulme de norgalles. Ceulx q̃ me cognoissent mappellent lu-dynas de norgales. Aucuns autres furẽt q̃ mappelloient le bon cheualier de norgales. Si ne scay ie pas pour quoy ilz mappellerent premieremẽt ainsi/ car ie dy tout hardiement q̃ en toute ma vie ne fuz bon cheualier puis q̃ ie ne lay este iusq̃s cy. Quant le bon cheualier sans paour entent ce il se retrait ung pou arriere ainsi cõe tout esbahy et dist a chief de piece. Cõmẽt sire estes vo9 dõc le bon cheualier de norgalle. Sire fait il or saichez bien que cestuy suis ie proprement. En nom dieu fait le bon cheualier sans paour dont est nostre bataille finee. Ie ne me vueil plus a vous combatre detãt cõe ie my suis cõbatu ce poise moy/ car bien saichez q̃ ie ne vins mye ceste part pour me cuyder cõbatre a vo9/ mais affin q̃ ie vo9 deliurasse de la prison ou len me disoit que vo9 estiez. Or saichez que iay trauaille maĩt iour pour vous querre et pour vous trouuer. Et quãt ainsi est aduenu q̃ trouue vo9 ay dieu mercy desormais vo9 quicte ie de ceste bataille/ et se il vous plaist ie me tiens pour oultre. Et encores vo9 dy une autre chose q̃ des le cõmencemẽt ne me feusse ie pas cõbatu a vo9 se ie ne vous eusse tout auãt demãde vostre nom se ne fust ce q̃ len ma uoit dit de verite q̃ ie me deuoye cõbatre encõtre ung prisonnier q̃ en prison vo9 tenoit/ et par cestuy oultrer vo9 pouois ie deliurer de prison/ mais autrement non Pour ce me suis ie cõbatu a vo9 de si tresbonne voulente cõme vo9 auez veu que ie me suis cõbatu. Mais puis q̃ ie vo9 cõgnois la dieu mercy ie vo9 laisse du tout la bataille. Quant il a dicte ceste parolle le cheualier aux armes vermeilles respont. Sire de tout ce que vo9 auez dit icy vous remercy ie moult/ pour ce vraye-ment que ie ne me recorde mie que des cestuy tẽps q̃ ie fuz premierement cheua-

lier q̃ ie trouuasse oncques si preudhõme cõme vous estes vo9 vouldroie ie prier q̃ vo9 me dissiez vostre nom pour scauoir se ie vo9 pourroie mieulx congnoistre q̃ ie ne vous congnois. A ceste parolle respondit le bon cheualier sans paour et dist Pour vostre priere acomplir feray ie vostre voulente de ceste chose/et si vo9 fais bien assauoir q̃ de dire mon nõ ne suis ie pas coustumier. Or saichez q̃ ie suis le roy destrangorre/ ie croy bien q̃ aucunes fois auez ouy parler de moy. De ceste parolle est le cheualier aux armes vermeilles si esbahy q̃l ne scait q̃l doit dire ne q̃ deuenir. Or endroit est espouẽte assez plus q̃l ne fut oncques mais dauanture q̃ lui aduiẽt/car endroit soy cõgnoist il bien tout certainement q̃ cestuy est si bon cheualier en toutes manieres q̃ encontre luy ne pourroit il durer en nulle guise du mõde/il se tient a mort et ne voit cõment il puist eschapper/ car encõtre cestuy q̃ est le bon cheualier sans paour ne pourroit il son corps deffendre ne a droit ne a tort. Doncques que pourra il faire. La congnoissance de cestuy tresbon cheualier lui a tolu a cestuy point le pouoir du corps et du cueur. Quãt il eut pouoir de parler il dist formẽt desconforte. Cõmẽt sire estes vo9 dõc le bon cheualier sãs paour. Et cil respondit et dist. Ainsi mappelle toute la greigneur partie des cheualiers errans. En nom dieu fait le cheualier ce me poise trop duremẽt q̃ vo9 estes venu en ceste cõtree. Sire cheualier pour quoy vo9 en poise il. Il mest aduis q̃l ne vo9 en deust pas peser/ains vo9 en deust estre bel/ car pour vo9 seulemẽt vins ie ceste part/ autre achoison ne my amena ce saichez vous bien. Sire fait le cheualier aux armes vermeilles/ scauez vo9 pour quoy ie le dy/ cest pour ce q̃ vo9 estes cy venu pour ma mort. Ne plaise a dieu fait le cheualier sans paour que ie soye venu pour vostre mort. Si estes sans faille fait le cheualier aux armes vermeilles/et vous diray coment. Nous sommes orendroit entre vous et moy a ung ieu party et vous diray quel/car ie scay tout vrayement q̃ vo⁹ ne le scauez pas encores/et pour ce le vous veulx ie dire. Or saichez que il est mestier q̃vous me trenchez la teste ou q̃ ie la vous trenche. Ainsi le conuient faire. Et quant ie vous cõgnois et scay tout certainement que vous estes si bon cheualier de vostre main q̃ a la fin ne pourroie ie mon corps deffendre encõtre vo⁹/quen sera il donc si non que vous me coupperes la teste/car ainsi le vous conuient faire. Pour quoy iay dit et dis encores que vous estes venu en cestuy pays pour me faire mourir

A ceste parolle respondit le bon cheualier sãs paour et dist. Sire iay bien entendu ce que vous auez dit/mais saichez tout certainemẽt que iamais a iour de ma vie ne vo⁹ trencheray la teste se vous trop plus ne me meffaictes que vous encores ne mauez meffait. Sire fait le cheualier se vous ne le me trenchiez il fauldroit q̃ ie le vo⁹ trenchasse. Sainte marie fait le bon cheualier sans paour/et qui me pourra contraindre a ce faire contre ma voulente. Sire ce dist le Cheualier, Nabon le noir le pourra faire qui est icy presentemẽt. Nabon le noir est seigneur de tout ce val. Cestuy val est vne prison/car nul estrange soit cheualier ou autre ny met le pied vne fois q̃ apres ce en puisse yssir Et saichez sire que tout cestuy val est moult peuple destrãges cheualiers/bien en y a mille et cinq cens que du royaulme de logres que du royaulme de norgales. Et tous sont serfz nabon le noir aussi bien les cheualiers comme les autres Moy mesmes qui iadis fuz cheualier de pris suis son serf. Et pour ce que tous ceulx qui en cestuy val demourent sont en seruaige est cestuy val appelle le val de seruaige. Vous mesmes qui iusques cy auez este le plus prise cheualier du mõ

de et le plus honnore serez desormais au seruaige de nabon le noir. Son serf vous cõuiendra estre tout ainsi cõme sont les autres. Quãt le bon cheualier sãs paour entent ceste parolle il ne scait quil doit dire/mais quant il eut pouoir de parler il dist au cheualier aux armes vermeilles Sire or saichez tout vrayement q̃ vous me faictes tout esbahir de ce q̃ vous me allez disãt/cõmẽt peut ce estre q̃ vng seul hõme vous peut tenir si vilainement en seruaige/il est tout seul sicõme vous allez disant et vous estes en cestuy val plu sieurs cheualiers. Pour quoy est ce que vous ne luy trenchez entre vous la teste si seriez adonc deliurez du seruaige ou vous estes. Sire respont le cheualier puis que vng homme me maine iusques a ce que par aucune guise ie luy prometz loyaulte et hõmaige et faire son cõmandement luy doy ie puis en nulle maniere faulser de conuenant. Se ie luy failloie adonc faulseroie ie ma loyaulte/et puis que ie faulseroye ma loyaulte adonc seroie ie desloyaulte. Et desloyaulte ne seroie ie po² riẽs du mõde. Pour ce q̃ entre nous de ce val luy auons promis loyaulte ainsi cõme no⁹ y sommes venuz lung apres lautre iamais sans faille ne nous tournerions encontre luy/car nous luy auons promis loyaulte. Se aucun venist qui le peust mettre a mort nous dirions bien q̃ adonc cuiderions no⁹ estre deliurez de cestuy val ou nous sõmes.

A cestuy point que ilz tenoiẽt entre eulx deulx tel parlement cõme ie vo⁹ ay orendroit cõpte nabon le noir sescrie a haulte voix. Or tost finez ceste bataille/trop tenez icy long parlement. Sire ce dist le cheualier aux armes vermeilles au bon cheualier sãs paour/ne vous disoie ie pas orendroit verite de ce que ie vous disois. Il est mestier que ie meure par vostre main en cestuy iour/car ie congnois certainement q̃ ie ne suis mie tel cheualier que ie peusse au derrenier mon corps deffendre encontre vous. A ceste parolle respondit le bon cheualier sans paour et dist. Sire or saichez que vous ny mourrez huy par ma main ne demain pour aduanture qui ad uiengne/ȝ en face nabon le noir tout son pouoir. Sire ce dist le cheualier aux armes vermeilles il est mestier que vous le faciez ou autrement vous conuiendra mourir. En ce chastel que vous voyez a bien deux cens hommes armez. Il y a cheualiers assez les vngs du royaulme de logres et les autres du royaulme de nor gales. Tant en y a au vray compter que encontre eulx ne vous pourriez vo⁹ deffendre pour nulle aduanture du monde. Pour ce est il mestier que vo⁹ me mettez a mort ou ie vous y mettray sans faille Or saichez fait le bon Cheualier sans paour que ie ne vous mettray a mort ne ne souffreray se ie puis que ie y soye mis Puis que ie scay de verite que vous estes sans faille celluy que ie alloie querant ie ne me vueil plus a vous combatre ains vous laisse la Bataille. Je endroit moy ne me mettray en leur seruaige se ie puis ne ie ne souffreray sans faille quilz mocciēt. Se dieu me sault ilz trouueront en moy tout autre deffence q̄ ilz ne cuydent trouuer. Lors se tourne enuers son escuyer et luy dist. Or tost amaine moy mon cheual/et lescuyer luy amaine. Le bon cheualier remet son espee au fourrel et puis monte sur son cheual. Et quant il fut monte il print son glaiue qui encores estoit tout entier et mist son escu a son col et dist a son escuyer q̄l montast ce quil fist tātost. Et quāt ilz sont to⁹ deux montez le bon cheualier sans paour sen tourna vers le cheualier q̄ portoit les armes vermeilles q̄ luy dist. Sire ie vous cōmande a dieu ie men vois a mon affaire/ie vueil veoir desormais toute la contree de cestuy val. Dictes bien a nabon le noir de ma partie que se ie le treuue en plain champ q̄ il nait en sa cōpaignie que

trois de ses geans se il ne me laisse la teste en gaige ie vueil que il me trenche la mienne. Se len me prent ie seray prins/ mais ce sera donc se ie puis en guise de cheualier errant.

Quant il eut dicte ceste parolle il se partit de la place ou auoit la bataille este et sen alla tout le petit pas du cheual. Et vne chose qui luy donna grant confort fut quil aduisa pres dillec vne forest espesse et assez grā de selon ce que le val tenoit. Celle part sen alla droictemēt le bon cheualier sans paour luy et son escuyer. Et disoit bien a soy mesmes q̄ se il se pouoit leans mettre mestier luy seroit quil mist nabon le noir a mort dedans brief terme/et quil ostast de seruaige tous ceulx qui au val demouroient. Quant nabon dit que le bon Cheualier sans paour sen alloit en telle maniere luy mesmes descendit des murs et sen vint au plus hastiuement quil peut iusques au cheualier qui portoit les armes vermeilles et luy dist. Quest ce cy sire cheualier pour quoy auez vous laisse en aller le cheualier qui encōtre vo⁹ se combatoit. Cōment sire fait il pour ce que faire le me conuenoit/ ie ne lay peu autrement faire/ mais saichez de vray que se ie eusse eu aussi grant pouoir dessus luy cōme il auoit dessus moy ie ne luy eusse pas este si co²tois cōe il ma este. Il meust peu occire sil eust voulu. Il a eu pitie de moy pour ce q̄ ie suis prisōnier. Il ma mōstre a cestuy point q̄l est aussi courtois q̄l est bon cheualier. Quant nabon le noir entendit ceste nouuelle il deuint vng pou plus esbahy quil nestoit deuant. Toutesvoyes pour mieulx scauoir qui le cheualier estoit dist il au cheualier aux armes vermeilles. Qui est cestuy cheualier q̄ vous dictes q̄ est le meilleur cheualier du monde. En nō dieu sire fait il cest le bō cheualier sās paour. Je ne cognois nul si prise de cheualerie q̄ cestui ne le soit pl⁹/q̄ est hōme de si

N i

grant affaire cõme cestuy qui est roy cou
ronne du royaulme destrangozre. Et ie
vous dys vne autre chose q̃ vo⁹ encozes ne
scauez par aduanture. Oz saichez tout
certainemẽt q̃ se vo⁹ deuez par hõme du
mõde perdze la seigneurie De cestuy val
vo⁹ la perdzez par achoison de cestuy/car
quant le roy artus scaura quil soit en ces
tuy val pour ce quil scait De verite que
tous sont prins ceulx qui cy viennent/ il
fera tout maintenant ses amatz de gens
darmes et viendza cy. Vous nauez ro
che ne montaigne qui encontre luy puis
se durer. Ainsi perdzez vous par achoison
de cestuy vo⁹ mesmes et toute la seigneu
rie de ce que vous tenez se vo⁹ ny mettez
aucun conseil. Cestuy nest pas vng po
ure cheualier comme nous sommes que
vous tenez ceans en prison/ mais est vng
roy de hault affaire et De haulte force.
Se le roy artus vient ceste part pour le
deliurer ne ayant en sa cõpaignie fors q̃
la moytie de ses hommes qui de luy tien
nent terre/ riens ny tiendzont vaulx ne
montaignes. Par cestuy serez vous des
truyt se vous ny scauez conseil mettre/
ce vous fais ie bien assauoir.

Quant nabon entent ceste nouuel
le il est si formẽt esbahy quil ne
scait quil doit dire/ il ne dit mie tout ce q̃ l
pense a ceste fois/ ains dit bien autre cho
se pour monstrer au cheualier quil nest
de chose quil luy die espouente et dist au
cheualier. Par dieu damp cheualier oz
saiches devray q̃ ie vouldroye ozendroit
tenir le roy artus en ma prison aussi biẽ
cõme ie tiens cestuy ⁊ puis feissent tous
ses hõmes leur pouoir de le deliurer/ain
si maist dieu cõe ie dõneroie petit a tout
ce quilz pourroiẽt faire. Oz saichez que
cestuy est pris/ tout son aller ne lui vault
riens/ puis quil est entre mes mains ve
nu il naura repos ne paix iusques a ce q̃
ie laye en ma prison aussi biẽ cõme ie vo⁹
y tiens. Dãp cheualier damp cheualier
il a trouue a cestuy point autre que il ne

cuyde/ il a trouue nabon le noir qui loz
gueil des ozgueilleux scait abatre. Vo⁹
estiez moult ozgueilleux quant vous ar
riuastes cy/ mais bien vous en ay chastie
Tout ainsi feray ie de luy cõme iay fait
de vous et dedans brief temps. Voire
sire par aduanture fait le cheualier. Na
bon le noir sen retourne au chastel que il
ne tient autre parlement au cheualier
aux armes vermeilles/ et fozment est es
pouente. Quãt il arriua en sa chambze
il appella vng sien frere qui geant estoit
et luy dist. Que dictes vous de ces nou
uelles le meilleur cheualier du mõde est
venu entre noz mains. Se ie le prẽs ⁊ ie
loccis il mest aduis que la mozt de tel che
ualier no⁹ pourra tourner a dommage/
Car il ne peut estre en nulle guise que le
roy artus qui trop grant bien luy veult
ne face faire ost pour le deliurer. Il vien
dza cy et le vouldza auoir a force et moy
du tout desheriter/ oz dõc lequel est meil
leur a faire de ceste aduanture. Lautre
luy respõdit et dist. Sire tout le mieulx
que ie voye en cest affaire si est que vous
le faciez prẽdze au plustost que vo⁹ pour
rez. Se il demeure que il ne soit prins ys
nellemẽt bien vo⁹ pourra faire dõmaige
puis q̃ l est si bon cheualier q̃ vo⁹ dictes ⁊
nabon dist. Puis q̃ vo⁹ me cõseillez q̃ ie le
face prendze ie feray dõc de ma gent ar
mer et aller apzes luy en la fozest ⁊ ferõt
tant quilz le me amaineront/ guere ne
leur coustera a prendze/ car ses playes q̃
seront refroidies luy feront tant de mal
quil ne se scaura deffendze. Sire fait lau
tre vous dictes bien/ et a ce faire saccoz
dent nabon le noir et son frere.

Cependant que nabon le noir
tenoit parlement auec son frere
ainsi comme ie vous ay deuise
cy dessus le bon cheualier sãs paour che
uaucha vers vne petite fozest quil vit di
sãt en soy mesmes q̃ puis q̃ l sera entre de
dans il ne doubtera tous ceulx du pays
Se il nauenoit ainsi que trop grãt gent

venist ensemble sur luy. Ce dit il bien tout hardiement en soy mesmes q que sil y en vient dix ou douze ou vingt ensemble ilz nauront ia a luy duree telle quil ne les mette tous a mort ou a desconfiture Il dit que mieulx veult mourir se mourir doit que estre au seruaige de nabon le noir. Ainsi pensant a ceste chose cheuaucha tant le bon cheualier sans paour que il arriua a la forest et entra dedans armé de toutes armes et bien monte. Et incontinent quil fut dedans il dist a son escuyer. Or sommes nous a sauuete desormais face nabon le noir tout son pouoir de nous prendre. Se dieu me doint bonne aduanture se ie ne luy donne tant affaire auant le terme quil en sera tout encombre ie ne me tiens pour cheualier. Quant lescuyer entent ces parolles il est si fort espouente quil ne scait q respondre Il se tient tout oultreement a mort et a destruyt/de plourer ne se peut tenir en nulle guyse et dist tout en plourant a son seigneur. Sire comment vous sentez vous Comment ie me sens fait le bon cheualier or saiches que ie me sens tresbien/mais si ne peulx ie pas dire que ie ne soye quelque pou naure/mais ie te prometz loyaulment q ie nay orendroit playe ne blesseure pourquoy ie laissasse a encommencer vne telle bataille comme fut celle ou ie mys huy mon corps. Nayes de moy nulle doubtance/car ie me sens trop bien la dieu mercy.

Ainsi cheuauchent entre eulx deux tout le chemin de la forest Et lescuyer a trop grant doubtance et trop grant paour que gens ne viennent apres eulx pour les assaillir q souuent regarde derriere lui tant que le bon cheualier sen appercoit q luy dist. Pour quoy regardes tu tant souuent derriere toy as tu paour. Sire ouy fait lescuyer/ car ie voy que vous estes tout seul en ce val ou il y a plus de mille hommes qui tous se trauailleront de vous prendre/

vous q estes tout seul comment pourrez vous durer encontre si grant gent. Le bon cheualier respondit en soubzriant et dist Je cuyde moy que tu soyes natif de cornouaille qui as telle paour. Certes a paine pourrois tu iamais estre preudhomme/ puis que tu es si fort paoureux. Et pour ce que tu nas en moy tel fiance et quil ne te est pas aduis que ie te puisse garentir encontre le seigneur de ceste contree/ or te diray que tu feras. Tu ten yras la ou tu vouldras. Assez trouueras vnges et autres qui auec eulx te tiendront Se tu auec moy demouroyes mener te conuiendroit autre vie q tu nas acoustume et te diray comment. Je endroit moy te fais bien asssauoir tant de mon estre q ie ne me departiray desormais de cestuy val ains y demoureray toutesuoies aussi bien la nuyt q le iour. Des bestes de ceste forest que ie pourray occire en aucune maniere me viuray ie. La chasse de cestuy bois me soubstiendra q me donnera vie. Ainsi seray ie en cestuy pays comme vng homme sauuaige tant que dieu men uoyera secours. Et pour ce te prie q tu ten ailles chercher ton mieulx/ car ceste vie ce scay ie bien ne pourrois tu endurer ne maintenir/pource te dy ie que ie te donne bonnement conge. Vaten quelque part q tu vouldras/mieulx te vault estre auec le peuple q viure come il fait q tu demourasses auec moy et viure en semblance de homme sauuaige. Je endroit moy me y viuray bien/car besoing le me fera faire. Et certes mieulx vueil mourir entre les bestes de ceste forest sans seigneurie dautruy q ie vesquisse longuement au seruaige de nabon. Ceste vie q ie tay dicte me sera vng pou dure au comencement mais depuis q ie lauray apprinse elle ne menuyera point. Tu ne la pourrois souffrir ce scay ie bien/car tu ne es si dur ne si fort come ie suis. Pour ce vueil ie q tu ten ailles/car point ne vueil que tu meures en ceste forest pour achoison de moy.

N ii

De Gyron le courtoys

Quant lescuyer entent ceste nouuelle il comence a plourer trop durement et dist. Comment sire me voulez vous chasser de vous en telle maniere/or saichez tout vrayement que se ie scauoye orendroit de verite que ie deusse mourir auecques vous en cestuy iour si ne men partiroye ia. Et aussi saichez que iamais ne vous laisseray ne pour mort ne pour vie tant comme vous demourerez en cestuy val/car certes mieulx vueil mourir auecques vous que mourir au seruaige de nabon le noir. Haa escuyer fait le bon cheualier tu ne scez que tu dis tu as aprins a viure aise. Et vous sire fait lescuyer ou auez vous apprins a auoir mesaise. Tous les iours de vostre vie auez vescu en bieneuretez et en ioyes et en leesses. Sire saichez tout vrayement que ie ayme mieulx mourir auec vous que viure auec les autres de cestuy val. Quant le bon cheualier entent ceste parolle il gecte vng souspir de cueur parfont et respondit a chief de piece et dist. Puis que ie voy que tu veulx demourer en ma compaignie ie ne te vueil pas refuser/or y perra se tu pourras souffrir mesaise/car nous somes a ce venuz ce scay ie bien. Sire fait lescuyer de moy ne vous esmayez point. Ainsi parlant cheuaucherent tout le grant chemin de la forest tant quilz trouuerent vng petit sentier qui tournoit a senestre/et cestuy sentier nestoit mie grammement batu. Et quant ilz leurent trouue le bon cheualier dist. Or tournons ceste part pour scauoir se nous pourrions trouuer aucun recet ou nous peussions demourer les nuytz. Car de iour cuyde ie si fierement garder cestuy chemin que nul ny viendra a qui ie ne face sa raison autrement quil ne vouldroit. Lors entrerent au petit sentier et cheuaucherent bien vne lieue anglesche et tant quilz vindrent en vne vallee assez profonde ou petit repairoit de gent/et au meillieu de ceste vallee droictement auoit vne petite maison delez vne roche. Tout maintenant que le bon cheualier vit ceste maisonnette il dist a son escuyer. Cy est aucun hermitaige ou il y a hermite ou il y fust iadis. Et se il ny est ceste sera bien la meilleure maison du monde pour nous/car elle est loing de toutes gens et en destour. Nous demourerons icy de nuyt et de iour yrons cheuauchant par ceste forest. Se la nuyt iay mesaise en ce lieu ie venderay mon courroux de iour a tous ceulx que ie trouueray. Ainsi parlant cheuaucherent tant quilz vindrent a la maisonnette qui estoit emmy le val ainsi comme ie vous ay compte. Et quant ilz vindrent pres ilz aduiserent vng bon homme assez vieil qui estoit deuant vne croix a genoulx/et celle croix estoit sans faille painte en vne paroy a lentree de ceste maisonnette par dehors. Quant le bon homme entent approucher les cheuaulx il se droisse et laisse ses oraisons a tant. Et quant il voit le bon cheualier qui cheuauchoit ainsi arme comme il estoit il se merueille moult comment ce peut estre. Car a la verite dire il nauoit pas acoustume que nul homme cheuauchast par la contree en guise de cheualier errant. Et il voit bien que cestuy alloit en guyse de cheualie errant. Car cheualier erran̄t auoit il iadis este long temps.

Quant il voit le cheualier errant bien pres de luy il le salue et luy dist. Bien veigniez sire cheualier. Sire ce dist le bon cheualier sans paour dieu vous doint ce que vous plus desirez a auoir. Beau sire fait lhermite vous plaisoit il a descendre et a reposer en nostre petite maison. Et la dis petite pour ce que ie neuz iadis bien de greigneures au royaulme de logres. Et certes alors ne me tenoye a si bien paye des grandes come ie fais orendroit de ceste petite. Tout ce pourroit bien estre fait le bon cheualier sans paour. Et lors descent et lescuyer aussi tout en plourant. Le bon cheualier sans paour entre dedans la maisonnette et oste son espee et son glayue et tout met dedans et puis sassiet. Et lhermite se assiet de coste luy et le comence a mettre en parolles de vnes choses & dautres Le bon cheualier luy dist premierement Sire dont estes vous natif et de quelle gent. Sire fait il ie suis natif du royaulme de logres de bien pres de kamaalot Et suis extraict de cheualiers de toutes pars. Et ie mesme ay este cheualier assez long temps/et iusques a ce que peche mamena en ce val ou ie auoye vng mien filz cheualier qui demouroit au seruaige de nabon le noir ainsi comme sont orendroit ceulx qui en cestuy val demeurent Quant ie fuz venu en ce val pour ce que ie cuydoye en aucune maniere deliurer mon filz de prison/Je entendy adonc que mon filz estoit mort nouuellement Et pour le grant dueil que ie euz au cueur de ce que ie auoye en telle maniere perdu mon filz en ceste valee et ie mesmes estoie perdu/car au seruaige nabon le noir me conuenoit demourer voulsisse ou non ie men fuy en ceste forest. Je men vins fuyant tout a pied en ceste vallee ou nous sommes orendroit et trouuay vng hermite qui icy demouroit lequel estoit natif du royaulme de norgales qui aussi sestoit iadis icy rendu pour vne autre telle aduanture come la mienne. Quant ie luy euz compte mon fait et ie luy euz dit que ie vouloye cy demourer toute ma vie et que mieulx vouloye vser mon corps au seruaige de nostre seigneur Jesuchrist que ie ne faisoye au seruaige de nabon le noir il fut moult ioyeux et formant lyez/si me tint pour son compaignon de bonne voulente et de bonne chiere. Apres ce il vesquit bien deux ans et puis il mourut. Je endroit moy ne me remuay oncques puis de cestuy manoir/non feray ie se il plaist a dieu nul iour de ma vie/ains y demoureray

tousiours et y fineray le demourant de ma vie au seruice de nostre seigneur. Or quant ie vous ay tout mon estre compte maintenant vous pry ie que vous me diez aucune chose du vostre. Certes sire fait le bon Cheualier sans paour ce vous diray ie moult voulentiers. Et tout maintenant luy commence a dire et compter comment il vint au val et pour quelle achoison. Et comment il sestoit combatu moult longuement au bon cheualier de norgalles/et comment il sen estoit au derrenier party et feru dedans la forest et venu a lhermitaige ou ilz estoient. Toutes ces choses luy compte mot a mot/mais toutesuoyes il ne luy dist mye que il estoit le bon cheualier sans paour ceste chose luy alla il trop bien celant.

Quant il eut tout fine son compte lhermite qui bien disoit en soy mesmes quil ne pourroit estre en nulle maniere du monde que le bon cheualier sãs paour ne fust cheualier de trop hault affaire luy dist adonc. Or sire que auez vous en voulente de faire/car tout premierement voꝰ fais ie bien assauoir que de cestuy val vous ne pouez nullement yssir pour aduanture qui vous aduiengne. Sire fait le bon cheualier sans paour/comment le scauez vous. Maintes aduantures aduiendront encores q aduenues ne sont. Et saichez sire que plus forte aduanture et plꝰ perilleuse que ceste nest si ie acompliz a vng seul cheualier q nestoit mye trop preux des armes/et le dy pour ce que ien congnois cent plus preux quil nestoit Sire toute lauanture de cestuy val que vous tenez ores a si forte pourroit estre menee a fin par vng seul coup seulement voꝰ est il point aduis se dieu vous doint bonne aduanture que se aucun cheualier peust occire & mettre a mort Nabon le noir que tout cestuy fait ne fust mene

N iii

a fin. Nabon le noir sicõme iay entendu tient toute ceste gent en prison/ sil estoit mort ilz seroient tantost deliurez/ car il nya nul en cestuy Val qui sur lui osast emprendre le fait de nabon. Et quant il est donc ainsi que pour mettre a mort vng hõme pourroient tous ceulx de cestuy Val estre deliurez/ ie dy bien que ceste aduanture nest mie trop forte ne trop perilleuse/ car vng homme seul la peut acomplir de vng seul coup moult legierement. Quant lhermite entent ceste nouuelle il dist a soy mesmes que de grant cueur est le cheualier qui en telle maniere parle et quil ne peut estre quil ne tẽde a faire aucune grande chose quãt il en a tant pour pense. Quant il eut escoute tout mot a mot les paroles que le bon cheualier sãs paour luy disoit il respondit et dist. Sire que vous dirois ie/ or saichez tout certainemẽt que se dieu enuoyast ceste part par aucune aduanture aucun preudhõme qui peust faire ce que vous allez deuisant ie dy bien que se oncques on fut ioyeux en cestuy Val de auanture qui y aduint iamais on le seroit de ceste/ car par ceste maniere pourroient estre mis hors de seruaige tous les cheualiers et preudhommes qui en cestuy Val sont prisonniers sans cause et sans raison. Cest cy le greigneur tort du monde et la greigneur felonnie du siecle comme demprisonner gent ainsi et pour neant comme cestuy les va emprisonnant. Il ny treuue nulle achoison ne riẽs fors que sa voulente. Ne iamais ny vient si preudhomme ne si gentil et fust il roy que il nen face tãtost son serf. Ie croy moy que a dieu poise de ce seruaige qui a dure si longuemẽt. Et dieu par sa grace y amaine aucun preudhomme qui y puisse mettre cõseil. Car ie dy tout hardiement que icy se fait le greigneur tort du monde.

Apres ce que lhermite eut sa raison finee en telle maniere cõme ie vous compte le cheualier sãs paour dist a lhermite. Sire cõbien peut il bien auoir de temps que vous estes venu en cest hermitaige. Certes fait le preudhomme bien y peut auoir dix ans acomplis. Oncques puis que ie y vins sans faille ie ne men suis point eslongne dune lieue anglesche. Ie y demeure de iour et de nuyt et ne men depars point. Et qui vous dõne a manger fait le bon cheualier. Certes sire fait le preudhomme en ceste forest a vng chastel qui est tout peuple destrangiers. Leans assez gentilz hommes tant du royaulme de logres que du royaulme de norgalles/ mais par peche les tient tous nabon le noir en seruaige. Ceulx menuoyent chascune sepmaine tant de pain que ie men puis viure. Ilz me donnent du pain ⁊ iay cy pres vne fontaine dont ie boy quant iay soif. Ainsi ay ie tousiours vescu de pain et deaue depuis que ie vins cy. Ne autre chose ne demande. Or me dictes fait le bon cheualier sans paour ceulx de cestuy Val ont ilz esperance que iamais ilz puissent estre deliurez de ceste prison Sire ouy fait lhermite ce scauons nous tout certainement que ceste male coustume fauldra vne fois ⁊ non pas si tost. A aucunes des entrees de cestuy Val ⁊ a celle proprement par ou ie vins quant peche mamena ceste part a lectres escriptes et entaillees en vne pierre non mye de marbre/ mais dautre maniere/ ie vy les lectres ⁊ les leu de quoy il me souuient bien et souuiendra tout le temps de ma vie. Les lectres dient ces parolles proprement. Iamais la douloureuse coustume de cestuy Val ne fauldra deuant que la fleur de leonnois y viendra. Mais cestuy seul la fera remanoir du tout et lors tournera le seruaige a franchise et seront deliurez tous les prisonniers qui au Val seront. Sire cheualier/ Or saichez tout vrayement que ces parolles que ie vous ay cy dictes diẽt les lectres que ie vy en la pierre escriptes

En nom dieu fait le bon cheualier sans paour or saichez que ceste parolle q̃ vous auez oredroit dicte pourroit bien cheoir sur vng preudhomme q̃ ie cõgnois. Certes cestuy est si bon cheualier en toutes guises que par raison peut il bien estre appellé la fleur de leonnois/car il en est la fleur et lhonneur. Et qui est ores fait le preudhomme cestuy bon cheualier que vous tant louez. En nom dieu fait le bon cheualier cest le roy meliadus de leõnois. Cestuy est si bon cheualier en toutes guises que par raison le peut ont bien appeller la fleur de tout le monde. Comment donc fait lhermite est encores vif le roy melyadus de leonnois. Certes a cestuy temps que auanture me apporta par mon peche en ceste contree disoit len par tout le mõde que le roy meliadus estoit mort/et que le bon cheualier sans paour lauoit occis au departir de vng tournoyement. Et certes sire pour ce q̃ a cestuy temps le disoient toutes gens si communement par tous les lieux ou ie alloye cuydoie ie bien que le roy meliadus fust mort ainsi cõme len disoit. Et encores le cuydois ie orendroit quãt voꝰ auez dicte ceste parolle.

Or saichez tout vrayement fait le bon cheualier sans paour que le roy meliadus est vif. Et certes ie croy mieulx q̃ ceste parolle q̃ voꝰ auez dicte orendroit fust plustost dicte po² luy que pour autre. Car ie ne scay orendroit nul cheualier que len peust par raison appeller flour de leonnois fors que luy. Et certes se ie feusse encores hors de cestuy val ainsi comme iestoye na pas deux moys et ie sceusse ceste auãture ainsi comme ie la scay orendroit ie nauroye grammẽt de repos deuãt q̃ ie eusse trouue le roy meliadus de leõnois si lamaine rois ceste part pour scauoir sil pourroit ceste aduanture mettre a fin. Certes sire fait lhermite puis q̃ le roy meliadus est vif ainsi cõe voꝰ le dictes ie croy bien que ceste parolle est dicte pour luy ⁊ non pour autre/car il est bien cheualier de si haulte cheualerie garny que se il se mettoit en ceste espreuue p̃ aucune aduanture il la mettroit affin se iamais par force de cheualerie doit estre affinee. Ainsi tin drent parlemẽt le bon cheualier et lermite tant q̃ la nuyt fut venue. Celle nuyt dormit leans le bon cheualier sãs paour tout arme de chausses ⁊ de haulbert ne il ne mangea celle iournee riens du mõde Car le preudhõme nauoit adonc leans pain ne autre chose quil luy peust dõner pour mangier. Au lendemain il se leua et fist regarder ses playes a lhermite q̃ bien si cõgnoissoit/et lhermite luy dist q̃ seiournast leans deux ou trois iours et ce pendãt gueriroient ses playes. Quãt il fut leue et encores nestoit yssu de la maisonnette a tãt vint vers luy vne damoyselle toute seule ⁊ tout a pie q̃ entre leans ⁊ cõmence a regarder le bon cheualier sans paour. Quãt le bon cheualier voit q̃ la damoyselle le regarde si merueilleusement il ne se peult tenir q̃ ne lui die. Damoyselle se dieu vous sault qui estes vous qui si merueilleusement me regardez. La damoyselle respondit tout erramment et dist. Or saichez que ie ne vous regarde mie pour mal/ ains vous regarde pour la pitie que iay de voꝰ / car il ne seroit mie chrestien qui nauroit pitie de si bon cheualier cõe voꝰ estes/ car certes cest bien grant douleur et dommaige merueilleux de ce que si bon cheualier commes vous estes est venu en si forte aduanture comme est celle de cestuy val Et certes sire cheualier la chose pour quoy il me poise plus de vous et de vostre courroux si est pour ce que na pas encores grammẽt de temps que vous me feistes au royaulme de logres vne grãt bonte. De celle bõte me souuient et sou uiendra tout mon aage/pour quoy ie di que ie suis triste et courroucee de vostre courroux nõ gueres mois q̃ voꝰ mesmes

n iiii

De Gyron le courtoys

Quant le cheualier sans paour entent ceste parolle il respōt a la damoiselle. Damoyselle or ne vous esmayez si durement. Se vous estes orendroit courroucee z esmayee encores en serez vo⁹ par aduanture reconfortee. Haa sire fait elle cōme ie le voulsdroye voulētiers veoir. Or saichez tout certainement que il nest orendroit nulle chose au monde que ie veisse si voulentiers cōme vostre deliurance. Et certes vous laures se dieu plaist/car ie en droit moy y cuyde mettre tel conseil prochainement que tous les cheualiers errans qui de ceste prison sōt dolēs quāt ilz le scaurōt en serōt liez z ioyeulx. Quāt le bō cheualier entendit ceste parolle il dist. Damoyselle qui estes vous qui me promettez que vous mettrez conseil en ma deliurance se vous le pouez faire. Sire fait elle ie suis vne damoiselle estrange a qui vous feistes iadis si grant bōté z si grāt courtoisie na encores mye grāment de temps si q̄ ie dy bien q̄ cheualier ne pour faire a damoyselle en nulle maniere du monde greigneur bonte que celle fut/ ie ne la pourroys oublier. Pour ce est il mestier se ie puis q̄ ie vo⁹ en rēde tel guerdon que pour la remēbrāce de moy aymerez vo⁹ mieulx toutes les damoyselles du monde. Damoyselle fait le bon cheualier sans paour or saichez tout vrayemēt q̄ se vous bōté me pouez faire tellement q̄ vous me gectez de ce val vous en aurez hault guerdon se dieu me donne vie/ et maintes autres damoiselles en receueront encores honneur se dieu me donne sante pour lamour de vous. Sire fait la damoyselle or ne vous esmayez/ mais laissez sur moy cestuy fait et ie vous promets que ie mettray a vostre deliurance assez prochainement tel conseil quil vo⁹ plaira bien sicomme ie croy/mais or me dictes sire cheualier vous trouueray ie tousiours ceās. Damoyselle fait le bon Cheualier sans paour se vous ne my pouez trouuer le iour au moin⁵ my trouuerez vous la nuyt. Sire fait la damoyselle ie vous cōmande a nostre seigneur Et saichez que ie nauray iamais chose qui me plaise deuant que ie auray trouue aucun certain conseil de vostre deliurāce. La damoyselle sen partit a tant du bon cheualier sans paour quelle ne luy tint autre parlement fors celluy que ie vo⁹ ay dit. Elle pensoit bien autre chose quelle ne disoit. Car nabon le noir a qui elle estoit lauoit celle part enuoyee pour scauoir le contenement du bon cheualier sans paour et tout son estre/et le vouloit faire prendre tout autrement q̄ nauoit deuise a son frere.

Quant la damoiselle fut a luy retournee nabon luy dist. Auez vo⁹ trouue le bon cheualier. Sire fait elle ouy voiremēt lay ie trouue. Et cōment se cōtient il dist nabon. Sire saichez fait elle que il se cōtient bien. Il est si bon cheualier de son corps ce vous fais ie bien a scauoir que a paine le pourriez prendre tant comme il fust garny de ses armes comme il est. Se vous le vouliez ainsi prendre il vous feroit si grant dōmaige de vostre gent auant quil fust prins que le dōmaige ne seroit restore de vng grāt temps apres/pour ce sire conuiendroit il que vous le feissiez saigemēt/car par force ne le pourriez vous prendre tāt cōme il fust arme que vous neussiez trop grāt dommaige a ce quil est bien sans faille le meilleur cheualier du mōde. Damoyselle fait nabon le noir or laissez sur moy tout cestuy fait/et ie vous promets que ie vous donneray tel conseil par quoy vo⁹ le pourrez faire prendre assez legierement auāt brief terme. Tel parlemēt cōe ie vo⁹ cōpte tindrēt celluy iour la damoiselle z nabon. Ilz cherchent tāt comme ilz peuent la maniere cōment le bon cheualier peust estre prins sās leur faire dōmaige. Au lendemain assez matin sen retourna la damoiselle a lhermitaige vers

le bon cheualier q̃lle y trouua tout arme
Quant il voit la damoiselle il est moult
formēt reconforte cõme cil qui cuydoit
certainement q̃ elle se voulsist entremet
tre de sa deliurance mettre auant se elle
peust en aucune maniere. Damoyselle
fait il/bien soyez vous venue. Sire fait
elle/bien soyez vous trouue. Damoisel
le fait il/q̃lles nouuelles. Si maist dieu
sire fait elle/encores ne scay ie mye si bō
nes nouuelles comme ie vous voulsisse
que ie vous sceusse apporter/mais iay es
perance en nostre seigneur q̃ tost les vo⁹
aporteray telles que bien vous pourrōt
plaire. Damoyselle fait il/auez vo⁹ onc
ques trouue voye ne maniere comment
ie peusse yssir de cestuy val. Sire fait el
le/ie croy que ouy. Damoyselle/donc sil
vous plaist or me dictes comment. En
nom dieu sire fait elle/vous nestes mye
cheualier a gaber. Or saichez sire que ie
ne vous diray chose deuant q̃ ie en sache
la droicte verite tout certainement. Et
pource ne vueil pas encores dire ce que
iay empense de vostre deliurance/car ie
auroye doubtance que ie ne vous peusse
tenir si bien conuenant cõme vous voul
driez et cõme ie vouldroyes. Or damoy
selle fait le bon cheualier sans paour/or
vous en pouruoyez en toutes les manie
res que vous en pourrez pouruoir. Et
ie vous prometz loyaulment que se vo⁹
pouez tant faire que ie soye deliure de ces
tuy vous aurez fait la meilleur iournee
que vous feistes puis que vous feustes
nee. Sire fait la damoyselle/or saichez
tout certainement que ie cuyde tāt faire
et assez tost que vous men scaurez gre.

La damoyselle se partit a tant
celle matinee du bon cheualier
sans paour q̃lle ne tint adonc
autre parlement/toutesuoyes celluy io⁻
le bon cheualier sans paour ne yssit de
dedans lhermitaige. Moult est dolent τ
angoysseur/moult est triste et moult est
yre de ce que ainsi luy est aduenu a celle

foys. Sil veist en aucune maniere com
ment il peust trouuer en plain champ
nabon le noir il ne laissast en nulle guise
quil nallast a luy/et quil ne se mist en ad
uanture de loccire cōment quil en deust
aduenir/mais il ne voit comment il le
peust ainsi trouuer. Car bien luy disoit
on pour petite que nabon nyssoit de son
chastel ne matin ne soir/aincoys estoit
toutesuoyes leans cōme cil q̃ tousiours
alloit pēsant en q̃lle guyse et en q̃lle ma
niere il peust prēdre le bon cheualier sās
paour sans ce que il luy face dommaige
Pource ne scait il que il doit dire de ceste
aduanture. Et le bon cheualier ne fait
riēs si non pēser/et demoura trois iours
en lhermitaige quil nen yssist. Quant il
eut leans demoure trois iours en telle
guyse comme ie vous compte et vint au
quatriesme il luy vint envoulente de che
uauchier et auant q̃ le soleil leuast il fut
arme et monte dessus son cheual/et son
escuyer mōte apres luy qui luy porte son
escu et son glaiue. Son escu estoit adonc
couuert dune housse noire q̃l auoit trou
uee en la maison de lermite/et celle hous
se auoit leans apportee vng cheualier de
ceste contree. Puis quil se fut party de
lhermitaige il cōmenca a cheuaucher au
trauers de la forest non mye le petit sen⁻
tier par ou il estoit venu deuāt/mais au
trauer⁹ si quil ne tenoit nul chemin. En
telle guyse comme ie vous compte che⁻
uaucha tant celle matinee le bon cheua⁻
lier sans paour que il vint au grant che⁻
min. Tout incontinent quil voit celluy
chemin il recōgnoist tout certainement
que cestoit le grant chemin qui sen alloit
droictement au chastel ou il sestoit com⁻
batu encontre le bon cheualier de norga
les/lors se arresta emmy le chemin vne
grant piece τ pensa toutesuoyes q̃l pour
roit faire. Et quant il a pense vne grāt
piece il commēce a regarder entour luy.
Et pource q̃l voit que pres de luy auoit
bien iusques a dix arbres si espes que se

Vng cheualier ou deux se feussent mys dedãs len ne les eust pas peu veoir legierement pource se tyre celle part et dit a son escuyer. Viens apres moy. Et cilz le fait tout ainsi côme son seigneur luy cõmande. Quant ilz sont venuz entre les arbres ilz se arrestent/et le varlet ne dit nulle chose de quanque il voit que le cheualier face ains toutesuoyes le regarde Le bon cheualier sans paour sarreste entre les arbres ainsi comme ie vous côpte et dit que par le chemin ne passera hõme en tout cestuy iour a qui il ne vende son courroux pourueu ql ne soit des cheualiers prisonniers.

¶ Comment le bon cheualier sans paour desconfit nathan le filz Mabon le noir et tous ses gens.

Apres ce que le bon cheualier sans paour se fut ainsi arreste emmy le chemin entre les arbres et eut demeure en celluy lieu toute celle matinee sans soy remuer/enuiron heure de prime aduint que varletz a pie commencerent a aller parmy le chemin qui menoient brachetz et leuriers. Tout incontinent que le bon cheualier les voit venir en telle maniere il dit a son escuyer. Va tost a ces enfans qui par cy passent et saiche a qui ilz sont/et leur demande toutes les nouuelles que tu leur pourras demãder et puis ten reuiens a moy. Quant il a dicte ceste parolle lescuyer ne fait autre demourance/aincoys se part tout maintenant de son seigneur/et tant fait quil vient a ceulx q̃ les leuriers conduisoient Et quãt il est venu a eulx il leur demande/a qui estes vous seigneurs/varletz a qui sont ces leuriers/ou allez vo9. Lung des varletz respondit et dist. Vous no9 faictes moult de demandes ensemble/et ie respondray a toutes se ie puis. Or sachez que nous sommes a Mabon le noir Et ces leuriers sont a vng sien filz q̃ lon appelle nathan. Il doit orendroit par cy passer/car il veult aller a son pere a vng chastel ca deuant. Or me dictes fait lescuyer/nathan qui doit orendroit par cy passer sicomme vous dictes quelle compaignie amaine il auecques luy. Certes fait le varlet/ il amaine auecq̃s luy vne damoyselle qui est amye Mabon le noir et la conduyt a son pere/car ainsi luy est commande. Et ceste compaignie vient iusques a six cheualiers armez de toutes armes. Et pourquoy cheuauchẽt ilz armez fait lescuyer/iay ouy dire en ceste cõtree quonne doit auoir paour ne doubte de nul homme du monde. Certes fait le varlet/vous dictes verite. Et aussi po9 paour q̃lz ayent dautruy ne cheuauchẽt ilz pas armez/mais pour aller plus noblement par ceste contree/et pour monstrer vrayement plus noblement que ilz en ont la seigneurie/car ilz osent porter armes la ou les autres ne losent faire. Or me dictes fait lescuyer/seigneurs enfans nathan le filz nabon le noir quelles armes porte il/le peut onlegierement cognoistre entre les autres/car a luy voulsisse parler vng pou priueement. A ceste parolle respondent les autres varletz et dient. Tu le pourras cognoistre moult legieremẽt a ce quil porte armes toutes vertes/et ses autres compaignons les portent toutes noires. Or vous commãde ie a dieu fait lescuyer/car assez me auez compte de voz nouuelles. Et maintenant sen retourne a son seigneur au ferir des esperons et il le treuue entre les arbres.

Quant il est venu iusques a luy le bon cheualier sãs paour luy demande. Quelles nouuelles nous apporte tu. Sire fait lescuyer/telles côme ie vous diray. Et incontinent luy commẽce a compter tout mot a mot ce que les varletz q̃ les leuriers menoiẽt luy auoient dit. Quant le bon cheualier sans paour entend ceste nouuelle il se commence a reconforter en soy mesmes et dit de la ioye que il a. Pour dieu a cestuy point est il mestier se ie puis que venge partie de mon courroux. Et certes se en telle maniere venist entre mes mains nabon le noir come son filz y vient orendroit mestier seroit se dieu me sault que cestuy iour feussent deliurez tous les prisonniers de cestuy val. Lors fait regarder a son cheual quil ne luy faille riens. Et quant il est tout appareille il se remet entre les arbres ainsi comme il estoit deuant. Apres ce ne demeure gueres quil voit venir dassez loing tout le grant chemin les cheualiers dont les nouuelles luy estoient apportees. Nathan venoit tout deuant entre deux cheualiers. Apres venoit la damoyselle qui estoit tant belle que cestoit grant merueille de veoir sa grant beaulte. Apres venoient quatre autres cheualiers pareillement armez, et apres venoient escuyers iusques au nombre de dix. Quant le bon cheualier sans paour voit que ilz sont assez approuchez il se met hors de son aguet et laisse courre adonc vers eulx tant come il peut du cheual traire, et leur escrie a haulte voix Certes vo9 estes mors. Et la ou il voit nathan quil va tresbien recongnoissant entre les autres il luy adresse la teste du cheual. Cil qui estoit assez hardy ne fait pas semblant de fuyr, ains attend le coup du glaiue moult hardiement pource que arme estoit. Et le bon cheualier qui ne le va espargnant, car il luy vouloit mal de mort, le fiert si roidement que pour le haulbert ne remaint quil ne luy face emmy le pis vne grant playe et parfonde, si que pieca mais pouoir naura de porter armes. Il est de cestuy coup greue si durement quil na pouoir ne force de soy tenir en selle, ains vole a terre incontinent, et gyst illec comme sil feust mort. Oncq̄s a iour de sa vie ne trouua qui luy donnast

vng si dur coup come cestuy quil a receu a cestuy point.

Quant le bon cheualier sans paour voit quil a cestuy abatu en telle maniere, pour ce que il cuyde certainement quil lait occiz de cestuy coup il ne se arreste pas sur luy, ains sen va oultre a fiert vng autre cheualier de cestuy poingdre mesmes, et fait de cestuy tout pareillement come il auoit fait de lautre, car il ne laura plus q̄l nauoit naure lautre. Quant il a les deux abatuz en telle guyse comme ie vous compte il sen va oultre pour parfournir son poingdre Mais il ne demoura mye gramment a retourner. Tost retourne sur eulx a tient le glaiue baisse qui encores estoit entier Et au retour quil fait leur crye vne autre foys. Certes tous estes mors, vous ne pouez eschaper de mes mains, et fiert le tiers si roidement que il le fait voler a la terre. Quant les autres voient ceste chose pource qlz sont de cestuy fait trop durement espouetez, car bien sont raison entreulx q̄ encontre cestuy ne se pourroient ilz deffendre pour nulle auanture du monde. Ilz luy laisserent du tout le champ et se tournerent en fuyte. Il ne souuient orendroit a nul deulx fors q̄ de sauluer leur vie se ilz le peuēt faire. Tous ont a cestuy point oublye nabon le noir et son filz. Il ne leur est riens fors de ferir des esperons et de fuyr tant come ilz peuent Oncquesmais a iour de leur vie neurēt ilz paour de mourir fors orendroit, et de mōstrent bien leur paour appertement. Car ilz laissent leur compaignons gysans emmy la place. Il leur en est moult petit mais que ilz puissent sauluer leurs vies Il ne leur en chault du demourāt. Puis qlz eurent du tout vyde la place en telle maniere que des escuyers ne des cheualiers nen estoit demoure vng seul fors q̄ ceulx seulement qui auoient este abatuz Le bon cheualier sans pao² descend tout incontinent et baille son cheual a garder a son escuyer et son glaiue pareillement qui estoit encores tout entier et son escu aussi. Quāt il a ce fait il senva droit a nathan q̃ se vouloit releuer de la ou il auoit geu si grant piece cōme ie vous ay cōpté. Et estoit adōc releue destourdisson honteux et vergongneur de ce que dung seul coup de lance auoit este si malement mené. Quāt le bon cheualier sans paour le voit leue il ne fait nulle autre demourance ains va maintenant vers luy lespee tout droit contremont/et luy donne dessus le heaulme vng si grāt coup que le heaulme nest si dur ne si fort quil ne face dedās entrer le trenchant de lespee plus dung doigt en parfond. De celluy coup est si durement estourdy Nathan que le cerueau lui est tout trouble dedās la teste/si q̃ il ne scait sil est iour ou nuyt. Et pource il trebusche vne autre foys a la terre. Quant le bon Cheualier sans paour le voit trebuschier il se lance sur luy tout errāment et le prēt au heaulme a deux mains/et le tire si fort a soy quil luy arrache hors de la teste/et le iette si loing de luy comme il le peut ietter en la voye. Quant nathan sent sa teste desarmee/et q̃l voit que le bon cheualier sans paour est toutesuoyes sur luy q̃ fait semblant moult fierement que il luy vueille coupper le chief/pource que il a paour et doubte de perdre la vie il commence a cryer a haulte voix. Haa sire cheualier pour dieu mercy ne me occiez mye/ie me tiens du tout pour oultre.

Certes fait le bon cheualier sās paour/toute la merci q̃ tu cries ne te vault riés/a mourir te conuient poᵘʳ lamour de nabon le noir a qui tu es filz. Cōment beau sire fait nathan nestes vous cheualier errāt. Ouy sans faille fait le bon cheualier/cheualier errant suiˢ ie certainement. En nom dieu fait nathan/donc ferez vous honte q̃ vergongne a tous les cheualiers errans se

vous mocciez apres ce que ie vous crye mercy/et passerez la coustume qlz maintiennent. Et tout ce vous pourra tourner a maulvaistie et a felonnye/ Car en moy ne en autre cheualier ne deuez voᵘ mettre la main pour nulle auanture du monde puis quil vous crye mercy q̃ quil se tient pour oultre. Quant le bon cheualier sans paour entend ceste parolle il ne scait q̃ il doit respondre. Il a moult grāt voulente de mettre a mort nathan pour lamour de nabon le noir. Et apres ce quil luy a ramentue la coustume des cheualiers errans quil ne vouldroit trespasser pour nulle auanture du monde il ne scait q̃l doit dire. Il veult mettre a mort nathan/mais la coustume de cheualerie luy deffend. Quant il a vng pou pense a ceste chose il respond a nathan et dist. Se ie creusse ma voulente ie tocciroye/ Car ma voulente me dit que ie te occye pour honte et pour vergongne de ton pere. Mais apres me dit raison et la coustume sans faille des cheualiers errans est celle que ie ne te doys mettre a mort pource tu cryes mercy et pource te laisseray encores viure. Tu ten yras a Nabon le noir et luy diras de ma partie queia si bien ne se scaura garder de moy que ie ne luy trenche la teste ains q̃l soit pou de iours. Murs/ne chasteaulx/ne forteresses certainement ne le pourrōt cōtre moy garātir ce saiche il. Et la ou il cuydera estre plus asseur illecques receuera la mort. Vrayement se il voulsist tant faire auant que ce luy aduenist/cest quil deliurast de ce seruaige tous les estrangiers qui demeurent en cestuy val il auroit la paix de moy et la concorde et seroit asseur de moy. Se il le veult faire en telle maniere il pourra viure / si non ie luy mande tout hardyement quil aura la mort pres du cueur auant brief terme. Or me creance loyaulment que tu feras cestuy messaige en telle guise et en telle maniere cōme ie le te dis. Et adōc

fueillet

nathan luy creance voulentiers qui de mourir a si grant paour quil ne cuyde ia mais estre deliure des mains au bon cheualier sans paour. Quant le bon cheualier sans paour eut fait de nathan tout ce que ie vous ay deuise/il sen va aux autres qui illec estoient demourez ainsi comme ie vous ay compte cy deuant/ et il leur court sus lespee en la main toute nue. Ceulx qui bien auoient veu tout appertement ce que nathan auoit ia fait et comment il estoit ia desconfit et tous les autres pareillement/et suys sen estoient du champ/Quant ilz voient sur eulx venir le bon cheualier sans paour lespee en la main toute nue pource qlz congnoissent de vray que encontre luy ne se pourroient ilz deffendre en nulle maniere du monde ilz sescryent a haulte voix. Haa beau sire pour dieu mercy/ne nous occiez mye. Nous sommes appareillez de faire vostre commandement en toutes les manieres que vous le scaurez commander.

Quant le bon cheualier sans paour voit quilz cryent mercy si forment il leur respond. Pour ce que vous cryez mercy entre vous tous ie ne puis mettre main a vous par raison/ car ie me mefferoye trop pource que cheualier suis. Et non pourtant ce vous faiz ie bien assauoir que iauoye moult grant voulente de vous occire plus pour despit de vostre seigneur que pour autre chose. Je vous laisseray a tant par tel conuenant come ie vous deuiseray. Vous me creancez loyaulment comme cheualiers que vous direz a nabon le noir de ma partie toutes les parolles q iay enchargees a son filz nathan q cy est. Et ceulx luy creancent loyaulment que tout ainsi comme il leur est commande ilz le feront et quilz nen laisseront a dire parolle dont ilz se puissent recorder quant ilz seront venuz deuant luy. Quant le bon cheualier sans paour a tout ce fait il vient a son cheual et monte dessus τ prent son escu

et son glaiue/et se met adonc en la forest en lieu ou il lavoit la plus espesse/toutes voyes son escuyer va apres luy. Grant paour a et grant doubte de luy et de son seigneur. Mesmement pour cestuy fait le cueur luy dit tousiours que il ne peut gramment demourer que le bon cheualier sans paour ne soit prins / ou p trahyson ou par aucune autre maniere. Et cest vne chose qui le met en grat doubtance τ en paour de mort. Ainsi sen va le bon cheualier sans paour parmy la forest/et cheuauche tant en telle maniere quil retourne a lhermitaige ou il auoit tant demoure come ie vo9 ay dit. Quant il est leans venu lhermite luy demande incotinent de ses nouuelles/et cil luy en compte la verite et ne luy en cele riens. Sire fait lhermite/puis que cest fait a tant desormais ay ie paour et doubte de vous. Saichez de vray que quat nabon le noir scaura la verite de cestuy fait il vous fera guetter / sans faille vous estes prins nen doubtez se trop bien ne vous gardez. Sire fait le bon cheualier sans paour/or ne vous esmayez si durement/ie vous prometz loyaulment que se ie suis assailly ou cy ou ailleurs ie donneray tant daffaire a tous ceulx qui prendre me vouldrot si que laffaire pourra bien tourner tout autrement que vous ne cuidez. Sire fait lhermite/or sachez tout certainement que se ilz vous prenent vous estes mort. Je ne scay quat ie mourray fait le bon cheualier sans paour / mais sil vient a si grant besoing comme vous dictes sachez tout certainement que ie leur vendray si chierement que ilz en ploureront leur dommaige apres ma mort vng long temps. Ilz trouueront en moy se ie puis autre deffense quilz ne cuident par auanture. En telle maniere deuise le bon cheualier auecques lhermite. Il est si asseur de soy quil na paour pour auanture quil aduiengne. Il ne doubte ne roy ne conte Il ne doubte ne vie ne mort. Bien peut

De Gyron le courtois

estre appelle le bon cheualier sans paour par raison/car de chose que len luy dye il na nulle paour ne doubtance. A tant laisse le compte a parler du bon cheualier sans paour/car bien y scaura retourner quant lieu et temps sera. Et retourne a nathan et a ses copaignons qui sen allerent vers nabon le noir.

¶ Comment nathan alla vers Nabon le noir son pere et luy compta ce que le bon cheualier sans paour luy mandoit. Et comment la damoyselle qui auoit parle au bon cheualier sans paour alhermitaige le trahyt.

Or dit le compte que apres que le bon cheualier sans paour se fut party de la place ou il auoit desconfit nathan et ses copaignons quant ilz le virent en aller ilz le regarderent tant comme ilz peurent. Et quant ilz ne le virent plus ilz comencerent a deuiser entre eulx. Et nathan comence le premier et dit a ses compaignons. Seigneurs/que vous est il auis de ceste auanture. Et lung deulx respond et dit. Sire il nous est auis ce quil nous est aduenu Nous sommes desconfiz ce pouez vous veoir et malement menez/car nous sommes naurez. En nom dieu fait nathan ie suis naure dune grant playe. Et ainsi dient les autres. Et que ferons nous fait nathan. Sire dient ilz/il nous conuient desarmer/car si naurez come nous sommes et si armez nous ne pourrions cheuauchier. A ceste chose se accorde nathan et se fait desarmer et regarder sa playe. Et treuuent ceulx qui la playe regardent que elle est grande et parfonde et moult perilleuse. Et quen diroyes ie/quant ilz furent tous desarmez et ilz eurent regarde leurs playes au mieulx quilz le peurent faire/ilz monterent a cheual tous tristes et courroussez de ceste auanture qui aduenue leur estoit illecques. Et dautre part ilz sont moult ioyeux de ce quilz sont eschapez en telle maniere des mains de si bon cheualier et de si vaillant comme est cestuy qui les a desconfitz. Quant ilz se furent mys a la voye a grat douleur sans faille a grant paine pouoient ilz cheuauchier tant ilz estoient naurez. Ilz cheuauchent tant entreulx que ilz treuuent la damoyselle quilz conduysoient/laquelle sen estoit fuye deslors quelle veist encommencer la meslee/et estoit arrestee emmy le chemin moult durement esbahye et espouentee. Quant ilz voient quilz ont la damoyselle trouuee ilz se comencent moult a reconforter selon lauanture qui leur estoit aduenue/et toutesuoies cheuauchent auant tant que ilz vindrent pres du chastel ou le bon cheualier de Norgales estoit emprisonne. Et nabon le noir mesmes demouroit en cestuy chastel. A cestuy point sans faille estoit il tant dolent et tant courrousse que a pou quil ne mouroit de dueil/car len luy auoit ia compte partie des nouuelles de son filz/mais encores ne pouoit il croire que ce feust verite.

La ou il estoit en cestuy penser quil ne croyoit ces nouuelles ne il ne les mescroioit du tout a tant a veu leans venir Nathan a telle compaignie come il auoit. Quant il est venu deuant son pere/son pere la receu si honoreement come il le deuoit receuoir et luy demande. filz quelles nouuelles Sire fait il telles comme ie vous diray Et il est mestier vueille ou non que ie le vous dye/car ie lay ainsi creance. Et incontinent luy comence a compter mot a mot tout ce qui luy estoit aduenu au matin/et comment il a este desconfit et ses compaignons/et ce que le bon cheualier luy feist creancier au departir. Et quant il a dicte sa raison tout au mieulx que il a peu il se taist/et les autres commencent erramment a redire a leur seigneur ce mesmes que nathan son filz auoit dit. A ces nouuelles que ceulx apporterent en telle maniere comme ie vous compte ne scait que doit respondre nabon le noir/aincoys se taist en telle maniere que il ne dit mot de grant piece. Et quant il a assez grandement pense a ceste chose il respond tout effraye. Beaulx seigneurs/puis que il est ainsi aduenu que de ceste chose est sur moy la honte tournee a ceste foys q̃ le dommaige or nous souffrons a ceste fois au mieulx que nous le pourrons faire. Et ie vous promectz loyaulment que il demourra moult petit que lorgueil de ce cheualier qui vous a fait ceste vergõgne sera du tout si abatu que nous en serons vengez si que tous mes amis en auront ioye. Or laissez sur moy cestui fait. De greigneur chose que nest ceste sins ie ia dis a chief a ma voulente. Et ainsi respondit nabon le noir a celle fois q̃ ne dist adõc autre chose. Il est moult plus courrousse q̃ ne mostre le semblant. Quant ceste nouuelle fut espandue parmy le sal tous les estrangiers qui estoient au seruaige nabon le noir q̃ dillec ne pouoient yssir sont moult formēt reconfortez. Et dient tous que venu est cellui qui deliurer les doit du douloureux seruaige ou ilz sont. Moult en sont lyez/moult en sont grãdement ioyeux. La nouuelle en vint a nabon le noir q̃ lors eut assez greigneur douleur quil nauoit deuant. Il ne dit mot q̃ fait semblant que il ne luy en est a nulle chose/mais moult est espouente assez plus quil ne monstre le semblant Il parloit a la damoiselle q̃ chascun iour parloit au bon cheualier sans paour et luy demande en quelle guyse et en quelle maniere elle le pourra faire prendre legierement/et en telle guyse que ia homme nen ait mal/ne il mesmes sen apparcoyue deuant que il soit emprisonne. Sire ce dist la damoyselle/quen diriez vous Or sachez q̃ ie feray encores mieulx que

vo⁹ mesmes ne le scauriez deuiser. Que voulez vous autre chose sinon que ie le mette demain ou de iour ou de nuyt dedans vostre prison mesmes. Certes fait nabon/ie ne demande mye mieulx. Se vous demain le me pouez rendre ie me tiens a bien paye. Se ie ne faiz tant fait la damoiselle que ie le mette demain dedans vostre prison ie vo⁹ ottroye que vo⁹ me faciez tout plainement trencher la teste. Or y perra fait il que vo⁹ ferez. De toutes les choses de cestuy monde ie ne desire orendroit nulle autre tant cõme de luy tenir en ma prison. Or sachez sire fait elle que vo⁹ laurez assez plustost que vous ne cuydez.

En telles parolles cõme ie vous compte passerent celle iournee A lendemain assez matin se lyeue la damoyselle et se met a la voye tout a pie. Et tant chemine en telle maniere quelle vient a lhermitaige/et il estoit encores si matin que le bon cheualier sans paour ne sestoit mye party de leans. Quant il voit la damoiselle il est moult grandement ioyeux/cõme cil qui vrayement cuyde que la damoiselle sentremette de luy deliurer se elle peust pource il luy dist moult lye et moult ioyeux de sa venue. Ma damoyselle bien viengniez. Sire fait elle/le bon iour vous doint dieu. Ma damoyselle fait il/nous apportez vo⁹ aucunes bonnes nouuelles. Sire fait elle/quen diriez vous. Or sachez tout certainement que ie me suis prinse garde en toutes les manieres que ie ay peu pour scauoir se ie veisse aucune maniere certaine de vostre deliurance. Mais dieu le scait que ie ne le voy fors quen vne maniere que ie vous diray. Mais ce seroit trop fiere auanture se vous le peussiez faire. Mais certes se le cueur ne vo⁹ failloit vous le feriez bien par ce que ie vous en mettroye a moult bon aise. Quant le bon cheualier sans paour entend ceste parolle il respond en soubzryant. Ha

De Gyron le courtois

moyselle fait il/ ne ayez paour q̃ le cueur me faille. Or saichez certainement que ia si estrange auanture ne me scaurez deuiser que ie ne la face pourueu que autre cheualier la peust faire. Il nest si perilleuse auanture ou ie ne mette mon corps pour moy deliurer du seruaige de cestuy bal. Certes trop mieulx vouldroyes ie mourir se mieulx ie ne pouoye faire quil me couenist venir au seruaige nabon le noir. Et pource damoyselle dictes moy tout hardyement vostre penser car ia ne me trouuerez en faulte de chose que vo9 me diez pour mettre auant ma deliurance. Sire fait elle/donc vous diray ie que ie vouloyes dire. Or sachez vrayement q̃ iay moult pense po9 scauoir se ie peusse veoir aucune maniere de vostre deliurance/mais ie nen voy fors q̃ vne seule et vous diray quelle. Je suis moult bien de la maison nabon le noir/et si bien au vray dire que ceulx de leans me croyent moult bien de ce que ie leur dys. Je ay seu que nabon le noir mangeue chascun iour et chascun soir en sa salle si priuement quil na auec luy plus de vingt hõmes/et tous les vingt sont desarmez/se vous peussiez estre leans musse quãt il mãgera dung petit coup de vostre espee le pourriez vous mettre a mort par ce q̃l est desarme iour et nuyt. Se vous luy seul auiez occys par aucune auanture or saichez que tous ceulx qui la seroient sen fuyroient incontinent q̃lz scauroient de vray que Nabon le noir seroit mort. Il ny auroit homme en tout cestuy val qui contre vo9 osast prendre armes ne escu. Tous les estrãgiers qui orendroit sont au seruaige dedans ce val viendroient a vostre secours incontinent q̃lz scauroiẽt que nabon le noir seroit occiz. Et p ainsi vous seriez deliure et tous les autres de ce val par ceste maniere. Si maist dieu cõme ie ne voy autre auãture du monde fors en ceste maniere.

Quant le bon Cheualier sans paour entendit ceste parolle il dist a la damoiselle. Ma chiere damoyselle or me dictes sil vous plaist pourriez tant faire en nulle maniere du monde q̃ vo9 me peussiez mettre dedans le palais nabon le noir. Se vo9 a cestuy point quil mangeue seulement me peussiez tant faire que ie peusse a luy venir se il auoit mille hõmes au palais si ne me pourroit il eschapper. En nom dieu fait elle/tant vo9 pourroyes ie bien faire cõme ie vous diray orendroit. Il est bien verite sans faille que dedans le chastel ne pourriez vous entrer en nulle maniere du monde en guyse de cheualier errãt car nul ne peut entrer dedans la porte sil nest congneu. Comment donc fait le bon cheualier sans paour y pourroyes ie entrer/car sans mes armes mest il auis que ie ne pourroies faire chose qui a hõneur me peust tourner. En nom dieu dist la damoyselle/vous y pouez entrer arme de haulbert ⁊ despee certainement et par dessus est mestier que vous soyez vestu de robe de damoyselle/et y entrerez dedans quant il sera anuytie. Le portier qui entrer vous verra cuydera bien de verite que vous soyez vne des damoyselles du chastel qui venez en ma cõpaignie Il ne vous mettra en nulles parolles/ce sachez vo9 bien/et pource pourrez vous passer hardiement. Nous no9 en yrons ensemble la dedans et ie vous mettray en vne chambre ou iay dormy souuentesfoys/et quant nous serons en la chambre entrez vous osterez la robe de damoyselle et puis vous musserez en telle guyse comme ie vous compte et remaindrez en vostre haulbert et aurez vostre espee. Et quant vous verrez que nabon le noir q̃ chascune nuyt est acoustume de mangier moult tard sera assiz a la table vous ystrez hors de vostre chãbre lespee en la main toute nue et vous en yrez iusques a luy/et se vous adonc ne focciez vous estes honny/car iamais ne viendriez en auſſi bon point de le mettre a mort.

Apres ce que la damoyſelle eut ſa raiſon finee en telle guyſe comme ie vous compte le bon Cheualier ſans paour de ceſte nouuelle est grandement ioyeulx/car certainemēt bien cuyde que elle ne luy dye ſi non verite reſpond en telle maniere. Ma chiere damoyſelle me pourriez vous tenir con uenant de ce que vous me promettez/ie ne vous demanderoyes de toutes les choſes du monde fors que vous me peuſ ſiez mettre dedans le palais en telle guy ſe cōme ie vous ay deuiſe. Et ilz ſe ſont du tout acordez. Lors la damoiſelle ſe part de leans maintenant et ſe met au chemin/et tant fait q̄lle retourne auant heure de prime au Chaſtel ou nabon le noir demouroit. Quant elle eſt iuſques a luy venue et il la voit il eſt moult grā dement reconforte ſi luy demande en ry ant et tout priueement. Car il ne vonlt que aucun ſe apparceuſt de ceſtuy fait. Damoyſelle fait nabon le noir/cōment auez vous fait. Sire fait la damoyſelle i ay tant fait que ſe ie ne vous tiens con uenant ceſtuy ſoir de tout ce que ie vous ay promys ie vueil que vous me faciez trenchier la teſte et autre vengeance ne prenez de moy. Et adonc elle luy com mence a compter tout mot a mot le par lement quilz auoiēt fait entre eulx deux a quoy le cheualier meſmes ſeſtoit acor de moult voulentiers. Certes fait na bon le noir moult bien lauez fait. Ceſtui fait eſt trop bien mene iuſques a ceſtuy point. Or y perra cōment vous le met trez en auant.

Ainſi parlerent ceſtuy iour et ac corderent de prendre le bon che ualier ſās paour. Entour heu te de prime ſe mect la damoyſelle a la voye tout a pie/et tāt ſen va en telle ma niere que a heure de veſpres droictement

eſt venue a celluy lieu propzement ou le bon cheualier ſans paour lattendoit qui moult deſiroit ſa venue pour legiere ment mener a fin ce quelle luy faiſoit en tendant. Quāt il voit la damoyſelle re tourner a lermitaige il eſt moult ioyeux et luy diſt que bien ſoit elle venue/et puis luy demande. Que ferōs nous de ce que vous ſcauez. Sire fait elle/quen voulez vous faire fors ce que nous deuiſaſmes huy matin. Tout eſt appareille de ce q̄ vous ſcauez et pres du chaſtel. Et quāt vous plaiſt il fait le cheualier que nous nous mettons a la voye. Encores eſt il trop toſt fait la damoyſelle/Car il eſt trop grāt iour. Se nous nous mettiōs orendroit a la voye iauroyes paour que noꝰ nēcōtriſſions aucun hōme qui noꝰ cōgneuſt par auanture. De ce fait il/da moiſelle ne voꝰ eſmayez. Or ſaichez que orendroit ceſte foreſt ie voꝰ meneray par tel lieu q̄ de plain iour nous y pourrons venir tout priueement q̄ nous naurons garde dencontrer hōme ne femme. Si re fait la damoiſelle/mettōs noꝰ donc au chemin puis que vous le ſcauez bien. A ce fait le bon cheualier ſans paour/ie ma corde bien. Quāt a ce ſont acordez le bon cheualier ſen yſt de leans en telle manie re quil ne porte auecq̄s luy fors que ſon haulbert et ſon eſpee et ſen va tout a pie ne ſi ne veult ſouffrir que ſon eſcuier luy face compaignie tant ſe fye grandement en la damoyſelle.

¶ Cōment la damoyſelle mena le bon cheualier ſās paour habile en guyſe de dame dedans le chaſtel de lothan ou il demoura priſōnier.

Quant le varlet voit ſon ſeigneur qui ſen va ſi pri ueement poꝰ mettre ſon corps en ceſte auanture il cōmence a faire ſi grāt dueil que nul ne le voit adonc quil ne ſef merueille. Abſties toy fait le bon cheua

De Gyron le courtois

lier sans paour de plourer. Et cil q̃ son seigneur redoubte cõme la mort se part de deuant luy pour faire son dueil a sa voulente. Ainsi se part le bon cheualier sans paour de lhermitaige ⁊ sen va si pri ueement cõme ie vous compte en la com paignie de la damoyselle. Ilz ne vont pas le droit chemin affin quilz ne soient con gneuz ains vont de coste. Et tant sont allez en telle maniere ainsi a pie comme ilz sont quilz sont venuz deuant le chas tel ⁊ moult pres. Lors sarrestent en vnes brosses, car il leur est auis q̃lz sont trop tost partys. Et attendent en telle guyse iusques a ce quil commence a obscurcir. Et adonc se mettent a la voye, et tãt che minent quilz arriuent a vne vieille mai son et decheute qui est delez vne petite roche. La damoiselle entre dedãs et prẽt vne robe de damoyselle quelle y auoit mise, et tout lappareil dune autre da= moyselle. Et quant la damoyselle en a vestu le bon cheualier sans paour au mieulx que elle le scait faire, elle luy af= fuble vng mantel de damoyselle en telle maniere toutesuoies quil tient dessoubz le mantel son espee, et elle se met tantost a la voye et luy dist. Sire cheualier des ormais nous pouons bien entrer dedãs le chasteau, car il est tard. Damoyselle fait le bon cheualier sans paour il est du tout en vous de laller ou du demourer.

Puis quilz se sont mys a la voye en telle guise cõme ie vous cõpte ilz sen vont tout a pie cõme ilz sont tant que ilz sont venuz iusques a la porte du chastel. Le portier qui garde la porte quãt il voit venir le bon cheualier sans paour en guise de damoyselle malement le recongnoist, bien cuyde certainement que ce soit vne dame pource quil est en la cõpaignie de la damoyselle, car celle re congnoist il moult bien. Et pource il ne leur dit mot du monde aincoys les laisse passer oultre. Quant ilz ont la porte passee ilz sen vont parmy le chastel tou

te la maistresse rue ⁊ ne treuuent person ne qui riẽs leur die ne qui les recõgnoist Car il est assez tard. Tant ont chemine en telle maniere que ilz sont venuz a la maistresse forteresse et entrent dedans, et est le palais assez obscur. Et nabon le noir est encores dedans ses chambres et se fait moult estroictement garder com= me cil qui toutesuoies a paour ⁊ doub tãce du bon cheualier sans paour. Quãt la damoiselle est entree au palais elle sen passe oultre et fait tant q̃lle vient a vne chambre moult forte ou il y a vng huys de fer. Et estoit ia la chambre vydee de toutes choses fors dung lict. Et lauoit fait faire la damoyselle tout a pourpen sement en telle maniere. Quant ilz sont venuz iusques a la chambre elle dist au bon cheualier. Sire entrons ceans. Et il entre incontinent et elle auec luy, et ne voit on leans nulle chose du mõde. Car il ny auoit clarte ne autre chose qui clar te y dõnast. Sire fait elle, or pouez ester a vostre voulente. Vo⁹ demourrez ceãs ⁊ ie men iray la dehors. Et affin que au cun ne se puisse embatre sur vous ceans ie fermeray lhuys par dehors a la clef. Quant ie verray q̃ nabon le noir sera assiz a la table ie retourneray et ouure ray adonc lhuys, et puis quant vo⁹ serez la hors faictes adonc tãt que le seruaige ou nabon le noir no⁹ a mys demeure du tout. Damoiselle fait il, sur moy laissez ce ffuy fait. Lors le prent la damoyselle p la main et lassiet dessus vng lict et le cõmande a dieu. Haa damoyselle dist il, po⁹ dieu ne demourez trop longuement. Ie reuiendray a vo⁹ sans faille quãt il en sera lieu et tẽps, de ce ne vo⁹ esmayez ia.

Ainsi a la damoyselle par son engin et par son deceuement emprisonne le bon cheualier sans paour, car celle chãbre sãs faille ou elle lauoit mys si estoit forte cõme vne prison, ce que nabon ne peust faire par sa force ne par son engin. Puis quant elle

leut mys en la chãbre en telle guyse com
me ie vous compte elle ne fait autre de
mourance/aincoys sen va tout droicte
ment la ou estoit nabon le noir/et incon
tinent que il la voit venir devant luy il
luy dist en soubzryant. Bien viengniez
vous damoiselle/quelles nouuelles nous
apportez vous. Sire fait la damoyselle
ie les vous apporte bonnes et telles cõ
me vous les voulez. Or sachez bien que
vous auez ceans en vostre prison cestuy
que vous scauez. Tant me suis pour vous
trauaillee q̃ vous lauez entre voz mains
Et ou est il dist nabon le noir. Sire fait
elle/il est en celle mesme chambre ou võ
commandastes quil feust mys. Quant
Nabon entend ceste parolle il est moult
plus reconforte quil nestoit deuant. Et
pource ne se peut il tenir que il ne dye a
ceulx q̃ deuant luy estoient. Seigneurs
nostre guerre est finee. Sire dient ilz/de
quelle guerre nous parlez vous. Et il
respond en soubzriant/ie parle dung che
ualier qui fist hier vergongne a nathan
sicõme vous scauez. Vous ouystes bien
entre vous comme grant orgueil il me
mãda/mais nostre fait est oredroit alle
en autre guyse quil ne deuisa. Je le tiẽs
oredroit ceans en ma prison. De ceste
nouuelle sont lyez et ioyeux tous ceulx qui
a nabon le noir vouloiẽt bien. Mais les
estrangiers qui la estoient et qui demou
roient au seruaige nabon le noir en estoi
ent tristes et courroussez assez plus quilz
nen mõstroient le semblant. Ilz ne dient
pas de ceste chose tout ce quilz pensent.
Car trop redoubtent moult fort nabon
le noir. Et se ilz le doubtent ce nest mye
trop grãt merueille/car il leur fait iour
et nuyt tous les maulx que il leur peut
faire/et toute la honte et tout lennuy/et
pource le doubtent ilz tant. Et cest la
chose pourquoy ilz nosent monstrer sem
blant quilz soient de riens courroussez
de la prison du bon cheualier sans paour
Et ilz scauoient ia entre eulx tout cer-
tainement quil y estoit.

Par tel engin et par tel deceue-
ment comme ie vous ay cõpté
fut deceu le bon cheualier sans
paour et mys emprison/et demoura en
ceste chambre toute la nuyt. Quãt il vit
que la damoyselle ne retournoit point a
luy ainsi comme elle luy auoit promis a
donc il dit en soy mesmes quil est trahy
et deceu. Or ne scait que il doit faire/or
ne scait en qui il se doit fier quant la da
moyselle la si vilainement trahy/et ne
scait q̃l doit dire ne faire. Quiconq̃ pour
chassast cõtre luy trahyson ne mauluais
tie damoyselle ne le deust pas faire pour
riens du monde pource quil fut toutes-
uoyes acoustume de faire hõneur a cour
toysie a toutes les damoyselles q̃l trou-
uoit et a toutes celles q̃ auoient mestier
de luy. Moult est dolent/moult est yre
le bon cheualier sans paour de ce que il a
este si vilainement trahy par la damoy-
selle. Desormais ne scait quil doit faire
en ceste auanture/car bien congnoist cer
tainement quil est prins. Ainsi demoura
leans q̃l ne dormist ne ne reposa du grãt
dueil quil auoit au cueur. Au lendemain
assez matin regarde et voit que en la chã
bre a vne petite fenestrelle de fer qui ou
ure vers vng iardin. Le iardin est assez
beau/mais la fenestre est si forte que len
ne la peut pas legierement depiecer ne
par acier ne par fer. Et mesmement la
chambre est moult belle/grande et forte
Et lhuys est de fer si merueilleusement
fort que iamais ne peut estre rompu sil
ny a moult grant force et grant quanti-
te de gent pour le brisier. Quant le bon
cheualier sans paour a la chãbre regar-
dee vne grant piece il dit en soy mesmes
Haa sire Dieu iadis vous auez souffert
par vostre grant grace et par vostre pi-
tie que ie aye demoure au monde si hon
noreement et si haultement comme che-
ualier de mon affaire peust demourer.
Et oredroit suis venu es mains dung

De Gyron le courtoys

serf/sire sil vous plaist ne souffrez que ie soye si vergonde q̃ ie doye finer ma vie si honteusement comme ie la fineroye se icy me conuenoit mourir.

A Cestuy point que le bon cheualier sans paour se dementoit en telle maniere a tant a veu venir vers le iardin vne damoyselle et vint a la petite fenestre et luy dist. Sire cheualier que auez vous qui si fort vous dementez. Quant le bon cheualier sans paour entẽd la damoiselle qui a luy parle il ne la daigne regarder ne respondre seulemẽt. Et elle se tient a grãt orgueil et pource elle luy dist. Cõment sire cheualier dont vous vient cestuy orgueil que vous ne me daignez respondre. Il ne luy dit mot ne regarder ne la veult. Et celle sefforce plus que deuant et luy dist. Bonne auanture ait ores celle damoyselle qui icy vous mist / car certes vous nestes doulx ne courtois / et estes mieulx digne de receuoir honte que honneur / ne plaise a dieu que iamais a iour de vostre vie vous yssez de ceste prison / certes nõ ferez vous / ce vo{us} prometz ie loyaulmẽt Quãt le bon cheualier sans paour entẽd ceste parolle il est moult durement pris que il ne se peut tenir quil ne responde et dist adonc. Damoyselle / ia dieu ne vous oye de ceste nouuelle ne non fera il Car il est mestier que a la honte de toutes les mauluaises damoiselles du monde ie soyes encores deliure de ceste prison Et certes se les damoyselles ont eu en moy iusques cy meilleur escu que en autre cheualier / car certes a iour de ma vie ie ne feiz si non courtoysie aux damoyselles / elles me trouueront toutes tout autre que ie ne feuz iadis. La damoyselle dont vo{us} parlastes orendroit ma trahy si vilainement que oncq̃s nul cheualier ne fut plus vilainement trahy / mais ceste trahyson de cy enauant sera encores chierement vẽdue en autre lieu. Et po{ur} ce se ie suis orendroit en autruy baillye

ia ne remaindra que encores ie nen soies hors. Il ne pourra grãment demourer que le roy artus ne saiche tout certainement ceste auãture q̃ en cestuy lieu mest aduenue et puis mes autres amys si le scauront. Il ny a en ceste part mõtaigne qui puisse tenir mes amys quilz ne viennent iusques a moy par fine force. Tel est orendroit moult ioyeux de ceste myẽne mescheance qui sera dolent de la sienne. Ie nestoye pas homme que len deust mettre en prison en telle maniere. Encores sera cestuy fait vengie et ne demoura mye grammment.

Q Uant il a dicte ceste parolle il se taist et ne dit plus mot a celle foys. La damoyselle adonc parle et dit vne autre foys. Sire cheualier ceans a aucunes gens qui dient que vous auez este enuers dames et damoyselles iusques cy le plus vilain cheualier du monde et le plus felon. Et pour vengeance des dames et damoyselles vous feist la damoyselle prẽdre. Damoyselle ce dist le bon cheualier sans paour / ceulx qui de moy vont disant ce me veullent mal. Et pource vont mettant sur moy ceste chose. Mais dieu le scait et tout le royaulme de logres pareillement que ia mais tour de ma vie ne se plaignirẽt de moy par ma desserte. Et se vous orendroit feussiez au royaulme de logres ainsi cõme vous estes icy fait la damoiselle assez trouueriez dames ⁊ damoyselles q̃ men porteroiẽt tesmoing. Se ie enuers les damoiselles fait le bon cheualier me feusse sentu coulpable daucune chose / or sachez certainement que ie ne me feusse pas mys si habandõneement en la baillie de la faulse damoyselle ou ie me mys Et ce q̃ ie scauoyes certainement q̃ oncques en toute ma vie ne leur auoye fait si nõ courtoisie me feist mettre en la baillie de celle q̃ ma trahy si vilainemẽt / mais ceste trahyson sera chier achaptee. A tãt se taist le bon cheualier et nen dit plus a celle foys. La damoyselle sen part atant Et la demoura tout le iour en telle maniere dedans la chambre le bon cheualier sans paour/ne il ne trouua nul qui a luy parlast ne q̄ luy dist mot du monde fors la damoyselle seulement qui auoit a luy parle en telle guyse cōme ie vous cōpte. Tout le iour fut dedans la chambre quil ne mangea ne ne beut. Mais de ce ne lui chaloit adonc/car il estoit si grādement courrousse que de māgier ne de boyre ne luy souuenoit en riēs. Ainsi passa cestuy iour q̄ la nuyt pareillement q̄l ne māgea riens du monde ne ne dormist si nō bien petit. Il ne fait riens si non penser. A lendemain entour heure de prime vint la damoyselle qui le iour de deuant auoit a luy parle et luy dist. Sire cheualier cōment vous est. Damoyselle fait le bon cheualier/saichez certainement quil ma este aucuneffoys mieulx que il nest ordroit/et encores sera se a dieu plaist. Sire cheualier ie vous apporte nouuelles non mye si bōnes cōme vous vouldriez/Car certes iay pitie de vous pource que bon Cheualier auez este selon ce q̄ lon va disant. Or saichez certainement que au iourduy deuez perdre la teste/le seigneur de ce val a cōmande que le chief vo⁹ soit trenchie en ce iour. Damoyselle fait le bon cheualier sans paour/or saichez certainement que le seigneur de ce val a ia fait maint commandement qui nest pas acomply non sera cestuy/car ie vous promets loyaulment que ie deffendray bien ma teste tout autrement quil ne cuyde. Certes il na encores tant de pouoir quil le peust faire en ce iour se il ne fait ceste chambre cheoir sur moy tout a vng cop affin que ie mourusse soubz la chambre et adonc me pourroit il coupper la teste quant ie seroyes mort/mais auant non ce luy dictes de ma partie tout seuremēt

La damoyselle iette vng souspir de cueur parfond quant elle entend ceste response et se part atant de luy. Et quant elle fut vng pou eslongnee elle dist aussi comme tout en plourant/comme celle qui moult grant pitie auoit du bon cheualier sans paour. Haa sire dieu fait elle/quel grant dommaige. Le bon cheualier sans paour entend moult bien ceste parolle/mais il ne respond nulle riens. Cestuy iour demoura le bon Cheualier sans paour leans si que nul ne luy tint autre parlement ne il ne mangea riens du monde. Nul autre ne le vint veoir fors la damoyselle seulement qui a luy auoit parle ainsi cōme ie vous ay deuise. Ainsi demoura en ceste chābre le bon cheualier sans paour trois iours entiers que il ne mangea ne ne beut. Au tiers iour vint la damoyselle a luy celle qui les deux iours deuāt y estoit venue q̄ luy dist. Sire cheualier cōment vous sentez vous. Damoyselle fait le bon Cheualier sans paour/ie me sens bien la dieu mercy. Auez vous fait la damoyselle/moult grant voulēte de māgier. Certes fait le bon cheualier/ie nen ay pas ordroit si grāt voulente cōme ieuz iadis aucuneffoyˢ. Hee dieu fait la damoyselle/vo⁹ auez tant iesune. Encores viuray ie fait le bon Cheualier/ce croy ie bien. Se ie cuydasse que ie deusse ordroit auoir a māgier ie en eusse greigneur voulente que ie nay. Mais pour ce que il mest auis que le mangier ne me viendra mye si tost me cōforte ie en moy mesmes en telle maniere que ie nay ordroit nulle voulente de māgier plus que se ieusse mangie huy matin. La felonnie de ceans si me fait saoul soir et matin. Et se ie feusse entre gent courtoyse q̄ entre gent de bien ieusse bien voulente de mangier. Mais ce que ie suis entre serfz si men oste la voulēte. Et quen diroyes ie/il mest auis se dieu me sault que se ie feusse en ceste chambre dix iours entiers que ie nauroyes talent de māgier ne dōmaige ne me feroit le iesuner.

De Gyron le courtoys

¶ Comment ung varlet apporta a mangier au bon chevalier sans paour. Et comment le bon chevalier se combatit en la chambre ou il estoit emprisonne contre ung geant qui serf estoit de Nabon le noir. Et comment il occist le geant.

Tel parlement tindrent entre eulx Le Bon Chevalier sans paour et la damoyselle. Il ne luy demande pas qui elle est. La damoyselle sen esmerueille moult grandement. A celluy temps auoit ung serf en la maison nabon le noir que il tenoit a moult fort homme. Et ceulx qui sa force congnoissoient disoient hardiement quil nestoit mye moins fort de nabon le noir mais plus par auanture. Les aucuns le disoient priueement / mais appertement ne losoient dire pour la doubtance nabon le noir. Le serf estoit monte en grant pris pour sa force / et il estoit grant a merueilles come cil qui droictement estoit geat. Quant il veist que ceulx de leans tenoient tel parlement du bon cheualier sans paour / et que plusieurs sacordoient a sa mort il dist a nabon le noir. Sire moult legierement fait il / or sachez tout certainement quil na pouoir ne force qil peust durer une heure du iour encontre moy. Certes fait nabon le noir / ce croy ie bien quil se pourroit mauluaisement deffendre encontre toy pource quil a orendroit plus longuement ieusne quil ne deust. Mais se il feust maintenant en la force quil auoit quat il uint ceans auant hier ie croy bien que tu te pourroyes mauluaisement deffendre encontre luy. Sire fait il / ie croy bien tout quanque vous me dictes. Car encontre vostre parolle ie ne desdiroyes riens pour nulle auanture du monde. Mais encores dys ie que encontre moy ne se pourroit il deffendre pour riens du monde. Te veulx tu mettre en ceste espreuue fait nabon le noir. Sire ouy se vo9 voulez fait le serf. Et comment pourroyes tu contre luy durer fait nabon le noir. Il a espee bien trenchant et sen scait moult bien ayder. Et se tu espee tenisses mauluaisement ten pourroyes tu encontre luy ayder. Sire fait le serf / se Dieu me sault ie ne quiers ia auoir espee / ie ne vueil encontre luy auoir fors les mains si legieres comme ie les ay. Et quant te veulx tu mettre en ceste espreuue fait Nabon le noir. Sire fait le serf / demain au matin se vous voulez. En nom Dieu fait nabon le noir / pour ce que le bon cheualier sans paour seroit sans faille trop attaint et trop vain se il ieusnoit iusques a demain ie luy feray tout maintenant donner a mangier. Cestuy iour qui estoit le tiers iour quil auoit este mis en la chambre luy feist nabon le noir porter a mangier / et mettre sur une petite fenestre qui ouuroit sur le iardin. Et lors ung varlet luy porta qui estoit du royaulme de logres / et demouroit au seruaige nabon le noir auecques les autres escuiers qui seruoient leans.

Quant le bon cheualier sans paour voit la viande dessus la fenestre il demande au varlet dont vient ceste viande que tu me apportes. Sire fait le varlet / il me feust comande que ie la vous apportasse. Et se vous ne la voulez mangier pour despit de celluy qui la vous enuoye / au moins la mangiez pour lamour du royaulme de logres dont ie suis qui la vous ay apportee / que Dieu par sa pitie vous y conduyse aussi sainement come estre vous vouldriez. Efforcez vous sire / car il vo9 en est mestier / ce vo9 faiz ie bien assauoir que au iour de demain vous couiendra deffendre du plus fort homme a mon escient que ie sache en ce monde. Quant le Bon cheualier sans paour entend ceste nouuelle il cuyde tout certainement que encontre nabon le noir le couuiendra esprouuer. Toutesuoyes pour mieulx scauoir la verite de ceste chose il demande au varlet/qui est celluy cheualier se dieu te sault dont tu parle. Sire fait le varlet/ie le vous diray et ia ne vous en mentiray de riens. Et maintenant luy commence a compter tout mot a mot comment le fait auoit este pourparle et qui estoit celluy qui a lendemain se deuoit esprouuer contre luy. Quant le bon cheualier sans paour entend ceste parolle il est moult grandement yre/ et pource ne se peut il tenir quil ne dye. Haa/sire dieu ou suis ie venu/ou est lhonneur de moy comme ie suis moult durement abaisse quant ie suis tourne a ce que encontre vng serf me couuiendra esprouuer de force. Certes encores pourra venir lieu et temps que ceste vergongne sera vengee en ce pays ou ailleurs. Ces parolles dit le bon cheualier sans paour a ceste foys et plus nen dit. Il mangea celluy soir vng petit/et ce quil mangeoit prenoit il encontre son cueur et de mauluaise voulente. Puis apres sen alla couchier/et encores auoit le haulbert au dos tout ainsi comme il lauoit leans apporte quant la faulse damoyselle luy amena.

Lendemain assez matin se leua le bon cheualier sans paour et vint a la fenestre et commença a regarder par le iardin et la verdure et le regard adonc luy donne moult grant reconfort en son courroux. Apres ce ne demoura gueres quil veist la damoyselle venir deuant luy celle qui chascun iour estoit acoustumee de le venir veoir. Quant la damoyselle est a luy venue elle luy dist sans le saluer. Sire comment vous est. Damoyselle fait le bon cheualier/veoir le pouez. Haa beau sire fait la damoyselle/Comment est ce que vous ne respondez plus courtoysement. Damoyselle fait le bon cheualier sans paour Comment pourroye ie respondre courtoysement ne a vous ne a nulle autre damoyselle du monde apres ce que la damoyselle ma trahy si vilainement comme vous scauez. Sire cheualier fait la damoyselle/pourtant se vne damoyselle vous meffeist ne vous meffirent pas toutes les autres damoyselles. Je endroit moy ne vous messeiz oncques de riens. Certes damoiselle dist le bon cheualier sans paour/ce croy ie bien. Pourquoy donc me hayez vous dist la damoyselle quant iamais ne vous messeiz de riens. Damoyselle dist le bon cheualier/telle est orendroit ma voulente. Or saichez tout certainement que pour lamour de celle damoiselle qui pourchassa encontre moy si forte trahyson ne me semble mye q iamais mon cueur se peust accorder a aymer damoyselle. En nom dieu fait la damoyselle/vous dictes verite. Mais a mon auis nest mye raison ce que vous dictes. Damoyselle fait le bon cheualier/or est il ainsi. Sire fait la damoyselle/ie vous apporte vnes nouuelles que vous encores ne scauez par auanture/et pource ie les vo vueil dire Or saichez de vray quil vous conuient a ce matin esprouuer encontre tout le plus fort homme qui orendroit soit en cestuy monde. Damoyselle fait le bon cheualier sans paour/ces nouuelles me furent comptees des hier au soir. Puis q mettre me conuient en si vil espreuue et en si layde ie vouldroyes que il feust ia venu auant pour moy oster de ceste ennuyeuse vilenye. Durant le temps que la damoiselle parloit en telle guise au bon cheualier sans paour il escoutoit q entendit que le palais commencoit a emplir tout de gent/et aussi il sentit adonc que len commencoit a defferrer et ouurir lhuys de la chambre ou il estoit enferme q enclos Et quen diroyes ie/tout incontinent que lhuys fut defferme et ouuert le geant se lance dedans qui encontre le Bon cheualier sans paour se Deuoit esprouuer/ ne Son le noir entre au iardin tout au plus priueement quil peut/car il Voult estre a la fenestre pour Veoir lespreuue de lung et De lautre. La damoyselle sen estoit ia partie auant quil entrast dedans le iardin/et pource ne la Veist mye a ceste foys Et quen diroyes ie/puis quil est a la fenestre il peut Veoir tout clerement ce que ilz feront dedans.

Quant le geant se fut mys dedans lhuys de la chambre fut tantost ferme apres luy. Il porta vne grant massue si pesante que vng autre homme fut tout chargie de la porter vng pou de Voye. Quant il Voit le Bon Cheualier sans paour qui estoit assiz en son lict il dist. Or tost sire cheualier deffendez Vous de moy se Vo° le pouez faire Se Vous ne Vous pouez deffendre encontre moy or saichez bien De vray que Vous estes pres de la mort. Le bon cheualier sans paour ne se remue de son seant pour parolle que cestuy luy Dye aincois se soubzryt du despit quil a de cestuy/et puis luy respond en soubzryant ainsi come par gabboys. Vilain fait le Bon cheualier sans paour/tu nes pas saige qui entre en cestuy estrif/et cestuy qui ca tenuoya en ceste espreuue desire de tout son cueur ta mort. Dys moy que tu feiz a cestuy qui ca tenuoye pour mourir. Se tu las serui longuement il ten rend guerdon moult trop cruel/car il tenuoye a ta mort. Damp cheualier fait le geant/or saichez tout certainement que il ne men uoye pas a ma mort/mais a la Vostre et Vous deffendez encontre moy se Vous ne Voulez mourir. Et lors se met auant pour ferir le Bon cheualier sans paour se il peut et haulse son baston. Quant le bon cheualier sans paour Voit la grant Voulente du geant et quil congnoit tout de Vray quil seroit mort se le geant le frappoit De si grant massue comme il portoit ne Voult il mye le coup attendre ains se lance hors de son lict et sault de trauers et puis se iette sur le geant moult legierement come cil qui a la Verite dire estoit bien vng des plus legiers cheualiers de tout le monde. Et tout ainsi comme il tenoit encores lespee dedans le fourreau il la haulse et fiert tel coup de lespee le geant par dessus le bras si durement quil na adoncques pouoir ne force de tenir la massue ains luy chiet incontinent Il a este de ceste encontre si durement feru quil a le bras tout estonne. Le Bon cheualier sans paour prent la massue legierement et met lespee dessus le lict et puis dist au geant. Vilain fait il se dieu me sault Vous estes mort/et de telles armes proprement mourrez come Vilains doyuent mourir cest de massue et non mye despee. Car ie ne Vouldroye faire si grant Vilte a lespee que ie porte que ie en occisse Vilain/et pource la laisseray ie. Quant il a dicte ceste parolle il ne fait autre demourance aincoys haulse soubdainement la massue que il tient et fiert le geant a deux mains de si grant force parmy la teste quil le rue mort a la terre. Quant le bon cheualier sans paour a le geant occiz en telle guyse comme ie Vous compte il commence a cryer a ceulx qui estoient a lhuys dehors. Or pouez Vostre Vilain prendre/Car il est mort ce mest auis.

Quant ceulx qui la dehors estoient entendent ceste nouuelle ilz ne scauent que ilz doyuent dire. Se ilz euurent lhuys ilz ont paour quil ne se mette entre eulx et quil ne leur face domaige/toutesuoyes ilz prennent cueur et euurent lhuys/et vng garcon entre dedans et prent le corps du geant et le tyre hors de la chambre/et incontinent recloent lhuys ceulx qui lauoient a faire. Et se aucun me demandoit comment il aduint que le bon cheualier sans paour nyssit hors quant il vit a celle fois lhuis ouuert ie dyroie q̄ du grant coup quil donna au geant en telle guise cōme ie vo9 ay compte dōt il lauoit occis il fust si eschauffe en la teste et par tout le corps quil sassist maintenant sur son lict tout estourdy τ estonne tant du courroux quil auoit au cueur que du ieusner quil auoit fait/si quil luy estoit aduis adonc que toute la chambre tournast entour lui. Et quen diroie ie il sestoit a celluy point gecte sur son lict ainsi comme sil fust mort/et se aucun fust venu sur lui pour loccire il leust peu legierement mettre a mort. Pour ce nyssit il hors quant lhuys de la chambre fut ouuert/ains demoura sur son lict. Quāt nabon le noir qui tout auoit veu appertement vit q̄ le geant estoit mort en telle maniere et gecte hors de la chambre il se partit de la fenestrelle. Et quant il fut venu en sa chambre il appella son frere et luy dist. Jay veu la greigneur haultesse de cueur dhomme dont ie ouysse oncques mais parler. Or saichez bien que le cheualier que nous tenons en prison est bien sans faille le pl9 preudhōme que ie veiz oncq̄s Et lors compte a son frere comment il auoit le geāt occis sans ce q̄l daignast tyrer son espee et toutes les parolles quil auoit dictes. Et quāt il a fine son compte il dist a son frere. Que vous semble de ceste chose? Il me semble dist son frere et le croy vrayemēt que cest le meilleur cheualier du mōde et le plus vaillant de son corps. Certes fait nabon le noir vo9 en dictes la verite. En nom dieu fait le frere encores vous dy ie que sil peut en aucune maniere yssir de la prison ou il est τ il vous treuue entre gēt et sans gent vo9 estes mort. Car de toutes les choses du monde il ne desire autre chose tant comme il desire vostre mort. Or laissez tout ce fait sur moy fait nabō/se ie ne me chevy si bien de lui q̄l ne me po2ra faire mal ne a autre aussi dictes que ie ne scay riēs

Mieulx le vueil mettre a mort quoy quil men doye aduenir quil me y mist. Quāt il eschappera de mes mains il ne frappera iamais coup despee sur moy ne sur autre. Ainsi parloit nabon le noir auec son frere du bon cheualier sans paour. Il redoubte orendroit plus icestuy quil ne fist oncques/car bien a veu tout appertemēt quil est trop fort en toutes manieres. Il est tant espouente quil ne scait que dire. Dautre coste le bon cheualier sans paour est moult dolēt τ courrouce de ce q̄ aduanture la amene en ceste contree ou il a ainsi este trahy/pre est de ce quil est en lieu ou il ne peut faire dōmaige a nabon. Puis quil eut occis le geāt il ne māgea de tout celluy iour ne le lendemain aussi/et tout cestuy mal luy faisoit souffrir nabon le noir pour le faire mourir de faim. Tant ieusne dedans la chambre le bon cheualier sās paour quil nen peut plus/tous les membres luy vont faillāt et le chault luy monte en la teste en telle maniere quil pert le sens et la memoire et deuient tout forsenne. Il ne scait orendroit quil fait/il ne cōgnoist soy mesmes Il oste son haulbert de son dos τ va criāt a haulte voix par leans tout ainsi cōe sil fust en vne assemblee de cheualiers. Il fait telle noise cōme sil eust en sa compaignie vingt hommes. Maintenant va trainnant son haulbert et tantost son espee. La ou il se demenoit ainsi forsenne en la chambre comme ie vous compte a tant vint a la fenestre la damoyselle qui souuent le venoit veoir. Et quāt elle regarde leans et elle voit les merueilles quil faisoit elle congnoist tout maintenant quil a du tout le sens perdu et na raison en soy/dont elle est triste et courroucee en soy mesmes et cōmence a plourer moult durement. Quant elle a grāt piece pense et regarde les follies quil faisoit elle dit tout en plourant. Sire cheualier quest ce que vous faictes

Comment le bon cheualier sans paour luy estant en prison pour la grāt faim quil souffroit deuint fol et hors du sens, et des folies quil faisoit.

Quant il entent la damoiselle parler il dresse la teste. Et quāt il voit que ce estoit vne damoyselle il court celle part lespee toute nue en la main et dist. Certes honnie estes vile et desloyalle, pour vostre desloyaulte ꝗ par vostre trahison mauez vous cy fait emprisonner ou ie meurs de faim. Et lors sen vient a la fenestre et cuyde ferir de lespee la damoiselle, mais elle se tyra arriere et ne voulut le coup attendre. Et quāt il voit quil ne la peut attaindre de plain coup il gecte son espee apres elle emmy le iardin. Et quant il saduise quil a son espee perdue ꝗ que recouurer ne la peut il dit. Helas or suis ie du tout honny puis que iay perdu mon espee, ie peulx bien dire maintenant que plus ne suis cheualier, lhōneur de moy est tourne a deshonneur ꝗ a vergongne. Et quant il a dicte ceste parolle il se depart de la petite fenestre et sassiet sur son lict et commence adonc a faire vng si grant dueil ꝗ si estrange que nul ne le veist qui nen deust pitie auoir pour tāt quil eust pitie de cheualier. Et quant il a grāt piece son dueil mene il recommence ses follies et va gectant son haulbert ca ꝗ la. Tant est durement forsenne et enrage quil ne scait orendroit ꝗl fait de riens.

Quant la damoiselle ꝗ long tēps auoit este a la fenestre regardāt les folies quil faisoit congnoist appertement quil a le sens perdu elle ploure des yeulx moult tendrement, moult est yree et dolente ꝗ moult luy poise du mal que le bon cheualier endure dedans la prison moult voulentiers le deliurast se elle peust, mais ce faire luy est impossible. Et touteffois pour vng petit soulager sa grāt faim luy a elle apporte deux pais et vne piece de chair q̄ elle luy met sur la fenestre. Cestuy qui leans mouroit de faim tout maintenant que il voit la viande de il court la a grans saulx ainsi comme fait le lyon a sa proye, et prent le pain et la chair et la mangeue. Et quant la damoyselle voit quil apres que tout mange elle luy apporte de leaue en vng vaissel dargent quelle mist dessus la fenestre. Et le bon cheualier prīt le vaissel ꝗ beut et puis regecta le vaissel dedans le iardin tant comme il peut. Et apres reuiēt au meilleu de la chambre et recommence a faire si grant noise et si grant cryee comme silz feussent beaucoup de gens dedans la chambre. Dix hōmes neussent pas fait si grant bruyt comme il faisoit. Ceulx qui au palais estoient quant ilz oyoient la noise que cestuy faisoit ilz en parloient et disoient entre eulx. Le cheualier est hors du sens, il a du tout perdu sa memoire point nen fault doubter. Et les autres disoient que cestoit verite. De ceste chose furent tantost les nouuelles apportees a nabon le noir qui demouroit dessus en sa chambre en la maistresse forteresse. Sire fait lung des cheualiers qui auoient ouy la grant noise que faisoit le bon cheualier ou il estoit. Or saichez tout certainemēt que le bon cheualier qui est emprisonne la aual est hors du sens, il a perdu la raison ꝗ la memoire, il ne scait orendroit quil fait ne ꝗl dit. Je le croy trop bien fait nabon. Il a tāt ieusne en la prison ou il est que ie me merueille se dieu me sault quil nest mort ia a grant piece. Durant quilz disoient ces parolles et quilz tenoient parlement du bon Cheualier vint deuant nabon la damoyselle qui luy dist. Sire la aual en ce iardin a vne espee toute nue, ie croy de vray que le cheualier emprisonne la gectee illecques. Faictes veoir sil vous plaist se elle est sienne ou se elle est des espees de ceans. Damoiselle fait nabon le noir allez la querir et la me apportez/ie congnoistray tout maintenant elle se est de noz espees ou se cest celle du cheualier. Tout maintenant que la damoiselle a receu cestuy commandement elle ny fait autre demourance ains sen vient la ou estoit lespee et la prent et la porte a nabon et luy dist. Voicy lespee que ie vous dy.

Quant nabon eut receu lespee il la commenca a regarder/et quant il leut grant piece regardee il dist a ceulx qui entour luy estoient. Se maist dieu voicy vne espee la plus belle et la plus riche que ie veisse oncques en tout mon aage. Et telle espee come est ceste conuenoit bien a si bon cheualier come est cestuy q la souloit porter. Et certes se ie estoie certain q trop grat domaige ne men peust aduenir ie le feisse desprisonner. Ne ie ne leusse ia nul iour en prison tenu se neust este pour la grant doubte que iauoye de sa haulte cheualerie/sa hardiesse le me fist faire pour ce q ie scauoye certainement quil meust peu trop nuyre sil eust este en son deliure pouoir. Et quat ainsi est aduenu quil a du tout perdu le sens desormais seroit grant honte a moy de le tenir en prison. Huy tant seulement le y tenez et demain len gectez dehors/il ne me chault desormais qil part il aille. Quat il a sa raison finee vng cheualier qui son parent estoit respondit et dist. Sire sire il mest aduis quil nest mie bon de le gecter si tost hors de prison comme vous dictes/car par aduanture il a trouue ceste cautelle pour soy deliurer de prison. Ne plaise a dieu quil le fist ce dist nabon le noir/nul cheualier de si grant cueur come est cestuy ne sentremettroit de tel fait comme vous dictes en nulle maniere du monde/et qui que le fist iamais cestuy ne le feroit. Car il est sans faille garny de si haulte bonte quil ne se roit chetiuete pour mort ne por vie. Et saichez que sil ne meust este si fier ennemy ia neust este emprisone. Et se maist dieu bie vouldroie que oncques il ne fust venu en cestuy mien pays/pour la fortune qui luy est aduenue/car cest dommaige trop grant a tous les preudhommes du monde fors que a moy a qui il veult mal de mort.

¶ Comment le bon cheualier sas paour fut mys hors de prison tout hors du sens Et coment plusieurs enfas et garcons se mocquoient de luy pour qnoy il en occit vng Et comment il recongneut la damoiselle q lauoit trahy Et comment il la fist trainner par vng Cheualier a la queue de son cheual.

Ainsi tindrent cellui soir grat parlement du bon cheualier sans paour/car on scauoit ia communemet par le chastel que cestoit le bon cheualier sans paour qui leans estoit emprisonne Au lendemain assez matin se partit Nabon du chastel et sen alla chasser en la forest et commanda que le bon cheualier sans paour fust desprisonne et que len le laissast aller a sa voulente quelle part quil vouldroit aller. Apres ce que nabon se fust party du chasteau ceulx a qui il auoit commande douurir la chambre lou urirent. Et quant le bon cheualier qui dormir ne pouoit pour la rage de la teste qui le tenoit voit que lhuys de la chambre est ouuert il ny fait autre demourance ains sen va celle part courant et sault hors. Et quat il est hors de la chabre il dit. Or suis ie deliure maulgre mes ennemys. Et maintenant comence a courre par le palais qui grant est. Et quant il a tant couru et ca et la quil est tout lasse et quil nen peult plus il sen va coucher a lentree du palais et sendort Quant les vngs et les autres le voient en telle maniere ilz congnoissent tout er ramment quil est hors du sens si comment cent a crier. Voiez voiez le fol. Ainsi crient les grans et les petis apres le bon cheualier sans paour. Et les enfans et les garcons vont apres et luy font tant dennuy quil se courrouce. Dont il aduint quil en print vng par les cheueulx et cel luy estoit vng grant villain denuiron vingt ans daage. Le bon cheualier qui adonc ne scauoit que dire ne que faire print le vilain et le haulsa de terre et le flatist si durement contre vng pillier que il luy fist les deux yeulx voller hors de la teste. Cestuy cheut mort incontinent sans dire mot du monde / il ne remue ne pie ne main si non bien petit. Quant les autres voient ceste chose il nya nul qui de luy ose approcher / ains sen fuyent tant comme ilz peuent. Ce quilz ont veu a cestuy point les a espouentez mortelle ment. Ainsi alla tout celluy iour par le chastel le bon cheualier sans paour. Or court comme beste sauuaige / orendroit se va arrestant / orendroit se va seant em my la rue et maintenant ressault en es tant. Autreffois se couche sur lherbe ain si comme la rage le maine et la forsenne rie de la teste se va il demenant tousiours Tous ceulx qui voient les follies quil fait le regardent trop voulentiers / grant soulas en ont et grant ioye. Ainsi passe tout cestuy iour. Il treuue de chascune part qui luy donne a manger sil veult. Quant la nuyt fut venue il se coucha deuāt la maison dung cheualier et illec dormit sans soy remuer.

LEndemain assez matin il re commence ses follies et enco res plusgrandes quil nauoit fait le iour de deuāt. Et quant il fut tāt trauaille quil nen peut plus il sassist en cestuy lieu proprement ou il auoit la nuyt dormy. En ce lieu ou ie vous dy ad uint que la ou le bon cheualier se repo soit entour heure de midy il vit venir vers luy la damoyselle qui lauoit trahy si vilainement côe ie vous ay dit cy de uant. Elle venoit parmy la rue tout seu rement en la compaignie de vng seul che ualier de la contree qui estoit de la mai son nabon le noir. Et pour ce quelle sca uoit certainement que le bon cheualier estoit forsene et auoit tout perdu le sens ne cuidoit elle mie quil la peust recognois tre ne quil luy souuenist de rien du grāt mal quelle luy auoit fait / et elle venoit moult cointement sur vng palefroy.
Tout maintenant que le bon cheualier la voit venir il la recongnoist aussi bien quelle fait luy / et sault adonc en estant et sans autre demourance faire va vers elle et la prent par la main et la tire si fie rement a soy que au cheoir quelle fist sur la terre elle se rompit le col et fut toute es ceruelee. Le cheualier qui conduysoit la damoyselle ne portoit de toutes ses ar mes fors que son espee seulement. Quāt il voit lhomme forsenne qui la damoisel le auoit si cruellement abatue du cheual Pour ce que il ne cuyde mie quelle soit morte luy veult il oster des mains sil peult si picque le cheual des esperons et hurte le bon cheualier sans paour du pis du cheual si roidement quil le fait flastir a la terre. Et encores tenoit il la damoi selle si fermemēt que pour tout le cheoir quil fist ne luy eschappa oncques des mains. Quant le bon cheualier se voit a la terre il se relieue moult vistement comme celluy qui estoit de grant force et de grande legierete et laisse la damoisel le qui ia estoit morte / mais ce ne cuydoit il mie / si se tourne vers le cheualier et luy dist. Sire mauuais cheualier / couart failly et recreant ou apprinstes vous ces te grant mauuaistie que vous venez de faire cest de courre a cheual sur vng che ualier qui est a pied. Vous mauez fait

fueillet

ung pou de vergongne / mais se vous nen avez le guerdon orendroit ie ne me tiens pour chevalier.

Quant il a dicte ceste parolle il ny fait autre demourance / ains fait ung sault de travers et se lance sur le chevalier et le prent au bras dextre et le tyre a soy si roidement quil labat a terre. Et le chevalier gist illec si estourdy de ceste cheutte quil ne scait qͥl doit faire. Le bon chevalier a bien tant de ses quil gecte la main a lespee que laultre portoit z la tyre hors du fourrel. Et quant il la tint nue il dist au chevalier q releuer se vouloit. Ne te remue / car se tu te remues tu es mort. Cil qui bien appercevoit que le bon Chevalier estoit plus fort que luy et quil estoit saisy de son espee sil a paour et doubte grant ce nest pas de merueilles / pour ce crie il au bon chevalier. Sire pour dieu mercy ne me occiez mye. Se maist dieu fait le bon chevalier ou ie te occiray orendroit ou tu me creanceras loyaulmet que tu feras mon commandemet de ceste damoiselle. Lors dresse lespee en contremont et luy donne tel coup du pommeau de lespee parmy la teste et parmy le pis si roidement que il le fait autreffois voller a la terre les iambes contremont. Quant le chevalier se sent si mal mener z pour ce quil voit appertemet quil est mort sil ne fait oultrement la voulente du bon chevalier sans paour si escrie a haulte voix et dit. Haa mercy sire chevalier ne mocciez mye laissez moy a tant. Je suis appareille de faire oultreement vostre voulente de ce que vous vouldrez / commandez moy ie feray vostre vouloir du tout. Doncques veulx ie que tu me creances fait le bon chevalier que tu prendras tout orendroit ceste damoiselle et la lyeras par les tresses a la queue de ton cheval et la trainneras en telle maniere tant comme le corps durera z diras a tous ceulx qui te demanderont delle que cest la damoiselle qui a

CCC.xi

trahy le bon chevalier sans paour qui oncques a iour de sa vie ne fist aux dames si non courtoisie. Or tost monte sur ton cheval et garde q̃ tu ne fines de trainner la damoiselle iusques a tant quelle soit toute desmembree. Haa pour dieu fait le chevalier faictes moy autre commandement que cestuy / car certes ie me tiendroie a honny et a deshonnore se ie faisoie de ceste damoyselle ne d autre ce que vous me commandez. Se maist dieu fait le bon chevalier sans paour ou tu le feras orendroit ou ie te cousperay la teste. Haa sire mercy fait le chevalier ne me occiez pas auant feray vostre commandement que vous mocciez. Or te lyeve donc fait le bon chevalier sans paoͬ z cil se lieve z prent maintenant la damoyselle par les cheveulx et la lye a la queue de son cheval tout ainsi comme le bon chevalier luy commande.

Quant il a ce fait le bon chevalier sans paour luy rent son espee z puis luy dist. Monte / et cil monte tantost. Et commence a aller parmy les rues du chastel tousiours trainnant la damoyselle apres luy. Apres yst hors du chastel et sen va tout le grant chemin de la forest. Et tant va quil rencontre la gent. Et a tous ceulx qui luy demandent pour quoy il trainne ainsi la damoyselle il leur dit ces parolles mesmes que le bon chevalier sans paour luy auoit commande a dire. Tant alla parmy la forest en telle maniere le chevalier quil encontra nabon le noir qui sen alloit a ung sien chastel pres dillec. Quant nabon voit le chevalier quil recongnoist assez bien qui trainnoit ainsi la damoyselle apres luy / il luy vient a lencontre tout esbahy de ceste avanture et luy dist. Sire chevalier quest ce que vous faictes. Sire fait il se dieu me saust veoir le pouez. Or saichez que ce que ie fais ne fais ie mye de ma voulente ains le fais par force. Et maintenant luy commen ce a compter tout mot a mot comment il estoit aduenu de la damoiselle qui le bon cheualier sans paour auoit trahy. Quant nabon le noir entent ceste chose il respont en soubzriant. Certes il a bien fait de lauoir occise/car bien desseruy lauoit/car pour moy ne po⁹ autre ne deust auoir trahy si preudhomme cõme estoit cestuy cy que elle estoit de son pays mesmes/trop a bien la damoyselle desseruy mort quant faicte a telle trahison. Ces parolles proprement en dist nabon le noir ⁊ apres redist. Que fait le bon cheualier est il aussi forsenne et enraige comme il souloit estre. Sire ce dist le cheualier ouy assez plus/car il Va orendroit gectãt les pierres si menuemẽt que homme ne femme ne peut durer enuiron luy. Sil fust hors de nostre hostel/nostre hostel en Vaulsist mieulx/car se il y demeure longuement il ne peut estre en nulle guyse quil ne nous face grant dõmaige de nostre gent par ce quilz Vont tous apres lui et il sen courrouce trop fort. Puis quil est tant forsenne ⁊ hors du sens comme Vous dictes fait nabon chascun se garde de luy/et q̃ ne sen Veult garder et achapte sa folie ie nen puis mais.

Ainsi parloit nabon le noir du bon cheualier sãs paour. Il fait expressemẽt deffendre par tout le chastel q̃ nul hõme ne soit si hardy de luy faire mal sur aussi chier cõme il ayme sa Vie. Touteffois pour ce quil a paour ⁊ doubte que le bon cheualier sans paour ne luy face par aucune auanture ennuy et contraire sil le rencontroit se garde il trop biẽ de luy. Et pour la paour quil a de luy ne Va il ne Vient au chastel ou se tient le bon cheualier/et si y souloit pl⁹ Voulentiers demourer quil ne faisoit en nul autre chasteau de sa seigneurie/tantost sen Va en Vng chasteau et tantost en Vng autre/ores est en boys/et ores est en riuieres/et ainsi sen Va deduisant et passant le temps sans approuchier du lieu ou se tient le bon cheualier sans paour Et fait toutesuoyes si bien garder les chemins du Val que homme ne femme ne peut yssir sans son commandement. Car il luy est bien aduis que se aucun en yssoit par aucune auãture quil ne pourroit estre quil ne dist au roy artus comment il tenoit le bon cheualier prisonnier ou a autre qui Voulsist conseil mettre en sa deliurance. Et pour ce faisoit nabon garder les Voyes si soingneusement. Et ainsi demoure le bon Cheualier sans paour ayãt le sens perdu si que il ne scait ou il est/et quant aucun luy demandoit. Vassal qui estes Vous/il ne respondoit riens aincois se taisoit/car il ne scauoit sil estoit Varlet ou cheualier. Et fut prisonnier en cestuy Val iusques a tant que lancelot du lac et tristan de leonnois le filz du roy meliadus len deliurerent/et non pas a ceste fois q̃ tristan occit nabon le noir ⁊ deliura les prisonniers/ mais depuis. Car pour ce que le bon cheualier sans paour estoit reuenu en son bon sens lauoit fait nabon le noir pour la paour quil auoit de luy remettre en Vne prison si que nul nen scauoit riens que luy et le chastellain q̃ le tenoit en prison. Et par ce ne fut il pas deliure la premiere fois que tristan y alla/mais la seconde fois q̃ il y alla et lãcelot du lac auec luy qui luy fit assauoir que ledit bõ cheualier estoit emprisonne cõme ie Vous ay dit. Et ce trouueres Vous escript au rommant du roy meliadus de leonnois ⁊ la maniere cõment lancelot sceut quil estoit prisonnier. Et a tant laisse le compte a parler de luy et retourne a parler de gyron le courtois.

¶Cõment gyron le courtois trouua Vne damoiselle toute nue en chemise et Vng cheualier tout nud qui estoient lyez a Vng arbre et deuant auoit deux cheualiers armez qui ainsi mourir les Vouloient faire.

R dit le compte que apres ce que gyron le courtois se fust pty de danayn le roux ainsi comme deuant a este dit il sen alla droictement a la maison dune Breufue dame que son escuyer luy auoit trouuee pour seiourner Et estoit adonc si naure de la bataille qͥl auoit faicte encontre danaynet tant auoit perdu de sang quil seiourna en la maison de la dame bien trois sepmaines entieres deuant quil sen partist. Toutesuoyes quant il eut tant demoure leans quil se sentit guery il se partit de la maison de la Beufue dame/ et commanda a dieu tous ceulx de leans. Et quant il fut party de leans et Bit que la saison de lyuer estoit ia moult fort commēcee et les neiges estoiēt ia si grandes et si merueilleuses que moult faisoit adōc ennuyeux cheuaucher tant pour les neiges q̃ pour les riuieres qui trop estoient grandes et profondes/ et dautre part Boyoit il bien que a la damoiselle faisoit mal le cheuaucher et q̃lle ne losoit dire po² la doubtance de luy/ pour ce dist il que se auanture le apportoit en Bng chastel aisie pour seiourner il y Bouldroit bien demourer partie de lyuer/ et plus pour achoison de la damoyselle que pour autre chose.

A Celluy point quil cheuauchoit en telle maniere et il alloit assez esloingnant des destroit de forelois et entroit au royaulme de norgales/ et les neiges estoient ia si grandes et si merueilleuses que a paine pouoit il cheuaucher/ et luy aduint a celluy point q̃ son chemin lapporta en Bne forest q̃ fort estoit grāde et anciēne et estoit le chemin assez large/ mais la neige y estoit si grande et si espesse que a paine la pouoit il rōpre a la force du cheual. Ainsi comme il cheuauchoit tout le chemin de la forest a tel paine et a tel trauail comme ie Bo⁹ compte il entendit la Boix dung homme qui cryoit si haultement que ceulx qui le chemin tenoient le pouoient bien entendre tout clerement. Gyron sarreste tout maintenant que il entent la Boix de lhōme/ et aussi sarrestent la damoyselle et lescuyer/ et gyron dist. Qui peult estre celluy qui crie si haultemēt/ quelle achoison peut il auoir de crier. Et ainsi comme il parloit il entēdit de rechief la Boix qui cria comme deuant/ pourquoy giron dist a la damoyselle. Damoyselle arrestez Bous icy tant que ie soye retourne. Car se dieu me sault ie Bueil Beoir se ie puis q̃ est celluy qui ainsi crie. Lors prēt son glaiue et son escu que son escuyer portoit et dist a son escuyer. Tiens compaignie a ceste damoiselle tant que ie soye retourne. Sire fait lescuyer a Bostre cōmandement. Apres ce que gyron eut parle en ceste maniere il ne fait autre demourance/ ains se met a la Boye au trauers de la forest celle part ou il auoit ouy le cry. Il na mye grammēt chemine quil treuue deuant luy Bng lac assez grant q̃ estoit gele tout en Bne glace si fort quon pouoit biē cheuaucher dessus. De coste le lac auoit Bng arbre moult grant et defsoubz cest arbre auoit deux cheualiers armez de toutes armes/ et a Bne des brāches de larbre qui estoit ainsi comme enclinee Bers terre auoit Bne dame en chemise et toute nudz piedz. La dame estoit lyee a la branche de larbre moult estroitement/ et estoit moult belle de corps/ ne pour tout le froit quelle auoit ne demouroit il quelle neust le Bisaige aussi couloure de droicte couleur naturelle cōme est la rose au temps quelle est la plus Bermeille et la plus fresche.

La damoyselle plouroit moult tendrement et non pourtāt ne disoit elle mot du monde/ car trop auoit grant paour et grant doubte des cheualiers armez. De lautre part de larbre a Bne autre branche droictemēt auoit Bng cheualier tout en brayes et nauoit nulle chose du monde Bestu/

mais estoit tout nud et auoit les mains lyees derriere le dos moult vilainement et auec tout ce estoit il ataiche a larbre. Le cheualier q̃ illec estoit en tel meschief cõme ie vo⁹ cõpte estoit assez grant cheualier et bel de corps et de visaige et auoit moult beau chief. Quen diroie ie trop bien ressembloit a preudhomme. Tout maintenant quil voit approucher giron de lui ainsi arme comme il est il cõgnoist tout certainement que il est cheualier errant/car autrement ne cheuauchast il pas ainsi arme cõe il estoit en ceste saison dyuer ⁊ pource lui dist il. Haa mercy sire cheualier pour dieu et pour gentillesse de cheualerie deliurez moy se il vous plaist de ceste douleur ou ie suis/ et vous le deuez faire par raison/ car ie suis cheualier errant comme vous estes Quant giron voit ceste aduanture de la damoiselle qui tãt estoit belle qui estoit lyee a larbre a si grant mesaise il se met auant ⁊ ne respont pas au cheualier quil a bien entendu/ ains sen va tout premierement vers la dame et luy dit. Dame qui estes vous pour quoy estes vous mise a si grant douleur cõme ie vous voy mais se dieu vous doint bonne aduanture ne me dictes autre chose que la verite et ie vous prometz loyaulment q̃ se vo⁹ estes cy mise a tort ie vous deliureray se ie puis/ et se vo⁹ y estes mise par vostre follie or saichez que ie y mettray tout le conseil que ie pourray pour vo⁹ deliurer Quant il a sa raison finee la damoyselle respont en plourant moult tendrement et dit. Sire mercy/ or saichez que ie suis cy mise a tort ⁊ a peche/ car dieu le scait q̃ ie ne fuz oncques coulpable de ce que len me met sus. Haa sire cheualier fait celluy qui estoit lye a larbre pour dieu ayez mercy de nous ne nous laissez ainsi mourir. Or saichez tout vrayement que iamais ne fut fait a nul cheualier si grant tort comme il est maintenãt fait a moy Ne nulle dame ne fut oncques mise a

mort a si grãt peche cõme est ceste dame que vous voyez icy. Le plus felon cheualier qui orendroit soit en ce mõde que vo⁹ voyez la deuant vo⁹ la mise en ce martire pour la grant felonnie de son cueur pour dieu et pour courtoisie se vous ne me voulez deliurer de ceste douleur ou ie suis au moins deliurez ceste dame qui endure a tort le martyre q̃ elle seuffre. Et saichez que en vostre aage vous ne feistes si grant franchise cõme vous ferez se vo⁹ la deliurez/ car ie vo⁹ dy loyaulment que elle y est mise a tort.

Quant le cheualier qui estoit lie a larbre eut parle en ceste maniere que ie vo⁹ ay dit il ne dist plus mot a ceste fois. Et gyron qui bien cuyde de vray q̃ le cheualier ne luy ait dit si non verite si en a pitie/ ⁊ po⁹ce se tourne il vers les cheualiers armez ⁊ leur dist. Pour quelle achoison faictes vous telle cruaulte a ce cheualier et a ceste dame cõme ie voy/ et vng des cheualiers respõdit tout maintenant lequel portoit vnes armes toutes noires sans autre tainct ⁊ dist. Sire cheualier de quel cruaulte parlez vous. Certes ce dist gyron ie dy que cest trop grant cruaulte ⁊ trop grant felonnie dauoir mis si belle dame comme ceste ou elle est mise/ et de ce cheualier lyer si vilainemẽt cõme lye est. Le cheualier respont tãtost et dit a gyron. Sire cheualier or me respondez sil vous plaist. Cestuy qui dessert mort ne la doit il auoir. Ouy certes fait gyron. En nom dieu fait le cheualier Donc doiuent mourir par raison ce cheualier et ceste dame/ car ilz ont bien mort desseruie. Haa sire fait le cheualier lye ne le croyez de chose quil die/ car saichez q̃ no⁹ ne desseruismes oncques q̃ nous deussions estre mys en ceste douleur ou no⁹ sommes/ mais il vous a commence son compte en telle maniere affin quil se puisse mieulx deliurer de vous et q̃ vo⁹ nentẽdiez point a nostre deliurãce Tãt dit le cheualier lye a giron de choses quil cuyde bien de verite quil soit lye a tort. Et pour ce dist il au chevalier arme. Sire chevalier encores vouldroie je scavoir sil vous plaisoit pour quoy vous faictes si grant cruaulte comme je voy de ce chevalier et de ceste dame. Le chevalier respondit tantost et dist. Sire je ne fais nulle cruaulte de les avoir ainsi mys car tout ce quilz seuffrent orendroit ont ilz bien desservy et plus beaucoup. Et encores vous dy je une autre chose sire chevalier/or saichez tout vrayement que je vouldroye avoir donne le vaillant du meilleur chastel qui orendroit soit en ceste contree et quilz ne leussent point desservy ainsi comme ilz sont. Haa sire mercy fait de rechief le chevalier lye a gyron pour dieu ne le croyez. Or saichez tout vrayement que toutes les paroles quil vous dist ya il controuvant affin que vous ne vous entremetiez de nostre delivrance. Sire pour dieu nentendez a ses paroles/car tout ce quil vous dist est fable.

Apres ces paroles le chevalier arme dist a gyron. Sire or saichez que ce que je vous diray ne vous diray je pas pour paour que jaye de vous/mais pour la verite mettre avant. Or saichez que ilz ont desservy a avoir ceste mort et plus cruelle assez se plus cruelle la peussent avoir. Car saichez que ilz ont tant tous deux mesfait envers moy que il mest advis que se je les faisoye si tost mourir que je ne seroie mye venge de la grant mauvaistie quilz ont faicte encontre moy. Et pour ce les fais je ainsi languir/et apres quilz auront este assez en ce lieu a ma voulente je leur trencheray les testes. Sire dist gyron en quel mauvaistie les avez vous prins Je le vous diray tout maintenant fait le chevalier puis que scavoir le voulez. Or saichez que ceste dame que vous voyez est ma femme espousee/et dieu le scait que jusques a maintenant lay aymee et honnoree de tout mon pouvoir si quil mest ad

vis que nul chevalier ne pourroit plus aymer ne honnorer dame que jay fait ceste. Le chevalier que vous voyez lye a cest arbre a este mon compaignon darmes une grant piece. Et dieu le scait que tant comme nous avons porte armes ensemble lay je ayme de tout mon cueur si que je ne croy point quil y ait en tout le monde chevalier qui ayme autant son compaignon comme je aymoye cestuy chevalier. Et bien ya raison pour quoy je le devoye aymer/car il mappartient charnellement/et ne diray pas orendroit comment. Hier advint que me partis de mon recet et men allay a ung mien affaire si que la nuyt ay geu dehors en ung autre mien chastel/or est huy advenu que retourne suis en mon hostel bien matin. Quant arrive y ay este je suis descendu a lentree et suis entre dedans si privement que nulz de ceulx qui leans estoient ne sapperceurent de ma venue. Quant je suis venu en ma chambre jay trouve cestuy chevalier qui se dormoit avecques ma femme tout nud dedans mon lict. Ma femme se dormoit et lui aussi. Quant je vy la grant vergongne que ce chevalier me faisoit de ma femme je le voulu occire la ou il se dormoit ainsi. Et puis men abstins et pensay en moy mesmes que je ne seroye pas bien venge de celle vergongne se je le faisoye mourir si tost Je appellay maintenant ma mesgnie tout coyement affin quilz ne se suicillassent et puis leur feiz les mains lyer a tous deux et cy amener et mettre en telle maniere comme vous voyez quilz sont encores. Sire chevalier je vous ay dit lachoison pour quoy ilz sont icy lyez. Et se je encores vous vouloye dire une autre chose que y est que je ne vous vueil mie dire plus pour honte de moy que de luy vous diriez que apres les grans bontez que je luy ay faictes il neust deu penser envers moy tel vilenie pour riens que soit. Et de ce quil en a fait len le devroit faire mourir cent fois se tant de fois pouoit mourir

V i

De Gyron le courtoys

Quant il a dicte ceste parolle il se taist. Et le cheualier qui lye estoit sescrie adonc plus fort qͬ nauoit fait deuant et dit. Haa sire pour dieu et pour la franchise de vous ne le croyez sil vous plaist de parolle quil die car saichez que ie ne suis mie coulpable du fait que il me met sus / mais il le dit en telle maniere pour soy deliurer de vous et de paour que ie ne lachoisones de nostre mort. Lors dist giron au cheualier arme Sire cheualier que dictes vous / vous entendez tout clerement que ce cheualier regnie tout ce que vous luy mettez sus et dit quil ne le fist oncques. Il mest aduis selon le iugement des cheualiers errans que vous ne pouez le faire mettre a mort deuant que vous layez prouue en aucune court de ce que vous luy mettez sus. Quelle autre espreuue fait le cheualier voulez vous que ie traye auant fors celle que ie vous ay dicte. Ie le trouuay dedans mon lict tout nud voulez vous donc plus apperte espreuue. Et quant vous le trouuastes ainsi fait gyron que ne les occistes vous tous deux a cestuy point / adonc les eussiez vous peu mettre a mort et par raison / mais orendroit ce seroit oultrage. Sire ce dist le cheualier se ie a lors ne les occis ie les occiray maintenant. Et tantost met la main a lespee et leur veult courir sus. Mais giron se lanca maintenant entre eulx et dist au cheualier. Souffrez vous beau sire ne me faictes si grant oultraige ne si grant forfait comme doccire deuant moy ce cheualier et ceste dame. La honte en seroit mienne se ilz mouroient deuant moy deuant que la raison fust toute clere. Comment sire fait le cheualier me voulez vous doncques deffendre que ie ne face ma voulente de mon traistre et de ma traistresse. Se ilz congneussent ceste chose fait gyron ie le souffrisse bien / mais ie voy quilz le nyent si fermement que ie ne scay se dieu me sault a qui ie ny doye mieulx croire ou a vous ou a eulx. Pour ce ne veulx ie que vous les occiez en ceste guise. Le cheualier se lance auant quant il entend ceste parolle et dist a gyron. Se dieu me sault sire cheualier vous nestes mye saige qui vous entremettez de ce qui ne vous appartient en riens. Or saichez que ie ne les lairray pour vous de mettre a mort. Si seres sans faille fait giron / car ie suis celuy qui les veuil deffendre encontre vous Comment doncques fait le cheualier auez vous voulente de vous combatre encontre moy pour eulx deliurer. Or saichez de vray fait giron que ie nay nulle voulente de combatre a vous se vous les voulez deliurer pour lamour de moy / mais se deliurer ne les voulez or saichez de vray que pour eulx me combatray a vous. Le cheualier pense ung petit quant il entend ceste parolle et puis respont en telle maniere. Par dieu beau sire certainement peult len bien dire que voirement sont les cheualiers errans les plus folz hommes de ce monde / car ilz se vont souuenteffois entremettant des choses qui ne leur appartiennent. Mais beau sire dictes moy de quoy vous appartient ceste chose que vous vous en doyez combatre encontre moy. Or saichez tout vrayement que a ceste fois nauoie ie voulente de combatre encontre vous ne encontre autre. Mais pour ce que ie ne vouldroye mie que vous me tenissiez pour couart me combatray ie. Et auant que nous nous combatons ensemble vous diray ie ceste parolle. Or saichez que sil aduient que vous deliuriez ce cheualier vous pourrez seurement dire que vous aurez deliure le plus desloyal cheualier du monde. Pour ce que ie ne scay de sa desloyaulte fait gyron le veuil ie deliurer. Puis que ie autre courtoisie ne puis trouuer en vous dist le cheualier / or vous gardez desormais de moy. Mieulx veuil ie combatre a vous que de deliurer mon traistre en telle maniere come le voulez deliurer.

¶ Comment gyron le cour¬
tois vaincquit les deux che¬
ualiers qui auoient lye a lar
bre le cheualier et la dame si
vilainement.

Apres cestuy parlement ilz ny
font autre demourance ains
laissent courre lung vers lau
tre les glayues baissez/ mais
ce nefust mye moult tost qlz
sentreuindrent/ car les neiges estoient si
grandes que les cheuaulx ny pouoient
pas adonc bonnement courre/ mais tou
tesuoyes laisserent ilz courre lung sur
lautre au plus ysnellement quilz peuret
Et quant ce vint a lapprocher ilz sen¬
treferirent de toute leur force si roide¬
ment comme ilz pouoient des cheuaulx
traire. Le cheualier ferit gyron sur son
escu de toute sa force et brisa son glayue/
et oncques de la selle ne le peut remuer/
mais gyron le ferit si rudement que il
luy fist vuyder les arcons et trebuscher
sur la neige les iambes encontremont
moult felonneusement. Quant lautre
cheualier vit son seigneur qui abatu es
toit/ car sans faille ce estoit le seigneur de
la contree que gyron abatu auoit si se lan
ca auant et dist a gyron. Damp cheua¬
lier se dieu me sault vous mauez fait hō
te et vergongne qui deuant moy auez
mō seigneur abatu/ or saichez quil ne me
doit tenir pour son homme se ie ne fais
mon pouoir de vengier sur vous sa ver
gongne. Comment sire fait gyron vou¬
lez vous donc que ie me combate a vous
deux. Ja sauez vous bien que ce nest mie
raison ne la coustume des cheualier er¬
rans que vng cheualier seul combate en
contre deux.

Le cheualier ne respont riens
du monde a parolle que gyron
die/ ains laisse courre sur gy¬
ron ainsi comme il peult q̄ le fiert sur son
escu en telle maniere quil fait voler son
glayue en pieces/ mais de la selle ne re¬
mue gyron. Sire cheualier dist giron or
vault pis/ car vous auez vostre glayue
perdu q̄ si ne mauez peu abatre. Lors ap
puye son glayue a vng arbre et met la
main a lespee et dit au cheualier qui la
honte de son seigneur vouloit vengier
Sire cheualier or vous deffēdez de moy
se vous le pouez faire/ car bien saichez
vrayement que ie vous abatray se ie
puis. Lors picque le cheual vers le che¬
ualier lespee toute nue droissee encontre
mont. Le cheualier sappareille dautre
coste pour soy deffendre/ car bien con¬
gnoist que le besoing en est venu. Et gy
ron qui de cestuy et de lautre se vouldroit
ia estre deliure sil pouoit gecte vng grāt
coup et amaine denhault lespee et fiert
cestuy si roidement dessus le heaulme ql
lembronsche tout sur larcon de deuant
de sa selle. Et quen diroys ie il le ferit si
durement que cil qui le coup receut en
fut si estourdy quil ne scauoit sil estoit
iour ou nupt ou sil estoit a cheual ou a
pied. Quant gyron voit le semblant du
Cheualier il congnoist maintenant en
soy mesmes quil est greue/ et pour ce se
lance il adoncques du tout sur luy
et le prent au heaulme et le tyre a soy si
felonneusement si que il le fait trebus¬
cher a terre dessoubz le ventre du che¬
ual. Quant Gyron eut cestuy abatu
en telle maniere comme ie vous comp¬
te il le commenca a regarder et quant il
vit quil ne remuoit ne pie ne main ne ne
faisoit semblant de soy redroisser il se
voulut descendre pour les mener tous
deux iusques a oultrance/ mais ainsi cō
me il gecta dauanture sa veue de coste
il aduisa le Cheualier quil auoit le pre¬
mier abatu qui ia estoit remonte sur son
cheual/ lequel sen vint tout droictement
deuers Gyron lespee en la main toute
nue entalente de luy rendre se il peut
ce q̄ dōne luy a q̄ luy dist. Sire cheualier

De Gyron le courtois

vous mauez abatu & fait vilennie grāde et cōtre raison dieu le scait/mais sachez que ie vengeray ma vergongne se ie puis. Sire cheualier fait gyron auant que nous en facions plus vous loue ie & conseille se dieu me sault que voꝰ laissiez ceste emprinse et vous rendez & deliurez la dame & le cheualier comme ie vous ay dit. Se maist dieu fait le cheualier ie ne les deliureray tant comme ie soye sain de mes membres cōme ie suis ozendroit la dieu mercy. Et ie croy bien sire cheualier que vous trouuerez en moy plusgrāt deffense que vous ne cuydez. Ie voy bien quil vous est aduis que puis que vous mauez abatu ie ne me pourray deffēdre encontre vous/mais certes ie vueil que vous en soyez lespreuue. Si ne dy ie mie ceste parolle pour voꝰ blasmer ne pour dire que ne soyez moult bon cheualier/certes se vous estiez encores meilleur cheualier deux fois que vous nestes si me vueil ie esprouuer encontre vous comment quil men doiue aduenir

Quant il a dicte ceste parolle il ny fait autre demourance aincois se lāce vers gyron lespee en la main toute nue et recommence la meslee grande et merueilleuse/car il estoit fort cheualier & moult scauoit de bataille dont il auint quil encommenca a cestui point lassault si fierement et si roidement que gyron dit bien en soy mesmes que cestuy est cheualier errant. Ainsi se maintint la meslee vne grant piece assez egalement. De grant force & de grant asprete sont les deux cheualiers lesquelz ne se vont mie espargnant. Lung sur lautre frappent tant cōme ilz peuent/bien se scauent mesler de bataille faire & monstrent bien qlz nen sont pas apprentiz. Mais que vault ce. Auant que le premier assault fust du tout fine recongnoist bien le cheualier tout clerement en soy mesmes que en la fin ne pourra il durer contre giron/car

trop est giron de grant prouesse/et luy semble que giron ne se sente aucunemēt trauaille de ce ql a fait. Et cest vne chose qui trop le desconforte duremēt en cestuy point. Ainsi se combatent ensemble les deux cheualiers/& tant maintiennēt cestuy assault que gyron qui trop estoit meilleur cheualier que lautre commence a venir au dessus de la bataille. Et a la verite dire le cheualier auoit ia tant souffert en cestuy estrif quil estoit naure en plusieurs lieux & plain de grās playes et de petites. Et ia auoit perdu du sang plus que mestier ne luy fust. Quāt il vit quil nen pouoit plus il se tyra vng pou arriere et dist a gyron. Sire cheualier desormais vous laisse ie ceste bataille. Dieu scait comme ie nen puis plus/car iay tant perdu de sang & ay tāt de playes grandes et petites que ie vouldroye vou sentiers que encores fust nostre bataille a commencer. Desormais ne vous contrediray que vous ne puissez deliurer a vostre voulente le cheualier & ceste dame Et dieu le scet que encores ne my accordasse ie pour aduanture du mōde. Mais ce que ie congnois ozendroit tout certainement que vous estes si bon cheualier en toutes guises que sur vous ne pourrois ie iamais riens gaigner si le me fait ottroyer et encontre ma voulente/mais auant que vous le deliurez vous vueil ie dire vne parolle. Et ie vous iure sur la foy que ie doys a toute cheualerie que se vous le deliurez vous deliurerez le plus desloyal cheualier qui soit en tout le monde quelque grant quil soit. Car certes se il ne fust plus traistre et plus desloyal que nul autre iamais ne se fust tant meffait enuers moy comme il se est Ne neust oncques pense ne commis si grande desloyaulte comme a veu q il est mon parent charnel/car il est mon frere et si est mon nepueu.

Quant gyron entent ceste parolle il est si fortment esbahy quil ne scait ql doit dire/mais pour tant dist il au cheualier. Saincte marie sire cheualier quest ce que vous dictes? Songez vous qui me faictes entendāt que ce cheualier est vostre frere et vostre nepueu. Sire fait il ie dy ma honte/car courroux le me fait faire/et si vous dy la verite. Et saichez quil est ainsi comme ie le vous ay dit ⁊ est mon frere ⁊ mō nepueu. Pour dieu fait gyrō dictes moy cōment ce peut estre. Sire ce dist le cheualier puis que ceste chose scauoir voulez ie le vous diray maintenant et si vous diray ma vergongne.

¶ Comment le cheualier que gyron le courtois auoit vaincu lequl auoit lye hellin le roux a larbre qui estoit son frere et son nepueu racompte a gyron la grant desloyaulte dudit hellin le roux/et comment il auoit occis son pere ⁊ sa mere.

Or saichez que toute ceste cōtree ou nous sommes ore endroit tint iadis mon pere toute sa vie/⁊ fut bien sans faille le meilleur cheualier de ce pays et bel a merueilles estoit. Mon pere auoit vne mienne seur qui sa fille estoit tant belle si que pour sa beaulte la venoient voulentiers veoir ceulx q parler en oyoient. Pour la grāt beaulte que la damoyselle auoit en elle aduint il par peche que mon pere layma et tant quil nen peut son cueur oster/ains geut auec elle charnellement et engendra en celle damoiselle ce cheualier que vous voyez la lye. Auant que il fust ne songea mon pere ainsi comme luy mesmes ma dit depuis que de sa fille yssoit vng serpēt q le mettoit a mort. Quant il vit q sa fille estoit grosse de lui il dist a soy mesmes que par lenfant de sa fille deuoit il mourir/⁊ que cestoit le serpent sans faille ql auoit veu en son songe. Pour quoy tout maintenant que lenfant fut ne il le print et le mist en vng drap de soye et monta sur son cheual et sen partit a tant de son chastel. Je estoie adonc vng grant varlet denuiron quinze ans. Et de ce q ma seur auoit eu enfāt ne scauoie ie riēs mais quant mon pere yssit de la tour ie entendy tout clerement quil portoit vng enfant auecques luy/car ie ouy lenfant braire et cryer. Et pour ce que ie vy que mon pere alloit tout seul ce quil nouloit faire deuant dy ie a moy mesmes ql estoit mestier que ie veisse se ie pouoie ce que mon pere vouloit faire de la creature quil portoit. Lors descendy ie maintenant de la tour et men allay apres mō pere au plus coyement que ie peuz/car ie scauoye bien que se ie feusse monte a cheual mon pere se sust apperceu de moy. Moult pres de cestuy chastel dont mon pere estoit party auoit vne fontaine en vne forest qui encores est moult pres dicy. Mon pere se mist en la forest et moy apres luy/mais toutesuoyes alloit tousiours lenfant criāt si hault que ie loyoie tout clerēmt. Mon pere cheuaucha tant ql vint a la fontaine q estoit en grant destour loing du chemin deuant vnes broces Mon pere descēdit deuāt la fontaine ⁊ ataicha son cheual a vng arbre/et ie me estoye ia tant haste de le suyure que ie lauoye attaint/⁊ me estoie musse entre les arbres si q il ne me voyoit point. Quāt il fut descendu ⁊ il eut ataiche son cheual a larbre il print lenfāt qui estoit enueloppe en vne piece de drap de soye ⁊ le cōmenca a regarder ⁊ dist. Mieulx vault que ie te occie orendroit que tu me occies quāt tu seras grāt/car p toy ce me dit le cueur mourroie ie se tu vinoyes longuement. Quāt mon pere eut dictes ces parolles q ientēdy bien il cōmenca a penser/⁊ quāt il eut ainsi pense comme ie vous compte

De Gyron le courtoys

Il print lenfant et le mist lez la fontaine et dist. Pour ce que tu es yssu de moy ne mourras tu pas De mes mains. Mais ie te laisseray icy si te mangeront les bestes de ce bois.

Ainsi dist mon pere et le fist en ceste maniere/ car il laissa lenfant delez la fontaine et alla a son cheual et monta dessus et se partit dillec a tant sans me veoir ne sans me apperceuoir. Il ne fut mie gramment esloingne dillec que vng loup saillit dentre les arbres qui vouloit lenfant prendre. Et quant ie vy le loup approucher de lenfant ie fiz vng sault iusques a la fontaine et prins lenfant entre mes bras & ainsi le rescouys ie de mourir des celluy temps Quant le loup vit quil auoit failly a sa proye il sen alla dautre part. Quant ieuz ainsi rescour lenfant ie comencay a penser aux paroles que mon pere auoit dictes/& tant que ie dis a moy mesmes que ie laisseroye illec lenfant/ car se il pouoit viure et il mettoit mon pere a mort ie auroye mon pere occis. Au derrenier dys en moy mesmes q toutesvoyes emporteroie ie lenfant pour ce que mon frere estoit et que ia se dieu plaist nauiendroit ce que mon pere auoit dit. Pour ce prins ie lenfant entre mes bras et lemportay et le baillay pour nourrir a vne bonne femme ou ie moult me fyoie. De tout ce ne scauoit riens mon pere ne ie ne luy osoye dire/ car ie auoye paour et doubtance que il sen courroucast a moy se il leust sceu. Que vous ferois ie long compte sire cheualier ie le fiz nourrir si celeement que mon pere nen sceut riens. Et celle mesme qui le nourrissoit cuydoit que il fust mien. Tant le feiz nourrir en telle maniere comme ie vous compte quil eut six ans acomplis. Et lors fut tant beau a la verite dire come enfant de son aage pouoit estre. En celle saison droictement me fist mon pere nouuel cheualier. Et la ou ceulx de ce pays faisoient feste de moy come ilz deuoient faire ie fiz adonc venir deuant moy ce cheualier qui estoit si ieune come ie vous ay compte. Tous ceulx qui estoient au palais mon pere le commencerent a regarder a merueilles pour la beaulte de luy. Et pour ce q luy estant si ieune nauoit point veu les autres mais moy souuentesfois auoit veu et bien me congnoissoit sen vint il a moy tout droictement la ou iestoye en lhonneur de ma cheualerie nouuelle et ceulx qui le virent venir en telle maniere vers moy cuyderent tout vrayement que il fust mon filz & aussi pour ce ql me ressembloit/ dont plusieurs men demanderent la verite/& ie dis a tous que mon filz estoit il voirement. Et mon pere qui lenfant vit le commenca a regarder & puis moy et me dist en soubzriant. Beau chier filz est vostre cest enfant. Sire ce luy dis ie mien est il voirement/ ne vous semble il moult bel. Certes beau filz dist mon pere voirement est il bel. Pere dy ie est il orendroit au monde pere nul si dur et si cruel qui deust occire a escient si bel enfant come est cestuy. Certes ce dist mon pere il ne seroit mye pere ains seroit dyable proprement qui mettroit a mort si bel enfant comme est cestuy pour tant quil sceust quil fust sien. Or beau pere dy ie quel iugement donneriez vous encontre vng si trescruel pere qui mettroit a mort vng aussi bel enfant comme est cestuy proprement. Et mon pere me respondit tantost et dist. Cestuy qui vng tel cas feroit comme de mettre a mort et occire vng aussi bel enfant comme est cestuy il ne deueroit estre espargne en iugement/ ains deueroit auoir la teste trenchee et aussi bien desseruy lauroit comme il me semble. Sire ce luy dis ie/iay moult bien entendu ce que vous mauez dit/ mais or me dictes se il vous plaist vouldriez vous bien auoir vng aussi bel enfant comme est cestuy.

Sire me dist il ouy. Se ien auoye orendroit vng pareil ie le tiendroye moult chier/et ie luy respondy en soubzriant. Sire or ne vous esmayez/car ie vous en donneray moult tost vng aussi bel comme est cestuy.

Ainsi parlasmes cestuy iour/et ie endroit moy scauoye bien que mon pere sauoit engendre en ma seur. Cestuy iour proprement quant la nuyt fut venue parla a moy mon pere et me dist. filz vous mauez dit que vous me donnerez proprement vng aussi bel enfant comme est cestuy que vous dictes qui est vostre filz. Je luy respondy et dis. Encores vous le dy ie/car ie vous donneray cestuy enfant proprement que vous auez huy veu/et donner le vous doy par raison/car il est vostre. Mon pere fut tout esbahy de ceste nouuelle et dist. Comment peut estre ce que tu dis. Sire ce luy dy ie ie le vous diray. Et maintenāt luy commencay a compter tout le fait comment il estoit alle. Quant ie luy eus tout dit et compte il me dist. Comment beau filz par ceste maniere auez vous donc nourry et esleue cestuy par qui ie dois mourir. Or voy ie bien tout appertement que vous ne desirez fort ma mort. Je cuydoie que vous me aymissiez et ie voy que vous estes mon mortel ennemy. Et pour tant se garde l'anez iusques icy ne demourra il pas qui ne meure car mieulx le vueil occire maintenant tandis que ien ay pouoir que de le laisser viure pour en la fin me mettre a mort. Quant ie ouy ceste parolle ie fiz maintenant porter lenfant hors de ceste contree affin que mon pere ne loccist. Assez fut quis ca et la/mais il ne peut adonc estre trouue/ie lauoye enuoye en tel lieu quil nauoit garde de mon pere. Et pour ce se courrouca mon pere a moy et dist quil mocciroit de ses deux mains se ie ne luy rendoye cestuy par qui il deuoit mourir. Je luy commencay a dire vnes parolles et autres tant quil fut refrene de son mal

talent/et puis dist que en nulle maniere du monde ne laissasses icestuy venir deuant luy. Sire en telle guise comme ie vous compte rescouys ie par deux fois de mort cestuy cheualier que vous voyez illec et puis le fiz tant nourrir que ie le fiz cheualier encontre la voulente de mon pere. Or escoutez quel guerredon il men rendit puis Quant ie leus fait cheualier ie le receu tout maintenant pour mon compaignon darmes pource quil me sembloit bien homme qui aucune chose deust valoir par raison. Nous neusmes mie entre moy et lui vng an acomply cheuauche quil sceut certainement comment il estoit ne et en quel peche. Et quant il en sceut certainement la verite il sen alla tout droictement a sa mere et loccist/et celle mesme sepmaine occist son pere et le mien. Maintenāt peut bien auoir deux ans acomplis que aduindrent ces choses que ie vous ay dictes et coptees

Quant il eut tout cestuy mal fait il sen vint a moy droictement en vng chastel ou ie estoie et mappella en vne chambre et me bailla son espee et me dist. Sire occiez moy ou me pardonnez ce que ie vous ay mesfait Car mieulx vueil mourir que viure sās vostre compaignie. Et quant ie vy quil se mettoit a genoulx deuant moy et quil mauoit baille son espee/car lespee tenoie ia ie fuz tout esbahy/si luy demanday quelles nouuelles il mapportoit et pour quelle cause il me cryoit mercy/car point ne pensoyes quil meust en riens mesfait Et il me dist tout en plourant/ainsi me est aduenu par mon peche par quoy il fault que vous me pardonniez ou que vous me occiez pour cestuy mesfait. Car sās vostre compaignie ne pourrois ie viure pour nulle aduanture du monde. Quant ie vy que ie auoye si grāt perte de mon pere et de ma seur ie dis a moy mes q̄ encores seroit la perte greigneur se ie occyoie cestuy/et q̄ encores pourroit

p iiii

De Gyron le courtoys

il estre preudhōme par auanture/z pour ce le laissay ie viure iusqs a ozes. Apres ce quil ma eu fait toutce dommaige ma il faicte ceste vergōgne de ma fēme q̃ ie vo⁹ ay comptee auec q̃ ie lay pris. Si vo⁹ ay ozes fine mon cōpte et si vous ay dit toute sa vie. Desormais le deliurez se vous voulez/en vous est de loccire ou de le laisser aller quicte/Car vous auez sur moy la force. Mais ce vous fais ie bien assauoir que se viure le laissez il sera encores dommaige et vergongne a maint preudhomme et a maint cheualier/tout le mal quil fera sera par vous puis que ie vous ay compte de sa malice. Quant il a sa raisō finee le cheualier nud se scrie a haulte voix. Haa mercy franc cheualier ne croyez pour dieu ce quil vous dit mais saichez bien que tout ce quil vous a cōpte icy est faulsete et fable. Pour dieu z pour courtoisie ne me laissez a deliurer pour ses parolles. Sire cheualier fait gyron au cheualier arme se dieu me doit bonne auanture ia a grant temps que ie nouy parler de si estrāge merueille cōme est ceste q̃ mauez orēdroit cōptee/ mais or me dictes se ce cheualier q̃ voftre frere est sicomme vous dictes est bon cheualier de sa main. Certes sire ouy fait le cheualier arme q sil fust aussi loyal comme il est bon cheualier aux armes saichez certainemēt q̃l fust moult a priser. Preux est des armes/mais dautre part na nulle loyaulte en luy. Et pource regardez q̃ vous en vouldrez faire/car ie vous prometz que sil eschappe de cestuy poīt il sera assez pis quil ne fist oncques.

¶ Comment gyron le courtois deliura le cheualier et la dame qui estoient lyez apres ce q̃l sceut la grāt desloyaulte du cheualier qui lye y estoit.

Quant giron entent ceste parolle il se tourne vers le cheualier lye et luy dist. Sire cheualier comment auez vous nom. Sire fait il iay a nom hestin le roux. Certes fait gyron vous auez mauuais surnom. Car iamais ie nouy parler de roux quil neust monstre a la fin de son fait quelque taiche de vilennie. Et vng surnōme le roux me fist na encores grāment de tēps telle chose q̃ encores me griefue. Haa pour dieu mercy fait le cheualier lye/ se cestuy dont vous parlez vous fist vilennie nen tournez sur moy la vengeance. Encores ne vo⁹ meffis ie ōcques pour quoy vous ayez cause de me laisser icy mourir/ mais deliurer me deuez se acomplir voulez la coustume des cheualiers errās. Certes sire fait giron qui regardast a voftre vilennie il ne deuroit auoir mercy de vous ne de si desloyal cheualier comme vous estes/car vilain cheualier ne deueroit viure par raison. Et non pour tāt puis q̃l est ainsi aduenu q̃ ie me suis cōbatu po² voftre deliurance pour ce que ie ny vueil du tout auoir ma paine perdue vous deliureray ie. Lors viēt au cheualier z luy treche la corde dont il estoit lie et le deliure du tout/et puis luy cōmande q̃l deliure la dame/ z cil le fait tout errāment. Quant illes a deliurez du tout il dit a la dame. Dame q̃ vouldrez vo⁹ faire/car il mest auis que ie vo⁹ ay deliuree a ceste fois ainsi cōe ie le puis faire. En cestuy pays ou no⁹ sōmes orendroit fait la dame ne pourrois ie demourer de paour q̃ mon mary q̃ cy est ne me fist occire/ car toute la cōtree est sienne. Pour ce aymerois ie mieulx estre en autre pays z viure pourement q̃ mourir si tost. Dame dist giron or me dictes verite de ce q̃ ie vo⁹ demāderay. Sire fait la dame dictes ce q̃l vo⁹ plaira q̃ ie vo⁹ en diray la verite ie la scay. Dictes moy fait girō sauiez vous pas biē q̃ cestui estoit frere de voftre mary sire ouy fait elle. Et cōmēt dōc fait giron vo⁹ habandōnastes vo⁹ a luy. Sire fait elle ie le vous diray puis q̃ tout le voulez scauoir sans en mentir de riens.

Encores na pas trois moys acomplis que il y eut en ce pays vng tournoyemēt/et mon mary dist que il vouloit aller au tournoyement/et appella son frere et luy dist quil allast auecques luy. Et cil luy dist quil ny pouoit aller/car malade estoit. Mon mary sen alla au tournoyement. Quāt il se fut party ce cheualier desloyal me dist quil estoit guery/et que se ie vouloye aller veoir le tournoyement quil my meneroit/ie dys que ie y allasse voulentiers pource que iamais nauoyes veu tournoyemēt/mais ie ny oseroyes aller sās le cōmandement de mon seigneur. Que vous diroyes ie/il me dist tant vnes parolles z autres que ie macorday a ce que ie yroies auecques luy z nous meismes au chemin. Et il ne vouloit mener aueques nous ne varlet ne escuyer pour nous seruir. Tant cheuauchasmes entre nous deux en telle maniere cōme ie vous cōpte que nous arriuasmes en vne grāt forest Il tourna hors du chemin z me mena en vng grant destroit delez vne fontaine bien loing du grant chemin. Il descendit premierement et puis me feist descendre Et quant ie veiz que il me vouloit ainsi vergonder et auiler ie cōmencay a cryer Et de ce prens dieu a tesmoing que oncques ne feuz si courroussee en toute ma vie dauāture qui mauint comme ie feuz de celle. Et certes de celle mesmes que huy me aduint ne suis ie moins triste ne moins pree que ie feuz adonc de celle vergongne. Quant il veist que ie crioyes si estrangement il mist la main a lespee et me donna du poing vng si grant coup en la teste quil me abatist illec cōme se ie feusse morte. En telle maniere cōme ie vous compte me trahyst ce desloyal cheualier que vous cy voyez. Je endroit moy ne losay dire a mon mary/car ie auoyes paour et doubte quil ne me trenchast la teste se ie luy eusse dit. Car il eust tantost cuyde par auanture que celluy fait feust aduenu de ma voulente/et pource ie celay ma vergongne. Or sāchez sire certainement que tout ainsi aduint il de cestuy fait cōme ie vous ay compte. Et sil vouloit autrement dire il diroit contre verite. Quant elle a sa raison finee en telle maniere cōme ie vous ay cōpte elle se taist et nen dit plus a celle foys et baisse la teste vers terre.

Lors se retourne gyron vers Hellin le roux et luy dist. Se tu feusses si loyal comme tu sembles assez feusses a priser/mais certes iay icy tant ouy de ton fait depuis que ie vins que ie te prometz loyaulmēt que se ieusse sceu au cōmencement quāt ie vins que tu feusses si mauluais cōme tu es ie ne teusse deliure ains teusse laisse mourir z eusse fait raison. Car certes tu es bien digne destre occis. Et non portant puis que ie tay deliure tu es a ceste foys deliure/ne ia plus ne seras encōre par moy orendroit ne par hōme de ceulx qui cy sont. Lors se tourne Gyron vers les deux cheualiers et leur dit. Je vous prie que vo? quittiez de toutes querelles ce vilain cheualier et enuyeux. Se il eschappe de ce lieu si legierement comme ie voy il ne peut estre que sa felonnye ne le face encores cheoir en tel lieu que il ne sen pourra releuer. Et certes se ie eusse cuyde quil feust tel homme ie ne me feusse combatu cōtre nul de vous. Et ceulx dient que pour lamour de luy ilz le quittent a ceste foys de toutes les querelles. Lors se retourne gyron encōtre hellin et luy dit. Sire cheualier or vo? en pouez aller quelle part q̄ vo? vouldrez/et sachez que ie nay orendroit voulente de vous faire autre courtoysie que ie vo? ay fait. Lors se tourne vers la dame et luy dit Dame scauez vous pres dicy nul recet ou ie vo? peusse mener hastiuement/car ie scay de vray que se vous demourez grāment ainsi cōme ie vous voy vous mourrez de froit/et en feussiez morte se

ne feuſt la grant paour que vous auez eue
Sire dist la dame/Pres dicy a aſſez
recetz ou len me feroit honneur et cour-
toyſie ſe ie y feuſſe ce ne feuſt pour doub
tance de ce ſeigñr. Mais ie ſcay bien que
nul ne moſeroit regarder pour paour de
luy. Haa ſire fait giron au cheualier qui
contre luy ſeſtoit cōbatu/pour dieu ayez
mercy de ceſte dame. Certes ſe vous re-
gardiſſiez a raiſon vous ne luy deueriez
ſcauoir mal gre de tout ce fait/car il na
uint pas de ſa voulente/vous lauez bien
ouy. Pour dieu ſouffrez quelle demeure
en voſtre contree iuſques a tant que elle
ait appareille ſon erre de ſen aller en au
tre contree ainſi cōme len doit eſtre cour
toys a dame ſi ferez courtoyſie. Sire ce
diſt le cheualier/pource qlmeſt auis que
vous eſtes ſi courtois cheualier ie ne me
recorde pas que ie trouuaſſe oncq̃s plus
courtoys cheualier de vous/et puis que
vous eſtes ſi bon cheualier cōme ie ſcay
ie feray de ceſte dame voſtre priere et en
cōtre ma voulente meſmes. Ie la feray
mener a vng de mes recetz. Ie vous re-
mercye fait gyron.

Q̃ant il a dicte ceſte parolle il
ne fait autre demourance ain-
cops ſe part du cheualier et le
cōmande a noſtre ſeigneur/et cheuauche
tant quil vient a ſa damoyſelle et luy de
mande comment il luy eſt. Comment ſi
re fait elle. Vous auez tāt demoure que
pou ſen fault ſe dieu me ſault que ie ne
ſuis morte de froit. Haa damoiſelle fait
il/comment vous auez orendroit grant
chault au regard de celle dame dont ie
me partys orendroit. Sire ce diſt la da
moyſelle/or ſaichez que ſe elle auoit grei
gneur froit que ceſtuy q̃ ie ſens orendroit
aſſez en auoit adonc. Damoiſelle fait il
dieu vous gard tant ney ſouffrez cōme
elle en auoit. Sire fait elle/en quelle ma
niere pouoit auoir la dame plus froit q̃
moy. Certes fait il/ie le vous diray. Or
cheuauchons huymais ſi vous eſchauf-

ferez mieulx par auāture en cheuauchāt
que en dormant/et ie vous cōpteray vne
des plus merueilleuſe auanture qui ma
uint ia a grant temps que iay trouue or
endroit depuis que ie me partys de vo°
Lors ſe mettent a la voye et ne font au-
tre demourance et cheuauchent ainſi cō
me ilz peuent/car la neige q̃ eſtoit adonc
ſi grāt comme ie vous ay compte ne les
laiſſe pas cheuanchier a leur voulente.
Puis quilz ſe furēt mys a la voye gyron
commence a compter toute la verite de
lauanture qui ceſtuy iour luy eſtoit ad-
uenue ainſi comme elle auoit eſte ſi quil
ne luy en cele riens. Et quāt il a fine ſon
compte il demande a la damoyſelle/que
vous ſemble de lauanture que ie vous
ay comptee. Sire fait elle/ſi maiſt dieu
lauanture que vo° trouuaſtes en ceſtuy
point fut bien ſans faille vne des plus
eſtranges auantures dont ie ouyſſe on-
queſmaÿ parler en toute ma vie. Or me
dictes ce diſt il a la damoyſelle/vous
eſt il auis que ie feiſſe bien de deliurer le
cheualier lye a larbre. Sire fait elle/vo°
en feiſtes voſtre voulente. Mais il meſt
auis ſe dieu me doint amendement que
vo° euſſiez mieulx fait de le laiſſer mou-
rir que de le deliurer/car ie vo° promets
loyaulment que de cy enauant fera il pis
quil ne feiſt oncques. Damoyſelle fait
gyron/or eſt ainſi que quelque choſe quil
doye faire de cy enauant toute ſuoies eſt
il deliure. Certes fait elle ceſt dōmaigr.

A Inſi parlans cheuauchent tāt
quilz ſont venuz a vne valee
et lors trouuent vng chaſtel
moult bel qui ſeoit ſur vne riuiere. Da
moyſelle fait Gyron/vous plaiſt il que
nous no° herbergeons orendroit ou que
nous cheuauchons auant. Il ſeroit en-
cores moult toſt de herbergier. Haa ſi
re fait la damoyſelle/ſe vous voulez que
ie ne meure herbergeons icy. Ie vo° pro
metz loyaulment q̃ ſe nous cheuauchōs
de cy enauant vous me verrez mourir

fueillet

emmy le chemin a ce que iay trop grant froit. Damoyselle fait gyron/donc herbergeons no⁹ en ce chastel. De ceste chose ne vouldroyes aller encontre vostre voulente po^r nulle auanture du monde. Ainsi cheuauchent tant quilz sont venuz au chastel/et entrent dedans q treuuent que le chastel est moult bel a merueilles et y a gens assez. Ilz nont pas grâment cheuauche parmy la maistresse rue q ilz encôtrent vng cheualier bien de cinquante ans q plus qui auoit vne grant playe emmy le front/mais ia auoit grant têps quil en estoit guery. Tout maintenant ql voit gyron venir a si priuee mesgnye congnoist tout certainement que cil est cheualier errant/et pource luy vient il a lencontre q luy dit. Sire bien viengniez vous. Sire fait gyron/bonne auanture vous doint dieu/que vous plaist. Je vo⁹ prie fait le cheualier que vous viengniez herbergier en mon hostel/et ie vo⁹ feray tout lhonneur et toute la courtoysie que ie pourray faire pource q ie voy que vo⁹ estes cheualier errant. Comment beau sire fait gyron/aymez vo⁹ donc tant les cheualiers errans. En nom dieu sire fait il/se ie ne les aymoye doncqs ne seroyes ie pas loyal cheualier. Car certes il mest auis quil nest pas loyal homme qui les cheualiers errans nayme. Car en tout le mônde nest orendroit fait courtoysie ne bonte se les cheualiers errans ne les font. Sire fait Gyron/pour ceste parolle que vous auez orendroit dicte ie vueil herbergier auecques vous / car ie suis tout prest et appareille daller en vostre compaignie.

Lors le vieil cheualier sen va deuant et gyron apres/et cheuauchent tant en telle maniere parmy la grant rue quilz viennent en vne grât maison qui est moult belle par dehors/et par dedans est assez plus belle. Le vieil cheualier descend maintenât et dit a gyron. Sire descendez cy dedâs

CCC.xviij

si y herbergerons cestuy soir. Et gyron descend tout maintenant que il entend ceste parolle/et pareillement descend la damoyselle q lescuyer. Les varletz dont il y auoit leans assez saillent hors quât ilz entendent leur seigneur q courent au cheualier errant q luy font tout lhôneur et toute la courtoysie que ilz luy peuent faire/et le mainent leans et pareillemêt la belle damoyselle. Ilz desarment le cheualier/et quât ilz lont desarme ilz le menent en vne grant châbre et y auoit vng grant feu allume pource que le froit estoit adonc par le pays si grât comme ie vous ay compte/et pareillement la damoyselle qui greigneur mestier en auoit que nauoit gyron. Celluy soir fut seruy Gyron et aysie de tout ce que ceulx de leans peurent faire. Le vieil cheualier q seigneur estoit de leans se trauailloit moult duremêt de eulx seruir. Gyron maine et conforte la damoyselle/mais elle dit que nul confort ne luy vault a celluy point. Elle a souffert tout cestuy io^r si tresgrant froit quelle se tient a morte et a destruicte. Quant ilz eurent mâgie gyron met adonc le seigneur en parolle q dit. Dictes moy beaulx hoste se Hellyn le roux qui frere est au seigneur de ceste contree est bon cheualier. Haa sire fait lhoste/bon cheualier est il de sa main et preux et hardy et moult vaillant aux armes/mais sur toutes ces vertus q sont en luy a il assez plus dautres mauluaistiez. Pour dieu beau sire dictes moy de luy nouuelles se vous les scauez. Comment fait gyron/ne scauez vous côment il aduint huy en ce iour. Nenny fait le vieil cheualier. En nom dieu fait gyron/quant il est ainsi que vo⁹ nen scauez riens ie vo⁹ en diray aucune chose. Or saichez que le seigneur de ce pays print huy matin auecques sa femme dormât Hellyn/et le mena en vne forest et lattacha a vng arbre/q sa femme auecqs luy/vng cheualier errât vint puis apres cel

De Gyron le courtois

le part dauanture qui tant feist quil les deliura/ et assez en eut trauail et paine auant quil les peut auoir deliurez/mais toutesuoyes au derrenier il les deliura.

Apres ce que gyron eut parle en ceste maniere q̃ nauoit pas dit que se auoit il este qui auoit deliure hellyn le roux/lhoste dist. Certes Beau sire or saichez que les cheualiers errans sont tenuz de faire bien et courtoysie en tous les lieux ou auanture les porte. Or saichez que se il eust laisse mourir cestuy hellyn il eust fait grant bien et du deliurer feist il pechie. Se il feust mort maintz maulx feussent demourez qui encores se feront. Et quen diroyes ie. Or saichez tout certainemẽt que encores en viendront maintz maulx par ceste deliurace. Et certes mieulx vaulsist au cheualier errant quil ne se feust huy remue de son lict quil eust cestuy deliure/car luy seul ne pourra tant faire de bien en lieu quil aille que cil ne face plus de mal ou il yra. Quant gyron entend ceste parolle adonc se commẽce il a repentir de ce quil auoit deliure le cheualier. A cestuy point quilz mãgeoient ne encores nestoit mye la table leuee a tant est veu leans venir ung varlet qui dist au cheualier. Sire le seigneur de ce chastel est la dehors qui ceans veult entrer. La ou le varlet disoit ceste parolle a tãt sont entrez dedãs le palais deux cheualiers tous desarmez et estoient tous deux beaulx cheualiers a merueilles/et estoient proprement les deux cheualiers contre qui gyron sestoit cestuy iour cõbatu pour deliurer le cheualier lye et la dame. Quant le vieil cheualier voit deuant venir le seigneur du chastel qui estoit son seigneur il se dresse encontre luy et sencline et dit. Haa sire vous soyez le bien venu/quelle auanture et quel besoing vous a orendroit ceãs amene en ceste nostre petite maison. Beau sire fait il/ ie ny viens mye pour vous/mais pour veoir cestuy seigneur que iay huy veu autrement q̃ ie ne voulsisse veoir. Gyron se dresse encontre le cheualier et cõgnoist tantost que cest celuy mesmes cheualier sans faille encontre qui il sest combatu. Sire fait il bien viengniez vous. Et le cheualier dist ce tout en ryant. Sire dieu voꝰ doint plus bonne auanture que vous ne me donnastes huy/car saichez bien certainemẽt sire cheualier que ie me feusse trop bien souffert de tel encontre comme ie trouuay en voꝰ quãt ie nay mẽbre se dieu me sault qui encores ne se sente des coups q̃ voꝰ auez huy iettez sur moy / si ne le voꝰ dy mye pour mal/car ie le vous pardonne de bonne voulente/et ce ie voꝰ creance loyaulment. Mais ie le dys pource que il men souuient encores/ce saichez bien.

Sire fait Gyron Or saichez de vray que se ieusse sceu au commẽcement le fait du cheualier aussi bien cõme ie scay orendroit ce vous prometz ie loyaulment que ie ne me feusse combatu contre vous ne contre autre Mais certes ie cuidoyes q̃ il y eut en luy autre bonte quil ny a. Sire ce dist le cheualier si maist dieu comme vous feistes bien. Car cheualier errant doit aider de tout son pouoir a deliurer aussi bien les maluais comme les bons puis quil ne les congnoist. Mais or me dictes pour quoy ne venistes vous herbergier en la maistresse forteresse de ce chastel. Or saichez certainement que pour la haulte cheualerie que iauoyes trouuee en vous vous feroyes ie si maist dieu tout lhonneur que ie pourroyes faire. Car ie congnois certainemẽt que vous estes sans faille tout le meilleur cheualier q̃ ie trouuasse oncques depuis que ie receuz premierement lordre de cheualerie. Et cest ce pourquoy ie vous feroyes tant dhonneur et de courtoysie cõme ie pourroyes faire. Et certes se ie oncq̃s a si bon cheualier comme vous estes pouoyes faire chose qui luy pleust/ or saichez que ie men tiendroyes a trop bien paye du faire que ie ne feroyes du retenir/et quil ne feroit du receuoir. Sire fait gyron/Vo⁹ dictes bien la courtoisie que cheualier doit dire Or sachez de vray que se ie vous eusse huy autant congneu comme ie vous congnois orendroit ie ne me feusse cōbatu a vous pour celle achoyson que ie my combatys. Et de ce que ien feiz par mescongnoissance ie vous prie que me pardonnez tout le meffait. Certes sire fait le cheualier si faiz ie de moult bonne voulente. Si maist dieu comme ie ne vous scay nul mal gre de chose que vous me ayez fait.

Ors demourerent vne grant piece dessus la table ainsi parlans cōme ie vous compte gyron luy prie quil mangeast. Sire fait cil si maist dieu comme ie ne puis/ si suis si durement trauaille ⁊ tant me deulx que se pour lhōneur de vo⁹ ne feust ie geusse ores en mon lict/mais pour vo⁹ me suis efforce oultre pouoir et encores men efforce. Ainsi parlans et deuisans passerent grant piece de la nuyt. Sire fait gyron au seigneur du chastel que feistes du cheualier que ie deliuray. Sire fait le cheualier si maist dieu ie le feiz vestir et luy donner armes et cheual et luy donnay vng de mes chasteaulx qui est vne iournee pres dicy droictement dessus le grant chemin qui va au royaulme de logres. Se vous au royaulme de logres voulez aller vous vrez droictement par deuant celluy chasteau. En telle guyse comme ie vous compte et si bien paye se partit de moy celluy soir mon frere. Certainement au departir quil feist ie luy feiz loyaulment creancer q̃ iamais en ma terre ne viendroit ne en mon chastel se ce nestoit par mon cōmandemēt. Et en pourra viure noblement se il se veult bien maintenir. Se il fait mal par moy ne sera ce pas/desormais se maintiēne comment ille vouldra faire. Et sil fait

bien beau men sera plus que a nul autre/ et se il fait mal a luy mesmes sen couienne. Il est ores tel homme quil peut bien congnoistre le mal du bien/lequel que il aymera mieulx desormais face.

Ainsi parlent celluy soir moult longuement entre eulx le seigneur du chastel ⁊ gyron. Et quant il est heure de couchier le seigneur prent congie de gyron et se part a tant de leans et le cōmande a nostre seigneur Le vieil cheualier mãde gyron couchier en vne chãbre de leans en vne des plus riches qui feust en celluy hostel/et auoit fait faire en ladicte chambre deux lictz les plus nobles ⁊ les plus riches que len pouoit faire. Giron se couche en vng lict et la damoyselle en lautre. Celle nuyt fut la damoiselle moult malade du froit quelle auoit le iour souffert comme celle qui nestoit pas acoustumee de endurer froit ne mal. A lendemain quant gyron cuyde cheuauchier il ne peut/car la damoyselle luy dit. Haa sire mercy ne no⁹ partons huy de ceans/car sachez de vray que se nous en partons vous me trouuerez morte auant que vo⁹ ayez cheuauche deux lieues anglesches. Et se ainsi estoye occise ce vous seroit grant vilenye Pour dieu ayez pitie de moy ne me faictes mourir si tost/le froit que ie souffris hier en cheuauchant si ma occise sicōme ie croy. Mauldit soit danayn le roux qui mamena en ce pays/car ie suis pour luy a douleur et a mesaise. Quant Gyron voit la damoiselle et voit quelle pleure deuant luy si tendrement/il en a moult grant pitie et luy dist. Or ne vous esmayez ma damoyselle/mais reconfortez vous grandement/car vous estes en tel lieu venue ou vo⁹ aurez tout ce q̃ vo⁹ demanderez. Quant endroit moy ie de mourray en ce chastel tant q̃ vous soiez du tout tournee a guerison. Or vous confortez/car ie croy que vous guerirez tost. Par ceste achoyson que ie vous ay orendroit comptee conuint que gyron de mouraſt dedans le chaſtel trois ſepmaines entieres ⁊ pluſ encores. Le ſeigneur du chaſtel qui a merueilles eſtoit moult courtoys Cheualier et vaillant ſi eſtoit auecques luy/ touteſuoyes tout le iour luy faiſoit cōpaignie ⁊ le plus de la nuyt pareillement. Et quen diroyes ie/ tant demoura en ceſtuy chaſtel gyron le bon cheualier que la damoyſelle tourna du tout a gueriſon. Quant gyron voit que la damoyſelle eſt du tout guerie et quelle peut ſeurement cheuauchier il ſe met tantoſt a la voye acompaigne de la damoyſelle et de ſon eſcuyer/ et le ſeigneur du chaſtel les conuoye vne grant piece ⁊ les cōmande a dieu et puis ſen retourne.

¶ Comment heſtyn le roux recommenca a faire deſloyaultez apres ce que gyron leuſt deliure. Et comment gyron iouſta contre luy et la batit/ et comment quāt il recōgneut gyron il le mena a ſon chaſteau.

Apres ce que gyron ſe fut party du chaſtel il cheuaucha ceſtuy iour tāt cōme il peuſt cheuauchier mais ce ne fuſt mye moult. Car le froit eſtoit du tout ſi eſtrāgement grāt en celle contree quil auoit paour et doubte que la damoyſelle ne mouruſt emmy le chemin du treſgrant froit que elle auoit. Le ſoir ſe herbergea gyron en vne maiſon de religion quil trouua emmy le chemin/ et deux des freres de leans luy firēt tout laiſement qlz luy peurēt faire pour ce que bien ſembloit eſtre hōme de haulte valeur ⁊ de hault pris. Ceſtuy ſoir luy dit vng des freres de leans. Sire vous voyez q̄ le froit ⁊ les neiges ſont ſi grās et ſi merueilleuſes q̄ le cheuauchier vous peut tourner a grant ennuy. Sire pour dieu demourez ceans tant q̄ le mal tēps ſoit paſſe et puis vo9 pourrez aiſement cheuauchier la ou vous vouldrez. Et ſachez certainement que ſe vo9 demourez ceans vo9 en pourrez prendre des biens tant et ſi largement cōme vous en pourriez prendre en ſa maiſon du monde ou plus vo9 vous fiez. De ceſte courtoyſie mercye gyron les freres de leans grādement et dit que ſil euſt talent de ſeiourner a ceſtuy point il ſeiournaſt voulentiers leans plus quen autre lieu pour le bel acueil q̄ ceulx de leans luy faiſoient. Mais pource qil nauoit voulente de demourer ne demoura il pas. A lendemain ſe partit gyron de leans ⁊ ſe miſt au chemin a telle cōpaignie cōme il auoit ⁊ cheuaucha ceſtuy iour iuſques a heure de nōne/ et lors veiſt deuant luy le chaſtel q̄ le frere auoit donne a ceſtuy ql deliura. Lors diſt a la damoyſelle/ ſcauez vo9 qui eſt ceſtuy chaſtel q̄ vous voyez cy deuāt Or ſachez certainement qil eſt au cheualier proprement dont ie vo9 cōptay auāt hier ſi grāt merueilles/ ceſtuy meſmes q̄ eſtoit lye a larbre de coſte la dame. Et luy donna ceſtuy chaſtel ſon frere ceſtuy iour meſmes. Si maiſt dieu ſire fait la damoyſelle/ il feiſt pechie de le luy dōner Et certes encores ſen repentira il ſe cil peut longuement viure.

Ainſi parlans cheuauchēt tant qlz approuchent vung grant arbre/ et voient adōc deſſoubz larbre vng cheualier arme de toutes armes/ monte ſur vng grāt deſtrier/ leſcu au col/ le glaiue au poing. Et les armes ql portoit ſi eſtoient my parties de verd et de noir/ et auoit en ſa compaignie vng ſeul eſcuier. Quant gyron voit le cheualier q̄ eſt arreſte deſſoubz larbre en telle maniere cōme ie vo9 cōpte il dit/ no9 ſommes venuz a la iouſte. Cōment ſire fait la damoyſelle. Ne voyez vous fait il ce cheualier a ces armes my parties qui ſe eſt arreſte la deuant deſſoubz ceſt arbre. Ouy ſire fait la damoiſelle ie le voy biē.

Or saichez de vray fait gyron/que illec ne sest arreste por autre chose fors pour demander iouste a ceulx qui par cy passeront/ie congnois dicy toute sa voulente. Tant vont parlans en telle maniere quilz sont moult approuchiez de larbre. Le cheualier qui dessoubz larbre estoit arreste se lance adonc emmy le chemin et crye a gyron tant comme il peut. Sire cheualier gardez vous de moy/a iouster vous conuient. Beau sire fait gyron se vous auez si grant voulente de iouster en autre lieu que a moy la querez/car bien saichez que ie nay orendroit voulente de iouster a vous ne a autre. En nom Dieu fait le cheualier/a iouster vous conuient a moy ou vous retournerez/car cestuy chemin ne pouez vo' passer se vo' encontre moy ne ioustez/ie garde le chemin nul ny passera sil ne sespreuue encontre moy. Sire cheualier fait Gyron/se Dieu vous doint bonne auanture auez vous donc mise ceste coustume en ce chemin que nul cheualier ny passera se il ne sespreuue encontre vous. Ouy certes fait le cheualier voirement luy ay ie mise Car se ie puis ie congnoistray les bons cheualiers des mauluais qui par cy passeront. Aux bons vouldray ie faire honneur/et aux mauluais honte/Car len le doit faire. Sire cheualier fait gyron ceste coustume que vous auez icy mise nest mye trop courtoyse se dieu me sault/car aucueffois y pourroit venir aucun preudhôme si trauaillie q si lasse qil ne se pourroit deffendre. Certes ceste coustume est mauluaise/et se honte vo' en venoit certes ce seroit aumosne. De ma honte ne vo' chaille fait le cheualier mais deffendez vous encôtre moy se vo' le pouez faire ou retournez arriere. Sire cheualier fait gyron/or saichez que a ceste fois ne retourneray ie pas voulentiers/car iay voulente daller auant non pas arriere/et pource veulx ie iouster a vous a ceste foys puis que ie voy que ie ne pourroyes autre courtoysie trouuer en vous

Lors Gyron prent son glaiue q son escuier portoit/et quant il est tout appareille de la iouste il dit au cheualier. Damp cheualier dictes moy se dieu vous doint bonne auanture Ceste coustume que vous auez icy establie doit elle longuement durer. Certes dist le cheualier/elle ne fauldra deuant que iaye trouue meilleur cheualier q moy. Mais quât cestuy cheualier viendra qui me pourra porter a la terre de la premiere iouste et puis me mettra a oultrance par force darmes adonc remaindra du tout la coustume. Quât gyron entend ceste nouuelle il dit au cheualier. Or saichez sire que par ceste nouuelle que vous me auez orendroit dicte ay ie a cestuy point greigneur voulente de iouster que ie nauoyes deuant/car ie vous dy loyaulment que ie ne me tiens pour cheualier se ie tout orêdroit ne faiz ceste coustume demourer puis que elle peut remanoir par vous seulemêt puis quil ny conuient autre chose faire/ce est assez legiere chose. Comment fait le cheualier/tenez vous donc a legiere chose de moy abatre et mettre a oultrance. Ouy certes fait gyron/et vous diray raison pourquoy. Ie scay ie tout certainement que se vous feussiez bon cheualier vo' neussiez ceste vilaine coustume en nulle maniere du môde establie. Car bon cheualier nestablist oncqs vilaine coustume. Et quant vo' nestes bon cheualier ie scay de vray que vous naurez ia duree encontre moy. Car certes ie ne me tiens pour cheualier se ie ne vo' faiz vyder la selle de la premiere iouste. Quât il a dicte ceste parolle il ne fait autre demourance ains hurte le cheual des esperons et laisse courre vers le cheualier tant côme il peut/et allast sans faille assez plus legierement se ne feust la neige qui ne laisse le cheual courre a sa voulente. Le cheualier luy vient de lau

De Gyron le courtois

tre part au plus ysnellement que il peut Puis se approuchent & sentrefierent des glaiues de toute leur force. Le cheualier fut si feru de ceste iouste quil neut pouoir ne force de soy tenir en selle ains vola a terre incontinent et cheut en la neige. Mais il estoit fort et legier si se releua legierement. Gyron dressa la mainz print le cheual au frain et le ramena au cheualier et luy dist. Montez sire cheualier et vous tenez mieulx en selle vne autre fois Et ie vous prie par courtoisie que vous faciez desormais ceste coustume remanoir/ car certes vous nestes mye si bon cheualier que vo9 la peussiez maintenir longuement pourueu que cheualiers errans venissent ceste part.

Le cheualier qui moult est yre et dolent tant qua pou quil ne creue de dueil ne respond pas a ceste foys tout ce qil pense. Moult voulentiers se vengeroit de ceste honte quil a receue a cestuy point/ mais il congnoist tout certainement que gyron est tel cheualier que sur luy ne pourroit il riens gaigner pour nulle auanture du monde Et pource dit il en soy mesmes qil trouuera vne autre voye comment il se pourra vengier de lay/ car il voit bien par sa force quil ny pourroit riēs gaigner. Et gyron qui pēser le voit luy dit. Sire cheualier que dictes vous. Or saichez certainement que se nous entrons en la bataille de lespee vous ny gaignerez riens tant congnois ie bien de vostre pouoir. Le cheualier monte priuement/ et quāt il est monte il dit. Sire cheualier quen diroyes ie/ ie cōgnois certainement po2 le grāt coup q iay receu de vostre glaiue que vous estes sans faille meilleur cheualier que ie ne suis/ et pource vo9 feray ie orendroit vng tel honneur comme ie vous diray se vous me voulez faire ce qui assez petit vous coustera vne autre foys. Sire cheualier fait Gyron/ or sachez certainement que ie ne vous feray

si non courtoisie sil ne remaint pour vo9 Dictes moy quel honneur vous voulez que ie vous face. Certes sire cheualier ie le vous diray. Je vous feray orēdroit telle courtoysie que ie vous quitteray ce passaige en telle maniere que desormais ie ny arresteray cheualier po2 achoyson de ce passaige. De vous certainement pource q ie voy tout clerement que vous estes le meilleur cheualier q ie trouuay onques en tout mon aage ie veulx auoir cest honneur pour lamour de vostre cheualerie. Je veuil sil vous plaist que vous dieignez ceste nuyt herbergier auecques moy en ce chastel que la vous voyez/ et ie vous prometz loyaulment que ie vous feray toute la courtoysie que ie vo9 pourray faire. Et saichez que ie tiendray ce a moult grant honneur se si bon cheualier cōme vous estes herberge en mon chastel. Je vous prie faictes moy ceste courtoysie et ie vous feray ceste autre que ie vous dy.

Quant gyron entend ceste parolle il dit. Sire cheualier ce chastel ou vo9 me voulez mener est il vostre. Certes sire ouy/ il est mien voirement. Or me dictes fait Gyron/ Estes vo9 cestuy cheualier que vng cheualier errant deliura auant hier quant vous estiez lye a larbre et la dame. Certes sire ce suis ie voirement. Et cōgnoistriez vo9 fait gyron cestuy cheualier qui vous deliura se vous le veissiez. Certes sire fait le cheualier ie ne le cōgnoistroie pas se ie ne veoyes son escu a descouuert Et non pourtant quant au cheual que vous cheuauchez il mest auis que vous estes celluy mesmes dont nous parlons et du corsage luy resemblez vous moult bien. Mais a lescu q vous portez ne vo9 puis ie mye cōgnoistre. Car vostre escu est couuert et cestuy ie veiz tout clerement. Lors Gyron commande a son escuyer quil descouure son escu. Et cil le descouure tout incontinent. Et quant le cheualier voit lescu tout descouuert il recongnoist tout erramment que cil est le cheualier qui le deliura/et deuant ce ce sauoit il assez recongneu/et pour ceste cause luy auoit il dit quil se herbergeast auecques luy/ car il tendoit a luy faire ennuy z courroux se oncques il pouoit. Ce estoit la chose pourquoy il le vouloit mener en son chastel. Apres ce que Hellyn le roux eut veu lescu Gyron tout descouuert z affin quil le peust mieulx deceuoir et plus couuertement il fait adonc si grant semblant de lyesce que nul ne le veist adonc que certainement ne cuydast que il fut grandement ioyeux. Haa sire fait Hellyn vo⁹ soyez le bien venu. En nom dieu Or vous voys ie bien recongnoissant. Or dys ie bien certainement que vrayement estes vous le cheualier du monde que ie doys plus aymer/et pour lequel ie me doys plus resiouyr/ car certes vous me deliurastes de vilaine mort par vostre courtoisie. Or vo⁹ prometz ie loyaument que pour lamour de vous demoura desormais ceste coustume. Tant de courtoisie me faictes sil vous plaist que vous ceste nuyt viengniez herbergier auecques moy en ce chastel q vous soyez Me promettez vous loyaulment ce dist gyron que ceste coustume remaindra de vous se ie voys auecques vous herbergier. Ouy certes fait Hellyn. Donc ce dist gyron herbergeray ie auecques vo⁹ mettons nous huymais a la voye.

Quant ilz se sont ainsi accordez daller au chastel celluy soir la damoyselle q trop est esmayee et courroussee tire gyron a part (luy dit Sire pour dieu et po² sauuete de vostre corps et de no⁹ autres nallez herbergier auecques ce cheualier. Or saichez que se vous y allez vous vous en repentirez/ le cueur me dit sans faille que vous nystrez pas de ses mains sans auoir chose donc nous serons courroussez. Quant gyron entend ceste parolle il respond en soubzriant. Or saichez certainement ql ne le feroit pour nulle auanture du monde. Sire fait elle/dieu le vueille/et ie le vouldroyes bien. Mais toutesfoyes le cueur me dit quil le fera. Damoyselle fait il/ Or ne vous esmayez/ mais soiez moult asseuree car ie vo⁹ prometz loyaument q ce ne pourroit aduenir que vous allez disant. A tant laissent cestuy parlement que la dame auoit encomence et se mettent au chemin. Hellyn toutesuoies va deuant et est moult ioyeux dedans son cueur / car il dit a soy mesmes que apres quil laura dedans son chastel il ne luy eschappera pas ains sera vengie de la honte quil luy a faicte dessoubz larbre. Ainsi cheuauchent entre eulx tant que ilz sont venuz iusques au chastel. Et quant ilz sont leans entrez ilz voient tout appertement que le chastel est bel a merueilles z bien assiz de toutes choses et bien peuple de gent. Quant ilz sont entrez leans ilz cheuauchent tant parmy la maistresse rue qlz sont venuz iusques a la maistresse forteresse/et descendent illec et montent au palais. Le cheualier ainsi arme comme il estoit se met emmy le palais z a tant vindrent plus de vingt varletz q desarmerent les cheualiers/ et mirent les armes en vne chambre de leans. Le feu estoit grant et merueilleux emmy le palais pour la froidure qui moult estoit ennuyeuse en celle saison. Depuis q les cheualiers furent desarmez ilz sen allerent droictement au feu po² eulx chauffer affin qlz neussent froit apres le grant trauail et paine de porter les armes. La feste est si grande leans que il nya ne grant ne petit qui entende a cestui point a autre chose fors qua faire ioye et feste/ car le seigneur de leans le comande grandement. Apres ce ne demoura gueres q leaue est aportee car les tables estoient mises/ les cheualiers se assieent erramment aux tables et mangeuent a grant soulas et a grant ioye. Gyron se conforte

D j

De Gyron le courtoys

moult côme cil qui en toutes auantures est seur Cheualier comme mortel hôme peut estre. Mais comment que il se conforte il na nulle male esperance enuers le cheualier. De la damoyselle pouons nous seurement dire quelle est tant desconfortee et esmayee quelle na pouoir de mägier. Tout le iour luy va le cueur disant quilz ne se partiront de leans si que ilz auront honte et dômaige. Cest ce qui met son cueur en tel pensement si quelle ne scait quelle doit dire ne faire. Gyron laveult reconforter/ mais tout ce côfort ne luy vault riens. Elle ne se peut recôforter tant a le cueur estrangement espouente si q̃ elle ne cuyde iamais veoir lheure quelle soit hors de ce chastel.

¶ Côment apres ce que Helkyn le roux eut mene giron le courtoys et la Damoyselle a son chastel il les trahyt/ et côment il les feist lyer a ung arbre tous nudz piedz et en chemise.

En telle guyse comme ie vous compte est la Damoyselle si formēt esmayee que tout le cueur de elle est en larmes. Quant les cheualiers eurent mangie et les tables furent leuees a grât ioye passent le iour et a grant feste. Au soir quât la nuyt est venue et il est heure de dormir ilz mainent gyron couchier en vne chambre de leans qui est grandement belle. En celle chambre estoient deux lictz parez moult honnorablement. Gyron se couche en lung et la Damoyselle en laultre. Et pource quilz auoient cestuy iour assez plus trauaille que mestier ne leur fut ilz sendormirent tout incontinent. Helkyn le roux qui bien estoit sans faille le plus desloyal Cheualier qui a cestuy temps feust au monde quant il scait certainement que Gyron est endormy il ne fait autre demourance ains fait armer incontinent iusques a vingt des plus fors hômes de leans. Et quant ilz sont armez ilz entrent dedans la chambre ou gyron est qui se dormoit encores si fort comme sil neust dormy de grant temps. Et quen diroyes ie/ pechie le fait ainsi dormir et le trauail que il auoit le iour souffert. Auant que il sest esueille il est si saisy de toutes pars et prins et lye si formēt que sil eust la force de quatre geās il ne se feust desly. Et ainsi quil sestoit endormy dedans son lict ilz le trouuerēt en chemise et en brayes. Quant ilz eurēt prins gyron ilz allerent incôtinent prendre la damoyselle qui adonc dormoit si formēt quelle ne sestoit encores esueillee/ et adonc la trouuerent ilz en chemise. Quant ilz leurent prinse ilz luy lierēt tantost les mains deuāt le pis et la laisserent en telle maniere dessus son lict. Quant gyron voit que il est prins et lye si estroictement que pour force que il ait il ne se peut deslyer. Se il est dolent et courrousse ne le demandez mye. Et cil ne se peut tenir quil ne dye au seigneur de leans. Vassal ou te messeiz ie que tu me deusses faire si grant vergongne/ie ne suis traistre ne larron que len doye lier en telle maniere que tu mas fait lier Et se tu me vouloyes mal de mort po² ce que ie te deliuray de mort/ et a celle damoyselle qui oncques ne te messeist. Le scez tu tout certainement pour quoy tu faiz mal et vilenye. Certes tu es de vile et de maluaise nature. Or ne peut il estre pour nulle auanture du monde se ie deusse mourir en cestuy fait que encores ie ne soyes vengie de la vergongne que tu me faiz.

Vassal ce dist Helkyn le roux/vous souuient il que quāt iestoyes lye auant hier a larbre en si grant froit comme il faisoit vous ne vous feistes si non gaber de moy/ et faisiez illecq̃s compter voz comptes ⁊ voz merueilles et ie mou royes de froit. Par celle foy que ie vous doy il vous estoit moult pou de moy a cestuy temps pareillement aussi mest il pou de vous dictes orendroit quanque vous vouldrez/ car ie vous tiens. Et de main quant le iour viendra ie vo⁹ feray mener a larbre ou vous me trouuastes et illec demourrez demain toute iour en ceste mesmes maniere que vous estes or endroit. Et affin que il ne vous ennuye destre seul a celle paine ie vous y don neray compaignie/ et ce sera vostre da moyselle mesmes ainsi come elle est or endroit/ et vous fera compaignie des soubz larbre. Or ne vous esmayez du rement/ car vo⁹ aurez demain bon iour pourueu quil face chault. Quant il a dic te ceste parolle il sen va adonc hors de la chambre et ne tient autre parlement a gyron. Ainsi est gyron la nuyt lye dedãs la chambre/ il ne luy poyse pas tant de luy dassez comme il fait de la damoy selle. Et celle est plus dolente de gyron quelle nest delle mesmes. Car a la ve rite dire elle aymoit assez plus Gyron quelle ne faisoit soy mesmes. Quãt elle voit Gyron si vilainement lye elle ne se peut tenir quelle ne die. Haa sire tout ce dommaige et ceste vilenye souffrez vo⁹ pour vostre seurte. Ie vous dys par tãt de foys que nous aurions honte et vi lenye et vous ne men vouliez croire/ et ie ne plainges pas cestuy fait pour mal de moy/ mais pour dueil de vous. Car cer tes a tel homme come vous estes ne de ueroit len faire si non honneur pour nul le auanture du monde. Se ie meurs en ceste auanture ce nest mye trop grãt dõ maige/ mais de vo⁹ si seroit sans faille.

Ainsi et en telle maniere disoit la damoyselle la ou mesmes elle estoit lyee. Ilz furent eulx deux toute la nuyt dessus le lict. A len demain assez matin Hellyn le roux se fait armer auecques luy cinq autres cheua liers/ et bien douze sergens et autres hõ mes qui estoient desarmez et fait pren dre Gyron et la damoyselle. Quant la da moyselle voit que ceulx de leans emme nent Gyron elle est tant courroussee que a pou quelle ne meurt de dueil/ et dit tout en plourant. Haa mort mort pour quoy demeure tu que tu orendroit ne me prens. Certes ie deuroyes mourir puis que ie voys que le meilleur cheualier du mõde est mene si honteusement. Hellyn fait Gyron le courtoys/ se dieu te sault or faiz pour moy vne priere qui riens ne te coustera. Et que veulx tu ce dist Hellyn le roux que ie te face. Or saiches certai nement que de toy ie nay nulle pitie et que tu ne soyes tout cestuy iour a larbre ainsi come tu es icy orendroit lye. Cer tes fait Gyron ie ne quiers que tu ayes pitie de moy/ mais tant feisses par ta courtoysie q̃ a ceste damoyselle tu faces rendre toutes ses robes/ car se elle demou roit la dehors ainsi comme elle est elle mourroit auãt quil feust heure de midy Et ce seroit honte a toy moult grant se tu scais honte recongnoistre. De moy qui suis cheualier ne te doit mye tant douloir ne chaloir comme delle qui est damoyselle. Faiz ceste chose que ie te dy se dieu te doint ioye de ce que plus tu de sires a auoir. Voulentiers sire certes fait Hellyn/ de ceste chose feray ie moult bien ta priere a ceste foys. Lors fait ap porter toutes les robes de la damoyselle q̃ la fait deslyer et luy fait vestir. Et in continent que elle est vestue on luy rely e les mains ainsi cõme elle auoit deuant. Quant ilz eurẽt fait ceste chose ainsi cõ me ie vous compte Gyron dist de rechief a Hellyn. Encores vouldroyes ie se il te plaisoit que tu me feisses vne autre cour toysie qui riens ne te coustera. Et que veulx tu que ie te face fait Hellyn le roux Ie voulsisse fait Gyron que tu me feis ses apporter mes armes auecques moy Car quelque paine/ trauail et martyre

D ij

De Gyron le courtoys

que tu me face encontre droit et raison si me reconforteray ie aucun petit quāt ie regarderay mes armes. Certes fait Hellyn le roux/tout ce feray ie moult volentiers. Lors Hellyn fait apporter toutes les armes gyron/et amener son cheual mesmes. Ceulx qui gyron mainent le conduysent hors du chastel tout nud fors de chemise et de brayes/ilz le vont menant par la neige ainsi nud comme il est tant que ilz sont venuz a larbre ou ilz auoient iouste ensemble le iour de deuant. Quant ilz sont venuz a larbre ilz lyent gyron de rechief au corps de lar bre et la damoyselle de coste luy. Et tant est mieulx a la damoyselle que elle est vestue et chaussee. Elle ne sent pas grantment froit.

Quant gyron est lye a larbre en telle guyse come ie vous cōpte Hellyn le roux qui de la tres grant felonnye qͥl a au cueur se va tousiours soubzryant. Quant il a grant piece regarde gyron il luy dit en soubzriant par gaboys. Vassal fait il/ comment vo͛ est vous auez maintenant moult grant chault/ie croy bien que celle chemise que vous auez en voftre dos vous fait suer a trop grant force. Chetif dolent ce dist gyron/pourquoy parle tu en telle guyse. Certes il ne appartient a nul cheualier du monde a parler de telle chetiuete dont tu parles. Se tu me faiz mal et ennuy tāt moins deueroyes tu ryre. Vassal ce dist Hellyn/maintenant scez tu que ie souffroyes auant hier quant tu te gaboyes de moy/tu tenoies tel parlement et faisoyes compter deuant toy auantures et merueilles. Il testoit moult petit de moy/ainsi sera il orendroit a moy petit de toy. Ie feray tout cestuy iour compter merueilles et auantures et tu mesmes les orras. Au soir entour heure de vespres ie feray de toy sans doubte ce que len doit faire de si fol cheualier et de si vilain comme tu es. Ie te fray con

gnoistre se dieu me sault toute ta folie. Ie verray fait gyron que tu me feras/se tu me faiz selon ce que ie te feiz ia ne me feras adonc si non courtoysie. En telle guyse comme ie vous ay compte demoura gyron lye a larbre des heure de bien matin iusques entour heure de midy. Se il auoit froit a grant plante il le scauoit bien. Il sentoit le froit plus pres de luy que ne sentoient tous les autres qui la estoient. Et quant lheure de midy cō menca a approuchier ceulx qui a cheual estoient auecques Hellyn le roux comencerent a dire entre eulx. Cy vient ung cheualier arme q͂ pourroit bien estre des cheualiers errās qui vont cherchant les auātures p̄ le royaulme de logres q̄ par autres regions. En nom dieu fait hel lyn le roux / puis quil est cheualier errāt et il va cherchant auantures il est venu au lieu ou il trouuera ce qͥl quiert. Lors Hellyn print son escu et son glaiue et se ar resta emmy le chemin et attendit tant q̄ le cheualier fut venu assez pres / et quāt il est assez pres il cōmence a crier a haulte voix. Sire cheualier gardez vous de moy a iouster vous conuient.

¶ Cōment Danayn le roux desconfit Hellyn le roux et tous ceulx qui estoient auecques luy. Et comment il de liura gyron le courtoys et la damoyselle.

Le cheualier qui cheuauchoit droictement tout le chemin si durement pensant quil ne scauoit ou il alloit ne quil de uoit faire / et qui encores au vray dire ne sestoit prins garde de ceulx qui estoient dessoubz larbre armez quāt il entendit ceste parolle q̄ Hellyn le roux luy alloit cryant a haulte voix/cest assa uoir damp cheualier gardez vous de moy/il dressa la teste ainsi arme comme il estoit et respondit moult courrousse. Damp cheualier se dieu vous sault cõment feustes vous si hardy que vo9 me ostastes de mon penser/si maist dieu vous nestes mye si saige sicomme il vo9 feust mestier. Passal ce dist hellyn le roux parlez plus amesurement si vauldra mieulx pour vous. Or saichez tout certainement que vous estes venu en tel lieu ou vostre orgueil est moult moins prisie que vous ne cuydez. Lors danayn le roux respondit et dist/se mon orgueil nest icy prise il est prise en autre lieu. Or saichez fait hellyn le roux que ie ne le prise ne pou ne grant/pourquoy ie vous dy que vous vous deffendez de moy se vo9 pouez/car vous estes sans faille venu a la meslee. Et adonc tantost respond Danayn le roux et dist/ie ne me vueil a vous combatre/querez la bataille en autre lieu se vo9 la voulez auoir/car a moy auez vous failly. Quant hellyn le roux entend ceste parolle il cuyde certainemēt q̃ le cheualier errãt vueille laisser la bataille pour achoyson de couardye & par defaulte de cueur. Et est ce qui adonc luy donne greigneur voulente de soy combatre encontre luy/et pour ceste cause luy dist. Damp cheualier ne voulez vous iouster a moy. Nenny ce dist danayn le roux/car ie nay maintenãt voulente de iouster ne a vous ne a autre. En non dieu dist hellyn doncques laissez cestuy chemin et retournez si cherchez vne autre voye/car ie garde maintenant cestuy chemin tant que nul cheualier errant ny peut passer quil ne iouste encontre moy. Et lors luy demande danayn. Qui vous fait garder cestuy chemin. Et adonc respond hellyn/ie le garde pour moy mesmes/car toute ceste cõtree que vous voyez est myenne. Or me dictes fait Danayn le roux/lequel voulez vous que ie face. Ou que ie passe cestuy chemin a vostre honeur ou a vostre honte. Se vous voulez ie y passeray/et

se vous ne voulez si le passeray ie. Car ie scay bien que vous nestes mye si bon/si preux ne si vaillãt cheualier que vous le peussiez deffendre encontre moy. En nom dieu fait hellyn le roux/vous nauez pas affaire a moy seul ains auez affaire a moy et a tous ces autres cheualiers qui illecq̃ sont et a douze sergens qui sont armez. Certes respond et dit danayn le roux ia pour tout ce que vous me dictes ne laisseray a passer/car vous naurez duree certainemẽt encõtre moy Qui sont ces cheualiers et ces douze sergens armez qui encontre vng cheualier errant se veullent combatre. Allez dormir sire cheualier si maist dieu vous estes fol/car de voz vilains me cuydez cy faire paour.

Quant il a dicte ceste parolle il veult oultre passer/mais hellyn le roux se met au deuant et luy dit. Par saincte croix sire cheualier vous ne pouez eschapper cõme vous cuidez. Il vous est auis p auanture q̃ nous ayons paour de vo9 et de voz parolles. Cestuy fait ira autrement si maist dieu que vo9 ne cuidez a iouster vous cõuient orendroit encõtre moy. Quant danayn entend ceste parolle il mõstre bien semblant q̃l est courrousse/et pour ce respõd il p courroux. Damp cheualier se dieu me sault vous querez la male auãture & vo9 laurez tout maintenant quant tant vous la desirez. Il auoit son escuyer de coste luy q̃ luy portoit son escu & son glaiue/et il regarde vers son escuyer et cil se tire vers luy incontinent. Le cheualier pense vng petit et puis dit p courroux. Certes ia pour ce mauluais Cheualier de Norloys deshonnore ne prendray escu ne glaiue. Et maintenant se lance auant et fiert le cheual des esperons/et prent le Cheualier au Heaulme a deux maines/et le tyre si fort a soy que il luy rompt les latz & luy arrache le heaulme hors de la teste et le iette emmy la voye

Q iiij

De Gyron le courtois

Hellyn le roux est si durement estourdy et si grandement estonne du fort tyrer que le chevalier errant luy a fait quil ne se peut tenir en selle ains vole ius des soubz le ventre du cheual. Et apres quil fut cheut en telle guyse come ie vous ay compte il fut moult grant piece si durement estonne quil neut pouoir de soy releuer ne remuer de la neige. Quant le cheualier errant voit quil est deliure de celluy desloyal cheualier il laisse courre sur les autres/et bien monstre appertement quil ne les doubte riens du monde. Car il se fiert entre eulx si roydemēt quil en fait ung voler a la terre et pareillement son cheual. Quāt il a celluy abatu il met la main a lespee et lors crye tāt comme il peut. Certes gloutons vous estes tous mors/ia de ceste iournee nes chapperez/par ceste espee q ie tiens vous conuient tous finer sans faille. Lors se lance entre eulx lespee en la main toute nue et leur commence a donner si grans coups si pesans et si durs quil nattaint grammēt cheualier quil ne fait flatir a la terre.

Tant fait le cheualier estrange cōme cil qui au vray dire est moult bon cheualier de sa main quil desconfit tous les cheualiers qui illecqs estoient et pareillement tous les sergens. Car ilz congnoissent tout certainement entre eulx que le cheualier errant est de si haulte et merueilleuse bonte que encontre luy ne se pourroient ilz deffendre pour nulle aduanture du monde/et pour ce luy laissent ilz le chāp tout plainement/et tournent en fuyte vers le chastel au ferir des esperons tāt comme ilz peuent des cheuaulx traire. Et sont tant durement espouentez et esmayez quil ne leur est pas auis que ilz peuent iamais venir a temps iusques au chastel que cil ne les ait mys a mort auant. Hellyn le roux fut remonte quāt il vit que tous ses hommes vuydoient le champ si vilainement. Il nest pas tāt asseure quil vueille plus demourer au champ a ceste foys ains tourne en fuyte vers le chastel au ferir des esperons tāt que le cheual peut traire. Il a tost oublie Gyron a ceste foys/il ne luy en souuient orēdroit. Et quen diroye te il ne fine des peronner tant quil est entre dedans son chastel. Et de la grant paour quil a que le cheualier errant ne voyse apres luy il commande tout erramment que les portes soient fermees. Et tout ainsi que il fut commande il fut fait. Apres ce que le cheualier errant eut fait ceste desconfiture en telle guyse comme ie vous cōpte et il voit que toute la place est vydee de ceulx qui orendroit illec estoient armez il sen va incontinent a larbre ou Gyron estoit a si grant mesaise et a si grant destroit comme ie vous ay compte. Il le recongnoist moult bien/car en maintz autres lieux ia lauoit veu et la damoyselle pareillement. Quant il a regarde la destresse ou Gyron est il en a moult grant pitie a son cueur. Et nō pourtant il nen monstre pas le semblant pour ouyr que gyron dira/ains dit comme par despit. Gyron fait il/cōment te va. Il me semble se dieu me sault que celluy qui ainsi ta lye a cest arbre ne vouloit pas que tu eusses trop grant chault.

Quant Gyron entend ceste parolle du cheualier il recōgnoist tout certainement en soy mesmes que cest sans faille danayn le roux. Or cuyde il bien tout pour vray que por la parolle quil luy dit que il luy vueille mal de mort/toutesuoyes il luy respond danayn fait gyron que veulx tu/pour quoy demande tu de mon estre/tu le vois bien. Se ie sens icy mal τ douleur tu sentoyes encores pis quāt le geant temportoit contremont la montaigne. Le scez tu bien de verite que tu estoyes a ta fin quant ie me mys en auanture de toy deliurer du geant ainsi naure comme iestoyes. Tu estoyes a celluy point plus mene au dessoubz que ie ne suis. Dassal ce dist danayn pourquoy me vas tu recordant celluy geant. Se tu me deliuras de luy tu le feiz pour veoir z pour esprouuer la tienne force/et affin que le monde te donnast louenge et pris. Gyron gyron q diras tu/ie te vueil icy estre geant car ie te coupperay le chief de ton espee mesmes si sera adonc finee la nostre guerre. Ie te dys de vray que tu es le plus puissant ennemy que iaye en tout le monde/quant ie tauray mys a la mort qui sera celluy de qui ie doye auoir paour. Il ny aura nul meilleur cheualier de moy entre les cheualiers errans/mais tu es trop meilleur dont de toy seul ay doubtance. Et quant ie tauray maintenant occiz ie pourray dormir seurement. Ia puis apres ne trouueray cheualier qui seul a seul assaillir mose. Quant gyron entend ceste nouuelle oncq̃smais a iour de sa vie il neut aussi grant paour quil nait orendroit greigneur. Et non pour tant si respond il en telle maniere. Danayn fait gyron/ie voys bien que tu me peulx mettre a la mort se tu veulx/car tu en as le pouoir. Mais certes se tu me occioyes en tel point que tu mas maintenant trouue tu seroyes deshonnore et auile a tousioursmais. Car en nul cheualier qui ne peut son corps deffendre ne doit nul cheualier mettre la main pour nulle auanture du monde. Gyron ce dist Danayn/tout ce que tu dys ne te vault a mourir te conuient orendroit. Car se tu eschappes dicy ie ne te trouueray ia mais ainsi en si bon point pour toy mettre a mort comme tu es orendroit. A ceste parolle ne scait gyron quil doit dire Or cuyde il bien tout certainement que danayn ait moult grant voulente de le mettre a mort/et pour ce respond il en ceste maniere du dueil quil a au cueur. Danayn fait Gyron/Se il est ainsi que tu ayes si grant voulente de moy occire come tu en monstres le semblant. Se dieu te sault ne faiz icy longue demeure/mais occiz moy tout maintenant. Car puis quil est ainsi aduenu que ma vie doit ainsi finer z par tes mains vne chose ya qui me donne confort/cest que ie receueray mort de la main dung bon cheualier.

Ors se met danayn auant tout ainsi a cheual comme il est/et prent lespee de giron et la trait hors du fourreau. Et quant il la traite dehors il dist a gyron/ se dieu te sault as tu moult ayme ceste espee. Ouy certes fait gyron/voirement laymay ie moult Et se ie layme ce nest pas mertueille/car se dieu me doint bonne auanture ie croy ql ny ait orendroit en tout le monde vne si bonne espee q̃ ceste ne soit encores meilleur. Et certes se ieusse este en droit moy si bon cheualier comme lespee est bonne en droit elle ieusse bien pouoir dacomplir toutes les merueilleuses auantures et tous les estranges faiz du royaulme de logres/et pource aymay ie plus lespee/ car ie congnois moult bien sa grãt bonte. Gyron ce dist danayn/or peulx tu dire que tu as ayme la tienne mort/car de ceste espee sans faille te conuient mourir tout maintenant. Certes danayn ce dist gyron/puis que a mourir me conuient z que le terme en est venu que ie ne puis eschapper or saiches tout certainement ql mest plus bel que ie meure de la myenne espee que de nulle autre. Adonc la damoyselle commence a cryer moult forment quant elle entend ceste nouuelle. Haa mercy fait elle danayn/ne metz a mort le meilleur cheualier du monde. Se tu loccis tu feras si grant oultraige que a nostre temps ne mourut cheualier dont il fut si grant dommaige ne si grãt desplaisir cõe il sera de luy. Tu le scays bien il nest ia mestier que ie le te dye. Damoyselle fait danayn vouldriez vous pour luy mourir et ie le laisseray viure.

Q iiij

De Gyron le courtoys

Car ie vous faiz bien assauoir que il est mestier que lung de vo‘ deux meure icy. Danayn fait la damoyselle/se tu le vouloyes ainsi faire cõme tu oys. Cest que tu laisseras lung de nous deux viure et lautre mettras a mort/et puis tacordasses a moy de celluy que ie te diroyes de lung de nous deux faire mourir tu feroyes grãt gentillesse. Damoiselle fait danayn/or saichez que ien feray a vostre voulente. Se vous po‘ gyron qui cy est voulez mourir ie vous occiray tout orendroit/et vous occise le deliureray apres. En nom dieu fait elle et ie vueil mourir pour luy. Le monde ne receura nul dommaige de moy/mais se cestuy mouroit tout le monde enbauldroit bien pis Or tost trenchiez moy le chief si sera po‘ ma mort deliure le meilleur cheualier q‘ orendroit soit en ce monde. Quant gyron entendit ceste nouuelle il dist a danayn/ ne faiz pas si grant cruaulte ne si grant felonnye que tu occyes la damoyselle po‘ chose quelle te oye. Oncq̃s ne feiz tant pour elle ce scay ie bien quelle doye mourir/pource ne veulx ie pas que tu loccies Mais occiz moy se tu occiz nul de nous deux. Elle na pas desseruy mort/encores lay ie mieulx desseruye se a ce vient.

Quant danayn voit ceste chose il ne se peut tenir q̃ les larmes ne luy viennent aux yeulx/et pleure dessoubz le heaulme. Le cueur luy engroisse adonc si estrangement quil na pouoir de respõdre. Et pource est il vne grant piece en telle maniere quil ne dit mot du monde. A chief de piece quant il a pouoir de parler il dit a gyron. Gyron se dieu te sault cuide tu ores que ie te vousisse mettre a la mort pour nulle auanture du monde/ et que ieusse si tost oublye la grãt courtoysie que tu me feiz a celluy point que tu me deliuras des mains au geant q̃ me portoit en la montaigne. Je seroyes moult malement desz congnoissant q̃ de trop vile matiere se ie

mettoye cellui a mort qui mist son corps en peril de mort pour moy deliurer. Gyron or saichez de vray que pour gaigner le meilleur royaulme qui orendroit soit en ce monde ie ne te mettroye a mort. Quant il a dicte ceste parolle il remet lespee gyron au fourreau et sault du cheual a terre et trenche la corde dont gyron est lye. Et quãt il la deliure du tout il court a la damoyselle et la deliure. Et quant il a tout deliure il dit a gyron. Cõment vo‘ sentez vous sire. Bien la mercy dieu puis que ie suis deliure. Lors va a son haulbert et le vest/et quãt il la vestu il prent ses chausses de fer q̃ les chausse/car sans faille toutes ses armes quil auoit mys dedãs le chastel estoient illec et son cheual/et le palefroy mesmes de la damoyselle. Quant gyron est arme de ses chausses de fer et de son haulbert il se tourne vers la damoyselle et luy dit Damoyselle cõment vous sentez vous Sire fait elle/ie nay nul mal se vo‘ vo‘ sentez bien. Je ne me chault de nul mal q̃ iaye receu. Certes fait il ie me sens bien Et non pour tant iay eu icy greigneur froidure que ie ne sentis oncques.

Lors se met auant danayn et dit. Sire gyron ie me recorde bien que ie me suis vers vous mesfait si durement que ien deueroyes perdre la teste par raison. Pour dieu et pour franchise de vous prenez de moy telle vengeance cõme il vous plaira en telle maniere que me pardonnez vostre yre et vostre mal talent/ Et bien saichez vrayement que nulle auanture qui mauenist ne pourroit mettre en mon cueur ioye tant comme ieusse vostre male voulente. Po‘ce vous faiz ie bien assauoir q̃ ie neuz oncques si non ioye tant comme ie feuz en vostre compaignie. Et depuis que ie men partys ie nay passe iour que ie nay eu dueil et yre dauncune chose. Quãt il a dicte ceste parolle il ne fait autre demourance ains se met incõtinent

a genoulx deuant gyron et dist. Mercy
franc cheualier pardonnez moy Voſtre
maltalent/ſe vous me dōnez ceſtuy don
plus ſeray riche que ie ne ſeroye dug roy
aulme ſil me eſtoit donne orendroit.
Quāt gyron voit q̃ danayn le roux ſe met
ainſi a genoulx deuant luy il luy dit.
Danayn quant ie voy que vous auez ſi
grant talent dauoir ma compaignie et
mon amytie ie my accorde du tout et vo9
pardonne mon maltalent trop voulen-
tiers/mais ſe vo9 auez fait enuers moy
vilennie ſi grande comme vous ſcauez
vne autre fois ſoiez courtois enuers moy
τ enuers tous autres cheualiers/car cer-
tes a ſi bon cheualier comme vous eſtes
ne conuient faire ſi non courtoiſie. Lors
ſe relieue de la ou il eſtoit a genoulx et
vint baiſer les piedz de giron vouſſiſt gi
ron ou non. Quant les deux bons cheua
liers ſe ſont entreaccordez en telle guiſe
comme ie vous cōpte gyron dit a da-
nayn que ferons nous/car de plus de-
mourer icy ne ſeroit pas ſes a ce que no9
y auons bien plus demoure que meſtier
ne nous fuſt. Sire fait danayn le roux
mettons nous a la voye ſil vous plaiſt.
Lors monte gyron quant il a laſſe ſon
heaulme et ceinte ſon eſpee/et la damoy-
ſelle auoit ia montee ſur ſon palefroy.
Quant ilz furent bien appareillez gyron
diſt a danayn. Que pourrons nous fai-
re du deſloyal cheualier qui ceſte vergon
gne ma fait que vous voyez et ſi nya en
cores gueres q̃ ie luy fiz vne cortoiſie aſſez
grāde. Sire fait danayn que voulez vo9
que ie en face. Certes fait gyron ie me
tiendroye a mort ſe ie ne luy rendoye au
cun guerdon de la vergōgne quil ma faic
te apres la grant bonte et la grant cour-
toiſie que ie luy fis na encores grāment
de temps. Et lors luy cōmence au plus
briefuement quil peut a dire cōment il la
uoit deliure des mains de ſon frere qui le
vouloit mettre a mort.

CCC.xxv

Quant il a tout fine ſon compte
danayn reſpont et dit. Sire ſe
dieu me doint bonne aduantu
re ia a grant temps que ie nouy parler
de ſi vilaine trahiſon comme vous fiſt
ceſtuy cheualier apres la grāt bōte que
vous luy auiez faicte. En ceſtuy fait ne
ſcauroie mettre autre conſeil ſe dieu me
ſault fors que nous allions orendroit de
dans ſon chaſteau τ entre ſes hommes τ
prenons de luy telle vengeance comme
len doit de traiſtre prendre. Sil auoit en
ſa compaignie cinq cens hommes ſi loſe
rois ie bien aſſaillir entre eulx tous puis
que ie vous ay ſi pres de moy. Or ſai-
chez fait giron que tout ce vouloie ie di-
re. Allons a luy tout orendroit. Certes
ie me tiendroie a mort ſe il meſchappoit
ſi quictement. Quant gyron a ce dit ilz
ſen vont vers le chaſtel. Quant ilz ſont
au chaſtel venuz ilz voient que les por-
tes en ſon cloſes dont ilz ſont tant cour-
roucez que ilz ne ſcauent quilz doiuent di
re. Sire fait danayn que voulez vous q̃
nous facons/leans ne pouons nous en-
trer/car les portes ſōt cloſes. Vous dic-
tes vray fait gyron/ de ce ay ie bien le
cueur dolent et marry. Que voulez vo9
dōc q̃ nous facōs fait danayn. Puis que
ie voy ce dit gyron que leans ne pour-
rions nous entrer a ceſte fois / et cy de-
hors fait trop mauuais demourer/ car
le froit eſt trop merueilleux. Je ne voy
autre cōſeil fors que nous nous mettōs
a la voye et allons noſtre chemin. Vne
autre fois par aduanture le pourra for-
tune amener entre noz mains. Apres ce
q̃ ilz eurent ainſi parle enſemble ilz ſen al
lerent vers le grant chemin et cheuau-
cherent tant q̃lz vindrent a lentree dune
foreſt τ trouuerent illec vne tour q̃ eſtoit
a vne veufue dame. En celle tour dormi
rent le ſoir aſſez aiſeement/ car la dame
leur fiſt du mieulx quelle peut pour ce q̃
le ſcauoit bien quilz eſtoient cheualiers
errans. Et ceſtuy ſoir meſme vint leãs

De Gyron le courtois

lescuyer gyron qui sestoit eschappe du chastel au traistre hellin le roux des lors que giron auoit este pris.

Au lendemain assez matin se partirent de lhostel a la veufue dame et se mirent au chemin et tant cheuaucherent quilz vindrent entour heure de tierce a lentree dune forest et trouuerent adonc vng perron de marbre qui estoit a lentree de deux voyes fourchees. Lune des deux voyes estoit a dextre et lautre a senestre. Dessus le perron eust eu alors assez de neige ce neust este ce que len lauoit ostee. Au perron auoit lectres entaillees de grant temps. Les lettres estoient vermeilles. Maintenant que les cheualiers voient les lectres ilz se traient celle part pour veoir que les lectres disoient. Et quant ilz furent pres il les commencerent a lire, et disoient ainsi les lectres.

Tu homme qui cy tauoyes
Le chemin ou es a deux voyes
Ou te gardes de auoyer
Car se tu ty veulx desuoyer
Jamais iour ne te desuoyeras
Ains en lung ou lautre mourras
Tu ne peux a nulle tourner
Dont en fin puisses retourner
Se tu ne veulx de brief mourir
Nentre en nesune/car perir
Si te feront se tu ty metz
Dy entrer point ne tentremetz
Mais va querre ailleurs ta fortune
Sans tenir des deux voyes aucune.

Ainsi disoient les lectres du perron, et au dessoubz dicelles auoit au perron mesmes autres lectres escriptes qui disoient ainsi. Lune des deux voyes est de faulx soulas et lautre voye est de courroux. Lune des voyes est de plour et lautre de penser. Celle de faulx soulas est a dextre et lautre est a senestre. Les parolles disoient les lectres/mais plus ne disoient. Quant les cheualiers ont les lectres leues ilz sentreregardent vne grant piece sans dire mot. A chief de piece gyron dist a danayn. Sire il nous conuient departir desormais/car vous voyez bien que selon la coustume des cheualiers errans il vous conuient tenir vne de ces voyes et moy lautre. Sire fait danayn or sachez tout vrayement que de ceste nouuelle suis ie dolent et courrouce/car certes de vostre compaignie ne me voulsisses ie encores partir puis que dieu a voulu que vostre bonne grace aye recouuree et que vous mauez de rechief receu pour compaignon. Danayn fait giron or sachez que ie ne suis gueres moins marry de ce quil fault que ie me departe de vous que vous estes de ce quil fault que vous vous departiez de moy/mais puis que ainsi est aduenu que departir nous conuient ie vous metz au chois de ces deux voyes/prenez laquelle vous aymerez le mieulx. Sire fait danayn ie vueil celle de faulx soulas. Donc me conuient prendre lautre fait gyron. Sire ce dist danayn selon le script qui est icy mest il aduis sans faille que ces deux voyes sont fort perilleuses. Les lectres dient que en chascune conuient mourir cestuy qui si mettra. Pour ce sire vous fais ie bien assauoir que ie ne me meisse a cestuy point en lune ne en lautre ce ne fust ce que ie ne me doy retraire de nulle aduanture ou mon chemin mapporte/car se ie faisoye autrement adonc monstreroie ie tout clerement que ie laisseroye les aduantures par deffaulte de cueur et par couardise. Pour ce sire ne laisseray ie pas ceste aduanture ains my mettray voirement/et pource que ie ne scay se ie en pourray iamais reuenir ou se demourer my conuiendra/et ie scay de vray que se demourer my conuient quil nya orendroit en tout le monde nul cheualier qui par bonte de cheualerie me peust deliurer comme vous pourriez vous vouldrois ie faire vne priere com me a lhomme du monde ou le plus ie me fye q̃ vous me donnissiez ung don qui assez petit vous coustera. Dictes fait gyron et ie vous prometz loyaulment q̃ ia don ne me demanderez que ie ne le vo9 ottroye pour tant que ie le vous puisse donner a lhonneur de moy. Sire grant mercys fait danayn/ or vous diray ie q̃ cest que ie vous demande.

Ie vous dy vrayement que depuis que ie fuz fait cheualier ie ne trouuay iamais aduanture ou ie naye mis mon corps seuremẽt fors que en ceste que no9 auõs icy trouuee/ car ie my metz en paour et en crainte. Et quant ie voy que telle timeur me tient qui iamais ne maduint mon cueur me dit quil ne peut estre en nulle guise que ie ne soye encombre autremẽt q̃ ie ne voul droye/ ce est ce qui me met en doubte. Vous qui tournez ceste autre part a la vostre auãture ne deuez pas auoir doubte en nulle guyse/ car vo9 estes si bon cheualier et si saige que vostre cheualerie vous ostera de ce peril et vostre sens. Vous en yrez vostre chemin sainement q̃ sauuement/ mais ie qui demourray de ca que feray ie. Or saichez que iamais nen ystray se vostre frãchise ne men oste et ce est la cause pour quoy ie vous prie que vous ne moubliez du tout et q̃ vous mettez aucun conseil en ma deliurance sil est ainsi que a demourer me conuiengne en ceste aduanture. Quant giron entent ceste parolle il a grant pitie de danayn/ il pense ung pou et puis respont a chief de piece q̃ dit. Messire danayn comment peut ce estre que iusques cy auez este sans faille si bon cheualier comme ie scay tout de certain et si hardy en toutes guises que plus ne pourroit on estre et orendroit estes espouente de chose dont vous nauez nulle certainete. Sire fait danayn il est ainsi comme ie vous dy/ a vous ne scaurois ie riens celler. Or me dictes fait gyron cõment pourray ie sca

uoir se vous demourrez icy ou se vous yres auant/ car ces deux chemins par auanture nous peuent moult entreeslongner lung de lautre. En nom dieu fait danayn ce vous diray ie bien. Or saichez tout vrayement que se ie eschappe dicy ie men iray tout droit a maloanc. Vous voulez aller celle part ce scay ie bien τ pour ce que vous estes si bon cheualier cõme ie scay vous ne trouuerez auanture qui vous tiengne iusques a tãt que vous serez arriue au chastel dõt ceste damoyselle est. Quãt vo9 serez venu la sil vous plaist mandez ung vostre message a maloanc et se ie ne suis illec venu a dõc saichez certainement que ie seray deca retenu/ τ puis mettez vous a la voye et vous en venez ceste part pour moy deliurer. Ceste priere vous fais ie/ ne me oubliez en ce pays se il vous plaist.

Ondis quil a sa raison finee gyron respont τ dit. Je me fye tãt en vous et en vostre proesse que vous eschapperez de ceste aduãture si honoreemẽt comme vo9 estes eschappe des autres ou vo9 vous meistes iadis. Allez auant seurement/ car dieu q̃ vo9 a maintenu iusques a present en honneur vo9 y maintiendra encores mieulx dorsenauant. Et ainsi que lauez icy dit le feray ie se ie puis/ car ie me mettray tout ou endroit en ceste aduanture τ quant ie seray oultre passe ie men iray dillec au plus droictement que ie pourray au chastel dont vous auez parle orendroit/ et se vo9 adonc estes venu a maloanc ie le scauray bien/ τ se vo9 nestes venu ie vous attendray apres ce ung moys entier. Se dedans celluy terme ne reuenez au pays ie vous prometz que ie me mettray tãtost a la voye ne iamais a iour de ma vie nauray repos/ pour veu que ie soye en ma baillie iusques a tant que ie soye cy venu Sire fait danayn de ceste chose vo9 mercy ie moult. Lors ostent leurs heaulmes et sentrebaisent τ puis les relacent. Da nayn se met maintenant a la voye entre luy et son escuyer et cheuauche a dextre. Gyron entre en la seneftre voye a telle compaignie comme il auoit. Mais a tãt laiffe le compte a parler de gyron le courtois et retourne a danayn pour compter aucune chose de ses aduantures et comment il luy aduint.

¶ Commẽt danayn le roux entra en la voye de faulx soulas. Et comment il arriua deuant vne tour ou ne habitoient que dames et damoiselles/ et cõment il entra en vng pauillon q̃ au pres de la tour estoit ou auoit plusieurs damoyselles/ et cõment lune dicelles laissa aller vng leurier quelle tenoit. Et cõment danayn se combatit a vng cheualier pour rauoir le leurier a la damoyselle.

En ceste partie dit le compte que puis que Danayn le roux se fut mys au chemin dextre il cheuaucha tousiours auant/ tant comme il cheuauchoit plus il trouuoit tousiours la forest plus belle dassez que au commencement/ mais tant y auoit quelle estoit couuerte de neige par tout. En telle maniere cheuaucha tout le chemin de la forest tant quil eut bien cheuauche neuf lieues anglesches et plus. Et lors commenca il a entrer en vng val assez grant/ et ny eut pas grãment alle quil vit deux belles tours grandes et riches l'une tour estoit de lune part du val et lautre de lautre. Chascune des tours auoit grant eaue entour elle. Emmy le val droictement auoit vng fleuue non mie grant/ mais parfont estoit. Tout ainsi comme Danayn le roux commença a descendre au val tout ainsi a cheual

comme il estoit il ouyt vng cor sonner moult haultement/ et apres que cestuy cor eut sonne en sonnerent plus de vingt tous ensemble/ et estoient sonnez lesditz cors dedans les deux tours si roidement quil faisoient tout le val retentir. Quãt Danayn entent le son des cors il ne scait quil doit dire. Bien luy est aduis sans doubte que ce nest pas signe de paix. Toutesuoyes dit il en soy mesmes que quelque chose quil luy en doyue aduenir si cheuauchera il tousiours auant. Et de tant comme il cheuauche plus de tant voit il choses qui plus lesmerueillent/ car il voit que cestuy val est sans neige quelconque et que herbe y auoit assez de toutes pars aussi grande cõme se ce fust au moys de may. Les oyseletz y alloient chantans darbre en arbre et si estoit emmy le cueur dyuer. Mais illec ne sembloit mye quil fust yuer/ car il ny auoit en tout le val neige ne gellee et sembloit que may fust venu en ce lieu la. Quant danayn voit ceste chose adonc se commence il a reconforter en soy mesmes trop merueilleusement et dit que cestuy lieu a son ymaginacion est vng droit paradis terrestre/ car yuer est par tout le monde et il fait illec aussi doulx et aussi plaisant comme sil fust le moys dauril ou le moys de may. Et pource voirement que le val estoit vers le millieu trop royde a deualler descendit Danayn de son cheual et le mena apres luy en laisse. Tant a chemine en telle maniere quil commence moult a approuchier de la premiere tour/ et lors voit il tout appertement que la tour estoit la plus belle et la plus delectable quil eust oncques veue en iour de sa vie. Car elle estoit dehors ouuree dor et painte a dames et a damoyselles ne nulles autres figures ny auoit sinon bien peu/ mais aucunement en toute la tour nauoit homme quelconque ne Cheualier pourtraict. Nul ne regardast celle tour q̃ ney eust grant merueille. Quant danayn vint si pres de la tour quil la peut bien veoir et regarder visiblement il sarresta emmy le chemin. Et quant il a vng pou regarde de la tour il est tout esbahy et dit tantost a soy mesmes que cestoit sans faille la merueille de toutes les tours que il dist oncques.

La ou il sestoit arreste emmy le chemin en telle maniere come ie vous compte il regardoit la tour ainsi come tout esbahy il escoute adonc et oyt pres de luy vne harpe si doulcement sonner et la voix dune damoiselle qui chantoit parmy le son de la harpe et accordoient merueilleusement bien ensemble. Quat il oyt ceste chose il comence a regarder tout entour luy et voit adoc dessoubz vng arbre vng petit pauillon tendu le plus bel et le plus riche quil eust oncques veu. Tout maintenant quil a aduise le pauillon il dit en soy mesmes ql ne peut estre que dedans ne soit la harpe et la damoyselle qui chante. Lors dist a son escuyer/tiens moy mon cheual. Sire fait lescuyer ou voulez vo° aller. Se dieu me doint bonne aduanture fait Danayn ie vueil veoir qui est dedans ce pauillon. Sire pour dieu fait lescuyer gardez vo°/car vo° estes icy tout seul et en estrange contree/souuiengne vous q vous estes a cestuy point trop loing de maloanc. Aux paroilles de lescuyer ne respont danayn nulle chose du monde ains sen va droictement au pauillon qui est tendu dessoubz larbre/et treuue leans quant il y est venu moult de choses. Il voit quil ya leans vng lict le plus riche et le plus cointe quil ait veu ia a grant temps/mais il nestoit mye moult grat Dedans le lict se seoit vne damoyselle vestue moult noblement et moult richement et estoit tant belle quil ne sembloit pas a danayn que iamais en eust veu vne aussi belle. Deuat le lict de ceste damoyselle dont ie vous parle se seoient quatre damoiselles aussi richement vestues come se ce feussent roynes/et estoient toutes belles merueilleusement/mais a la verite dire leur beaulte ne montoit ries enuers la beaute de celle qui se seoit dedans le lict. Entre les quatre q celle qui dedans le lict se seoit auoit vne moult belle damoyselle qui se seoit au coste du lict Celle damoiselle tenoit vne harpe belle et trop riche et harpoit et chantoit tant doulcement et tant accordeement que ce estoit vng grant delict que douyr le chat de la damoyselle et la voix de la harpe. Et se aucun me demandoit quel lay elle chatoit ie diroye quelle chantoit lay qui a celuy temps auoit este fait nouuellement/gyron lauoit fait et estoit le premier quil fist oncques/le lay estoit appelle le lay des deux amans/et lauoit fait pour lamour de la damoyselle qui thessala estoit appellee qui mourut pour son amy absalon ainsi comme le copte la deuise cy deuant tout appertement.

La damoyselle dont ie vous cop te chantoit et harpoit si doulcement que ce estoit vne melodie que de louyr. Quant danayn qui encores auoit le heaulme en la teste voit la belle damoiselle qui dedas le lict se seoit il dist a soy mesmes quil est mestier quil entre dedans et quil parle a elle q ait son accointance sil peut. Lors oste son heaulme de sa teste et le pend a vng arbre et auale sa coiffe de fer sur ses espaules/et quant il est ainsi appareille il se met vng pou auant q dist quant il fut a lentree du pauillon. Dieu gard ceste belle compaignie de damoyselles/car certes il ya ia grant temps que ie ne vy en si pou de damoyselles tant de beaulte come ie voy icy. Et selles vouloient acueillir en leur compaignie vng cheualier errant elles feroient grande courtoisie q le cheualier le vouldroit moult voulentiers. Quant les damoiselles voyent le Cheualier arme a lentree du pauillon elles sot toutes

De Gyron le courtois

esbahies. Car elles nauoient pas aprins que souuenteffois Benissent entre elles cheualiers. Elles se dresserent toutes a sa Benue contre luy fors celle qui se seoit dedans le lict qui ne sen remua que bien petit et luy dirent. Sire cheualier bien soyez Bous Benu. Et il leur respont que dieu leur doint ioye et bonne aduanture. Sire cheualier dist lune des damoyselles Bous plaist il a seoir auecques nous deuant ma dame qui cy est. Certes fait il ie le Sueil moult bien/et lors sassiet. Et la damoyselle recommence maintenant a harper et chanter son lay quelle auoit entrelaisse. Au lay escouter q entendre entent danayn moult petit/ains regarde la belle damoiselle qui au lit se siet. Celle regarde il tousiours/sur celle a il les yeulx seulemēt. Et dit bien en soy mesmes que ceste est la plus belle damoyselle qˈl Bit ōcques puis quil fut fait cheualier. Il ne cuydoit mye q̃ en tout celluy pays peust auoir si belle damoyselle comme est ceste/et pour la grant beaulte delle la regardoit il si ententiuement

Quant la damoyselle qui harpoit eut son lay fine la damoiselle qui sur le lict estoit assise tenoit Bng leurier en son geron moult beau q̃ aduenant qui luy eschappa/et quant elle Bit quil luy estoit ainsi eschappe elle dist a ses damoyselles. Or tost allez lune deBoꝰ apres mon Brachet et le me ramenez/gardez quil ne passe la riuiere pour nulle aduanture du monde. Incontinent quelle eut dicte ceste parolle se partit lune des damoiselles du pauillon pour aller apres le Brachet Et ne demoura gueres quelle retourna a sa dame et luy dist tout en plourant. Haa dame nous auons perdu le Brachet il a la riuiere passee ne ie ne me suis ose mettre apres pour leaue qui est trop parfonde. Quant la damoyselle qui dessus le lict estoit assise entent ceste parolle elle est tant durement yree par semblant qua pou que les larmes ne luy Biennent

aux yeulx. Et danayn qui bien cōgnoist que tout celluy courroux quelle a orendroit lui Bient pour achoison du Brachet luy dit. Damoyselle sil Bous plaisoit ie Bous rendroye Bostre Brachet pour tant que me Bueillez dire ou il est alle. La damoyselle respondit tantost et dist. Certes Beau sire Bous estes bel cheualier et assez grant/mais ie ne pourroie croire quil y ait en Bous si grant bonte de cheualerie que Bous rendre le me peussiez Car certes tel cheualier la orendroit entre ses mains qui ne le rendroit pas legeremēt a Bous ne a autre se ce nestoit par force darmes. Et celluy est bien si bon cheualier de son corps que ie croy bien q̃ Bous auriez courte duree encontre luy quant se Biendroit a la bataille. De ceste parolle est danayn ainsi comme tout courrouce/car bien luy est aduis sās faille que la damoyselle ait parle en ceste maniere par desprisance de luy. Lors dit a la damoiselle qui encores plouroit pour lamour du Brachet. Damoyselle se dieu Bous doint bonne aduanture or me faicte tant de courtoisie se il Bous plaist que Bous seulement me monstrez celluy qui a retenu le Brachet. Sire fait la damoyselle tant feray ie bien pour Bous que de le Bous monstrer. Mais ce sera paine perdue que de Bous mettre en ceste aduāture/et si en pourrez tost mourir. Damoyselle fait danayn de tout ce ne Bous esmayez. Celluy seulement me mōstrez qui Bostre leurier a et puis laissez de cestuy fait le demourāt sur moy. Sire fait la damoyselle quant Bous de ce me priez ie feray Bostre priere/or yssons hors.

Lors yssirent hors du pauillon et la damoiselle dist adonc a danayn. Sire cheualier Boiez Bous celluy arbre qui est oultre celle riuiere q̃ est si Bert. Damoiselle fait il ouy ie le Boy bien/il mest aduis sans faille quil ya dessoubz Bng cheualier arme qui se siet illec. En nom dieu fait elle Bous dictes verite/ et si pouez veoir a cellui arbre ung cheual ataiche. En nom dieu fait danayn tout ce voy ie bien/ est ce cellui q a vostre brachet. Ouy ce dist la damoyselle ce est il voirement/ se vous rendre le me pouez ie le tiendray a grant merueille/ car cellui qui le tient est sans faille ung des bons cheualiers du monde. Se maist dieu fait danayn se ie le brachet ne vous rendz pour tãt q ie le treuue ie ne me tiẽs pour cheualier. Lors lace son heaulme en sa teste et vient a son cheual et monte et puis dist a son escuyer quil lattende et quil retournera tantost se il peut. Lors commence a deualler le val tout ainsi a cheual comme il estoit. Et quant il est venu a leaue il treuue quelle est profonde durement et a malle entree et malle yssue dautre part. Quant il a une piece pense sur le bort de leaue il se fiert dedãs Le cheual qui estoit charge du cheualier et de ses armes alla au fons si qua pou quilz ne se noyerent tous deux/ mais le cheual se ressourdit et esleua sur leaue et la passa a fine force. Quant danayn fut a terre venu il ne descẽdit ne pou ne grãt mais tout ainsi comme il estoit sen alla droictement a larbre et trouua illec le cheualier garny de toutes ses armes et deuant luy estoit son cheual ataiche a larbre/ et tenoit a cellui point le brachet pour quoy danayn estoit illec venu. Quant le cheualier voit venir vers luy danayn ainsi arme et mouille comme il estoit il luy dist. Commẽt sire cheualier cuydiez vous peschier poisson ainsi a cheual et arme cõme vous estes. Nenny certes fait danayn/ mais iay ainsi passe ceste eaue pour venir querre ce brachet que vous tenez. Commẽt ce dist le cheualier estes vous donc venu ceste part pour me cuyder tollir ce brachet. Ouy certes fait danayn/ ie ne suis venu ceste part pour autre chose. En nom dieu fait le cheualier or vous en retournez sil vous plaist tout ainsi que vo9 estes venu/ car saichez que

cestuy brachet naures vous point. Celle qui vous enuoye ceste part la fait plus pour vostre dommaige que pour le brachet. Elle ne ayma oncques cheualier ne aymer ne les veult/ ains les hait mortellement. Pour ce vous a elle enuoye ceste part cuydant que vous vous deussiez noyer en leaue et ainsi se fust deliuree de vous.

Sire fait danayn tout ce que vo9 allez disant ne vous vault riẽs Il est mestier se Dieu me sault que vous me rendez ce brachet/ car ie lay promis a rendre a la damoyselle a qui il est eschappe orendroit. Or saichez fait le cheualier que vous luy auez donc promis chose que vous ne luy porterez ia/ ie vouldroie auoir plus du sien que ie nay orendroit. Cestuy est le brachet sans faille quelle ne tiendra iamais. Sire cheualier fait danayn or saichez qil est mestier que vous le me rendez/ ou autrement il vous conuient tout maintenant combatre encontre moy. Beau sire fait le cheualier se dieu me sault vous estes fol. Cuydez vous que vous me faciez moult grant paour de ce que vous me dictes que combatre me conuient a vous. Or saichez de vray que se vous fussiez trop meilleur cheualier que vo9 nestes si me combatroie ie aincois a vous que ie vo9 rendisse le brachet. Donc ny faictes autre demourance fait danayn/ ains montez sur vostre cheual et venez le brachet deffendre ou le me rẽdez tout a ceste heure. Certes sire fait le cheualier puis que ie suis a ce venu que combatre me conuient encontre vous ie my accorde trop voulentiers. Quant il a dicte ceste parolle il lye le brachet a larbre affin quil ne sen fuye et puis vient a son cheual et monte dessus sans faire autre demourãce/ et prent son escu et son glayue/ et maintenant cõmencerent a sonner des deux tours plus de vingt cors tous ensemble si que le val en retentit de toutes pars

Quant les cors eurent sonne assez longuement maintenant vindrent aux carneaulx de la tour dont le chevalier estoit plus de quarante Chevaliers q̃ tous des armez estoient. Aux carneaulx de lautre tour vindrẽt aussi dames ⁊ damoyselles plus de soixante. Ainsi estoit le geu party diuersement que lune des tours estoit plaine de chevaliers si quil ny auoit en icelle dame ne damoyselle. En lautre tour ne demouroient aussi que dames ⁊ damoyselles/ne nul chevalier ny auoit ne nul autre homme du monde. Quant les deux chevaliers furẽt appareillez de iouster danayn dist au chevalier. Sire encores vous loueroie ie en droit conseil que vous me rendissiez tout quictement le brachet auant que nous en feissions plus/car certes ie croy bien que au derrenier lauray ie et si ne vo⁹ en scauray gre Le chevalier respondit tantost et dist. Or saichez vrayement sire chevalier que le brachet ne pouez vous auoir. En nõ dieu fait danayn certes si auray ie ie puis Et lors laisse courre au chevalier tãt cõme il peut du cheual traire ⁊ le fiert si roidement en son venir que cellui na pouoir ne force de soy tenir en selle/ ains volle tout maintenant a terre. Quant il a celluy abatu en telle maniere comme ie vo⁹ compte/les damoyselles qui estoiẽt aux carneaulx de la tour commencent tantost a crier aux chevaliers de lautre tour Abatu est vostre Chevalier qui est le cõmencement de vostre abaissement/⁊ les chevaliers ne leur respondent nul mot/ ains se taisent et vont regardant sur qui la desconfiture pourra tourner des deux chevaliers.

Apres ce que le chevalier que danayn auoit abatu se fut releue il mist la main a lespee et dist a danayn. Sire chevalier vous mauez abatu et mauez bien monstre sans faille que vous estes meilleur iousteur que ie ne suis. Mais il me conuient pour venger ma honte combatre encontre vous a lespee trenchãt/et p̃ bien ferir de lespee pourra len congnoistre le meilleur cheualier de no⁹ deux. A parolle q̃ le cheualier die ne respont riẽs danayn/ ains sen vient au brachet et le veult deslier pour lemmener/mais le chevalier luy sault a lencontre et luy dit. Par saincte croix sire chevalier vo⁹ ne lemmenerez pas ainsi/encores le vous cuyde ie bien deffendre et sur vous venger la honte que vous mauez faicte. Or tost laissez le brachet ou ie lay mys ou ie locciray entre voz mains. Quant danayn entent ce plait il respont au chevalier ainsi comme tout courrouce et dit. Damp chevalier soyez en paix/car saichez tout vrayement que se vous me faictes descendre vous vous en repentirez/car ie scay tout certainement que vous nestes pas chevalier qui contre moy vous puissiez deffendre. En nom dieu fait le chevalier a descẽdre vo⁹ conuient/car ie me vueil combatre a vo⁹ Quant danayn voit quil ne peut au cheualier trouuer nulle autre paix il ne fait autre demourance ains descent de son cheual et court sus au chevalier et lui dõne dessus le heaulme ung si grant coup que le chevalier est du coup receuoir si estourdy quil trebusche a terre et ne scait sil est iour ou nuyt. Quãt danayn le voit a la terre il se lance sur luy et le prent au heaulme a deux mains et le tyre a soy si fort quil luy en ront tous les latz et luy esrache de la teste et le gecte au loing/ et apres ce luy abat la coiffe de fer sur les espaules ⁊ luy commence a donner grãs coups du pommeau de lespee parmy la teste si quil en fait le sang saillir de plusieurs lieux. Quant le chevalier se sent si malement mener pour ce quil a paour et doubte de mourir commence il a crier tant comme il peut. Haa mercy sire cheualier pour dieu ne mocciez pas/ie vous clame quicte le brachet/faire en pouez a vostre voulente. Certes fait danayn pour ce que tu mas courrouce/mestier est se dieu me sault que tu recongnoisses ta honte et que tu te tiengnes pour oultre. Le cheualier respondit tantost et dist Tout ce feray ie voulentiers/car point ne vueil encores mourir se ie puis/et pour ce dy ie que desormais ie me tiens pour oultre. Prenez le brachet/car plus ne le vueil auoir pour ce pris.

Quant danayn entent ceste parolle et il voit que il a le cheualier du tout mys au dessoubz il le laisse a tant et remet son espee au fourreau. Et lors voit yssir de la tour ou les cheualiers estoient ung varlet qui portoit ung escu tout vermeil a son col leql sen vint tout droictement a larbre ou laustre cheualier se reposoit qui le brachet auoit prins et pendit illec lescu et dist a danayn. Sire cheualier encontre cestuy escu vo9 conuiendra demain cōbatre se voulez maintenir lauanture q vo9 auez oren droit cōmencee. A ceste parolle ne respondit danayn nulle chose du monde/ains alla au brachet et le deslya et puis vint au fleune et saulta dedans tout ainsi a cheual comme il estoit et passa oultre a tout le brachet/et senvint iusques au pauillon ou il cuydoit la belle damoiselle trouuer Il ny trouua a cestuy point fors vne autre damoyselle qlnauoit encores point veue. Celle luy dist tout maintenāt q̄lle le vit venir. Sire cheualier baillez moy le brachet si le porteray a ma dame/elle ma commande que ie le vo9 demande et q ie luy porte. Et pour ce suis ie venue orendroit en cestuy pauillon. Ha damoyselle fait il plus voulentiers luy portasse que de luy envoyer. Presenter fait elle ne luy pouez vo9 maintenant/car vo9 ne pourriez venir ou elle est/car bien vous fais assauoir q̄ en ceste tour q̄ vo9 voyez na fors que dames et damoyselles/oncqs homme ny entra depuis que la coustume en fut fondee. Damoyselle fait danayn vouldriez vo9 point pour moy faire vne

chose qui assez petit vous coustera et saichez q̄ ie vo9 en renderay encores bon guerdon se ie puis. Dictes fait elle que vous voulez que ie vous face et ie vo9 prometz q̄ ie le feray se ie puis. En nom dieu fait il de ce vous mercy ie moult. Or me dictes sil vo9 plaist qui est ceste damoyselle q̄ iay huy veu en ce lict seoir et a qui sont ces deux tours/et pour quoy cest que il nya en ceste tour que dames et damoyselles et en celle autre tour dela na fors que cheualiers et hōmes. De ce me faictes saige se dieu vous doint bonne aduantu re/autre chose ne vo9 demāde a ceste fois

Quant la damoiselle entent ceste nouuelle elle pense ung pou et puis respōt. Sire cheualier or saichez que d̄ ceste chose scay ie bien la verite/mais ie ne vous en oserois riens dire sans le conge de ma dame de ceste tour q̄ vous auez huy veu seoir dedans le lict qui est si belle dame et tant aduenant de toutes choses que ie ne croy pas quil y ait orendroit en tout le monde si belle dame ne si belle damoyselle quelle ne soit assez plus belle et plus aduenant Danayn respondit et dist. Certes chiere dame de ceste chose que vous mauez orendroit dicte macorde ie bien a vostre iugement. Mais quant vous ne me voulez riens dire de ce que ie vous demā de or me dictes vne autre chose sil vous plaist. Comment a nom ceste fleur et beaulte de toutes les dames du monde Certes fait la damoyselle elle a nom albe. Chiere damoiselle fait danayn a bon droit luy fut dōne cestuy nom. Car tout ainsi comme laube du iour est commencement de clarte qui conforte toutes gēs qui voyent/tout ainsi est vostre dame clere et nette de beaulte et est confort a tous cheualiers q̄ veulēt bien faire. Or tenez le brachet et lui dōnez de ma partie/et celle le prēt/et quant elle sen vouloit aller danayn luy dist. Me scauriez vous enseigner ou ie puisse herberger ceste nupt.

R i

De Gyron le courtois

Car de cestuy val ne me souffisse ie ia=
mais partir deuant que iaye prins con=
ge a ceste dame. Sire fait elle se vo͹ vou
lez retourner bien enuiron deux lieues
angleshes vous trouuerez vng hermi
taige assez grāt ou les cheualiers errans
se souloient herberger. Autre part ne
pouez vous herberger si aise/ et demain
a heure de prime retournez icy et adonc
pourrez vous veoir ma dame/ car a elle
ne pourriez vous parler maintenant.
Damoyselle fait danayn or vous com=
mande ie a dieu/ et de ce que mauez enseis
gne ou ie pourray herberger vous mer=
cy ie moult. Lors vient a son cheual et
prent ses armes ainsi mouillees comme
elles estoient τ dist a son escuyer or che=
uauchons/ car retourner nous conuient
iusques a vng hermitaige qui est bien
pres dicy se nous ne voulōs gesir dehors

Apres ce quilz sont montez ilz che
uauchent tant quilz sont venuz
iusques a lhermitaige qui estoit
vne maison assez grande/ et auoit leans
quatre hermites qui demouroient leās
au seruice de nostre seigneur. Quant ilz
virent le cheualier errant qui leans vou
loit entrer pour herberger ilz le receurēt
moult courtoisement et luy monstroiēt
bien semblant quilz estoient fort ioyeux
de sa venue/ et si estoient ilz sans faille.
Quant ilz leurent desarme ilz le firent
asseoir deuant le feu au plus aise quilz le
peurent faire. Et puis luy demanderēt
sil auoit point encores mange et il dit q̄
nenny/ et ilz luy apporterent maintenāt
a manger pain herbes et fruict et telle
viande cōe ilz auoient leans. Et quāt il
eut māge ilz luy demāderēt dōt il venoit
τ il dist quil venoit de deuers les destrois
de sorelois et quil sen alloit vers le roy=
aulme de logres tant comme il pouoit.
Dieu vous y cueille conseiller sire sont
ilz/ car sachez que vous estes venu en
vne contree dont vous ne pourrez pas
eschapper legierement/ encores nen est

eschappe nul q̄ y soit venu. Dictes moy
beau sire fait danayn les deux tours qui
sont cy deuant qui les fist et pour quelle
aduanture τ par quelle maniere elles fu
rent establies. Je vouldroye moult vou
lentiers que vous me deissiez cōment cest
que de ces deux tours les dames sont du
ne part et les cheualiers de lautre. Com
ment sire dient les hermites auez vous
ia veu les deux tours. Je les ay veues
voirement fait danayn et si ay passe la
riuiere pour rauoir vng brachet qui es=
toit eschappe a vne damoyselle et ay tāt
fait que ie luy ay rendu. Haa sire cheua
lier font les hermites a ce que vous no͹
allez disant voyons nous bien que vous
auez ia commēce lauanture dōt maintz
preudhommes ont este mors et maintz
autres emprisonnez qui iamais ne serōt
deliurez. Or sachez sire que vous entrez
en si forte aduanture et si perilleuse que
certes nous ne cuydons que par nulle
aduanture du monde vous en puissiez es
chapper sans mort ou sans prison/car en
cores ne si est nul homme mys qui autre
ment en soit eschappe. Seigneurs fait il
or est ainsi que se le fait estoit encores
plus perilleux quil nest si lay ie emprins
et si ne scay encores que cest. Pour dieu
se vous le sauez dictes le moy faictes
men saige/ car certes cest vne chose que
ie desire moult a scauoir. A ceste parolle
respondit lung des hermites et dist.
Sire cheualier pour quoy vous met=
trions en paour ne en doubtance se nous
veissions que vous peussissiez de ce lieu
vous en retourner par aucune aduan=
ture ce que faire vous ne pouez/ car desor
mais ne pourriez vous de ceste contree
yssir/ car trop auant y estes entre puis
que tant en auez fait cōme dit nous auez
Se Dieu maist fait danayn/ or sachez
tout certainement que se ie pouoye or en
droit retourner tout deliureement sans
nul encōbrier ie vous prometz q̄ ie ne re=
tourneroye pour gaigner vng bō cheual

En nom dieu fait lhermite se vous vou
liez maintenant retourner vous ne pour
riez/car celle voye que vous cheuauchas
tes huy et trouuastes toute deliure se re
tourner vouliez vous trouueriez orendroit si encombree que vous ne pourriez passer oultre en nulle maniere du mōde. Sire fait Danayn du retourner ne me parlez se il vous plaist/car ie vous prometz que ie nen ay nulle voulente/laissons en du tout la parolle. et me dictes sil vous plaist la verite des deux tours et comment elles furent establies & comment elles se maintiennent encores et quelle aduanture est ceste que iay emprise. Quant il eut ce dit lhermite respondit et dist. Sire cheualier quāt ceste chose voulez scauoir ie vous en diray maintenant la verite/Or escoutez. Et lors sassiet deuant danayn et les autres hermites aussi. Et quant ilz sont assis lhermite cōmence maintenant son compte en ceste maniere.

¶ Cōment vng hermite cōpta a Danayn la cause pour quoy les deux tours du val auoient este edifficees et pour quoy ne habitoient en lune que dames et damoiselles et en lautre que cheualiers et hommes.

Sire fait lhermite il aduint iadis encores na gueres de temps que en cestuy pays auoit deux si bons cheualiers et de si hault affaire que pou en auoit de meilleurs au monde Cestuy pays qui est par deca le fleuue q̄ vous passastes huy fut a lung des cheualiers/lautre pays qui est par dela le fleuue si estoit a lautre cheualier. Les deux cheualiers estoiēt orgueilleux lung vers lautre pour la bonne cheualerie q̄ vng chascun deulx sentoit en soy/& pour la grant enuie quilz auoient lung sur lautre firent ilz faire ces deux tours que voꝰ auez huy veu. Et les firent si pres comme elles sont affin que lung ne courust sur la terre de lautre. Lung des cheualiers qui tenoit la terre de celle part ou nous sommes orendroit estoit appelle Lyas le grāt/pour ce quil estoit sans fail le vng des plus grans cheualiers qui a cestuy temps feussent au monde. Lautre estoit appelle Helyon le seur pour ce q̄ encores ne lauoit on veu esmaye ne espouente dauanture quil luy fust aduenue tant fust perilleuse. Lyas le grant auoit vne moult belle dame a femme. Celle dame auoit de son mary quinze filles tant belles damoyselles que ce estoit merueille que de veoir leur beaulte. Lautre cheualier qui Helyon estoit appelle auoit quinze filz de sa fēme beaulx cheualiers et de grant affaire. Quant lyas le grāt vit que Helyon auoit si belle mesgnie cōme de quinze filz il lui dist. Donons tes filz a mes filles si auros adōc pouoir sur tous noz voisins/& ceste rācune qui a dure si lōguemēt entre toy & moy sera tournee en amptie: mais se noꝰ ne faisons ce party nostre affaire yra mal ie le te dy. Helion q̄ plus estoit orgueilleux pour la noblesse de ses filz q̄ nestoit lyas pour ses filles respondit maintenāt & dist. Trop seroit abaisse lhonneur de mes enfans se ie le faisoie/car se ilz peuent viure longuement ilz serōt de tel pouoir que a paine daigneront ilz prendre voz filles pour estre damoyselles de leurs femmes.

Ainsi orgueilleusement parla a ceste fois Helion a lyas le grāt qui de haultesse de lignaige estoit assez plus gentil homme que luy. Quant lyas ouyt ceste response il fut forment courrouce & se partit de luy a tant Aps ce ne demoura gueres q̄ les deux cheualiers se trouuerēt en ceste forest seulz lyas q̄ bon cheualier estoit cōe cil q̄ estoit extrait du lignaige au bon cheualier hec

R ii

De Gyron le courtoys

tor le brun quāt il dit helyon le seur venir si seul cōme il estoit il lui dist. Helyon tu mas dit hōte vergōgne trop grāt na encores grammēt de temps q̃ ie la vueil maintenant vengier se ie puis. En telle maniere commenca la meslee des deux cheualiers cy deuant en ceste forest et tant quilz sentrebless̄eret trop malemēt aux espees trenchantes. Quant ilz se furent tant combatus que plus nen pouoient helyon dist. Lyas pour quoy te cōbas tu a moy. Pour la honte que tu mas dicte dist lyas. Tu scez bien que ie suis du lignage au bon cheualier qui fut appelle hector le brun. Or escoute dist helyon pour ce que tu es bon cheualier et il ne seroit mye bon que ie te occisse ou tu moy feray ie tant pour la tienne amour que ie donneray mes quinze filz a tes.xv filles/et par ainsi desormais aura paix ⁊ concorde entre toy et moy. Et lyas luy respondit ⁊ dist. Ce ne pourroit aduenir que tu me dis/car ie ne me pourroie accorder a ce que le sang hector le brun se meslast auecques le tien/ce seroit trop grant abaissemēt. Jamais nulle de mes filles naura mary deuant que le sang de toy ⁊ de tes filz sera du tout tourne a destruction/mais quant ilz seront peris adoncse pourront mes filles marier par mon conge. De ce fait ne pourra estre autrement/car ie lay ainsi estably. Comment lyas fist helyon ne pourra donc entre toy et moy estre autre paix. Nenny certes ce dist lyas. En nom dieu dist helyon ⁊ ie te creance loyaulment oredroit que tes filles seront tournees a deshonneur et a honte ⁊ toy mesmes auant que mes filz soyent mariez. Je vueil quilz ne facent nulle planiere ioye tāt comme ilz saichent si pres deulx leurs ennemys mortelz.

Apres que les deux cheualiers eurent tenu tel parlemēt comme ie vous compte ilz recommencerent maintenant la bataille quilz auoient encommencee/et tant maintindrent cestuy assault que plus nen pouoient / car ilz estoient tous deux mortellement naurez. Quant ilz virēt quilz estoient ainsi naurez que plus nen pouoient ilz dirent de commune voulente. Or nous entrelaissons a tant et retournōs a noz tours. Plus nous sommes icy cōbatus que mestier ne no⁹ fust. En telle guise se partirēt lung de lautre les deux bons cheualiers et retournerent a leurs tours. Quant lyas fut retourne a son repaire il se fist desarmer et se coucha dedans son lict. Et puis fist deuant luy venir sa femme et ses filles et dist a ses filles. Je suis mort pour vous/et puis dist a sa femme. Je vueil que vous me creancez loyaulment que iamais ne ferez ne iamais ne souffrerez que nulle de mes filles soyent mariees tant comme il y ait en vie nul des filz helyon. Et tout maintenant que ie seray mort ostez tous les hommes qui ceans sont en ceste tour/ne ne souffrez que iamais homme mortel y entre iusques a tant que tous les quinze freres filz de helyon soyent mors. La dame lui creanca loyaulment de tout ce faire et tenir et aussi firent les filles pareillement. Apres ce ne demoura mie grāment q̃l mourut et fut enterre en vne petite eglise qui est dedans la tour. Daultre part quant helyon fut venu a sa tour il fist venir ses enfans deuant luy ⁊ leur fist creancer loyaulment ceste chose quil auoit promise a lyas. Et ainsi sentreocirent les deux bons cheualiers et pour celle achoison q̃ ie vo⁹ ay cōptee. Quant les filz virent leur pere mort ilz sarmerent ⁊ passerent la riuiere pour assaillir la tour/mais riens ne peurent faire a la tour/car elle estoit aussi forte et aussi riche cōe il appert encores/et la dame auoit leās viande assez pour longuemēt tenir la tour/mais les freres lassiegerent cuydāt q̃lz neussent leans nulz viures. A ce temps que ie vous compte estoit ga leholt le brun en ce pays. Quant il ouyt dire que les damoyselles estoient de son lignaige & luy appartenoiēt de bien pres et estoient ainsi assiegees il dist quil iroit celle part pour veoir que cestoit/ si y vint tout arme en la compaignie dung seul escuyer. Quant il fut iusques a la tour des dames venu il trouua que la tour estoit assiegee de toutes pars dont il fut yre et courrouce et dist aux freres. Certes seigneurs vous faictes grant chetiuete et grant honte a cheualerie q ainsi auez assiege ne scay quantes femmes qui sont en ceste tour. Grant vergongne faictes a vous mesmes quant gens assiegez qui ne se peuent encontre vous deffendre. Or tost ostez vostre siege dicy ou ie vo9 feray vergongne maintenant et dommaige de voz corps. Et ilz dirent qlz ne sen remueroient ia pour luy. Non dist il/ certes si ferez. Or vous deffendez de moy se vous le pouez faire/ car vous estes venus a la meslee.

En telle maniere commenca la bataille de galeholt le brun et des cheualiers qui estoiēt plus de quarāte. Quen diroie ie cil qui estoit si bon cheualier a cestuy temps que au monde nauoit son pareil fist tant adoncques quil mist a desconfiture tous ceulx qui illec estoient/ et des quinze frere occist il cinq et les chassa oultre le fleuue & les fist rentrer a fine force dedans leur tour et dist quil les y assiegeroit et que iamais nystroient de leans. Quant les freres se veirent si malement mener ilz ne sceurent quel conseil prendre en ceste besongne/ car ilz congnoissoient bien tout clerement que encontre galeholt le brun ne se feussent ilz sceu deffendre en nulle maniere du monde quilz ny eussent plus perdu que gaigne/ et pour ce commencerent ilz a cryer mercy a galeholt/ lequel leur respondit. Se vous me voulez loyaulment creācer que iamais cestuy fleuue ne passeres pour aller par dela tant comme vine la dame de ceste tour ne nulle de ses filles ie men yray a tant et vous laisseray en cestuy point ou vous estes orendroit. Ilz dirent que ce feroient ilz voulentiers. Encores vueil ie dist galeholt que vous me creancees loyaulment vne autre chose/ cest que se aucun cheualier passe le fleuue pour lamour des damoyselles et qui vueille faire armes encontre vous que vous ne vous combatrez encōtre luy que vng seul en vng tour Et se ilz sont deux que vous ne ystrez q deux encontre eulx. Autant comme il en viendra encontre vous vous ystrez encontre eulx et non plus. Que vous diroie ie beau sire galeholt le brun mesmes establit ceste coustume et conferma des damoyselles tout ce que lyas en auoit fait. Nulle delles ne se peut marier tant comme il y ait en vie nul des freres. Quāt il eut ceste chose faicte en tel guise comme ie vous compte il se partit a tant mais il fist encores autre chose/ car cy deuant en vne voye que vous auez au iour dhuy passee fist il faire vng pont sur vne roche. Ou maintenant que le cheualier errant est oultre passe le pont est leue/ et se il vouloit apres retourner dont il vient droit il ne pourroit/ car il trouueroit le pont leue. En telle maniere vous dy ie sire cheualier que vous estes prins & vo9 diray raison pour quoy. Se vo9 voulez aller auant vous ne pouez/ pour ce que les cheualiers de la tour vo9 prendront po9 la cause q vo9 estes ia alle sur eulx de par les damoyselles. Et se vous voulez perseuerer de vous cōbatre chascun iour encontre vng des cheualiers de la tour q vous estes oultre par aucun diceulx ilz vous occiront ou mettront en prison/ et se a ceste heure retourner vous en vouliez vous ne scauriez/ car tous les cheualiers de la tour ystroient sur vo9 et vous prendroient/ et si ne scauriez par suyr eschapper deulx pour ce que le pont du passaige est leue.

R iii

De Gyron le courtoys

Par ceste achoison que ie vous ay dicte sire cheualier pouez vous veoir tout clerement que vous estes arreste et mis comme en vne prison/car vous ne pouez retourner ne aller auãt/z chascun iour vous combatrez encontre vng des cheualiers de leans/ne cest estrif ne vous fauldra tant qlz y ait en la tour cheualier qui ne seroit pas legiere chose a acõplir comme de les tous vaincre/car en la tour saichez vous bien y a plus de soixante cheualiers. Pour ce vous dy ie sire cheualier que fortune vous a amene en vne telle auãture qui bien est au mien cuyder la plus perilleuse qui soit orẽdroit en tout le royaulme de logres. Dieu vo⁹ y pourroit ayder sil vouloit ce quil face par sa pitie. Or me dictes sire fait danayn se mist oncques encores nul cheualier en ceste espreuue quil ny mourust. Certes fait lhermite ie ne scay se tous moururent/mais ce vous fais ie bien asauoir que nul ne si est encores mys quil ny ait este occis ou prins. Or me dictes fait danayn ny est il venu encores nul cheualier qui se y soit bien espzouue. Certes fait lhermite bien peut ores auoir de my an passe que vng cheualier errant vint cy ainsi cõme vous estes venu orẽ droit/et estoit ce cheualier appelle lampadel de part/grãt cheualier estoit si bel et si courtois que ce estoit merueille de sa courtoisie. Se dieu me sault ie ne croy pas que ie veisse oncques en tout mon aage vng cheualier aussi courtois comme estoit cestuy. Quen dyrois ie il sen vint ceans herberger vng soir moult tard. Et quant il me eut demande de laffaire de ceste aduanture et de ceste contree et ie luy euz dit mot a mot le felon passaige qui icy deuant est/car encores ne lauoit il pas veu il me dit en soubzriãt Se dieu me sault puis que fortune ma amene en si perilleuse aduanture comme est ceste il est mestier que ie leur monstre auant brief terme que cheualiers errãs

scauent faire. Au lendemain alla iusques la et passa le fleuue et se combatit a vng cheualier de la tour et le vaincquit/et puis sen retourna ceãs. Et lui aduint en telle maniere que en dix iours mena il a oultrance dix des cheualiers de la tour et en chascun iour vng. A lunziesme iour fut il naure si durement dung coup de lance quil ne peut son corps deffendre de celluy qui ainsi naure lauoit z fut prins et emprisonne dedans la tour. Autres cheualiers plus de cent y sont venus/mais nul deulx ne si est si bien esprouue comme a fait cestuy/et tous ont este ou mors ou prins. Quen dirois ie nul nest encores eschappe de ceulx qui se sont mys en ceste aduanture/car tant a leans cheualiers et vngz et autres que iamais par vng cheualier ne pourroient estre conquis. Quant il a dicte ceste parolle il se taist que il nen dit plus a ceste fois.

¶ Commẽt danayn retourna au pauillon de la dame a qui il auoit rendu le brachet. Et comment il vainquit plusieurs des cheualiers de la tour/desquelz il apporta tous les escus aux dames du pauillon q les pẽdoient a leur tour

Tel parlement tindrent leans ce luy soir lhermite z danayn Et lendemain assez matin se leua danayn z ouyt messe et mãgea vng petit auant quil print ses armes/et quant il fut arme il se mist a la voye entre luy et son escuyer. Et tant cheuaucha quil vint pres de la tour. Et quant il fut assez approuche de la tour il ouyt tantost tant de cors sonner dune part et dautre que tout le val en commenca a retentir Quant il est venu pres du pauillon il sarreste/car il escoute et oyt adonc que leãs harpoit la damoyselle quil auoit lautre iour ouye/et celle chantoit si doulcemẽt que ce estoit vng soulas et vng deduyt que douyr la voix et la harpe ainsi comme ie vous ay compte cy deuant. Quāt danayn oyt le deduyt du pauillon il descent. Son escuyer portoit adonc son escu et son glayue/et danayn luy bailla son cheual a garder et sen alla iusques au pauillon. Et quant il arriua a lentree du pauillon il vit adōc que deux damoyselles se seoient dedans le lict. Celle quil auoit le iour de deuant veue en estoit lune et lautre si estoit sa seur. Elles estoiēt toutes deux si belles que cestoit vne merueille que de veoir leur grant beaulte. Tout maintenant quelles voyent danayn qui a lentree du pauillon sestoit arreste elles recongnoissent tout clerement que ce est cestui mesmes cheualier qui le iour de deuant auoit vaincu lautre cheualier de la tour. Pour ce se dressent encontre luy toutes les damoyselles qui leans estoient et luy dient. Sire cheualier bien viengnez. Or saichez que nous vo[us] deissions que vous vous venissiez auecques nous soulacier ce ne fust pour la coustume de celle tour. La coustume de celle tour est telle que nous ne vous deuons faire compaignie deuant que vous ayez fait quelque honneur a ceste tour. Danayn qui respondre veult aucune chose comme cestuy qui est tout esprins de la beaulte des damoyselles oste son heaulme premierement et puis dit a la damoiselle qui luy auoit dictes ces parolles. Damoyselle quel honneur voulez vous que ie face a ceste tour. Sire cheualier fait elle ie le vous dyray. Veistes vous point hyer lescu pendu a larbre ou le brachet estoit hier lye.

Ors respondit danayn et dist Damoyselle ouy ie le vy bien voirement/il est tout vermeil bien peut estre fait la damoyselle. Or saichez tout vrayement que se cestuy escu vous nous pouez apporter en telle maniere que ie le vous ayons: pour pēdre aux carneaulx de ceste tour vous nous aurez ceste tour tant honnoree que a grant paine vous en pourrons nous iamais rendre le guerredon. Autrement ne vous pouons nous receuoir en nostre compaignie. Quant elle a sa raison finee danayn respont maintenant et dit. Damoyselle or saichez de vray que pour lachoison de lescu ne demourra se ie puis que vous ne me receuiez en vostre soulas et en vostre deduyt. Je vous commande toutes a Dieu/ie ne me tient pour cheualier se lescu ne vous rendz prouchainement. Quant il a dicte ceste parolle il relace son heaulme tout maintenant et sen vient a son cheual et monte dessus et prent son escu et son glayue. Et voit adōc que dessoubz larbre ou il auoit trouue le cheualier le iour de deuant a qui il sestoit cōbatu auoit vng autre cheualier arme de toutes armes monte sur vng grant destrier et auoit a son col cestuy escu proprement qui auoit este le iour de deuant pendu a larbre. Quant danayn est iusques au fleuue venu il se met dedans et passe leaue a ālque paine. Et quāt il la passee il ne fait nul semblant quil luy en soit en riens du monde. Ains sen va vers le cheualier qui ia bien lauoit apperceu et scu passer leaue qui estoit dessoubz larbre et lattendoit tout de pie coy. Quant Danayn fut assez pres du cheualier il luy cōmenca a cryer tant comme il peut. Sire cheualier gardez vous de moy/car a la bataille estes venu. Et le cheualier luy respondit tantost par grant orgueil et dist. Sire vassal se Dieu me sault ie ne quiers de vous autre chose fors ce que vous demandez de moy. La bataille est bien conuenable vous la voulez et ie la vueil aussi auoir. Or y perra qui plus y pourra gaigner a cestuy point de nous deux. Certes ie ne me tiens pour cheualier se a present ne vous fais gesir a la terre. Voire se vo[us] pouez fait danayn/ie croy que assez demourra de ce āvo[us] dictes

R iiii

Apres cestuy parlement il ny font autre demourance ains laissent courre maintenant lung vers lautre tant comme ilz peuent des cheuaulx traire. Et quãt se vient a lapprocher ilz sentreferierent de toute la force quilz ont. Le cheualier qui nest pas dassez si fort que danayn est tellemẽt feru de celle iouste quil na pouoir de soy tenir en selle ains voule a terre maintenãt si estourdy quil ne scait sil est iour ou nuyt. Quant Danayn a fait son poindre et il voit le cheualier a terre il descent/car a cestuy qui a pied estoit ne mettroit il la main en nulle maniere du monde tant comme il fust a cheual. Pour ce descent il ⁊ ataiche son cheual a vng arbre/et voit le cheualier q̃ ia sestoit releue qui encores estoit tout estourdy. Et quant danayn voit cestuy poure semblant il met la main a lespee et pour mettre la bataille affin il vient vers le cheualier et luy dõne sur le heaulme vng si grant coup quil le fait ferir a terre des genoulx et des paumes. Quant il le voit ainsi au dessoubz il se lance sur luy ⁊ le prent au heaulme et luy arrache hors de la teste ⁊ le gecte le plus loing quil peut. Apres ce luy aualle la coiffe de fer sur les espaules ⁊ luy cõmence a dõner grãs coups du põmeau de son espee parmy la teste. Quãt le cheualier se sent si mal mener et voit quil ne peut son corps deffendre pource q̃ la paour de mourir il commence a crier. Haa mercy sire cheualier ne me occiez pas ie me tiẽs pour oultre et recongnois que vous estes trop meilleur cheualier que moy. En nom dieu fait danayn se tu veulx eschapper de mes maines il est mestier que tu me creances loyaulment comme cheualier que iamais a iour de ta vie tu ne porteras armes encontre ceulx de ceste tour. Haa pour dieu fait le cheualier ne me faictes ce creancer. Tu le me creanceras fait danayn ou tu mourras oren-

droit/regarde lequel tu ayme le mieulx. Iayme mieulx fait le cheualier creancer que iamais ie ne porteray armes encontre ceulx de ceste tour que de mourir. Creance le tost dõc fait danayn/⁊ cestuy lui creance loyaulment. Et lors le laisse danayn a tant et luy oste lescu du col et le pend a vng arbre/et le cheualier oultre luy dist. Beau sire que voulez vous faire de mon escu. Certes fait danayn les damoyselles de ceste tour le me ont demande et pour ce le vueil ie emporter.

Le cheualier gecte vng soupir de cueur parfont quant il entent ceste parolle ⁊ respõt. Certes beau sire plus ay de vergongne en cestuy escu que vous emportez de moy que ie nay en tout ce que creance vous ay/car pour la perte de cestuy escu sera nostre partie plus vergongneuse quelle ne fut oncques pour chose quil luy aduint depuis que ceste guerre est commẽcee. Or lemportez que aussi grant ioye vous en aduiègne il comme ien ay grãt ioye en mon cueur. A parolle que die le cheualier ne respont riens danayn/ains mõte sur son cheual et prẽt lescu vermeil et sen va a tout vers la riuiere. Et maintenant commence la cryee par deuers la tour des damoyselles/et cryerẽt toutes a vne voix celles qui aux carneaulx estoient montees pour la bataille regarder Seigneurs cheualiers maintenãt commence vostre vergongne. Et celle criee fut adonc si haulte des dames et des damoyselles que tout le val en retẽtit si tresfort quon ny eust pas ouy dieu tonnant. Les cheualiers de la tour qui la bataille auoient veue ne respondent riens aux damoyselles ains se taisent tous coys. mais sont trop durement prez du cheualier qui deuãt eulx estoit oultre en telle guyse. Et estoit cestuy cheualier vng des greigneurs de la tour/car il estoit vng des freres. Quant Danayn eut la bataille finee en telle guise cõme ie vous compte il sen vient incontinent a la riuiere et se met dedans et passe oultre au mieulx quil peut. Et quant il est venu a son escuier il oste toutes ses armes pour leaue dont ilz estoient plaines. Et quãt il est tout desarme adonc il prent lescu vermeil pour porter au paueillon, et il regarde contremont les carneaulx de la tour et il voit illec plus de soixante que de dames que de damoyselles qui toutes luy cryoiẽt a sa venue. Bien viẽgne le bon cheualier, bien viengne le bon cheualier. Et quant elles ont crie en telle maniere elles sen vont en la tour si q̃ il ne les peut plus veoir. Et quant il est au paueillon venu a tout lescu quil portoit il treuue adonc q̃ encores y estoient toutes les dames que il y auoit laissees Et mesmes la belle damoiselle qui albe estoit appellee.

Quant elles voient venir le bon cheualier elles se dressent toutes encontre luy et dient. Bien viengniez sire cheualier, desormais par raison deuez estre parsonier a nostre soulas et a nostre ioye, car nostre tour sera honnoree de vostre bonne cheualerie. Sçauez vous ores de qui est cest escu que vous auez apporte. Et ce disoit vne damoyselle qui a terre se seoit. Certes damoyselle ie ne scay de qui il fut fors que dung des cheualiers de la tour. Vrayement dist elle fut il vng des cheualiers de leans, et vng de ceulx sans faille dont nostre ioye est moult creue, car il fut sãs faille a lung des freres q̃ seigneurs sont de ceans. Moult auez creu leur vergongne de cestuy fait t la nostre honeur haulsie. Damoyselle fait danayn, or sachez certainement que de vostre honeur suis ie moult lye et de leur vergongne moult ioyeux. Adonc les damoyselles font seoir danayn sur vng drap de soye assez pres de deux damoyselles, et lors commence la damoyselle a chanter et a harper. L'une des damoyselles prent

lescu vermeil et le porte dedans la tour et est tantost lescu pendu a vng des carneaulx de la tour par devers lautre tour si que ceulx dicelle tour ne pouoient de celle part regarder quilz ne veissent tousiours lescu dont ilz sont dolens et tristes, pource quilz ne voient chose dont ilz sont tant courroussez comme ilz sont de cestuy escu. Cestuy escu les a mis en tristesse et en douleur. Ainsi sont tous les cheualiers de la tour dolens et prez por achoyson de lescu vermeil quilz voient pendu a la tour des damoyselles. Mais quiconque en soit dolent t triste danayn en est ioyeux et lye a celle fois. Quant il peut veoir a loysir la belle damoyselle quil prise de son cueur sur toutes les damoiselles du mõde il ne luy est pas auis quil ait iamais veu beaulte en dame ne en damoyselle qui a ceste sappareillast. Amours qui fiert soubdainement et subtilement lhõme si quil ne sapparcoit du coup iusques a tant quil en est naure la tellement feru a ceste foys quil na orendroit membre en luy qui ne se dueille de la playe que amour luy a faicte. Amours le tient orendroit tãt entre ses mains q̃ a oublye tout le monde et luy mesmes aussi. Il ne luy souuient orendroit fors q̃ de celle quil regarde des yeulx du cueur. Il la mise dedans son cueur si fort quil ne la voit des yeulx du chief sinon bien petit. Des yeulx du cueur la voit il bien la mesmes ou il regarde dautre part.

En telle guyse cõme ie vous ay compte demoura vne grãt piece du iour danayn auecq̃s les damoyselles, vng pou apres heure de nonne se partirent toutes les damoyselles du paueillon fors q̃ deux seulement qui apporterent a mangier a danayn et a son escuyer aussi que len feist entrer dedans le paueillon et les cheuaulx estoiẽt attachiez a vng arbre. Quant le bon cheualier a mangie les damoyselles se partent a tant du paueillon et ne font autre

De Gyron le courtois

demourance. Danayn adonc prent ses armes et se part maintenant dillec accompaigne de son escuyer/ et au departir quil feist luy aduint adonc que ceulx de la tour auoient ia pendu a larbre vng escu aussi vermeil comme estoit lautre que il auoit le iour gaigne et le monstra au varlet et luy dist. Scez tu qui est celluy escu qui est la mys et que il signifie. Certainement fait le varlet nenny. Et non pourtant ie cuyde trop mieulx a croy que cestuy escu mettra demain a son col cestuy cheualier qui contre vous se combatra. En nom dieu fait danayn/tu dys verite moult bien. Cest escu est droit enseignement du cheualier qui demain se combatra encontre moy. Tant cheuaucha danayn en telle maniere que il vint a lhermitaige ou il auoit la nuyt dormy. Quant les hermites voient le cheualier errant retourne ioyeusement et sauluement ilz en rendent graces a nostre seigneur/ et le mainent dedans lhermitaige et le desarment. Et quant ilz lont desarme ilz le font asseoir a vne part deuant le feu et luy demandent des nouuelles de celle iournee/ et adonc il leur en compte moult voulentiers et ne leur en va riens celant. Et quant il leur a tout compte le fait mot a mot de celle iournee il se taist a tant et se met en autres parolles. Ainsi passe celluy iour et toute la nuyt pareillement/ et est plus lye et plus ioyeux en toutes guises quil ne souloit estre. Amours qui la ainsi feru le fait valoir a lheure et le fait veiller si quil ne peut dormir. Il ne peut en nulle guyse oublier la belle damoyselle quil a veue au pauillon. Celle voit il en dormant et en veillant. A elle a il le cueur toutesuoyes ou que il soit. En telle guyse comme ie vous compte passa danayn toute la nuyt. A cestuy point a il bien oublye tout le monde. Il ne luy souuient si non bien petit de la belle damoyselle de maloant et la bien mise arriere dos/et gyron pareillement.

Maintenant que le iour appert il sault hors et va en la forest pour veoir le temps et voit adonc que la saison est belle/mais elle est fort froide. Quant il eust este vng pou dehors il retourna a lhermitaige/ ouyt la messe qung hermite chanta/ et puis demanda ses armes et len les luy apporta. Et quant il fut arme il monta a cheual tout a loysir/ et puis lescuyer monta q luy portoit son escu a son glaiue. Et quen diroyes ie/tant cheuaucherent qlz approucherent des tours de ceulx q attendoient sa venue. Et quant ilz le virent si comencerent les sons des cors si grans q si merueilleux comme ilz auoient autre fois fait si que tout le val retentissoit q resonnoit de toutes pars. Quant le son des cors est cesse q danayn a tant cheuauche q il est venu de coste le pauillon il escoute q entend la harpe que la damoiselle sonne aussi doulcement come elle a fait autre fois/ et veult descendre pour escouter leur soulas q leur ioye quant vne damoyselle vient a luy q luy dist. Sire cheualier que voulez vous faire Damoyselle fait il/ie vouloyes vng petit descendre pour veoir le soulas que ces damoyselles font dedans ce pauillon. Sire cheualier fait la damoyselle/voulez vous partir a nostre soulas. Certes fait danayn/ouy moult voulentiers se ie pouoyes. En nom dieu fait la damoiselle/vous y pourrez partir assez tost. Comment damoyselle fait danayn. Allez si nous apportez, fait la damoyselle cestuy escu vermeil que vous voyez a celluy arbre par deuers la tour/ et se cestui escu vous nous apportez ainsi et pareillement comme vous nous apportastes hier lautre saichez que vous aurez le nostre honneur moult grandement acreu. Et adonc vous pourrez vous venir solacier auecques nous et partir a nostre deduyt. Quant la damoyselle a sa raison comptee q finee danayn commence tantost q incontinent a respondre et dit.

Damoyselle puis que vous dictes que ie puis vostre honneur acroistre par cestuy escu que ie voy/ or saichez que vous laurez tantost se ie puis oncqs. Je ne me tiens se Dieu me sault pour chevalier se ie ne le vous apporte. Quant il a dicte ceste parolle il se tourne devers son escuyer et luy dit/ Baille moy tost mon escu et mon glaiue. Et cil luy baille incontinent/ et il devale la riuiere et entre dedans et passe oultre. Et quant il est oultre passe il voit dessoubz larbre vng chevalier arme de toutes armes monte sur vng grant destrier et auoit mys a son col lescu vermeil.

Quant danayn voit et cognoist que le chevalier est de sa partie prest et appareille de iouster/ il ne fait autre demourance ains sadresse tantost vers le chevalier le glaiue baisse frapant le cheual des esperõs. Le chevalier qui reuient de lautre part ne mõstre mye semblant qil ait de luy nulle paour. Et quen diroyes ie/ il vient de toute sa force comme cil qui est homme de grant valeur et bien frapant de lance fiert danayn si durement que pour lescu ne pour le haulbert ne remaint que il ne luy face vne grant playe emmy le pis. Et danayn q pas ne le va espargnant lui rend tel guerdon de celle iouste/ et luy perce lescu et le haulbert/ et luy met le fer du glaiue parmy le pis si qil le porte tantost a la terre. Le chevalier q se sent mortellement feru iette vng cry moult douloureux au cheoir qil feist a terre. Danayn tire a luy son glaiue et passe oultre. Les damoyselles q ceste iouste ont veu quant elles voient le chevalier a lescu vermeil trebuschier a la terre/ elles sescryent toutes ensemble enuers les chevaliers qui estoient aux carneaulx de la tour. Seigneurs seigneurs veoir pouez q vostre chevalier est a la terre/ le temps de vostre deshonneur approuche tant comme nous voulons. Les chevaliers qui de

lautre part sõt aux carneaulx de la tour ne dient nul mot du monde. Moult sont dolens et courroussez de ce quilz voient mais amender ne le veullent/ ne encores ne cuident ilz pas que leur chevalier soit si douloureusement feru comme il est. Quant danayn a fait sa poingte il retourne et dresse son glaiue a vng arbre et encores cuyde il que le chevalier se doit redresser mais il nen a le pouoir comme celluy q mortellemẽt est feru. Il descend et attaiche son cheual a vng arbre et sen vient la ou gyst le chevalier et trouue la terre ia toute vermeille du sang qui de luy yst a si grãt foyson comme se toutes les voynes de luy estoient trenchees. Quãt il voit ceste chose il cognoist tout certainement que le chevalier est mortellement feru/ et pource ne remaint il quil ne luy trenche les latz du heaulme et le prent et le iette en la voye/ et puis luy auale la coiffe de fer et luy dit. Sire chevalier rendez vous pour oultre ou ie vo⁹ trencheray la teste. Le chevalier qui ia sent la mort au cueur respond comme il peut. Damp chevalier se dieu me sault vous ne me pouez pis faire que de moy occire/ et vo⁹ mauez ia occiz car ie mourray icy tout orẽdroit/ ce pouez vo⁹ veoir tout clerement. Et quant ie suis si pres de la mort pour quoy me voulez vous trenchier le chief/ ce seroit bien paine perdue et trop grant deshõneur pour vous que doccire vng chevalier mort.

A Ceste parolle ne scait que respõdre danayn car il cognoist tout clerement q le chevalier ne luy dit si non verite. Lors remet son espee en son fourreau que il auoit traicte pour luy trẽchier la teste se il ne vouloit faire son cõmandement/ mais il voit q le chevalier commence a se debatre et estendre a terre des piedz et des mains et quil est ia si vyde de sang que la terre dentour luy est toute vermeille. Quãt il sest grant piece debatu en telle maniere re il sestend adonc pour la grãt douleur quil sent q̃ lui part maintenant lame du corps. Quant danayn congnoist que le cheualier est mort il ne fait autre demou rance ains prent lescu quil auoit encores pendu a son col et le met au sien/et puis vient a son cheual τ prent son glaiue/car sãs celluy ne peut il pas aller/Vient tãtoft a la riuiere et se met dedans et passe oultre au mieulx quil peut. Et quant les dames et damoyselles qui sont aux carneaulx de la tour voient le cheualier de leur tour retourner saulueme͂t et elles congnoissent que lautre cheualier est mort elles sescrient cõtre les cheualiers de lautre tour. Or vous auez entre vo9 maintenant a garder/car de lung de noz ennemys desormais sommes nous asseur. voyez le lieu ou il gyst mort/toutesvoyes nostre honneur croist et vostre deshonneur approuche. Ainsi cryoient les dames et damoyselles encontre les cheualiers de la tour. Et eulx q̃ voient tout clerement que leur cheualier estoit mort estoie͂t tant dolẽs de ceste auã ture que a pou quilz ne creuoient de dueil. Ilz ne respondirent nul mot du monde/ne ilz ne firẽt gueres semblant q̃ riens leur estoit de ceste chose comme ceulx qui a leurs ennemys ne vouloient pas donner ioye ne confort de leur douleur. Quãt ilz virent que danayn eut passe le fleuue ilz yssirent tantost de la tour τ vindrent au cheualier mort et le porterent iusques a la tour ainsi arme comme il estoit. Et lors commenca la douleur entre eulx si grande et si fiere que tout le val en retentissoit. Et silz font dueil ce nest mye de merueille/car cest ung des freres de la tour et ung des meilleurs cheualiers τ des plus asseurez de tous ceulx qui en la tour sont. Le dueil est grant par le ans si que les dames et damoyselles qui sont en lautre tour lentendent tout cleremẽt De cestuy dueil font elles ioye τ moult en sont reconfortees/et se ceulx eussent en cores pis encores feussent elles plus ioyeuses comme celles qui en grãt douleur auoient long tẽps demoure pour eulx.

Quant elles voient que danayn est retourne a tout lescu elles commencent a crier cõtre luy. Bien viengniez le bon cheualier qui noz ennemys auez occiz et qui no9 osterez de leur seruaige sil plaist a dieu. Ainsi disoient toutes les dames et damoyselles qui aux carneaulx estoient montees. Quãt elles voient que danayn est assez approuchie elles descendent toutes ius et euurent la porte et yssent encõtre luy. Quant ilz yssirent de la tour il estoit ia tout desarme τ portoit lescu au pauillon La belle damoyselle qui albe estoit appellee estoit leans venue vestue si noblement comme se ce feust une royne. Et a la verite dire elle estoit tant belle de toutes beaultez que a paine auoit hõme de prix en tout le monde se il la veist gram̃ ment q̃ il ne seust surprine de son amour Danayn qui trop voulentiers la regarde quãt il est venu au pauillon il luy dõne lescu q̃ luy dit. Damoiselle vo9 pouez faire de cest escu vostre voulente. Celle qui est vergõgneuse cõme sont pucelles par coustume recoit lescu/mais elle est si vergongneuse que elle ne voit adonc ne luy ne autre. De la vergongne qui luy est montee au vis elle rougist de honte et deuient plus belle en toutes guyses. Danayn qui voit cestuy semblant q̃ qui voit que la beaulte de la damoyselle est creue par vergongne est orendroit plus allume du feu damour quil nauoit este deuant. Or luy croist lamour tousiours dedans le cueur. Et tout ainsi comme le feu se va allumã t de plus en plus quãt il a matiere tout aĩsi acroist son amour enuers elle. Quãt il la vit premieremẽt il layma et non pas trop. mais maintenant lamour est tant creue que il layme tant q̃ se il en vouloit orendroit oster son cueur il ne pourroit. Il layme tant quil ne peut orendroit dire quil est sien ains est a la damoyselle. Il ne luy souuient or endroit de nulle chose du monde fors q̃ de ceste seulement que il voit deuant luy ou il a tout son cueur mys.

Grande est la feste et la ioye q̃ les dames et damoyselles font de danayn. Toutes sont aual descendues et venues deuant luy/ et vne dame assez de grant aage qui auoit este femme du bon cheualier Lyas se met deuãt toutes les autres et dit a danayn. Sire ie vous mercye de la courtoysie que vo⁹ nous auez encommencee a faire. Dieu le scait bien q̃ vous ne no⁹ pourrez orendroit faire greigneur gentillesse que de nous maintenir encõtre lorgueil de noz ennemys. Pour leur orgueil ie suis a ce menee que ie ne puis marier nulles de mes filles pucelles/ et si nen a orendroit en toute la grãt bretaigne de plus belles Et sur tout ce sont elles extraictes de si hault lignaige comme nous scauons et de si hault sang cõme fut le tresbon cheualier Hector le brun. Sire pour dieu le traueillier pour nostre hõneur ne vous soit paine. Dieu qui tout peut vous en rende bon guerdon cy et ailleurs. Danayn qui p ces nouuelles cõgnoist trop bien par soy mesmes que ceste dame fut femme de lyas respond en telle maniere et dit. Ma dame or saichez de vray que puis qĩl est ainsi aduenu que fortune ma amene en ceste part et vous auez a besongner de moy ie vous prometz loyaulment que ie vous ayderay de tout mon pouoir/ car autrement ne me pourroies ie partir de ce val. Certes fait la dame vous dictes verite. Dame fait il/ pour ce nest il mestier q̃ vous me priez de ceste chose/ car bien saichez que ien feray tout mon pouoir. Premierement po⁹ moy de liurer de ceste auanture ou ie suis ainsi comme emprisonne/ et apres pour mettre vostre hõneur enauant tant comme ie pourray. Lors chieent toutes les da

mes et damoyselles qui illecq̃s sont aux piedz de danayn/ et pleurent deuant lui moult tendrement et dient tout en plourant. Haa sire cheualier ayez mercy de nous/ nous sommes toutes emprisonnees. Car nous ne pouons yssir de ceste tour ne aller plus loing que vous voyez orendroit. Se vostre cheualerie ne nous iette de ceste prison nous nen serons ia mais ostees. Danayn est grandement yre quant il les voit agenouillier deuãt luy et dit. Haa po⁹ dieu belles dames ne me faictes ceste vergongne. Or saichez que ce que ie vous ay promis vous tiendray ie de tout mon pouoir. Pour dieu dressiez vous en estant/ car de ceste chose me faictes vo⁹ plus de douleur q̃ vous ne cuydez. Et elles se dressent atant/ et est lescu porte aux carneaulx de la tour q̃ pendu de coste lautre qui le iour de deuant y auoit este apporte.

Quant ceste chose fut faicte ainsi comme ie vous cõpte la ioye commence adonc si grande q̃ si merueilleuse quil ny a nul qui adonc entende a autre chose fors que a faire feste et ioye. Toutes sont si grandement resiouyes et reconfortees comme se leurs ennemys feussent ia du tout desconfiz. Danayn monte au pauillon/ et est illec la table mise incontinent. Dames et damoyselles seruent deuant danayn si qĩl se tient moult vergongneux du grant honneur quelles luy font. Et a celle table ne mangeoit fors que la dame tant seulemẽt et vne autre vieille dame. Les damoiselles sen partent/ et nen demeure au pauillon q̃ douze qui seruent danayn La belle damoyselle y demeure et autres damoyselles pareillement po⁹ luy faire compaignie/ et toutes seruent a la table Et donnent a mangier a danayn au mieulx quelles peuent/ car la tour est du tout si aysee comme il est mestier. Apres ce que ilz ont mangie elles luy font vng lict moult richement aorne et luy dient

De Gyron le courtois

quil se dorme illec. Il peut desormais demourer dedans le pauillon de nuyt et de iour tant quil voye comment il luy aduiendra de ceste emprise ou il sest mys. Et il dit que ce veult il bien. Ainsi demoura danayn dedans le pauillon de nuyt et de iour. Nulle chose ne luy ennuye fors quil ne peut veoir la belle damoyselle. A occis se tient et destruit celle heure quil ne la voit deuant luy. Il est si espris du tout en tout qua paine lose il regarder. Amours le tient en ses laz si que il ne scait quil doit dire/et ce qle fut vng pou naure damours cestuy iour si luy feist vng pou de contraire a dormir et a reposer/et toutesuoyes parmy tout celuy iour en celle douleur il sen dort. Ainsi vaint danayn chascun iour vng cheualier deuant la tour/et luy sont soulas chascun iour les damoiselles. Mais de ce soulas quelles luy sont na nul prouffit. Il nya riens de ce quil desire. Il nen a fors que le regarder. Cestuy soulas est vng soulas de franchise. Cestuy soulas est faulx soulas. Donc il a bien tout ce que dit lescripture du perron au comencement. Car il treuue faulx soulas si largement quil ny fault nulle riens.

¶Comment vng des cheualiers de la tour naura danayn dung glaiue enuenime Et comment danayn fut long temps sans porter armes.

En telle guyse comme ie vous compte demeura danayn deuant le pauillon bien trente iours entiers/et en ces trete iours sans faille il vainquist trente cheualiers chascun iour vng. Et lors furent moult desconfortez ceulx de la tour qui veoient que danayn vainquoit chascun iour vng de leurs cheualiers. Quant ilz voient que le dommaige est du tout tourne sur eulx ilz ne scaiuent quilz doyuent dire. Ilz sont malement desconfortez de ce que ilz ont ia tant perdu de leurs cheualiers a ceste espreuue qlz ne scaiuent plus qlz doyuent faire. A celluy point que ie vous dy que les cheualiers de la tour estoient si desconfortez ilz auoient leans emprisonne vng Cheualier estrange/et auoit este vng cheualier errant/il auoit ia demoure en celle prison demy an et plus. Quant il entendit la douleur que ceulx de leans faisoient pource quilz perdoient chascun iour vng cheualier il demanda a celluy qui le gardoit. Dictes moy pourquoy ceulx de ceste tour font si grât douleur. Et il luy commêca a compter que ainsi estoient deshonnorez par vng seul cheualier estrange/et perdoient chascun iour par icelluy vng cheualier/et ia en auoient perdu iusques a trente. Quant le cheualier prisonnier entend ceste nouuelle il tient ceste chose a grât merueille et demande adonc qui est celluy cheualier qui vous fait si grant dommaige. Certes nous ne scauons fors q cest vng cheualier estrâge assez grant et bien fait de corps. Le cheualier dôt ie vous côpte et qui emprisonne est a nom Soranor le poure. Quant il entend certainement q les cheualiers de la tour sont ainsi desconfiz par vng seul cheualier il dit a celluy qui le garde/se vous me voulez deliurer de la prison ou ie suis ie vous deliureray du cheualier qui si grant dommaige vous fait. Or dictes ceste nouuelle au seignr de ceste tour/car ie suis tout appareille de vous tenir couenant Celluy qui gardoit la prison tantost se partit de soranor et compta a ceulx de leans ceste nouuelle. Quant ceulx de leans ouyrent ceste chose ilz furêt assez reconfortez si firent tont maintenant tirer soranor de prison. Et quant il fut a eulx venu il leur dist. Se vous me voulez creancer que vous me quitterez de ceste prison ou vous me tenez ie vous prometz que ie vous deliuray de cestuy cheualier qui vous a fait si grant dommaige et si vous diray coment. Ou ie le vous rendray mort ou pris/ou ie luy donneray tel coup si que apres ce quil sera party de la bataille vous ne luy verrez porter armes de deux moys ne de trois. Adonc ceulx de la tour luy creancent ceste chose et dict qlz le quitteront de toutes qrelles Or vous diray ie fait il que vous ferez faictes moy aporter les meilleures armes de ceans. Et ilz luy firent armes aporter et les seist appareiller a sa maniere au mieulx quil peust.

Ainsi se passe cestuy iour et apres le cheualier se fait aporter vng glaiue et le fait enuelupper. Quant il voit que il a armes et cheual a sa voulente il dit quil a voulente de saller lendemain combatre encontre le cheualier errant qui si grant dommaige leur a fait. De ceste chose sont moult reconfortez ceulx de la tour/ car il leur est bien auis que le cheualier est si preudhomme quil pourra bien estre quil fera aucune bone espreuue puis quil est venu au fait. Ainsi se souffrent ceste nuyt ceulx de la tour. Moult sont dolens et esmayez de ce quilz ont tant perdu. Les dames sont moult reconfortees/ car elles voient appertement que a leurs carneaulx pendent trente escuz de leurs ennemys/ car danayn en a ia tant mene iusques a oultrace en pou de teps. Chascun iour les dames luy faisoient si grant feste et si grant soulas quil pouoit bien dire tout certainement que voirement auoit il trouue lauanture de faulx soulas A cestuy iour assez matin alla danayn ouyr messe a lermitaige ou il auoit este premierement herbergie. Et quant il eut la messe ouye il sen retourna et vint au pauillon ou il veist que ia estoit de lautre part le cheualier appareille pour combatre encontre luy. Et estoit cestuy cheualier nomme sozanor. Quant danayn qui bien cuidoit cestuy iour reposer q que il ne deust si tost yssir de la tour pource que il en auoit tant mene iusques a oultrance veist que le cheualier estoit de lautre part appareille de combatre. il demanda ses armes q lon les luy bailla incontinent. Et quant il est arme il monte a cheual et vient a la riuiere et passe a quelq paine. Car ainsi comme ie vous ay dit autre foys cestuy passaige estoit moult perilleux et moult ennuyeux. Quant danayn est oultre passe il ne fait autre demourance ains laisse courre au cheualier/ car il voit tout clerement quil vient contre luy au ferir des esperons. Quant vient aux glaiues baisser ilz sen trefierent eulx deux de toute la force qlz ont. Danayn est de cestuy coup feru si durement que pour lescu ne pour le haulbert ne remaint que il ne soit adonc feru du fer du glaiue dedans lespaulle. Le cheualier de lautre part est si feru quil na pouoir ne force quil se puisse tenir en selle ains volle maintenat a terre. Il est naure au coste senestre moult malemet. Quant danayn le voit a terre il sen va oultre. Et quat il a parfourny son poig dre il retourne/ et lors descend et attache son cheual a vng arbre.

Quant il est appareille de la bataille il met la main a lespee/ car il voit que le cheualier qui ia est releue vient vers luy lespee traicte Ainsi commence la meslee felonneuse et cruelle. Ilz sont fors tous deux/vistes et legiers/ et moult scaiuent de la bataille Grans coups se donnent et pesans/ et sentregrieuent au plus que ilz peuent. Quant danayn sest grant piece combatu encontre cestuy cheualier il dit a soy mesmes que cestuy nest pas des cheualiers de cestuy pays. Plus le griefue cestuy seul que encores ne firent tous les autres de la tour qui a luy se combatirent. Ainsi se maintint la meslee vne grant piece du iour si aigrement que nul ne les veist a donc qui peust legierement congnoistre le meilleur deulx deux. Quant danayn voit que le cheualier le tient si court que il ne peut sur luy gaigner si non bien petit il se courrousse en soy mesmes grandement/ et pour ce tout ayre luy donne il de toute sa force sur son heaulme vng si grant coup que il na pouoir de soy soubstenir ains flatit incontinent a la terre moult vilainement. Quant danayn se voit trebuschier a la terre en telle guyse il se lance sur luy et luy donne vng autre coup plus dur et plus pesant que lautre nauoit este. Cil qui du coup de deuant estoit moult estonne est de cestuy coup si malement greue q'il ne scait orendroit sil est iour ou nuyt q gist illec come sil feust mort. Quant il le voit si au dessoubz il ne fait autre demourance ains le prent au heaulme a deux mains q le tire si fort a soy q'il en rompt les lacz et luy arrache hors de la teste et le iette emmy la voye. Apres luy aualle la coiffe de fer et luy comence incotinent a donner moult grãs coups du pomeau de lespee si que il luy fait le sang saillir de toutes pars/et luy comence a dire. Damp cheualier se dieu me sault/ou vo' vous rendrez pour oultre ou ie vous trencheray la teste que ia nen auray autre pitie. Quant le cheualier se sent si malement mener et il voit quil a sa teste desarmee/et quil est entre les mains dung meilleur cheualier quil nest se il a doubte de mourir a cestuy point ce nest mye grant merueille/car il voit que cil luy donne de grãs coups du pomeau de lespee parmy la teste si quil en fait le sang saillir. Apres le menasse de luy trenchier la teste sil ne se tient po' oultre. Et danayn q encores estoit courrousse vers luy luy dist de rechief. Pour dieu damp cheualier ou vous rendez ou ie vous trencheray la teste q lors haulse lespee et fait semblant que il luy vueille trenchier la teste.

De Gyron le courtois

Quant le Cheualier voit cestuy semblant il se escrye tant come il peut. Haa mercy sire cheualier ne me occiez/ie me tiens pour oultre puis que ie voy quil ne peut estre autrement a ceste fois. Or veulx ie que tu me dyes qui tu es fait danayn/car a la bonne cheualerie que iay trouuee en toy cognois ie en moy mesmes que tu nes pas des cheualiers de ceste contree. Certes sire fait le cheualier quant vous de ceste chose voulez scauoir la verite et ie la vo' diray. Or saichez que ie suis vng cheualier errãt que auãture a apporte en ceste contree ainsi comme vous y estes orcs venu. Ceulx de ceste tour si mont prins et me ont tenu en leur prison assez plus longuement que ie ne voulsisse. Orendroit me deliurent pour combatre encõtre vous par conuenant que pour ce faire ie seray deliure. Et quant ie vous ay compte toute la verite de mon estre o: vous prie ie que vo' me quittez atant de toutes querelles. Et ie te quitte fait danayn/mais lescu que tu as apporte ca conuient il que tu me laisses. Car ie le vueil porter auecques moy pour mettre auecques les autres que tu voys penduz a ceste tour. En nom dieu fait le cheualier vous pouez faire de lescu a vostre voulente. Et lors luy mesmes luy baille lescu incontinent et luy aide a monter dessus son cheual. Puis que danayn a sa bataille menee a fin en telle guyse come ie vous compte et que il est monte il vient a la riuiere q passe oultre et fait tãt q'il vient au pauillon et adonc treuue toutes les dames et les damoyselles qui venues estoient encõtre luy pour luy faire feste ainsi comme elles souloient faire q leur donna lescu quil auoit apporte. Et quant il leur a donne lescu quil auoit conquis elles le prẽnent q le portẽt en hault en leur tour et le pendent aux carneaulx et commencent a cryer a ceulx de lautre tour. Icy est la vostre vergongne et le nostre bonneur. Dieu nous saulue le cheualier qui maine nostre guerre a fin de iour en iour. Ainsi dient les dames et damoyselles tousiours a ceulx de lautre tour. Danayn qui naure se sent dedans lespaulle du fer qui estoit enuenyme se fait desarmer incōtinent quil leur a donne celluy escu/et fait sa playe regarder a vne vieille dame de la tour qui asses scauoit de cestuy mestier. Quant elle a la playe regardee pource que elle ne la voit pas parfonde elle dit a danayn. Sire ne vous esmayez de riens. Or saichez que ceste playe nest pas perilleuse ne si grant de q̄ ie ne vous guerisse dedās.xv.iours Elle leust bien peu guerir assez tost se elle eust eu tant dapparceuance q̄ elle se prīnt garde du touchement. De ce ne se apparcoit elle point/et cest ce q̄ fait tel mal a danayn tellement quil se commence a desconforter en soy mesmes moult durement. Se la dame se print garde du fer qui estoit enuenyme dont celle playe luy fut faicte/elle sceut bien tant dart quelle en peut oster le venin/mais ce quelle ne sen apparceut et ne sen print garde/donc aduint quelle y mist autre medecine quil ny appartenoit. Elle luy cuide faire biē et elle ne luy fait tousiours si non mal. Quāt elle le cuide secourre elle luy nuyst Il luy empire de iour en iour/il crye et brait/Il fait si male chiere que nul ne le voit sil nest trop malement son ennemy quil nen ait pitie.

Quant les cheualiers de la tour voient q̄ l fault de iour en iour quil ne vient a la bataille sicōme il souloit/cest vne chose dont ilz sont moult reconfortez/et en ont ioye et soulas/et cuydent tout de vray quil est nauré a mort. Quiconque sen rye et face ioye q̄ ceste danayn na nul talent quil sen rye a ceste fois. Il est dolent/triste q̄ courroussé dont ceulx de la tour demainent ioye. Silz ryent de ce quil ne peut porter armes sicōme il souloit porter il en pleure des yeulx de la teste. Tant seuffre de paine/mal et douleur de iour et de nuyt quil empire et emmaigrist si durement que auant q̄ vng moys soit acōply il est du tout si empire que nul ne le peut adōc legierement congnoistre qui autre foys leust veu et orendroit le veist. Et que en diroyes ie il seuffre toute douleur que cheualier peut souffrir pour achoison de blesseure. Nulle damoyselle ne le veist adonc qui nen feist plainte et clameur. La dame qui guerir le deuoit quant elle voit quil est si durement empire et emmesgry/et que la playe empire tous les iours entāt quelle deust plustost guerir elle en est si esbahye quelle ne scait en nulle maniere du monde quelle doit faire Car bien de ce se recorde et bien le scait certainement que maintes plus perilleuses playes et moult plus grandes auoit elle gueries. De ceste ne peut elle a chief venir ains deuient mauluaise et empire de iour en io². Cest vne chose pour quoy la dame se tient moult durement a non sachante q̄ non congnoissante. En telle douleur comme ie vous cōpte demoura danayn bien deux moys entiers et encores plus. Et est adonc si poure q̄ si amesgry q̄ nul ne le voit qui lors nen prēgne pitie q̄ angoise. Il crye aussi bien de iour comme de nuyt/il mauldit lheure que il fut oncques ne/il ne demande fors que la mort/il vouldroit voulentiers mourir se il peust. Sa vie luy ennuye tant quil dit souuenteffoys. Haa sire dieu pour quoy vis ie si longuement/et pourquoy me faictes vous souffrir si grāt douleur Pourquoy ne menuoiez vous la mort si finast adonc ma douleur en pou dheure.

¶ Cōment danayn fut guery de sa playe enuenymee. et cōment il vainquit depuis cinq cheualiers. Et cōment vng des cheualiers de la to² le vainquit et demoura prisonnier.

De Gyron le courtois

Aprés entrée du moys davril ung iour que le soleil estoit bel et cler la dame feist traire Danayn dehors du pauillon et mettre au soleil q̄ commēca a regarder la playe Danayn moult ententiuement. Quant elle la grant piece regardee a la Raye du soleil adonc elle commence premierement a congnoistre le touchement de la playe. Quant elle la bien congneu elle ne se peut tenir quelle ne dye. Haa femme malheureuse tant tu scais petit de ce dont tu cuydes assez scauoir/tu auoyes yeulx en la teste q̄ iusques icy ne veoyes goutte. Et lors dist la damoyselle moult lye et moult ioyeuse a danayn. Sire cheualier maintenāt vous diray ie bonnes nouuelles/car sachez que iusques a cy ay este deceue pour ce que congnoistre ne scauoir ne pouoye dont ce venoit que guerir ne pouyez/or le voys ie bien orendroit tout clerement Dame fait Danayn et que me vault ce ie voys de vray que iamais en ma vie autre guerison ie nauray de ceste playe fors que la mort. Sire fait la Dame or ne vous esmayez/mais reconfortez vous hardyement/et ie vous dys que de ceste playe et de cestuy mal que vous souffrez orendroit ie vous rendray sain et haitie dedans ung moys certainement le v[ous] dys. Dame fait Danayn cōment pourroit ce estre/il y a ia si long temps que ie suis naure et que ie seuffre ceste douleur ne encores ie ne puis guerir et maintenant ie guerirayes ainsi tost cōme vous dictes. Certes si ferez fait la Dame/ce sachez vous certainement. Encores ne congnoissoyes si bien vostre playe comme ie la congnois orendroit. Car se au commencement ie leusse congneue vous en eussiez este guery au terme que ie v[ous] mettoyes. Le glaiue dont vous feustes naure estoit enuenyme/ce voys ie maintenant recongnoissant/car ie ne le congneuz oncques iusques a ores. Dame dist danayn est il ainsi comme vous dictes. Ouy sans faille fait la dame.

La dame qui grandement est reconfortee de ceste chose fait herbes querre et pourchasser po[ur] oster le venin/et tant sen trauaille quelle en fait du tout sa voulente. En pou de temps commenca Danayn a reposer et dormir/ce quil nauoit pieca fait. Or commenca il a amender et reuenir de iour en iour et deuint bel auant quil feust ung moys passe/et se est la dame tāt trauaillee entour luy quil est tout guery/ mais encores nest il pas reuenu a sa force po[ur] la grant maladie q̄l a eue/et po[ur] la grant douleur quil a souffert il ne peut recouurer force si legierement. Que vous diroyes ie il fut guery toutesuoyes. Et pource quil luy cōuint maintenāt tenir la raison des dames et des damoiselles encontre ceulx de lautre tour commenca illes batailles de iour en iour ainsi comme il souloit faire/et cōtinua adonc par cinq iours apres et vainquit cinq cheualiers/et a la sixiesme bataille luy aduint que ung cheualier estrāge qui nouuellement auoit este emprisonne p conuenāt q̄l se deust cōbatre cōtre danayn deuoit estre deliure pour ceste achoyson cōme ie v[ou]s ay cōpte ferit danayn si fierement a la premiere iouste q̄l luy mist son glaiue parmy le corps si quil tresbucha a terre. Quant le cheualier le voit gesir en telle maniere il luy est bien auis q̄l a ia perdu la vie du corps si descend du cheual q̄ luy oste le heaulme q̄ le iette en la voye et luy abat la coiffe de fer sur les espaulles. Et pource q̄l voit adonc q̄ danayn ne remue ne pie ne main il fait semblant a ceulx de la tour q̄lz viennent iusques a luy/et ilz y viennent maintenant.

Quant ilz furent iusques a luy venuz il leur dist. Seigneurs cheualiers que feray ie de cestuy cheualier vous voiez bien comment il est de luy. Il est si durement feru de ceste iouste premierement que iay doubte quil ne meure. Ceulx de la tour q̃ mal luy veullent de mort pour le grant dommaige quil leur a fait dient au cheualier estrange/pourquoy ne luy couppez vous le chief. Ne plaise a dieu fait le cheualier estrãge que si bon cheualier comme est cestuy ie mette a mort tant comme ie luy puisse saulver la vie. Et quen ferõs nous doncques dient les cheualiers. Je vous diray que vous en pourrez faire fait le cheualier estrange/faictes le prendre tout ainsi naure cõme il est et le faictes porter a mont en vostre tour/ et se il meurt la sus voꝰ nen aurez adonc si grãt blasme comme vous auriez sil estoit icy occiz. Sil guerit vous luy pourrez faire iurer la loyaulte ⁊ feaulte de vostre tour a tousiours mais. Auant la iurera il quil demeure emprisonne. Puis quant il sera de vostre partie bien pourrez estre asseurez/car il se combatra tousiours pour maintenir vostre honneur/ et ia puis ne perdrez bataille se auanture ne vous est trop contraire/ ce est le meilleur conseil que ie y voye. Tout ainsi le firent comme il le deuisa/car ilz prindrent tantost Danayn et le porterent incontinent en la tour/ et se prindrent tant garde de luy quil cõmenca a guerir/ et le cõstraingnirent. Puis il leur creãca loyaulmẽt quil leur aideroit sil pouoit contre ceulx de la tour/ nõmye quil passast iamais le fleuue/ mais encõtre les cheualiers qui passeroient le fleuue se combatroit. En telle maniere demoura danayn emprisonne/ et bien estoit prisonnier/ car il ne sen pouoit iamais partir deuant que cel luy fait fut mene a fin. Ainsi commenca danayn a porter armes encontre les damoyselles que tãt il aymoit. Et saichez tout certainement quil demoura en tel le maniere emprisonne dix ans. A tant laisse ores le compte a parler de luy et retourne a parler de Gyron.

¶ Comment gyron le courtoys acompaigne de son escuyer et de sa damoyselle entra en la voye de courroux Et comment il se combatit au seigneur de la tour de la voye de courroux ⁊ le vainqt

Or dit le compte que puis que gyron se fut party de danayn en telle maniere comme ie vous ay cõpte cy deuant/ il cheuaucha toutesuoyes le chemin ou il sestoit mys et neust mye cheuauche plus de quatre lyeues quil passa par deuant vne tour qui estoit droictement dessus le chemin. La tour estoit belle et forte et assez nouuelle. La sus a mont aux carneaulx auoit deux hõmes qui gardoient la tour de nuyt et de iour. Tout maintenant quilz virent approuchier gyron si arme comme il est ilz congnoissent tout certainement que cest vng cheualier errãt et pource commencent ilz a cryer quant ilz le voient pres deulx. Sire cheualier mal viengniez vous/quel dyable vous conduyt par ceste contree/venez auant a vostre honte et passez oultre a vostre vergongne. Venez venez que vous soiez le tresmal venu. Quant gyron entend ceste parolle il est si durement esbahy q̃l ne scait quil doit dire ne respondre. Il ot bien les hõmes ⁊ les voit/ et entend bien la felonnye quilz dient. Mais pourtant il ne remaint pas q̃l ne seuffre et q̃ gramment il ne sen courrousse. Il leur laisse dire quanque ilz veullent/mais pource ne leur respond il nul mot du mõde. Quãt giron est bien pres de la tour il voit adõc ouurir la porte et yssir vng cheualier de hors arme de toutes armes monte sur vng grant destrier qui adonc commence a crier a gyrõ a haulte voix. Sire cheualier gardez vous de moy/ car iouster vous couient a lencõtre de moy. Quãt gyron voit que il est a la iouste venu il se

S ij

De Gyron le courtoys

tourne devers son escuyer et prent son escu et son glaive que portoit lescuyer. Et quant il est endroit soy appareille de la iouste il dit au cheualier qui de la tour est yssu. Sire cheualier auant que nous ioustons ensemble ie vous prie sil vous plaist que vous me diez se vo9 estes seigneur de celle tour. Ouy certes fait il/ seigneur en suis ie voirement. Puis que vous en auez la seigneurie cõment souffrez vous donc fait gyron que nul homme de vostre hostel dye vilenye a moy ne aux autres cheualiers se ilz ne le deseruent auant. Comment sire fait le cheualier vous courroussez vous donc de ces petites paroles. Or saichez que auant que vous aiez cheuauche vne iournee par cestuy chemin vous trouuerez assez dautres qui vous diront autres vilenyes assez plus que ne firent ceulx de mon hostel. Et se pis ilz ne vous font fors du dire certes bien yra la vostre besongne. Or congnois ie par vostre dit que vous ne scauez ou vous estes venu. Or tost deffendez vous de moy se vous le pouez faire/ ie vueil iouster a vous a estrene de bien venue. Et saichez tout certainement que moult me pesera se ie vous abas tout orendroit de ceste premiere iouste.

Quant il a sa raison finee giron respond po2 scauoir que le cheualier dira. Sire cheualier or saichez que ie nay talent ne voulente de iouster. En nom dieu fait le cheualier il est mestier que vo9 ioustez encõtre moy/ Et scauez vous pourquoy ien ay si grãt voulente/ ie croy bien que vous ne pourrez pas encontre moy durer dune seule iouste que ie ne vous abate du premier coup/ et quant ie vous auray abatu vo9 me baillerez les armes et le cheual/ et ie vous laisseray lespee et vo9 en yrez puis apres vostre chemin. Et quant ceulx de ce pays vous demanderont qui vous feist ceste courtoysie ilz en auront ioye et

soulas/ et moymesmes men soulasseray dedans ma tour. Sire fait gyron le ferez vous adonc en telle maniere comme vous me dictes se vous me pouez abatre. Ouy certes fait le cheualier autrement ne vous feray ie. Sire cheualier fait Gyron se ie le vous faiz donc ainsi comme vous mauez deuise ne me tenez a trop felon. Je ne trouuay oncq̃smais si vilain cheualier ne si estrange comme vous estes/ pourquoy ie vous dys que ie vous feray pou de courtoysie au departir. Quant il a dicte ceste parolle il ne fait autre demourance aincois laisse courre au cheualier tant comme il peut du cheual traire au ferir des esperons. Le cheualier brise son glaiue et gyron ne espargne riens comme cil qui est courrousse de la grant felonnie quil a en luy trouuee si fiert icelluy si roydement que pour lescu ne po2 le haulbert ne remaint que il ne luy face emmy le pis vne grant playe et parfonde si quil le porte du cheual a terre/ et au cheoir quil fait pou sen fault quil ne se rompt le col. Quant gyron a fourny son poigdre il retourne sur le cheualier qui encores gyst a la terre si estourdy quil na pouoir de soy remuer. Gyron qui deuant luy est tout a cheual cuyde bien au commencement quil soit mort pource quil ne se dresse poit Mais puis quil voit quil ne yst point de sang dont il se puisse apparceuoir il cõgnoist bien en soymesmes qlnest que estourdy

Quant il a assez demoure deuãt le cheualier tout ainsi a cheual comme il est le cheualier est reuenu destourdisson et resault en estant q̃ ne fait mye semblant que pour tout ce quil a este abatu il soit trop espouẽte car il met la main a lespee et dit a gyron. Sire cheualier descendez vo9 si venez cõbatre a moy/ car se dieu me sault ie vengeray la vergongne que vo9 mauez faicte. Sire cheualier fait gyron vo9 auez doncques voulente de vous combatre encon tre moy. En nom dieu fait le cheualier se ie ne Uenge ma honte auant que Uous Uous partez de moy ie me tiens pour honteux/car puis que il est ainsi aduenu que Uous mauez abatu par mescheance ie congnois tant de Uostre affaire que ie scay bien de Uray que au derrenier ne Uous pourrez Uous deffendre encontre moy. Et par ainsi ie Uengeray la honte que Uous mauez faicte. Or tost descendez du cheual et Uous Uenez a moy combatre. Quant gyron entend la requeste du cheualier il ne fait autre demourance aincoys tout maintenant descend et attache son cheual a Ung arbre/et puis met la main a lespee et Uient Uers le cheualier lescu iette sur sa teste. Cil reuient de lautre part qui a grant talent de luy trenchier la teste ou de reuengier sa honte se il peut. Ainsi se maintient la meslee emmy le chemin et assez pres de la tour. Le cheualier commence tout premier et donne a gyron Ung grant coup sur son escu/mais de ce receut tantost le guerdon car gyron qui tant scauoit de cestuy mestier luy donne dessus le heaulme Ung si grant coup quil sen tient moult grandement chargie. Ainsi commence lestrif des deux cheualiers. Mais que Uault ce le ieu est trop mal party pour le cheualier/car gyron est trop meilleur cheualier et plus fort dassez en toutes guyses/et bien le monstre en pou dheure. Il neust mye grandement feru sur le cheualier que le cheualier cognoist tout clerement quil est mort sil ne sen fuyt ou se gyron na mercy de lui. Car au derrenier ne se pourroit il deffendre encontre luy/ car il est plus fort que plus puissant que il ne cuyde. Et gyron qui ia Uouldroit estre deliure de cestuy/ et moult durement luy targe quil ait sa bataille menee affin laisse courre sur le cheualier moult aigrement comme cil qui est moult courrousse de ce que la bataille est tant longue/il donne au cheualier Ung si grant coup dessus le heaulme de toute sa force si que le cheualier sembronche enuers terre. Quant gyron Uoit le semblant du cheualier il se lance adonc sur luy plus durement quil nauoit fait autre foys/et luy donne Ung grant coup dessus le heaulme si que il Uolle a terre et chiet a dens si estourdy quil ne scait sil est iour ou nuyt

Quant gyron le Uoit trebuschier il ne fait autre demourance ains le prent au heaulme/ si le tyre si fort a soy a deux mains quil luy rompt les lacz et luy arrache hors de la teste/ et luy aualle la coiffe de fer sur les espaulles et luy commence a donner grans coups du pommeau de lespee parmy la teste si que en fait le sang saillir de toutes pars. Quant le cheualier se Uoit si malement mener et quil Uoit que gyron na nulle mercy de luy il sescrye tant comme il peut. Haa sire pour dieu mercy/et pour la courtoysie de Uous ne me occiez. En nom dieu fait gyron/il est mestier que tu meures ou que tu me creances loyaulment comme cheualier que tu feras ma Uoulente de ce que ie te commanderay. Le cheualier pense Ung pou et puis respond. Sire cheualier ie me metz du tout en Uostre mercy/ie suis appareille de faire Uostre Uoulente. Me creances tu fait gyron que tu feras mon commandement se ie te laisse Uiure. Ouy certes fait le cheualier pour ueu que Uous me commandez chose que ie puisse faire. Je te commanderay chose que tu pourras bien faire ce dist gyron/et adonc le laisse atant. Quant le cheualier est redressie tant dolent de ceste auanture qua pou quil nentrage de dueil il dit a gyron. Sire cheualier quel commandement me Uoulez Uous faire. Certes fait gyron ie le Uous diray. Or saichez que ie Ueulx que a nul iour de Uostre Uie narrestez cheualier errant qui par cy passe/ne ne souffrez que iamais homme de Uostre hostel ne luy dye nulle Uilenye ne nulle autre Uergongne tant comme Uous le puissiez destourner Certes fait le cheualier ce Uous creance

S iij

ie loyaulment. Doncques ie vous pardonne fait Gyron tout le courroux que iauoye a vous et vous quicte de tout le mal que vous me promeistes a faire se vous feussiez venu au dessus de moy. En nom dieu sire fait le cheualier de la tour/ce est grant courtoysie que vous me faictes. Certes se vous ne feussiez homme de valeur et de priz ia ceste courtoysie ne me feissiez orendroit apres la felonneuse parolle que ie vous dys au commencement de nostre bataille. Or est ainsi fait gyron au Cheualier que ie ne doys mye regarder a la vilenye de vous/mais a la courtoysie que cheualiers doyuent faire et auoir.

¶ Comment le cheualier de la tour mena gyron herbergier en son hostel/et comment il le trahyt et emprisonna luy et sa damoyselle/et aussi comment elle enfanta en la prison et mourut.

Sire ce dist le cheualier de la tour/il est bien heure de vespres/ et scays bien que vous auez huy trouue par cy deuant si mauuaise voye que vous estes trauaille et apres le trauail se doit chascun homme par raison reposer/et pource ie vous prie pour la foy que vous deuez a tous les cheualeries errans du monde que vous me faciez orendroit vne courtoysie q̃ assez petit vous coustera. Et saichez sire que ie la tiendray a moult grant bonte. Que voulez vous que ie vous face fait gyron/dictes le moy. En nom dieu fait le cheualier ie vous prie que vous herbergiez ceste nuyt auecques moy dedans ceste tour/il mest auis certainement ce saichez vous que ce me sera moult grãt honeur se si preux dhomme comme vous estes herberge a mon hostel. Et pource sire ie vous prie que vous y demourez cestuy soir/car certes ce sera vne chose qui bien me dõnera moult grant confort apres le grãt courroux que iay icy eu. Quel courroux auez vous icy eu ce dist gyron. Sire tout le greigneur que ieusse onques sans faille en tout le monde. Car ce vous faiz ie bien assauoir que ie ne trouuay onques mais cheualier qui iusques a oultrance me menast. Et quãt ie lay icy trouue ce est vne chose dont iay eu moult grant courroux. Mais orendroit se dieu me sault mon courroux est ores passe pour la grant courtoysie q̃ iay trouuee en vo͞. Car apres la grant vilenye que ie vous auoyes dit que ie vous feroyes se ie venoyes au dessus de vous/vo͞ ne mauez fait autre chose si nõ courtoysie. Et est ce dont ie me tiendray a moult riche se vous me voulez ottroyer a herbergier au iourdhuy en mon hostel. Quant gyron entend la parolle du cheualier il cuy de bien certainement quil dye de bonne voulente tout ce quil dit. Il ne scay pas ce quil va pensant dedans son cueur/et pource il dist au cheualier. Beau sire auez vous si grant voulente que ie herberge en vostre hostel cõme vous en faictes le semblãt. Si maist dieu fait le cheualier/ouy certes encores greigneur. Pour vostre voulente acomplir ce dist gyron ie feray vostre requeste. Je veulx herbergier auecques vous cestuy soir et me metz en vostre baillye. Sire fait le cheualier de cestuy don ie vous mercye moult grãdement. Lors le cheualier sen retourne dedans la tour et dit a ceulx de son hostel que ilz sappareillent pour receuoir le cheualier errant et quilz luy facent toute ioye et feste. Et saichez toutesuoyes que dedans celle tour demouroient quatre autres bons cheualiers aux armes qui auoient bõnes armes et bons destriers/et estoient bien appareillez de eulx deffendre/et dautruy assaillir se mestier estoit.

Quant giron est leans entre il treuue que les ungs et les autres luy font une ioye si grande quil dit a soy mesmes quil ne cuidoit pas au commencement quil peust leans auoir si grant courtoisie de gent. Celluy soir est leans la ioye si grande que giron sen esmerueille. Apres quilz eurent mange ilz menerent gyron coucher en une chambre de leans qui estoit forte a merueilles a voulte et lhuys estoit de fer fort a merueilles. La chambre estoit belle dedans assez et si forte de toutes pars come ie vo⁹ ay dit. Ilz firent coucher giron en ung lict moult bel et moult riche ou il sendormit tout maintenant quil fut couche/ come cil qui estoit las du trauail que souffert auoit tout le iour. Quant ceulx de leans le veirẽt dormir ilz prindrent maintenant son espee et ses armes et puis yssirent hors de la chambre et fermerent lhuys de fer par dehors. Et quant ilz eurent ce fait ilz dirent entreeulx que desormais pouoit assez dormir le cheualier errant et que de long tẽps nyssiroit de la chambre ou ilz lauoiẽt enferme. Lescuyer mesmes prindrẽt ilz et mirẽt en une autre prison/ car ilz ne vouloient pas quil yssist de la contree de paour q̃l ne dist aux autres cheualiers errãs ceste auanture. Ainsi fut gyron le tresbon cheualier emprisone et par telle trahison q̃ ie vous ay comptee. Au lendemain assez matin seueille giron et congnoist tout certainemẽt q̃l est emprisonne/ sil est dolent et esmaye ce ne fait pas a demander. Sa damoyselle est toutesuoyes auecques luy/ laquelle quant elle voit q̃lz sõt ainsi emprisonnez ne se peut tenir de plourer et dit a gyron. Haa sire vo⁹ estes trahy que pourrons no⁹ dorsenauant faire. Damoyselle fait il or est ainsi/ de trahison ne se peut nul garder/ mais nonobstant ce que emprisonnez somes si deuõs no⁹ auoir fiance en dieu q̃ no⁹ en aucune maniere eschapperons de cy honnorablement. La damoyselle respondit tout en plourant et dist. Sire dieu le vueille.

Ainsi furent giron et sa damoyselle emprisonnez/ laquelle estoit grosse de luy come ie vous ay cy deuant dit. Et demoura giron en la prison ung moys deux moys voire ung an et plus assez. Quãt le terme fut venu que la damoiselle deust enfanter adonc fut elle plus fort descõfortee quelle nauoit este deuant et dist a giron. Que pourray ie faire le terme est venu q̃ ie me doy deliurer de lenfant que iay tant porte dedãs mon corps. Belle dame fait gyron quen puis ie faire. Dieu par sa pitie vous gard en ceste besongne/ car ie ne vo⁹ y scauroie ayder. La damoyselle pleure fort et reclame dieu ɀ sa mere. Si hault crye la belle damoyselle q̃ sa voix est ouye par toute la tour. Le felon seigneur de la tour qui bien scait que la damoiselle est grosse ne veult souffrir quelle soit ostee de la chãbre iusques a ce quelle ait enfante. Felonnie q̃ luy est mere et desloyaulte et trahison qui lui sont compagnie en tous ses faitz ne luy seuffrent en nulle maniere q̃ pitie puisse entrer en lui Il hait pitie ɀ courtoisie si mortellement q̃ a ces deux choses ne se pourroit il accorder/ et pour ce ne veult il bouter la dame hors de la prison. Gyrõ ayde a la damoiselle au mieulx q̃l peut ainsi comme elle lenseigne qui pou scauoit de celluy art. Quen diroie ie lenfant vint a naissance mais la compaignie de girõ nen croist point Ilz estoient deux premieremẽt giron ɀ la damoyselle ɀ maintenant ne sont q̃ deux gyron et son filz/ car la damoiselle mourut tout incõtinẽt q̃ lenfant fut ne/ pour ce q̃lle nauoit ame q̃ luy aydast a supporter sa douleur. Quant giron la voit morte il en demaine grant dueil et dit que iamais cheualier errant ne fut si meschant come il est. Quant le sire de leans sceut q̃ la damoyselle estoit morte pour ce q̃l auoit sceu par lescuyer de gyron mesme q̃

De Gyron le courtois

gyron estoit le plus fort homme du mon
de z le meilleur cheualier a il de lui si grāt
paour quil fait to⁹ ses hōmes armer pour
tirer la dame hors de la chābre. Et auāt
que ouurir lhuys de la chambre ou gy-
ron estoit fist il creancer a gyron ql ne se
remueroit de son lict iusqs a tāt q la da
moiselle seroit hors de la chābre et len-
fant aussi. Car lenfāt sicōme il dit veult
il faire nourrir z leās mesmes. Apres ce
que giron luy eut creāce ceste chose lhuis
de la chābre fut ouuert tout maintenāt
et la Damoyselle fut prinse et apportee
hors et lenfant aussi/ et lhuis apres fut
tantost clos. La damoyselle fut enterree
hors la porte du chastel emmy le chemin
car ainsi lauoit giron cōmande. Et aps
qlle fut enterree on luy fist querre la pl⁹
riche lame q lon peut trouuer en tout le
pays qlz mirent dessus le corps de la da-
moyselle. Et pour ce que le sire de leans
auoit veu en la dame si grant beaulte ql
ne luy estoit aduis q en tout le mōde eust
si belle damoyselle cōme elle estoit com-
māda il que dedās la lame fust entaille
Cy gist la merueille de tout le monde.
Le sire de leans estoit appelle galinans
et pour ce que lenfāt de giron luy sembla
moult bel luy dōna il son nom z le fist ap
peller galinans z le bailla a sa seur pour
nourrir/ et celle le nourrit tout ainsi que
son frere luy auoit cōmande. Et saichez
que galinās tint de celle q le nourrit tout
le mal ql sceut depuis/ car elle estoit bien
la plus desloyalle de tout le monde/ et sil
eust tenu des cōdicions de son pere il eust
este franc et doulx. De la partie de son
pere luy vint la grāt force et la grant le
gierete ql eut z la grādeur/ car il fut grāt
cheualier a merueilles. Du mal sang et
mauuais laict dont il fut nourry lui pro
cederent toutes les mauuaises coustu-
mes ql eut/ z tout le bien ql eut en luy lui
vint de son pere z de sa mere. Et ainsi cō
me ie vo⁹ ay cōpte furēt prisonniers qua
si tout en vng tēps les trois meilleurs

cheualiers du mōde/ cestassauoir le bon
cheualier sans paour/ danayn le roux et
gyron le courtois lesqlz le furent moult
longuemēt dont se fut moult grant dō-
maige/ mais quāt ilz furent deliurez ne
fois ie point de mention pour ce que le li
ure du latin se finist en cest endroit quāt
a leurs faitz/ mais le rōmant du roy mes
liadus de leonnois dit la maniere com-
ment ilz furent deliurez z par qui. Mais
a tant laisse le cōpte a parler deulx z De
leurs faitz si q plus nen dit/ et racōpte cy
apres vne des cheualeries que fist gali-
nans le filz giron le courtois quāt il fut
en aage.

¶ Cōment galinās le blanc
le filz gyron le courtois ab-
batit le roy artus/ lancelot
du lac/ messire gauuain/ pala
medes et plusieurs autres
bons cheualiers de la table
ronde de coups de lance.

R dit le compte que apres ce
q le filz giron le courtois qui
galinans estoit appelle fut
en aage il fut fait cheualier
z depuis quil le fut il luy
aduint que en cheuauchāt parmy le roy
aulme de logres en vne forest pres de sra
malot son chemin lapporta delez vne fon
taine sur laquelle il trouua le roy artus
qui illec sestoit alle esbatre acompaigne
de dix cheualiers seulement/ desquelz sen
suyuent les noms. Messire gauuain nep
ueu du roy artus y estoit/ Lancelot du
lac/ Hector des mares son frere/ messire
yuain le filz au roy vrien/ kreux le senes-
chal/ blyomberis de gaunes/ gasseriet
le frere gauuain/ galehodin le galois/ se
phar le frere palamedes/ et amador de la
porte le grant cheualier. Tous ces dix
cheualiers y estoient et non plus. Quāt
galinans fut pres de la fontaine et il vit
les cheualiers que ie vo⁹ ay cy dessus nō

mez il en congneut aucuns diceulx pour ce quilz auoient leurs heaulmes ostez de leurs testes pour la grant chaleur ql faisoit et leur dist. Seigneurs cheualiers vng estrange cheualier suis q iouste vo9 demande/et pour ce sil ya aucun devous qui iouster vueille a moy si monte errāment et ie lattendray/mais ie vous fais certains dune chose/cest que ie ne vous soy mie cy tant de cheualiers que ie ne vous rue tous a la terre et a tant se taist que plus nen dit. Quant le roy artus et tous les cheualiers qui illec estoient entendent le cheualier parler si haultemēt et le voyent si bel ilz diēt chascun en eulx mesmes que de grant valeur est le cheualier. Lors sans conge lzeux le seneschal prent son escu et son glayue et monte sur son cheual puis dit a galinans. Damp cheualier maintenāt aurez la iouste que vous demandez et vous feray congnoistre vostre oultrecuydance qui nauez daigne tant seulement saluer le roy artus/ mais auez parle tresorgueilleusement. Apres ces parolles ne font nul delayement ains seslongnent loing lung de lautre/ et ainsi qlz sesloingnoiēt lancelot dist au roy. Siire maintenāt verrez cōment se scet estēdre sur la terre lzeux le seneschal. Et quāt les cheualiers se sont eslongnez ilz laissent courre lung vers lautre tant cōe ilz peuent des cheuaulx traire/et quāt se vient au ioindre des glaiues lzeux le seneschal brise sa lance / et galinans le fiert si roidement qˡ le porte a la terre tel atourne quil ne remue ne pie ne main et galinās va oultre pour parfournir son poindre.

Dōt le roy q les cheualiers voiēt lzeux ainsi gesir a la terre ilz diēt entre eulx que moult bien iouste le cheualier q bien acoustume est de iouste faire Aussi le maistre dit que galinās fut vng des meilleurs ioustēurs du mōde. Apres sappareille amador de la porte pour iouster/il monte sur son cheual q sen va vers le cheualier q encores tenoit son glayue entier. Dāp cheualier fait amador vo9 auez abatu mon cōpaignon pourquoy ie vēgeray sa hōte se ie puis survo9/ t pour ce vo9 gardez de moy. Lors ny sont plus de delayemēt/ains baissent leurs glayues q viennent lung vers lautre moult hardyement et quāt ce vient au ioindre des glayues ilz sentrefierēt sur leurs escus de toute leur force/amador brise son glayue/et galinans le fiert si roidement qˡ le porte a la terre naure moult durement q galinās va oultre sās briser son glayue. Par ma foy fait lācelot cestuy cheualier sēble bien si fort ioustēur q les plusieurs de no9 mettra il a terre. Apres mōta sur son cheual gaheriet q vint vers galinās q lui dist. Sire vo9 auez bien mōstre a mes deux cōpaignōs q vous estes bon iousteur/mais encores vueil ie scauoir cōbien vo9 me scaurez mōstrer de vostre bōte. Galinās ne luy respont riens ains seslongnēt to9 deux puis sen viennēt lung vers lautre les glayues baissez si grāt alleure cōme les cheuaulx peuēt/et quāt ce viēt au ioindre des glayues gaheriet brise sa lance/ et galinans le fiert si rudement qˡ le porte a la terre moult felonneusemēt.

Et quant le roy et messire gauuain virēt gaheriet ainsi gesir a terre sās soy remuer ilz furēt moult courroucez/et auoiēt paour qˡ ne fust mort. Lors lancelot dist a hector son frere. Beau frere on vo9 tiēt a bon fereur de lance mōtez et vo9 allez esprouuer au cheualier/car ie vo9 prometz q long tēps a que ie ne vy si bon iousteur cōme est cestuy. Monseigneur fait hector vo9 voulez veoir cōment bien scay du cheual cheoir a terre q puis q ce voulez veoir ie le feray tout maintenāt. Atant mōte q sen va au cheualier q lattendoit tout appareille de la iouste faire. Et quant le roy q les autres cheualiers q illec estoient virent aller hector ilz dirent. Or pourra on voir cy belle iouste/car iouster sont deux des meilleurs iousteurs du monde. Que vous en diroie ie quant hector fut pres de galinane venu ilz picquent cheuaulx des esperos et baissent leurs glayues q sentrefierent sur leurs escuz de toute leur force/q tant soit hector ung des bons iousteurs du monde si a il a ceste fois trouue son maistre/car hector brise son glayue q galinas le fiert si rudement quil ne demeure pour lescu ne pour le haulbert quil ne lui mette le fer du glayue parmy lespaule se nestre q le porte a la terre q brise son glaiue. Quant le roy q lacelot ont veu hector ainsi aller a la terre ilz en ont grant merueille/et commanda le roy a vng escuier ql portast au cheualier ung glayue ce ql fist. Gauuain q auoit grant yre en son cueur de ce q le cheualier auoit tant de ses compaignos abatus monte sur son cheual a haste sans mettre le pied en lestrief q prent ung glayue q son escu q va vers le cheualier.

Quant gauuain fut a luy venu il le salue q le cheualier luy rend son salut assez courtoisement. Sire fait gauuain pourrois ie scauoir q vous estes auant q nous ioustissions. Nenny certes fait galinas/car mon estre ne scaura nul de vous se force ne me le fait faire. Apres ceste parolle ny font nul delayement ains laissent courre lung vers lautre/et quant ce vient aux glayues froisser ilz setrefierent sur leurs escuz de toute leur force/gauuain brise son glaiue come les autres q galinas le fiert si durement quil le porte a la terre et sen passe oultre a tout son glaiue sans briser pour parfournir son poindre. Le roy q lacelot q ce voient en ont grant yre et de luy ne scauent que penser/car bien dient en eulx mesmes que ce nest pas tristan ne palamedes. Et le roy qui plus ne pouoit souffrir veoir abatre ses cheualiers monte erramment sur son cheual q prent son escu q son glayue q sen va vers le cheualier. Lancelot luy prie q ny aille pas q l y laisse aller ung des autres/mais le roy luy dist ql nen laisseroit nul aller deuant lui. Lors sen alla vers le cheualier et luy dist. Es tu fantosme ou enchantement qui tant de preudhommes as mis a la terre deuant moy. Galinans qui bien cognoissoit le roy luy respondit q dist. Je ne suis pas fantosme ains suis filz a ung des bons cheualiers du monde q fust durant la vie du roy vterpendragon. Faictes nous donc certais q vous estes fait le roy artus. Ce ne feray ie pas dist galinas/mais pour ce q ie cognois q vous estes le roy artus q on tient au plus preudhomme du monde ie me souffreray de iouster a vous sil vous plaist. Ce ne vueil pas fait le roy car ie ne laisseray pour riens du monde q ie ne mespreuue a vous. Lors ny fut plus de delayement ains sellongnent le roy et galinans et picquent les cheuaulx des esperos q viennent lung vers lautre si impetueusement q ce semble fouldre/et quant ce vient au ioindre des glayues ilz sentrefierent sur leurs escus de toute leur force le roy brise son glaiue/q galinas le fiert si felonneusement ql le porte a la terre tout estourdy q sen passe oultre pour parfournir son poindre. Tous ceulx q abatus auoient este courrurent vers le roy lequel se releua au mieulx ql peut/q quant ilz furent a luy venuz messire gauuain luy osta le heaulme de la teste q luy dist. Bel oncle comment vous sentez vous. Beau fait le roy riens ne me vauldroit le celer/saichez q long temps a q ie ne fuz si felonneusement rue par terre come iay este orendroit par cestuy cheualier et de ceste parolle se commencerent les autres a rire. Que vous diroie ie/saichez q Blioberis de gaunes y alla apres leql brisa sur luy son glayue sans le remuer de selle ne peu ne grant/mais galinas fist de luy come il auoit fait des autres/car il le porta a la terre tout estourdy. Puis y alla galehodin le galois et apres luy sephar lesquelz y gaignerent autant q firent Blyoberis q les autres/car ilz furent portez a la terre lung naure et laul tre tout derompu du cheoir. Apres y alla puain le filz au roy Yrien/mais galinãs en fist ainsi cõe il auoit fait des autres/car il le rua par terre si rudement q̃ au cheoir q̃l fist il se rõpit le bras senestre tellemẽt q̃ yuain fut plus de trois moys apres sãs porter armes.

Quant lancelot du lac Voit que galinãs a ainsi tous ruez ses cõpaignons a la terre/et le roy artus mesmement il est tãt yre qua pou q̃l ne yst hors du sens/z dit bien a soy mesmes q̃ se a present il ne Venge la hõte du royz de ses cõpaignõs il ne Veult plus Viure. Lors mõte sur son cheual z prẽt son escu z se fait bailler deux glayues pour en bailler lung a galinãs/car il auoit brise le sien sur messire yuain. Quant lancelot est bien appareille il sen Va Vers le cheualier portãt en sa main deux glayues/z quant le roy artus z to⁹ les autres qui abatus auoiẽt este Virẽt aller lãcelot Vers le cheualier ilz dirẽt ẽtre eulx q̃l leur Vouloit faire cõpaignie. Quãt lancelot fut pres de luy Venu il le salua/et le cheualier luy rẽdit son salut assez courtoisemẽt Sire cheualier fait lãcelot Vo⁹ auez bien cy monstre q̃ Vo⁹ estes meilleur fereur de lãce q̃ ne sõt mes cõpaignõs/car tous les auez ruez par terre/et pour ce q̃ ie Voy q̃ Vo⁹ nauez point de glayue ie Vo⁹ apporte cestuy cy/car iouster encõtre moy Vo⁹ cõuient/pour ce que ie cuyde sur Vo⁹ Vengier la hõte de mes cõpaignõs. Lors galinãs print le glayue z dist a lãcelot. Sire ie croy q̃ Vo⁹ auez apporte le glayue q̃ Vo⁹ fera cheoir a la terre. Or aille commẽt il pourra aller fait lãcelot. Apres ceste parolle ilz se slõgnerent tantost z puis laisserẽt courre lung Vers lautre si impetueusemẽt quil sembloit q̃ la terre deust fondre soubz eulx/et quãt ilz Vindrẽt aux glayues briser ilz sentreferirẽt sur leurs escus au plus roidemẽt q̃lz peurẽt en se forcant chascun deulx dabatre lung lautre. Mais lauanture fut telle a cestuy

point que le filz au roy Ban de Benoic trouua illec son maistre de lance/car en ferissant galinans il brisa son glayue sans le remuer de la selle/mais galinãs le ferit si felonneusemẽt q̃l le porta a la terre lui et son cheual tout en Vng mont/et sen passa oultre pour parfournir son poindre.

Et quãt lancelot se Vit ainsi abatu a la terre sil fut yre z courroucé ce ne fait pas a demander. Il se releua moult Vistemẽt/et le roy et tous les autres q̃ auoiẽt este abatus sen Vindrẽt a luy z luy osterẽt le heaulme du chief z luy dist le roy artus. Sire lancelot Vo⁹ auez fait grãt courtoisie de no⁹ estre cy Venu tenir cõpaignie/car trop grant Vilennie eussiez fait se Vo⁹ feussiez demoure a cheual Veu q̃ no⁹ estions cy a pie. Certes sire fait lancelot Vo⁹ dictes Verite/mieulx Vault que ie soye cheut q̃ ie feusse demoure a cheual/car au moins sõmes no⁹ pareilz. Que Vo⁹ en diroie ie ilz se cõmencerent a gaber z a rire entre eulx de la fortune q̃ leur estoit aduenue. Quãt galinãs eut abatu to⁹ les cheualiers q̃ ie Vo⁹ ay cy dessus nõmez il sen entra en la forest a tout le glayue q̃l tenoit mais il ny eut pas grãment cheuauché q̃ palamedes q̃ en la forest estoit embusche quãt galinãs auoit cõmẽce la iouste z auoit tout Veu cõment il auoit abatu le roy z to⁹ les autres cheualiers lui crya tout ayre. Ha cheualier nallez plus auãt/mais tournez moy Vostre escu/car iouster Vo⁹ cõuient. Car nonobstãt q̃ palamedes ne fust pas des cõpaignõs de la table ronde si aymoit il le roy z tous les cheualiers de son hostel/et pour ce q̃ Veu abatre les auoit to⁹ Vouloit il leur honte Vengier. Quant galinans se ouyt ainsi appeller de la iouste et Voit Venir le cheualier Vers luy si hardyment il luy tourne la teste de son cheual/et laissent tout incontinent courre lung Vers lautre tant cõe ilz peuent des cheuaulx traire. Que Vo⁹ diroie ie les deux cheualiers

De Gyron le courtois

sont de grant puissance preux et hardis et les cheuaulx fors et ysnelz. Quant se vient aux glayues briser ilz sentrefierent de toute leur force/mais lauanture est telle que galinans brise son glayue/et palamedes le puissant payen le fiert de trauers si roidement quil luy met le fer du glayue au coste senestre sans toucher a lescu et lempaint si rudement qil le porte a la terre naure tellement que oncques puis ne ferit coup de lance. Mais a tant sen taist le compte et icy fine le liure de gyron le courtois le vaillant cheualier.

Imprime a paris pour Anthoine Verard marchant libraire demourāt a Paris pres petit pont deuant la rue neufue nostre dame a lenseigne Saint iehan leuangeliste. Ou au palais au premier pillier deuant la chappelle ou len chante la Messe de messeigneurs les presidens.